人力资源管理

法律实务全程指引 上

余明勤 著

RENLI ZIYUAN GUANLI
FALÜ SHIWU
QUANCHENG ZHIYIN

中国法制出版社
CHINA LEGAL PUBLISHING HOUSE

导 言

Preface

本书主要对用人单位在人力资源管理中涉及的法律问题进行分析。目前，适用于国内外用人单位人力资源管理的法律法规政策主要是劳动法和社会保险法（泛指有关用人单位与职工关系，以及职工劳动权益和社会保险权益保护的法律规范总称）及其有关法规性政策。法律调整的对象主要是用人单位及其劳动者。

本书是从企业如何依法用工的角度来叙述的。作为企业家和企业人力资源管理人员，对企业员工进行管理时，如何在法律规范的框架范围内行事？如何在行使各类管理手段和管理技巧时，不触犯国家有关保护劳动者权益的法律法规？如何依法实施劳动用工，凝聚广大员工的企业归属感，发挥其更大的积极性和创造力？很有必要学习和掌握一些基本的人力资源管理法律法规知识。

本书写作的主要特点是：

第一，系统阐述。从知识点来说，结合人力资源领域的特点，从相关的法律基本知识入手，让读者从书的开头就带着基本的法律理念去理解人力资源管理全过程的法律规范。本书第一篇涉及的法律基本知识的内容，以及最后几章涉及用人单位与政府打交道和法律救济的内容，与全书各篇章的内容构成了本书的一个完整体系。本书作为人力资源管理法律实务全程指引，应当有头有尾；作为一部人力资源管理法律知识的全书，去掉了第一篇的法律基本知识铺垫和最后几章的法律救济保障，就感觉本书有残缺。特别是删掉第一篇中有关法的特征、法律适用、劳动和社会保险法的特征以及法定的劳动关系双方当事人的叙述，就失去了理解企业整个人力资源依法管理的基础和内核。

只有首先对相关法律基本知识有所了解，才能有助于读者去正确理解本书中的有关法条解说、以案说法、要点提示和争议问题分析，进而引发读者进一步的探讨，而不是笔者怎么说，读者就遵从。本书的创作初衷就是希望能够引发读者对人力资源管理法律规范的完善做深入思考。这也是本书的生命力所在。

本书各章节的编排顺序基本上以企业人力资源管理流程展开，从劳动法律的基本概念起步，对招用劳动者的入门规范，用人单位和职工的劳动合同关系、集体合同关系以及社会保险关系的建立、用人单位用工过程中的人事劳动事务管理规范，职工各项权益保障的落实、劳动争议的依法处理、企业违法行为的查处、政府行政管理与服务行为的审查与司法监督等，进行了全程解说。

第二，问题导向。本书结合企业实际用工碰到的问题，通过提出问题然后回答问题的方式进行叙述。对实务中碰到的一些问题，本书给予了积极回应；对一些问题，法律法规和相关政策没有规定的，本书也列出了不同的观点，没有下定论。书中提出了许多值得企业注意的问题，以及值得立法者和司法者进一步研究的问题，希望能引起有关读者的高度关注。也有一些问题不便且也没必要进一步展开，只是想引导读者自己去思考分析，结合企业实际提出自己的对策。

第三，知识简介。本书简明扼要地介绍了一些法律的基本知识、人力资源服务业务知识、劳动用工管理知识、社会保险知识等概念，还介绍了一些劳动和社会保险法律制度建立的历史、相关制度的特征与作用；旨在从历史过程、时代背景、基本理论依据等方面，让读者对我国人力资源和社会保障法律法规为什么要作出这样的规定、相关制度为什么要这样建立等问题加深理解。通过将理论性的说理和实操性的分析相结合，让读者能进一步理解我国现行人力资源和社会保障法律规定的基本定位。因此，本书也可以作为教学参考书，供相关领域内不同角色的读者阅读。

第四，以案释法。本书中不仅介绍或采编了大量的案例，而且对这些案例进行了广泛深入的探讨，并根据法律法规的规定、法理、实际操作的可行性、实务中的疑难等进行了深度分析。本书中的案例素材大多取材于劳动人事争议仲裁和司法判例，为便于阅读和理解，在保持案例基本内容的基础上，叙述中作了一些技术性处理。在书中讨论案例的目的，并非对某一个案件的评判，而是对类似问题进行探讨，以期引出读者对此类问题的关注或思考。本书在探讨提出的一些观点，只是抛砖引玉，希望广大读者能在不同场合提出宝贵意见，促进立法者对相关立法及时修订、补充或完善，促进劳动人事争议仲裁和司法审判中进一步准确释法，共同推进人力资源社会保障法治体系的健全。在此，笔者真诚地感谢本书案例分析素材来源所涉及的法院、仲裁委及相关单位。本书在案例处理中若有不当之处，恳请指正。

这里要特别指出：由于本书主要是围绕企业人力资源管理的法律问题进行分析讨论，书中的“用人单位”和“劳动者”都是劳动法律规范中所特指的概念，同时，政府主管人力资源社会保障行政部门的名称已多次变更。因此，在阅读本书时，为了与我们日常生活中的习惯用语相适应，要注意理解本书行文中的以下几个用词：

1. 使用“用人单位”时，主要是引用法律法规政策文件的用语和特别强调；此外，在一些日常语境下，也用“企业”或“公司”来表述。

2. 使用“劳动者”和“职工”时，也是引用法律法规政策文件的用语和特别强调；此外，有时也用企业日常中使用的“员工”来表述。

3. 使用“人力资源社会保障部”或“人力资源社会保障厅（局）”时，主要是引用法律法规政策文件的官方用语；有时也会简称为“人社部（或人社厅、人社局）”。

4. 在提到国家主管人力资源社会保障事务的政府部门时，有时用“劳动保障行政部门”“劳动行政部门”“社会保险行政部门”“人事部门”“人社部门”等名词，主要是引用当时的法律法规政策文件的官方用语和简称。在现实生活中，目前都是指各级政府的“人力资源社会保障行政部门”。在本书各章节中交叉使用这些名词，有时是为了与当时的法律法规规定或当时的政府机构名称保持一致，有时是为了阅读时方便理解，故未统一使用现在的“人力资源社会保障行政部门”。

笔者认为，任何用人单位的用工行为，都是在从事人力资源管理与服务，都是对于广大职工参与社会劳动的管理、开发运用和关心培养。如果没有法律法规制度作保障，仅凭管理者的人格力量是难以获得职工长期信赖的；仅凭一般的企业文化，若没有法章约束，也是没有根基和难以持久的。只有在法律规范的基础上，依法实施人力资源管理与服务，这种用工管理才是可信的、有保障的，才能最终取信于广大职工。

最后，特别感谢舒丹女士、成知博女士在本书出版过程中所作出的贡献。由于笔者水平有限，仓促成书，书中难免有不妥之处，敬请各位读者批评指正。

余明勤

2022 年 12 月 18 日

目　录

Contents

上　册

下　册

01

第一篇 人力资源法律基本知识

第一章　法律常识概述

从事人力资源管理与服务，工作对象主要是用人单位和劳动者，工作内容主要是依法规范用人单位和劳动者双方缔结的社会劳动行为，构建和谐的劳动关系或合作关系，依法保障企业的经济利益和劳动者的合法权益得以实现。因此，依法办企、依法用人，是每个企业生存与发展的基本要求。这需要企业家和从事人力资源管理的人员具备一定的法律基础知识或法律观念。没有学习过相关法律知识的人员，时常会对人力资源管理与服务中所涉各类法律法规的适用和理解产生困惑。因此，在学习和掌握人力资源领域专业法律之前，有必要先对法律的一些基本概念进行简要介绍。

第一节　法律特征及相关概念

在法治社会，用人单位开展人力资源管理活动都必须依法进行，每一个企业管理者和企业员工都应当学习必要的法律知识。特别是企业从事人力资源管理的专职人员，要想认真履行好工作职责，首先应当掌握一定的法律基础知识。任何人力资源管理手段或方法的运用，都必须建立在法律规范的基础上。

一、法的含义

人们在日常生活中经常谈到“依法治国”“法治国家”“依法行事”，或者在企业人力资源管理中讲“依法用工”“按照法律办事”等。关于“法”或“法律”这两个概念的解读，有时并不相同。

在西方的语汇中，“法”或“法律”是有区别的。西方语汇中的“法”，通常是指“权利”“公平”“正义”等较为抽象的含义；而“法律”，则是指“规范”“规则”等较为具体的、明确的含义。所以，西方学者有一种观点：把

"法"视为永恒的、具有普遍意义的正义原则和道德公理，称其为自然法；把"法律"视为由国家立法机关制定与颁布的具体行为规则，称其为制定法。

在我国，一般百姓对"法"和"法律"并不加以严格区分，特别是在日常生活中经常混用二者。但有的学者认为，不能将"法"和"法律"混为一谈。

目前较为一致的认识是：我们在日常生活中和一般性公文中使用"法"的概念（如依法治国、依法行政、依法办事、有法必依、执法必严、违法必究、秉公执法等中的"法"），主要是指由国家制定或认可的、以权利和义务为主要内容的，并由国家强制力保证实施的行为规范及其体系。或者说，它是通过国家设定某种权利和义务，去规范人们（包括自然人和法人）的行为，从而确认、保护和发展一定社会关系和社会秩序的一系列法规性文件的统称。从这个意义上说，"法"是指广义上的"法律、法规及规章"；某些场合下，"法"和"法律"是同义语。

但是，在我国颁布的法律和其他规范性文件中，使用"法律"一词时，应从狭义上理解，即特指成文的"法律"，也就是由全国人民代表大会及其常委会所制定的法律文件。如《中华人民共和国民法典》《中华人民共和国劳动法》《中华人民共和国劳动合同法》《中华人民共和国社会保险法》等。

二、法律的主要特征

法律是人们从事社会活动所需要遵守的基本规则。认识法律，我们首先需要掌握法律的几个主要特征。

（一）法律是调整人们社会行为的一般性规范

人们习惯说，法律的调整对象是社会关系。其实，法律是通过调整人们的社会行为来实现对社会关系的调整。比如说，用人单位和劳动者之间建立的劳动关系，就属于一种社会关系。《中华人民共和国劳动法》（以下简称《劳动法》）是调整劳动关系的法律。《劳动法》通过调整社会化大生产中的企业用工行为来实现对劳动关系的调整，使之和谐发展。

劳动法律法规作为一种社会规范，规定了劳动关系双方当事人可以这样行为、应该这样行为或不应该这样行为，对合法的行为予以保护，对不合法的行为予以制裁等，从而为双方当事人的行为规定出一个模式。

（二）法律具有明显的国家强制性

法律是由国家强制力保证实施的。法律的实施之所以要以国家强制力为后盾，是因为法律作为社会利益关系的“调整器”，必然会触动特定社会主体的某些既得的或预期的社会利益，导致这些人对法律有所抵触甚至反对。因此，如果没有国家强制力作为保障，法律在许多方面就会变得毫无意义。违反法律的行为如果得不到惩罚，法律所体现的意志也就不可能在全社会的范围内得到实施。比如《中华人民共和国社会保险法》（以下简称《社会保险法》）规定了国家对用人单位及其劳动者缴纳社会保险费的强制征收，以及对骗取社会保险基金或社会保险待遇的处罚，就带有比较明显的国家强制性（公权力干预）的特征。

（三）法律以规定人们的权利与义务为其主要内容

法律作为一种社会性规范，由于涉及人们之间的利害关系，因而是以人们的权利和义务（或职权和职责）关系的配置为基本内容的。

何谓“权利”？实质上是指人们在社会生活中行为的一个自由区间，即人们自主地决定是否从事某项活动，以什么方式去从事某项活动，以及从事某项活动的限度和范围。权利同时意味着利益，即以自己的自由不受他人干预地去实现自己的利益，或者要求他人满足自己的利益。因而权利有时又被称为权益。

何谓“义务”？通常的说法是责成人们以特定的方式去从事某项活动的命令和制止人们以一定方式从事某项活动的禁令，即“令行禁止”。义务作为对自由的某种限制，意味着某项利益实现的不能或对他人的付出。

权利与义务的实质是人们之间的利益关系，法律就是通过设定人们在行为上的权利和义务来调节人们之间的利益关系。我们在学习《劳动法》和《社会保险法》等法律法规时，一定会在法律条文中发现有关行为人权利与义务的规定。

（四）法律具有严格的程序性

程序，是指人们为完成某项任务或达到某个目标而预先设定好的行为方式和步骤。

法律程序是指人们实施法律行为所必须遵循的法定步骤和方式。比如《中华人民共和国劳动合同法》（以下简称《劳动合同法》）中设置了用人单位和劳动者解除劳动合同的一些程序，《劳动保障监察条例》中也设置了劳动行政部门实施执法检查的程序等，这些都是为了保证行为人做出的行为符合公平、合理、得当的要求。

近代以来，法律的程序性更加受到重视，并被认为是克服专制、维护公正、保护法律纯正性的重要手段。法律的制定和实施要是没有程序，就不称其为真正的法律。同时，法律的程序性也是法与其他社会规范的区别之一。

（五）法律具有切实的可诉性

法律的可诉性，是指法律（即成文法）作为一种规范人们外部行为的规则，可以被任何人在法定机构中通过争议解决程序（特别是诉讼程序）加以运用的可能性。这是法与生俱来的基本特征，也是法区别于非法的一个重要方面。法律的可诉性表现在，立法时要在法律规范中制定明确的行为模式和相应的法律后果（奖励或惩罚），要制定产生纠纷后的解决途径，并规定诉讼主体。同时，法律的可诉性要求建立解决纠纷的机构、解决纠纷的程序和有效的执行机构。否则，纠纷当事人或告状无门，或无程序可循，立法上规定的权利也就形同虚设了。在规范企业的劳动用工管理中，《中华人民共和国劳动争议调解仲裁法》（以下简称《劳动争议调解仲裁法》）具有代表性。

三、法律规范

法律规范是构成法的整体的基本要素或单位。法律规范是一种高度发达的社会行为规则，它的内在属性决定了它是对社会生活进行规范调整的重要手段之一。

（一）如何理解法律规范

法律规范不同于法律条文。法律规范是一种行为规则，法律条文是法律规范的外部表现形式。换言之，法律规范是通过法律条文表述出来并为公众所知晓的，是法律当中所包含的法律行为主体如何行为以及相应后果的那一部分。有的法律规范可以通过一个法律条文来表述，有的法律规范则往往要通过几个法律条文来表述。

法律规范的构成要件有：

一是适用主体。在我国法律中，适用主体分为个人和组织两大类。个人是指自然人，组织可以分为法人组织和非法人组织。不同的法律，依其调整对象的不同，适用于不同的主体。例如，《劳动合同法》第二条规定："中华人民共和国境内的企业、个体经济组织、民办非企业单位等组织（以下称用人单位）与劳动者建立劳动关系，订立、履行、变更、解除或者终止劳动合同，适用本法。国家机关、事业单位、社会团体和与其建立劳动关系的劳动者，订立、履行、变更、解除或者终止劳动合同，依照本法执行。”

二是适用条件。主要是指法律规定在什么条件下对主体适用。例如，《劳动合同法》第五十七条对经营劳务派遣业务的单位的设立条件作出了规定：“经营劳务派遣业务应当具备下列条件：（一）注册资本不得少于人民币二百万元；（二）有与开展业务相适应的固定的经营场所和设施；（三）有符合法律、行政法规规定的劳务派遣管理制度；（四）法律、行政法规规定的其他条件。经营劳务派遣业务，应当向劳动行政部门依法申请行政许可；经许可的，依法办理相应的公司登记。未经许可，任何单位和个人不得经营劳务派遣业务。”这就明确规定了设立劳务派遣单位的法定条件，清楚地限定了符合法定条件的主体。

三是行为模式。指主体在什么条件下可以从事什么行为，必须从事什么行为，禁止从事什么行为等。比如《劳动合同法》第四条第二款、第三款规定：“用人单位在制定、修改或者决定有关劳动报酬、工作时间、休息休假、劳动安全卫生、保险福利、职工培训、劳动纪律以及劳动定额管理等直接涉及劳动者切身利益的规章制度或者重大事项时，应当经职工代表大会或者全体职工讨论，提出方案和意见，与工会或者职工代表平等协商确定。在规章制度和重大事项决定实施过程中，工会或者职工认为不适当的，有权向用人单位提出，通过协商予以修改完善。”这就属于法律对用人单位可以从事的行为（即制定、修改或者决定有关规章制度或者重大事项）所作的规定。又如《劳动合同法》第十条第一款规定，“建立劳动关系，应当订立书面劳动合同”，这是法律规定用人单位必须从事的行为。再如《劳动法》第十五条第一款规定，“禁止用人单位招用未满十六周岁的未成年人”，这是法律规定用人单位禁止从事的行为等。

四是行为后果。指对符合适用条件的行为加以保护，对不符合适用条件的行为予以制裁。比如，《劳动合同法》第八十条对用人单位制定规章制度违法时的规定：“用人单位直接涉及劳动者切身利益的规章制度违反法律、法规规定的，由劳动行政部门责令改正，给予警告；给劳动者造成损害的，应当承担赔偿责任。”这就属于对用人单位违法制定规章制度的行为后果进行追究的规定。

上述法律规范的前三个构成要件，使人们能够清楚地了解法律规定的什么人在什么条件下可以做什么，应当做什么，禁止做什么。第四个构成要件使人们清楚地了解从事法律准许的行为和禁止的行为的后果。

（二）法律规范的逻辑结构

法律规范的逻辑结构是指一个法律规范所必须具有的构成要素。正是这些要素构成了一个完整的法律规范。按照我国传统的法理学观点，这些必备的要素共有三个，即法律规范的三要素说。这三个要素分别是：假定、处理、制裁，它们是任何一个法律规范在逻辑上都必须具备的。

1. 假定，是指在法律规范中规定的适用该规范的条件和情况的部分，即指一个法律规范中，规定该规范在什么空间范围、时间范围之内，对什么人具有效力的这一部分。只有在所规定的情况和条件出现时，才能适用该法律规范的有关规定。

2. 处理，是指法律规范中规定的具体行为规则的部分，即指行为规则本身。具体而言，就是法律规范中规定人们应当做什么，不应当做什么，允许做什么，禁止做什么，要求做什么等。处理部分是法律规范的核心部分，任何一个法律规范都必须具备该部分。

3. 制裁，是指法律规范中规定的违反该规范所带来的法律后果、法律责任的部分，即对违反该法律规范的行为给予何种处置。

一个法律规范有了假定部分，便设定了适用的条件；有了处理部分，便明确了行为的内容；有了制裁部分，就会使行为人得以预见违反规范时的后果和承担的相应责任。

当上述三部分都完备时，一个逻辑结构完整的法律规范就构成了。

例如，《劳动法》第四十四条规定：“……安排劳动者延长工作时间的，支付不低于工资的百分之一百五十的工资报酬……”在这一法律条文中，“安排劳动者延长工作时间的”是假定部分，“支付不低于工资的百分之一百五十的工资报酬”是处理部分，而制裁部分则规定在这部法律的第九十一条中，即用人单位有拒不支付劳动者延长工作时间工资报酬情形的，由劳动行政部门责令支付劳动者的工资报酬、经济补偿和赔偿金。

（三）法律规范的类型

法律规范可以根据不同标准做出不同的分类。这里强调以下几种法律规范。

1. 强制性规范。指规定个人或组织必须作出或禁止作出一定的行为的规范。强制性规范所规定的权利和义务明确具体，其适用不以当事人的意志为转移、不允许任何人以任何方式加以变更或违反。在强制性规范中，法律用语一般使用“必须……”或“应当……”等。例如，《劳动法》第七十二条规定：“……用人单位和劳动者必须依法参加社会保险，缴纳社会保险费。”

以案释法

案情简介

陈先生于2019年入职一家酒店从事服务员工作，双方签订了3年期限的劳动合同，约定每月工资为2500元。入职后，酒店要求陈先生提供相关身份证明，由酒店为其办理参加社会保险的事宜，缴纳社会保险费。陈先生觉得若由单位为其缴纳社会保险费，每个月要从自己的工资中扣钱作为个人缴费部分，如此一来，自己每月实得工资就低了，难以维持生计。因此，陈先生向酒店提出自愿放弃参保缴费，并主动与酒店签订协议。酒店遂同意与之订立协议，约定陈先生自愿放弃单位为其办理社会保险。

2020年1月，陈先生以酒店未依法为其缴纳社会保险费为由，提出与酒店解除劳动合同，并要求酒店支付其经济补偿。为此，陈先生与酒店发生争议。

随后，陈先生向劳动人事争议仲裁委员会提出仲裁申请。

案例评述

一种意见认为，这种由员工完全自愿与企业协商签订不缴纳社会保险费的协议（或承诺书），属于双方的合同行为，系双方的真实意思表示，应当确认是有效的民事行为。

另一种意见认为，依据《劳动法》的规定，用人单位和劳动者必须依法参加社会保险，缴纳社会保险费。《社会保险法》也明确规定，用人单位应当按时足额缴纳社会保险费，职工应当缴纳的社会保险费由用人单位代扣代缴。可见，参加社会保险、缴纳社会保险费是企业和员工的法定义务，是一项法定的强制性规定，不允许双方当事人自愿协商改变，并且参保的主要责任在企业一方。按照《中华人民共和国民法典》（以下简称《民法典》）第一百五十三条的规定："违反法律、行政法规的强制性规定的民事法律行为无效……"因此，员工若是自愿与企业协商，签订不缴纳社会保险费的协议，该协议违反了法律的强制性规定，属于无效协议。

本案中，该酒店虽与陈先生签订自愿放弃缴纳社会保险费的协议，但因违反法律规定，故双方签订的协议无效。根据《劳动合同法》第三十八条规定，用人单位有未依法为劳动者缴纳社会保险费情形的，劳动者可以解除劳动合同。同时，按照《劳动合同法》第四十六条第一项规定，劳动者依照第三十八条规定解除劳动合同的，用人单位应当向劳动者支付经济补偿。所以，陈先生因单位未缴纳社会保险费，提出解除劳动合同并要求支付经济补偿的请求，应予支持。

在一些企业实际用工中，特别是在酒店餐饮行业等部分劳动密集型企业，劳动者就业流动性强，企业为降低用工成本，往往利用劳动者多得工资的心理或应劳动者要求，与其签订不缴纳社会保险费协议，导致出现争议。但是，根据法律规定，法定强制性义务不能根据劳动者或用人单位自己的意愿而免除，不管是口头承诺还是签订书面协议而放弃缴纳社会保险费，以上行为均因违反了法律强制性规范而会认定为无效。

2. 任意性规范。指规定个人或组织可以作出一定行为的规范，对权利与义务的具体内容一般不作出具体规定，允许法律关系参与者自行确定其权利与义务的具体内容。例如，《社会保险法》第十条第二款规定："无雇工的个体工商户、未在用人单位参加基本养老保险的非全日制从业人员以及其他灵活就业人员可以参加基本养老保险，由个人缴纳基本养老保险费。"该规定对灵活就业人员参加基本养老保险，使用了"可以"一词，即灵活就业人员既可以参加基本养老保险，也可以不参加基本养老保险，法律规定由其自行决定。

3. 禁止性规范。指规定个人或组织不得作出某种行为的法律规范，它禁止个人或组织作出一定行为。在禁止性规范中，法律用语一般为"不得……"或"禁止……"等。例如，《劳动法》中规定："在录用职工时，除国家规定的不适合妇女的工种或者岗位外，不得以性别为由拒绝录用妇女或者提高对妇女的录用标准。"《劳动法》中还规定："禁止用人单位招用未满十六周岁的未成年人。"

4. 义务性规范。指规定个人或组织必须作出一定行为的法律规范，它规定人们必须作出的行为。例如，《劳动合同法》第六十二条第一款规定，在使用被派遣劳动者时，“用工单位应当履行下列义务：（一）执行国家劳动标准，提供相应的劳动条件和劳动保护；（二）告知被派遣劳动者的工作要求和劳动报酬；（三）支付加班费、绩效奖金，提供与工作岗位相关的福利待遇；（四）对在岗被派遣劳动者进行工作岗位所必需的培训；（五）连续用工的，实行正常的工资调整机制”。

5. 授权性规范。指规定个人或组织有权作出某种行为的法律规范，它规定允许人们有权作出的行为。例如，《劳动合同法》第四十四条中规定了劳动合同终止的情形，其中第六项为“法律、行政法规规定的其他情形”。对此，我们习惯称为“兜底性条款”，即属于授权性规范。换言之，除了法律直接规定的劳动合同终止的情形之外，法律还授权行政法规可以就劳动合同终止的情形作出规定。

四、法律行为

（一）法律行为的概念

法律行为，是指依当事人意志而作出的，能产生法律后果或引起法律关系产生、变更和消灭的行为。或者说，法律主体具有法律意义的活动就是法律行为。例如，劳动者与用人单位签订劳动合同的行为，就会引起劳动关系的产生；劳动者与用人单位变更劳动合同中权利义务内容的行为，会引起劳动关系的变更；解除劳动合同的行为，带来的则是劳动关系的消灭。

法律调整的是人们的行为，而不是人们的所思所想。按照法律行为是否具有合法性，可以将法律行为分为合法行为和违法行为两种。应当指出的是，法律行为并不仅指合法行为，合法行为仅是法律行为的一部分，违法行为也为法律所调整，也具有法律意义，因而也属于法律行为。

（二）合法行为

合法行为，是指行为人在一定意志支配下作出，符合法律规范所规定的条件和模式，能够导致肯定的法律后果产生的行为。

一个行为如果是为法律所许可且不为法律所禁止的，那么就是合法行为。合法行为应当受到法律的保护，这种保护主要表现为：行为人不能因该行为而被追究法律责任或受到法律制裁；行为人在合法行为的进行过程中受到阻碍时，有获得相应法律保护的权利。

依据合法行为的表现形式，合法行为可以分为作为的合法行为和不作为的合法行为。

1. 作为的合法行为，是指行为人以积极的态度和行动实施的符合法律规定的行为。比如，在劳动法律关系中，用人单位和劳动者签订劳动合同的行为、参加社会保险的行为、遵守或执行规章制度的行为等。只要符合法定条件，就是作为的合法行为。

2. 不作为的合法行为，是指行为人以形式上不实施某种行为的方式，所实施的符合法律规范要求的行为。比如，《民法典》规定："继承开始后，继承人放弃继承的，应当在遗产处理前，以书面形式作出放弃继承的表示；没有表示的，视为接受继承。"据此，只要继承人不作出放弃继承的行为，即使没有表示接受继承的行为，也视为接受继承。该不作为行为即表示接受继承的行为。

（三）违法行为

违法行为，是与合法行为相对而言的，它是人们违反法律规范危害社会和权利人的有过错的行为。广义的违法行为，包括一般违法行为和犯罪行为。狭义的违法行为，仅指一般违法行为，不包括犯罪行为在内。违法行为的标志是行为的违法性，即公民、法人、国家机关和其他组织不履行法定义务或作出法律所禁止的行为，以及滥用权利与职权的行为。

第二节 法律体系与法律效力

一、我国法律体系的层次

在现实生活中，法有哪些表现形式？这就需要了解我国的法律体系的层次。

（一）宪法

宪法，是一个国家的根本大法。《中华人民共和国宪法》（以下简称《宪法》）是我国法律的最主要、最高的渊源，具有最高的法律权威。

从宪法的制定程序来看，宪法由最高国家权力机关全国人民代表大会制定或修改。宪法的修改，必须由全国人民代表大会常务委员会或者 1/5 以上的全国人民代表大会代表提议，并由全国人民代表大会以全体代表的 2/3 以上的多数通过。

从宪法的内容来看，宪法规定的是国家政治、经济和社会制度的基本原则，公民的基本权利和基本义务，国家机关的组织和活动原则等国家和社会生活中最基本、最重要的问题。

从宪法的效力来看，宪法具有最高的法律地位和法律效力，是我国全部立法工作的基础和根据，一切法律、法规和其他规范性法律文件都渊源于它，并且都不得与之规定相抵触、相冲突。

（二）法律

法律，是由全国人民代表大会及其常务委员会制定、颁布的规范性法律文件的总称，其法律效力仅次于宪法。法律是行政法规、地方性法规和行政规章的立法依据或基础，后者不得与法律的规定相抵触。法律可分为基本法律和基本法律以外的法律。

基本法律由全国人民代表大会制定和修改，在全国人民代表大会闭会期间，全国人民代表大会常务委员会对其进行部分补充和修改，但不得同其基本原则相抵触。基本法律调整国家和社会生活中带有普遍性的某一方面的法律，规定国家、社会生活中具有重大意义的基本问题，如《中华人民共和国刑法》（以下简称《刑法》）、《民法典》等。

基本法律以外的法律是由全国人民代表大会常务委员会制定和修改的，应当由全国人民代表大会制定的法律以外的其他法律，一般是对由基本法律调整以外的国家、社会生活中某一方面的重要问题进行规定，其调整面相对较窄，内容较具体，如《劳动法》《劳动合同法》《社会保险法》等。

（三）行政法规和监察法规

1. 行政法规，是最高国家行政机关（即国务院）依据宪法和法律制定的有关国家行政管理活动的规范性法律文件的总称。行政法规以宪法和法律为根据，效力低于宪法和法律，其内容不得与宪法和法律相抵触。根据宪法和法律规定，行政法规可以就国务院行政管理职权制定法规，也可以为执行法律的需要制定法规。

行政法规规定的事项比较广泛、具体。经济、政治、教育、科学、文化、体育以及其他方面的事项，只要不具有根本性质，或只要不是一定要由宪法、法律规定的，行政法规都可以规定。如《失业保险条例》《工伤保险条例》《劳动保障监察条例》等都是为了实施劳动法而制定的。行政法规的名称一般为“条例”“规定”“办法”等。

2. 监察法规，是国家最高监察机关（即国家监察委员会）根据宪法和法律制定的一种法规。它有别于行政法规。

国家监察委员会是一个什么性质的机构呢？根据2018年3月11日第十三届全国人民代表大会第一次会议通过的《中华人民共和国宪法修正案》（以下简称《宪法修正案》）第三十七条规定：“宪法第三条第三款‘国家行政机关、审判机关、检察机关都由人民代表大会产生，对它负责，受它监督。’修改为：‘国家行政机关、监察机关、审判机关、检察机关都由人民代表大会产生，对它负责，受它监督。’”《宪法修正案》中增加了“监察机关”，并将“监察机关”与“行政机关、审判机关、检察机关”并列，这表明监察机关不是行政机关，而是国家机构中一个独立的系列。根据《宪法修正案》第五十二条的规定，宪法第三章“国家机构”中增加一节，作为第七节“监察委员会”；其中增加五条规定，分别作为第一百二十三条至第一百二十七条。内容如下：《宪法》第一百二十三条规定：“中华人民共和国各级监察委员会是国家的监察机关。”《宪法》第一百二十四条规定：“中华人民共和国设立国家监察委员会和地方各级监察委员会。监察委员会由下列人员组成：主任，副主任若干人，委员若干人。监察委员会主任每届任期同本级人民代表大会每届任期相同。国家监察委员会主任连续任职不得超过两届。监察委员会的组织和职权由法律规定。”《宪法》第一百二十五条规定：“中华人民共和国国家监察委员会是最高监察机关。国家监察委员会领导地方各级监察委员会的工作，上级监察委员会领导下级监察委员会的工作。”《宪法》第一百二十六条规定：“国家监察委员会对全国人民代表大会和全国人民代表大会常务委员会负责。地方各级监察委员会对产生它的国家权力机关和上一级监察委员会负责。”《宪法》第一百二十七条规定：“监察委员会依照法律规定独立行使监察权，不受行政机关、社会团体和个人的干涉。监察机关办理职务违法和职务犯罪案件，应当与审判机关、检察机关、执法部门互相配合，互相制约。”

国家监察委员会是最高监察机关，制定监察法规是国家监察委员会履行宪法法律职责所需要的职权。根据 2018 年 3 月 20 日第十三届全国人民代表大会第一次会议通过的《中华人民共和国监察法》第十一条的规定："监察委员会依照本法和有关法律规定履行监督、调查、处置职责：（一）对公职人员开展廉政教育，对其依法履职、秉公用权、廉洁从政从业以及道德操守情况进行监督检查；（二）对涉嫌贪污贿赂、滥用职权、玩忽职守、权力寻租、利益输送、徇私舞弊以及浪费国家资财等职务违法和职务犯罪进行调查；（三）对违法的公职人员依法作出政务处分决定；对履行职责不力、失职失责的领导人员进行问责；对涉嫌职务犯罪的，将调查结果移送人民检察院依法审查、提起公诉；向监察对象所在单位提出监察建议。"

2019 年 10 月 26 日第十三届全国人民代表大会常务委员会第十四次会议通过的《全国人民代表大会常务委员会关于国家监察委员会制定监察法规的决定》规定："一、国家监察委员会根据宪法和法律，制定监察法规。监察法规可以就下列事项作出规定：（一）为执行法律的规定需要制定监察法规的事项；（二）为履行领导地方各级监察委员会工作的职责需要制定监察法规的事项。监察法规不得与宪法、法律相抵触。二、监察法规应当经国家监察委员会全体会议决定，由国家监察委员会发布公告予以公布。三、监察法规应当在公布后的三十日内报全国人民代表大会常务委员会备案。全国人民代表大会常务委员会有权撤销同宪法和法律相抵触的监察法规。四、本决定自 2019 年 10 月 27 日起施行。"

（四）地方性法规

地方性法规，是指由特定的地方国家机关根据本行政区域的实际情况和地方性事务的需要而制定和发布的，效力范围不超出本行政区域范围的规范性法律文件的总称。地方性法规分为三类。

1. 一般性的地方性法规。依据《宪法》和《中华人民共和国立法法》（以下简称《立法法》）的规定，省、自治区、直辖市的人民代表大会及其常务委员会在不与宪法、法律和行政法规相抵触的前提下，可以制定和颁布适用于本地区的地方性法规，并报全国人民代表大会常务委员会和国务院备案。省、自治区的人民政府所在地的市，经济特区所在地的市和国务院已经批准的较大的市的人民代表大会及其常务委员会，也可以制定地方性法规，经省、自治区的人民代表大会常务委员会批准后施行，并由省、自治区的人大常委会报全国人民代表大会常务委员会和国务院备案。一般性的地方性法规的效力低于宪法、法律和行政法规。

2. 民族区域自治的地方性法规。我国民族自治区域的地方性法规，包括民族区域自治条例和单行条例，是由民族区域自治地区的权力机关（即民族区域自治地区人民代表大会）根据民族区域自治法，以及当地民族的政治、经济和文化的特点制定的规范性法律文件。根据《宪法》和《立法法》的规定，自治区人民代表大会制定的自治条例和单行条例报全国人民代表大会常务委员会批准后生效；自治州、自治县人民代表大会制定的自治条例和单行条例，报省、自治区、直辖市的人民代表大会常务委员会批准后生效。民族自治条例和单行条例在其制定机关的管辖范围内有效。民族自治条例和单行条例的内容必须符合宪法、法律的基本原则，同时也不能与国务院制定的关于民族区域自治的行政法规相抵触。

3. 特别行政区的法律和规范性法律文件。是指特别行政区依照特别行政区基本法的规定而制定的法规。根据"一国两制"的方针，在特别行政区实行不同于全国其他地区的政治、经济、法律制度。如《中华人民共和国香港特别行政区基本法》规定："在香港特别行政区实行的法律为本法以及本法第八条规定的香港原有法律和香港特别行政区立法机关制定的法律。"可见，特别行政区的法律表现形式有其特殊性。

我国是地域宽广的统一的多民族国家，各地区经济发展不平衡，因此，国家在制定法律时，时常授权各地在不与宪法、法律和行政法规相抵触的前提下，根据本行政区域的实际情况和地方性事务进行立法。所以，各类企业在从事人力资源管理中，要注意收集和掌握地方性法规。

（五）行政规章

行政规章，是国家行政机关制定的事关行政管理的规范性法律文件，分为部门规章和地方政府规章两种。

1. 部门规章，是国务院所属部委根据法律和国务院的行政法规、决定、命令，在本部门职权范围内，所制定和颁布的各种行政性的规范性法律文件，亦称部委规章。其效力低于宪法、法律、行政法规，并不得与之相抵触。人力资源和社会保障部制定的规章，一般以"部令第×号"的形式发布。

2. 地方政府规章，是指省、自治区、直辖市人民政府以及省会所在城市、国务院批准的较大的市的人民政府根据法律、行政法规和本省、自治区、直辖市的地方性法规制定的规范性法律文件。其效力低于宪法、法律、行政法规，并不得与上级和同级人民代表大会及其常委会制定的地方性法规相抵触。各地方政府规章一般以“政府令第×号”的形式发布。

（六）国际条约

国际条约，是指两个或两个以上的国家就政治、经济、贸易、军事、法律、文化等方面的问题确定其相互权利义务关系的协议。我国法律规定了我国缔结和加入国际条约的程序，根据这一程序缔结或加入的国际条约或协议生效后，按照“条约必须遵守”的国际惯例，对缔约国的国家机关、社会团体和公民就具有法律上的效力。改革开放以来，随着我国国际交往日益频繁，我国与别国签订的国际条约，或批准、加入的国际公约日益增多。因此，国际条约也是我国法律渊源之一。

了解我国法律体系的层次，主要是便于我们在法律适用时能正确掌握它们相互间的效力等级，并能按照法律适用的基本规则处理法律问题。[①]

二、规范性文件

什么是规范性文件？规范性文件属于法律体系的范畴吗？

规范性文件是各级党政机关、人民团体、有关组织制发的各类文件中最主要的一类。因其内容在一定范围、一定期限内普遍有效，反复适用，具有规范和约束人们行为的性质，故称之为“规范性文件”。

上述解释是指狭义的规范性文件，即按照《国务院办公厅关于加强行政规范性文件制定和监督管理工作的通知》（国办发〔2018〕37号）的规定：“行政规范性文件是除国务院的行政法规、决定、命令以及部门规章和地方政府规章外，由行政机关或者经法律、法规授权的具有管理公共事务职能的组织（以下统称行政机关）依照法定权限、程序制定并公开发布，涉及公民、法人和其他组织权利义务，具有普遍约束力，在一定期限内反复适用的公文。”

关于广义的规范性文件，一般是指属于法律范畴（即宪法、法律、行政法规、地方性法规、自治条例、单行条例、部门规章和地方性规章）的立法性规范

① 参见本章第三节 法律适用和法律责任 三、法律适用应遵循的基本规则。

性文件和除此以外的由国家机关和其他团体、组织制定的影响公民权利义务、具有普遍约束力的其他规范性文件的总和。

在日常工作和生活中，我们对广义的属于法律范畴的规范性文件直接称为“法律、行政法规和规章”；而对狭义的法律范畴以外的规范性文件通常称为“其他规范性文件”或“行政规范性文件”，更多的就简称为“规范性文件”或俗称为“红头文件”。

为什么把狭义的规范性文件划出法律体系的范畴呢？

根据《立法法》第二条的规定：“法律、行政法规、地方性法规、自治条例和单行条例的制定、修改和废止，适用本法。国务院部门规章和地方政府规章的制定、修改和废止，依照本法的有关规定执行。”这就是说，国家未将狭义的政府“规范性文件”的制定、修改和废止列入《立法法》规范的法律体系范畴。

现实生活中，我们在从事人力资源管理时，除了要执行法律、法规和行政规章之外，还要执行大量的政府规范性文件（“红头文件”）。

规范性文件主要是约束行政机关的行政管理行为，其中涉及公民、法人和其他组织的权利和义务的规定，都是引自法律、法规和规章的重复性表述，或者依据法律法规的授权予以具体细化。没有法律法规的依据，规范性文件不得作出减损公民、法人和其他组织权利或者增加其义务的规定，不得设定行政许可、行政处罚和行政强制等事项。这些规范性文件虽然不属于法的范畴，但因其是依据法律法规制定的，对用人单位和劳动者的行为仍然具有影响力和约束力。

三、法律效力

什么是法律效力？法律效力是指法律和以法律为根据而产生的规范性法律文件所具有的约束力或强制力。从世界各国的情况看，法律效力主要从空间地域、时间和适用对象来确定，即法律在什么地方、什么时间、对什么人具有普遍的约束力或强制力。

法律效力的实质是法律的生效范围问题。在理论上可以将法律的效力分为三个方面：法律的时间效力、法律的空间效力和法律对人的效力。但是在实践中这三个方面是紧密联系的，它们从不同的角度共同描述法律的效力及解决法律的效力范围问题。

（一）如何理解法律的时间效力

法律的时间效力，是指法律在什么时间具有或者丧失约束力和强制力。它包括法律何时开始生效、何时终止效力，以及法律对其颁布以前的事件和行为是否具有溯及力。

1. 如何确定法律的生效时间

法律的生效时间，即施行日期的规定，是法律、法规、规章的重要组成部分，是其产生社会规范功能的时间起点，对法律适用有重要的影响。因此，任何法律、法规或者规章都必须明确规定其产生法律效力的具体日期。从我国的立法实践看，绝大多数法律、法规都在附则中规定了其具体的生效施行时间。例如，1994 年 7 月 5 日第八届全国人民代表大会常务委员会第八次会议通过的《劳动法》① 规定："本法自 1995 年 1 月 1 日起施行。"在我国的立法实践中，较为普遍地采用这种规定方式。

2. 如何判断法律的失效

法律失效，或称法律终止生效，即法律丧失效力或法律被废止。它是指法律绝对地失去其约束力和强制力。一般有明示的废止和默示的废止两种方式。

所谓明示的废止，是在新法或者其他法律中明文规定对旧法加以废止。这种直接用语言文字明确表示的方式称为"积极的表示方式"，是世界上多数国家普遍采用的做法。

所谓默示的废止，是不以明文规定废止旧法，而是在司法实践中认定新法与旧法规定相冲突而废止旧法的效力。一般认为，只有立法机关所立新法客观上与原有的旧法有矛盾，而立法时没有被发现的情况下，才采用"新法优于旧法"或者说"后法优于前法"的原则默示地废止旧法。

法律失效一般有以下几种情况。

（1）有权的国家机关颁布特别的决定或命令等专门的法律文件，宣布废除某项法律，从宣布废除之日起，该法终止效力，或者宣布修改某法的某些条款，使旧条款失效。

---

① 根据 2009 年 8 月 27 日第十一届全国人民代表大会常务委员会第十次会议《关于修改部分法律的决定》第一次修正，根据 2018 年 12 月 29 日第十三届全国人民代表大会常务委员会第七次会议《关于修改〈中华人民共和国劳动法〉等七部法律的决定》第二次修正。

（2）新法律取代原有法律，同时在新法中明文宣布，旧法自新法生效之日起终止效力。例如《民法典》第一千二百六十条规定："本法自 2021 年 1 月 1 日起施行。《中华人民共和国婚姻法》、《中华人民共和国继承法》、《中华人民共和国民法通则》、《中华人民共和国收养法》、《中华人民共和国担保法》、《中华人民共和国合同法》、《中华人民共和国物权法》、《中华人民共和国侵权责任法》、《中华人民共和国民法总则》同时废止。"

（3）新的法律公布实施生效后，根据"新法优于旧法"的原则，原有的法律自行丧失效力。

（4）某些法律本身规定了其有效期限，期限届满之日而又无延期施行的特别规定的，该法自行终止效力。

（5）某些法律因其担负的历史任务完成后，其所依据的特定条件业已消失或其所调整的社会关系不复存在，该法律则自然失效。

3. 什么是法律的溯及力

法律的溯及力，又称法律溯及既往的效力，是指新的法律颁布施行后，对其生效以前所发生的事件或行为是否适用的问题。法律一般只应适用于它生效后发生的事件和行为，即法律不溯及既往，这已成为被世界各国法律所确认和采用的一个基本原则。但是，法律不溯及既往的原则也不是绝对的，这在现代刑法中体现得较为明显。

（二）如何理解法律的空间效力

法律的空间效力，是指法律在哪些地域内具有约束力和强制力。根据国家主权原则，对于一个主权国家来说，其法律应当适用于其主权管辖范围内的全部领域，包括领土、领海、领空，以及其他延伸意义上的领域（如本国驻外使馆、航行或停泊在任何地方的悬挂本国国旗的船舶及飞行器）。

就具体的法律来说，由于法律内容和制定机关的不同，其空间效力也不同。法律的空间效力大致可分为域内效力和域外效力两种情况：

1. 什么是法律的域内效力

法律的域内效力，是指法律在本国主权管辖领域内的约束力和强制力。法的位阶不同，其在一国管辖领域内的效力也不同。法律、行政法规在全国所有地区有效；地方性法规在本地区有效；特别行政区的立法机关制定的法律在本特别行政区有效。

2. 什么是法律的域外效力

法律的域外效力，是指法律不仅在本国领域内具有约束力和强制力，有时其效力也及于本国主权管辖范围之外。这是因为在现代社会，国际经济贸易、文化交流日益频繁，为了在国际交流中维护国家的主权和利益，各国大多规定了有的法律在一定条件下可在本国领域之外生效。例如，对于我国公民、法人在我国领域外所发生的法律关系，依据国际公约、国际私法的法律适用原则或在当事人选择适用中国法时，我国的法律即在域外发生效力。

（三）如何理解法律对人的效力

法律对人的效力，是指法律适用于哪些人，即对什么人（自然人、法人或其他社会组织）具有约束力。在解决一国法律对人的效力问题时，经常遇到以下三种情况：法律对本国公民在本国领域内的效力问题；法律对本国公民在本国领域外的效力问题；法律对外国公民在本国领域内的效力问题。针对上述情况，世界各国确立了不同的法律适用原则。我国法律对人的效力的规定，包括以下两个主要方面。

1. 我国法律对我国公民的效力

根据宪法和法律规定，我国法律适用于中国领域内的所有公民、国家机关、武装力量、政党、社团、企业事业单位。在我国，法律面前人人平等。在国外，中国公民原则上仍受我国法律保护，并应遵守我国法律，在违反我国法律时应受到我国法律的追究。

2. 我国法律对外国人、无国籍人的效力

根据国家主权原则，外国人在中国领域内，除法律特别规定外，都应当适用中国法律。如我国《宪法》规定："中华人民共和国保护在中国境内的外国人的合法权利和利益，在中国境内的外国人必须遵守中华人民共和国的法律。"《民法典》《中华人民共和国民事诉讼法》（以下简称《民事诉讼法》）等法律也有类似的规定。在用人单位招用外国人在我国就业方面，我国政府已制定有《外国人在中国就业管理规定》等。

第三节　法律适用和法律责任

一、法律适用

什么是法律适用？法律适用是指国家司法机关、有关国家行政机关和国家授权单位及其工作人员，根据法定职权和法定程序，将法律规范运用于具体的人或者组织，用来解决具体问题的专门活动。

按照法律适用主体的不同，法律适用可分为国家司法机关适用法律的活动，国家行政机关适用法律的活动，其他国家授权机构适用法律的活动。

二、法律适用的分类

根据法律适用的主体的性质和适用方式的不同，法律适用的类别可以分为执法、仲裁和司法三种。

（一）执法

执法，是执行法律的简称。执法主要指国家行政机关及国家授权的特定单位依照法定职权和一定的程序贯彻执行法律的活动，或称行政执法。它既包括国家行政机关行使行政权的一切活动，如作出决定、下达命令、进行裁决的行政裁判活动，也包括依照立法机关的法律授权制定行政法律规范性文件、进行行政监督等非行政裁判的活动。

现代国家行政管理工作更多的或主要的是一种执法活动，依法行政是现代各国行政管理活动的主要特点或基本原则。我国宪法明确规定，国家行政机关是国家权力机关的执行机关，国家权力机关制定的法律和其他规范性法律文件，主要由国家行政机关贯彻执行。因此，执法的内容和范围十分广泛，凡是涉及国家管理和社会生活各个方面的行政事务，都要通过国家行政机关的执法活动完成。

行政执法的主要特征有：

1. 执法主体的确定性。执法主体首先是国家行政机关及公职人员。但并非国家行政机关的任何行为都是执法行为，只有将有关行政法规按照法定的程序运用于具体的人或事进行组织和管理，并直接产生特定的行政法律效力和后果的行为，才可以被称为执法行为。

2. 执法的单向性。执法行政法律关系中的主体并不是平等的法律关系主体，他们之间具有管理与被管理的关系，在大多数情况下，无论相对人（公民、法人和其他组织）是否愿意，或者是否有某种意思表示，都不影响执法的成立。也就是说，执法机关可以在不应相对人的请求或不征求相对人同意的情况下，单方面地自主采取执法行为。当然，相对人有权依法对执法请求行政复议、提起行政诉讼或进行申诉等，但这并不影响执法由行政机关单方面作出的性质。

3. 执法的行政强制性。执法具有强制力，它与司法的强制力相比较，不一定具有终极性质的强制效力。一般而言，行政强制力都是以相对人在法律规定的期限内请求司法裁决才产生的。行政强制力一旦依法作出，也同样具有法律效力。

4. 执法的合法性。现代社会普遍要求行政权力的来源及行使都要有明确的法律规定，并在行使中受法律规定的严格约束。一切行政活动，包括执法都必须依法进行，即执法行为必须符合相应的实体法和程序法。行政机关的权力来源必须是法律授予的，而不是行政机关首脑的主观意志体现。超越法律规定权限的行政执法行为无效，必须按照法律的有关规定由人民法院撤销。

（二）仲裁

仲裁，是基于当事人双方共同约定，将争议交由第三方居中裁决，确定双方权利义务关系，解决纠纷的一种方式和制度。从各国的法律制度来看，仲裁机构的组建、仲裁的活动过程，都必须依法进行。仲裁具有法律效力，可以通过法院强制执行，也是法律适用的一种方式。

于1994年8月31日由第八届全国人大常委会通过，经2009年、2017年两次修正的《中华人民共和国仲裁法》，是一部重要的民商事法律，是国内外纠纷解决领域的通用制度规范。根据该法的规定，劳动争议的仲裁，另行规定。于是，2007年12月29日第十届全国人大常委会通过了《劳动争议调解仲裁法》，自2008年5月1日起施行。

劳动争议仲裁具有自身的特征：

1. 仲裁的自愿性。这种自愿性表现在当事人选择用仲裁方式来解决纠纷，双方是自愿、合意的，请求仲裁的事项也是双方自愿、合意的。此外，双方还可以自愿选择仲裁委员会组成仲裁庭。仲裁充分表现出对当事人意志的完全尊重，为尊重双方提出的仲裁诉求，任意一方提出仲裁申请，仲裁委员会均会受理。

2. 仲裁主体的民间性。根据《劳动争议调解仲裁法》，劳动争议的仲裁员，虽然有劳动行政部门的官员（劳动争议仲裁委员会的仲裁员由工会代表、企业组织代表和政府劳动行政部门的代表组成），但这些劳动行政部门的官员作为仲裁员行使仲裁权时，仅是代表民间机构而不是代表行政机构在履行职责。

3. 仲裁的效率性。仲裁具有较高的效率，解决纠纷迅速，结案快。因为发生纠纷的双方当事人自愿选择仲裁，比较配合仲裁庭的工作，证据和案情相对清楚，仲裁庭进行调查较为容易；加之仲裁员一般都是相应领域的专家，有较强的工作能力和相关的法律知识，能够较快地审理案件。

（三）司法

司法，是指国家司法机关依照法定职权和程序，运用法律处理案件的专门活动。司法作为一种国家职能，是随着国家的产生而出现的，并随着社会和国家的发展而发展。

司法的主要特点如下：

1. 司法由司法机关进行。国家的司法权只能由专门的司法机关行使，司法权不能被其他任何机关所侵犯，任何组织或者个人侵犯了国家的司法权都必须承担应有的法律责任。当然，司法机关也应当严格按照法律的规定正确履行司法职责，保证有法必依、执法必严、违法必究。

2. 司法机关依法独立行使司法审判权，在案件的事实认定和法律的适用问题上，司法机关不受立法机关、行政机关的干涉，也不受上级司法机关的影响，上级司法机关只能按照诉讼法的规定进行监督。同时，司法机关按照“不告不理”的原则，被动地执行法律，国家司法机关不能主动提起诉讼。

3. 司法活动严格按照法定程序进行。严格的诉讼程序是司法工作正常开展的重要保证，没有程序的公正就不可能有实体的公正。严格按照程序进行，是司法的重要特征之一。

4. 司法具有终极性。一般而言，行政裁决不是终极性的裁决，行政裁决后常常要以必要的行政救济和司法救济作为其正确性与公正性的保证。而司法裁决是终极裁决，行政裁决有可能被司法裁决所撤销或者否定，但司法裁决绝不可能被行政裁决撤销，能否定司法裁决的只能是新的特定的司法裁决，即只有司法才具有修正司法的效力，司法在现代法治社会中是社会纠纷的最终裁判者。

三、法律适用的基本规则

在现实生活中，面对如此多的法律规范，该如何适用呢？这就需要确定适用规则，明确它们相互间的效力等级。根据《宪法》和《立法法》的规定，适用法律、行政法规、地方性法规、自治条例和单行条例、规章的基本规则如下。

（一）上位法的效力高于下位法

《宪法》具有最高的法律效力，法律、行政法规、地方性法规、自治条例和单行条例、规章与《宪法》相抵触的规定无效。法律的效力高于行政法规、地方性法规、规章。地方性法规的效力高于本级和下级政府规章。省、自治区人民政府制定的规章的效力高于本行政区域内较大市的人民政府制定的规章。下位法的规定如果与上位法的规定不一致，要适用上位法的规定，以维护法制的统一。比如，关于对企业欠缴社会保险费行为的处理，按照《社会保险法》的规定，“由社会保险费征收机构责令限期缴纳或者补足，并自欠缴之日起，按日加收万分之五的滞纳金”；而按照《社会保险费征缴暂行条例》的规定，“除补缴欠缴数额外，从欠缴之日起，按日加收2‰的滞纳金”。因为《社会保险法》是上位法，其效力高于《社会保险费征缴暂行条例》，所以应适用《社会保险法》。

（二）同位法中特别规定与一般规定不一致的，适用特别规定

特别规定是根据特殊情况和需要专门规定的。例如，对于民事合同的规定，按照《民法典》的规定，“依法成立的合同，仅对当事人具有法律约束力，但是法律另有规定的除外”。换言之，其他法律如果对合同有明文规定，可以适用其规定。由于《劳动法》《劳动合同法》对劳动合同作出专门规定，因此，在调整有劳动合同（或有劳动关系）的民事行为时，首先要适用劳动法律的规定。

需要注意的是，这里讲的是同位法中的特别规定，如果下位法的特别规定与上位法的一般规定不一致，那么就要按上位法的效力高于下位法的原则，适用上位法的规定。

（三）前法服从后法

前法服从后法（又称旧法服从新法），是指在同位法中，新的规定与旧的规定不一致的，适用新的规定。在社会生产实践活动中，各种事物和各种情况总是

在不断地发展变化。在制定法律规范时，新的规定是根据发展后的情况规定的，有些规定已经对过去旧的规定进行了修改和废止，所以，应当按新的规定执行。

（四）不溯及既往原则

法律是否溯及既往，是指新的法律颁布实施后，对它生效前的事件和行为是否适用。如果适用，即具有溯及力；如果不适用，即不具有溯及力。法律规定的一般原则是，新的法律规定不能溯及过去的行为，过去的行为要依行为时的法律规定执行。因此，一般情况下，在法律适用上，新法没有溯及既往的效力。比如，《劳动合同法》中规定："本法施行前已建立劳动关系，尚未订立书面劳动合同的，应当自本法施行之日起一个月内订立。"

（五）自治条例和单行条例、经济特区法规适用变通规定

自治条例和单行条例依法对法律、行政法规、地方性法规作变通规定的，在本自治地方适用自治条例和单行条例的规定；经济特区法规根据授权对法律、行政法规、地方性法规作变通的，在本经济特区适用经济特区法规的规定。这是因为这些自治条例和单行条例、经济特区法规是根据授权或批准变通的，所以适用变通规定，但其有地域限制，只能在规定的区域内适用。

此外，如果法律、行政法规、地方性法规、法规之间不一致，执行机关不能根据效力高低确定如何适用时怎么办？应当由哪个机关来裁决呢？

《立法法》针对现实存在的问题，专门作了规定，以保障法的正确适用。具体而言：

1. 国务院根据授权制定的行政法规与法律规定不一致，不能确定如何适用时，由全国人民代表大会常务委员会裁决。

2. 地方性法规与国务院所属各部委的部门规章之间对同一事项的规定不一致，不能确定如何适用时，由国务院提出意见，国务院认为应当适用地方性法规的，应当决定在该地方适用地方性法规的规定；认为应当适用部委规章的，应当提请全国人民代表大会常务委员会裁决。这是因为，国务院无权改变或撤销地方性法规，这个权限是属于全国人大常委会的。

3. 中央部门规章之间、部门规章与地方政府规章之间具有同等效力，在各自的权限范围内施行，如果对同一事项的规定不一致，在适用时发生问题的，由国务院裁决。因为国务院统一领导各部和各委员会的工作，统一领导全国地方各级

国家行政机关的工作，全国地方各级人民政府都是由国务院统一领导的国家行政机关，都服从国务院。

4. 同一机关制定的新的一般规定与旧的特别规定不一致时，应当如何处理？根据前面讲的适用规则，同一机关制定的新的规定与旧的规定不一致的，适用新的规定。但如果是新的一般规定与旧的特别规定不一致，应当怎么办？如果发生这种情况，应由制定机关裁决。

四、法律责任

在法治社会中，任何单位或者个人一旦出现违法行为，就要承担相应的法律责任。

法律责任，是指公民、法人或其他组织实施违法行为而受到的相应法律制裁。法律责任是由国家强制力来保障实施的，对于维护法律尊严、教育违法者和敦促广大公民自觉守法具有重要意义。

法律责任从性质上可划分为三种：民事责任、行政责任和刑事责任。刑事责任不是本书讨论的范畴，故以下重点讨论民事责任和行政责任。

（一）如何理解民事责任

1. 什么是民事责任

民事责任，亦即民事法律责任，是指民事主体违反民事义务而依法应承担的民事法律后果。在我国的民事立法中，民事责任指《民法典》中规定的“民事责任”：“民事主体依照法律规定或者按照当事人约定，履行民事义务，承担民事责任。”因为民事法律关系是以民事权利义务为内容的，民事权利受法律保护，民事义务受法律约束，一方主体不履行义务会侵害另一方主体的权利，一方侵害他人的权利也是违反自己应承担的义务。无论是不履行义务还是构成侵权，都违反了民事法律规定。因此，民事责任制度对于预防民事违法行为的发生，保护民事主体的合法民事权益，维护社会主义市场经济秩序，具有重要意义。用人单位与劳动者之间权利义务关系大多体现为民事行为，故涉及的法律责任主要为民事责任。

民事责任具有以下特征：

（1）民事责任以民事义务的存在为前提。民事义务包括法律直接规定的义务和公民、法人之间依法约定的义务，无论何种民事义务都具有法律约束力。如劳动法规定企业有义务依法履行劳动合同、对员工进行职业培训、依法合理安排工作时间和休息休假、按时足额支付工资、保护劳动者身体健康和生命安全、对女职工和未成年工给予特别劳动保护、缴纳社会保险费等，如果企业实施了违反义务的行为，就是违法行为，应当依法承担相应的责任。

（2）民事责任主要是财产责任。由于民事法律关系主要是财产法律关系，违反民事义务往往给对方造成经济上的损失，因此，不法行为人用以承担责任的财产一般是给予受损害的一方当事人。由于民事法律关系也包括人身法律关系，运用民事责任所要达到的目的也是多重的，所以民事责任不限于财产责任，也包括一些非财产责任，例如赔礼道歉、恢复名誉等。

（3）民事责任以恢复被侵害的民事权益为目的。民事责任是保护民事主体合法权益的法律手段，它的范围一般应与不法行为所造成的损害相一致，这样才能切实保护民事主体的权利，使受损害的权利得以恢复。民事责任的形式大多不具有惩罚性，只是为了使受害人恢复到原先的财产和精神状况。例如，企业用工中的常见民事责任有停止违法加班、支付被拖欠工资、补缴社会保险费、承担经济损害的赔偿、恢复劳动关系等。

2. 承担民事责任的方式

违法行为人不履行自己的义务或侵害他人的权利，权利人可以请求违法行为人承担相应的责任，以保护自己的权利。因此，权利人要求违法行为人承担民事责任的方式，就是对其受到侵害的权利的补救方法，是保护民事权利的具体方法和制裁不法行为的具体措施。

按照《民法典》第一百七十九条规定，承担民事责任的方式主要有：（1）停止侵害；（2）排除妨碍；（3）消除危险；（4）返还财产；（5）恢复原状；（6）修理、重作、更换；（7）继续履行；（8）赔偿损失；（9）支付违约金；（10）消除影响、恢复名誉；（11）赔礼道歉。法律规定惩罚性赔偿的，依照其规定。前述承担民事责任的方式，可以单独适用，也可以合并适用。

应当指出，违反民事法律的行为，可能同时违反其他法律，如刑事法律和行政法律等。在这种情况下，不能把民事责任与其他法律责任相混淆、相替代。对于依法承担民事责任的主体，如果需要追究行政责任和刑事责任的，应当同时追究。

（二）如何理解行政责任

1. 什么是行政责任

行政责任，是指由国家行政机关认定的、行为人因违反行政法律规范所应当承担的法律后果。

行政责任具有以下特征：

（1）行政责任是行政法律关系主体违反行政法律义务的后果，并且这种违法行为没有超出行政法律规范所确定的违法限度。

（2）行政责任是国家行政机关依靠国家行政权力实施的一种行政制裁。这种行政制裁是由行使国家行政权力的特定的国家机关或者其授权的机构（或称行政执法部门）来决定和实施的，其他任何组织和个人非经法律特别许可或者行政机关授权，不得实施行政制裁。

（3）行政责任具有惩罚性、惩戒性。对违法行为人施以行政制裁，具有惩罚性质。它不同于民事责任，不具有等价有偿性质，不以是否造成他人损害为前提，也不以对他人的损害进行补偿为目的。追究行政责任、实施行政制裁的目的是对违法行为人进行惩罚，以使其不再违反法律规定的义务。比如《劳动合同法》中规定，“用人单位自用工之日起超过一个月不满一年未与劳动者订立书面劳动合同的，应当向劳动者每月支付二倍的工资”。法条中规定的“支付二倍的工资”，并不以用人单位给劳动者造成的实际损害为前提，而是对用人单位不及时签订书面劳动合同这一行为的惩罚。又如《劳动法》中规定，“用人单位违反本法对女职工和未成年工的保护规定，侵害其合法权益的，由劳动行政部门责令改正，处以罚款”等。

2. 行政责任的分类

根据行政违法的程度、实施行政制裁的主体和制裁对象的不同，行政责任主要有行政处分和行政处罚两大类。

（1）行政处分

行政处分，是指国家行政机关根据法律或者内部规章制度的规定，按照隶属关系，对其所属的工作人员犯有轻微违法失职行为尚不构成刑事处罚的或者违反内部纪律的一种制裁。行政处分的对象只能是自然人，行政处分只能由其所属的单位作出。如《劳动合同法》中规定：“劳动行政部门和其他有关主管部门及其工作人员玩忽职守、不履行法定职责，或者违法行使职权，给劳动者或者用人单位造成损害的，应当承担赔偿责任；对直接负责的主管人员和其他直接责任人员，依法给予行政处分……”

（2）行政处罚

行政处罚，是指特定的行政执法部门根据法律、法规和规章的规定，对违反行政法律规范尚不构成犯罪或者已构成犯罪尚不构成刑事处罚的自然人、法人或者其他组织，实施的一种行政制裁。根据《中华人民共和国行政处罚法》（以下简称《行政处罚法》）的规定，有权实施行政处罚的机关只能是具有行政处罚权的机关，这些机关通常由法律、行政法规、地方性法规和规章加以确定（如《劳动法合同》中规定的劳动行政部门，《劳动保障监察条例》中规定的“委托符合监察执法条件的组织”即劳动监察机构）。除此之外，其他任何机关、单位或者个人，都无权实施行政处罚。

从性质上看，行政处罚主要有五种。

①警戒罚，即给予违法行为人以批评、训诫、警告、通报等处罚，使其认识到其违法行为的性质和后果，以免今后再次违反。

②财产罚，即给予违法行为人以财产上的惩罚，使其经济上受到损失。财产罚主要包括罚款、没收违法所得、没收非法财物等。如《劳动合同法》中规定：“违反本法规定，未经许可，擅自经营劳务派遣业务的，由劳动行政部门责令停止违法行为，没收违法所得，并处违法所得一倍以上五倍以下的罚款；没有违法所得的，可以处五万元以下的罚款。”

③行为罚，即给予违法行为人以剥夺某种行为能力的处罚，使其失去或者暂时失去从事某种行为的权利，以便引起违法行为人的重视，不再实施违法行为。行为罚主要包括责令停产停业、暂扣或者吊销许可证、暂停或者取消从业资格等。

④人身罚，即给予违法行为人剥夺人身自由的处罚，使其在一定时间内失去人身自由，以便促使其悔过自新，改正错误。人身罚主要包括行政拘留等（人力资源和社会保障行政部门不能行使行政拘留权）。

⑤法律、行政法规规定的其他行政处罚。

第二章　劳动法和社会保险法的基本概念

各类用人单位在人力资源管理中需要了解并遵守的国家法律法规，大量的是有关劳动和社会保险方面的法律法规及相关政策，它们与每个用人单位和劳动者的切身利益紧密相连。为了深入理解劳动法和社会保险法中有关法条的具体含义，需要先掌握一些劳动法和社会保险法的基本概念、基础法理和立法原则等。

第一节　劳动和社会保险法律的基本特征

在2001年第九届全国人民代表大会第四次会议上，全国人大常委会根据立法工作的实际需要，初步将有中国特色社会主义法律体系划分为七个法律部门，即宪法及宪法相关法、民法商法、行政法、经济法、社会法、刑法、诉讼与非诉讼程序法，并将其中的“社会法”定义为：“调整劳动关系、社会保障、社会福利和特殊群体权益保障等方面关系的法律规范。”劳动和社会保险法律作为社会法的范畴，除了具有一般法律的共性之外，还具有自身鲜明的特征。

一、公法与私法相兼容的法律

公法与私法的划分，源于古罗马的法律，其界限在法理上有诸多分歧。但有一个基本的共识，即所谓“公法”，其内容涉及国家和社会公共利益，其基本原则是法律约束的行为不得由当事人协议变更或者排除适用，法律关系依法设定。而所谓“私法”，其内容涉及私人利益即公民个人和法人的利益，其基本原则是法律约束的行为是行为当事人意思自治，法律关系允许当事人协议设定。在现行法律体系分类中，较典型的代表是：行政法属于公法，民法属于私法；而劳动法和社会保险法则具有兼容公法与私法的特殊性质。

劳动和社会保险立法，是以公法与私法相兼顾为依据，还是以私法为依据，体现着立法确立的基本理念是社会法理念还是民法理念。从我国现有的劳动和社会保险立法宗旨来看，是坚持了以公法与私法相兼容的社会法立法理念。

社会法的一个显著特征就是公法与私法相兼容。《劳动法》《劳动合同法》《社会保险法》等涉及劳动和社会保险领域的法律以社会法理念为依据，划定了劳动合同双方当事人协议的边界。也就是说，对于用人单位和劳动者之间的一些法定事项，不允许双方当事人完全按照私法原则自愿协商、任意改变，通过协议设定违反法律法规已规定的内容。如劳动法和社会保险法中规定的最低工资标准、劳动时间标准、企业和职工的社会保险费缴纳标准及缴费义务等事项，不允许劳动合同双方当事人通过自主协商达成一致来突破法定的底线。如果突破了法定的底线，就要利用公权力（政府行政权力）来加以制止，并依法追究法律责任。劳动和社会保险法律法规中有关劳动标准、社会保险等条款的规定，具有公法的属性，与一般的民事合同有明显的区别。

应当清楚地认识到，当我们从私法的角度来谈论当事人之间的关系时，在一般情况下，私法所维护的"当事人双方的个体权益"是按照私法的通行规则，通过社会个体之间的"意思自治""契约自由""平等协商"，从而在当事人之间达成平衡，一般不会形成通常的利益失衡状态。如果社会个别成员的"私人利益"由于某种原因受到损害时，可以通过司法救济恢复平衡。但从国内外的劳动力市场供求状况和劳资关系（我国称"劳动关系"）的总体定位上看，因为交易双方对价的是现实中的资本实力，所以普遍认为劳资关系双方是相对的强者和弱者之间的关系，即作为"资方"的用人单位（或雇主）是强者，作为"劳方"的劳动者（或雇员）是弱者，双方在劳动力市场交易中，处于事实上"地位不平等"。这种情况在我国现阶段更为突出。我国基本国情是人口多，就业矛盾突出，并且这一情况将在相当长的时期内存在。除城镇新增劳动者需要解决就业外，还有大量的农民进城就业；加之社会经济发展中的波动性，产业结构不断调整与升级，人力资源供需双方的不对称等，都加剧了就业矛盾。在市场经济条件下，用人单位与劳动者签订劳动合同，虽然具有法理上当事人双方地位平等的一般属性，但是在立法上是否要有所侧重地保护作为弱者的劳动者，其核心问题在于是否承认双方当事人在劳动力市场具有事实上"地位不平等"的特殊性。同时，在我国市场经济发展的初级阶段，一些企业有意或无意地损害劳动者权益、牺牲劳动者利益的现象也时有发生。这些现实决定了要在劳动和社会保险法律中体现国家意志，加入公法的要素，以更好地保障广大劳动者的基本权利。

在社会关系中，有天生的强势群体和弱势群体之分，而且市场经济会自发地导致强者越强、弱者越弱。此时如果没有公权力的介入来保护弱者的利益，将会使社会关系的失衡状态加剧并最终导致严重的社会问题。通过法治途径即制定和完善劳动和社会保险法律法规是改变这种失衡局面的必然选择，尤其在当前我国深化改革，而社会法理论与实践又比较薄弱的现实情况下，为了维护社会公正，强调劳动和社会保险法律应当具有一些公法特征，可以有效地保护在劳动力市场中处于弱势地位的劳动者的基本权益。正是因为劳动合同双方当事人的特定性，所以要从公法与私法相兼容的角度来考虑劳动和社会保险立法。

二、保护劳动者与构建和谐劳动关系相统一的法律

劳动法和社会保险法的立法宗旨可以从两个方面来理解。

第一，如何理解劳动法和社会保险法首先是劳动者权益的保护法？

这种保护主要表现在：劳动法对劳动合同双方权利义务的设定，对劳动者而言是以权利为本位，对用人单位而言是以义务为本位。在劳动者的利益方面，法律强制性规定了只允许提高而不允许降低的标准，如工资、社会保险等，对用人单位而言则是必须遵守这些规定。鉴于世界各国的绝大多数劳动者在劳资关系双方的地位对价中往往处于弱势地位，因此劳动法把维护劳动者权益作为主旨是必要的。

劳动和社会保险法律追求的正义和公平不是绝对平等和绝对公平，而是将“矫正”和“补偿”概念贯注其中，通过社会的基本保护标准和社会再分配将不平等和不公平控制在一定程度或范围之内，以缩小贫富差距，减少社会矛盾，维护社会稳定。

什么是社会的基本保护标准？社会的基本保护标准是指国家运用公权力对绝对所有权、意思自治和契约自由等私权利进行适当限制，积极创造条件保障劳动者最低收入水准、劳动健康权、休息权、物质帮助权等社会经济权利，采用极其严格的法定内容（如最低工资标准、劳动时间标准等）来限定契约双方的约定，规定任何企业与员工之间的协议都不得变更这些最低条件或最低标准。

实行社会基本标准保护的实质是将契约双方处于事实上弱势地位的劳动者的基本利益抽象提升到社会层面，以法律的普遍意志代替劳动者的个别意志，从而实现对处于相对弱势地位的劳动者进行特别保护。

以劳动基准法为例，企业在与劳动者订立劳动合同时，必须符合最低工资标准，提供最低劳动条件；在“基本标准”之上可以协商，低于“基本标准”则不能协商。劳动基准法克服了弱者交易能力差、其利益常被私法“意思自治”的方式剥夺的局限，有利于实现当事人双方的实质平等。我国劳动和社会保险法律中确立的企业“无过错责任原则”也是这一思想理论的直接体现。从法律目标来说，以劳动法为代表的社会法是解决生产关系中除了市场分配之外的社会分配问题。也就是说，社会法主要强调的是分“蛋糕”，而不是做“蛋糕”。它是一种协调不同利益群体关系的“二次分配”法，而不是加剧社会不平等的法。因此，可以说社会法是以“有形的手”矫正和弥补市场“无形的手”分配不足而形成的法律体系。

第二，如何理解劳动法和社会保险法同时还是构建和谐劳动关系的调整法？

劳动法和社会保险法不仅要保护劳动者的权益，也要兼顾用人单位的利益，承担着构建和谐劳动关系，将劳动关系调整纳入法治轨道，保障人力资源在企业中得到合理配置和有效使用的任务。劳动法和社会保险法保护劳动者权益的目的是构建与发展和谐稳定的劳动关系，兼顾保护劳动者合法权益与保护用人单位合法权益的统一。劳动法中明确规定了用人单位依法建立和完善规章制度的权利，以此规范劳动者的社会劳动行为。依法建立和完善规章制度的权力源于用人单位享有的生产指挥权。为了保证社会生产劳动得以正常有序进行，法律授权用人单位有权根据本单位的实际情况，在符合国家法律、法规的前提下制定劳动纪律、职业道德标准以及各项管理规章制度，并要求劳动者遵守。劳动纪律是用人单位制定的劳动者在劳动过程中必须遵守的规章制度，是组织社会劳动的基础和必要条件。职业道德是劳动者在劳动实践中形成的共同的行为准则，也是对劳动者的职业要求。

为了构建和发展和谐稳定的劳动关系，平衡企业和劳动者双方的权利与义务，劳动法对用人单位的权益保护及用工自主权也作出了相应的规定。例如：

（1）明确规定用人单位可以与提供了专项培训费用进行专业技术培训的劳动

者约定服务期，以及约定违反服务期的违约金。

（2）明确规定用人单位可以与负有商业保密义务的劳动者约定竞业限制条款，规定劳动者违反了竞业限制约定的，应当按照约定向用人单位支付违约金。

（3）在加强劳动者就业稳定性保护的同时，相应放宽用人单位单方解除劳动合同的条件，特别是在用人单位裁减人员方面，规定了企业转产、重大技术革新或者经营方式调整时，经变更劳动合同仍需要裁减人员的，经过民主程序可以裁减人员等。

（4）明确规定了用人单位和劳动者无论签订任何期限的劳动合同，当劳动者有违法违规和严重违反企业规章制度等情形时，用人单位可以随时依法与劳动者解除劳动合同。

（5）规定了用人单位为了适应宏观环境和市场变化的需要，合理配置人力资源，可以依法采取以完成一定工作任务为期限的用工、非全日制用工、特殊工时制用工等多种灵活用工形式等。

上述这些法律规定有利于用人单位在优化配置人力资源过程中，主动对劳动关系进行有效调整，在依法维护劳动者权益的同时，使用人单位的合法权益也依法得以保护，进而实现构建与发展和谐的劳动关系。

三、实体法和程序法相结合的法律

以法律规定的内容为标准，法律大体可分为实体法和程序法。

所谓实体法，是指主要规定和确认行为主体的实体权利和职权以及义务和责任的法律。法律上的权利是法律关系主体（也称为权利主体），如自然人、法人依法拥有的实际利益、主张、资格、力量或者自由。这种实体权利的实现，归根结底将给权利主体带来有形或者无形的利益。

所谓程序法，是规定以保证行为主体的实体权利和职权得以实现或行使，义务和责任得以履行的有关程序和步骤为主要内容的法律。程序法是正确实施实体法的保障，如常见的行政诉讼法、民事诉讼法、刑事诉讼法等。在规范用人单位和劳动者之间的劳动法律关系方面，较典型的是《劳动争议调解仲裁法》。程序法的主要功能在于及时、恰当地为实现权利和行使职权提供必要的规则、方式和秩序。为了描述程序的重要性和公正性，有的专家形象地把公正程序喻为“切蛋糕”的规则。蛋糕是权利和利益的象征，如何“切蛋糕”和如何“分蛋糕”，就要制定公平的程序规则。

一般情况下，实体法应当有一定的程序法与之相对应。如作为实体法的民法，对应的程序法有民事诉讼法；作为实体法的刑法，对应的程序法有刑事诉讼法。

劳动法和社会保险法是实体内容和程序内容兼有的法律，主要是以实体法为主，兼有程序法的内容。例如在劳动法中，既规定了解除劳动合同的情形（实体规定），又规定了解除劳动合同的程序；既有包括劳动标准的实体内容规定，又有劳动争议处理程序的规定。当然，在劳动法体系中，也有以程序内容为主兼有实体内容的法律，如《劳动争议调解仲裁法》等。因此，实体法和程序法兼而有之是劳动法和社会保险法的又一个重要特征。

第二节　如何理解劳动法

一、劳动法的概念

我们对于劳动法概念的理解，有广义和狭义之分。

从狭义上讲，劳动法是指1994年7月5日由第八届全国人民代表大会常务委员会第八次会议通过的《劳动法》。它对促进就业、劳动合同和集体合同、工作时间和休息休假、劳动报酬，劳动安全卫生，女职工与未成年工特殊保护、职工培训、社会保险和福利、劳动争议处理以及对执行劳动法的监督和检查制度等作出了法律规定。

从广义上讲，劳动法是指调整劳动关系以及与劳动关系有密切联系的其他社会关系的法律规范的总和。其中，除包括上述狭义《劳动法》中的法律规范外，还包括法律、行政法规、地方性法规以及其他法规性文件中有关调整劳动关系以及与劳动关系有密切联系的其他关系的法律规范，如全国人大常委会通过的《劳动合同法》《劳动争议调解仲裁法》《社会保险法》《中华人民共和国就业促进法》（以下简称《就业促进法》），国务院颁布的《中华人民共和国劳动合同法实施条例》（以下简称《劳动合同法实施条例》），北京市人民政府公布的《北京市劳动合同规定》，人力资源和社会保障部公布的《外国人在中国就业管理规定》等。

人们在日常生活中所说的“劳动法”（包括本书中使用的“劳动法”），除特别说明外（或者加注《劳动法》外），基本上都是指广义上的劳动法律规范。

二、劳动法调整的劳动关系

根据《劳动法》第二条规定：“在中华人民共和国境内的企业、个体经济组织（以下统称用人单位）和与之形成劳动关系的劳动者，适用本法。国家机关、事业组织、社会团体和与之建立劳动合同关系的劳动者，依照本法执行。”《劳动合同法》第二条规定：“中华人民共和国境内的企业、个体经济组织、民办非企业单位等组织（以下称用人单位）与劳动者建立劳动关系，订立、履行、变更、解除或者终止劳动合同，适用本法。国家机关、事业单位、社会团体和与其建立劳动关系的劳动者，订立、履行、变更、解除或者终止劳动合同，依照本法执行。”由此可见，劳动法律的调整对象是用人单位和与之形成劳动关系的劳动者。

理解劳动法和适用劳动法，首先要认识法定的劳动关系。

（一）什么是法定的劳动关系

劳动关系是劳动者在运用劳动能力，实现社会劳动过程中与用人单位之间建立的一种社会关系。

按照全国人大常委会办公厅于 2006 年 3 月发布的《中华人民共和国劳动合同法（草案）》（征求意见稿）中的表述：“劳动关系，是指用人单位招用劳动者为其成员，劳动者在用人单位的管理下提供有报酬的劳动而产生的权利义务关系。”在《劳动合同法》于 2007 年 6 月 29 日由全国人大常委会正式通过时虽然删去了这一条，但是人们达成的基本共识是，劳动法调整的主要是劳动关系（或称劳动法律关系），是指劳动者与用人单位之间在实现社会劳动过程中符合劳动法律规范认可的劳动权利与义务的关系。

具体而言，法定劳动关系具有以下典型特征。

1. 劳动关系双方当事人具有特定性

劳动关系是劳动者与用人单位之间基于签订劳动合同发生的社会关系。劳动关系双方当事人是特定的：一方是依法设立的用人单位；另一方是与用人单位形成劳动关系的劳动者。劳动关系不是劳动者与劳动者之间（如自然人与自然人之间、城市居民家庭或个人与个体劳务人员之间）使用劳动力发生的社会关系，也不是用人单位与用人单位之间（如政府部门与企业之间、行政机关与事业单位之间、企业与企业之间）发生交往的社会关系。劳动关系中“用人单位”和“劳动者”的定义是由劳动法律作出限定的。劳动者要在法律规定的条件下提供劳动力，用人单位也要依法使用劳动者的劳动力，劳动关系双方当事人即劳动者（劳动力的所有者）与用人单位（劳动力的使用者）在实现社会劳动过程中，依法形成了由一方有偿提供劳动力而由另一方用其劳动力与生产资料相结合的社会关系。

2. 劳动关系是兼有人身关系和财产关系属性的社会关系

劳动者是劳动力的所有者，由于劳动力的存在和支出与劳动者人身不可分离，劳动者向用人单位提供劳动力，实际上就是劳动者将其人身在一定限度内交给用人单位。劳动关系建立的必要条件，一是劳动者能够在法律上享有独立的人格主体地位，享有人身自由；二是按照劳动者的社会地位和身份不得不向生产资料所有者让渡自己劳动力的使用权才能获取劳动力再生产所必需的生活资料。用人单位因使用劳动力而发生的社会关系是与劳动者的人身尤其是生命、健康紧密相连的，因而劳动关系就其本来意义而言是一种人身关系。同时劳动者以让渡劳动力使用权来换取劳动报酬，用人单位要向劳动者支付工资等物质待遇，这是一种通行的商品等价交换原则的等量劳动相交换，即用人单位因使用劳动力而发生的社会关系是活劳动与物化劳动等量交换，就此意义而言，劳动关系又是一种财产关系。

3. 劳动关系双方主体既有平等性又有从属性

劳动者和用人单位在法律地位上具有平等性，但在具体劳动过程中又具有从属性或隶属性。劳动关系双方当事人在法律上享有的平等权利表现在：劳动者向用人单位提供劳动或者服务，用人单位向劳动者支付劳动报酬，双方的权利义务在平等自愿的基础上通过劳动合同约定。但是，在劳动关系的实现过程中，用人单位负有对生产经营的组织、指挥、协调和监督的权利，而作为用人单位用工管理范围之内的劳动者，必须接受用人单位的组织指挥，负有完成单位交给的生产或工作任务、遵守用人单位依法制定的劳动纪律和内部各项规章制度的义务，这就使用人单位与劳动者之间的劳动关系又具有了指挥与服从的从属性特征。从另一个角度来说，劳动者从事的劳动（或者说从事的生产经营活动）是以所在用人单位的名义对社会承担责任，而不是以个人的名义对社会承担责任。劳动者与用人单位在劳动过程和组织管理中的从属性或隶属性，是劳动关系区别于民法中的劳务关系（或承揽关系）的一个显著特征。

从法理上讲，划分劳动法中的劳动关系与民法中的劳务关系（或承揽关系）是比较容易做到的。我们可以列出劳动关系和劳务关系的若干区别，诸如两者适用的法律不同、法律性质不同、合同主体身份不同、合同内容不同、合同履行中的双方地位不同等来说明。但是，在现实经济活动中，当一名劳动者在一个用人单位提供劳动时，特别是在双方没有任何书面合同证明、没有缴纳社会保险证明、没有人事档案和职工名册、没有考勤记录、没有工资名册等材料的情况下，如何判断双方是劳动关系还是劳务关系，是一件相当困难的事。

以案释法

案情简介

某公司从零工市场上招来几名劳动者为本公司粉刷办公楼墙面。双方仅有口头约定，未签订任何形式的书面材料（即没有任何书面劳动合同或书面协议证明、没有缴纳社会保险费证明、没有人事档案、没有考勤记录、没有工资名册等）。因为担心出现几名劳动者在工作中偷工减料、不按粉刷程序或工艺流程操作，晚上加班抢时间工作、留下环境质量隐患等问题，在几名劳动者粉刷办公楼墙面的劳动过程中，该公司派人进行了指挥和监管，要求只能在白天8小时中有公司人员监管的情况下工作，并对几名劳动者的具体操作程序进行了直接指挥。

在几名劳动者粉刷办公楼墙面的任务完成后，公司因等待环保监测，未能及时支付报酬。几名劳动者对此以公司拖欠工资为由，向当地劳动监察机构投诉。

对于类似的企业用工行为所产生的双方当事人的关系，是属于劳动关系，还是属于劳务关系（或承揽关系）？现实中，在不同地方的劳动行政部门（劳动监察机构）和人民法院有不同的处理结果。

案例评述

一种观点认为，此种用工行为属于劳务关系（或劳务承揽关系），即零工承揽了公司的一项劳务；双方没有劳动关系，劳动行政部门不必受理。双方当事人应通过解决民事纠纷的渠道，直接向法院起诉。劳动行政部门不能越权处理民事经济纠纷。

另一种观点认为，此种用工行为应当认定双方存在“事实劳动关系”，可以视为一种没有签订“完成以一定工作任务为期限的劳动合同”的用工行为，劳动行政部门应当受理。理由是：

1. 此种用工行为可视为该公司“招用”了几名劳动者来公司从事粉刷墙面工作，只是因为劳动时间太短，公司没有与其签订书面劳动合同。

2. 该公司派人监管几名劳动者工作，对其劳动过程进行了直接管控，说明整个劳动过程是在用人单位的监督管理下开展的，几名劳动者对公司组织劳动具有从属性（这是确定存在事实劳动关系的关键要素），只是公司没有将其列入职工名册，而只是认为雇用了几名“临时工”，其实质应当是招用了短期合同工。

3. 几名劳动者完成粉刷工作任务（即以完成一定工作任务为期限的劳动合同期满结束）后，公司应当支付的工钱可视为劳动报酬，只是该公司没有将其列入职工工资单内。

如此分析，上述案例似乎满足劳动者的劳动具有服从用人单位监管的从属性特征，属于存在劳动法律关系（即“事实劳动关系”）的情形。

在一般情况下，区分现实生活中的某种“用工”行为，在没有任何书面合同的情况下，判断其属于事实劳动关系还是劳务关系，主要看该劳动者在劳动过程中的人身从属性，即劳动者在整个劳动过程中是否自始至终受到单位规章制度的管理或支配，是以自己的名义独立从事社会劳动，还是以某一单位的名义从事社会劳动。如果属于劳务关系性质的劳动，劳动者在劳动过程中能够自主处理自己的劳动，想干就干，不想干就可以不干。而属于劳动关系性质的劳动，劳动者在用人单位依法管理指挥下，必须执行单位的指令或管控，如果不服从组织指挥，就是违反单位的劳动纪律，将受到单位的处理。

在当今移动互联网广泛运用的时代，许多劳动者利用网络平台从业，出现了新的从业形态。这些利用网络平台从业的劳动者，并不隶属于或从属于某一用人单位，他们在工作地点、工作时间和工作内容等方面都具有较大自主灵活性，这使得在现实生活中劳动关系的特征越来越复杂化，识别难度也越来越大。

以案释法

案情简介

小王在某外卖电商平台（以下称公司）注册，提供送餐服务。工作初期小王租用公司的电动车用于送餐，后自行购买了电动车。小王工作期间，双方未签订书面劳动合同，考勤记录方式为在公司的APP（应用程序）上签到；公司的APP由小王扫码注册，上线、下线、接单及转单等操作均由小王在APP上完成。小王可自行安排时间，自行决定接单或拒绝接单，每日可以自行操作转单3次，特殊情况由人工处理。小王的工作时间和工作地点并不固定，可以自行选择在早中晚三个高峰计时时段送餐。

小王与公司签订了《合作协议》，该协议对双方合作内容及送餐服务费的结算进行了明确约定，同时约定小王应按照公司关于订单配送的流程和结算标准开展送餐服务。小王在平台接单后，按照平台的要求及标准进行配送服务。公司按照订单数量及完成情况给小王结算服务费，包含冲单奖励、全勤奖励、好评奖励等。小王没有底薪，服务费按月发放。每月报酬不固定，公司以银行转账形式发放，银行转账明细中未备注是工资。

小王工作一段时间后，双方发生用工争议。小王诉至法院，认为自己与公司存在劳动关系。

案例评述

这是常见的网络平台注册的送餐人员与电商平台之间是否存在劳动关系的一类案例。在此案例中，小王和公司签订的是《合作协议》，而非劳动合同，双方并没有达成建立劳动关系的合意。结合双方协议约定的内容以及双方实际合作模式，应认定小王在提供劳动过程中，不受公司的控制和直接管理，也不必遵守公司的劳动规章。因此，双方不具备劳动合同法律关系中所必需的劳动者从属性特点，劳动者和用人单位之间无人身依附性。因此，此种情形下的用工双方不存在劳动关系。

（二）劳动法调整与劳动关系密切相关的其他社会关系

劳动法所调整的社会关系主要是劳动关系，但是必须看到，劳动法不仅调整劳动关系，而且调整与劳动关系密切相关的一些其他社会关系。这些关系本身不是劳动关系，但是却与劳动关系有着密切的联系，有的是发生劳动关系的必要前提，有的是劳动关系的直接后果，还有的是随着劳动关系而附带产生的关系。因此，也是劳动法的调整对象。

与劳动关系密切联系的其他社会关系主要包括：

1. 关于劳动力市场（或称“人力资源市场”）运行与调控发生的关系，即为维护劳动力市场的规范运行，政府劳动行政部门对有关劳动力市场准入、就业服务规范、有关中介机构监督、劳动力供需信息发布监管和劳动力市场秩序调控等，以保障劳动者入职时能与用人单位依法建立劳动关系所发生的社会关系。

2. 处理劳动争议而发生的关系，即为了有效维护劳动者和用人单位的合法权益，劳动争议处理机构、人民法院与企业等用人单位、职工之间由于调处和审理有劳动关系的劳动者与用人单位之间发生劳动争议而产生的社会关系。

3. 因实施公共就业服务、技能培训与鉴定等而发生的关系，即政府劳动行政部门及其公共就业服务机构，技能培训与鉴定机构、企业事业单位和劳动者之间因享受公共就业服务和技能培训鉴定而发生的社会关系。

4. 因落实劳动者是否依法享受社会保险待遇而产生的关系，即政府劳动行政部门及其社会保险经办机构和劳动者之间因建立有劳动关系的劳动者能否享受相关社会保险待遇而发生的社会关系。

5. 监督劳动法律法规执行方面的关系，即国家行政主管部门因监督检查各类企业、机关、事业单位执行劳动和社会保险法律法规的情况而产生的社会关系。

6. 因组织工会和工会活动而发生的关系，即工会与职工、用人单位因组织工会、职工参加民主管理、维护职工参加工会活动的合法权益而发生的社会关系。

上述这些关系和劳动关系共同构成一个相对独立的领域，统一由劳动法调整。

三、劳动立法遵循的基本原则

劳动立法的基本原则，是指劳动立法中所包含的、在调整劳动关系以及与之密切相关的社会关系时所必须遵循的指导思想，是劳动立法的核心和灵魂。

（一）劳动关系的合同化

合同化是合同当事人意思自治在法律关系中的体现，也是市场经济关系的本质要求。合同化要求建立劳动关系的当事人自主地依照自己的意思订立合同；是否订立合同，与谁订立合同，以何种形式订立合同，如何确定合同的内容等，取决于当事人自己的意思，而不受任何外来的强力干涉。在用人单位招用劳动者和使用劳动者时，通过劳动合同和集体合同来明确用人单位和劳动者各自的权利和义务，从而使在市场经济条件下通过“双向选择”而建立起来的劳动关系，可由双方平等协商所订立的合同（劳动合同和集体合同）来进行调整。

为了依法确立劳动关系的合同化或契约性，《劳动合同法》明确规定了建立劳动关系时订立劳动合同应当遵循的一系列准则：即合法性、公平性、平等自愿、协商一致、诚实信用。

1. 合法性。要求订立劳动合同的主体必须合法，劳动合同的形式和内容也必须符合法律、法规的规定。

一是主体合法的基本要求：（1）用人单位一方必须是具有法人资格的单位或能独立承担民事责任的经济组织；（2）劳动者一方必须是有劳动能力、年满 16 周岁以上的劳动者；从事繁重体力劳动的，还必须是年满 18 周岁以上的劳动者。

二是形式合法的基本要求：（1）要有书面的劳动合同文本（除法律规定的非全日制用工形式外）；（2）在书面劳动合同中应当载明法律规定的必备条款；（3）双方必须在劳动合同文本上签字盖章。

三是内容合法的基本要求：（1）劳动合同中必备条款的内容必须符合法律法规规定；（2）劳动合同中双方约定的事项不能违背法律法规的规定。

2. 公平性。要求劳动合同的内容在符合法律规定的前提下，应当体现双方公平、合理地确立当事人的权利和义务。现实生活中，有时存在劳动合同本身虽然合法，但是未必公平合理的情形。例如，对于同一岗位上两个资历和能力都相差不大的员工，劳动合同中约定的工资收入却有较大差距；还有的用人单位为员工提供了时间较短和费用较低的专业培训，却要求员工订立较长的服务期等。这些做法虽然都不违反法律的强制性规定，但却是不合理、不公平的。

3. 平等自愿。主要体现在两方面：一是指用人单位和劳动者在签订劳动合同时法律地位上的平等。在订立劳动合同时，当事人双方都是以劳动关系主体资格出现的，是平等主体之间的关系，不存在一方为主要主体，另一方为次要主体或从属主体的问题。当然，这只是法律形式上的平等，在我国劳动力供大于求，或信息不对称，或劳动者有求于用人单位等情形下，多数劳动者在与用人单位进行求职谈判时，其所处的地位难以实现真正的平等。但用人单位应当尽可能地让劳动者处于一个平等的地位，以便日后能增强劳动者的凝聚力。二是指劳动者和用人单位在订立劳动合同时，完全是出自双方当事人的真实意志，是双方意思表示一致的结果，充分地体现了自己订立劳动合同的意图。特别是对于用人单位一方来说，不得强迫对方或变相强迫对方完成这种意思表示，也不允许第三者进行非法干涉。

4. 协商一致。要求劳动合同的内容或各项条款，在法律、法规允许的范围内，由双方当事人共同讨论、平等协商，在取得完全一致的意思表示后确定。协商一致的意思要在合同中充分表现，不能仅在口头上协商达成一致。用人单位不得借助于劳动者求职心切等情形，在订立劳动合同时对劳动者提出不平等的附加条件，迫使劳动者默认。当然，在实际操作中，双方难以做到完全协商一致，只能做到大体协商一致。

5. 诚实信用。要求用人单位和劳动者在签订劳动合同时要诚实，讲信用，双方不得有欺诈行为。订立劳动合同时，当事人双方都依法享有告知义务和知情权。同时，双方在签订劳动合同后但未正式用工之前，都应遵守劳动合同的约定，不得随意悔约。坚守诚实信用既是订立和履行劳动合同的基本原则，也是一项最基本的社会道德原则。《劳动合同法》第三条第二款明确强调："依法订立的劳动合同具有约束力，用人单位与劳动者应当履行劳动合同约定的义务。"这表明劳动合同依法订立并生效后，双方当事人就必须坚守诚实信用，依法履行劳动合同规定的义务。

（二）劳动条件的基准化

基准化是根据劳动关系所具有的隶属和人身的特征，由国家制定基本的劳动标准，明确劳动的基本条件，保护劳动者的合法权益。国家通过劳动法确定最低保护标准，使劳动者得到最基本的保护，同时也为劳动关系双方的协商和用人单位行使自主权留下余地。根据基准化的要求，各类企业最低的保护要求应当是一致的，否则就会形成不平等竞争。劳动法中涉及工作时间和休息休假、工资、劳动安全卫生、女职工和未成年工特殊保护等方面的规定都体现了劳动条件的基准化原则。

（三）劳动者保障的社会化

劳动者的保障，包括了劳动权益、社会保险、社会救济以及与其相联系的发展职业教育、组织就业培训、职业介绍等促进就业的措施。在市场经济条件下，劳动者保障的社会化主要在三个阶段进行：一是在劳动者没有成为企业职工前，可以依法享受政府（或政府通过社会组织）提供的社会化职业教育、就业培训、职业介绍等；二是在劳动者的在职工作中，在职培训、因病治疗、因工伤亡处理等，都可依法享受社会化的服务；三是在劳动者因故退出企业后，依法可以享受政府提供的社会化养老、失业等社会保险待遇。劳动法中涉及促进就业、职业培训、社会保险和福利的规定都应体现这一原则。

（四）劳动执法的规范化

为了维护正常的社会生产劳动秩序，构建与发展和谐的劳动关系，与劳动关系的合同化和劳动条件的基准化相适应，需要依法开展人力资源行政管理活动、劳动监察执法活动、处理劳动争议的调解与仲裁活动、司法审判活动。为此，国家要依法建立劳动保障行政执法制度（包括劳动监察制度）、劳动争议处理制度、处理用人单位用工行为的司法审判制度，并建立和完善相配套的机构。相应地，为了使这些机构及其行政管理人员、劳动监察员、劳动争议调解员和仲裁员以及相关的司法人员更好地依法公正、公平地处理好每个争议和案件，需要依法规范劳动执法行为。因此，劳动法对劳动争议、劳动监督检查及相关的法律责任都进行了专章规定。

第三节 如何理解社会保险法

一、什么是社会保险

（一）社会保险的基本含义

我国现行的法律条文中并没有对社会保险的基本定义作出明确的规定。按照学界的概括，社会保险是指国家通过立法，多渠道筹集资金，对参保人在年老、失业、患病、工伤、生育等情况下减少劳动收入时依法提供物质帮助，使其能够享有基本生活保障的社会保障制度。

《宪法》第四十五条第一款规定："中华人民共和国公民在年老、疾病或者丧失劳动能力的情况下，有从国家和社会获得物质帮助的权利。国家发展为公民享受这些权利所需要的社会保险、社会救济和医疗卫生事业。"根据《宪法》的规定，《劳动法》也专门作出规定："国家发展社会保险事业，建立社会保险制度，设立社会保险基金，使劳动者在年老、患病、工伤、失业、生育等情况下获得帮助和补偿。"同样，在《社会保险法》中也规定："国家建立基本养老保险、基本医疗保险、工伤保险、失业保险、生育保险等社会保险制度，保障公民在年老、疾病、工伤、失业、生育等情况下依法从国家和社会获得物质帮助的权利。"广大劳动者正是通过参加社会保险，实现宪法赋予公民的基本权利。

（二）社会保险与社会保障

社会保险和社会保障是一回事吗？什么是社会保障？

社会保障是一个比较宽泛的概念。学术界对此有三种说法：

其一，社会保障包括社会保险、社会救济、社会优抚、社会福利等，即将不同的社会生活保障项目的总和，统称为"社会保障"。

其二，社会保障就是社会保险，因为社会保险范围的扩大化就是社会保障。

其三，社会福利包括社会保障和社会保险，社会保障（包括社会保险）的发展与完善就是社会福利，社会福利是最高层次、最为广泛的社会保障；社会福利不仅包括社会保障（社会保险、社会救济、社会优抚等），还包括住房福利、教育福利、医疗服务、公共娱乐福利、个人及家庭服务福利等。

在我国，目前较一致的观点是，社会保障的含义要比社会保险的含义宽泛得多。总体上认为，社会保障是国家为了保持经济发展和社会稳定，对社会成员在遭遇生活困难或者为了提高所有社会成员的生活水平，由政府和社会依法提供物质帮助和精神享受，以维护其基本生活需要，并根据国家经济和社会发展状况，不断提高国民生活质量的一系列保障制度。

如何区分社会保障与社会保险，主要有以下三点：

1. 从覆盖范围看，社会保障覆盖的范围是在一个国家中生活的所有社会成员或所有人口。实施社会保障，主要是根据国家财力和社会资金，对全社会人口及不同群体，分不同情况，依法设置不同保障项目实施不同的经济帮助、生活救济和生活改善措施。而社会保险的覆盖范围主要是遭受暂时或永久丧失劳动能力以及暂时丧失工作的社会风险并履行了法定义务的社会成员，并非强制要求所有社会成员或全体国民必须参加基本社会保险。有一些国家将社会保险覆盖面扩大到了全体劳动者，包括个体劳动者和自由职业者，但未覆盖雇主阶层，因为雇主的生活保障一般都高于大众的基本生活条件，故未将其纳入社会保险的范围。

2. 从保障内容看，社会保障的内容不仅包括社会保险，还包括社会救济、社会福利和社会优抚等内容。社会救济主要是保障相对贫困的群体，即不论任何公民有无生活收入来源，只要其生活水平低于法定最低生活水平，就可享受最低生活保障，以满足其生存需要。社会优抚主要是保障一部分倍受尊重而又有光荣身份的群体，如军人及其家属（包括退伍军人、伤残军人、现役军人和为国捐躯军人的家属等），可以享受不低于当地居民平均生活水平的保障。社会福利保障的则是全体社会成员，不论年龄大小和收入多少，均可享受；社会福利的覆盖面最为广泛，如一些欧洲国家提出对每个公民不分贫富，一律给予“从摇篮到坟墓”的各项社会福利。而社会保险的保障内容主要是在社会劳动者中，根据用人单位和每个劳动者履行法定缴费义务的情况，提供有限的养老、医疗、失业、工伤、生育保险待遇。对城乡居民也是根据其履行法定缴费义务的情况，提供基本的养老和医疗保险待遇。

3. 从资金来源看，实施社会保障（除社会保险外）的项目如社会救济、社会优抚、社会福利等的资金来源，均以国家财政支付为主（也有一些社会捐赠款项），分别按不同保障项目给予投入。如对社会上的贫困群体进行救济，对为社会作出特殊贡献或付出特殊代价的人员进行优抚，对提高全体社会成员的物质文化生活水平进行公益性投入，以不断改善广大人民群众的生活质量等。而社会保险基金的来源，主要依靠用人单位和劳动者个人依法参保缴费，必要时，政府财政给予一定补助。

（三）社会保险与商业人身保险

经常有人问：商业保险与社会保险有什么不同？参加了商业保险还需要参加社会保险吗？

关于法定的商业保险，根据《中华人民共和国保险法》（以下简称《保险法》）第二条的规定："本法所称保险，是指投保人根据合同约定，向保险人支付保险费，保险人对于合同约定的可能发生的事故因其发生所造成的财产损失承担赔偿保险金责任，或者当被保险人死亡、伤残、疾病或者达到合同约定的年龄、期限等条件时承担给付保险金责任的商业保险行为。"该法第十二条第三款还规定："人身保险是以人的寿命和身体为保险标的的保险。"

社会保险特别是社会基本养老保险与商业人身保险的不同，主要体现在以下方面：

1. 保险性质不同。社会保险是基于国家倡导社会互助，为了人们主要的、基本的生活保障而通过立法建立的一种政府行为，具有公法调整的一些属性。它不以营利为目的，参保具有强制性，用人单位及其职工没有选择的权利。商业人身保险是市场经济中的一种商业活动，即是一种商业行为，属于私法调整范围。它以营利为目的，投保是保险人与投保人或被保险人之间的一种自愿契约关系。

2. 实施对象不同。社会保险的实施对象是社会保险法律法规所明确规定的人群，视不同的险种覆盖不同类型的用人单位和不同职业的劳动者，有些险种要求个人缴费，还有些险种不需要个人缴费。其缴费责任和数额也是依法确定的，具有政府强制性的特点。商业人身保险的对象是社会成员中自愿投保的任何公民，其投保缴费行为和投保数额由投保人自主选择决定，受参保者经济状况与身体健康状况的限制，双方按自愿原则签订合同投保。

3. 资金来源不同。社会保险的资金来源于用人单位、劳动者的缴费和政府的财政补贴。商业人身保险的保费是保险人自筹启动资金，运营资金来自投保人的保险费和投资利息。

4. 保障功能不同。社会保险与商业人身保险都是对社会成员的社会风险给予补偿，但社会保险以保证劳动者的基本生活，维护社会安定为目的，基本养老保险的保障水平随社会平均工资的提高和物价指数变动调整。而商业人身保险以补偿特定对象，获取商业利润为目标，其保障水平只与被保险者缴费额有关，不考虑其他因素。

5. 经办机构及目的不同。社会保险是政府指定非营利性的机构经办，目的是保障依法参保职工的基本生活，维护社会稳定。而商业保险是营利性的商业保险公司去经营，目的是在保证获利的前提下分散投保人的经济风险。

应当指出，商业人身保险中的各种人寿保险以及相关的疾病保险、人身意外伤害保险等，虽然也具有广义上的社会保险属性，可视为多层次社会保险体系中的一个组成部分或必要补充，但因其投保人行为的自愿性和非强制性，其社会属性远不及政府主导的基本社会保险制度。

以案释法

案情简介

小刘是某企业的一名车工，在一次上班作业中，被飞起的铁屑击中了眼球，造成8级伤残，并被认定为工伤。由于该企业没有参加工伤保险（即社会保险），而是投保了商业保险公司的人身意外伤害险，于是，企业便通过商业保险公司为小刘办理了理赔手续。企业认为这次工伤事故已经处理完了，没想到小刘坚持要求企业再支付工伤保险待遇。企业认为，既然已经从商业保险公司为小刘报销了医疗费，领取了意外伤害保险金，再支付工伤保险待遇，岂不是享受了双重待遇吗？于是拒绝了小刘的要求。对此，双方争执不下。最后，小刘向当地人社部门投诉。

在人社部门的调解下，企业按照《社会保险法》的规定，向小刘支付了工伤保险待遇。

案例评述

这里需要讨论的问题是，当企业为职工投保了商业保险公司的人身意外伤害险后，职工发生工伤，应当如何享受待遇？现实中，一些企业对于社会保险（例如工伤保险）不甚了解，错误地认为工伤保险和意外伤害保险是一样的，于是参加了意外伤害险后就不再参加工伤保险。其实，意外伤害险和工伤保险的作用虽然相似，但是意外伤害险并不能代替工伤保险。

根据《工伤保险条例》第六十二条第二款的规定："依照本条例规定应当参加工伤保险而未参加工伤保险的用人单位职工发生工伤的，由该用人单位按照本条例规定的工伤保险待遇项目和标准支付费用。"这就是说，在企业只投保了意外伤害险，没有参加工伤保险的情况下，一旦职工被认定为工伤，企业就必须按照《工伤保险条例》的规定，自行支付工伤职工的工伤保险待遇。

上述案例中，小刘被认定为工伤，如果先获得工伤保险待遇后，能否以已投保了意外伤害保险为由，再向商业保险公司申请理赔呢？

一种意见认为，小刘不能同时获得意外伤害保险赔偿和工伤保险待遇，否则当事人会取得大于损害的赔偿，违背法律精神。

另一种意见认为，工伤保险与意外伤害保险存在性质差异，二者并无冲突，小刘可以在获得工伤保险待遇之后再向保险公司申请意外伤害保险赔偿。理由是：

1. 小刘在工作过程中受到伤害，被认定为工伤，根据《工伤保险条例》理应获得工伤保险待遇。

2. 小刘投保了意外伤害保险，根据《保险法》（非《社会保险法》）的规定，申请意外伤害保险赔偿的前提是双方事先签订有保险合同。该合同属于市场经济主体之间的商业行为，且该合同是双方平等自愿的真实意思表示，具有法律效力。因此，小刘理应获得意外伤害保险赔偿。

3. 《工伤保险条例》和《保险法》均未作出工伤保险待遇与意外伤害保险赔偿只能二者择其一的规定。因此，小刘可以获得意外伤害险赔偿和工伤保险待遇。①

① 类似上述案例的分析，参见本书第十六章 职工社会保险待遇 第三节 职工工伤保险待遇 五、对职工工伤权益的特别维护。

二、社会保险法的概念

我们对于社会保险法概念的理解，也有广义和狭义之分。

从狭义上讲，社会保险法是指2010年10月28日由第十一届全国人民代表大会常务委员会第十七次会议通过的《社会保险法》①。它对社会保险的项目体系、实施范围与实施对象、各项社会保险资金来源、社会保险待遇标准、发放办法，社会保险基金管理等内容作出法律规定，并且明确社会保险经办机构的性质与职能、社会保险的组织形式与地位、社会保险的管理与监督检查等事项。

从广义上讲，社会保险法是指对劳动者在其生、老、病、死、伤、残、失业及发生其他生活困难时，给予物质帮助的一种社会保险行为，以及与社会保险有密切联系的其他社会关系的法律规范的总和。其中，除包括上述狭义的《社会保险法》中的法律规范外，还包括宪法、法律、行政法规、地方性法规以及其他规范性文件中有关调整社会保险关系以及与社会保险关系有密切联系的其他关系的法律规范，如全国人大常委会通过的《中华人民共和国妇女权益保障法》《中华人民共和国工会法》，国务院颁布的《工伤保险条例》《失业保险条例》《社会保险费征缴暂行条例》等法律法规，以及各地和国家部委依法制定的地方性法规和行政规章等。

人们在日常生活中所说“社会保险法”（包括本书中使用的“社会保险法”），除特别说明外（或者加注《社会保险法》外），基本上都是指广义上的社会保险法律规范。

三、社会保险立法的基本特征

社会保险立法具有的基本特征主要包括：

（一）覆盖范围的社会性

社会保险的覆盖范围各个国家有所不同，有的覆盖全体公民，还有的覆盖大部分劳动者。一般而言，国家建立社会保险制度的目的，是保障所有国民或劳动者在遇到年老、失业、疾病、工伤、生育等风险时，都能够从国家或者社会获得

---

① 根据2018年12月29日第十三届全国人民代表大会常务委员会第七次会议《关于修改〈中华人民共和国社会保险法〉的决定》修正。

一定的物质帮助和服务，以维持基本生活，从而促使整个社会协调、稳定地发展。国家通过立法，规定社会保险对象的普遍性，即表现为社会保险权利为每一个社会劳动者所享有。甚至在国际上，还有国家之间签订了双边或多边社会保险待遇互惠协议，以保证劳动者在跨国流动中享有社会保险权益。

我国社会保险立法中所体现的社会保险范围的社会性，是指享受社会保险的对象范围十分广泛，包括社会上不同层次、不同行业、不同身份的劳动者，只要属于我国劳动法中规定的劳动者，都能够享受社会保险。根据《劳动法》，中华人民共和国境内所有的企业、事业单位、国家机关、社会团体、个体经济组织的劳动者都可以参与社会保险，范围的广泛不仅克服了以前社会保险制度的覆盖面小和不统一的缺陷，而且完全符合社会主义市场经济体制的要求。《社会保险法》第一条立法宗旨中明确规定："……维护公民参加社会保险和享受社会保险待遇的合法权益……"法律使用"公民"两字，表明我国进一步把社会保险的范围扩大到了全体国民，即不仅包括单位职工，还包括城乡居民（本书主要讨论用人单位职工的社会保险权益）。社会保险法适用范围的扩大，充分体现了社会保险的社会性。同时，从社会保险组织和管理方面来看，通过立法强调在社会保险资金的筹集、发放、调剂、管理等方面都应实现政府主导下的社会化运作，也体现了社会保险的社会性。

（二）资金使用的互济性

互济性是社会保险得以产生和存在的理论基础，它的原理在于集众人之力分散众人之险，使全体参保人遭遇风险时通过互助共济获得帮助。社会保险实行互助共济，即在筹措和使用社会保险资金中，要遵循"风险分散法则""大数法则""社会共济原则"等。在社会保险中应用这些法则或原则是指集合社会上一定多数的用人单位和个人的缴费，组合成较大的社会保险基金，将发生在少数单位和少数个人的社会风险，转由多数单位和多数个人共同缴费来分担，使风险分散达到最大限度的均衡。

社会保险实行互助共济，一方面，表现在社会保险基金实行社会统筹，在整个社会的范围内统一筹集和调剂使用资金，依靠全社会的财力，使由于年老、患病、工伤、失业、生育和丧失劳动能力等事件对每个劳动者所造成的经济损失，通过互助共济获得救济，实现均衡负担和分散风险。另一方面，劳动者的寿命长短、生病或不生病以及生病严重程度、伤残或丧失劳动能力与否及丧失劳动能力的程度等，不以人们的意志为转移，并且不可能完全等同，而社会保险的目的则是相同的，即保障全体参保人的基本生活需要。只有努力使社会保险统筹的覆盖范围越大，才能使社会保险抵御风险的能力越强。因此，各国在建立和完善社会保险制度的进程中，都在不断扩大社会保险覆盖面，实现更大范围的社会统筹与互助共济，使每一个劳动者都有一种生活的安全保障感。

（三）国家确认的强制性

社会保险法本质上就是法的范畴，自然具有法的强制性。社会保险法的强制性表现在社会保险由国家立法加以确认并强制实施，这与商业保险完全不同。社会保险法涉及社会公众特别是广大社会劳动者的切身利益，因而在其法律条款中大多作出了强制性规定。即凡是属于法律规定纳入社会保险对象的任何用人单位和劳动者个人，都必须参加职工社会保险，不得自行确定是否参加保险以及选择所参加的保险项目，必须依据国家法律规定的缴费比例履行缴费义务，不能自愿协商变更缴费比例，不能自行选择缴费标准。社会保险法强制性规范的效力是不容变更的。这既体现了国家的社会责任和国家对社会生活水平的强制干预，也是实现国家社会保障目标的根本保证。

《社会保险法》第十一章还规定了相关的法律责任。如第八十四条规定："用人单位不办理社会保险登记的，由社会保险行政部门责令限期改正；逾期不改正的，对用人单位处应缴社会保险费数额一倍以上三倍以下的罚款，对其直接负责的主管人员和其他直接责任人员处五百元以上三千元以下的罚款。"第八十六条规定："用人单位未按时足额缴纳社会保险费的，由社会保险费征收机构责令限期缴纳或者补足，并自欠缴之日起，按日加收万分之五的滞纳金；逾期仍不缴纳的，由有关行政部门处欠缴数额一倍以上三倍以下的罚款。"这些条文都充分体现了社会保险的强制性，若保险参与人不按法律规定履行相关义务，就要承担不利的法律后果。正是因为社会保险具有强制性，才能有力推动社会保险制度的实施，使社会保险法不会成为一纸空文。

（四）待遇水平的差别性

人们享受社会保险待遇（特别是养老保险待遇和医疗保险待遇）时，并非实行人人都一样的平均主义。劳动者可享受的待遇与其履行缴费义务时支付的保险费有一定的联系，因工作时间长短不同、工资收入高低不同、缴纳保险费多少不同导致劳动者之间在享受社会保险待遇时存在一定的差别。通过这种待遇的差别性，鼓励劳动者在能够劳动时多劳动、多缴费、多为社会做贡献，同时也使自己可以多享受一些社会保险待遇。

社会保险待遇水平的差别性并不会拉大不同人群的收入差距。实施社会保险，能够防范职业风险，将参保人的个人风险转化为社会风险，从而保证个人在暂时或者永久失去劳动能力以及暂时失去工作岗位造成收入中断或者减少的情况下，仍然能够获得一定的经济补助，继续享受基本生活保障，不至于与正在工作的人们产生过大的收入差距，进而维护个人及家庭的生存尊严。因此，人们说社会保险是社会稳定的“调节器”，社会保险能够缓解个人和家庭生活困难，缓和社会矛盾，营造和谐的社会环境。社会保险通过实行收入再分配，适当调节劳动分配，保障低收入者的基本生活，从而在一定程度上实现社会的公平分配。

（五）收入损失的补偿性

收入损失的补偿性是指让全体参保人员为个人参保者的风险买单，在风险发生时对个人提供收入损失的救助。劳动者在向社会生产付出劳动，并以此获取劳动报酬期间，要依据国家规定的标准，按照劳动报酬的一定比例缴纳社会保险费用；待个人年老、患病、负伤、失业、生育和丧失劳动能力时，再依照国家规定的标准领回一定费用。这是社会保险补偿性的具体体现。同时，劳动者通过劳动创造的价值或财富，除了一部分表现为劳动报酬返回给劳动者之外，另一部分作为社会的各项扣除，纳入了政府收入的范畴。在社会保险基金的来源中，国家要给予必要补助，其资金最初也是来源于劳动者的劳动贡献。国家通过支付社会保险补助，将政府收入中的一部分再返回给劳动者，实质上是对劳动者过去劳动的一种补偿。

社会保险法对一些保障项目作出了专门规定，并不绝对地要求劳动者的权利与义务完全一致，对法定的参保人的帮助带有一定的补助性质。如对一些困难群体提供帮助时，国家通过立法对经济收入在一定数额以下的劳动者，免除缴纳部分社会保险项目的保险费；又如对一些失业人员的疾病医治，由政府提供失业救济金；再如对工伤或职业病患者、有疾病或生育期间的劳动者，法律规定对部分医疗项目实现免费治疗等。上述这些费用来源，有的不需要用人单位和劳动者双方缴费，有的不需要劳动者一方缴费，而由政府财政或用人单位的缴费来实行社会补偿。

（六）实体法和程序法的统一性

社会保险法是由实体法与程序法兼容与配套的法律部门，因为社会保险法调整的对象是一个由社会保险领域中各种社会关系所构成的系统，它们分别与社会保险关系的特定内容或运行环节相对应，是社会保险关系正常运行在程序上的必要条件或保障。因此，法律法规在对养老保险、医疗保险、工伤保险、失业保险、生育保险各险种的规定中，既有被保险人（劳动者）权利与义务的实体内容，又有其相对应的保险待遇享受资格认定与各项待遇核定等程序性规定。所以，各国的社会保险法大多由实体法与程序法所构成。

四、社会保险法律关系

社会保险法律关系具有多元化和复杂化的特点，这从社会保险法律关系主体的多样性及其对应的权利和义务关系可以表现出来。

（一）社会保险法律关系主体

社会保险法律关系主体可以分为以下几类。

1. 保险人

社会保险法中的保险人，是指依法征收社会保险费，并按照规定支付社会保险待遇和提供社会保险权益服务的主体。

目前，大多数国家的保险人是指法定的社会保险费征收和社会保险事务经办机构以及医疗机构、药品经营机构、金融机构等社会保险服务机构，由其直接承担管理和实施社会保险的职能，依法向用人单位、劳动者征收社会保险费，并负责具体运作社会保险项目和向劳动者支付相关的社会保险待遇。

在我国，保险人主要是社会保险费征收机构和社会保险事务经办机构以及政府主管部门依法认定的医疗机构、药品经营机构、金融机构等。同时，国家通过对社会保险运行和实施给予财政上的支持，成为社会保险关系的特殊主体。

2. 参保人

社会保险法中的参保人或称投保人，是指依法参加社会保险，并为被保险人的利益承担缴纳社会保险费义务的主体。一般为用人单位（主要是指与劳动者建立劳动合同关系的企业、事业单位、社会团体和国家机关等组织）及其建立劳动关系的劳动者。没有稳定或固定劳动关系的灵活就业人员和非就业人员可以依法自行参保，成为参保人。在一些国家，自雇人员也可以成为参保人。

3. 被保险人

社会保险法中的被保险人，是指能依法享受相关社会保险待遇的主体。一般为法律法规规定的参保单位职工。有的国家规定自雇的劳动者在履行缴费义务后，可以成为被保险人。我国《社会保险法》将参保后的各类灵活就业人员和城乡居民依法也列为被保险人。

4. 受益人

社会保险法中的受益人，是指除了能依法享受相关社会保险待遇的被保险人之外，还包括基于被保险人的一定关系而享有一定保险利益的主体。一般为用人单位的职工及其法定亲属。

世界各国规定的法定亲属主要包括被保险人的配偶和未成年的子女。法定亲属享有的社会保险利益，是在被保险人所得保险待遇以外，或者被保险人死亡后，按照法定项目和标准获得物质帮助。法定亲属的收益权实际上是被保险人权利的延伸和扩展，其享有的待遇标准一般要低于被保险人享有的待遇标准。

5. 管理人

社会保险法中的管理人，主要是指依法负有管理职责的社会保险行政管理部门。

《社会保险法》第七条规定："国务院社会保险行政部门负责全国的社会保险管理工作，国务院其他有关部门在各自的职责范围内负责有关的社会保险工作。县级以上地方人民政府社会保险行政部门负责本行政区域的社会保险管理工作，县级以上地方人民政府其他有关部门在各自的职责范围内负责有关的社会保险工作。"

管理人的主要职责是研究制定社会保险的法规政策和发展规划，负责社会保险工作的组织、管理、监督，指导社会保险经办机构的工作，组织实施社会保险的各项制度。

6. 监督人

社会保险法中的监督人，主要是指依法负有监督职责的相关机构。社会保险监督人既有专门设立的社会保险监督机构（如依法成立的社会保险监督委员会等），也包括负有监督职责的相关行政主管部门。

社会保险监督人的职责主要是监督社会保险法律、法规、政策的执行和社会保险基金收支与社会保险基金的运营，社会保险监督人有权对社会保险征收机构和经办机构的工作提出改进意见和建议。对于社会保险经办机构的违法行为，社会保险监督人有权依法处置或者提交有关部门处理。

此外，在社会保险法律关系主体中，还有社会保险代办人以及社会保险基金的投资人等。

（二）社会保险法调整的社会关系

社会保险法调整的社会关系主要有以下几种。

1. 社会保险征收和经办机构与用人单位和劳动者之间的关系。社会保险的基础工作是由社会保险征收和经办机构来完成的，如社会保险费的收缴、基金的管理、待遇的发放以及退休人员、患病职工、失业人员的服务管理等方面的工作，都是由社会保险征收和经办机构承担或由其组织。社会保险征收和经办机构与用人单位和劳动者之间的关系是社会保险关系中最为普遍和经常的社会关系。

2. 社会保险管理机关与管理相对人之间的关系。社会保险管理是社会保险管理机关制定社会保险政策，监督社会保险法律、法规的执行，处理社会保险争议的活动。社会保险管理机关在进行管理的过程中，形成了三个方面的管理关系：（1）与社会保险经办机构和相关服务机构的行政管理关系；（2）与参保单位的行政管理关系；（3）与被保险人和受益人（劳动者及其家属等）的行政管理关系。这些都是社会保险法调整的社会关系。

3. 社会保险监督机构与社会保险管理机构、经办机构、服务机构、用人单位和劳动者之间的关系，社会保险监督的主要内容是社会保险的法律法规执行情况，重点是社会保险费的收支、社会保险业务经办和基金运营的情况。这是社会保险监督机构与监督对象发生的社会关系。

五、社会保险立法的基本原则

社会保险立法的基本原则是集中反映社会保险法的本质，贯穿于全部社会保险法律规范中，并对整个社会保险法律规范体系起主导作用的基本精神和指导思想，是立法者制定法律时的出发点。

我国社会保险立法体现了以下基本原则。

（一）强制性和自愿性相结合

所有国家的社会保险制度都是通过立法确立并强制实施的，这主要是基于社会保险制度特性与劳动者利益协调的需要。各国的社会保险制度都是在立法规范的条件下，借助国家行政与司法等公权力来强制实施。覆盖范围内的用人单位与劳动者以及政府，均必须依法承担自己的义务；用人单位与劳动者均没有自由选择是否参保及缴费多少的权利。我国根据国情，考虑到有稳定劳动关系的单位职工和无劳动关系的灵活就业人员的收入保障有差别，在征收社会保险费时采取了强制性和自愿性相结合的原则。

按照《社会保险法》的规定，中华人民共和国境内的用人单位和个人依法缴纳社会保险费。应由单位缴纳的社会保险费，由用人单位自行申报、按时足额缴纳；职工应当缴纳的社会保险费，由用人单位代扣代缴，用人单位应当按月将缴纳社会保险费的明细情况告知本人。对于无雇工的个体工商户、未在用人单位参加基本养老保险和基本医疗保险的非全日制从业人员以及其他灵活就业人员，则是可以参加基本养老保险和基本医疗保险，也可以不参加；这是一种自愿行为，基本养老保险费和基本医疗保险费完全由个人缴纳。这种强制性和自愿性相结合，保证了社会保险制度的公平性与互助共济性。

（二）社会保险水平与经济社会发展水平相适应

确定社会保险水平是社会保险法的一项重要内容，在确定社会保险水平时必须体现社会保险水平与社会生产力发展水平相适应的原则。社会保险需要社会生产力的发展为其提供可能、创造条件，只有当生产力发展到一定水平，社会财富较为丰富时，用人单位和劳动者才有缴费能力，国家也才有能力承担一定的社会保险费。同时，在不同的生产力发展阶段，社会保险待遇水平也相应不同。如果社会保险水平跨越生产力发展阶段，提供过高的待遇水平，势必会增加企业和在职职工的负担，抑制经济活力，而且在客观上造成“养懒汉”的社会效应，从而影响国民经济的可持续发展，危及社会保险制度的正常运行。但如果社会保险的待遇水平过低，低于经济社会发展水平，则无法充分发挥其生活保障功能。所以要根据生产力发展水平和各方面的承受能力，恰当地确定社会保险的范围、项目和水平。

现阶段我国还不具备实行发达国家社会保险水平的条件，因此我国社会保险的水平在总体上应建立在我国尚不发达的现实基础上，以后再随着经济的发展逐步提高。所以，《宪法》第十四条第四款规定，国家建立健全同经济发展水平相适应的社会保障制度。《劳动法》第七十一条规定，社会保险水平应当与社会经济发展水平和社会承受能力相适应。《社会保险法》第三条规定，社会保险制度坚持广覆盖、保基本、多层次、可持续的方针，社会保险水平应当与经济社会发展水平相适应。

（三）普遍性与社会化相统筹

社会保险的普遍性是指社会保险的适用范围包括所有社会成员，强调公民在法律面前一律平等，每个公民都平等地享有宪法赋予的社会保障权利。《社会保险法》在《劳动法》的基础上扩大了社会保险的覆盖范围，将其中基本养老保险和基本医疗保险的适用范围覆盖到了城乡全体居民，并将无雇工的个体工商户以及其他灵活就业人员都纳入了社会保险。

实行社会保险的普遍性意味着同时要求实施社会保险的社会化，这是社会保险能够健康发展的重要条件。现代社会的社会保险是全体社会成员的共同事业，应当鼓励本国社会成员主动参与社会保险事务，包括参与分担缴费、参与监督社会保险制度的实施等，使社会保险事业具备更为广泛的社会基础和坚实的经济基础，同时使社会保险的普遍性成为全民的普惠性。社会保险的普遍性也必然要求实现社会保险的社会化管理。社会保险应当独立于各个用人单位之外，实行社会一体化原则，即在全社会统一社会保险的项目、统一社会保险的标准、统一社会保险的管理与实施机制等。这样，无论劳动者如何跨地域跨行业流动，均能享有同样的社会保险制度保障，从而为实现劳动者自由流动和劳动力资源的最佳配置提供条件。社会保险要体现其社会性，就应当把各部门、各地区、各行业、各单位分散管理的形式逐步转为统一的社会化管理模式，统筹规划，将用人单位承担的社会保险事务性工作转为社会化服务，建立健全统一的社会化服务体系。

（四）基本保障与激励机制相结合

社会现实中，由于个人能力和机会等不同，人与人之间客观上存在着贫富差距，总是会有一些人面临物质的匮乏和生存的危机。为了保障社会成员基本的生存权利，在个人出现生活困难时，如年老、生病、失业等，国家和社会有义务对其进行物质帮助，以维持其基本生存需要；但国家和社会的义务应限于满足贫困者的最基本生活需求，而不宜让其享受脱离现实经济发展水平的富裕生活。

现阶段，我国的基本国情决定了我们在完善社会保险体系时不能追求过高的保障水平，否则会加重企业缴费和国家财政的负担，因此强调基本性的社会保障。同时强调在保障基本社会保险的基础上，也要注重激励机制的运用。社会保险并非只是企业和国家的事情，每个劳动者在享有基本生活保障权的同时也要履行一定的义务，社会保险需要每个劳动者的投入，与每个劳动者的切身利益挂钩。因此社会保险法中规定了参保人的缴费比例和数额，强调个人缴费与个人待遇享受相平衡，鼓励社会成员积极参保，保险待遇与个人缴费适当挂钩，通过多缴费来提高保险待遇享受水平。

（五）权利与义务相对应

权利与义务相对应，是社会保险法律制度赖以存在的前提条件。在现代社会中，每个劳动者都享有社会保险的平等权利，同时又都对参加社会保险负有不可推卸的责任和义务。劳动者只有在履行了法定的义务之后，才有权利享受相关的社会保险待遇。不参保当然不能享受社会保险待遇，不缴费通常也不能享受社会保险待遇。因为社会保险基金是全体参保人的共同财产，只有履行了相应的义务，才有权利享受相应的权益。为了提高管理效率，对于有单位的职工而言，要建立社会保险法律关系，其缴纳社会保险费的法定义务，依法通过所在的用人单位代为履行；对于无单位的灵活就业人员而言，要建立职工社会保险法律关系，则需由自己亲自履行缴费义务。法律要求所有参保人均有清晰的缴费记录与待遇给付对应关系，这就构成了社会保险管理与经办中的实质内容。

（六）公平与效率相兼顾

社会保险法律制度强调公平与效率相兼顾。在公平性方面，社会保险立法要求对社会成员的“非歧视性”。任何社会成员只要符合法律规定的条件都可以享受相应的社会保险，每一项社会保险对于其适用范围内的社会成员而言都是机会均等，因而促进其机会公平；同时，社会保险实质上又是一种再分配的政策措施，具有调节参保人收入差距的功能，因而它又可以一定程度地促进结果公平。在讲求效率方面，社会保险立法通过为社会成员提供基本生活保障，消除各种社会风险的侵害，从而调动社会成员的劳动积极性和创造精神，这就为提升社会生产效率创造了较为有利的主观条件。同时，就社会保险制度本身而言，通过立法的制度安排，也可以促进提高效率。比如各项社会保险费率的高低、基金来源渠道的分配、缴费义务与受益权利的平衡、待遇项目及发放标准的确定、基金管理和运营的成效等，都直接影响社会保险功能的发挥和自身效率的提升。

（七）可持续性与多层次保障相照应

制定《社会保险法》不是权宜之计，而是要有利于国家整个社会保险制度的可持续发展，要通过立法来解决阻碍此项制度可持续发展的不利因素。在我国人口老龄化加速，城市化进程加快，就业形式多样化，经济全球化形势复杂的大环境下，社会保险制度不仅要应对人口老龄化所带来的养老保险基金、医疗保险基金支出快速增长的压力，还要面对大量农民变市民，以及被征地农民、灵活就业人员如何参加城镇职工社会保险的问题。同时，也要考虑我国社会保险制度如何与国际接轨的问题。因此，要通过立法建立一个可持续性的社会保险制度。

要实现一个国家的社会保险制度可持续发展，不能单一地依赖一种基本层面的社会保险制度，还要建立多层次社会保险体系。社会保险层次单一，仅有基本层面，不利于保障各类劳动者的社会生活水平随着经济发展得以逐步提高。各国社会保险都按照资金来源多渠道与多层次保险的思路，实行了国家基本保险、企业补充保险和个人储蓄性保险相结合的多层次保障原则。所以，我国劳动和社会保险相关法律法规规定，用人单位和劳动者应当依照国家有关规定参加国家基本社会保险，缴纳社会保险费，同时鼓励用人单位根据本单位实际情况为劳动者建立补充保险，并提倡劳动者个人也进行储蓄性保险，以实现一个多层次的社会保险体系。

第三章　用人单位与劳动者

企业的竞争力和生命力在于企业与员工能否动态地发展与维护和谐的劳动关系。劳动关系双方当事人只有遵循法律构建的规范框架，才能有效地协调相互间的合作行为，结成相互依靠的利益共同体，共同推动企业持续向前发展。而用人单位和劳动者要相互结合，和谐相处，就必须找准自己的法律定位，依法规范自身的行为。

第一节　用人单位的法律定义

一、劳动和社会保险法律中的用人单位

一个用人单位及其职工的权益是否受到劳动和社会保险法律的调整和保护，首先要界定清楚其是否被视为劳动和社会保险法律关系的行为主体。因为我国的劳动和社会保险法律规范主要对法定的用人单位及其职工依法予以保护。

什么是用人单位？用人单位是一种统称。因为企业、事业单位、国家机关、民办非企业单位等社会组织都要招用劳动者从事社会劳动或社会工作，所以以上主体都称为用人单位。

什么是劳动和社会保险法律中所指的用人单位呢？《劳动法》第二条将“中华人民共和国境内的企业、个体经济组织”称为“用人单位”。《劳动合同法》第二条除了仍然规定“企业、个体经济组织”为用人单位之外，将“民办非企业单位等组织”也纳入了法定的用人单位。同时，《劳动合同法》还规定了“国家机关、事业单位、社会团体和与其建立劳动关系的劳动者，订立、履行、变更、解除或者终止劳动合同，依照本法执行”。这就是说，国家机关、事业单位、社会团体只要与其招用的劳动者签订了劳动合同，建立了劳动关系，也将其视为劳

动法中所称的“用人单位”。

用人单位多数是以法人的资格出现。《民法典》对法人资格有明确的规定，其中第五十七条规定：“法人是具有民事权利能力和民事行为能力，依法独立享有民事权利和承担民事义务的组织。”第五十八条第一款规定：“法人应当依法成立。”根据劳动法规定，作为劳动法律主体一方的用人单位，是指依法成立，并依法招用、组织和管理职工参与社会生产劳动，发给职工劳动报酬的社会组织。在劳动法调整的对象中，主要是指各类企业。企业应当凭借其完备的主体资格，足够的财力物力，在与劳动者依法缔结劳动合同后，能够依据劳动法律法规和合同的约定，为劳动者提供劳动条件、按时足额支付劳动报酬、缴纳社会保险费和提供相关福利等。

用人单位除法人外，还有许多非营利法人、非法人组织或个体经济组织。

所谓“非营利法人”，《民法典》第八十七条规定：“为公益目的或者其他非营利目的成立，不向出资人、设立人或者会员分配所取得利润的法人，为非营利法人。非营利法人包括事业单位、社会团体、基金会、社会服务机构等。”

所谓“非法人组织”，《民法典》第一百零二条规定：“非法人组织是不具有法人资格，但是能够依法以自己的名义从事民事活动的组织。非法人组织包括个人独资企业、合伙企业、不具有法人资格的专业服务机构等。”

所谓“个体经济组织”，《民法典》第五十四条规定：“自然人从事工商业经营，经依法登记，为个体工商户……”

上述各类组织依法可以成为劳动和社会保险法律中的“用人单位”，成为劳动合同订立一方的用工主体。

二、用人单位的类别

劳动和社会保险法律中所称的用人单位可以划分为以下两种类型。

（一）企业、个体经济组织、民办非企业单位及其他组织

1. 企业

企业，是指从事产品生产、流通或者服务性活动的实行独立经济核算的经济单位。企业是《劳动合同法》所指用人单位的主体，包括法人企业和非法人企业。根据《中华人民共和国公司法》（以下简称《公司法》）第十四条规定：

“公司可以设立分公司……分公司不具有法人资格，其民事责任由公司承担。公司可以设立子公司，子公司具有法人资格，依法独立承担民事责任。”

根据国家统计局和原国家工商行政管理总局联合发布的《关于划分企业登记注册类型的规定》（国统字〔1998〕200号）及《关于划分企业登记注册类型的规定调整的通知》(国统字〔2011〕86号)，目前我国的企业登记注册类型划分为内资企业、港、澳、台商投资企业和外商投资企业三大类。

（1）内资企业，包括国有企业、集体企业、股份合作企业、联营企业、有限责任公司、股份有限公司、私营企业、其他企业。

（2）港、澳、台商投资企业，包括合资经营企业（港或澳、台资)，合作经营企业（港或澳、台资)，港、澳、台商独资经营企业，港、澳、台商投资股份有限公司，其他港、澳、台商投资企业。

（3）外商投资企业，包括中外合资经营企业、中外合作经营企业、外资企业、外商投资股份有限公司、其他外商投资企业。

2. 个体经济组织

个体经济组织，是指经工商登记注册的个体工商户。根据《民法典》第五十四条规定：“自然人从事工商业经营，经依法登记，为个体工商户……”《劳动合同法》中用人单位所称的个体经济组织是指有雇工的个体工商户。根据《促进个体工商户发展条例 》(国务院令第755号）的规定：“个体工商户可以个人经营，也可以家庭经营。”“个体工商户应当依法经营、诚实守信，自觉履行劳动用工、安全生产、食品安全、职业卫生、环境保护、公平竞争等方面的法定义务。”

3. 民办非企业单位

根据《民办非企业单位登记管理暂行条例》（国务院令第251号）的规定，民办非企业单位“是指企业事业单位、社会团体和其他社会力量以及公民个人利用非国有资产举办的，从事非营利性社会服务活动的社会组织”。

申请登记民办非企业单位，应当具备下列条件：(1）经业务主管单位审查同意；(2）有规范的名称、必要的组织机构；(3）有与其业务活动相适应的从业人员；(4）有与其业务活动相适应的合法财产；(5）有必要的场所。

在现实经济活动中有诸多民办非企业单位，例如各类民办职业介绍机构、民办学校、民办科研机构、民办医院、民办图书馆和科技馆、民办艺术表演团体、民办体育俱乐部、民办福利院、民办婚姻介绍所和民办社区服务中心等。《劳动合同法》明确规定，将民办非企业单位作为用人单位，纳入法律调整对象。

4.《劳动合同法》规定的其他组织

《劳动合同法》中规定的除了上述三类用人单位之外的其他“等组织”，主要是指会计师事务所、律师事务所等合伙组织和基金会。对此，《劳动合同法实施条例》作出了明确规定：“依法成立的会计师事务所、律师事务所等合伙组织和基金会，属于劳动合同法规定的用人单位。”

《中华人民共和国注册会计师法》（以下简称《注册会计师法》）第二条规定：“注册会计师是依法取得注册会计师证书并接受委托从事审计和会计咨询、会计服务业务的执业人员。”

《中华人民共和国律师法》第二条规定，律师“是指依法取得律师执业证书，接受委托或者指定，为当事人提供法律服务的执业人员。”

当会计师或律师受雇于某一事务所工作时，就与事务所建立了用工关系；事务所就要为其在劳动权利义务关系上承担相应的责任。如司法部发布的《律师事务所管理办法》（司法部令第 142 号）第五十一条中明确规定：“合伙律师事务所和国家出资设立的律师事务所应当按照规定为聘用的律师和辅助人员办理失业、养老、医疗等社会保险。个人律师事务所聘用律师和辅助人员的，应当按前款规定为其办理社会保险。”

在现实经济生活中，尽管会计师事务所、律师事务所和基金会等这类组织的组织形式比较复杂，有的是合伙制，还有的是合作制；有的是国家出资设立的，还有的是民间出资设立的。但只要这些组织招用了劳动者，就形成了用人单位与职工建立的劳动关系。因此，就应当纳入劳动合同法中调整。

5. 用人单位的分支机构

在现实经济活动中，一些较大经营规模的用人单位为了争取市场占有率，在各地设立了一些分支机构开展业务。有些分支机构在当地取得营业执照或登记证书，在当地招用劳动者，发生了实际用工的行为。也有一些分支机构未依法取得营业执照或登记证书，不具有独立的法人资格，却以分支机构的名义招用劳动者，开展生产经营活动。为了规范用人单位分支机构的用工行为，《劳动合同法实施条例》第四条规定：“劳动合同法规定的用人单位设立的分支机构，依法取得营业执照或者登记证书的，可以作为用人单位与劳动者订立劳动合同；未依法取得营业执照或者登记证书的，受用人单位委托可以与劳动者订立劳动合同。”

根据上述规定，对用人单位的分支机构用工，以两种情形处理：

其一，对于依法取得营业执照或者登记证书的分支机构，可以作为用工主体，直接招用劳动者，即以分支机构的名义依法与劳动者订立、履行、变更、解除、终止劳动合同。在劳动法律关系中，以分支机构的名义作为当事人。需要注意的是，按照《民法典》《公司法》等法律规定，这些用人单位的分支机构不能独立承担全部法律责任的，由设立的用人单位承担。

其二，对于未能依法取得营业执照或者登记证书的分支机构，不能作为用工主体直接招用劳动者。但可以受用人单位的委托，以用人单位的名义依法与劳动者订立、履行、变更、解除、终止劳动合同。在劳动法律关系中，不是以分支机构而是以其主管的用人单位作为当事人，由此产生的法律责任，由设立的用人单位承担。

（二）国家机关、事业单位、社会团体

1. 国家机关

国家机关，是指从事国家管理或者行使国家权力，以国家预算作为独立活动经费的中央和地方各级国家权力机关、行政机关、司法机关、国家军事机关、政协等。这些机关中录用的公务员和聘任的人员，除了按照或参照《中华人民共和国公务员法》（以下简称《公务员法》）来管理之外，其他通过签订劳动合同，建立劳动关系而招用的劳动者，应当依照《劳动合同法》来管理。

2. 事业单位

根据《事业单位登记管理暂行条例》（国务院令第 411 号）和《事业单位登记管理暂行条例实施细则》（中央编办发〔2014〕4 号）的有关规定，事业单位，是指国家为了社会公益目的，由国家机关举办或者其他组织利用国有资产举办的，从事教育、科技、文化、卫生等活动的社会服务组织。事业单位依法举办的营利性经营组织，必须实行独立核算，依照国家有关公司、企业等经营组织的法律、法规登记管理。这一规定表明：

第一，事业单位都是国有性质的。

第二，事业单位可以依法成立公司或企业，按照公司法、企业法管理。从依法管理事业单位的角度看，可将事业单位的管理大致分为三类。

（1）依法被赋予一定的行政职能，具有管理公共事务职责的单位。如证监会、银保监会、社保经办机构等，这些单位的员工，参照《公务员法》管理，不适用《劳动合同法》。

（2）具有公益性质的一些公立医院、学校、科研机构、职业技能培训机构和职业技能考核鉴定机构等。这类单位中有一部分员工签订了聘用合同，实行聘用制，按照其他法律或国家相关规定执行。如《中华人民共和国教师法》中，明确了对教师实行聘用制度；另有一些事业单位按照《国务院办公厅转发人事部关于在事业单位试行人员聘用制度意见的通知》（国办发〔2002〕35号）执行。此外，还有一部分人签订了劳动合同，适用《劳动合同法》。根据《事业单位人事管理条例》（国务院令第652号）第三十七条规定："事业单位工作人员与所在单位发生人事争议的，依照《中华人民共和国劳动争议调解仲裁法》等有关规定处理。"

（3）实行企业化管理的事业单位，或者说已经开展经营活动、财务制度实行自收自支的事业单位。这主要是指一部分科研院所及按照国家规定已经转制成企业的单位，适用《劳动合同法》，执行企业的用工制度。

3. 社会团体

根据《社会团体登记管理条例》（国务院令第666号）的规定，社会团体，是指中国公民自愿组成，为实现会员共同意愿，按照其章程开展活动的非营利性社会组织。社会团体应当具备法人条件，不得从事营利性经营活动。

在一些社会团体中，其专职工作人员的工资和保险福利待遇，参照国家对事业单位的有关规定执行。在工会、青年团、妇联、工商联及文化艺术体育团体、各种学会、行业协会等组织中，如果通过签订劳动合同招用了没有列入国家编制序列的工勤人员，适用《劳动合同法》管理。

《劳动合同法》在《劳动法》的基础上，将国家机关、事业组织、社会团体视为"用人单位"，主要是针对国家机关、事业组织、社会团体招用了一些不属于公务员或参照公务员法管理的人员，也不属于国务院有关规定的聘用制公职人员，与其建立劳动关系后，劳动行政部门就应当依据劳动法进行监督管理，检查用人单位与这类人员的劳动用工情况。同时，在社会保险方面，《社会保险费征缴暂行条例》《失业保险条例》《工伤保险条例》等行政法规政策，也对社会保险各险种的覆盖范围分别作出了具体规定。

以案释法

村民委员会、居民委员会等群众性自治组织用工是否适用劳动法？

案情简介

某市某街道的一个社区居民委员会经登记成立。李某到该居民委员会从事辅助管理工作。居民委员会每月向李某转账支付工资。两年后，李某以其在职期间，居民委员会从未与其订立书面劳动合同，亦未依法为其缴纳社会保险费，且未支付加班费与未休年休假工资为由提出辞职，并向劳动争议仲裁委员会申请仲裁，要求承认与居民委员会存在事实劳动关系，居民委员会要为其补缴社会保险费，支付加班费和未休年休假工资及解除劳动合同的经济补偿金。

劳动争议仲裁委员会以被诉主体（居民委员会）不适格为由，决定不予受理。李某不服该决定，向法院提起诉讼。

法院在审理中，居民委员会辩称：居民委员会不符合《劳动合同法》关于用人单位的规定，李某与居民委员会之间不存在劳动合同关系，劳动争议仲裁委员会已以主体不适格为由，驳回了其请求，希望法院支持劳动争议仲裁委员会的意见。

法院审理了李某提交的在节假日及双休日加班的工作记录，足以证明李某在节假日及双休日加班工作以及未休年休假的事实。居民委员会未提供相关考勤记录。

争议焦点

村民委员会、居民委员会等群众自治性组织依法取得独立法人地位的，用工时需要遵守劳动法律吗？

案例评述

虽然在《劳动法》《劳动合同法》《劳动合同法实施条例》列举的用人单位类型中没有列出村民委员会、居民委员会等这类群众性自治组织，但是，《民法典》第九十六条规定："本节规定的机关法人、农村集体经济组织法人、城镇农村的合作经济组织法人、基层群众性自治组织法人，为特别法人。"《民法典》第一百零一条第一款规定："居民委员会、村民委员会具有基层群众性自治组织法人资格，可以从事为履行职能所需要的民事活动。"据此，村民委员会、居民委员会具有用人单位主体资格。

根据劳动争议证据规则，李某的上述举证已经完成了加班的举证责任。居民委员会对员工实行考勤管理，相关考勤记录由其保管，应提供李某的工资表或考勤记录或休假记录，证明已发放李某的加班工资以及李某已休年休假，但居民委员会未能提供，应承担不利后果。居民委员会未依法与李某签订劳动合同，未为其缴纳社会保险费，李某以此为由解除劳动合同，其相关诉求符合法律规定。

三、其他用工机构和个体户

对于外资企业在我国设立的代表处、未依法登记注册的单位和未依法登记注册的城镇个体户、城镇居民家庭、农村从事农业生产的家庭或农村个体户等招用劳动者，均不属于劳动法律中规定的合法的用人单位。如果其通过与劳务派遣公司签订劳务派遣协议使用劳务派遣工的，被派遣劳动者是与劳务派遣公司签订劳动合同，建立劳动关系的，被派遣劳动者与用工单位、个人（家庭）没有劳动关系。

改革开放以来，大量的外国企业在我国境内设立常驻代表机构，也有用工需要。这些外国企业常驻代表机构是否可视为我国劳动法中所指的"用人单位"？能否直接招用中国员工？

从我国目前的法律法规来看，《外国企业常驻代表机构登记管理条例》（国务院令第703号）第二条规定："本条例所称外国企业常驻代表机构（以下简称代表机构），是指外国企业依照本条例规定，在中国境内设立的从事与该外国企业业务有关的非营利性活动的办事机构。代表机构不具有法人资格。"《中华人民共和国国务院关于管理外国企业常驻代表机构的暂行规定》第十一条规定："常驻代表机构租用房屋、聘请工作人员，应当委托当地外事服务单位或者中国政府指定的其它单位办理。"

《北京市人民政府关于外国企业常驻代表机构聘用中国雇员的管理规定》（北京市人民政府第12号令）第五条规定："外国企业常驻代表机构招聘中国雇员，必须委托外事服务单位办理，不得私自或者委托其他单位、个人招聘中国雇员。"第六条规定："中国公民必需通过外事服务单位向外国企业常驻代表机构求职应聘，不得私自或者通过其他单位、个人到外国企业常驻代表机构求职应聘。"第八条规定："外事服务单位应当按照劳动法的规定与中国雇员签订劳动合同，并依法为中国雇员交纳社会保险费用。外事服务单位与中国雇员发生劳动争议，应当按照劳动法的规定处理。"

根据上述规定，外国企业常驻代表机构不是劳动法中所指的用人单位。

如果外国企业常驻代表机构违规直接招用了中国公民，中国公民与外国公司常驻中国代表处发生了用工纠纷，应当如何处理？

根据前述规定可知，外国企业常驻代表机构的定义是一个仅作为联系业务的办事处，本身没有用人权，必须委托法律规定的外事服务单位（或称"外服公司"）来录用中国籍员工。也就是说，外企办事处是实际的用工单位，外服公司是劳务派遣单位，劳动者与外服公司是劳动合同关系，与外企代表处没有直接的劳动合同关系。如果出现用工争议，比如拖欠工资、强迫加班加点、违法用工等，劳动者一般以外服公司为被仲裁申请人或者被告；外企代表处只有按照派遣合同提供劳动岗位和劳动条件，按照中国的法律执行合法的工作时间等义务，除此义务外，外企代表处一般不能作为劳动仲裁的被申请人或者被告。

由于外国企业常驻代表机构不能直接招用中国公民，但可以与中国公民发生民事行为。双方之间若是产生侵权纠纷，不能按我国劳动法以及劳动合同法的规定主张权利。司法实践中，一般是按照民事平等主体之间的纠纷进行处理。

第二节　劳动者的法律定义

一、劳动者的一般概念

广义上讲，劳动者是指在人类社会活动中，具有一定劳动能力，遵循一定的劳动规范，占据一定的劳动岗位，获得一定的职业角色，参与实际的劳动过程并取得相应的劳动报酬或经营收入的人员，即工人、农民、企业经营管理者、个体经营者、各类自谋职业者、政府机关工作人员等各行各业从事社会活动的人员，只要其付出了劳动，并获得了收入，都属于劳动者的范畴。

国际上通称劳动者为雇员（或劳工、受雇人、雇工、职员、员工等）。在许多国际文献中，将劳动者都视为“雇员”，即将工人和各类职员视为受雇于各类工商企业和事业单位，将公务人员视为受雇于政府部门和社会团体等。

按照马克思主义哲学的观点，劳动者是指直接或间接参加社会生产实践活动的个人或集团，分为体力劳动者和脑力劳动者。劳动者是生产力中最活跃、最积极、最能动的要素，在生产力中起主导作用。生产力诸要素的有机结合和协调运行要由劳动者来支配和操纵，生产资料和劳动对象只有通过劳动者才能由潜在的生产力因素变成现实的生产力因素。劳动者通过掌握先进的科学技术并运用于生产的组织管理，可以极大地提高生产技能和劳动生产率。劳动者的数量和质量及其内部结构是决定社会生产力发展状况的首要因素。

从社会学的意义上说，劳动者是指在劳动生产领域或劳动服务领域从事劳动、获得一定职业角色的社会人。作为社会人，劳动者同样有生理的、心理的、自然的、社会的等各方面的需要。劳动者有生理方面的需要，包括良好的工作环境、合理安排工作与休息等。劳动者有安全方面的需要，包括严格的安全生产规章制度与有效的劳动保护措施等。劳动者有社交方面的需要，包括融洽和谐的人际关系等。劳动者有尊重方面的需要，包括合理的奖惩、对劳动成果公正的评价等。劳动者有自我实现的需要，包括从事符合兴趣、具有挑战性与创造性的劳动等。作为社会人，劳动者具有特定的内心世界，他们除了需要物质的劳动报酬以外，也需要获得精神上的满足。此外，劳动本身也是劳动者的内在需要。

二、劳动和社会保险法律中的劳动者

从劳动法律上讲，劳动者是指具有劳动权利能力和劳动行为能力的公民，享有劳动权利和承担劳动义务，为劳动法律关系的一方当事人。作为劳动法律关系主体的劳动者，是按照法律和合同的规定，在用人单位管理下从事社会劳动并获取劳动报酬的自然人。

现阶段，在我国劳动关系调整中，狭义上讲，劳动者的法律概念有特定的产业界限。我国劳动法律规定中所称的劳动者，主要是指除了从事传统的农业生产以外的从业人员，即《劳动法》中所指的：依法与企业、个体经济组织（统称为用人单位）建立劳动关系的人员。不包括国家公务人员、现役军人、农民、家庭佣人以及已达到劳动年龄的在校学生，也不包括正在监狱中服刑的人员。但在我国的劳动法律法规中，广义的劳动者还包括一些劳动后备人员，主要是指城镇失业人员、待分配人员、按国家规定可列为招用对象的农村劳动者。

劳动者作为劳动合同的一方当事人，必须具备法定的主体资格。劳动者与用人单位订立劳动合同是其实现自己的劳动权利、履行劳动义务的一个途径。

在我国，要成为劳动和社会保险法律意义上的劳动者，需要满足以下条件。

1. 达到法定的最低劳动年龄

这是指劳动者受雇于一个用人单位要订立劳动合同必须达到合法的劳动年龄。法定年龄是推定公民是否具有劳动能力的依据。《劳动法》第十五条第一款明确规定："禁止用人单位招用未满十六周岁的未成年人。"同时，《劳动法》还明确规定："未成年工是指年满十六周岁未满十八周岁的劳动者。"这表明，我国法律规定的最低劳动年龄是年满 16 周岁。在特殊情形下，可以按照《劳动法》第十五条第二款"文艺、体育和特种工艺单位招用未满十六周岁的未成年人，必须遵守国家有关规定，并保障其接受义务教育的权利"的规定执行。

2. 具有劳动行为能力

这是指劳动者能以自己的行为参与劳动法律关系，享有劳动权利和承担劳动义务的能力，也是劳动者凭借自己智力或体力完成某项工作的行为能力。各类劳动者的劳动行为能力差别很大，脑力劳动者与体力劳动者的劳动行为能力、成年工与未成年工的劳动行为能力、男性劳动者与女性劳动者的劳动行为能力都是有区别的。订立劳动合同时应根据合同的内容，分别与有相应劳动行为能力的劳动者订立。具有劳动行为能力是成为劳动者的先决条件，这样才能保证劳动合同的正确履行。

3. 与用人单位建立劳动合同关系

这是指劳动者要成为劳动力使用者（即用人单位）相对应的一方，必须与用人单位建立劳动关系。依据《劳动法》和《劳动合同法》的规定，劳动法中所指的劳动者主要包括：一是与企业、个体经济组织、民办非企业单位等组织建立劳动关系的劳动者；二是与国家机关、事业单位、社会团体建立劳动关系的劳动者。劳动者成为劳动力使用者相对应的一方，其实质是成为在用人单位的组织管理下从事社会劳动并以此获取劳动报酬的自然人或称为“单位职工”。劳动者的最主要特征体现在其所处的地位和主要经济收入形式，劳动者一旦与用人单位建立劳动关系后，就处于服从指挥和被监管的地位，并以用人单位的名义（作为单位职工）从事社会劳动，以按劳取酬的形式为主获得经济收入。

三、如何理解企业负责人的身份

现实生活中，有人疑问：企业负责人（董事长、总经理或者职业管理人）的身份是属于劳动关系一方的“劳动者”，还是属于“用人单位”的代表人？

在我国企业中，对于企业负责人（董事长、总经理或者职业管理人），是作为用人单位一方的身份出现的，还是以一名劳动者的身份出现的，或者是不作为劳动法律调整的人员？这是一个值得探讨的问题。

以案释法

案例一

案情简介

2017 年 7 月 20 日，孙某被 M 控股公司任命为其控股下的一家 L 轻合金有限公司的董事长兼法定代表人。2018 年 2 月 7 日，M 控股公司免去了孙某的董事长职务。之后，孙某以确认其与 L 轻合金有限公司存在无固定期限劳动合同关系等为由诉至法院。

法院观点

本案历经中级人民法院一审、高级人民法院二审、最高人民法院再审。

最高人民法院再审认为，L 轻合金有限公司与孙某之间存在事实上的劳动合同关系。2017 年 7 月 20 日，孙某被任命为 L 轻合金有限公司董事长兼法定代表人，月薪税后 7 万元。自此，孙某既作为董事、董事长参加董事会行使公司法赋予的职权，同时还作为法定代表人参与公司日常经营管理。从公司法的角度看，公司依据章程规定及股东会决议聘任董事行使法定职权，董事同意任职并依法开展委托事项，公司与董事之间即形成委任关系，从双方法律行为的角度看实为委托合同关系。但公司与董事之间的委任关系并不排斥劳动合同关系的存在，即二者之间在符合特定条件时还可以同时构成劳动法上的劳动合同关系。《公司法》第四十四条第二款规定“两个以上的国有企业或者两个以上的其他国有投资主体投资设立的有限责任公司，其董事会成员中应当有公司职工代表；其他有限责任公司董事会成员中可以有公司职工代表”，这就以法律形式明确肯定了董事与公司之间可以形成劳动关系，委任关系与劳动关系并非绝对排斥、不能兼容。

本案中，孙某于2017年7月被任命为L轻合金有限公司董事长，与公司形成委任关系。孙某虽未与L轻合金有限公司签订书面劳动合同，但其被任命为董事长的同时，还担任公司法定代表人，负责公司融资、对外协调及财务管理等大量具体经营管理事务，受公司规章制度管理和约束，公司按月向其支付工资并委托外服公司代缴“五险一金”费用。故孙某因担任法定代表人而从事除董事职权以外的公司其他具体业务，并以工资为主要生活来源等事实，符合劳动关系的构成要素，足以认定L轻合金有限公司与孙某同时形成委任关系和事实上的劳动合同关系。①

案例二

案情简介

胡某自称其于2018年3月1日入职某食品公司任CEO（首席执行官），双方于2018年2月15日签订劳动合同。随后，双方就胡某的身份出现争议。食品公司对与胡某建立劳动关系不予认可，主张胡某是作为公司的股东进入公司，双方之间并非劳动关系。胡某诉至法院，要求确认双方存在劳动关系。

法院观点

法院经审理后认为，胡某主张签订的劳动合同系其利用职务之便自行签订，其通过股东之间的约定在某食品公司担任CEO职务，双方并未形成建立劳动关系的合意，故胡某与食品公司之间不存在劳动关系。

法官认为，公司股东依法享有资产收益、参与重大决策等权利，股东间

① 最高人民法院（2020）最高法民再50号民事判决书，载中国裁判文书网，最后访问时间：2022年10月21日。

协商担任公司管理职务，也是常见的公司内部组织管理形式。从选任的角度看，股东担任公司高管系基于股东之间的约定，其与公司之间并无建立劳动关系的合意；从风险负担的角度看，胡某持有某食品公司股份，参与经营管理，理应承担经营风险，不能因公司未获利，而主张其应获得劳动法的保护，使得风险收益转化为一般劳动者固定的劳动报酬。因此，仅从股东参与公司的日常行政事务管理和决策等外在特征不能判断其与用人单位之间必然存在劳动关系。①

在国外的劳动法律中，对劳动合同双方当事人，常常使用“雇主”和“雇员”的概念。因此，对于一些企业聘用的董事长或总经理，按照国外一些市场经济国家劳动法的认定，不属于“雇员”，也不纳入劳动法律调整的对象。在我国《劳动法》和《劳动合同法》中，没有对此进行界定，我国只规定了“用人单位”和“劳动者”的概念。

有观点认为，我国企业中的董事长或总经理，不属于劳动法中所指的劳动者。因为他们在劳动关系中是作为用人单位的代表，即是与劳动者相对应一方的代表，是对劳动者所属劳动力的使用者。他们在劳动关系中代表产权，并向产权负责。如果在劳动法律关系中把企业董事长或总经理也归入劳动者的行列，那么，在企业中就会出现劳动关系的双方都有劳动者的状况，即劳动关系的双方是“劳+劳”关系，而不是“劳+资”关系。

在我国企业特别是国有企业中，除了董事长或总经理之外，还有一些人员如企业中的党委书记、工会主席等党组织和工会组织中的专职人员等，他们的身份如何定性，是否列入劳动者之列，是否要签订劳动合同，情况较为复杂。因为他们之中，有的是上级机关委派到企业工作的，其任职不受公司董事会或股东大会的影响。对此，我国有关政策，如劳动部《实施〈劳动法〉中有关劳动合同问题的解答》（劳部发〔1995〕202号）规定：“厂长、经理是由其上级部门聘任（委任）的，应与聘任（委任）部门签订劳动合同。实行公司制的企业厂长、经理和

① 参见《公司高管和用人单位发生争议？法官：平衡保护 劳资共赢!》，载北京市第一中级人民法院官网微信公众号，2020年12月4日发布，https：//mp. weixin. qq. com/s/B7xEx8Gn6bqfeOS57l3Pxw，最后访问时间：2022年10月21日。

有关经营管理人员，应根据《中华人民共和国公司法》中有关经理和经营管理人员的规定与董事会签订劳动合同。”“党委书记、工会主席等党群专职人员也是职工的一员，按照《劳动法》的规定，应当与用人单位签订劳动合同。”

但是，将企业董事长或总经理等人员视为劳动关系中的劳动者，带来的尴尬情形如下。

其一，企业董事长或总经理既要代表企业与普通员工订立劳动合同，同时自己又要与企业签订劳动合同。这样一来，就出现自己与自己订立劳动合同的怪异现象。

其二，董事长或总经理因其职务要求而享受高薪，又可和普通员工一样因加班获取相应倍数的加班工资。如其要谋求私利，可以利用职务之便，自我安排加班而挣得高额工资。

其三，董事长或总经理可以寻找自我解雇的方式，制造被企业解雇的事实，如此一来，其可以按高额工资标准牟取解雇后的高额经济补偿等。

也有观点认为，董事长或总经理与企业是否建立有劳动关系，要视具体情况而定。根据《公司法》规定，在中国境内设立的有限责任公司和股份有限公司。由董事会“决定聘任或者解聘公司经理及其报酬事项，并根据经理的提名决定聘任或者解聘公司副经理、财务负责人及其报酬事项”，“公司董事会可以决定由董事会成员兼任经理”，“经理对董事会负责”。因此，应当认定董事长或总经理与公司之间是聘用关系，具体由董事会负责办理聘用手续。总经理是公司对内负责经营管理、对外拥有代理权的公司之人。总经理在职权范围内是公司的代表人或代理人。此外，根据《中华人民共和国全民所有制工业企业法》，在国有企业，企业实行厂长（经理）负责制，厂长依法行使职权，受法律保护。厂长是企业的法定代表人。厂长的产生，除国务院另有规定外，由政府主管部门根据企业的情况决定采取下列一种方式：（1）政府主管部门委任或者招聘。（2）企业职工代表大会选举。政府主管部门委任或者招聘的厂长人选，须征求职工代表的意见；企业职工代表大会选举的厂长，须报政府主管部门批准。政府主管部门委任或者招聘的厂长，由政府主管部门免职或者解聘，并须征求职工代表的意见；企业职工代表大会选举的厂长，由职工代表大会罢免，并须报政府主管部门批准。

根据上述法律规定可知，董事长或总经理既可以从企业外部招聘或上级委任，也可以从本企业职工中聘用或选举产生。从外部招聘或上级委任的，可能与本企业没有劳动合同关系；但从本企业职工中聘用或选举产生的，其与本企业原本就存在劳动合同关系。同时也有观点认为，从本企业职工中聘用或选举产生的董事长或总经理一旦任职后，就应当中止其劳动合同关系，履行企业（用人单位）一方法定代表人或代理人的职责。

对此问题尚需进一步探讨。

四、其他劳动者

在我国的劳动法律法规中，劳动者的范畴还包括一些劳动后备人员，主要是指城镇失业人员、待分配人员、按国家规定可列为招用对象的农村劳动者。

现实经济生活中，还有一些劳动者，是否可以纳入劳动法调整的范围呢？

（一）到企业勤工俭学的大学生

常有人问：在读大学生到企业打工，可否视为劳动法中所指的“劳动者”？

根据劳动部《关于贯彻执行〈中华人民共和国劳动法〉若干问题的意见》（劳部发〔1995〕第309号）的规定：“在校生利用业余时间勤工助学，不视为就业，未建立劳动关系，可以不签订劳动合同。”可见，国家规定并未将学生勤工俭学视为劳动法所调整的“劳动者”。[①]

以案释法

案情简介

小刘是应届大学毕业生，在毕业前的两个月，受一家公司的招聘，双方签订了劳动合同。小刘在毕业前就开始到企业工作，而并非学生实习。后发生劳动纠纷，企业要辞退小刘。小刘要求支付工资和经济补偿。企业不同意，认为小刘不属于劳动法中所指的单位职工。

小刘提起仲裁申请后，劳动争议仲裁委员会认为，小刘属于未取得毕业证的在校生，在校期间到公司从事工作，仅作为参与社会实践的活动，不属于劳动法中规定的劳动者，不是与用人单位订立劳动合同并建立劳动关系的适格主体，裁决驳回了他的仲裁申请。随后，小刘诉至法院。

---

① 相关内容可参见第十三章 企业灵活用工 第三节 其他用工形式。

争议焦点

在校即将毕业的大学生自行到企业打工，并非学生实习，是否为劳动关系的适格主体？是否属于劳动法中所指的“劳动者”？

案例评述

一种观点认为，根据《劳动法》规定，禁止用人单位招用未满16周岁的未成年人，具备此年龄以上同时具有劳动能力的劳动者，便可成为劳动关系的适格主体。至于是不是在校大学生无明确规定。本案中，小刘满足法律所规定的条件，公司明知小刘尚未正式毕业，小刘也并未隐瞒和欺诈，双方签订劳动合同，属于双方真实的意思表示，完全有效合法。因此，小刘属于劳动法中所指的“劳动者”。应当将大学生兼职纳入劳动法中的非全日制用工，让其享有劳动者的一切合法权益。

另一种观点认为，大学生兼职劳动性质在我国劳动法律法规，甚至在民事法律中也没有作出明确的规定。但是，1995年劳动部印发的《关于贯彻执行〈中华人民共和国劳动法〉若干问题的意见》第12条规定：“在校生利用业余时间勤工助学，不视为就业，未建立劳动关系，可以不签订劳动合同。”据此，在校大学生的身份隶属学校，并非社会青年。因此，大学生到企业兼职劳动，不属于劳动法中所指的“劳动者”。

目前，在司法实践中，对即将毕业的大学生为了就业而到企业去求职工作，能否与企业建立劳动关系尚有不同认识。

（二）关于企业聘用的退休人员

在司法实践中，对于企业使用已达到法定退休年龄又未享受养老保险待遇的人员，能否视为劳动法意义上的“劳动者”，能否与用人单位建立劳动关系，也存在着较大争议。

依据《劳动合同法》第四十四条第二项规定，劳动者开始依法享受基本养老保险待遇的，劳动合同即终止。依据《最高人民法院关于审理劳动争议案件适用法律问题的解释（一）》（法释〔2020〕26号），用人单位与其招用的已经依法享受养老保险待遇或者领取退休金的人员发生用工争议而提起诉讼的，人民法院应当按劳务关系处理。同时依据《劳动合同法实施条例》第二十一条规定，劳动者达到法定退休年龄的，劳动合同终止。也就是说，达到法定退休年龄的人员不能视为劳动法中所称的“劳动者”与企业再建立劳动关系。①

对此，有观点对《劳动合同法实施条例》第二十一条规定“劳动者达到法定退休年龄的，劳动合同终止”有不同看法。该观点认为，这并不意味着劳动关系必然自动终止。法院应当对该条规定适用情形作实质审查。非因用人单位原因不能享受养老保险待遇的，可以终止劳动关系；但是因为用人单位原因不能享受养老保险待遇的，不能随意终止劳动关系。②

法院的实际判例中，也出现两种观点：一种观点认为，劳动者达到法定退休年龄的，不论其是否享受养老保险待遇，劳动合同皆终止，不再属于劳动法调整的“劳动者”；另一种观点认为，劳动者达到法定退休年龄的，只要未享受养老保险待遇，劳动合同就不能终止，还属于受劳动法调整的“劳动者”。③

（三）从事商业保险的个人保险代理人

日常生活中，我们常见一些从事商业保险的代理人在为各商业保险公司开展业务活动。那么，这些商业保险代理人（人们所称的商业保险公司的营销人员）与保险公司是什么法律关系呢？是否可将其视为劳动法调整范畴中的“劳动者”？

根据《保险法》第一百一十七条第一款的规定：“保险代理人是根据保险人的委托，向保险人收取佣金，并在保险人授权的范围内代为办理保险业务的机构或者个人。”银保监会发布的《保险代理人监管规定》（中国银行保险监督管理委员会2020年第11号令）中规定：“个人保险代理人是指与保险公司签订委托代理合同，从事保险代理业务的人员。”《保险法》第一百二十六条进一步规定：“保险人委托保险代理人代为办理保险业务，应当与保险代理人签订委托代理协议，依法约定双方的权利和义务。”第一百二十七条第一款规定：“保险代理人根据保险人的授权代为办理保险业务的行为，由保险人承担责任。”此外，国家法律法规及政府规章对个人保险代理人的执业登记、办理保险业务活动中的行为、

---

① 相关内容可参见第十三章 企业灵活用工 第三节 其他用工形式。

② 参见郑学林、刘敏、于蒙、危浪平：《关于审理劳动争议案件适用法律问题的解释（一）几个重点问题的理解与适用》，载《人民司法》2021年第7期。

③ 对此问题带来的争议，参见第十四章 辞退职工与职工辞职 第二节 劳动合同终止 三、开始依法享受养老金和达到法定退休年龄时合同终止。

执业注销等，都作出了明确规定。

根据法律规定，个人保险代理人不属于保险公司职工编制之列。个人保险代理人与保险公司之间的关系属于委托代理关系，属于民事法律行为，由民法调整；而不是劳动关系，因而也就不属于《劳动法》和《劳动合同法》调整范围。

保险代理人在保险公司授权范围内代理保险业务的行为，从市场角度看，保险代理行为是保险市场的中介行为。保险代理人的工作内容是：（1）负责销售保险产品，宣传保险知识，解释保险条款，评论产品，分析个人财务需求；（2）协助客户选择保险公司的优势产品，为消费者设计保险计划；（3）协助客户办理相关保险手续（签订保单、送达保单、保单保全、收取保费）；（4）被保险人出险后，为客户提供优质的售后服务，协助其向保险公司理赔；协助保险公司进行损失调查和索赔；（5）定期回访老客户，维护潜在客户等。代理保险业务中所产生的法律责任，由保险公司承担。

虽然现实生活中，个人保险代理人与保险公司通过签订的《委托代理合同》进行管理，但保险代理人拓展业务基本属于单兵作战的形式，代理人可自由掌握工作时间，保险公司唯一考核的就是其工作业绩，即收取保费的数额。尽管各家保险公司为自身业务指标会加强对保险代理人的管理，例如实行早会制、夕会制，强化业务培训，实行团队编制，也通常采用“除名”的方式来处理保险代理人的“旷工”行为等，但均不属于劳动法中所称的用工管理模式。

个人保险代理人的劳动报酬是保险公司根据代理人所做的业务量支付一定的佣金，而不是约定的工资数额。该佣金也不受国家规定的最低工资限制，收入的高低完全取决于个人保险代理人自己完成的保费数额。保险公司不承担个人保险代理人的社会保险和社会福利责任。所以，个人保险代理人与保险公司的关系属平等主体之间的民事代理关系，不应将其视为劳动法调整范畴中的“劳动者”。因此，个人保险代理人与保险公司（用工单位）之间发生的纠纷不属于劳动争议。

（四）企业招用的外国人

根据《最高人民法院关于审理劳动争议案件适用法律问题的解释（一）》第三十三条规定：“外国人、无国籍人未依法取得就业证件即与中华人民共和国境内的用人单位签订劳动合同，当事人请求确认与用人单位存在劳动关系的，人民法院不予支持。持有《外国专家证》并取得《外国人来华工作许可证》的外国人，与中华人民共和国境内的用人单位建立用工关系的，可以认定为劳动关系。”也就是说，外国人来华取得工作许可证，并与我国境内的用人单位建立了用工关系的，可视为劳动法律中的劳动者。

（五）关于借助网络平台从业的人员

在当今广泛运用移动互联网的时代，一些劳动者依托网络平台从业（如网约快递员、网约车司机、网络主播等）。他们不归属于任何公司，只从平台上接单或签约，自主提供劳动。其工作时间、工作地点、工作方式等不受任何单位管理，其劳动报酬按完成的工作量计算，似乎没有人身从属性。但是，有的平台公司要求网约从业人员，若要上班，就必须接受行业规则的约束，接受当天的服务考核，并非只考核工作结果。对于这类借助网络平台从业的人员，是否可归属于劳动法调整的“劳动者”范围？不能一概而论。[①]

此外，对于一些在城镇从事社会生产的劳动者，主要是各类以自然人独立身份从业的人员，如个体家庭雇用人员（保姆、保洁人员、私人教师、私人医生等）、个体艺人、个体手工业者等自由职业者，以及一些科技单位的兼职人员、返聘或招用的离退休人员、在校全日制学习的勤工俭学的学生等，《劳动合同法》未将其纳入调整范围。用人单位如果与这些人员发生“用工”行为，应当纳入属于民事法律关系的经济合同或雇用合同进行调整，而不受《劳动合同法》的调整。

第三节 用人单位和劳动者的权利与义务

一、用人单位的基本权利与义务

根据劳动法律规定，用人单位享有以下权利和义务：[②]

（一）用人单位的基本权利

1. 招工考核的权利。

2. 培训方面的权利。

---

① 相关内容可参见第十三章 企业灵活用工 第三节 其他用工形式 五、借助网络平台用工。

② 用人单位的基本权利与义务的相关内容，将在本书后续章节中解说。

3. 企业内部工作岗位设置的自主权。

4. 劳动用工过程中依法管理的权利（决定工时制度和监督员工执行企业规章制度的权利等）。

5. 工资和奖金等劳动报酬分配的自主权。

6. 福利制定与发放的权利。

7. 对员工违约处理的权利。

8. 依法解除劳动合同的自主权。

9. 依法终止劳动合同的自主权。

10. 考核任用员工的权利。

（二）用人单位的基本义务

1. 为劳动者劳动权利的实现提供条件保障。

2. 建立职业培训制度，有计划地对劳动者进行职业培训。

3. 认真履行劳动合同，不擅自或非法解除劳动合同和辞退劳动者；依法解除劳动合同或者辞退劳动者时，应先与工会和劳动者沟通。

4. 为劳动者组建工会及工会依法开展的活动提供帮助，就职工参与民主管理和保护劳动者合法权益等事宜，依法与工会或职工代表进行平等协商。

5. 依法保证并合理安排劳动者的休息和休假，遵守国家规定的工作时间。

6. 按照按劳分配的原则，按时足额支付劳动者工资及各项待遇。

7. 保护劳动者身体健康和生命安全，依法建立各项安全卫生制度及内部规章制度和劳动纪律，严格执行国家安全卫生标准，督促劳动者履行劳动义务。

8. 依法保障女职工和未成年劳动者享有特殊的劳动保护待遇。

9. 建立职业培训制度，按国家规定提取和使用职业培训经费，并有计划地对劳动者进行职业培训。

10. 依据国家规定参加社会保险，缴纳社会保险费，同时创造条件兴办集体福利事业，改善和提高劳动者的福利待遇。

二、劳动者的基本权利与义务

根据劳动法律规定，劳动者享有以下权利和义务：[①]

---

① 劳动者的基本权利与义务的相关内容，将在本书后续章节中解说。

（一）劳动者的基本权利

1. 平等就业和选择职业的权利。

2. 取得劳动报酬的权利。

3. 休息休假的权利。

4. 获得劳动安全卫生保护的权利。

5. 接受职业技能培训的权利。

6. 享受社会保险和福利的权利。

7. 提请劳动争议处理的权利。

8. 享有法律法规规定的其他权利。包括：依法参加和组织工会的权利；依照法律规定，通过职工大会、职工代表大会或者其他形式，参与民主管理或者就保护劳动者合法权益与用人单位进行平等协商的权利；参加劳动竞赛、提合理化建议的权利，对违反劳动法律、法规行为进行监督的权利等。

（二）劳动者的基本义务

1. 依法履行劳动合同的约定。

2. 完成劳动任务。

3. 提高职业技能。

4. 执行劳动安全卫生规程。

5. 遵守企业规章制度（劳动纪律和职业道德）。

6. 遵守依法签订的违约金的义务。

7. 遵守解除劳动合同程序的义务。

8. 履行法律、法规规定的其他义务。

02

第二篇 劳动者入职的法律关系

第四章　用工招聘

企业依法用工，首先从依法招聘员工入手。企业招人有多种选择，其中主要的形式就是面向社会，通过市场竞争机制，公开招聘员工。所谓面向社会招人，主要是从人力资源市场上招聘劳动者。

第一节　人力资源市场

一、人力资源市场的含义

一个国家拥有多少人口，是这个国家的人口资源，即指一个国家所拥有的人口总量。

一个国家的人力资源是指这个国家中在一定时期内拥有智力和体力劳动能力的人口（劳动者）总和（包括劳动者的数量和质量）。

从经济学的概念讲，投入于社会生产活动中的一切要素皆为资源，包括人力资源、物力资源、财力资源、信息资源、时间资源等。其中人力资源是最宝贵的资源，是第一资源。

从狭义上讲，人力资源市场主要是指提供用人单位招聘和劳动者求职，人力资源供需双方见面，实现双向选择的具体场所。如由有关单位或社会组织举办的劳动力市场、人才市场、高校毕业生就业市场、零工市场，以及各类职业中介服务机构所开展的人力资源交易场所。这是一个有形的市场。

从广义上讲，人力资源市场主要是指在市场价值规律作用下，人力资源供求双方遵从竞争规则，平等协商达成合意，实现人力资源合理配置的一系列活动。它既有固定的人员交易场所（如政府、学校、社会团体等相关机构在城乡某一固定地点设立的就业服务场所），用人单位派人亲自到现场进行面对面的招聘，或者借助公共就业服务机构、委托人力资源经营机构（包括职介机构）代为介绍招聘；也有用人单位通过各类媒体平台，刊登招聘信息，要求应聘人员在网上或到单位进行应聘；还有通过亲朋好友介绍进行招聘等。这是一个无形的市场。

为了规范人力资源市场活动，促进人力资源合理流动和优化配置，国务院于2018年6月29日公布了《人力资源市场暂行条例》（国务院令第700号），按照《就业促进法》提出的劳动者自主择业、市场调节就业、政府促进就业创业的方针，对人力资源市场行为进行了规范。我国确定规范人力资源市场的目的，是建立政府宏观调控、市场公平竞争、单位自主用人、个人自主择业、人力资源服务机构诚信服务的人力资源流动配置机制，促进人力资源自由有序流动。

二、人力资源服务机构及其服务内容

（一）人力资源服务机构的概念

人力资源服务机构，是指为劳动者就业和职业发展，为用人单位管理和开发人力资源提供相关服务的组织。根据《人力资源市场暂行条例》的规定，我国的人力资源服务机构，包括公共人力资源服务机构和经营性人力资源服务机构。公共人力资源服务机构，是指县级以上人民政府设立的公共就业和人才服务机构。经营性人力资源服务机构，是指依法设立的从事人力资源服务经营活动的机构。

人力资源服务机构为劳动者和用人单位提供人力资源服务，包括什么内容呢？

2014年《人力资源社会保障部、国家发展改革委、财政部关于加快发展人力资源服务业的意见》（人社部发〔2014〕104号）中提出，人力资源服务业主要包括人力资源招聘、职业指导、人力资源和社会保障事务代理、人力资源培训、人才测评、劳务派遣、高级人才寻访、人力资源外包、人力资源管理咨询、人力资源信息软件服务等多种业务形态。在《人力资源市场暂行条例》中，以行政法规的形式又规定了公共人力资源服务机构和经营性人力资源服务机构的服务范围。

（二）公共人力资源服务的基本内容

公共人力资源服务（也称“公共就业服务”），是指各级政府主管劳动的行政部门举办的具有公共人力资源服务职能的机构，为劳动者提供免费的就业服务，为就业困难人员提供就业援助的活动。

1. 公共人力资源服务的内容

根据《就业促进法》和《人力资源市场暂行条例》的规定，县级以上人民政府建立健全公共就业服务体系，设立公共人力资源服务机构，为劳动者免费提供下列服务：（1）人力资源供求、市场工资指导价位、职业培训等信息发布；（2）职业介绍、职业指导和创业开业指导；（3）就业创业和人才政策法规咨询；（4）对就业困难人员实施就业援助；（5）办理就业登记、失业登记等事务；（6）办理高等学校、中等职业学校、技工学校毕业生接收手续；（7）流动人员人事档案管理；（8）县级以上人民政府确定的其他服务。

一些地方的公共就业服务机构根据用人单位的需求或委托，还提供了以下服务：（1）招聘用人指导服务；（2）代理招聘服务；（3）跨地区人员招聘服务；（4）企业人力资源管理咨询等专业性服务；（5）劳动保障事务代理服务；（6）为满足用人单位需求开发的其他就业服务项目。

按照国家规定，县级以上公共就业服务机构都建立有帮助用人单位和求职者的综合性服务场所，集中为用人单位和求职者提供一站式就业服务。街道、乡镇、社区公共就业服务机构也建立有基层服务窗口，开展以就业援助为重点的公共就业服务。

2. 职业指导

公共就业服务机构配备有专（兼）职职业指导工作人员，向用人单位和求职者提供职业指导服务。按照国家规定，职业指导工作内容有：（1）向劳动者和用人单位提供国家有关劳动保障的法律法规和政策、人力资源市场状况咨询；（2）帮助劳动者了解职业状况，掌握求职方法，确定择业方向，增强择业能力；（3）向劳动者提出培训建议，为其提供职业培训相关信息；（4）开展对劳动者个人职业素质和特点的测试，并对其职业能力进行评价；（5）对妇女、残疾人、少数民族人员及退出现役的军人等就业群体提供专门的职业指导服务；（6）对大中专学校、职业院校、技工学校学生的职业指导工作提供咨询和服务；（7）对准备从事个体劳动或开办私营企业的劳动者提供创业咨询服务；（8）为用人单位提供选择招聘方法、确定用人条件和标准等方面的招聘用人指导；（9）为职业培训机构确立培训方向和专业设置等提供咨询参考。

3. 流动人员人事档案管理

在《人力资源市场暂行条例》关于公共人力资源服务机构提供服务中，值得说明的是“流动人员人事档案管理”。按照《中共中央组织部、人力资源社会保障部等五部门关于进一步加强流动人员人事档案管理服务工作的通知》（人社部发〔2014〕90号）的规定，流动人员人事档案具体由县级以上（含县级）公共就业和人才服务机构以及经人力资源社会保障部门授权的单位管理，其他单位未经授权不得管理流动人员人事档案。严禁个人保管本人或他人档案。跨地区流动人员的人事档案，可由其户籍所在地或现工作单位所在地的公共就业和人才服务机构管理。

根据中共中央组织部、人力资源社会保障部等五部门印发的《流动人员人事档案管理服务规定》（人社部发〔2021〕112号）第四条规定，现行的流动人员人事档案主要包括：（1）非公有制经济组织和社会组织聘用人员的人事档案；（2）辞职辞退、解除（终止）聘用（劳动）合同、取消录（聘）用、被开除等与用人单位解除或终止人事（劳动）关系的未就业的原机关公务员、国有企事业单位的管理人员和专业技术人员、军队文职人员的人事档案；（3）未就业的高校毕业生及中专毕业生的人事档案；（4）自费出国（境）留学的高校毕业生及其他因私出国（境）人员的人事档案；（5）外国企业常驻代表机构的中方雇员的人事档案；（6）自由职业或灵活就业人员的人事档案；（7）其他流动人员的人事档案。

按照《人力资源社会保障部办公厅关于简化优化流动人员人事档案管理服务的通知》（人社厅发〔2016〕75号）的规定，劳动者个人跨地区就业且按照有关规定办理入职手续后，其档案在有人事档案管理权限的机关事业单位、国有企业和流动人员人事档案管理服务机构之间可直接办理转递手续。档案转递时，转出机构要在档案内附上档案材料目录清单，通过机要通信或专人送取方式进行转递，不得个人自带档案。

4. 公共人力资源服务经费

《人力资源市场暂行条例》规定，公共人力资源服务经费纳入政府预算。国家可以通过政府购买服务等方式支持经营性人力资源服务机构提供公益性人力资源服务，促进公共服务供给的多元化，不断地提高公共服务的质量和效率。

根据《就业促进法》《人力资源市场暂行条例》《就业服务与就业管理规定》

等规定：（1）公共就业服务机构不得从事经营性活动。因为公共就业服务的经费已经纳入同级财政预算；（2）县级以上地方人民政府对社会上的职业中介机构提供了公益性就业服务的，应当按照有关规定给予补贴；（3）地方各级人民政府和有关部门不得举办或者与他人联合举办经营性的职业中介机构。地方各级人民政府和有关部门、公共就业服务机构举办的招聘会，不得向劳动者收取费用；（4）公共就业服务机构使用全国统一标识。公共就业服务机构应当公开服务制度，主动接受社会监督。

根据规定，档案管理服务机构也应当提供免费的流动人员人事档案基本公共服务，不得收取档案保管费、查阅费、证明费、转递费等名目的费用。流动人员人事档案基本公共服务相关经费列入本级财政预算，参考保管的流动人员人事档案数量等因素合理确定经费数额。

因此，用人单位通过公共就业服务机构招用人员，以及劳动者通过公共就业服务机构求职，可以享受到政府免费提供的相关服务。

（三）什么是经营性人力资源服务

社会上的经营性人力资源服务，是指社会上各类组织或个人通过依法成立的经营性人力资源服务机构，为劳动者求职和用人单位招用人员有偿提供人力资源服务的活动。

《人力资源市场暂行条例》规定：“经营性人力资源服务机构设立分支机构的，应当自工商登记办理完毕之日起 15 日内，书面报告分支机构所在地人力资源社会保障行政部门。”违反规定设立分支机构未书面报告的，由人力资源社会保障行政部门责令改正；拒不改正的，处 5000 元以上 1 万元以下的罚款。

根据《人力资源市场暂行条例》的规定，经营性人力资源服务机构的业务范围有：（1）职业中介；（2）劳务派遣；（3）人力资源供求信息的收集和发布；（4）就业和创业指导；（5）人力资源管理咨询；（6）人力资源测评；（7）人力资源培训；（8）承接人力资源服务外包等人力资源服务业务。

1. 从事职业中介需要申请行政许可

根据《就业促进法》《人力资源市场暂行条例》的规定，“经营性人力资源服务机构从事职业中介活动的，应当依法向人力资源社会保障行政部门申请行政许可，取得人力资源服务许可证。”“人力资源社会保障行政部门应当自收到经营性人力资源服务机构从事职业中介活动的申请之日起20日内依法作出行政许可决定。符合条件的，颁发人力资源服务许可证；不符合条件的，作出不予批准的书面决定并说明理由。"

在《人力资源市场暂行条例》出台之前，人力资源市场的行政许可事项一共有三项：（1）设立职业中介机构审批；（2）设立人才中介机构及其业务范围审批；（3）设立中外合资/中外合作职业介绍机构审批。《人力资源市场暂行条例》将三项行政许可事项整合为一项，并且进一步把许可的范围缩减为人力资源服务机构从事职业中介活动，明确规定对于经营性人力资源服务从事职业中介活动的，应当取得人力资源服务许可证。违反法规规定，未经许可擅自从事职业中介活动的，由人力资源社会保障行政部门予以关闭或者责令停止从事职业中介活动；有违法所得的，没收违法所得，并处1万元以上5万元以下的罚款。

从事职业中介活动，应当遵循合法、诚实信用、公平、公开的原则。禁止任何组织或者个人利用职业中介活动侵害劳动者和用人单位的合法权益。

2. 从事劳务派遣业务需要申请行政许可

劳务派遣，从广义上讲也属于人力资源服务。《人力资源市场暂行条例》明确规定："经营性人力资源服务机构从事劳务派遣业务的，执行国家有关劳务派遣的规定。"①

3. 提供其他人力资源服务需要备案

《人力资源市场暂行条例》规定："经营性人力资源服务机构开展人力资源供求信息的收集和发布、就业和创业指导、人力资源管理咨询、人力资源测评、人力资源培训、承接人力资源服务外包等人力资源服务业务的，应当自开展业务之日起15日内向人力资源社会保障行政部门备案。"

值得注意的是，在上述法条中所规定的"承接人力资源服务外包等人力资源服务业务"中，还包括国家有关文件（如国家发改委等部门的文件）中所提到的人力资源招聘、职业指导、人力资源和社会保障事务代理、高级人才寻访、人力资源信息软件服务等多种业务形态。开展这些人力资源服务业务都需要向人力资源社会保障行政部门备案。未备案的，由人力资源社会保障行政部门责令改正；拒不改正的，处5000元以上1万元以下的罚款。

① 有关劳务派遣业务的内容，参见本书第十三章　企业灵活用工　第二节　劳务派遣用工。

（四）经营性人力资源服务机构承接政府购买服务的规定

经营性人力资源服务机构为政府有关部门提供服务，主要是通过承接政府购买服务项目。对此要严格遵照2020年3月1日起实施的《政府购买服务管理办法》（财政部令第102号）执行。

1. “政府购买服务”与“政府采购”的关系

根据《中华人民共和国政府采购法实施条例》规定，在政府采购中所称的服务，包括政府自身需要的服务和政府向社会公众提供的公共服务。

政府购买服务，则是指各级国家机关将属于自身职责范围且适合通过市场化方式提供的服务事项，按照政府采购方式和程序，交由符合条件的服务供应商承担，并根据服务数量和质量等因素向其支付费用的行为。

《政府购买服务管理办法》同时明确，政府购买服务项目采购环节的执行和监督管理，按照政府采购法律、行政法规和相关制度执行。

2. 政府购买服务的购买主体和承接主体

（1）关于购买主体，在政府采购法有关采购人（国家机关、事业单位和团体组织）规定的基础上，结合政府购买服务行为的特殊性，《政府购买服务管理办法》规定，政府购买服务的购买主体是各级国家机关。党的机关、政协机关、民主党派机关、承担行政职能的事业单位和使用行政编制的群团组织机关使用财政性资金购买服务的，可以参照执行。

（2）关于承接主体，在满足与政府采购法有关供应商资格、条件的规定相衔接前提下，《政府购买服务管理办法》将承接主体范围限定为：依法成立的企业、社会组织（不含由财政拨款保障的群团组织），公益二类和从事生产经营活动的事业单位，农村集体经济组织、基层群众性自治组织，以及具备条件的个人。

这里要注意：《政府购买服务管理办法》规定了“具备条件的个人”可以作为政府购买服务的承接主体。按照《政府购买服务管理办法》第十八条规定：“购买主体向个人购买服务，应当限于确实适宜实施政府购买服务并且由个人承接的情形，不得以政府购买服务名义变相用工。”同时，在第十条中明确规定，不得将“购买主体的人员招、聘用，以劳务派遣方式用工，以及设置公益性岗位等事项”作为政府购买服务内容。也就是说，政府机关不得以“购买服务”的名义变相用工。购买的只能是“事务”（承接主体提供的劳务或服务“成果”）。

对此应怎样理解？

《政府购买服务管理办法》提出，具备条件的个人可以作为政府购买服务的承接主体，主要考虑的是，在城乡基层社区或某些特殊行业领域，可能存在组织型承接主体缺乏或优势不足的情形，政府可以向个人购买服务；专家学者也可以以个人身份提供政府咨询、专业评审等服务。同时，政府向个人购买服务在实践中容易被异化为变相用工。比如，一些地方和部门以招聘“政府购买服务人员”“购买岗位”等借政府购买服务的名义用工，一般由政府部门或劳务公司发布招聘公告，通过考试、政审、体检等程序招聘“政府购买服务（岗位）人员”，相关人员名义上与劳务公司签订合同，实际上以劳务派遣方式到政府部门工作。这种以政府购买服务名义变相用工的形式，混淆了政府购买服务、政府以劳务派遣方式用工和政府聘用编制外人员的不同政策规定，容易造成政府人事管理风险，也不利于保护劳动者的合法权益。为此，《政府购买服务管理办法》规定，购买主体向个人购买服务，应当限于确实适宜实施政府购买服务并且由个人承接的情形，不得以政府购买服务名义变相用工。具体实施当中，购买主体向个人购买服务，应当根据《民法典》《中华人民共和国政府采购法》和《政府购买服务管理办法》有关规定签订政府购买服务合同，并按合同约定支付购买费用。

3. 企业承接政府购买服务应当与之签订书面合同

政府购买服务合同的签订、履行、变更，应当遵循《民法典》中有关合同的规定。政府购买服务合同应当明确服务的内容、期限、数量、质量、价格，资金结算方式，各方权利义务事项和违约责任等内容。政府购买服务合同应当依法予以公告。

按照《政府购买服务管理办法》第二十四条规定：“政府购买服务合同履行期限一般不超过 1 年；在预算保障的前提下，对于购买内容相对固定、连续性强、经费来源稳定、价格变化幅度小的政府购买服务项目，可以签订履行期限不超过 3 年的政府购买服务合同。”第二十六条规定：“承接主体应当按照合同约定提供服务，不得将服务项目转包给其他主体。”

三、人力资源市场规范

为了有效维护用人单位和劳动者双方的合法权益，国家法律法规对当事人在人力资源市场中的行为进行了规范。

（一）要求如实告知真实信息

《人力资源市场暂行条例》明确规定，求职者、用人单位、人力资源服务机构三方在人力资源市场活动中，要如实告知真实信息。

1. 个人求职，应当如实提供本人基本信息以及与应聘岗位相关的知识、技能、工作经历等情况。

2. 用人单位发布或者向人力资源服务机构提供的单位基本情况、招聘人数、招聘条件、工作内容、工作地点、基本劳动报酬等招聘信息，应当真实、合法，不得含有民族、种族、性别、宗教信仰等方面的歧视性内容。

对用人单位违反法规规定发布的招聘信息不真实、不合法，未依法开展人力资源服务业务的，由人力资源社会保障行政部门责令改正；有违法所得的，没收违法所得；拒不改正的，处 1 万元以上 5 万元以下的罚款；给个人造成损害的，依法承担民事责任。违反其他法律、行政法规的，由有关主管部门依法给予处罚。

3. 人力资源服务机构接受用人单位委托招聘人员或者开展其他人力资源服务，应当要求用人单位提供招聘简章、营业执照或者有关部门批准设立的文件、经办人的身份证件、用人单位的委托证明，并对所提供材料的真实性、合法性进行审查。人力资源服务机构发布人力资源供求信息，应当建立健全信息发布审查和投诉处理机制，确保发布的信息真实、合法、有效。人力资源服务机构在业务活动中收集用人单位和个人信息的，不得泄露或者违法使用所知悉的商业秘密和个人信息；也不得采取欺诈、暴力、胁迫或者其他不正当手段，不得以招聘为名牟取不正当利益，不得介绍单位或者个人从事违法活动。

对人力资源服务机构违反规定发布的招聘信息不真实、不合法，未依法开展人力资源服务业务的，由人力资源社会保障行政部门责令改正；有违法所得的，没收违法所得；拒不改正的，处 1 万元以上 5 万元以下的罚款；情节严重的，吊销人力资源服务许可证；给个人造成损害的，依法承担民事责任。违反其他法律、行政法规的，由有关主管部门依法给予处罚。

（二）规定服务场所明示相关事项

经营性人力资源服务机构应当在服务场所明示下列事项，并接受人力资源社会保障行政部门和市场监督管理、价格等主管部门的监督检查：（1）营业执照；

（2）服务项目；（3）收费标准；（4）监督机关和监督电话。从事职业中介活动的，还应当在服务场所明示人力资源服务许可证。未依法明示有关事项的，由人力资源社会保障行政部门责令改正；拒不改正的，处5000元以上1万元以下的罚款。违反其他法律、行政法规的，由有关主管部门依法给予处罚。

（三）加强网络招聘服务管理

根据2020年12月18日发布的《网络招聘服务管理规定》（人力资源和社会保障部令第44号）的规定，网络招聘服务，是指人力资源服务机构在中华人民共和国境内通过互联网等信息网络，以网络招聘服务平台、平台内经营、自建网站或者其他网络服务方式，为劳动者求职和用人单位招用人员提供的求职、招聘服务。

1. 网络招聘服务实行准入管理

按照《网络招聘服务管理规定》的规定："经营性人力资源服务机构从事网络招聘服务，应当依法取得人力资源服务许可证。涉及经营电信业务的，还应当依法取得电信业务经营许可证。"为什么要实行"许可"？因为网络招聘服务包括下列业务：（1）为劳动者介绍用人单位；（2）为用人单位推荐劳动者；（3）举办网络招聘会；（4）开展高级人才寻访服务；（5）其他网络求职、招聘服务。

可见，由于网络招聘服务涉及职业介绍的业务，所以应当依法申请许可。《网络招聘服务管理规定》要求从事网络招聘服务的经营性人力资源服务机构应当依法在其网站、移动互联网应用程序等首页显著位置，持续公示营业执照、人力资源服务许可证等信息，或者上述信息的链接标识。

2. 规范网络招聘服务

按照《网络招聘服务管理规定》的规定，用人单位向人力资源服务机构提供的单位基本情况、招聘人数、招聘条件、用工类型、工作内容、工作条件、工作地点、基本劳动报酬等网络招聘信息，应当合法、真实，不得含有民族、种族、性别、宗教信仰等方面的歧视性内容。网络招聘信息不得违反国家规定在户籍、地域、身份等方面设置限制人力资源流动的条件。

从事网络招聘服务的人力资源服务机构应当建立完备的网络招聘信息管理制度，依法对用人单位所提供材料的真实性、合法性进行审查。审查内容应当包括以下方面：（1）用人单位招聘简章；（2）用人单位营业执照或者有关部门批准设立的文件；（3）招聘信息发布经办人员的身份证明、用人单位的委托证明。对于用人单位拟招聘外国人的，应当符合《外国人在中国就业管理规定》的有关要求。

按照《网络招聘服务管理规定》，人力资源服务机构从事网络招聘服务时收集、使用其用户个人信息，应当遵守法律、行政法规有关个人信息保护的规定。应当建立健全网络招聘服务用户信息保护制度，不得泄露、篡改、毁损或者非法出售、非法向他人提供其收集的个人公民身份号码、年龄、性别、住址、联系方式和用人单位经营状况等信息。应当建立网络招聘服务有关投诉、举报制度，健全便捷有效的投诉、举报机制，公开有效的联系方式，及时受理并处理有关投诉、举报。

以网络招聘服务平台方式从事网络招聘服务的人力资源服务机构应当遵循公开、公平、公正的原则，制定平台服务协议和服务规则，明确进入和退出平台、服务质量保障、求职者权益保护、个人信息保护等方面的权利和义务。应当要求申请进入平台的人力资源服务机构提交其营业执照、地址、联系方式、人力资源服务许可证等真实信息，要进行核验、登记，建立登记档案，并定期核验更新。应当记录、保存平台上发布的招聘信息、服务信息，并确保信息的完整性、保密性、可用性。招聘信息、服务信息保存时间自服务完成之日起不少于 3 年。从事网络招聘服务的经营性人力资源服务机构应当在规定期限内，向人力资源社会保障行政部门提交经营情况年度报告。

3. 不得发布虚假招聘广告

现实中，一些企业的员工招聘广告很少直接提及工作报酬、福利等条件，而这些条件恰巧是招聘广告中的一个核心问题。许多人应聘对工资待遇都非常关注，而有的企业的招聘广告中却是含糊其词。其后果是：一方面许多优秀人才不知道可能获得多少报酬而不愿意应聘；另一方面许多应聘者一旦了解企业真实报酬后不愿意被录用，同时浪费了企业和应聘者的时间、精力和金钱。在广告中含糊其词是有百弊而无一利的。同时，企业在招聘广告中，不能作出无法遵守的承诺来诱惑或误导求职者。要客观准确、如实提供岗位要求和企业所给待遇，给求职者以可信度，树立以诚待人的企业形象。如果在招聘广告中言过其实、夸大其词或别有用心，一旦被人识破之后，企业便会声名狼藉，得不偿失。

以案释法

案情简介

某外资企业为了吸引更多的人才来公司任职，发布了一则招聘广告，广告中有一条写道："本公司录用的员工将送到国外培训一年至两年。"小张看到招聘广告后，毅然辞去原来的工作，前往应聘，并顺利地进了该公司。小张进入该公司后，对工作充满激情，任劳任怨，想通过积极的工作表现得到公司重视，希望能尽早得到出国培训的机会。但是一年过去了，公司组织员工出国培训的事情没有任何动静，小张四处打听，也没有听说哪位同事出国培训了。小张找到公司负责人询问，要求公司履行在招聘广告中的承诺。公司负责人回应说出国培训计划还未落实好，并答应小张等计划敲定后一定会考虑。又过了半年，公司还是没有动静，小张觉得公司当初招聘时存在欺骗行为，招聘广告上写好的条件根本就不能兑现，严重侵犯了自己的合法利益，便向当地劳动争议仲裁委提起了仲裁。

案例评述

企业的招聘广告不构成要约，无法律约束力。根据《民法典》第四百七十二条规定："要约是希望与他人订立合同的意思表示，该意思表示应当符合下列条件：（一）内容具体确定；（二）表明经受要约人承诺，要约人即受该意思表示约束。"《民法典》第四百七十三条第一款规定："要约邀请是希望他人向自己发出要约的表示。拍卖公告、招标公告、招股说明书、债券募集办法、基金招募说明书、商业广告和宣传、寄送的价目表等为要约邀请。"可见，"要约"与"要约邀请"是有区别的："要约"是一种"意思表示"；而"要约邀请"并不是"意思表示"，只是"表示"。前者具有法律效力，而后者不具有法律效力。招聘广告像其他商业广告一样，属于要约邀请。招聘广告处于合同的准备阶段，只是明确提出了招录人员签订劳动合同的建议，并没有提出合同的具体内容。

一个公司发布招聘广告说，我公司某职位需要几名员工，要求如何，这不代表说，如果有人符合这些要求，公司就一定会录用。法律也不会要求公司一定要录用。虽然在招聘广告中有职位、待遇、福利等描述，但没有一般的法律效力。

招聘广告中的有关描述与双方正式签订的劳动合同不一致时，应该以劳动合同为准。小张与该公司的劳动合同中并没有约定公司应当承诺送小张出国培训的内容，因此公司没有此项义务。

这里需要提示的是，用人单位应该慎重对待招聘广告中的信息。招聘广告的内容如果明确具体，从形式上符合要约的要求，并且劳动者对于招聘广告的内容产生了合理的信赖，也可能被认为具有法律约束力。即如果企业在招聘广告中明确表述了员工待遇等内容，不排除可能会被认定为要约，产生一定的法律效力。比如，招聘广告里写明要给员工提供若干具体的福利，待录用后又不能提供相应待遇的，则可能引发劳动纠纷。

根据《就业服务与就业管理规定》第十四条规定："用人单位招用人员不得有下列行为：（一）提供虚假招聘信息，发布虚假招聘广告……"如果有前述行为，按照《就业服务与就业管理规定》第六十七条规定，"由劳动保障行政部门责令改正，并可处以一千元以下的罚款；对当事人造成损害的，应当承担赔偿责任"。根据《民法典》第一百四十八条规定："一方以欺诈手段，使对方在违背真实意思的情况下实施的民事法律行为，受欺诈方有权请求人民法院或者仲裁机构予以撤销。"

所以，企业要注意：招聘广告一般应当符合实际情况，不应夸大其词。有关待遇等内容，如果不属于人才竞争的商业秘密，最好写明。否则就注明"具体薪资福利及待遇，以双方签订的劳动合同为准"等，以避免法律纠纷。

（四）加强行政部门的监督检查

按照《网络招聘服务管理规定》《人力资源市场暂行条例》等规定，人力资源社会保障行政部门将采取随机抽取检查对象、随机选派执法人员的方式，加强对经营性人力资源服务机构的经营业务（包括从事网络招聘服务情况）进行监督检查，并及时向社会公布监督检查的情况。

人力资源社会保障行政部门对经营性人力资源服务机构实施监督检查，可以采取下列措施：（1）进入被检查单位进行检查；（2）询问有关人员，查阅服务台账等服务信息档案；（3）要求被检查单位提供与检查事项相关的文件资料，并作出解释和说明；（4）采取记录、录音、录像、照相或者复制等方式收集有关情况和资料；（5）法律、法规规定的其他措施。

人力资源社会保障行政部门实施监督检查时，监督检查人员不得少于2人，应当出示执法证件，并对被检查单位的商业秘密予以保密。对人力资源社会保障行政部门依法进行的监督检查，被检查单位应当配合，如实提供相关资料和信息，不得隐瞒、拒绝、阻碍。

对于人力资源服务机构违反规定，存在：（1）未取得人力资源服务许可证擅自从事人力资源服务（包括从事网络招聘服务）的；（2）发布的招聘信息不真实、不合法的；（3）以欺诈、暴力、胁迫或者其他不正当手段，牟取不正当利益的；（4）向劳动者收取押金的；（5）未依法进行信息收集、使用、存储、发布的；（6）不履行核验、登记义务和不履行招聘信息、服务信息保存义务等情形的；人力资源社会保障行政部门及相关部门将依据有关法律法规进行处罚。对性质恶劣、情节严重、社会危害较大的网络招聘服务违法失信行为，按照国家有关规定实施联合惩戒；对构成违反治安管理行为的，依法给予治安管理处罚；构成犯罪的，依法追究刑事责任。

第二节　用人单位招聘与劳动者求职

一、用人单位如何依法招聘员工

为了从企业用工的源头上维护用人单位和劳动者双方当事人的合法权益，《劳动合同法》规定："用人单位招用劳动者时，应当如实告知劳动者工作内容、工作条件、工作地点、职业危害、安全生产状况、劳动报酬，以及劳动者要求了解的其他情况；用人单位有权了解劳动者与劳动合同直接相关的基本情况，劳动者应当如实说明。"

（一）企业招聘员工须知

根据《就业服务与就业管理规定》的规定，用人单位可以通过下列途径自主招用人员：（1）委托公共就业服务机构或职业中介机构；（2）参加职业招聘洽谈会；（3）委托报纸、广播、电视、互联网站等大众传播媒介发布招聘信息；（4）利用本企业场所、企业网站等自有途径发布招聘信息；（5）其他合法途径。

用人单位招用人员时，应当注意以下问题：

1. 用人单位无论是自行招聘，还是委托公共就业服务机构或职业中介机构招用人员，都要按照《就业促进法》的规定，如实提供岗位需求信息，出示营业执照（副本）或者有关部门批准其设立的文件、经办人的身份证件和受用人单位委托的证明，并提供招用人员简章。招用人员简章应当包括用人单位基本情况、招用人数、工作内容、招录条件、劳动报酬、福利待遇、社会保险等内容，以及法律、法规规定的其他内容。

2. 用人单位招用劳动者时，根据《劳动合同法》规定，应当如实告知劳动者的工作内容、工作条件、工作地点、职业危害、安全生产状况、劳动报酬，以及劳动者要求了解的其他情况。对此内容，不管劳动者是否询问，用人单位都有义务在招用劳动者时主动如实告知。

（1）工作内容。主要是指招用劳动者所从事的工种、岗位、劳动标准或劳动定额等。

（2）工作条件。主要是指劳动者从事该项工作的场所、设备、工具、劳动安全卫生设施等。

（3）工作地点。主要是指劳动者从事工作的具体地点。

（4）职业危害。主要是指劳动者从事该项工作可能对劳动者身体造成的损害。企业要清楚地告诉劳动者所招用人员从事的工作岗位是否存在职业危害以及职业危害的影响程度。如一些存在职业危害的岗位，可能不适宜招用怀孕女员工、有某种疾病或有某种残疾的人员。企业如不清楚告知，一律拒绝招用上述人员，就可能出现就业歧视纠纷。企业如已清楚告知，则不录用上述人员系有效地保护了上述人员的生命权，便不存在就业歧视问题。

（5）安全生产状况。主要是指劳动者所从事工作岗位的劳动安全卫生标准、规则，必要的安全设施和安全措施，以及有关发生事故的风险等。

（6）劳动报酬。主要是指劳动者按照用人单位的岗位要求提供了正常劳动后能够得到的全部工资收入。

（7）劳动者要求了解的其他情况。主要是一些应聘者关心企业对员工的培养和培训情况，对员工职位的升迁情况、有关福利情况、有关规章制度情况等。对此，企业在保守商业秘密等情况下应当尽可能地予以告知。

用人单位提供上述信息是否完整和清楚，直接影响着应聘者自主作出决策，是否愿意与用人单位签订劳动合同。

用人单位要留存已经告知劳动者的证明材料，例如劳动者求职成功后对招聘简章、招聘手册、员工手册等材料已阅过或签收的签字等，以免事后发生劳动争议时，能以此举证。如果用人单位未能证明已履行了告知义务，对劳动者造成损失的，有承担赔偿责任的风险。同时，在招聘结束后，用人单位应当根据劳动者的要求，及时反馈是否录用的情况。

3. 对求职者身份进行核实。根据《劳动合同法》规定，“用人单位有权了解劳动者与劳动合同直接相关的基本情况，劳动者应当如实说明”。不同的企业对其招聘的职工有不同的要求。用人单位需了解求职者的基本情况主要有：

（1）身份证。核实其是否达到法定就业年龄，年龄是否满 16 周岁。并保留身份证复印件。

（2）学历证书。核实其是否获得相应的学历，是否属实。

（3）职业资格或技能证书。核实其是否具有相应的岗位技能资格和技能水平，以便其能胜任工作。

（4）健康证明。核实其是否身体健康，是否存在潜在疾病。实践中，很多企业在招聘员工时，很少要求求职者提供身体状况的证明，也不会安排体检。待劳动合同签订后，在履行劳动合同过程中才发现该员工先前存在疾病或者职业病。核实求职者的健康所避免的风险在于：我国法律规定，劳动者只要与用人单位建立劳动关系，就至少享有 3 个月的医疗期，医疗期内的工资不得少于合同约定工资的一定比例，并且在医疗期内用人单位不得解除劳动合同。而医疗期满后，按照《劳动合同法》规定，需要调整工作岗位，如果该员工仍不能从事调整后的工作的，单位提前一个月通知或者额外支付一个月工资才能解除劳动合同，并且要支付经济补偿金。因此，单位在招聘职工前审查该应聘人员是否存在潜在疾病是非常重要的。对于企业来说，最好的防范措施就是要求拟招用的劳动者提供一定资质医院出具的体检证明或由用人单位提前安排拟录用人员进行统一的身体健康检查。

（5）其他相关证明。如工作经历证明，是否与其他企业存在未到期的劳动合同，是否有与原单位解除或终止劳动合同的证明，是否有竞业限制协议、是否有社会保险关系证明等，并要保留复印件。《劳动合同法》规定，用人单位招用与其他用人单位尚未解除或者终止劳动合同的劳动者，给其他用人单位造成损失的，应当承担连带赔偿责任。因此，企业为防范这种风险，应该检查该应聘人员与先前单位解除或终止劳动合同的证明，方可考虑是否与其签订劳动合同。对此，可以要求应聘人员签订诚信承诺书，如果提供的信息不属实，可以要求该应聘人员承担相关赔偿责任。按照《人力资源社会保障部、最高人民法院关于劳动人事争议仲裁与诉讼衔接有关问题的意见（一）》（人社部发〔2022〕9号）第十九条的规定："用人单位因劳动者违反诚信原则，提供虚假学历证书、个人履历等与订立劳动合同直接相关的基本情况构成欺诈解除劳动合同，劳动者主张解除劳动合同经济补偿或者赔偿金的，劳动人事争议仲裁委员会、人民法院不予支持。"

4. 用人单位招用外国人，应当在外国人入境前，按有关规定到当地劳动行政部门为其申请就业许可，经批准并获得《中华人民共和国外国人就业许可证书》后方可招用。用人单位招用外国人的岗位必须是有特殊技能要求、国内暂无适当人选的岗位，并且不违反国家有关规定。

（二）招录劳动者的背景调查

一些用人单位在招用敏感岗位（如涉及资金管理的职位、核心技术和商业秘密的岗位、部分中高层管理职位、特殊职业如民航空勤等）的人员时，为了降低因招聘员工带来的各种风险，避免因招聘员工不当产生的经济损失及技术损失，并为聘用员工提供客观、真实的参考依据，需要对拟录用的员工进行背景调查。但应当注意，对应聘者的背景调查内容是有限制的。对此，现行的法律依据是《劳动合同法》第八条中的规定，用人单位招用劳动者时，"用人单位有权了解劳动者与劳动合同直接相关的基本情况，劳动者应当如实说明"。值得提示的是，进行员工背景调查，要注意以下方面：

1. 了解的内容必须是"与劳动合同直接相关的基本情况"。不得任意调查劳动者的其他个人信息，特别是不得打听个人隐私。

2. 应当直接向劳动者了解，"劳动者应当如实说明"。能直接当面向劳动者了解的，最好直接当面问明白，并记录和签字确认。

3. 如果想证明劳动者是否如实说明，或者劳动者不便说明或说不清楚，需要到劳动者原单位或有关机构去调查核实（即“外调”）的，也应当依据《民法典》中的有关规定，收集个人信息应当依法征得劳动者本人同意。除非法律有专门规定单位可依法自行开展。

什么是个人信息？根据《中华人民共和国个人信息保护法》（以下简称《个人信息保护法》）第四条规定：“个人信息是以电子或者其他方式记录的与已识别或者可识别的自然人有关的各种信息，不包括匿名化处理后的信息。个人信息的处理包括个人信息的收集、存储、使用、加工、传输、提供、公开、删除等。”根据《个人信息保护法》第二十八条规定：“敏感个人信息是一旦泄露或者非法使用，容易导致自然人的人格尊严受到侵害或者人身、财产安全受到危害的个人信息，包括生物识别、宗教信仰、特定身份、医疗健康、金融账户、行踪轨迹等信息，以及不满十四周岁未成年人的个人信息。只有在具有特定的目的和充分的必要性，并采取严格保护措施的情形下，个人信息处理者方可处理敏感个人信息。”

因此，企业在收集和处理劳动者个人信息时，应当严格按照《个人信息保护法》第二十九条规定：“处理敏感个人信息应当取得个人的单独同意；法律、行政法规规定处理敏感个人信息应当取得书面同意的，从其规定。”同时按照第三十条的规定：“个人信息处理者处理敏感个人信息的，除本法第十七条第一款规定的事项外，还应当向个人告知处理敏感个人信息的必要性以及对个人权益的影响；依照本法规定可以不向个人告知的除外。”

背景调查并不等于秘密调查。《个人信息保护法》第十三条至第十七条都规定了个人信息处理者应当取得个人同意，为订立、履行个人作为一方当事人的合同所必需或按劳动制度所必需，该同意应当由个人在充分知情的前提下自愿、明确作出；在员工不知情的情况下展开调查工作，是侵犯员工的个人信息权益的典型违法行为。

背景调查所涉及的个人信息，除了基本的身份信息之外，还会涉及对劳动者职业素养的调查，包括专业能力、管理能力、沟通技巧等。但要根据《个人信息保护法》对于信息的界定，企业在收集和处理员工信息时，应当遵循合法、正当、必要和诚信原则，同时应当具有明确、合理的目的，采取对个人权益影响最小的方式。收集个人信息，应当限于实现处理目的的最小范围，不得过度收集个人信息。对敏感个人信息处理时应更加关注特定目的性和充分必要性。

如果企业选择委托第三方背景调查机构进行调查工作，应当与受托方即调查机构签署书面的《委托合同》或符合法律要求的《电子委托合同》，并遵守《个人信息保护法》第二十一条规定："个人信息处理者委托处理个人信息的，应当与受托人约定委托处理的目的、期限、处理方式、个人信息的种类、保护措施以及双方的权利和义务等，并对受托人的个人信息处理活动进行监督。受托人应当按照约定处理个人信息，不得超出约定的处理目的、处理方式等处理个人信息；委托合同不生效、无效、被撤销或者终止的，受托人应当将个人信息返还个人信息处理者或者予以删除，不得保留。未经个人信息处理者同意，受托人不得转委托他人处理个人信息。"

根据《个人信息保护法》第六十九条规定："处理个人信息侵害个人信息权益造成损害，个人信息处理者不能证明自己没有过错的，应当承担损害赔偿等侵权责任。前款规定的损害赔偿责任按照个人因此受到的损失或者个人信息处理者因此获得的利益确定；个人因此受到的损失和个人信息处理者因此获得的利益难以确定的，根据实际情况确定赔偿数额。"按照《民法典》第一千一百八十二条和第一千一百八十三条规定，在背景调查过程中，如企业过度收集或违法收集个人信息，或因其他违法行为侵害他人人身权益造成他人损害的，应对被侵权人承担相关赔偿责任；造成他人精神损害的，还应承担相关精神损害赔偿责任。①

（三）企业招聘中的限制性规定

根据国家规定，用人单位在招聘中要注意：（1）用人单位发布的招用人员简章或招聘广告，不得有歧视性内容，不得提供虚假招聘信息和发布虚假招聘广告；（2）不得扣押劳动者的居民身份证和其他证件，不得要求劳动者提供担保或者以其他名义向劳动者收取财物；（3）不得招用未满 16 周岁的未成年人以及国家法律、行政法规规定不得招用的其他人员；（4）不得招用无合法身份证件的人员；（5）不得以招用人员为名牟取不正当利益或进行其他违法活动；（6）不得以诋毁其他用人单位信誉、商业贿赂等不正当手段招聘人员。

---

① 企业收集和处理劳动者个人信息的具体内容，参见本书第八章 人事劳动组织管理 第四节 企业用工中的个人信息保护。

1. 关于就业歧视

用人单位招用人员时，需要注意以下方面：一是除国家规定的不适合妇女从事的工种或者岗位外，不得以性别为由拒绝录用妇女，不得询问妇女婚育情况，不得将妊娠测试作为入职体检项目，不得将限制生育作为录用条件，不得差别化地提高对妇女的录用标准。同时不得在劳动合同中规定限制女职工结婚、生育的内容。二是应当依法对少数民族劳动者给予适当照顾，不得有民族歧视。三是对能胜任工作岗位要求的残疾人应适当照顾，不得歧视残疾人。

（1）招聘员工时，可否以应聘者为传染病病原携带者为由拒绝录用？

根据《就业服务与就业管理规定》的规定，用人单位招用人员，不得以是传染病病原携带者为由拒绝录用。但是，经医学鉴定传染病病原携带者在治愈前或者排除传染嫌疑前，不得从事法律、行政法规和国务院卫生行政部门规定禁止从事的易使传染病扩散的工作。用人单位招用人员，除国家法律、行政法规和国务院卫生行政部门规定禁止乙肝病原携带者从事的工作外，不得强行将乙肝病毒血清学指标作为体检标准。例如，《中华人民共和国传染病防治法》第十六条第二款规定："传染病病人、病原携带者和疑似传染病病人，在治愈前或者在排除传染病嫌疑前，不得从事法律、行政法规和国务院卫生行政部门规定禁止从事的易使该传染病扩散的工作。"又如，《中华人民共和国食品安全法》第四十五条规定："食品生产经营者应当建立并执行从业人员健康管理制度。患有国务院卫生行政部门规定的有碍食品安全疾病的人员，不得从事接触直接入口食品的工作。从事接触直接入口食品工作的食品生产经营人员应当每年进行健康检查，取得健康证明后方可上岗工作。"此法条中"国务院卫生行政部门规定的有碍食品安全疾病"是指《国家卫生计生委关于印发有碍食品安全的疾病目录的通知》（国卫食品发〔2016〕31 号）附件 1 所列出的霍乱、细菌性和阿米巴性痢疾、伤寒和副伤寒、病毒性肝炎（甲型、戊型）、活动性肺结核、化脓性或者渗出性皮肤病。再如，《公共场所卫生管理条例》第七条规定："公共场所直接为顾客服务的人员，持有'健康合格证'方能从事本职工作。患有痢疾、伤寒、病毒性肝炎、活动期肺结核、化脓性或者渗出性皮肤病以及其他有碍公共卫生的疾病的，治愈前不得从事直接为顾客服务的工作。"依据《公共场所卫生管理条例》第二条规定，公共场所包括：①宾馆、饭馆、旅店、招待所、车马店、咖啡馆、酒吧、茶座；

②公共浴室、理发店、美容店；③影剧院、录像厅（室）、游艺厅（室）、舞厅、音乐厅；④体育场（馆）、游泳场（馆）、公园；⑤展览馆、博物馆、美术馆、图书馆；⑥商场（店）、书店；⑦候诊室、候车（机、船）室、公共交通工具。

（2）招聘员工时，可否要求应聘者提供有无犯罪记录？

根据《刑法》规定，依法受过刑事处罚的人，在就业的时候，应当如实向有关单位报告自己曾受过刑事处罚，不得隐瞒。[①] 当劳动者如实报告后，企业可否以此为由拒绝录用？这要依据岗位性质和国家有关规定来决定，不能简单拒绝。

如果劳动者不如实报告，事后企业发现，可否以劳动者有欺诈行为而辞退？《刑法》第三十七条之一第一款规定："因利用职业便利实施犯罪，或者实施违背职业要求的特定义务的犯罪被判处刑罚的，人民法院可以根据犯罪情况和预防再犯罪的需要，禁止其自刑罚执行完毕之日或者假释之日起从事相关职业，期限为三年至五年。"

此外，一些地方发文作出了专门规定，如上海市发布的《关于建立涉性侵害违法犯罪人员从业限制制度的意见》规定，在教育、医疗、训练救助等与未成年人密切接触行业开展入职审查时，将对拟录用人员是否存在性侵害违法犯罪记录情况进行强制查询，一旦发现有相关记录，将不予录用。因此，教育、医疗、训练救助等与未成年人密切接触的用人单位在招录人员时，应当要求应聘人员如实报告本人是否存在性侵害等违法犯罪记录。同时，用人单位应落实相应的审查职责，可以向公安机关进行核实。

2. 关于扣押居民身份证和其他证件

一些企业在招用职工，与劳动者建立劳动关系时，经常擅自采取扣押劳动者的居民身份证和其他证明个人身份和技能资格的证件等，以便控制劳动者不辞而别后给企业带来一定的经济损失，也有的是变相地向劳动者施加管控影响。对此，《劳动合同法》规定，用人单位招用劳动者，不得扣押劳动者的居民身份证和其他证件。

居民身份证是根据国家法律规定对本国公民统一颁发的具有证明公民身份效力的法定证件。根据《中华人民共和国居民身份证法》（以下简称《居民身份证

---

① 根据《刑法》第一百条第二款规定，犯罪的时候不满 18 周岁被判处 5 年有期徒刑以下刑罚的人，免除报告义务。

法》）的规定，公民身份号码是每个公民唯一的、终身不变的身份代码，由公安机关按照公民身份号码国家标准编制。除法律规定外，任何单位和个人都不得扣押居民身份证。

根据《劳动合同法》规定："用人单位违反本法规定，扣押劳动者居民身份证等证件的，由劳动行政部门责令限期退还劳动者本人，并依照有关法律规定给予处罚。"这就是说，对于用人单位在招用劳动者时，扣押劳动者居民身份证等证件的行为，首先由劳动行政部门责令限期退还劳动者本人，然后依照有关法律规定给予处罚。根据《居民身份证法》的规定，对非法扣押他人居民身份证的，由公安机关给予警告，并处二百元以下罚款，有违法所得的，没收违法所得。

3. 关于向劳动者收取财物

有的企业在招用职工时，向劳动者要求收取一定的货币、实物等作为"入厂抵押金"或者"风险抵押金"。对此，《劳动合同法》规定，用人单位招用劳动者，不得要求劳动者提供担保或者以其他名义向劳动者收取财物。用人单位违反法律规定，以担保或者其他名义向劳动者收取财物的，由劳动行政部门责令限期退还劳动者本人，并以每人五百元以上二千元以下的标准处以罚款；给劳动者造成损害的，应当承担赔偿责任。

如一些宾馆、商店等服务行业，担心招用员工后刚发给工作服，没过几天，员工就带走工作服不辞而别。还有一些企业招用技术人员后，为其工作需要提供了笔记本电脑和相关精密仪器，企业担心没过几天，员工就带着这些东西离开了。这些担心虽有道理，但却是企业的管理有疏漏。

作为某一行业的企业，设置某类岗位，按照职业规范应当为职工提供必要的劳动条件（如配备必需的服装和工作用具等），这是企业必须付出的成本，不能将此转嫁给劳动者。一些用人单位总是不相信职工，总想通过招工时收取服装费、住宿费、培训费、风险抵押金或集资款等，以图限制职工不辞而别。这显然是不合法的。同样的道理，职工也有不相信用人单位的，担心有的企业主在收取抵押金等财物后，没几天就逃之夭夭。因此，用人单位若是担心员工在不辞而别时将单位发放的物品带走，以此减少损失，就应当通过加强和改善职工职业操守教育以及企业内部管理措施等加以防范。

用人单位要求劳动者提供担保或以其他名义向劳动者收取财物，目的就是变相迫使劳动者在其控制之下，这在某种意义上是对劳动者择业自由的限制。因此，法律规定予以禁止。

以案释法

除了企业在招聘员工时不能收取风险抵押金以外，企业在用工过程中是否可以收取“风险抵押金”？

在现实生活中，一些企业因其属于特殊行业，在用工过程中，需要将一些价值贵重的设备或物品交由劳动者使用，却又担心劳动者不爱惜造成损坏，或者不辞而别时带走，所以常要求劳动者事前缴纳一定的“风险抵押金”。由于国家规定不允许企业在招录劳动者或签订劳动合同时要求劳动者缴纳“风险抵押金”，那么，企业在与劳动者已经建立了劳动关系，签订了劳动合同后，在用工过程中，是否可以根据企业生产经营管理需要，要求劳动者缴纳“风险抵押金”呢？

如果根据企业某一工作岗位的生产经营管理需要，确实有必要将一些价值贵重的设备或物品交由员工随身使用，以方便其工作，同时又为了减少企业损失，需要员工缴纳一定的风险金，以增强其与企业共担风险的意识。此时，企业应当注意以下方面：

第一，从事某一工作岗位确实需要劳动者承担一定经济风险责任的，应当按照劳动者本人自愿原则收取“风险抵押金”。当企业招用了劳动者后，若想调整岗位让其从事某一工作岗位需要劳动者承担一定经济风险责任的，要事先向劳动者说明，征求其意见。

例如，某服装公司把一个高档时装专卖店交给一名劳动者负责经营，从担心高档时装受损考虑，要求该劳动者承担一定的经济风险责任。此时，应由劳动者自愿选择是否通过缴纳一定的风险金后再去从事该岗位工作。如果劳动者不愿意去，不能以此为由与劳动者解除劳动合同，可让其在原岗位或者协商后安排劳动者到其他无须收取“风险抵押金”的岗位工作。即“风险抵押金”不能与劳动者建立劳动关系挂钩。

第二，企业职工为参与承包经营而缴纳的“风险抵押金”与劳动关系的存续无关，但当企业提出解除劳动关系或劳动者完成了承包经营目标时，应当退回“风险抵押金”。当企业招用了劳动者后，若在开展某项承包经营业务时，要求劳动者必须缴纳一定的“风险抵押金”才能取得承包经营权的，要明确“风险抵押金”是某项业务经营的风险责任。企业与劳动者因其他原因（非承包经营关系中的经营风险问题）解除劳动合同时，或者劳动者如期完成承包经营目标后，应当退回“风险抵押金”。

例如，当某一员工想承包所在企业的汽车开展经营业务（或者说企业向本单位劳动者提出汽车出租），企业可以要求员工向企业缴纳一定的“风险抵押金”。此类“风险抵押金”只应用于承包经营的风险承担，而不应与劳动关系的存续有关，企业不能强迫员工缴纳“风险抵押金”参与承包，也不能因员工不参加承包就解除其劳动合同。如果当员工自愿缴纳“风险抵押金”参与承包后，当企业因其他原因（如员工违反劳动纪律，或者在承包期间某一时段生病没有完成阶段性工作任务，或者该员工同时又在其他企业兼职等）依据《劳动合同法》需与员工解除其劳动合同时，企业应当退回“风险抵押金”，不能罚没“风险抵押金”。当该员工如期完成承包任务后，企业也应当及时退回员工的“风险抵押金”。

进一步说，企业设立的“风险抵押金”制度，可以是属于“资产管理”或者“承包经营”的自愿性“风险抵押金”，不能是“员工入职”的强制性“风险抵押金”。

二、劳动者求职

用人单位从社会上招用劳动者，对用人单位而言，习惯上称为招工或招聘。而对劳动者来说，习惯上称为就业或者求职。

（一）劳动者求职享有的权利

根据《就业促进法》规定：“劳动者依法享有平等就业和自主择业的权利。劳动者就业，不因民族、种族、性别、宗教信仰等不同而受歧视。”“农村劳动者进城就业享有与城镇劳动者平等的劳动权利，不得对农村劳动者进城就业设置歧视性限制。”

根据《就业服务与就业管理规定》，对劳动者求职的基本要求是：

1. 劳动者年满 16 周岁，有劳动能力且有就业愿望的，可凭本人身份证件，通过公共就业服务机构、职业中介机构介绍或直接联系用人单位等渠道求职。

2. 劳动者求职时，应当如实向公共就业服务机构或职业中介机构、用人单位提供个人基本情况以及与应聘岗位直接相关的知识技能、工作经历、就业现状等情况，并出示相关证明。根据《劳动合同法》的规定，用人单位有权了解劳动者与劳动合同直接相关的基本情况，劳动者应当如实说明。

3. 国家倡导劳动者应当树立正确的择业观念，提高就业能力和创业能力。国家鼓励劳动者在就业前接受必要的职业教育或职业培训，鼓励城镇初高中毕业生在就业前参加劳动预备制培训。国家鼓励劳动者自主创业、自谋职业。

（二）就业准入

就业准入，是指根据《劳动法》和《职业教育法》的有关规定，用人单位招用从事技术复杂、通用性广、涉及国家财产、公共安全、人身健康、生命财产安全等特殊工种职业的劳动者，应当依法招用持相应工种职业资格证书的人员；招用未持相应工种职业资格证书人员的，须组织其在上岗前参加专门培训，使其取得相应职业资格证书后，方可就业上岗。实行就业准入的职业范围由政府劳动行政部门确定并向社会发布。

我国实行就业准入制度，旨在通过就业环节对劳动者就业时的职业资格和从业资格进行规范。通过实行就业准入控制，推行职业资格证书制度，既可以完善劳动力市场建设，为劳动者就业创造平等竞争的就业环境；也可以促进劳动者主动提高自身的技术业务素质，实现高质量就业。

三、用人单位招用劳动者就业登记

根据《就业服务与就业管理规定》的规定，企业招用人员后，应当于录用之日起30日内到当地公共就业服务机构办理登记手续。就业登记的内容主要包括劳动者个人信息、就业类型、就业时间、就业单位以及订立、终止或者解除劳动合同情况等。就业登记的具体内容和所需材料由省级劳动保障行政部门规定。

公共就业服务机构应当对用人单位办理就业登记及相关手续设立专门服务窗口，简化程序，方便用人单位办理。

用人单位不仅要及时办理就业登记，还要建立职工名册以待备查。为了依法督促企业加强用工管理，便于确认企业实际招用了多少劳动者，《劳动合同法》规定了“用人单位应当建立职工名册备查”。职工名册应当包括哪些内容呢？这应根据各类企业管理的情况而略有不同。根据《劳动合同法实施条例》的规定，职工名册，应当包括劳动者姓名、性别、公民身份号码、户籍地址及现住址、联系方式、用工形式、用工起始时间、劳动合同期限等内容。

在职工名册中，用人单位要特别注意登记好职工的身份证号码，最好保存职工的居民身份证复印件，以避免违法使用童工。《禁止使用童工规定》（国务院令第364号）明确要求：“用人单位招用人员时，必须核查被招用人员的身份证；对不满16周岁的未成年人，一律不得录用。用人单位录用人员的录用登记、核查材料应当妥善保管。”同时规定，用人单位未依法保存录用登记材料，或者伪造录用登记材料的，由劳动保障行政部门处1万元的罚款。

虽然我国现行法律并没有规定实行劳动用工行政许可制度。但是，企业应当及时建立职工名册并妥善保存，以备接受政府有关行政职能部门的依法检查。因为职工名册可以证明劳动者的劳动关系是否存在。同时，以便于政府行政部门依法实施检查时，掌握企业的实际用工情况。这是法律对用人单位规定的一项义务，用人单位应当依法履行，否则将会承担相应的法律责任。对此，《劳动合同法实施条例》规定，对于用人单位违反《劳动合同法》有关建立职工名册规定的，由劳动行政部门责令限期改正；逾期不改正的，由劳动行政部门处2000元以上2万元以下的罚款。

2006年颁布的《劳动和社会保障部关于建立劳动用工备案制度的通知》（劳社部发〔2006〕46号）提出，从2007年起，我国境内所有用人单位招用依法形成劳动关系的职工，都应到登记注册地的县级以上劳动保障行政部门办理劳动用工备案手续。用人单位新招用职工或与职工续订劳动合同的，应自招用或续订劳动合同之日起30日内进行劳动用工备案。这种用工备案不是政府对企业用工行为实行的事前行政审批，而是要求企业用工后向政府劳动行政部门及时提供用工信息，以便政府了解情况，做好就业统计工作，并更好地加强对企业用工的管理和服务。

第三节　招用有关人群就业的特别规定

在劳动力市场竞争条件下，国家从促进公平就业、帮助弱者就业、保护相关人员就业权利的角度，对用人单位招聘不同性别、不同生理状况、不同民族、不同身份的劳动者，作出了一些特别规定。

一、招用妇女就业

依据《中华人民共和国妇女权益保障法》（以下简称《妇女权益保障法》）等有关法律法规的规定，“国家保护妇女依法享有的特殊权益”。国家之所以对女职工实行特殊劳动保护，是因为女职工的生理特点决定了她们在劳动和工作中会遇到一些特殊的困难，同时女职工还承担着生育和抚养婴幼儿的家庭责任。为了保证女职工在劳动过程中的安全和健康，对女职工实行特殊的劳动保护。根据《宪法》《妇女权益保障法》《劳动法》等规定，妇女享有与男子平等的就业权利，各单位在录用职工时，除国家规定的不适合妇女的工种或者岗位外，不得以性别为由拒绝录用妇女或者提高对妇女的录用标准。这些规定包括了两层含义：

一是强调了男女就业权利平等，直接写明妇女享有同男子平等的就业权利，突出了对妇女合法权益的维护。

二是强调了对妇女就业权利的保护。就业保护是劳动保护的前提。由于妇女的生理特点与男子有很大不同，确实有些劳动岗位不适合妇女从事，如果不顾现实情况，认为在所有岗位上男女都具有同等的就业能力，实际上将损害妇女的健康。正是考虑到这一点，国家规定了不适合妇女从事的工种和岗位，如矿山井下劳动和其他一些禁忌劳动。除了国家规定的情形以外，任何用人单位不得私自规定哪些工种和岗位不得招收妇女，不得搞性别歧视，必须为男女平等竞争劳动岗位提供条件。

依据男女就业权利平等原则，用人单位必须做到：

1. 向妇女劳动者提供与男性劳动者均等的就业机会。用人单位招用人员、职业中介机构从事职业中介活动，应当向劳动者提供平等的就业机会和公平的就业条件，不得实施就业歧视。凡有适合妇女从事劳动的岗位，用人单位不得拒绝招用。妇女劳动者有权与男性劳动者一样，参加招工报名考核等活动，通过公开招收、录用和竞争，获得劳动岗位。为了保证这一原则的贯彻，保障妇女劳动者的合法权益，劳动行政管理部门应当对用人单位的招工工作加强管理和监督。

2. 不得提高妇女劳动者的录用标准。向妇女劳动者提供与男性劳动者均等的就业机会，并不能保证男女就业权利平等原则的真正实现。因为即使给予均等的就业机会，如果在录用标准和条件方面不平等，妇女劳动者的劳动权也无法得以保障。《就业促进法》明确规定，用人单位招用人员，除国家规定的不适合妇女的工种或者岗位外，不得以性别为由拒绝录用妇女或者提高对妇女的录用标准。《妇女权益保障法》规定："用人单位在招录（聘）过程中，除国家另有规定外，不得实施下列行为：（一）限定为男性或者规定男性优先；（二）除个人基本信息外，进一步询问或者调查女性求职者的婚育情况；（三）将妊娠测试作为入职体检项目；（四）将限制结婚、生育或者婚姻、生育状况作为录（聘）用条件；（五）其他以性别为由拒绝录（聘）用妇女或者差别化地提高对妇女录（聘）用标准的行为。"

3. 对女职工劳动实行特别保护。依据《妇女权益保障法》等法律法规的规定，实行男女同工同酬。妇女在享受福利待遇方面享有与男子平等的权利。在晋职、晋级、评定专业技术职务等方面，应当坚持男女平等的原则，不得歧视妇女。任何单位均应根据妇女的特点，依法保护妇女在工作和劳动时的安全和健康，不得安排不适合妇女从事的工作和劳动。妇女在经期、孕期、产期、哺乳期受特殊保护。任何单位不得因结婚、怀孕、产假、哺乳等情形，降低女职工的工资，辞退女职工，单方解除劳动（聘用）合同或者服务协议。但是，女职工自己要求终止劳动（聘用）合同或者服务协议的除外。

二、招用未成年人就业

（一）最低就业年龄规定

根据我国有关招工法律法规的规定，未成年工是指年满16周岁未满18周岁的劳动者。也就是说，我国最低就业年龄为16周岁。《劳动法》第十五条规定："禁止用人单位招用未满十六周岁的未成年人。文艺、体育和特种工艺单位招用未满十六周岁的未成年人，必须遵守国家有关规定，并保障其接受义务教育的权利。"

国家确定最低就业年龄，主要是考虑到青少年的身体发育状况以及保障他们在就业前有接受完整基本教育的时间。16 周岁至 18 周岁正是身体成长发育的时期，也是学习文化、接受知识的黄金年龄，同时未成年工缺乏从事某些工作所需的体力和心理素质，因此，法律对未成年工的特殊保护非常有必要。《中华人民共和国未成年人保护法》（以下简称《未成年人保护法》）也重申："招用已满十六周岁未成年人的单位和个人应当执行国家在工种、劳动时间、劳动强度和保护措施等方面的规定，不得安排其从事过重、有毒、有害等危害未成年人身心健康的劳动或者危险作业。"

（二）禁止使用童工

我国法律法规明确规定，禁止用人单位招用未满 16 周岁的未成年人（招用不满 16 周岁的未成年人，称为"使用童工"）。根据《未成年人保护法》的规定："任何组织或者个人不得招用未满十六周岁未成年人，国家另有规定的除外。"《劳动法》也规定："禁止用人单位招用未满十六周岁的未成年人。"国家对未满 16 周岁的未成年人实行保护，主要是因为这一年龄段的未成年人是国家实施义务教育的对象。《中华人民共和国义务教育法》（以下简称《义务教育法》）规定："禁止用人单位招用应当接受义务教育的适龄儿童、少年。"我国全国人大常委会在 1998 年 12 月批准国际劳工组织《准予就业最低年龄公约》时，重申在中华人民共和国领土内及中华人民共和国注册的运输工具上就业或者工作的最低年龄为 16 周岁。

不满 16 周岁的未成年人没有完全民事行为能力，他们所实施的许多法律行为，相应的法律后果要由其监护人或者法定代理人来承担。同时，他们仍处在受教育阶段，受身心发育程度和认知水平的局限，一般还不具备为实现其自身成长发育所必需的自我生存和自我保护能力。使用童工行为严重侵害了不满 16 周岁的未成年人的受教育权利、人身自由权利、健康权甚至生命权，对他们的健康成长极易造成不利的影响。为保护未成年人的身心健康，促进义务教育制度的实施，维护未成年人的合法权益，通过法律规定最低就业年龄、禁止使用童工是世界各国的通行做法，也是国际劳工标准的核心标准之一。

《禁止使用童工规定》对禁止使用童工作了进一步明确规定，严禁国家机关、社会团体、企业事业单位、民办非企业单位或者个体工商户招用不满 16 周岁的未成年人，任何单位或者个人不得为不满 16 周岁的未成年人介绍就业。用人单位招用人员时，必须核查被招用人员的身份证；对不满 16 周岁的未成年人，一律不得录用。用人单位录用人员的录用登记、核查材料应当妥善保管。

国家为保护未成年人的健康成长，禁止未满 16 周岁的未成年人就业的内容主要包括：（1）禁止国家机关、社会团体、企事业单位和个体工商户、农户、城镇居民等使用童工；（2）禁止各种职业介绍机构以及其他单位和个人为未满 16 周岁的少年儿童介绍职业；（3）禁止各级市场监督管理部门为未满 16 周岁的少年儿童核发个体营业执照；（4）父母或其他监护人不得允许未满 16 周岁的子女或被监护人做童工。

对于一些文艺、体育和特种工艺单位招用未成年人的问题，《劳动法》明确规定："文艺、体育和特种工艺单位招用未满十六周岁的未成年人，必须遵守国家有关规定，并保障其接受义务教育的权利。"《禁止使用童工规定》进一步规定："文艺、体育单位经未成年人的父母或者其他监护人同意，可以招用不满 16 周岁的专业文艺工作者、运动员。用人单位应当保障被招用的不满 16 周岁的未成年人的身心健康，保障其接受义务教育的权利。文艺、体育单位招用不满 16 周岁的专业文艺工作者、运动员的办法，由国务院劳动保障行政部门会同国务院文化、体育行政部门制定。"

按照我国法律法规的规定，任何与未满 16 周岁的未成年人建立劳动关系的都属于非法招用童工，要承担相应的法律责任。对使用、介绍童工的单位或个人，由劳动行政部门依法处罚。

一是对用人单位未按照规定保存录用登记材料，或者伪造录用登记材料的，由劳动保障行政部门处 1 万元的罚款。

二是对用人单位使用童工的，由劳动保障行政部门按照每使用一名童工每月处 5000 元罚款的标准给予处罚；在使用有毒物品的作业场所使用童工的，按照《使用有毒物品作业场所劳动保护条例》规定的罚款幅度，或者按照每使用一名童工每月处 5000 元罚款的标准，从重处罚。劳动保障行政部门并应当责令用人单位限期将童工送回原居住地交其父母或者其他监护人，所需交通和食宿费用全部由用人单位承担。

三是对用人单位经劳动保障行政部门依照上述规定责令限期改正，逾期仍不将童工送交其父母或者其他监护人的，从责令限期改正之日起，由劳动保障行政部门按照每使用一名童工每月处1万元罚款的标准处罚，并由市场监督管理部门吊销用人单位营业执照或者由民政部门撤销民办非企业单位登记；用人单位是国家机关、事业单位的，由有关单位依法对直接负责的主管人员和其他直接责任人员给予降级或者撤职的行政处分或者纪律处分。

四是如果使用的童工出现患病或者受伤的，用人单位应当负责送到医疗机构治疗，并负担治疗期间的全部医疗和生活费用。

五是拐骗童工，强迫童工劳动，使用童工从事高空、井下、放射性、高毒、易燃易爆以及国家规定的第四级体力劳动强度的劳动，使用不满14周岁的童工，或者造成童工死亡或者严重伤残的，依照刑法关于拐卖儿童罪、强迫劳动罪或者其他罪的规定，依法追究刑事责任。

（三）实行未成年工登记制度和定期健康检查

1. 实行未成年工登记制度

国家对未成年工的使用和特殊保护实行登记制度。根据《劳动部关于颁发〈未成年工特殊保护规定〉的通知》（劳部发〔1994〕498号）（以下简称《未成年工特殊保护规定》）：

一是用人单位招收使用未成年工，除符合一般用工要求外，还须向所在地的县级以上劳动行政部门办理登记。劳动行政部门根据《未成年工健康检查表》《未成年工登记表》，核发《未成年工登记证》。

二是未成年工须持《未成年工登记证》上岗。

三是未成年工上岗前，用人单位应对其进行有关的职业安全卫生教育、培训；未成年工体检和登记，由用人单位统一办理和承担费用。

2. 未成年工定期健康检查

为了保护未成年工的身体健康，按法定年龄招收未成年工时，应当进行全面的健康检查，取得身体合格证明以后，才能够正式被录用。未成年工被录用后，依据《劳动法》第六十五条的规定："用人单位应当对未成年工定期进行健康检查。"可见，对未成年工定期进行健康检查是用人单位的一项法定义务，用人单位不得以任何借口取消。对未成年工进行定期的健康检查，有利于未成年人的健康发育，使其免受职业侵害，同时也是用人单位对未成年工安排工作岗位的重要依据。

根据《未成年工特殊保护规定》第六条规定，用人单位应按下列要求对未成年工定期进行健康检查：（1）安排工作岗位之前；（2）工作满 1 年；（3）年满 18 周岁，距前一次的体检时间已超过半年。

未成年工的健康检查，应按国家劳动行政部门统一制作的《未成年工健康检查表》列出的项目进行。用人单位应根据未成年工的健康检查结果安排其从事适合的劳动，对不能胜任原劳动岗位的，应根据医务部门的证明，予以减轻劳动量或安排其他劳动。

未成年工身体健康受到损害的，用人单位应当为未成年工治疗。用人单位不仅要对未成年工健康检查事宜进行全面的安排，而且要承担所涉及的所有费用支出。未成年工在规定的健康检查期间应算作工作时间，用人单位不得克扣工资。

依照《劳动法》第九十五条规定，用人单位违反劳动法对未成年工的保护规定，侵害未成年工合法权益的，由劳动行政部门责令改正，处以罚款；对未成年工造成损害的，应当承担赔偿责任。

三、招用残疾人就业

残疾人就业，是指符合法定就业年龄有就业要求的残疾人从事有报酬的劳动。

根据《中华人民共和国残疾人保障法》（以下简称《残疾人保障法》）第二条的规定："残疾人是指在心理、生理、人体结构上，某种组织、功能丧失或者不正常，全部或者部分丧失以正常方式从事某种活动能力的人。残疾人包括视力残疾、听力残疾、言语残疾、肢体残疾、智力残疾、精神残疾、多重残疾和其他残疾的人。残疾标准由国务院规定。"

理解、尊重、帮助残疾人，是社会共同的责任。根据 1983 年国际劳工组织第六十九届大会通过的第 159 号公约《残疾人职业康复和就业公约》，所有会员国应根据国家条件、实际情况和可能制定、实施并定期检查关于残疾人职业康复和就业的国家政策。制定实施这一政策时，应与有代表性的残疾人或为残疾人服务的组织进行磋商，以残疾工人与一般工人机会平等原则为基础，以增加残疾人在公开劳工市场中的就业机会为目的。主管当局应采取措施提供职业指导、职业培训、安置、就业和其他有关服务项目并对之进行评估，以使残疾人能够获得、保持职业及提升。我国已批准这一国际公约。

根据《就业促进法》的规定："国家保障残疾人的劳动权利。……用人单位招用人员，不得歧视残疾人。"我国对残疾人就业的保障主要体现在《残疾人保障法》第四章劳动就业中。

一是国家保障残疾人劳动的权利。要求各级人民政府应当对残疾人就业统筹规划，为残疾人创造就业条件。对残疾人的就业实行集中与分散相结合的方针，采取优惠政策和扶持保护措施，通过多渠道、多层次、多种形式，使残疾人劳动就业逐步普及、稳定、合理。

二是国家和社会通过举办残疾人福利企业、工疗机构、按摩医疗机构和其他福利性企业事业组织，集中安排残疾人就业。国家推动各单位吸收残疾人就业，各机关、团体、企业事业组织和城乡集体经济组织，均应按一定比例安排残疾人就业，并为其选择适当的工种和岗位；政府有关部门鼓励、帮助残疾人自愿组织起来从业和个体开业。

三是国家对残疾人福利性企业事业组织和城乡残疾人个体劳动者，实行税收减免政策，并在生产、经营、技术、资金、物资、场地等方面给予扶持；地方人民政府和有关部门应确定适合残疾人生产的产品，优先安排残疾人福利企业生产，并逐步确定某些产品由残疾人福利企业专产；对申请从事个体工商业的残疾人，有关部门应优先核发营业执照，并在场地、信贷等方面给予照顾。

四是国家保护残疾人福利性企业事业组织的合法权益，在职工的招用、晋级、劳动报酬等方面不受歧视；对于国家分配的残疾人毕业生，有关单位不得因其残疾而拒绝接收。拒绝接收的，当事人可以要求有关部门处理，有关部门应当责令该单位接收。

为进一步贯彻执行《残疾人保障法》，国务院制定了《残疾人就业条例》（国务院令第488号），进一步要求机关、团体、企业、事业单位和民办非企业单位（统称用人单位）应当依照有关法律、《残疾人就业条例》和其他有关行政法规的规定，履行扶持残疾人就业的责任和义务。其主要措施有：

1. 国家鼓励社会组织和个人通过多种渠道、多种形式，帮助、支持残疾人就业，鼓励残疾人通过应聘等多种形式就业。禁止在就业中歧视残疾人。

2. 用人单位应当按照一定比例安排残疾人就业，并为其提供适当的工种、岗位。用人单位安排残疾人就业的比例不得低于本单位在职职工总数的1.5%。具体比例由省、自治区、直辖市人民政府根据本地区的实际情况规定。用人单位跨地区招用残疾人的，应当计入所安排的残疾人职工人数之内。如果用人单位安排残疾人就业达不到其所在地省、自治区、直辖市人民政府规定比例的，应当缴纳残疾人就业保障金。

3. 政府和社会依法兴办的残疾人福利企业、盲人按摩机构和其他福利性单位(以下简称集中使用残疾人的用人单位)，应当集中安排残疾人就业。

(1) 集中使用残疾人的用人单位的资格认定，按照国家有关规定执行。

(2) 集中使用残疾人的用人单位中从事全日制工作的残疾人职工，应当占本单位在职职工总数的25%以上。

(3) 国家对集中使用残疾人的用人单位依法给予税收优惠，并在生产、经营、技术、资金、物资、场地使用等方面给予扶持。

(4) 县级以上地方人民政府及其有关部门应当确定适合残疾人生产、经营的产品、项目，优先安排集中使用残疾人的用人单位生产或者经营，并根据集中使用残疾人的用人单位的生产特点确定某些产品由其专产。

(5) 政府采购，在同等条件下，应当优先购买集中使用残疾人的用人单位的产品或者服务。

为了切实保障残疾人就业的合法权益，《残疾人就业条例》还规定：

1. 用人单位招用残疾人职工，应当依法与其签订劳动合同或者服务协议。

2. 用人单位应当为残疾人职工提供适合其身体状况的劳动条件和劳动保护，不得在晋职、晋级、评定职称、报酬、社会保险、生活福利等方面歧视残疾人职工。

3. 用人单位应当根据本单位残疾人职工的实际情况，对残疾人职工进行上岗、在岗、转岗等培训。

同时，根据《残疾人就业条例》，违反本条例规定，用人单位未按照规定缴纳残疾人就业保障金的，由财政部门给予警告，责令限期缴纳；逾期仍不缴纳的，除补缴欠缴数额外，还应当自欠缴之日起，按日加收5‰的滞纳金。违反本条例规定，用人单位弄虚作假，虚报安排残疾人就业人数，骗取集中使用残疾人的用人单位享受的税收优惠待遇的，由税务机关依法处理。

四、招用退役军人就业

加强退役军人保障工作，维护退役军人合法权益，让军人成为全社会尊崇的职业，我国于2020年11月11日制定颁布了《中华人民共和国退役军人保障法》（以下简称《退役军人保障法》）。该法所称退役军人，是指从中国人民解放军依法退出现役的军官、军士和义务兵等人员。《退役军人保障法》规定了对军人退役后的就业保障措施。

1. 接收安置。根据《退役军人保障法》的规定，退役军人应当在规定时间内，持军队出具的退役证明到安置地人民政府退役军人工作主管部门报到。机关、群团组织、企业事业单位和社会组织应当依法接收安置退役军人，退役军人应当接受安置。同时明确强调了国有企业接收安置转业军官、安排工作的军士和义务兵的，应当按照国家规定与其签订劳动合同，保障相应待遇。

2. 就业待遇。根据《退役军人保障法》的规定，公共人力资源服务机构应当免费为退役军人提供职业介绍、创业指导等服务。国家鼓励经营性人力资源服务机构和社会组织为退役军人就业创业提供免费或者优惠服务。退役军人未能及时就业的，在人力资源和社会保障部门办理求职登记后，可以按照规定享受失业保险待遇。同时规定，服现役期间因战、因公、因病致残被评定残疾等级和退役后补评或者重新评定残疾等级的残疾退役军人，有劳动能力和就业意愿的，优先享受国家规定的残疾人就业优惠政策。用人单位招用退役军人符合国家规定的，依法享受税收优惠等政策。

3. 承认相关年限。根据《退役军人保障法》的规定，机关、群团组织、事业单位和国有企业在招录或者招聘人员时，对退役军人的年龄和学历条件可以适当放宽，同等条件下优先招录、招聘退役军人。退役的军士和义务兵服现役经历视为基层工作经历。退役的军士和义务兵入伍前是机关、群团组织、事业单位或者国有企业人员的，退役后可以选择复职复工。退役军人服现役年限计算为工龄，退役后与所在单位工作年限累计计算。

《退役军人保障法》还规定了退役军人依法参加养老、医疗、工伤、失业、生育等社会保险，并享受相应待遇。退役军人服现役年限与入伍前、退役后参加职工基本养老保险、职工基本医疗保险、失业保险的缴费年限依法合并计算。

五、招用少数民族人员就业

我国的劳动法律法规规定，用人单位招用人员不得有民族歧视。《就业促进法》明确规定："各民族劳动者享有平等的劳动权利。用人单位招用人员，应当依法对少数民族劳动者给予适当照顾。"对少数民族人员的就业照顾还体现在《中华人民共和国民族区域自治法》中，根据该法规定："民族自治地方的企业、事业单位依照国家规定招收人员时，优先招收少数民族人员，并且可以从农村和牧区少数民族人口中招收。"该法还规定："上级国家机关隶属的在民族自治地方的企业、事业单位依照国家规定招收人员时，优先招收当地少数民族人员。"

对于少数民族人员的就业，国家也采取了扶持和帮助的特殊政策。如要求一些国有企业和事业单位招收人员时，确定一定的招工比例等，保证一定数量的少数民族人员就业。

第四节 台、港、澳居民在内地（大陆）就业

一、原有的就业许可规定

我国允许台湾地区、香港地区、澳门地区居民中的中国公民（以下简称台、港、澳人员或港澳台人员）到内地（大陆）就业。为保护在内地（大陆）就业的台、港、澳人员的合法权益，2005 年 6 月 14 日劳动和社会保障部令公布了《台湾香港澳门居民在内地就业管理规定》（劳动和社会保障部令第 26 号），根据该规定，在内地（大陆）就业的台、港、澳人员，主要是指：(1) 与用人单位建立劳动关系的人员；(2) 在内地（大陆）从事个体经营的香港、澳门人员；(3) 与境外或台、港、澳地区用人单位建立劳动关系并受其派遣到内地（大陆）1 年内在同一用人单位累计工作 3 个月以上的人员。

根据《台湾香港澳门居民在内地就业管理规定》，台、港、澳人员在内地（大陆）就业实行就业许可制度。用人单位拟聘雇或者接受被派遣台、港、澳人员的，应当为其申请办理《台港澳人员就业证》；香港、澳门人员在内地（大陆）从事个体工商经营的，应当由本人申请办理就业证。经许可并取得就业证的台、港、澳人员在内地（大陆）就业受法律保护。用人单位聘雇或者接受被派遣台、港、澳人员，实行备案制度。

二、取消就业行政许可

2018年7月28日，国务院印发《关于取消一批行政许可事项的决定》（国发〔2018〕28号），取消台、港、澳人员在内地（大陆）就业许可。2018年8月23日，人力资源社会保障部颁布了《人力资源社会保障部关于废止〈台湾香港澳门居民在内地就业管理规定〉的决定》（人力资源和社会保障部令第37号），对《台湾香港澳门居民在内地就业管理规定》予以废止；并于同日印发了《人力资源社会保障部关于香港澳门台湾居民在内地（大陆）就业有关事项的通知》（人社部发〔2018〕53号），对港澳台人员在内地（大陆）就业政策进行了调整。

一是在内地（大陆）求职、就业的港澳台人员，可使用港澳台居民居住证、港澳居民来往内地通行证、台湾居民来往大陆通行证等有效身份证件办理人力资源社会保障各项业务，以工商营业执照、劳动合同（聘用合同）、工资支付凭证或社会保险缴费记录等作为其在内地（大陆）就业的证明材料。

二是要求各地要完善相关制度，将港澳台人员纳入当地就业创业管理服务体系，参照内地（大陆）劳动者对其进行就业登记和失业登记，加强就业失业统计监测，为有在内地（大陆）就业创业意愿的人员提供政策咨询、职业介绍、开业指导、创业孵化等服务。并要求在2018年12月31日前完成对公共就业创业服务系统的改造升级，支持港澳台人员使用港澳台居民居住证、港澳居民来往内地通行证、台湾居民来往大陆通行证等有效身份证件注册登录，提供求职招聘服务。

三是要求各地要加强工作部署和政策宣传，及时帮助辖区内用人单位和港澳台人员了解掌握相关政策规定，依法维护港澳台人员在内地（大陆）就业权益，为港澳台人员在内地（大陆）就业营造良好环境。

四是规定从2018年7月28日起，港澳台人员在内地（大陆）就业不再需要办理《台港澳人员就业证》。2018年8月23日起，各地不再受理《台港澳人员就业证》申请；对此前已受理申请但尚未发放证件的，及时告知用人单位无须再申请办理。2018年12月31日前，处于有效期内的《台港澳人员就业证》仍可同时作为港澳台人员在内地（大陆）就业证明材料；2019年1月1日起终止使用。

第五节　外国人在中国就业

一、外国人在中国就业的一般规定

外国人在中国就业，是指没有取得定居权的外国人在中国境内依法从事社会劳动并获取劳动报酬的行为。根据《外国人在中国就业管理规定》（人力资源和社会保障部令第32号）的规定："用人单位聘用外国人须为该外国人申请就业许可，经获准并取得《中华人民共和国外国人就业许可证书》（以下简称许可证书）后方可聘用""用人单位聘用外国人从事的岗位应是有特殊需要，国内暂缺适当人选，且不违反国家有关规定的岗位。"

外国人在中国就业必须具备基本条件：（1）年满18周岁，身体健康；（2）具有从事其工作所必需的专业技能和相应的工作经历；（3）无犯罪记录；（4）有确定的聘用单位；（5）持有有效护照或能代替护照的其他国际旅行证件。

按照我国有关规定，在中国就业的外国人应持Z字签证入境（有互免签证协议的，按协议办理），入境后取得《外国人就业证》和外国人居留证件，方可在中国境内就业。

未取得居留证件的外国人（即持F、L、C、G字签证者）、在中国留学、实习的外国人及持Z字签证外国人的随行家属不得在中国就业。特殊情况，应由用人单位按有关规定的审批程序申领许可证书，被聘用的外国人凭许可证书到公安机关改变身份，办理就业证、居留证后方可就业。

二、外国人在中国就业的特殊规定

1. 对于一些职业，要求具备中国政府承认的职业资格证书。我国尚有一些单行法规或规章对外国人到中国就业，要求具备中国政府承认的职业资格证书，否则，有关主管部门可以对非法聘用外国人就业的用人单位或者非法就业的外国人作出行政处罚。例如，根据《外国医师来华短期行医暂行管理办法》的规定，外国医师来华短期行医必须经过注册，并提交外国医师的学位证书、外国行医执照或行医权证明等材料，并取得《外国医师短期行医许可证》。例如，北京市朝阳区卫生局曾对北京一家公司作出行政处罚决定，对其任用3名未取得许可证的日籍医师为医疗卫生技术人员的行为处以罚款，并吊销了该公司的《医疗机构执业许可证》。

2. 用人单位聘用符合下列条件之一的外国人，可免办就业许可证和就业证：

（1）由我国政府直接出资聘请的外籍专业技术和管理人员，或由国家机关和事业单位出资聘请，具有本国或国际权威技术管理部门或行业协会确认的高级技术职称或特殊技能资格证书的外籍专业技术和管理人员，并持有外国专家局签发的《外国专家证》的外国人；

（2）持有《外国人在中华人民共和国从事海上石油作业工作准证》从事海上石油作业、不需登陆、有特殊技能的外籍劳务人员；

（3）经文化和旅游部批准持有《临时营业演出许可证》进行营业性文艺演出的外国人。此外，用人单位不得聘用外国人从事营业性文艺演出。

3. 符合下列条件的外国人，可免办就业许可证，入境后凭职业签证及有关证明直接办理就业证：

（1）按照我国与外国政府间、国际组织间协议、协定，执行中外合作交流项目受聘来中国工作的外国人；

（2）外国企业常驻中国代表机构中的首席代表、代表。

4. 禁止个体经济组织和公民个人聘用外国人。

三、用人单位如何聘用外国人

用人单位聘用外国人，须填写《聘用外国人就业申请表》，向其与劳动和社会保障行政主管部门同级的行业主管部门提出申请，并提交下列有效文件：（1）拟聘用的外国人履历证明；（2）聘用意向书；（3）拟聘用外国人原因的报告；（4）拟聘用的外国人从事该项工作的资格证明；（5）拟聘用的外国人健康状况证明；（6）法律法规规定的其他文件。

经行业主管部门按法定条件审批后，用人单位应持申请表到本单位所在地区的省、自治区、直辖市劳动和社会保障行政部门或其授权的地市级劳动和社会保障行政部门所指定的发证机关，办理核准发证手续，领取许可证书。中央级用人单位、无行业主管部门的用人单位聘用外国人，可直接到劳动和社会保障行政部门提出申请和办理就业许可手续。外商投资企业聘用外国人，无须行业主管部门审批，可凭合同、章程、批准证书、营业执照和有关文件，直接到劳动和社会保障行政部门发证机关申领许可证书。

获准聘用外国人的用人单位，由授权单位向拟聘用的外国人发出通知签证函以及就业许可证。

1. 申办职业签证的程序

获准来中国就业的外国人，应凭劳动保障行政部门签发的就业许可证、签证通知函以及本国有效护照或代替护照的证件，到中国驻外使馆、领馆处申请职业签证。法律规定可以免办就业许可证的外国人，应凭被授权单位或法定有关机构签发的签证通知函和法定的有关文件，申请职业签证。

2. 申办就业证的程序

用人单位聘用外国人就业，对除法律规定可以免办就业证的外国人外，应由用人单位为其办理就业证。应在被聘用的外国人入境后15日内，持就业许可证、与被聘用的外国人签订的劳动合同及其有效护照或能代替护照的证件，到原发证机关办理《外国人就业证》，并填写外国人就业登记表。就业证只在发证机关规定的区域内有效。

3. 申办居留证的程序

已办理就业证的外国人，应在入境后30日内，持就业证到公安机关申办居留证。居留证的有效期可以根据就业证的有效期确定。

四、用人单位聘用外国人的劳动管理

根据《外国人在中国就业管理规定》，要依法对用人单位聘用外国人进行管理。

1. 用人单位与被聘用的外国人应依法订立劳动合同，劳动合同的期限最长不得超过5年，劳动合同期限届满即行终止。如需续订劳动合同，该用人单位应在原合同期满前30日内，向劳动保障行政部门提出延长聘用时间的申请，经批准并办理就业证延期手续。当外国人被批准延长在中国就业期限或变更就业区域、单位后，应在10日内到当地公安机关办理居留证件延期或变更手续。

2. 用人单位与被聘用的外国人解除劳动合同后，该用人单位应及时向劳动、公安部门报告，交还该外国人的就业证和居留证件，并到公安机关办理出境手续。

3. 用人单位支付所聘用外国人的工资不得低于当地最低工资标准，对其工作时间、休息休假、劳动安全卫生以及社会保险等，均按国家有关规定执行。

4. 外国人在发证机关规定的区域内变更用人单位但仍从事原职业的，须经原发证机关批准，并办理就业变更手续。外国人离开发证机关规定的区域就业或在原规定的区域内变更用人单位且从事不同职业的，须重新办理就业许可手续。

5. 对因违反中国法律被中国公安机关取消居留资格的外国人，用人单位应当解除劳动合同，劳动保障行政部门应吊销就业证。用人单位与被聘用的外国人发生劳动争议，应按照《劳动法》《劳动争议调解仲裁法》处理。

6. 劳动保障行政部门对就业证实行年检。用人单位聘用外国人就业每满 1 年，应在期满前 30 日内到劳动保障行政部门发证机关为被聘用的外国人办理就业年检手续。逾期未办的，就业证自行失效。

7. 对未办理许可证书擅自聘用外国人的用人单位，由公安机关按《中华人民共和国外国人入境出境管理法实施细则》处理。

8. 对伪造、涂改、冒用、转让、买卖就业证和许可证书的外国人和用人单位，由劳动保障行政部门收缴就业证和许可证书，没收其非法所得，并处以 1 万元以上 10 万元以下的罚款；情节严重构成犯罪的，移交司法机关依法追究刑事责任。

第五章　劳动合同

企业用工与劳动者建立劳动关系，应当订立劳动合同，明确双方的权利与义务。只有依法签订和履行劳动合同，才能规范用人单位的用工行为和劳动者的劳动行为，使双方当事人按照合同约定，紧密地联结在一起，构成一个利益共同体，促进企业和谐发展。

第一节　企业用工的法律关系

一、企业用工即建立劳动关系

根据 1994 年颁布的《劳动法》第十六条第二款规定："建立劳动关系应当订立劳动合同。"这就是说，劳动关系的建立是以订立劳动合同为主要标志的。然而，2007 年颁布的《劳动合同法》对此作出了调整，强调了用人单位的实际用工行为，该法第七条规定："用人单位自用工之日起即与劳动者建立劳动关系……"按照这一规定，用人单位切记：确立劳动关系的主要标志是用人单位的实际用工行为。

1. 按照《劳动合同法》的规定，用人单位的实际用工，是建立劳动关系的标志。即引起劳动关系产生的基本法律事实是用人单位发生了用工行为，而不是看一纸劳动合同。用人单位只要存在用工行为，即与劳动者建立了劳动关系，不论是否签订了书面劳动合同。对此，企业千万要注意，不要认为只有签订了书面劳动合同，才算与劳动者建立了劳动关系，双方才构成法律关系。

2. 用人单位如果订立书面劳动合同在前，实际发生用工行为在后，那么在未实际用工之前，书面劳动合同只具有一般民事合同性质的合同效力；此时合同一方违约的，只能按照民事法律来追究其违约责任。如果用人单位发生了实际用工行为，即使尚未与劳动者签订书面劳动合同，但却因此建立了劳动关系，此时就可以按照《劳动合同法》来调整当事人的用工行为；一旦出现侵权行为，就可认定其劳动关系存在，按照《劳动合同法》来追究法律责任。

3.《劳动合同法》不是单一地强调以书面劳动合同来确立劳动关系。即在劳动关系的认定上，从过去只注重书面形式转变为更注重实际内容或客观事实。这样一来，认定劳动关系的重点在于用人单位的用工事实。也就是说，如果用人单位没有用工行为，说明并未建立劳动关系，就谈不上劳动关系双方即劳动者和用人单位权利义务的履行，也谈不上劳动法律在现实用工中的适用。

如果劳动者不是一家公司的职工，该公司也未发生实际用工行为，劳动者却以该公司职工的名义参加了社会保险，并缴纳了社会保险费。此时，劳动者仅凭一份劳动合同或者一份参加社会保险缴费的证据，能否证明其与公司建立了劳动关系？具体而言，一种情形是，该劳动者没有签订劳动合同，仅凭参加社会保险的个人账户单，能证明其与该公司建立了劳动关系吗？另一种情形是，尽管该劳动者与公司签订了劳动合同，但只是一个虚假的书面劳动合同，本人根本不在该公司上班。那么，仅凭一份社会保险的个人账户单和一个虚假的书面劳动合同，能证明其与该公司建立了劳动关系吗？

在现实判案中，确认劳动者的劳动关系，还是要看用人单位有无实际用工的证据，要以事实用工或劳动者提供了劳动的证据为前提。没有实际用工证据的，只是挂靠某个公司，以该公司职工的名义开立社保账户且自己负担所有社会保险费用，尽管再加上签订一份虚假的书面劳动合同，也不能认定构成劳动关系。

但是，在现实的司法审判中也存在一些特殊情况，因此不能绝对地以用人单位的实际用工行为作为确认劳动关系的依据。

以案释法

案情简介

杨某入职一家公司，人事档案转入后，双方没有签订劳动合同。但是，该公司为杨某登记至员工名册，并为其办理了参加社会保险手续，按月缴纳了社会保险费。可是公司却长期一直没有为杨某安排工作（即没有发生实际用工行为），当然也没有向杨某支付任何劳动报酬。杨某多次要求公司安排工作无果，后杨某提起仲裁。对此情形，双方是否存在劳动关系？

案例评述

实践中的劳动关系非常复杂，不能简单地以是否签订劳动合同，或是否提供了劳动作为存在劳动关系的唯一判断标准。很多劳动关系中，劳动者并非持续不断地为用人单位提供劳动，当劳动者连同其人事档案调入用人单位后，用人单位应及时为其安排工作岗位，或者协商办理留职停薪手续。如果劳动者拒绝提供劳动，用人单位应根据相关法律和企业规章制度并征求劳动者意见后对其进行培训或调整岗位。经培训或调整岗位后劳动者仍不提供劳动或不能胜任工作时，用人单位应当依法解除劳动关系，以维护其内部劳动管理秩序。

本案中，公司在杨某长时间没有为单位提供劳动的情况下，既没有为其签订劳动合同及安排或调整工作岗位，或者办理留职停薪手续，也没有及时对杨某作出辞退的决定，而是一直为杨某缴纳社会保险费，这是企业的一种极端怠于行使权利的行为，法律没有理由去保护这种行为。同时，杨某作为劳动者一方处于弱势地位，不能因为公司怠于行使用工权利而使其劳动权益遭受损害。因此，双方劳动关系成立，公司应当及时为杨某安排工作岗位或者办理留职停薪手续。

在一些劳动争议案件中，职工与用人单位建立了劳动关系后，因各种原因长达数年未到所属单位上班，未履行劳动义务或在该单位中断了用工行为，单位也没有与其解除劳动合同。多年过去后，职工突然返回企业，要求确认其与企业建立有劳动关系并主张权利。对此，如何认定其劳动关系是否仍然存在呢？关键是要区分劳动者长期不履行劳动义务是主观原因还是客观原因所致，未履行劳动义务的责任究竟归谁？虽然劳动者长期没有在原单位履行劳动义务，但只要该用人单位拿不出证明已与劳动者解除或终止了劳动关系，并证明劳动者应当知道此事的证据，其劳动关系就仍然存在。

4. 非法用工单位招用劳动者用工，不能认定为建立了劳动关系。根据《工伤保险条例》和《非法用工单位伤亡人员一次性赔偿办法》（人力资源和社会保障部令第9号）的规定，所谓“非法用工单位”，是指“无营业执照或者未经依法登记、备案的单位以及被依法吊销营业执照或者撤销登记、备案的单位”。这类单位的用工之所以为“非法用工”，是因为该单位主体资格欠缺，其用工形式为违法用工，故将其与使用的劳动者之间的关系不认定为劳动关系。

二、如何认定企业的用工行为

根据《劳动合同法》的规定，企业发生了实际用工行为是确立劳动关系的标志。在现实生活中，难点是如何辨别什么是劳动法律中的“用工行为”?

用人单位的用工行为，是指用人单位正式实施使用劳动者劳动力的行为，也就是劳动者作为用人单位的一名员工，在用人单位的直接指挥、监督管理下从事社会劳动的行为。用人单位的用工之日，即是劳动者开始在用人单位上班的第一天。法律规定“用人单位自用工之日起即与劳动者建立劳动关系”，这表明从双方建立劳动关系之日起，双方才开始依法履行各自的权利和义务。

如果劳动者被录用后，一上班即开始进行上岗前培训，能否视为与企业建立了劳动关系?劳动者参加上岗前培训，既是劳动者的权利，也是企业的义务。况且，劳动者参加岗前培训也是受企业指派的。因此，应当视为企业的“用工”行为。

（一）企业用工行为的区分

企业用工，可与劳动者签订劳动合同，直接用工建立劳动关系；也可不与劳动者签订劳动合同而用工，但不形成劳动关系（可能是劳务关系，即可以与劳动者或其他企业通过签订劳务协议或经营协议，间接用工而建立劳务关系或经营合作关系等）。

以使用保洁工为例，一个企业使用保洁工，至少可以采取以下几种情形：

1. 直接用工或非全日制工作中的用工行为

直接用工，即将保洁工作为本企业的正式员工，直接招进来安排在保洁工作岗位，并签订劳动合同。该保洁工与其他员工一样按正式员工进行管理，直接用工即建立了劳动关系。

也可以将保洁工直接招为非全日制员工。对此，保洁工是非全日制工，也是企业的正式员工，也签订劳动合同（可以是口头劳动合同），只是在用工时间上采取了非全日制用工形式，其他福利待遇规定和管理制度与企业正式员工一样对待，也属于直接用工即建立了劳动关系。

2. 劳务派遣中的用工行为

根据《劳动合同法》中有关劳务派遣的规定，是指劳务派遣单位根据实际用工单位的要求，与实际用工单位签订劳务派遣协议，把与劳务派遣单位有劳动合同关系的劳动者派往用工单位，让被派遣劳动者在用工单位的指挥和管理下提供劳动。采取劳务派遣用工形式的，用工单位不将保洁岗位上工作的员工视为本单位的员工，而是将本单位的保洁岗位作为接受被派遣劳务工的岗位，交由劳务派遣单位派遣的劳动者来完成。这是一种用工单位不与劳动者签订劳动合同而直接用工，但不形成劳动关系（被派遣劳动者已与劳务派遣单位建立了劳动合同关系），通过劳务派遣协议（实际上为民事协议）实现的劳动用工。

3. 承揽合同中的用工行为

根据《民法典》第七百七十条对“承揽合同”的定义：“承揽合同是承揽人按照定作人的要求完成工作，交付工作成果，定作人支付报酬的合同。承揽包括加工、定作、修理、复制、测试、检验等工作。”采取承揽合同用工的，企业不将保洁工作交由本企业员工来承担，而是将本企业的保洁工作事务向外招揽，交由保洁公司或个体自然人承揽完成。这是一种企业与其他企业或劳动者个人通过签订承揽合同或劳务协议的形式，间接用工而建立劳务关系或经营合作关系的生产经营模式。

4. 劳务外包中的用工行为

劳务外包是指发包企业将自己的某项业务发包给另一家劳务公司（或称其为劳务外包企业）来完成承包任务。在劳务外包经营活动中，劳务外包企业（或承包企业）从发包企业获得劳务项目（包括有关资料、设备或生产线等），由外包企业组织劳动者来完成发包企业提出的业务要求，以收取承包费用为劳动者发放劳动报酬和赚取利润。劳务外包企业的劳动者与发包企业没有任何关系，劳动者与劳务外包企业签订劳动合同，完全听从劳务外包企业的指挥和监督，在其管理下从事劳动，而不和被派遣劳动者一样要接受用工单位（即发包企业）的生产管理。采取劳务外包用工形式，相当于是承揽合同用工形式。例如将本单位的保洁工作外包给一个专业的保洁公司，不提出要求其派出具体多少名保洁员来本单位干活，只要求其派来的员工能够完成本单位的保洁任务。这也是一种企业与其他企业或劳动者个人通过签订民事合同（外包合同或劳务协议）的形式，间接用工而建立劳务关系或经营合作关系的生产经营模式。

在现实生活中，企业有时发生的用工行为（特别是在没有签订任何书面合同的情况下），难以区分是“事实劳动关系”“劳务承揽关系”或者“雇用劳务关系”。所以，企业一旦用工，还不能一概而论地就认为建立了劳动关系，还需要进一步分析用工的组织管理及劳动者的从属性，以确定当事人双方的法律关系是属于劳动法调整，还是属于民法调整。

（二）如何认定“事实劳动关系”

在单个劳动者没有与用人单位签订任何书面劳动合同和劳务承揽协议的情形下，如何认定一种用工行为存在“事实劳动关系”还是“劳务承揽关系”（或雇用劳务关系）？简要地说，主要区别有以下两点：

第一，从劳动过程的组织管理方面看，存在“事实劳动关系”情形中的劳动者，具有人身从属性，在劳动期间，其整个劳动过程自始至终受制于用人单位的直接指挥和监督管理，必须遵守用人单位的各项劳动规章制度，在劳动中只是按照用人单位的意志或以用人单位的名义提供劳动。而在“劳务承揽关系”（或雇用劳务关系）情形中的劳动者，在劳动期间，其劳动的整个过程是自主进行，自主完成，不受用人单位的干预，不遵守用人单位的各项劳动规章制度，在劳动中完全按照自己的意愿或者以自己的名义提供劳动，

第二，从劳动者个人的收入方面看，存在“事实劳动关系”情形中的劳动者，其劳动报酬是用人单位按月以职工工资的名目支付。其工资纳入用人单位缴纳社会保险费的工资总额。而存在“劳务承揽关系”（或雇用劳务关系）情形的劳动者，其劳动报酬一般是按完成承揽的工作任务后进行结算，以劳务费（或业务发包费）的形式支付，也可通过设置“劳务人员报酬”等明细科目单独核算，不计入用人单位缴纳社会保险费的工资总额。

对于现实中存在的一些企业用工不签订书面劳动合同的行为，根据《劳动和社会保障部关于确立劳动关系有关事项的通知》（劳社部发〔2005〕12号）的规定：

一是用人单位招用劳动者未订立书面劳动合同，但同时具备下列情形的，可认定其劳动关系成立：（1）用人单位和劳动者符合法律、法规规定的主体资格；（2）用人单位依法制定的各项劳动规章制度适用于劳动者，劳动者受用人单位的

劳动管理，从事用人单位安排的有报酬的劳动；（3）劳动者提供的劳动是用人单位业务的组成部分。这里需要提示的是，用人单位招用劳动者符合同时具备上述三种情形的，应当认定存在事实劳动关系。用人单位应当与劳动者补签书面劳动合同，劳动合同期限由双方协商确定。协商不一致的，任何一方均可提出终止劳动关系。

二是如果用人单位未与劳动者签订劳动合同，在认定双方是否存在劳动关系时，可参照下列凭证：（1）工资支付凭证或记录（职工工资发放花名册）、缴纳各项社会保险费的记录；（2）用人单位向劳动者发放的“工作证”“服务证”等能够证明身份的证件；（3）劳动者填写的用人单位招工招聘“登记表”“报名表”等招用记录；（4）考勤记录；（5）其他劳动者的证言等。其中，上述第（1）（3）（4）项的有关凭证由用人单位负举证责任。

劳动者与用人单位对是否存在劳动关系引发争议的，可以向有管辖权的劳动争议仲裁委员会申请仲裁。

以案释法

案情简介

2009年7月1日，从先生向某市区法院提起诉讼，请求确认其与V报社之间自1998年10月至2009年3月存在劳动关系。

一审法院查明，1999年9月，从先生的前妻向V报社缴纳押金1000元后，从先生开始从事报刊发行投递工作。V报社系事业单位法人，从先生与V报社未签订劳动合同。2002年6月，V报社为从先生办理了工作证，每月通过银行向从先生发放报酬。从先生在投递报刊时，如因故不能亲自完成，可以找其他人替代，替代人的报酬由从先生负担。2007年12月V报社为了明确用工关系，单方决定将报刊发行劳务按区域实行承包，与有关从事报刊投递工作的人员签订劳务承包协议。对此，从先生予以拒绝。2009年3月，V报社不允许从先生从事报刊投递工作，并停止向从先生支付报酬。2009年5月，从先生申请劳动仲裁，要求确认与V报社之间存在劳动关系。当地劳动争议仲裁委员会作出裁决书，裁决从先生与V报社之间不存在劳动关系。

从先生不服该裁决结果，提起本案诉讼。

法院观点

一审法院审理认为，首先，根据《劳动法》和《劳动合同法》的相关规定，在《劳动合同法》实施之前，与事业单位建立劳动合同关系的劳动者，适用劳动法的调整。但在《劳动合同法》2008年1月1日实施之前，丛先生与V报社未签订劳动合同，因此双方之间的权利义务关系并不受劳动法调整，不能认定双方于2008年之前存在劳动关系。其次，从劳动关系的特性分析，劳动者提供劳动具有不可替代性，不能委托他人进行；劳动者与用人单位之间具有人格从属性，存在行政隶属关系，劳动者以用人单位内部成员的身份进行劳动，接受用人单位全面的管理；劳动者向用人单位提供的是劳动过程，并不单纯强调劳动成果。本案中，丛先生因故不能完成任务时，可以委托他人完成，并自负报酬；丛先生向V报社交付的是劳动成果，即每天完成投递任务，在提供劳动成果之外，其劳动力不受V报社的支配，也不受V报社的管理和监督。因此，双方之间并不存在行政隶属关系。基于此，不能认定双方之间存在劳动关系。一审法院驳回丛先生要求确认与V报社之间自1998年10月至2009年3月期间存在劳动关系的诉讼请求。

丛先生不服，向某市中级人民法院提出上诉。

二审法院审理认为，同意一审法院认定双方在2008年之前不形成劳动关系。关于2008年1月1日之后双方之间的关系，由于V报社在2007年12月为明确其与丛先生以及其他从事报刊发行投递人员之间的关系，即分别与相关人员订立了报刊发行劳务承包协议，并通知丛先生签订协议，因丛先生拒绝签订该协议，V报社于2009年3月26日拒绝其继续提供报刊发行劳务。以上情节表明，V报社向丛先生明确了双方之间在2008年之后仍系劳务关系而非劳动关系。因此，该期间内双方亦未建立劳动关系。一审判决就此认定正确，该院予以维持。

丛先生不服，向某省高级人民法院申请再审。

省高院查明的事实与原审查明的事实一致。该院审理认为，本案争议的焦点问题是双方之间是否存在劳动关系。丛先生与V报社在2008年之前，未签订劳动合同，不受劳动法的调整，不能认定双方存在劳动关系。1999年9月25日丛先生的前妻向V报社缴纳押金1000元，是丛先生与V报社确定劳务关系开始的书面证据，应予确定。后来丛先生开始从事报刊发行投递工作。2002 年 V 报社虽为丛先生办理了工作证，发放了工作服，但此行为不能作为证明存在劳动关系的必要条件。因此，丛先生与 V 报社之间不具备确定劳动关系的要件。2007 年 12 月 V 报社为明确与丛先生之间的关系，通知丛先生签订报刊发行劳务承包协议，其他从事报刊发行相关人员分别与 V 报社订立了协议，因丛先生拒绝签订该协议，不能认定双方之间存在劳动关系。因此，原审判决认定双方之间不符合劳动关系的特征，并驳回丛先生的诉讼请求并无不当。丛先生申请再审理由不能成立，该院不予支持。

丛先生不服再审判决，向检察机关申请监督。

最高人民检察院认为，再审判决认定丛先生与 V 报社不存在劳动关系，认定事实缺乏证据证明，适用法律确有错误。具体分析如下：依据《劳动和社会保障部关于确立劳动关系有关事项的通知》（劳社部发〔2005〕12 号）（本案简称劳社部发〔2005〕12 号《通知》）第一条、第二条规定，若用人单位与劳动者没有签订劳动合同，但是构成事实劳动关系的，应确认劳动关系成立。事实劳动关系认定的要素包括：主体资格，从属关系，劳动性质。综合考察本案证据情况，应认定丛先生与 V 报社构成事实劳动关系。首先，从主体资格看，V 报社作为事业单位法人，具有用人单位的主体资格。其次，从 V 报社对报刊发行员规定的管理制度看，丛先生与 V 报社之间存在人身上的隶属关系。V 报社发行中心制定的《发行工作基础读本》，可以认定发行员与 V 报社之间存在管理与被管理的人身隶属关系，而非劳务关系中单纯的财产关系。最后，从工作性质看，报刊发行和投递工作是 V 报社业务的组成部分，是 V 报社的基础性岗位。综上，丛先生按照 V 报社的规章制度进行报刊发行和投递工作，接受 V 报社的人事管理，符合事实劳动关系特征。结合 V 报社为丛先生办理工作证、每月通过银行卡向丛先生发放报酬、丛先生在经济技术开发区发行站员工的星级考核中考核为三星级发行员等相关事实，根据劳社部发〔2005〕12 号《通知》第一条、第二条的规定，应认定双方构成事实劳动关系。再审判决以双方未签订劳动合同，不具备确定劳动关系的要件，进而认定双方不存在劳动关系，缺乏证据证明，适用法律确有错误。

申诉人丛先生同意检察机关的抗诉意见。

被申诉人V报社答辩称：第一，V报社与丛先生未订立劳动合同，不存在劳动关系。第二，2008年之后双方之间是劳务关系非劳动关系。丛先生从事报刊投递工作完全是家庭式承包性质；丛先生每天投递1—2小时，其余时间均自行支配；V报社并不提供劳动工具，丛先生自行选择实现劳动成果的方式；丛先生的证件是为进入政府机关单位投递报纸方便而办，并非确定劳动合同的要件；案涉《发行工作基础读本》是针对劳动合同员工，即市区范围内、长期固定从事投递工作且投递客户量大的城镇户口人员，丛先生不在该管理范围之内。第三，关于法律适用问题。2008年1月1日之前需要明确劳动者与用人单位双方之间的权利义务的，应适用劳动法。V报社系全额预算事业单位，丛先生在此工作期间，双方未签订劳动合同，故不能确认2008年1月1日之前双方存在劳动关系。劳社部发〔2005〕12号《通知》是部门规章，与劳动法发生冲突应优先适用上位法即《劳动法》。并且该劳社部发〔2005〕12号《通知》适用对象是企业，并不适用于国家机关和事业单位。综上，丛先生的申诉理由不成立，请求维持再审判决。

最高人民检察院向最高人民法院提出抗诉，最高人民法院提审本案。

最高人民法院再审期间，双方当事人对原审认定的事实均无异议，该院予以确认。该院再审另查明，V报社发行中心制定的《发行工作基础读本》"发行员岗位质量控制标准"中许多条款都规定了：要求发行员坚持做到报纸投送早和准，每天早晨提前到岗接报，然后按照分工准确分发各路报纸；要参加站上会议，否则要罚款；迟到30分钟以上或旷工的，要罚款；对分配的工作挑三拣四、讨价还价、无故拖延投递的，要罚款，严重的予以辞退；发生错投、漏投等，经调查属于发行员责任的，要罚款；有客户投诉的，要罚款；超过规定时间没有出班的，要罚款；拖欠、挪用报款的，从工资中扣除补交，并处以罚款；发行员上岗需经发行中心和报社政工办批准；因故离岗时，须提前一个月提出申请，待发行站找好替补人员后，方可离岗等。

该院再审认为，本案争议焦点是丛先生与V报社之间是否存在劳动关系。

丛先生主张自1998年10月至2009年3月，确认其与V报社之间存在劳动关系。丛先生提出上述诉请的法律依据是劳社部发〔2005〕12号《通知》，但该《通知》的性质是部门规范性文件。依据《立法法》规定，部门规范性文件不属于法律范畴，又《民事诉讼法》规定，人民法院审理民事案件，必须以事实为依据，以法律为准绳，故不能以人民法院未引用规范性文件作为认定法律适用错误的理由。此外，因《劳动法》未明确规定用人单位和劳动者之间具备劳动关系的标准，而劳社部发〔2005〕12号《通知》是专门判断用人单位和劳动者之间是否具备劳动关系的规范性文件，该《通知》属于对《劳动法》未规范内容的创设性规定，不能当然溯及至《劳动法》实施之时。丛先生主张确认劳动关系的开始时间是1998年10月，早于劳社部发〔2005〕12号《通知》的施行时间，劳社部发〔2005〕12号《通知》不能作为判断2005年5月25日之前丛先生与V报社之间法律关系的依据。丛先生认为再审判决未适用劳社部发〔2005〕12号《通知》，属于法律适用错误的观点，该院不予支持。需要说明的是，判断劳动者与用人单位之间是否具备劳动关系，并不必然以签订劳动合同为前提条件。再审判决以丛先生与V报社在2008年之前未签订劳动合同，不受《劳动法》调整为由，认定双方不存在劳动关系，该院予以纠正。

本案中，丛先生主张其与V报社之间存在劳动关系的主要事实包括：(1) V报社认可丛先生从事威海日报、晚报的征订和投递工作；(2)《发行工作基础读本》以及V报社为丛先生办理工作证，发放工作服，收取工作押金，丛先生在经济技术开发区发行站员工的星级考核中考核为三星级发行员等事实，证明丛先生是V报社的员工，受V报社规章制度的管理；(3) V报社为丛先生办理银行卡，每月根据征订报纸的份数，投递报纸数量和路程、时间决定发放工资具体数额。对此，逐项分析如下：

首先，V报社最初与丛先生的前妻约定报刊投递、征订工作，2002年后丛先生才接手相关事务，并且丛先生在庭审中亦认可系以家庭为单位负责报纸投递。该院认为，丛先生为V报社投递、征订报刊并不具有专属性，其家庭成员均可从事，这一事实亦与V报社所称丛先生可找他人代替完成投递工作的说法相印证。故V报社对丛先生不具有劳动力使用上的专属性。

其次，丛先生向法庭提交《发行工作基础读本》并提出V报社为丛先生办理工作证、发放工作服以及进行考评等，目的在于说明其与V报社之间存在人身隶属性。对此，V报社认为办理工作证，发放工作服，仅是方便其进入相关客户单位投递报纸，收取押金的做法已经取消，星级考核只是激励员工，并不区分正式员工还是临时员工。该院认为，《发行工作基础读本》并未明确规定适用人员范围，丛先生也未举证证明曾接受具体管理措施处理的事实。并且办理工作证、发放工作服以及进行考评等事实在劳动关系之外的其他法律关系中亦有存在的可能性，V报社的辩称具有一定的合理性，丛先生诉称事实及理由并不能达到认定具备劳动关系的证明标准。

最后，V报社为丛先生办理银行卡，按月发放一定数额的款项。V报社认为发给丛先生的报酬是承包费，并非固定工资加薪酬，具体数额是根据投递报纸的份数决定的，每个月都不一样。丛先生认为工资是根据征订报纸的份数，投递报纸数量和路程、时间决定的，工资是每个月发放的。该院认为，劳动力作为生产要素存在，用人单位支付工资是获得这一生产要素的对价。庭审中，丛先生并未提供证据否认V报社关于每个月的具体报酬数额均不相同的事实，同时其陈述投递报刊用的摩托车、车油费由丛先生本人提供，V报社并不提供投递报刊的交通工具等。故丛先生向V报社提供的不是单纯的劳动力这一生产要素，而是结合了其他生产要素包括投递工具之后形成的劳动产品，与劳务关系更为接近。

综上，劳社部发〔2005〕12号《通知》系部门规范性文件，且在丛先生从事V报社报刊投递工作之后颁布的，再审判决未将上述《通知》第一条、第二条的规定作为法律适用依据，并无不当。进一步而言，丛先生以家庭为单位，自备投递交通工具，完成V报社交给的投递任务，根据投递报刊的份数确定报酬数额。故丛先生提出的事实和理由并未达到认定劳动关系的证明标准，丛先生的申诉理由不成立，再审判决的结果应予以维持。①

通过上述案例，应注意以下问题：

第一，《劳动和社会保障部关于确立劳动关系有关事项的通知》的适用。该《通知》的性质是政府部门行政规范性文件。依据《立法法》的规定，部门规范

---

① 最高人民法院（2016）最高法民再148号民事判决书，载中国裁判文书网，最后访问时间：2022年10月21日。

性文件不属于法律范畴。该《通知》是专门判断用人单位和劳动者之间是否具备劳动关系的规范性文件，属于对《劳动法》未规范内容的创设性规定，不能当然溯及其下发之日以前的企业用工行为。

第二，用人单位通过改制，对原来未签订劳动合同的职工，将其工作岗位改成劳务承包岗位，要求其签订劳务承揽协议（或劳务承包合同）。此时，用人单位改革用工制度，应当由职工自主选择是否签订承包协议。对于原职工的劳动报酬或承包费在改制为承包后如何发放？应当在承包协议中有具体规定。对承包人员发放工作证、工作服存在法律风险。特别是工作证，是一个单位成员身份的证明，对外出示可证明本人是单位职工，表明其工作时有履行职务职责之意；办理工作证、发放工作服有证明劳动者的组织从属性之嫌。

第三，用人单位对提供劳务承揽的劳动者，签订劳务协议，能否提出岗位工作质量要求？劳务承揽人员若不是用人单位的员工，用人单位没必要向其发放本单位员工使用的工作手册，也不应当对其工作考核与本单位员工一样要求。劳务承揽人员若不是本单位员工，就不应当对其劳动过程进行组织和监管，而只能以其工作结果来考核绩效报酬。

（三）借助网络平台的用工行为

在网络时代，一些企业借助网络平台用工，一些劳动者依托网络平台从业，增加了人们对企业用工中识别劳动关系与劳务关系的难度。例如在网约车和快递行业，一些劳动者通过在某科技信息公司开发运营的网络平台上注册成为网络服务人员（如网约车司机或快递员），双方没有签订劳动合同，而是通过《平台用户协议》之类的约定，明确平台“仅提供信息撮合服务”，“双方不存在任何形式的劳动/雇佣关系”；平台不规定出勤时间，网络服务人员自主登录平台接单；平台不限定网络服务人员的工作区域，不提供劳动工具，不分配工作任务，工作完全由网络服务人员自行安排；网络服务人员的所得报酬由其自主选择的接单量确定，平台不支付底薪，只计算提成。对此类用工行为，未见任何公司对网络服务人员进行劳动过程的管理控制。但是，有的公司或平台可能要求网络服务人员统一着装，若要上班，应按时报到（即“打卡”），自觉接受必要的培训，服务被投诉要受处罚等。这是保证行业服务质量的必要规范，也是企业经营业务需要的必要措施，与劳动法中所讲的用人单位对员工的用工管理有根本区别。

对于一些企业借助网络平台的用工行为，认定是否存在劳动关系，关键在于对劳动者提供劳动时的人身从属性进行分析。

以案释法

案情简介

某信息公司运营的“好厨师”APP可在线预约厨师上门提供烹饪服务。张某经人介绍在“好厨师”APP平台上注册，从事厨师工作；双方签订《合作协议》，未签订劳动合同。数月后，张某因故被公司辞退。

张某不服，上诉法院，主张该公司违法解除劳动关系，要求支付工资、经济补偿金和赔偿金等。法院对双方提供的有关证据等审查后，认为公司通过“好厨师”APP平台对张某的工作进行指派、调度及奖惩等，并按月发放较为固定的劳动报酬。

案例评述

双方虽签订了《合作协议》，但仍应审查双方事实上是否构成劳动关系。法院查明的上述事实表明，张某受信息公司的劳动管理，在公司安排的工作地点从事有报酬的劳动，双方具有较强的从属关系，而这正是劳动关系的本质特征。因此，该信息公司的用工行为表明双方建立了劳动关系。

第二节 书面劳动合同

一、劳动合同特有的属性

根据《劳动法》的规定，“劳动合同是劳动者与用人单位确立劳动关系、明确双方权利和义务的协议”。劳动合同一经双方当事人依法签订，即确立了劳动者与用人单位之间的劳动法律关系。

“劳动合同”与“民事合同”（或民事关系中“雇用合同”）不同。根据《民法典》的规定，“合同是民事主体之间设立、变更、终止民事法律关系的协议”。这是泛指社会上民事主体之间签订的民事协议。同时，《民法典》还规定，其他法律没有明文规定的合同，适用《民法典》的规定，即其他法律对合同另有规定的，依照其规定。对此，《劳动法》对“劳动合同”有特定的规定。按照《劳动法》第十六条的规定，劳动合同作为劳动者与用人单位确立劳动关系、明确双方权利和义务的协议，是一种特定的双方主体之间的协议。《劳动法》中所指的合同与《民法典》中所指的合同，是“此合同”非“彼合同”。

根据劳动法对劳动合同本质属性作出的法律界定，劳动合同是一种特殊的合同，除具有一般合同的属性外，其特有的属性主要表现在：

1. 劳动合同的主体是由特定的用人单位和劳动者双方构成。正如本书前面章节已阐述的劳动关系双方当事人一样，签订劳动合同的双方当事人必须是：一方是企业、事业单位、国家机关、社会团体、个体经济组织、民办非企业单位等依法设立的用人单位；另一方是符合法定劳动年龄、具有劳动能力的劳动者。只有上述特定的双方主体之间就明确劳动权利义务关系而依法协商签订的协议，才是劳动合同；其他民事双方主体（如双方同为用人单位，或者双方同为劳动者个人或自然人）之间签订的合同，都不是劳动法律法规调整的合同。

2. 劳动合同的内容是明确当事人双方在使用劳动力方面的法定权利和义务。这就是说，双方当事人围绕使用劳动力，必须通过合同形式将双方的权利和义务确定下来，使之特定化、具体化；同时，通过法定形式来确定双方因使用劳动力而建立的劳动关系。以劳动合同作为确立劳动关系的基本形式，也是世界上大多数市场经济国家的普遍做法。

3. 劳动合同双方当事人法律地位平等，但在管理职责上具有从属性。劳动合同是双方当事人在平等自愿、协商一致的基础上达成的协议，是用人单位的用人自主权和劳动者的择业自主权都得以实现的结果。劳动合同订立后，劳动者一方必须加入用人单位的生产和工作中去，成为该用人单位的一名成员，服从用人单位的管理，这反映出了管理职责上的从属关系。劳动者必须遵守用人单位依法制定的内部规章制度，完成用人单位分配的生产工作任务，承担本单位职工的义务。用人单位一方必须为劳动者提供基本的劳动条件，当然也有义务支付劳动者的劳动报酬、为其参加社会保险，并提供相关的生活福利等。

4. 劳动合同的有关条款不得违背国家劳动标准的规定。在劳动合同的条款中，有一些内容必须按照国家法定的劳动标准执行。如劳动者的劳动年龄、劳动时间、最低劳动报酬、社会保险缴费和劳动保护等，都有国家的法定标准，不允许劳动合同双方当事人随意协商约定。换言之，在劳动合同中，并非所有条款都可以完全由当事人“意思自治”或“契约自由”来确定。国际劳工公约和世界各国的劳动立法中，都规定了一些劳动标准，并要求在劳动合同的必备条款和约定条款中都不得与之相违背。这是相较于民事合同的一个显著区别。

5. 劳动合同的内容涉及劳动者完成再生产的过程。劳动力是一种特殊的商品，劳动力本身有再生产的特征。劳动合同订立时不仅要规定用人单位与劳动者本人的权利义务关系，而且还涉及劳动者的直系亲属在一定条件下享有的物质帮助权。如果职工因年老、疾病、工伤、残废、死亡等，暂时或永久丧失劳动能力，中断劳动可能不能获得劳动报酬时，用人单位不仅要负担职工本人的社会保险待遇，而且要对职工所供养的直系亲属给予一定的物质帮助。

二、建立劳动关系应当订立书面劳动合同

劳动合同是确立劳动关系的一种法律形式。劳动合同一经双方当事人签订，即确立了劳动者与用人单位之间的劳动法律关系。对此，《劳动合同法》第十条明确规定：“建立劳动关系，应当订立书面劳动合同。”

采用以劳动合同作为劳动者与用人单位之间确立劳动关系的基本形式，是世界大多数国家的普遍做法。我国《劳动法》自 1995 年 1 月 1 日实施后，全国各类企业依法普遍建立了劳动合同制度，2007 年颁布的《劳动合同法》还特别强调建立劳动关系要签订书面劳动合同。而在国外，劳动用工并非要签订书面的劳动合同，一些国家认可口头协议。我国法律规定强调签订书面劳动合同，主要原因是我国一些企业和个人在市场经济环境下，还缺乏必要的诚信意识，国家和社会对企业、个人的诚信记录和缺失信用的惩戒机制也没有完善起来。当出现劳动争议时，往往是口说无凭，此时便需要白纸黑字的书面证据。所以，企业用工时要求签订书面劳动合同。

由于劳动合同不同于一般的民事合同，它的内容在一定时间内持续存在，而且关系劳动者各方面的权益。特别是书面劳动合同记载着用人单位与劳动者协商一致确定的劳动合同内容，是双方履行劳动合同的依据，是劳动关系的书面凭

证。当出现劳动争议时，书面劳动合同是极为重要的证明材料，有利于快速解决劳动争议。因此，《劳动合同法》强调："已建立劳动关系，未同时订立书面劳动合同的，应当自用工之日起一个月内订立书面劳动合同。"

（一）用工应当及时订立书面劳动合同

用人单位用工，与劳动者建立了劳动关系，就应当及时签订书面劳动合同。用人单位发生了实际用工行为而没有与职工签订书面劳动合同的，称之为形成"事实劳动关系"。劳动合同有两种表示方式：一种是口头表示，即用语言方式来表示双方达成了一个约定；另一种是书面表示，即用文字方式来表示双方签订了一个协议。

在现实经济生活中，一方面，相当多的中小企业与职工（特别是农民工）不愿意签订书面劳动合同；另一方面，企业与职工签订劳动合同短期化趋势愈发明显。这种状况不仅影响着职工的职业稳定和职业规划，而且使职工缺乏为企业长期服务的工作热情和对企业的归属感，同时对企业劳动关系的和谐稳定及长期发展、对整个社会安定均会产生不利影响。

一些企业为什么不愿与劳动者签订书面劳动合同呢？其原因大致有：

1. 在劳动力过剩的地方或经济欠发达地区，劳动者就业比较困难，一些求职者急于就业，而不讲究劳动条件和劳动环境，不敢对企业提出过多的要求，不管企业的劳动条件如何恶劣，只要有工作做、有钱挣、能吃上饭，劳动者就愿意干活。在这种情形下，一些企业往往不与劳动者签订书面劳动合同，以便可以随意辞退劳动者。

2. 一些企业为了降低用工成本，追求最大的利润，极力规避法律责任，担心一旦签订劳动合同后就证明企业与职工有劳动关系，将留下需履行法定责任的证据。特别是有的企业不愿为职工参加社会保险和规避社会保险缴费，想随时自主辞退职工，而且辞退时也不愿支付经济补偿金，所以恶意不与劳动者签订书面劳动合同。

3. 在过去《劳动法》及其配套规范性文件的规定中，企业不签订劳动合同承担的法律责任较轻，承受的处罚压力不大，个别企业甚至认为不签订书面劳动合同，一旦被劳动监察部门检查到，无非是"责令改正"，没有什么经济损失。同时，不与劳动者签订劳动合同，当出现劳动争议时，一些企业往往不遵守口头约定的承诺，并以没有书面证据为由规避被追究的法律责任。

4. 一些技能较高的技术工人因不懂劳动法的规定，到企业工作总想自由自在行事，一旦感觉所在企业的工资和福利待遇不好时，就想随时辞职，到条件好的企业就职，所以担心自己与企业签订了劳动合同后，要受合同约束，有碍于自己自由流动。由于这些职工是熟练工或有一技之长，本人不愿签订劳动合同，企业又需要他们，因而企业也就随职工之意，不与职工签订劳动合同了。

针对上述现象，《劳动合同法》明确规定了我国劳动合同的法定形式是书面劳动合同，即“建立劳动关系，应当订立书面劳动合同”。

在企业用工中，还有一种非全日制用工的特殊形式，也就是人们常说的“小时工”。因为这是一种临时的短期用工，《劳动合同法》对此作出了特别规定：“非全日制用工双方当事人可以订立口头协议。”

（二）订立书面劳动合同的宽限期

在现实中，一些企业愿意依法与劳动者签订书面劳动合同，但在实际操作中，因为各种原因没能及时签订。《劳动合同法》根据这一实际情况，也作出了灵活性的规定，在对签订书面劳动合同的时间上作出了明确界定，规定“已建立劳动关系，未同时订立书面劳动合同的，应当自用工之日起一个月内订立书面劳动合同”。法律给了用人单位用工一个月内签订书面劳动合同的宽限期。应当说，法律的这一规定放宽了用人单位与劳动者订立书面劳动合同的时间。这表明用人单位在自用工之日起一个月内未与劳动者订立书面劳动合同，其行为不违法。只有当用人单位用工超过一个月尚未与劳动者订立书面劳动合同的，其行为才构成违法。根据《劳动合同法》规定：“用人单位自用工之日起超过一个月不满一年未与劳动者订立书面劳动合同的，应当向劳动者每月支付二倍的工资。”

（三）建立劳动关系日期的确定

订立书面劳动合同日期并不一定是建立劳动关系日期。法律规定“用人单位与劳动者在用工前订立劳动合同的，劳动关系自用工之日起建立”。这里强调了建立劳动关系的时间问题，即确定建立劳动关系的日期，是企业开始“用工之日”。也就是说，在用人单位与劳动者订立书面劳动合同后没有发生实际用工之前的这一段时间，尚未建立起劳动关系。但是，从法理上分析，一般而言，一旦签订劳动合同，劳动者和用人单位双方之间的权利义务便已确定。根据《劳动合同法》第十六条的规定，劳动合同经双方在劳动合同文本上签字或者盖章后生效。

这里要注意：劳动合同的生效时间和劳动关系建立的时间是两回事。

1. 在劳动关系已经建立的情况下（即发生了企业用工行为，无论是否签订了书面劳动合同），双方劳动关系建立的时间已经确立。如果劳动关系双方的任何一方违反《劳动合同法》的规定，就要依法承担法律责任，此时由劳动法来调整。

2. 在劳动关系没有建立的情况下（即没有发生企业用工行为，即使已经签订了书面劳动合同），由于双方劳动关系建立的时间尚未确立，如果劳动合同当事人中任何一方违反已生效但尚未履行的劳动合同（虽然《劳动合同法》对此没有作出规定），也应当承担相应的违约责任。但是此种情况下的违约责任，并非由劳动法调整，而是应当按照民法的规定来处理。进一步讲，对于此种情况下的违约责任，如果双方在签订劳动合同时有约定的，按约定处理；如果双方没有约定，按民法处理的原则，一方违约给对方造成损失的，应当承担相应的赔偿责任。

现实操作中，劳动合同文本签字时间与企业用工建立劳动关系时间之间可能会存在时间差。有的情形是，企业招用劳动者后没有及时签订书面劳动合同，但却发生了实际用工行为，此时，劳动关系或者说事实劳动关系已经建立。也有的情形是，劳动合同已签字生效，但因企业并没有发生实际用工行为，所以劳动关系尚未建立。值得提示的是：企业在填写书面劳动合同文本中“劳动合同期限”的“起算时间”时，应当填写企业正式用工的时间（或者是员工第一天到单位上班报到的时间）。合同文本签字或者盖章生效后，以此来证明双方劳动关系的建立之日。

由于《劳动合同法》主要是调整劳动者和用人单位因劳动关系引起的权利义务关系，所以特别强调建立劳动关系的时间。法律规定用人单位用工之日是建立劳动关系的时间，就是要明确指出：用工之日就是劳动者在用人单位工作年限的开始计算时间，也是计算劳动者工资、缴纳社会保险费以及劳动者享有其他合法权益的起始时间。

（四）企业用工前的要约

一些企业往往是先与劳动者签订劳动合同，然后约定上班时间，随后才开始用工。在劳动合同订立之日至企业用工之日期间，双方中任何一方不想执行劳动合同时，应该如何处理呢？也就是说，在企业正式用工前解除已订立的书面劳动合同，应当承担什么法律责任？在实务中，通常做法是按照民法合同的违约来处理。

为了避免此类纠纷，建议企业在用工之前，经过招聘面试，决定录用应聘者后，可先向其发出录用通知书，而不是立即签订劳动合同。在劳动法律中，并没有对“录用通知书”作出规定。因此，录用通知书可视为一般的民事合同。

根据《民法典》的规定：“当事人订立合同，可以采取要约、承诺方式或者其他方式。”所谓要约，根据《民法典》的规定：“要约是希望与他人订立合同的意思表示，该意思表示应当符合下列条件：（一）内容具体确定；（二）表明经受要约人承诺，要约人即受该意思表示约束。”所谓承诺，按照《民法典》规定：“承诺是受要约人同意要约的意思表示。”“承诺应当以通知的方式作出；但是，根据交易习惯或者要约表明可以通过行为作出承诺的除外。”同时，《民法典》还有关于“预约”的规定：“当事人约定在将来一定期限内订立合同的认购书、订购书、预订书等，构成预约合同。”

从上述法律规定可见，我们似乎可以把用人单位招聘人员的录用通知书作为“要约”或“预约”，约定应聘者的工作岗位、工资待遇、劳动合同期限、报到时间以及违约责任等事项。录用通知书只是要求应聘者对是否愿意到要约人——用人单位上班作出承诺，而不是立即签订劳动合同。因此，签订和履行录用通知书的行为只受《民法典》调整，而不受劳动法调整。根据《民法典》第四百九十五条第二款规定：“当事人一方不履行预约合同约定的订立合同义务的，对方可以请求其承担预约合同的违约责任。”

在现实生活中，常有这样的案例：一些在大学四年级下半学期临近毕业的大学生，通过求职面试，获得了企业的录用通知书，并对录用通知书中所载的工作岗位、工资待遇、劳动合同期限和报到时间等十分满意。但等到毕业后如期去公司报到时，却被告知公司因某些原因暂不需要招人，由此引发纠纷，学生要求公司承担违约赔偿责任。对此，企业应当注意：

第一，录用通知书和劳动合同的性质是有区别的。录用通知书只表明企业愿意接收劳动者为企业员工的“要约”或“预约”，并非证明双方建立有劳动关系。

而只有劳动合同才能证明双方的劳动关系。企业在正式用工前不必与劳动者签订书面劳动合同，正式用工后才应及时与劳动者签订书面劳动合同。

第二，企业签发录用通知书要考虑周到、谨慎。一是需要应聘者入职体检的，应当在体检合格后再发出；或者在录用通知书中注明：如果应聘者入职体检不合格的，不予录用。二是录用通知书一经发出即具有法律效力，企业单方随意违约要承担相应的法律责任。

第三，企业在录用通知书中应约定应聘者履行承诺的期限和违约责任。如果应聘者不能按期确认承诺，企业有权取消此职位另招新人。同时应聘者不能按约定如期报到的，公司有权按照约定追究其违约责任。

三、未依法订立书面劳动合同的法律责任

（一）劳动者拒不签订书面劳动合同的处理

《劳动合同法》要求用人单位必须在用工之日起一个月内与劳动者签订书面劳动合同，但在现实经济生活中，一些劳动者不愿意与用人单位签订劳动合同，致使用人单位因无法履行其订立书面劳动合同的法定义务而不得不承担违法责任。针对这一情形，《劳动合同法实施条例》第五条作出了明确规定："自用工之日起一个月内，经用人单位书面通知后，劳动者不与用人单位订立书面劳动合同的，用人单位应当书面通知劳动者终止劳动关系，无需向劳动者支付经济补偿，但是应当依法向劳动者支付其实际工作时间的劳动报酬。"

《劳动合同法实施条例》赋予了用人单位终止劳动关系的权利，明确规定自用工之日起一个月内，劳动者拒绝与用人单位签订书面劳动合同的（实际上为双方就订立书面劳动合同不能协商达成一致的），用人单位完全可以单方面终止其劳动关系，并且不需要支付经济补偿金。应当注意的是，法律法规并未对劳动者拒绝订立书面劳动合同的原因予以限定，在这种情况下，为了避免用人单位滥用终止劳动关系的权利，在用人单位提出终止劳动关系时，需要提供经用人单位书面通知后劳动者拒不签订书面劳动合同的证明。如果用人单位没有依法提出书面通知，则不能解除劳动合同。根据《劳动合同法实施条例》的规定，自用工之日起一个月内，在劳动者没有签订书面劳动合同的情形下，用人单位应该向劳动者发出一个签订劳动合同的书面通知，否则会因为难以证明是劳动者不愿与用人单

位签订书面劳动合同而引发劳动争议。

这里，有两个问题值得企业重视：

第一，用人单位要求与劳动者签订书面劳动合同，劳动者拒绝签订的，用人单位是否需要支付未签书面劳动合同期间的二倍工资？有两种情形：

1. 自用工之日起一个月内，经用人单位书面通知后，劳动者不与用人单位订立劳动合同的，用人单位有权书面通知劳动者终止劳动关系。在这种情形之下，用人单位无须向劳动者支付经济补偿金。同时，因用工不足一个月，不存在支付二倍工资的问题。

2. 用人单位自用工之日起超过一个月不满一年未与劳动者订立书面劳动合同的，应当向劳动者每月支付二倍的工资。在这种情形下，用人单位还须与劳动者补订书面劳动合同；如果劳动者不与用人单位订立劳动合同的，用人单位有权书面通知劳动者终止劳动关系。但是，根据《劳动合同法实施条例》的相关规定，用人单位需要支付经济补偿金。

第二，用人单位没有与劳动者及时签订书面劳动合同，有些劳动者因为尚在职，暂时不会向劳动争议仲裁委员会申请主张每月支付二倍的工资，等到工作多年后或者离职的时候就会去申请劳动仲裁，此时会产生申诉权是否已过诉讼时效的问题。

根据《劳动争议调解仲裁法》规定："劳动争议申请仲裁的时效期间为一年。仲裁时效期间从当事人知道或者应当知道其权利被侵害之日起计算。"对此，要注意以下两种情形：

1. 如果用人单位从劳动者入职之日起的一个月内，书面通知了劳动者签订书面劳动合同，而劳动者没有签订书面劳动合同，用人单位也没有及时终止劳动关系，仍在继续用工，这就表明用人单位已经有过错。对此，劳动者应是知情的。但在企业从书面通知劳动者签订劳动合同的时间算起已超过了一年的情况下，劳动者针对一年之前企业没有签订书面劳动合同，申请每月二倍工资的，其申诉权就超过了劳动仲裁时效，因此无法获得法律支持。

2. 如果用人单位从劳动者入职之日起一个月内，没有书面通知劳动者签订书面劳动合同，导致劳动者没有签订劳动合同，用人单位也没有及时终止劳动关系，仍在继续用工，这就表明用人单位已经侵害了劳动者的合法权益，但是劳动者因不懂法（认为口头约定用工即可），并不知道其权利被侵害（除非有证据证明劳动者知道或者应当知道）。当企业用工超过了一年的期间后，劳动者才知道自己的权利被侵害，有权申请每月的二倍工资。其申诉权就以“仲裁时效期间从当事人知道或者应当知道其权利被侵害之日起计算”，对此，用人单位要高度重视。

（二）用人单位不及时签订书面劳动合同的法律责任

《劳动合同法》和《劳动合同法实施条例》规定了两种法律责任：

1. 用人单位自用工之日起超过一个月不满一年未与劳动者订立书面劳动合同的，应当依照《劳动合同法》的规定向劳动者每月支付二倍的工资，并与劳动者补订书面劳动合同；劳动者不与用人单位订立书面劳动合同的，用人单位应当书面通知劳动者终止劳动关系，并依照《劳动合同法》的规定支付经济补偿。用人单位向劳动者每月支付二倍工资的起算时间为用工之日起满一个月的次日，截止时间为补订书面劳动合同的前一日。此种情形下为什么要求用人单位支付经济补偿呢？这是因为用人单位长时间用工（超过一个月用工）不及时签订书面劳动合同，也没有及时与职工终止劳动关系所应当支付的代价。

2. 用人单位自用工之日起满一年未与劳动者订立书面劳动合同的，自用工之日起满一个月的次日至满一年的前一日应当依照劳动合同法的规定向劳动者每月支付二倍的工资，并视为自用工之日起满一年的当日已经与劳动者订立无固定期限劳动合同，应当立即与劳动者补订书面劳动合同。在此种情形下，对用人单位的“处罚”更为严厉，不仅要每月支付二倍的工资，还法定“视为自用工之日起满一年的当日已经与劳动者订立无固定期限劳动合同”，并立即补订书面劳动合同。

（三）对劳动者合同到期未续签仍继续在原单位工作的处理

企业与员工签订了固定期限的劳动合同，用工到合同期限满后，未续签劳动合同仍继续在原单位工作，此时员工能否请求企业支付未续签书面劳动合同的二倍工资？

比如一名员工与所在企业签订了五年期的劳动合同，劳动合同到期后未及时续签。该员工继续在原企业原岗位上工作。工作半年后，企业提出与该员工解除劳动关系，该员工要求企业对未续签劳动合同时间段（半年）的二倍工资补偿，能否支持？

根据《劳动部关于实行劳动合同制度若干问题的通知》（劳部发〔1996〕354号）的规定：“有固定期限的劳动合同期满后，因用人单位方面的原因未办理终止或续订手续而形成事实劳动关系的，视为续订劳动合同。用人单位应及时与劳动者协商合同期限，办理续订手续。”根据《最高人民法院关于审理劳动争议案件适用法律问题的解释（一）》的规定：“劳动合同期满后，劳动者仍在原用人单位工作，原用人单位未表示异议的，视为双方同意以原条件继续履行劳动合同。一方提出终止劳动关系的，人民法院应予支持。”根据上述规定，在未续签劳动合同的情形下，劳动者仍在原用人单位工作，原用人单位未表示异议的，“视为续订劳动合同”，“以原条件继续履行劳动合同”。既然是已视为续订了劳动合同，原劳动合同继续履行，当然不符合《劳动合同法》规定的“用人单位自用工之日起超过一个月不满一年未与劳动者订立书面劳动合同的，应当向劳动者每月支付二倍的工资”的情形。这里要注意：法律条文中强调的“自用工之日起”，是指劳动关系建立之日。既然是劳动关系建立之日，应该是指企业首次用工之日时订立书面劳动合同，并没有将续签劳动合同问题包含在内。所以，前述案例中员工主张企业支付未续签书面劳动合同“二倍工资”的请求应不予支持。但是，对劳动者合同到期未续签仍继续在原单位工作的，用人单位应当及时与劳动者补订书面劳动合同，特别是要明确续签劳动合同期限，以免在后续的继续用工中一方随时提出终止劳动关系时出现劳动争议。

（四）支付二倍工资的起算和截止时间

1. 自用工之日起超过一个月不满一年未订立书面劳动合同的情形

根据《劳动合同法实施条例》第六条的规定：“用人单位自用工之日起超过一个月不满一年未与劳动者订立书面劳动合同的，应当依照劳动合同法第八十二条的规定向劳动者每月支付两倍的工资，并与劳动者补订书面劳动合同……用人单位向劳动者每月支付两倍工资的起算时间为用工之日起满一个月的次日，截止时间为补订书面劳动合同的前一日。”

关于二倍工资的支付起算日期，在实践中存在争议，有观点认为应当从用工之日起算，也有观点认为应当从用工的第二个月开始起算。按照《劳动合同法》的规定：“已建立劳动关系，未同时订立书面劳动合同的，应当自用工之日起一个月内订立书面劳动合同。”由此可以得出应当从用工之日起满一个月的次日起算的结论。《劳动合同法》对用人单位和劳动者签订书面劳动合同给了一个月的宽限期。用人单位在一个月内未与劳动者订立书面劳动合同尚不能认定为违法行为，当然不能适用承担支付二倍工资的法律责任。同时，《劳动合同法实施条例》又补充规定了用人单位支付二倍工资的截止时间为“补订书面劳动合同的前一日”。

2. 用工已超过一年尚未订立书面劳动合同的情形

对于用人单位用工已超过一年尚未与劳动者订立书面劳动合同的情形，《劳动合同法实施条例》明确规定：“用人单位自用工之日起满一年未与劳动者订立书面劳动合同的，自用工之日起满一个月的次日至满一年的前一日应当依照劳动合同法第八十二条的规定向劳动者每月支付两倍的工资。”同时，按照《劳动合同法》中有关“用人单位自用工之日起满一年不与劳动者订立书面劳动合同的，视为用人单位与劳动者已订立无固定期限劳动合同”的规定，对于用人单位用工超过一年尚未与劳动者订立书面劳动合同的行为，法律法规免除了用人单位与劳动者终止劳动关系的权利，并要求用人单位承担下列法律责任：

一是用人单位用工到此时，已被视为“自用工之日起满一年的当日已经与劳动者订立无固定期限劳动合同”，即此时用人单位一方不能再要求与劳动者签订有固定期限的劳动合同，更不能辞退劳动者。用人单位应当立即与劳动者补订书面劳动合同，进一步以书面形式对双方签订无固定期限劳动合同进行确认。

二是用人单位要“自用工之日起满一个月的次日至满一年的前一日”向劳动者支付十一个月的二倍工资。按照《人力资源社会保障部、最高人民法院关于劳动人事争议仲裁与诉讼衔接有关问题的意见（一）》的规定：“劳动者以用人单位未订立书面劳动合同为由要求用人单位支付自用工之日起满一年之后的第二倍工资的，劳动人事争议仲裁委员会、人民法院不予支持。”这里明确了一个界限：支付二倍工资的起算和截止时间只是“自用工之日起满一个月的次日至满一年的前一日”（即只有 11 个月）。满一年之后，已法定视为订立了无固定期限劳动合同，仲裁委和人民法院皆不支持支付满一年之后的二倍工资。

3. 违法不订立无固定期限劳动合同的情形

《劳动合同法》第八十二条第二款规定：“用人单位违反本法规定不与劳动者订立无固定期限劳动合同的，自应当订立无固定期限劳动合同之日起向劳动者每月支付二倍的工资。”这里，要特别提示：此条规定的支付二倍工资的时间是“自应当订立无固定期限劳动合同之日起”，而不是“应当自用工之日起”。

那么，对“应当订立无固定期限劳动合同之日”应如何理解呢？支付二倍工资的起算和截止时间应如何确定呢？

从《劳动合同法》的有关规定看，“应当订立无固定期限劳动合同之日”可以理解为《劳动合同法》第十四条第二款规定的三种情形到来之日：

（1）劳动者在同一用人单位连续工作满10年之日的次日。

比如：张某于1998年2月1日进入某公司工作，到2008年1月31日已在该公司连续工作10年，如果张某提出续订无固定期限劳动合同，则认定2008年2月1日为“应当订立无固定期限劳动合同之日”。如果公司未与其订立无固定期限劳动合同却在继续用工的，应判定公司从2008年2月1日起向张某每月支付二倍的工资。

（2）劳动者在同一用人单位连续工作满10年，且距法定退休年龄不足10年的情况下，用人单位初次实行劳动合同制度或者国有企业改制重新订立劳动合同之日。

比如：吴某在某大型国有企业连续工作15年，2008年5月份吴某已经55岁，距60岁的法定退休年龄不足10年，在这种情况下，如果吴某所在的国有企业进行改制，确定于2008年6月1日重新与职工订立劳动合同，吴某提出订立无固定期限劳动合同，则认定2008年6月1日这一天为“应当订立无固定期限劳动合同之日”。如果公司未订立无固定期限劳动合同却继续用工的，应判定公司从2008年6月1日起向吴某每月支付二倍的工资。

（3）用人单位与劳动者连续订立两次固定期限劳动合同，且劳动者没有《劳动合同法》第三十九条和第四十条第一项、第二项规定的情形，双方续订第三次劳动合同之日。

比如：小王与用人单位已连续订立两次固定期限劳动合同，2010年3月10日双方第二次劳动合同到期，此时，小王提出第二次劳动合同到期后要求订立无固定期限劳动合同，则认定2010年3月11日为“应当订立无固定期限劳动合同之日”。如果公司未订立无固定期限劳动合同却继续用工的，应判定从2010年3月11日起每月向小王支付二倍的工资。

对于上述三种情形，支付二倍工资的起算时间可以确定，那么截止时间如何确定？法律法规没有作出具体规定。按照《劳动合同法》的立法精神，截止时间应当为补签无固定期限劳动合同的前一日。

第三节　劳动合同期限的确立

劳动合同的期限，是指劳动合同的有效时间，也是劳动合同双方当事人依法协商约定的行使权利和履行义务的时间。劳动合同约束双方当事人的权利和义务关系是有一定期限的，它起于合同生效之时，终于合同终止或解除之时。在劳动合同有效期内，当事人双方都必须自觉履行，合同到期即行终止。

按照《劳动合同法》第十二条的规定，劳动合同期限分为三种类型：固定期限劳动合同、无固定期限劳动合同和以完成一定工作任务为期限的劳动合同。

一、什么是固定期限劳动合同

按照《劳动合同法》规定："固定期限劳动合同，是指用人单位与劳动者约定合同终止时间的劳动合同。用人单位与劳动者协商一致，可以订立固定期限劳动合同。"也就是说，固定期限劳动合同，是当事人订立的规定了具体明确的起始时间和终止时间的劳动合同。法律对固定期限劳动合同的时间没有最长期限的限制，也没有最短期限的限制。

劳动合同规定固定期限，可以使合同双方都明确合同的有效期，固定期限未满，合同不能被随意提前解除；劳动合同期限届满，劳动关系即告终止。企业采取固定期限劳动合同，便于企业根据生产经营发展的周期性或波动性，灵活使用劳动者，也有利于适时调整企业内部人员结构，促进劳动者合理流动。

针对一些用人单位开始用工时并未与劳动者签订劳动合同，用工一段时间后才补订劳动合同的情形，劳动合同期限的起始时间应如何计算？《劳动合同法》对此未作出规定。在实践中，是以用人单位实际开始用工的时间为起算时间，还是以订立书面劳动合同的时间为起算时间呢？按照《劳动合同法》有关"用人单位自用工之日起即与劳动者建立劳动关系"的规定，劳动合同期限应当自用工之日起计算。

因此，企业应当注意：第一，要保管好企业开始用工的记录，以证实劳动合同期限的起算时间；第二，要及时签订或补签书面劳动合同，最好在合同书中注明劳动合同期限的用工起止时间，以便日后出现劳动争议时，作为证据举证。同时，也便于确定员工的工作年限、社会保险缴费和支付经济补偿等的起算时间。

二、什么是无固定期限劳动合同

（一）无固定期限劳动合同的法律规定

依据《劳动合同法》第十四条第一款的规定："无固定期限劳动合同，是指用人单位与劳动者约定无确定终止时间的劳动合同。"订立无固定期限的劳动合同，通常为长期合同，除法律、法规有明确规定外，当事人双方不得随意终止。前述条文中的"无确定终止时间"，是指劳动合同中没有确定固定的期限或者说是没有一个确定的终止时间。只要没有出现法定解除、法定终止或者双方协商一致解除合同的情形，双方当事人就要继续履行此类劳动合同，直至员工年满法定退休年龄。

值得提示的是：劳动合同的期限长短不能确定，并不是说无固定期限劳动合同永远不可以解除或终止，并非被一些人误解的"铁饭碗"或"终身制"；一旦出现法律法规规定的情形或者当事人双方协商一致解除的情形，无固定期限劳动合同也能够依法解除和终止。

对于签订无固定期限劳动合同，法律作出了两种规定：

1. 法律对签订无固定期限劳动合同作出的"一般规定"，即《劳动合同法》第十四条中明确规定的"用人单位与劳动者协商一致，可以订立无固定期限劳动合同"。这也是人们常说的"协商订立"。

2. 法律对签订无固定期限劳动合同作出的"特别规定"，即《劳动合同法》第十四条第二款规定："……有下列情形之一，劳动者提出或者同意续订、订立劳动合同的，除劳动者提出订立固定期限劳动合同外，应当订立无固定期限劳动合同：（一）劳动者在该用人单位连续工作满十年的；（二）用人单位初次实行劳动合同制度或者国有企业改制重新订立劳动合同时，劳动者在该用人单位连续工作满十年且距法定退休年龄不足十年的；（三）连续订立二次固定期限劳动合同，且劳动者没有本法第三十九条和第四十条第一项、第二项规定的情形，续订劳动合同的。”这也可以说是法律规定中的一种“强制订立”。

对此，《劳动合同法实施条例》作出了进一步明确规定：“除劳动者与用人单位协商一致的情形外，劳动者依照劳动合同法第十四条第二款的规定，提出订立无固定期限劳动合同的，用人单位应当与其订立无固定期限劳动合同。对劳动合同的内容，双方应当按照合法、公平、平等自愿、协商一致、诚实信用的原则协商确定；对协商不一致的内容，依照劳动合同法第十八条的规定执行。”这就是说，只要劳动者依照《劳动合同法》第十四条第二款的规定提出签订无固定期限劳动合同的，用人单位就无权拒绝签订。

（二）签订无固定期限劳动合同的三种法定情形

《劳动合同法》第十四条规定了应当签订无固定期限劳动合同的三种法定情形，用人单位对此应当要全面、冷静和理智地来理解。

1. 针对劳动者在该用人单位连续工作满 10 年的情形

关于“劳动者在该用人单位连续工作满十年”的规定，在 1994 年颁布的《劳动法》第二十条第二款中规定：“劳动者在同一用人单位连续工作满十年以上，当事人双方同意延续劳动合同的，如果劳动者提出订立无固定期限的劳动合同，应当订立无固定期限的劳动合同。”在此规定中，劳动者提出要订立无固定期限的劳动合同，需要符合“当事人双方同意延续劳动合同”这一前提。如果作为当事人一方的用人单位提出不同意延续，则劳动者就难以实现签订无固定期限劳动合同的要求。但是要注意：2007 年颁布的《劳动合同法》中不再有“双方同意延续”的前提条件了，而是明确规定一旦“劳动者在该用人单位连续工作满十年的”，只要劳动者提出，就应当订立无固定期限劳动合同。这就赋予了劳动者单方完全拥有是否签订无固定期限劳动合同的选择权和决定权。

关于法律规定的“连续工作满十年”这一条件中，对“连续”如何理解？《劳动部办公厅对〈关于如何理解“同一用人单位连续工作时间”和“本单位工作年限”的请示〉的复函》（劳办发〔1996〕191 号）中规定：“同一用人单位连续工作时间”是指劳动者与同一用人单位保持劳动关系的时间。根据这一规定的精神，“连续工作满十年”应当理解为劳动者在同一用人单位连续地、不间断地工作满 10 年以上。连续工作满 10 年的起始时间，应从用人单位用工之日起计算，包括《劳动合同法》施行前的工作年限。

以案释法

案情简介

老王于1998年3月入职某公司担任电工。2003年6月，老王的父亲病重住院，为了能照顾父亲，老王于2003年7月1日向公司提出辞职，公司予以批准，老王于当日办理了离职手续后连夜回到老家。老王父亲住院4个月后不幸病逝，处理完父亲的后事后，老王提出重新回公司上班，由于老王的工作能力强，公司决定再次聘用老王担任电工。2004年2月，老王重新办理了入职手续。

2008年9月，老王向公司提出自己已经工作超过10年，要求订立无固定期限劳动合同。公司不同意，出现争议，老王申请劳动争议仲裁。

案例评述

如前所述，"连续工作满十年"应当是劳动者在同一用人单位连续地、不间断地工作满10年以上。老王与公司解除劳动合同后再次入职，工作时间已经中断了6个多月，不符合"连续工作满十年"的要求，因此，公司不同意签订无固定期限劳动合同并不违反法律规定。老王的诉求不应得到支持。

2. 针对国有企业的情形

一是用人单位初次实行劳动合同制度，主要是指一些国有企业改制或者其他原因，此前未实行劳动合同制度，改制后开始实行劳动合同制度。当劳动者在该用人单位连续工作满10年的，与上述第一种情形相同，应当订立无固定期限劳动合同。

二是国有企业改制与劳动者重新订立劳动合同时，一旦出现有劳动者在该用人单位连续工作满10年且距法定退休年龄不足10年的情形，劳动者单方有权决定是否与企业签订无固定期限劳动合同。对于距法定退休年龄不足10年的劳动者，如果将其辞退，因其年龄较大，再就业将比较困难；而对于此种情况的劳动者已从事工作多年，完全能够胜任一定的工作，所以要求用人单位与其订立无固定期限劳动合同，既是保护劳动者的权益，也是体现用人单位应尽的社会责任。

3. 针对用人单位与劳动者连续订立两次固定期限劳动合同后，劳动者没有违规违纪违法和不能胜任工作的情形法律作此规定，是把签订无固定期限劳动合同的决定权交给了劳动者一方。这里值得提醒企业要特别注意的是：按照《劳动合同法》第十四条的规定，用人单位与劳动者“连续订立二次固定期限劳动合同后”，只要劳动者没有《劳动合同法》第三十九条和第四十条第一项、第二项规定的情形（即没有违规违纪违法，没有因患病或负伤不能从事工作，没有不能胜任工作的情况），就可以由劳动者单方面决定是否签订无固定期限劳动合同。从表面上看，法律规定用人单位连续与劳动者签订了两次固定期限的劳动合同后，第三次才涉及由劳动者来决定签订无固定期限劳动合同的问题。而实际上，法律给用人单位选择签订劳动合同的机会只有一次。即当用人单位与劳动者签订第一次固定期限劳动合同（无论合同期限长短），合同期满后，用人单位若是续签第二次固定期限劳动合同（也无论合同期限长短），就等于用人单位签出了一张定期转让决定劳动合同期限主动权的“契约”，如同用人单位预购了一张到期要由劳动者来掌舵的“远洋船票”，只要第二次固定期限劳动合同履行到期，就完全由劳动者来决定是否“带着用人单位一同去远航”了。也就是说，当连续订立两次固定期限劳动合同后，用人单位就无权决定签订劳动合同的期限，是否订立无固定期限劳动合同的主动权已移交到了劳动者手中。

从立法的本意来看，一名劳动者在一个用人单位连续工作满 10 年以上，或者没有出现《劳动合同法》第三十九条和第四十条第一项、第二项规定的情形，并且用人单位又连续两次与其签订了劳动合同，说明该劳动者是一名能够遵纪守法、身体健康、完全能够胜任工作的员工。对此，劳动者提出签订无固定期限的劳动合同，是合情合理的要求。作为一个追求长期可持续发展的企业来说，自然应当与之签订无固定期限劳动合同。同时，企业对如此称职的职工不长期聘用，而只是考虑劳动者的“青春期”，更愿意花费时间经常在劳动力市场上寻找年轻人，其结果会造成职工队伍的不稳定，企业很难有长期可持续发展壮大的坚实基础。

以案释法

案情简介

莫某于 2009 年 9 月 10 日入职公司。入职当日，莫某与公司签订固定期限劳动合同，期限从 2009 年 9 月 10 日起至 2012 年 9 月 9 日止。2012 年 9 月

10日，双方续订固定期限劳动合同，期限自2012年9月10日起至2015年9月9日止。

2015年9月7日，公司向莫某发出《劳动合同到期不再续签通知书》，内容包含“您与本公司的劳动合同将于2015年9月9日到期，经公司考量，以及结合您的表现，双方就续签合同事项未达成一致，本公司决定不与您续签劳动合同，特通知如下：一、双方签署的劳动合同到期后终止……”同日，莫某向公司提出要求续签无固定期限劳动合同，不接受补偿方案。2015年9月9日，公司以劳动合同期满不同意续签为由，终止了双方劳动关系。

随后，莫某不服，申请劳动争议仲裁，要求公司向其支付违法解除劳动合同赔偿金。劳动仲裁委裁决公司一次性支付莫某解除劳动关系的经济补偿，不支持违法解除合同的赔偿金。

莫某不服，向法院提起诉讼。

法院观点

一审法院认为：莫某与公司签订了二次固定期限劳动合同，但在续签之前，公司明确表示不再与莫某续签劳动合同，可见双方并未有续订劳动合同的意愿，即便莫某提出续签无固定期限劳动合同，公司亦无须与其签订无固定期限劳动合同。莫某与公司的劳动合同期满终止，公司应当按照莫某在公司工作的年限向其支付经济补偿，无须支付赔偿金。

莫某不服，提起上诉。

二审法院支持一审法院的观点。判决：驳回上诉，维持原判。

莫某不服，向省高院申请再审。

省高院经审查认为：

1. 关于莫某是否有权请求公司与其订立无固定期限劳动合同的问题

《劳动合同法》第十四条第二款规定：“用人单位与劳动者协商一致，可以订立无固定期限劳动合同。有下列情形之一，劳动者提出或者同意续订、订立劳动合同的，除劳动者提出订立固定期限劳动合同外，应当订立无固定期限劳动合同：（一）劳动者在该用人单位连续工作满十年的；（二）用人单位初次实行劳动合同制度或者国有企业改制重新订立劳动合同时，劳动者在该用人单位连续工作满十年且距法定退休年龄不足十年的；（三）连续订立二次固定期限劳动合同，且劳动者没有本法第三十九条和第四十条第一项、第二项规定的情形，续订劳动合同的。”本案中，莫某与公司已连续订立二次固定期限劳动合同，且莫某不存在《劳动合同法》第三十九条和第四十条第一项、第二项规定的情形，故在莫某明确提出与公司订立无固定期限劳动合同的前提下，公司应当与莫某订立无固定期限劳动合同。

2. 关于公司是否应向莫某支付违法解除劳动合同赔偿金的问题

《劳动合同法》第四十八条规定：“用人单位违反本法规定解除或者终止劳动合同，劳动者要求继续履行劳动合同的，用人单位应当继续履行；劳动者不要求继续履行劳动合同或者劳动合同已经不能继续履行的，用人单位应当依照本法第八十七条规定支付赔偿金。”如上所述，公司依法应当与莫某订立无固定期限劳动合同，却拒绝与之订立并于2015年9月7日《劳动合同到期不再续签通知书》中明确表示到期后终止与莫某的劳动关系，且于2015年9月9日第二次固定期限劳动合同到期日以劳动合同期满不同意续签为由终止双方劳动关系。公司的行为已构成违法解除劳动合同，应向莫某支付违法解除劳动合同的赔偿金。

综上所述，莫某关于公司向其支付违法解除劳动合同赔偿金的再审请求成立，该院予以支持。一、二审认定事实清楚，但适用法律错误，该院予以纠正。①

在现实的劳动争议仲裁和法院判决中，对“连续订立二次固定期限劳动合同，就应当订立无固定期限劳动合同”的理解，有两种意见：

一种意见认为，《劳动合同法》第十四条第二款第一项、第二项均无“续订劳动合同”这个条件，只要达到10年即可直接签订。第三项中增加了“续订劳动合同”这个条件，根据法条前后文意思，应当是指第二次签订的固定期限劳动合同到期后，双方决定续订劳动合同时，劳动者提出要求的，则应当签订无固定期限劳动合同。如果用人单位不愿“续订劳动合同”，就可以拒绝劳动者提出的签订无固定期限劳动合同的要求。所谓“续订”，需以双方协商一致为前提，因此，对于第三次订立劳动合同，用人单位和劳动者需要存在双方合意，只有用人

① 广东省高级人民法院（2018）粤民再81号民事判决书，载中国裁判文书网，最后访问时间：2022年10月21日。

单位和劳动者双方第三次都同意续订劳动合同时，劳动者提出订立无固定期限劳动合同的，用人单位才必须与其订立。若用人单位不同意续订第三次劳动合同，尽管劳动者向用人单位提出订立无固定期限劳动合同的要求，用人单位也可以不与其订立。

另一种意见认为，用人单位与劳动者连续订立二次固定期限劳动合同，且劳动者没有违法违纪以及不能胜任工作的情况的，只要劳动者提出或者同意续订、订立劳动合同，除劳动者提出订立固定期限劳动合同外，必须订立无固定期限劳动合同。对此情形，用人单位没有选择权，即用人单位此时不能终止劳动合同。也就是说，用人单位可以终止与劳动者的第一次有固定期限的劳动合同，对于连续签订的第二次有固定期限的劳动合同到期后，能否终止与劳动者的劳动关系，终止权不在用人单位手里。只要劳动者提出，就应当续订劳动合同。如果说第三次是否签订合同要加上用人单位一方同意“续订劳动合同”这一条件，那么在实际操作中，用人单位为了阻挠劳动者提出的签订无固定期限劳动合同的要求，都会表示不同意续订劳动合同。如此一来，法律作此规定就毫无意义了。

两种不同的理解，对劳动者权利有着截然不同的影响，到底《劳动合同法》立法原意是哪种解释呢？全国人大常委会在关于贯彻执行《劳动合同法》的新闻发布会上对此问题就进行过说明，立法机关的意见与上述第二种意见一致。① 即连续订立两次固定期限劳动合同以后，劳动者没有《劳动合同法》第三十九条和第四十条第一项、第二项规定的情形，劳动者只要提出续订无固定期限劳动合同的，用人单位就应当签订无固定期限劳动合同。

可见，企业在实际用工中需注意：连续订立两次固定期限劳动合同，用人单位可以行使的终止合同权仅仅在第一次签订的劳动合同到期时。当用人单位与劳动者签订第二次固定期限劳动合同后，实际已“等同于”用人单位失去了订立劳动合同的决定权。因为第二次劳动合同到期后，如果劳动者要求订立无固定期限劳动合同，用人单位必须订立。

对于企业担心因签订无固定期限劳动合同用工，会使企业对一些虽无违法违规行为但“小毛病不断”的员工不能及时辞退的问题，企业可考虑采取以下

---

① 参见《全国人大举行劳动合同法新闻发布会》，载央视网，https：//news. cctv. com/china/20070629/104558_3. shtml，最后访问时间：2022 年 10 月 21 日。

措施：

一是根据企业对员工的招录考察，决定好签订第一次劳动合同的期限。在此期限内，对“小毛病不断”的员工，因其言行不符合企业价值观，经批评教育仍然不改的，待劳动合同到期后，企业应果断决定不再续订第二次固定期限合同。

二是建立好企业内部用人管理制度，严格绩效考核和规章制度管理，注意引导培训员工的行为规范向好的方面发展，克服自身的“小毛病”。这是企业培训员工的义务和责任。

三是无论签订多长期限的劳动合同，在劳动合同期限内，对员工因其“小毛病不断”和涉及违法违规（包括违反企业规章制度）或不能胜任工作的，可依法解除劳动合同。

（三）法定视为已订立无固定期限劳动合同的情形

《劳动合同法》明确要求用人单位招用劳动者建立劳动关系，应当订立书面劳动合同。针对现实经济生活中，一些企业出于种种原因，用工时不与劳动者订立书面劳动合同的状况，为了有效保护劳动者的合法权益和维护企业的正当利益，同时督促企业用工要及时签订书面劳动合同，避免发生劳动争议后因缺乏劳动合同依据，难以处理当事人双方的合法权益，《劳动合同法》专门针对企业长时间用工不签订书面劳动合同作出规定：“用人单位自用工之日起满一年不与劳动者订立书面劳动合同的，视为用人单位与劳动者已订立无固定期限劳动合同。”这可以说是法律作出的直接成立法定无固定期限劳动合同的情形。

《劳动合同法》从立法到实施至今，对《劳动合同法》第十四条第二款的规定就一直存在争议。尽管仍有不少用人单位对无固定期限劳动合同及该条款存有疑虑之心，但实际上，无固定期限劳动合同并非不可解除的劳动合同。从解除的法定条件上说，用人单位解除无固定期限劳动合同与解除有固定期限劳动合同事实上是一样的。无论是解除哪种期限的劳动合同，都要求用人单位建立健全规范、完备的规章制度，架构合理、科学的工作岗位考核制度。从用人单位长远发展来看，无固定期限劳动合同如果运用得当，能够发挥吸引人才、留用人才、激励员工、提升团队凝聚力等效用。从总体上评估，无固定期限劳动合同对用人单位的利益大于风险。同时，提醒用人单位注意的是，立法者在该条款中也仍然为用人单位留下了可以不签订无固定期限劳动合同的空间。

（四）规避订立无固定期限劳动合同的风险

实践中，有些企业常采取一些方法规避无固定期限劳动合同的签订。

1. 变换签订劳动合同的主体

如前所述，劳动者在用人单位连续工作满 10 年或者连续订立二次固定期限劳动合同后，续订劳动合同时可以要求签订无固定期限劳动合同。这里的“连续”应当是在同一个用人单位的“连续”工作，如果用人单位不同，自然不可能“连续”了。于是，一些用人单位为了让劳动者的工作年限无法“连续”，采取注册 2 个以上独立法人的企业，当与 A 公司合同期满后，终止合同；然后再由 B 公司与劳动者签订劳动合同。有些集团公司旗下有多个子公司，由不同子公司分别与劳动者签订劳动合同，通过变换签订主体来规避订立无固定期限劳动合同。还有的企业在劳动合同到期后，告知劳动者改变签订劳动合同的用人单位主体，要求劳动者与某劳务派遣公司签订劳动合同，然后再由劳务派遣公司派遣到原用人单位工作，一般保持原工作岗位、工资待遇等条件不变。对于劳动者来说，如果不与劳务派遣公司签订劳动合同，可能就会丢了这份工作。

对于用人单位采用变换签订主体的规避方法，《劳动合同法实施条例》第十条规定，劳动者非因本人原因从原用人单位被安排到新用人单位工作的，劳动者在原用人单位的工作年限合并计算为新用人单位的工作年限。依据此条规定，非因本人原因从原用人单位被安排到新用人单位工作的，工作年限合并计算，若累计工作年限连续超过 10 年的，依据《劳动合同法》第十四条第二款的规定，可以签订无固定期限合同。在适用此条规定时，存在如何确认劳动者是“被安排”的。例如，原用人单位与第三方成立合资企业，合资企业需要招聘劳动者时，原单位就与老员工商量解除劳动合同，由劳动者与合资企业签订新的劳动合同，原单位再行招聘新员工，这样，原单位就规避了与连续工作即将满 10 年的老员工签订无固定期限合同的法律责任。这已成为合资企业的通常做法。但事实上，该解除合同和重新签订合同完全是由原单位和第三方一手安排的，应当适用前述《劳动合同法实施条例》第十条的规定，但在法律意义上，合资企业、原单位、第三方均为独立法人，他们之间签订的有关用工协议是否就是“被安排”，在没有书面协议时，很难作出肯定判断。

2. 要求劳动者先“主动辞职”，间隔一段时间再重新入职

值得注意的是，一些企业为了规避订立无固定期限劳动合同，在劳动合同履行过程中，采取要求劳动者“主动辞职”或离职后间隔一段时间再重新入职到同一用人单位的方式，或者在劳动合同到期后终止劳动合同，过一段时间再聘用；让劳动者的连续工作年限和连续两次固定期限劳动合同发生“中断”，达到工作年限“不连续”的目的。对于这种恶意规避签订无固定期限劳动合同的行为，在司法实践中，法院可以确认该行为无效。也有地方法规对工作年限的“中断”时间作出具体规定。比如《深圳经济特区和谐劳动关系促进条例》中规定：“用人单位与劳动者解除或者终止劳动合同，在六个月内重新订立劳动合同的，除因劳动者违反《中华人民共和国劳动合同法》第三十九条规定被用人单位解除劳动合同外，劳动者在本单位的工作年限应当连续计算。”

3. 实行“买断工龄”

《劳动合同法》在实施过程中，一些企业为了规避本应承担的法律责任，出现了与劳动者签订“买断工龄”协议的情形。即企业通过协议约定的方式，让职工的工龄“归零”，以规避签订无固定期限劳动合同。一些企业“买断工龄”的操作模式为：通过与在本单位连续工作年限即将满10年的职工签订协议书，向职工支付相应的经济补偿，“买断”职工之前的工作年限（或称工龄“归零”）。之后，再与该职工重新签订劳动合同。企业认为如此一番操作后，该职工之前在本单位的工龄就不予连续计算了，以此规避职工连续工作10年以上需要订立无固定期限劳动合同的法律规定。企业的这种做法，是否能够规避无固定期限劳动合同的订立呢？

按照《劳动合同法》第十四条的规定，劳动者在用人单位连续工作满10年的，只要劳动者提出或者同意续订、订立无固定期限劳动合同的，用人单位就应当订立无固定期限劳动合同。连续工作满10年是一个客观事实，只要劳动者一直不间断地在该用人单位提供劳动，就会达到该条件。其实，企业与职工签订“买断工龄”协议后，只要该职工仍然继续为同一用人单位提供劳动，其工作年限（即工龄）仍会以书面劳动合同文本、工资发放单据、缴纳社会保险费和缴税等记录，证明职工一直在该单位中连续工作，职工的工龄根本无法“买断”。所以，用人单位在协议书中约定“买断工龄”是不符合客观事实的，此种违反法律

规定的协议是无效的。当职工连续工作年限达到 10 年以上，只要劳动者主张，并有证据支撑，用人单位同样负有签订无固定期限劳动合同的义务。

三、什么是以完成一定工作任务为期限的劳动合同

关于以完成一定工作任务为期限的劳动合同，根据《劳动合同法》第十五条规定："以完成一定工作任务为期限的劳动合同，是指用人单位与劳动者约定以某项工作的完成为合同期限的劳动合同。用人单位与劳动者协商一致，可以订立以完成一定工作任务为期限的劳动合同。"

以完成一定工作任务为期限的劳动合同，是指当事人双方把完成某一项工作或工程（不能确定具体的工作期限），确定为合同起始和终止的期限。某一项工作或工程开始之日即为合同履行开始之时，此项工作或工程完毕，合同即告终止，劳动关系也自行终止。这种劳动合同实际上属于特殊的定期（大致有个时间段）的劳动合同，只不过表现形式不同。

对于签订以完成一定工作任务为期限的劳动合同，主要适用于以下情形：（1）以完成单项工作为期限；（2）以一个项目或工程完成为期限；（3）以临时性、季节性生产用工为期限等。

企业要注意"以完成一定工作任务为期限的劳动合同"与一般经济活动中的个人"承揽合同"的区别。两者在没有签订明确的劳动合同或承揽合同、没有在合同中约定相应的社会保险责任等情况下，其主要区别是劳动者在劳动过程中的人身从属性和组织从属性。

《劳动合同法》和《劳动合同法实施条例》并没有对以完成一定工作任务为期限的劳动合同的期限和岗位作出限定，也没有规定此类劳动合同不能连续订立，各类企业可以在实践中根据各自的生产技术特点和用工情况，灵活运用。

用人单位对于签订以完成一定工作任务为期限的劳动合同的劳动者，与签订固定期限和无固定期劳动合同的劳动者一样，仍然要依法为其办理参加社会保险手续，依法缴纳社会保险费。其工作时间可视工作岗位特点，按照国家规定实行标准工时工作制或者不定时工作制或综合计算工时工作制等。若有依法加班的情况，要依法计算加班费。工资支付按照法律规定，按月足额支付。

以完成一定工作任务为期限的劳动合同与短期的固定期限劳动合同相比，有

一定的灵活性。比如，某企业接到一个临时性的加工生产服装的任务，订单交货期为6个月。该企业用工可考虑两种方案：第一种是招用一批签订短期的固定期限劳动合同（6个月期限合同）的劳动者用工；第二种是招用一批劳动者，采取签订以完成一定工作任务为期限（以完成此项服装加工任务为期限）的劳动合同来用工。

第二种方案的优势是：一是能缩短工期。企业通过科学组织生产，可以在保质保量的前提下，不到6个月完成任务，释放企业潜力。二是能节省用工成本，职工提前完成生产任务，即是减少了人工成本；即使承诺发放职工6个月的工资，如果5个月终止合同，也可节省1个月的企业管理费、社会保险缴费等费用。三是利于调动职工积极性。职工提前完成任务就有更多的时间休息，或者尽早去寻找新的工作。四是可以连续用工。企业接到新的订单，可以连续以此种合同期限用工，不存在“连续订立二次固定期限劳动合同”的情形。

可见，企业依法采用以完成一定工作任务为期限的劳动合同，是一种更为灵活的用工方式。

四、什么是用工试用期

（一）用工试用期的法律规定

企业在用工时，为了选择适合本企业的合格职工，往往对新录用的职工要规定一段时间的试用期。根据《劳动合同法》的规定，用人单位与劳动者可以约定试用期。

试用期，一般是指用人单位和劳动者首次建立劳动关系后，在劳动合同的期限内，规定一个阶段的试用时间（主要是根据不同工种或岗位对职工素质的要求以及劳动合同期限的长短来确定），以便增加相互了解，为决定是否最终选择对方而设定的一定期限的考察期。对用人单位而言，试用期是为了考察招用人员是否真正符合招用条件，能否胜任岗位职责。经过试用期试用后合格的，可转为正式职工；在试用期内发现不能胜任工作的，用人单位可以解除劳动合同。

为了规范企业正确使用试用期制度，根据《劳动合同法》的规定，不是先约定试用期，通过试用后再决定劳动合同期限，而是先确定劳动合同期限，再根据劳动合同期限的长短来约定试用期的时间。按照《劳动合同法》规定：（1）劳动合同期限3个月以上不满1年的，试用期不得超过1个月；（2）劳动合同期限1年以上不满3年的，试用期不得超过2个月；（3）3年以上固定期限和无固定期限的劳动合同，试用期不得超过6个月。

试用期是用人单位与新录用的劳动者在劳动合同中约定的一项内容，试用期不是劳动合同的必备条款，是否约定试用期，由双方当事人根据情况协商确定。当然，最终决定权在用人单位一方。

（二）试用期与见习期、学徒期、实习期等的性质不同

1. 见习期。见习期一般是指国家过去对大中专毕业生分配、派遣到国有用人单位的一种见习考核制度，相当于“试用期”。其具体内容是，见习期一般为1年，在见习期间实行见习工资，不能调动工作，见习期满经考核合格转正定级；不合格可延长见习期，以至决定工资级别时降低一级。见习期一般不适用非国有单位。

2. 学徒期。学徒期是企业对进入某些工作岗位的新员工熟悉业务、提高工作技能的一种培训制度或培训方式。它是建立劳动关系后的一种在岗培训。学徒期限可以与试用期重叠或者超过试用期限，学徒期限根据不同岗位的技能要求一般约1年至2年。学徒期满经考核合格即转正定级（即按照国家规定的技术等级标准确定岗位技能等级）。

3. 实习期。实习期是国家对技工学校、中等专业学校、职业高中及相关大专院校等学生实行的一种培训教育制度。一般是由学校与对口的用人单位签订实习协议，由用人单位为学员提供实习场所和设备条件等，并指导开展学生实习。实习期一般是在学生即将毕业（或就业前）的前一段时间进行。实习期间，学生劳动不视为就业，因而学生不与用人单位建立劳动关系。

上述三种不同的制度，其适用对象、作用与内容均不相同。但见习期与试用期、学徒期与试用期是可以同时并用的，只是应各自执行相对应的法律法规和政策规定。见习期限和学徒期限超过试用期限的，劳动者在超过部分的期限中（已经过试用期考察合格）所获得的劳动报酬应当高于试用期限中的劳动报酬。

法律规定将试用期与劳动合同期限联系起来，以劳动合同期限的长短来确定试用期限的长短，而不是先确定试用期限，等试用期限满后再商定劳动合同期限。

企业基于签订无固定期限合同的担忧，首先就要把好“进人关”，不要轻易错失第一次签订劳动合同的期限。一旦进入试用期，就意味着第一次劳动合同期限开始了。所以，录用考核工作应当前移。对于普通职工的招录，要从学校应届毕业生的实习入手，根据企业的需要进行实习安排，并按录用条件全程考察。对于关键岗位职工的招录，要设计好招聘活动，如笔试+面试+实例（情景）考察，以便合理确定应当与劳动者签订劳动合同的期限，以此决定试用期的期限。如果企业自身不能设计招聘考察方案，就应当委托专业的人力资源服务机构帮助制定。

（三）试用期的次数

《劳动合同法》规定，“同一用人单位与同一劳动者只能约定一次试用期”。其含义有四点：

1. 曾有在试用期内不管是用人单位还是劳动者解除劳动合同的情形的，当用人单位再次招用同一劳动者时，都不得再次约定试用期。如果当初是用人单位在试用期内解除合同的，再次招用该劳动者时，不得规定试用期；如果当初是劳动者在试用期内解除劳动合同的，用人单位若认为其不能经受或者不能完成试用期的考核，可以不再招用该劳动者。

2. 在试用期结束后，对于同一劳动者在同一单位、同一次劳动合同期限内进行协商调换工作岗位，或者续签劳动合同时，不得再约定试用期。

3. 对同一劳动者在一次固定期限的劳动合同期满后或者期中解除劳动合同后，经过一段时间又招用该劳动者的，对该劳动者也不得再次约定试用期。

4. 法律规定将劳务派遣单位视为用人单位。对此，劳务派遣单位只能与被派遣劳动者约定一次试用期。一般说来，使用被派遣劳动者的用工单位第一次用工时，都想通过劳务派遣协议约定试用期；而被派遣劳动者只能与劳务派遣单位约定一次试用期（约定在用工单位试用）。然而，一旦被派遣劳动者在第一家用工单位（经过试用期）完成派遣任务后，到第二家用工单位工作时，就不能满足第二家用工单位提出的试用期要求。因为被派遣劳动者只能与劳务派遣单位（作为同一用人单位）约定一次试用期。对此，劳务派遣单位只能向第二家用工单位进行说明，或者提供证明劳动者工作能力的相关材料。法律将约定试用期的次数限制为一次，是考虑到对劳动者的人品和基本技能的考察，试用一次即可了解，无须再次试用。

（四）用人单位违反试用期规定的法律责任

1. 没有签订书面劳动合同却约定了试用期

有的企业用工时不与劳动者签订书面劳动合同，仅以口头形式与劳动者约定试用期。这些企业认为，既然可以设定试用期，等试用后再签合同也不迟，不试用怎么知道劳动者是否符合岗位呢！然而，这种做法是不合法的。根据《劳动合同法》规定，建立劳动关系，应当订立书面劳动合同，确定劳动合同期限。没有书面劳动合同，没有约定明确的劳动合同期限，也就不存在试用期的问题。用人单位在未与劳动者订立书面劳动合同的情况下，以口头形式给劳动者设定的试用期不成立，以试用期不合格辞退劳动者自然也不成立。对此，用人单位自用工之日起超过一个月不满一年未与劳动者订立书面劳动合同的，还应当向劳动者每月支付二倍的工资。

2. 签订的书面劳动合同中只约定了试用期

有的企业虽然与员工签订了书面劳动合同，但在合同中没有约定劳动合同期限，只是规定了试用期限。这些企业认为，先签订一个试用期的合同，等待试用合格后再与员工签订正式的有期限的劳动合同。然而，《劳动合同法》却明确规定："试用期包含在劳动合同期限内。劳动合同仅约定试用期的，试用期不成立，该期限为劳动合同期限。"这就是说，如果用人单位在签订的书面劳动合同中仅规定了试用期，而不约定劳动合同期限，或者说先约定试用期，等试用期满后再视情况决定是否订立劳动合同或者再约定劳动合同期限的，法律明确规定此种情形构成"试用期不成立，该期限为劳动合同期限"。在此"试用"期间，用人单位和劳动者均不能按照有关试用期的规定来解除劳动合同，也不能按照有关试用期的劳动报酬标准来支付劳动者的工资，而必须按照劳动合同期限的有关规定执行。

3. 不得约定试用期的情形却约定了试用期

根据《劳动合同法》规定，试用期不是劳动合同的必备条款，而是约定条款，用人单位与劳动者双方可以协商约定，也可以不约定。但是，根据《劳动合同法》第十九条第三款规定："以完成一定工作任务为期限的劳动合同或者劳动合同期限不满三个月的，不得约定试用期。"根据《劳动合同法》第七十条规定："非全日制用工双方当事人不得约定试用期。"如果用人单位违反上述规定，在此类劳动合同中违法约定了试用期，则该约定无效。用人单位在此“试用”期间用工，不适用劳动法律中有关试用期的规定，而必须按照没有试用期的情形来处理。

4. 约定试用期的期限违法

按照《劳动合同法》规定，不同的劳动合同期限决定了不同的试用期期限。如果用人单位与劳动者约定的试用期限超过了法定上限，则是违法约定。根据《劳动合同法》规定，用人单位违反本法规定与劳动者约定试用期的，由劳动行政部门责令改正；违法约定的试用期已经履行的（即超过法定的试用期规定的），由用人单位以劳动者试用期满月工资为标准，按已经履行的超过法定试用期的期间向劳动者支付赔偿金。

5. 约定试用期的次数违法

根据《劳动合同法》规定，同一用人单位与同一劳动者只能约定一次试用期。如果用人单位违反这一规定，与同一劳动者约定了两次以上的试用期（例如有的企业在调整员工的工作岗位时，或者在签订第二次劳动合同时，又约定了试用期），则属于违法约定，该约定无效。

6. 约定试用期的工资标准违法

试用期工资与试用期满后的工资可以有所区别，但也并非可以随意约定。《劳动合同法》和《劳动合同法实施条例》有明文规定：劳动者在试用期的工资不得低于本单位相同岗位最低档工资的80%或者不得低于劳动合同约定工资的80%，并不得低于用人单位所在地的最低工资标准。这是硬性规定，违反前述规定，用人单位要承担相应的法律责任。

对于上述几种用人单位约定试用期的违法行为，如果尚未履行的，由劳动行政部门责令其改正。如果违法约定的试用期已经履行的，用人单位不仅需要依法改正，还应当以劳动合同中约定的该劳动者试用期满后的月工资标准或者没有试用期的月工资标准，向劳动者支付劳动报酬。如果在劳动合同中对相关的劳动报酬没有约定或约定不明确的，则按《劳动合同法》第十八条规定执行。

7. 试用期不缴纳社会保险费

有的企业认为，员工在试用期内还不算企业正式员工，可以不参保缴费，等试用期期满后才考虑为劳动者参保缴费。这种想法和做法是不对的，而且会给用人单位带来很大的用工风险。根据法律规定，用人单位自用工之日起，就与处于试用期的劳动者建立了劳动关系，劳动者即享有法律规定的全部权利，用人单位应当为劳动者履行办理社会保险并缴纳社会保险费的法定义务。同时，针对用人单位没有缴纳社会保险费的情形，法律赋予了劳动者随时可以单方解除劳动合同的权利，并且可以向用人单位主张经济补偿。如果用人单位未及时参加工伤保险，职工在试用期发生工伤的，应当由该用人单位按照《工伤保险条例》规定的工伤保险待遇项目和标准支付费用。因此，用人单位对此问题应当予以重视。

8. 试用期间随意辞退劳动者

有的企业认为，既然是试用期，在试用期中觉得对劳动者不满意的，企业自然可以随时辞退劳动者。这种认识是不对的。根据《劳动合同法》规定："在试用期中，除劳动者有本法第三十九条和第四十条第一项、第二项规定的情形外，用人单位不得解除劳动合同。用人单位在试用期解除劳动合同的，应当向劳动者说明理由。"因此，用人单位无理由辞退或者不能说明劳动者符合法律所规定的辞退条件的，都是属于违法解除合同的情形，最终要承担相应的法律责任。

（五）试用期内以劳动者不符合录用条件的辞退

用人单位在试用期内以劳动者不符合录用条件辞退劳动者时，要注意：

1. 需要提交用人单位在招用劳动者时应当向劳动者明示的具体录用条件

录用条件的设定对用人单位来说是十分重要的。按照《劳动合同法》第三十九条第一项的规定，用人单位在试用期内享有一项权利——劳动者在试用期内不符合录用条件的，用人单位可以解除劳动合同并无须支付经济补偿金。但是，这项权利的行使是有条件的，那就是用人单位需证明劳动者不符合录用条件。如果用人单位的录用条件制定得不合法不合理，用人单位使用此条解除劳动合同时，就可能存在被认定为违法解除劳动合同的风险，需要支付赔偿金。

有的企业在实际用工中理所当然地认为，试用期可以随时解除与劳动者的劳动合同。这种想法是不正确的。在试用期内，劳动者可以提前 3 天通知解除劳动合同。但是企业要想在试用期内解除劳动合同的，则需证明劳动者不符合录用条件。因此，企业应该预先在招聘过程中设定好明确的录用条件。

企业不仅应该设定录用条件，而且应该将设定好的录用条件事先告知求职者。如果只是设定好录用条件而没有告知求职者，也是有法律风险的。具体的告知方法有：招聘员工时，要有明示的文书；签订劳动合同和劳动者进入试用期时，要将载有具体录用条件的员工手册发放给员工，要求员工签收确认等。

2. 需要提交向劳动者明示的考核依据和考核办法

企业在试用期用工中，要有具体明确的考核目标。企业可以设计若干容易量化的指标和可行的考核办法，如将在一定时间内完成一定的工作内容指标作为录用条件，并对工作的数量和质量、差错率、满意度等在试用期分阶段进行考核。考核办法的设计应该遵循可操作性、易考核的原则；如果没有量化指标，用人单位难以证明劳动者不符合录用条件，也难以适用《劳动合同法》第三十九条第一项的规定来辞退不能胜任工作的员工。

3. 需要提交具体的考核行为和考核结果的证据

通过以上环节证明劳动者不符合录用条件的，需要提交具体的考核行为和考核结果的证据，用人单位才可以解除劳动合同，而不是任由用人单位解释劳动者试用期是否符合录用条件。同时，在试用期解除劳动合同时，应当在员工试用期届满前拿出劳动者不符合录用条件的证据，并作出解除决定。否则，试用期届满，劳动者就可以要求转为正式员工。按照《劳动合同法》规定，如果用人单位违反规定解除劳动合同，劳动者要求继续履行劳动合同的，用人单位应当继续履行；劳动者不要求继续履行劳动合同或劳动合同已经不能继续履行的，用人单位应当依法支付赔偿金。

第四节　劳动合同基本条款

一、劳动合同中的必备条款

我国劳动法规定了劳动合同中应当具有的必备条款。必备条款是劳动合同必须具备的基本内容，欠缺了必备条款的劳动合同是不完善的劳动合同。必备条款中有一些是由法律规定的劳动合同当事人必须遵守的法定内容，也有一些是由劳动合同当事人协商议定的内容。为了构成一个完整的书面劳动合同，用人单位在拟定劳动合同文本或在使用政府主管部门提供的劳动合同范本时，一定要注意认真填写法律规定的必备条款。

在《劳动法》的基础上，《劳动合同法》第十七条第一款进一步规定了书面劳动合同必须具备的基本条款："劳动合同应当具备以下条款：（一）用人单位的名称、住所和法定代表人或者主要负责人；（二）劳动者的姓名、住址和居民身份证或者其他有效身份证件号码；（三）劳动合同期限；（四）工作内容和工作地点；（五）工作时间和休息休假；（六）劳动报酬；（七）社会保险；（八）劳动保护、劳动条件和职业危害防护；（九）法律、法规规定应当纳入劳动合同的其他事项。"

1. 对于上述劳动合同必备条款中的第一项内容"用人单位的名称、住所和法定代表人或者主要负责人"和第二项内容"劳动者的姓名、住址和居民身份证或者其他有效身份证件号码"，都是法律明确规定要认真如实填写的基本信息。

2. 第三项"劳动合同期限"，是指劳动合同约定的当事人双方劳动关系发生法律效力的有效时间，起于合同约定企业用工之时，终于法定终止情形出现或当事人依法解除之时。在劳动合同有效期内，当事人双方都必须自觉履行。劳动合同的期限可以是固定期限，也可以是无固定期限，还可以以完成一定的工作任务为期限。

3. 第四项"工作内容和工作地点"，应尽可能表述清晰。

关于"工作内容"，是指劳动者为用人单位提供的劳动内容。即要写明劳动者在劳动合同有效期间所从事的工作岗位（工种）名称。一些企业为了加强人力资源开发管理，常会实施职工轮岗工作制，或有意识地转岗培训人才，或随着生产经营结构调整而调整人员岗位等，都应当在工作内容中事先注明。

关于"工作地点"，一定要写清楚：（1）在同一城市中工作的，写清地址，便于确认用人单位提供的劳动地点与劳动者生活居住地的距离；（2）对于用人单位的用工所在地与用人单位住所地（注册地）不在同一地点时，即不在同一城市或同一区（县）的，要写具体；（3）对用人单位有可能在用工过程中不断变动工作地点的（如建筑施工企业职工在不同的城市、区或县进行作业时，在相当长一段时间要离家工作），对此应当注明；（4）对一些公司的营销员和技术员等特殊岗位人员，因业务需要也可能时常到不同的城市进行短期工作的，也应在工作地点中注明。

在劳动合同中具体表明"工作地点"，以便出现工伤认定时，能正确判断员工是否属于“在工作场所”“在上下班途中”或“因工外出期间”的情形。

4. 第五项“工作时间和休息休假”，要求写明劳动者依法执行的具体工时制度和休息休假规定。

5. 第六项“劳动报酬”，是专指劳动法中所调整的劳动者基于劳动关系而提供正常劳动后，或职工保质保量地完成用人单位规定的工作任务后，应当领取的用人单位以货币形式支付的各种劳动收入。其主要内容是基本工资，此外还有津贴、奖金等法律法规规定的收入。在劳动合同中应当写明劳动报酬或基本工资的具体数额、以货币形式定期支付的方式等。劳动报酬的数额不得低于当地最低工资标准，如果企业在劳动合同中不写清工资的具体数额，而只写月工资不低于当地最低工资，那么今后出现劳动报酬争议时，职工有可能会提出以某月的最高工资来计算，或者以相同岗位或者相近岗位劳动者的最高工资来确定。企业实发工资可以高于劳动合同约定的工资。

6. 第七项“社会保险”，是法定的、强制性的国家规定，要按照国家规定写明。依照国家法律、行政法规的规定，用人单位和个人“应当以货币形式全额缴纳社会保险费”，并规定“缴费个人应当缴纳的社会保险费，由所在单位从其本人工资中代扣代缴”。由于依法参加社会保险是一项强制性规定，不允许单位和个人双方当事人自愿协商改变，而且参保的主要责任在用人单位一方。因此，用人单位一定要依法写明应当缴纳的社会保险费。无论是用人单位不写明，还是员工自愿放弃不缴纳社会保险费，都是无效的。对此，政府劳动行政部门将追究企业的法律责任。

7. 第八项“劳动保护、劳动条件和职业危害防护”，是指劳动者在工作中所应享受到的基本生产与工作条件，是为了保障职工在劳动过程中拥有良好的安全卫生及其他劳动条件。对用人单位根据国家有关规定在工作中所应采取的各项劳动保护措施，或所提供的工作条件、工作场所、工作环境及可能面临的职业危害因素，应当前事告知劳动者，并在劳动合同中如实注明，这也是强制性规定。对于这些法定内容，不容低于法定标准进行协商约定。

涉及职业危害的，按照《中华人民共和国职业病防治法》（以下简称《职业病防治法》）和《使用有毒物品作业场所劳动保护条例》（国务院令第352号）中的有关规定，要注意有下列两种情形的，劳动者有权拒绝从事存在职业病危害的作业，用人单位不得因此解除或者终止与劳动者所订立的劳动合同：（1）如果用人单位与劳动者订立劳动合同时，没有将工作过程中可能产生的职业病危害及其后果、职业病防护措施和待遇等如实告知劳动者，并未在劳动合同中写明，存在隐瞒或者欺骗行为；（2）如果劳动者在已订立劳动合同期间因工作岗位或者工作内容变更，从事与所订立劳动合同中未告知的存在职业病危害的作业时，用人单位没有向劳动者履行如实告知的义务，也没有协商变更原劳动合同相关条款。

涉及劳动安全保护的，根据《中华人民共和国安全生产法》的规定，生产经营单位与从业人员订立的劳动合同，应当载明有关保障从业人员劳动安全、防止职业危害的事项，以及依法为从业人员办理工伤保险的事项。生产经营单位不得以任何形式与从业人员订立协议，免除或者减轻其对从业人员因生产安全事故伤亡依法应承担的责任。比如，不得在劳动合同中与员工约定“安全事故自负”等条款，违法订立这类协议的，协议无效。

8. 第九项“法律、法规规定应当纳入劳动合同的其他事项”，涉及是否应包括《劳动法》第十九条有关内容的法律适用问题。因为《劳动法》是一部基本法律，且仍继续有效。在《劳动法》第十九条中，有七项内容属于应当纳入劳动合同的事项。但是，其中“（五）劳动纪律”“（六）劳动合同终止的条件”和“（七）违反劳动合同的责任”三项内容如果出现在劳动合同必备条款中，与《劳动合同法》的相关规定不一致。《劳动合同法》第十七条规定的劳动合同必备条款中，实际上是取消或调整了《劳动法》中规定的这三项内容，原因如下：

一是“劳动纪律”属于用人单位规章制度，在《劳动合同法》第四条中已作出规定，没必要在劳动合同必备条款中与劳动者个别约定。

二是根据《劳动法》的规定，“劳动合同终止的条件”属于可以自行约定的事项。而《劳动合同法》第四十四条中则明确规定了劳动合同终止为法定行为，即法定终止，不能由双方当事人约定终止劳动合同的条件。

三是对于“违反劳动合同的责任”（即违约责任）的条款，在《劳动合同法》第二十五条中明确规定，只有在专业培训后依法约定服务期和竞业限制条款中，用人单位才能与劳动者约定由劳动者承担的违约责任（即约定违约金），除了上述情况以外不得另行约定。

对此，《劳动法》第十九条规定中的“劳动纪律”“劳动合同终止的条件”

和“违反劳动合同的责任”三项内容，是否适用《劳动合同法》第十七条第九项规定的“法律、法规规定应当纳入劳动合同的其他事项”，有待立法机关进一步作出立法解释。

二、劳动合同中的协商条款

《劳动合同法》第十七条第二款还规定，劳动合同除了具备上述必备条款之外，用人单位与劳动者双方可以依法协商约定其他内容，作为劳动合同的补充内容。

用人单位和劳动者双方协商约定的内容（如约定试用期、培训、保守秘密、补充保险和福利待遇等其他事项）并不是劳动合同的必备内容，如果没有这些内容，劳动合同仍然可以成立，仍然有效。

劳动合同中双方协商约定的补充内容，明确了当事人的权利、义务和责任的，与必备条款的内容一样具有效力。但是，这些补充条款约定的内容不能违反法律、行政法规的规定。

三、劳动合同缺少必备条款的处理

书面劳动合同缺少了某些必备条款，并不必然导致该劳动合同完全无效，也不意味着可以回避用人单位在劳动关系中应当承担的某些义务和责任。针对《劳动合同法》第十七条规定劳动合同的必备条款中“劳动报酬”和“劳动条件”等约定不明确的情形，《劳动合同法》第十八条作出了补充规定，如果因劳动报酬和劳动条件约定不明确引发的劳动争议，其处理方法是：先重新协商，如果协商不成，就适用集体合同中的有关规定。对于劳动报酬，如果没有集体合同或者集体合同中未规定劳动报酬的，就应当实行同工同酬。对于劳动条件等标准，如果没有集体合同或者集体合同中未规定劳动条件等标准的，就要适用国家有关规定。

根据《劳动合同法》第八十一条规定，用人单位提供的劳动合同文本未载明本法规定的劳动合同必备条款的，由劳动行政部门责令改正；给劳动者造成损害的，应当承担赔偿责任。按照这一规定，如果用人单位提供的劳动合同文本缺少法定的必备条款（例如缺少工作内容和工作地点、工作时间和休息休假制度、社会保险等），或者对条款约定不明确的，由劳动行政部门责令改正，并要求用人单位可以按照集体合同约定的标准执行；如果没有集体合同或集体合同未规定的，就按照有关法律法规执行；如果由于缺乏必备条款给劳动者造成损害的，用人单位应当承担赔偿责任。

在现实经济活动中，常见一些劳动合同缺少约定社会保险事项的法定条款或者约定不明确的情形。对此，用人单位一定要认识到，依法参加社会保险、缴纳社会保险费是用人单位和劳动者的法定义务。根据《社会保险费征缴暂行条例》第七条第一款规定："缴费单位必须向当地社会保险经办机构办理社会保险登记，参加社会保险。"根据《社会保险费征缴暂行条例》第十二条规定："缴费单位和缴费个人应当以货币形式全额缴纳社会保险费。缴费个人应当缴纳的社会保险费，由所在单位从其本人工资中代扣代缴。社会保险费不得减免。"因此，无论劳动合同中是否约定、如何约定社会保险事项，都不能免除用人单位应当依法参加社会保险和缴纳社会保险费的义务。如果用人单位因为社会保险问题与员工产生纠纷，很可能承担不利后果。

企业应当特别注意，如果未依法参加社会保险及缴纳社会保险费，按照《劳动合同法》第三十八条的规定，劳动者可能会以企业"未依法为劳动者缴纳社会保险费"为由，随时提出解除劳动合同；同时可能会以企业未参加社会保险给自己造成损害为由，要求企业承担赔偿责任。

第五节 劳动合同有效性的确认

《劳动法》规定："劳动合同依法订立即具有法律约束力，当事人必须履行劳动合同规定的义务。"这表明，劳动合同的生效条件是依法订立。依法订立，就是要求双方当事人必须按照劳动法律规定的原则订立，在劳动合同主体、合同内容等方面都要符合法律、行政法规的规定，这样的合同才是有效的劳动合同，才有法律约束力。

一、如何确认劳动合同是否有效

用人单位与劳动者双方签订的劳动合同是否有效，《劳动合同法》第二十六条作出了明确规定，下列劳动合同无效或者部分无效：(1) 以欺诈、胁迫的手段或者乘人之危，使对方在违背真实意思的情况下订立或者变更劳动合同的；（2）用人单位免除自己的法定责任、排除劳动者权利的；（3）违反法律、行政法规强制性规定的。对劳动合同的无效或者部分无效有争议的，由劳动争议仲裁机构或者人民法院确认。

（一）对劳动合同无效的理解

1. 如何看待订立劳动合同时的欺诈行为

用人单位对劳动者以“欺诈”手段签订劳动合同的问题要谨慎对待。欺诈是指劳动合同的一方当事人故意陈述虚伪事实、隐瞒真实情况或者伪造假象，误导对方，使对方违背真实意思而订立劳动合同。现实生活中有诸多此类案例，如有的劳动者伪造学历、履历或提供其他虚假材料，骗取用人单位与之签订合同。

以案释法

案情简介

小王于2009年4月入职公司工作，入职时填写的毕业学校为县职业技术学校，学历为中专。公司在2016年4月人事档案抽查中发现小王的学历证件有疑点，后即行核查，发现小王伪造学历、填写虚假资料。公司规章制度规定，员工提供虚假身份证件、学历证件、健康证、离职证明等，欺骗公司者，用人单位可以解除劳动合同。小王入职培训时经过公司组织的关于规章制度的学习，应知道相关内容。对此，公司于2016年5月24日与小王解除劳动合同。

2016年6月，小王向劳动争议仲裁委员会申请仲裁，要求公司支付违法解除劳动合同赔偿金。劳动仲裁委作出裁决，驳回小王的申诉请求。

小王不服仲裁裁决，提起诉讼。

法院观点

一审法院认为，仲裁庭审中，公司提交了小王伪造学历的证据是，小王入职时填写的毕业学校为县职业技术学校，而公司获得该县教育局出具的证明，该县境内没有这所学校。小王对此不予认可，但未能提供合理解释予以反证，故仲裁委对公司提供的证据予以采信，认为小王在入职时提供了虚假的毕业证书，填写了虚假的学历，该认定于法有据，予以确认。

公司提供了处理员工的依据即企业规章制度、小王入职时的新人培训计划表及考核试卷，可以证明小王已了解企业规章制度的内容。故公司以小王违反规章制度为由解除劳动合同并无不当，公司无须支付小王解除劳动合同的赔偿金。

一审驳回了小王的诉求。

小王不服，提起上诉。事实和理由：(1) 公司对于应聘岗位的特定学历要求以及提供虚假学历可随时解除劳动合同均未尽告知义务，也未对学历真实性尽到严格审查的义务；(2) 劳动仲裁时效为 1 年，公司在录用小王 7 年后再以提供虚假学历为由解除劳动合同已超过法定时效；(3) 小王并未因学历真假而使公司蒙受损失，也未出现不胜任工作的状况，公司录用小王本质上是基于能力而非学历；(4) 公司在一审中提供的规章制度和试卷，小王未见过，而且试卷也未涉及虚假学历可随时解除劳动合同的内容。

二审法院认为，订立劳动合同应当遵循诚实信用的原则，采用欺诈手段订立的劳动合同应属无效。小王在入职时提供了虚假的学历证书，其行为已构成欺诈，公司解除劳动合同合法有据，不应承担违法解除劳动合同赔偿金。

我国劳动法律在充分保护劳动者合法权利的同时，亦依法保护用人单位正当的用工管理权，用人单位通过企业规章制度对劳动者进行必要的约束是其依法进行管理的重要手段。本案中，公司规章制度规定劳动者提供虚假学历证件的，公司可解除劳动合同。小王在入职时已进行了学习，后又签收确认，对公司规章制度的相关规定理应明知，小王提出公司未尽告知义务的上诉理由不能成立。

公司在 2016 年 4 月人事档案抽查中发现小王学历证件疑点后即行核查，并于当年 5 月 24 日解除劳动合同，没有超出法定时效。

至于小王提出其未出现不胜任工作的状况，公司录用其的本质上是基于能力而非学历的上诉理由。法院认为，学历不代表能力，同样，能力也不代表品行，诚信既是法律对劳动合同关系主体的基本要求，也是企业评价员工的基本尺度。公司作为用人单位要求所招录的员工秉持诚信原则并非苛求。

综上，小王提供虚假学历证书的行为违反了法律以及企业规章制度的相关规定，公司据此解除劳动合同依法有据，原审法院认定公司无须支付小王解除劳动合同赔偿金并无不妥。二审判决结果为驳回上诉，维持原判。[①]

实务中，有一种情形要注意：如有的妇女因担心企业存在性别歧视，在求职时，不愿告知企业自己已婚或已怀孕。企业一旦录用后发现情况，企业通常称女员工故意隐瞒实情，以其采取了“欺诈”（或“欺骗”）手段求职为由，认定劳动合同无效，将其辞退。企业对于女职工求职要注意如下问题：

（1）对于妇女求职而言，不能有就业歧视的做法。只要用人单位对所招用人员从事的岗位无特殊要求（除非法律法规有规定），妇女结婚或怀孕的情况属于个人隐私，不必告知用人单位，不可视为其存在“欺诈”（或“欺骗”）行为。

（2）生命权高于一切。对于有关职业危害的岗位，企业一定要依法履行告知义务，既不能夸大职业危害的程度，也不能忽视职业危害的存在。在用人单位已将岗位职业危害如实告知劳动者的情况下，已怀孕的妇女和有某种疾病的劳动者隐瞒实情，被招用到对其有职业危害的工作岗位后，用人单位可与该劳动者解除劳动合同或将其调离工作岗位。此时，应首先保护劳动者的生命权。生命权是劳动者的最基本人权。

此外，对于一些工作岗位按照国家规定，需要有职业资格证书方能上岗的，企业招用人员时，一定要事先告知，并且要认真核实劳动者提供的相关证书和证明材料，一旦发现劳动者有“欺诈”（或“欺骗”）行为，可认定其劳动合同无效，解除其劳动合同。

2. 企业应注意避免使用霸王条款

在实务中，劳动合同一般都是企业事先拟定好的格式合同。多数情况下，劳动者很少对劳动合同的内容提出异议或进行协商，只有签或不签的选择。因此，为了防止用人单位滥用单方确定合同内容的权利，法律规定劳动合同的内容不能免除用人单位自己的法定责任和排除劳动者权利。例如一些企业的劳动合同中规定“本公司对工伤概不负责”“女职工三年内不得结婚、生育”“公司可随时调

---

① 江苏省苏州市中级人民法院（2017）苏 05 民终 100 号民事判决书，载中国裁判文书网，最后访问时间：2022 年 10 月 21 日。

整员工岗位，员工必须服从”等霸王条款，用以免除企业自己的法定责任，排除劳动者的合法权利，以上皆属于法律规定的劳动合同部分无效。

3. 劳动合同中不能有违反法律强制性规定的约定

对《劳动合同法》中规定的“违反法律、行政法规强制性规定的”劳动合同无效，应当如何理解？法律对劳动关系双方当事人所作出的“强制性规定”，是不允许双方当事人协商更改和约定的，是必须严格执行的。例如，有的企业在劳动合同中约定：“由职工缴纳的社会保险费，企业按月支付给职工，由职工自行缴纳。”此约定即属于“违反法律、行政法规强制性规定”。按照《社会保险法》规定：“用人单位应当自行申报、按时足额缴纳社会保险费……职工应当缴纳的社会保险费由用人单位代扣代缴……”违反此法律规定，在劳动合同中作出违法约定，则认定为劳动合同部分无效（即约定社会保险缴费的条款无效）。

这里值得提示的是：对于法律规定“违反法律、行政法规强制性规定的”劳动合同无效，不得随意作扩大理解。

（1）此条款只限于违反“法律、行政法规”规定的内容，不能任意扩大范围至“行政规章和其他规范性文件”。

（2）此条款只限于法律、行政法规中的“强制性规定”，不能扩大到法律、行政法规中的“任意性规定”。因为，在有些法律法规中，对当事人采取某种行为，作出了“可以……，可以……”“或者……，或者……”等任意选择性的规定，让当事人作出“任意选择”而非“强制性选择”。对此，在劳动合同中，企业与员工依据法律法规中的“任意性选择”规定，所作出的任何一种约定，并不违反法律法规的强制性规定。比如，依据《劳动合同法》第四十条规定，用人单位可提前30日通知解除劳动合同，或者额外支付1个月工资就可立即解除劳动合同。这一规定表明，用人单位解除劳动合同有两种任意性选择：一是提前30日通知解除；二是用人单位额外支付1个月工资后立即通知解除。企业可以二选一。如果企业原想选择“提前30日通知”解除劳动合同，但又担心被通知解除劳动合同的职工在留下来的1个月里可能会惹是生非，于是干脆选择“额外支付1个月工资”后明确通知解除劳动合同，可立即辞退职工。

（二）确认劳动合同有效的法定机构

按照《劳动合同法》第二十六条规定，“对劳动合同的无效或者部分无效有争议的”，只能“由劳动争议仲裁机构或者人民法院确认”。劳动行政部门、其他行政机关以及其他任何组织和个人都无权进行确认。

要注意：虽然各地的劳动争议仲裁机构设在当地劳动行政部门，有的还在政府行政部门办公场所内办公，但劳动争议仲裁机构不是一个行政机构。它是一个由政府代表、工会代表、企业代表所组成的“三方性”准司法机构。法律之所以规定无效劳动合同的确认权归属劳动争议仲裁机构和人民法院，是基于这两个机构为法律规定的专门处理涉及劳动关系法律问题的机构，其作出的裁定具有法律效力。

二、对劳动合同无效的处理

（一）确认劳动合同无效后如何处理劳动者已付出的劳动

劳动合同如属完全无效，从订立开始起，就没有法律约束力，当事人双方都可以不必履行。已经履行的，按照《劳动合同法》第八十六条规定，如果劳动合同依照《劳动合同法》第二十六条规定被确认无效，给对方造成损害的，有过错的一方应当承担赔偿责任。这里强调的是对当事人双方的利益都应当依法保护。因劳动合同被确认无效后，双方中任何一方给对方造成损害的，有过错的一方应当承担赔偿责任。因此，用人单位一方要注意，如果是劳动者的过错造成用人单位受到损失的，劳动者一方应当承担赔偿责任。

当劳动合同被确认无效后，劳动者已经付出的劳动是否也无效？

由于劳动合同有其特殊性，是一种具有人身属性、重实际履行的合同。已经发生的人身从属关系，无法按照一般民事关系的处理方式来解决；即已经履行的劳动给付义务，不应该恢复到合同关系发生前的状态。如果对劳动合同无效的处理，简单地照搬民事合同中的无效、撤销制度，已经发生的劳动给付将无法处理，会引发大量的经济纠纷和社会矛盾。因此，根据《劳动合同法》第二十八条规定：“劳动合同被确认无效，劳动者已付出劳动的，用人单位应当向劳动者支付劳动报酬。劳动报酬的数额，参照本单位相同或者相近岗位劳动者的劳动报酬确定。”如果当事人双方事前有明确约定的劳动报酬高于同类岗位工资水平的，只要不违反法律规定，应当按照约定支付劳动报酬。在司法审判中，根据《最高人民法院关于审理劳动争议案件适用法律问题的解释（一）》规定，劳动合同被确认为无效，劳动者已付出劳动的，用人单位应当按照《劳动合同法》第四十六条、第四十七条的规定向劳动者支付劳动报酬和经济补偿。由于用人单位原因订立无效劳动合同，给劳动者造成损害的，用人单位应当赔偿劳动者因合同无效所造成的经济损失。

赔偿劳动者的经济损失具体包括：

1. 造成劳动者工资收入损失的，按劳动者本人应得工资收入支付给劳动者，并加付应得工资收入25%的赔偿费用。

2. 造成劳动者劳动保护待遇损失的，应按国家规定补足劳动者的劳动保护津贴和用品。

3. 造成劳动者工伤、医疗待遇损失的，除按国家规定为劳动者提供工伤、医疗待遇外，还应支付劳动者相当于医疗费用25%的赔偿费用。

4. 造成女职工和未成年工身体健康损害的，除按国家规定提供治疗期间的医疗待遇外，还应支付相当于其医疗费用25%的赔偿费用。

5. 劳动合同约定的其他赔偿费用。

（二）劳动合同部分无效应当如何处理

如何看待劳动合同中部分无效的情形，根据《劳动合同法》规定："劳动合同部分无效，不影响其他部分效力的，其他部分仍然有效。"为了有效维护当事人的合法权益，当劳动合同中出现部分无效时，不能否定其他部分的效力，其他部分仍然有效，但对无效部分必须进行修改。如在劳动合同中违法约定了违约金，那么此违法规定的违约金条款无效，但并不影响其他有效部分（如合法的劳动合同期限、劳动报酬等）。一些用人单位在劳动合同中增加约定的条款违反了法律规定，如有的建筑施工企业在以完成一定工作任务为期限的劳动合同中约定"试用期为10天""试用期工资减半"等条款，显然违反了《劳动合同法》规定的这种劳动合同类型不得约定试用期，也违反了有关试用期工资标准的规定。因此，在劳动合同中违法规定的部分条款，是部分无效条款，应当予以删除。

（三）劳动合同无效承担的法律责任

根据《最高人民法院关于审理劳动争议案件适用法律问题的解释（一）》第四十一条规定："劳动合同被确认为无效，劳动者已付出劳动的，用人单位应当按照劳动合同法第二十八条、第四十六条、第四十七条的规定向劳动者支付劳动报酬和经济补偿。由于用人单位原因订立无效劳动合同，给劳动者造成损害的，用人单位应当赔偿劳动者因合同无效所造成的经济损失。”对上述规定，其处理方式应做如下理解：①

1. 关于劳动报酬

劳动合同被确认无效后，劳动者已经付出劳动的，用人单位应当支付劳动报酬。处理方式：一是支付标准依照《劳动合同法》第二十八条确定，参照本单位相同或者相近岗位劳动者的劳动报酬确定（相同岗位，即劳动者从事工种相同，提供劳动相同；相似岗位，指劳动者从事工种不同，提供劳动性质不同，但是在本单位所处位置、发挥作用相同）；二是仍可以参照原合同中约定的、不违反法律法规规定的劳动报酬支付；三是对已支付了的且符合法律法规规定的劳动报酬仍然有效。

2. 关于经济补偿

依照《劳动合同法》第三十八条第一款第五项规定，对于用人单位存在三种情形之一：一是以欺诈、胁迫的手段等订立劳动合同的；二是用人单位免除自己的法定责任、排除劳动者权利的；三是违反法律、行政法规强制性规定的；劳动合同无效或部分无效。劳动者以此解除劳动合同时，应当按照《劳动合同法》第四十六条第一项规定，由用人单位依照第四十七条规定的计算标准向劳动者支付经济补偿。

3. 关于经济损失赔偿

依照《劳动法》第九十七条、《劳动合同法》第八十六条规定，由于用人单位原因订立无效劳动合同，给劳动者造成损害的，用人单位应当赔偿劳动者因合同无效所造成的经济损失。这里的损害赔偿责任系过错责任，赔偿损失应当以实际损失为限，不同于惩罚性赔偿。

三、劳动合同文本的生效及保管

用人单位和劳动者要高度重视书面劳动合同的订立及其妥善保管。根据《劳动合同法》规定：“劳动合同由用人单位与劳动者协商一致，并经用人单位与劳

---

① 参见郑学林、刘敏、于蒙、危浪平：《〈关于审理劳动争议案件适用法律问题的解释（一）〉几个重点问题的理解与适用》，载《人民司法》2021年第7期。

动者在劳动合同文本上签字或者盖章生效。劳动合同文本由用人单位和劳动者各执一份。”

如前所述，按照《劳动合同法》规定，用人单位与劳动者在用工前虽然已订立劳动合同，但只要没有发生用工行为，其双方的劳动关系仍然还没有建立，但并不要认为此时已签订的劳动合同无效。根据法律规定，只要当事人双方“在劳动合同文本上签字或者盖章”，该劳动合同即刻生效，只是劳动合同中约定的内容在用工之日起才开始正式施行。

用人单位与劳动者签订好劳动合同文本后，要及时将劳动合同文本交付给劳动者一份。同时，用人单位自身也要保管好一份。将劳动合同文本交给劳动者一份时，用人单位要特别注意让劳动者本人亲自签收，并保留好签收记录，以免日后劳动者一方因丢失劳动合同文本，出现劳动纠纷后，以自己没有收到过劳动合同文本为由向用人单位推卸责任。

第六节 电子劳动合同的订立

用人单位招聘和使用劳动者过程中，实行劳动合同管理电子化，是当今数字经济时代发展的一个趋势。

一、如何看待电子劳动合同的法律效力

（一）签订电子合同的法律依据

电子合同，是指以数据电文为载体，表现合同双方权利义务关系的书面合同。我国颁布的《民法典》和《中华人民共和国电子签名法》（以下简称《电子签名法》）已经明确了电子合同的合法性。

《电子签名法》明确规定：“能够有形地表现所载内容，并可以随时调取查用的数据电文，视为符合法律、法规要求的书面形式。”“当事人约定使用电子签名、数据电文的文书，不得仅因为其采用电子签名、数据电文的形式而否定其法律效力。”这说明了依法使用电子签名、数据电文的文书，具有法律效力。

（二）电子劳动合同被视为书面劳动合同

《民法典》关于电子合同的适用范围并无明确规定，但电子合同的效力建立

于有效的签署行为之上，故法律对于电子签名适用范围的限制应视为对电子合同适用范围的限制。而根据《电子签名法》的规定，电子签名不得适用于以下三种情形的文书：“（一）涉及婚姻、收养、继承等人身关系的；（二）涉及停止供水、供热、供气等公用事业服务的；（三）法律、行政法规规定的不适用电子文书的其他情形。”故除上述法定情形外，合同当事人可以自由选择是否以电子签名、数字电文形式订立各类情形的书面合同。

在人力资源管理领域，如何看待采用电子形式订立“电子劳动合同”的合法性呢？《劳动合同法》中强调：“建立劳动关系，应当订立书面劳动合同。”书面劳动合同并不限于纸质形式，也应当包括电子形式（即电子劳动合同）。根据《民法典》第四百六十九条规定：“当事人订立合同，可以采用书面形式、口头形式或者其他形式。书面形式是合同书、信件、电报、电传、传真等可以有形地表现所载内容的形式。以电子数据交换、电子邮件等方式能够有形地表现所载内容，并可以随时调取查用的数据电文，视为书面形式。”可见，以数据电文为载体的电子合同可以有形地表现所载内容的形式，属于法律列举的“书面形式”之一。因此，电子劳动合同就是用人单位与劳动者协商一致，约定使用电子签名、数据电文的文书，并利用电子通信手段确立双方之间的劳动关系、明确双方权利和义务的协议。

根据上述分析，符合《民法典》和《电子签名法》规定的数据电文形式的“电子劳动合同”，应当被视为符合法律、法规要求的书面形式。

二、订立电子劳动合同前的协商确认

采用电子形式订立书面劳动合同，用人单位要与劳动者协商一致。按照《劳动合同法》规定，订立劳动合同，应当遵循协商一致的原则。同时，按照《电子签名法》规定，民事活动中的合同等文书，当事人可以约定使用或者不使用电子签名、数据电文。当事人约定使用电子签名、数据电文的文书，不得仅因为其采用电子签名、数据电文的形式而否定其法律效力。

据此，是否使用电子劳动合同（数据电文），首先要看当事人双方是否有协商约定。当事人可以约定使用或者不使用。用人单位与劳动者协商一致，可以采用电子形式订立书面劳动合同。一旦作此约定，就要认可电子劳动合同（数据电文）的法律效力。

企业招聘时签订劳动合同，并非一定要使用电子劳动合同，有些企业和劳动者不了解电子劳动合同，或者说了解但不愿意采用电子形式订立书面劳动合同，不能强制性要求，要事前协商一致。

如何看待当事人双方是否协商一致呢？

一是在事前，看双方的传真、邮件、手机短信、微信和电子聊天记录等是否有沟通，是否存在双方在完全自愿的情况下，经过平等协商，对相关问题的理解达成一致的证据。

二是在签订电子劳动合同过程中，通过电子工具，按照签订的程序或阅读合同内容，通过点击相关问题的选项，回答“是”或者“否”等相关问题，看是否达成共识，取得一致。

由于用人单位提供的电子劳动合同一般为预先拟定，劳动者通常难以修改，形式上具备“格式条款”的特征，对于可能免除用人单位一般性责任、加重劳动者责任及其他直接涉及劳动者切身利益的条款，用人单位应当进行显著标注，以重点提示劳动者是否认可。例如，在涉及限制己方义务、增加对方责任、限制对方权利的条款时，应当进行必要的提示，或者在合同签署流程中设计对于此类条款的重新确认环节，并按照对方的要求对相应的条款进行必要的解释说明。

为了避免当事人双方签订电子劳动合同后反悔，当事人双方可以明确约定电子存储数据信息的效力。如约定“双方当事人均确认，如无相反证据，经第三方存储的电子劳动合同及补充协议信息应被视为完全真实的信息，属于双方的真实意思表示”。

三、电子劳动合同的订立

采用电子形式订立劳动合同，要使用符合《电子签名法》等法律规定的可视为书面形式的电文和可靠的电子签名。

（一）什么是可视为书面形式的电子劳动合同

“电子形式”实质上特指通过认证或加密方法制作和生成的数据电文、电子签名的复杂技术手段。目前，一些企业和劳动者通过微信、腾讯 QQ 或电子邮件等形式签订的劳动合同并不完全符合规范的电子劳动合同。规范、合法有效的电子劳动合同，应当是使用符合《电子签名法》等法律规定的可视为书面形式的电子文书和可靠的电子签名。

如前所述，按照《民法典》和《电子签名法》规定，“能够有形地表现所载内容，并可以随时调取查用的数据电文，视为符合法律、法规要求的书面形式”。按照《电子签名法》规定，符合下列条件的数据电文，视为满足法律、法规规定的原件形式要求：（1）能够有效地表现所载内容并可供随时调取查用；（2）能够可靠地保证自最终形成时起，内容保持完整、未被更改。但是，在数据电文上增加背书以及数据交换、储存和显示过程中发生的形式变化不影响数据电文的完整性。

法律对于数据电文认定为原件规定了两个要件：一是所载内容可供随时调取查用；二是内容的完整性和无更改性。即数据电文的内容应当自始至终保持完整，并且不被更改。这一点在电子合同签订的流程设计中必须注意。法律强调的是数据电文内容的不可更改性，而非形式的不可更改性。例如一份数据电文在张三的电脑上显示为一种字体，在李四的电脑上显示为另外一种字体，并不属于对数据电文的更改。而合同各方通过背书等方式签署了补充协议的内容，也不属于对数据电文内容本身的更改。

根据《劳动合同法》规定：“劳动合同由用人单位与劳动者协商一致，并经用人单位与劳动者在劳动合同文本上签字或者盖章生效。”当采用电子形式订立劳动合同时，如何实现签字或盖章呢？按照《电子签名法》第二条的规定，电子签名是指数据电文中以电子形式所含、所附用于识别签名人身份并表明签名人认可其中内容的数据。

（二）电子劳动合同正式签署前的实名认证

通常情况下，一份电子合同的订立过程主要包括：（1）签约主体在电子合同订立系统使用真实身份信息进行注册；（2）签约主体通过电子合同订立系统上传待签订的电子合同文本；（3）签约主体通过电子合同订立系统对电子合同文本进行电子签名；（4）电子合同订立系统通过后台技术手段生成完整的经电子签名的电子合同文件，供签约主体下载。

订立电子劳动合同的过程与以上电子合同的订立过程并无太大差别，签约主体的身份识别与验证尤为重要。

实名认证是在线签署劳动合同必不可少的一步，电子合同的实名认证功能，能够快速确认签署各方的真实身份，保障合同的真实可靠，杜绝虚假信息、冒名代签、恶意诈骗等风险。为此，应当通过前期身份登记及签署当时的安全登录方式完成签署双方主体的身份验证工作。

1. 合同签署方的身份登记

在纸质合同签署中，签署双方可以通过查看或者留存对方的身份证明文件，如身份证复印件、营业执照复印件等方式，来确认合同对方主体的身份。而在电子合同的签署中，由于合同为双方在线签署，因此首先要登记身份信息。所谓身份登记，是指合同签署主体通过提交身份证明的方式，完成实名身份认证。对于身份确认的环节，可以通过线下签署相关申请书的方式，也可以通过在线进行身份确认的方式。身份登记的目的是将线下的客户实体（自然人实体）与将来进行线上合同签署流程的主体一一对应起来。

随着互联网互动技术的发展，合同签署时所需的身份登记可以通过远程完成，更加便捷，例如通过上传本人手持身份证的照片，手持身份证明在线录像等方式，也是在进行身份登记。

2. 合同签署方的身份验证

身份验证是电子合同签署的一个环节，即对登录电子合同签署系统的用户身份进行验证。在身份验证环节，需要采取安全方式登录，即要确保只有进行过身份登记的本人方可登录，确保身份验证主体与登录主体的一致性。用人单位应特别注意电子合同订立平台所采取的身份验证或核实措施，以确保主体明确且确实为劳动者本人，具备法律上的可诉性。还须注意防止他人代签行为的发生，如遇电子合同订立系统对使用人身份信息无法验证或核实的，应及时终止签约行为。

在用人单位与劳动者发生争议时，可能会因为合同主体的身份问题而导致电子合同的真实性不被认可，如电子签名是否属于劳动者本人真实签名。因此，电子劳动合同签订时应当由具有电子认证许可证书的电子签名与认证服务机构来验证合同签订双方的真实身份，并采用可靠数字签名技术确保签订人身份可信、电子劳动合同签订内容和签订时间等不可篡改。

（三）什么是可靠的电子签名

在电子劳动合同上的签名是根据《电子签名法》认可的可靠的电子签名。

纸质合同在双方达成合意之后要进行签署，电子合同也存在签署环节。电子劳动合同的成立必须以可靠的电子签名为前提。按照《电子签名法》第十三条的规定，电子签名同时符合下列条件的，视为可靠的电子签名：（1）电子签名制作数据用于电子签名时，属于电子签名人专有；（2）签署时电子签名制作数据仅由电子签名人控制；（3）签署后对电子签名的任何改动能够被发现；（4）签署后对数据电文内容和形式的任何改动能够被发现。当事人也可以选择使用符合其约定的可靠条件的电子签名。

依据上述法律规定，要满足“可靠的电子签名”的要件，需要在技术上和操作上以及在相关证明材料的留存上进行必要的环节和流程。

首先，对于电子签名的专有性，即该电子签名仅由电子签名人控制，可以通过为电子签名人设定特定的用户名、密码的方式予以确认。用户名密码的具体认证和登录方式，与前一环节即身份认证、安全登录相同。

其次，对于电子签名制作数据的控制权专有性，即签名人在签署电子签名之时，是可以由其本人自主控制的，可以选择签名，也可以选择不签名。签与不签是签名人自由意志的表达。这一点上，电子签名与个人登录网站所留下的登录痕迹、在网页或者数据电文上进行操作时所留下的痕迹具有本质的区别。

再次，电子签名改动的可见性。即电子签名完成以后，是不可更改的。对于电子签名的任何更改，都可以被发现。这种被发现包括电子签名的时间戳发生变化、电子签名的签名内容发生变化等。

最后，签署后对数据电文内容和形式改动的可见性。即当电子签名完成以后，再对电子数据进行认可修改，都可以被发现。

一般情况下，全部满足上述四项条件，一个电子签名才能够被法律认定为“可靠的电子签名”。而根据《电子签名法》第十四条规定：“可靠的电子签名与手写签名或者盖章具有同等的法律效力。”

可见，锁定签约主体真实身份、有效防止文件篡改、精确记录签约时间的电子合同才被法律认可。

（四）电子劳动合同应选择合法的第三方平台签订

为了保障电子签名的可靠性，用人单位应选择一个合法的第三方平台提供的“电子合同订立系统”进行签订。合法的“电子合同订立系统”应当具备缔约人身份认证、谈判磋商、合同电子签名、合同存储与调用等功能。

依据《电子签名法》相关规定，电子签名须经第三方认证，由依法设立的电子认证服务提供者提供认证服务。用人单位签订电子劳动合同时，应严格按照《电子签名法》的有关规定，通过有资质的第三方平台和规范的认证流程，与劳动者协商使用电子签名形式签订电子劳动合同。

用人单位在选择订立电子劳动合同的第三方平台时需要重点注意：

1. 选择获得国家信息产业主管部门颁发电子认证许可证书的电子签名与认证服务提供商。

2. 选择独立于电子劳动合同签订双方，而且技术服务能力和数据安全保护能力较高的电子合同第三方服务商，防止关键的电子签名或电子签章被泄露或窃取，防止用人单位和劳动者信息、合同内容等重要数据泄露。

3. 用人单位在与电子合同订立系统（第三方平台）签订系统使用协议时，要就系统的使用、电子签名的应用、合同信息的保密和合同的存储保管等问题达成一致。同时，注意审查平台公示的主要信息和相关资质文件。

4. 用人单位和劳动者要使用具有防篡改、可识别文件签署人身份和签署时间的数字签名技术来签署合同，才能保证合同电子签名的可靠性和合同签署的安全性。

（五）电子劳动合同内容的确定

结合电子合同订立过程的特殊性，在确定电子劳动合同内容时需要特别注意：

一是除《劳动合同法》第十七条规定的必备条款外，建议在电子劳动合同内容中明确约定双方使用电子形式签订劳动合同及补充协议，如“经双方协商一致，本劳动合同及补充协议采取电子形式进行签订，电子签名与手写签名或盖章具有同等法律效力，无须另行签订纸质劳动合同”。

二是基于电子合同数据的存储特性，建议在电子劳动合同中明确约定第三方存储数据信息的效力，如“用人单位与劳动者均确认，如无相反证据，经第三方存储的电子劳动合同及补充协议信息应被视为完全真实的信息，属于双方的真实意思表示”。

（六）电子劳动合同的真实性保证

用人单位要保证电子劳动合同的生成、传递、储存等满足《电子签名法》等法律规定的要求。并确保完整、准确、不被篡改。电子劳动合同是否真实、合法有效，要符合《电子签名法》等法律的规定。根据《电子签名法》规定，审查数据电文作为证据的真实性，应当考虑的因素有：（1）生成、储存或者传递数据电文方法的可靠性；（2）保持内容完整性方法的可靠性；（3）用以鉴别发件人方法的可靠性；（4）其他相关因素。

也就是说，电子劳动合同要作为真实有效的证据，必须保证三个可靠：（1）生成、储存、传递的方法可靠；（2）保持内容完整性的方法可靠；（3）用以鉴别发件人的方法可靠。为了保证这三项可靠，签订合法有效的电子劳动合同应具备两个基本条件：

一是必须通过第三方签署平台来签订电子合同。

二是必须使用合法 CA（Certificate Authority，证书授权中心）机构提供的数字证书（可靠电子签名）来签署电子合同。

合法的 CA 机构应当是获得工信部颁发的《电子认证服务许可证》的企业法人，是国家认可的负责发放和管理数字证书的权威机构，通过其提供的可靠电子签名来签署电子劳动合同，才能保证签署方的身份的真实性、内容的完整性和数字签署的合法性。

司法实践中，法院主要从第三方服务机构的资质资信、电子数据的生成方式、电子数据的内容等因素来审查电子签名的效力。通过检索法院的相关案例发现，在第三方对电子签名（电子印章）、签署行为、是否篡改等能够提供证明的情况下，法院基本支持电子签名及电子合同的有效性。因此，为了保证电子签名的有效性在司法阶段被认可，建议选择符合法律规定的第三方服务平台介入签约。

（七）电子劳动合同的备份

电子合同与纸质合同一样，在合同订立之后，需要留有备份以便合同当事方随时进行查询或者在电子合同签署方发生争议时进行查询。基于电子合同本身的易篡改特性，电子合同的备份要求也较纸质合同要高。因此，对于电子合同的备份一般有两种方式：一种是在电子合同签署系统进行备份，另一种是在第三方系统进行备份。因为第三方独立于合同签署各方，在第三方系统进行备份的电子合同，其证明效力相对而言更强。

需要着重指出的是，在合同签署一方提供电子合同签署环境的情况下，如果仅在电子合同签署系统中对电子合同进行备份，则在纠纷发生后，合同另一方很容易就可以以合同签署方同时可以操控电子合同签署系统为由，质疑电子合同的真实性、准确性，进而否认电子合同内容的真实性和电子合同的效力。虽然这样的抗辩并不一定每一次都能够成功，但对于提供电子合同签署系统的一方而言，显然已经构成了合同效力上的风险。因此，对于采用这种电子合同签署方式的，建议应当将签署后的电子合同在第三方系统进行备份，以便确保该电子合同的效力无瑕疵，同时在发生纠纷时便于调用查询。用人单位可以向电子劳动合同第三方存储服务商索取存储证明函。

四、推行电子劳动合同的意义

按照《电子签名法》的规定，当事人约定的使用电子签名、数据电文的文书，具有法律效力。因此，使用电子签名签署电子劳动合同可以进一步提升用人单位和劳动者的法律风险防范能力。电子劳动合同具有签署身份可识别、合同内容不可篡改等特性，解决了纸质劳动合同签署易丢失、易篡改、过程不可追溯等问题。

在《中华人民共和国刑事诉讼法》《民事诉讼法》中，已将“电子数据”列为证据的法定种类之一，由此解决了电子数据作为诉讼证据的资格问题，承认电子证据在诉讼中的合法地位。因此，人社部门在处理劳动争议案件和劳动侵权案件中，也应将电子劳动合同作为审查证据之一。

推行采用电子形式订立劳动合同，能使企业提升招用劳动者的入职效率，节省时间，降低管理成本，防范用工的法律风险。企业使用电子劳动合同管理用工，可与人社部门的服务与管理工作进行有效对接，如企业用工登记备案及发放有关促进就业的补助、参加社会保险登记及员工社会保险待遇的核实与发放、劳动争议案件的有效审理和劳动监察的精准执法等，能够极大地提高工作效率。

第六章　集体协商与集体合同

集体协商与签订集体合同，是企业员工通过工会组织或者职工代表，以员工集体的形式与企业或企业组织为改善劳动条件、劳动标准、解决集体争议等开展协商谈判，并通过协商一致后签订集体合同，以规范企业和全体员工的行为，有效预防和化解劳资矛盾，实现企业劳动关系的和谐发展。

第一节　集体协商

一、集体协商的含义及其特征

（一）什么是集体协商

集体协商，又称集体谈判。按照 1981 年国际劳工大会通过的《集体谈判公约》就集体谈判的特征及内容作出的概括性表述：集体协商是一种由单个雇主、雇主群体或组织同单个或者若干工人组织之间签订各种协议的过程。

在我国，集体协商是指工会组织或职工代表与企业或企业团体就劳动问题，为签订集体合同进行商谈的行为。按照《集体合同规定》（劳动和社会保障部令第 22 号）规定："用人单位与本单位职工签订集体合同或专项集体合同，以及确定相关事宜，应当采取集体协商的方式。集体协商主要采取协商会议的形式。"

（二）集体协商的特征

1. 集体协商是劳动者团体与企业或企业团体之间的谈判。劳动者团体在我国主要是指工会。没有建立工会的企业，由职工推举的代表与企业方谈判。企业主要是指依法成立的独立法人单位。企业团体是指企业（雇主）组织（如企业家协会或商会等）。

2. 集体协商是围绕着改善劳动条件和协调劳动关系的谈判。集体协商的内容涉及劳动报酬、工作时间、休息休假、劳动安全卫生、保险福利等事项，还可以包括与劳动条件密切关联的企业内部的人事制度改革，如录用标准、人员流动、解除劳动合同条件等。

3. 集体协商的结果体现在所签订的集体合同中。在协商中，因签订集体合同发生争议，当事人协商解决不成的，当地人民政府劳动行政部门可以组织有关各方协调处理。

4. 集体协商本身并不产生劳动关系。当集体协商形成集体合同后，不是替代，而是修改和完善相关的个人劳动合同，因为它本身并不产生劳动关系。

5. 国家在集体协商中起调解作用。集体协商虽然是一种当事人双方的行为，但当劳动群体与企业意见不一致时，国家可以发挥调解作用。在一些国家，政府或者通过货币和财政政策制约集体谈判的内容，或者通过法定工资措施、紧急状态规定以及三方性协议等形式直接参加谈判，决定集体合同的实际条款。也有一些国家，其作用局限于通过必要的立法，提供必要的信息和劳动争议处理服务，制定最低劳动标准等，促进劳资关系有序发展。

我国政府要求各级劳动行政部门要加强对集体协商签订集体合同工作的协调、指导和服务；要与有关方面合作，制定实施方案，完善相应的规定和办法，使企业集体协商和签订集体合同工作有章可循；劳动行政部门应当设立集体合同管理专门机构，健全集体合同报送、登记、审核、通知等手续，依据国家的法律、法规和有关政策进行审核备案，并做到准确、及时；要加强对集体协商双方代表的培训和指导，为协商双方提供必要的政策咨询服务和信息资料。

6. 在集体协商中，劳动者应享有充分的保护，以防止在就业方面发生侵害劳动者合法权益的现象。不得因劳动者加入工会而拒绝雇用，也不得因其加入工会或参加集体协商谈判而受解雇或受其他歧视。

二、开展集体协商的作用

在市场经济体制下，劳动者和用人单位都是各自独立的主体。劳动法的重要作用之一是通过劳动合同的确立和劳动关系中劳动法律关系主体之间权利和义务的明确，调整双方的劳动关系。然而，劳动合同是在事实上地位不平等的两个主体之间建立的，作为劳动者一方处于相对弱者的地位，有时为了依法维护自己的权益，想争得与用人单位平等的对话，要依靠工会组织或者员工代表（即依靠团体的力量）采取行动。这种团体行动的表现形式主要是与企业开展集体协商，签订集体合同。

（一）实行集体协商制度有利于协调劳动关系

通过集体协商，可以把职工与企业之间的矛盾通过平等协商与平等谈判的方式予以解决。集体协商制度可以妥善地协调劳动关系，寻找解决冲突的途径，在劳动者与用人单位之间建立起相互依靠、相互支持的合作关系，为建立和谐的劳动关系提供法律保障。进行集体协商，遵循的基本原则是：（1）遵守法律、法规、规章及国家有关规定；（2）相互尊重，平等协商；（3）诚实守信，公平合作；（4）兼顾双方合法权益；（5）不得采取过激行为。集体协商是通过对话而不是冲突和对抗来解决问题。

（二）实行集体协商制度有利于加强企业民主管理

集体协商是一种参与的形式，双方都参与决定。而且在某些领域涉及用人单位和劳动者之间分享制定条例的权利，这对于劳动者参与民主管理具有重要的意义。劳动者为了得到更好的劳动条件和生活条件，争取到必需的待遇和合法权益，通过工会或职工代表与用人单位之间进行集体谈判，形成集体合同。集体合同所规定的各项条款是经过民主讨论制定的，从集体合同的谈判、签订到履行，都体现了职工参加民主管理的原则，因此，集体协商是企业管理民主化的重要形式。

（三）集体协商有利于社会合作关系的建立

用人单位和劳动者双方真诚的协商过程可以产生信任，有助于相互理解，建立起一种社会合作关系。如《集体合同规定》第三十五条规定："集体协商未达成一致意见或出现事先未预料的问题时，经双方协商，可以中止协商。中止期限及下次协商时间、地点、内容由双方商定。"这一规定体现了集体协商中双方应充分沟通和真诚合作。

三、集体协商的形式

集体协商在形式上有企业级的集体协商和国家级的协商、行业性集体协商和区域性集体协商等。由于每个国家的具体情况不同，因而集体协商的形式也有所不同。

一般而言，企业级协商更容易成功。因为对于劳动者而言，工人们可以较快聚在一起，不需要复杂的谈判机构，在选举工人代表等问题上分歧较小，人们相互之间交换看法，交流信息较为便捷；对于企业而言，企业级协商在相对小的企业范围内进行，企业负责人可以亲自指挥谈判，谈判对象都是他了解的人，沟通起来较为顺畅。企业级的集体协商在发展中国家普遍采用。

但是，如果只限于企业级的集体协商，可能出现在同类行业中一些小企业的工人没有能力实现自己合理诉求的情形。于是，行业范围的集体谈判（集体协商）也就应运而生。行业性集体谈判是西欧国家的通常做法，因为在这些国家，雇主组织和工会组织都是按行业建立的，这种情况在发展中国家也在扩大。

按照我国《劳动法》第三十三条第二款规定："集体合同由工会代表职工与企业签订；没有建立工会的企业，由职工推举的代表与企业签订。"这一规定确定了我国集体谈判的形式主要是企业级的集体协商。

四、集体协商代表的确定及其职责

集体协商代表，是指按照法定程序产生并有权代表本方利益进行集体协商的人员。

（一）集体协商代表的产生

按照《集体合同规定》的规定："集体协商双方的代表人数应当对等，每方至少 3 人，并各确定 1 名首席代表。"

1. 职工一方的协商代表由本单位工会选派。未建立工会的，由本单位职工民主推荐，并经本单位半数以上职工同意。职工一方的首席代表由本单位工会主席担任。工会主席可以书面委托其他协商代表代理首席代表。工会主席空缺的，首席代表由工会主要负责人担任。未建立工会的，职工一方的首席代表从协商代表中民主推举产生。

2. 用人单位一方的协商代表，由用人单位法定代表人指派，首席代表由单位法定代表人担任或由其书面委托的其他管理人员担任。

按照《集体合同规定》规定："集体协商双方首席代表可以书面委托本单位以外的专业人员作为本方协商代表。委托人数不得超过本方代表的三分之一。首席代表不得由非本单位人员代理。""用人单位协商代表与职工协商代表不得相互兼任。"

工会可以更换职工一方协商代表；未建立工会的，经本单位半数以上职工同意，可以更换职工一方协商代表。用人单位法定代表人也可以更换用人单位一方协商代表。协商代表因更换、辞任或遇有不可抗力等情形造成空缺的，应在空缺之日起 15 日内依法产生新的代表。

（二）集体协商代表的职责

协商代表应履行下列职责：（1）参加集体协商；（2）接受本方人员质询，及时向本方人员公布协商情况并征求意见；（3）提供与集体协商有关的情况和资料；（4）代表本方参加集体协商争议的处理；（5）监督集体合同或专项集体合同的履行；（6）法律、法规和规章规定的其他职责。

协商代表应当维护本单位正常的生产、工作秩序，不得采取威胁、收买、欺骗等行为。协商代表应当保守在集体协商过程中知悉的用人单位的商业秘密。

（三）集体协商代表的权益维护

企业内部的协商代表参加集体协商，视为提供了正常劳动。

职工一方协商代表在其履行协商代表职责期间劳动合同期满的，劳动合同期限自动延长至完成履行协商代表职责之时，除出现下列情形之一的，用人单位不得与其解除劳动合同：（1）严重违反劳动纪律或用人单位依法制定的规章制度的；（2）严重失职、营私舞弊，对用人单位利益造成重大损害的；（3）被依法追究刑事责任的。

职工一方协商代表履行协商代表职责期间，用人单位无正当理由不得调整其工作岗位。职工一方协商代表就履职期间与用人单位发生争议的，可以向当地劳动争议仲裁委员会申请仲裁。

五、集体协商的内容

集体协商的内容主要包括以下几个方面。

1. 劳动报酬。主要包括：（1）用人单位工资水平、工资分配制度、工资标准和工资分配形式；（2）工资支付办法；（3）加班、加点工资及津贴、补贴标准和奖金分配办法；（4）工资调整办法；（5）试用期及病、事假等期间的工资待遇；（6）特殊情况下职工工资（生活费）支付办法；（7）其他劳动报酬分配办法。

在市场经济体制下，职工的劳动报酬通常是由企业经营者（或业主）同工会（或职工代表）之间的集体谈判来决定的。因为在市场竞争中，企业经营者会尽量设法压低职工的劳动报酬或工资支出，以便于进行市场竞争；而职工则会采取个人的或集体的行为，要求和争取企业经营者提高对工资费用的支付。如果工资水平过低会使职工产生不满情绪，工资水平过高会使企业陷入困难境地。因此，工资谈判就成为集体协商中的一个重要内容。

在劳动报酬谈判中，要对不同工种、不同岗位上职工的工资要求考虑周到。企业劳动生产率的提高是职工工资增长的基础，要考虑人工贡献的因素，还要兼顾同工同酬的原则。此外，通货膨胀对职工来说是一个不能忽视的影响工资的重要问题。按照《劳动法》第四十六条第二款规定，“工资水平在经济发展的基础上逐步提高”。如果企业在一定的发展时期内，利润有了提高，那么职工的工资就要求有相应的提高，利润的增长导致工资的增长已成为工会或工人代表在谈判中不可或缺的内容。

2. 工作时间。主要包括：（1）工时制度；（2）加班加点办法；（3）特殊工种的工作时间；（4）劳动定额标准。

3. 休息休假。主要包括：（1）日休息时间、周休息日安排、年休假办法；（2）不能实行标准工时职工的休息休假；（3）其他假期。

4. 劳动安全与卫生。主要包括：（1）劳动安全卫生责任制；（2）劳动条件和安全技术措施；（3）安全操作规程；（4）劳保用品发放标准；（5）定期健康检查和职业健康体检。

劳动者劳动场所的安全卫生是十分重要的问题，因而也是集体协商中必然要涉及的内容之一。劳动安全卫生的具体内容涉及对工作场地、环保和劳动条件等的改善，工会或工人代表在集体协商中都会提出用人单位应采取切实的改进措施，防止职工在劳动过程中意外事故的发生，或者防止职业病的侵害。同时也可以向用人单位建议，加强职工安全教育培训，建立安全监督机构，在非常情况下对职工采取紧急救护及工伤急诊资金支付问题的处理。另外，对于劳动保护品的发放、购置及对从事有毒有害工作的职工进行定期身体检查，对企业管理人员违章指挥、强行冒险作业造成后果应如何赔偿等，都是集体协商的内容。

5. 补充保险和福利。主要包括：（1）补充保险的种类、范围；（2）基本福利制度和福利设施；（3）医疗期延长及其待遇；（4）职工亲属福利制度。

关于保险和福利的谈判，主要涉及范围、标准和水平。一般情况下，除国家法定的基本社会保险外，允许在强制性保险范围外建立有关补充保险的各项待遇。涉及职工福利待遇的范围、待遇标准或待遇水平，工会或工人代表都可以根据企业的实际能力要求扩大和提高，还可以为改善职工住宅、生活条件，发展文化与体育活动和各项保健设施计划的实施进行协商。

6. 女职工和未成年工特殊保护。主要包括：（1）女职工和未成年工禁忌从事的劳动保护措施；（2）女职工的经期、孕期、产期和哺乳期的劳动保护条件；（3）女职工、未成年工定期健康检查；（4）未成年工的使用登记和保护制度。

7. 职业技能培训。主要包括：（1）职业技能培训项目规划及年度计划；（2）职业技能培训费用的提取和使用；（3）保障和改善职业技能培训的措施。

8. 劳动合同管理。主要包括：（1）劳动合同管理制度；（2）确定劳动合同期限的条件；（3）劳动合同变更、解除、续订的一般原则；（4）试用期的设定条件和期限。

9. 奖惩。主要包括：（1）劳动纪律；（2）考核奖惩制度；（3）奖惩程序。

10. 裁员。主要包括：（1）裁员的方案；（2）裁员的条件；（3）裁员的实施办法和补偿标准。

其他还包括：集体合同期限；变更、解除集体合同的程序；履行集体合同发生争议时的协商处理办法；违反集体合同的责任；双方认为应当协商的其他内容。

上述集体协商的内容不得与法律、法规和国家已有明确规定的事项相抵触。

六、集体协商的程序

按照《集体合同规定》，集体协商任何一方均可就签订集体合同或专项集体合同以及相关事宜，以书面形式向对方提出进行集体协商的要求。一方提出进行集体协商要求的，另一方应当在收到集体协商要求之日起 20 日内以书面形式给予回应，无正当理由不得拒绝进行集体协商。

协商代表在协商前应进行下列准备工作：

1. 熟悉与集体协商内容有关的法律、法规、规章和制度。

2. 了解与集体协商内容有关的情况和资料，收集用人单位和职工对协商意向所持的意见。

3. 拟定集体协商议题，集体协商议题可由提出协商一方起草，也可由双方指派代表共同起草。

4. 确定集体协商的时间、地点等事项。

5. 共同确定一名非协商代表担任集体协商记录员。记录员应保持中立、公正，并为集体协商双方保密。

集体协商会议由双方首席代表轮流主持，并按下列程序进行：

1. 宣布议程和会议纪律。

2. 一方首席代表提出协商的具体内容和要求，另一方首席代表就对方的要求作出回应。

3. 协商双方就商谈事项发表各自的意见，开展充分讨论。

4. 双方首席代表归纳意见。达成一致的，应当形成集体合同草案或专项集体合同草案，由双方首席代表签字。

集体协商未达成一致意见或出现事先未预料到的问题时，经双方协商，可以中止协商。中止期限及下次协商时间、地点、内容由双方商定。

七、集体协商发生争议的协调处理

按照《集体合同规定》，集体协商过程中发生争议，双方当事人不能协商解决的，当事人一方或双方可以书面向劳动保障行政部门提出协调处理申请；未提出申请的，劳动保障行政部门认为必要时也可以进行协调处理。劳动保障行政部门应当组织同级工会和企业组织等三方面的人员，共同协调处理集体协商争议。

集体协商争议处理实行属地管辖，具体管辖范围由省级劳动保障行政部门规定。中央管辖的企业以及跨省、自治区、直辖市用人单位因集体协商发生的争议，由中央劳动行政部门指定的省级劳动行政部门组织同级工会和企业组织等三方面的人员协调处理，必要时，中央劳动行政部门也可以组织有关方面协调处理。

按照《集体合同规定》，协调处理集体协商争议，应当自受理协调处理申请之日起30日内结束协调处理工作。期满未结束的，可以适当延长协调期限，但延长期限不得超过 15 日。

协调处理集体协商争议应当按照以下程序进行：（1）受理协调处理申请；（2）调查了解争议的情况；（3）研究制定协调处理争议的方案；（4）对争议进行协调处理；（5）制作《协调处理协议书》。

《协调处理协议书》应当载明协调处理申请、争议的事实和协调结果。双方当事人就某些协商事项不能达成一致的，应将继续协商的有关事项予以载明。《协调处理协议书》由集体协商争议协调处理人员和争议双方首席代表签字盖章后生效。争议双方均应遵守生效后的《协调处理协议书》。

第二节　集体合同

一、集体合同的概念及特征

（一）什么是集体合同

集体合同制度是国际上普遍采用的调整劳动关系的一项重要法律制度。我国 1994 年颁布的《劳动法》以法律形式确立了这一制度。就调整劳动关系而言，订立劳动合同的主要目的是确立劳动关系，而订立集体合同的主要目的是为确立劳动关系设定相关标准，在其效力范围内进一步规范和调整劳动关系。

集体合同，也可称为集体协议或团体合同，其双方当事人一方是劳动者团体，另一方是企业或者企业团体。按照《集体合同规定》的规定："集体合同是指用人单位与本单位职工根据法律、法规、规章的规定，就劳动报酬、工作时间、休息休假、劳动安全卫生、职业培训、保险福利等事项，通过集体协商签订的书面协议。"

用人单位和职工不仅可以协商订立综合性的集体合同，还可以订立专项的集体合同。专项集体合同，是指用人单位与本单位职工根据法律、法规、规章的规定，就集体协商的某项内容签订的专项书面协议。如《劳动合同法》第五十二条规定："企业职工一方与用人单位可以订立劳动安全卫生、女职工权益保护、工资调整机制等专项集体合同。"

可见，集体合同的内容涉及全体劳动者、企业或者全体企业的共同权利和义务，其法律效力对签订合同的单个企业或某企业组织所代表的全体企业，以及工会和工会代表的全体劳动者都有约束力。因此，集体合同的效力一般高于劳动合同的效力。通过订立集体合同以弥补单个劳动者在订立劳动合同时出现的权益失衡或权益保护不足。

在现实经济生活中，由于一些企业集体合同的具体内容可能涉及劳动关系的各个方面。同时，随着社会经济的发展和受市场竞争的影响，企业在发展的不同时期，其劳动关系会表现出不同的新问题、新矛盾，不时会有个别的利益冲突亟须劳资双方协商解决。为了及时处理一些突出问题，并减少对综合性问题的协商成本，常见的是企业劳动关系双方当事人就某一方面的权益问题订立专项的集体合同。

（二）集体合同的特征

集体合同除具有一般协议合同的共性外，还具有一些自身特征：

1. 集体合同是一种劳动协议，它本质上所反映的是以劳动条件为主要内容的关系，是规定全体职工与企业之间整体性的劳动权利和劳动义务的一种协议，它以劳动关系的存在为基础。

2. 集体合同是特定当事人之间订立的协议，即一方是用人单位，另一方是全体劳动者。全体劳动者一方由工会组织作为代表，没有建立工会的，由上级工会指导劳动者推举的代表作为其代表，不能由职工个人或职工中其他团体作为集体合同的一方当事人。

3. 集体合同必须是书面合同，其生效要经过特定程序。进行集体协商签订集体合同应遵循自愿协商、平等协商、保持和谐稳定的原则。按照劳动法及其配套规定，集体合同签订后，应当自双方首席代表签字之日起 10 日内，由企业一方将集体合同一式三份及说明报送劳动行政部门审查。劳动行政部门自收到集体合同文本之日起 15 日内未提出异议的，集体合同即行生效。

二、集体合同的订立

（一）集体合同订立的主体

为了充分发挥集体合同的作用，根据《劳动合同法》规定：“企业职工一方与用人单位通过平等协商，可以就劳动报酬、工作时间、休息休假、劳动安全卫生、保险福利等事项订立集体合同。集体合同草案应当提交职工代表大会或者全体职工讨论通过。集体合同由工会代表企业职工一方与用人单位订立；尚未建立工会的用人单位，由上级工会指导劳动者推举的代表与用人单位订立。”

法律明确规定了集体合同签订的主体。工会可以代表企业职工一方与用人单位订立集体合同。

按照《中华人民共和国工会法》（以下简称《工会法》）的规定：“工会代表职工与企业、实行企业化管理的事业单位、社会组织进行平等协商，依法签订集体合同。”《劳动法》也规定：“工会代表和维护劳动者的合法权益，依法独立自主地开展活动。”工会是职工合法权益的代表者，有权代表职工签订集体合同。集体合同中的这一特定主体资格说明，劳动者一方必须以工会或职工代表的身份出面，集体合同才能成立。这是劳动法调整集体合同区别于民法、经济法调整的民事合同和经济合同的重要特点之一。

但是，集体合同的主体资格不能作为单一地区分合同类型的标准，它只是集体合同成立的一个条件。因为工会与企业业主签订的合同，有集体合同，也有其他类型的合同，如一些民事合同。

《劳动法》《劳动合同法》等都对集体合同制度作出了规定。按照《集体合同规定》规定，经双方协商代表协商一致的集体合同草案或专项集体合同草案应当提交职工代表大会或者全体职工讨论。职工代表大会或者全体职工讨论集体合同草案或专项集体合同草案，应当有2/3以上职工代表或者职工出席，且须经全体职工代表半数以上或者全体职工半数以上同意，集体合同草案或专项集体合同草案方获通过。

按照《集体合同规定》规定，集体合同草案或专项集体合同草案经职工代表大会或者职工大会通过后，由集体协商双方首席代表签字。集体合同或专项集体合同期限一般为1至3年，期满或双方约定的终止条件出现，即行终止。集体合同或专项集体合同期满前3个月内，任何一方均可向对方提出重新签订或续订的要求。

（二）集体合同订立的程序

1. 确定集体协商的代表

如前所述，首先应确定集体协商的代表。

2. 草拟集体合同草案

根据《劳动法》关于“集体合同草案应当提交职工代表大会或者全体职工讨论通过”的规定，签订集体合同的第一个步骤是草拟集体合同草案。草案的确定必须切实考虑企业的实际生产能力和生产水平；切实考虑职工对于工资福利、改善劳动条件等项目的要求。

签订集体合同的双方具有平等的法律地位。在进行集体协商和草拟集体合同草案过程中，双方应当平等合作、相互尊重。一方提出集体协商签订集体合同的要求，另一方应当给予答复。如果另一方不同意协商或出现纠纷，双方应当协商解决。按照《劳动法》第八十四条第一款规定：“因签订集体合同发生争议，当事人协商解决不成的，当地人民政府劳动行政部门可以组织有关各方协调处理。”任何一方不得有过激行为，双方均有义务维持劳动关系的稳定和正常的生产经营秩序。

3. 提交职工代表大会或者全体职工讨论

集体合同的草案制定出来以后，应由全体职工或职工代表大会对草案进行讨论、修改、补充和最后通过，使集体合同能够反映企业行政和广大职工的意见和要求。集体合同草案或专项集体合同草案经职工（代表）大会讨论后通过，应由双方的首席代表签字。

实践中要注意，集体合同并非一个人代替众多人签订的协议。特别是在建筑施工行业，一些由建筑包工头代签的合同并非集体合同。

以案释法

案情简介

小王等人跟随同乡的建筑包工头老李外出打工，小王等人未直接与建筑公司签订劳动合同，而是由老李一人代签了一个协议。小王等人工作了一段时间后发现，工作非常辛苦，但公司发的劳动报酬却远低于包工头老李代签合同中约定的数额。于是，小王等人以实发工资低于约定数额为由向劳动仲裁委员会提出仲裁申请。

仲裁审理中，该公司表示，老李一人签订的协议不能代表小王等人，该协议不具有集体合同的法律约束力，不同意按照小王等人提出的要求为其发放劳动报酬。

案例评述

集体合同具有其自身特点，包工头代签的协议虽然也对劳动者与用人单位之间的权利义务予以规范，但不能仅此认定该协议就为集体合同。

《劳动合同法》规定，集体合同草案应当提交职工代表大会或者全体职工讨论通过。集体合同由工会代表企业职工一方与用人单位订立；尚未建立工会的用人单位，由上级工会指导劳动者推举的代表与用人单位订立。集体合同订立后，应当报送劳动行政部门；劳动行政部门自收到集体合同文本之日起15日内未提出异议的，集体合同即行生效。因此，集体协议是职工代表大会或者全体职工讨论通过并由工会或上级工会指导劳动者推举的代表来代表职工与用人单位签订的协议，该协议需经劳动部门审查备案，向职工予以公布。

包工头与用人单位签订的协议，是其从个人利益出发所签协议，不能代表所有劳动者，也没有征求每个劳动者同意并履行法定程序。发生纠纷时，包工头出具的协议不具有集体合同的效力。当然，如果包工头不出具协议，可能导致劳动者无法证明双方劳动关系，严重影响劳动者的权益维护。因此，劳动者一定要坚持与用人单位签订书面的劳动合同并保管好，同时保留相应的工资发放记录和工作证据，以证明双方劳动关系及相关待遇等问题。

结合本案，因双方对工资未有约定，可参照该公司所在地相同或者相近岗位劳动者的劳动报酬确定小王等人的工资标准。

三、集体合同的内容

（一）集体合同的基本结构

在集体合同中，需要明确规定双方当事人权利义务的条款以及必须明确的其他问题。

1. 标准性条款

标准性条款，主要涉及劳动关系内容的标准，如劳动报酬标准、劳动定额标准、休息休假标准、保险福利标准、劳动安全卫生标准等。标准性条款是用人单位与劳动者据以确定劳动合同的基础，它来源或依据于法律和政策，在集体合同有效期内持续有效。在集体合同的内容构成中，它居于最重要的地位。

2. 目标性条款

目标性条款，主要是规定在集体合同有效期限内应当达到的具体目标和实现该目标的主要措施。它一般以用人单位的规划和计划为依据，具体规定诸如建成某项劳动保护工程，增设某项生活福利设施之类的保护职工利益的特定事项。这种目标一般不能成为劳动合同的内容，仅作为签约方的义务而存在。这种目标的实现，有的是用人单位的义务，有的是工会的义务，还有的是双方共同的义务。具体可以分为三类：

（1）企业和全体职工共同承担的义务。如在法律法规规定的基础上对工作时间、休息休假和劳动纪律方面作出的调整，无论是企业或是全体职工都必须遵守相应的规定，企业不得任意延长职工工作时间，职工不得随意旷工、迟到、违反劳动纪律。

（2）企业单方负担的义务。如企业必须及时依法向职工支付劳动报酬；为加强劳动保护，改进安全卫生状况，应采取的技术改革和改善职工福利的措施等。

（3）职工单方负担的义务。如为完成劳动关系双方协商达成的新的工作目标和要求，必须遵守的劳动纪律，服从领导的生产指挥等。

这种义务在合同有效期内，随着设定的目标的实现而终止。

3. 劳动关系运行规则条款

劳动关系运行规则条款，主要是指单个劳动关系和集体合同如何运行的规则。关于单个劳动关系运行规则，主要是职工录用、劳动合同变更、辞职辞退规则等。关于集体合同运行规则，主要是集体合同的期限，关于集体合同履行、续订、变更、解除、终止、违约责任、争议处理等方面的规则。

（二）集体合同的具体内容

根据《劳动合同法》规定，企业职工一方与用人单位通过平等协商，可以就劳动报酬、工作时间、休息休假、劳动安全卫生、保险福利等事项订立集体合同。这就要求将集体协商的内容（集体协商的内容详见本书第六章第一节）以书面形式确定下来，形成集体合同的具体内容。

（三）行业性或区域性集体合同

针对一些小型企业难以订立集体合同的情形，根据《劳动合同法》规定：

“在县级以下区域内，建筑业、采矿业、餐饮服务业等行业可以由工会与企业方面代表订立行业性集体合同，或者订立区域性集体合同。”

法律规定在县级以下区域内，可以由工会与企业方面代表订立行业性或者区域性集体合同。行业性集体合同主要是指在一个行业内，由地方工会或者行业性工会联合会与相应的行业内企业方面代表平等协商订立集体合同，以实现对该行业内所有企业及其劳动者进行利益调整。区域性集体合同主要是指在一定区域内（一般指在县级以下区域内），由区域性工会联合会与相应区域内的企业方面代表平等协商订立集体合同，对该区域中所有企业及其劳动者的权益分配实行统一规范。

企业应当清楚地认识到，任何企业都应当接受其所在行业的行业性集体合同或者其所在区域的区域性集体合同的约束。根据《劳动合同法》第五十四条第二款规定：“依法订立的集体合同对用人单位和劳动者具有约束力。行业性、区域性集体合同对当地本行业、本区域的用人单位和劳动者具有约束力。”

四、集体合同的法律效力

（一）集体合同的效力大于劳动合同

按照《劳动法》规定：“依法签订的集体合同对企业和企业全体职工具有约束力。职工个人与企业订立的劳动合同中劳动条件和劳动报酬等标准不得低于集体合同的规定。”这就是说，集体合同的法律效力大于劳动合同。同理，当一个行业性集体合同或一个区域性集体合同确定了该行业或该区域的劳动报酬和劳动条件等标准后，该行业内或该区域内的任何企业在与职工订立劳动合同时，就应当确定不得低于所在行业或所在区域集体合同规定的标准。

根据《劳动合同法》规定：“集体合同中劳动报酬和劳动条件等标准不得低于当地人民政府规定的最低标准；用人单位与劳动者订立的劳动合同中劳动报酬和劳动条件等标准不得低于集体合同规定的标准。”企业在与工会或职工代表协商订立集体合同时，要留意其约定的劳动报酬和劳动条件等标准是否低于当地人民政府规定的最低标准，尽管企业是与职工在平等协商、达成共同一致意见的情况下约定劳动报酬和劳动条件等标准，但是，只要该标准低于当地政府规定的最低标准，也是无效的。

国家通过《劳动法》对劳动条件和各项劳动标准作出了规定，并授权当地人民政府可以规定当地的劳动报酬和劳动条件等标准。先有了国家和地方的劳动报酬和劳动条件等标准后，才有企业或企业组织与工会组织协商订立集体合同的依据，进而各企业才能根据自身条件作出更具体的规定，这些规定成为各个企业自己处理劳动关系的准则。集体合同中规定的劳动条件和劳动报酬等标准是签订劳动合同的基础。各个企业在解决每一名职工的工资、劳动条件、生活福利待遇等问题时，若是低于集体合同的规定，就应作出修改，遵从集体合同的规定。

（二）集体合同和劳动合同的区别

集体合同和劳动合同是劳动法中用来调整劳动关系的两类合同形式。然而，两者是有区别的，主要表现在：

1. 合同双方当事人的区别。集体合同中的当事人，一方是企业的法人代表或企业团体（商会或企业协会），另一方是代表全体职工的工会组织或职工推举的代表；而劳动合同中虽然一方也是企业的法人代表，而另一方只能是职工个人。尽管有若干员工在同一份劳动合同上签名，但那只是签订劳动合同的一种简便形式，与集体合同的当事人在资格上有明显不同。

2. 合同内容约定的区别。集体合同涉及全体职工的劳动报酬、工作时间、休息休假、劳动安全卫生、保险福利等各个具体方面，内容具有广泛性、整体性。而劳动合同的内容则较为简单，一方面，劳动标准如工资、工作时间、休息休假、劳动保护、社会保险等都在国家法律、行政法规中有原则性规定；另一方面，劳动合同仅限于规定劳动者个人与用人单位之间的权利和义务。

3. 合同订立时间上的区别。集体合同与劳动合同订立的时间不同，集体合同在劳动者已经加入用人单位后的劳动过程中才可能订立，而劳动合同的订立是劳动者受雇于用人单位即加入社会劳动之前。但也应当注意，劳动者在劳动过程中，其签订的劳动合同是可以变更的。

4. 合同效力上的区别。集体合同对用人单位和工会所代表的全体劳动者都具有法律效力；而劳动合同只对用人单位和单个劳动者具有法律效力。集体合同效力高于劳动合同。集体合同一经依法订立，对企业中包括工会会员和非工会会员在内的全体员工都具有约束力。即使部分人对集体合同某些条款持不同意见，该合同对持不同意见的人仍具有约束力。

企业与全体职工应当履行集体合同所规定的义务。集体合同的内容既有当事人双方的权利，也规定有相应的义务，因此签订集体合同的当事人均应自觉地履行集体合同规定的义务。集体合同的法律效力一直保持在集体合同的约定期限之内，即在集体合同签订时双方约定的合同期限之内，当事人均不得违背合同的规定。

（三）违反集体合同的责任

认真履行集体合同是企业与工会组织及职工的共同责任。在执行集体合同的过程中，要定期对合同的执行情况进行检查。为了维护集体合同的法律尊严和合同纪律，对于违反集体合同的行为，应当追究责任。

企业违反集体合同，应承担一定的法律责任。如果企业不履行集体合同的规定，侵犯工会与职工的物质利益时，企业应负担赔偿责任；如果企业管理人员违反集体合同属于恶意，应当从重处罚，其行为触及刑律已构成犯罪时，司法机关应追究其刑事责任。

工会的基层组织不履行集体合同的义务，应对上级工会和工会会员负道义上的和政治上的责任，由上级工会给予批评、教育或纪律处分。

职工不履行集体合同规定的义务，其行为违反了集体合同中的规定时，也应承担集体合同中约定的相关违约责任。

五、集体合同的变更或解除

集体合同的变更，是指没有履行或没有完全履行之前，因订立集体合同所依据的主客观条件发生了变化，当事人依照法律规定的条件和程序，对原合同中的某些内容进行修改或补充的法律行为。

集体合同的解除，是指双方于集体合同签订后没有履行或没有完全履行之前，因订立集体合同所依据的主客观条件发生了变化，致使合同履行成为不可能或不必要的，当事人依照法律规定的条件和程序，提前终止合同的法律行为。

按照《集体合同规定》的规定，有下列情形之一的，可以变更或解除集体合同或专项集体合同：（1）用人单位因被兼并、解散、破产等原因，致使集体合同或专项集体合同无法履行的；（2）因不可抗力等原因致使集体合同或专项集体合同无法履行或部分无法履行的；（3）集体合同或专项集体合同约定的变更或解除条件出现的；(4) 法律、法规、规章规定的其他情形。

依法订立的集体合同，具有法律约束力。因此，变更或解除集体合同，必须符合一定的法定条件和程序。变更或解除集体合同或专项集体合同适用《集体合同规定》的集体协商程序。

集体合同或专项集体合同期满前3个月内，任何一方均可向对方提出重新签订或续订的要求。双方协商代表协商一致，可以变更或解除集体合同或专项集体合同。集体合同或专项集体合同期限一般为1至3年，期满或双方约定的终止条件出现，即行终止。

以案释法

案情简介

小刘是一家公司的销售经理，后因公司兼并，继续履行原集体合同对员工显失公平，小刘等人要求公司变更集体合同中有关规定。公司强硬拒绝，并表示该集体合同已报送劳动行政部门备案，对企业和全体职工都具有法律约束力，不能予以变更。

小刘向工会反映，工会代表与公司协商未果。随后，工会以职工因履行集体合同与企业发生争议为由，依法申请劳动仲裁。

案例评述

集体合同与劳动合同一样，用人单位因被兼并等原因，致使集体合同无法履行的，企业和职工双方协商代表经协商一致，可以变更或解除集体合同。按照《劳动法》第八十四条第二款规定："因履行集体合同发生争议，当事人协商解决不成的，可以向劳动争议仲裁委员会申请仲裁；对仲裁裁决不服的，可以自收到仲裁裁决书之日起十五日内向人民法院提起诉讼。"

六、集体合同的审查

集体合同的制定及生效需履行法定的审查程序。按照《劳动法》的规定，"集体合同签订后应当报送劳动行政部门"。按照《集体合同规定》的规定，"县级以上劳动保障行政部门对本行政区域内用人单位与本单位职工开展集体协商、签订、履行集体合同的情况进行监督，并负责审查集体合同或专项集体合同。”所以，当集体合同或专项集体合同签订或变更后，应当自双方首席代表签字之日起 10 日内，由用人单位一方将文本一式三份报送劳动保障行政部门审查。劳动保障行政部门对报送的集体合同或专项集体合同应当办理登记手续。

集体合同或专项集体合同审查实行属地管辖，具体管辖范围由省级劳动保障行政部门规定。中央管辖的企业以及跨省、自治区、直辖市的用人单位的集体合同应当报送劳动保障部或劳动保障部指定的省级劳动保障行政部门。

劳动保障行政部门对报送的集体合同或专项集体合同主要对下列事项进行合法性审查：（1）集体协商双方的主体资格是否符合法律、法规和规章规定；（2）集体协商程序是否违反法律、法规、规章规定；（3）集体合同或专项集体合同内容是否与国家规定相抵触。

根据《劳动合同法》第五十四条第一款规定：“集体合同订立后，应当报送劳动行政部门；劳动行政部门自收到集体合同文本之日起十五日内未提出异议的，集体合同即行生效。”劳动保障行政部门对集体合同或专项集体合同有异议的，应当自收到文本之日起 15 日内将《审查意见书》送达双方协商代表。《审查意见书》应当载明以下内容：（1）集体合同或专项集体合同当事人双方的名称、地址；（2）劳动保障行政部门收到集体合同或专项集体合同的时间；（3）审查意见；（4）作出审查意见的时间。《审查意见书》应当加盖劳动保障行政部门印章。

用人单位与本单位职工就劳动保障行政部门提出异议的事项经集体协商重新签订集体合同或专项集体合同的，用人单位一方应当依法将文本再报送劳动保障行政部门审查。

生效的集体合同或专项集体合同，应当自其生效之日起由协商代表及时以适当的形式向本方全体人员公布。

第七章　社会保险

国家通过立法规定各类用人单位和劳动者必须依法参加社会保险，缴纳社会保险费；劳动者依法享受社会保险待遇。根据现行劳动和社会保险法律法规的规定，我国城镇职工的社会保险制度包括基本养老保险制度、基本医疗保险制度、失业保险制度、工伤保险制度和生育保险制度。

第一节　职工基本养老保险

一、职工基本养老保险的含义及特征

（一）什么是养老保险

养老保险，是指国家通过立法，要求参保人依法缴纳养老保险费达到法定期限，并且在参保个人达到法定的领取养老保险待遇的条件时，能从国家或社会管理的养老保险基金中依法获得稳定和可靠的养老待遇，实现老有所养，以保证其晚年基本生活的一项社会保险制度。

养老保险是社会保险的主要险种之一，是社会保险制度的重要组成部分，是通过社会保障制度的安排来防范公民因年老而产生的风险。参加养老保险的人员一旦达到享受待遇的条件或取得享受待遇的资格，就可以长期享受待遇直至死亡。养老保险的基本待遇是养老保险金的支付。通过建立养老保险基金，保障劳动者退休后的基本生活，使得广大劳动者在从事社会劳动期间安心工作，不必为老年生活而犯愁，从而激发劳动者在其职业生涯中的工作积极性。

广义的养老保险，就其保险范围、保险水平、保险方式的不同，可分为国家法定的基本养老保险、企业或行业补充养老保险（如企业年金或职业年金）、个人储蓄性养老保险。国际上分别称为养老保险的第一支柱、第二支柱和第三支

柱。要注意，社会养老保险并不能完全替代家庭养老，几乎所有国家的宪法或法律都规定了公民有赡养老人的义务。

步入老年是每个人无法回避的问题，所以养老保险的范围应为全体国民。但是，根据社会保险要与各国社会生产力发展水平相适应、社会保险中义务和权利相对等的法定原则，各国对享受国家法定的社会基本养老保险人员又依法作出了一定的界定，一般分为城镇职工基本养老保险和城乡居民基本养老保险（本书主要讨论城镇职工基本养老保险）。

（二）什么是城镇职工基本养老保险

城镇职工基本养老保险是国家法定的基本养老保险，具有社会保险的强制性、互济性和普遍性等共同特征，也具有其自身的特征。

1. 享受条件的法定性

劳动者达到法定老年年龄，并从事某种社会劳动达到法定年限和缴纳社会保险费达到法定年限，是享受养老保险待遇的法定条件。这是城镇职工养老保险区别于其他社会保险的主要特征。

（1）养老保险的对象是老年人，即养老者必须达到法定的老年年龄，因此，老年的界定就非常重要。对于老年的界定，各国因劳动力资源状况、社会经济发展状况、劳动者体质状况等多种因素的不同而有所不同。

（2）工作年限，即从事某种社会劳动达到的法定年限。法律要求劳动者从事某种社会劳动达到法定年限，即把劳动者的工龄作为补充条件加以规定。

（3）缴费年限，即用人单位和劳动者个人缴纳养老保险费的年限。一些国家规定了城镇职工缴纳养老保险费要达到一定年限。规定缴费年限的目的在于：一是避免一些人在即将临近法定老年年龄（或法定退休年龄）时才履行缴纳养老保险费的义务，并获得养老金；二是通过履行缴费义务，体现劳动者权利与义务的对等关系，体现对参加养老保险者的公平。大多数国家一般都规定了最低缴费年限。

2. 享受待遇的长期性

参加城镇职工基本养老保险的人员一旦达到享受养老保险待遇的条件或取得享受待遇的资格后，就可以长期享受待遇，直至死亡。

3. 适用范围的全民性

城镇职工基本养老保险的适用范围是一个较为广泛的社会保险范围。从年轻到衰老是每个公民都无法回避的生理现实，所以，城镇职工基本养老保险保障的范围应为全体劳动者。职工养老保险是世界各国普遍实行的一种社会保障制度，由国家立法实行，任何单位和个人都应当依法参加。

4. 保障水平的适度性

一般说来，养老保险的整体水平要高于贫困救济线和失业保险金的水平，但低于社会平均工资和个人在职时的收入水平。养老保险保障的是参保人能维持其在社会上的基本生活，所以在我国的社会保险中一般称为“基本养老保险”。

5. 保障方式的多样性

广义的养老保险不仅包括国家法定的职工基本养老保险，还包括用人单位为职工建立的补充养老保险、职工个人自愿参加的储蓄性养老保险。

二、职工基本养老保险制度的覆盖范围

（一）用人单位及其职工强制性参加职工养老保险

根据《社会保险法》规定：“职工应当参加基本养老保险，由用人单位和职工共同缴纳基本养老保险费。”法律条文中使用了“职工”和“应当”两组词。在我国，“职工”指有相对稳定工作单位的从业人员，习惯上称“单位职工”（单位包括各级政府机关、各类事业单位、各类企业及有雇用人员的所有用人单位）。“应当”，在法条中的意思即是“必须”。也就是说，凡是单位职工都必须参加基本养老保险，这是法律的强制性规定。

为了给职工基本养老保险制度的覆盖范围进一步扩大留下空间，《社会保险法》未对“职工”的范围作明确限定。具体操作可以依据国务院的有关规定执行。比如，根据我国早期规定，职工基本养老保险制度主要覆盖城镇各类企业及其职工、实行企业化管理的事业单位及其职工以及一些与行政机关和事业单位签订劳动合同或者聘用合同的职工。随后，2003 年《劳动和社会保障部办公厅关于对社会力量所办学校等民办非企业单位参加城镇企业职工养老保险的复函》（劳社厅函〔2003〕317 号）提出，各地在扩大基本养老保险覆盖面工作中，可结合本地区的实际情况，将社会力量所办学校等民办非企业单位纳入当地企业职工基本养老保险，执行企业职工基本养老保险制度。同时，省、自治区、直辖市人民政府还可根据当地实际情况，将城镇个体工商户纳入基本养老保险范围。2010 年

颁布的《社会保险法》则概括性地规定："中华人民共和国境内的用人单位和个人依法缴纳社会保险费。"

（二）灵活就业人员自愿参加职工养老保险

灵活就业，是与正规就业相对而言的就业状态，主要是指在劳动时间、收入报酬、工作场所、保险福利、劳动管理、劳动关系等方面不同于建立在工业化基础上的传统主流就业方式的各种就业形式的总称。

灵活就业人员大都在非正规部门就业，即在劳动标准、生产组织管理及劳动关系运作等方面均达不到一般企业标准的单位或场所从业，或者是有的劳动者不愿隶属于一个单位的管理中就业。例如无雇工的个体工商户、未有稳定劳动关系的非全日制从业人员，个体艺人、自由撰稿人、独立经纪人、家庭小时工、街头小贩等自由职业者。

随着现代经济社会的发展，就业形式越来越灵活，灵活就业人员越来越多，将灵活就业人员纳入职工基本养老保险覆盖范围，有利于扩大基本养老保险的覆盖面，保护灵活就业人员的社会保险权益。根据法律规定，城镇个体工商户和灵活就业人员都可参加职工基本养老保险。

考虑到很多灵活就业人员流动性大、收入不稳定等情况，根据《社会保险法》规定："无雇工的个体工商户、未在用人单位参加基本养老保险的非全日制从业人员以及其他灵活就业人员可以参加基本养老保险，由个人缴纳基本养老保险费。"法律条文中用了"可以参加"，而非"应当参加"，这表明，灵活就业人员可以自愿参加基本养老保险。也就是说，灵活就业人员参加基本养老保险并非强制性的。因为法律规定了灵活就业人员参加基本养老保险，是完全"由个人缴纳基本养老保险费"，所以国家不强制其参加职工基本养老保险。

需要说明的是，在宽泛的灵活就业人员概念中，有些非全日制从业人员与用人单位建立了比较稳定的劳动关系，应当由（即强制性地要求）用人单位与劳动者共同缴纳基本养老保险费。

三、职工基本养老保险的筹资方式

《社会保险法》第十一条规定："基本养老保险实行社会统筹与个人账户相结合。基本养老保险基金由用人单位和个人缴费以及政府补贴等组成。"根据这一规定，基本养老保险的主要筹资来源为用人单位和个人缴费以及政府补贴。其中，用人单位和个人缴费是职工基本养老保险基金的主要来源。

（一）用人单位缴费

任何用人单位依法参加社会保险，都应当按照国家规定的缴费基数和缴费比例，及时缴纳基本养老保险费。

1. 用人单位的缴费基数

按照《社会保险法》规定："用人单位应当按照国家规定的本单位职工工资总额的比例缴纳基本养老保险费，记入基本养老保险统筹基金。"这就是说，计算用人单位应当缴纳基本养老保险费的基数是本单位职工工资总额。

所谓职工工资总额，是指用人单位在一定时期内，直接支付给本单位全部职工的劳动报酬的总额。工资总额的计算，应以直接支付给全体职工的全部劳动报酬为根据。

2. 用人单位的缴费比例

在我国社会保险制度建立初期，基本养老保险实行地方统筹，由于各地经济发展水平和缴费职工对退休人员抚养比例不一样，各地缴费基数和缴费比例也不一样。根据1997年《国务院关于建立统一的企业职工基本养老保险制度的决定》（国发〔1997〕26号）规定，企业缴纳基本养老保险费的比例，一般不得超过企业工资总额的20%（包括划入个人账户的部分），具体比例由省、自治区、直辖市人民政府确定。少数省、自治区、直辖市因离退休人数较多、养老保险负担过重，确需超过企业工资总额20%的，应报中央劳动行政部门和财政部门审批。

2019年3月，国务院《政府工作报告》提出："明显降低企业社保缴费负担。下调城镇职工基本养老保险单位缴费比例，各地可降至16%。"随后，《国务院办公厅关于印发降低社会保险费率综合方案的通知》（国办发〔2019〕13号）规定："自2019年5月1日起，降低城镇职工基本养老保险（包括企业和机关事业单位基本养老保险，以下简称养老保险）单位缴费比例。各省、自治区、直辖市及新疆生产建设兵团（以下统称省）养老保险单位缴费比例高于16%的，可降至16%。"

（二）职工个人缴费

按照《社会保险法》规定，职工个人应当按照国家规定的本人工资的比例缴纳基本养老保险费，记入个人账户。

1. 职工的缴费基数

根据《社会保险法》规定，职工缴纳基本养老保险费的缴费基数是本人工资。在实际操作中，本人工资一般是指本人上一年度月平均工资。月平均工资按国家统计局规定列入工资总额统计的项目计算，包括工资、奖金、津贴、补贴等收入。

根据1997年《劳动部办公厅关于印发〈职工基本养老保险个人帐户管理暂行办法〉的通知》（劳办发〔1997〕116号）规定，职工本人一般以上一年度本人月平均工资为个人缴费工资基数（有条件的地区也可以本人上月工资收入为个人缴费工资基数）。此外，对于一些特殊人员，其缴费基数有不同规定：

（1）新招职工（包括研究生、大学生、大中专毕业生等）以起薪当月工资收入作为缴费工资基数；从第二年起，按上一年实发工资的月平均工资作为缴费工资基数。

（2）单位派出的长期脱产学习人员、经批准请长假的职工，保留工资关系的，以脱产或请假的上年月平均工资作为缴费工资基数。

（3）单位派到境外、国外工作的职工，按本人出境（国）上年度在本单位领取的月平均工资作为缴费工资基数；次年的缴费工资基数按上年本单位平均工资增长率进行调整。

（4）失业后再就业的职工，以再就业起薪当月的工资收入作为缴费工资基数；从第二年起，按上一年实发工资的月平均工资作为缴费工资基数。

职工本人月平均工资低于当地职工平均工资60%的，按当地职工月平均工资的60%缴费；超过当地职工平均工资300%的，按当地职工月平均工资的300%缴费，超过部分不计入个人缴费工资基数，也不计入计发养老金的基数。

根据《关于贯彻执行〈中华人民共和国劳动法〉若干问题的意见》，劳动者的以下劳动收入不属于工资范畴：（1）单位支付给劳动者个人的社会保险福利费用，如丧葬抚恤救济费、生活困难补助费、计划生育补贴等；（2）劳动保护方面的费用，如用人单位支付给劳动者的工作服、解毒剂、清凉饮料费用等；（3）按规定未列入工资总额的各种劳动报酬及其他劳动收入。

2. 职工的缴费比例

根据《国务院关于建立统一的企业职工基本养老保险制度的决定》规定，个人缴纳基本养老保险费的比例，1997年不得低于本人缴费工资的4%，1998年起每两年提高1个百分点，最终达到本人缴费工资的8%。目前，全国各地职工个人缴纳基本养老保险费的比例已统一为本人缴费工资的8%。职工个人缴纳的养老保险费全部记入个人账户，形成个人账户基金，用于退休后个人账户养老金的发放。

什么是职工基本养老保险个人账户？

基本养老保险个人账户是职工在符合国家规定的退休条件并办理了退休手续后，领取基本养老金的重要依据。根据《社会保险法》规定："个人账户不得提前支取，记账利率不得低于银行定期存款利率，免征利息税。个人死亡的，个人账户余额可以继承。"个人账户资金是职工工作期间为退休后养老积蓄的资金，是基本养老保险待遇的重要组成部分。因此，退休前个人不得提前支取，如果提前支取，职工退休后的养老保险待遇就无法保障。

个人账户资金是依法设立的，具有强制储蓄性质，属于个人所有。因此，个人账户养老金余额可以继承。《国务院关于建立统一的企业职工基本养老保险制度的决定》规定，职工或退休人员死亡，个人账户中的个人缴费部分可以继承。《劳动部办公厅关于印发〈职工基本养老保险个人帐户管理暂行办法〉的通知》进一步规定，职工在职期间死亡时，其继承额为其死亡时个人账户全部储存额中的个人缴费部分本息。继承额一次性支付给亡者生前指定的受益人或者法定继承人。

需要说明的是，按照国家规定，从2006年1月1日以后，个人账户资金全部由个人缴纳形成，在此之前，个人账户中一部分资金是个人缴纳，一部分是由单位缴费中划入的。因此，职工个人死亡后，其个人账户余额中由个人缴费部分可以继承；单位缴费部分不能继承，应当并入统筹资金。

3. 灵活就业人员的个人缴费基数和缴费比例

根据《社会保险法》规定："无雇工的个体工商户、未在用人单位参加基本养老保险的非全日制从业人员以及其他灵活就业人员参加基本养老保险的，应当按照国家规定缴纳基本养老保险费，分别记入基本养老保险统筹基金和个人账户。"

这里指的"国家规定"，主要指《国务院关于建立统一的企业职工基本养老保险制度的决定》规定，城镇个体劳动者也要逐步实行基本养老保险制度，其缴费比例和待遇水平由省、自治区、直辖市人民政府参照本决定精神确定。《国务院关于完善企业职工基本养老保险制度的决定》（国发〔2005〕38号）统一了城镇个体工商户和灵活就业人员的参保缴费办法，规定城镇个体工商户和灵活就业人员参加基本养老保险的缴费基数为当地上年度在岗职工平均工资。实践中，不少地方规定灵活就业人员可以在当地上年度职工月平均工资60%—300%之间选择缴费基数。缴费比例为20%。2019年3月26日，国务院常务会议决定，由过去依据城镇非私营单位在岗职工平均工资，改为以本省城镇非私营单位和私营单位加权计算的全口径就业人员平均工资，核定缴费基数上下限，这使得灵活就业人员的缴费基数得以降低。目前，个体工商户和灵活就业人员可在本省全口径就业人员平均工资60%—300%之间自愿选择缴费基数。

灵活就业人员的个人缴费比例20%的划分为：12%归入职工基本养老保险统筹基金，8%归入职工个人账户。以保证其退休后按企业职工基本养老金计发办法计发基本养老金。这一缴费规定对于就业不稳定、收入不稳定的灵活就业人员而言是有一定压力的。

城镇个体工商户等自谋职业者以及采取各种灵活方式就业的人员，一般应按月缴纳养老保险费，也可按季、半年、年度合并缴纳养老保险费；缴费时间可累计折算。上述人员在男年满60周岁、女年满55周岁时，累计缴费年限满15年的，可按规定领取职工基本养老金。

（三）政府补贴

根据《社会保险法》第十三条规定："国有企业、事业单位职工参加基本养老保险前，视同缴费年限期间应当缴纳的基本养老保险费由政府承担。基本养老保险基金出现支付不足时，政府给予补贴。"可见，政府在基本养老保险方面承担的补贴责任主要分为以下两种：

1. 承担国有企业、事业单位职工参加基本养老保险前视同缴费年限期间应当缴纳的基本养老保险费

在现行基本养老保险制度建立以前，我国企业职工实行的是企业退休保障制度，个人不缴费，退休后由企业发放职工退休金。1991年《国务院关于企业职工养老保险制度改革的决定》（国发〔1991〕33号）规定，基本养老保险基金由企

业和职工共同缴纳。2010 年颁布的《社会保险法》第十三条明确规定：“国有企业、事业单位职工参加基本养老保险前，视同缴费年限期间应当缴纳的基本养老保险费由政府承担。基本养老保险基金出现支付不足时，政府给予补贴。”

由政府承担职工的视同缴费年限期间的养老保险费用，一是体现了国家对养老保险制度改革前职工养老权益的认同与维护，通过采取视同缴费年限这一政策措施，使制度转型后职工的利益得到补偿。二是体现了国家对计划经济时期所形成隐形契约的显性化、明确化、制度化问题的重视，有助于推进养老保险制度的可持续发展。三是体现了国家对劳动者社会必要劳动时间所形成价值的肯定，是对职工历史贡献和历史权益的确认。

2. 在基本养老保险基金支付不足时给予补贴

2000 年 5 月 28 日，国务院下发了《国务院关于切实做好企业离退休人员基本养老金按时足额发放和国有企业下岗职工基本生活保障工作的通知》（国发〔2000〕8 号）要求：“各地继续把确保企业离退休人员基本养老金按时足额发放和国有企业下岗职工基本生活（以下简称：两个确保）作为一件大事来抓，为维护社会稳定、促进企业改革和经济发展发挥了重要作用。”“各地要切实调整财政支出结构，提高财政预算中社会保障性支出的比例”“对于财政确有困难的中西部地区和老工业基地的资金缺口，经劳动保障部、财政部核实后，由中央财政给予补助，但补助要与各地两个确保工作实绩挂钩，对未达到工作要求的地区要酌情扣减补助数额。”

国家法律政策明确规定当基本养老保险基金支付不足时政府给予补贴，充分体现了党和政府以人为本、着力保障和改善民生的执政理念，以政府财政信用承担最终兜底责任，必将极大增强人民对养老保险制度可持续发展的信心。政府补助机制的建立，进一步明确了各级政府的社会保障责任，加大了基金的调剂力度，有效地解决了基本养老保险资金缺口问题，有助于健全稳定、规范、可持续的养老保险制度。

四、职工基本养老保险关系的转移接续

（一）职工跨省流动中的养老保险关系转移接续

根据《社会保险法》第十九条规定：“个人跨统筹地区就业的，其基本养老

保险关系随本人转移，缴费年限累计计算。个人达到法定退休年龄时，基本养老金分段计算、统一支付。具体办法由国务院规定。”本条所称“跨统筹地区”就业，主要是指个人跨省、自治区、直辖市就业。目前，我国各省、自治区、直辖市均出台了基本养老保险省级统筹办法，基本养老保险已经在制度上基本实现了省级统筹。因此，本条所称“统筹地区”，即指省级行政区，“跨统筹地区就业”，即指参加养老保险的个人跨省、自治区、直辖市就业。

根据《劳动部办公厅关于印发〈职工基本养老保险个人帐户管理暂行办法〉的通知》规定，职工在同一统筹范围内流动时，只转移基本养老保险关系和个人账户档案，不转移基金。职工跨统筹范围流动时，转移基本养老保险关系和个人账户档案，同时按照规定转移个人账户基金。

但在实践操作中，一些地区对流动就业人员在原参保地的缴费年限不予承认，造成关系转移接续困难。为了切实保障参加城镇企业职工基本养老保险人员的合法权益，促进人力资源合理配置和有序流动，2009 年 12 月发布的《国务院办公厅关于转发人力资源社会保障部、财政部城镇企业职工基本养老保险关系转移接续暂行办法的通知》（国办发〔2009〕66 号）规定，参保人员跨省流动就业的，由原参保所在地社会保险经办机构开具参保缴费凭证，其基本养老保险关系应随同转移到新参保地，并按照规定转移资金，参保人员在各地的参保缴费年限合并计算。

根据前述国办发〔2009〕66 号文件规定，参保人员跨省流动就业，其基本养老保险关系转移接续按下列规定办理：

1. 参保人员返回户籍所在地（指省、自治区、直辖市，下同）就业参保的，户籍所在地的相关社保经办机构应为其及时办理转移接续手续。

2. 参保人员未返回户籍所在地就业参保的，由新参保地的社保经办机构为其及时办理转移接续手续。但对男性年满 50 周岁和女性年满 40 周岁的，应在原参保地继续保留基本养老保险关系，同时在新参保地建立临时基本养老保险缴费账户，记录单位和个人全部缴费。参保人员再次跨省流动就业或在新参保地达到待遇领取条件时，将临时基本养老保险缴费账户中的全部缴费本息，转移归集到原参保地或待遇领取地。

3. 参保人员经县级以上党委组织部门、人力资源社会保障行政部门批准调动，且与调入单位建立劳动关系并缴纳基本养老保险费的，不受以上年龄规定限制，应在调入地及时办理基本养老保险关系转移接续手续。

参保人员跨省流动就业转移基本养老保险关系时，按下列方法计算转移资金：

1. 个人账户储存额：1998 年 1 月 1 日之前按个人缴费累计本息计算转移，1998 年 1 月 1 日后按计入个人账户的全部储存额计算转移。

2. 统筹基金（单位缴费）：以本人 1998 年 1 月 1 日后各年度实际缴费工资为基数，按 12%的总和转移，参保缴费不足 1 年的，按实际缴费月数计算转移。

参保人员跨省流动就业的，按下列程序办理基本养老保险关系转移接续手续：

1. 参保人员在新就业地按规定建立基本养老保险关系和缴费后，由用人单位或参保人员向新参保地社保经办机构提出基本养老保险关系转移接续的书面申请。如果是企业职工，可由新工作单位为其办理转入申请；如果以个人身份参加企业职工养老保险，自己向新参保地提出转入申请即可。具体流程为：参保人可以直接登录国家社会保险公共服务平台，申请办理养老保险关系转移；也可以登录“掌上 12333” APP，以及电子社保卡相关联的公众号或者小程序提出转移申请。

2. 新参保地社保经办机构在 15 个工作日内，审核转移接续申请，对符合本办法规定条件的，向参保人员原基本养老保险关系所在地的社保经办机构发出同意接收函，并提供相关信息；对不符合转移接续条件的，向申请单位或参保人员作出书面说明。

3. 原基本养老保险关系所在地社保经办机构在接到同意接收函的 15 个工作日内，办理好转移接续的各项手续。

4. 新参保地社保经办机构在收到参保人员原基本养老保险关系所在地社保经办机构转移的基本养老保险关系和资金后，应在 15 个工作日内办结有关手续，并将确认情况及时通知用人单位或参保人员。

（二）基本养老保险基金的统筹层次

我国一直十分重视提高基本养老保险统筹层次的问题，2005 年《国务院关于完善企业职工基本养老保险制度的决定》明确提出，要尽快提高统筹层次，实现省级统筹，为构建全国统一的劳动力市场和促进人员合理流动创造条件。

在党的十六届三中全会时，中央就提出“条件具备时实行基本养老金基础部分全国统筹”。党的十七届五中全会通过的《中共中央关于制定国民经济和社会发展第十二个五年规划的建议》进一步提出“实现基础养老金全国统筹”的目标和要求。因此，《社会保险法》第六十四条规定，基本养老保险基金逐步实行全国统筹，具体时间、步骤由国务院规定。按照国务院决策部署，从2022年1月开始，企业职工基本养老保险启动全国统筹。从制度发展方向上看，实行基础养老金全国统筹有利于全国基本养老保险政策的统一和规范，对于实现养老保险制度可持续发展具有重大理论意义和现实意义。

五、补充养老保险

企业补充养老保险，又称企业年金。人社部和财政部根据《劳动法》《劳动合同法》《社会保险法》《信托法》和国务院有关规定，于2017年12月发布了《企业年金办法》（人力资源和社会保障部、财政部令第36号）。

（一）什么是企业年金

企业年金，是企业及其职工在依法参加基本养老保险的基础上，通过集体协商自主建立的补充养老保险制度，是我国多层次养老保险制度体系中第二支柱的重要组成部分。企业建立企业年金，有利于完善职工薪酬体系，展现企业良好文化、增强人才吸引力、稳定职工队伍。职工参加企业年金，有利于在基本养老保险的基础上，另外增加一份养老积累，进一步提高退休后的收入水平和生活质量。

（二）企业年金方案

企业建立企业年金，应当首先依法参加基本养老保险并履行缴费义务，然后建立企业年金。企业应当与职工一方通过集体协商确定，并制定企业年金方案。企业年金方案应当提交职工代表大会或者全体职工讨论通过。企业年金方案适用于企业试用期满的职工。

企业年金方案应当包括的内容有：（1）参加人员；（2）资金筹集与分配的比例和办法；（3）账户管理；（4）权益归属；（5）基金管理；（6）待遇计发和支付方式；（7）方案的变更和终止；（8）组织管理和监督方式；（9）双方约定的其他事项。

企业应当将企业年金方案报送所在地县级以上人民政府人力资源社会保障行

政部门。人力资源社会保障行政部门自收到企业年金方案文本之日起15日内未提出异议的，企业年金方案即行生效。

按照《企业年金办法》，有下列情形之一的，企业年金方案终止：（1）企业因依法解散、被依法撤销或者被依法宣告破产等原因，致使企业年金方案无法履行的；（2）因不可抗力等原因致使企业年金方案无法履行的；（3）企业年金方案约定的其他终止条件出现的。

企业应当在企业年金方案变更或者终止后10日内报告人力资源社会保障行政部门，并通知受托人。企业应当在企业年金方案终止后，按国家有关规定对企业年金基金进行清算，并按照有关规定进行账户处理。

（三）企业年金的筹资与账户设立

企业年金所需费用由企业和职工个人共同缴纳。

企业年金基金由下列各项组成：（1）企业缴费；（2）职工个人缴费；（3）企业年金基金投资运营收益。

企业缴费每年不超过本企业职工工资总额的8%，企业和职工个人缴费合计不超过本企业职工工资总额的12%。具体所需费用，由企业和职工一方协商确定。职工个人缴费由企业从职工个人工资中代扣代缴。

职工企业年金个人账户下设企业缴费子账户和个人缴费子账户，分别记录企业缴费分配给个人的部分及其投资收益，以及本人缴费及其投资收益。企业缴费应当按照企业年金方案确定的比例和办法计入职工企业年金个人账户，职工个人缴费计入本人企业年金个人账户。

企业可以根据职工岗位、责任和贡献等不同，在分配企业缴费时存在一定的区别，体现企业年金的激励作用；同时也应兼顾公平、控制差距，企业应当合理确定本单位当期缴费计入职工企业年金个人账户的最高额与平均额的差距。企业当期缴费计入职工企业年金个人账户的最高额与平均额不得超过5倍。企业年金基金按照国家有关规定进行投资运营，投资运营收益并入企业年金基金。

企业年金暂时未分配至职工企业年金个人账户的企业缴费及其投资收益，以及职工企业年金个人账户中未归属于职工个人的企业缴费及其投资收益，计入企业年金企业账户。企业年金企业账户中的企业缴费及其投资收益，应当按照企业年金方案确定的比例和办法计入职工企业年金个人账户。

（四）企业年金个人账户转移

为保障流动就业职工的企业年金权益，《企业年金办法》规定，职工变动工作单位时，新就业单位已经建立企业年金或者职业年金的，原企业年金个人账户权益应当随同转入新就业单位企业年金或者职业年金。职工新就业单位没有建立企业年金或者职业年金的，或者职工升学、参军、失业期间，原企业年金个人账户可以暂时由原管理机构继续管理，也可以由法人受托机构发起的集合计划设置的保留账户暂时管理；原受托人是企业年金理事会的，由企业与职工协商选择法人受托机构管理。

（五）企业年金的管理监督

企业年金遵循信托法原则。企业年金方案备案后，按照规定，企业和职工（合称委托人）应当确定企业年金受托人，由企业代表委托人与受托人签订受托管理合同。受托人可以是符合国家规定的法人受托机构，也可以是企业按照国家有关规定成立的企业年金理事会。

企业成立企业年金理事会作为受托人的，企业年金理事会应当由企业和职工代表组成，也可以聘请企业以外的专业人员参加，其中职工代表应不少于1/3。企业年金理事会除管理本企业的企业年金事务之外，不得从事其他任何形式的营业性活动。

受托管理合同签订后，受托人应当委托具有企业年金管理资格的账户管理人、投资管理人和托管人，负责企业年金基金的账户管理、投资运营和托管。企业年金基金应当与委托人、受托人、账户管理人、投资管理人、托管人和其他为企业年金基金管理提供服务的自然人、法人或者其他组织的自有资产或者其他资产分开管理，不得挪作其他用途。企业年金基金管理人按照国家规定分工协作，共同实现企业年金基金的依法合规运营和保值增值。

实行企业年金后，企业如遇到经营亏损、重组并购等当期不能继续缴费的情况，经与职工一方协商，可以中止缴费。不能继续缴费的情况消失后，企业和职工恢复缴费，并可以根据本企业实际情况，按照中止缴费时的企业年金方案予以补缴。补缴的年限和金额不得超过实际中止缴费的年限和金额。这一规定体现了企业年金制度的灵活性，以及对企业市场主体地位的尊重和照顾，有利于企业及职工根据自身经济情况合理补缴中止的缴费，更好地维护职工的企业年金权益。

因订立或者履行企业年金方案发生争议的，按照国家有关集体合同的规定执行。因履行企业年金基金管理合同发生争议的，当事人可以依法申请仲裁或者提起诉讼。

第二节　职工基本医疗保险

一、职工基本医疗保险的含义及特征

（一）什么是基本医疗保险

基本医疗保险，是指参保人按照国家规定缴纳一定比例的医疗保险费建立医疗保险基金后，参保个人因患病和意外伤害而就医诊疗发生医疗费用时，由国家和社会管理的医疗保险基金支付其医疗保险待遇。

医疗保险有广义和狭义之分。广义的医疗保险不仅补偿由于疾病给参保人带来的直接经济损失，还包括补偿由于疾病带来的间接经济损失（如误工工资等）、因疾病死亡等支付的经济补偿，甚至对疾病预防和健康维护的费用等。狭义的医疗保险是指参保人患病或非因工负伤后在生活和医疗方面仅医疗救治获得经济帮助的一种社会保险制度。

建立医疗保险制度主要实现风险转移和补偿转移，表现在将发生在参保人个体身上的、由疾病风险所致的经济损失分摊给所有参加医疗保险的社会成员，或者说是将集中起来的医疗保险资金补偿给由疾病风险所带来的参保人个人经济损失。

（二）医疗保险的基本特征

医疗保险是社会保险中最早产生的一个险种。由于疾病风险自身的特殊性，为了抵御疾病风险而实施的医疗保险与其他保险有所不同，主要有以下几个特征：

1. 医疗保险的强制性。疾病风险有较大的不可避免性、随机性和不可预知性。人人都有可能生病，而且无法预知何时生病或生哪种病，因此必须实行强制性保险。依据有关法律法规的规定，凡是医疗保险覆盖范围内的人，必须一律参加医疗保险，从而有效分担疾病风险，提高全社会的医疗保障能力。

2. 涉及人员的广泛性。疾病发生的普遍性决定了医疗保险的广泛性。它不像生育保险那样仅对女性劳动者实行，也不像养老保险、失业保险那样仅对某一时期退出劳动岗位或暂时失去工作的劳动者实行，而是对所有劳动者实行。由于人在一生中都可能遇到疾病侵害的风险，因此，许多国家医疗保险的对象不仅是用人单位的职工，而是包括了全体国民。

3. 相互信息的隐含性。在参与医疗保险活动的当事人之间，参保人比社会保险经办机构更清楚地了解自己的健康状况，医生比病人更了解治疗的最佳方案和治疗成本，由此产生社会保险经办机构与参保人之间信息不对称、医生与病人之间信息不对称，可能导致身体健康的劳动者不愿意参保、医生为了某种利益实施过度治疗等行为。这需要政府在规范参保行为和医疗服务行为方面发挥重要作用。

4. 享受待遇的期限性。疾病与健康是相伴而行的，劳动者在日常生活中随时都有可能患病或发生非因工负伤，因而疾病对个人来说是一个终身的风险；同时在一般情况下，多数人是时而患病时而无病，许多病人经过一段时期的医治可以康复。医疗保险主要是针对疾病风险而设立的一种社会保险，医疗保险相对于大多数人来说，既有享受频率最高的特点，又是一种短期补偿性措施。所以，享受医疗待遇都是在一定期限内发生和结束的权利义务关系。

5. 保险待遇的交叉性。疾病风险与其他风险紧密相连、相互交织。由于疾病发生的广泛性，医疗保险同其他社会保险形成相互联系和交叉关系。比如因职工工伤、生育导致的疾病，或因职工疾病造成工伤。但因工伤和生育的特殊性，其待遇又与一般疾病治疗有所区别。因此，就医疗保险待遇而言，主要是解决非因工受伤的疾病治疗待遇问题。

6. 补偿的差异性。参加医疗保险的劳动者虽然在患病后就医的机会是均等的，但由于每个人的病情不同，其获得的经济补偿是不相等的；其患大病或患小病，所得经济补偿有较大差异。医疗保险待遇的支付不同于其他社会保险项目，参加医疗保险的患病人员得到的帮助大多为医疗服务，而不是现金。财产物资的损失可以用金钱计算，其损失可以采取定额补偿的办法。而健康不能用金钱计算，每个人患病时实际享用的医疗费无法事先确定，因此，医疗保险一般依据伤病的实际情况确定补偿金额，而不能采取定额补偿的办法。值得注意的是，由于医疗保险是按病情进行补偿的，如何针对患者、医疗机构和医务人员各个环节，加强管理和合理控制医疗费用，需要得到高度重视。

7. 管理的多方性。由于医疗保险中涉及企业及患病职工、医院及医生、药品提供者、医疗保险经办机构等方面的关系处理，所以需要通过立法对医疗保险多方当事人的权利、义务和法律责任作出明确规定，才能保证医疗保险制度有效运行。

二、职工基本医疗保险制度覆盖范围

按照《社会保险法》的立法精神，我国的基本医疗保险包括城镇用人单位职工基本医疗保险和城乡居民基本医疗保险。基本医疗保险的目标是实现全民“病有所医”。本书主要是讨论城镇职工基本医疗保险。

根据《国务院关于建立城镇职工基本医疗保险制度的决定》（国发〔1998〕44号），在全国范围内城镇所有用人单位，包括各类企业、机关、事业、社会团体、民办非企业单位及其职工，都要参加职工基本医疗保险。

关于灵活就业人员的医疗保障问题，根据《劳动和社会保障部办公厅关于城镇职工灵活就业人员参加基本医疗保险的指导意见》（劳社厅发〔2003〕10号）规定，灵活就业人员参加基本医疗保险，要坚持权利与义务相对应、缴费水平与待遇水平相挂钩的原则。在参保政策和管理办法上既要与城镇职工基本医疗保险制度相衔接，又要适应灵活就业人员的特点。已与用人单位建立明确劳动关系的灵活就业人员，要按照用人单位参加基本医疗保险的方法参保缴费；其他无稳定劳动关系或没有劳动关系的灵活就业人员，以个人身份参保缴费。

按照《社会保险法》规定：“无雇工的个体工商户、未在用人单位参加基本养老保险的非全日制从业人员以及其他灵活就业人员可以参加基本养老保险，由个人缴纳基本养老保险费。”也就是说，灵活就业人员可以根据个人意愿决定是否参加基本医疗保险，实行自愿原则。这与用人单位建立有稳定劳动关系的职工参加基本医疗保险的强制性原则不同。

关于农民工的医疗保障问题，根据《劳动和社会保障部办公厅关于开展农民工参加医疗保险专项扩面行动的通知》（劳社厅发〔2006〕11号）规定，要以省会城市和大中城市为重点，以农民工比较集中的加工制造业、建筑业、采掘业和服务业等行业为重点，以与城镇用人单位建立劳动关系的农民工为重点，统筹规划，分类指导，分步实施，全面推进农民工参加医疗保险工作。

《社会保险法》明确规定："进城务工的农村居民依照本法规定参加社会保险。"这就从法律上明确了将广大农民工纳入医疗保险制度。

三、职工基本医疗保险的筹资方式

《社会保险法》第二十三条第一款规定："职工应当参加职工基本医疗保险，由用人单位和职工按照国家规定共同缴纳基本医疗保险费。"根据这一规定，基本医疗保险的主要筹资方式包括用人单位和个人缴费。

（一）用人单位及其职工的缴费基数和缴费比例

根据法律和国家政策的有关规定，我国的职工基本医疗保险费由用人单位和职工共同缴纳。用人单位的缴费基数为职工工资总额，用人单位缴费率应控制在职工工资总额的6%左右。职工个人的缴费基数为本人工资，职工缴费率一般为本人工资收入的2%。具体缴费比例由各统筹地区根据实际情况确定。随着经济发展，用人单位和职工缴费率可作相应调整。

职工基本医疗保险基金由统筹基金和个人账户构成。统筹基金由各个用人单位的缴费汇总构成，个人账户的资金来源于两部分：一部分是个人缴纳的费用全部计入个人账户；另一部分是单位缴纳的费用中30%左右划入个人账户。统筹基金和个人账户实行分别核算，不得相互挤占。

对用人单位而言，由于其指挥和控制着劳动者在社会生产活动中付出劳动能力，对劳动力的恢复和再生产有着不可推卸的责任，理应为其职工缴纳一部分基本医疗保险费；同时，用人单位把一部分原来由自己办理的事项转交给了社会，减轻了单位的社会事务负担，从而有利于转化生产经营机制，增强竞争活力。

对职工而言，要求个人缴纳医疗保险费，并在患病时享有获得医疗服务的权利，体现了权利和义务对等的原则。个人缴纳一定医疗保险费，有利于促进社会成员增强"费用意识"和"健康意识"，珍惜有限的医疗资源，从而积极锻炼身体，并主动监督医疗服务，注意减少医疗资源浪费，有助于促进医疗服务质量和效率的提高。

按照《社会保险法》规定，参加职工基本医疗保险的个人，达到法定退休年龄时累计缴费达到国家规定年限的，退休后不再缴纳基本医疗保险费，按照国家规定享受基本医疗保险待遇；未达到国家规定年限的，可以缴费至国家规定年限。

（二）灵活就业人员参加职工基本医疗保险的缴费

根据《社会保险法》规定，灵活就业人员自愿参加职工基本医疗保险，由个人按照国家规定缴纳基本医疗保险费。根据《劳动和社会保障部办公厅关于城镇灵活就业人员参加基本医疗保险的指导意见》规定，灵活就业人员参加基本医疗保险，以个人身份缴费参保，缴费基数可参照当地上一年职工年平均工资核定，缴费率原则上按照当地的缴费率确定。灵活就业人员缴纳的医疗保险费纳入统筹地区基本医疗保险基金统一管理。

四、职工基本医疗保险关系转移

（一）什么是医疗保险关系转移接续

医疗保险关系转移，是指参保人在跨地区流动就业时把原就业地的基本医疗保险缴费年限及个人账户转到新就业地，以便在两地的医疗保险年限能够累计计算。如转移的基本医疗保险缴费年限满足连续参保年限的接续，则该参保人两地医疗保险缴费年限可合并连续计算。医疗保险关系转移的内容包含基本医疗保险缴费年限的清单及个人账户的余额。

为保证城镇职工基本医疗保险、城镇居民基本医疗保险和新型农村合作医疗参保人员流动就业时能够连续参保，基本医疗保障关系能够顺畅接续，保障参保人员的合法权益，《社会保险法》第三十二条规定：“个人跨统筹地区就业的，其基本医疗保险关系随本人转移，缴费年限累计计算。”国家还规定，城乡各类流动就业人员按照现行规定相应参加城镇职工基本医疗保险、城镇居民基本医疗保险或新型农村合作医疗，不得同时参加和重复享受待遇。各地不得以户籍等原因设置参加障碍。

（二）跨统筹地区流动就业的城镇职工医疗保险关系转移

城镇基本医疗保险参保人员跨统筹地区流动就业，新就业地有接收单位的，由单位按照国家规定办理登记手续，参加新就业地城镇职工基本医疗保险；无接收单位的，个人应在中止原基本医疗保险关系后的 3 个月内到新就业地社会（医疗）保险经办机构办理登记手续，按当地规定参加城镇职工基本医疗保险或城镇居民基本医疗保险。

城镇基本医疗保险参保人员跨统筹地区流动就业并参加新就业地城镇基本医疗保险的，由新就业地社会（医疗）保险经办机构通知原就业地社会（医疗）保险经办机构办理转移手续，不再享受原就业地城镇基本医疗保险待遇。建立个人账户的，个人账户原则上随其医疗保险关系转移划转，个人账户余额（包括个人缴费部分和单位缴费划入部分）通过社会（医疗）保险经办机构转移。

参保人员跨制度或跨统筹地区转移基本医疗保障关系的，原户籍所在地或原就业地社会（医疗）保险或新型农村合作医疗经办机构应在其办理中止参保手续时为其出具参保凭证，并保留其参保信息，以备核查。新就业地要做好流入人员的参保信息核查以及登记等工作。社会（医疗）保险和新型农村合作医疗经办机构要加强沟通和协作，共同做好基本医疗保障关系转移接续管理服务工作，简化手续，规范流程，共享数据，方便参保人员接续基本医疗保障关系和享受待遇。

（三）城乡基本医疗保险关系的转移

农村户籍人员在城镇单位就业并有稳定劳动关系的，由用人单位按照国家规定办理城镇职工参加医疗保险登记手续，参加就业地城镇职工基本医疗保险。其他流动就业的，可自愿选择参加户籍所在地居民医疗保险或就业地城镇职工基本医疗保险，并按照有关规定到户籍所在地或就业地社会（医疗）保险经办机构办理登记手续。

参加农村居民医疗保险的人员参加城镇职工基本医疗保险后，由就业地社会（医疗）保险经办机构通知户籍所在地医疗保险经办机构办理转移手续，按当地规定退出当地的农村居民医疗保险，不再享受其居民医疗保险待遇。

由于劳动关系终止或其他原因中止城镇基本医疗保险关系的农村户籍人员，可凭就业地社会（医疗）保险经办机构出具的参保凭证，向户籍所在地居民医疗保险经办机构申请，按当地规定参加农村居民医疗保险。

2016 年 6 月 22 日，人力资源社会保障部办公厅印发了《流动就业人员基本医疗保险关系转移接续业务经办规程》（人社厅发〔2016〕94 号），该规程明确了城镇职工基本医疗保险和城乡居民基本医疗保险参保人员流动就业时跨制度、跨统筹地区转移接续基本医疗保险关系的经办流程。

五、补充医疗保险

在我国实行基本医疗保险制度的基础上，建立各种形式的补充医疗保险制度，是由基本医疗保险制度及疾病风险的特殊性等客观因素所决定的。

（一）什么是企业职工的补充医疗保险

我国基本医疗保险制度是按照“基本水平、广泛覆盖、双方负担、统帐结合”的原则确定的，在每一个统筹地区，实行统一的基本医疗保险缴费政策和给付待遇。为了保障参保职工公平享有基本医疗服务，确保医疗保险基金的收支平衡，基本医疗保险在费用支付上采取了有限支付的措施，如个人账户主要支付门诊费用、统筹基金支付实行最高支付限额（即“封顶线”），这些措施在保障职工获得基本医疗服务时，也存在基本医疗保险的保障水平和职工实际医疗消费需求之间存在差距，难以充分满足具有不同支付能力和医疗需求的企业职工的医疗保障需要。特别是一些效益好的企业，原有的医疗保障水平已经超出了基本医疗保险的待遇水平，这类企业客观上又有着保持原有医疗保障待遇的支付能力。因此，为满足不同人群的多层次医疗保障需求，以保证新旧制度的衔接和改革的平稳实施，有必要建立企业补充医疗保险。

企业补充医疗保险是企业在参加基本医疗保险的基础上，国家给予政策鼓励，由企业自主举办或参加的一种补充性医疗保险形式。参加企业补充医疗保险的条件是参加了基本医疗保险，足额发放职工工资和缴纳社会保险费用，有能力参加企业补充医疗保险的企业。

《财政部、劳动保障部关于企业补充医疗保险有关问题的通知》（财社〔2002〕18号）指出，企业可在按规定参加当地基本医疗保险基础上，建立补充医疗保险，用于对城镇职工基本医疗保险制度支付以外由职工个人负担的医药费用进行的适当补助，减轻参保职工的医药费负担。企业补充医疗保险费在工资总额4%以内的部分，企业可直接从成本中列支，不再经同级财政部门审批。企业补充医疗保险资金由企业或行业集中使用和管理，单独建账，单独管理，用于本企业个人负担较重职工和退休人员的医药费补助，不得划入基本医疗保险个人账户，也不得另行建立个人账户或变相用于职工其他方面的开支。

（二）什么是职工的大额医疗费用补助

职工大额医疗费用补助，是各地在推进基本医疗保险制度改革过程中，探索出的一种解决“封顶线”以上大额医疗费用的医疗补助办法。这种办法一般由当地政府随同基本医疗保险的建立在参保职工中执行，由当地社会保险经办机构负责经办，是一种社会性的补充保险。保险费一般按每个职工一年缴纳一定额度费用的办法筹集，由社会保险经办机构建立大额医疗费用补助金，与基本医疗保险基金分开管理，分别核算。参保职工发生超过封顶线的医疗费用，由大额医疗费用补助金按一定比例支付。

（三）什么是商业医疗保险

商业医疗保险由商业保险公司经办，多以营利为目的，企业或职工自愿参加。在构建我国多层次医疗保障体系中，商业医疗保险应在补充性医疗保险体系中发挥重要作用。从目前我国的现实需要来看，发展商业保险，一是可以解决基本医疗保险制度尚未覆盖的其他社会成员基本医疗问题，二是分担职工在基本医疗保险中个人负担的医疗费用，有助于解决当前职工医疗保险中存在的超前消费和过度消费问题。同时，它还有利于提高人们的健康投资意识，引导人们的健康消费，并为国家经济发展提供一定数量的资金。

目前我国商业医疗保险的险种主要有：

1. 基础医疗保险

如对未参加社会基本医疗保险的人群的住院医疗保险等。保险购买人按保险合同缴纳保险费后，保险受益人患病住院后发生的医疗费用，由保险公司赔付一定比例的费用，一般都规定有起赔额和针对某一病种的最高赔付限额。

2. 大病保险

一般是针对肿瘤、心血管疾病按单病种设立的保险。保险购买人按保险合同缴纳保险费后，保险受益人患所保疾病病种发生的费用，由保险公司支付一定比例的费用，并设最高支付限额，或者采取定额支付，无论发生医疗费用多少，保险公司均按合同一次性支付定额保险金。

3. 伤残保险

主要是针对职业伤害、意外伤害设置的一种保险。保险购买人按保险合同缴纳保险费后，保险受益人发生承保事件后，除可以获得保险赔偿金外，对因意外事件发生的医疗费用，保险公司也给予一定的赔偿。

4. 与基本医疗保险衔接的大病保险

这是基本医疗保险制度建立后，商业保险公司推出的新险种，基本医疗保险的参保职工可以按照商业保险公司的保险合同购买保险，职工患病发生的医疗费用超过封顶线以上部分，可从保险公司获得一定比例的赔付。

第三节　职工工伤保险

一、工伤保险的含义及特征

（一）什么是工伤保险

工伤保险，又称职业伤害保险，是指当用人单位参加工伤保险缴纳工伤保险费后，劳动者因工作原因或在法定的特殊情况下遭受事故伤害或者患职业病，从而造成暂时或者永久丧失劳动能力、死亡时，能从国家或社会管理的工伤保险基金中依法获得医疗救治和给予劳动者及其供养亲属必要经济补偿及一定的生活费用，同时促进工伤预防和职业康复，分散用人单位职业伤害风险的一项社会保险制度。

劳动者在社会生产劳动过程中，由于职业原因受到外界直接伤害引起的危险（即工伤事故和职业性有害因素引起损害的危险）客观存在，由此发生的工伤和职业病给职工造成的身体伤害和经济损失，往往使职工个人及其家庭难以承受。因此，国家依法建立工伤保险制度，设立工伤保险基金，实行工伤保险基金社会统筹，对工伤职工提供物质帮助、经济补偿和社会化管理服务，具有十分重要的意义。按照法律规定，如果用人单位未依法参加工伤保险和缴纳工伤保险费，劳动者发生工伤事故时，应当由用人单位支付工伤保险待遇。

同时，按照我国政府批准的国际劳工公约《本国工人与外国工人关于事故赔偿的同等待遇公约》第一条的规定："凡批准本公约的国际劳工组织会员国，承允对于已批准本公约的任何其他会员国的人民在其国境内因工业意外事故而受伤害者，或对于需其赡养的家属，在工人赔偿方面，应给予与本国人民同等的待遇……"我国对批准该公约的其他会员国的国民在我国境内遭受工伤事故危害的，也应给予与本国国民同等的待遇。

（二）工伤保险的特征

1. 工伤保险是强制性保险，是法律规定必须对职工实行的一种社会保险。工伤保险的参保人为用人单位，被保险人是与该用人单位建立了劳动关系的职工。职工参加工伤保险由用人单位缴纳工伤保险费，职工个人不缴纳工伤保险费。用人单位应当将参加工伤保险的有关情况在本单位内公示。职工发生工伤时，用人单位应当采取措施使工伤职工得到及时救治。

2. 工伤保险实行无过失责任原则，即一旦发生工伤事故，只要不是职工的故意行为所致或者不是职工承担主要责任，无论受到伤害的职工是否有过失，都应该享受工伤保险待遇。

3. 工伤保险所保之“险”为职业危险，是指在生产工作中的工伤事故和职业性有害因素对职工健康和生命造成的危险。这种危险客观存在，由外界直接伤害引起，危险发生与否具有不确定性。职工受到的此类伤害主要是工作原因造成的，所以为了保障因工受伤的职工及其家庭的基本生活，法律要求用人单位给劳动者缴纳全部保险费，以此承担对劳动者的全部赔偿责任，不要求劳动者个人缴纳工伤保险费。用人单位依法缴纳工伤保险费后，即将对职工工伤保险的责任转入社会保险经办机构，对工伤职工的待遇费用也由本单位全部承担改为由全社会和用人单位共同承担。

4. 国家根据不同行业的工伤风险程度确定行业的差别缴费率，并根据使用工伤保险基金、工伤发生率等情况在每个行业内确定不同的费率档次，以此督促用人单位加强劳动安全卫生工作，保护职工健康和安全，积极改善劳动条件，并促进工伤预防，减少工伤危险造成的伤害。

5. 工伤保险待遇是对已经遭受工伤危害的职工及其供养亲属给予物质帮助和经济补偿，是为了保障遭受工伤事故和患职业病的职工获得医疗救治、经济补偿和职业康复的权利，尊重和肯定劳动者工作的价值和为工作奉献的精神，同时解除劳动者的后顾之忧，有利于社会安定。

（三）工伤保险与商业人身保险的区别

工伤保险是一项社会保险，它与商业性的人身保险都是为被保险人的生命、健康设置的保险，但二者有本质的区别：

1. 投保人不同。商业人身保险的投保人是指与保险人订立了保险合同，并按照保险合同承担支付保险费义务的公民、法人和其他组织；而工伤保险的投保人是与被保险人（职工）建立了劳动关系的用人单位。

2. 被保险人不同。商业人身保险的被保险人可以是任何公民，不区分是从业人员还是非从业人员；而工伤保险的被保险人仅限于与投保人（用人单位）建立了劳动关系的职工。

3. 保险人不同。商业人身保险的保险人是指与投保人订立了保险合同，并承担赔偿或给付保险金责任的商业保险公司，保险公司是以营利为目的的企业；而工伤保险的保险人是社会保险行政部门及其社会保险经办机构，社会保险经办机构在提供工伤保险待遇支付的具体经办服务中，不能以营利为目的，而是免费提供服务。

4. 保险的性质不同。商业人身保险是任意性保险或自愿性保险，保险关系因当事人自愿签订保险合同而建立；而工伤保险为国家强制性保险，保险关系由法律规定而必须建立。

5. 适用法律不同。商业人身保险属于民事法律关系，适用民事法律法规调整；而工伤保险属于劳动和社会保险法律关系，适用劳动和社会保险法律法规调整。

二、工伤保险的原则及覆盖范围

（一）工伤保险的基本原则

1. 无过失责任原则

工伤保险具有一个鲜明的特征：即工伤保险实行“无过失责任”或“无过错责任”原则，这是指劳动者在各种伤害事故中，只要不是受害者本人故意行为所致，无论工伤事故的责任归于雇主还是雇员个人，均应由雇主或社会来承担保险责任，给予赔偿。这一原则已成为世界各国确定工伤保险责任时普遍适用的准则。

工伤保险的责任原则是确定职工工伤保险的责任由谁承担的基本准则。在劳动关系中，用人单位对劳动者在劳动过程中的安全和健康负有保护义务，这也是用人单位对国家的责任。劳动者遭受职业伤害，用人单位就应对受伤害的劳动者负赔偿责任。这种责任是基于法律规定而非合同约定所产生，既不能通过合同约定减免这种责任，也不能以劳动者有过失为由来改变这种责任。根据“无责任补偿”或者“无过失补偿”原则，工伤保险立法要求用人单位在发生工伤事故进行补偿时，只要职工不承担主要责任（尽管可能有过失责任），都应给予劳动者经济补偿。因为劳动者在工作中受到事故伤害，不但身心受到极大的痛苦，而且会影响或断绝正常收入。因此，必须给予伤残者以及时的物质帮助。同时，为了减轻单个用人单位的经济负担，通过工伤保险立法，将各类用人单位缴纳的工伤保险费统筹起来，建立工伤保险基金，用于工伤职工，也是从整个社会层面落实工伤保险的无过错责任原则，使工伤职工切实能够依法享受到工伤保险待遇。

2. 损害补偿原则

工伤保险损害补偿原则，除了要考虑劳动者维持原来本人及其家庭基本生活，进行劳动力生产和再生产的最直接、最重要的收入来源损失之外，还要考虑伤害程度、伤害性质及职业康复等因素，进行适当的经济补偿。特别是工伤造成的职工直接经济损失，即劳动者在发生伤残事故后个人所受的主要经济损失——工资收入，其直接影响工伤职工本人及其家属的基本生活，影响劳动力再生产。因而对劳动者所遭受的直接经济损失，必须给予全部的补偿。

3. 注重预防与康复相结合的原则

工伤保险制度还包括预防事故发生和帮助伤者康复。加强劳动保护培训，积极开展事故预防，是减少职工伤残的有效措施。而职业康复则是在帮助工伤残疾人员尽可能恢复劳动力和提高生活能力。世界各国的立法都规定用人单位要努力改善劳动条件，加强对劳动者的安全培训，及时发现并排除事故隐患，一旦发生事故要及时治疗，并采取多种措施促进职工早日康复。各国政府都鼓励社会、用人单位积极兴办职业安全教育和工伤康复事业，所需费用可以从工伤保险基金中支付。

（二）工伤保险制度的覆盖范围

我国工伤保险制度的具体覆盖范围在《工伤保险条例》中有明确规定：“中华人民共和国境内的企业、事业单位、社会团体、民办非企业单位、基金会、律师事务所、会计师事务所等组织和有雇工的个体工商户（以下称用人单位）应当依照本条例规定参加工伤保险，为本单位全部职工或者雇工（以下称职工）缴纳工伤保险费。”外国人在中国境内就业的，也应当参加工伤保险，由所在单位为其缴纳工伤保险费。

《社会保险法》从法律层面再次重申：“职工应当参加工伤保险，由用人单位缴纳工伤保险费，职工不缴纳工伤保险费。”根据这条规定，我国境内的用人单位都应当为其所有职工缴纳工伤保险费。值得注意的是，与职工基本养老保险和职工基本医疗保险的覆盖范围相比，在《社会保险法》中，关于工伤保险的参保范围更强调“全部职工”。在《社会保险法》第十条和第二十三条的规定中，未在用人单位参加职工基本养老保险、职工基本医疗保险的非全日制从业人员以及其他灵活就业人员，“可以参加”职工基本养老保险和职工基本医疗保险。也就是说，在用人单位工作的非全日制从业人员以及其他灵活就业人员是自愿参加养老、医疗这两项社会保险。而对于工伤保险来说，则要求包括在用人单位工作的非全日制从业人员也应当强制参保，用人单位应当为其缴纳工伤保险费。同时，按照《劳动和社会保障部关于实施〈工伤保险条例〉若干问题的意见》（劳社部函〔2004〕256号）规定，职工在两个或两个以上用人单位同时就业的，各用人单位应当分别为职工缴纳工伤保险费。职工发生工伤，由职工受到伤害时其工作的单位依法承担工伤保险责任。

三、工伤保险的筹资方式

工伤保险基金是社会保险基金的一种，是保障工伤职工各项法定待遇的物质基础，根据《社会保险法》规定：“职工应当参加工伤保险，由用人单位缴纳工伤保险费，职工不缴纳工伤保险费。”这一规定充分体现了工伤保险遵循的雇主责任原则。

（一）工伤保险缴费基数

根据《社会保险法》规定：“用人单位应当按照本单位职工工资总额，根据社会保险经办机构确定的费率缴纳工伤保险费。”因此，工伤保险费的缴费基数为本单位职工工资总额。在实务操作中，用人单位一般以本单位职工上年度月平均工资总额为缴费基数。

按照《工伤保险条例》的规定，对难以按照工资总额缴纳工伤保险费的行业，其缴纳工伤保险费的具体方式，由国务院社会保险行政部门作出规定。这主要是考虑到建筑业、小矿山、小型服务企业等，从业人员流动性大，职工不稳定，有的职工在同一用人单位可能不满1个月就离开了。但按照前述《社会保险法》有关工伤保险覆盖范围的规定，即使只在用人单位工作一天的从业人员也应纳入工伤保险。因此，需要对这些特殊行业企业参加工伤保险的缴费办法作出灵活的变通规定，以利于这些行业企业的职工享受工伤保险待遇。

按照《部分行业企业工伤保险费缴纳办法》（人力资源和社会保障部令第10号）规定：

1. 建筑施工企业可以实行以建筑施工项目为单位，按照项目工程总造价的一定比例，计算缴纳工伤保险费。

2. 商贸、餐饮、住宿、美容美发、洗浴以及文体娱乐等小型服务业企业以及有雇工的个体工商户，可以按照营业面积的大小核定应参保人数，按照所在统筹地区上一年度职工月平均工资的一定比例和相应的费率，计算缴纳工伤保险费；也可以按照营业额的一定比例计算缴纳工伤保险费。

3. 小型矿山企业可以按照总产量、吨矿工资含量和相应的费率计算缴纳工伤保险费。

上述所列部分行业企业工伤保险费缴纳的具体计算办法，由省级社会保险行政部门根据本地区实际情况确定。

（二）工伤保险缴费费率

各类用人单位要根据社会保险经办机构确定的费率缴纳工伤保险费，用人单位缴纳工伤保险费的数额为本单位职工工资总额乘以单位缴费费率之积。因此，要建立规范的工伤保险缴费费率机制，其中关键是科学、合理地确定各类用人单位的缴费费率。

1. 确定工伤保险费率应坚持以支定收与收支平衡的原则

工伤保险基金实行现收现付制，也就是将当期征缴的工伤保险费用于支付当期的各项工伤保险待遇及其他合法支出。工伤事故的发生有突然性，但总体上也有一定规律，在一个周期内，根据事故发生的概率，可以预测收支状况。对某个地区某一时段的工伤事故或者职业病的发生及其所需费用有了估算后，就能预估出下一时段所需的资金量。工伤保险费根据以支定收、收支平衡的原则，确定费率。工伤保险费率的确定，应该满足各项工伤保险待遇及各项合法项目的支出，同时又不使基金有过多结余。

2. 实行行业差别费率

根据《社会保险法》规定："国家根据不同行业的工伤风险程度确定行业的

差别费率，并根据使用工伤保险基金、工伤发生率等情况在每个行业内确定费率档次。行业差别费率和行业内费率档次由国务院社会保险行政部门制定，报国务院批准后公布施行。社会保险经办机构根据用人单位使用工伤保险基金、工伤发生率和所属行业费率档次等情况，确定用人单位缴费费率。"

从社会生产实践看，不同的行业发生工伤事故的概率、严重程度差距较大，进而导致对工伤保险待遇支付的较大差距。因此，世界上建立工伤保险制度的国家，大多实行行业差别费率，使用人单位的缴费与所属行业风险程度、事故发生频率相挂钩。考虑到同一行业内不同单位间工伤发生率及使用工伤保险基金的情况也存在差异，在每个行业内还需要确定若干费率档次。

根据《人力资源社会保障部、财政部关于调整工伤保险费率政策的通知》（人社部发〔2015〕71号），现行工伤保险行业差别费率及费率档次，按照《国民经济行业分类》（GB/T 4754—2011）[①] 对行业的划分，根据不同行业的工伤风险程度，由低到高，依次将行业工伤风险类别划分为一类至八类，不同工伤风险类别的行业执行不同的工伤保险行业基准费率。各行业工伤风险类别对应的全国工伤保险行业基准费率，分别控制在该行业用人单位职工工资总额的一定比例，工伤保险行业风险分类及基准费率见表7-1。

表7-1 工伤保险行业风险分类表

行业类别	行业名称	基准费率
一	软件和信息技术服务业，货币金融服务，资本市场服务，保险业，其他金融业，科技推广和应用服务业，社会工作，广播、电视、电影和影视录音制作业，中国共产党机关，国家机构，人民政协、民主党派，社会保障，群众团体、社会团体和其他成员组织，基层群众自治组织，国际组织	0.2%
二	批发业，零售业，仓储业，邮政业，住宿业，餐饮业，电信、广播电视和卫星传输服务，互联网和相关服务，房地产业，租赁业，商务服务业，研究和试验发展，专业技术服务业，居民服务业，其他服务业，教育，卫生，新闻和出版业，文化艺术业	0.4%

① 此标准已被替代，现行标准为GB/T 4754—2017。国家根据社会经济活动中出现的新产业、新业态、新商业模式等，对此标准进行适时修订。

续表

行业类别	行业名称	基准费率
三	农副食品加工业，食品制造业，酒、饮料和精制茶制造业，烟草制品业，纺织业，木材加工和木、竹、藤、棕、草制品业，文教、工美、体育和娱乐用品制造业，计算机、通信和其他电子设备制造业，仪器仪表制造业，其他制造业，水的生产和供应业，机动车、电子产品和日用产品修理业，水利管理业，生态保护和环境治理业，公共设施管理业，娱乐业	0.7%
四	农业，畜牧业，农、林、牧、渔服务业，纺织服装、服饰业，皮革、毛皮、羽毛及其制品和制鞋业，印刷和记录媒介复制业，医药制造业，化学纤维制造业，橡胶和塑料制品业，金属制品业，通用设备制造业，专用设备制造业，汽车制造业，铁路、船舶、航空航天和其他运输设备制造业，电气机械和器材制造业，废弃资源综合利用业，金属制品、机械和设备修理业，电力、热力生产和供应业，燃气生产和供应业，铁路运输业，航空运输业，管道运输业，体育	0.9%
五	林业，开采辅助活动，家具制造业，造纸和纸制品业，建筑安装业，建筑装饰和其他建筑业，道路运输业，水上运输业，装卸搬运和运输代理业	1.1%
六	渔业，化学原料和化学制品制造业，非金属矿物制品业，黑色金属冶炼和压延加工业，有色金属冶炼和压延加工业，房屋建筑业，土木工程建筑业	1.3%
七	石油和天然气开采业，其他采矿业，石油加工、炼焦和核燃料加工业	1.6%
八	煤炭开采和洗选业，黑色金属矿采选业，有色金属矿采选业，非金属矿采选业	1.9%

基准费率的具体标准可根据统筹地区经济产业结构变动、工伤保险费使用等情况适时调整。

3. 实行费率浮动机制

所谓费率浮动，是指同一用人单位不同年度之间应当根据上年度工伤发生率和使用工伤保险基金的情况，在所属行业的费率档次内进行上下浮动。实行浮动费率的目的是利用经济手段促进用人单位重视安全生产，强化工伤预防工作，降低用人单位伤亡事故率。行业的差别费率和费率档次确定后，统筹地区社会保险经办机构根据上年度用人单位工伤保险基金使用、工伤发生率等指标，确定用人单位在所属行业内相应的费率档次中适用的费率，作为该单位缴费费率。用人单位在上年度安全生产状况好，工伤保险基金使用少，其具体适用的费率档次就低；反之，就有可能调高其适用的费率档次。

为了利用好浮动费率这个杠杆作用，必须制定规范的浮动费率机制，科学统计分析和评估行业企业的工伤事故率、收支率和工伤保险费用支出情况，调整用人单位的工伤保险费率。按照现行规定，一类行业分为三个档次，即在基准费率的基础上，可向上浮动至120%、150%，二类至八类行业分为五个档次，即在基准费率的基础上，可分别向上浮动至120%、150%或向下浮动至80%、50%。

四、工伤认定

职工受到伤害后，能否从工伤保险基金获得补偿，首先要看其所受伤害是否属于工伤。对职工所受伤害的性质进行认定，即所谓工伤认定。

我国与国际上绝大多数建立工伤保险制度的国家和地区不同，对工伤采取行政认定的办法，即职工受到伤害后，需要经社会保险行政部门确认为工伤后，才能取得向社会保险经办机构申请工伤待遇的资格。而在其他国家和地区，雇员受到伤害后，可以直接向工伤保险机构申请工伤待遇，由工伤保险机构确认其是否具有申领待遇的资格。

根据《社会保险法》第三十六条规定："职工因工作原因受到事故伤害或者患职业病，且经工伤认定的，享受工伤保险待遇……"这里，法律规定了职工获得享受工伤保险待遇的两个条件：一是因工作原因受到事故伤害或者患职业病的；二是经工伤认定的。前者是实质性要件，后者是程序性要件。必须同时具备这两个要件，才能具有申领工伤保险待遇的资格。

按照《工伤保险条例》的规定，对职工是否为工伤，分为"认定为工伤"和"视同工伤"两种情形，并对这两种情形都作了明确的规定。

（一）认定为工伤的情形

根据《工伤保险条例》第十四条规定，职工有下列情形之一的，应当认定为工伤：

1. 在工作时间和工作场所内，因工作原因受到事故伤害

符合在“工作时间”、“工作场所”、“工作原因”受到事故伤害的，应当认定为工伤。这是国际上认定工伤的惯例。要注意对“三工”标准的理解。

（1）“工作时间”，是指法律规定或者单位要求职工工作的时间。合法的加班期间以及单位违法延长工时的期间也属于职工的工作时间，职工在此期间受到事故伤害，属于应当认定为工伤的情形。

（2）“工作场所”，是指职工因工作而需要在场或前往，并在企业直接或间接控制之下的一切地点。这也是国际劳工组织 1981 年《职业安全和卫生及工作环境公约》（第 155 号公约）第 3 条 c 项的规定。“工作场所”包括职工日常工作所在的场所以及该职工的管理者临时指派其所从事工作的场所。在工作时间内，职工来往于多个与其工作职责相关的工作场所之间的合理区域因工受到伤害的，应认定为工伤。

（3）“工作原因”，是指职工受到事故伤害是因其履行工作职责、完成工作任务所致。这是最为普遍的工伤情形。工作原因是工伤认定的核心要素。判定是否因工作原因，应当考虑是否属于本岗位工作、是否属于与工作有关的预备性或者收尾性工作、是否属于单位临时指派的工作、是否属于维护国家利益或公共利益的活动等方面。

要注意：按照《最高人民法院关于审理工伤保险行政案件若干问题的规定》（法释〔2014〕9 号）规定：

一是职工在工作时间和工作场所内受到伤害，用人单位或者社会保险行政部门没有证据证明是非工作原因导致的，则推定为工作原因，应认定为工伤。工作原因是核心要件，是认定工伤的充分条件。即使不在工作时间、工作场所，只要是工作原因，同样应当认定为工伤。但是，在工作原因无法查明时，就要以职工是否在工作时间和工作场所内，来推定是否属于工作原因。

当然，如果用人单位有证据证明员工在工作时间和工作场所内受到伤害并非因工作原因导致，则不能认定为工伤。

二是法院采纳《人力资源社会保障部关于执行〈工伤保险条例〉若干问题的意见（二）》（人社部发〔2016〕29 号）关于“职工在参加用人单位组织或者受用人单位指派参加其他单位组织的活动中受到事故伤害的，应当视为工作原

因，但参加与工作无关的活动除外”的规定。因为职工参加属于用人单位强制要求或者鼓励参加的集体活动，这些活动可以被认为是工作的一个组成部分，应该属于工作原因，由此受到的伤害应当认定为工伤。

三是在工作时间内，职工来往于多个与其工作职责相关的工作场所之间的合理区域因工受到伤害的，以及其他与履行工作职责相关，职工在工作时间及合理区域内受到伤害的，应当认定为工伤。这里主要强调的是职工在工作时间内“与履行工作职责相关”所受到伤害，应当认定为工伤。

本条中的“事故伤害”，主要指职工在工作过程中发生的人身伤害事故。

2. 工作时间前后在工作场所内，从事与工作有关的预备性或者收尾性工作受到事故伤害

按照国际劳工组织的定义，工伤是由于工作原因直接或间接受到的伤害。因此，国际上许多国家一般都将职工在从事与工作有关的预备性或者收尾性工作中受到的伤害，列入工伤的范围。我国工伤保险制度也采纳了这一观点。

“从事与工作有关的预备性或者收尾性工作”，主要是指在法律规定的或者单位要求的开始工作时间之前的一段合理时间内，或者结束工作时间之后的一段合理时间内，职工在工作场所内从事本职工作或者领导指派的其他任务有关的准备工作和收尾工作。准备工作诸如运输、备料、准备工具等；收尾工作诸如清理场地、收拾工具等。例如，一些企业的职工在下班离开工作岗位时，按照有关要求必须去卫生清洗和更衣，恰在此时出现摔伤，这种情形应当按照收尾性工作受到事故伤害的规定认定为工伤。

3. 在工作时间和工作场所内，因履行工作职责受到暴力等意外伤害

在工作时间和工作场所内，对于“因履行工作职责受到暴力等意外伤害”有两层含义：

一是指在工作时间和工作场所内，职工因履行工作职责，使某些人的不合理的或违法的目的没有达到，这些人出于报复而对该职工进行的暴力人身伤害；

二是指职工在工作时间和工作场所内，因履行工作职责受到非人为的意外伤害，诸如地震、厂区失火、车间房屋倒塌以及由于单位其他设施不安全而造成的意外伤害等。

“因履行工作职责受到暴力等意外伤害”强调的是受到的伤害与履行工作职责

之间存在有因果关系。没有证据否定职工所受到的伤害与履行工作职责有必然联系的，在排除非履行工作职责的因素后，应认定为因履行工作职责所致。如果员工因个人利益、个人恩怨或者相互打闹等原因受到暴力伤害，显然不能认定为工伤。

4. 患职业病

根据《职业病防治法》的规定，职业病是指企业、事业单位和个体经济组织等用人单位的劳动者在职业活动中，因接触粉尘、放射性物质和其他有毒、有害因素而引起的疾病。其特征是在有毒有害的环境下从事特定职业所患的疾病。因为职业病是职工在长期从事某项工作中受到的一种职业伤害，所以在世界各国皆认定为工伤。

按照《职业病分类和目录》（国卫疾控发〔2013〕48号）规定，职业病共有10类132种：一是尘肺病；二是职业性皮肤病；三是职业性眼病；四是职业性耳鼻喉口腔疾病；五是职业性化学中毒；六是物理因素所致职业病；七是职业性放射性疾病；八是职业性传染病；九是职业性肿瘤；十是其他职业病。职工要进行职业病诊断，应当到用人单位所在地或者本人居住地的省级以上人民政府卫生行政部门批准的具有职业病诊断资格的医疗卫生机构，依法取得职业病诊断证明书或职业病诊断鉴定书。

如果企业员工患有职业病目录中规定的某种疾病，但不是在职业活动中引起的，而是由于其居住地周边生产单位污染物排放或者是其他情况而引起的，就不属于职业病。

5. 因工外出期间，由于工作原因受到伤害或者发生事故下落不明

要注意以下三点：

（1）关于“因工外出期间”的认定。“因工外出期间”属于“工作时间”的一种特殊情形。这里的“因工外出期间”和通常意义的“工作时间”是不同的。通常意义的“工作时间”是指多数发生在工作场所或工作岗位内，而“因工外出期间”则发生在工作场所和工作岗位之外，是用人单位为了工作指派职工或者职工因工作需要，在工作场所或工作岗位以外从事与工作有关的活动期间。因此，“因工外出期间”可以从职工外出是否因工作或者为用人单位的正当利益等方面综合考虑。

为了更好地理解什么是“因工外出期间”，《最高人民法院关于审理工伤保险

行政案件若干问题的规定》列举了三种情形：一是职工受用人单位指派或者因工作需要在工作场所以外从事与工作职责有关的活动期间；二是职工受用人单位指派外出学习或者开会期间；三是职工因工作需要的其他外出活动期间。

如何理解法条中“因工外出期间”所指的“工作原因”？在实务中，存在较大争议。应当认为，“因工外出期间”较之一般工作时间存在许多不可预测的风险，这些风险由职工承担不甚公平。法条中的“因工外出期间，由于工作原因受到伤害”，是指由于工作原因直接或间接造成的包括事故伤害、暴力伤害和其他形式的伤害。既包括与工作直接有关而形成的伤害，也包括开展工作过程中所发生的伤害，如外出途中产生的伤害，因住宿、餐饮等场所存在的不安全因素产生的伤害等。因此，这里的“工作原因”是一个范围很广的概念。只要不属于职工从事与工作或者受用人单位指派外出学习、开会无关的个人活动受到伤害的，原则上应当认定为“由于工作原因受到伤害”。

职工到本单位以外从事与本职工作或本单位业务范围有关的工作，既包括到本地区以外或境外，也包括到本单位以外但是还在本地区范围内。在此情况下，只要是职工受单位指派，或因职责需要自行到本单位以外，都属于“因工外出”的情形。

（2）“由于工作原因受到伤害”，强调的是职工因工外出期间，由于工作原因而受到的伤害，包括事故伤害、暴力伤害和其他形式的伤害。

企业要注意：职工因工外出期间从事与工作或者受单位指派外出学习、开会无关的个人活动受到伤害的，不应认定为工伤。

（3）“发生事故下落不明”，是指因遭受生产事故、空难事故、船舶事故、意外事故或者自然灾害等各种形式的事故而失去任何音讯的情形。考虑到职工因工外出期间，遇到事故下落不明的，很难确定职工是在事故中死亡了，还是由于事故暂时无法与单位取得联系，本着充分保护职工合法权益的基本精神，只要是在因工外出期间，发生事故造成职工下落不明的，就应该认定为工伤，其工伤认定不以宣告失踪为要件。但要说明的是，认定为工伤后，一旦下落不明的人员又被发现还存活，就要撤销工伤认定结论，并追回所支付的不应当享有的工亡待遇。

职工因工外出期间失踪的，其亲属或者企业应当向所在地公安部门、劳动行政部门报告。劳动行政部门应当根据人民法院宣告死亡的结论认定因工死亡。

6. 在上下班途中，受到非本人主要责任的交通事故或者城市轨道交通、客运轮渡、火车事故伤害

要注意以下三个要素：

（1）“上下班途中”，主要是指职工以上下班为目的。《最高人民法院关于审理工伤保险行政案件若干问题的规定》列举了“上下班途中”的具体情形：

一是在合理时间内往返于工作地与住所地、经常居住地、单位宿舍的合理路线的上下班途中。

二是在合理时间内往返于工作地与配偶、父母、子女居住地的合理路线的上下班途中。实务操作中，工作地的认定较为简单，而职工的居住地认定起来往往非常复杂。所谓“居住地”，除住所地和经常居住地外，还应当包括配偶、父母以及子女居住地等。凡是职工以上下班为目的，在合理时间内往返于工作地和上述住所地或者居住地的合理路线的途中，原则上应当认定为“上下班途中”。

三是从事属于日常工作生活所需要的活动，且在合理时间和合理路线的上下班途中。实务操作中，争议较大的是职工在上下班途中绕道是否属于“上下班途中”。对于绕道的原因，实践中有因客观原因（如突发事件、交通堵塞、天气恶劣等）而绕道，也有职工因私事而绕道等多种情形。司法观点认为，因客观原因绕道的，原则上要认定为“上下班途中”。而因职工私事而绕道的，不能一刀切，如职工在上下班途中从事属于日常工作生活所必需的活动，且在合理时间内未改变以上下班为目的的合理路线的途中，应当视为“上下班途中”；其他原则上不宜认定为“上下班途中”。前者如接送孩子上学、去菜市场买菜等绕道，后者为下班后朋友聚会等。

四是在合理时间内其他合理路线的上下班途中。此项为兜底条款。

职工在上下班的合理时间和合理路线上，既包括职工正常工作的上下班途中，也包括职工加班的上下班途中。

（2）“交通事故”，是《中华人民共和国道路交通安全法》中交通事故的概念，即车辆在道路上因过错或者意外造成的人身伤亡或者财产损失等事件。要注意：一是这种伤害既可以是职工驾驶或乘坐的机动车、非机动车发生事故造成的，也可以是职工因其他机动车、非机动车肇事所致。二是事故伤害发生的区域范围是在道路上，即指公路、城市道路和虽在单位管辖范围但允许社会机动车通

行的地方，包括广场、公共停车场等用于公众通行的场所。

（3）“非本人主要责任”，是指受到伤害的职工在事故中必须是无责任或者是承担非主要责任（次要责任、同等责任）的。上下班途中，受到城市轨道交通工具、客运轮渡或者火车等事故伤害的，也属于工伤。

值得提示的是：“非本人主要责任”应当以有法定职权机构（交警部门）出具的事故责任认定书、结论性意见和人民法院生效裁判等法律文书为依据，但有相反证据足以推翻事故责任认定书和结论性意见的除外。

如果交警部门出具的事故认定结论为员工个人承担事故的“主要责任”或“全部责任”，则不能认定为工伤。

当交警部门未出具交通事故责任认定书，或者相关法律文书不存在或者内容不明确的，社会保险行政部门应基于履行工伤认定的法定职责，根据《工伤保险条例》第十九条的规定，行使调查核实权；调查核实后，可根据是否存在交通事故、是否依法报案以及交通事故证明书内容等综合判断职工是否对交通事故负主要责任。社会保险行政部门就相关事实作出认定的，人民法院应当结合其提供的相关证据依法进行审查。

经前述程序仍无法判断，工伤认定申请人请求社会保险行政部门结合《工伤保险条例》第十九条第二款（即职工或者其近亲属认为是工伤，用人单位不认为是工伤的，由用人单位承担举证责任）并依据第十四条第六项规定认定职工所受交通事故伤害为工伤的，人民法院应予支持。

7. 法律、行政法规规定应当认定为工伤的其他情形

在现实生活中，职业伤害的情形是复杂多样的，随着社会和人类生产活动的发展，可能会出现新的应当认定为工伤的情形，而对于未来出现的情形不可能以规范穷尽。为了使工伤范围的规定更科学、更合理，能够及时纳入新出现的工伤情形，同时也为了与其他法律法规相衔接，除了《工伤保险条例》中所列举的可以认定工伤的情形之外，在其他法律、行政法规中如规定了应当认定为工伤的其他情形，也应当认定为工伤。

这里要注意：《工伤保险条例》明确规定的是“法律、行政法规规定应当认定为工伤的其他情形”，并没有授权规章和其他规范性文件可以规定认定为工伤的其他情形。

（二）视同工伤的情形

按照《工伤保险条例》第十五条的规定，视同工伤的情形主要有：

1. 在工作时间和工作岗位，突发疾病死亡或者在48小时之内经抢救无效死亡

如何理解这一情形，主要是考虑了此类突发疾病或在48小时之内经抢救无效死亡可能与工作劳累、工作紧张等因素有关，实质上是将工伤保险的范围由工作原因造成的事故伤害扩大到了其他情形，最大限度地保障职工的权益。《工伤保险条例》中规定的是“视同工伤”，也就是说，本来不属于工伤的，将其视为工伤。

在实务中，对此规定的理解和适用，应当严格按照工作时间、工作岗位、突发疾病、径直送医院抢救四个要件并重，具有同时性、连贯性来掌握，具体情形主要包括：

（1）职工在工作时间和工作岗位突发疾病当场死亡。

（2）职工在工作时间和工作岗位突发疾病，不能坚持工作，且情况紧急，需要直接送医院或医疗机构当场抢救，并在48小时内死亡等。

关于“48小时之内”的起算时间，应从医疗机构的初次接诊（抢救）时间开始计算。

至于其他情形，如虽在工作时间、工作岗位发病或者自感不适，但未送医院抢救而是回家休息，48小时内死亡的，不应视同工伤。

应当注意的是：

关于“工作岗位”，是指职工日常所在的工作岗位和本单位领导指派所从事的岗位。工作岗位不是一个固守的地点，而是指工作职责所涵盖的范围。例如，有的职工不仅要坐在控制室监控仪表，有时还要走出控制室到现场查看设备的实际运转情况，现场查看设备也应该属于该职工的工作岗位。

关于“突发疾病”，是指上班期间突然发生的任何种类的疾病，不要求与工作有关联。实务中较为常见的病多为心脏病、脑出血、心肌梗死等突发性疾病，发病突然而致命。

根据相关司法意见，职工在工作时间和工作岗位突发疾病，因正当理由未及时送医疗机构抢救，但在离开工作岗位48小时内死亡，或者送医后因医疗机构误诊在离开医疗机构48小时内死亡，有证据证明职工死亡确属上述突发疾病所

致，工伤认定申请人请求依据《工伤保险条例》第十五条第一项规定认定视同工伤，社会保险行政部门予以认定的，人民法院应予支持。

需要指出的是，员工虽然是在工作时间和工作岗位突发疾病，但送到医疗机构经48小时的治疗（抢救）之后死亡的，不属于视同工伤的情形。目前，社会上对于“48小时”的划定有不同看法，需要进一步研究论证。

2. 在抢险救灾等维护国家利益、公共利益活动中受到伤害

“维护国家利益、公共利益活动”，是指职工在国家利益或者社会公共利益受到威胁时，有组织或者自发实施的、意在阻止或者减少这种威胁及其可能造成损失的行为。凡是抢险救灾等性质的行为，都应当认定为属于维护国家利益和维护公共利益的行为。在这类情形下采取行为而受到伤害的职工，应当视同为工伤。

需强调的是，在这种情形下，工伤认定不受工作时间、工作地点、工作原因等条件的限制，这与国际劳工公约的规定精神相符。国际劳工组织《1964年工伤福利建议书》（第121号）第三条第一款规定，各会员国应在必要时，将有关工伤及职业病津贴的法律的实施范围逐步扩大到某些不领取工资的劳动者、承担抢险救灾或维护秩序与法制任务的志愿人员、其他从事公益活动或参与公民义务事业的人员，例如自愿协助公共部门、社会部门或医疗部门的人员。

需要注意的是，司法观点认为，非因工作原因对遇险者实施救助导致伤亡的，如未经有关部门认定为见义勇为，似不属于《工伤保险条例》第十五条第一款第二项规定的视同工伤情形。

3. 职工原在军队服役，因战、因公负伤致残，已取得革命伤残军人证，到用人单位后旧伤复发

《军人抚恤优待条例》对因战、因公负伤致残有明确的界定，对因战、因公负伤致残的残疾军人由认定残疾性质和评定残疾等级的机关发给《中华人民共和国残疾军人证》。残疾军人转业、复员到用人单位旧伤复发的，根据《军人抚恤优待条例》规定，国家对一级至六级残疾军人的医疗费用按照规定予以保障，由所在医疗保险统筹地区社会保险经办机构单独列账管理；七级至十级残疾军人旧伤复发的医疗费用，已经参加工伤保险的，由工伤保险基金支付；未参加工伤保险，有工作的由工作单位解决。因此，残疾军人转业、复员到用人单位旧伤复发的，按照《工伤保险条例》的有关规定享受除一次性伤残补助金以外的工伤保险待遇。

（三）不得认定为工伤或者不得视同工伤的情形

职工受到伤害，虽然是在工作场所，工作时间之内，甚至是在从事工作过程中，但是，《社会保险法》作出规定：“职工因下列情形之一导致本人在工作中伤亡的，不认定为工伤：（一）故意犯罪；（二）醉酒或者吸毒；（三）自残或者自杀；（四）法律、行政法规规定的其他情形。”

1. 故意犯罪

“故意犯罪”，是指行为人明知自己的行为会发生危害社会的结果，并且希望或者放任这种结果发生，因而构成犯罪的情形。职工因故意犯罪遭受事故伤害，仅指因职工本人实施故意犯罪导致的伤害，不包括侵权第三人实施故意犯罪导致职工受到伤害的情形。正是由于故意犯罪是伤亡人的行为不是为了生产或工作，其故意犯罪的社会影响恶劣，对国家、社会和公民的财产、利益等损害较大，本着引导公民遵纪守法的精神，对于故意犯罪的恶劣情形，法律设定了不利后果，将其排除在工伤保险制度之外，不予认定工伤。对此情形，应当注意两个要点：

（1）仅指故意犯罪，而非所有犯罪的情形，即不包括“过失犯罪”。职工属于过失犯罪的，比如交通事故中的一些肇事罪、生产过程中的一些责任事故罪，仍可以依法认定为工伤。

（2）职工的行为是否犯罪以及是否属于故意犯罪的事实认定，必须以刑事侦查机关、检察机关和审判机关的生效法律文书或者结论性意见为依据，社会保险行政部门无权认定。

2. 醉酒或者吸毒

酒精具有麻痹神经中枢的作用，导致行为人的判断能力和反应能力迟钝，难以辨认或控制自己的行为。国家的一些法律规定禁止醉酒后工作，如禁止酒后驾车等。职工饮用白酒、啤酒、果酒、汽酒等含有酒精的饮料达到醉酒的状态，从事工作受到事故伤害的，不得认定为工伤。对于醉酒，应通过对行为人体内酒精含量的检测结果作出认定，如果发现行为人体内的酒精含量达到或超过一定标准，就应认定为醉酒。目前，实践中主要是依据国家标准《车辆驾驶人员血液、呼气酒精含量阈值与检验》（GB 19522—2010），其中，醉酒驾车是指车辆驾驶人员血液中的酒精含量大于或者等于 80mg/100mL 的驾驶行为。公安机关交通管理部门、医疗机构等有关单位依法出具的检测结论、诊断证明等材料，可以作为认定醉酒的依据。

吸毒是通俗说法，在医学上多称药物依赖或药物滥用，是指不以医疗为目的，采取多种方式滥用麻醉药品和精神药品。《刑法》第三百五十七条规定，毒品是指鸦片、海洛因、甲基苯丙胺（冰毒）、吗啡、大麻、可卡因以及国家规定管制的其他能够使人形成瘾癖的麻醉药品和精神药品。

毒品吸食后，能使人失去或降低行为控制力，对人的身体健康造成严重损害。因此，法律规定职工吸食毒品后，在毒品作用期间从事工作受到事故伤害的，不得认定为工伤。

3. 自残或者自杀

自残是指当事人通过各种手段和方法伤害自己的身体，并造成伤害结果的行为。例如，某职工在工作过程中故意将其手指切断，这种行为就属于自残。自杀是指当事人通过各种方法和手段结束自己生命的行为。

自残或者自杀的目的是要残害或杀死自己，有的自残或者自杀是员工精神状态导致的，但也有的不能排除是为了获得工伤待遇导致的，这种行为与工作没有必然的因果联系，职工本人对自己的死伤具有主观故意，应当对伤残死亡自行承担后果，因而不应认定为工伤或者视同工伤。需要说明的是，对于判定“自残”“自杀”的行为，要有充分的证据，例如遗书、公安部门的勘查结论等，而不能随意将职工受伤或者死亡判断为“自残”或“自杀”造成的。

无过错责任原则不适用于职工因故意犯罪或违法、自杀或自残、斗殴、酗酒、蓄意违章及法律法规规定的其他情形造成的负伤、致残、死亡，发生这些情况，不应认定为工伤。同时要注意，对于一些有过错的职工依法认定工伤，给予职工工伤保险待遇后，并不影响企业按照有关规定对违章操作的职工给予其他处分。

五、工伤认定的程序

职工受到职业伤害后，要申请是否属于工伤的认定，必须经过一套严格的审查程序制度。当职工发生事故时，受伤职工及所在单位应如实记录事故发生的时间、地点和经过，并及时向有关部门报告。在此基础上，要填写申请工伤保险待遇的报告，以便有关部门进行审查，确定是否属于因工受伤，能否享受工伤待遇。对负伤经治疗的职工，医疗终结时要及时进行劳动鉴定，确定伤残的程度、等级和应当给付的保险待遇。对于伤残职工的伤残状况必须建立定期检查制度，以确定其伤残状况有无变化。

法律规定，由社会保险行政部门进行工伤认定。工伤认定的程序应当向社会公开。

（一）工伤认定申请

职工发生事故伤害或者患上职业病后，职工所在单位、受伤害职工本人或者其近亲属、工会组织，都可以依法申请工伤认定。按照《工伤保险条例》第十七条规定，申请工伤认定有两个时限：

1. 受伤害职工所在单位申请的时限

职工发生事故伤害或者按照职业病防治法规定被诊断、鉴定为职业病，所在单位应当自事故伤害发生之日或者被诊断、鉴定为职业病之日起 30 日内，向统筹地区社会保险行政部门提出工伤认定申请。遇有特殊情况，经报社会保险行政部门同意，用人单位的申请时限可以适当延长。

法律法规规定用人单位有 30 日的工伤申请认定的时限，目的是促使用人单位在职工受到事故伤害或者患职业病后，及时履行申请工伤认定的义务，以便于搜集有关证据，尽快查明事故真相。如果用人单位未在规定的时限内提交工伤认定申请的，应承担一定的责任，即在此期间发生的工伤待遇等费用由用人单位支付。

企业要特别注意：依据《工伤保险条例》第十七条的规定，如果用人单位没有在这 30 日内提交工伤认定申请，在此期间发生符合《工伤保险条例》规定的工伤待遇等有关费用，要由该用人单位负担。

2. 工伤职工或者其近亲属、工会组织申请的时限

申请工伤认定是工伤职工的基本权利。如果用人单位未按规定的时限提出工伤认定申请的，按照规定，工伤职工或者其近亲属、工会组织在事故伤害发生之日或者被诊断、鉴定为职业病之日起 1 年内，可以直接向用人单位所在地统筹地区社会保险行政部门提出工伤认定申请。由省级社会保险行政部门进行工伤认定的事项，根据属地原则由用人单位所在地的设区的市级社会保险行政部门办理。

按照《民法典》第一千零四十五条规定："亲属包括配偶、血亲和姻亲。配

偶、父母、子女、兄弟姐妹、祖父母、外祖父母、孙子女、外孙子女为近亲属。配偶、父母、子女和其他共同生活的近亲属为家庭成员。”

《工伤保险条例》规定工伤职工或者其近亲属、工会组织申请工伤认定的时效为1年。值得注意的是，这里的“1年”为申请工伤认定的时效，超过了这一期限，当事人即丧失了工伤认定申请权，同时也就丧失了享受工伤保险待遇的权利。

法规还规定了工会组织作为职工利益的守护者，也可以为受伤害职工提出工伤认定申请。

根据《最高人民法院关于审理工伤保险行政案件若干问题的规定》第七条规定，由于不属于职工或者其近亲属自身原因超过工伤认定申请期限的，被耽误的时间不计算在工伤认定申请期限内。有下列情形之一耽误申请时间的，应当认定为不属于职工或者其近亲属自身原因：（1）不可抗力；（2）人身自由受到限制；（3）属于用人单位原因；（4）社会保险行政部门登记制度不完善；（5）当事人对是否存在劳动关系申请仲裁、提起民事诉讼。

（二）工伤认定的受理

工伤认定由工伤保险基金统筹地区的社会保险行政部门办理，实行省级统筹的，按照属地原则，由用人单位所在地的设区的市级社会保险行政部门办理。

按照《工伤保险条例》规定，申请工伤认定应当提交下列材料：

1. 工伤认定申请表（首先到当地社会保险行政部门领取工伤认定申请表，按表中要求填写）。工伤认定申请表应当包括事故发生的时间、地点、原因以及职工伤害程度等基本情况。对于职工在不同情形下所受的伤害，需要附上相关的证明材料。

2. 与用人单位存在劳动关系（包括事实劳动关系）的证明材料。可提交劳动合同或聘用合同文本复印件，或者职工与用人单位存在劳动关系或者存在事实劳动关系、人事关系的其他证明材料。

3. 医疗诊断证明或者职业病诊断证明书（需提供医疗机构出具的受伤后诊断证明书，或者职业病诊断证明书或职业病诊断鉴定书）。

社会保险行政部门收到工伤认定申请后，应当在15日内对申请人提交的材料进行审核。材料完整的，作出受理或者不予受理的决定；材料不完整的，应当以书面形式一次性告知申请人需要补正的全部材料。当社会保险行政部门收到申请人提交的全部补正材料后，应当在 15 日内作出受理或者不予受理的决定。社会保险行政部门决定受理的，应当出具《工伤认定申请受理决定书》；决定不予受理的，应当出具《工伤认定申请不予受理决定书》。

根据《职业病防治法》规定，当事人对职业病诊断有异议的，可以向作出诊断的医疗卫生机构所在地地方人民政府卫生行政部门申请鉴定。职业病诊断争议由设区的市级以上地方人民政府卫生行政部门根据当事人的申请，组织职业病诊断鉴定委员会进行鉴定。当事人对设区的市级职业病诊断鉴定委员会的鉴定结论不服的，可以向省、自治区、直辖市人民政府卫生行政部门申请再鉴定。

患职业病的劳动者有权按照国家有关工伤保险的规定，享受相应的工伤保险待遇。

（三）调查核实

社会保险行政部门受理工伤认定申请后，可以根据需要对申请人提供的证据进行调查核实。进行调查核实时，有关单位和个人应当予以协助。用人单位、工会组织、医疗机构以及有关部门应当负责安排相关人员配合工作，据实提供情况和证明材料。社会保险行政部门工作人员与工伤认定申请人有利害关系的，应当回避。用人单位拒不协助社会保险行政部门对事故伤害进行调查核实的，由社会保险行政部门责令改正，处 2000 元以上 2 万元以下的罚款。

社会保险行政部门在进行工伤认定时，对申请人提供的符合国家有关规定的职业病诊断证明书或者职业病诊断鉴定书，不再进行调查核实。职业病诊断证明书或者职业病诊断鉴定书不符合国家规定的要求和格式的，社会保险行政部门可以要求出具证据部门重新提供。

值得注意的是：社会保险行政部门受理工伤认定申请后，在调查核实中，按照《工伤保险条例》的规定，如果职工或者其近亲属认为是工伤，用人单位不认为是工伤的，由用人单位承担举证责任。用人单位拒不举证的，社会保险行政部门可以根据受伤害职工提供的证据或者调查取得的证据，依法作出工伤认定决定。这主要是考虑到，在用人单位与职工之间，用人单位处于管理者的地位，职工对用人单位具有依附性和从属性；按照单位劳动人事档案和单位规章制度的一般性规定，与职工管理有关的各种文件、文书，是由用人单位拟订并由其保管，如职工花名册、工资支付单、工作考勤和生产记录等；当职工与其所在单位的主张不一致时，双方必须提供相应的证据，而这些证据往往涉及上述文书、文件。因此，从保护弱者的角度出发，法规明确了用人单位的举证责任。

（四）作出决定

社会保险行政部门应当自受理工伤认定申请之日起 60 日内作出工伤认定的决定（对于事实清楚、权利义务明确的工伤认定申请，应当自受理工伤认定申请之日起 15 日内作出工伤认定决定），出具《认定工伤决定书》或者《不予认定工伤决定书》，并在《认定工伤决定书》和《不予认定工伤决定书》上应当加盖社会保险行政部门工伤认定专用印章。

如果社会保险行政部门在受理工伤认定过程中，认为作出工伤认定决定需要以司法机关或者有关行政主管部门的结论为依据的，在司法机关或者有关行政主管部门尚未作出结论期间，作出工伤认定决定的时限中止，并书面通知申请人。

工伤认定受理完成后，社会保险行政部门应当自工伤认定决定作出之日起 20 日内，将《认定工伤决定书》或者《不予认定工伤决定书》送达受伤害职工（或者其近亲属）和该职工所在单位，并抄送社会保险经办机构。《认定工伤决定书》和《不予认定工伤决定书》的送达参照民事法律有关送达的规定执行。

需要指出，无论用人单位是否参加工伤保险，其职工受到事故伤害或患职业病的，都可以申请工伤认定。但是对于非法用工单位伤亡人员（指无营业执照或者未经依法登记、备案的单位以及被依法吊销营业执照或者撤销登记、备案的单位受到事故伤害或者患职业病的职工，或者用人单位使用童工造成的伤残、死亡童工），应当按照国家关于《非法用工单位伤亡人员一次性赔偿办法》的规定，给予一次性赔偿，无须申请工伤认定。

受伤害职工或者其近亲属、用人单位对社会保险行政部门作出的不予受理决定不服或者对工伤认定决定不服的，可以申请行政复议，也可以直接提起行政诉讼。

六、劳动能力鉴定

（一）什么是劳动能力鉴定

劳动能力鉴定，是指由劳动能力鉴定机构根据用人单位、职工本人或者其直系亲属的申请，组织劳动能力鉴定医学专家，根据国家制定的评残标准和有关政策，运用医学科学技术的方法和手段，确定劳动者劳动功能障碍程度和生活自理障碍程度的一种等级鉴定和综合评定。《社会保险法》明确规定，工伤职工须经劳动能力鉴定丧失劳动能力的，方可享受伤残待遇。劳动鉴定提供的鉴定结果是批准职工因工、因病完全丧失劳动能力退休、退职，或者批准因病伤休假、复工以及合理调配部分丧失劳动能力和体弱职工工作的科学依据。

职工发生工伤，经治疗伤情相对稳定后存在残疾、影响劳动能力的，应当进行劳动能力鉴定。劳动能力鉴定标准由国务院社会保险行政部门会同国务院卫生行政部门等部门制定。

（二）劳动能力鉴定委员会

从事劳动能力鉴定的机构为各省、自治区、直辖市劳动能力鉴定委员会和设区的市级劳动能力鉴定委员会，它们分别由省、自治区、直辖市和设区的市级社会保险行政部门、人事行政部门、卫生行政部门、工会组织、社会保险经办机构代表以及用人单位代表组成。劳动能力鉴定委员会建立医疗卫生专家库。列入专家库的医疗卫生专业技术人员应当具备下列条件：（1）具有医疗卫生高级专业技术职务任职资格；（2）掌握劳动能力鉴定的相关知识；（3）具有良好的职业品德。

为便于劳动能力鉴定工作的开展，劳动能力鉴定委员会办公室设在社会保险行政部门，具体负责劳动能力鉴定的组织、协调及与劳动能力鉴定相关的日常工作。由于劳动能力鉴定机构不是社会保险行政部门内设的一个行政机构，所以它对伤残职工的申请所作出劳动能力鉴定结论的行为，不是一种具体行政行为。因此，申请鉴定的单位或者个人对劳动能力鉴定结论不服的，不能提起行政复议或行政诉讼。

（三）劳动能力鉴定的标准

劳动能力鉴定是职工享受伤残待遇的重要前提。工伤职工进行劳动能力鉴定有三个条件：

一是应当在经过治疗，伤情处于相对稳定的状态后进行。

二是必须存在残疾，主要表现在身体上的残疾，如某一器官的损伤或是肢体残疾等。

三是必须对工作、生活产生了直接影响，伤残程度已经影响到职工本人的劳动能力。

劳动能力鉴定标准是劳动能力鉴定时所依据的尺度，是确定工伤职工伤残等级的标准，由国务院社会保险行政部门会同国务院卫生行政部门等相关部门制定。2014 年 9 月 4 日国家质量监督检验检疫总局、国家标准化管理委员会发布了《劳动能力鉴定职工工伤与职业病致残等级》（GB/T 16180—2014），该标准分为 10 个等级 530 条，是目前对工伤职工进行劳动能力鉴定的技术依据。根据法定的劳动能力鉴定标准，对劳动者的劳动功能障碍程度和生活自理障碍程度按以下等级评定：

（1）劳动功能障碍分为 10 个伤残等级：最重的为一级，最轻的为十级（一级至四级，为全部丧失劳动能力；五级至六级，为大部分丧失劳动能力；七级至十级，为部分丧失劳动能力）。

（2）生活自理障碍分为 3 个等级：生活完全不能自理，生活大部分不能自理，生活部分不能自理。

工伤职工经劳动能力鉴定丧失劳动能力的，享受伤残待遇。

（四）劳动能力鉴定的程序

1. 提出申请

劳动能力鉴定由用人单位、工伤职工或者其近亲属向设区的市级劳动能力鉴定委员会提出申请，并提供工伤认定决定和职工工伤医疗的有关资料。

申请或申报劳动能力鉴定时必须符合以下要件：

（1）在法定期限内提交申请书。职工发生工伤，经治疗后在停工留薪期内治愈，或者伤情处于相对稳定后存在残疾、影响劳动能力，或者医疗期满仍不能工作的，应进行劳动能力鉴定，评定伤残等级，确定丧失劳动能力程度。停工留薪期一般不超过 12 个月。伤情严重或者情况特殊，经劳动能力鉴定委员会确认，可以适当延长，但延长不得超过 12 个月。

申请书应采用书面形式，一般由用人单位代工伤或患职业病的职工办理，也可由工伤职工或其近亲属办理。

（2）提供有关证明材料，一般包括以下材料：①工伤与职业病认定资料和认定决定书；②医疗机构的诊断结论或诊断证明；③首次病历、病历摘要、既往病史；④有关检查、化验结果报告等结论；⑤如属提前医疗终结鉴定或重新鉴定请求，须提交书面申请报告，说明具体理由。

2. 受理申请

劳动能力鉴定委员会收到职工申报劳动能力鉴定的资料后，首先进行初审，审查有关材料是否齐备、有效，决定是否受理。如果经审查决定受理，即将申请书及有关资料分类整理、登记。

受理劳动能力鉴定申请一般应具备以下条件：

（1）申请主体应符合法律规定，包括工伤职工所在的用人单位、工伤职工本人或者是工伤职工的近亲属。

（2）停工留薪期满且实际造成的损害影响了劳动能力。

（3）向有管辖权的劳动能力鉴定委员会提出申请，即设区的市级劳动能力鉴定委员会。

3. 作出鉴定结论

劳动能力鉴定委员会作出鉴定的步骤为：第一步是由专家出具诊断和技术性鉴定意见。劳动能力鉴定委员会首先要从设区的市级医疗卫生专家库中随机抽取3名或5名相关专家组成专家组，由专家组提出技术鉴定意见。第二步由劳动能力鉴定委员会作出鉴定结论。设区的市级劳动能力鉴定委员会应当自收到劳动能力鉴定申请之日起60日内，根据专家组的技术鉴定意见或者诊断结论，按照工伤评残标准和有关法规政策，作出劳动能力鉴定结论，必要时，可以委托具备资格的医疗机构协助进行有关的诊断。作出劳动能力鉴定结论的期限可以延长30日。

劳动鉴定和工伤评残的结论是确定职工享受工伤保险待遇和工伤职工安置的主要依据。劳动能力鉴定工作应当客观、公正。劳动能力鉴定委员会组成人员或者参加鉴定的专家与当事人有利害关系的，应当回避。劳动能力鉴定结论应当及时送达申请鉴定的单位和个人。

4. 再次鉴定及复查鉴定

申请鉴定的单位或者个人对设区的市级劳动能力鉴定委员会作出的鉴定结论不服的，可以在收到该鉴定结论之日起15日内向省、自治区、直辖市劳动能力鉴定委员会提出再次鉴定申请。省、自治区、直辖市劳动能力鉴定委员会作出的劳动能力鉴定结论为最终结论。

自劳动能力鉴定结论作出之日起1年后，工伤职工或者其近亲属、所在单位或者经办机构认为伤残情况发生变化的，可以申请劳动能力复查鉴定。劳动能力鉴定委员会进行再次鉴定和复查鉴定的期限，按照初次鉴定的时限执行。

七、几种特殊情形下的工伤保险责任

企业经营发展中，会出现企业的分立或合并，或者实行承包经营、借调职工、职工被派遣等情形，也会因行业特点采用不同的用工方式。对此，如何明确职工的工伤保险责任？

（一）企业经营调整的情形

企业在市场竞争中，如果出现企业的分立或合并，如何处理谁来承担职工的工伤保险责任呢？根据《工伤保险条例》规定，用人单位分立、合并、转让的，承继单位应当承担原用人单位的工伤保险责任；原用人单位已经参加工伤保险的，承继单位应当到当地经办机构办理工伤保险变更登记。企业破产的，在破产清算时，要依法拨付应当由单位支付的工伤保险待遇费用。

如果企业在经营过程中采取承包经营，涉及用工管理时，如何处理职工的工伤保险责任？根据《工伤保险条例》规定，用人单位实行承包经营的，工伤保险责任由职工劳动关系所在单位承担。也就是说，在承包经营中，不论是否改变职工的劳动关系，法定由职工劳动关系所在单位来承担职工的工伤保险责任。

（二）企业借调职工的情形

企业之间在相互协作中，可能会出现相互借调职工的情况。对于被借调职工出现工伤事故后，谁来承担工伤保险责任？根据《工伤保险条例》规定，职工被借调期间受到工伤事故伤害的，由原用人单位承担工伤保险责任，但原用人单位与借调单位可以约定补偿办法。

（三）企业职工被派遣出境的情形

根据《工伤保险条例》规定，职工被派遣出境工作，依据前往国家或者地区的法律应当参加当地工伤保险的，参加当地工伤保险，其国内工伤保险关系中止；不能参加当地工伤保险的，其国内工伤保险关系不中止。

（四）建筑施工企业职工的工伤保险

根据《中华人民共和国建筑法》第四十八条规定，为职工参加工伤保险缴纳工伤保险费系建筑施工企业必须履行的法定义务，为从事危险作业的职工办理意外伤害保险并支付保险费系倡导性要求。建筑施工企业已为从事危险工作的职工办理意外伤害保险的，并不因此免除企业为职工缴纳工伤保险费的法定义务。同时，根据《保险法》第三十九条规定，投保人为与其有劳动关系的劳动者投保人身保险，不得指定被保险人及其近亲属以外的人为受益人。

从上述法律规定可见，建筑施工企业已为职工办理意外伤害保险的，并不因此免除企业为职工承担工伤保险责任，而且，商业人身保险的待遇享受与工伤保险的性质完全不同。

（五）快递人员的工伤保险

根据《人力资源社会保障部办公厅、国家邮政局办公室关于推进基层快递网点优先参加工伤保险工作的通知》（人社厅发〔2021〕101 号），按照《关于做好快递员群体合法权益保障工作的意见》（交邮政发〔2021〕59 号）文件精神，我国明确提出提升快递员社会保险水平，允许用工灵活、流动性大的基层快递网点优先参加工伤保险。

1. 快递企业应当依法参加各项社会保险。快递企业使用劳务派遣方式用工的，应督促劳务派遣公司依法参加社会保险。用工灵活、流动性大的基层快递网点可优先办理参加工伤保险。其中，已取得邮政管理部门快递业务经营许可、具备用人单位主体资格的基层快递网点，可直接为快递员办理优先参保。

在邮政管理部门进行快递末端网点备案、不具备用人单位主体资格的基层快递网点，由该网点所属的具备快递业务经营许可资质和用人单位主体资格的企业法人代为办理优先参保，原则上在快递业务经营许可地办理参保，承担工伤保险用人单位责任。

2. 各地邮政管理部门根据优先参加工伤保险的基层网点对象范围，在经营许可或者备案完成后，按月向同级人力资源社会保障部门提供符合条件的基层快递网点名单，督促相关基层网点及时为快递员办理工伤保险参保登记并缴费。

关于费率核定，社会保险经办机构根据用人单位工伤保险费使用、工伤发生率等因素，具体核定工伤保险费率并适时浮动调整。

关于缴费基数，对难以直接按照工资总额计算缴纳工伤保险费的，原则上按照统筹地区上年全口径城镇单位就业人员平均工资和参保人数，计算缴纳工伤保险费。

3. 快递企业、基层快递网点快递员按照《工伤保险条例》和统筹地区有关规定享受工伤保险待遇。统筹地区社会保险经办机构和用人单位依法按时足额支付各项工伤保险待遇。用人单位应参保未参保的，由用人单位按照《工伤保险条例》和生产经营地规定依法支付工伤保险待遇。

第四节　职工失业保险

一、失业保险的含义

（一）失业的概念

失业，是指具有劳动能力并有劳动意愿的劳动者未获得就业机会或者就业后又失去工作的状态。世界各国对本国的失业状况主要是通过“失业率”来反映。失业率，是指一定时期内失业人数与从业人数加失业人数之比。

我国目前使用的是“城镇登记失业率”，主要有两个特点：一是所指向的对象只是具有城镇户口的劳动者；二是所使用的失业人数是指具有城镇户口的失业人员在政府指定的失业登记机构登记的人数，不包括未登记的人员，即狭义上的“失业人员”。而广义上的“失业人员”，是指在劳动年龄以内有劳动能力，目前没有工作并以某种方式正在寻找工作的人员。这在统计上难以准确统计。目前我国在继续使用城镇登记失业率的同时，已采取抽样调查等方法统计失业人员（“调查失业率”）。

基于失业是否出于劳动者本人的主观意愿，可分为自愿性失业和非自愿性失业。

关于“自愿性失业”，一种观点认为，是指劳动者不愿意接受现行的工资水平和工作条件而引起的失业。另一种观点认为，是指劳动者工作一段时间后，因各种原因暂时不想从业的状态。还有观点认为，对现有的工资水平和工作条件不满，想更换单位提出辞退后又立即寻找新工作的失业人员，不应当认定为“自愿性失业”。

关于“非自愿性失业”，是指劳动者愿意接受现行的工资水平和工作条件但仍然处于失业状态。

对于自愿性失业，国家通常没有义务为其提供失业保险，其生活保障需要通过其他社会保障制度来解决。

（二）什么是失业保险

失业保险，是国家通过立法强制实行，由用人单位和职工按照国家规定缴纳一定比例的失业保险费，建立失业保险基金后，对非本人意愿中断就业后愿意再就业的劳动者提供一定时期的生活保障，并通过职业培训和再就业服务，帮助失业人员重新找到新的工作岗位的一项保险制度。

失业保险是社会保障体系的重要组成部分，是社会保险的主要项目之一。保障失业人员基本生活，是建立失业保险制度的主要目的。保障生活、促进就业是各国失业保险制度的宗旨。保障生活主要是对符合条件的失业人员定期发放失业保险金，为领取失业保险金期间生病的失业人员支付医疗补助费，为领取失业保险金期间死亡的失业人员家属提供丧葬补助金和抚恤金。此外，失业保险金还要根据生活水平的变化进行相应调整。

失业保险不同于社会救济，其主要特点表现为：失业保险作为社会保险体系中的一个项目，也具有不同于其他社会保险项目的特征，最主要的就是失业保险的期限较短。与职工基本养老保险和工伤保险不同，失业职工不可以长期享受失业保险待遇，失业职工只能在法定期限内享受失业保险待遇，超过法定期限，即使劳动者仍处于失业期间，也不可再享受。我国规定失业职工领取失业保险的最长期限是24个月。失业保险的功能不仅是保障失业人员在法定期限内的基本生活，其目的主要还是促进失业人员能够再就业。通过对失业人员开展就业服务，提供资金补贴，从而帮助失业人员实现重新就业。

二、失业保险制度的覆盖范围

由于失业保险是为受失业风险、暂时丧失工资收入的失业者设计的，因而其覆盖范围在创始阶段界定得十分明确和严格。一般限于正式参加经济活动，有了一段较稳定的职业后，暂时失去工作岗位的劳动者。但随着社会经济的发展，对失业概念的解释也发生了变化，失业的涵盖范围也在相应扩大。目前，国际劳工组织及一些发达国家对失业以及失业保险对象的界定是：凡达到一定年龄、具有劳动能力但没有职业或工作负荷达不到一定标准而正在为获取收入寻找工作，并已向职业介绍机构登记的人员，均为失业者，作为失业保险的对象。

失业保险覆盖范围是衡量失业保险制度是否完善的重要标准。我国 1999 年颁布的《失业保险条例》将失业保险的覆盖范围从国有企业及其职工、企业化管理的事业单位及其职工扩大到了城镇所有企业、事业单位及其职工。同时规定：省、自治区、直辖市人民政府根据当地实际情况，可以决定将本行政区域内的社会团体及其专职人员、民办非企业单位及其职工、有雇工的城镇个体工商户及其雇工纳入失业保险覆盖范围。城镇个体工商户具有自我雇用的性质，从国际经验看，自雇人员一般不参加失业保险。但是，我国城镇个体经济组织在经营中往往不限于自我雇用，也存在雇工，从业人员近亿人。这个就业群体就业流动十分频繁，面临的失业风险大，如果游离于失业保险之外，将会引发许多社会问题，因此，有必要向其提供适当的失业保护。从各地实践看，大多数地区都将有雇工的城镇个体工商户及其雇工纳入失业保险的覆盖范围。

按照《失业保险条例》规定，“城镇企业事业单位招用的农民合同制工人本人不缴纳失业保险费”，但“单位招用的农民合同制工人连续工作满 1 年，本单位并已缴纳失业保险费，劳动合同期满未续订或者提前解除劳动合同的，由社会保险经办机构根据其工作时间长短，对其支付一次性生活补助。补助的办法和标准由省、自治区、直辖市人民政府规定”。这对农民合同制工人（或称农民工）参加失业保险和享受待遇作了变通处理。但在实践中，对一些农民工解除劳动合同后不愿回到农村去，想留在城里继续找工作，对这些失业农民工能否享受失业保险待遇存在疑义。2010 年颁布的《社会保险法》对此作出明确规定：“进城务工的农村居民依照本法规定参加社会保险。”这有利于将城镇职工与进城务工的农民工之间的差异消除，促进城镇职工与农民工平等地享受失业保险待遇。同时，《社会保险法》第四十四条规定：“职工应当参加失业保险，由用人单位和职工按照国家规定共同缴纳失业保险费。”至此，按照《社会保险法》的规定，任何用人单位招用的各类职工都应当参加失业保险。

三、失业保险的筹资方式

（一）失业保险金的组成

失业保险资金一般按照收支平衡的基本原则来筹集。我国失业保险制度自建立之初，就与社会保险的其他险种一样，通过设立单独的基金，满足向失业者提供物质帮助的需要。在市场经济条件下，劳动者的失业风险应当由劳动者本人、用人单位和国家共同、合理地分担，与此相适应，失业保险基金筹集应当由国家、用人单位和职工三方共同负担。我国的《失业保险条例》以及《社会保险基金财务制度》（财社〔2017〕144号）对失业保险基金收入构成作了具体规定。失业保险基金主要由以下几部分组成：

1. 参加失业保险的用人单位及其职工缴纳的失业保险费收入。用人单位及其职工按规定缴纳的失业保险费是我国失业保险基金的主要来源。根据《失业保险条例》规定，参保单位及其职工应当按规定缴纳失业保险费。

2. 失业保险基金的利息收入。利息收入是失业保险基金存入银行或购买国债获得的利息，包括财政专户存款利息收入，国债利息收入，收入户、支出户存款利息收入等。按照《失业保险条例》规定，存入银行和按照国家规定购买国债的失业保险基金，分别按照城乡居民同期存款利率和国债利息计息。

3. 财政补贴。财政补贴是失业保险基金不敷使用时，同级财政按规定给予失业保险基金的补贴。财政对失业保险基金的补贴有两种情况：经常性补贴和临时性补贴。经常性补贴是为了缓解因国家政策调整而增加的基金支付压力，在财政预算中安排的补贴。临时补贴是对于因不可预见的突发因素导致的基金不敷使用，由财政追加的补贴。临时性补贴的时间、数额具有较大的不确定性。财政对失业保险的补贴体现了政府责任，是失业保险基金的必要后备。目前，我国财政对失业保险的补贴主要发生在局部地区。

（二）失业保险费征缴

我国在1999年国家颁布《失业保险条例》前，由企业单方缴费；《失业保险条例》颁布后，调整为城镇企业事业单位及其职工双方缴费，政府对失业保险给予补贴并负担经办机构的业务经费的模式。这种三方负担费用的机制，一方面有利于增强职工的失业保险意识，增强其提高自身素质的自觉性；另一方面也可以分散压力，不会造成某一方负担过重，影响基金收入。应当说，这一原则是符合我国国情的，是保证失业保险发挥作用的重要前提，也是体现我国社会保险权利和义务相对应的基本原则。

根据《社会保险法》规定："职工应当参加失业保险，由用人单位和职工按照国家规定共同缴纳失业保险费。"用人单位失业保险费的缴费基数，是用人单位职工的工资总额，指单位在一定时期内直接支付给本单位全部职工的劳动报酬总额。职工个人的缴费基数是本人工资，指由单位支付给职工的劳动报酬，一般包括基础工资、职务工资、级别工资、工龄工资和奖金及津贴等。

按照《失业保险条例》的规定，具体缴费比例是：用人单位缴纳的失业保险费为本单位工资总额的 2%，单位职工按照个人工资的 1%缴纳失业保险费。各省、自治区、直辖市人民政府根据本行政区域失业人员数量和失业保险基金数额，报经国务院批准，可以适当调整本行政区域失业保险费的费率。国务院也可以根据宏观经济形势的变化和企业缴费的承受情况，适当调整全国各地企业和个人缴纳失业保险费的费率。

四、失业保险个人缴费记录

依据国家有关规定，为规范城镇企业事业单位及其职工参加失业保险和履行缴费义务的行为及经办机构的管理服务程序，准确审定失业人员申领失业保险金资格，确定待遇期限，失业保险经办机构在认真做好失业保险单位缴费记录的同时，应当建立失业保险个人缴费记录，准确、安全、完整地记录职工参加失业保险的情况。

个人缴费记录的基本内容应包括职工个人基本信息和缴费信息两部分。

1. 个人基本信息的内容包括：单位编号、单位名称、单位类型、姓名、性别、出生年月、社会保障号码（或居民身份证号码）、户口所在地、用工形式、参加失业保险时间等。

2. 缴费信息的内容包括：职工个人缴费起始时间、职工个人与单位缴费情况等。缴费情况应每年度汇总一次。缴费单位及职工情况发生变化时，失业保险经办机构应根据经审核的社会保险费申报表、代扣代缴明细表和其他资料，对个人缴费记录及时作出调整。当职工发生流动就业时，缴费单位记录应随同转移；转出地经办机构应为其办理相应的转迁手续，转入地经办机构应及时为其接续失业保险关系。

失业保险经办机构应做好个人缴费记录与申领失业保险金审核发放的衔接工作，以个人缴费记录为重要依据，确定失业人员领取失业保险金资格及待遇期限。缴费单位职工失业后按规定享受失业保险待遇的情况，可在个人缴费记录中予以反映。缴费单位职工办理退休手续、出国定居或在职期间死亡的，其个人缴费记录保留两年后予以注销。

五、失业保险关系转移

（一）参保职工失业保险关系的转移

市场经济发展过程中，劳动力作为一种生产要素具有在不同地区流动的属性。对于失业人员来说，因其享受的失业保险待遇与缴费年限挂钩，当其在不同社会保险统筹地区流动时，为了保障其失业保险权益不受减损，有必要建立和完善失业保险关系跨统筹地区的转移接续制度，以便无论是单位成建制在地区转移还是劳动者个人跨统筹地区流动，在流动前单位和个人已按规定缴纳了失业保险费的，劳动者失业后应该享受的失业保险待遇不应该由于其跨统筹地区转移或流动而受影响，其享受失业保险待遇的权利应该得到保障。因此《社会保险法》第五十二条规定："职工跨统筹地区就业的，其失业保险关系随本人转移，缴费年限累计计算。"这就要求用人单位或职工个人跨统筹地区转移或流动后，原来失业保险关系所在地的社会保险经办机构应当办理转移接续手续，对职工的缴费年限进行累计计算。

（二）失业保险关系转移的处理

根据《劳动和社会保障部办公厅关于单位成建制跨统筹地区转移和职工在职期间跨统筹地区转换工作单位时失业保险关系转迁有关问题的通知》（劳社厅函〔2002〕117号）规定，失业保险关系跨省、自治区、直辖市转迁时，转出前单位和职工个人缴纳的失业保险费不转移；在省、自治区内跨统筹地区的，是否转移失业保险费，由省级社会保险行政部门确定。

根据《人力资源社会保障部办公厅、财政部办公厅关于畅通失业保险关系跨省转移接续的通知》（人社厅发〔2021〕85号）规定，失业保险关系跨省转移接续既可线下通过经办窗口进行，也可依托社会保险经办机构的“金保工程”在线上进行。转移接续的办理流程如下：

1. 转移失业保险关系包括以下内容：姓名、社保卡号、就业失业状态、参保缴费记录（已核定失业保险金缴费记录和未核定失业保险金缴费记录）、应当领取而尚未领取的失业保险金记录、失业原因、失业保险待遇标准、基金转移金额、转入地和转出地经办机构信息及其他必要信息。

2. 参保职工或参保失业人员可先到转出地经办机构开具转移凭证，之后到转入地经办机构办理关系转入。对符合条件的，转出地经办机构收到申请后应在5个工作日内办理转出，转入地经办机构收到转出地开具的失业保险关系转移接续联系函后，应在5个工作日内办理转入。对不符合条件的，要说明理由。

3. 参保职工或参保失业人员也可直接到转入地经办机构申请转移失业保险关系，转入地经办机构不得要求申请人再到转出地开具相关证明。对符合条件的，转入地经办机构在收到申请后，应在5个工作日受理并向转出地经办机构发出失业保险关系转移接续联系函，转出地收到联系函后，应在5个工作日内办理转出。对不符合条件的，要说明理由。

转出单位或职工应在60日内到转入地经办机构办理失业保险关系接续手续，并自在转出地停止缴纳失业保险费的当月起，按转入地经办机构核定的缴费基数缴纳失业保险费。转出前后的缴费时间合并计算。

4. 转出地经办机构应在失业保险关系转出后的1个月内向转入地划转失业保险费用。失业保险费用划转期间，不影响转入地经办机构按规定为参保失业人员发放失业保险待遇。转入地经办机构不得以费用未划转到位为由，拒发失业保险待遇。

第五节　职工生育保险

一、生育保险的含义及特征

生育保险作为社会保障体系的组成部分，对促进妇女平等就业，均衡用人单位负担，保证生育妇女医疗费用的支付和生育职工的基本生活等方面发挥着积极作用。《社会保险法》对进一步扩大生育保险覆盖范围、规范待遇保障项目和支付标准，更好地发挥生育保障的功能和作用提供了法律保障。

（一）什么是生育保险

生育保险，是指由用人单位依法缴纳生育保险费，职工个人不缴费，当参保职工或其配偶因生育子女而造成暂时中断劳动、工资收入减少或家庭经济困难时，由政府（或社会）管理的生育保险基金，或者职工所在单位依法提供其生育待遇，或者给予职工配偶必要补贴，并享受相应的休息休假待遇的一项社会保险制度。

生育保险同其他社会保险一样，是随着经济的发展和社会的需要而产生的。生育保险是工业化大生产的必然产物，在生育过程中，妇女面临丧失劳动收入、增加医疗保健费用的支出以及身心上消耗，甚至有导致伤残或丧失生命的风险。这些风险在自给自足的小农经济由个人和家庭承担，当社会进入大工业生产后，生产关系发生了变革，妇女由家庭劳动进入了工厂劳动，成为企业雇员。在资本与劳动的交换关系中，生育费用成为工资的一部分，与其他生活资料一样，属于必要劳动。生育费用某种程度的补偿不仅在于保证劳动者延续后代，还在于保证社会所需要的劳动力资源，保证劳动力的生产和再生产。此外，随着社会的进步和发展，妇女不再只依附于家庭，纷纷从事社会上的各种工作，在经济以及人格上取得了独立。但是妇女在怀孕和分娩时会遇到收入的减少以及其他各种风险，因此，国家和社会要给予一定的物质支持，为妇女能够安心从事社会劳动提供保障。为此，生育保险制度应运而生。

职业女性既要从事社会生产，又要担负起人类自身再生产的任务，她们在怀孕、分娩、育婴期间，因部分或全部不能参加劳动而失去收入来源，同时又需要增加医疗保健费用支出。实行生育保险，通过向生育妇女提供生育津贴、产假以及医疗服务等方面的待遇，保障她们因生育而暂时丧失劳动能力时的基本经济收入和医疗保健，帮助生育妇女恢复劳动能力、重返工作岗位，避免因生育而导致失业，解除女职工的后顾之忧，促进妇女平等就业。这不仅有利于保护妇女合法权益，对促进经济发展和社会进步也有着非常重要的意义。

（二）生育保险具有的基本特征

生育保险与医疗保险有很多相似之处，两种保险制度都是提供一定的医疗保健服务，对暂时丧失劳动能力的职工给予物质帮助，因此，目前很多国家都将生育待遇并入医疗保险实行统一管理。但是，生育保险也有其自身特点：

1. 享受待遇人群的特定性

生育保险是随着妇女参与社会化大生产而产生和发展起来的。其特征是主要针对女性劳动者因怀孕和分娩时所造成的暂时丧失劳动能力，中断正常收入来源时，给予经济补偿和生理恢复上的帮助，其在生育期间的经济补偿标准一般高于其他社会保险项目。即生育保险不仅对女职工生育时所花费的检查费、接生费、手术费、住院费和药费等进行补偿，还包括女职工在规定的生育假期内因未从事劳动而不能获得工资收入的补偿。

享受生育保险待遇的多为育龄年轻妇女，生育津贴一般以女职工原有的工资收入水平为标准，享受生育医疗服务和产假的主要是女职工。随着社会经济的发展，不少国家将享受生育保险的范围逐步扩大到男职工供养的配偶甚至所有育龄妇女；有些国家和地区甚至允许在女职工生育后，给予其配偶一定的带薪假期，以照顾生育后的妻子，假期工资照发。

2. 待遇保障的可预见性

生育保险属于短期补偿行为，其支付的频率和平均期限具有较强的计划性和可预见性。

一是享受的人数可以预测。按照被保险范围内出生人口的数量和变量，基本可以预测下一年享受待遇的人数。

二是生育保险待遇享受的期限比较明确。根据妇女的孕期、哺乳期等一般规律，法律规定了相应的假期。

三是享受的次数可以预测。多数参保人员基本上一生享受 1—2 次，即使包括合法的多生，享受次数也不会太多。

四是生育所引起的暂时丧失劳动能力，一般属正常生理改变，不同于疾病、伤残等引起的病理变化，其引起的收入损失通常是暂时的、大致可预见的。

鉴于这些因素，生育保险基金运行管理要比医疗保险相对容易，可以预测基金的支付总额，不需大量储备，是一个风险性比较低的保障项目。

3. 待遇支付的事前性

生育保险实行产前与产后都享受有关待遇的原则。女职工怀孕后，在临产前一段时间，由于行动不便，已经不能正常工作；分娩以后，需要一段时间休息以使身体恢复和照顾婴儿。生育保险是根据事先事后保障相结合的方式建立，生育保险待遇可从生育之前的预期就开始给付，而其他社会保险项目属于事后救济的补偿保障。如失业保险是在失业发生之后，才提供失业津贴；医疗保险也是在疾病发生之后，提供医疗津贴；工伤、养老等保险津贴的提供也莫不如此。唯有生育保险为更好地保护产妇和婴儿健康，实行产前产后都有计划地享受的原则。

4. 医疗服务范围的确定性

生育行为本身是人类自然的生理现象，因此，不需要特殊的医疗设备、药品和现代辅助设施。一般的检查项目是常规、基础性项目。正常生产的产妇不需要特殊的医疗技术和服务，如遇到难产可借助手术助产或进行剖宫产手术，医疗服务项目均属于传统辅助治疗手段。因此，生育保险的检查项目、治疗手段大都是基础性服务项目，与医疗保险有很大的区别。随着科学技术日新月异的发展变化，核磁共振、激光等现代技术广泛应用于临床，而在产科领域，一般不使用高端设施、材料及特殊药品。产妇需要的服务项目及药品，通常是正常身体检查及补充微量元素等，因此，医疗服务项目相对比较固定，费用也比较低廉。

5. 生育保险医疗服务保障水平高于医疗保险

生育保险不仅是为了弥补女职工生育期间的收入损失，更重要的是对维持劳动力再生产和人类的世代延续起着重要的保障作用。所以，生育保险与国家的人口政策密切相关，其待遇水平一般较其他保险项目要高。考虑到孕产妇及下一代的身体健康和安全，在生育保险制度设计上，医疗费报销比例一般高于医疗保险，在《医疗保险药品目录》《医疗保险诊疗项目目录》等规定的范围内，基本可以全部报销。法律并没有规定医疗费自付的起付线和封顶线，在门诊进行的产前检查、住院分娩或出现高危情况下的医疗费用都可以由生育保险基金支付。

二、生育保险的功能

生育保险作为社会保险的重要组成部分，具有以下主要功能。

（一）有利于保障妇女平等的就业权利

由于受经济、传统观念、社会习俗等诸多因素影响，以及妇女与男子在体能、生理等方面的差异，使得妇女在劳动力市场中处于较弱的地位。职业妇女因生育而停止工作，如果这期间的生活费用和生育医疗费用都由其用人单位承担，无疑加大了用人单位的人工成本，导致一些用人单位不愿招用女性，或当女性到了生育期不再续签合同，从而增加了妇女就业的难度。因此，实施生育保险制度，通过将妇女生育负担由用人单位责任转化为全社会责任；实行生育保险社会统筹，女职工多的企业由于不负担生育费用，既解除了女职工怀孕、生育等特殊时期的后顾之忧，更通过均衡用人单位之间的负担，减轻用人单位招用妇女的成本，对促进消除就业性别歧视，促进妇女平等就业具有积极影响。

（二）保障女职工身体健康

国家制定生育保险的法律法规政策，主要体现在向生育职工提供生育津贴、产假以及报销医疗费用等方面，有效地保护女职工孕期、分娩期和哺乳期的安全，降低妇女生育期间的风险，保障她们因生育而暂时丧失劳动能力时的基本经济收入和医疗保健，帮助生育女职工恢复劳动能力，重返工作岗位，并使婴儿得到必要的照顾和哺育，从而体现了国家和社会对妇女在这一特殊时期给予的支持和爱护。

（三）提高妇女参与社会活动的积极性

生育是人类繁衍生存和劳动力再生产的行为，具有社会属性。职业妇女既要从事经济活动，又要担负生育子女的天职，为劳动力的再生产尽其所能，这往往是一对矛盾。妇女要从事社会生产和工作，就难免影响生儿育女；反之，妇女生儿育女也会影响从事社会活动。同时，由于社会分工、行业特点造成女职工分布不均衡，有些企业女职工人数多，而有些企业女职工人数少，由此导致了企业之间生育费用负担畸轻畸重。为了不让女职工人数多的企业背上沉重的生育费用负担，能平等地参与市场竞争，需要实行生育保险的社会统筹。实行生育保险，是解决这个矛盾的重要制度安排。国家通过立法从制度上保障职业女性在生育子女时，不会因此而导致失业，并得到相应的补偿，解除女职工的后顾之忧，提高了广大妇女参与社会活动的积极性。

（四）有利于提高人口素质和劳动力再生产质量

生育保险的意义不仅是一般层面上的经济补偿，更是关系到两代人的生命安全与健康，关系到人口素质的提高。孕产妇和新生儿死亡的重要原因是一些低收入产妇没有经济能力到医疗机构进行产前身体检查及有关身体指征的检测，分娩时不到正规医疗机构生产，出现大出血等危险情况时因抢救不及时而造成死亡。生育保险不仅是为了保证女职工的身体健康，更是为了保护下一代，使其得到正常的孕育、出生和哺育，促进优生优育，从而提高人口质量和劳动力再生产素质。

三、职工生育保险制度的覆盖范围

1994年，为配合《劳动法》的贯彻实施，原劳动部颁发了《企业职工生育保险试行办法》（劳部发〔1994〕504号），对生育保险改革的内容、标准、形式等进行规范，推动了我国生育保险制度的改革。根据《企业职工生育保险试行办法》的规定，生育保险的实施范围包括城镇企业及其职工，即国有企业、股份制企业、城镇集体企业、私营企业、外商投资企业及其职工。没有将行政机关、事业单位及其职工纳入覆盖范围。2010年《社会保险法》明确规定："职工应当参加生育保险，由用人单位按照国家规定缴纳生育保险费，职工不缴纳生育保险费。"进一步将生育保险覆盖范围扩展到了所有用人单位的职工。

我国的职工生育保险制度不仅覆盖了参保单位的职工，还覆盖了参保单位职工的未就业配偶。根据《社会保险法》第五十四条规定，用人单位已经缴纳生育保险费的，职工未就业配偶按照国家规定享受生育医疗费用待遇。所需资金从生育保险基金中支付。此外，有些地方还规定，将失业人员也纳入了城镇职工生育保险范围。

四、职工生育保险的筹资方式

我国实行改革开放以来，一直坚持将生育保险基金按照"以支定收，收支基本平衡"的原则进行筹集。主要原因是生育保险享受人数和计划生育政策相联系，可预计性强，风险不大，不必留有结余。按照《社会保险法》规定，职工应当参加生育保险，由参加生育保险社会统筹的用人单位，按照用人单位职工工资总额的一定比例向社会保险经办机构缴纳生育保险费，建立生育保险基金，职工个人不缴费。

在筹资比例上，考虑到全国地区之间经济情况和男女人口差异以及生育费用支付不平衡，既要保证生育职工医疗费用的支付和生育职工的基本生活，又要均衡参保单位的负担，特别是减轻生育女职工较多的用人单位的负担等因素，生育保险费的提取比例由当地人民政府根据计划内生育人数和生育津贴、生育医疗费等项费用确定，并可根据费用支出情况适时调整，但是最高不得超过职工工资总额的1%。用人单位缴纳的生育保险费作为期间费用处理，列入企业管理费用。目前，各地缴纳生育保险费的标准不一，大部分地区规定缴纳的生育保险费标准从0.4%—1%不等，全国生育保险筹资比例平均在0.7%左右。

生育保险基金按属地原则组织，实行社会统筹。即统筹地区内的各类用人单位（不分企业的所有制性质、不分隶属关系）一律参加所在地的生育保险社会统筹，执行当地的统一政策。

五、生育保险与医疗保险的合并管理

2019年3月6日，国务院办公厅下发了《国务院办公厅关于全面推进生育保险和职工基本医疗保险合并实施的意见》（国办发〔2019〕10号），提出参加职工基本医疗保险的在职职工同步参加生育保险。生育保险基金并入职工基本医疗保险基金，统一征缴，统筹层次一致。按照用人单位参加生育保险和职工基本医疗保险的缴费比例之和确定新的用人单位职工基本医疗保险费率，个人不缴纳生育保险费。同时，根据职工基本医疗保险基金支出情况和生育待遇的需求，按照收支平衡的原则，建立费率确定和调整机制。在2019年底前实现生育保险和职工基本医疗保险两项保险合并实施。

两项保险合并实施后，经办管理统一由基本医疗保险经办机构负责，实行统一定点医疗服务管理，促进生育医疗服务行为规范化。职工基本医疗保险基金严格执行社会保险基金财务制度，不再单列生育保险基金收入，在职工基本医疗保险统筹基金待遇支出中设置生育待遇支出项目。将生育医疗费用纳入医保支付方式改革范围，推动住院分娩等医疗费用按病种、产前检查按人头等方式付费。生育医疗费用原则上实行医疗保险经办机构与定点医疗机构直接结算。

按照国务院的规定，要确保职工生育期间的生育保险待遇不变。生育保险待遇包括《社会保险法》规定的生育医疗费用和生育津贴，所需资金从职工基本医疗保险基金中支付。生育津贴支付期限按照《女职工劳动保护特别规定》（国务院令第619号）等法律法规规定的产假期限执行。

第六节　社会保险费的征缴

我国建立的是缴费制的社会保险制度，征缴社会保险费是社会保险制度建立的物质基础，没有社会保险费的按时足额征缴，就无法形成持续、稳定的社会保险基金，社会保险待遇就成了无源之水。因此，《社会保险法》明确规定，我国县级以上人民政府要加强社会保险费的征收工作，也明确了社会保险费实行统一征收。

社会保险费征缴，是指社会保险费征收机构依照有关法律、法规规定的社会保险缴费基数和缴费比例，定期向用人单位和个人征收社会保险费。近年来，我国加大了社会保险费征缴力度，特别是以 1999 年国务院颁布的《社会保险费征缴暂行条例》为标志，初步形成了一套比较完善的社会保险缴费管理制度。

一、社会保险登记

参加社会保险和缴纳社会保险费首先需要办理登记手续。社会保险登记是用人单位、职工个人与社会保险经办机构建立社会保险关系的标志。

根据《社会保险法》第五十七条第一款规定："用人单位应当自成立之日起三十日内凭营业执照、登记证书或者单位印章，向当地社会保险经办机构申请办理社会保险登记。社会保险经办机构应当自收到申请之日起十五日内予以审核，发给社会保险登记证件。"根据《社会保险法》第五十八条第一、二款规定："用人单位应当自用工之日起三十日内为其职工向社会保险经办机构申请办理社会保险登记。未办理社会保险登记的，由社会保险经办机构核定其应当缴纳的社会保险费。自愿参加社会保险的无雇工的个体工商户、未在用人单位参加社会保险的非全日制从业人员以及其他灵活就业人员，应当向社会保险经办机构申请办理社会保险登记。"

2019 年，国务院决定推进简政放权、转变政府职能，实行企业"多证合一、一照一码"登记制度改革。根据改革的要求，企业登记注册在 2015 年全面实施工商营业执照、组织机构代码证、税务登记证"三证合一"改革的基础上，再整合社会保险登记证和统计登记证，实现"五证合一、一照一码"，进一步降低企业设立的制度性成本，优化营商环境。为减轻企业负担，改革将全面实行“一套材料、一表登记、一窗受理”的工作模式，申请人办理企业注册登记时只需填写“一张表格”，向“一个窗口”提交“一套材料”。登记部门直接核发加载统一社会信用代码的营业执照，相关信息在全国企业信用信息公示系统公示，并归集至全国信用信息共享平台。此后，根据《国务院办公厅关于加快推进与政务服务“一网通办”不相适应的法规规章修订等工作的通知》（国办函〔2018〕69号）要求，2019年4月28日，人力资源社会保障部公布决定对《社会保险登记管理暂行办法》（劳动和社会保障部令第1号）予以废止，将用人单位的社会保险登记统一纳入当地的企业登记注册平台。

虽然用人单位成立后不再单独办理社会保险登记证，但是，按照社会保险法律规定，企业仍要为新招用员工进行社会保险登记。为此，对于已办理“五证合一”营业执照的企业，在产生用工后30日内，要求依法及时到社会保险经办机构为职工办理参保登记手续，以便社保经办机构进行个人缴费建档记录；逾期仍不办理职工参保登记手续的，经办机构提请有关部门依法要求用人单位履行职工参保缴费义务。对于非“五证合一”单位，仍然要求携带批准成立文件等相关资料到当地社会保险经办机构办理单位及职工参保登记。

二、依法缴费

（一）用人单位如何申报与缴费

用人单位依法缴纳社会保险费的首要环节是缴费申报。建立缴费申报制度，从根本上改变过去上门收缴、催缴的“请求式”收缴方式为缴费责任人主动申报和缴费，使社会保险费的筹集由被动变为主动，有利于树立用人单位和参保个人的社会保险意识，也是社会保险费按时足额征缴到位的法律保证。

对于用人单位缴费部分，按照《社会保险法》规定：“用人单位应当自行申报、按时足额缴纳社会保险费，非因不可抗力等法定事由不得缓缴、减免。”所谓“不可抗力”，是指自然灾害、战争、经济危机等用人单位不能避免和控制的造成用人单位不能按时足额缴纳社会保险费的客观因素。不可抗力情形消失后，用人单位应补缴其缓缴的社会保险费。

对于职工个人缴费部分，按照《社会保险法》规定，职工应当缴纳的社会保险费由用人单位代扣代缴。

企业要切记：依据法律规定，任何用人单位的社会保险费，不论是单位缴纳的部分还是职工个人缴纳的部分，皆由用人单位缴纳，既不能违法委托他人代缴，也不能与员工协议不缴。

以案释法

案情简介

徐某于2014年5月5日入职M公司。入职时，徐某提出书面申请，申请内容为："本人于2014年5月5日入职，自愿与公司签订劳动合同，但不需要公司缴纳社会保险费，在个人提出缴纳申请前，本人不再就合同存续期间的社保向公司主张任何权益。"

2019年4月22日，当地人社局劳动监察大队接到徐某的投诉，对M公司下达劳动保障监察责令改正决定书，责令公司自收到决定书之日起15日内为徐某补缴2014年5月以来的社会保险费并缴纳滞纳金。

2019年5月31日，公司给徐某补缴了社会保险费，并且缴纳了滞纳金2.5万余元。

公司认为徐某主动放弃缴纳社会保险费，现在又投诉要求公司补缴，导致公司支付了滞纳金2.5万余元，该损失是徐某造成的，因此需赔偿公司该损失，故起诉到法院要求判令徐某赔偿公司损失2.5万余元。

法院观点

一审法院认为，2014年5月5日，徐某提出申请载明放弃缴纳社会保险费，虽然其否认未放弃过要求公司缴纳社会保险费，但对公司提供的由其签字的书面申请真实性无异议；该申请包含其放弃社会保险费的内容，其作为完全民事行为能力人，均应该意识到签署放弃社会保险费申请的后果。其未提供证据证明签署申请存在欺诈、胁迫、乘人之危等情形，该申请书真实有效。徐某已对自身权利进行了处分，后又以公司未为其缴纳社会保险费为由向劳动监察部门主张由公司缴纳社会保险费，导致公司被责令补缴了社会保险费，同时缴纳滞纳金2.5万余元。造成公司缴纳滞纳金的后果系因徐某违背诚信，先是为了自己从公司多获取报酬而放弃由公司缴纳社会保险费，后又向社保部门主张所致。公司未给徐某办理社会保险、缴纳社会保险费也有过错，对所产生的滞纳金，徐某应承担50%的赔偿责任。

徐某不服，提起上诉，理由为：一审适用法律错误，社会保险是国家的强制保险，不管与劳动者有何约定，只要没有为劳动者依法缴纳社会保险费，即属于违法行为。公司为自己补缴社会保险费系其法定义务，产生滞纳金系其未及时进行缴纳，与自己无关。

二审法院经审理认为，从事民事行为应当遵从诚实信用的原则，作为完全民事行为能力人，其应当承担不诚信行为的相应后果。鉴于为劳动者缴纳社会保险费系国家法律的强制性规定，公司对未依法进行缴纳亦存在过错，一审判决其双方均担因此产生的滞纳金，符合公平原则，依法应予维持。综上所述，徐某的上诉请求不能成立，应予驳回；一审判决认定事实清楚，适用法律正确，应予维持。

二审判决如下：驳回上诉，维持原判。①

对于上述案例，也有不同的看法。有观点认为，这不能归责于员工不遵从诚实信用。理由是：

第一，劳动者主动提出放弃缴纳社会保险费的申请书无效。用人单位缴纳社会保险费是法律的强制性规定，任何违反法律强制性规定的协议皆无效。而非法官所说“其未提供证据证明签署申请存在欺诈、胁迫、乘人之危等情形，该申请书真实有效”。

第二，本案实属企业违法。只要不是新开办的企业，可以推断企业知道不缴纳社会保险费是违法行为，只是在本案中，见员工主动提出担责，企业便顺势推卸法律责任。

第三，公司被责令补缴社会保险费同时缴纳滞纳金，并非是员工违背诚信所致，实为企业自己作出了违法行为。处罚滞纳金是对企业违法行为的处罚，不能转嫁或部分转嫁给员工。如果员工不投诉，社保征收机构通过检查手段早晚也能查出企业的违法行为。

① 山东省青岛市中级人民法院（2020）鲁02民终1791号民事判决书，载中国裁判文书网，最后访问时间：2022年10月21日。

第四，本案中员工没有过错，员工只是利用了企业想违法降低人工成本（实为损害员工的社保权益）的心理，让企业承受了违法行为应受的惩罚。

现实中，还有一种情形值得企业注意：企业异地用工中，能否委托第三方为自己招用的员工在异地代缴社会保险费？

以案释法

案情简介

袁某入职某公司，该公司注册地在北京。2019 年 12 月 5 日，袁某向北京某区社保中心投诉，反映公司未为其缴纳 2009 年 8 月至 2018 年 8 月期间的社会保险费。

社保中心于 2019 年 12 月 13 日立案，向公司作出并送达《社会保险稽核通知书》，通知公司按要求接受稽核检查并提交所需稽核材料。

2020 年 3 月 25 日，公司向社保中心补充提交某人力资源公司出具的《缴费证明》，用以证明公司委托该公司在济南为袁某缴纳了 2016 年 4 月至 2018 年 8 月期间的五险一金。

2020 年 4 月 24 日社保中心作出《稽核整改意见书》，主要内容如下：(1) 稽核检查结果：公司未按时缴纳袁某 2009 年 8 月至 2018 年 8 月的各项社会保险费；(2) 违反法律法规事实：《社会保险费征缴暂行条例》第四条第一款、《社会保险法》第六十条第一款。根据《社会保险法》第六十三条第一款、第八十六条的规定，提出如下整改意见：要求公司补缴袁某上述期间的社会保险费。

公司针对《稽核整改意见书》向区人社局提出行政复议申请。

人社局于 2020 年 6 月 4 日作出《行政复议决定书》，决定维持社保中心作出的《稽核整改意见书》。

公司不服，诉至一审法院，请求撤销社保中心作出的《稽核整改意见书》和人社局作出的《行政复议决定书》。

法院观点

一审法院审理认为，根据《社会保险法》第五十七条第一款的规定，用人单位应当向当地社会保险经办机构申请办理社会保险登记。根据《社会保

险费征缴暂行条例》《社会保险稽核办法》的相关规定，缴费单位必须向当地社会保险经办机构办理社会保险登记，参加社会保险。缴费单位、缴费个人应当按时足额缴纳社会保险费，社会保险经办机构在发现被稽核对象在缴纳社会保险费方面存在违法行为的，应据实写出稽核意见书，被稽核对象应在限定期限内予以改正。

本案中，《稽核整改意见书》系针对袁某自2009年8月至2018年8月的社会保险费缴纳事项作出的稽核整改意见，公司与袁某在该期间内存在劳动关系，故公司应在本行政区域内的社会保险经办机构为袁某参加社会保险，现本案在案证据足以证实公司未依法在其注册地为袁某缴纳相应社会保险，故社保中心对此作出稽核整改结果并无不当，一审法院不持异议。

公司在本案审理中，申请一审法院调取袁某在山东省济南市社会保险缴纳的情况，以及已享受医疗保险的情况。经调查可以证明在双方劳动关系存续期间，公司委托其他单位在异地为袁某缴纳社会保险，袁某已享受社会保险待遇的事实存在，亦显示此期间的缴费基数明显低于社保中心稽核确定的缴费基数。但该缴纳行为明显不符合《社会保险法》的相关规定，公司以此要求撤销社保中心作出的《稽核整改意见书》的诉讼理由不能成立，一审法院不予支持。

关于社会保险费缴费基数的确定，社保中心根据公司提交且得到袁某认可的《袁某工资明细表》记载的工资数额，核定了投诉欠缴期间各年度缴费工资及缴费基数，符合上述规范性文件的规定。社保中心作出的《稽核整改意见书》在缴费基数的认定上具有相应事实依据和法律依据，一审法院应予支持。

综上，一审判决驳回公司的全部诉讼请求。

公司不服一审判决，上诉至北京中院，理由如下：(1) 公司根据袁某的个人意愿，通过第三方社会保险代缴机构持续为袁某缴纳社会保险，袁某一直正常地享受山东当地的医疗保险待遇和保障；(2) 法律法规并未明确规定用人单位必须在其注册地为员工缴纳社会保险，亦未禁止用人单位委托相关单位代缴社会保险。按照实际工作地确定员工保险缴纳地符合《社会保险法》的立法精神。社会保险缴纳地与用人单位注册地并非必须一致，国家明确认可委托代缴社会保险的合法性。国家明确禁止重复参保，执行社保中心《稽核整改意见书》将人为制造袁某重复参保的情况；（3）委托代缴社会保险在实践中广泛存在，各地社保部门长期默许，一审判决未予撤销《稽核整改意见书》，属于适用法律法规错误，且明显不合理。

公司还提交了一份由多名大学教授联合出具的专家意见《关于社保稽核等问题的专家意见书》，专家意见如下：（1）异地委托代缴社会保险的行为与现行法律规定并不冲突，并且异地委托代缴社会保险费在实践中普遍存在，多地社会保险管理中心也予以认可；（2）对未缴和少缴社会保险费的处理，应该考虑制度历史实践、目前的政策以及宏观经济情况，对社保相关的历史遗留问题应当兼顾劳动者权益保障和用人单位持续经营的需要。

二审法院审理认为，根据《社会保险法》第五十七条第一款的规定，用人单位应当向当地社会保险经办机构申请办理社会保险登记。《社会保险费征缴暂行条例》《社会保险稽核办法》规定，缴费单位必须向当地社会保险经办机构办理社会保险登记，参加社会保险。缴费单位、缴费个人应当按时足额缴纳社会保险费，社会保险经办机构在发现被稽核对象在缴纳社会保险费方面存在违法行为的，应据实写出稽核意见书，被稽核对象应在限定期限内予以改正。

本案中，袁某向社保中心提出投诉，反映公司未为其缴纳2009年8月至2018年8月期间的社会保险。根据《劳动合同》《协议书》《袁某工资明细表》以及《询问笔录》等在案证据材料，可以认定袁某于2009年8月至2018年8月期间与公司存在劳动关系，公司未依法在其社会保险登记地为袁某缴纳该期间的社会保险，违反《社会保险法》《社会保险费征缴暂行条例》《社会保险稽核办法》等法律规范规定的用人单位应为职工足额缴纳社会保险费的法定义务，公司委托第三方异地代缴社保，即为袁某在山东省济南市缴纳社会保险费，不能取代其在社会保险登记地依法应当承担的社会保险费缴纳义务。社保中心在查明上述事实的基础上作出《稽核整改意见书》，认定事实清楚，依据正确。

关于社会保险费缴费基数的认定。社保中心根据公司及袁某均认可的《袁某工资明细表》记载的工资数额，核定了袁某投诉欠缴期间各年度缴费工资及缴费基数，符合相关规定，公司对此亦未有异议，该院对此予以确认。

一审法院判决驳回公司的诉讼请求正确，本院应予维持。公司的上诉理由不成立，对其上诉请求本院不予支持。

二审判决如下：驳回上诉，维持一审判决。①

按照我国法律和社保政策的有关规定，企业用工应当到用人单位注册地的社会保险征收机构和经办机构登记和缴费（或者通过当地政府公共政务平台登记和缴费）。因为职工个人参保缴费信息要与所在单位的社保登记信息相一致，个人社保账户要与单位参保账户对接，单位和个人的缴费是由单位统一支出。单位在异地用工，除非在异地建立有独立法人的分支机构，将员工劳动关系转入分支机构，才有可能在异地开户参保。如果将异地员工挂靠第三方机构参保，就涉嫌伪造职工身份参保。

（二）职工如何参保缴费

按照《社会保险法》规定："职工应当缴纳的社会保险费由用人单位代扣代缴，用人单位应当按月将缴纳社会保险费的明细情况告知本人。"可见，代扣代缴是依照法律规定，由负有代扣代缴义务的用人单位直接从职工本人的工资中扣除应由职工个人缴纳的社会保险费，并代为向社会保险费征收机构缴纳的一种社会保险征缴方式。

"代扣"，就是用人单位在发放职工工资时，先将每个职工应当依法缴纳的社会保险费数额从其工资中扣除。

"代缴"，就是用人单位在向社会保险费征收机构缴纳社会保险费时，一并缴纳其代扣的职工个人应缴的社会保险费。

代扣代缴是用人单位的法定义务，用人单位不得拒绝代扣代缴，也不得通过协商或其他方式转由职工自行缴纳。同样，缴纳社会保险费也是职工的法定义务，职工不得拒绝所在的用人单位依法代扣代缴社会保险费。同时，按照法律规定，用人单位还必须严格履行代扣代缴职工社会保险费后的告知义务，因为职工对用人单位的代扣代缴行为享有知情权，用人单位履行了代扣代缴行为后应当按

① 北京市第三中级人民法院（2021）京 03 行终 368 号行政判决书，载中国裁判文书网，最后访问时间：2022 年 10 月 21 日。

月将缴纳社会保险费的明细情况告知职工本人。例如可以在每月发放职工本人工资单上注明代扣代缴社会保险费金额等明细情况。

实行代扣代缴方式，有利于减轻参保职工个人和征收单位的工作量，有利于征收单位审核用人单位和参保个人的申报缴费情况，提高审核的准确性和工作效率。同时，缴费个人应当以货币形式全额缴纳社会保险费，并有权按照规定查询缴费记录。

要注意：人力资源服务行业有一种“社保代理服务”，即公司将自己招聘的员工以第三方（一般通过人力资源服务公司）的名义代为缴纳社会保险费，这是否构成“未依法为劳动者缴纳社会保险费”？前述案例已说明了这一问题。

现实中，有相当一部分企业与员工建立劳动关系后，未以本公司名义为员工参加社会保险，而是将一部分员工委托给人力资源服务公司（第三方机构）作为其员工，以人力资源服务公司的社保账户为本企业的员工缴纳社会保险费。有的员工工作一段时间后，往往会以其签订劳动合同的企业未依法为其缴纳社会保险费为由，申请仲裁或提起诉讼，要求解除劳动合同，并主张企业支付经济补偿金、补缴社会保险费。对此，劳动仲裁委和法院皆认为，此类挂靠人力资源服务公司（第三方机构）的账户代缴社会保险费的行为，由于转移了社保账户，改变了缴费主体，导致员工的劳动关系和社会保险关系分离，违反了《社会保险法》中关于“用人单位和个人依法缴纳社会保险费”“职工应当缴纳的社会保险费由用人单位代扣代缴”的规定，故认定企业此类缴费行为违法，进而认定企业构成未依法为员工缴纳社会保险费，员工可以解除劳动合同并主张经济补偿，并责令企业补缴社会保险费。

（三）灵活就业人员如何参保缴费

按照《社会保险法》规定：“无雇工的个体工商户、未在用人单位参加社会保险的非全日制从业人员以及其他灵活就业人员，可以直接向社会保险费征收机构缴纳社会保险费。”由于此类人员没有用人单位，或者说没有固定的用人单位或用人单位难以按照国家规定为其履行代扣代缴义务，因此，法律规定了此类灵活就业人员可以自愿参加社会保险，自行向社会保险经办机构申请办理社会保险登记，自行根据国家规定的缴费政策和当地规定的缴费标准，自主进行缴费申报，直接向社会保险征收机构缴纳社会保险费。在一个缴费年度内，灵活就业人员可以采取定期或不定期的灵活申报、缴费方式。

灵活就业人员要享受社会保险待遇也要求达到国家规定的社会保险缴费年限，所以灵活就业人员的缴费要保持一定的连续性和长期性。在一般情况下，此类人员的参保缴费是先在其所属的社会保险征收机构确定的银行开设储蓄存折，然后签订一份缴费协议，按协议缴费。社会保险征收机构则按月委托银行在缴费人的存折中扣缴当月的社会保险费。

（四）社会保险中断缴费的影响

对于职工出现失业、职工停薪留职、企业漏缴社会保险费等其他情形，职工的个人社会保险费会发生中断缴费，这将影响职工的社会保险待遇享受。对此，职工和企业都要引起高度重视。例如，养老保险中断缴费，尽管社保经办机构会准确记录职工的个人账户储存额，并且连续计算利息，已缴的养老保险费不会白交。但是，中断的时间越长，那么相应的累计缴费时间就会缩短，个人账户累计储存额会相对较少，退休后到手的养老金也会相对较少。因此，如果职工长时间中断社保缴费，到法定退休年龄时缴费年限不够，领取养老金的时间就要相应延后。企业要警惕因为企业的原因导致职工的社保缴费中断而引发争议。

以案释法

案情简介

王先生是某公司职工，在公司工作了5年后，因企业经营状况不好，生产任务不足，在家休息了一段时间后，私自到外省打工，1年多时间未回公司上班，公司也未对其做除名处理，但对其停缴了社会保险费。王先生1年后回到公司得知此情，要求公司为其补缴社会保险费。

公司认为，王先生已离开企业1年多，属于长期旷工，根据公司规章制度管理规定，企业有权停止为其缴纳社会保险费。如果要补缴，所有费用（企业缴费部分和个人缴费部分）也应当由王先生自己承担。

王先生不服，向当地人社局投诉企业欠缴社会保险费，要求企业补缴。

人社局受理后，经调查，王先生系公司职工，劳动关系现还存续。虽然王先生离开企业1年多时间，但公司并未对王先生有任何处理决定，即一直没有与王先生解除劳动合同。

案例评述

企业应当履行缴纳社会保险费的义务，不能因职工长期未上班擅自停缴社会保险费，也不能要求职工承担全部补缴义务。本案中，问题出在企业没有及时对此类情形作出任何处理决定。因此，企业作出的关于职工长期在外停薪留职而中断缴纳社会保险费的规定，缺乏法律依据，是无效的。企业应当按照社会保险经办机构核定的缴费标准和期限，为王先生补缴社会保险费。

关于社会保险费的征收和补缴出现的争议，不是劳动争议仲裁的受理范围，而应当向人力资源社会保障行政部门和税务机关投诉寻求解决。

三、依法征收

（一）征收机构的确定

根据《社会保险费征缴暂行条例》规定，社会保险费的征收机构由省、自治区、直辖市人民政府规定，可以由税务机关征收，也可以由劳动保障行政部门按照国务院规定设立的社会保险经办机构征收。根据《社会保险法》规定："社会保险费实行统一征收，实施步骤和具体办法由国务院规定。"这意味着在一个统筹地区内，五项社会保险费要统一征收，且由一个机构负责统一征收。2018 年，中共中央办公厅、国务院办公厅印发《国税地税征管体制改革方案》，提出从 2019 年 1 月 1 日起，将基本养老保险费、基本医疗保险费、失业保险费、工伤保险费、生育保险费等各项社会保险费交由税务部门统一征收。

按照社会保险费征收职责的划转，现行的征收模式为"社保（医保）核定、税务征收"。即企业和灵活就业人员继续通过现行方式和渠道向社保（医保）经办机构办理缴费申报或选择缴费档次，由社保（医保）经办机构核定应缴费额后，通过税务部门提供的渠道缴费。也有的地方规定，企业的社保缴费直接向税务部门提供的征收平台，自行申报缴费。但是，企业和个人的参保登记、权益记录、待遇发放等业务仍由社保（医保）经办机构负责办理，税务部门作为社会保险费征收机构，只负责费款征收。

（二）依法征收的基本要求

按照《社会保险法》规定：“社会保险费征收机构应当依法按时足额征收社会保险费，并将缴费情况定期告知用人单位和个人。”这是法律赋予社会保险征收机构的法定职责。社会保险征收机构要认真做到依法征收。

第一，要求社会保险费征收机构的所有征收行为都必须要有法律法规的依据，并且按照法律法规规定的原则、标准和程序进行，不得超越职权、多征、少征或者违反法定程序征收。

第二，要做到按时征收。即要求社会保险费的征收既不能提前，也不能拖延，要在规定的时间内及时征收。如果随意提前征收，会影响用人单位的资金流动，加重用人单位的财务负担，打乱用人单位的生产经营秩序。随意拖延征收，如果预算不周，会出现当期征收的社会保险费不足，影响支付当期的社会保险待遇支出，损害参保人的利益，影响社会保险基金的正常运行。

第三，应当做到足额征收。社会保险费的征收既不能超过应缴数额，也不能少于应缴数额，而是要严格按照依法确定的应缴数额征收。超额征收和不足额征收的结果都如同提前征收和拖延征收一样，会给用人单位和参保人享受待遇带来不利影响。对于超额征收中的“超额”不能理解为年度计划目标中的数额。社会保险费的应缴数额，是依法核定的每一个用人单位应当缴纳的社会保险费数额，不是上级部门对下级部门年度计划目标中的考核数额。在实际工作中，一些地方的征收机构在完成全年征收计划目标任务后，即不再征收当期“剩余”应征的社会保险费，或者改为第二年再征收。这是一种违法行为。

第四，要依法履行告知义务。社会保险征收机构要将缴费情况定期告知用人单位和个人，保障用人单位和个人的知情权，也便于广大职工监督用人单位的缴费情况和征收机构的征收行为。

在实际工作中，全国各地积极探索各种社会保险费申报、缴费方式，努力为用人单位和参保个人提供多形式、多渠道、便利快捷的社会保险经办和征收服务。例如，一些地区开展了社会保险费网上申报和缴费业务。用人单位和个人通过申请开通网上申报、缴费业务后，经社会保险经办机构受理、核定，即可通过网上银行缴纳社会保险费。通过这种操作模式，极大地提高了工作效率，推进了社会保险费征缴工作的规范化、信息化和专业化。

四、社会保险费强制征收的法律规定

社会保险费是社会保险基金的主要组成部分，是社会保险制度运行的物质基础。规范和强化社会保险费的征缴，对于确保社会保险基金应收尽收、维护社会保险制度的平稳运行和可持续发展，具有十分重要的意义。《社会保险法》规定了社会保险费强制征缴制度，加大了对社会保险费的征收力度，有力地保障了社会保险制度的有序运行。

（一）责令限期补足社会保险费

法律规定对用人单位缴纳社会保险费有两个方面的要求：一是时间要求，即“按时”；二是数额要求，即“足额”。

在没有不可抗力等法定事由的情形下，时间和数额两个要求缺一不可。对于用人单位未按时缴纳社会保险费的，由社会保险费征收机构责令其限期缴纳；对于用人单位未足额缴纳社会保险费的，由社会保险费征收机构责令其补足社会保险费。

法律规定由社会保险征收机构责令用人单位限期缴纳或者补足社会保险费，要求用人单位自行改正违法行为，履行法定的缴费义务，是社会成本最小的处理方式。征收机构不能随意省略这一程序，剥夺了用人单位自己改正的机会。用人单位也应当利用好这一机会，及时改正错误，避免因拒不改正导致征收机构采取进一步行动而引起更大的经济损失。因为，根据《社会保险法》规定：“用人单位未按时足额缴纳社会保险费的，由社会保险费征收机构责令限期缴纳或者补足，并自欠缴之日起，按日加收万分之五的滞纳金；逾期仍不缴纳的，由有关行政部门处欠缴数额一倍以上三倍以下的罚款。”

（二）查询用人单位存款账户

社会保险费征收机构对未按时足额缴纳社会保险费的用人单位采取了责令限期缴纳或者补足社会保险费的措施后，用人单位逾期仍未缴纳或者补足社会保险费的，社会保险费征收机构可以采取进一步的强制措施。根据《社会保险法》规定：“用人单位逾期仍未缴纳或者补足社会保险费的，社会保险费征收机构可以向银行和其他金融机构查询其存款账户。”按照《中华人民共和国商业银行法》的规定，对单位存款，商业银行有权拒绝任何单位或者个人查询，但是法律、行政法规另有规定的除外。因此，既然《社会保险法》作出了明确规定，授予了社会保险费征收机构享有查询用人单位存款账户的权力，那么商业银行就不得拒绝。

《社会保险法》中所指的“银行和其他金融机构”，是指在中国境内依法设立的各类商业银行、农村信用社以及经中国人民银行批准设立的其他金融机构。但在实际工作中，也要避免社会保险费征收机构滥用查询存款账户的权力。行使查询权力，必须符合该用人单位经责令限期缴纳和补足之后、逾期仍未缴纳或者仍未补足社会保险费的前提条件。当然，如果社会保险费征收机构没有依法查询，将承担相应的法律责任。

（三）行政部门强制划拨社会保险费

对于逾期未缴纳或者未补足社会保险费的用人单位，社会保险费征收机构通过依法查询存款账户，可以掌握其存款情况。同时，《社会保险法》赋予了社会保险费征收机构“可以申请县级以上有关行政部门作出划拨社会保险费的决定，书面通知其开户银行或者其他金融机构划拨社会保险费”的权力。这一规定加大了社会保险费征收机构征收社会保险费的力度，可以较为有效地避免用人单位延期缴纳社会保险费，保障社会保险费的按时足额征收。

应当强调的是，作出划拨社会保险费的决定权在县级以上有关行政部门。划拨属于行政强制执行中的直接强制，是对用人单位财产权的直接剥夺。因此，行使划拨权必须依法进行，必须慎之又慎。

（四）要求欠费单位提供担保

当社会保险费征收机构查询逾期未缴纳或者未补足社会保险费的用人单位的存款账户时，可能会发现一些用人单位在银行或者其他金融机构的存款余额可能不足以支付应当缴纳的社会保险费。遇到这种情况，社会保险费征收机构可以就该账户余额由县级以上有关行政部门作出划拨社会保险费的决定，并书面通知其开户银行或者其他金融机构划拨社会保险费。对剩余欠缴的社会保险费，按照《社会保险法》的规定，社会保险费征收机构可以要求该用人单位提供担保，并签订延期缴费协议。用人单位可以提供相当于应当缴纳社会保险费的动产、不动产、有价证券等财产作为担保，保证在延期缴费协议规定的期限内履行缴纳社会保险费的义务。

社会保险费征收机构和用人单位签订的延期缴费协议具有法律效力，用人单位在延期缴费协议规定的期限内未履行缴纳社会保险费义务的，社会保险费征收机构可以根据延期缴费协议的规定，对用人单位用于担保的财产依法进行处置，以处置所得抵缴社会保险费。

（五）申请法院强制执行

依据《社会保险法》的规定，用人单位未足额缴纳社会保险费且未提供担保的，社会保险费征收机构可以申请人民法院扣押、查封、拍卖其价值相当于应当缴纳社会保险费的财产，以拍卖所得抵缴社会保险费。

1. 扣押。指为了防止欠缴社会保险费的用人单位逃避缴纳社会保险费的义务而对其财产予以留置的一种强制措施。被扣押的财产应当置于人民法院的控制之下。正是因为这一强制执行措施是由人民法院实施的，故属于强制执行。

2. 查封。指为了防止欠缴社会保险费的用人单位逃避缴纳社会保险费的义务而对其财产就地封存，禁止移动和支配的一种强制措施。被查封的财产，通常指定欠缴社会保险费的用人单位自行负责保管，必要时应当设专人负责保管，未经查封的人民法院允许，欠缴社会保险费的用人单位不得自行启封。

对用人单位的财产实施扣押和查封，应当特别注意：

（1）扣押和查封财产的前提是用人单位没有足额缴纳社会保险费，并且没有按照规定提供相应的担保。

（2）无论是扣押还是查封欠缴社会保险费的用人单位的财产，均不是由社会保险费征收机构作出决定，而是由社会保险费征收机构申请人民法院实施。

（3）扣押和查封的财产数额是与欠缴社会保险费的用人单位应当缴纳的社会保险费数额价值相当的财产，不得超过其应当缴纳的社会保险费数额。比如，应当缴纳 200 万元社会保险费，则只能扣押和查封用人单位 200 万元的财产。

3. 拍卖。指以公开竞争的方法把标的物卖给出价最高者的买卖合同。日常生活中比较常见的是工艺品、书法、绘画等各类艺术品的拍卖。社会保险费征收机构申请人民法院实施社会保险费保全措施后，依照《中华人民共和国拍卖法》的有关规定拍卖所扣押、查封的财产，用以抵缴用人单位应当缴纳而未缴纳的社会保险费。

需要强调指出，这里的扣押、查封、拍卖属于人民法院强制执行程序。《中华人民共和国行政诉讼法》（以下简称《行政诉讼法》）规定，公民、法人或者其他组织对行政行为在法定期限内不提起诉讼又不履行的，行政机关可以申请人民法院强制执行，或者依法强制执行。《社会保险法》只授予有关行政部门划拨的强制执行权；划拨之外的强制执行方式，如需实施，社会保险费征收机构应当申请人民法院依法强制执行。

五、未依法缴纳社会保险费的其他后果

（一）依法承担赔偿责任或支付员工相关待遇

企业如果不依法按规定为员工缴纳各项社会保险费，导致员工不能享受养老、医疗、工伤、失业、生育保险待遇的，员工可以依法要求企业承担赔偿责任或支付员工相关待遇。例如，依照《工伤保险条例》规定，因职工所在用人单位未参加工伤保险或未依法缴纳工伤保险费，导致职工不能从工伤保险基金中享受工伤保险待遇的，“由该用人单位按照本条例规定的工伤保险待遇项目和标准支付费用”。

（二）劳动者可以解除劳动合同，并要求支付经济补偿

根据《劳动合同法》第三十八条的规定，用人单位未依法为劳动者缴纳社会保险费的，劳动者可以解除劳动合同：同时根据《劳动合同法》第四十六条的规定，对于用人单位未依法为劳动者缴纳社会保险费的情形，劳动者依法提出解除劳动合同后，用人单位应当向劳动者支付经济补偿。

（三）企业可能被列入社保“黑名单”

根据人力资源社会保障部印发的《社会保险领域严重失信人名单管理暂行办法》（人社部规〔2019〕2 号）规定，用人单位不依法办理社会保险登记，经行政处罚后，仍不改正的，将列入社会保险严重失信人名单。人社部门自作出列入决定之日起 7 个工作日内，上传社会保险严重失信人名单信息至人力资源社会保障信用信息平台和全国信用信息共享平台，由相关部门依据《关于对社会保险领域严重失信企业及其有关人员实施联合惩戒的合作备忘录》（发改财经〔2018〕1704 号）规定，实施联合惩戒。

（四）企业有关人员将被采取限制消费措施

根据国家发改委等部门下发的《关于在一定期限内适当限制特定严重失信人

乘坐火车，推动社会信用体系建设的意见》（发改财金〔2018〕384号）及相关政策规定，在社会保险领域中，存在用人单位未按相关规定参加社会保险且拒不整改、用人单位未如实申报社会保险缴费基数且拒不整改、应缴纳社会保险费且具备缴纳能力但拒不缴纳等情形的严重失信行为责任人，将对其限制乘坐火车高级别席位，包括列车软卧、G字头动车组列车全部座位、其他动车组列车一等座以上座位。

企业如果被法院纳入失信被执行人名单的被执行人，法院将对其采取限制消费措施。按照有关规定：

1. 被执行人为自然人的，被采取限制消费措施后，不得有以下高消费及非生活和工作必需的消费行为：（1）乘坐交通工具时，选择飞机、列车软卧、轮船二等以上舱位；（2）在星级以上宾馆、酒店、夜总会、高尔夫球场等场所进行高消费；（3）购买不动产或者新建、扩建、高档装修房屋；（4）租赁高档写字楼、宾馆、公寓等场所办公；（5）购买非经营必需车辆；（6）旅游、度假；（7）子女就读高收费私立学校；（8）支付高额保费购买保险理财产品；（9）乘坐G字头动车组列车全部座位、其他动车组列车一等以上座位等其他非生活和工作必需的消费行为。

2. 被执行人为单位的，被采取限制消费措施后，被执行人及其法定代表人、主要负责人、影响债务履行的直接责任人员、实际控制人不得实施上述行为。

03

第三篇
用工管理

第八章　人事劳动组织管理

用人单位对职工的人事劳动管理，主要是在法律法规的框架内做好员工档案管理，依法履行好双方签订的劳动合同及其合同变更，依据企业规章制度加强用工行为规范。同时，在用工管理中依法保护好职工个人信息。

第一节　企业职工档案管理

按照劳动法律的规定，用人单位自招用员工后，应当建立职工名册备查，同时要注意建立企业职工人事档案，以便历史地、全面地记载职工的工作经历，保管好职工的档案材料。

一、职工档案的概念及其管理职责

（一）什么是企业职工档案

用人单位一旦招录职工后，应当加强职工档案管理。根据 1992 年 6 月 9 日《劳动部、国家档案局关于颁发〈企业职工档案管理工作规定〉的通知》（劳力字〔1992〕33 号），企业职工档案，是企业劳动、组织、人事等部门在招用、调配、培训、考核、奖惩、选拔和任用等工作中形成的有关职工个人经历、政治思想、业务技术水平、工作表现以及工作变动等情况的文件材料，是历史地、全面地考察职工的依据，是国家档案的组成部分。

职工档案也是劳动者在一定条件下开展创业与就业、评定职业技能水平和技术职称、参与社会活动、加入有关社会团体、缴纳社会保险费、认定缴费年限和退休年龄、享受相关待遇所应具备的重要凭证。

职工档案由所在企业的劳动（组织人事）职能机构管理。实行档案综合管理的企业单位，档案综合管理部门应设专人管理职工档案。

（二）企业职工档案管理职责

根据国家有关规定，企业职工档案管理部门的职责：（1）保管职工档案；（2）收集、鉴别和整理职工档案材料；（3）办理职工档案的查阅、借阅和转递手续；（4）登记职工工作变动情况；（5）为有关部门提供职工情况；（6）做好职工档案的安全、保密、保护工作；（7）定期向企业档案室（馆）移交档案；（8）办理其他有关事项。

做好职工档案管理，是人力资源管理的一项基础性工作。企业人力资源管理部门及其管理人员除了根据《劳动合同法》的规定，用工要建立职工名册备查之外，还应高度重视职工档案对职工权益的影响。比如，职工档案是审核职工退休年龄的证明之一。根据《劳动和社会保障部关于制止和纠正违反国家规定办理企业职工提前退休有关问题的通知》（劳社部发〔1999〕8号）规定，当本人身份证与档案记载的出生时间不一致时，以本人档案最先记载的出生时间为准。又如，职工档案还是确定职工的视同缴费年限的凭据之一。职工退休时，养老金的计算与工龄挂钩。缴费时间越长，退休待遇越高。如果是特定条件下的职工（如原国有企业的老职工），仅凭职工档案材料可以认定视同缴费年限。视同缴费年限期间的社会保险费，个人不用缴费，由国家承担，还应当计算过渡性养老金。

企业还应当注意，要充分运用职工档案的内容，为企业合理配置人力资源和优化人才结构提供决策依据。

二、职工档案的内容

根据国家有关规定，企业职工档案的内容有：（1）履历材料；（2）自传材料；（3）鉴定、考核、考察材料；（4）评定岗位技能和学历材料（包括学历、学位、学籍、培训结业成绩表和评定技能的考绩、审批等材料）；（5）政审材料；（6）参加中国共产党、共青团及民主党派的材料；（7）奖励材料；（8）处分材料；（9）招用、劳动合同、调动、聘用、复员退伍、转业、工资、保险福利待遇、出国、退休、退职等材料；（10）其他可供组织参考的材料。

做好档案管理，要求职工所在单位的劳动（组织人事）职能机构对职工进行考察、考核、培训、奖惩等所形成的材料要及时收集，整理立卷，保持档案的完整。立卷归档的材料必须认真鉴别，保证材料的真实、文字清楚、手续齐备。材料须经组织审查盖章或本人签字的，应在盖章、签字后归档，妥善保管。

以案释法

案情简介

原告柳某向法院起诉称，其于1982年年初到公司从事电焊工作，性质为集体工。1992年7月，公司因经营效益差，让其回家，实行“两不找”政策（即在一定时期内，职工脱离企业的管理，职工不找企业，企业不找职工，由职工自行安排生计）。2015年4月，原告到社保机构办理退休手续时，发现公司将其个人档案丢失，导致其无法享受养老待遇，故起诉：（1）公司为其补办个人档案；（2）若公司不能补办档案，则赔偿其损失25万元。

法院观点

一审法院认为，档案材料本身是具有历史意义的特定物。本案中，原告要求补办档案的请求不具有现实可操作性，不予支持。原告之所以在达到法定退休年龄时未能办理退休手续，进而主张赔偿损失，主要是基于视同缴费年限未获认定，但是，即使原告所称的档案材料齐备，其视同缴费年限能否认定，应由人社部门作出具体行政行为。因此，原告在本案中直接向单位主张赔偿责任的前提并不成立，故对原告该项诉讼请求亦不予支持。

原告不服，提起上诉。

二审法院认为，本案中，原告于2015年4月6日达到法定退休年龄后，其是否能够办理退休手续，并领取养老保险，需要人社部门对当事人提供的包括档案在内的相关材料进行审核，但至原告提起本案诉讼之时，人社部门尚未对原告是否符合办理退休手续，并领取养老保险待遇作出认定，人社部门也未对原告提供的档案材料作出审查意见。因此，原告直接主张因档案遗失造成的损失的条件尚不具备。原告不符合起诉条件，法院受理后，应当裁定驳回起诉。原告要求补办个人档案，不属于人民法院劳动争议案件的审理范围，故该项请求应不予处理。

原告仍不服，继续上诉。

再审法院认为：根据最高人民法院2006年6月13日作出的《关于人事

档案被原单位丢失后当事人起诉原用人单位补办人事档案并赔偿经济损失是否受理的复函》（〔2004〕民立他字第47号）明确规定，保存档案的企事业单位，违反关于妥善保存档案的法律规定，丢失他人档案的，应当承担相应的民事责任。档案关系人起诉请求补办档案、赔偿损失的，人民法院应当作为民事案件受理。

本案中，原告以单位丢失其人事档案为由，请求判令单位为其补办个人档案，若不能补办，则赔偿损失25万元。该诉讼请求符合上述规定情形，故本案应属于人民法院受理的民事案件范围。二审法院裁定驳回起诉，适用法律错误，应予纠正。①

案例评述

根据《劳动合同法》第五十条规定，用人单位应当在解除或者终止劳动合同时，在15日内为劳动者办理档案转移手续。这就是说，办理档案管理转移是用人单位在与劳动者终止劳动关系后必须履行的义务，应视为劳动合同的主要内容之一，受劳动法的调整。

根据《最高人民法院关于审理劳动争议案件适用法律问题的解释（一）》，劳动者与用人单位解除或者终止劳动关系后，办理劳动者的人事档案、社会保险关系等移转手续发生的纠纷，属于劳动争议，当事人不服劳动争议仲裁机构作出的裁决，依法提起诉讼的，人民法院应予受理。

保存档案的企事业单位，违反关于妥善保存档案的法律规定，丢失他人档案的，势必影响职工的再就业、职称评定或享受的相关社会保险待遇。对丢失的档案材料引起的损失，应结合当地经济发展状况，以及结合用人单位的过错与劳动者损害的因果关系，确定一次性限额赔偿的原则，对原告的损失进行量化赔偿。

三、职工档案转递的一般规定

企业职工调动、辞职、解除、终止劳动合同或被开除、辞退等，职工所在单

① 江苏省高级人民法院（2016）苏民再353号民事裁定书，载中国裁判文书网，最后访问时间：2022年10月21日。

位应当依法在15日内为劳动者办理档案转移手续，转交其新的工作单位或其户口所在地的街道劳动（组织人事）部门。

企业转递职工档案应遵守下列规定：

1. 通过机要交通或派专人送取，不准邮寄或交本人自带。

2. 对转出的档案，必须按统一规定的“企业职工档案转递通知单”的项目登记，并密封包装。

3. 对转出的材料，不得扣留或分批转出。

4. 接收单位收到档案经核对无误后，应在回执上签名盖章，并将回执立即退回。逾期一个月转出单位未收到回执应及时催问，以防丢失。

企业在接收职工档案材料后，有权审阅的人员一定要认真核对，确保有关材料的真实性。若有疑问，要及时与转出单位沟通，共同确认材料的有效性，避免因档案管理中的失误带来法律风险。

四、流动人员人事档案管理服务规定

流动人员人事档案是反映流动人员政治面貌、道德品行、学习工作经历、专业素养、工作实绩、遵纪守法以及家庭状况、社会关系等情况的历史记录材料。它是流动人员参加机关公务员考录和国有企事业单位招聘、办理政审考察、申报职称评审和核定社保待遇等事项的重要依据，也是各类接收单位准确评价和合理使用劳动者的依据。根据中共中央组织部、人力资源社会保障部等五部门印发的《流动人员人事档案管理服务规定》（人社部发〔2021〕112号）规定，流动人员人事档案的主要内容如下。

（一）流动人员人事档案包括的范围

现行的流动人员人事档案主要包括：

1. 非公有制经济组织和社会组织聘用人员的人事档案。

2. 辞职辞退、解除（终止）聘用（劳动）合同、取消录（聘）用、被开除等与用人单位解除或终止人事（劳动）关系的未就业的原机关公务员、国有企事业单位的管理人员和专业技术人员、军队文职人员的人事档案。

3. 未就业的高校毕业生及中专毕业生的人事档案。

4. 自费出国（境）留学的高校毕业生及其他因私出国（境）人员的人事档案。

5. 外国企业常驻代表机构的中方雇员的人事档案。

6. 自由职业或灵活就业人员的人事档案。

7. 其他流动人员的人事档案。

（二）管理服务机构和职责

流动人员人事档案管理服务机构包括县级以上（含县级）人民政府设立的公共就业和人才服务机构，以及经省级人力资源社会保障行政部门授权的单位。其他任何未经授权的单位不得开展流动人员人事档案管理服务工作。严禁个人保管本人或他人人事档案。

档案管理服务机构应当提供以下服务：(1) 档案的接收、转递；(2) 档案材料的收集、鉴别和归档；(3) 档案的整理和保管；(4) 为符合相关规定的单位提供档案查（借）阅服务；(5) 依据档案记载出具存档、经历、亲属关系等相关证明材料；(6) 为相关单位提供入党、参军、录（聘）用、出国（境）等政审考察服务；(7) 党员组织关系的接转等。

跨地区就业创业流动人员的人事档案，可由其户籍所在地或现工作单位所在地的档案管理服务机构管理。

档案管理服务机构应当提供免费的流动人员人事档案基本公共服务，不得收取档案保管费、查阅费、证明费、转递费等名目的费用。流动人员人事档案基本公共服务相关经费列入本级财政预算，参考保管的流动人员人事档案数量等因素合理确定经费数额。

（三）业务管理

1. 档案建户

档案管理服务机构按规定接收符合条件的人事档案、学生档案，形成流动人员人事档案，并以适当形式明晰与流动人员、存档单位的权利和义务。

对于个人，流动人员持本人居民身份证或社保卡等有效证件，到档案管理服务机构申请设立个人账户。

对于单位，存档单位工作人员持本人居民身份证或社保卡等有效证件及营业执照等有关证件，到档案管理服务机构申请设立单位集体账户。

2. 档案的接收与转递

根据流动人员或存档单位申请，档案管理服务机构按照以下程序和要求开展档案的接收、转递服务：

（1）根据流动人员或存档单位申请，拟接收的档案管理服务机构向原档案管理服务机构或原工作单位开具转档手续材料。

（2）原档案管理服务机构或原工作单位接到转档手续材料后，应当按规定审核档案，对符合转递规定的，填写材料目录清单后严密包封，并填写档案转递通知单，于15个工作日内进行转递。

对不符合转递规定的，原档案管理服务机构或原工作单位不得转出。

3. 档案查阅服务

各类用人单位开展人员政审考察、选拔录（聘）用、人才引进、职称评审、表彰奖励、因公出国（境）、社会保险、巡视巡察等工作，如需查阅流动人员人事档案的，档案管理服务机构按照以下程序和要求提供查阅服务：（1）查阅单位提交加盖公章的单位介绍信，申明查阅理由，如实填写流动人员人事档案查阅申请表；（2）查阅流动人员人事档案应当2人以上，一般为中共党员；（3）档案管理服务机构应当按照程序和权限审批同意；（4）查阅人在规定时限内完成查阅。

档案管理服务机构对高级专业技术人员、涉及国家秘密的流动人员人事档案要从严保管，严格查阅手续。

任何个人不得查阅本人、配偶、直系血亲、三代以内旁系血亲、近姻亲人员的人事档案。

4. 档案借阅与开具相关证明

流动人员人事档案一般不予外借。确因工作需要借阅的，借阅单位应当履行审批手续，在规定时限内归还。归还时，档案管理服务机构应当认真核对档案材料。

流动人员及其亲属因办理个人合法权益保障等事项申请开具相关证明，档案管理服务机构可依据档案材料记载出具存档、经历、亲属关系等相关证明材料。

第二节　劳动合同的履行

企业一旦用工，即与劳动者建立了劳动关系。而建立劳动关系，应当订立书面劳动合同。劳动合同一经劳动关系双方当事人签订，即确立了劳动者与用人单位之间的法律关系，双方当事人应当依法履行劳动合同。企业人事劳动组织管理的一个重要内容就是劳动合同管理。

一、劳动合同的履行

用人单位和劳动者依法订立劳动合同后，应当遵循诚信原则，自觉履行双方约定的义务。《劳动合同法》明确规定：“依法订立的劳动合同具有约束力，用人单位与劳动者应当履行劳动合同约定的义务。”这是劳动合同制度得以全面实施的基本要求，也是用人单位和劳动者依法规范自身行为的基本要求。因此，根据法律规定，用人单位与劳动者应当按照劳动合同的约定，全面履行各自的义务。

对于用人单位而言，履行劳动合同的基本要求是：

第一，应当按照劳动合同的约定向劳动者提供工作场所、劳动安全卫生条件、工作岗位，并按照劳动合同约定的符合法律规定的劳动报酬金额和支付方式，按时足额向劳动者支付劳动报酬。

第二，应当尊重劳动者对用人单位的选择，履行本单位的承诺，不能将应当由本单位对劳动者承担的义务转嫁给其他第三方承担，未经劳动者同意不能随意变更劳动者的工作性质、工作岗位，更不能单方面擅自将劳动者调到其他用人单位工作。

第三，应当加强对劳动者的职业技能培训，提升劳动者的职业道德修养，注重劳动者的职业发展。

第四，应当严格遵守国家法律法规规定的劳动标准，严格执行劳动定额标准、法定工作时间和休息休假制度，不得强迫或者变相强迫劳动者加班。用人单位安排加班加点的，应当按照国家有关规定向劳动者支付加班费。

第五，应当保护劳动者的职业卫生安全，不得违章指挥、强令劳动者冒险作业，要合法合理合情地使用劳动力，体谅劳动者的实际困难和需要，并在可能的情况下尽力给予劳动者帮助。

在履行劳动合同过程中发生劳动争议，要根据劳动法律法规的有关规定，结合实际情况，及时协商解决，从而建立起和谐稳定的劳动关系。

二、执行有关劳动标准的规定

劳动法中所规定的劳动标准为最低劳动标准，一般属于强行性法律规范，以绝对肯定的形式予以规定，具有必须严格执行的法律约束力，不能由当事人协议予以变更。劳动标准主要涉及对劳动者从事社会劳动的劳动条件、劳动工时、劳动报酬、休息休假、女职工和未成年工特殊保护、社会保险等作出的基本规定。考虑到我国各地经济发展水平的不平衡性，国家规定在法律授权范围内，各地可以结合当地实际制定本区域的劳动标准，如本地的最低工资水平、社会保险有关缴费比例和待遇享受标准等。

在市场经济竞争机制作用下，一些企业因经营业务的发展，常出现劳动合同履行地（或用工所在地）与其劳动合同签订地（或用人单位注册地）相分离的情况。为了促进劳动合同的依法履行，处理好劳动者的工资发放等劳动标准，《劳动合同法实施条例》作出规定："劳动合同履行地与用人单位注册地不一致的，有关劳动者的最低工资标准、劳动保护、劳动条件、职业危害防护和本地区上年度职工月平均工资标准等事项，按照劳动合同履行地的有关规定执行。"

上述规定主要是遵照了劳动用工属地管理的原则。按照劳动合同履行地执行有关劳动者的最低工资标准、劳动保护条件、社会保险缴费比例与待遇享受水平等，可以较客观地衡量对劳动者权益保护的程度，平衡好企业和职工双方的利益。当劳动者权益受到侵害时，便于与《劳动合同法》《社会保险法》《劳动争议调解仲裁法》《劳动保障监察条例》等法律法规规定的属地管辖原则相衔接，也便于劳动者快捷有效地获得法律救济渠道。

当用人单位注册地的有关标准高于劳动合同履行地的有关标准时，根据对劳动者给予最大保护的原则，法律规定了可以按照"用人单位与劳动者约定按照用人单位注册地的有关规定执行"。

关于劳动合同履行中涉及如何执行劳动报酬、工作时间、休息休假、劳动安全保护、社会保险等标准的具体内容，后续将专章阐述。

三、职工工作年限的计算

为了满足用人单位适应市场竞争、产业结构和企业结构调整以及通过用工自主权适时调整职工工作岗位的需要，国家允许企业依法或依照国家产业政策，对职工在不同单位之间和工作岗位之间进行调配。但是，为了有效保护职工的合法权益，对于非因劳动者本人方面的原因而被安排到新用人单位工作的劳动者，在其工作年限的计算上，应当给予合法合理的规定。特别是在劳动合同的履行中，常常碰到因职工工作年限的连续计算问题出现纠纷。

在一些企业集团公司、母子公司或分支公司以及合资公司中，集团公司调派员工到分公司或子公司以及合资公司去工作的行为较为随意，常引发劳动争议。也有一些国有企业实行改制过程中，在分流安置企业富余职工到新的工作岗位时，也时常因劳动者的工作年限如何计算发生纠纷。对此，《劳动合同法实施条例》作出明确规定："劳动者非因本人原因从原用人单位被安排到新用人单位工作的，劳动者在原用人单位的工作年限合并计算为新用人单位的工作年限。"同时又规定，"原用人单位已经向劳动者支付经济补偿的，新用人单位在依法解除、终止劳动合同计算支付经济补偿的工作年限时，不再计算劳动者在原用人单位的工作年限"。根据此规定，用人单位应注意：

1. 在不同的用人单位之间调动劳动者，实行工作年限合并计算的前提是"劳动者非本人原因"的调动，是被动地"被安排到新用人单位工作"。

2. 劳动者在变动了用人单位后，如果原用人单位已经向劳动者支付经济补偿，表明原劳动合同已经解除，需要在新用人单位重新签订劳动合同。

3. 对于原用人单位已经支付经济补偿后到新用人单位就业的劳动者，当其在新用人单位解除或终止劳动合同时，对其计算支付经济补偿的工作年限，应扣除其在原用人单位的工作年限。即这里所指"工作年限"的意义，只是指对"计算支付经济补偿的工作年限"，而不是指劳动者到新用人单位后合并计算的工作年限。

从上面分析引申出的问题是：当劳动者在原用人单位的工作年限合并为新用人单位的工作年限后，虽然在已支付经济补偿的情况下可以扣除原工作年限，但在需要计算在一个单位"连续工作满 10 年的"情形时，是否需要扣除？

例如，一名劳动者在原用人单位工作了 8 年，后因非本人原因被安排到一个新用人单位工作 4 年。按照工作年限合并计算的规定，该劳动者在新用人单位的工作年限应该为 12 年。如果原用人单位按照该劳动者工作了 8 年的时间，已经向其支付了经济补偿。当该劳动者在新用人单位工作 4 年后终止劳动合同时，在计算向其支付经济补偿的工作年限时，就要扣除其在原用人单位工作的 8 年时间，而只以其在新用人单位工作的 4 年来计算支付经济补偿。

这里又引出的问题是：如果以该劳动者在新用人单位工作的年限应该为 12

年来计算时，该劳动者是否能以连续工作满 10 年以上为由，向新用人单位提出签订无固定期限劳动合同的要求？

在《劳动部办公厅关于贯彻〈外商投资企业劳动管理规定〉有关问题的复函》（劳办发〔1995〕163 号）（以下简称《复函》）中，对工作年限的连续计算问题作出了解释。《复函》针对合资、合作企业的特殊情况作出规定，把合资、合作企业与合资、合作的中方单位视为同一用人单位。职工续签劳动合同时，其在合资、合作的中方单位连续工作的时间应当与在合资、合作企业连续工作的时间合并计算。《劳动法》实施以后，司法实践已表明，新组建成立中外合资企业时，原企业中进入新的合资企业的员工，如已在原企业工作满 10 年（具体是指劳动者与同一用人单位签订劳动合同的期限不间断达到 10 年）的，在新组建的企业初次签订劳动合同时，工作年限应当连续计算。劳动者若有要求，应该订立无固定期限的劳动合同。

《劳动合同法实施条例》对于劳动者在用人单位连续工作满 10 年的工作年限如何计算也作出了规定："劳动合同法第十四条第二款规定的连续工作满 10 年的起始时间，应当自用人单位用工之日起计算，包括劳动合同法施行前的工作年限。"一些企业对《劳动合同法》中规定的"连续工作满十年"存在一种误解，认为"连续工作满十年"应当从 2008 年 1 月 1 日《劳动合同法》正式施行时开始计算。对此《劳动合同法实施条例》明确规定，"连续工作满 10 年的起始时间"为劳动者进入用人单位工作的第一天开始计算，工作时间包括《劳动合同法》施行前的工作年限。

第三节　劳动合同的变更

一、什么是劳动合同的变更

劳动合同的变更，是指劳动合同依法订立后，在合同尚未履行或者尚未履行完毕之前，经用人单位和劳动者双方当事人协商同意，对劳动合同内容做部分修改、调整或者删除的一种法律行为。

由于劳动合同的订立是双方当事人协商一致、共同确定的，并经双方签字盖章后生效。在履行劳动合同过程中，可能会受到一些主客观因素的影响，或者由于法定原因或约定条件出现一些新情况，使得劳动合同难以履行或者发生争议后难以确认。在此情形下，就需要根据双方或单方当事人要求，对劳动合同中相应部分内容进行调整，或者协商变更劳动合同的相关内容。即根据订立劳动合同时依据的客观情况发生重大变化的情况，对原劳动合同的部分条款进行协商修改、补充或者废止等，从而保证劳动合同得以继续履行。

变更劳动合同的情形一般是：

1. 因职工原因不能胜任原工作，需要在同一用人单位内部流动，变换工作岗位。由于工作岗位的变动一般都牵连着工作内容、工作地点、劳动报酬的变动，因此，调整工作岗位也意味着调岗、调薪、调整工作地点。

2. 订立劳动合同时所依据的法律、法规已经修改或废止，相应地可以对劳动合同的相关内容进行变更。

3. 用人单位受有关产业政策影响或根据市场变化决定转产或调整组织结构及生产任务，需要对职工的工作岗位、工作地点进行调整。

4. 用人单位因兼并或分立，劳动合同订立时所依据的客观情况发生重大变化，致使劳动合同无法履行等，需要对劳动合同中的相关内容进行调整。

对此，企业变更劳动合同时应注意：

1. 根据《劳动法》的规定，变更劳动合同必须遵循平等自愿、协商一致原则和合法原则，在国家法律、法规允许的范围内经过充分协商，达成一致意见后才能变更，不得由一方强行违法变更。同时，变更劳动合同的内容必须符合法律法规的相关规定，双方不得通过协商一致达成有违法内容的协议。

2. 虽然《劳动合同法》规定用人单位与劳动者协商一致可以变更劳动合同，但也不可否认用人单位享有行使用工管理自主权。如在合法、合理的前提下对劳动者工作岗位等进行适当调整，对此，劳动者要予以配合，这也是劳动关系人身从属性的具体体现。

3. 一方提出变更劳动合同的要求，对方应当在约定的期限内及时作出答复。根据《劳动合同法》的有关规定，劳动合同订立时所依据的客观情况发生重大变化，致使劳动合同无法履行，经用人单位与劳动者协商，在一定时期内，未能就变更劳动合同内容达成协议的，用人单位可以单方解除劳动合同。但是，如果在协商过程中达不成一致意见而发生争议，任何一方也可以向当地劳动争议仲裁委员会申请仲裁。

4. 变更原劳动合同的内容后，双方当事人的权利义务会有变化，因此，根据《劳动合同法》第三十五条的规定："用人单位与劳动者协商一致，可以变更劳动合同约定的内容。变更劳动合同，应当采用书面形式。变更后的劳动合同文本由用人单位和劳动者各执一份。"以便作为双方维护各自合法权益的依据。

5. 变更劳动合同必须在原劳动合同的有效期内进行，即在劳动合同期满前这一段时间内，当事人一方或双方提出变更要求。如劳动合同期满，则属劳动合同终止，不是变更的问题了。

6. 依法变更后的劳动合同，双方当事人必须严格履行。因变更劳动合同给一方带来经济损失的，一般由要求变更劳动合同的一方承担经济赔偿责任。承担赔偿责任的一方及赔偿数额大小的确定，应当根据具体情况决定。如因不可抗力或国家政策的变化而引起的劳动合同的变更，可部分或全部免除赔偿责任。

二、职工工作岗位的法定调整

（一）经双方依法协商一致，可以调岗

工作岗位对应的工作内容、工作地点、劳动报酬均属于劳动合同的必备条款，也是劳动合同的主要内容之一。根据《劳动合同法》的规定："用人单位与劳动者协商一致，可以变更劳动合同约定的内容。"也就是说，企业经与员工依法协商一致，可以对工作岗位进行调整。

有许多地方性法规也作出规定：用人单位调整劳动者工作岗位，一般应经劳动者同意。如没有变更劳动合同主要内容，或虽有变更但确属用人单位生产经营所必需，且对劳动者的报酬及其他劳动条件未作不利变更的，劳动者有服从安排的义务。劳动合同变更的应当采取书面形式。对于劳动合同变更的事项，能够通过文字记载或者其他形式证明的，可以视为书面变更。

（二）因职工医疗期满不能从事原工作，可以调岗

根据《劳动合同法》第四十条第一项规定，对"劳动者患病或者非因工负伤，在规定的医疗期满后不能从事原工作，也不能从事由用人单位另行安排的工作的"，用人单位可以解除劳动合同。法律规定对劳动者在规定的医疗期满后不

能从事原工作的，可以由用人单位先另行安排工作。所谓“另行安排的工作”，即为调整工作岗位。

（三）因职工不能胜任工作，可以调岗

根据《劳动合同法》第四十条第二项规定，对“劳动者不能胜任工作，经过培训或者调整工作岗位，仍不能胜任工作的”，用人单位可以解除劳动合同。即法律规定对“劳动者不能胜任工作”的，可以由用人单位“调整工作岗位”。

（四）因女职工在孕期，可以调岗

根据《女职工劳动保护特别规定》第六条规定：“女职工在孕期不能适应原劳动的，用人单位应当根据医疗机构的证明，予以减轻劳动量或者安排其他能够适应的劳动。”即对“女职工在孕期不能适应原劳动的”，用人单位应当“安排其他能够适应的劳动”，这也是调整工作岗位。

（五）因职业禁忌及健康损害，可以调岗

根据《职业病防治法》第三十五条规定，“对在职业健康检查中发现有与所从事的职业相关的健康损害的劳动者，应当调离原工作岗位，并妥善安置”。第五十六条规定，“用人单位对不适宜继续从事原工作的职业病病人，应当调离原岗位，并妥善安置”。即对“有与所从事的职业相关的健康损害的劳动者”和“不适宜继续从事原工作的职业病病人”，用人单位应当将其“调离原工作岗位”，即调整工作岗位。

（六）因员工脱密需要，可以调岗

根据《劳动部关于企业职工流动若干问题的通知》（劳部发〔1996〕355号）规定，“用人单位与掌握商业秘密的职工在劳动合同中约定保守商业秘密有关事项时，可以约定在劳动合同终止前或该职工提出解除劳动合同后的一定时间内（不超过六个月），调整其工作岗位，变更劳动合同中相关内容”。即对“掌握商业秘密的职工”，用人单位可以在劳动合同终止前或该职工提出解除劳动合同后的一定时间内，调整其工作岗位。

三、企业自主调整职工岗位

调整劳动者的岗位是企业人力资源管理的重要内容之一，亦涉及劳动者合法劳动权利与企业用工自主权之间的利益平衡。企业对职工的调岗主要包括对职工的工作内容的调整，而工作内容属于劳动合同的法定必备条款，因此企业对职工进行内部调岗实质上属于劳动合同内容的变更。根据《劳动合同法》第三十五条规定，用人单位如需变更劳动合同内容，应当就相关变更内容与劳动者协商达成一致，并应采用书面形式予以确认。但是，为保障用人单位对劳动者在劳动过程中的组织管理自主权，只要企业事前与劳动者通过平等自愿、协商一致在劳动合同中有约定；或者企业通过民主程序制定的、不违反国家法律法规及政策规定、并向劳动者公示的规章制度中有规定，企业一方就可以自主运用调岗的自主权。

以案释法

案情简介

小王是一公司员工，劳动合同约定在A部门担任普通职员。2014年6月26日，因受市场变化影响，企业经营组织架构进行调整，小王原有部门和岗位被取消。2014年6月30日，公司依据企业规章制度有关规定，在工会委员的见证下向小王发出《告知函》，告知其：因企业组织架构调整，原有岗位取消，故决定调其至B部门（与A部门同类性质）担任普通职员，原工资待遇不变，要求于7月1日前报到。小王拒签《告知函》，也拒绝到新岗位报到。

事后，因小王不去新部门报到，仍然在原部门滞留，占用工作房间。公司在一个月中征询工会意见并在工会委员的见证下先后三次以小王违反企业规章制度向其作出警告处分及《申辩通知》，小王均予以拒签，仍拒绝到新岗位报到。

2014年9月23日至25日，因公司不让小王进入公司，之后小王一直未至公司上班。随后，公司再次向小王邮寄《告知函》，通知其收到该函后次日到B部门报到上班，若未按时报到上班，公司将根据规章制度作出处理。小王收到该通知后，向公司寄送《回复函》一份，表示仍不同意公司擅自调动工作岗位，并继续未到B部门报到上班。

2014年12月24日，公司在征询工会同意后向小王出具《解除劳动合同通知书》，称其旷工已构成严重违纪行为，根据公司规章制度与小王解除劳动合同。

小王不服，申请劳动仲裁，要求公司支付违法解除劳动关系的赔偿金。

仲裁委不支持，小王不服，诉至法院。

法院观点

因公司在经营过程中调整经营组织架构，小王所处部门被撤销。针对小王的岗位特点，公司给予小王合理调整，且小王调整后的岗位既不具有惩罚性也不存在侮辱性，亦没有降低小王原有的薪资待遇。小王拒绝调岗但未能提出确实充分理由，在双方就调岗未能达成一致意思表示的情况下，公司先提出解除劳动合同，支付经济补偿，但小王不同意，仍继续不到新岗位报到。

一审法院认为，劳动者与用人单位建立劳动关系，劳动者应当遵守用人单位依法建立的规章制度，如劳动者严重违反用人单位的规章制度，用人单位可以解除劳动合同。本案中，公司的规章制度经民主程序讨论通过，并向全体员工公示后实施，可以作为用人单位用工管理的依据，当事人双方理应受其约束。公司向小王先后发出催促其上班的书面《告知函》，小王拒不服从，连续旷工，符合公司规章制度中有关条款规定的解除劳动合同的条件。公司在征询工会同意后向小王出具《解除劳动合同通知书》，不违反法规法律及公司规章制度的规定，属合法解除劳动关系，无须支付解除小王劳动合同的经济补偿金和赔偿金，故对小王的请求不予支持。

小王不服一审判决，提起上诉。二审法院审理后，判决驳回上诉，维持原判。

小王继续不服，向省高级人民法院申请再审。高院审查认为：

首先，劳动者与用人单位建立劳动关系后，理应遵守劳动纪律、职业道德、用人单位的规章制度，用人单位亦应依法建立和完善劳动规章制度，保障劳动者享有劳动权利、履行劳动义务。用人单位通过民主程序制定，内容不违反国家法律法规及政策规定，并向劳动者公示的规章制度，对用人单位与劳动者均有约束力。本案中，公司劳动规章制度规定的内容和制定程序合法，并已向全体员工公示，可以作为人民法院审理本案的依据。

其次，虽然《劳动合同法》第三十五条规定了用人单位与劳动者协商一致方能变更劳动合同的约定，但不能因此完全否定企业的用工自主权。劳动者的劳动权与企业的用工自主权受法律平等保护，二者不可偏废。企业确因生产经营需要调整员工的工作岗位是企业用工自主权的重要内容，是企业正常生产经营所必须。劳动者对企业合理调岗予以配合，也是劳动关系人身从属性的具体体现。本案中，公司因组织架构调整，小王原有岗位取消，将小王调至同样是劳动合同约定的“普通职员”的其他岗位，劳动报酬及其他劳动条件并未作不利变更，该具体工作岗位的调整符合必要性、合理性与正当性的判断标准，小王有服从安排的义务。然而小王既不同意解除劳动合同，又始终拒绝到新部门报到，经公司多次依据公司规章制度对其作出警告处理后，其仍然拒绝报到上班，对公司生产经营秩序造成不良影响。

最后，作为善良与诚实信用的劳动者应当知晓，到用人单位报到乃是提供新一阶段劳动的开始，在拒绝报到的前提下当无法正常提供劳动。本案中，小王主张未按公司要求报到不属于旷工既违反日常生活经验，也违反诚实信用原则。因此，小王不满调岗决定拒绝至新岗位报到，且已经过一定待岗期间，在公司书面催促其报到，并明确否则将根据规章制度处理的情形下，仍然未到公司上班，一审法院、二审法院判决认定该行为构成旷工，公司依据规章制度解除与小王的劳动合同属于合法解除，并无不当。

高院裁定：驳回小王的再审申请。①

企业用工应注意，企业与员工双方在签订劳动合同中若有约定，或者在依法制定的规章制度中规定有“确因企业外部因素影响，导致企业进行资源优化配置、生产经营管理调整，需要对员工进行合理调岗安排，并按照‘调岗不调薪’的原则，调整的岗位与原岗位工作量、待遇均无较大变化，员工应当遵从”的类似条款，员工在签订劳动合同时，若对此认可，在知晓企业规章制度后，无不同意见，那么在履行合同中，就应当遵守约定。

如果当事人双方的劳动合同或企业规章制度对调岗事项没有明确约定或规定，企业未依照法律或者有效的规章制度调整员工的工作岗位，且企业在就调岗

① 江苏省苏州市虎丘区人民法院（2014）虎民初字第02556号民事判决书。江苏省苏州市中级人民法院（2016）苏05民终2015号民事判决书、江苏省高级人民法院（2017）苏民申4439号民事裁定书，载中国裁判文书网，最后访问时间：2022年10月21日。

事宜与员工协商未达成一致的情况下进行调岗，其行为不具有合法性；员工拒绝到新岗位工作而没有到岗的，不应被认定构成旷工。

根据《就业促进法》第八条第一款规定："用人单位依法享有自主用人的权利。"用人单位作为市场主体，根据自身生产经营需要而对劳动者的工作地点进行适当调整，也是行使用工自主权的重要内容，对其正常生产经营不可或缺。但同时，用人单位用工自主权的行使又必须在相关法律和政策的框架内，符合一定条件和范围。例如，用人单位对劳动者工作岗位、工作地点进行调整时，应当按照要求作出合理说明，以防止用人单位借此打击报复或变相逼迫劳动者主动离职，也防止用人单位滥用权利。

以案释法

案情简介

2010 年 1 月，谢某受雇于某长运公司。双方签订的劳动合同约定，谢某的工作部门为该长运公司下属的 A 县分公司，合同中的岗位说明栏内又注明工作地点为"长运公司业务涵盖范围（全省境内）"。2011 年 3 月，长运公司以工作岗位的客观情况发生重大变化为由，欲将谢某调至 B 县分公司从事机务工作，但谢某拒绝工作地点调动。

长运公司认为谢某不服从公司岗位调整的安排，违反了劳动合同关于岗位说明栏中注明工作地点为"长运公司业务涵盖范围（全省境内）"的规定，也严重违反了公司关于工作岗位调整的规章制度，以此为由解除了与谢某的劳动合同关系。

谢某不服，向劳动争议仲裁委员会提出仲裁申请，要求长运公司继续履行已签订的劳动合同。

案例评述

对于本案，有以下两种意见：

第一种意见认为，劳动者在生产、经营等工作过程中，需严格遵守用人单位的规章制度，如违反，用人单位有权解除劳动合同。谢某拒不服从公司的岗位调动，已经严重违反了长运公司内部规章制度，并且也违反了合同中关于在岗位说明栏中工作地点加注为"长运公司业务涵盖范围（全省境内）”的规定，依据《劳动合同法》第三十九条的规定，严重违反用人单位的规章制度的，用人单位可以解除劳动合同。据此，长运公司可以解除与谢某的劳动合同。

第二种意见认为，劳动者和用人单位都必须严格遵守劳动合同的约定。谢某与长运公司在劳动合同中已经就工作部门岗位作了详细约定，用人单位就不能再以谢某不服从岗位调整严重违反了公司的规章制度为由解除劳动合同。

本案争议的焦点是，劳动合同中已经就岗位的具体工作地点作出了约定（可能存在歧义），当劳动者不服从用人单位对于工作地点的调动时，用人单位能否以劳动者违反公司内部的规章制度为由解除劳动合同。

按照劳动法理分析：

首先，依法订立的劳动合同系劳动者与用人单位真实意思的表示，用人单位与劳动者应当按照劳动合同的约定，全面履行各自的义务。本案中，谢某与某长运公司在劳动合同中已经明确了具体工作地点为A县分公司，虽然合同中的岗位说明栏内工作地点加注为“长运公司业务涵盖范围（全省境内）”，但二者并不矛盾，长运公司下属A县分公司也属其业务涵盖范围，即使存在歧义，也应作出有利于劳动者的解释。

其次，虽然劳动者负有遵守用人单位内部规章制度的义务，但该制度属一般性规定，而劳动合同是用人单位与劳动者个人之间就工作事项作出的具体、明确的约定，应视为特别规定，依据特别优于一般的法理精神，应以劳动合同的具体约定为准。就本案而言，谢某与某长运公司签订的劳动合同是双方的特别约定，且不违反法律规定，合同中已经明确了具体的工作地点，双方均应遵守合同约定，关于“长运公司业务涵盖范围（全省境内）”理解存在歧义，应作出A县分公司也属长运公司业务涵盖范围的有利于劳动者谢某的解释。

因此，长运公司不能以谢某违反了公司内部的规章制度为由解除劳动合同，长运公司应继续履行已签订的劳动合同。①

① 参见王长平：《劳动合同约定与单位制度相抵触时如何处理?》，载中国法院网，https://www.chinacourt.org/article/detail/2012/03/id/476563.shtml，最后访问时间：2022年10月21日。

四、企业调岗和调薪出现争议的处理

（一）各地的主要处理意见

借鉴各地对企业调岗和调薪中出现争议的处理做法，主要意见是：

1. 用人单位与劳动者签订的劳动合同中明确约定工作岗位但未约定如何调岗的，在不符合《劳动合同法》第四十条所列情形时，用人单位自行调整劳动者工作岗位的，属于违约行为；给劳动者造成损失的，用人单位应予以赔偿，参照原岗位工资标准补发差额。对于劳动者主张恢复原工作岗位的，应当恢复；经审查难以恢复原工作岗位的，可释明劳动者另行主张权利；释明后劳动者仍坚持要求恢复原工作岗位，可驳回请求。

2. 用人单位与劳动者对调整工作内容和工资报酬有明确的书面合同约定，或者虽无明确书面合同约定但已通过实际履行等方式默示调整了原合同约定的，视为双方对合同变更达成一致。

3. 对用人单位在劳动者不能胜任工作、劳动者医疗期满后不能从事原工作、对负有保守用人单位商业秘密的劳动者采取保密措施等情形下，调整劳动者工作岗位和工资报酬的，用人单位应当对调整劳动者工作岗位、工资报酬的合理依据承担举证责任。用人单位不能举证证明其调岗、调薪具有充分合理性的，双方仍应按原劳动合同履行。

4. 用人单位与劳动者约定可根据生产经营情况调整劳动者工作岗位的，经审查用人单位证明生产经营情况已经发生变化，导致原劳动合同订立时所依据的客观情况发生重大变化，致使原劳动合同已无法继续履行时，企业调岗属于合理范畴，应支持用人单位调整劳动者的工作岗位。如果双方不能就调岗达成合意，劳动者拒不调岗的，用人单位可按照法律规定解除劳动合同，但应支付经济补偿。

5. 用人单位与劳动者在劳动合同中未约定工作岗位或约定不明，且劳动者认可的，用人单位有正当理由，根据生产经营需要合理地调整劳动者工作岗位，属于用人单位自主用工行为。

（二）判断企业单方面调岗行为合法合理的因素

针对在劳动合同履行过程中，因用人单位调整劳动者工作岗位、工作地点而引发的纠纷，许多地方劳动行政部门、劳动仲裁机构和司法机构都先后作出规定，判断用人单位单方调整劳动者工作岗位的行为是否合法合理，一般考虑以下因素：

1. 调岗的必要性。即是否属于对劳动合同约定的较大变更。在没有变更劳动合同主要内容的情况下，或虽有变更但确属基于用人单位合法合理的生产经营所必需，例如业务外包、组织结构调整等；也可能是劳动者原因，如因员工身体状况、工作能力、人际关系等，致使企业不得不对员工进行调岗。

2. 调岗的公正性。即劳动者是否能够胜任调整的工作岗位，调整工作岗位后劳动者的工资水平与原岗位基本相当，且对劳动者的报酬及其他劳动条件未作不利变更。

3. 调岗的合理性。即调岗后是否增大了劳动者的劳动成本，是否对劳动者的工作、生活有重大影响。这里主要是指工作岗位地理位置的变更不应给劳动者照顾家庭、上下班的工作成本造成更大的负担。如果有工作地点作出调整后给劳动者带来不便，用人单位是否提供了必要协助或补偿措施等。

4. 调岗的公平性。即所调整的岗位符合员工本身的教育背景、技能、薪酬或职级，不得对劳动者具有惩罚性、侮辱性或者歧视性等。在调整的岗位可供选择的情况下，最好给予劳动者充分的自主选择权。

5. 调岗的程序性。即调岗经过了必要的程序，用人单位单方对劳动者实行调岗前，最好先与劳动者进行协商，调岗过程中充分听取员工意见，同时也能征询工会的意见，最后的调岗结果以书面形式告知员工。用人单位调整劳动者的工作岗位如果没有经过协商程序，劳动者超过一定时间未明确提出异议的，视为推定认可调岗。

企业应当注意，因上述情形，视为用人单位合法行使了用工自主权。企业调岗经与员工协商未能达成协议，解除劳动合同的，企业要支付经济补偿。对于员工不同意解除劳动合同，继续滞留企业，且严重违反企业规章制度的，企业依据《劳动合同法》第三十九条规定解除劳动合同时，员工以企业擅自调整其工作岗位为由要求解除劳动合同，并请求用人单位支付经济补偿和赔偿金的，劳动仲裁和司法机关均表示不予支持。

（三）事前对调岗作出合理约定

建议企业在劳动合同或规章制度中，依法合理地就调整员工岗位和工作地点进行明确约定。例如：

1. 员工经过连续两次以上的业务考核不能胜任工作的，公司可以对其进行调整。

2. 公司根据人事管理制度安排，可以对员工在一定范围内实行轮岗。

3. 对于涉密员工，公司可以在其劳动合同终止或协商解除劳动合同前，调整其工作岗位。

4. 公司可以根据生产经营调整或企业组织结构调整，调整员工的工作岗位。

5. 在同部门或直属上下级关系的员工间不得具有夫妻或亲属关系，一旦存在此类关系的，公司有权对员工的岗位作出调整。

对于上述第 2 项至第 5 项，调整员工的工作岗位时，企业不得降低其现有的经济收入和相关待遇。若调整工作地点，涉及增加员工的经济负担或造成生活不便时，企业应当酌情给予某种形式的经济补贴。

五、口头变更劳动合同的效力

司法实践中，如何理解口头变更劳动合同的效力存在争议。按照《最高人民法院关于审理劳动争议案件适用法律问题的解释（一）》第四十三条规定："用人单位与劳动者协商一致变更劳动合同，虽未采用书面形式，但已经实际履行了口头变更的劳动合同超过一个月，变更后的劳动合同内容不违反法律、行政法规且不违背公序良俗，当事人以未采用书面形式为由主张劳动合同变更无效的，人民法院不予支持。"

第一，如何理解"应当采用书面形式"。根据《劳动合同法》第三十五条规定："变更劳动合同，应当采用书面形式。"此条规定既是签订书面劳动合同原则的延伸，也是为了预防因对变更事项理解不明而发生争议。对于是否应当承认口头或者事实变更劳动合同的法律效力，要看其法律规范的具体内容。只要变更后的劳动合同的内容不违法且经过一定期间劳动者未提出异议，就应当肯定这种变更行为的效力。但前提是"用人单位与劳动者协商一致变更劳动合同"。这主要是考虑到劳动合同变更采取口头形式符合我国用人单位生产经营管理现状，在签订了书面劳动合同的情况下，对于那些通过口头变更后履行了较长时间的劳动合同，应当确认其效力，防止一直处于悬而未决的事实状态。

第二，如何理解“用人单位与劳动者协商一致”。根据《劳动合同法》第三十五条规定：“用人单位与劳动者协商一致，可以变更劳动合同约定的内容。”口头变更劳动合同，应当建立在劳资双方合意前提下，这种合意可以是明示的，也可以是默示的，即通过当事人连续的实际履行行为表现出来。需要注意的是，不能把沉默当成默示。依照《民法典》第一百四十条第二款规定：“沉默只有在有法律规定、当事人约定或者符合当事人之间的交易习惯时，才可以视为意思表示。”例如用人单位在没有明确告知劳动者的情况下单方降薪，并按照降薪后的标准发放超过1个月的工资，劳动者以不知情或者不同意为由请求用人单位补足工资差额，此时用人单位抗辩称劳动者对降薪未提出异议，工资标准已经通过实际履行的方式作变更。这种做法忽略了“用人单位与劳动者协商一致”的适用前提。如果仅是劳动者对降薪未持异议，实际上劳动者是对降薪保持消极沉默，用人单位没有证据证明其与劳动者就降薪进行协商的，这种沉默并不构成《民法典》第一百四十条第二款规定的意思表示，不能视为双方就变更劳动合同已经协商一致。

因此，对于口头变更劳动合同效力的理解：（1）前提是用人单位与劳动者协商一致变更劳动合同；（2）协商一致可以是明示，也可以是默示；（3）默示判断标准是已经实际履行了口头变更的劳动合同超过1个月；（4）变更后的劳动合同内容合法，不违反法律、行政法规以及公序良俗。[①]

六、劳动合同变更后的权利义务承接

（一）用人单位名称和主要负责人变更

用人单位在生产经营过程中，为应对市场竞争的需要，会出现变更用人单位主要负责人及单位名称的情况。根据《劳动合同法》规定：“用人单位变更名称、法定代表人、主要负责人或者投资人等事项，不影响劳动合同的履行。”

根据《民法典》第五十七条规定：“法人是具有民事权利能力和民事行为能力，依法独立享有民事权利和承担民事义务的组织。”法人是独立于自然人的一类法律主体。《民法典》第六十一条第一、二款还明确规定：“依照法律或者法人

---

① 参见郑学林、刘敏、于蒙、危浪平：《关于审理劳动争议案件适用法律问题的解释（一）几个重点问题的理解与适用》，载《人民司法》2021年第7期。

章程的规定，代表法人从事民事活动的负责人，为法人的法定代表人。法定代表人以法人名义从事的民事活动，其法律后果由法人承受。”担任法定代表人的自然人可以变动，但法定代表人的职务行为的归属却不能变，也就是说，法定代表人的行为即法人的行为没有变。只要法人存在（不是法定代表人存在），原法定代表人（代表法人）与职工依法签订的劳动合同就依然有效。同理，只要用人单位作为一个法人还存在，其变更用人单位名称、变更法定代表人（实为变更担任法定代表人的自然人）、变更主要负责人或者投资人等，只要经营方式和经营范围没有发生根本性变化，不属于客观情况发生重大变化的情形，就不影响原劳动合同的继续履行。当然，可以就原劳动合同中的单位名称、法定代表人、主要负责人或者投资人等事项进行变更。

（二）用人单位合并或分立

一些用人单位受市场竞争机制的影响，也常出现用人单位合并或者分立的情况。所谓用人单位的合并，主要是指两个以上的企业联合组成一个企业，或者一个企业兼并了另一个或一个以上的企业。所谓用人单位的分立，主要是指 ·个企业分成两个以上的企业。企业的合并或者分立，都表现为原企业作为一个法人不再存在，而出现了新的法人（或新的用人单位）。在这种变化过程中，一些用人单位会以此原因提出与职工解除或者终止劳动合同，有可能产生侵害职工权益的行为。为了在用人单位合并或者分立的过程中有效保护劳动者的合法权益，《劳动合同法》作出规定：“用人单位发生合并或者分立等情况，原劳动合同继续有效，劳动合同由承继其权利和义务的用人单位继续履行。”

在用人单位发生合并或者分立的情况下，原劳动合同虽然继续有效，但应变更合同的主体（以新的用人单位代替原来的单位），劳动合同由承继其权利义务的新的用人单位继续履行。对此，《民法典》也有规定：“法人合并的，其权利和义务由合并后的法人享有和承担。法人分立的，其权利和义务由分立后的法人享有连带债权，承担连带债务，但是债权人和债务人另有约定的除外。”这就是说，企业法人分立或合并，它的权利和义务由变更后的法人享有和承担。既然用人单位发生合并或分立，原单位的债权债务等财产关系由合并或分立后的单位承继，同样地，对于企业在劳动合同中确定的权利义务，也应当由合并或分立后的企业来承继。

按照法律规定，企业在实施合并或者分立经营活动时，要特别注意职工的接收、岗位调整等劳动合同关系的接续。由于劳动合同涉及劳动者工作岗位、工资报酬、劳动合同期限等内容，在企业合并或分立之后，原劳动合同履行条件可能会发生一些变化，同时也可能导致原劳动合同无法继续履行。这就要求企业内部机构、人员岗位重新进行调整组合，根据新的实际情况变更劳动合同的相关内容。对此，可以适用《劳动合同法》第四十条关于重大情势变更的规定，即对于“劳动合同订立时所依据的客观情况发生重大变化，致使劳动合同无法履行”，经用人单位与劳动者协商，可以变更劳动合同的相关内容，比如变更用人单位名称、劳动者的工作岗位、劳动报酬等，以新的用人单位代替原来的用人单位，劳动合同由承继其权利义务的新的用人单位继续履行。如果当事人双方未能就变更劳动合同的内容达成协议的，用人单位可以依法解除劳动合同。

关于用人单位在合并、分立时与职工关系的处理，有一个与《劳动法》衔接的问题。按照《劳动法》第二十六条规定，劳动合同订立所依据的客观情况发生重大变化（例如用工主体变化，发生“合并”或“分立”，需要调整组织人员结构），新的用工主体不再需要一些工作岗位，需要辞退一些员工，致使原劳动合同无法履行的，当事人可以协商变更劳动合同。如果就变更劳动合同不能达成协议的，可以解除劳动合同。而按照《劳动合同法》第三十四条规定，出现用人单位发生合并或者分立的情形，首先是肯定“原劳动合同继续有效”，由承继其权利和义务的新的用人单位继续履行。在此前提下，确因原劳动合同订立所依据的客观情况发生重大变化，致使原劳动合同无法履行时，双方才可以协商变更劳动合同；如对变更劳动合同达不成协议，可解除劳动合同。执行此条规定，用人单位在实施合并或者分立的经营活动时，不得随意单方面强行解除劳动合同，要特别注意对原企业职工的接收，尽可能使原劳动合同继续有效。

第四节　企业规章制度

劳动合同是否得以顺利履行，关键在于建立劳动关系的双方当事人能够遵循合法、公平、诚实信用的原则，按照约定的合同内容执行。同时，在企业用工中，作为企业人事劳动组织管理，更多的是按照企业依法制定的规章制度来保障劳动合同的履行。

一、什么是企业规章制度

企业规章制度，是指用人单位依法制定仅在本企业内部实施的、关于如何组织劳动过程和进行劳动管理的规则和制度，是用人单位和劳动者在劳动过程中的行为准则。企业规章制度也称为企业内部的“劳动纪律”，是职工在共同劳动过程中必须遵守的劳动规则和工作秩序，也是保障劳动合同约定的内容能够得到顺利履行的有效措施。

企业要想规范运作，做大做强，就得先建章立制。规章制度作为用人单位加强内部人事劳动组织管理，稳定和协调劳动关系，维持正常劳动生产秩序，确定劳动者与用人单位权利与义务的具体操作规范，是依法治企、对劳动关系实施制度化管理的重要手段，可作为单位劳动合同管理的补充，对全体职工和单位内部各个管理部门都具有约束力。同时，集体合同应当成为制定规章制度的依据，规章制度所规定的劳动者权益不得低于集体合同所规定的标准。

用人单位应当依据国家有关的法律、行政法规及政策，通过制定企业规章制度等形式来具体形成劳动纪律。劳动纪律贯穿在整个劳动过程以及人事劳动组织管理的各方面，包括工作时间、劳动态度，执行各种生产、安全、技术、卫生等规程的要求，以及服从管理、听从指挥、考勤、考绩等方面的全部内容。企业制定的劳动纪律，只要内容合法，符合社会公德，不违背公共利益，并经职代会讨论通过的，就应当为全体职工所遵循。

二、规章制度发生效力应当具备的要件

根据《劳动法》和《劳动合同法》规定，用人单位应当依法建立和完善劳动规章制度，保障劳动者享有劳动权利、履行劳动义务。《劳动合同法》第四条还进一步明确规定：“用人单位在制定、修改或者决定有关劳动报酬、工作时间、休息休假、劳动安全卫生、保险福利、职工培训、劳动纪律以及劳动定额管理等直接涉及劳动者切身利益的规章制度或者重大事项时，应当经职工代表大会或者全体职工讨论，提出方案和意见，与工会或者职工代表平等协商确定。在规章制度和重大事项决定实施过程中，工会或者职工认为不适当的，有权向用人单位提出，通过协商予以修改完善。用人单位应当将直接涉及劳动者切身利益的规章制

度和重大事项决定公示，或者告知劳动者。”

依据上述法律规定，用人单位规章制度要发生法律效力，应当包括三个要件：(1) 规章制度内容合法合理；(2) 经过民主程序制定；(3) 作出的决定要向劳动者公示。

(一) 企业规章制度内容的合法性

规章制度内容的合法性主要体现在“用人单位应当依法建立和完善劳动规章制度，保障劳动者享有劳动权利、履行劳动义务”。这就是说，用人单位一定要依法建立和完善规章制度，制度中要体现保障劳动者法定的权利和义务。根据《劳动合同法》规定：“用人单位直接涉及劳动者切身利益的规章制度违反法律、法规规定的，由劳动行政部门责令改正，给予警告；给劳动者造成损害的，应当承担赔偿责任。”只有合法有效并且可以严格执行的用人单位规章制度，才能有力支撑用人单位的业务发展，有效防范用人单位劳动用工法律风险。

实践中有争议的是如何认定规章制度的合法合理性。《劳动合同法》规定，劳动者严重违反用人单位的规章制度或者严重失职，营私舞弊，给用人单位造成重大损害的，用人单位可以解除劳动合同，无须支付经济补偿金。但是，何谓“严重违章”“严重失职”“重大损害”，法律没有作出具体规定，一般来说，用人单位规章制度不得违法和违反正常的常规判断标准，应为大多数人所认同，用人单位应合理确定职工行为的严重程度，准确把握职工“违章”“失职”“损害”的“度”，如果规章制度的内容被单位的大多数职工所认同，那么它就是合理的。

实际工作中，常见一些企业对职工旷工问题作出制度规定，如连续旷工时间超过多少天，或者 1 年以内累计旷工时间超过多少天，企业就可以解除劳动合同。作为处理的基础，企业有义务证明职工旷工事实的存在和制度规定的合法合理性。这时考勤记录和考勤制度规定就成为证据焦点，就要审查：(1) 职工考勤记录的真实性和准确性；(2) 考勤制度的合法性；(3) 规定工作时间的合理性；(4) 考勤对象的职工是否属于严重违章，有无可比性；(5) 旷工是否给企业造成重大损害，有无损害的核定数据等。

如果用人单位所制定的考勤制度经不住推敲的话，其合法合理性就受到质疑。用人单位规章制度在很大程度上可以看作是用人单位约束职工行为的“游戏规则”，只有原则性的条文，没有具体的对照或对比标准，或者说衡量尺度不合理，很难让广大职工信服，也很难得到仲裁庭和法院的支持。

（二）企业规章制度制定程序的合法性

企业在制定规章制度过程中，不仅要求实体内容合法合理，还要注意制定程序的合法规定。与现行《劳动法》等法律法规的规定相比，《劳动合同法》第四条主要对规章制度制定的民主程序进行了调整和修改。

何谓民主程序？根据《公司法》规定："公司研究决定改制以及经营方面的重大问题、制定重要的规章制度时，应当听取公司工会的意见，并通过职工代表大会或者其他形式听取职工的意见和建议。"即公司在制定重要的规章制度时，其民主程序主要体现在"应当听取职工的意见和建议"。

按照《劳动合同法》第四条规定，制定或修改用人单位规章制度的有效法定程序是：

1. 用人单位在制定、修改或者决定有关劳动报酬、工作时间等"直接涉及劳动者切身利益的规章制度或者重大事项时，应当经职工代表大会或者全体职工讨论，提出方案和意见，与工会或者职工代表平等协商确定"。

要注意，法律规定用人单位制定规章制度的程序，一是只限于制定关于"直接涉及劳动者切身利益的规章制度或者重大事项"。对于企业制定关于其他事项的规章制度，比如企业业务往来经营管理制度、单位内部文件管理制度、单位内部有关工作流程制度等，属于用人单位日常经营管理自主权范围的事务，可以不必遵守此程序。二是规定企业要"与工会或者职工代表平等协商确定"，主要是指程序上的要求，如果双方经协商无法达成一致，最后的决定权还是在企业一方。如果企业的规章制度确有违法违规的内容，给劳动者造成损害的，劳动者可以依据《劳动合同法》第八十条获得救济。

2. 在规章制度和重大事项决定实施过程中，"工会或者职工认为不适当的，有权向用人单位提出，通过协商予以修改完善"。

针对企业制定和实施规章制度及重大事项决定的过程，法律设置了一个民主监督机制。不仅要求企业在制定规章制度时，要与工会和职工代表讨论和协商；还要求在规章制度实施过程中，对于工会或者职工认为不适当的，要通过协商予以修改完善，使规章制度及重大事项决定得以合法合理地落实。

在实际工作中，规章制度主要是在用人单位单方面主导下制定的，虽然有程序上的限制，要求有工会和职工参与协商，但用人单位仍然享有比较大的自主权。所以在衡量规章制度是否合法有效时，司法机关往往会综合考虑用人单位用工自主权与保障职工权利的平衡点，凡是应当由双方协商确定的事项，如果没有经过协商，而由用人单位单方面在规章制度中进行了规定，在一般情况下，司法机关都不会作为审理案件的依据。所以，用人单位在制定、修改和实施规章制度过程中，必须严格按照《劳动合同法》规定的程序执行，规章制度才具有法律约束力。否则，用人单位规章制度会因制定程序不合法而被认定无效。

（三）企业规章制度明示的合法性

根据《劳动合同法》规定："用人单位应当将直接涉及劳动者切身利益的规章制度和重大事项决定公示，或者告知劳动者。"如对企业规章制度中涉及有关劳动报酬、工作时间、休息休假、劳动安全卫生、保险福利、职工培训、劳动纪律以及劳动定额管理等其他重大事项的公示或告知，可张贴告示或印发职工。因为，对用人单位作出的直接涉及劳动者切身利益的决定，全体劳动者享有知情权。而且，企业规章制度和重大事项决定公示后，有利于在实施过程中，接受工会或者职工的监督，认为不适当的，可以通过协商予以修改完善。

在现实经济生活中，有这样一种情况：一些集团公司下设若干分公司，均为同一法人。在集团公司依法制定了规章制度之后，有的分公司自己又制定了"规章制度"，而且这些"规章制度"的内容并不违法，也经过了分公司的职代会讨论，制定完成后并对分公司的全体员工进行了公示。此类"规章制度"是否有效？从《劳动合同法》的有关规定分析，分公司的规章制度是否有效，关键取决于分公司是否是一个独立的合法用工主体，是否符合法律规定有资格与劳动者签订劳动合同？如果分公司是一个独立的合法用工主体，其依法制定的规章制度是有效的。如果分公司不是一个独立的合法用工主体，没有法定资格独立与劳动者签订劳动合同，那么其制定的"规章制度"的有效性就难以被承认。因为，按照法律规定，假如劳动者严重违反了分公司的"规章制度"，分公司可以与劳动者解除劳动合同。但是，由于分公司不是独立法人主体，不能以自己的名义与劳动者签订劳动合同，因而，对劳动者违反其"规章制度"，无法解除劳动合同。此时，分公司的"规章制度"尽管没有违法，也只能作为一个不受劳动法律规范的"内部规定"，在一定限度内约束当事人双方的行为，而不能在辞退劳动者（或解除劳动合同）方面产生效力。

在处理用人单位和劳动者之间的矛盾中，相当多的劳动争议案件都是由于用人单位依照规章制度对劳动者作出相应处理后，劳动者对处理不服而引发的。劳动争议仲裁委员会和人民法院在审理此类案件中，用人单位的规章制度往往会成为案件审理的焦点。

根据《最高人民法院关于审理劳动争议案件适用法律问题的解释（一）》第五十条第一款规定："用人单位根据劳动合同法第四条规定，通过民主程序制定的规章制度，不违反国家法律、行政法规及政策规定，并已向劳动者公示的，可以作为确定双方权利义务的依据。"此规定实际上强调了用人单位规章制度具有效力的三个要件，即经过民主程序、内容合法、向劳动者公示。三个要件缺一就可能会出现用人单位规章制度无效的后果。如果用人单位制定的规章制度满足了这三个要件，就具有了合法效力，用人单位以此规章制度来规制职工的行为，也就会得到司法审理的支持。

劳动仲裁和法院审判的大量案例显示，在企业依据规章制度处理职工时，有的企业因为所依据的规章制度内容违法，有的企业因为规章制度的制定没有经过民主程序，还有的企业因为规章制度没有公示或者告知职工等，导致了企业规章制度不能作为规范双方权利义务的依据。对于这些细节，企业应当高度重视。

三、如何制定企业规章制度

（一）规章制度的内容应当明确具体

用人单位的规章制度涉及有关劳动合同管理、劳动报酬、工作时间、休息休假、劳动安全卫生、社会保险和福利待遇、职工培训、劳动纪律以及劳动定额管理等许多方面，因此，用人单位制定规章制度时应当注意：

一是明确建立规章制度的目的，依法依规结合本单位工作特点而制定，确保内容的合法性，并符合本单位的管理特征。

二是管理职责明细清晰，双方当事人的权利义务条款应服务于企业有效管理的目的；确保权利义务责任一致，有权利必有义务、有义务必有责任。

三是注意规章制度的开放性、激励功能和自律性，规章制度不是管死职工，而是重在激发职工的积极性和责任心，增强自律意识。

四是语言简洁、明白、通俗易懂，不产生歧义；条款清晰、前后一致、不矛盾，符合逻辑规律；对难以穷尽事项用技术性术语概括规定。

五是明确各项规章制度的效力范围，设计好规章制度之间的衔接，明确规章制度的解释和执行部门。

六是对员工违反规章制度的处理条款，要有列举的具体情节，可以“对号入座”地追究责任。

用人单位制定规章制度旨在维护本单位的正常工作秩序，通过必要的纪律约束，规范员工的行为。因此，除有规范性的规定外，必须有相应的追责规定，否则，用人单位规章制度就形同虚设，起不到实际效果。用人单位规章制度中对于职工的追责处理规定，因不同行业不同特征的企业而设置不同。通常有书面警告、记过、降级降职（或降低相关待遇）、承担经济赔偿、解除劳动合同等。由于追责处理往往触动职工的个人利益，如果处理不好，极易引发劳动争议。因此，用人单位对违纪违规职工的处理应建立在既合法又合理的基础之上。

《企业职工奖惩条例》（国发〔1982〕59 号）曾规定，企业享有罚款等处罚权力。但该条例现已废止，由《劳动合同法》和相关法规代替。根据《劳动合同法》《中华人民共和国行政许可法》《行政处罚法》等法律法规的规定，罚款是行政处罚的种类之一，只能由行使国家权力的行政机关或者法律授权行使行政权力的机构行使，企业不具有“罚款权”。企业应依法完善自己的管理制度，如果因职工违规违纪造成用人单位的经济损失，可依据劳动纪律等用工管理制度的规定，追究职工承担“经济赔偿”责任。根据《工资支付暂行规定》（劳部发〔1994〕489 号）第十六条规定：“因劳动者本人原因给用人单位造成经济损失的，用人单位可按照劳动合同的约定要求其赔偿经济损失。经济损失的赔偿，可从劳动者本人的工资中扣除。但每月扣除的部分不得超过劳动者当月工资的20%。若扣除后的剩余工资部分低于当地月最低工资标准，则按最低工资标准支付。”

（二）科学合理地细化企业用工管理考核体系

根据《劳动合同法》规定，劳动者有下列情形之一的，用人单位可以解除劳动合同：（1）在试用期间被证明不符合录用条件的；（2）严重违反用人单位的规章制度的；（3）严重失职，营私舞弊，给用人单位造成重大损害的；（4）劳动者同时与其他用人单位建立劳动关系，对完成本单位的工作任务造成严重影响，或者经用人单位提出，拒不改正的；（5）因本法第二十六条第一款第一项规定的情形致使劳动合同无效的；（6）被依法追究刑事责任的。

对此，用人单位各项规章制度要全面、系统、详尽，尽可能将各类考核或检查指标量化。例如，对试用期间考核的录用条件，对职工违反规章制度的严重程度，对职工严重失职、营私舞弊、给用人单位造成重大损害的程度，对职工兼职对完成本单位的工作任务造成严重影响的程度等问题，必须在用人单位规章制度里予以具体界定，否则难以成为企业解除劳动关系的依据。企业规章制度中如果规定不清楚，一旦出现劳动争议，就只有把该用人单位自己决定的权利交由劳动仲裁员和法官“自由裁量”了。

对于用人单位的其他劳动管理规章，如录用条件、岗位科学划分与描述（同一岗位的分档）、岗位职责、员工岗位年度考核与工作业绩测评及绩效考核标准、员工专业培训考核与高管人员管理评估、职务设置与升迁考核、辞退职工的经济补偿与损失赔偿衡量等，都要求必须非常明细、清晰，一定要细化到可操作。要将法律赋予用人单位制定规章制度的权利用足、用到位。

为了保证劳动者的身体健康，同时为用人单位提供有效劳动，用人单位要制定合法合理的劳动工时管理制度，严格执行劳动定额标准。“劳动定额标准”，是指在一定的生产和技术条件下，采用科学合理的方法，对生产单位产品或完成一定工作量应该消耗的劳动量，或在单位时间内生产产品或完成工作量所预先规定的限额标准。在现实生活中，常见一些用人单位变相强迫劳动者加班，主要表现为用人单位通过制定不合理和不科学的劳动定额标准，使得该单位大部分劳动者在 8 小时制标准工作时间内不可能完成生产任务，造成劳动者为了完成生产任务，获得足以维持其基本生活的劳动报酬，不得不在标准工作时间之外延长工作时间。根据《劳动合同法》规定：“用人单位应当严格执行劳动定额标准，不得强迫或者变相强迫劳动者加班。用人单位安排加班的，应当按照国家有关规定向劳动者支付加班费。”企业为了避免由此可能带来的法律风险，应当依法制定科学合理的劳动定额管理制度，细化企业用工管理考核体系。

（三）对全体职工进行公示或告知

用人单位对制定的规章制度如何公示，公示的方式及形式，法律上均无明文规定。企业规章制度应该怎样公示才合法？才能有效地防范法律风险呢？实务中，一般可以采取如下公示方法：

1. 企业网站公布。在本单位网站或者内部局域网发布进行公示。

2. 通过手机和电子邮件向员工发送。将规章制度全文通过手机和电子邮件向全体员工发送，通知员工阅读规章制度，并要求员工以短信或者微信电子邮件回复确认，截屏下载保存。一定要有员工确认收到并知悉文件内容的证据。

3. 公告栏张贴。在公司内部设置的公告栏上张贴规章制度内容，供员工阅读，或委托工会公示规章制度。可在工作场所管理人员的见证下，对公告的现场进行拍照、录像等，进行备案，保留证据。

4. 印制发放员工手册。将公司规章制度印刷成册，发放给每个员工学习理解，并让员工签收，确认已经知悉该规章制度的全部内容且同意遵守。

5. 召开职工大会公示。通过召开全体职工大会，公布公司规章制度并逐条解读，以职工参会签名的方式保留证据。

6. 组织规章制度培训。公司人力资源管理部门组织公司全体员工进行公司规章制度的培训，集中学习，并保留证据。同时也可组织规章制度学习考试。公司以规章制度作为考试内容，挑选重要条款，设计考试题目，组织员工进行开卷或者闭卷考试，让员工加深对公司规章制度的理解。

企业应注意的是，在实务中，无论是在企业生产区域发布公告、通过企业官方网站、电子邮件、职工手机等辅助方式发布信息，还是通过召开会议向员工征集意见等，都应当将与员工就制定规章制度进行沟通、讨论或协商等情景和公布规章制度的情景记录下来，保留相关网页、会场照片、会议记录、员工回执、会议签到表等，作为企业依法制定和公布规章制度的依据。

四、规章制度中的风险防范

根据《劳动合同法》规定，用人单位的规章制度违反法律、法规的规定，损害劳动者权益的，劳动者可以随时通知用人单位解除劳动合同。用人单位直接涉及劳动者切身利益的规章制度违反法律、法规规定的，由劳动行政部门责令改正，给予警告；给劳动者造成损害的，应当承担赔偿责任。对此，企业在制定规章制度以及依据规章制度管理员工时，要注意避免法律风险。

（一）企业规章制度中不得违法规定终止劳动合同

有的企业在规章制度中，规定了一些终止劳动合同的情形，诸如出现类似“员工在业绩考核成绩中排列末位的，将终止劳动合同”等情形的规定，这类规定是否有效？

根据1994年《劳动法》规定：“劳动合同期满或者当事人约定的劳动合同终止条件出现，劳动合同即行终止。”《劳动法》规定的劳动合同终止包括两类：一类是法定终止；另一类是约定终止（即劳动合同因当事人约定的终止条件出现而终止）。于是，一些企业不仅在劳动合同中与员工约定，而且在规章制度中也规定：当员工业绩考核达不到企业预期目标时，劳动合同予以终止。但是在2007年颁布的《劳动合同法》中，将用人单位和劳动者双方可以约定劳动合同终止条件的规定排除了，只规定了劳动合同期满以及法定情形出现时可以终止，即只有“法定终止”没有规定“约定终止”的情形。

《劳动合同法实施条例》第十三条更是明确规定：“用人单位与劳动者不得在劳动合同法第四十四条规定的劳动合同终止情形之外约定其他的劳动合同终止条件。”取消约定劳动合同终止的条件，是为了防止用人单位规避劳动合同期限约束，随意终止劳动合同。所以，企业不得在与员工签订的劳动合同中约定其他的劳动合同终止条件，也不能将企业规章制度中的一些条款约定为终止劳动合同的条件，即使作了约定或规定，该约定或规定也是无效的。

（二）企业规章制度中不能超越劳动范畴作出规定

用人单位有权通过制定规章制度进行正常生产经营活动的管理，但对劳动者在劳动过程以及劳动管理范畴以外的行为，用人单位不宜进行禁止性规定。

以案释法

案情简介

张某是某公司职工。2009年4月20日，公司以张某乘坐非法营运车辆为由通知张某解除劳动合同。张某认为，公司解除劳动合同的行为无事实与法律依据，属违法解除劳动合同。张某申请劳动仲裁，仲裁委裁决驳回了张某的请求。

张某为维护自身合法权益，起诉至法院，要求判决公司支付经济赔偿金。

公司辩称：张某违反单位规章制度的有关规定，公司依据规章制度的规定对张某发出“离职通知单”，并完成了后续的离职及退工备案手续，公司未违反劳动合同法规定，故无须支付赔偿金，请求驳回张某的诉讼请求。

法院观点

一审法院查明：公司于2008年9月8日召开职工代表大会，为了预防因交通事故发生工伤，制定了“严禁乘坐非法营运车辆，违者予以开除处分”的规定，作为规章制度以约束职工的出行行为。

一审法院认为：用人单位的规章制度是用人单位制定的组织劳动过程和进行劳动管理的规则和制度，也称为企业内部劳动规则。规章制度既要符合法律、法规的规定，也要合理。用人单位有权通过制定规章制度进行正常生产经营活动的管理，但对劳动者在劳动过程以及劳动管理范畴以外的行为，用人单位适宜进行倡导性规定，对遵守规定的员工可给予奖励，但不宜进行禁止性规定，更不能对违反此规定的员工进行惩罚。

本案中，公司以乘坐非法营运车辆存在潜在工伤危险为由，规定员工不允许乘坐黑车，违者开除，该规定已超出企业内部劳动规则范畴，且乘坐非法营运车辆行为应由行政机关依据法律或法规进行管理，用人单位无权对该行为进行处理。工伤认定系行政行为，工伤赔偿责任是用人单位应承担的法定责任，公司通过规章制度的设置来排除工伤责任，没有法律依据，因此亦属无效规定。故公司不得依据该规定对员工进行处理，该公司以张某乘坐非法营运车辆为由解除劳动合同违反劳动合同法的规定，损害了劳动者的合法权益，依法应当向张某支付赔偿金。法院予以支持。

公司不服一审判决，向中级人民法院提起上诉称：公司制定的规章制度并未超出劳动过程及劳动管理范畴，据此对张某进行处理并无不当；并非利用“严禁乘坐非法营运车辆，违者予以开除处分”这一规章制度来排除工伤。

张某答辩称：一审判决认定事实清楚，适用法律正确；张某乘坐黑车是在休息时间，并非上班时间。因此，请求维持一审判决，驳回上诉。

二审法院确认了一审查明的事实。二审法院认为：用人单位以劳动者严重违反单位的规章制度为由解除劳动合同，劳动者提起相关诉讼的，法院应当依法审查该规章制度的合法性与合理性，不能无限放大乃至超越劳动过程和劳动管理的范畴。如果用人单位的规章制度超越合理权限对劳动者设定义务，并据此解除劳动合同，属于违法解除，损害了劳动者的合法权益，用人单位应当依法支付赔偿金。

本案中，张某乘坐黑车行为发生之日正值其休息之日，劳动者有权利支配自己的行为，公司不能以生产经营期间的规章制度来约束员工休息期间的行为。单位职工乘坐何种交通工具上班是职工的私人事务，用人单位无权作出强制规定，如果劳动者确有违法之处，也应由国家行政机关等进行处罚。因此，公司因张某乘坐非法营运车辆而作出解除劳动合同系违法解除，损害了劳动者的合法权益，应当按劳动合同法之规定，向张某支付赔偿金。

综上，公司的上诉理由不能成立，一审判决并无不当，应予维持。

据此，二审法院作出判决：驳回上诉，维持原判。①

（三）规章制度不能免除用人单位自己的责任

劳动关系主体之间具有客观上的隶属性，劳动者作为用人单位的成员，在劳动过程中理应遵守用人单位的规章制度，服从用人单位的管理，双方必然形成领导与被领导的隶属关系。但在实践中，有的用人单位利用自己在劳动关系形成过程中的强势地位，在劳动合同的签订过程中或者在规章制度制定的过程中要求约定、制定的条款更多地对企业有利，甚至直接排除劳动者的合法权益。例如在规章制度中规定工资发放后，一个月内对金额未提出异议的，视为无差额；新员工入职后，要放弃享受第一年的年休假；员工周日加班的调休必须在加班当月完成，否则视为放弃调休，不支付加班费；因职工原因违规操作造成的伤害，由员工自行负责，公司不承担任何责任等。这些规定都是不合法的。

（四）规章制度与劳动合同约定冲突时如何处理

现实中，有一些企业为了应对其经营结构变动、人员岗位调整或经营收益波动等情形，利用企业具有一定的工资自主管理权，制定规章制度规定企业可以自主调整职工工资分配方式和工资水平。但是，当出现降低职工工资水平时，常引发职工的不满或争议，认为企业规章制度违反了劳动合同的约定。企业规章制度

① 参见张某诉某科技公司支付赔偿金纠纷案，载《最高人民法院公报》2014年第7期。

与劳动合同约定有冲突时，应当如何处理呢？有两种意见。

一种意见认为，用人单位在不违背法律法规的前提下可以制定相应的内部分配制度。根据《劳动法》第四十七条规定：“用人单位根据本单位的生产经营特点和经济效益，依法自主确定本单位的工资分配方式和工资水平。”因此，企业依法自主制定的工资管理制度，员工应当遵照执行。

另一种意见认为，用人单位在劳动合同履行期间，通过制定内部规章制度的形式调整和变更劳动者的工资分配方式和工资水平时，特别是对降低职工工资水平的，应当征得职工的书面同意。双方在未协商一致变更劳动合同确定的工资标准的情况下，职工可以优先选择适用劳动合同的约定。

这里值得提示的是：尽管在劳动合同中约定，用人单位可根据国家法律法规和公司依法制定的规章对劳动者的薪酬予以调整。但是，《劳动合同法》第四条第二、三款规定：“用人单位在制定、修改或者决定有关劳动报酬、工作时间、休息休假、劳动安全卫生、保险福利、职工培训、劳动纪律以及劳动定额管理等直接涉及劳动者切身利益的规章制度或者重大事项时，应当经职工代表大会或者全体职工讨论，提出方案和意见，与工会或者职工代表平等协商确定。在规章制度和重大事项决定实施过程中，工会或者职工认为不适当的，有权向用人单位提出，通过协商予以修改完善。”由此可见，用人单位在制定和修改有关劳动报酬等涉及劳动者切身利益的规章制度时，其制定程序是较为严格的，其必须经由大多数劳动者或职工代表的参与讨论和协商确定。法律的规定在一定程度上防止和避免用人单位滥用规章制度变相调整或降低劳动者的工资待遇。

劳动合同约定是一种契约，只要不违反法律法规强制性规定，合同双方应遵照执行。用人单位的规章制度在我国被称为“厂规厂法”，但其并不是法律，其效力来于法律的赋予；用人单位依法制定的规章制度具有集体制约力，用人单位的所有员工必须接受规章制度的约束。但是，当用人单位的规章制度与职工个人劳动合同的约定发生不一致时，劳动者有优先选择适用的权利，即劳动者可以选择适用对自己更有利的规定。理由如下：

从劳动法的相关原则及法律理念来分析，劳动者可以选择对自己更有利的工资标准和劳动条件的规定。如劳动合同约定的劳动报酬和劳动条件高于用人单位规章制度标准的，劳动者可选择继续适用合同的约定；如劳动报酬和劳动条件低于用人单位规章制度标准的，劳动者可以追认的方式确定适用用人单位的规章制度。《最高人民法院关于审理劳动争议案件适用法律问题的解释（一）》第五十条第二款规定："用人单位制定的内部规章制度与集体合同或者劳动合同约定的内容不一致，劳动者请求优先适用合同约定的，人民法院应予支持。"此条规定从司法审理上肯定了当劳动合同的约定与用人单位内部规章制度不一致时，劳动者有优先选择适用的权利。其包含以下几层含义：

1. 劳动者行使优先选择权必须具备两个前提条件：一是用人单位制定的内部规章制度和劳动合同的约定均依法成立，两者本身应具有法律效力；二是两者内容出现了不一致。

2. 劳动者可以请求优先适用合同约定，也可以请求优先适用企业规章制度。

3. 劳动者请求优先适用权不受两者时间先后顺序的约束，即不管用人单位规章制度的制定在前，还是劳动合同的约定在前，当两者发生冲突时，劳动者均有选择适用的权利。

企业通过依法制定规章制度，一方面能极大地调动职工的积极性和归属感；另一方面与职工取得沟通后，有利于减少内耗，劳资双方按照协调一致的共同目标，齐心协力、步调一致地谋求企业发展。

（五）加强规章制度对员工病假的管理

企业用工中，因员工病假引起的劳动争议案件时有发生。尤其是因感冒发烧、高血压、糖尿病、腰椎间盘突出等常见病以及孕期女职工申请长期病假引发的争议屡见不鲜。引发此类案件的主要原因在于医院出具的病休证明建议休息的时间与企业的预期相差过大。鉴于实践中确实存在医院有的医师基于人情等因素开具虚假病假或违规出具病假证明等情况，建议企业审慎认定病假证明，加强对病假真实性的事实调查。劳动法不仅要维护职工的合法权益，同样也保护企业的自主用工权。

以案释法

案情简介

陈某于2015年4月入职某资产公司从事售后服务工作。2016年6月陈某怀孕，同年7月至9月30日期间，陈某以孕酮偏低、孕期出血导致先兆性流产需卧床休息为由，先后凭A医院和B医院出具的诊断意见书通过微信方式向资产公司申请3次病假共计65天。

2016年9月16日，公司人事经理听闻陈某在外逛街的消息，当日致电陈某，要求其在9月30日之前根据公司规章制度要求补交3次就医的挂号发票、病历记录、检查报告、用药清单等就医资料，并到公司补办书面请假手续，否则视其为虚假病假。陈某当即回复公司只有病休证明，没有就医资料，因尚需卧床休息，无法到公司办理书面请假手续。之后，陈某继续在家休息，未向公司解释为何没有就医记录的原因。

2016年9月30日，资产公司以陈某骗取病假65天为由解除了双方的劳动合同。

2016年10月10日，陈某提起劳动争议仲裁申请，要求某资产公司继续履行劳动合同。

庭审中，陈某表示没有就医记录系医生认为其病情简单只需卧床休息，也无须进一步检查和用药，便直接开具了病休证明。判断是否需要病休的依据应当是加盖有医院印章的病休证明。公司认为病休证明有假，应当提供证据证明。公司规章制度明确规定申请病假必须提供详细的就医记录，陈某无法提供，就属于违反规定，故公司解除劳动合同合法。另公司的规章制度经民主程序制定并由陈某签收。

争议焦点

是否单凭医疗机构出具的病休证明，企业就必须批准员工病假？员工“泡病假”怎么办？

案例评述

在本案的处理过程中，存在三种不同意见。

第一种意见认为，陈某已提供了加盖有医院印章的病休证明，至于病休证明的真伪并非由仲裁机构甄别，在公司未提供证据证实陈某为虚假病假的情形下，应当认定病休证明合法有效。虽然出具病休证明的医院没有陈某的挂号记录等就医材料，但并不能就此推定陈某无须病休，日常中也不能排除没有常规就医流程，医生简单诊断后便开具病休证明的情况，且陈某处于孕期，公司理应对孕期女职工的病假提高容忍度。公司关于必须提供就医记录方能请假的规定过于死板。现公司未查明事实便草率解除劳动合同已构成违法解除。

第二种意见认为，资产公司的规章制度已经民主程序制定并由陈某签收，陈某作为员工应当严格执行和遵守。现陈某不按照规定提交病假所需就医记录，应当视为病假不成立。

第三种意见认为，不能片面地以是否有病休证明或是否按规章制度的规定履行请假手续来判断是否应当批准病假，而应综合考虑职工的病情以及职工不能按制度要求履行请假手续的客观原因。

结合上述意见，根据《企业职工患病或非因工负伤医疗期的规定》（劳部法〔1994〕479号）第2条规定，医疗期是指企业职工因患病或非因工负伤停止工作治病休息不得解除劳动合同的时限。根据《关于加强企业伤病长休职工管理工作的通知》（劳险字〔1992〕14号）规定，职工因伤病需要休假的，应凭企业医疗机构或指定医疗机构开具的疾病诊断证明，并由企业审核批准。至于企业如何行使审核批准权，前述文件没有作出具体规定。但是，职工拥有身体健康权，只要职工病情属实且有专业医疗机构开具的病休证明及完备的就诊记录，企业应该审核批准病假。当企业对于医疗机构的病假证明真实性提出合理性质疑时，企业有权对职工病情、就诊记录等进行审核，再决定是否批准或者撤销病假。

本案中，陈某主张其孕期出血、孕酮偏低，有先兆性流产症状，却没有最基本的挂号记录和病历记录，明显与常规的就医流程不符，且根据一般的医学常识，孕酮是否偏低需经抽血查验，而陈某却无此检查项目，其病情存在虚假嫌疑，同时其也未提供其他证据证实其病情，故单一的病休证明并不能成为陈某申请病假的依据。合法有效的规章制度是企业管理员工的依据，陈某既未按制度要求提供具体的治疗诊断记录，又不积极主动向公司解释具体原因，以为法律会对孕期职工提供无底线的保护，其行为构成对公司管理的对抗，其病假不成立，构成严重违纪，故公司解除与陈某的劳动合同符合法律规定。

实践中，如职工病情属实，但不按规定提供就医材料或办理请假手续的，则应视具体情况区别对待。若职工因客观原因导致未能按约定履行请假手续的，企业应当批准职工休假。若在企业再三督促办理请假手续的情形下，职工仗着患病恶意不予配合办理的，则企业亦可不批准休假。例如上述案例中，公司仅以陈某在电话中答复没有就医记录便推断陈某虚假病假并立即作出解除劳动合同的决定，存在较大风险，若陈某在庭审中提供了就诊记录和检查报告，那么资产公司便处于被动地位。

企业在日常管理中，为合理防范少数职工恶意病假，可以通过制定规章制度从以下几个方面采取必要的防范措施：

1. 建立严格规范的病假管理制度，明确申请病假的条件、所需提交的材料（病假申请书、挂号发票、病历记录、医药费单据、检查报告、病假证明等复印件或手机照片）、请假的流程等。

2. 确立病假合理性复查制度，明确企业有权对职工病假到其就诊医院进行复核。

3. 建立长期病假探望制度，既体现企业的关爱之情，也对职工病假起到一定的监控作用。

4. 明确职工虚假病假的责任，规定虚假病假以旷工论处或病假天数达到严重违纪情形的，企业可以解除劳动关系，并有权采取要求员工返还病假工资等救济性措施。

（六）加强规章制度对表见代理行为的管理

1. 表见代理的含义

根据《民法典》第一百七十二条规定："行为人没有代理权、超越代理权或者代理权终止后，仍然实施代理行为，相对人有理由相信行为人有代理权的，代理行为有效。"进一步说，表见代理是指某行为人未获得被代理人的授权（即没有代理权、超越代理权或者代理权终止后），仍以被代理人的名义与第三人（或相对人）实施代理行为，当第三人（或相对人）有理由认为该行为人有代理权的，代理行为有效。该行为的法律后果由被代理人承担。

表见代理实际上属于无代理权，立法目的是保护善意第三人的信赖利益，因此法律强制被代理人承担其法律后果。

2. 表见代理要件

表见代理行为应该符合以下条件：

（1）行为人必须以被代理人的名义与第三人进行合法的民事活动。如果行为本身是违法的，无论是否属于表见代理，其行为都是无效的。

（2）行为人的无权代理行为，但具有代理权的表象。例如行为人持有公司公章、合同书、长期从事其他有权代理的行为、在公司内部担任高管等代表性职务等，以此足以让第三人相信行为人属于有权代理。

（3）第三人在主观上善意地相信行为人有代理权。如果第三人应当知道行为人没有代理权，但因自身重大过失而没有察觉的，不符合表见代理的要求。

以案释法

案例一

案情简介

某公司的日常经营活动经常是通过某员工对合作客户直接实施的。该员工工作一段时间后辞职，但公司没有及时告知对外合作客户与之联系的原员工已经离职。该员工离职后仍继续与原客户保持联系，进行商业交易。之后发生纠纷，合作客户找到公司，认为该员工是代表公司与其进行商业合作的，公司应当承担相应责任。

案例评述

对上述情形，员工已经从公司离职，但因员工离职前一直负责与客户对接，如果公司无法证明员工离职时公司已通知客户该员工离职事宜，该员工离职后继续履行离职前职务相关行为，客户在不知情的情况下足以相信员工的代理行为是有效的，即构成表见代理，法律后果仍应由员工离职前所在公司承担。

案例二

案情简介

某员工在职期间与公司签订的劳动合同等各类文书，留有该员工的部门经理受公司总经理委托在文书上签字确认。工作一段时间后，员工因个人原因向部门经理提交辞职申请书，部门经理同意并在该申请书上签字，但公司人事部门不知道或未同意员工离职。随后，员工向人事部门发辞职申请邮件后，未等人事部门回复，就与所在部门做完工作交接便离职。公司认为员工所在部门经理不具备人事批准权，否认该员工离职已经获得公司同意。

案例评述

对上述情形，员工辞职申请书、辞职邮件足以证明员工向公司已作出明确的辞职意思表示，部门经理已经在辞职报告书上签字，亦未提出异议。因部门经理曾经代表公司多次与员工签订过各类文书，即使公司未明确指定部门经理为批准员工离职的最终审批人，但员工是有理由相信其部门经理可以代表公司行使人事权，部门经理的行为符合表见代理的条件。

案例三

案情简介

某员工向公司提出辞职，但因某种原因未到公司办理离职手续，委托其配偶办理离职手续并领取工资。事后员工反悔又不想离职，称本人只允许家属领取工资，并未授权其办理离职手续，认为配偶办理离职手续行为无效，主张劳动关系尚未解除。

案例评述

对上述情形，应当认为，虽然劳动行为具有专属性特征，但其专属性主要是针对劳动提供过程，离职手续等环节是可以通过代理人实施。上述案例中，员工家属代领工资的行为以家属与员工之间配偶关系等客观表象，公司是有理由相信其家属具有代理权，故家属办理离职手续构成表见代理。

案例四

案情简介

老王是某企业的部门经理，在其承包某一业务时，对外擅自以企业名义招聘（实为个人雇用）了一名员工，一直未签订劳动合同，该员工以企业的名义开展工作，其工资由老王从自己掌握的承包费中通过微信直接付给员工。之后，因拖欠工资发生劳动争议。该员工以经理招用和管理自己的行为即代表企业的行为为由，要求确认自己与企业存在事实劳动关系。而企业则以从未招用该员工、也未与该员工签订劳动合同、部门经理招用该员工属于个人雇用为由，否认存在劳动关系。

案例评述

对上述情形，企业可能知道其所属人员以本单位名义在外招用人员，但因其在形式上没有从本单位直接向被招用人员支付报酬，故未置可否。但是，劳动者有充分理由相信招聘人是代表用人单位在行使职务行为。按照《民法典》规定："民事主体可以通过代理人实施民事法律行为。""代理人在代理权限内，以被代理人名义实施的民事法律行为，对被代理人发生效力。"在实际工作中，并不是要求所有确定劳动关系的行为都应由用人单位的法定代表人直接作出。被雇用的人员如果有足够理由相信招用其的人员是用人单位的代表，那么可以认定该人员的行为代表了用人单位。同时，若有证据证明劳动者虽然没有与用人单位签订劳动合同，但确实是为该用人单位工作，或者说事实上是通过企业授权代表的指令，以该用人单位的名义在从事社会生产活动中提供了劳动，即可认为双方已经发生了事实上的劳动权利与义务关系。

3. 表见代理行为的风险管控

鉴于表见代理人的法律责任归结于被代理人，对被代理人产生损失。企业在实际工作中，应从企业规章制度方面规范员工的代理行为：

（1）公司委派员工以公司名义从事商业行为时，应出具书面授权书，明确载明授权内容、权限范围、授权期限，避免口头授权。

（2）授权员工的内容有调整时，应及时通知第三方（或相对人），或进行公示；并保留相关沟通记录。尤其是被授权的员工离职时，应及时告知长期与该离职员工对接的合作方。如发现离职员工存在无权代理行为，涉及的相关单位较多或不确定时，应及时通过官网、官方社交平台等多渠道发布必要声明，声明员工离职之日起所从事的一切商业活动和其他个人行为，非本公司授权，皆由该员工本人自行负责。

（3）在企业规章制度中明确规定，如果员工无权代理行为给公司造成损失的，追究其侵权责任，要求赔偿损失。

第五节　企业用工中的个人信息保护

企业在人事劳动组织管理过程中，涉及收集和处理员工大量的个人信息。对此，要充分注意遵守《个人信息保护法》的规定，以减少企业用工争议。

一、企业对员工个人信息承担安全保障义务

根据《个人信息保护法》第九条规定："个人信息处理者应当对其个人信息处理活动负责，并采取必要措施保障所处理的个人信息的安全。"根据《个人信息保护法》第五十一条规定："个人信息处理者应当根据个人信息的处理目的、处理方式、个人信息的种类以及对个人权益的影响、可能存在的安全风险等，采取下列措施确保个人信息处理活动符合法律、行政法规的规定，并防止未经授权的访问以及个人信息泄露、篡改、丢失：（一）制定内部管理制度和操作规程；（二）对个人信息实行分类管理；（三）采取相应的加密、去标识化等安全技术措施；（四）合理确定个人信息处理的操作权限，并定期对从业人员进行安全教育和培训；（五）制定并组织实施个人信息安全事件应急预案；（六）法律、行政法规规定的其他措施。"

按照上述规定，企业作为掌握员工信息的个人信息处理者，需要建立员工个人信息保护部门和岗位，具体制定相关规章制度，落实对个人信息执行分类管理、采取限制访问/加密措施、安排个人信息保护培训等多种措施，依法完善企业的个人信息保护体系。由于《个人信息保护法》第六十九条设定了"举证责任倒置"规则，如果用人单位不能提供证据证明已经采取安全保障措施，则可能需要承担相应的法律责任。

二、企业使用员工个人信息应有法律依据

《个人信息保护法》第十三条第一款规定："符合下列情形之一的，个人信息处理者方可处理个人信息：（一）取得个人的同意；（二）为订立、履行个人作为一方当事人的合同所必需，或者按照依法制定的劳动规章制度和依法签订的集体合同实施人力资源管理所必需；（三）为履行法定职责或者法定义务所必需；

（四）为应对突发公共卫生事件，或者紧急情况下为保护自然人的生命健康和财产安全所必需；（五）为公共利益实施新闻报道、舆论监督等行为，在合理的范围内处理个人信息；（六）依照本法规定在合理的范围内处理个人自行公开或者其他已经合法公开的个人信息；（七）法律、行政法规规定的其他情形。”

结合上述规定，企业在日常用工过程中采集、存储、使用、对外披露员工个人信息要特别注意：

第一，应当“取得个人的同意”，即企业应当获得员工事先的书面同意，并就此承担举证责任。

第二，“为订立、履行个人作为一方当事人的合同所必需，或者按照依法制定的劳动规章制度和依法签订的集体合同实施人力资源管理所必需”，并非凭企业单方面可以直接主张“人力资源管理所必需”即可处理员工个人信息，而必须先通过依法制定规章制度和集体合同，在相关文本中明确个人信息范围、使用目的、处理规则后，方可作为合法处置员工个人信息的依据。

《个人信息保护法》的颁布实施，意味着企业需要以民主程序依法对以前涉及员工个人信息的相关规章制度进行修改，避免以后处理员工个人信息缺乏相应依据。

企业还应当注意，敏感个人信息处置不能通过规章制度设定依据。《个人信息保护法》第二十九条规定：“处理敏感个人信息应当取得个人的单独同意；法律、行政法规规定处理敏感个人信息应当取得书面同意的，从其规定。”此条规定属于法律条款中的特别规定。按照“特别规定优于一般规定”的基本原则，企业处理员工的敏感个人信息，包括生物识别、宗教信仰、特定身份、医疗健康、金融账户、行踪轨迹、员工家属中不满 14 周岁未成年人的个人信息等，应获得劳动者的单独同意。用人单位不能将规章制度、集体合同作为处理员工敏感个人信息的依据。

比如，企业如果通过人脸识别考勤，需要采集员工的人脸识别特征，结合《个人信息保护法》和《最高人民法院关于审理使用人脸识别技术处理个人信息相关民事案件适用法律若干问题的规定》（法释〔2021〕15 号），企业应当制作书面同意文件并安排员工签字确认。需要特别指出的是，由于在“告知—同意”的信息处理规则下，个人可以撤回同意，如员工同意人脸识别考勤后又撤回同意的，企业需安排替代考勤方式，而非以“永久授权”或“永久同意”抗辩。

三、企业应保障员工个人信息的相关权利

除了获得员工同意处置个人信息之外，《个人信息保护法》还规定了个人在信息保护领域的诸多权利，包括知情权、决定权、更正权、复制权等。比如用人单位在办公场所安装监控，涉及采集员工肖像信息，用人单位应确保员工的知情权，通过书面告知等方式履行通知义务。如员工要求查阅个人的劳动合同、入职登记表、工资单等，用人单位应当给予其复制查阅的权利。这对改进职工档案管理也提出了挑战。

《个人信息保护法》第四十七条第一款还规定："有下列情形之一的，个人信息处理者应当主动删除个人信息；个人信息处理者未删除的，个人有权请求删除：（一）处理目的已实现、无法实现或者为实现处理目的不再必要；（二）个人信息处理者停止提供产品或者服务，或者保存期限已届满；（三）个人撤回同意；（四）个人信息处理者违反法律、行政法规或者违反约定处理个人信息；（五）法律、行政法规规定的其他情形。"

按照上述规定，如劳动者离职后要求用人单位删除个人信息，结合《劳动争议调解仲裁法》和《劳动合同法》相关规定，对超过 2 年的个人资料且未发生仲裁诉讼的，在无其他特别法律规定的前提下，用人单位宜删除或封存相关个人信息。

四、处置个人信息应当遵循的原则

根据《个人信息保护法》第五条规定："处理个人信息应当遵循合法、正当、必要和诚信原则，不得通过误导、欺诈、胁迫等方式处理个人信息。"根据《个人信息保护法》第六条规定："处理个人信息应当具有明确、合理的目的，并应当与处理目的直接相关，采取对个人权益影响最小的方式。收集个人信息，应当限于实现处理目的的最小范围，不得过度收集个人信息。"

为此，企业即使已经通过规章制度规定员工个人信息处理规则或者通过合同获得员工授权，但在实际采集、处置个人信息过程中，仍然需要满足目的正当、手段合理的原则。比如企业在招聘入职时采集员工的婚孕信息，在职工登记表中要求填写职工父母、配偶父母、兄弟姐妹、子女等信息，即属于与合同订立无关的事项，缺乏目的正当原则，涉嫌个人信息侵权。

五、企业设置个人信息保护举报机制

个人信息保护是用人单位应尽的责任和义务，如果用人单位的工作人员肆意获取其他员工、消费者或客户的个人信息，则按照《民法典》规定构成职务行为，由用人单位承担责任。对此，企业可以通过制定规章制度，规定员工违规通过邮件群发，社交媒体发布，传播涉及公司员工、客户、合作伙伴个人信息的，一律按严重违纪处理。

同时，根据《个人信息保护法》第六十五条第一款规定："任何组织、个人有权对违法个人信息处理活动向履行个人信息保护职责的部门进行投诉、举报。收到投诉、举报的部门应当依法及时处理，并将处理结果告知投诉、举报人。"这也意味着，一旦用人单位的个人信息保护不到位，就可能导致员工举报、投诉，给公司声誉带来巨大影响。对此，企业需要通过制定内部规章制度，规范投诉行为，对企业内部的个人信息违规设置内部举报渠道，以期在内部解决相关问题。

第九章　职工技能开发

现代企业的竞争，实际上是人才的竞争，而人才的竞争，在很大程度上有赖于企业人力资源的开发。这就迫切需要加强职工技能开发，提高职工技能水平，开发职工智慧潜能，激发职工创新欲望，拓展职工职业发展，进而促进提升企业劳动绩效，推进企业又好又快地发展。

第一节　职业划分

一、职业的基本分类

职业，是指从业人员为了获取主要生活来源所从事的社会工作类别。对职业进行分类管理，是市场经济条件下实现社会化管理的必然选择，也是国际的通行做法。

职业分类，是指按照职业的工作性质、活动方式等异同，对社会职业及其类别所进行的系统划分和归类。是根据社会经济发展、技术进步和劳动力管理的需用，在工作分析的基础上，通过科学的研究，对所有职业按照劳动者所从事的工作类别和一定的划分原则进行归类界定，从而为开展劳动力需要预测与规划，对就业人口结构层次及发展趋势进行调查统计和分析研究，制订各类人员教育和培训计划，进行职业介绍和就业咨询提供依据，实现对人力资源的科学开发和管理使用。

《劳动法》第六十九条明确规定：“国家确定职业分类，对规定的职业制定职业技能标准，实行职业资格证书制度，由经备案的考核鉴定机构负责对劳动者实施职业技能考核鉴定。”

根据2022年新修订的《中华人民共和国职业分类大典》（以下简称大典），继续保留了2015年版大典确立的职业分类8个大类的总体结构，并围绕数字经济、绿色经济、制造强国和依法治国等要求，专门增设或调整了相关中类、小类和职业，取消或整合了部分类别和职业。2022版大典包括大类8个、中类79个、小类449个、细类（职业）1636个。与2015年版大典相比，增加了法律事务及辅助人员等4个中类，数字技术工程技术人员等15个小类，碳汇计量评估师等155个职业（含2015年版大典颁布后发布的新职业）。8个大类具体为：

第一大类：国家机关、党群组织、企业事业单位负责人；

第二大类：专业技术人员；

第三大类：办事人员和有关人员；

第四大类：社会生产服务和生活服务人员；

第五大类：农、林、牧、渔业生产及辅助人员；

第六大类：生产、运输设备操作人员及有关人员；

第七大类：军人；

第八大类：不便分类的其他从业人员。

二、国家职业技能标准

国家职业技能标准，是在职业分类的基础上，根据职业的特性、技术工艺、设备材料以及生产方式等要求，对某一职业的从业人员所需理论知识和操作技能要求提出的综合性水平规定。它是开展职业教育培训和职业技能鉴定评价，以及用人单位录用、使用人员的基本依据。

职业技能标准除包括理论知识要求和职业技能要求外，还包括职业环境与条件、教育水平、职业道德等内容。国家职业技能标准由职业概况、基本要求、工作要求和权重表四个部分组成。其具体内容参见人力资源社会保障部颁布的《国家职业技能标准编制技术规程（2018年版）》。

国家职业技能标准是政府提供的一项重要公共服务，政府除加快职业标准开发，陆续颁布国家职业技能标准外，还将指导行业协会、龙头企业牵头开发行业企业评价规范，推动成熟的行业企业标准上升为国家职业技能标准，同时鼓励龙头企业在国家职业技能标准基础上开发应用体现国际最新技术的企业评价规范。

三、什么是职业资格

对于参加职业培训的劳动者，要经过职业技能考核鉴定与实行资格证书制度予以确认，以此可以有效地促进职业培训质量的提高，同时为用人单位合理使用劳动力和劳动者选择职业岗位提供了依据和凭证。

职业资格，是对从事某一职业所必备的学识、技术和能力的基本要求，指的是劳动者从事某一行业所需具备的条件或职业身份的证明。职业资格分别由国务院劳动人事行政部门以一定形式，通过学历认定、资格考试、专家评定、职业技能鉴定等方式进行评价，对合格者授予国家职业资格证书。职业资格证书是国家对申请人专业（工种）学识、技术、能力的认可，是求职、任职、独立开业和单位录用的主要依据。

凡中华人民共和国公民和获准在我国境内就业的其他国籍的人员，都可按照国家有关政策规定和程序申请相应的职业资格。

1. 我国建立的职业资格制度，从性质上看，分为准入类和水平评价类两种职业资格。准入类职业资格与水平评价类职业资格的区别在于：

（1）准入类职业资格，是指对关系公共利益或涉及国家安全、公共安全、人身健康、人民生命财产安全等特殊职业，依据有关法律、行政法规或国务院决定设置的职业资格。按照要求，此类特殊职业纳入行政许可类管理，从事此类职业工作，必须要持证上岗，企业不得招募无证人员。个人拿到证书后，才能进入相关行业的工作岗位。比如，建筑行业的建造师证书，个人持有后才能担任项目经理。要取得准入类职业资格证书，申请人要通过由国家统一组织的考试，需要满足工作经历、学历等多项要求，并且经过资格审核。准入类职业资格证书没有明确的等级划分，只是各项职业证书之间有所区别。

（2）水平评价类职业资格，是指对社会通用性强、专业性强、技术技能高的职业建立的非行政许可类的职业资格。从事此类职业工作，没有强制性的准入工作要求。此类职业资格证书代表的是技术实力的高低，只是作为个人能力的一项证明，不需要去主管部门注册。当然，职工获得高级证书，可以升职加薪、提高待遇。要取得水平评价类职业资格证书，申请人要通过由经政府备案的各行业和企业内部机构或相关协会负责组织的考试或考核，需要满足一定的工作经历和学历要求。不过，要求不达标的，可以参加技能培训。水平评价类职业资格证书在每项职业（工种）中可分为5个等级，从低到高依次为：五级（初级工）、四级（中级工）、三级（高级工）、二级（技师）、一级（高级技师）。

2. 从劳动者的就业条件看，职业资格又可分为从业资格和执业资格。

（1）从业资格，是指劳动者从事某一职业（工种）具有的学识、技术和能力的起点标准。从业资格是一般劳动者都能达到的就业资格。

（2）执业资格，是指政府对某些责任较大、社会通用性强、关系人民生命财产安全和公共利益，而带有一定专业技术的职业（工种）实行准入控制，劳动者从事该职业所具有的学识、技术和能力的必备标准。执业资格一般是具备了国家法律认可的专业技术资格的人员能够以个人的名义依法独立开业的从业资格。

3. 我国单位职工的职业资格从人事管理上看，还可以分为两类：职业技能人员职业资格和专业技术人员职业资格。

（1）职业技能人员，一般是指在从事某一职业中具有一定的专业知识，掌握一定的工艺和技术，能够独立使用工具、设备进行操作或生产加工的熟练或比较熟练的职工。

（2）专业技术人员，一般是指在生产、建设、管理、服务等职业领域第一线高技术含量岗位（工种）上工作生产的骨干人员和身怀一技之长，能解决关键技术问题，为企业创造明显经济效益的高级技术职工。专业技术人员一般都是经过国家有关部门组织的全国统考合格，获得相应专业技术职称的人员，如技术员、助理工程师、工程师、副高级工程师、高级工程师。

四、《国家职业资格目录》管理改革

根据国务院推进简政放权、放管结合、优化服务改革部署，国家实行职业资格管理改革。国家按照规定的条件和程序将职业资格纳入《国家职业资格目录》，实行清单式管理。2017 年，人社部公布了《国家职业资格目录》，共计 140 项，分为两类：专业技术人员职业资格共计 59 项（其中准入类 36 项，水平评价类 23 项）；技能人员职业资格共计 81 项（其中准入类 5 项，水平评价类 76 项）。

2021 年，为贯彻落实国务院“放管服”改革要求，结合近年来国务院有关部门职责调整、行政审批事项改革等情况，又提出对 2017 年公布的《国家职业资格目录》专业技术人员职业资格部分进行调整。经国务院同意，人力资源社会保障部公布了《国家职业资格目录（2021 年版）》。2021 年版国家职业资格目录共计 72 项职业资格。其中，专业技术人员职业资格 59 项（其中准入类 33 项，水平评价类26项），技能人员职业资格13项。在目录中：（1）准入类职业资格所涉职业（工种）必须关系公共利益或涉及国家安全、公共安全、人身健康、生命财产安全，均有法律法规或国务院决定作为依据；（2）水平评价类职业资格所涉职业（工种）应具有较强的专业性和社会通用性，技能要求较高，行业管理和人才队伍建设确实需要。

职业资格目录明确了国家职业资格范围、实施机构和设定依据。国家规定，《国家职业资格目录》之外一律不得许可和认定职业资格；目录之内除准入类职业资格外，一律不得与劳动者就业创业挂钩；目录接受社会监督，保持相对稳定，实行动态调整。

今后职业资格设置、取消及纳入、退出目录，须由人力资源社会保障部会同国务院有关部门组织专家进行评估论证、新设职业资格应当遵守《国务院关于严格控制新设行政许可的通知》（国发〔2013〕39号）规定并广泛听取社会意见后，按程序报经国务院批准。人力资源社会保障部门要加强监督管理，各地区、各部门未经批准不得在目录之外自行设置国家职业资格，严禁在目录之外开展职业资格许可和认定工作。

第二节　职业技能培训

一、职业培训的概念

职业培训，是一个宽泛的概念，是指对具有劳动能力的劳动者获得从事某种职业和做好工作所必需的专业技术知识、实际操作技能和职业道德、职业纪律以及相关的劳动保障法律法规政策而进行的教育和训练。

职业培训包括就业前培训、在职培训、再就业培训及其他职业性培训，可以根据实际情况分为初级、中级、高级职业培训。职业培训分别由相应的职业培训机构、职业学校实施。同时，企业可以利用资本、技术、知识、设施、设备、场地和管理等要素，举办或者联合举办职业学校、职业培训机构。

根据《职业教育法》规定，公民有依法接受职业教育的权利。实施职业教育应当根据经济社会发展需要，结合职业分类、职业标准、职业发展需求，制定教育标准或者培训方案，实行学历证书及其他学业证书、培训证书、职业资格证书和职业技能等级证书制度。国家实行劳动者在就业前或者上岗前接受必要的职业教育的制度。同时，企业应当按照国家有关规定实行培训上岗制度。企业招用的从事技术工种的劳动者，上岗前必须进行安全生产教育和技术培训；招用的从事涉及公共安全、人身健康、生命财产安全等特定职业（工种）的劳动者，必须经过培训并依法取得职业资格或者特种作业资格。因此，对企业而言，实施法律规定的职业教育，主要是开展好企业的职业培训或企业职工培训。

企业职工培训，是指对企业在岗职工进行的提高其职业技能和综合素质的培训。企业在组织社会生产过程中，使用什么样的劳动力，使用的劳动者素质高低，直接影响着企业的生存发展和经济效益以及企业的社会形象，也影响着整个国家的经济发展和社会进步。同时，企业作为社会经济组织的成员，也负有为社会培养高素质劳动者的责任。

企业对职工开展的培训，除了一些基本的职业规范、劳动法规纪律和安全生产知识培训之外，主要是职业技能培训。职工技能培训可分为：（1）对管理人员，主要是进行以提高管理能力为重点的培训；（2）对工程技术人员，主要是进行以科技知识更新、提高科技开发水平和产品开发能力为重点的培训；（3）对生产操作人员，主要是进行以提升实际操作技能水平和班组长技能为重点的培训等。

根据培训的内容，职工培训可分为技术等级晋升培训、岗位培训、转岗转业培训等。参加培训的方式可分为脱产培训和不脱产培训。

为了促使用人单位在职业培训方面形成制度化，《劳动法》第六十八条明确规定："用人单位应当建立职业培训制度，按照国家规定提取和使用职业培训经费，根据本单位实际，有计划地对劳动者进行职业培训。从事技术工种的劳动者，上岗前必须经过培训。"

以案释法

案情简介

2018年12月，小苏入职某公司担任文员内勤职务，工作一段时间后，调任会计岗位，实际上只是出纳员，资金开支一切听从公司总经理的指令。因小苏并非财会专业学历亦无财会专业资格，其多次提出不能胜任会计工作，要求通过技能培训，提高其专业技能。但该公司并没有调整其工作岗位，也没有为小苏提供专业的财务知识以及财务流程方面的培训，公司日常财务管理极为混乱。

2019年5月，公司总经理出国培训期间，电信诈骗分子盗用了总经理的QQ。“假老板”在QQ群内要求小苏向其指定的账户汇款。因为总经理时常通过QQ工作群安排公司工作，并进行财务文件的传递以及财务转账的安排，曾多次通过微信要求小苏转账，故小苏并未对“假老板”的转账指示产生怀疑，遂根据指示先后四次通过网银将公司账户的存款向四个不同的收款方汇出。一个月后，小苏在一次与公司总经理微信聊天时，才发现被诈骗，立即向公安报案。为此，该公司解除了与小苏的劳动合同，并以小苏具有重大过错为由申请仲裁，要求小苏赔偿公司全部损失。仲裁机构以本案不属于劳动争议受案范围为由不予受理。随后，公司提起诉讼。

案例评述

在此案中，企业用人不当，财务管理混乱，加之公司总经理有通过QQ工作群向小苏安排工作并进行财务文件的传递以及下达财务付款指示的习惯等，是造成此次公司经济损失的主要原因。因此，公司应当承担主要责任，小苏并无重大过错，故小苏不应承担全部责任。

企业用工时，一定要有各种风险意识。在选用什么样技能的员工到什么岗位时，客观上存在用人风险。劳动者在履行工作职责或执行工作任务时，因一般性过失给用人单位造成损失的，属于用人单位应当承担的经营管理风险，劳动者一般不承担主要赔偿责任。劳动者对于损失的发生存在重大过失，应当结合其过失程度及其从用人单位实际获得劳动报酬的情形进行合理认定。本案中，该公司要求小苏承担在劳动合同履行过程中因过失造成的全部损失，客观上是将所有风险转嫁给劳动者，对于劳动者而言显失公允。

在此提醒用人单位，一方面，要建立完善企业的各项规章管理制度，规范业务流程，避免因制度不完善、流程不合规导致经营风险。另一方面，要舍得花钱加强员工的技能培训，确保员工掌握岗位要求的基础技能，同时还要使员工不断学习新技能和相关新知识，避免给用人单位造成无法挽回的损失。

二、什么是职业培训机构

职业培训机构，是指开展职业培训，承担并完成相关专业人才的培养任务，向社会输送高素质的劳动者的职业教育机构。我国职业培训机构主要包括职业教育学校、技工学校、社会力量办学、就业训练中心、综合培训基地及培训集团、企业职工培训中心等。

职业培训主要由相应的职业培训机构、职业学校实施。根据《职业教育法》的规定，职业培训机构的设立，应当符合下列基本条件：（1）有组织机构和管理制度；（2）有与培训任务相适应的课程体系、教师或者其他授课人员、管理人员；（3）有与培训任务相适应、符合安全要求的场所、设施、设备；（4）有相应的经费。职业培训机构的设立、变更和终止，按照国家有关规定执行。

职业学校、职业培训机构可以通过与行业组织、企业、事业单位等共同举办职业教育机构、组建职业教育集团、开展订单培养等多种形式进行合作。

职业培训机构应根据人力资源市场需求，承担各类职业培训任务，其培训对象主要包括：

1. 初次求职人员、下岗职工和失业人员、在职人员、转岗转业人员、出国劳务人员、境外就业人员、个体劳动者。

2. 农村非农产业转移进城务工人员和农业劳动者。

3. 需要提供专门职业培训的妇女、残疾人、少数民族人员和现役军人及军队转业人员。

4. 其他需要学习、掌握和提高职业技能的劳动者。

三、职业培训经费

用人单位按照国家规定提取和使用职业培训经费，是用人单位实施职业培训计划，坚持职业培训制度，做好职业培训工作的物质保证。

按照《就业促进法》规定，县级以上地方人民政府和有关部门根据市场需求和产业发展方向，鼓励、指导企业加强职业教育和培训。企业应当按照国家有关规定提取职工教育经费，对劳动者进行职业技能培训和继续教育培训。

目前，国家对开展技能培训实行资金补贴支持。技能培训补贴已覆盖企业所有人员，例如对符合条件的农民工等人员参加岗前培训、新招用和转岗人员参加企业新型学徒制培训、失业保险参保职工参加获得相应等级证书培训、企业职工参加技师和高级技师培训等，都可以按规定享受职业培训补贴。对企业职工培训实现补贴全覆盖，是我国重视职工培训的充分体现。

在税收优惠方面，企业发生的职工教育经费可按规定在税前列支。根据财政部等《关于企业职工教育经费提取和使用管理的意见》（财建〔2006〕317 号），企业要按规定足额提取并合理使用企业职工教育经费。2008 年起施行的企业所得税实施条例规定，企业发生的职工教育经费支出，不超过工资薪金总额 2.5%的部分，准予扣除；超过部分，准予在以后纳税年度结转扣除。

四、终身职业技能培训

（一）终身职业技能培训的含义

终身职业技能培训是国民教育体系和人力资源开发的重要组成部分，承载着培养多样化人才、传承技术技能、促进就业创业的重要职责，是劳动者提升技能、成才发展的重要基础，也是提高就业质量、解决技能人才短缺的结构性就业矛盾的根本举措。2018 年，国务院印发了《国务院关于推行终身职业技能培训制度的意见》（国发〔2018〕11 号），对提升广大劳动者的职业技能作出了战略部署。

什么是终身职业技能培训制度，如何体现“终身”？

《国务院关于推行终身职业技能培训制度的意见》明确提出了“建立并推行覆盖城乡全体劳动者、贯穿劳动者学习工作终身、适应就业创业和人才成长需要以及经济社会发展需求的终身职业技能培训制度”的政策目标。围绕实现这一目标，国家提出的“终身职业技能培训”主要体现在以下四个方面：

1. 培训对象覆盖全体劳动者，既包括城市劳动者，也包括乡村劳动者；既包括就业人员，也包括准备就业人员。在构建终身职业技能培训体系方面，要求完善终身职业技能培训政策和组织实施体系；充分发挥企业主体作用，全面加强企业职工岗位技能提升培训，着力加强高技能人才培训，强化工匠精神和职业素质培育。

2. 培训补贴覆盖劳动者终身职业生涯，从劳动预备开始，到劳动者实现就业创业并贯穿学习和职业生涯全过程，都有机会享受政府职业技能培训补贴。这是终身职业技能培训制度的核心所在。

3. 建立技能人才多元评价机制，建立与国家职业资格制度相衔接、与终身职业技能培训制度相适应的职业技能等级制度；建立技能提升多渠道激励机制，支持劳动者凭技能提升待遇，建立健全技能人才培养、评价、使用、待遇相统一的激励机制。

4. 建立职业技能培训市场化社会化发展机制，加大政府、企业、社会等各类培训资源优化整合力度，提高培训供给能力；以公共实训机构、职业院校、职业培训机构和行业企业为主要载体，提供全方位职业技能培训服务，加强职业技能培训基础能力建设，强化组织领导、资金投入等措施，切实保障劳动者培训权益。大力倡导劳动者终身培训的理念，使我国发展实现从“人口红利”向“人才红利”转变。

（二）终身职业技能培训的政策措施

一是在重点群体上，对高校毕业生、农民工、化解过剩产能企业职工等群体，分别实施专项职业技能培训行动计划，同时突出强调企业职工培训和高技能人才培训。

二是在培训类型上，在就业技能培训、岗位技能提升培训、创业培训三大类型基础上，适应发展需要，增加工匠精神和职业素质培育，将创业培训拓展为创业创新培训。

三是在培训供给上，企业是用工主体，也是职工培训主体。要按照《劳动法》的规定，让劳动者享有接受职业技能培训的权利。要突出发挥企业主体作用，鼓励支持社会力量参与，要求采取政府补贴培训、企业自主培训、市场化培训等方式，大规模开展职业技能培训。

四是在机制创新上，建立职业技能培训市场化社会化发展机制、技能人才多元评价机制、培训质量评估监管机制和技能提升多渠道激励机制。

五是在经费保障上，将资金渠道扩大为建立政府、企业、社会多元投入机制，通过就业补助资金、企业职工教育培训经费、社会捐助赞助、劳动者个人缴费等多种渠道筹集培训资金，失业保险基金也可以用于参加失业保险职工的技能提升培训。政府对职业技能培训公共服务项目实施目录清单管理，对社会公开政府补贴培训目录、培训机构目录、鉴定评价机构目录和职业资格目录。

六是在购买服务上，由政府购买定点培训机构培训成果的方式，改革为政府补贴的职业技能培训项目全部向具备资质的职业院校和培训机构开放。

第三节　职业技能人员认定制度

一、什么是职业技能鉴定

按照《职业技能鉴定规定》（劳部发〔1993〕134 号）规定，职业技能鉴定是指对劳动者进行技术等级的考核和技师资格的考评。即按照国家规定的职业技能标准或任职资格条件，通过政府劳动行政部门认定的考核鉴定机构，对劳动者技能水平和职业资格进行客观公正、科学规范的评价与认证的活动。通过对职工的职业技能鉴定，实现对其初、中、高技术等级考核和对技师、高级技师资格的考评。

职业技能鉴定是国家职业资格证书制度的重要组成部分，劳动者通过鉴定合格后取得的职业资格证书是表明其职业技能水平的凭证。申报职业技能鉴定的单位或个人，应向当地职业技能鉴定站（所）提出申请，由职业技能鉴定站（所）签发准考证，按规定的时间、方式进行考核或考评。对技术等级考核合格的劳动者，发给相应的证书；对技师资格考评合格者，发给相应的证书。

我国的职业技能鉴定实行政府指导下的社会化管理体制。根据《劳动法》规定，由经备案的考核鉴定机构负责对劳动者实施职业技能考核鉴定。根据《职业技能鉴定规定》规定，职业技能鉴定机构是在劳动行政部门有关政策规定的指导下，具体实施职业技能鉴定的非行政实体，分为职业技能鉴定指导中心和职业技能鉴定站（所）。

按照《职业技能鉴定规定》的规定，建立职业技能鉴定站（所）要经过政府批准并满足一定的条件：（1）具有与所鉴定工种（专业）及其等级或类别相适应的考核场地和设备；（2）具有与所鉴定工种（专业）及其等级或类别操作技能考核相适应的、符合国家标准的检测仪器；（3）有专（兼）职的组织管理人员和考评员；（4）有完善的管理办法。

2019 年，人力资源社会保障部下发《人力资源社会保障部关于实行职业技能考核鉴定机构备案管理的通知》（人社部发〔2019〕30号）指出，按照第十三届全国人民代表大会常务委员会第七次会议决定，将《劳动法》第六十九条中的“由经过政府批准的考核鉴定机构”修改为“由经备案的考核鉴定机构”。也就是说，今后各地建立考核鉴定机构不再是事前申请政府“批准”了，而是改为建立后进行“备案”。即各地有关单位建立职业技能考核鉴定机构，将由技能人员职业资格实施部门（单位）根据工作需要，按照统筹规划、合理布局、择优遴选的原则，设立后到当地人力资源社会保障部门实行备案。

职业技能鉴定的范围包括国家规定的职业技能标准中所有的工种。

按照国家规定，职业技能考核鉴定机构要主动接受当地人力资源社会保障部门的抽查检查，要向其报送职业技能鉴定计划、鉴定获证人员信息等；要建立工作台账，妥善保管文档资料，确保全程留痕、责任可追溯。

职业技能鉴定机构在职业技能鉴定工作中，不得有下列行为：（1）弄虚作假、营私舞弊；（2）擅自编制试题或违反考场规则；（3）不受理符合条件的鉴定申请或不依规定回避；（4）不按规定核发鉴定证书或使用印鉴；（5）伪造或滥发鉴定证书；（6）其他违反职业技能鉴定法规的行为。如出现上述行为，由劳动保障行政部门分别给予处分、吊销资格证书，没收非法所得，也可以给予罚款处分。对情节严重构成犯罪者，应依法追究刑事责任。

二、职工技术等级

职工技术等级，是指在职业技能分类的基础上，通过科学地划分工种，并对工种进行分析和评价，根据其对知识、技能水平要求，进行概括和界定。技术等级是衡量职工技术业务水平和工作能力的尺度，是对职工进行技术培训、技能鉴定、确定工作岗位以及开展国际劳务交流的基本依据。

职工技术等级按不同工种制定，包括“知识要求”“技能要求”“工作实例”三部分，即人们常说的“应知”“应会”和“工作实例”。“应知”部分，是指对某一工种、某一等级所要求具备的专业技术理论和有关设备、工具操作及安全方面的知识。“应会”部分，是指对该等级职工所要求达到的实际操作技能。“工作实例”部分，是指用以表明该等级职工应达到的技术水平的实际范例。

职工技术等级的用途和作用主要表现在以下方面：

1. 考核职工的技术能力。根据技术等级内容的要求，通过考核，确定职工所具有的技术能力，其中包括掌握专业知识的程度和实际操作技能等方面的情况。职工技术等级是对职工的就业、上岗（转岗）、晋级进行考核的标准。

2. 作为确定职工工资水平的重要参考依据。职工技术等级与工资等级有着密切关系，职工经考核没有达到某一个技术等级，在调整工资时就不能取得相应的工资待遇。

3. 为职工培训工作提供服务。职业培训的培训大纲、培训教材等，均可根据职工技术等级的要求进行编制，并据以指导企业对职工进行培训，使职工掌握技术等级中某一技术等级的理论知识和实际操作技能达到基本要求。

4. 为企业合理安排职工的工作岗位提供依据。根据职工达到的技术等级，分配其相当的生产任务，以实现人力资源的合理配置。

三、职业资格证书制度

职业资格证书制度是现代社会劳动就业的一项基本制度，它是客观评价和确定劳动者从事某种职业的专业知识和能力能否达到职业要求，并由国家实施的职业鉴定制度，也是世界各国基本上普遍采用的制度。实行职业资格证书制度，是实施“科教兴国”战略的一项举措，也是我国人力资源开发的重要手段。《中共中央关于建立社会主义市场经济体制若干问题的决定》指出：“要制订各种职业的资格标准和录用标准，实行学历文凭和职业资格两种证书制度。”根据《劳动法》规定：“国家确定职业分类，对规定的职业制定职业技能标准，实行职业资格证书制度。”根据《职业教育法》规定：“实行学历证书及其他学业证书、培训证书、职业资格证书和职业技能等级证书制度。”这些都为我国的职业资格证书制度提供了法律依据。

职业资格证书，是通过政府认定的考核鉴定机构，按照国家规定的职业技能标准或任职资格条件，对劳动者的技能水平或职业资格进行客观公正、科学规范的评价和鉴定的结果，是国家对劳动者从事某一职业所必备的学识、技术和能力的鉴定证明。职业资格证书是劳动者求职、任职、开业和用人单位录用劳动者的主要依据，也是境外就业、对外劳务合作人员办理技能水平公证的有效证件。

1993 年，党的十四届三中全会提出“实行学历文凭和职业资格两种证书制度”的要求。1994年，我国开始建立职业资格证书制度。它的设置初衷主要有以下考量：一是通过职业资格认证，提升劳动者的素质技能；二是建立科学评价人才机制，维护就业市场秩序，体现公平用人；三是依法对涉及公共安全、人身健康、公众生命财产安全的职业，设定准入类职业门槛，严格加以规范，确保职业安全。总体上看，职业资格证书制度的设立，对建设人力资源强国和实施人才强国战略具有重大意义。

我国技术性职业（工种）的职业资格证书，分为“初级技能”“中级技能”“高级技能”“技师”“高级技师”五种，由国家统一印制，劳动行政部门或国务院有关部门按规定办理和核发。职业资格证书与学历文凭证书不同，职业资格证书与某一职业能力的具体要求密切结合，反映特定职业的实际工作标准和规范，以及劳动者从事这种职业所达到的实际能力水平，有利于客观公正地评价专业（工种）技术人才。

应当指出，由于科技进步和社会生产不断发展，职业的种类十分繁杂，我们不可能也没有必要对所有职业都实行资格证书制度，并进行考核鉴定。所以《劳动法》规定，国家对“规定的职业”制定职业技能标准，实行资格证书制度，这里的“规定的职业”所指的含义是对涉及社会公共利益、通用性强、责任较大的专业、工种首先实行职业资格证书制度。将来随着社会经济的发展和科技进步对社会生产的影响，为了促进就业，合理配置人力资源，国家对“规定的职业”将会有所动态调整。

四、职业技能等级认定的改革

2019年12月，国务院常务会议决定，分步取消水平评价类技能人员职业资格，推行社会化职业技能等级认定。会议提出，将技能人员水平评价由政府认定改为实行社会化等级认定，即不再由政府或其授权的单位认定发证，由用人单位和相关社会组织按照职业标准或评价规范开展职业技能等级认定、颁发职业技能等级证书，接受市场和社会认可与检验。

需要指出的是，国家推动水平评价类技能人员职业资格退出国家职业资格目录，不是取消相应职业和职业标准，更不是取消技能人才评价，而是由资格评价改为技能等级认定，改变了评价发证主体和管理服务方式，主要实行“谁用人、谁评价、谁发证、谁负责”，推动企业等用人单位和社会培训评价组织这两类评价主体，按照有关规定开展职业技能等级的认定。推行企业技能人才的自主评价工作。企业是用人的主体，企业需要什么人，怎么评价使用，企业是最清楚的。各级人力资源社会保障部门所属职业技能鉴定中心将退出具体认定工作，政府部门不再发职业资格证，由过去直接鉴定发证转变为主要是组织制定职业分类，开发新职业，发布国家职业标准或评价规范，制定职业资格证书编码规则，同时对鉴定实施机构进行监管服务。

根据《人力资源社会保障部关于改革完善技能人才评价制度的意见》（人社部发〔2019〕90号），政府将进一步推进技能人才评价制度改革。其主要内容是：

1. 深化技能人员职业资格制度改革。对准入类职业资格，继续保留在国家职业资格目录内。对关系公共利益或涉及国家安全、公共安全、人身健康、生命财产安全的水平评价类职业资格，要依法依规转为准入类职业资格。对与国家安全、公共安全、人身健康、生命财产安全关系不密切的水平评价类职业资格，要逐步调整退出目录，对其中社会通用性强、专业性强、技术技能要求高的职业（工种），可根据经济社会发展需要，实行职业技能等级认定。

2. 建立职业技能等级制度。建立并推行职业技能等级制度，由用人单位和社会培训评价组织按照有关规定开展职业技能等级认定。符合条件的用人单位不仅可结合实际面向本单位职工自主开展，也可按规定面向本单位以外人员提供职业技能等级认定服务。符合条件的社会培训评价组织也可以根据市场和就业需要，面向全体劳动者开展职业技能等级认定服务。

如何成为人力资源社会保障部门备案的评价机构呢？符合条件的用人单位和社会培训评价组织可按照人力资源社会保障部《职业技能等级评价机构备案事项办理指南（试行）》有关要求，到相应人力资源社会保障部门申请备案。[①]

已备案的评价机构，依据国家职业技能标准或评价规范，结合实际确定评价内容和评价方式，综合运用理论知识考试、技能操作考核、工作业绩评审、过程考核、竞赛选拔等多种评价方式，对劳动者（含准备就业人员）的职业技能水平进行科学规范公正评价。

---

① 可通过中国就业培训技术指导中心或人力资源和社会保障部职业技能鉴定中心的“技能人才评价工作网”，http：//www.osta.org.cn/zcwj-20220130.html 进行查询。

按照国家职业技能标准和行业企业评价规范设置的职业技能等级，一般分为初级工、中级工、高级工、技师和高级技师五个等级。企业可根据需要，在相应的职业技能等级内划分层次，或在高级技师之上设立特级技师、首席技师等，拓宽技能人才职业发展空间。

3. 健全技能人才评价标准。国家确定职业分类，依据职业分类，建立由国家职业技能标准、行业企业评价规范、专项职业能力考核规范等构成的多层次、相互衔接的职业标准体系，作为开展技能人才评价的依据。职业资格评价要依据国家职业技能标准组织开展；职业技能等级认定要依据国家职业技能标准或行业企业评价规范组织开展；专项职业能力考核要依据经备案的考核规范组织开展。推动成熟的行业企业评价规范和专项职业能力考核规范上升为国家职业技能标准。

国家职业技能标准由人力资源社会保障部会同有关行业部门组织制定并颁布。行业企业评价规范由行业组织和用人单位参照《国家职业技能标准编制技术规程》开发。专项职业能力考核规范按照有关规定组织开发。

行业企业评价规范是在国家职业分类的基础上，当某一职业（工种）暂无国家职业技能标准（或行业）评价规范时，按照以职业活动内容为导向、以职业能力为核心的原则，对从业人员的理论知识和技能要求提出的综合性水平规定，是行业或企业内部内开展职业教育培训和职业技能等级认定的基本依据。

"技能人员职业资格评价"和"职业技能等级认定"有什么区别？

技能人员职业资格评价，是指根据国务院有关文件，对关系公共利益或涉及国家安全、公共安全、人身健康、生命财产安全的职业（工种），实行职业资格评价，合格者可取得相应的职业资格证书。职业资格证书是表明劳动者具有从事某一职业所必备的学识和技能的证明。涉及的职业（工种）详见经国务院同意、由人力资源社会保障部公布的《国家职业资格目录》。

职业技能等级认定，是指由人力资源社会保障部门备案公布的用人单位和社会培训评价组织，按照国家职业技能标准和行业企业评价规范，对劳动者进行职业技能等级认定，对合格人员颁发职业技能等级证书。涉及的职业（工种）为水平评价类职业（工种）。目前，除准入类职业外、有国家职业技能标准和行业企业评价规范的技能类职业（工种）。

4. 完善评价内容，实行分类评价。用人单位和社会培训评价组织要根据不同类型技能人才的工作特点，实行差别化技能评价。在统一的评价标准体系框架基础上，对技术技能型人才的评价，要突出实际操作能力和解决关键生产技术难题要求，并根据需要增加新知识、新技术、新方法等方面的要求。对知识技能型人才的评价，要围绕高新技术发展需要，突出掌握运用理论知识指导生产实践、创造性开展工作要求。对复合技能型人才的评价，应根据产业结构调整和科技进步发展，突出掌握多项技能、从事多工种多岗位复杂工作要求。

5. 创新评价方式。用人单位和社会培训评价组织可结合实际，按规定综合运用理论知识考试、技能操作考核、业绩评审、竞赛选拔、企校合作等多种鉴定考评方式，克服唯学历、唯职称、唯论文倾向，提高评价的针对性和有效性。用人单位、技工院校坚持就业导向，自主开展职业技能等级认定，或委托社会培训评价组织进行职业技能等级认定。

6. 实行目录管理。国家建立技能人才评价工作目录管理制度并实行动态调整。动态发布新职业信息和国家职业技能标准。职业资格及实施机构由国家职业资格目录规定。职业技能等级认定工作实行目录管理，向社会公开。

中央企业由人力资源社会保障部进行遴选，纳入职业技能等级认定目录，所属子公司、分公司等分支机构由所在地省级人力资源社会保障部门给予工作支持、兑现相应待遇并进行监管；其他用人单位由所在地省级人力资源社会保障部门进行遴选，纳入属地管理。社会培训评价组织由人力资源社会保障部进行遴选，纳入职业技能等级认定目录。

7. 规范证书发放管理。职业资格证书按规定颁发。职业技能等级证书由用人单位和社会培训评价组织颁发，由人力资源社会保障部制定编码规则，规范证书（或电子证书）样式。按规定发放的职业资格证书和职业技能等级证书纳入人才统计和认定范围，作为落实有关人才政策的依据。

五、支持企业大力开展技能人才评价

为了解决水平评价类技能人员职业资格退出国家职业资格目录后技能人才评价载体缺失、评价工作急需跟进等问题，根据《人力资源社会保障部办公厅关于支持企业大力开展技能人才评价工作的通知》（人社厅发〔2020〕104 号）规定，国家支持企业自主开展技能人才评价。按照党中央、国务院“放管服”改革要求，加快政府职能转变，充分发挥市场在资源配置中的决定性作用，激发市场主体活力，向用人主体放权，按照“谁用人、谁评价、谁发证、谁负责”的原则，支持各级各类企业自主开展技能人才评价工作，发放职业技能等级证书，推动建立以市场为导向、以企业等用人单位为主体、以职业技能等级认定为主要方式的技能人才评价制度。具体而言：

1. 企业自主确定评价范围。对符合条件、经备案的企业，可面向本企业职工（含劳务派遣、劳务外包等各类用工人员）组织开展职业技能水平评价工作，实施职业技能等级认定，并将人才评价与培养、使用、待遇有机结合。企业可结合生产经营主业，依据国家职业分类大典和新发布的职业（工种），自主确定评价职业（工种）范围。对职业分类大典未列入但企业生产经营中实际存在的技能岗位，可按照相邻相近原则对应到职业分类大典内职业（工种）实施评价。国家支持企业参与新职业开发工作，推动较为成熟的技能岗位纳入国家职业分类体系。

2. 企业自主设置职业技能等级。实施职业技能等级认定的依据是国家职业技能标准和行业企业评价规范。国家职业技能标准由人力资源社会保障部组织制定；行业企业评价规范由用人单位和社会培训评价组织参照《国家职业技能标准编制技术规程》开发，经人力资源社会保障部备案后实施。企业可以在国家职业技能标准设置的五个等级的基础上，自主设置职业技能岗位等级，形成具有自身特色的评价等级结构，建立技能人才成长通道。企业可设置学徒工、特级技师、首席技师等岗位等级，并明确其与国家职业技能标准相应技能等级之间的对应关系；企业还可在技能等级内细分层级。国家支持企业职工参加各级各类职业技能竞赛，对在职业技能竞赛中取得优异成绩的人员，可按规定晋升相应职业技能等级。

3. 依托企业开发评价标准规范。适应产业发展和技术变革需求，发挥企业技术优势开发职业技能标准或评价规范，建立科学合理、符合生产实际的评价标准体系。企业可根据相应的国家职业技能标准，结合企业工种（岗位）特殊要求，对职业功能、工作内容、技能要求和申报条件等进行适当调整，原则上不低于国家职业技能标准要求。无相应国家职业技能标准的，企业可参照《国家职业技能标准编制技术规程》，自主开发制定企业评价规范。支持较为成熟和影响较大的企业评价规范，按程序申报国家职业技能标准。

4. 企业自主运用评价方法。企业应当建立以职业能力为导向、以工作业绩为重点、注重工匠精神和职业道德养成的技能人才评价体系。坚持把品德作为评价的首要内容，重点考察劳动者执行操作规程、进行安全生产、解决生产问题和完成工作任务的能力，并注重考核岗位工作绩效，强化生产服务结果、创新成果和实际贡献。企业要把技能人才评价工作融入日常生产经营活动过程中，灵活运用过程化考核、模块化考核和业绩评审、直接认定等多种方式。同时，探索利用现代信息技术，创新技能评价方式。

5. 贯通企业技能人才职业发展。为了适应人才融合发展趋势，国家建立职业技能等级认定与专业技术职称评审贯通机制，破除身份、学历、资历等障碍，搭建企业人才成长立交桥。国家有关部门将落实在工程技术领域实现高技能人才与工程技术人才职业发展贯通的意见要求，逐步扩大贯通领域，能扩尽扩，能融尽融。

6. 提升企业评价服务能力。企业应发挥已有职业技能鉴定技术优势和组织优势，依托设在企业的职业技能鉴定所站、高技能人才培训基地和技能大师工作室等组织开展评价工作。国家鼓励备案企业申请为社会培训评价组织，为其他中小企业和社会人员提供人才评价服务。国家推进深化产教融合、企校合作，支持企业为院校学生提供人才评价服务，引导院校科学合理设置专业和课程。

政府将做好企业技能人才评价工作的备案、质量管理和技术支持服务工作。加强跨地区协作，建立信息互通、结果互认机制。企业按规定颁发的职业技能等级证书，纳入各级人力资源社会保障部门建设的证书查询系统，向社会公开。人力资源社会保障部门要将取得职业技能等级证书的人员纳入人才统计范围，并按规定落实相应人才政策。

第四节 专业技术资格考评制度

一、专业技术资格相关概念

专业技术资格，是一种体现专业技术人员的学术和专业技术水平、工作能力以及工作成就的等级称号。

专业技术资格、专业技术职称、专业技术职务三者有什么区别？

从时间上排序看：先有专业技术资格，再到专业技术职称，最后是专业技术职务。就企业专业技术人员而言：

1. 专业技术资格，是指通过全国统一的专业技术资格考试，成绩合格后，取得某一专业技术资格，并获得资格证书。

2. 专业技术职称，是指取得专业技术资格后，通过相关部门专家评审，获得相对应的专业技术职称。

3. 专业技术职务，是指获得专业技术职称后，可以由单位安排或任命或聘任在某一专业技术职务岗位，行使该职务行为。

二、什么是专业技术人员职业资格

国家按照有利于经济发展、社会公认、国际可比、事关公共利益的原则，在涉及国家利益、人民生命财产安全的专业技术工作领域，实行专业技术人员职业资格制度。

专业技术人员职业资格，是对从事某一专业工作岗位所必备的学识、技术和能力的基本要求。专业技术资格是学术技术水平的标志，可作为聘任专业技术职务的依据。专业技术人员职业资格的划分由国务院有关行政部门通过学历认定，资格考核、专家评定、职业技能鉴定等方式进行评价，合格者授予国家职业资格证书（如工程师、建筑师、注册会计师等）。

专业技术人员的职业资格一般是通过学历认定或考试取得的。前已述及，职业资格又可分为从业资格和执业资格。具备下列条件之一者，可以确认专业技术人员的从业资格：（1）具有本专业中专毕业以上学历，见习1年期满，经单位考核合格者；（2）按国家有关规定已担任本专业初级专业技术职务或通过专业技术资格考试取得初级资格，经单位考核合格者；（3）在本专业岗位工作，经过国家或国家授权部门组织的从业资格考试合格者。

专业技术人员的执业资格是指政府对某些责任较大、社会通用性强、关系公共利益的专业（职业）学识、技术和能力的必备标准。执业资格一般是通过考试方法取得。参加执业资格考试的报名条件根据不同专业的不同情况规定。执业资格考试工作由国家人事行政管理部门会同国务院有关业务主管部门按照客观、公正、严格的原则组织进行。

经专业技术职业资格考试合格的人员，由国家授予相应的职业资格证书。专业技术职业资格证书是证书持有人专业水平能力的证明。可作为求职、就业的凭证和从事特定专业的法定注册凭证。职业资格证书在中华人民共和国境内有效。

三、专业技术人员资格考试

专业技术人员资格考试，是指由人力资源社会保障部或者由其会同有关行政部门确定，在全国范围内统一举行的准入类职业资格考试、水平评价类职业资格考试以及与职称相关的考试。

通过考试获得资格的人员表明已具备担任某一职务所需的专业技术水平。企事业单位在岗位需要时，根据德才兼备的原则，可从获得专业技术资格的人员中择优聘任相应的专业技术职务。

在人力资源管理领域，我国将人力资源管理师列入经济专业技术资格考试之中，从事人力资源管理的相关人员可以通过分别参加初级、中级和高级经济专业技术类（人力资源管理专业）的资格考试。对考试通过的合格者，颁发相应级别的人力资源管理师证书。

四、职称制度改革

为进一步简政放权、转变政府职能，2017 年，中共中央办公厅、国务院办公厅印发了《关于深化职称制度改革的意见》，明确提出，发挥用人主体在职称评审中的主导作用，科学界定、合理下放职称评审权限。逐步将高级职称评审权限下放到符合条件的市地或社会组织，推动高校、医院、科研院所、大型企业和其他人才智力密集的企事业单位按照管理权限自主开展职称评审。对于开展自主评审的单位，政府不再审批评审结果，改为事后备案管理。同时，建立职称评价服务平台，探索跨区域职称互认。

国家在深化职称制度改革中强调，职称评审要注意：

1. 合理设置论文和科研成果条件。对实践性、操作性强，研究属性不明显的职称系列，可不作论文要求；探索以其他成果形式替代论文要求；推行代表作制度，重点考察成果质量，淡化论文数量要求。

2. 突出评价业绩水平和实际贡献。增加技术创新、专利、技术推广、标准制定等评价指标权重，注重考察经济效益和社会效益。作出重大贡献的专业技术人才，可直接申报高级职称。对引进的海外高层次人才和急需紧缺人才，放宽资历、年限等条件限制，建立职称评审绿色通道。

3. 向基层一线倾斜。对在艰苦边远地区和基层一线工作的专业技术人才，不作职称外语和计算机应用能力要求，淡化或不作论文要求；对长期在艰苦边远地区和基层一线工作的专业技术人才，适当放宽学历和任职年限要求。

五、专业技术人员继续教育规定

2015 年，人力资源和社会保障部发布的《专业技术人员继续教育规定》（人力资源和社会保障部令第 25 号）指出，用人单位应当保障专业技术人员参加继续教育的权利。专业技术人员应当适应岗位需要和职业发展的要求，积极参加继续教育，完善知识结构、增强创新能力、提高专业水平。继续教育实行政府、社会、用人单位和个人共同投入机制。

专业技术人员继续教育内容包括公需科目和专业科目。公需科目包括专业技术人员应当普遍掌握的法律法规、理论政策、职业道德、技术信息等基本知识。专业科目包括专业技术人员从事专业工作应当掌握的新理论、新知识、新技术、新方法等专业知识。

专业技术人员参加继续教育的时间，每年累计应不少于 90 学时，其中，专业科目一般不少于总学时的 2/3。专业技术人员通过下列方式参加继续教育的，计入本人当年继续教育学时：（1）参加培训班、研修班或者进修班学习；（2）参加相关的继续教育实践活动；（3）参加远程教育；（4）参加学术会议、学术讲座、学术访问等活动；（5）符合规定的其他方式。继续教育方式和学时的具体认定办法，由省、自治区、直辖市人力资源社会保障行政部门制定。

专业技术人员按照有关法律法规规定从事有职业资格要求工作的，用人单位应当为其参加继续教育活动提供保障。专业技术人员经用人单位同意，脱产或者半脱产参加继续教育活动的，用人单位应当按照国家有关规定或者与劳动者的约定，支付工资、福利等待遇。用人单位安排专业技术人员在工作时间之外参加继续教育活动的，双方应当约定费用分担方式和相关待遇。

用人单位应当建立本单位专业技术人员继续教育与使用、晋升相衔接的激励机制，把专业技术人员参加继续教育情况作为专业技术人员考核评价、岗位聘用的重要依据。专业技术人员参加继续教育情况应当作为聘任专业技术职务或者申报评定上一级资格的重要条件。有关法律法规规定专业技术人员参加继续教育作为职业资格登记或者注册的必要条件的，从其规定。

第五节 企业新型学徒制度

一、什么是企业新型学徒制

2018 年，人力资源社会保障部和财政部下发的《人力资源社会保障部、财政部关于全面推行企业新型学徒制的意见》（人社部发〔2018〕66 号）提出，按照政府引导、企业为主、院校参与的原则，在企业（含拥有技能人才的其他用人单位）全面推行以“招工即招生、入企即入校、企校双师联合培养”为主要内容的企业新型学徒制，进一步发挥企业主体作用，通过企校合作、工学交替方式，组织企业技能岗位新招用和转岗等人员参加企业新型学徒培训，促进企业技能人才培养，壮大发展产业工人队伍。

学徒制在我国历史悠久，师傅带徒的工匠技术传承方式一直是我国技术工人培养的主要制度，在国家建设中也发挥了重要作用。

新型学徒制在传统的企业师傅带徒这一模式的基础上，引入了职业培训机构和职业院校协同开展培训，并由政府进行激励推动，给予政策支持和财政补贴，是推动校企合作、产教融合的行之有效的创新举措，具有强大的生机和活力。在总结我国历史经验、最新实践探索和国外先进经验基础上，在各类企业普遍推行“招工即招生、入企即入校、企校双师联合培养”的新型学徒制，有利于形成政府、企业和培训机构发挥各自优势、协同推进人才培养的良好工作格局，是我国技能人才培养模式的重大创新。

二、企业新型学徒制的特点

企业新型学徒制的特点是：

1. 培养对象上，学徒培训以与企业签订一年以上劳动合同的技能岗位新招用和转岗等人员为培养对象。企业可结合生产实际自主确定培养对象。

2. 培养模式上，采取“企校双制、工学一体”的培养模式，即由企业与技工院校、职业院校、职业培训机构、企业培训中心等教育培训机构采取企校双师带徒、工学交替培养等模式共同培养学徒。

3. 培养方式上，实行“企校结合”：在企业，主要通过企业导师带徒方式；在培训机构，主要采取工学一体化教学培训方式。积极应用“互联网+”、职业培训包等培训模式。学徒培训期满，可参加职业技能鉴定或结业（毕业）考核，合格者取得相应职业资格证书（或职业技能等级证书、专项职业能力证书、培训合格证书、毕业证书）。鼓励支持有条件的企业自主对学徒进行技能评价。

4. 培养主体职责上，学徒培养的主要职责由所在企业承担。企业应与学徒签订培养协议，明确培训目标、培训内容与期限、质量考核标准等内容。企业委托培训机构承担学徒的部分培训任务，应与培训机构签订合作协议，明确培训的方式、内容、期限、费用、双方责任等具体内容，保证学徒在企业工作的同时，能够到培训机构参加系统的、有针对性的专业知识学习和相关技能训练。培训机构与企业签订合作协议后，对学徒进行非全日制学籍注册，加强在校学习管理。

5. 培养目标上，以符合企业岗位需求的中、高级技术工人为主，培养期限为1—2年，特殊情况可延长到3年。培养内容主要包括专业知识、操作技能、安全生产规范和职业素养，特别是工匠精神的培育。要以企业为主导确定具体培养任务，由企业与培训机构分别承担。

三、企业新型学徒制的有关政策规定

（一）建立企校双师联合培养制度

企业应选拔优秀高技能人才担任学徒的企业导师。企业导师要着重指导学徒进行岗位技能操作训练，帮助学徒逐步掌握并不断提升技能水平和职业素养，使之能够达到职业技能标准和岗位要求，具备从事相应技能岗位工作的能力。培训机构应为学徒安排具备相应专业知识和操作技能水平的指导教师，负责承担学徒的学校教学任务，强化理论知识学习，做好与企业实践技能的衔接。

（二）学徒培养实行弹性学制和学分制

承担学徒培训任务的培训机构，要结合企业生产和学徒工作生活实际，采取弹性学制，实行学分制管理。鼓励和支持学徒利用业余时间分阶段完成学业。要建立和完善适合弹性学制和学分制的教学质量评价体系和考核制度。

（三）国家健全企业对学徒培训的投入机制

学徒在学习培训期间，企业应当按照劳动合同法的规定支付工资，且工资不得低于企业所在地最低工资标准。企业按照与培训机构签订的合作协议约定，向培训机构支付学徒培训费用，所需资金从企业职工教育经费中列支；符合有关政策规定的，由政府提供职业培训和职业技能鉴定补贴。承担带徒任务的企业导师享受导师带徒津贴，津贴标准由企业确定，津贴由企业承担。企业对学徒开展在岗培训、业务研修等企业内部发生的费用，符合有关政策规定的，可从企业职工教育经费中列支。

（四）完善财政补贴政策

人力资源社会保障部门会同财政部门对开展学徒培训的企业按规定给予职业培训补贴，补贴资金从就业补助资金列支。补贴标准由各省（区、市）人力资源社会保障部门会同省级财政部门确定，学徒每人每年的补贴标准原则上不低于4000元，并根据经济发展、培训成本、物价指数等情况逐步提高。企业在开展学徒培训前将有关材料报当地人力资源社会保障部门备案，经人力资源社会保障部门审核后列入学徒培训计划，财政部门按规定向企业预支不超过50%的补贴资金，培训任务完成后及时拨付其余补贴资金。对参加学徒培训的就业困难人员和毕业年度高校毕业生，按规定落实社保补贴政策。

（五）建立培训质量评估监管机制

对学徒培训实施目录清单管理，制定企业目录、培训机构目录，及时向社会公开并实行动态调整。建立基于互联网的职业培训公共服务和监管平台，积极推行网上备案审核制度，实现信息联通共享。实施学徒培训实名制信息管理，指导企业建立培训台账，详细记录参训人员的姓名、年龄、性别、身份证号、学历、培训职业（工种）、学校班次、培训时间、考核成绩、技能等级和联系方式等，以备查验。对培训机构和培训过程、培训结果要加强监管，实时监控，严格考核验收。

企业组织学徒培训要向人力资源社会保障部门报送如下备案材料：培训计划、学徒名册、劳动合同复印件等有关材料。完成全部培训任务后企业申请其余补贴资金时需备案以下材料：职业资格证书编号或复印件、不低于10次的培训视频资料、培训机构出具的行政事业性收费票据（或税务发票）等符合财务管理规定的凭证。

第十章　工作时间和休息休假

劳动者的工作权和休息权是宪法规定的基本权利。根据《宪法》第四十三条规定：“中华人民共和国劳动者有休息的权利。国家发展劳动者休息和休养的设施，规定职工的工作时间和休假制度。”职工的工作权和休息权通过工作时间和休息时间所体现。在有限的时间内，如果工作时间的长度没有法律规定的限制，就会缩短休息时间的长度。同样，如果没有休息时间的法律规定，也会形成对职工休息时间的各种不同形式的侵占。从这种意义上讲，《劳动法》对工作时间和休息休假的规定，是对职工工作时间和休息时间的保障。

第一节　法定工时制度

一、工作时间的含义

工作时间，是职工根据法律的规定，在用人单位用于完成本职工作的时间，是劳动的自然尺度，是衡量每个职工的劳动贡献和付给报酬的计算单位。

工作时间的主要表现形式是工作日。工作日是指法律规定的职工在一昼夜内的工作时间长度，是以日为计算单位的工作时间。在实际生活中，工作时间一般指日工作时间（即一昼夜内职工进行工作的时间数）和周工作时间（即一周内工作的时间数）。

每日的工作时间，主要是指劳动者在工作岗位上的作业时间、准备与结束时间、各类宽放时间和非劳动者个人原因造成的且劳动者在岗处于待命状态的非生产时间或停工时间的总和。

1. 作业时间，一般是指直接用于从事生产或者工作任务、加工产品等所消耗的时间。

2. 准备与结束时间，一般是指为加工产品、执行特定工作任务事前准备和事后结束工作所消耗的时间。例如从事矿山井下作业的劳动者，其离开地面至升出地面期间的全部时间均包含在工作时间之内。

3. 宽放时间，一般指包括现场组织管理需要（交接班、安全检查、布置工作、整理现场及设备或资料等）所发生的组织性宽放时间、工艺技术装备需要（设备调整、检查等）所发生的技术性宽放时间、劳动者个人生理需要以及为消除过分紧张疲劳由单位制度性安排的工间操宽放时间。

4. 岗位待命时间，一般指非劳动者个人原因造成的机器设备故障、供电供水等故障，劳动者在岗等待检修或恢复生产的非生产时间。

5. 夜班时间，一般是指企业在当日 22 点至次日 6 点这一时间段安排劳动者工作且时间达 2 小时及以上的时间。

确定工作时间主要依据以下方面：(1) 保证每个劳动者能为社会的需要进行必要的劳动；(2) 保证劳动者的休息时间。保障劳动者获得参加社会、政治和文化生活以及学习、料理家务所需的时间；(3) 符合国家的经济、科技和社会发展的水平。

二、国家标准工时制度

标准工时，是法律规定的国家机关、社会团体、企业事业单位在正常情况下普遍实行的工作日的工作时数，是我国工时制度的主要形式。

我国现行的工时制度，是《劳动法》及《国务院关于职工工作时间的规定》（国务院令第 174 号）确定的。按照《国务院关于职工工作时间的规定》规定，在我国职工每日工作 8 小时、每周工作 40 小时。在特殊条件下从事劳动和有特殊情况，需要适当缩短工作时间的，按照国家有关规定执行。因工作性质或者生产特点的限制，不能实行每日工作 8 小时、每周工作 40 小时标准工时制度的，按照国家有关规定，可以实行其他工作和休息办法。任何单位和个人不得擅自延长职工工作时间。因特殊情况和紧急任务确需延长工作时间的，按照国家有关规定执行。

国家机关、事业单位实行统一的工作时间，星期六和星期日为周休息日。有条件的企业应尽可能实行职工每日工作 8 小时、每周工作 40 小时这一标准工时制度。企业和不能实行统一工作时间（星期六和星期日为周休息日）的事业单位，可以根据实际情况灵活安排周休息日。同时，按照《劳动法》的规定："用人单位应当保证劳动者每周至少休息一日。”因此，有的企业将40小时分摊在6天里，休息1天也是合法的。

以案释法

案情简介

一公司因业务特殊，采取的是每天四班轮换的工作制度，要求员工每天每一班的工作人员工作6小时，每周工作6天。这样一来，虽然每周工作总时长未达到法定的40小时上限，但是必然会存在双休日中有一天工作的情况。

公司有一名员工决定辞职，同时向公司提出支付每周六加班工资的要求。公司认为，公司的工时制度并没有违反《劳动法》的规定，同时还保证了员工每周休息1日，因此这些员工周六上班不属于加班，可以不支付加班费。

案例评述

该公司的员工虽然每周工作6天，但是每天工作的时间只有6小时，每周的工作时间仅为36小时，并未超过每周40小时的法定上限。同时，公司保证了员工每周有一个休息日。因此，根据法律规定，该公司的做法并不违法。所以，该公司无须向该员工支付所谓的周六加班费，无须安排劳动者补休。该员工的诉求不应得到支持。

根据《全国年节及纪念日放假办法》（国务院令第644号）和《劳动和社会保障部关于职工全年月平均工作时间和工资折算问题的通知》（劳社部发〔2008〕3号）。用人单位要注意制度工作时间的计算：

1. 年工作日

年工作日＝365天－104天（休息日）－11天（法定节假日）＝250天

2. 月工作日

月工作日＝250天÷12月＝20.83天/月

3. 月工作小时数

月工作小时数＝20.83天×8小时＝166.64小时/月

三、特殊工时制度

特殊工时制是相对于标准工时制而言的一种工时制度。根据《劳动法》的规定，企业因生产特点不能实行标准工时制的，经劳动行政部门批准，可以实行其他工作和休息办法。《国务院关于职工工作时间的规定》进一步明确："因工作性质或者生产特点的限制，不能实行每日工作8小时、每周工作40小时标准工时制度的，按照国家有关规定，可以实行其他工作和休息办法。"这里的"其他工作和休息方法"指的就是特殊工时制。作为一项制度，我国法律上规定的特殊工时制度主要包括不定时工作制和综合计算工时工作制。

建立和完善特殊工时制度的目的是既要严格规范企业劳动用工行为、切实保障劳动者合法权益，又要考虑市场竞争条件下适度增加企业工时制度弹性、提升企业的管理水平和竞争能力、促进企业良性健康发展的客观需要，综合平衡劳动者和用人单位双方的利益关系，以维护企业劳动关系的和谐稳定。

企业安排劳动者在特殊工时制度岗位上工作的，应根据《劳动法》有关规定，应当事先与劳动者协商一致，在保障职工身体健康并充分听取职工意见的基础上，制定科学合理的劳动定额、工时考勤、休息休假、薪酬支付等办法，并采用集中工作、集中休息、轮休调休、弹性工作时间等适当方式，确保劳动者的休息休假权利和生产、工作任务的完成。

（一）不定时工作制

不定时工作制，是一种因用人单位的岗位性质和工作职责的限制，劳动者的工作时间不受《劳动法》规定的日延长工作时间标准和月延长工作时间标准的约束，而由用人单位直接确定职工劳动量的工作制度。

不定时工作制的显著特点是工作时间不固定，何时工作完全由员工根据需要自行安排，企业以其工作任务完成情况进行考核。因此，对于实行不定时工作制的员工，企业要依据《劳动法》的规定，参照标准工时制核定工作量，在此基础上采用弹性工作时间。企业不能以标准工时制的管理制度来约束员工的考勤，更不能视员工自由上班为违纪行为。

根据国家政策规定，企业可以在下列岗位实行不定时工作制：

1. 对企业经营管理负有决策、指挥等领导职责的高层管理岗位，主要是企业中一些高层管理人员的岗位。

2. 劳动者可以自主安排工作时间且无考勤要求以及其他因工作无法按标准工作时间衡量的技术、研发、创作等岗位。

3. 企业中的长途运输人员、出租汽车司机和铁路、港口、仓库的部分装卸人员的岗位，以及因工作性质特殊、需要机动作业、由劳动者根据工作需要安排工作时间的外勤、推销等岗位。

4. 其他因生产特点、工作特殊需要或职责范围的关系，适合实行不定时工作制的岗位。

国务院规定不定时工作制并非对工作时间毫无限制，而是基本上按照标准工作日考核工作量。不定时工作制不受法定的日延长工作时间标准和月延长工作时间标准约束，在一日内没有固定的工作时间。因此，当一日工作时间超过标准工作日时，超过部分不算加班加点，不计发加班工资，而只是在周或月工作时间内自主安排休息。

现实中，常有职工认为，不定时工作制中也有加班现象，是否应当支付加班工资？

以案释法

案情简介

某公司经当地劳动部门审批对公司发货员等岗位执行不定时工作制。王某在该公司担任发货员，双方订立劳动合同约定王某执行不定时工作制。一年后，王某以个人原因提出辞职。一个月后王某办理了离职手续。随后，王某以公司经常安排其加班加点，却未向其支付加班工资为由向当地劳动争议仲裁委员会提起劳动仲裁。

争议焦点

不定作工时制有无加班？是否应该支付加班工资？

案例评述

经依法审批执行不定时工时制的职工，按照《关于贯彻执行〈中华人民共和国劳动法〉若干问题的意见》第六十七条规定，“经批准实行不定时工作制的职工，不受劳动法第四十一条规定的日延长工作时间标准和月延长工作时间标准的限制”，以及《工资支付暂行规定》第十三条规定，“实行不定时工时制度的劳动者，不执行上述规定”。据此，不定时工作制不适用加班时间限制的规定，也不适用加班工资的相关规定。

本案中，公司与王某的劳动合同中明确约定王某所履职岗位执行不定时工作制，故不适用加班的相关规定，公司没有向其支付加班工作的义务。故王某的请求于法无据，不应得到支持。

企业应当注意：

一是执行不定时工作制必须经过当地劳动行政部门审批。

二是企业必须与执行不定时工作制的劳动者在劳动合同或有关协议中明确约定。

三是虽然不定时工作制不受加班时间限制，但企业在安排工作时仍需合理确定劳动者的工作量，必须按照《劳动法》的相关规定保证劳动者的休息权和身心健康。

（二）综合计算工时工作制

综合计算工时工作制，是指用人单位以标准工作时间为基础，以一定的期限为周期，综合计算工作时间的工时制度。企业因生产特点不能实行标准工时制的，可以实行综合计算工时工作制，即分别以周、月、季、年等为周期综合计算工作时间。在综合计算工时周期内的某一具体日（或周）的实际工作时间可以超过法定标准工作时间 8 小时（或 40 小时），但其平均日工作时间和平均周工作时间应与法定标准工作时间基本相同。

举例来说，如果一个企业以年为周期综合计算工作时间，按照《劳动和社会保障部关于职工全年月平均工作时间和工资折算问题的通知》规定，以年工作日总计为 250 天、劳动者每天工作 8 小时计算，那么全年的工作总时长则不应超过 2000 小时。企业可以将这 2000 小时集中起来在全年的某一时段连续使用。但是，企业要在保障职工身体健康并充分听取职工意见的基础上，采用集中工作、集中休息、轮调轮休等适当方式，确保职工的休息休假权利和生产、工作任务的完成。

根据国家政策规定，企业可以在下列岗位实行综合计算工时工作制：

1. 地质及资源勘探开发、建筑、旅游、渔业、海运等行业中，部分受季节、资源、环境和自然条件限制需要集中作业的岗位。设立此类岗位的企业可以申请以季度或者年为综合计算工时的周期。

2. 交通、铁路、邮政、电信、内河航运、航空、电力、石油、石化、金融等行业中，部分中断作业可能会影响社会公共利益、需连续作业的岗位。设立此类岗位的企业可以申请以周、月或者季度为综合计算工时的周期。

3. 政府劳动行政部门根据国家鼓励或者扶持发展的产业政策，规定可以实行综合计算工时工作制的岗位。设立此类岗位的企业，其综合计算工时的周期由国家劳动行政部门规定。

企业实行综合计算工时工作制的，其综合计算周期内的正常工作时间应当与法定标准工作时间相同，超出部分视为延长工作时间。根据劳动法关于工作时间规定的立法精神，在实行综合计算工时工作制岗位上工作的劳动者，每日最长工作时间（含正常工作时间和延长工作时间）不应当超过11小时。

以案释法

案情简介

张某在一家餐厅任职厨师职务。由于餐饮行业的特殊性，张某经常被安排在工作日的晚间高峰用餐时段工作，周六、周日休息日，五一、国庆等法定节假日，张某也经常被餐厅安排工作。张某认为餐厅没有足额支付加班工资，遂向餐厅提出离职。

随后张某向劳动仲裁部门提出，要求餐厅支付延时加班费、休息日加班费和法定节假日加班费等共计3万余元。

餐厅在劳动仲裁及诉讼阶段，认可张某存在加班，但提出由于餐饮行业的特殊性，已向劳动行政部门申请了执行综合工时制。

餐厅作为用人单位提交了张某的考勤表和工作记录。仲裁委核对了考勤表中的工作时间，发现即使餐厅的厨师岗位执行的是综合计算工时制度，但安排张某工作的总工作时间已超出了法定的最高时长。

案例评述

根据上述案情，即使餐厅的厨师岗位执行的是综合计算工时制度，但安排张某工作的总工作时间已超出了法定的最高时长。对此，餐厅应向张某补发延时加班的加班费差额和法定节假日的加班费。

四、其他工时制度

（一）计件工时制

计件工时制是指职工以完成一定劳动定额（完成一定数量的合格产品或一定的作业量）来确定劳动报酬的一种工作时间制度。计件工作制实际上是标准工时制的一种特殊形式。根据《劳动法》第三十七条规定，对实行计件工作的劳动者，用人单位应当根据法律规定的标准工时制，合理确定其劳动定额和计件报酬标准。

对实行计件工作的劳动者来说，当用人单位合理地确定了劳动定额和计件报酬标准后，劳动者可以比实行标准工时制的职工有更大的灵活性，即当完成了当日或当月的劳动定额后，可以把剩余时间作为休息时间，也可以超定额以取得相应的额外报酬。当未完成当日的劳动定额时，则可以在 8 小时的工作时间之外通过增加钟点来完成劳动定额任务。

（二）缩短工时制

缩短工时制是规定劳动者每个工作日的工作时间少于标准工作日长度或每周工作天数少于标准工作天数的工作时间制度。这种制度主要适应于对在劳动条件恶劣状态下工作的劳动者，以及在女工和未成年工的特殊生理期所实行特殊保护。

根据我国对特殊条件下从事劳动和对有特殊情况的职工工作的特殊规定，适用缩短工作日的情况主要有两类：

1. 特殊劳动岗位的工时制

主要适用于从事矿山井下作业、高山作业、严重有毒有害作业、条件艰苦或高度紧张的工作，以及从事特别繁重体力劳动岗位的职工。其每日工作时间应少于 8 小时。

如纺织业实行“四班三运转”的工时办法，化工业每天缩短为 6 小时或 7 小时，煤矿井下实行四班 6 小时工时制，建筑、冶炼、地质勘探、森林采伐，装卸搬运等均为繁重体力劳动，依本行业特点都实行不同程度的特殊条件下的缩短工作日。另外，夜班工作时间减少 1 小时。夜班工作一般指是实行三班制的企业，当日 22 点至次日早晨 6 点的时间。夜班工作改变了人们的正常生活规律，增加了神经系统的负荷，工作起来比较辛苦，为此规定从事夜班工作的时间比白班减少 1 小时，发给夜班津贴。还有些连续生产不容间断的工作必须安排夜班，如钢铁冶炼、发电等夜班工作时间可与白班相同，但要给夜班劳动者增发夜班津贴。

2. 特殊人员的工时制

主要是指女职工在孕期和哺乳期内以及未成年工，可以减少其实际工作时间。国务院发布的《女职工劳动保护特别规定》对此规定："对怀孕 7 个月以上的女职工，用人单位不得延长劳动时间或者安排夜班劳动，并应当在劳动时间内安排一定的休息时间。""怀孕女职工在劳动时间内进行产前检查，所需时间计入劳动时间。"同时规定，"用人单位应当在每天的劳动时间内为哺乳期女职工安排 1 小时哺乳时间；女职工生育多胞胎的，每多哺乳 1 个婴儿每天增加 1 小时哺乳时间。"也就是说，怀孕 7 个月以上的女职工，在劳动时间内可以离开岗位休息一段时间；女职工在孕期，可以占用工作时间到医院进行产前检查；女职工在哺乳期内，可以在每天的劳动时间内离开岗位（或回家）哺乳婴儿。此外，对未满 18 岁的未成年人，也实行少于 8 小时工作日，为保障其健康成长。

（三）非全日制工时制

非全日制工时制，也称小时工制。根据《劳动合同法》规定："非全日制用工，是指以小时计酬为主，劳动者在同一用人单位一般平均每日工作时间不超过四小时，每周工作时间累计不超过二十四小时的用工形式。"

这里要注意理解：非全日制用工，并非在一周内每天的工作时间不能超过 4 小时，在一周内某一天的工作时间可以超过 4 小时。也就是说，经与劳动者协商一致后，一周内某一天的工作时间可以在 4 小时以上 11 小时以内，而另一天在 4 小时以内或者不工作；只要以每周工作时间累计不超过 24 小时计算，平均到一周的每天工作没有超过 4 小时即可。

非全日制用工双方当事人可以订立口头协议。从事非全日制用工的劳动者可以与一个或者一个以上用人单位订立劳动合同；但是，后订立的劳动合同不得影响先订立的劳动合同的履行。

非全日制用工也不同于提供家政服务的“钟点工”或“小时工”，它与“劳务工”是两个概念。

第二节 延长工作时间的规定

一、延长工作时间的概念

延长工作时间，是指劳动者每个工作日的工作时数和每周的工作天数超过法律、行政法规规定的标准，继续工作的时间。也是人们俗称的“加班加点”。

加班，是用人单位经过一定的制度规定，要求职工在法定节日或者公休假日从事工作的时间。

加点，是用人单位经过一定的制度规定，要求职工在正常工作日的标准工时制之外延长工作的时间。

在企业现实的用工管理中，大多将加班加点统归为“加班”。

加班必然占用职工的休息时间，因此，应当严格按照法律法规的规定执行。根据《劳动法》规定，“用人单位由于生产经营需要，经与工会和劳动者协商后可以延长工作时间”。事前的“协商”是法定的程序条件。同时，法律又规定，延长工作时间“一般每日不得超过一小时；因特殊原因需要延长工作时间的，在保障劳动者身体健康的条件下延长工作时间每日不得超过三小时，但是每月不得超过三十六小时”。“用人单位不得违反本法规定延长劳动者的工作时间。”

这就是说，延长工作时间直接涉及职工的休息权利，因此必须进行限制。延长工作时间必须经过一定的手续，符合一定的条件，并且还必须把延长工作时间的长度限定在国家规定的范围以内。这是一项非常重要的劳动标准。

二、延长工作时间的条件

（一）用人单位生产经营需要

延长工作时间是为了满足用人单位的生产经营需要，如果不延长工作时间，势必影响用人单位正常的生产经营活动，可能还会影响到经济效益和职工的收入。在此情形下，可以提出延长工作时间。

（二）必须与工会协商

用人单位决定延长工作时间，应当把延长工作时间的理由、人数、时间长短等向工会说明，以征得工会的同意。如果工会认为延长工作时间的理由充分，就可以同意延长工作时间。如果工会认为延长工作时间的要求理由不充分，也可以不同意延长工作时间。

（三）必须与劳动者协商

用人单位决定延长工作时间，还应当与劳动者协商。因为延长工作时间直接涉及职工的休息时间或休息权，要占用劳动者的休息时间，所以必须征得劳动者的同意，而不得强迫。用人单位只有在劳动者同意的情况下才可以延长工作时间。

（四）延长工作时间的长度必须合法

用人单位延长工作时间必须符合劳动法律法规的规定。即每日不得超过 1 小时；因特殊原因需要延长工作时间的，在保障劳动者身体健康的条件下延长工作时间每日不得超过 3 小时，但是每月不得超过 36 小时。如果超过这一规定就构成违法，需要承担法律责任。

延长工作时间（即加班）的另一层含义是劳动者同意用人单位的安排，接受加班。如果劳动者不同意加班，严格意义上讲，用人单位是不得安排其加班的。实际操作中，很多单位要求劳动者如果加班，要填写加班申请单，经过批准才可以视为加班，这从一个侧面反映出，加班必须是用人单位和劳动者经过协商同意之后才可以实行的。

作为用人单位，如果劳动者可以在法定的工作时间内完成工作任务，那么再要求劳动者加班就不合法也不合理了，既侵犯了劳动者休息的权利，也不利于和谐的劳动关系发展。相反，如果劳动者在用人单位没有安排或允许的情况下，为了个人的发展、个人能力的提高，自行延长工作时间，这应当理解为一种自愿的行为。劳动者为此若向单位主张加班工资，单位可以不予支付。

三、对加班的认定

关于对加班的认定，要有事实证明，仅凭上下班的打卡记录能否认定存在加班？

以案释法

案情简介

马某与科技公司建立劳动关系，日常考勤通过指纹打卡进行。马某工作一段时间离职后，通过在职同事的关系，从原公司人事部门的电脑中，拿到了打印版考勤打卡的记录，记录中有马某的上班、下班打卡的时间。

马某随即提出仲裁及诉讼，以电子打卡记录的记载，要求科技公司支付延时加班工资。

案例评述

电子打卡记录不能证明加班的事实。打卡记录如果属实，仅能反映员工两次打卡的时间点，但是两个时间点之间员工是否实际工作、是否存在加班工作的事实，并不能通过打卡记录得知。所以，仅凭打卡记录是不能够证明员工存在加班事实的。故马某的诉求不应得到支持。

关于加班证据的认定，根据《最高人民法院关于审理劳动争议案件适用法律问题的解释（一）》第四十二条规定："劳动者主张加班费的，应当就加班事实的存在承担举证责任。但劳动者有证据证明用人单位掌握加班事实存在的证据，用人单位不提供的，由用人单位承担不利后果。"据此，主张加班费的劳动者应按照"谁主张谁举证"的原则，就加班事实的存在提供证据，或者就相关证据属于用人单位掌握管理提供证据（用人单位应当提供而不提供有关证据的，可以推定劳动者加班事实存在）。劳动者如果仅凭电子打卡记录，而没有提供加班事实存在的证据，在司法实践中将得不到支持。

劳动仲裁委和法院对于任何一个案件事实的认定，都要从多个证据之间的关联性上综合进行判断。所以，就当事人双方而言，要解决好加班管理问题，应从加强企业规章制度建设入手，制定好与劳动者切身利益相关的条款和事项，并通过合理合法的方式告知劳动者或向劳动者公示，做到有章可循。如果出现纠纷，双方都能够通过完善的规章制度，寻求自身利益的保护途径。

四、关于加班的补休

在日常工作中，会出现用人单位安排劳动者延时加班、休息日加班或是法定休假日加班之后，给劳动者予以补休的情况。劳动者一般会认为，既然单位安排了补休，自己也进行了休息，就不会再去考虑补休是否合法，以及自己的权利是否得到了切实保障。但是，按照《劳动法》第四十四条的规定，安排劳动者延长工作时间的，支付不低于工资的150%的工资报酬；法定休假日安排劳动者工作的，支付不低于工资的300%的工资报酬；只有休息日安排劳动者工作又不能安排补休的，支付不低于工资的200%的工资报酬。这就是说，在三种类型的加班或加点情形中，正常工作日和法定休假日安排加班的，没有规定补休；而只是明确规定了休息日安排加班的，先行安排补休。假如一名劳动者在法定休假日加班，用人单位是否可以仅通过安排补休的方式来弥补呢？答案是不行的，用人单位仍需要支付法定休假日的加班工资。

五、特殊情况下的延长工作时间

我国虽然对用人单位延长工作时间有严格的约束，但也规定了在一些特殊情况下，延长工作时间不受限制的情形。

（一）企业可以自主安排职工加班加点的情形

有下列特殊情形和紧急任务之一的，用人单位安排劳动者加班加点，延长工作时间是允许的，而且延长工作时间的长短不受限制，并且可以不必征求劳动者的意见。如果劳动者拒不上班，用人单位可以旷工处理。

1. 发生自然灾害、事故或者因其他原因，使人民的生命健康和国家资财安全遭到严重威胁，需要紧急处理的；如发生地震、洪水、抢险、交通事故、矿山井下事故抢险等。

2. 生产设备、交通运输线路、公共设施发生故障，影响生产和公众利益，必须及时抢修的；如发生了企业主要生产线、主要生产设备发生故障，铁路线路发生故障，公路干线发生交通堵塞，自来水管道、下水管道、煤气管道、供电线路等发生故障等。

3. 必须利用法定节日或公休假日的停产期间进行设备检修、保养的。

4. 为完成国防紧急任务，或者完成上级在国家计划外安排的其他紧急生产任务，以及商业、供销企业在旺季完成收购、运输、加工农副产品紧急任务的。

5. 法律、行政法规规定的其他情形。

根据法律规定，出现上述情形之一，用人单位可以延长工作时间，而且可以不经过与工会和职工协商，由用人单位直接决定。这是因为，上述情形都涉及公众利益和国家利益，如不及时解决，必将影响到社会生产、公众生活甚至广大人民群众的生命安全。所以，通过延长工作时间及时解决这些问题就非常必要。

劳动者对于符合法定条件的延长时间工作，应该给予支持，在延长时间的工作中，要以积极的态度进行生产和工作，力争完成延长工作时间内的工作任务。对不符合法定条件的延长时间工作，有权向工会组织反映，要求工会组织与用人单位协商处理；也可以向劳动行政部门反映，通过劳动行政部门的监督检查，制止企业不合法地延长工作时间。因延长工作时间引起劳动争议的，劳动者可以依照劳动争议的处理程序，依法要求劳动争议调解、仲裁，直至提起诉讼。

（二）值班与加班

首先要区分职工值班和加班的概念。

加班，是在法定工作时间以外继续从事本职工作。而值班并非一个法律概念，也缺乏法律依据。通常认为，值班是指职工根据用人单位的要求，在正常工作时间之外负担一定的非生产性、非本职工作的责任。

一般而言，值班是单位因安全、消防、假日防火、防盗或为处理突发事件、紧急公务处理等原因，临时安排或根据制度安排职工在夜间、公休日、法定休假日等非工作时间内从事与劳动者本职无关联的工作，或虽与劳动者本职工作有关联，但为非生产性的责任。在一些值班期间（比如夜间接听电话）可以在值班场所适当休息。

值班与加班的区别在于：

1. 工作特点和工作任务不同。值班和加班虽然都是在法定工作时间之外负担一定责任，但值班是因一定特殊原因，由劳动者在非工作时间内承担一定非生产性、非本职工作。而加班是因单位的生产经营需要，由劳动者在原工作岗位和非工作时间继续从事本职工作。

2. 调整规范不同。关于值班问题，目前尚无明确的法律规范对其进行调整。而加班却应受《劳动法》等有关法律法规的调整。

3. 工作报酬支付依据不同。值班的报酬标准在现行法律中无明确规定，一般情况下由单位内部制定的规章制度予以规范。而加班报酬是受《劳动法》《工资支付暂行规定》等有关法律法规的直接规范。

4. 时间限制不同。值班并没有时间长短的限制。而加班必须受《劳动法》规定的每日不得超过1小时，因特殊原因需要延长工作时间的，在保障劳动者身体健康的条件下延长工作时间每日不得超过3小时的限制。

由此可见，判断加班与值班的主要依据是看劳动者是否继续在原来的岗位上从事本职工作，或者是否有具体的生产或经营任务。

以案释法

案情简介

侯某在供电公司从事农电电工工作，双方正式签订书面劳动合同，约定侯某岗位为供电所担任配电营业工。公司为了确保供电网络的安全和通畅，要求员工轮换在周末和节假日需在公司办公楼员工宿舍值班，接听电话，一旦发生电网故障或安全事故，需及时通知值班领导安排抢修。公司对值班员工发放值班津贴。随后侯某以拖欠加班工资为由辞职，并申请劳动争议仲裁，要求公司支付加班工资。

侯某认为公司经常安排其周末加班，却拒绝向其支付加班工资。公司认为员工周末在宿舍接听电话，并不属于加班，而是值班。同时，公司已经向员工发放了值班津贴。不应再支付加班工资。

争议焦点

侯某周末在公司办公楼员工宿舍接听电话是属于值班还是加班？值班应否支付加班工资？

案例评述

值班期间劳动者并不直接从事劳动，亦不存在工作任务，其仍然处于休息之中，因此值班并不能直接等同于加班，不应由用人单位支付加班费。但不管值班人员是睡觉还是巡视，主要是安全保障与值班时间的一些事务处理（或联络）。在值班期间假如发生意外（如盗窃、火灾等）应及时处理或告知公司有关负责人，否则由于值班人员的失职而让企业财物受到损失的，同样需要承担一定责任。可见其职责重要，并非摆设，要求其担当这样的责任，又不支付其一定的报酬，是责与利的严重失衡，侵害了值班人员的劳动得益权。因此，应当肯定的是，安排劳动者值班应当向劳动者支付报酬。但因值班毕竟不等同于加班，而对于值班费或值班津贴的标准，《劳动法》等相关法规中并无明确规定，应按照用人单位相应的规章制度执行。

本案中，公司为了及时发现和处理突发的电力事件，确保供电安全，安排职工在法定工作时间外轮流在公司值班接电话，其性质应为非生产性的，对于侯某而言，该项工作亦并非其本职工作。所以，不能认为安排其在周末接听电话属于在原工作岗位继续从事本职工作，故不应当属于加班，而是属于值班。同时，公司已向侯某支付了值班津贴。

因此，本案中侯某并不存在加班的事实，公司无须向其支付加班工资，也就不存在拖欠工资一事，故侯某要求支付加班工资的主张不能得到支持。

企业应注意：值班不等同于加班，由于目前对值班并无相关法律规定予以明确，各地对此的规定也不尽相同。因此，企业在安排职工值班时，必须要严格控制值班的范围和任务，不能滥用值班的名义安排职工加班。同时，虽然值班和加班的工作性质、工作量不同，待遇有所不同也属合理。但毕竟值班人员同样需要承担相应责任，从责权对等和公平角度讲，应当合理地给予劳动者相应值班费用。另外，各地政策规定各有不同，部分地区对值班费的发放标准有明确规定的，企业也应当注意遵守。

六、违反工作时间规定的法律责任

根据《劳动法》第四十四条规定："有下列情形之一的，用人单位应当按照下列标准支付高于劳动者正常工作时间工资的工资报酬：（一）安排劳动者延长工作时间的，支付不低于工资的百分之一百五十的工资报酬；（二）休息日安排劳动者工作又不能安排补休的，支付不低于工资的百分之二百的工资报酬；（三）法定休假日安排劳动者工作的，支付不低于工资的百分之三百的工资报酬。"

《劳动法》还规定："用人单位不得违反本法规定延长劳动者的工作时间。""对怀孕七个月以上的女职工，不得安排其延长工作时间和夜班劳动。"对"女职工在哺乳未满一周岁的婴儿期间"，"不得安排其延长工作时间和夜班劳动"等。

根据《劳动法》第九十条规定："用人单位违反本法规定，延长劳动者工作时间的，由劳动行政部门给予警告，责令改正，并可以处以罚款。"

第三节 法定休息休假制度

一、休息时间的概念

休息时间是劳动者根据法律规定，在企业事业单位及其他组织任职期间，不必从事生产和工作而自行支配的时间。它包括职工在法定工作时间之外用以消除疲劳、进行业余学习、自由参加社会活动和料理家务等所占用的时间。休息时间是职工依法享有的权利，是和职工的工作时间紧密相连的。没有工作时间，就谈不到休息时间；没有休息时间，就不能使职工的工作时间更好地加以利用。

在现代社会经济体系中，因各产业、行业的技术经济特点不同，决定了不同休息时间。根据《劳动法》和其他法规的规定，我国现行的休息时间可划分为：

（一）一个工作日内的休息时间

一个工作日内的休息时间，是指职工在每日的工作岗位上生产或工作过程中的工间休息时间或用膳时间，又称间歇时间。间歇时间因工作岗位和工作性质的不同而有不同，一般休息 1—2 小时，最少不能少于半小时，不算作工作时间。有的岗位由于生产不能间断，不能实行固定的间歇时间，应使职工在工作时间内有用膳时间。

（二）两个工作日之间的休息时间

两个工作日之间的休息时间，是指职工在一个工作日结束后至下一个工作日开始的期间内所享有的休息时间。其长度应以保证劳动者的体力和工作能力能够得到恢复为标准，一般为 15—16 小时。实行轮班制的，其班次必须平均调换，一般可在休息日之后调换。在调换班次时，不得让工人连续工作两班。

（三）休息日

休息日，又称公休假日，是劳动者满一个工作周后的休息时间。《劳动法》第三十八条规定："用人单位应当保证劳动者每周至少休息一日。"以前，我国大多数企业及其职工实行的是一周 6 日工作，即每周工作 6 天，休息 1 天。随着

《劳动法》的实施，1995 年《国务院关于修改〈国务院关于职工工作时间的规定〉的决定》（国务院令第 174 号）规定，我国职工的休息时间从原先的每周工作 6 天，休息 1 天，改为每周工作 5 天，休息 2 天。

国家机关、事业单位实行统一的工作时间，星期六和星期日为周休息日；企业和不能实行国家规定的统一工作时间的事业单位，可以根据实际情况灵活安排周休息日。在正常情况下，绝大多数用人单位每周的星期六和星期日为周休息日，双休日不计薪，全年共计 104 天休息日。

有一些为了满足社会生产和为广大居民服务需要的商业零售、公共交通、餐饮旅游，医院、供电、供水等提供公共服务的单位职工不能在星期六和星期日休息，用人单位只能安排其在一周内的其他时间休息。凡因工作情况特殊，休息日必须轮流工作时，应给予相等时间的补休。实行定时或不定时工作日的职工，在休息日值班时，应在一周内补给与值班时间相等的休息时间。

二、法定休假日

法定休假日，又称法定节假日，是由国家法律法规统一规定的用以开展纪念、庆祝活动的休息时间。它也是劳动者依法享受的一段休息时间。《劳动法》对此作出规定："用人单位在下列节日期间应当依法安排劳动者休假：（一）元旦；（二）春节；（三）国际劳动节；（四）国庆节；（五）法律、法规规定的其他休假节日。"

对于法定休假日，根据《全国年节及纪念日放假办法》规定：

1. 全体公民放假的节日

全体公民放假的节日共计 11 天：

（1）新年元旦，放假 1 天（1 月 1 日）；

（2）春节，放假 3 天（农历除夕、正月初一、正月初二）；

（3）清明节，放假 1 天（农历清明当日）；

（4）劳动节，放假 1 天（5 月 1 日）；

（5）端午节，放假 1 天（农历端午当日）；

（6）中秋节，放假 1 天（农历中秋当日）；

（7）国庆节，放假 3 天（10 月 1 日、2 日、3 日）。

全体公民放假的假日，如果适逢星期六、星期日，应当在工作日补假。

2. 部分公民放假的节日及纪念日

（1）妇女节（3月8日），妇女放假半天；

（2）青年节（5月4日），14周岁以上的青年放假半天；

（3）儿童节（6月1日），不满14周岁的少年儿童放假1天；

（4）中国人民解放军建军纪念日（8月1日），现役军人放假半天。

部分公民放假的假日，如果适逢星期六、星期日，则不补假。注意，如果部分公民放假的假日不逢休息日，而用人单位要求劳动者正常上班的，单位无须支付加班费。

3. 少数民族习惯的节日，由各少数民族聚居地区的地方人民政府，按照各民族习惯，规定放假日期。

4. 二七纪念日、五卅纪念日、七七抗战纪念日、九三抗战胜利纪念日、九一八纪念日、教师节、护士节、记者节、植树节等其他节日、纪念日，均不放假。

三、带薪年休假

（一）什么是带薪年休假

带薪年休假，是劳动者连续工作年满一年后每年依法享有的保留职务和工资的一定期限连续休息的假期。在中华人民共和国成立初期，曾在部分职工中试行过带薪年休假制度。后来，由于国家经济条件的限制，中止了这一制度的实行。我国实行改革开放以来，随着国民经济的发展，我国政府又重新规定了这一制度。

按照《劳动法》规定，国家实行带薪年休假制度。劳动者连续工作1年以上的，享受带薪年休假。2007年国务院颁布《职工带薪年休假条例》（国务院令第514号）进一步规定，机关、团体、企业、事业单位、民办非企业单位、有雇工的个体工商户等单位的职工连续工作1年以上的，享受带薪年休假。单位应当保证职工享受年休假。职工在年休假期间享受与正常工作期间相同的工资收入。2008年《机关事业单位工作人员带薪年休假实施办法》（人事部令第9号）和《企业职工带薪年休假实施办法》（人力资源和社会保障部令第1号）公布实施。至此，我国全面建立起适用于各类用人单位的带薪年休假制度。带薪年休假制度的实行，使职工能够得到更好的休息，有利于劳动者的身体健康，也有利于劳动者在经过充分的休息后以更充沛的精力投入生产和工作中。

（二）年休假的享受

1. 享受带薪年休假的前提条件

职工享受带薪年休假有一个前提条件，根据《劳动法》规定："劳动者连续工作一年以上的，享受带薪年休假。"

"连续工作一年"是指劳动者在同一单位，还是可以在不同的单位？根据《人力资源和社会保障部办公厅关于〈企业职工带薪年休假实施办法〉有关问题的复函》（人社厅函〔2009〕149 号），"职工连续工作满 12 个月以上"，既包括职工在同一用人单位连续工作满 12 个月以上的情形，也包括职工在不同单位连续工作满 12 个月以上的情形。

2. 年休假的享受标准

（1）职工累计工作已满 1 年不满 10 年的，年休假 5 天。

（2）职工累计工作已满 10 年不满 20 年的，年休假 10 天。

（3）职工累计工作已满 20 年的，年休假 15 天。

需要注意的是，劳动者个人的累计工作年限应该是包括但不限于现就职单位的工作年限。根据相关规定，职工的累计工作时间可以根据档案记载、单位缴纳社会保险费记录、劳动合同或其他具有法律效力的证明材料确定。

3. 企业新招职工是否享受年休假

企业对于新招进的职工是否享受带薪年休假，应当结合职工在入职该单位此前是否连续工作以及连续工作的期限进行判断。

例如，职工陈某 2019 年 11 月 1 日至 2019 年 12 月 31 日在甲公司上班，2020 年 1 月 1 日起在家待业半年，2020 年 7 月 1 日入职乙公司，则陈某在乙公司工作的第一年（即 2020 年 7 月 1 日至 2021 年 6 月 30 日）期间不享受带薪年休假。

又如，职工张某 2017 年 11 月 1 日至 2020 年 9 月 30 日在甲公司上班，2020 年 10 月 1 日便入职乙公司，因张某入职乙公司前，已经连续工作超过 1 年，故张某自入职乙公司起便可享受带薪年休假。

如果新招入职工符合享受带薪年休假的条件，至于其当年年度应享受多少天带薪年休假，则按照在本单位剩余日历天数折算确定，折算后不足 1 整天的部分不享受年休假。

具体计算公式为：

职工新进用人单位时当年年度的年休假天数=（当年度在本单位剩余日历天数÷365天）×职工本人全年应当享受的年休假天数。（折算后不足1整天的部分不计入，例如折算后为4.8，则当年度可享受的年休假天数为4天）

如上述例子中的张某，截至2020年9月30日其累计工作时间已满1年不满10年，此时，其在乙公司工作至2020年12月31日以后，则张某在乙公司享受2020年年度带薪年休假天数的计算方式为（10月31天+11月30天+12月31天）÷365天×5天=1.26天，不足1整天的部分不计入，即2020年张某在乙公司能享受1天带薪年休假。

4. 离职职工如何享受当年度未安排的年休假待遇

企业与职工解除或者终止劳动合同时，对当年度未安排职工休满应休年休假的，应当按照职工当年已工作时间折算应休未休年休假天数并支付未休年休假工资报酬。但折算后不足1整天的部分不支付未休年休假工资报酬。

具体计算公式为：

解除或者终止劳动合同时劳动者当年度可享受的年休假天数=（当年度在本单位已过日历天数÷365天）×劳动者全年应当享受的年休假天数-当年度已安排年休假天数。（折算后不足1整天的部分不计入）

如职工周某2019年10月1日入职甲公司，此前累计工作时间为5年，周某在甲公司工作至2021年3月28日，当天被甲公司辞退。那么周某在甲公司享受2021年带薪年休假天数的计算方式为（1月31天+2月28天+3月28天）÷365天×5天=1.19天，不足1整天的部分不计入，故2021年周某在甲公司能享受1天带薪年休假的工资报酬。

如果劳动合同、集体合同约定的或者用人单位规章制度规定的年休假天数、未休年休假工资报酬高于法定标准，用人单位应当按照有关约定或者规定执行。

5. 实行特殊工时制的职工可否享受年休假

特殊工时制是针对因生产特点、工作特殊需要或职责范围的关系，无法按标准工作时间衡量或需要机动作业的职工所采用的一种工时制度。《职工带薪年休假条例》并没有按照不同工时制度而对带薪年休假作出不同的规定。按照《职工带薪年休假条例》规定，无论实行何种工时制的职工，只要连续工作 1 年以上，均有享受带薪年休假的权利，因此，特殊工时制的职工依然有权主张带薪年休假。但是，由于不定时工作制职工能够自主决定连续休息时间；综合计算工时工作制职工也能够实行集中一段时间工作，集中一段时间休息。特殊工时制职工的集中休息天数可能也会多于年休假天数。对此，是否仍然可以享受带薪年休假，有待进一步探讨。

（三）不计入年休假的情形

根据《职工带薪年休假条例》第三条规定，国家法定休假日、休息日不计入年休假的假期。

根据《企业职工带薪年休假实施办法》第六条规定，职工依法享受的探亲假、婚丧假、产假等国家规定的假期以及因工伤停工留薪期间不计入年休假假期。

这表明，国家法定休假日、休息日、探亲假、婚丧假、产假、工伤假等是职工依法应当享受的不同的休假，各自均为独立的休假，不能相互替代或包含，更不能计入年休假之中。

（四）不享受当年年休假的情形

根据《职工带薪年休假条例》第四条规定，职工有下列情形之一的，不享受当年的年休假：（1）职工依法享受寒暑假，其休假天数多于年休假天数的；（2）职工请事假累计 20 天以上且单位按照规定不扣工资的；（3）累计工作满 1 年不满 10 年的职工，请病假累计 2 个月以上的；（4）累计工作满 10 年不满 20 年的职工，请病假累计 3 个月以上的；（5）累计工作满 20 年以上的职工，请病假累计 4 个月以上的。

（五）年休假使用

1. 年休假的时间安排

根据规定，单位根据生产、工作的具体情况，并考虑职工本人意愿，统筹安排职工年休假。年休假在 1 个年度内可以集中安排，也可以分段安排，一般不跨年度安排。单位因生产、工作特点确有必要跨年度安排职工年休假的，可以跨 1 个年度安排。

2. 对职工应休未休年休假的处理

根据《企业职工带薪年休假实施办法》第十条规定，用人单位安排职工休年休假，但是职工因本人原因且书面提出不休年休假的，用人单位可以只支付其正常工作期间的工资收入。可见，职工自愿放弃休年假并不违反法律法规的强制性规定，应为合法有效；但此涉及职工处分自身劳动权利，职工放弃年休假必须要以书面的方式提出。

单位确因工作需要不能安排职工休年休假的，经职工本人同意，可以不安排职工休年休假或者安排职工年休假天数少于应休年休假天数，应当在本年度内对职工应休未休年休假天数，按照其日工资收入的300%支付未休年休假工资报酬，其中包含用人单位支付职工正常工作期间的工资收入。

比如，职工小王2020年在甲公司每月固定工资1万元，当年工资已经结清，但小王当年享受5天带薪年休假，实际仅休年假1天。因未休年休假折算工资中的一倍已包含在正常支付的工资之中，故甲公司还应根据小王日工资的两倍支付2020年剩余4天未休年休假工资，具体计算方式为：10000元÷21.75天×4天×2倍=3678.16元。

在实际工作中，有的公司规定，“职工当年未休年休假的，年底自动清零”。这一规定是否合法？

应当说，《职工带薪年休假条例》是国务院面向全社会颁布的条例，各用人单位均应按照条例的规定保证职工享受年休假。公司的规章制度、员工手册有关年休假的规定只能在法律法规允许的范围内制定，而不应与法律法规产生冲突，如产生冲突应视为无效约定。故对于实践中很多公司单方规定的“职工当年未休年休假的，年底自动清零”的规定，应视为无效。

根据《职工带薪年休假条例》的规定，如果单位不安排职工休年休假又不依照规定给予年休假工资报酬的，由人事劳动部门依据职权责令限期改正；对逾期不改正的，除责令该单位支付年休假工资报酬外，单位还应当按照年休假工资报酬的数额向职工加付赔偿金；对拒不支付年休假工资报酬、赔偿金的，由人事劳动行政部门或者职工申请人民法院强制执行。

3. 企业自行的福利年休假

为了吸引人才、调动员工工作积极性，不少单位都规定了福利年休假制度。所谓福利年休假，是指单位在法定年休假以外，自愿给予职工的具有福利性质的年休假。此类福利年休假的处理往往赋予单位较大的自主权，即在职工是否享受福利年休假、享受的福利年休假天数、福利年休假与法定年休假的使用顺序、未休福利年休假是否可折算工资及折算工资时的计算标准等方面，通常根据劳动合同约定或用人单位规章制度的规定执行。

四、其他假期

（一）探亲假

探亲假是指职工与配偶、父母团聚的时间。为解决与亲属分居两地职工的探亲问题，1981 年国务院发布《国务院关于职工探亲待遇的规定》规定，职工工作满 1 年，与配偶不住在一起，又不能在公休假日团聚的，可以享受探望配偶的假期待遇；与父亲、母亲都不住在一起，又不能在公休假日团聚的，可以享受探望父母的假期待遇。但是，职工与父亲或母亲一方能够在公休假日团聚的，不能享受探望父母的假期待遇。

1. 职工探望配偶的，每年给予一方探亲假一次，假期为 30 天。

2. 未婚职工探望父母，原则上每年给假一次，假期为 20 天。如果因为工作需要，本单位当年不能给予假期，或者职工自愿两年探亲一次的，未婚职工探望父母可以两年给假一次，假期为 45 天。已婚职工探望父母，每 4 年给假一次，假期为 20 天。

3. 职工探亲假期包括公休假日和法定节日在内。凡实行休假制度的职工（例如学校的教职工），应该在休假期间探亲；如果休假期较短，可由本单位适当安排，补足其探亲假的天数。

4. 职工休探亲假的，单位应根据需要给予路程假。

根据《国务院关于职工探亲待遇的规定》第六条规定，职工探望配偶和未婚职工探望父母的往返路费，由所在单位负担。已婚职工探望父母的往返路费，在本人月标准工资 30%以内的，由本人自理，超过部分由所在单位负担。

（二）婚丧假

婚丧假，是指职工结婚或者职工的直系亲属死亡时给予其办理相关事宜的时间。

按照《国家劳动总局、财政部关于国营企业职工请婚丧假和路程假问题的通知》（〔1980〕劳总薪字 29 号）规定，职工本人结婚或职工的直系亲属（父母、配偶和子女）死亡时，可以根据具体情况，由本单位行政领导批准，酌情给予1至3天的婚丧假。职工结婚时双方不在一地工作的，职工在外地的直系亲属死亡时需要职工本人去外地料理丧事的，可以根据路程远近，另给予路程假。

（三）女职工产假

女职工产假根据女职工生理特征，对其特殊保护需要而规定的休假时间。根据《女职工劳动保护特别规定》规定，女职工生育享受98天产假，其中产前可以休假15天；难产的，增加产假15天；生育多胞胎的，每多生育1个婴儿，增加产假15天。女职工怀孕未满4个月流产的，享受15天产假；怀孕满4个月流产的，享受42天产假。

怀孕7个月以上（含7个月）女职工休产前假的前提是单位批准，不是强制性规定。

《女职工劳动保护特别规定》第六条规定，怀孕女职工在劳动时间内进行产前检查，所需时间计入劳动时间。有观点称之为“孕期产前检查假”。

《女职工劳动保护特别规定》第九条规定，用人单位应当在每天的劳动时间内为哺乳期女职工安排1小时哺乳时间；女职工生育多胞胎的，每多哺乳1个婴儿每天增加1小时哺乳时间。有观点称之为“哺乳假”。

考虑到女职工特殊的生理情况，曾有两个特殊的休假：痛经假和保胎假。

（1）痛经假。1993年由原卫生部、全国总工会等5部门联合颁布的《女职工保健工作规定》就已指出，患有重度痛经及月经过多的女职工，经医疗或妇幼保健机构确诊后，月经期间可适当给予1至2天的休假。目前，包括北京、陕西、浙江、江苏等在内的多个省份，均在地方性规定中明确了女职工的这一权益。

（2）保胎假。《国家劳动总局保险福利司关于女职工保胎休息和病假超过六个月后生育时的待遇问题的复函》（〔1982〕劳险字2号）中指出，“女职工按计划生育怀孕，经过医师开具证明，需要保胎休息的，其保胎休息的时间，按照本单位实行的疾病待遇的规定办理”，即怀孕女职工在休保胎假期间，用人单位应按照病假工资标准发放工资。

（四）工伤假

工伤假主要是指根据《工伤保险条例》职工因工作遭受事故伤害或者患职业病需要暂停工作接受工伤医疗，停工留薪期一般不超过12个月的工伤假期。

工伤员工伤情严重或者情况特殊，经设区的市级劳动能力鉴定委员会确认，可以适当延长，但延长不得超过12个月。

（五）病假

病假是指职工因患病或非因工负伤，需要停止工作，进行医疗时，用人单位给予职工的假期。

根据原劳动部《企业职工患病或非因工负伤医疗期规定》（劳部发〔1994〕479号）等文件规定，任何企业职工因患病或非因工负伤，需要停止工作，进行医疗时，企业应根据职工本人实际参加工作年限和在本单位工作年限，给予3个月到24个月的医疗期或病假假期。

1. 医疗期的享受期限

实际工作年限10年以下的：

（1）在本单位工作5年以下的，为3个月；

（2）在本单位工作5年以上的，为6个月。

实际工作年限10年以上的：

（1）在本单位工作5年以下的，为6个月；

（2）在本单位工作5年以上10年以下的，为9个月；

（3）在本单位工作10年以上15年以下的，为12个月；

（4）在本单位工作15年以上20年以下的，为18个月；

（5）在本单位工作20年以上的，为24个月。

2. 按医疗期计算的假期

（1）医疗期3个月的，按6个月内累计病休时间计算；

（2）医疗期6个月的，按12个月内累计病休时间计算；

（3）医疗期9个月的，按15个月内累计病休时间计算；

（4）医疗期12个月的，按18个月内累计病休时间计算；

（5）医疗期18个月的，按24个月内累计病休时间计算；

（6）医疗期24个月的，按30个月内累计病休时间计算。

（六）事假

事假的天数由用人单位通过制定规章制度的方式确定。

有的用人单位是不扣劳动者在事假期间的工资的。根据是《职工带薪年休假条例》第四条规定，职工请事假累计20天以上且单位按照规定不扣工资的，不享受当年的年休假。

（七）社会活动假

社会活动假，是指劳动者在法定工作时间依法参加社会活动所享受的假期。员工参加的社会活动主要有：

1. 行使选举权或被选举权。

2. 当选代表，政府、党派、工青妇组织召开的会议。

3. 出席劳动模范、先进工作者大会。

4. 担任人民法庭的人民陪审员、证明人、辩护。

5. 根据《工会法》规定，基层工会的非专职委员占用生产或者工作时间参加会议或者从事工会工作，每月不超过3个工作日。

6. 其他依法参加的社会活动。

第十一章　薪酬管理

职工薪酬管理是在人力资源管理中十分重要且相对敏感的内容，薪酬涉及企业每个员工的切身利益，直接影响到每个员工及其家庭的生活水平或生活质量，也是衡量员工在企业中的工作能力和所处的地位。所以，企业中每个员工对此都很关注，企业必须依法制定薪酬管理制度，实现员工薪酬分配的公正、公平与合理。

第一节　企业薪酬制度

一、职工薪酬的概念

“职工薪酬”在劳动法律法规中并没有具体的定义。它是一个较宽泛的概念，一般将其概括为企业向员工提供的工资、奖金、福利、股票期权等的总和。

根据财政部发布的修订版《企业会计准则第 9 号——职工薪酬》（财会〔2014〕8 号）的规定：

职工薪酬，是指企业为获得职工提供的服务或解除劳动关系而给予的各种形式的报酬或补偿。企业提供给职工配偶、子女、受赡养人、已故员工遗属及其他受益人等的福利，也属于职工薪酬。

职工薪酬包括短期薪酬、离职后福利、辞退福利和其他长期职工福利。

1. 短期薪酬，是指企业在职工提供相关服务的年度报告期间结束后 12 个月内需要全部予以支付的职工薪酬，因解除与职工的劳动关系给予的补偿除外。短期薪酬主要包括：

（1）职工工资、奖金、津贴和补贴，是指企业按照构成工资总额的计时工资、计件工资、支付给职工的超额劳动报酬等的劳动报酬，为了补偿职工特殊或额外的劳动消耗和因其他特殊原因支付给职工的津贴，以及为了保证职工工资水平不受物价影响支付给职工的物价补贴等。其中，企业按照短期奖金计划向职工发放的奖金属于短期薪酬，按照长期奖金计划向职工发放的奖金属于其他长期职工福利。

（2）职工福利费，是指企业向职工提供的生活困难补助、丧葬补助费、抚恤费、职工异地安家费、防暑降温费等职工福利支出。

（3）医疗保险费、工伤保险费和生育保险费等社会保险费，是指企业按照国家规定的基准和比例计算，向社会保险经办机构缴存的医疗保险费、工伤保险费和生育保险费。

（4）住房公积金，是指企业按照国家规定的基准和比例计算，向住房公积金管理机构缴存的住房公积金。

（5）工会经费和职工教育经费，是指企业为了改善职工文化生活、为职工学习先进技术和提高文化水平和业务素质，用于开展工会活动和职工教育及职业技能培训等相关支出。

（6）短期带薪缺勤，是指职工虽然缺勤但企业仍向其支付报酬的安排，包括年休假、病假、短期伤残、婚假、产假、丧假、探亲假等。

（7）短期利润分享计划，是指因职工提供服务而与职工达成的基于利润或其他经营成果提供薪酬的协议。

（8）非货币性福利以及其他短期薪酬，是指除了上述薪酬以外的其他为获得职工提供的服务而给予的短期薪酬。

2. 离职后福利，是指企业为获得职工提供的服务而在职工退休或与企业解除劳动关系后，提供的各种形式的报酬和福利，属于短期薪酬和辞退福利的除外。

离职后福利计划，是指企业与职工就离职后福利达成的协议，或者企业为向职工提供离职后福利制定的规章或办法等。离职后福利计划按照企业承担的风险和义务情况，可以分为设定提存计划和设定受益计划。其中，设定提存计划，是指企业向独立的基金缴存固定费用后，不再承担进一步支付义务的离职后福利计划。设定受益计划，是指除了设定提存计划以外的离职后福利计划。

3. 辞退福利，是指企业在职工劳动合同到期之前解除与职工的劳动关系，或者为鼓励职工自愿接受裁减而给予职工的补偿。辞退福利主要包括：

（1）在职工劳动合同尚未到期前，不论职工本人是否愿意，企业决定解除与职工的劳动关系而给予的补偿。

（2）在职工劳动合同尚未到期前，为鼓励职工自愿接受裁减而给予的补偿，职工有权利选择继续在职或接受补偿离职。辞退福利通常采取解除劳动关系时一次性支付补偿的方式，也采取在职工不再为企业带来经济利益后，将职工工资支付到辞退后未来某一期间的方式。

企业应当根据辞退福利的定义和包括的内容，区分辞退福利与正常退休的养老金。

辞退福利是在职工与企业签订的劳动合同到期前，企业根据法律与职工本人或职工代表（如工会）签订的协议，或者基于商业惯例，承诺当其提前终止对职工的雇佣关系时支付的补偿，引发补偿的事项是辞退，因此，企业应当在辞退职工时进行辞退福利的确认和计量。

职工在正常退休时获得的养老金，是其与企业签订的劳动合同到期时，或者职工达到了国家规定的退休年龄时获得的退休后生活补偿金额，引发补偿的事项是职工在职时提供的服务，而不是退休本身，因此，企业应当在职工提供服务的会计期间进行养老金的确认和计量。

另外，职工虽然没有与企业解除劳动合同，但未来不再为企业提供服务，不能为企业带来经济利益，企业承诺提供实质上具有辞退福利性质的经济补偿的，如发生“内退”的情况，在其正式退休日期之前应当比照辞退福利处理，在其正式退休日期之后，应当按照离职后福利处理。

4. 其他长期职工福利，是指除短期薪酬、离职后福利、辞退福利之外所有的职工薪酬，包括按照长期奖金计划向职工发放的奖金、长期带薪缺勤、长期残疾福利、长期利润分享计划等。

根据上述规定可见，企业职工薪酬主要包括工资和福利两个方面。

二、薪酬管理的原则

（一）合法性

合法性要求薪酬管理制度不违反国家法律法规。依据《劳动法》的规定：“用人单位根据本单位的生产经营特点和经济效益，依法自主确定本单位的工资分配方式和工资水平。”虽然法律规定了用人单位有权依法自主确定本单位的工资分配方式和工资水平。但是，《劳动法》同时也规定了：“用人单位支付劳动者的工资不得低于当地最低工资标准。”劳动者享有取得劳动报酬的权利。“工资应当以货币形式按月支付给劳动者本人。不得克扣或者无故拖欠劳动者的工资。”

（二）激励性

激励性表现在薪酬制度要能够最大限度地在稳定核心人才和激励职工绩效方面发挥作用。要通过薪酬的激励机制，将薪酬与员工的贡献挂钩，将短期、中期、长期激励薪酬相结合，以激励保留骨干员工，促进用人单位与职工结成长期的利益共同体。

（三）公平性

公平性体现在薪酬分配上是否公平合理。薪酬发放主要以职工履行岗位职责为基础，这也是衡量薪酬标准是否公平的尺度。所以用人单位要通过岗位评价，对岗位的整体情况作出评定，以利于明确岗位职责。在薪酬分配中，要全面考虑员工履职的绩效、能力及劳动强度等因素，不让“埋头苦干的老实人吃亏”。

（四）竞争性

竞争性要求用人单位的薪酬制度要有利于吸引优秀人才。用人单位要合理确定薪酬水平，薪酬水平是保证用人单位的薪酬在劳动力市场上是否具有竞争性，影响着用人单位对于人才的吸引、激励和保留，因此薪酬水平的定位非常重要。同时要设计好薪酬结构。薪酬结构不仅直接关系职工的薪酬分配，而且还关乎用人单位是否合理控制人工成本，以保证用人单位生产经营的整体竞争力。

（五）透明性

科学合理的绩效考核能将职工的工作业绩和薪酬进行直接关联，让用人单位的薪酬管理更加容易。企业应当根据《工资支付暂行规定》等法规政策，通过职工大会、职工代表大会或者其他形式协商制定内部的工资支付制度，应当告知本单位全体劳动者。特别是要将绩效考核方式、考核指标、考核周期等具体的考核内容向职工公示。同时确保薪酬和绩效关联，要让职工清楚地知道通过绩效考核达到某一指标水平应获得的相应薪酬，让奋斗得多的人多得钱，进而又强化了薪酬管理的公平性。

（六）便捷性

便捷性要求用人单位薪酬分配方案的内容结构简明、计算方法简单、管理手续简便。使职工不用过多咨询就能明白薪酬管理的要求和目的，同时以便于广大职工遵照执行，减少不必要的劳资纠纷和管理成本。

三、薪酬管理的目标

薪酬管理要发挥应有的作用，应达到以下三个基本目标：

（一）合法目标

合法目标是企业薪酬管理的最基本前提，要求企业实施的薪酬制度必须符合国家的法律法规和相关政策要求，比如不能违反最低工资制度、法定保险福利、薪酬指导线制度等规定。薪酬管理实现合法目标，也是企业每个员工要求的最基本目标。

（二）公平目标

公平目标包括三个层次，分配公平、过程公平、机会公平。

1. 分配公平是指组织在进行人事决策、决定各种奖励措施时，应符合公平的要求。如果员工认为受到不公平对待，将会产生不满。员工对于分配公平认知来自其对于工作的投入与所得进行主观比较而定，在这个过程中还会与过去的工作经验、同事、同行、朋友等进行对比。分配公平分为自我公平、内部公平、外部公平三个方面。自我公平，即员工获得的薪酬应与其付出成正比；内部公平，即同一企业中，不同职务的员工获得的薪酬应与其各自对企业做出的贡献成正比；外部公平，即同一行业、同一地区或同等规模的不同企业中类似职务获得的正常薪酬应基本一致。

2. 过程公平是指在决定任何绩效考核及其奖惩决策时，企业所依据的决策标准或方法符合公正性原则，程序公平一致、标准明确，过程公开等。

3. 机会公平是指企业赋予所有员工同样的发展机会，包括企业在决策前与员工普遍沟通，利益获得机会人人均等，收入分配和奖励政策普惠每个职工，并有员工申诉机制等。

（三）效率目标

效率目标包括两个层面：一是从投入的角度看，薪酬管理能实现动态地控制薪酬成本。薪酬效率目标的本质是用合理的薪酬成本给企业带来最大的价值；二是从产出的角度看，薪酬管理能给企业绩效带来的最大价值，通过科学地对所有员工进行合理的绩效考核，能促使广大员工持续产生极大的劳动积极性和创造力。

四、不断提高技术工人薪酬待遇

中共中央办公厅、国务院办公厅于2018年印发了《关于提高技术工人待遇的意见》，提出为了促进劳动者技高者多得、多劳者多得，增强技术工人获得感、自豪感、荣誉感，激发技术工人积极性、主动性、创造性，实施人才强国战略和创新驱动发展战略，要采取一系列特殊政策措施。

（一）大力提高高技能领军人才待遇水平

1. 对为国家经济发展和重大战略实施作出突出贡献，具有高超技艺技能和一流业绩水平，并长期坚守在生产服务一线岗位工作的高技能领军人才，全面采取措施，切实加强服务保障和提高待遇水平。何谓“高技能领军人才”，包括获得全国劳动模范、全国五一劳动奖章、中华技能大奖、全国技术能手等荣誉以及享受省级以上政府特殊津贴的人员，或各省（自治区、直辖市）政府认定的“高精尖缺”高技能人才。

2. 国家鼓励企业为高技能领军人才制定职业发展规划和年资（年功）工资制度，科学评价技能水平和业绩贡献，合理确定年资起加点和工资级差。试行高技能领军人才年薪制和股权期权激励，鼓励各类企业设立特聘岗位津贴、带徒津贴等，参照高级管理人员标准落实经济待遇。

3. 对于参与国家科技计划项目的高技能领军人才，鼓励所在单位根据其在项目中的实际贡献给予绩效奖励。对于解决重大工艺技术难题和重大质量问题、技术创新成果获得省部级以上奖项、“师带徒”业绩突出的，取消学历、年限等限制，破格晋升技术等级。

4. 鼓励各地根据实际情况，研究探索对高技能领军人才在购（租）住房、安家补贴、子女接受义务教育等方面的支持政策，通过提供人才公寓和发放房租补贴等方式，解决引进高技能领军人才的住房问题。实施积分落户的城市，要重点考虑高技能领军人才落户需求并放宽落户条件限制。

（二）实施工资激励计划

1. 指导企业深化工资分配制度改革，完善符合技术工人特点的企业工资分配制度，建立基于岗位价值、能力素质、业绩贡献的工资分配机制，强化工资收入分配的技能价值激励导向。

2. 鼓励企业在工资结构中设置体现技术技能价值的工资单元，或对关键技术岗位、关键工序和紧缺急需的技术工人实行协议工资、项目工资、年薪制等分配形式，提高技术工人工资待遇。鼓励企业建立针对技术工人的补助性津贴制度，提高技术工人津贴水平。

3. 推动企业建立健全反映劳动力市场供求关系和企业经济效益的工资决定及正常增长机制，积极推进工资集体协商，引导企业科学确定技术工人工资水平并实现合理增长。

4. 鼓励企业对高技能人才实行技术创新成果入股、岗位分红等激励方式，促进长期稳定提高技术工人收入水平。

（三）支持技术工人凭技能提高待遇

1. 政府加大支持力度，按规定对参加职业培训的技术工人提供职业培训补贴和职业技能鉴定补贴。发挥失业保险基金支持参保职工提升职业技能作用，按规定为参保职工提供技能提升补贴。

2. 推动具备条件的行业企业建立首席技师制度，加大技能大师工作室、劳模和工匠人才创新工作室、职工创新工作室、青创先锋工作室等建设力度。企业可从职工教育经费中列支相关工作室专项经费，支持高技能人才“师带徒”。

3. 健全技术工人评价选拔制度，突破年龄、学历、资历、身份等限制，促进优秀技术工人脱颖而出。鼓励企业增加技术工人的技能等级层次，拓宽技术工人晋升通道，探索设立技能专家、首席技师、特级技师等岗位。

4. 完善职业技能等级认定政策，引导和支持企业自主开展技能评价并落实待遇。完善技术工人平等享受待遇政策。建立职业资格、职业技能等级与相应职称比照认定制度，鼓励企业对在聘的高级工、技师、高级技师在学习进修、岗位聘任、职务职级晋升等方面，比照相应层级工程技术人员享受同等待遇。

国家将通过上述一系列政策措施，支持技术工人凭技能提高薪酬待遇。

第二节 劳动报酬支付规定

劳动法中所指的“劳动报酬”，通常是指劳动法所调整的劳动者基于劳动关系而在法定工作时间或劳动合同约定的工作时间内提供了劳动数量和质量，应当取得的用人单位以货币形式支付的各种劳动收入。其主要支付形式是工资，此外还有津贴、奖金等。这是用人单位的主要义务，相对应的，获得劳动报酬是劳动者的权利。国家法律严格禁止克扣或无故拖欠劳动者的工资。

根据《劳动合同法》规定：“用人单位应当按照劳动合同约定和国家规定，向劳动者及时足额支付劳动报酬。用人单位拖欠或者未足额支付劳动报酬的，劳动者可以依法向当地人民法院申请支付令，人民法院应当依法发出支付令。”

一、工资的概念

按照《工资支付暂行规定》规定，工资是指用人单位依据劳动合同的规定，以各种形式支付给劳动者的工资报酬。也是日常生活中人们所称的“劳动报酬”。

职工工资不仅是指职工的月薪，从财务税收的角度看，按照《企业所得税法实施条例》第三十四条第二款的规定，职工的“工资薪金，是指企业每一纳税年度支付给在本企业任职或者受雇的员工的所有现金形式或者非现金形式的劳动报酬，包括基本工资、奖金、津贴、补贴、年终加薪、加班工资，以及与员工任职或者受雇有关的其他支出”。即职工工资除了月薪（基本工资、奖金、津贴、补贴、加班工资）之外，还有年终加薪及其他收入。

在一般情况下，基本工资即劳动者所得工资额的基本组成部分，是职工劳动报酬的主要收入。它由用人单位按照规定的工资标准支付，较之工资额的其他组成部分具有相对稳定性。具体来说，在企业中，基本工资是根据员工所在职位（岗位）、能力、价值核定的薪资。这是员工工作稳定性的基础，是员工安全感的保证。

日常生活中，我们应注意区分“工资”的几个概念：

（一）应得工资

应得工资是劳动者付出全部劳动所得的现金总和，也称税前工资，没有扣除劳动者个人应缴应扣的各种费用项目。对于一些福利比如年终红包、节假日的补助等，在薪资管理制度上有规定的，是劳动者薪资明细单上明确显示的，包含在应得工资内。

应得工资=基本工资+奖金+津贴和补贴+加班加点工资+特殊情况下支付的工资-因无故旷工等个人原因造成的工资或者奖金减少的部分。

（二）实发工资

实发工资是劳动者应当实际得到或者用人单位应当实际支付给劳动者的工资报酬。实发工资不等同于应得工资，是扣除了劳动者个人应当缴纳的费用项目后实际领到手的工资。实发工资比应得工资要少。

实发工资=应得工资-“五险一金”个人缴纳部分-应缴个人所得税-其他依法应扣除的费用。

（三）劳动合同约定工资

劳动合同约定工资是指在劳动合同中经用人单位与劳动者依法协商达成一致后约定的劳动报酬。按照《劳动合同法》的规定，约定该工资不得低于当地最低工资标准。劳动合同约定工资一般都是企业决定的劳动者提供正常劳动后的基本工资（或基础工资），然后加上一些奖金、津贴和补贴等。在实际操作中，多数情况下，用人单位的实发工资都高于劳动合同约定的工资。

企业发给员工的工资，是企业自主决定并依据劳动合同的约定发给员工的应得工资。但是在依法进行一些扣除后，企业实际发放的工资不得低于当地人民政府规定的最低工资标准。

企业支付给职工工资的标准或水平，是职工依法缴纳社会保险费和个人所得税以及企业支付给员工经济补偿金的主要依据。

二、工资总额的组成

按照1990年发布的《国家统计局关于工资总额组成的规定》（国家统计局令第1号）规定，工资总额是指各单位在一定时期内直接支付给本单位全部职工的劳动报酬总额。工资总额的计算应以直接支付给职工的全部劳动报酬为根据。根据国家规定，除了国有单位要执行这一规定之外，中华人民共和国境内的私营单位、华侨及港、澳、台工商业者经营单位和外商经营单位有关工资总额范围的计算，参照上述规定执行。

要注意理解上述规定中的两个概念：一是所谓“全部职工”，是指单位支付的对象是全部职工，不仅限于用人单位职工花名册的在册职工，还包括有农民工、临时工等建立了劳动关系的各种用工形式和用工期限的所有劳动者；二是“劳动报酬总额”，即指企业工资总额。

企业工资总额组成部分包括：（1）计时工资；（2）计件工资；（3）奖金；（4）津贴和补贴；（5）加班加点工资；（6）特殊情况下支付的工资等。

（一）计时工资

计时工资，是指根据职工的实际工作时间和工资等级以及计时工资标准支付给职工个人的劳动报酬。计时工资实际上是按照劳动时间支付的劳动力价值的转化形式。按照职工的劳动时间支付的工资，是工资的基本形式之一。

职工按一定时间提供劳动力，工资就要按一定时间来计量和支付。根据计算工资的时间单位的不同，计时工资可分为月工资制、周工资制、日工资制和小时工资制。

日工资=月工资收入÷月计薪天数（21.75天/月）

小时工资=日工资÷8小时

计时工资的特点是：直接以劳动时间计量报酬，考核和计量操作简单易行，具有适应性和及时性，适用于任何企业和工种。但不足之处是不能直接反映职工的劳动强度和劳动效果。

（二）计件工资

计件工资，是按照职工生产合格产品的数量和预先规定的计件单价计量和支付劳动报酬的一种形式。按照职工所完成的产品数量或作业量支付的工资，也是工资的基本形式之一。

计件工资=计件单价×计件数量（具体根据实行的超额累进计件、直接无限计件、限额计件、超定额计件等计件方式，以及双方约定的具体计算方法确定）。

计件工资是用一定时间内的劳动成果来计算的工资，是由计时工资转化而来的，是变相的计时工资。例如：在实行计时工资时，工人的日工资额为100元，每日完成的产量为10件；而在实行计件工资时，计件单价是按照日工资额除以日产量来确定的，即每日每件的工资额为100元÷10件=10元。

计件工资的特点是能够使劳动成果与劳动报酬直接联系起来。

工资形式的差别，并不改变工资的本质。计件工资和计时工资的本质是相同的，它们都是劳动力价值或价格的转化形式。

（三）奖金

奖金，是指支付给职工的超额劳动报酬和增收节支的劳动报酬。奖金作为一种工资形式，其作用是对与生产或工作直接相关的超额劳动给予报酬，是计时工资和计件工资的主要辅助形式。奖金按劳动者付出的超额劳动来支付，是对劳动者做出优异成绩的一种奖赏。奖金对于调动劳动者的生产积极性，创造超过正常劳动定额以外的社会所需要的劳动成果，更好地体现按劳分配的原则具有重要的意义。

奖金的种类很多，主要有以下几种：

1. 生产奖，是按超额劳动成果的数额来计付。如超产奖、考核各项经济指标的综合奖、提前竣工奖、年终奖（劳动分红）等。

2. 质量奖，是在完成产量的前提下，以产品质量合格率作为考核标准。

3. 安全奖，是在完成生产任务的前提下，按安全生产的情况给予奖励等。

4. 节约奖，在完成生产任务的前提下，按节约各种动力、原材料、燃料消耗的数额计付。

5. 劳动竞赛奖，是鼓励职工技能竞技的奖励，包括发给劳动模范、先进个人的各种奖金。

（四）津贴和补贴

津贴和补贴是指为了补偿职工特殊的或额外的劳动消耗和生活费用，因其他特殊原因支付给职工的一类补充性费用，以及为了保证职工工资水平不受物价影响支付给职工的物价补贴。

津贴的种类繁多，主要可分为以下几类：

1. 补偿职工特殊或额外劳动消耗的津贴：高空津贴、矿山井下津贴、流动施工津贴、野外工作津贴、林区津贴、高温作业临时补贴、山区津贴、海岛津贴、艰苦气象台（站）津贴、微波站津贴、高原地区临时补贴、冷库低温津贴、基层审计人员外勤工作补贴、邮电人员外勤津贴、夜班津贴、班（组）长津贴、环卫人员岗位津贴、广播电视天线岗位津贴、盐业岗位津贴、废品回收人员岗位津贴、殡葬特殊行业津贴、城市社会福利事业单位岗位津贴、环境监测津贴等。

2. 保健性津贴：卫生防疫津贴、医疗卫生津贴、科技保健津贴、各种社会福利院职工特殊保健津贴等。

3. 技术性津贴：教师补贴、科研津贴、工人技术津贴、中药老药工技术津贴、特殊教育津贴等。

4. 年功性津贴：工龄津贴、教龄津贴、护士工龄津贴等。

5. 其他津贴：直接支付给个人的各类伙食津贴，如火车司机和乘务员的乘务津贴、航行和空勤人员伙食津贴、水产捕捞人员伙食津贴、专业车队汽车司机行车津贴、体育运动员和教练员伙食补助、少数民族伙食津贴等。

6. 物价补贴。为保证职工工资水平不受物价上涨或变动影响而支付的各种补贴，如肉类等价格补贴、副食品价格补贴、粮价补贴、煤价补贴、水电补贴等。

7. 货币化的按月按标准发放或支付的住房补贴、交通补贴或者车改补贴、通讯补贴。

8. 支付给职工节日补助；未统一供餐而按月发放的午餐费补贴。

上述有关奖金、津贴和补贴的发放，主要是根据法律法规和国家有关政策的规定、劳动合同的约定、用人单位规章制度的规定等确定。

（五）加班加点工资

加班加点工资是指职工在国家规定的标准劳动时间或正常劳动时间后延长工作时间，或者在法定节假日、休假日及休息时间从事劳动所获取的收入。按照《劳动法》规定，用人单位应当严格执行劳动定额标准，不得强迫或者变相强迫劳动者加班。用人单位安排加班的，应当按照国家有关规定向劳动者支付加班费。

工作日延长工作时间的加班费＝加班费计算基数÷21.75天/月÷8小时×加班时数×1.5倍

休息日加班费＝加班费计算基数÷21.75天/月×休息日加班天数×2倍

法定休假日加班费＝加班费计算基数÷21.75天/月×法定休假日加班天数×3倍

上述加班费计算基数根据法律法规的规定、双方的约定、实际工资结构等因素确定。一般而言，劳动者每月工资中，相对固定的部分应作为加班费的计算基数。

（六）特殊情况下支付的工资

主要是指根据国家法律法规和政策规定，对劳动者因病、工伤、产假、婚丧假、事假、探亲假、定期休假、停工学习、执行国家或社会义务等原因，按计时工资标准或计件工资标准的一定比例支付的工资。

1. 法定休假日的工资。享受法定休假日是劳动者的合法权利。根据《劳动法》规定，劳动者在法定休假日期间，用人单位应当依法支付工资。法定休假日安排劳动者工作的，支付不低于工资的300%的工资报酬。

以案释法

“三八妇女节”未放半天假，要付女职工300%工资吗？

案情简介

晓燕入职一家公司工作一段时间后，2018年6月，公司通知解除其劳动合同。

晓燕认为，2018年3月8日为妇女节，该日为星期四，可享受0.5天假期，但其当日全天出勤，公司应支付0.5天加班工资（按300%计算），故申请劳动仲裁，要求公司支付2018年3月8日妇女节上班的加班工资833元。

劳动仲裁委不予支持。晓燕不服，提起诉讼。

公司认为，如加班需向公司申请并获批准，但晓燕并没有提交加班申请，不存在加班事实，公司已正常发放该日工资给晓燕。

案例评述

根据《全国年节及纪念日放假办法》第三条的规定，妇女节（3月8日），妇女放假半天。根据《劳动和社会保障部办公厅关于部分公民放假有关工资问题的函》（劳社厅〔2000〕18号）规定：“关于部分公民放假的节日期间，用人单位安排职工工作，如何计发职工工资报酬问题。按照国务院《全国年节及纪念日放假办法》（国务院令第270号）中关于妇女节、青年节等部分公民放假的规定，在部分公民放假的节日期间，对参加社会或单位组织庆祝活动和照常工作的职工，单位应支付工资报酬，但不支付加班工资。如果该节日恰逢星期六、星期日，单位安排职工加班工作，则应当依法支付休息日的加班工资。”

本案中，2018年3月8日为星期四，公司已向晓燕发放该日的正常工资。晓燕要求公司支付该日加班工资的请求于法无据，故不予支持。

2. 婚丧假的工资。享受婚丧假是劳动者的合法权利，根据《劳动法》和《工资支付暂行规定》，劳动者在批准的婚丧假和路程假期间，用人单位应当依法支付工资（按劳动合同规定的标准支付劳动者工资）。

3. 探亲假的工资。根据《工资支付暂行规定》规定，劳动者依法享受探亲假期间，用人单位应按劳动合同规定的标准支付劳动者工资。根据《国务院关于职工探亲待遇的规定》规定，职工探望配偶和未婚职工探望父母的往返路费，由所在单位负担。已婚职工探望父母的往返路费，在本人月标准工资 30%以内的，由本人自理，超过部分由所在单位负担。

4. 年休假期间的工资。根据《职工带薪年休假条例》规定，职工在年休假期间享受与正常工作期间相同的工资收入。根据《工资支付暂行规定》规定，劳动者依法享受年休假期间，用人单位应按劳动合同规定的标准支付劳动者工资。如果单位确因工作需要不能安排职工休年休假的，经职工本人同意，可以不安排职工休年休假。按照《企业职工带薪年休假实施办法》第十条第一款规定："用人单位经职工同意不安排年休假或者安排职工年休假天数少于应休年休假天数，应当在本年度内对职工应休未休年休假天数，按照其日工资收入的 300%支付未休年休假工资报酬，其中包含用人单位支付职工正常工作期间的工资收入。"

值得提示的是，企业补发员工年休假工资是按 3 倍计算，还是按 2 倍计算？

按照上述《企业职工带薪年休假实施办法》规定，企业"应当在本年度内对职工应休未休年休假天数，按照其日工资收入的 300%支付未休年休假工资报酬"，但是，在这 300%中又明确规定了"其中包含用人单位支付职工正常工作期间的工资收入"。可见，其中 1 倍的工资在员工正常工作期间已经支付了，所以，企业在补发员工年休假工资时，可按 2 倍计算。

未休年休假工资=月工资标准（在用人单位支付未休年休假工资报酬前 12 个月剔除加班工资后的月平均工资）÷21.75 天/月×未休年休假天数×2 倍（用人单位已支付未休年休假期间的正常工资的情况下）

按照《企业职工带薪年休假实施办法》规定："用人单位安排职工休年休假，但是职工因本人原因且书面提出不休年休假的，用人单位可以只支付其正常工作期间的工资收入。"

企业要注意：职工以用人单位不支付未休年休假的工资为由，依据《劳动合同法》第三十八条“未及时足额支付劳动报酬”的规定要求解除劳动合同，并要求企业支付经济补偿的，该如何处理？

《劳动合同法》第三十八条中“未及时足额支付劳动报酬”的“劳动报酬”是指因工作而获得的工资收入，而不包含补偿性或者惩罚性收入。所以，职工以用人单位未支付其未休带薪年休假工资中法定补偿性部分为由而提出解除劳动合同时，不属于用人单位“未及时足额支付劳动报酬”的情形，故职工的请求不能获得支持。但是，按照《企业职工带薪年休假实施办法》第十五条第二款规定：“用人单位不安排职工休年休假又不依照条例及本办法规定支付未休年休假工资报酬的，由县级以上地方人民政府劳动行政部门依据职权责令限期改正；对逾期不改正的，除责令该用人单位支付未休年休假工资报酬外，用人单位还应当按照未休年休假工资报酬的数额向职工加付赔偿金；对拒不执行支付未休年休假工资报酬、赔偿金行政处理决定的，由劳动行政部门申请人民法院强制执行。”按照《企业职工带薪年休假实施办法》第十六条规定：“职工与用人单位因年休假发生劳动争议的，依照劳动争议处理的规定处理。”可见，职工以企业不支付未休年休假工资的行为，可以向劳动行政部门投诉；因年休假发生劳动争议的，可以申请劳动争议仲裁。

如果职工自行辞职，是否会影响其主张未休年休假工资？

以案释法

案情简介

刘先生因家庭原因向公司提出辞职。辞职时，刘先生以公司未支付当年度未休年休假工资等与公司发生争议。经协商解决未果，刘先生诉至法院。

公司表示，刘先生主动提出辞职，公司不应支付其当年未休年休假工资。

案例评述

享受年休假，是劳动者一项不容剥夺的重要休息权，也是劳动者的法定权利，只要其满足带薪年休假的条件就应当享受，此项权利不应因劳动者主动辞职或用人单位提出解除、终止劳动合同而加以区别。根据《企业职工带薪年休假实施办法》第十条第二款规定：“用人单位安排职工休年休假，但是职工因本人原因且书面提出不休年休假的，用人单位可以只支付其正常工作期间的工资收入。”

本案中，刘先生未提出不休年休假，公司应支付未休年休假工资。同时，《企业职工带薪年休假实施办法》第十二条第一款规定：“用人单位与职工解除或者终止劳动合同时，当年度未安排职工休满应休年休假的，应当按照职工当年已工作时间折算应休未休年休假天数并支付未休年休假工资报酬，但折算后不足1整天的部分不支付未休年休假工资报酬。”该条款规定的“解除或者终止劳动合同时”并未明确劳动合同解除或者终止的事由，即无论是哪一方主动提出解除或终止劳动合同，只要发生了劳动合同解除或终止的事实状态，用人单位便需要支付劳动者应休未休年休假工资。

本案中，刘先生自行提出解除劳动关系，不影响其主张未休年休假工资，故刘先生的主张应予支持。

5. 用人单位停工停产期间的工资。根据《工资支付暂行规定》第十二条规定，非因劳动者原因造成单位停工、停产在一个工资支付周期内的，用人单位应按劳动合同规定的标准支付劳动者工资。超过一个工资支付周期的，若劳动者提供了正常劳动，则支付给劳动者的劳动报酬不得低于当地的最低工资标准；若劳动者没有提供正常劳动，应按国家有关规定办理。

6. 用人单位依法破产时的工资。根据《工资支付暂行规定》规定，用人单位依法破产时，劳动者有权获得其工资。在破产清偿中用人单位应按《中华人民共和国企业破产法》规定的清偿顺序，首先支付欠付本单位劳动者的工资。

7. 产假的工资。根据《女职工劳动保护特别规定》规定，用人单位不得因女职工怀孕、生育降低其工资。女职工产假期间的生育津贴，对已经参加生育保险的，按照用人单位上年度职工月平均工资的标准由生育保险基金支付；对未参加生育保险的，按照女职工产假前工资的标准由用人单位支付。

8. 哺乳假的工资。根据《女职工劳动保护特别规定》规定，用人单位应当在每天的劳动时间内为哺乳期女职工安排1小时哺乳时间；女职工生育多胞胎的，每多哺乳1个婴儿每天增加1小时哺乳时间。用人单位不得因女职工在哺乳期间降低其工资。

9. 工伤假（停工留薪期）的工资。按照《工伤保险条例》规定，职工因工作遭受事故伤害或者患职业病需要暂停工作接受工伤医疗的，在停工留薪期内，原工资福利待遇不变，由所在单位按月支付。停工留薪期一般不超过 12 个月。伤情严重或者情况特殊，经设区的市级劳动能力鉴定委员会确认，可以适当延长，但延长不得超过 12 个月。

工伤职工评定伤残等级后，停发原待遇，按照《工伤保险条例》的有关规定享受伤残待遇。工伤职工在停工留薪期满后仍需治疗的，继续享受工伤医疗待遇。

职工因工致残被鉴定为五级、六级伤残，难以安排工作的，由用人单位按月发给伤残津贴，标准为：五级伤残为本人工资的 70%，六级伤残为本人工资的 60%。伤残津贴实际金额低于当地最低工资标准的，由用人单位补足差额。经工伤职工本人提出，该职工可以与用人单位解除或者终止劳动关系，由用人单位支付一次性伤残就业补助金。职工因工致残被鉴定为七级至十级伤残的，在劳动合同或聘用合同期满终止，或者职工本人提出解除劳动或聘用合同的，由用人单位支付一次性伤残就业补助金，一次性伤残就业补助金的具体标准由省、自治区、直辖市人民政府规定。

职工与用人单位发生工伤待遇方面的争议，按照处理劳动争议的有关规定处理。

10. 病假（疾病或非因工受伤医疗期）的工资。根据《关于贯彻执行〈中华人民共和国劳动法〉若干问题的意见》规定，职工患病或非因工负伤治疗期间，在规定的医疗期间内，由企业按有关规定支付其病假工资或疾病救济费，病假工资或疾病救济费可以低于当地最低工资标准支付，但不能低于最低工资标准的 80%。

（1）病假工资的支付标准是：

①本企业工龄不满 2 年者，为本人工资的 60%；

②本企业工龄已满 2 年不满 4 年者，为本人工资的 70%；

③本企业工龄已满 4 年不满 6 年者，为本人工资的 80%；

④本企业工龄已满 6 年不满 8 年者，为本人工资的 90%；

⑤本企业工龄已满 8 年及 8 年以上者，为本人工资的 100%。

（2）疾病或非因工负伤救济费的支付标准是：

①本企业工龄不满1年者，为本人工资的40%；

②本企业工龄已满1年未满3年者，为本人工资的50%；

③本企业工龄满3年及3年以上者，为本人工资的60%。

11. 事假的工资。事假的天数和工资支付由各个用人单位通过制定本单位规章制度来确定。有的用人单位不扣劳动者在事假期间的工资，在这种情况下，根据《职工带薪年休假条例》第四条规定，职工请事假累计20天以上且单位按照规定不扣工资的，不享受当年的年休假。

12. 依法参加社会活动期间的工资。依法参加社会活动是劳动者的政治权利，受法律保护。劳动者在法定工作时间内参加社会活动，应视为提供了正常劳动，根据《劳动法》规定，劳动者在依法参加社会活动期间，用人单位应当依法支付工资。

13. 因公共事件受政府管控期间的工资。当发生自然灾害和社会公共事件（如传染病流行等），政府为了保护人民的生命健康安全，会依法实施一些隔离措施或采取其他紧急措施，要求停工、停市等。依据《中华人民共和国传染病防治法》规定："在隔离期间，实施隔离措施的人民政府应当对被隔离人员提供生活保障；被隔离人员有工作单位的，所在单位不得停止支付其隔离期间的工作报酬。"

三、不属于工资范畴的经济收入

根据《关于贯彻执行〈中华人民共和国劳动法〉若干问题的意见》及《国家统计局关于工资总额组成的规定》等规定，劳动者以下经济收入不属于工资范畴：

1. 单位支付给劳动者个人的社会保险福利费用，如丧葬抚恤救济费、生活困难补助费、计划生育补贴等。

2. 劳动保护方面的费用，如用人单位支付给劳动者的工作服、解毒剂、清凉饮料费用等。

3. 根据国家规定发放的创造发明奖、国家星火奖、自然科学奖、科学科技进步奖、合理化建议和技术改进奖、中华技能大奖以及支付给运动员、教练员的奖金。

4. 稿费、讲课费、翻译费及其他专门工作报酬。

5. 有关离休、退休、退职人员待遇的各项支出。

6. 出差伙食补助费、误餐补助、调动工作的旅费和安家费。

7. 对自带工具、牲畜来企业工作职工所支付的工具、牲畜等的补偿费用。

8. 支付给家庭工人的加工费和按加工订货办法支付给承包单位的发包费用。

9. 实行租赁经营单位的承租人的风险性补偿收入。

10. 对购买本企业股票和债券的职工所支付的股息（包括股金分红）和利息。

11. 劳动合同制职工解除劳动合同时由企业支付的医疗补助费、生活补助费等。

12. 因录用临时工而在工资以外向提供劳动力单位支付的手续费或管理费。

13. 支付给参加企业劳动的在校学生的补贴。

14. 计划生育独生子女补贴。

国家根据分配制度改革的情况，会对上述收入有所调整。

第三节 工资支付制度

一、用人单位的工资分配自主权

根据《劳动法》第四十七条规定："用人单位根据本单位的生产经营特点和经济效益，依法自主确定本单位的工资分配方式和工资水平。"这就是说，法律规定了用人单位在工资分配上享有充分的自主权，不仅可以自主地决定本单位的工资制度和分配方式，而且有权自主决定工资水平。

我国实行改革开放以来，随着市场经济体制的建立，国有企业工资分配权逐步放开，由原来的政府直接控制改变为由企业自主决定。工资分配自主权是市场经济体制下企业经营管理自主权的重要组成部分，是现代企业制度的内在要求。在现代企业制度下，企业作为独立的法人，作为市场竞争的主体，应当享有充分的工资分配自主权，实行完整意义上的企业自主分配。政府不能干预企业工资分配的具体事务，而是进行立法规范和宏观调控。

企业工资分配方式要根据不同性质企业的不同生产经营特点来确定，工资水平要根据企业经济效益状况来确定。

二、工资分配应当遵循的法律原则

劳动报酬立法在我国劳动立法中占有重要的地位，它直接关系到劳动者劳动报酬权的实现。根据《劳动法》第四十六条规定："工资分配应当遵循按劳分配原则，实行同工同酬。工资水平在经济发展的基础上逐步提高。国家对工资总量实行宏观调控。"这是我国劳动报酬法律调整的基本原则。

（一）按劳分配原则

按劳分配是指根据有劳动能力的劳动者提供的劳动数量和质量分配个人消费品，多劳多得，少劳少得，不劳不得。每个劳动者根据自己提供的劳动量，取得与他所提供的劳动量相当的消费品。按劳分配，要充分体现脑力劳动和体力劳动、复杂劳动和简单劳动、熟练劳动和非熟练劳动、繁重劳动和非繁重劳动之间的差别，要体现奖勤罚懒、奖优罚劣的原则，既要反对平均主义，也要反对分配不公、收入高低过分悬殊的做法。实现按劳分配，有利于调动劳动者的生产积极性，促使劳动者提高劳动技能，提高劳动生产率，为国家和社会创造更多的财富。

（二）同工同酬原则

同工同酬，是指用人单位对所有劳动者（在他们各种考量因素相同的情况下）提供同等价值的劳动应付给同等的劳动报酬。在同一工作单位中，从事同种工作、有同样熟练程度的劳动者，不分性别、年龄、民族、种族，只要付出同等劳动，就应当领取大致同等的报酬。

国际劳工组织1951年通过的《对男女工人同等价值的工作付予同等报酬公约》（第100号公约）规定，对于所有劳动力即男劳动力和女劳动力同等价值的劳动，应付给同等的报酬。这一原则适用于基本工资以及一切因雇用而由雇主直接或间接付给劳动者的现金形式或实物形式的其他收入。该公约还提出，这一原则的实行可由下列方式来保障：国家立法、任何合法确定的工资制度、集体协议或以上办法混合使用。我国政府已经批准这一公约。为使这一原则更好地得到贯彻，已将同工同酬写入了《劳动法》，并作为工资分配的一个基本原则。

根据同工同酬原则，用人单位在工资支付过程中，不得对于从事相同工作、在同等资历和同等技能水平的条件下提供同等价值劳动的劳动者因其性别、民族、年龄等方面的不同而支付不等量的报酬。规定这一原则是为了保护全体劳动者的合法权益，防止发生性别歧视、民族歧视等各种歧视性行为。但它并不排斥用人单位可以对虽从事同种工作但因技能水平和劳动贡献不同的劳动者支付不等量的报酬。实行同工同酬，充分体现了我国公民在法律面前一律平等，也是实行按劳分配原则的具体体现。只有实行同工同酬，才能保证我国公民享有真正平等的劳动报酬权。

（三）在经济发展的基础上逐步提高工资水平的原则

工资水平是指一定时期内职工平均工资的高低程度。工资水平是反映经济发展水平和劳动者物质文化生活水平的一个重要指标，同时也在一定程度上体现着国家、用人单位、劳动者个人三者之间的利益分配关系，以及不同行业、不同地区、不同单位、不同工种之间各类劳动者的工资关系。工资水平的高低，直接关系着职工生活的改善。根据《劳动法》规定："工资水平在经济发展的基础上逐步提高。"工资水平的提高只能建立在经济增长和劳动生产率提高的基础上。

一般说来，影响工资水平的因素主要是：（1）国内生产总值的增长速度；（2）积累基金与消费基金的比例关系；（3）社会生活消费品可供量；（4）新增就业人口数量。

工资水平的提高要以国民收入的增长和社会劳动生产率的提高为前提，并且在提高的速度上要与之相适应。

三、工资支付

工资支付或工资分配，就是工资的具体发放办法。主要包括工资支付对象、工资支付项目、工资支付形式、工资支付时间以及特殊情况下的工资支付。根据《劳动法》《工资支付暂行规定》规定，用人单位支付工资应当做到："工资应当以货币形式按月支付给劳动者本人。不得克扣或者无故拖欠劳动者的工资。"

（一）工资支付对象

按照法律及有关政策规定，要求用人单位应在劳动者工作地点将工资直接支付给劳动者本人。根据《工资支付暂行规定》规定：“劳动者本人因故不能领取工资时，可由其亲属或委托他人代领。”

用人单位在支付工资时，应向职工提供一份其个人的工资清单，列出应发工资额及其项目、扣款额及其项目、实发工资额等，并注明支付时间，要求领取工资者签名，并保存2年以上备查。

（二）工资支付形式

《劳动法》要求用人单位对职工工资应当以法定货币形式支付、不得以实物及有价证券替代货币支付。这是国际通行做法，有利于使个人收入货币化，提高收入分配的透明度，有利于建立个人收入申报制度，强化个人所得税调节，同时也有利于加强对用人单位收入分配的财务监督。

用人单位可直接向职工支付工资，也可委托银行代发工资。

（三）工资支付时间

按照法律规定，不论是实行计时工资形式，还是实行计件工资形式，工资应当至少每月支付一次。实行周、日、小时工资制的，可按周、日、小时支付工资。工资必须在用人单位与劳动者约定的日期支付。如遇节假日或休息日，则应提前在最近的工作日支付。

日工资可按劳动者本人的月工资标准除以每月制度工作天数进行折算。职工全年月平均工作天数和工作时间分别为20.92天和167.4小时，员工的日工资和小时工资按此进行折算。

使用非全日制用工的工资，以小时计酬，工资标准不得低于用人单位所在地人民政府规定的最低小时工资标准。非全日制用工劳动报酬结算支付周期最长不得超过15日。工资支付可以按小时、日、周或月为单位结算。

对实行年薪制的，也应在每个月按一定比例预付。

对短期内完成一次性劳动任务或某项具体工作的劳动者，用人单位应按有关协议或劳动合同的规定，在其完成劳动任务后即支付工资。

如在劳动关系双方依法解除或终止劳动合同时，用人单位应在解除或终止劳动合同时一次付清劳动者的工资。

第四节 及时足额支付劳动报酬

一、薪酬支付的基本要求

用人单位要保证薪酬支付对广大职工足以充分起到生活保障和工作激励的作用，必须遵循以下的基本要求：

1. 支付及时。月薪必须每月支付一次，并且时间要相对固定。如有特殊情况，必须事先向员工解释清楚。员工的薪酬不是企业的施舍，而是企业对员工的负债。

2. 货币发放。支付给员工的基础工资、奖励工资、附加工资等，依法只能采用货币的形式发放，不能随意选用实物、企业股金或者企业产品的形式来替代。

3. 按时足额。企业对员工承诺的薪酬必须按时间约定足额支付，不得有任何截流。在现实中，有些企业只按一定比例发给员工薪资，剩余部分承诺在未来兑现，这会挫伤员工对企业的信任度和忠诚度。

4. 奖惩分明。在企业管理中，对员工的某些行为，要有奖惩制度。对为企业做较多贡献的员工，要给予必要的奖金；对违反劳动纪律诸如迟到、旷工以及违规操作员工，给企业造成经济损失的，进行惩戒性的扣款（依法赔偿经济损失）是必不可少的。企业对员工的经济收入方面的奖惩，事先要有明确约定，并让每个员工都熟知这种事先约定，不得有任何暗箱操作或者事后任意追加。

在工资管理实务中，时常有企业实行这样的做法：在劳动合同中不是如实约定工资数额，而是与劳动者约定较低的工资标准；在实际用工中，则是发放较高的工资。企业之所以这样做，主要是想逃避法律规定的以工资为基数计算缴纳社会保险费、计算加班费等相关的责任。然而这种做法是不可取的。如果有工资发放记录等证据证明企业发放的工资与劳动合同约定的工资不一致，一旦发生纠纷，仲裁机构和法院会支持以实际发放的工资为准。

以案释法

案情简介

钟某于2018年7月入职某公司，双方签订的劳动合同约定钟某的基本工资为每月2200元，同时还明确约定，公司根据钟某的工作能力、业绩等给予定级定薪。

双方于2021年8月协商解除劳动关系，但就工资问题发生争议，钟某申请劳动争议仲裁，要求公司向其支付2020年11月至2021年8月的月份工资差额。

仲裁处理过程中，公司提交劳动合同，证明钟某月工资为2200元，公司已超额支付工资。

钟某对劳动合同的真实性予以认可，但主张其实际的工资标准与劳动合同约定标准不一致，在2020年10月前，自己的每月实发工资为7200元，2020年11月之后工资被调整为月工资5000元左右，并提交了公司向其银行账户转账的记录。并表示自己的考核业绩没有下降，因此，钟某要求公司按7200元/月的标准向其支付2020年11月至2021年8月的工资差额。

对此，公司认为，钟某每月超过2200元工资部分，是公司向钟某支付的加班费、出差补助等款项。

钟某不认可公司的说法，主张根据公司财务报销制度，自己都是以签字领取现金方式获得出差补助及其他报销款，公司财务账上有其提交的2020年11月至2021年8月的全部差旅费及招待费票据。

公司没有提交工资表及相关财务台账。

争议焦点

职工劳动合同约定工资与实发工资不一致，工资标准应如何确定？

案例评述

虽然双方签订的劳动合同约定钟某的每月基本工资为2200元，但合同亦约定根据钟某的工作能力、业绩等给予定级定薪。从合同条款理解，钟某的具体工资数额是公司根据其工作能力、业绩等方面予以确定的。

本案中，双方劳动合同约定的工资标准虽然较低，但在较长时间的履行中，公司事实上支付的工资数额均高于劳动合同约定的工资标准，且在一段时间内较为固定。据此应认定双方已通过实际支付工资的方式变更了劳动合同的约定，故公司以劳动合同的约定主张钟某应得月工资为2200元缺乏事实依据，应依据钟某的主张和转账记录中的数额为依据。

根据《工资支付暂行规定》第六条规定："……用人单位可委托银行代发工资。用人单位必须书面记录支付劳动者工资的数额、时间、领取者的姓名以及签字，并保存两年以上备查。用人单位在支付工资时应向劳动者提供一份其个人的工资清单。"根据《最高人民法院关于审理劳动争议案件适用法律问题的解释（一）》第四十四条规定："因用人单位作出的开除、除名、辞退、解除劳动合同、减少劳动报酬、计算劳动者工作年限等决定而发生的劳动争议，用人单位负举证责任。"可见，用人单位如果不能充分举证证明其工资支付记录，应承担不利后果。

本案中，公司于2020年11月后突然减少钟某的应发工资，其应举证减少劳动报酬的合理性及合法性。公司虽主张钟某领取的工资包括出差补助、加班工资，但未能提供钟某签名确认的工资表等有关财务台账，依法应当承担不利后果，可认定为克扣职工工资。对此，钟某的请求应予支持。

二、工资的折算

按照《劳动法》规定，法定节假日用人单位应当依法支付工资，即在折算日工资、小时工资时不剔除国家规定的11天法定节假日。也就是说，全年的计薪天数中要包括法定节假日。据此，日工资和小时工资的折算为：

1. 月计薪天数=（全年天数365天-休息日104天）÷12月=21.75天

2. 日工资=月工资收入÷月计薪天数（21.75天）

3. 小时工资=月工资收入÷（月计薪天数×8小时）=月工资收入÷174小时（21.75天×8小时）

用人单位对于实行不定时工作制的职工，其年工资报酬不得低于企业所在直辖市、设区的市人民政府公布的本地区上年度职工平均工资。

用人单位对于实行综合计算工时工作制的职工，其工作日是周休息日的，属于正常劳动；工作日是法定节日的，要按照《劳动法》的规定，支付给职工不低于工资的300%的工资报酬。

企业应当注意：月计薪时间21.75天与月制度工作时间20.83天的区分。

以案释法

案情简介

华某于2011年11月21日入职某公司。2018年度共请事假49天，公司均按照底薪3000元÷20.83天÷8小时的方式扣除事假期间工资。

华某于2018年8月12日以公司无故克扣工资等理由提出被迫解除劳动合同，并于2018年8月13日起离岗。

公司不认可华某的离职行为，于2018年8月23日以华某连续旷工为由向其发出《旷工辞退通知书》。

2018年9月12日，华某申请仲裁要求公司支付经济补偿40000元，仲裁委不予支持。

华某不服，起诉到法院。

法院观点

法院认为，华某主张公司按照底薪3000元÷20.83天÷8小时的方式扣请假的工资变相克扣工资，应为以3000元÷21.75天的方式扣请假工资。劳动者请假期间不予计算工资并无不妥，但关于公司以扣日薪的形式扣请假工资是否存在多扣工资的问题，根据《劳动和社会保障部关于职工全年月平均工作时间和工资折算的问题的通知》（劳社部发〔2008〕3号）规定："日工资、小时工资的折算。按照《劳动法》第五十一条的规定，法定节假日用人单位应当依法支付工资，即折算日工资、小时工资时不剔除国家规定的11天法定节假日。据此，日工资、小时工资的折算为：日工资：月工资收入÷月计薪天数。小时工资：月工资收入÷（月计薪天数×8小时）。月计薪天数＝（365天－104天）÷12月＝21.75天。"日工资应以月计薪天数21.75天计算。

本案中，该公司以20.83天计算日工资用以请事假扣薪，多扣除了华某请事假的工资，即公司存在不足额支付劳动报酬的情况。

综上，公司存在不足额支付劳动报酬的情况，依法应向华某支付解除劳动关系的经济补偿金。公司主张解除劳动合同的原因是华某于 2018 年 8 月 14 日至 22 日期间旷工构成严重违纪缺乏事实依据，法院不予采纳。①

应当指出，根据《劳动和社会保障部关于职工全年月平均工作时间和工资折算问题的通知》规定，20.83 天是月制度工作时间，是在一个整年度计算出来的平均月工作时间，是一个平均数。而 21.75 天是月计薪天数，也就是说，是要支付工资的天数，它也是一个平均数。20.83 天是用来计算工作时间的，21.75 天是用来计算工资的，二者不能混淆。

三、加班工资的计算

（一）加班的情形及支付比例

根据《劳动法》规定，用人单位在劳动者完成劳动定额或规定的工作任务后，应当根据实际需要安排劳动者在法定标准工作时间以外工作的（即安排加班的），按以下标准支付工资：

1. 在平常工作日，用人单位依法安排劳动者在日法定标准工作时间以外延长工作时间的，按照不低于劳动合同规定的劳动者本人小时工资标准的 150%支付劳动者工资；

2. 在休息日，用人单位依法安排劳动者在休息日工作，而又不能安排补休的，按照不低于劳动合同规定的劳动者本人日工资或小时工资标准的 200%支付劳动者工资；

3. 在法定休假日，用人单位依法安排劳动者在法定休假节日工作的，按照不低于劳动合同规定的劳动者本人日工资或小时工资标准的 300%支付劳动者工资。

实行计件工资的劳动者，在完成计件定额任务后，由用人单位安排延长工作时间的，应根据上述规定的原则，分别按照不低于其本人法定工作时间计件单价的 150%、200%、300%支付其工资。

① 广东省东莞市中级人民法院（2019）粤 19 民终 6753 号民事判决书，载中国裁判文书网，最后访问时间：2022 年 10 月 21 日。

《劳动法》的规定中首先明确了 3 种加班情形：超时加班、休息日加班、法定休假日加班。同时，还明确了 3 种加班情况发生后，是支付加班费还是补休。具体如下：

1. 超时加班：不能通过补休来弥补，必须通过支付加班费来处理。

2. 休息日加班：必须先安排补休，不能补休的，才应支付加班费。

3. 法定休假日加班：不能通过补休来弥补，必须通过支付加班费来处理。

实践中，一些企业单位通过补休或者通过抵消请假来处理加班，在超时加班和法定休假日加班的情况下是违法的。

（二）计算加班工资的时间标准

加班工资都是以小时作为计算单位来计算的，因此要计算加班工资首先要算出小时工资。前面已计算出了月计薪天数为 21.75 天。

具体计算公式为：

加班工资=月工资性收入÷21.75 天÷8 小时×加班小时数×150%/200%/300%

（三）如何确定加班工资基数

《劳动法》只规定了加班工资的计算标准，但是如何确定加班工资基数呢？

加班工资基数，应当按照法定工作时间内劳动者提供正常劳动应得工资确定，加班工资基数的计算有以下情形：

1. 用人单位与劳动者在劳动合同中约定了加班费计算基数的，以该约定为准；双方同时又约定以当地规定的最低工资标准或低于劳动合同约定的工资标准作为加班费计算基数，劳动者主张以劳动合同约定的工资标准作为加班费计算基数的，法院对此予以支持。

2. 劳动者正常提供劳动的情况下，双方实际发放的工资标准高于原约定工资标准的，可以视为双方变更了合同约定的工资标准，以实际发放的工资标准作为计算加班费的基数；实际发放的工资标准低于合同约定的工资标准，如果能够认定为双方变更了合同约定的工资标准的，以实际发放的工资标准作为计算加班费的计算基数。

3. 劳动合同没有明确约定工资数额，或者合同约定不明确时，应当以实际发放的工资作为计算基数。用人单位按月直接支付给职工的工资、奖金、津贴、补贴等都属于实际发放的工资。在以实际发放的工资作为加班费计算基数时，前 1

个月的加班费、伙食补助等应当扣除，不能列入计算基数范围。国家相关部门对工资组成规定有调整的，按调整的规定执行。

4. 劳动者的当月奖金具有“劳动者正常工作时间工资报酬”性质的，属于工资组成部分。劳动者的当月工资与当月奖金发放日期不一致的，应将这两部分合计作为加班费计算基数。用人单位不按月、按季发放的奖金，根据实际情况判断可以不作为加班费计算基数。

5. 在确定职工日平均工资和小时平均工资时，应当按照《劳动和社会保障部关于职工全年月平均工作时间和工资折算问题的通知》规定，以每月工作时间为21.75天和174小时进行折算。

6. 实行综合计算工时工作制的用人单位，当综合计算周期为季度或年度时，应将综合周期内的月平均工资作为加班费计算基数。

（四）综合计算工时工作制的加班计算

实行综合计算工时工作制的，综合计算周期内的正常工作时间应当与法定标准工作时间相同，超过法定标准工作时间的部分，应视为延长工作时间。在综合计算工时的周期内，综合计算工时数如下：

年工时：365−104（休息日）−11（法定节假日）= 250天×8小时

季工时：250÷4（季度）= 62.5天×8小时

月工时：250÷12（月）= 20.83天×8小时

如果劳动者的工时数超过上述三种情形，超出部分视为延长工作时间（属于加班或加点），应当按照《劳动法》支付150%的加班工资报酬。

用人单位如果安排实行综合计算工时工作制岗位上的劳动者在法定节假日工作的，应当按照《劳动法》中的有关规定支付法定节假日加班工资报酬。

用人单位与在实行综合计算工时工作制岗位上工作的劳动者解除或者终止劳动合同时，综合计算周期未满的，以劳动合同解除或者终止的时间为周期截止日，支付超过法定标准工作时间的加班工资报酬。

四、未订立书面劳动合同时的工资支付

对于企业用工未与劳动者签订书面劳动合同，其工资不明确的，应当按照《劳动合同法》第十一条的规定执行：“用人单位未在用工的同时订立书面劳动合

同，与劳动者约定的劳动报酬不明确的，新招用的劳动者的劳动报酬按照集体合同规定的标准执行；没有集体合同或者集体合同未规定的，实行同工同酬。”

这里强调的是，当“用人单位未在用工的同时订立书面劳动合同”以及“与劳动者约定的劳动报酬不明确的”情况下，劳动者付出劳动后，其劳动报酬应当“按照集体合同规定的标准执行”。在企业集体合同中确定的职工工资标准，是适用于企业所有职工的，其标准是明确的。如果企业“没有集体合同或者集体合同未规定的”，那么新招用职工的劳动报酬就要按照同工同酬的原则来支付。

同工同酬的标准是一个参照性的标准，并不是确定的相等数额。它是相对的，不是绝对的，即使是在同一工作岗位的劳动者，因不同劳动者之间存在资历、技能、经验等方面的差异，劳动报酬也是有一些差别。强调同工同酬，一是要体现坚持按劳分配的原则；二是要防止对不同身份职工的歧视性行为，保护职工获得公平的劳动报酬。

五、试用期间的工资支付

关于试用期的工资支付，根据《劳动合同法》的规定：“劳动者在试用期的工资不得低于本单位相同岗位最低档工资或者劳动合同约定工资的百分之八十，并不得低于用人单位所在地的最低工资标准。”对于这一条款中“劳动者在试用期的工资不得低于本单位相同岗位最低档工资或者劳动合同约定工资的百分之八十”的表述，可以得出两种理解：

一种认为试用期的工资“不得低于本单位相同岗位最低档工资，或者不得低于劳动合同约定工资的百分之八十”。

另一种认为试用期的工资“不得低于本单位相同岗位最低档工资的百分之八十，或者不得低于劳动合同约定工资的百分之八十”。

法律规定的“百分之八十”，是否仅仅指“劳动合同约定工资的百分之八十”，还是应当理解为两个“百分之八十”，即不仅指“劳动合同约定工资的百分之八十”，还包括“本单位相同岗位最低档工资的百分之八十”。对此，《劳动合同法实施条例》第十五条作出明确规定：“劳动者在试用期的工资不得低于本单位相同岗位最低档工资的80%或者不得低于劳动合同约定工资的80%，并不得低于用人单位所在地的最低工资标准。”

这就是说，劳动者在试用期的工资不得低于“本单位相同岗位最低档工资的80%”，或者不得低于“劳动合同约定工资的80%”。无论不得低于哪一个标准的80%，底线是“不得低于用人单位所在地的最低工资标准”。

企业要特别注意，如果企业对新招用的劳动者实行试用期，而又没有签订书面劳动合同的，劳动者对工资的诉求，是按试用期的工资标准支付？还是按没有试用期（或者是试用期满后）的工资标准支付？

企业没有与职工签订书面劳动合同，应当视为没有试用期。所以当职工提出因未签订书面劳动合同应当支付的工资标准，就可按照没有试用期的规定执行，而不是按照试用期工资标准（即“本单位相同岗位最低档工资或者劳动合同约定工资的百分之八十”）来执行。

在一些市场经济国家的企业中，劳动者在试用期的工资跟试用期结束后的正式职工的工资完全一样，是同工同酬，不能少付。所谓试用期的概念，不是说劳动者的工作能力不好，就给他少一点工资。这些国家企业的用人观念是，招聘员工就应给其应有的工资，试用期只是看他能不能适应这个环境，能适应就留下来，不能适应就离开。

按照《劳动合同法》和《劳动合同法实施条例》的规定，劳动者在试用期间从事劳动，可以与企业中其他经过试用期考核合格的职工在相同岗位上不“同工同酬”。也就是说，对处于试用期间的劳动者，在支付工资时，只要在“不得低于用人单位所在地的最低工资标准”之上，能够依法满足“两个不得低于80%”最低标准的规定，就是合法可行的。即使一个劳动者在试用期间，与一个通过试用期考察后录用的正式职工相比，能够做到在相同的工作岗位、付出相同的劳动、取得相同的绩效，但其所得的劳动报酬，却可能是本单位相同岗位最低档工资的80%。

在决定试用期间支付劳动者的工资时，是选择不得低于本单位相同岗位最低档工资的80%，还是选择不得低于劳动合同约定工资的80%？在最终不得低于用人单位所在地最低工资标准的底线上，选择的基本原则是“两者相比取其高”。

根据《劳动合同法》规定试用期的工资“不得低于劳动合同约定工资的百分之八十”，提示用人单位与劳动者在协商确定“劳动合同约定工资”时，不能将劳动合同约定的工资数额等同于用人单位所在地最低工资标准数额（如当地最低工资标准为2000元，劳动合同约定的工资也为2000元），如此约定，虽然在劳动合同文本上不属于违法约定，但在工资发放时，若按“不得低于劳动合同约定工资的百分之八十”执行时，就出现了实际发放的工资低于当地最低工资标准的情形（如2000元×80%＝1600元）。对此，法律法规明确规定了试用期工资发放的“保底条款”：即在按“不得低于本单位相同岗位最低档工资的80%或者不得低于劳动合同约定工资的80%”两者相比较后，最终的工资发放标准底线是“不得低于用人单位所在地的最低工资标准”。

六、不必支付和可以扣除的工资

（一）企业可以不支付的加班工资

对于在实行不定时工作制度岗位上的员工，因为其工作时间具有弹性，在每天24小时范围内的任何一个时段，在每周7天的任何一天，都可以自主地进行工作；每一天的任何时段也可以自主休息。因为这种工时制度是无法计算加班的，企业也就不必为此支付加班工资。

对于妇女节、青年节等部分公民放假的假日，如果适逢星期六、星期日，则不补假。如果部分公民放假的假日不逢休息日，而企业要求劳动者正常上班的，企业也无须支付加班工资。

（二）企业从员工工资中代扣代缴或扣除的费用

用人单位依据国家有关规定和双方劳动合同的约定，根据所有工资组成部分计算应支付给员工提供了正常劳动情况下的工资，即为法律意义上的“应得工资”，但由于存在有工资扣减的情形导致员工实际到手工资（“实发工资”）一般会少于应得工资：

根据《工资支付暂行规定》规定：

一是国家法律法规中明确规定有下列情况之一的，用人单位可以依法从员工工资中代扣或者代缴下列费用：（1）法律要求用人单位代扣代缴员工本人工资的个人所得税；（2）法律要求用人单位代扣代缴的应由劳动者个人负担的各项社会保险费用和要求用人单位代扣代缴的其他费用；（3）法院判决、裁定中要求用人单位代扣由员工负担的抚养费、扶养费、赡养费或赔偿费等；（4）法律、法规规定应当由用人单位从员工工资中代扣或者代缴的其他费用。

二是因劳动者本人原因给企业造成经济损失的，企业可按照劳动法律规定、劳动合同约定或企业依法制定并经职代会批准的厂规厂纪中的规定，要求职工赔偿经济损失（注意：这里讲的是“赔偿”，不是“罚款”）。经济损失的赔偿，可以从劳动者本人的工资中扣除。但每月扣除的部分不得超过劳动者当月工资的20%。若扣除后的剩余工资部分低于当地月最低工资标准，则按最低工资标准支付。

七、违反工资支付的法律规定

（一）用人单位不得克扣或无故拖欠职工工资

根据《劳动法》和《对〈工资支付暂行规定〉有关问题的补充规定》（劳部发〔1995〕226号）规定，用人单位不得随意克扣或者无故拖欠劳动者的工资。劳动者在法定工作时间内提供了正常劳动的前提下领取足额工资，是劳动者的合法权益，受法律保护，任何单位不得克扣或者无故拖欠，否则便构成对劳动者合法权益的侵害。

1. 用人单位“克扣”工资，是指用人单位无正当理由扣减劳动者应得的工资（即在劳动者已提供正常劳动的前提下，用人单位按劳动合同规定的标准应当支付给劳动者的全部劳动报酬）的行为。但不包括以下减发工资的情况：

（1）国家的法律、法规中有明确规定的。

（2）依法签订的劳动合同中有明确规定的。要注意：根据《关于贯彻执行〈中华人民共和国劳动法〉若干问题的意见》规定，在劳动合同中，双方当事人约定的劳动者在未完成劳动定额或承包任务的情况下，用人单位可低于最低工资标准支付劳动者工资的条款不具有法律效力。

（3）用人单位依法制定并经职代会批准的厂规、厂纪中有明确规定的。要注意：一些企业的厂规、厂纪中规定的“违纪罚款”是没有法律依据的。

（4）企业工资总额与经济效益相联系，经济效益下浮时，工资必须下浮的（但支付给劳动者工资不得低于当地的最低工资标准）。

（5）因劳动者请事假等相应减发工资等。

2. 用人单位“无故拖欠”工资，是指用人单位无正当理由超过规定付薪时间而未支付劳动者工资的行为。但不包括：

（1）用人单位遇到非人力所能抗拒的自然灾害、战争等原因，无法按时支付工资。

（2）用人单位确因生产经营困难、资金周转受到影响，在征得本单位工会同意后，可暂时延期支付劳动者工资，延期时间的最长限制由各省、自治区、直辖市劳动行政部门根据各地情况确定。

其他情况下拖欠工资均属无故拖欠。

（二）工资支付令

根据《劳动合同法》规定："用人单位拖欠或者未足额支付劳动报酬的，劳动者可以依法向当地人民法院申请支付令，人民法院应当依法发出支付令。"

国家立法建立"工资支付令制度"，赋予了劳动者对于欠薪问题可以快捷进入司法救济程序的一种途径。根据《民事诉讼法》规定，劳动者申请支付令时，申请书要写明给付金额、事实依据和证据。

法院收到劳动者提出的申请后，应当在5日内通知其是否受理；受理后，经审查，对工资债权债务关系明确、合法的，应在受理之日起15日内向用人单位发出支付令。如果法院经审查认为劳动者的申请不成立的，可以裁定予以驳回。

用人单位应当自收到支付令之日起15日内清偿债务，或者向法院提出书面异议（一些企业将工资直接打入银行信用卡中，没有职工的签字，只有银行收据。对此，企业对支付给每个员工的工资明细表要保管好，作为已支付工资的凭证）；用人单位在规定的期间不提出异议又不履行支付令的，劳动者可以向法院申请执行。

法院收到用人单位提出的书面异议后，经审查，异议成立的，应当裁定终结支付令这一督促程序，支付令自行失效。

（三）行政执法检查

各级劳动行政部门有权监察用人单位工资支付的情况。按照《劳动合同法》规定，用人单位有下列情形之一的，由劳动行政部门责令限期支付劳动报酬、加班费或者经济补偿；劳动报酬低于当地最低工资标准的，应当支付其差额部分；逾期不支付的，责令用人单位按应付金额50%以上100%以下的标准向劳动者加付赔偿金：（1）未按照劳动合同的约定或者国家规定及时足额支付劳动者劳动报酬的；（2）低于当地最低工资标准支付劳动者工资的；（3）安排加班不支付加班费的；（4）解除或者终止劳动合同，未依照本法规定向劳动者支付经济补偿的。

（四）仲裁与诉讼

劳动者与用人单位因工资支付发生劳动争议的，当事人可依法向劳动争议仲裁机关申请仲裁。对仲裁裁决不服的，可以向人民法院提起诉讼。

根据《最高人民法院关于审理劳动争议案件适用法律问题的解释（一）》第四十五条规定，用人单位有下列情形之一，迫使劳动者提出解除劳动合同的，用人单位应当支付劳动者的劳动报酬和经济补偿，并可支付赔偿金：（1）以暴力、威胁或者非法限制人身自由的手段强迫劳动的；（2）未按照劳动合同约定支付劳动报酬或者提供劳动条件的；（3）克扣或者无故拖欠劳动者工资的；（4）拒不支付劳动者延长工作时间工资报酬的；（5）低于当地最低工资标准支付劳动者工资的。

第五节 最低工资保障制度

一、什么是最低工资标准

根据《最低工资规定》（劳动和社会保障部令第21号）规定："最低工资标准，是指劳动者在法定工作时间或依法签订的劳动合同约定的工作时间内提供了正常劳动的前提下，用人单位依法应支付的最低劳动报酬。"

所谓法定工作时间，是指根据国家有关工时制度规定的工作时间。

所谓正常劳动，是指劳动者按照依法订立的劳动合同约定，在法定工作时间内或劳动合同约定的工作时间内从事的劳动。劳动者依法享受带薪年休假、探亲假、婚丧假、生育（产）假、节育手术假、直系亲属死亡等国家规定的假期，以及法定工作时间内依法参加国家和社会活动期间，应当视为提供了正常劳动。

最低工资标准一般采取月最低工资标准和小时最低工资标准的形式。月最低工资标准适用于全日制就业劳动者，小时最低工资标准适用于非全日制就业劳动者。

按照国际通行做法，最低工资保障制度一般是通过立法形式在全国范围内统一实施，但最低工资标准的适用范围则有所不同，根据我国的实际情况，《劳动法》第四十八条第一款规定："国家实行最低工资保障制度。最低工资的具体标准由省、自治区、直辖市人民政府规定，报国务院备案。"这表明，我国虽然实行最低工资保障制度，但不实行全国统一的最低工资标准，国家只是通过立法对最低工资标准的确定和调整依据、最低工资的执行和监督等问题作出原则规定。最低工资的具体标准由省、自治区、直辖市人民政府规定，省、自治区、直辖市范围内的不同行政区域可以有不同的最低工资标准，但要报国务院备案。

根据《劳动法》第四十八条第二款规定："用人单位支付劳动者的工资不得低于当地最低工资标准。"《最低工资规定》也进一步明确："在劳动者提供正常劳动的情况下，用人单位应支付给劳动者的工资在剔除下列各项以后，不得低于当地最低工资标准：（一）延长工作时间工资；（二）中班、夜班、高温、低温、井下、有毒有害等特殊工作环境、条件下的津贴；（三）法律、法规和国家规定的劳动者福利待遇等。实行计件工资或提成工资等工资形式的用人单位，在科学合理的劳动定额基础上，其支付劳动者的工资不得低于相应的最低工资标准。劳动者由于本人原因造成在法定工作时间内或依法签订的劳动合同约定的工作时间内未提供正常劳动的，不适用于本条规定。"

对劳动者在法定工作时间内提供了正常劳动，用人单位低于当地最低工资标准支付工资的违法行为，人力资源社会保障行政部门将根据《劳动法》《劳动合同法》《劳动保障监察条例》等相关规定，责令用人单位限期改正，并支付差额部分；逾期不支付的，责令用人单位向劳动者支付赔偿金。

二、最低工资标准的确定与调整

（一）最低工资标准的确定

国家规定各地要制定最低工资标准。最低工资标准的确定由省、自治区、直辖市人民政府劳动保障行政部门会同同级工会、企业联合会/企业家协会研究拟订。根据《劳动法》第四十九条等规定，我国确定和调整最低工资标准应综合考虑以下因素：

1. 劳动者本人及平均赡养人口的最低生活费用。所谓最低生活费用，是指为维持劳动者本人及其赡养人口的最低生活需要而必须支出的生活费用，包括吃、烧、穿、用、住、行等方面。一般可根据统计部门的调查资料，确定一定比例的最低人均收入户为贫困户，统计出贫困户的人均生活费用支出水平，乘以每一个劳动者的赡养人口系数来计算。

2. 社会平均工资水平。是指政府统计部门提供的职工平均工资水平。最低工资标准应当低于职工平均工资。国际上一般最低工资标准相当于平均工资的40%至60%。

3. 劳动生产率。是指政府统计部门提供的当地社会劳动生产率。劳动生产率的提高是平均工资增长的前提条件，确定和调整最低工资标准，都要充分考虑劳动生产率因素。

4. 就业状况。主要是指失业率，即最低工资标准的确定和调整要考虑失业率水平。当失业率偏高时，最低工资标准不宜定得太高，因为这将影响用人单位吸纳更多的劳动者就业，不利于扩大就业，降低失业率。

5. 地区之间经济发展水平的差异。是指确定和调整最低工资标准应当根据不同地区经济发展水平有所差别，不能不顾不同地区之间经济发展水平上的差异实行相同的最低工资标准。由省、自治区、直辖市人民政府规定最低工资标准，正是为了使最低工资标准能够比较准确地反映各省、自治区、直辖市之间经济发展水平的差异。各省、自治区、直辖市在确定本地区不同区域的最低工资标准时，也要充分考虑经济发展水平。

6. 城镇居民消费价格指数。这是反映城市居民家庭所购买的生活消费品价格和服务项目价格变动趋势和程度的相对数。城市居民消费价格指数可以观察和分析消费品的零售价格和服务项目价格变动对职工货币工资的影响，作为研究职工生活和确定工资政策的依据，也是用来反映通货膨胀（紧缩）程度的指标。

7. 职工个人缴纳的社会保险费和住房公积金。这是从职工个人工资中按照国家规定的比例扣除的费用。这些费用占职工个人工资中多大的比例，可以反映出职工工资的实际收入水平。

要注意：确定最低工资标准要考虑职工个人缴纳的社会保险费和住房公积金这一因素，但最低工资中是否包括职工个人缴纳的社会保险费和住房公积金（即人们俗称的“五险一金”），目前的法律法规尚未明确规定。全国各地有不同规定，一些地方规定最低工资不包括社会保险费和住房公积金；一些地方规定最低工资包括社会保险费和住房公积金。企业要关注所在地政府对当地最低工资标准的规定。

一般来说，最低工资标准应高于失业保险金标准，低于当地平均工资。各地在确定最低工资标准时，应考虑到本地区不同区域的差别和特点，对本地区不同经济发展区域可以确定不同的最低工资标准。

按照国家规定，各地要将拟订的最低工资标准确定方案报送中央政府劳动行政部门。方案内容包括最低工资确定和调整的依据、适用范围、拟订标准和说明。中央政府劳动行政部门在收到拟订方案后，应征求全国总工会、中国企业联合会/企业家协会等相关组织的意见。中央政府劳动行政部门对方案可以提出修订意见，若在方案收到后 14 日内未提出修订意见的，视为同意。各地劳动行政部门还应将本地区最低工资标准方案报省、自治区、直辖市人民政府批准，并在批准后 7 日内在当地政府公报上和至少一种全地区性报纸上发布。

用人单位应在最低工资标准发布后 10 日内将该标准向本单位全体劳动者公示。

根据国外的一般做法及我国目前有关规定，最低工资的具体标准一般按月确定，也可以按周、日或小时确定。各种单位时间的最低工资标准应当可以互相转换。

（二）最低工资标准的调整

按照国家规定，各地最低工资标准发布实施后，当最低工资标准制定时参考的各种因素如当地最低生活费用、职工平均工资、劳动生产率、城镇就业状况和经济发展水平等发生变化，或本地区职工生活费用价格指数累计变动较大时，应当适时调整。最低工资标准每 2 年至少调整一次。

对于小时最低工资标准的确定和调整，应在颁布的月最低工资标准的基础上，考虑单位应缴纳的基本养老保险费和基本医疗保险费因素，同时还应适当考虑非全日制劳动者在工作稳定性、劳动条件和劳动强度、福利等方面与全日制就业人员之间的差异。

小时最低工资标准的测算方法为：

小时最低工资标准＝［（月最低工资标准÷20.92 天÷8 小时）×（1+单位应当缴纳的基本养老保险费和基本医疗保险费比例之和）］×（1+浮动系数）

根据《最低工资规定》《劳动和社会保障部关于非全日制用工若干问题的意

见》（劳社部发〔2003〕12号）的规定，在非全日制劳动者提供正常劳动的情况下，用人单位支付的小时工资不得低于当地小时最低工资标准，此标准由各地省级政府自行规定。

三、低于最低工资标准支付工资的情形

根据各省市工资支付条例及最低工资相关规定，在特定情况下，企业可以按照低于最低工资标准的工资水平支付职工的工资。主要有以下几种情形：

1. 病假工资。职工患病或者非因工负伤的，在病假期间，企业支付病假工资可以低于最低工资标准。全国绝大多数地区执行的标准为不低于最低工资标准的80%。

2. 事假或者旷工按天扣除工资后的工资。因职工在事假期间或者职工无故旷工的，企业可以扣除相应天数的工资，支付给职工的工资可以低于最低工资标准。

3. 待岗工资。企业因经济困难，在与职工协商一致的情况下，对没有安排工作的职工，可以按低于最低工资标准支付职工待岗工资或者基本生活费。一般情况下，待岗工资不得低于最低工资标准的80%，部分省市按照当地基本生活费或者失业保险金计算。

4. 实行年薪制的月工资。部分行业的职工可能会出现某月收入低于最低工资的情况。如销售人员的工资可能存在某月提成数万元，个别月提成低于最低工资；但此类人员大多按照年薪制计算报酬，由于其全年收入较高，司法实务一般不支持其对低于最低工资的月份进行工资补足的诉讼请求。

四、职工最低工资的保障与监督

为了保证用人单位支付劳动者的工资不低于当地最低工资标准，国家规定，在当地最低工资标准发布后，用人单位应在最低工资标准发布后10日内将该标准向本单位全体劳动者公示。劳动者与用人单位之间就执行最低工资标准发生争议，按劳动争议处理有关规定处理。

用人单位违反《最低工资规定》规定的，由劳动保障行政部门责令其限期改正、限期补发所欠劳动者工资，并可责令其按所欠工资的1至5倍支付劳动者赔

偿金。

实行计件工资等工资形式的用人单位，必须在科学合理的劳动定额基础上进行合理折算，其相应的折算额不得低于按时、日、周、月确定的最低工资标准。但是，如果是由于劳动者本人的原因，造成在法定工作时间内或依法签订的劳动合同约定的工作时间内未提供正常劳动的，不适用于最低工资规定。如果因劳动者本人原因给用人单位造成经济损失的，用人单位可按照劳动合同的约定或单位规章制度的规定，要求其赔偿经济损失。经济损失的赔偿，可从劳动者的工资中扣除，但每月扣除的部分不得超过劳动者当月工资的20%；若扣除后的剩余工资部分低于当地月最低工资标准的，则按最低工资标准支付。

为保证用人单位严格执行最低工资标准，各地劳动行政部门、各级工会依法要对企业执行最低工资标准的情况进行监督检查，发现问题及时处理。用人单位违反最低工资规定的，由当地劳动保障行政部门责令其限期补发所欠工资，并根据用人单位欠付工资时间的长短，责令其向劳动者支付赔偿金。如用人单位逾期未改正的，处以罚款。

图书在版编目（CIP）数据

人力资源管理法律实务全程指引．上／余明勤著．—北京：中国法制出版社，2023.1
ISBN 978-7-5216-3060-2

Ⅰ．①人… Ⅱ．①余… Ⅲ．①人力资源管理-劳动法-法律解释-中国 Ⅳ．①D922.505

中国版本图书馆 CIP 数据核字（2022）第 200526 号

责任编辑：成知博　　　　封面设计：李　宁

人力资源管理法律实务全程指引．上

RENLI ZIYUAN GUANLI FALÜ SHIWU QUANCHENG ZHIYIN. SHANG

著者/余明勤
经销/新华书店
印刷/河北华商印刷有限公司
开本/710 毫米×1000 毫米　16 开　　　　总印张/ 57　总字数/ 766 千
版次/2023 年 1 月第 1 版　　　　2023 年 1 月第 1 次印刷

中国法制出版社出版
书号 ISBN 978-7-5216-3060-2　　　　（全上下册）总定价：180.00 元

北京市西城区西便门西里甲 16 号西便门办公区
邮政编码：100053　　　　传真：010-63141600
网址：http：//www.zgfzs.com　　　　**编辑部电话：010-63141809**
市场营销部电话：010-63141612　　　　**印务部电话：010-63141606**

（如有印装质量问题，请与本社印务部联系。）

人力资源管理

法律实务全程指引 下

余明勤 著

RENLI ZIYUAN GUANLI
FALü SHIWU
QUANCHENG ZHIYIN

中国法制出版社
CHINA LEGAL PUBLISHING HOUSE

目　录

Contents

下　册

第十二章　劳动安全保护与管理

企业的劳动安全生产保护与管理是企业人力资源管理的一个重要内容。企业安全生产保护与管理本质上是对企业员工的保护与管理，人力资源管理与企业安全生产的联系尤为密切。企业人力资源管理部门要在日常工作中积极配合安全生产部门，采用科学有效的管理方式，依法规范员工的业务操作流程，共同预防安全事故，构建企业和谐的员工安全生产环境。

第一节　劳动安全生产制度

一、劳动安全生产制度的概念

（一）安全生产的含义

安全生产，是指在生产经营活动中，为避免发生造成人员伤害和财产损失的事故而采取相应的事故预防和控制措施，以保证企业员工和相关人员的人身安全，保证生产经营活动得以顺利进行的相关活动。

我国的劳动安全生产制度，是以保护劳动者的生命安全和身体健康为目的而设立的劳动保护法律制度。我国一直以“安全第一、预防为主”作为建立劳动安全生产制度的基本方针。各类用人单位应当根据国家有关法律、法规，积极采取各项劳动保护措施，提供劳动者能正常生产或工作所必需的基本条件，严格制定并遵守国家规定的工作时间和休息休假制度，遵从国家关于劳动安全方面的设施设备管理，遵守对女职工和未成年工进行特殊的劳动保护等规定，以保障劳动者在人身安全及人体不受危害的环境下从事工作。

（二）企业的安全生产保障

根据《中华人民共和国安全生产法》（以下简称《安全生产法》）第二十条

规定："生产经营单位应当具备本法和有关法律、行政法规和国家标准或者行业标准规定的安全生产条件；不具备安全生产条件的，不得从事生产经营活动。"①

根据《安全生产法》第四条规定："生产经营单位必须遵守本法和其他有关安全生产的法律、法规，加强安全生产管理，建立健全全员安全生产责任制和安全生产规章制度，加大对安全生产资金、物资、技术、人员的投入保障力度，改善安全生产条件，加强安全生产标准化、信息化建设，构建安全风险分级管控和隐患排查治理双重预防机制，健全风险防范化解机制，提高安全生产水平，确保安全生产。平台经济等新兴行业、领域的生产经营单位应当根据本行业、领域的特点，建立健全并落实全员安全生产责任制，加强从业人员安全生产教育和培训，履行本法和其他法律、法规规定的有关安全生产义务。"这是关于企业确保安全生产的基本前提。企业要注意两点：

一是各类企业必须遵守有关安全生产的法律法规。《安全生产法》是有关安全生产的专门法律，确立了有关安全生产的各项基本法律制度，是企业在安全生产方面必须遵守的行为规范。此外，全国人大常委会还制定了《中华人民共和国矿山安全法》《中华人民共和国建筑法》《中华人民共和国煤炭法》等其他有关安全生产的法律，国务院制定了若干有关安全生产的行政法规，各地也依法结合本地实际情况，制定了一批有关安全生产的地方性法规。对这些有关安全生产的法律法规，各类企业必须严格遵照执行，违反者将被依法追究法律责任。

二是各类企业必须切实制定和落实安全生产责任制。安全生产管理是企业管理的重要内容。"管生产必须管安全"。企业必须按照法律法规和国家有关规定，结合本单位具体情况，依法建立健全安全生产责任制和安全生产规章制度。企业安全生产责任制度，是指由企业主要负责人应负的安全生产责任、各职能部门及其管理人员和技术人员应负的安全生产责任、各岗位操作人员应负的本岗位安全生产责任所构成的企业全员安全生产制度，是企业安全生产规章制度中的重要组成部分。只有从企业主要负责人到各岗位操作人员，人人都有明确的安全生产责任，人人都按照自己的职责做好安全生产工作，企业的安全生产工作才能真正落到实处，安全生产才能得到保障。

---

① 本书讨论的生产经营单位，主要是指各类企业。

二、企业主要负责人的安全生产职责

《安全生产法》第五条明确规定："生产经营单位的主要负责人是本单位安全生产第一责任人，对本单位的安全生产工作全面负责。其他负责人对职责范围内的安全生产工作负责。"这是安全生产责任制度中的一个核心内容。法律所规定的企业主要负责人的责任是明确的，也是重大的、不可推卸的，其既有管理指挥的权力，又有承担全面责任的义务。

这里讲的"主要负责人"，包括法人单位的法定代表人，如有限责任公司或股份有限公司的董事长，也包括其全面负责日常生产经营活动的总经理，以及非法人单位的依照法律、行政法规和国家其他有关规定代表单位行使职权的正职领导等。

管生产必须管安全、谁主管谁负责，这是我国安全生产工作长期坚持的一项基本原则。企业的主要负责人有责任、有义务在搞好单位生产经营活动的同时，搞好单位的安全生产工作，摆正安全与生产的关系，做到不安全不生产，生产必须安全。安全生产工作涉及企业生产经营活动的各个方面，必须要由企业"一把手"挂帅领导，统筹协调，负全面责任。企业可以安排副职负责人协助主要负责人分管安全生产工作，但不能因此减轻或免除主要负责人对本单位安全生产工作所负的全面责任。企业的安全生产不仅关系到本单位的职工人身安全和财产安全，还可能影响社会公共安全。企业主要负责人对安全生产全面负责，不仅是对本单位的责任，也是对社会应负的责任。因此，法律对企业的主要负责人对本单位安全生产工作的职责作了具体规定。

根据《安全生产法》第二十一条规定，生产经营单位的主要负责人对本单位安全生产工作负有下列职责：（1）建立健全并落实本单位全员安全生产责任制，加强安全生产标准化建设；（2）组织制定并实施本单位安全生产规章制度和操作规程；（3）组织制定并实施本单位安全生产教育和培训计划；（4）保证本单位安全生产投入的有效实施；（5）组织建立并落实安全风险分级管控和隐患排查治理双重预防工作机制，督促、检查本单位的安全生产工作，及时消除生产安全事故隐患；（6）组织制定并实施本单位的生产安全事故应急救援预案；（7）及时、如实报告生产安全事故。

法律规定的上述七项职责，是企业主要负责人的主要职责，必须认真履行。

如果企业主要负责人未依法履职，则要承担严格的法律责任。根据《安全生产法》的规定：

1. 企业的主要负责人未履行《安全生产法》规定的安全生产管理职责的，责令限期改正，处2万元以上5万元以下的罚款。

2. 企业的主要负责人未履行《安全生产法》规定的安全生产管理职责的，逾期未改正的，处5万元以上10万元以下的罚款，责令生产经营单位停产停业整顿。

3. 企业的主要负责人有前两种违法行为，导致发生生产安全事故的，给予撤职处分；构成犯罪的，依照《刑法》有关规定追究刑事责任。

4. 企业的主要负责人受刑事处罚或者撤职处分的，自刑罚执行完毕或者受处分之日起，5年内不得担任任何生产经营单位的主要负责人；对重大、特别重大生产安全事故负有责任的，终身不得担任本行业生产经营单位的主要负责人。

5. 若因企业的主要负责人未履行法定的安全生产管理职责，导致发生生产安全事故的，由应急管理部门依照事故性质（一般事故、较大事故、重大事故、特别重大事故），分别处上一年年收入40%至100%的罚款。

三、企业安全生产管理机构的职责

在《安全生产法》中，对安全管理机构的设置和人员配备作出了强制性的规定，即作为法定事项来实施。根据《安全生产法》第二十四条的规定，矿山、金属冶炼、建筑施工、运输单位和危险物品的生产、经营、储存、装卸单位，应当设置安全生产管理机构或者配备专职安全生产管理人员。此外的其他企业，从业人员超过一百人的，也应当设置安全生产管理机构或者配备专职安全生产管理人员；从业人员在一百人以下的，应当配备专职或者兼职的安全生产管理人员。在一个企业中，切实做好安全生产，必须要有机构和专人具体管理。

这里的“安全生产管理机构”是指企业内部设立的专门负责安全生产管理事务的独立的部门。“专职安全生产管理人员”是指在企业中专门负责安全生产管理，不再兼任其他工作的人员。

按照《安全生产法》第二十五条的规定，企业的安全生产管理机构以及安全生产管理人员应履行下列职责：

1. 组织或者参与拟订本单位安全生产规章制度、操作规程和生产安全事故应急救援预案。

2. 组织或者参与本单位安全生产教育和培训，如实记录安全生产教育和培训情况。

3. 组织开展危险源辨识和评估，督促落实本单位重大危险源的安全管理措施。

4. 组织或者参与本单位应急救援演练。

5. 检查本单位的安全生产状况，及时排查生产安全事故隐患，提出改进安全生产管理的建议。

6. 制止和纠正违章指挥、强令冒险作业、违反操作规程的行为。

7. 督促落实本单位安全生产整改措施。

企业的安全生产管理机构以及安全生产管理人员应当恪尽职守，依法履行职责。

《安全生产法》还规定，企业作出涉及安全生产的经营决策，应当听取安全生产管理机构以及安全生产管理人员的意见。企业不得因安全生产管理人员依法履行职责而降低其工资、福利等待遇或者解除与其订立的劳动合同。对于危险物品的生产、储存单位以及矿山、金属冶炼单位的安全生产管理人员的任免，应当告知主管的负有安全生产监督管理职责的部门。

按照《安全生产法》规定，企业的其他负责人和安全生产管理人员未履行法定安全生产管理职责的，责令限期改正，处 1 万元以上 3 万元以下的罚款；导致发生生产安全事故的，暂停或者吊销其与安全生产有关的资格，并处上一年年收入 20%以上 50%以下的罚款；构成犯罪的，依照《刑法》有关规定追究刑事责任。

四、建立全员安全生产责任制

根据《安全生产法》的规定，应当建立健全企业的全员安全生产责任制，明确各岗位的责任人员、责任范围和考核标准等内容，建立相应的机制，加强对全员安全生产责任制落实情况的监督考核，保证全员安全生产责任制的落实。

1. 应当对从业人员进行安全生产教育和培训，保证从业人员具备必要的安全生产知识，熟悉有关的安全生产规章制度和安全操作规程，掌握本岗位的安全操作技能，了解作业场所和工作岗位存在的危险因素、防范措施以及事故应急处理措施，知悉自身在安全生产方面的权利和义务。未经安全生产教育和培训合格的从业人员，不得上岗作业。

2. 对企业的特种作业人员必须按照国家有关规定经专门的安全作业培训，取得相应资格，方可上岗作业。

3. 使用被派遣劳动者的，被派遣劳动者享有法定从业人员的权利，并应当履行法定从业人员的义务。用工单位应当将被派遣劳动者纳入本单位从业人员统一管理，对被派遣劳动者进行岗位安全操作规程和安全操作技能的教育和培训。劳务派遣单位也应当对被派遣劳动者进行必要的安全生产教育和培训。

4. 接收中等职业学校、高等学校学生实习的，应当对实习学生进行相应的安全生产教育和培训，提供必要的劳动防护用品。学校也应当协助企业对实习学生进行安全生产教育和培训。

5. 应当建立安全生产教育和培训档案，如实记录安全生产教育和培训的时间、内容、参加人员以及考核结果等情况。

6. 应当关注从业人员的身体、心理状况和行为习惯，加强对从业人员的心理疏导、精神慰藉，严格落实岗位安全生产责任，防范从业人员行为异常导致事故发生。

五、职工获得安全生产保障的权利义务

在企业安全生产管理中，不仅对企业管理方有法律规范，对企业中的职工也有相应的法律规定。《安全生产法》第六条明确规定："生产经营单位的从业人员有依法获得安全生产保障的权利，并应当依法履行安全生产方面的义务。"

《安全生产法》中所指的"从业人员"，是指该单位从事生产经营活动各项工作的所有职工，包括管理人员、技术人员和各岗位的工人，也包括企业临时聘用的人员。这些人员不仅作为保障对象，而且由于他们的行为还直接关系到安全生产的实施，因而又负有义务，所以在法律中规定，从业人员既有获得安全生产保障的权利，又应依法履行安全生产方面的义务。

对从业人员的安全生产保障，关系到从业人员的生命安全。从业人员有获得

安全生产保障的权利，这是劳动者应享有基本权利。各国和有关国际组织对此都给予高度重视，以立法予以保障。在我国于2001年批准加入的联合国《经济、社会及文化权利国际公约》中明确规定："各缔约国承认人人有权享受公正和良好的工作条件，特别要保证……安全和卫生的工作条件。"我国《宪法》在"公民的基本权利和义务"一章中明确规定："国家通过各种途径……加强劳动保护，改善劳动条件……"在我国《劳动法》《工会法》等法律中，也都有关于劳动者安全生产保障问题的规定。《安全生产法》作为安全生产的专门法，对企业员工获得安全生产保障的权利作了更具体的规定。

（一）员工享有签订劳动合同确定对员工的劳动保护权

为了使劳动者获得安全生产保障的权利在有法律效力的文书中得以体现，使之成为企业的具体义务和从业人员的具体权利，《安全生产法》第五十二条明确规定："生产经营单位与从业人员订立的劳动合同，应当载明有关保障从业人员劳动安全、防止职业危害的事项，以及依法为从业人员办理工伤保险的事项。生产经营单位不得以任何形式与从业人员订立协议，免除或者减轻其对从业人员因生产安全事故伤亡依法应承担的责任。"

《安全生产法》与《劳动法》相衔接，明确规定企业和员工确定劳动关系，订立劳动合同，有关保障安全生产的事项和办理社会保险是劳动合同的法定事项或必备事项，必须依法确定这些事项并记载于劳动合同之中。这是维护从业人员权利的一项法律措施，也是企业应尽义务的有确定性的内容。只有具备了这些法定事项，劳动合同才具有这方面的合法性，而这种合法性是不可缺少的。法律禁止企业与从业人员订立违反法律规定、逃避安全事故责任的协议，企业不得以任何形式与从业人员订立协议来免除或者减轻其对从业人员因生产安全事故伤亡依法应承担的责任。

根据《安全生产法》第一百零六条规定："生产经营单位与从业人员订立协议，免除或者减轻其对从业人员因生产安全事故伤亡依法应承担的责任的，该协议无效；对生产经营单位的主要负责人、个人经营的投资人处二万元以上十万元以下的罚款。"

（二）员工享有对作业场所和工作岗位安全生产方面的知情权和建议权

根据《安全生产法》第五十三条规定："生产经营单位的从业人员有权了解

其作业场所和工作岗位存在的危险因素、防范措施及事故应急措施，有权对本单位的安全生产工作提出建议。”

从业人员在企业中直接从事操作、直接进行管理，其是否安全与生产经营有直接关系，因此应当有权利了解有关的情况，所以，在法律上赋予其知情权是必要的；同时，因为从业人员特别是在生产第一线的人员处于安全生产事故可能发生的威胁之中，最了解和关心安全生产情况，因而在法律上又赋予了其建议权。

依照法律规定，企业的从业人员有权了解其作业场所和工作岗位与安全生产有关的两方面情况：一是存在的危险因素；二是防范措施和事故应急措施。

1. 企业员工有权了解其作业场所和工作岗位存在的危险因素

作业场所，是员工进行生产劳动的区域，包含三种不同的空间范围。其一，作业接触空间，是人体在规定位置上进行作业时所必需的空间，员工完成生产任务时大部分工时主要在此范围内度过；其二，作业活动空间，是人体在作业时或进行其他活动时，自由活动所需的空间（如进出工作岗位或暂时休息等）；其三，安全防护空间，是为保障人体安全，避免人体与危险源直接接触所需的空间。

由于生产经营活动的特点，作业场所和工作岗位存在危险因素是必然的。危险因素一般是指能对人造成伤亡或者对物造成突发性损害的因素。员工有权了解作业场所和工作岗位存在的危险因素，如易燃易爆、有毒有害、辐射性物质等危险物品及其可能对人体造成的伤害，机械设备运转时存在的危险因素等。员工了解这些危险因素，对于其提高防范意识十分必要。企业应当如实告知，不得隐瞒，更不得欺骗员工。

2. 企业员工有权了解针对各种危险因素的防范措施和事故应急措施

各种危险因素的防范措施，是指为了防止、避免危险因素对员工人身安全造成危害而应当采取的技术上、操作上的措施。事故应急措施是指企业根据本单位实际情况，针对可能发生的事故的类别、性质、特点和范围制定的事故发生时应当采取的组织、技术措施和其他应急措施。员工有权了解这些防范措施和应急措施，这不仅是员工的权利，也是有效预防事故的发生和将事故损失降低到最低限度的需要，同时还是员工实现自我保护的有效途径。

3. 企业员工有权对本单位的安全生产工作提出建议

在生产经营活动的实践中，员工对本单位的安全生产工作有切身的感受和体会，能够提出一些合理化的、切中要害的建议。因此，赋予员工对本单位安全生产工作提出建议权，不仅可以充分调动员工在安全生产管理方面的主动性和积极性，体现安全生产管理的民主性，而且有利于减少企业安全生产工作中的失误，保障安全生产工作的科学性、合理性，有效地防止生产安全事故的发生。

（三）员工有权对安全生产中的问题提出批评、检举、控告，拒绝冒险作业

根据《安全生产法》第五十四条规定："从业人员有权对本单位安全生产工作中存在的问题提出批评、检举、控告；有权拒绝违章指挥和强令冒险作业。生产经营单位不得因从业人员对本单位安全生产工作提出批评、检举、控告或者拒绝违章指挥、强令冒险作业而降低其工资、福利等待遇或者解除与其订立的劳动合同。"

根据《安全生产法》第五十五条规定："从业人员发现直接危及人身安全的紧急情况时，有权停止作业或者在采取可能的应急措施后撤离作业场所。生产经营单位不得因从业人员在前款紧急情况下停止作业或者采取紧急撤离措施而降低其工资、福利等待遇或者解除与其订立的劳动合同。"

1. 法律规定企业员工对本单位安全生产工作中存在的问题享有提出批评的权利。批评是一种有效的监督，法律规定这一权利，有利于员工对企业安全生产工作进行群众监督。同时，法律还赋予员工检举权和控告权，即员工对本单位及有关人员违反安全生产法律、法规的行为，有权向主管部门和司法机关进行检举和控告。检举是当事人以外的人员采取的揭露方式；控告是当事人自己提出的控诉。员工在行使这一权利时，应注意检举和控告的情况必须真实，实事求是，不能道听途说，无中生有，更不能凭空捏造。法律规定员工的检举权、控告权，有利于及时对违反安全生产的行为作出处理，防止生产安全事故。

2. 法律规定企业员工享有的拒绝违章指挥和强令冒险作业权，是保护员工生命安全和健康的一项重要的权利。"违章指挥"主要是指企业的负责人、生产管理人员和工程技术人员违反国家关于安全生产的法律法规和有关安全规程、规章制度的规定，不顾员工的生命安全和健康，指挥员工进行生产活动的行为。"强令冒险作业"是指企业管理人员明知开始或者继续作业会有重大危险的情况下，对于存在危及作业人员人身安全的危险因素而又没有相应的安全保护措施的作业，不顾员工的生命安全和健康，强迫命令员工进行作业。这些都对员工生命安全和健康构成极大威胁。为了保护自己的生命安全和健康，对于企业的这种行

为，劳动者有权予以拒绝。

3. 法律规定企业员工有采取紧急避险措施的权利。员工的紧急撤离权，是指其发现直接危及人身安全的紧急情况时，享有的停止作业或者在采取可能的应急措施后撤离作业场所的权利。员工行使这种权利的前提条件是其发现直接危及人身安全的紧急情况，如果不撤离会对其生命安全和健康造成直接的威胁。例如，在矿山井下开采中，发生矿压活动显现激烈、巷道（或工作面、采场）底板突然鼓起、支架破坏、煤（岩）层变软、湿润等沼气喷出的预兆时，井下作业人员在此情况下有权停止作业，及时撤离。

4. 法律规定企业不得对员工依法行使权利进行打击报复。企业员工享有在安全生产方面的批评、检举、控告权利和拒绝违章指挥、强令冒险作业的权利，这些权利是法律赋予的，企业应当保障员工行使，任何人不得侵犯员工依法享有的权利。如果企业因为员工依法行使法律规定的这些权利时，便对该员工通过降低其工资、福利待遇等方式进行打击报复，或者因此解除与该员工订立的劳动合同，就是对劳动者依法行使正当权利的侵犯。对这类打击报复行为，法律明确规定予以禁止。企业若实施此类行为则归于无效，对降低的工资要给员工补发、对福利予以恢复，解除合同的行为无效，原劳动合同依然具有法律效力。

（四）员工享有获得工伤保险待遇的权利

按照《安全生产法》第五十一条规定："生产经营单位必须依法参加工伤保险，为从业人员缴纳保险费。国家鼓励生产经营单位投保安全生产责任保险；属于国家规定的高危行业、领域的生产经营单位，应当投保安全生产责任保险……"

工伤保险是与企业的安全生产工作关系最密切的社会保险。因为在现实的生产经营活动中，即使采取了各种严密的安全防范措施，也不可能完全杜绝生产安全事故的发生；而在生产安全事故发生后，对事故中受到伤害的员工的救治以及生活保障将会花费一笔十分庞大的费用，这笔费用如果完全由发生事故的单位承担，对其无疑是一个沉重的负担，而且有些情况下单位根本承担不起这部分费用，从而使在事故中受到伤害的劳动者的生活得不到保障。这就需要通过工伤保险，使员工依法获得工伤保险待遇。

同时，国家还鼓励属于高危行业的企业为员工投保安全生产责任保险，以利于对受到生产安全事故伤害的员工进行必要的补充性救助。

（五）员工有依法履行安全生产的义务

企业员工在享有获得安全生产保障权利的同时，也负有以自己的行为保证安全生产的义务。对此，《安全生产法》也作出了相应的规定："从业人员应当接受安全生产教育和培训，掌握本职工作所需的安全生产知识，提高安全生产技能，增强事故预防和应急处理能力。"从业人员在作业过程中，应当严格遵守本单位的安全生产规章制度和操作规程。

企业员工伤亡事故的发生，不外乎人的不安全行为和物的不安全状态两种原因。其中控制人的不安全行为是减少伤亡事故的主要措施。而对企业员工进行安全生产教育，是控制人的不安全行为的有效方法，是安全生产管理工作中的一个重要组成部分，是提高员工安全素质和自我保护能力，防止事故发生，保证安全生产的重要手段。员工应当有主动接受安全生产教育和培训的意识，并掌握本职工作所需的安全生产知识，提高安全生产技能，增强事故预防和应急处理能力。

企业员工在作业过程中，应当严格遵守本单位的安全生产规章制度和操作规程，服从管理，正确佩戴和使用劳动防护用品。劳动防护用品分为一般劳动防护用品和特种劳动防护用品。一般劳动防护用品是指普遍适用于各行业、各岗位劳动者的防护用品，如工作服、工作帽、工作手套等。特种劳动防护用品是指特种作业、危险作业等特殊环境下作业使用的劳动防护用品，如在噪音、强光条件下工作的工人佩戴的护耳器、防护眼睛的器具，给高空作业的工人供给的安全带，给从事电器操作的工人供给的绝缘靴、绝缘手套等。劳动防护用品是保护职工安全所采取的必不可少的辅助措施，在某种意义上说，它是劳动者防止职业伤害的最后一项措施。在劳动条件差、危害程度高或集体防护措施起不到防护作用的情况下（如抢修或检修设备、野外露天作业、处理事故隐患等），劳动防护用品会成为保护劳动者的主要措施。对企业来讲要按照有关规定发放充足，不得任意削减。作为从业人员要十分珍惜，在作业过程中，应当严格遵守本单位的安全生产规章制度和操作规程，服从管理，正确佩戴和使用劳动防护用品。这是从业人员在安全生产中的基本义务。

按照《安全生产法》规定，企业员工不落实岗位安全责任，不服从管理，违反安全生产规章制度或者操作规程的，由企业给予批评教育，依照有关规章制度给予处分；造成重大事故，构成犯罪的，依照《刑法》有关规定追究刑事责任。

六、生产场所的安全管理

（一）设置安全警示标志

按照《安全生产法》规定，企业应当在有较大危险因素的生产经营场所和有关设施、设备上，设置明显的安全警示标志。这是对广大企业员工知情权的保障，有利于提高劳动者的安全生产意识，防止和减少生产安全事故的发生。

安全警示标志应当设置在作业场所或有关设施、设备的醒目位置，一目了然，让每一个在该场所从事生产经营活动的劳动者或者该设施、设备的使用者，都能够清楚地看到。这样才能真正起到警示作用。

（二）生产经营场所和员工宿舍的安全管理规定

按照《安全生产法》规定，一是企业生产、经营、储存、使用危险物品的车间、商店、仓库不得与员工宿舍在同一座建筑物内，并应当与员工宿舍保持安全距离。所谓安全距离，是指在这个距离之外，即使发生事故，也不致损害宿舍内员工的人身安全。生产、经营、使用、储存危险物品的车间、商店、仓库等危险性很大，很容易发生爆炸、中毒、火灾等事故，与员工宿舍在同一座建筑物内是非常危险的。现实中，确有一些企业为了追求经济利益，节省开支，不顾员工的生命财产安全，将企业的生产车间、仓库和员工宿舍混设在同一座建筑物内，一旦发生生产安全事故，特别是发生火灾事故，极易导致群死群伤的恶性事故。二是企业生产经营场所和员工宿舍应当设有符合紧急疏散要求、标志明显、保持畅通的出口、疏散通道。禁止占用、锁闭、封堵生产经营场所或者员工宿舍的出口、疏散通道。这是根据实践中的教训作出的规定。生产经营活动是一个复杂的过程，多种因素都可能对企业的安全生产造成影响。因此，保证生产经营场所和员工宿舍出口的畅通，是一项非常必要的安全防范措施。

（三）企业必须提供劳动防护用品

按照法律规定，企业必须为从业人员提供符合国家标准或者行业标准的劳动防护用品，并监督、教育从业人员按照使用规则佩戴、使用。

1. 企业必须为从业人员提供符合国家标准或者行业标准的劳动防护用品。劳动防护用品是指在劳动过程中能够对劳动者的人身起保护作用，使劳动者免遭或减轻各种人身伤害或职业危害的各种用品。企业必须为从业人员提供符合国家标准或者行业标准的劳动防护用品，是一项法定义务。《劳动法》第五十四条规定，用人单位必须为劳动者提供符合国家规定的劳动安全卫生条件和必要的劳动防护用品。据此，企业必须为员工提供劳动防护用品，不得拒绝提供，也不得以货币或其他物品替代劳动防护用品。

2. 企业必须监督和教育从业人员按照使用规则佩戴、使用劳动防护用品。按照《安全生产法》的规定："从业人员在作业过程中，应当严格落实岗位安全责任，遵守本单位的安全生产规章制度和操作规程，服从管理，正确佩戴和使用劳动防护用品。"从实践中发生的有关生产安全事故看，有一些状况是因为员工没有按照使用规则佩戴、使用劳动防护用品。出现这种情况的原因可能是员工不懂得使用规则，也可能是知道而不按要求去做。因此，为了使劳动防护用品真正发挥作用，保证安全生产，企业除了为劳动者提供符合国家标准或者行业标准的劳动防护用品之外，还必须采取切实措施，监督、教育从业人员按照使用规则佩戴、使用劳动防护用品。

以案释法

案情简介

小王入职一家快递公司做快递员，公司与其签订了劳动合同，并办理了社会保险。但是，公司要求快递人员自备电动车和安全头盔，根据公司的派单完成工作任务。一天，小王在上班途中发生交通事故，因电动车破旧和安全头盔不合格，导致小王头部被擦伤。小王申请认定工伤。结果，因交警部门出具的事故责任认定书认定小王在此次交通事故中承担事故的主要责任，故不能认定为工伤。小王随后找快递公司要求其承担部分伤害赔偿责任。快递公司称，已经为小王参加了工伤保险，但因小王不能被认定为工伤，所以公司不承担任何责任。

小王为此向人社局投诉，以公司没有为员工提供劳动保护或者劳动条件（即没有提供符合国家标准的劳动条件和劳动防护用品，而是要求员工自备电动车和安全头盔）为由，违反了《劳动法》第九十二条的规定，"未向劳动者提供必要的劳动防护用品"；违反了《劳动合同法》第三十八条的规定，"未按照劳动合同约定提供劳动保护或者劳动条件"；违反了《安全生产法》

第四十五条的规定，“生产经营单位必须为从业人员提供符合国家标准或者行业标准的劳动防护用品”，要求对公司进行处理，并解除劳动合同，责令公司支付经济补偿。

案例评述

用人单位招用员工，应当依法提供劳动保护或者劳动条件，不能让员工自带劳动工具或自我解决劳动条件。根据《劳动法》第九十二条规定：“用人单位的劳动安全设施和劳动卫生条件不符合国家规定或者未向劳动者提供必要的劳动防护用品和劳动保护设施的，由劳动行政部门或者有关部门责令改正，可以处以罚款……”根据《安全生产法》规定：“生产经营单位必须为从业人员提供符合国家标准或者行业标准的劳动防护用品，并监督、教育从业人员按照使用规则佩戴、使用。”生产经营单位“未为从业人员提供符合国家标准或者行业标准的劳动防护用品的”，“责令限期改正，处五万元以下的罚款；逾期未改正的，处五万元以上二十万元以下的罚款，对其直接负责的主管人员和其他直接责任人员处一万元以上二万元以下的罚款；情节严重的，责令停产停业整顿”。根据《劳动合同法》第三十八条的规定，用人单位“未按照劳动合同约定提供劳动保护或者劳动条件的”，劳动者可以解除劳动合同，并可获得经济补偿。据此，小王的诉求应予支持。

七、企业在承包或出租活动中的安全职责

根据《安全生产法》规定，企业不得将生产经营项目、场所、设备发包或者出租给不具备安全生产条件或者相应资质的单位或者个人。生产经营项目、场所发包或者出租给其他单位的，企业应当与承包单位、承租单位签订专门的安全生产管理协议，或者在承包合同、租赁合同中约定各自的安全生产管理职责。企业对承包单位、承租单位的安全生产工作统一协调、管理，定期进行安全检查，发现安全问题的，应当及时督促整改。

企业将生产经营项目、场所、设备发包或者出租，本质上是一种民事行为，可以自主决定。但是，此行为必须符合法律的强制性规定。在企业将生产经营项目、场所、设备发包或者出租的情形下，生产经营活动实际上是由承包人或者承

租人（包括单位和个人）来进行的。因此，承包人或者承租人如果不具备安全生产条件或者不具备相应的资质，安全生产同样不能得到保障。

所谓具备“安全生产条件”，是指承包人、承租人必须具备有关安全生产的法律、法规和国家标准或者行业标准规定的保障安全生产所必需的设施、设备、管理制度以及人员等方面的条件。

所谓相应“资质”，是指根据法律、法规、规章规定，从事特定行业或项目的生产经营活动所具备的资格。如具有相应的技术人员、设施、设备，有健全的管理制度等。

企业在选择承包或者租赁对象时，不能只为了经济利益，对其安全生产条件和资质不闻不问，而必须考察其是否具备安全生产条件或者相应资质。根据《安全生产法》规定：“生产经营单位将生产经营项目、场所、设备发包或者出租给不具备安全生产条件或者相应资质的单位或者个人的，责令限期改正，没收违法所得；违法所得十万元以上的，并处违法所得二倍以上五倍以下的罚款；没有违法所得或者违法所得不足十万元的，单处或者并处十万元以上二十万元以下的罚款；对其直接负责的主管人员和其他直接责任人员处一万元以上二万元以下的罚款；导致发生生产安全事故给他人造成损害的，与承包方、承租方承担连带赔偿责任。”

提醒企业注意，企业不能因为有了与承包单位、承租单位在安全生产管理方面的约定而减轻自己在安全生产方面的责任，企业应对该项目、场所的安全生产全面负责。如果该生产经营项目、场所有违反有关法律、行政法规关于安全生产的管理规定的行为，应由企业承担相应的责任；如果发生了生产安全事故，也首先要追究企业的责任。企业在承担了相应的责任后，可以根据安全生产管理协议的约定，追究承包单位、承租单位的责任。

八、企业违反劳动安全卫生标准的法律责任

一是对企业有下列行为之一的，责令限期改正，处 10 万元以下的罚款；逾期未改正的，责令停产停业整顿，并处 10 万元以上 20 万元以下的罚款，对其直接负责的主管人员和其他直接责任人员处 2 万元以上五万元以下的罚款：（1）未按照规定设置安全生产管理机构或者配备安全生产管理人员、注册安全工程师

的；（2）危险物品的生产、经营、储存、装卸单位以及矿山、金属冶炼、建筑施工、运输单位的主要负责人和安全生产管理人员未按照规定经考核合格的；（3）未按照规定对从业人员、被派遣劳动者、实习学生进行安全生产教育和培训，或者未按照规定如实告知有关的安全生产事项的；（4）未如实记录安全生产教育和培训情况的；（5）未将事故隐患排查治理情况如实记录或者未向从业人员通报的；（6）未按照规定制定生产安全事故应急救援预案或者未定期组织演练的；（7）特种作业人员未按照规定经专门的安全作业培训并取得相应资格，上岗作业的。

二是对企业的劳动安全设施和劳动卫生条件不符合国家规定或者未向劳动者提供必要的劳动防护用品和劳动保护设施的，由劳动行政部门或者有关部门责令改正，可以处以罚款；情节严重的，提请县级以上人民政府决定责令停产整顿；对事故隐患不采取措施，致使发生重大事故，造成劳动者生命和财产损失的，对责任人员比照《刑法》的有关规定追究刑事责任。

三是如果检查发现企业有下列情形之一，责令限期改正，处5万元以下的罚款，对其直接负责的主管人员和其他直接责任人员处1万元以下的罚款；逾期未改正的，责令停产停业整顿；构成犯罪的，依照《刑法》有关规定追究刑事责任：（1）生产、经营、储存、使用危险物品的车间、商店、仓库与员工宿舍在同一座建筑内，或者与员工宿舍的距离不符合安全要求的；（2）生产经营场所和员工宿舍未设有符合紧急疏散需要、标志明显、保持畅通的出口、疏散通道，或者占用、锁闭、封堵生产经营场所或者员工宿舍出口、疏散通道的。

第二节　职工职业伤害的保护

一、职工依法享有职业卫生保护的权利

（一）职业病与职业卫生保护

什么是职业病？根据《职业病防治法》规定：“本法所称职业病，是指企业、事业单位和个体经济组织等用人单位的劳动者在职业活动中，因接触粉尘、放射性物质和其他有毒、有害因素而引起的疾病。职业病的分类和目录由国务院卫生

行政部门会同国务院劳动保障行政部门制定、调整并公布。”

对于职业病，法律上所作的仅是一个基本规定，而更为具体的则是进一步地规定职业病的分类目录，由国务院卫生行政部门会同国务院劳动保障行政部门规定、调整并公布。也就是说，由政府部门依照法律的授权具体规定职业病的分类和目录，列入目录的职业病是依法确定的职业病，又称法定职业病。

职业卫生保护，是指在职业病防治工作中，为保护职工健康，治理职业病危害，预防职业病发生而采取的一切有效的措施和方法的总称。实施职业卫生保护，预防职业伤害，应当着力减少企业职工在社会劳动过程中受到的职业危害。

职业危害，是指企业职工在劳动过程中因接触有毒有害物品和遇到各种不安全因素而有损于健康的危害。一般包括：

1. 在生产过程中的危害。如有毒物质和生产性粉尘的侵害；物理因素的危害，如高温高压、低温低压、电离辐射、非电离辐射、噪音、振动等；生物因素的危害，如生产劳动过程中的疫病、细菌、病毒感染等。

2. 与劳动状况有关的危害。包括作业时间过长，劳动负荷过重，职工生理状况不适应或个别生理器官或系统过度紧张，长时间采用同一个不良体位等。

3. 与生产环境有关的危害。如厂房狭小，通风和照明不合理，缺乏防寒取暖和防暑降温等设施，卫生防护装置不健全等。

法律明确规定，用人单位应当建立、健全职业病防治责任制，加强对职业病防治的管理，提高职业病防治水平，对本单位产生的职业病危害承担责任。用人单位应当依照法律、法规要求，严格遵守国家职业卫生标准，落实职业病预防措施，从源头上控制和消除职业病危害。

（二）劳动者依法享有职业卫生保护的权利

根据《职业病防治法》第四条第一、二款规定：“劳动者依法享有职业卫生保护的权利。用人单位应当为劳动者创造符合国家职业卫生标准和卫生要求的工作环境和条件，并采取措施保障劳动者获得职业卫生保护。”按照《职业病防治法》第三十九条规定，劳动者享有的职业卫生保护权利包括以下几个方面：

1. 获得职业卫生教育、培训。劳动者为了掌握劳动技能，掌握职业病防治方面的知识与技能，有必要接受职业卫生教育和培训，这是劳动者享有的权利。对此，各类企业有义务对劳动者进行上岗前的职业卫生培训和在岗期间的定期职业卫生培训。

2. 享受职业健康检查、职业病诊疗、康复等职业病防治服务。职业健康检查，是职业健康监护制度的重要内容。劳动者有权享受定期的职业健康检查，以便能够经常性地了解自己的身体状况，及时发现职业病，并得到及时的治疗。按照法律规定，对从事接触职业病危害的作业的劳动者，用人单位有义务按照国务院卫生行政部门的规定组织上岗前、在岗期间和离岗时的职业健康检查。当劳动者患职业病后，用人单位应当按照国家规定安排职业病病人进行治疗、康复。

3. 了解工作场所产生或者可能产生的职业病危害因素、危害后果以及应当采取的职业病防护措施。劳动者对职业病危害享有的知情权，主要是通过与用人单位签订劳动合同来实现的。用人单位与劳动者签订劳动合同时和上岗前，应当将工作过程中产生的职业病危害及其后果、职业病防护措施等如实告知劳动者。

4. 要求用人单位提供符合防治职业病要求的职业病防护设施和个人使用的职业病防护用品，改善工作条件。由于劳动者从事接触职业病危害因素的作业，因而应当得到适当的保护，这是保护劳动者身体健康的重要措施。

5. 对违反职业病防治法律、法规以及危及生命健康的行为提出批评、检举和控告。按照法律规定，任何单位和个人有权对违反法律的行为进行检举和控告。作为劳动者，对于违反《职业病防治法》的行为当然有检举和控告的权利。检举可以署名，也可以不署名；可以用书面形式，也可以用口头形式。但是，劳动者在行使这一权利时，应注意检举和控告的情况必须真实，实事求是，不能道听途说，无中生有，更不能凭空捏造。

6. 拒绝违章指挥和强令进行没有职业病防护措施的作业。这是保护劳动者生命健康的一项非常重要的权利。进行没有职业病防护措施的作业，是指用人单位对于没有职业病防治法律法规规定的职业病防护措施的作业，不顾劳动者的生命健康，强迫、命令劳动者进行作业。这些都是对劳动者生命健康的极大威胁。为了保护自己的生命健康，对于用人单位的这种行为，劳动者应当有权加以拒绝。

7. 参与用人单位职业卫生工作的民主管理，对职业病防治工作提出意见和建议。职业病防治工作涉及劳动者的生命健康。因此，劳动者有权利参与用人单位的民主管理，通过参与民主管理，可以对职业病防治工作提出意见与建议，共同做好用人单位的职业病防治工作。

劳动者享有的上述职业卫生保护权利，是法律赋予劳动者的权利，用人单位应当保障劳动者行使，任何人不得侵犯劳动者依法享有的权利。如果用人单位因为劳动者依法行使法律规定的权利，便对该劳动者通过降低其工资及福利待遇等方式，对其进行打击报复，或者因此解除、终止与该劳动者订立的劳动合同，这些行为都是对劳动者依法行使正当权利的一种侵犯，其行为无效。

二、劳动过程中的防护与管理

用人单位应当依照法律、法规要求，严格遵守国家职业卫生标准，落实职业病预防措施，从源头上控制和消除职业病危害。

（一）职业病防治管理措施

按照《职业病防治法》规定，企业员工在劳动过程中，用人单位应当采取下列职业病防治管理措施：

1. 设置或者指定职业卫生管理机构或者组织，配备专职或者兼职的职业卫生管理人员，负责本单位的职业病防治工作

用人单位必须要设置一个内设机构或者组织，或者是指定一个职业卫生管理机构或者组织，具体负责职业病防治工作。在这些机构或者组织中要有专职或者兼职的专业人员专门从事职业病的防治工作。这也是用人单位在职业病防治方面的组织建设。这样规定是为了使用人单位的职业病防治措施能够得到落实。这是职业病防治中首先要采取的措施。

2. 建立、健全职业卫生管理制度和操作规程

用人单位要将职业卫生管理作为一项制度加以建立并予以完善，必须制订出具体的职业病防治计划，以及落实职业病防治计划的具体方案。这也是检验用人单位职业病防治工作的依据之一。要健全职业卫生管理制度，比如职业病危害项目的申报制度、工作场所职业病危害因素监测制度、职业卫生培训以及职业健康检查制度等。用人单位还应当建立一套具体的操作规程。

3. 建立、健全职业卫生档案和劳动者健康监护档案

职业卫生档案，主要包括用人单位基本情况，职业病防护设施的设置、运转和效果，职业病危害因素的监测结果与分析、职业健康检查的组织和检查结果及评价。劳动者健康监护档案，主要包括职业史、职业病危害接触史、职业健康检

查结果、职业病的诊断、处理、治疗和疗养、职业病危害事故的抢救情况等有关个人健康资料。

4. 建立、健全工作场所职业病危害因素监测及评价制度

用人单位进行经常性的职业病危害因素监测、评价，是保证工作场所职业病危害因素的浓度或者强度符合国家职业卫生标准的一项重要措施。用人单位要定期邀请有卫生行政部门资质认证的职业卫生技术服务机构对工作场所的特定职业病危害因素进行检测，并出具具有法律效力的检验结果报告。

5. 建立、健全职业病危害事故应急救援预案

职业病危害事故，是指存在于工作场所的职业病危害因素由于某种意外原因，如违反操作规程，设备失修等原因，对劳动者造成的突发的职业损伤。用人单位应当制定一旦发生职业病危害事故如何救援的方案与措施，只有这样才能应对各种职业病危害事故的发生，使得在职业病危害事故发生时，能够及时地采取有效的救援措施，使受到危害的劳动者得到及时的救治，避免损失的进一步扩大，尽量减少伤亡。

（二）提供职业病防护设施和防护用品

《职业病防治法》第二十二条明确规定，用人单位必须采用有效的职业病防护设施，并为劳动者提供个人使用的职业病防护用品。用人单位为劳动者个人提供的职业病防护用品必须符合防治职业病的要求；不符合要求的，不得使用。

1. 职业病防护设施主要是指用于职业病防护的设施、工程技术、个体防护用品，以及组织管理和卫生保健措施等。职业病防护设施的使用，是保护劳动者身体健康所必不可少的。用人单位所采用的职业病防护设施必须能够真正起到有效防治职业病的作用。这是法律对用人单位规定的一项法定义务，用人单位必须履行。

2. 用人单位应当为劳动者提供个人使用的职业病防护用品，以保证劳动者的身体健康。我国的劳动者个人防护用品管理制度，早在中华人民共和国成立初期已经建立。这是保护劳动者在劳动过程中的健康所必需的一种预防性装备。劳动者个人使用的防护用品，是指劳动者在劳动过程中使用的可以防止职业病危害因素，有效地保护劳动者身体健康的个人用品，如隔热工作衣物、防毒口罩等。按照有关规定，对于有吸入毒气危险的工种的劳动者，应当发给防毒面具；对于从

事粉尘作业的工种的劳动者，应当发给防尘口罩等。

3. 用人单位为劳动者个人提供的职业病防护用品必须符合防治职业病的要求，必须能够真正起到防治职业病的作用。对于不符合要求的，即不能防治职业病的，不得提供给劳动者使用。

（三）工作场所的防护

工作场所是劳动者从事职业活动所在的环境，其中的危害因素和劳动者与其接触的状况是职业病防治必须严密监测的，必须采取防护措施消除或者减少对劳动者的危害。《职业病防治法》有针对性地规定了防护措施，主要有：

1. 产生职业病危害的用人单位，应当在醒目位置设置公告栏，公布有关职业病防治的规章制度、操作规程、职业病危害事故应急救援措施和工作场所职业病危害因素检测结果。对产生严重职业病危害的作业岗位，应当在其醒目位置，设置警示标识和中文警示说明。警示说明应当载明产生职业病危害的种类、后果、预防以及应急救治措施等内容。

这是用人单位以公告栏告知职业病危害的义务。因为许多劳动者对自己所从事劳动的职业病危害的程度，以及如何预防不一定都很清楚，有必要在醒目位置加以提醒。“醒目位置”，就是大家都能看得到的地方，并且要一目了然。“警示标识”，是指用以表示特定的含义，告诫、提示劳动者应当对于某些职业病危害因素引起高度注意和警惕的图形。“中文警示说明”，是指用来告诫、提示员工应当对职业病危害因素引起高度重视和警惕的中文说明。公布的目的，是为了让每一个劳动者对所公布的内容有所了解，以自觉地执行有关的制度和规程，加强自我保护。

2. 对可能发生急性职业损伤的有毒、有害的工作场所，用人单位应当设置报警装置，配置现场急救用品、冲洗设备、应急撤离通道和必要的泄险区。

3. 对职业病防护设备、应急救援设施和个人使用的职业病防护用品，用人单位应当进行经常性的维护、检修，定期检测其性能和效果，确保其处于正常状态，不得擅自拆除或者停止使用。

4. 用人单位应当定期对工作场所进行职业病危害因素检测、评价，检测、评价结果要存入本单位的职业卫生档案，并定期向所在地卫生行政部门报告并向劳动者公布。如果发现工作场所职业病危害因素不符合国家职业卫生标准和卫生要求时，用人单位应当立即采取相应治理措施；对于经治理后仍然达不到国家职业卫生标准和卫生要求的，必须停止存在职业病危害的作业，只有在治理后达到了标准和要求才能重新作业。

三、企业职工的职业病防护措施

（一）用人单位签订劳动合同时的告知义务

职业病防治中主要涉及对劳动者的健康保护。对此，《职业病防治法》第三十三条作出了明确规定："用人单位与劳动者订立劳动合同（含聘用合同，下同）时，应当将工作过程中可能产生的职业病危害及其后果、职业病防护措施和待遇等如实告知劳动者，并在劳动合同中写明，不得隐瞒或者欺骗。劳动者在已订立劳动合同期间因工作岗位或者工作内容变更，从事与所订立劳动合同中未告知的存在职业病危害的作业时，用人单位应当依照前款规定，向劳动者履行如实告知的义务，并协商变更原劳动合同相关条款。用人单位违反前两款规定的，劳动者有权拒绝从事存在职业病危害的作业，用人单位不得因此解除与劳动者所订立的劳动合同。"

1. 按照法律规定，用人单位与劳动者在签订劳动合同时，应当履行告知义务。表明用人单位应当尊重劳动者的权利，使劳动者在知情的情况下有作出选择的权利。在劳动合同中，涉及可能出现职业伤害时，要在劳动合同中写明。例如：

（1）工作过程中可能产生的职业病危害及其后果。这是用人单位在劳动合同中必须履行的一项告知义务，是劳动者享有的一项非常重要的权利。其意义在于，劳动者只有了解劳动过程中可能产生的职业病危害及其后果，才能根据自己的身体状况加以选择，是否在该用人单位从事劳动，在此基础上，才能考虑该用人单位所给予的待遇是否适当等。

（2）职业病防护措施。虽然用人单位有产生职业病危害的可能，但是如果有相应的职业病防护措施，劳动者仍然可以选择在此从事劳动，因而这也是劳动合同中必不可少的内容。

（3）待遇。主要是指劳动者享有的社会保险、企业福利待遇以及患职业病后应享有的职业病病人的待遇。按照法律规定，用人单位对从事接触职业病危害的作业的劳动者，应当给予适当岗位津贴。

2. 对于劳动者因工作岗位或者工作内容变换，可能产生新的职业病危害时，用人单位仍有告知义务。这就是劳动者在履行劳动合同期间因工作岗位或者工作内容变换，从事的新岗位可能存在职业病危害时，法律规定用人单位应当就这种危害依法履行告知义务，并与劳动者协商变更原劳动合同相关条款。对此，面对可能有职业病危害的新岗位，劳动者仍然有选择权。如果协商变更原劳动合同不成，应当继续履行原劳动合同。

3. 劳动者有权拒绝从事存在职业病危害的作业。法律规定，用人单位违背法定义务，没有将工作过程中可能产生的职业病危害及其后果、职业病防护措施和待遇等如实告知劳动者，对劳动者进行隐瞒或者欺骗的，劳动者知道实情后，有权拒绝从事存在职业病危害的作业；如果是在订立劳动合同后履行劳动合同期间变更工作岗位，劳动者也有权拒绝从事存在职业病危害的作业，对此，用人单位不得因此解除与劳动者所订立的劳动合同。这是法律赋予劳动者保护自身健康的一项权利。

4. 按照法律规定，用人单位不得安排未成年工从事接触职业病危害的作业；不得安排孕期、哺乳期的女职工从事对本人和胎儿、婴儿有危害的作业。

（二）用人单位应当对劳动者进行职业卫生培训

依照《职业病防治法》第三十四条的规定，用人单位应当对劳动者进行上岗前的职业卫生培训和在岗期间的定期职业卫生培训，普及职业卫生知识，督促劳动者遵守职业病防治法律、法规、规章和操作规程，指导劳动者正确使用职业病防护设备和个人使用的职业病防护用品。

劳动者应当学习和掌握相关的职业卫生知识，增强职业病防范意识，遵守职业病防治法律、法规、规章和操作规程，正确使用、维护职业病防护设备和个人使用的职业病防护用品，发现职业病危害事故隐患应当及时报告。

劳动者不履行上述规定义务的，用人单位应当对其进行教育。

（三）劳动者的职业健康管理

1. 建立职业健康检查制度

根据《职业病防治法》第三十五条第一、二款规定：“对从事接触职业病危害的作业的劳动者，用人单位应当按照国务院卫生行政部门的规定组织上岗前、在岗期间和离岗时的职业健康检查，并将检查结果书面告知劳动者。职业健康检查费用由用人单位承担。用人单位不得安排未经上岗前职业健康检查的劳动者从事接触职业病危害的作业；不得安排有职业禁忌的劳动者从事其所禁忌的作业；对在职业健康检查中发现有与所从事的职业相关的健康损害的劳动者，应当调离原工作岗位，并妥善安置；对未进行离岗前职业健康检查的劳动者不得解除或者终止与其订立的劳动合同。”

（1）按照法律规定，对于从事接触职业病危害的作业的劳动者，用人单位应当按照国家规定组织员工进行职业健康检查。职业健康检查，是职业健康监护制度的重要内容。用人单位组织职业健康检查应当分为三个阶段：

一是上岗前的检查。其目的在于发现职业禁忌症，以便分清责任。检查的内容为，根据劳动者拟从事的工种和工作岗位，分析该工种和岗位存在的职业病危害因素及其对人体健康的影响，确定特定的健康检查项目，根据检查结果，评价劳动者是否适合从事该工种的作业。通过上岗前的职业健康检查，可以防止职业病发生。

二是在岗期间的检查。其目的在于及时发现劳动者的健康损害。在岗期间的职业健康检查要定期进行，根据检查结果，评价劳动者的健康变化是否与职业病危害因素有关，判断劳动者是否适合继续从事该工种的作业。通过对劳动者进行在岗期间的职业健康检查，可以早期发现健康损害，及时治疗，减轻职业病危害后果。

三是离岗时的检查。其目的是了解劳动者离开工作岗位时的健康状况，以分清健康损害的责任，特别是依照法律规定所要承担的民事赔偿责任。检查的内容为评价劳动者在离开工作岗位时的健康变化是否与职业病危害因素有关。其健康检查的结论是职业健康损害的医学证据。

对于职业健康检查的结果，用人单位应当如实地告知劳动者本人，不得隐瞒真实情况。关于职业健康检查的费用，法律明确规定由用人单位承担，不能由劳动者个人承担。

（2）按照法律规定，用人单位在安排劳动者从事接触职业病危害的作业时，应当注意以下几个方面：

一是对于没有经过上岗前职业健康检查的劳动者，由于不了解其身体情况，用人单位不得安排其从事接触职业病危害的作业。

二是对于有职业禁忌的劳动者，用人单位也不得安排其从事其所禁忌的作业。这里所说的职业禁忌，是指劳动者从事特定职业或者接触特定职业病危害因素时，比一般职业人群更易于遭受职业病危害和罹患职业病，或者可能导致原有自身疾病病情加重，或者在从事作业过程中诱发可能导致对他人生命健康构成危险的疾病的个人特殊生理或者病理状态。

三是对于通过职业健康检查，发现劳动者有与其所从事的职业相关的健康损害的，应当将其调离原来的工作岗位，重新安排，并应当妥善地安置好劳动者的工作与生活。

（3）按照法律规定，如果劳动者在离岗前没有进行职业健康检查，用人单位不得解除或者终止与其订立的劳动合同。这是用人单位不得解除劳动合同的条件之一。由于劳动者在离岗前没有进行职业健康检查，劳动者不了解自己的身体状况，也无法判断劳动者是否受到职业病危害，患了职业病，为了保障劳动者的合法权益，在这种情况下，用人单位在任何时候都不得单方面解除或者终止与劳动者所订立的劳动合同。

2. 建立职业健康监护档案

根据《职业病防治法》第三十六条规定："用人单位应当为劳动者建立职业健康监护档案，并按照规定的期限妥善保存。职业健康监护档案应当包括劳动者的职业史、职业病危害接触史、职业健康检查结果和职业病诊疗等有关个人健康资料。劳动者离开用人单位时，有权索取本人职业健康监护档案复印件，用人单位应当如实、无偿提供，并在所提供的复印件上签章。"

法律规定用人单位应当为劳动者建立职业健康监护档案。职业健康监护，是指为了及时发现劳动者的职业健康损害，根据劳动者的职业接触史，对劳动者进行有针对性的定期或者不定期的健康检查和连续的、动态的医学观察，记录职业接触史及健康变化，对劳动者健康变化与职业病危害因素的关系进行评价。职业健康监护档案，就是对职业健康监护的文字或者图表等的历史记录，也是劳动者健康的客观记录。职业健康监护档案既是职业病诊断鉴定的重要依据之一，也是法院审理健康权益案件的物证。职业健康监护档案的资料，一般来自职业健康检查机构。用人单位对于劳动者的职业健康监护档案应当按照规定的期限妥善保存。

按照法律规定，劳动者在离开用人单位时，有权向用人单位索取本人的职业健康监护档案的复印件，用人单位不能拒绝，并且要如实地、无偿地提供给劳动者。用人单位不能为了逃避责任，对职业健康监护档案进行篡改、伪造，加以隐瞒，提供虚假的职业健康监护档案；也不能当劳动者索取健康监护档案复印件时，向劳动者提出不合理的要求，附加条件，甚至索要费用，进而刁难劳动者。为了确认所提供的健康监护档案的效力，用人单位还应当在所提供的健康监护档案的复印件上签字、盖章。这是法律对用人单位所规定的一项义务。

四、职业病诊断与职业病病人保障

（一）关于员工职业病诊断和鉴定的规定

《职业病防治法》对劳动者的职业病诊断作出了明确规定：

1. 劳动者可以在用人单位所在地、本人户籍所在地或者经常居住地依法承担职业病诊断的医疗卫生机构进行职业病诊断。职业病诊断证明书应当由参与诊断的取得职业病诊断资格的执业医师签署，并经承担职业病诊断的医疗卫生机构审核盖章。

2. 用人单位应当如实提供职业病诊断、鉴定所需的劳动者职业史和职业病危害接触史、工作场所职业病危害因素检测结果等资料；卫生行政部门应当监督检查和督促用人单位提供上述资料；劳动者和有关机构也应当提供与职业病诊断、鉴定有关的资料。

职业病诊断、鉴定机构需要了解工作场所职业病危害因素情况时，可以对工作场所进行现场调查，也可以向卫生行政部门提出，卫生行政部门应当在 10 日内组织现场调查。用人单位不得拒绝、阻挠。

3. 职业病诊断、鉴定过程中，用人单位不提供工作场所职业病危害因素检测结果等资料的，诊断、鉴定机构应当结合劳动者的临床表现、辅助检查结果和劳动者的职业史、职业病危害接触史，并参考劳动者的自述、卫生行政部门提供的日常监督检查信息等，作出职业病诊断、鉴定结论。

4. 劳动者对用人单位提供的工作场所职业病危害因素检测结果等资料有异议，或者因劳动者的用人单位解散、破产，无用人单位提供上述资料的，诊断、鉴定机构应当提请卫生行政部门进行调查，卫生行政部门应当自接到申请之日起

30 日内对存在异议的资料或者工作场所职业病危害因素情况作出判定；有关部门应当配合。

5. 职业病诊断、鉴定过程中，在确认劳动者职业史、职业病危害接触史时，当事人对劳动关系、工种、工作岗位或者在岗时间有争议的，可以向当地的劳动人事争议仲裁委员会申请仲裁；接到申请的劳动人事争议仲裁委员会应当受理，并在 30 日内作出裁决。

当事人在仲裁过程中对自己提出的主张，有责任提供证据。劳动者无法提供由用人单位掌握管理的与仲裁主张有关的证据的，仲裁庭应当要求用人单位在指定期限内提供；用人单位在指定期限内不提供的，应当承担不利后果。

劳动者对仲裁裁决不服的，可以依法向人民法院提起诉讼。

用人单位对仲裁裁决不服的，可以在职业病诊断、鉴定程序结束之日起 15 日内依法向人民法院提起诉讼；诉讼期间，劳动者的治疗费用按照职业病待遇规定的途径支付。

6. 当事人对职业病诊断有异议的，可以向作出诊断的医疗卫生机构所在地地方人民政府卫生行政部门申请鉴定。

职业病诊断争议由设区的市级以上地方人民政府卫生行政部门根据当事人的申请，组织职业病诊断鉴定委员会进行鉴定。

当事人对设区的市级职业病诊断鉴定委员会的鉴定结论不服的，可以向省、自治区、直辖市人民政府卫生行政部门申请再鉴定。

法律规定，职业病诊断鉴定委员会由相关专业的专家组成。需要对职业病争议作出诊断鉴定时，由当事人或者当事人委托有关卫生行政部门从专家库中以随机抽取的方式确定参加诊断鉴定委员会的专家。职业病诊断鉴定委员会应当按照国务院卫生行政部门颁布的职业病诊断标准和职业病诊断、鉴定办法进行职业病诊断鉴定，向当事人出具职业病诊断鉴定书。

法律还规定，职业病诊断、鉴定费用由用人单位承担。

（二）对患有职业病和疑似病人的处理

依照《职业病防治法》的规定：

1. 用人单位应当保障职业病病人依法享受国家规定的职业病待遇。用人单位应当按照国家有关规定，安排职业病病人进行治疗、康复和定期检查。对不适宜继续从事原工作的职业病病人，应当调离原岗位，并妥善安置。对从事接触职业病危害的作业的劳动者，应当给予适当岗位津贴。

2. 职业病病人的诊疗、康复费用，伤残以及丧失劳动能力的职业病病人的社会保障，按照国家有关工伤保险的规定执行。职业病病人除依法享有工伤保险外，依照有关民事法律，尚有获得赔偿的权利的，有权向用人单位提出赔偿要求。劳动者被诊断患有职业病，但用人单位没有依法参加工伤保险的，其医疗和生活保障由该用人单位承担。

3. 职业病病人变动工作单位，其依法享有的待遇不变。用人单位在发生分立、合并、解散、破产等情形时，应当对从事接触职业病危害的作业的劳动者进行健康检查，并按照国家有关规定妥善安置职业病病人。

4. 用人单位已经不存在或者无法确认劳动关系的职业病病人，可以向地方人民政府医疗保障、民政部门申请医疗救助和生活等方面的救助。地方各级人民政府应当根据本地区的实际情况，采取其他措施，使职业病病人获得医疗救治。

5. 医疗卫生机构发现疑似职业病病人时，应当告知劳动者本人并及时通知用人单位。用人单位应当及时安排对疑似职业病病人进行诊断；在疑似职业病病人诊断或者医学观察期间，不得解除或者终止与其订立的劳动合同。疑似职业病病人在诊断、医学观察期间的费用，由用人单位承担。

五、法律责任

（一）对用人单位未履行报告和告知义务的处理

根据《职业病防治法》第七十一条规定，用人单位有下列行为之一的，由卫生行政部门责令限期改正，给予警告，可以并处5万元以上10万元以下的罚款：

1. 未按照规定及时、如实向卫生行政部门申报产生职业病危害的项目的。

2. 未实施由专人负责的职业病危害因素日常监测，或者监测系统不能正常监测的。

3. 订立或者变更劳动合同时，未告知劳动者职业病危害真实情况的。

4. 未按照规定组织职业健康检查、建立职业健康监护档案或者未将检查结果书面告知劳动者的。

5. 未依照本法规定在劳动者离开用人单位时提供职业健康监护档案复印件的。

（二）对用人单位的职业危害防护措施不到位的处理

根据《职业病防治法》第七十二条规定，用人单位有下列行为之一的，由卫生行政部门给予警告，责令限期改正，逾期不改正的，处5万元以上20万元以下的罚款；情节严重的，责令停止产生职业病危害的作业，或者提请有关人民政府按照国务院规定的权限责令关闭：

1. 工作场所职业病危害因素的强度或者浓度超过国家职业卫生标准的。

2. 未提供职业病防护设施和个人使用的职业病防护用品，或者提供的职业病防护设施和个人使用的职业病防护用品不符合国家职业卫生标准和卫生要求的。

3. 对职业病防护设备、应急救援设施和个人使用的职业病防护用品未按照规定进行维护、检修、检测，或者不能保持正常运行、使用状态的。

4. 未按照规定对工作场所职业病危害因素进行检测、评价的。

5. 工作场所职业病危害因素经治理仍然达不到国家职业卫生标准和卫生要求时，未停止存在职业病危害因素的作业的。

6. 未按照规定安排职业病病人、疑似职业病病人进行诊治的。

7. 发生或者可能发生急性职业病危害事故时，未立即采取应急救援和控制措施或者未按照规定及时报告的。

8. 未按照规定在产生严重职业病危害的作业岗位醒目位置设置警示标识和中文警示说明的。

9. 拒绝职业卫生监督管理部门监督检查的。

10. 隐瞒、伪造、篡改、毁损职业健康监护档案、工作场所职业病危害因素检测评价结果等相关资料，或者拒不提供职业病诊断、鉴定所需资料的。

11. 未按照规定承担职业病诊断、鉴定费用和职业病病人的医疗、生活保障费用的。

（三）对用人单位造成劳动者生命健康严重损害的处理

根据《职业病防治法》规定，用人单位违反本法规定，已经对劳动者生命健康造成严重损害的，由卫生行政部门责令停止产生职业病危害的作业，或者提请有关人民政府按照国务院规定的权限责令关闭，并处10万元以上50万元以下的罚款。

用人单位违反本法规定，造成重大职业病危害事故或者其他严重后果，构成犯罪的，对直接负责的主管人员和其他直接责任人员，依法追究刑事责任。

第三节 女职工和未成年工的劳动保护

一、女职工特殊保护的法律规定

女职工的特殊保护是世界各国劳动法和劳动保护工作的一个重要组成部分。女职工本身的特点决定了应当在法律上给予特殊的保护。《劳动法》第五十八条明确规定了国家对女职工实行特殊劳动保护。

我国法律规定中所指的女职工，包括所有从事体力劳动和脑力劳动的已婚、未婚的女性职工。女职工由于其生理特点，往往在劳动和工作中遇到一些特殊的困难；同时她们还承担着生育和抚育婴幼儿的天职。如果在劳动中对于女职工的这些特点不予注意，不加以保护，不仅会影响女职工本身的安全和健康，而且会影响到下一代的安全和健康。因此，为保证女职工在劳动过程中的安全和健康，就应当为女职工提供特殊的劳动保护。对女职工的保护，实质上也是对发展生产力的保护。

随着世界各国社会的进步和民主程度的提高，目前多数国家都相继制定了对女工实行特殊劳动保护的法律法规。在我国，1988 年国务院发布了《女职工劳动保护规定》（现已失效），1992 年 4 月全国七届人大第五次会议通过了《妇女权益保障法》，1994 年颁布《劳动法》，2012 年国务院颁布《女职工劳动保护特别规定》，总结了我国在女职工保护方面行之有效的经验，吸收我国在立法和实践上已经取得的成果，借鉴世界各国的通行做法，对女职工的特殊保护作出了专门规定。

为了对女职工进行有效保护，国家依法规定了女职工禁忌从事的劳动范围。按照《职业病防治法》规定，不得安排孕期、哺乳期的女职工从事对本人和胎儿、婴儿有危害的作业。按照《女职工劳动保护特别规定》规定："用人单位应当遵守女职工禁忌从事的劳动范围的规定。用人单位应当将本单位属于女职工禁忌从事的劳动范围的岗位书面告知女职工。"因为有危害的作业特别是涉及生产性毒物的工种（岗位）对女职工影响较大，如孕期的女职工容易产生流产、早产、死产或畸形等，如果女职工正在哺乳期，某些毒物进入人体后，随乳汁排出，会影响婴儿的健康成长。国家规定女职工禁忌从事某些有害健康的工种，并不是对女职工劳动就业条件的限制，而是以保护女职工本身的健康及其子女的正常发育和成长为出发点的，是对女职工身心健康的关心。

根据《女职工劳动保护特别规定》中的附录所列出，女职工禁忌从事的劳动范围主要有：

1. 矿山井下作业

在矿山井下，一般劳动条件都非常艰苦，作业环境差，危险因素多，劳动强度大；因此，禁止女职工在矿山井下从事各种劳动。目前，世界各国对此都有相应的法律规定。但女职工可以在矿山井下从事临时性的工作，如医务人员到井下进行治疗和抢救等。

2. 国家规定的第四级体力劳动强度的作业

体力劳动强度的大小是以劳动强度指数来衡量的。劳动强度指数，是由该工种的平均劳动时间率、平均能量代谢率两个因素构成的。劳动强度指数越大，体力劳动强度也越大。反之，体力劳动强度就越少。根据《劳动法》规定，禁止女职工从事国家规定的第四级体力劳动强度的劳动。

3. 每小时负重 6 次以上、每次负重超过 20 公斤的作业，或者间断负重、每次负重超过 25 公斤的作业

此外，按照《女职工劳动保护特别规定》规定，国务院安全生产监督管理部门会同国务院人力资源社会保障行政部门、国务院卫生行政部门根据经济社会发展情况，对女职工禁忌从事的劳动范围进行调整。

用人单位违反上述规定的，由县级以上人民政府安全生产监督管理部门责令限期改正，按照受侵害女职工每人 1000 元以上 5000 元以下的标准计算，处以罚款。

《女职工劳动保护特别规定》第十一条还规定："在劳动场所，用人单位应当预防和制止对女职工的性骚扰。"《女职工劳动保护特别规定》第十四条规定："用人单位违反本规定，侵害女职工合法权益的，女职工可以依法投诉、举报、申诉，依法向劳动人事争议调解仲裁机构申请调解仲裁，对仲裁裁决不服的，依法向人民法院提起诉讼。"《女职工劳动保护特别规定》第十五条规定："用人单位违反本规定，侵害女职工合法权益，造成女职工损害的，依法给予赔偿；用人

单位及其直接负责的主管人员和其他直接责任人员构成犯罪的，依法追究刑事责任。”

二、女职工“四期”的特殊劳动保护

女职工的“四期”指女职工的经期、孕期、产期、哺乳期。女职工在从事社会物质资料生产的同时，还肩负着人类自身再生产的主要职责。女职工的“四期”是完成这一人类自身再生产重担所必不可少的时期，因此，在女职工生理机能发生变化的期间，更需要对女职工加以特殊的保护。

（一）经期保护

女职工在不良的劳动条件下工作，对妇女经期的健康是有影响的，如果不注意特殊保护，将会影响女职工的健康及其生育能力。《劳动法》第六十条规定：“不得安排女职工在经期从事高处、低温、冷水作业和国家规定的第三级体力劳动强度的劳动。”

根据《女职工劳动保护特别规定》规定，附录中所列出女职工在经期禁忌从事的劳动范围有：

1. 冷水作业分级标准中规定的第二级、第三级、第四级冷水作业。
2. 低温作业分级标准中规定的第二级、第三级、第四级低温作业。
3. 体力劳动强度分级标准中规定的第三级、第四级体力劳动强度的作业。
4. 高处作业分级标准中规定的第三级、第四级高处作业。

按照规定，用人单位违反上述规定的，由县级以上人民政府安全生产监督管理部门责令限期改正，按照受侵害女职工每人1000元以上5000元以下的标准计算，处以罚款。

（二）孕期保护

根据《劳动法》第六十一条规定：“不得安排女职工在怀孕期间从事国家规定的第三级体力劳动强度的劳动和孕期禁忌从事的劳动。对怀孕七个月以上的女职工，不得安排其延长工作时间和夜班劳动。”

对怀孕7个月以上（含7个月）的女职工，用人单位不得安排其在正常劳动时间以外延长劳动时间。也不得安排夜班劳动，夜班劳动是指在当日22点至次日6点之间从事劳动或者工作。

根据《女职工劳动保护特别规定》附录的规定，女职工在孕期禁忌从事的劳动范围：

1. 作业场所空气中铅及其化合物、汞及其化合物、苯、镉、铍、砷、氰化物、氮氧化物、一氧化碳、二硫化碳、氯、己内酰胺、氯丁二烯、氯乙烯、环氧乙烷、苯胺、甲醛等有毒物质浓度超过国家职业卫生标准的作业。

2. 从事抗癌药物、己烯雌酚生产，接触麻醉剂气体等的作业。

3. 非密封源放射性物质的操作，核事故与放射事故的应急处置。

4. 高处作业分级标准中规定的高处作业。

5. 冷水作业分级标准中规定的冷水作业。

6. 低温作业分级标准中规定的低温作业。

7. 高温作业分级标准中规定的第三级、第四级的作业。

8. 噪声作业分级标准中规定的第三级、第四级的作业。

9. 体力劳动强度分级标准中规定的第三级、第四级体力劳动强度的作业。

10. 在密闭空间、高压室作业或者潜水作业，伴有强烈振动的作业，或者需要频繁弯腰、攀高、下蹲的作业。

女职工在孕期不能适应原劳动的，用人单位应当根据医疗机构的证明，予以减轻劳动量或者安排其他能够适应的劳动。怀孕的女职工在劳动时间内需要进行产前检查的，所需时间应当算作劳动时间，不能按病假、事假、旷工处理。对在生产第一线的女职工，要相应地减少生产定额，以保证产前检查时间。

用人单位违反上述规定的，由县级以上人民政府安全生产监督管理部门责令限期治理，处 5 万元以上 30 万元以下的罚款；情节严重的，责令停止有关作业，或者提请有关人民政府按照国务院规定的权限责令关闭。

（三）产期保护

产期保护是指女职工在生育期间的保护。女职工在产期内，享受一定时期的生育假和生育待遇。根据《劳动法》第六十二条规定：“女职工生育享受不少于九十天的产假。”随后，根据《女职工劳动保护特别规定》第七条规定：“女职工生育享受 98 天产假，其中产前可以休假 15 天；难产的，增加产假 15 天；生育多胞胎的，每多生育 1 个婴儿，增加产假 15 天。女职工怀孕未满 4 个月流产的，享受 15 天产假；怀孕满 4 个月流产的，享受 42 天产假。”

此外，各地对女职工产假还根据当地情况作出了一些特别规定，所在地企业也要遵守当地的规定。

（四）哺乳期保护

哺乳期是指女职工用于哺乳其婴儿的时间。按照《女职工劳动保护特别规定》规定，女职工在哺乳期禁忌从事的劳动范围有：

1. 孕期禁忌从事的劳动范围的第一项、第三项、第九项（即作业场所空气中铅及其化合物、汞及其化合物、苯、镉、铍、砷、氰化物、氮氧化物、一氧化碳、二硫化碳、氯、己内酰胺、氯丁二烯、氯乙烯、环氧乙烷、苯胺、甲醛等有毒物质浓度超过国家职业卫生标准的作业；非密封源放射性物质的操作，核事故与放射事故的应急处置；体力劳动强度分级标准中规定的第三级、第四级体力劳动强度的作业）。

2. 作业场所空气中锰、氟、溴、甲醇、有机磷化合物、有机氯化合物等有毒物质浓度超过国家职业卫生标准的作业。

按照《女职工劳动保护特别规定》第九条规定："对哺乳未满1周岁婴儿的女职工，用人单位不得延长劳动时间或者安排夜班劳动。用人单位应当在每天的劳动时间内为哺乳期女职工安排1小时哺乳时间；女职工生育多胞胎的，每多哺乳1个婴儿每天增加1小时哺乳时间。"女职工每天劳动时间内的哺乳时间可分两次使用，也可以合并使用，哺乳时间和在本单位内哺乳往返途中的时间，算作劳动时间。

女职工哺乳婴儿满周岁后，一般不再延长哺乳期。如果婴儿身体特别虚弱，经医务部门证明，可将哺乳期酌情延长。如果哺乳期满正值夏季，也可延长1—2个月。其他有条件的企业事业单位，也可以根据具体情况适当延长女职工的哺乳期。

法规还规定，女职工比较多的用人单位应当根据女职工的需要，建立女职工卫生室、孕妇休息室、哺乳室等设施，妥善解决女职工在生理卫生、哺乳方面的困难。

用人单位违反上述规定的，由县级以上人民政府安全生产监督管理部门责令限期治理，处5万元以上30万元以下的罚款；情节严重的，责令停止有关作业，或者提请有关人民政府按照国务院规定的权限责令关闭。

企业辞退女职工容易发生争议的情形，大多表现在女职工处于“三期”（孕期、产期、哺乳期）时。对此，女职工处于“三期”时，一定要懂得自我保护，依法维护自身的权益，避免不必要的纠纷。

以案释法

女职工签了离职协议后发现已怀孕，能否反悔？

案情简介

女职工小周于2015年3月就职公司，担任招商部副经理，双方签订了期限为3年的劳动合同。两年半后，公司因经营业务调整，涉及部分员工岗位撤销。2017年12月1日，公司与小周签订了《协商解除劳动关系协议》。在该协议中，双方约定劳动合同于2017年底解除，小周的最后出勤日为2017年12月28日，双方确认一方对另一方不再负有任何其他权利和义务，同时明确放弃就双方劳动关系一事再行提出任何法律主张或提起仲裁/诉讼的权利。协议签订后，小周一次性领取了协议补偿金。

随后在12月22日，小周经检查发现自己怀孕，并告知公司，要求撤销《协商解除劳动关系协议》，公司未答应小周的要求。

案例评述

用人单位在劳动合同期满前可与劳动者协商解除劳动合同。本案中，小周与公司签有书面劳动合同，双方所签劳动合同应于2018年3月到期，在该劳动合同履行期间，经过协商，双方于2017年12月1日签订了《协商解除劳动关系协议》，特别之处在于小周签订上述协议后才发现自己怀孕。

本案的争议焦点为上述《协商解除劳动关系协议》的效力如何认定。因本案涉及对于孕期女性职工的特别保护，以及诸如诚实信用原则、意思自治原则等体现契约精神的法理之间如何进行衡平，故应从以下几个层面予以考量：

第一，《最高人民法院关于审理劳动争议案件适用法律问题的解释（一）》第三十五条第一款规定：“劳动者与用人单位就解除或者终止劳动合同办理相关手续、支付工资报酬、加班费、经济补偿或者赔偿金等达成的协议，不违反法律、行政法规的强制性规定，且不存在欺诈、胁迫或者乘人之危情形的，应当认定有效。”根据该条款的规定，只要劳动者与用人单位签订的协商解除协议不存在违反法律、行政法规，且不存在欺诈、胁迫或者乘人之危的法定情形，协议就应当认定为有效。

本案中，《协商解除劳动关系协议》的内容并未违反法律、行政法规的强制性规定，小周未举证证明公司在签订协议的过程中存在欺诈、胁迫或者乘人之危的情形，故该协议合法有效。

第二，《最高人民法院关于审理劳动争议案件适用法律问题的解释（一）》第三十五条第二款规定，劳动者与用人单位就解除或者终止劳动合同办理相关手续等达成的协议“存在重大误解或者显失公平情形，当事人请求撤销的，人民法院应予支持”。该条款又赋予了当事人对于所签协议的撤销权。该撤销权的行使只有两个条件：存在“重大误解”或者“显失公平”。结合本案，双方在签订协议前已进行了充分协商，小周并未就怀孕的相关问题与公司进行沟通，其对于怀孕以及协议生效的法律后果均已知悉，该协议的签订并不存在重大误解的情形。另外，该协议约定了解除劳动合同的经济补偿金，补偿金的数额不低于法律规定的计算标准，约定的劳动合同解除日期相较签订日期延后了 28 日，充分给予了小周进行调整及办理工作交接的时间，故该协议亦不存在显失公平的情形。

第三，《劳动合同法》第四十二条规定，女职工在孕期、产期、哺乳期的，用人单位不得依照本法第四十条、第四十一条的规定解除劳动合同，但该条款并未规定用人单位不得与怀孕女职工通过协商解除劳动合同。故不论小周在签订协议前怀孕抑或签订协议后怀孕，公司均可与其就劳动合同解除事宜进行协商，小周亦可就此充分发表意见，因小周可以自身意愿决定是否签订该协议，故其作为完全民事行为能力人，应慎重对待签署协议的法律后果。

综上，小周与公司签订的《协商解除劳动关系协议》不违反法律、行政法规的强制性规定，不存在欺诈、胁迫或者乘人之危且不存在重大误解或者显失公平的情形，该协议体现了双方当事人的真实意思表示，应属合法有效，其效力应受到法律保护，小周关于撤销《协商解除劳动关系协议》，继续履行劳动合同的请求缺乏事实及法律依据，不应支持。

三、未成年工的特殊保护

（一）未成年工劳动保护的概念

根据《未成年工特殊保护规定》规定："未成年工是指年满十六周岁，未满十八周岁的劳动者。未成年工的特殊保护是针对未成年工处于生长发育期的特点，以及接受义务教育的需要，采取的特殊劳动保护措施。"

国家对未成年工实行特殊劳动保护，是根据未成年工的生理特点、心理特点及身体状况，为保证其身心健康，对其劳动生产过程所采取的各项安全和卫生保护措施。对未成年工的特殊保护也是世界各国劳动法和劳动保护工作的一个重要组成部分。《劳动法》第五十八条明确规定了国家对未成年工实行特殊劳动保护。

由于未成年工的身体发育尚未完全定型，正在向成熟时期过渡，所以在安排未成年工的劳动时要注意他们的生理特点。过重的体力劳动、不良的工作体位，过度紧张劳动、不适合的工具等因素，都可能影响未成年工的完全发育和身体健康，甚至引起疾病。因此，为保证未成年工在劳动过程中的安全和健康，就应当为未成年工提供特殊的劳动保护。对未成年工的保护，实质上是对新生的生产力发展的保护。

（二）未成年工禁忌的劳动范围

保护未成年人的身心健康，保障未成年人的合法权益，促进未成年人在品德、智力、体质等方面全面发展，是国家和整个社会的共同责任。对未成年人劳动就业的保护，是保护未成年人合法权益的重要内容。我国对未成年人的就业保障历来非常重视，先后曾发布一系列法律和部门规章，如《未成年人保护法》《义务教育法》《劳动法》《禁止使用童工规定》等。

根据《劳动法》第六十四条规定，不得安排未成年工从事矿山井下、有毒有害、国家规定的第四级体力劳动强度的劳动和其他禁忌从事的劳动。根据《职业病防治法》第三十八条规定，用人单位不得安排未成年工从事接触职业病危害的作业。包括接触粉尘作业、毒物危害、放射性危害、职业肿瘤等作业。

在《未成年工特殊保护规定》中，也对未成年工的劳动保护作出了明确规定。如其中第三条规定，用人单位不得安排未成年工从事以下范围的劳动：

1.《生产性粉尘作业危害程度分级》国家标准中第一级以上的接尘作业。

2. 《有毒作业分级》国家标准中第一级以上的有毒作业。

3. 《高处作业分级》国家标准中第二级以上的高处作业。

4. 《冷水作业分级》国家标准中第二级以上的冷水作业。

5. 《高温作业分级》国家标准中第三级以上的高温作业。

6. 《低温作业分级》国家标准中第三级以上的低温作业。

7. 《体力劳动强度分级》国家标准中第四级体力劳动强度的作业。

8. 矿山井下及矿山地面采石作业。

9. 森林业中的伐木、流放及守林作业。

10. 工作场所接触放射性物质的作业。

11. 有易燃易爆、化学性烧伤和热烧伤等危险性大的作业。

12. 地质勘探和资源勘探的野外作业。

13. 潜水、涵洞、涵道作业和海拔3000米以上的高原作业（不包括世居高原者）。

14. 连续负重每小时在6次以上并每次超过20公斤，间断负重每次超过25公斤的作业。

15. 使用凿岩机、捣固机、气镐、气铲、铆钉机、电锤的作业。

16. 工作中需要长时间保持低头、弯腰、上举、下蹲等强迫体位和动作频率每分钟大于50次的流水线作业。

17. 锅炉司炉。

依照《劳动法》第九十五条规定，用人单位违反劳动法对未成年工保护的规定，侵害未成年工合法权益的，由劳动行政部门责令改正，处以罚款；对未成年工造成损害的，应当承担赔偿责任。

第十三章　企业灵活用工

企业的灵活用工，主要是指除了企业与职工建立较长期劳动关系、标准的全日制用工形式之外的其他用工形式。“灵活用工”的说法是对企业而言，对劳动者而言，则称“灵活就业”。企业灵活用工有多种表现形式，本章主要讨论几种典型的灵活用工形式。

第一节　非全日制用工

一、什么是非全日制用工

（一）非全日制用工的法律定义

企业的非全日制用工是相对于企业全日制用工而言。根据《劳动合同法》规定：“非全日制用工，是指以小时计酬为主，劳动者在同一用人单位一般平均每日工作时间不超过四小时，每周工作时间累计不超过二十四小时的用工形式。”非全日制劳动者，也是人们俗称的“小时工”或“钟点工”。

企业应当注意：法律规定劳动者在“同一用人单位”的工作时间，重点强调的是以“每周工作时间累计不超过二十四小时”计算，而且以“一般平均每日工作时间不超过四小时”；法律并没有对非全日制员工某一天的工作时间进行限制，如果劳动者在每周中的某一天或某几天有工作超过4小时的情况，同时也有某一天或某几天工作不足4小时甚至没有工作的情况，但只要该劳动者每周工作累计不超过24小时，平均计算下来在一周内每日工作时间不超过4小时，该劳动者就属于非全日制工作的劳动者。例如，企业可安排非全日制员工在一周内只需工作3天，每天工作8小时，一周工作时间未超过24小时即可。企业也可以按照每周工作6天，每天工作4小时（6天×4小时/天=24小时）来组织生产，这不算违法行为。

（二）非全日制用工的灵活性

非全日制用工应当特别注意约定工作时间，因为非全日制最重要的特征就是工作时间，一旦工作时间没控制好，就会被认定为全日制用工。

企业用工中，能否安排非全日制员工加班吗?

实际工作中，企业有时偶尔要求员工加班是不可避免的。那么对于非全日制员工而言，要求其加班导致一周累计工作时间超过 24 小时，是否就应归入全日制用工范畴?应当说，企业要求有相对固定劳动时间的非全日制员工偶尔加班，只要第二天扣减相应的劳动时间，是完全可行的。实行非全日制工作制度的一个好处就是用工的灵活性。企业只要在“每周工作时间累计不超过二十四小时”的法律界限内，可以灵活调整非全日制员工的工作时间，这既不违法，也不需支付加班费。但是，如果企业要求非全日制员工偶尔加班导致一周累计工作时间超过 24 小时，就应当支付加班费；如果企业要求非全日制员工经常或长期加班，导致每周累计工作时间超过 24 小时，就可能被认定为全日制用工。

（三）非全日制用工的劳动关系

用人单位招用劳动者实行非全日制用工，也属于用人单位与劳动者建立了劳动关系。一是根据《劳动合同法》第六十九条规定，非全日制用工双方当事人可以订立口头劳动协议。二是根据《劳动和社会保障部关于非全日制用工若干问题的意见》规定：“劳动者通过依法成立的劳务派遣组织为其他单位、家庭或个人提供非全日制劳动的，由劳务派遣组织与非全日制劳动者签订劳动合同。”这里讲的劳务派遣单位与非全日制劳动者双方的劳动合同关系，是一种特殊的劳动关系，并没有规定用工的第三方（企业、家庭或者个人）与被派遣的非全日制劳动者形成劳动关系。

如果劳动者作为一个完全独立的自由职业者，以劳务承揽的方式，自主地为企业、个人或家庭提供劳动，不论是“小时工”，还是不受制于劳动时间的限制，都不属于《劳动合同法》调整的“非全日制用工”范围。

二、非全日制用工的劳动合同订立

由于非全日制用工的特殊性，按照《劳动合同法》规定：“非全日制用工双方当事人可以订立口头协议。从事非全日制用工的劳动者可以与一个或者一个以上用人单位订立劳动合同；但是，后订立的劳动合同不得影响先订立的劳动合同的履行。”

按照上述规定，用人单位在采用非全日制用工形式时要注意：

1. “非全日制用工双方当事人可以订立口头协议”，表示法律为非全日制用工的劳动合同可以口头约定开了个口，即非全日制用工双方当事人可以订立书面协议，也可以订立口头协议。但是，鉴于目前我国一些单位和个人尚缺乏诚信意识，出现劳动纠纷常以空口无凭规避法律责任，建议用人单位与劳动者就实行非全日制用工形式最好还是签订书面协议。

2. “从事非全日制用工的劳动者可以与一个或者一个以上用人单位订立劳动合同”，即允许非全日制用工有多个劳动合同，有多重劳动关系存在。但是，这也带来一些问题：在多重劳动关系存在的情况下，劳动者的社会保险关系难以处理。目前国家只规定了非全日制工作的劳动者可以在两个单位同时参加工伤保险，但如果在两个单位处于相同的上下班路线或者相同性质的工作岗位的情形下，非全日制劳动者在上下班途中受伤或患职业病等，该由哪一个单位负责？责任难以划清。

3. 法律明确规定了非全日制用工的劳动者“后订立的劳动合同不得影响先订立的劳动合同的履行”，与此相一致的规定是：根据《劳动合同法》第三十九条规定，劳动者同时与其他用人单位建立劳动关系，对完成本单位的工作任务造成严重影响，或者经用人单位提出，拒不改正的，用人单位可以解除劳动合同。可见，尽管法律并没有禁止劳动者有多个劳动合同或多重劳动关系，但是法律规定优先保护第一个与劳动者建立劳动关系的用人单位的合法权益。对此，用人单位招用非全日制劳动者时，一定要弄清该劳动者与本单位订立劳动合同时，是否与其他用人单位也建立有劳动关系，以及与本单位订立劳动合同的顺序。

按照《劳动合同法》的规定：“用人单位招用与其他用人单位尚未解除或者终止劳动合同的劳动者，给其他用人单位造成损失的，应当承担连带赔偿责任。”值得指出的是，法律并不是禁止用人单位招用与其他用人单位尚未解除或者终止劳动合同的劳动者，只是规定了用人单位若是招用尚未解除或者终止劳动合同的劳动者，不能因此对其他用人单位造成利益损失。否则，若是给其他用人单位造成损失，就应当依法承担连带赔偿责任。

三、非全日制用工的合同期限

法律规定非全日制用工是一种灵活的非标准用工形式，没有对该类用工形式的劳动合同期限长短和期限类型进行规定。

按照《劳动合同法》规定："非全日制用工双方当事人不得约定试用期。"因为非全日制用工使劳动者在用人单位的在岗工作时间灵活，当事人双方相互约束较为松散，没有必要约定试用期。同时，对于从事简单劳动的劳动者来说，此类用工形式的工作时间短，工资收入低，如果再约定试用期，并规定试用期中的低工资，将不利于保障劳动者的基本权益。所以《劳动合同法》作出特别规定，禁止约定试用期。同时规定："非全日制用工双方当事人任何一方都可以随时通知对方终止用工。终止用工，用人单位不向劳动者支付经济补偿。"

法律对实行非全日制用工形式放宽规制，体现了国家为适应市场经济体制建设的要求，进一步推进企业建立灵活的用人机制，促进劳动者合理流动，同时有效地解决一些困难就业人员的就业问题。"双方可随时通知对方终止用工"的规定看似对双方约束不严，但却对双方都有内在压力。因为，任何一方在工作合作中稍有不慎，引起对方不满，就会立即出现辞退或辞职，造成对方利益受到一定的影响。唯有双方相互尊重，经常沟通，和谐共处，才能保持和维护稳定的劳动关系。

四、非全日制用工的工资标准

由于非全日制用工的短期性和灵活性，法律对其工资支付标准作出了专门规定。按照《劳动合同法》规定，非全日制用工，是指以小时计酬为主。非全日制用工小时计酬标准不得低于用人单位所在地人民政府规定的最低小时工资标准。非全日制用工劳动报酬结算支付周期最长不得超过 15 日。

根据《劳动和社会保障部关于非全日制用工若干问题的意见》规定，非全日制用工的小时最低工资标准由省、自治区、直辖市规定。确定和调整小时最低工资标准应当综合参考以下因素：（1）当地政府颁布的月最低工资标准；（2）单位应缴纳的基本养老保险费和基本医疗保险费（当地政府颁布的月最低工资标准未包含个人缴纳社会保险费因素的，还应考虑个人应缴纳的社会保险费）；（3）非全日制劳动者在工作稳定性、劳动条件和劳动强度、福利等方面与全日制就业人员之间的差异。

非全日制用工的工资支付可以按小时、日、周或半月为单位结算。

以案释法

案情简介

小周在某公司做送货员，工作任务是每天为几家餐厅提供饮料，季节性、临时性地按当天订单供货。公司没有签订劳动合同，没有给小周缴纳社会保险费，也未说明是全日制用工还是非全日制用工。公司与小周约定，有活儿时叫他来，没活儿时小周自己安排，小周也可以再找其他兼职。但要求小周应当保证首先完成公司安排的任务。工资按小时计发，每小时按20元计酬，加班也按每小时20元计酬，月底结算，以每月22天×8小时×20元=3520元计算，月工资高于当地月最低工资标准2320元（当地小时最低工资标准25.3元）。

小周上班后，每天工作时间不定，有时候一天做8小时，大多数时间不超过4小时，有时候可能只有一两个小时甚至没有活儿干，没活儿干就不给工资。小周觉得公司这样安排，实际上让自己根本没有时间去找第二份工作，可是单凭小时数来支付的工资又太少，他觉得公司这样做不合理，可又说不出哪里有问题，便咨询有关劳动仲裁员。

劳动仲裁员认为，这是打着全日制用工的名义来实施非全日制用工，是一种违法的用工形式。

案例评述

如果说该企业是全日制用工，工作任务是由企业安排的（随叫随到，不管一天上班几小时），都应当按月付薪，月薪不得低于当地月最低工资标准2320元。并且应当签订书面劳动合同，应当缴纳社会保险费。但是，该企业的做法却是按非全日制用工安排：每日工作不超过4小时，每周累计尽可能不超过24小时，按照小时计酬，不签订书面劳动合同，不缴纳社会保险费，可以随时辞工。

如果说该企业是非全日制用工，该企业现实的做法基本满足。但是，明显存在以下法律风险：一是按小时计酬（20元/小时）低于当地小时最低工资标准25.3元；二是发放工资按月支付，违反非全日制用工不超过15日支付报酬；三是企业随意安排用工，有可能每周累计超过24小时。

因此，企业如果采取这种以全日制用工的名义来实施非全日制用工，很容易引发用工争议。

企业应当注意：对于上述案例此种用工安排，劳动者可以随时提出用人单位侵害其权益。原因如下：

若是按照全日制用工，在没有停工停产的情况下，企业没有按月支付不得低于当地最低工资标准的工资，没有签订书面劳动合同，没有缴纳社会保险费，是违法的。

若是按照非全日制用工，企业按小时计酬的工资低于当地小时最低工资标准25.3元，按月支付工资超过了15日，时常发生安排用工每周累计超过24小时，亦属违法。

第二节　劳务派遣用工

一、什么是劳务派遣用工

劳务派遣用工，是指劳务派遣单位根据实际用工单位的要求，与实际用工单位签订劳务派遣协议，把与劳务派遣单位有劳动合同关系的劳动者派往用工单位，让被派遣的劳动者在用工单位的指挥和管理下提供社会劳动的一种用工行为。

关于“劳务派遣”的提法，学界是有争议的。一般认为“劳务”是一种服务，是不能派遣的，应该是对提供劳务的人员进行派遣（应称“劳动者派遣”或“职工派遣”）。但实际工作中习惯了这个叫法，也就将其作为法律用语了。

劳务派遣用工是一种特殊的用工方式，实施的初衷是：一些企业为了降低人力资源管理成本，将一些非重要岗位（非主导岗位或辅助性的简单劳动岗位）、需要临时用工的岗位，交由被派遣劳动者来完成；也有一些国有单位因受当时管理体制所限，单位人员编制受到控制，不能突破编制自主直接招录人员，但又确实需要增加人手，于是采用了劳务派遣用工形式；还有一些政府和有关社会机构，为帮助劳动者就业，通过组织劳务输出，向企业派遣劳动者等。

为了规范劳务派遣用工形式的发展，国家通过立法，在《劳动合同法》中专门对此作出了特别规定。

二、经营劳务派遣业务需经行政许可

按照《劳动合同法》的规定："经营劳务派遣业务，应当向劳动行政部门依法申请行政许可；经许可的，依法办理相应的公司登记。未经许可，任何单位和个人不得经营劳务派遣业务。"法律规定劳务派遣单位是依照《公司法》设立，向政府市场监管部门注册的独立法人机构。这就意味着行政机关、事业单位和不具备独立承担法律责任的非营利性的社会团体或机构不得从事劳务派遣业务。

任何单位违反《劳动合同法》规定，未经许可，擅自经营劳务派遣业务的，为非法劳务派遣。由劳动行政部门责令停止违法行为，没收违法所得，并处违法所得1倍以上5倍以下的罚款；没有违法所得的，可以处5万元以下的罚款。

（一）如何申请劳务派遣行政许可

根据《劳务派遣行政许可实施办法》（人力资源和社会保障部令第19号）的规定："经营劳务派遣业务，应当向所在地有许可管辖权的人力资源社会保障行政部门（以下称许可机关）依法申请行政许可。未经许可，任何单位和个人不得经营劳务派遣业务。"

根据《劳动合同法》规定，经营劳务派遣业务应当具备下列条件：（1）注册资本不得少于人民币200万元；（2）有与开展业务相适应的固定的经营场所和设施；（3）有符合法律、行政法规规定的劳务派遣管理制度；（4）法律、行政法规规定的其他条件。

按照《劳务派遣行政许可实施办法》规定，申请经营劳务派遣业务的，申请人应当向许可机关提交下列材料：（1）劳务派遣经营许可申请书；（2）营业执照或者《企业名称预先核准通知书》；（3）公司章程以及验资机构出具的验资报告或者财务审计报告；（4）经营场所的使用证明以及与开展业务相适应的办公设施设备、信息管理系统等清单；（5）法定代表人的身份证明；（6）劳务派遣管理制度，包括劳动合同、劳动报酬、社会保险、工作时间、休息休假、劳动纪律等与劳动者切身利益相关的规章制度文本；拟与用工单位签订的劳务派遣协议样本。

如果劳务派遣单位设立子公司经营劳务派遣业务的，应当由子公司向所在地许可机关申请行政许可；劳务派遣单位设立分公司经营劳务派遣业务的，应当书面报告许可机关，并由分公司向所在地人力资源社会保障行政部门备案。

按照法律规定，用人单位不得设立劳务派遣单位向本单位或者所属单位派遣劳动者。

任何单位和个人违反《劳动合同法》的规定，未经许可，擅自经营劳务派遣业务的，由人力资源社会保障行政部门责令停止违法行为，没收违法所得，并处违法所得1倍以上5倍以下的罚款；没有违法所得的，可以处5万元以下的罚款。

（二）劳务派遣许可受理

按照《劳务派遣行政许可实施办法》规定，许可机关收到申请材料后，应当根据下列情况分别作出处理：

1. 申请材料存在可以当场更正的错误的，应当允许申请人当场更正。

2. 申请材料不齐全或者不符合法定形式的，应当当场或者在5个工作日内一次告知申请人需要补正的全部内容，逾期不告知的，自收到申请材料之日起即为受理。

3. 申请材料齐全、符合法定形式，或者申请人按照要求提交了全部补正申请材料的，应当受理行政许可申请。

许可机关对申请人提出的申请决定受理的，应当出具《受理决定书》；决定不予受理的，应当出具《不予受理决定书》，说明不予受理的理由，并告知申请人享有依法申请行政复议或者提起行政诉讼的权利。

申请人的申请符合法定条件的，许可机关应当依法作出准予行政许可的书面决定，并自作出决定之日起5个工作日内通知申请人领取《劳务派遣经营许可证》。《劳务派遣经营许可证》有效期为3年。如果劳务派遣单位需要延续行政许可有效期的，应当在有效期届满60日前向许可机关提出延续行政许可的书面申请，并提交3年以来的基本经营情况；劳务派遣单位逾期提出延续行政许可的书面申请的，按照新申请经营劳务派遣行政许可办理。许可机关应当根据劳务派遣单位的延续申请，在该行政许可有效期届满前作出是否准予延续的决定；逾期未作决定的，视为准予延续。准予延续行政许可的，应当换发新的《劳务派遣经营许可证》。

申请人有隐瞒真实情况或者提交虚假材料申请行政许可的，许可机关不予受理、不予行政许可。申请人的申请不符合法定条件的，许可机关应当依法作出不予行政许可的书面决定，说明不予行政许可的理由，并告知申请人享有依法申请行政复议或者提起行政诉讼的权利。

劳务派遣单位以欺骗、贿赂等不正当手段和隐瞒真实情况或者提交虚假材料取得行政许可的，许可机关应当予以撤销。被撤销行政许可的劳务派遣单位在1年内不得再次申请劳务派遣行政许可。

当事人对许可机关作出的有关劳务派遣行政许可的行政决定不服的，可以依法申请行政复议或者提起行政诉讼。

三、劳务派遣行为规范

（一）劳务派遣单位的法律定性

《劳动合同法》明确规定："劳务派遣单位是本法所称用人单位，应当履行用人单位对劳动者的义务。"这就是说，法律将"劳务派遣单位"定性为劳动法律意义上的"用人单位"，劳务派遣单位就应当同其他用人单位一样，依法履行用人单位对劳动者的义务。按照规定，劳务派遣单位要与被派遣劳动者订立劳动合同，建立劳动关系，然后才能进行派遣劳务用工活动。

（二）劳务派遣用工的劳动合同

劳务派遣单位与被派遣劳动者订立的劳动合同，除应当载明《劳动合同法》第十七条规定的基本事项外，还应当载明被派遣劳动者的用工单位以及派遣期限、工作岗位等情况。

用工单位，是指被派遣劳动者按照劳务派遣协议被派往的用人单位。或者说是被派遣劳动者具体执行工作任务的用工单位。

派遣期限，是指劳务派遣单位与用工单位签订的接受被派遣劳动者的工作期限。

工作岗位，是指被派遣劳动者在用工单位从事实际劳动的工作岗位（应当注明是临时性、辅助性或者替代性岗位中的哪一类工作岗位）。

由于劳务派遣单位在与被派遣劳动者订立的书面劳动合同中要载明用工单位、派遣期限、工作岗位等内容，说明劳务派遣单位在与被派遣劳动者订立书面劳动合同之前，事先要与用工单位沟通或事前就订立有一个协议，以便在被派遣劳动者的劳动合同文本中写明劳动者被派往的用工单位、派遣期限、工作岗位等。

（三）被派遣劳动者的劳动合同期限

根据《劳动合同法》规定："劳务派遣单位应当与被派遣劳动者订立二年以上的固定期限劳动合同，按月支付劳动报酬。"也就是说，签订被派遣劳动者的劳动合同，一签就应当订立2年以上的固定期限劳动合同。这就要求劳务派遣单位在招用被派遣劳动者之前，就要与有关用工单位（一个或数个用工单位）约定好有劳务派遣用工在2年以上的工作任务，以此才能在招用被派遣劳动者时与之签订2年以上的固定期限劳动合同。因为在2年期间，被派遣劳动者可能并不是只派往一家用工单位，一些用工单位使用被派遣劳动者的时间往往是短期的，比如只有半年或1年。所以当一家用工单位使用了被派遣劳动者半年或1年后，就要将被派遣劳动者退回到劳务派遣单位，而此时被派遣劳动者的2年固定期限劳动合同并未期满，如果不及时再对被派遣劳动者进行第二家用工单位的派遣，该劳动者就处于无工作状态；而按照《劳动合同法》规定："被派遣劳动者在无工作期间，劳务派遣单位应当按照所在地人民政府规定的最低工资标准，向其按月支付报酬。"

所以，劳务派遣单位为了避免被派遣劳动者在无工作期间，由本单位按当地最低工资标准向劳动者按月支付报酬，在没有与有关用工单位签约好用工在2年以上的派遣协议之前，是不敢随意招录被派遣劳动者的。法律的这一规定，对劳务派遣单位提出了较高的要求，促使劳务派遣单位从事劳务经营活动要具有主动的市场开拓性，要按照用工单位的用工订单来招录被派遣的劳动者。因为，并非所有用工单位都要使用2年以上的被派遣劳动者。

（四）被派遣劳动者的试用期约定

劳务派遣单位作为用人单位，招用被派遣劳动者签订劳动合同时，依法可以与被派遣劳动者约定试用期。由于劳务派遣单位可以依法将被派遣劳动者先后派往两个以上的用工单位，为了防止用人单位滥用试用期，2013 年《劳务派遣暂行规定》（人力资源和社会保障部令第 22 号）明确规定：“劳务派遣单位可以依法与被派遣劳动者约定试用期。劳务派遣单位与同一被派遣劳动者只能约定一次试用期。”

（五）劳务派遣单位不得以非全日制用工招用劳动者

《劳动合同法实施条例》规定：“劳务派遣单位不得以非全日制用工形式招用被派遣劳动者。”其实，按照《劳动合同法》的规定，劳务派遣单位招录被派遣的劳动者时，“应当与被派遣劳动者订立二年以上的固定期限劳动合同”，就从法律规定上限制了劳务派遣单位“不得以非全日制用工形式招用被派遣劳动者”。因为，非全日制用工身份的劳动者无所谓劳动合同期限，随时可以通知对方终止劳动关系，这显然无法满足劳务派遣单位的用人安排。

劳务派遣单位是否可以将招用的劳动者派遣至用工单位从事非全日制岗位工作呢？法律法规没有作出规定。从法理上讲是可以的。但从实务操作上看，是没有意义的。因为非全日制用工形式过于灵活，双方基本没有劳动合同期限的约束力，双方随时可以解除合同约定。一是从用工单位的角度讲，若是从劳务派遣单位接受劳务工从事非全日制用工，还不如直接从社会上招用非全日制用工来得简单。因为，用工单位从社会上直接招用非全日制工，不需要与劳务派遣单位为此签订劳务派遣协议，履行相应的法律义务和违约责任。二是从劳务派遣单位的角度讲，如果劳务派遣单位要将招用的劳动者派遣至用工单位从事非全日制岗位工作，还要通过劳务派遣协议，就被派遣到用工单位做非全日制工的劳动者提出要求，要求其遵守用工单位相关的规章制度，以约束自己的行为，避免劳动者以非全日制用工的身份，在用工单位劳动期间随意辞工，为用工单位的正常生产经营活动造成不稳定的影响。劳务派遣单位为此担负管理成本和法律风险显然是不值得的。

四、使用被派遣劳动者的用工属性

（一）什么是劳务派遣的用工单位

《劳动合同法》第五十九条中把“以劳务派遣形式用工的单位”称为“用工单位”。实际上，这一“用工单位”本身也是一个用人单位。但是，此“用人单位”与劳动法律中统称的彼“用人单位”在使用被派遣劳动者的用工关系上性质不一样。在《劳动合同法》第二条中规定“中华人民共和国境内的企业、个体经济组织、民办非企业单位等组织（以下称用人单位）与劳动者建立劳动关系”，第七条中规定“用人单位自用工之日起即与劳动者建立劳动关系”，强调的是与劳动者“建立劳动关系”的一方为“用人单位”。而按照《劳动合同法》第五十九条中规定的“用工单位”，虽然也是一个用人单位，但因其通过劳务派遣形式实现“用工”后，则成为“用工不建立劳动关系”的用人单位，当然也不需要与被派遣劳动者签订劳动合同。进一步说，用工单位可以使用被派遣劳动者（即用工）但与被派遣劳动者之间不构成劳动关系，只是一种特殊的劳务关系。

用工单位使用被派遣劳动者后，对其进行“用工”管理，主要是以其与劳务派遣单位签订的劳务派遣协议为依据，其中涉及直接影响被派遣劳动者权利义务的事项，应当事前告知被派遣劳动者。被派遣劳动者是否能满足用工单位的用工需要，是否愿意被派遣到该用工单位并遵守用工单位的规章制度等，要视劳务派遣单位与用工单位之间的协议是否规定清楚并被劳动者认可。因为被派遣劳动者事前并不知道被派往的用工单位的具体情况，是否愿意被派遣，通常是看劳务派遣单位提供的劳务派遣协议的内容，并视其规定考虑自己愿不愿被派遣。如果劳动者对劳务派遣协议的内容有疑义，不能与用工单位直接沟通协商，而只能与劳务派遣单位协商。只有劳务派遣单位和被派遣劳动者意见达成一致，才可能实现用工单位的劳务派遣用工需要。

（二）劳务派遣协议的性质

劳务派遣单位派遣劳动者，应当与接受以劳务派遣形式用工的单位（法律中称“用工单位”）订立劳务派遣协议。劳务派遣协议应当约定派遣岗位和人员数量、派遣期限、劳动报酬和社会保险费的数额与支付方式以及违反协议的责任等内容。

由于签订劳务派遣协议的双方主体是两个用人单位，因此，这种劳务派遣协议的性质应当属于一种民事合同，但这里被纳入劳动法律来调整。违反劳务派遣协议，在劳动法律中规定了应当承担相应的连带责任。这从一个方面也说明了民法与社会法的渊源关系。

（三）劳务派遣协议的内容

按照《劳动合同法》和《劳务派遣暂行规定》，劳务派遣单位与用工单位签订的劳务派遣协议主要包括以下内容：

1. 派遣的工作岗位名称和岗位性质，指被派遣劳动者在用工单位中所从事的工作岗位。

2. 工作地点，指被派遣劳动者的工作地点。

3. 派遣人员数量和派遣期限，指劳务派遣单位派往用人单位去的具体人数和被派遣劳动者在用工单位中的工作期限。

4. 按照同工同酬原则确定的劳动报酬数额和支付方式，指用工单位应当支付给被派遣劳动者的劳动报酬，以及用工单位以什么方式支付给被派遣劳动者。

5. 社会保险费的数额和支付方式，指用工单位应当支付的由劳务派遣单位缴纳的社会保险费金额和支付方式。

6. 工作时间和休息休假事项，指被派遣劳动者的工作时间和休息休假。

7. 被派遣劳动者工伤、生育或者患病期间的相关待遇。

8. 劳动安全卫生以及培训事项。

9. 经济补偿等费用，指对被派遣劳动者和劳务派遣单位的经济补偿。

10. 劳务派遣协议期限，指两个单位之间的协议期限。

11. 劳务派遣服务费的支付方式和标准。

12. 违反劳务派遣协议的责任，指劳务派遣单位和用工单位双方应当承担的违约责任。

13. 法律、法规、规章规定应当纳入劳务派遣协议的其他事项。

法律规定了“劳务派遣单位应当将劳务派遣协议的内容告知被派遣劳动者”，以使被派遣劳动者享有知情权，有利于维护自己的合法权益。

按照合同相对性原则，劳务派遣协议作为一种民事合同形式，合同约定的条款只对合同当事人有效，非经第三人同意，合同不得为第三人设定义务。但是，在劳务派遣用工形式中，有三个主体（劳务派遣单位、用工单位、被派遣劳动者），而劳务派遣协议双方（劳务派遣单位和用工单位）约定的内容又涉及第三人（被派遣劳动者）的权利义务。在签订劳务派遣协议中，双方单位的约定往往会给第三人设定一个其不知晓的权利和义务。因此，《劳动合同法》规定了与第三人（被派遣劳动者）订立劳动合同的劳务派遣单位有义务将劳务派遣协议的内容告知第三人，目的是取得第三人的同意，以便遵守劳务派遣协议的约定。

同时，法律还明确规定："劳务派遣单位不得克扣用工单位按照劳务派遣协议支付给被派遣劳动者的劳动报酬。"

五、劳务派遣用工范围和用工比例

（一）使用劳务派遣用工的范围

根据《劳动合同法》和《劳务派遣暂行规定》规定，劳动合同用工是我国企业的基本用工形式。劳务派遣用工是补充形式，只能在临时性、替代性或者辅助性的工作岗位上实施。

1. 临时性工作岗位，是指存续时间不超过6个月的岗位。

2. 替代性工作岗位，是指用工单位的劳动者因脱产学习、休假等原因无法工作的一定期间内，可以由其他劳动者替代工作的岗位。

3. 辅助性工作岗位，是指为主营业务岗位提供服务的非主营业务岗位。用工单位决定使用被派遣劳动者的辅助性岗位，应当经职工代表大会或者全体职工讨论，提出方案和意见，与工会或者职工代表平等协商确定，并在用工单位内公示。

在实务中，对于法律规定的上述"三性"岗位，"临时性"和"替代性"工作岗位都比较好认定，困难的是"辅助性"工作岗位的认定。按法条的表述，"辅助性"工作岗位是"为主营业务岗位提供服务的非主营业务岗位"，那么什么是"主营业务岗位"？什么是"非主营业务岗位"？各行各业、不同业务要求的企业，都会有不同的解释。按照法律规定，是由"用工单位决定使用被派遣劳动者的辅助性岗位"，并通过职工代表大会或者全体职工讨论，平等协商确定。这带来两个问题：

第一，由用工单位的职工来决定非用工单位的劳动者（即劳务派遣单位的被派遣劳动者）的工作岗位，如何体现其公平性？

第二，对"辅助性"工作岗位的认定没有实体认定，只作出程序性认定。同类企业之间对同类岗位可能会得出不同的"辅助性"岗位认定。

（二）使用劳务派遣用工的比例

按照法律规定，用工单位应当严格控制劳务派遣用工数量，不得超过其用工总量的一定比例。《劳务派遣暂行规定》进一步规定：（1）用工单位使用的被派遣劳动者数量不得超过其用工总量的10%。用工单位的用工总量，是指用工单位订立劳动合同人数与使用的被派遣劳动者人数之和；（2）计算劳务派遣用工比例的用工单位，是指依照《劳动合同法》和《劳动合同法实施条例》可以与劳动者订立劳动合同的用人单位。

（三）使用劳务派遣用工的例外规定

根据《劳动合同法》和《劳务派遣暂行规定》规定：

一是用人单位不得设立劳务派遣单位向本单位或者所属单位派遣劳动者。

二是用工单位不得将被派遣劳动者再转派其他用人单位。即用工单位不得充当劳务派遣用工的“二传手”，不得将劳务派遣单位派往本单位的被派遣劳动者再派遣到其他用人单位去工作。

三是用人单位将本单位劳动者派往境外工作或者派往家庭、自然人处提供劳动的，不属于劳务派遣。

四是外国企业常驻代表机构和外国金融机构驻华代表机构等使用被派遣劳动者的，以及船员用人单位以劳务派遣形式使用国际远洋海员的，不受临时性、辅助性、替代性岗位和劳务派遣用工比例的限制。

六、劳务派遣单位和用工单位的义务

（一）劳务派遣单位的义务

根据《劳动合同法》和《劳务派遣暂行规定》规定，劳务派遣单位应当对被派遣劳动者履行下列义务：

1. 如实告知被派遣劳动者《劳动合同法》第八条规定的事项（工作内容、工作条件、工作地点、职业危害、安全生产状况、劳动报酬，以及劳动者要求了解的其他情况）、应遵守的规章制度以及劳务派遣协议的内容。

2. 建立培训制度，对被派遣劳动者进行上岗知识、安全教育培训。

3. 按照国家规定和劳务派遣协议约定，依法支付被派遣劳动者的劳动报酬和相关待遇。

4. 按照国家规定和劳务派遣协议约定，依法为被派遣劳动者缴纳社会保险费，并办理社会保险相关手续。

5. 督促用工单位依法为被派遣劳动者提供劳动保护和劳动安全卫生条件。

6. 依法出具解除或者终止劳动合同的证明。

7. 协助处理被派遣劳动者与用工单位的纠纷。

8. 法律、法规和规章规定的其他事项。

（二）用工单位的义务

根据《劳动合同法》第六十二条规定，用工单位应当履行下列义务：

1. 执行国家劳动标准，提供相应的劳动条件和劳动保护。

2. 告知被派遣劳动者的工作要求和劳动报酬。

3. 支付加班费、绩效奖金，提供与工作岗位相关的福利待遇。

4. 对在岗被派遣劳动者进行工作岗位所必需的培训。

5. 连续用工的，实行正常的工资调整机制。

用工单位不得将被派遣劳动者再派遣到其他用人单位。

按照上述第5项规定，用工单位采用劳务派遣用工形式，可以实行“连续用工”。这种连续用工是针对同一劳动者而言，不是针对某一工作岗位。因为，只有对同一劳动者实行连续用工，才能按照法律规定对于“连续用工的，实行正常的工资调整机制”，使被派遣的同一劳动者在连续用工中获得劳动报酬的正常增长。

七、被派遣劳动者的权益保护

（一）享有同工同酬的权利

根据《劳动合同法》规定：“被派遣劳动者享有与用工单位的劳动者同工同酬的权利。用工单位应当按照同工同酬原则，对被派遣劳动者与本单位同类岗位的劳动者实行相同的劳动报酬分配办法。用工单位无同类岗位劳动者的，参照用工单位所在地相同或者相近岗位劳动者的劳动报酬确定。”在劳务派遣单位与被派遣劳动者订立的劳动合同和与用工单位订立的劳务派遣协议中，应当首先载明或者约定向被派遣劳动者支付的劳动报酬要体现同工同酬的原则。用工单位也应当向被派遣劳动者提供与工作岗位相关的福利待遇，不得歧视被派遣劳动者。

值得提示的是：“同工同酬”并不是指在“同类岗位”的劳动者实行“相同的劳动报酬”；而是指“同类岗位的劳动者实行相同的劳动报酬分配办法”，即指“同类岗位”的劳动者实行的是“相同的”劳动报酬“分配办法”。对同类岗位的员工实行相同的分配办法时，由于分配办法中对在同类岗位上的劳动者有不同的评价要素（如资历因素、技能水平因素等），其分配结果有可能使同类岗位员工所得的劳动报酬是有差别的。

（二）跨地区派遣的按照用工地的标准执行

实行劳务派遣用工，既有在同一地区（省、市）的用人单位之间开展，也有在不同地区（省、市）的用人单位之间开展。对于跨地区派遣劳动者，支付其劳动报酬以何地的工资标准为依据？

按照《劳动合同法》规定："劳务派遣单位跨地区派遣劳动者的，被派遣劳动者享有的劳动报酬和劳动条件，按照用工单位所在地的标准执行。"法律作此规定，是为了防止跨地区派遣劳动者过程中被派遣劳动者的利益受损。因为开展劳务派遣一般都是劳务派遣单位在经济相对落后而劳动力相对过剩的地区组织劳动者，向经济较发达但劳动力相对短缺地区的用工单位进行派遣，而用工单位所在地的劳动报酬和劳动条件一般又都高于劳务派遣单位所在地。被派遣劳动者愿意由低收入地区向高收入地区流动，也正是看中了在用工单位所在地能获得较高的收入。因此，法律规定"按照用工单位所在地的标准执行"，就是为了更好保障被派遣劳动者的合法权益。

对于职工参加社会保险而言，按照《劳务派遣暂行规定》第十八条规定："劳务派遣单位跨地区派遣劳动者的，应当在用工单位所在地为被派遣劳动者参加社会保险，按照用工单位所在地的规定缴纳社会保险费，被派遣劳动者按照国家规定享受社会保险待遇。"

按照《劳务派遣暂行规定》第十九条规定："劳务派遣单位在用工单位所在地设立分支机构的，由分支机构为被派遣劳动者办理参保手续，缴纳社会保险费。劳务派遣单位未在用工单位所在地设立分支机构的，由用工单位代劳务派遣单位为被派遣劳动者办理参保手续，缴纳社会保险费。"

作为用工单位的企业应注意：对于"劳务派遣单位未在用工单位所在地设立分支机构的"，国家规定应当"由用工单位代劳务派遣单位为被派遣劳动者办理参保手续，缴纳社会保险费"。至于用工单位如何操作代为被派遣劳动者具体参保缴费，国家并没有规定实施细则，应当注意各地的规定。

（三）工伤处理由劳务派遣单位为主承担

按照《劳务派遣暂行规定》规定，被派遣劳动者在用工单位因工作遭受事故伤害的，劳务派遣单位应当依法申请工伤认定，用工单位应当协助工伤认定的调查核实工作。劳务派遣单位承担工伤保险责任，但可以与用工单位约定补偿办法。被派遣劳动者在申请进行职业病诊断、鉴定时，用工单位应当负责处理职业病诊断、鉴定事宜，并如实提供职业病诊断、鉴定所需的劳动者职业史和职业危害接触史、工作场所职业病危害因素检测结果等资料，劳务派遣单位应当提供被派遣劳动者职业病诊断、鉴定所需的其他材料。

（四）劳动合同的解除与终止由劳务派遣单位处理

1. 被派遣劳动者提出解除劳动合同

按照《劳动合同法》第六十五条第一款规定："被派遣劳动者可以依照本法第三十六条、第三十八条的规定与劳务派遣单位解除劳动合同。"法律规定了两类情形：一是被派遣劳动者与劳务派遣单位协商一致，可以解除劳动合同；二是劳务派遣单位有《劳动合同法》第三十八条规定的侵害了被派遣劳动者合法权益的情形，被派遣劳动者可以提出解除劳动合同。

至于被派遣劳动者是否可以按照《劳动合同法》第三十七条的规定解除劳动合同，《劳务派遣暂行规定》第十四条作出补充规定："被派遣劳动者提前 30 日以书面形式通知劳务派遣单位，可以解除劳动合同。被派遣劳动者在试用期内提前 3 日通知劳务派遣单位，可以解除劳动合同。劳务派遣单位应当将被派遣劳动者通知解除劳动合同的情况及时告知用工单位。"

2. 劳务派遣单位解除劳动合同

按照《劳动合同法》第六十五条第二款规定，被派遣劳动者在用工单位从事劳动时，如有《劳动合同法》第三十九条和第四十条第一项、第二项规定情形的［（1）在试用期间被证明不符合录用条件的；（2）严重违反用人单位的规章制度的；（3）严重失职，营私舞弊，给用人单位造成重大损害的；（4）劳动者同时与其他用人单位建立劳动关系，对完成本单位的工作任务造成严重影响，或者经用人单位提出，拒不改正的；（5）因劳动者的原因，致使劳动合同无效的；（6）劳动者患病或者非因工负伤，在规定的医疗期满后不能从事原工作，也不能从事由用人单位另行安排的工作的；（7）劳动者不能胜任工作，经过培训或者调整工作岗位，仍不能胜任工作的；（8）被依法追究刑事责任的］，用工单位可以将劳动者退回劳务派遣单位，劳务派遣单位依照《劳动合同法》的有关规定，可以与劳动者解除劳动合同。

法律规定，对于上述情形，用工单位不能解除被派遣劳动者的劳动合同（因为双方没有订立劳动合同，也没有建立劳动关系），只能将劳动者退回劳务派遣单位，由劳务派遣单位依照《劳动合同法》有关规定与劳动者解除劳动合同。而劳务派遣单位在接收用工单位退回的劳动者以及决定依法与劳动者解除劳动合同时，需要用工单位提供相应的证据，切不可随意接收用工单位的无理退回，也不可毫无根据便与劳动者解除劳动合同。否则，用工单位的法律责任就转嫁到了劳务派遣单位身上。

3. 因劳务派遣单位的原因解除或终止合同

一是根据《劳务派遣暂行规定》第十一条规定："劳务派遣单位行政许可有效期未延续或者《劳务派遣经营许可证》被撤销、吊销的，已经与被派遣劳动者依法订立的劳动合同应当履行至期限届满。双方经协商一致，可以解除劳动合同。"

二是劳务派遣单位被依法宣告破产、吊销营业执照、责令关闭、撤销、决定提前解散或者经营期限届满不再继续经营的，劳动合同终止。用工单位应当与劳务派遣单位协商妥善安置被派遣劳动者。此时与被派遣劳动者解除或者终止劳动合同的，应当依法向被派遣劳动者支付经济补偿。

（五）因用工单位原因退工的处理

在劳务派遣用工期间，如果出现以下情形之一的，用工单位可以将被派遣劳动者退回劳务派遣单位。

1. 用工单位有《劳动合同法》第四十条第三项、第四十一条规定的情形的。

2. 用工单位被依法宣告破产、吊销营业执照、责令关闭、撤销、决定提前解散或者经营期限届满不再继续经营的。

3. 劳务派遣协议期满终止的。

在上述情况下，对用工单位退回的被派遣劳动者，劳务派遣单位对于劳动合同期限未满的劳动者，有两种情形来处理：一是重新派遣时维持或者提高劳动合同约定条件，被派遣劳动者不同意的，劳务派遣单位可以解除劳动合同。二是重新派遣时降低劳动合同约定条件，被派遣劳动者不同意的，劳务派遣单位不得解除劳动合同。但被派遣劳动者提出解除劳动合同的情形除外。

以案释法

案情简介

A劳务派遣公司与B电子公司签订劳务派遣协议，约定由A劳务派遣公司派遣员工到B电子公司工作，劳务派遣协议期限为2年。A劳务派遣公司招聘吴先生后，与其签订劳动合同，在其合同中未明确注明劳动合同期限，只是约定其劳动合同期限为被派往B电子公司工作的劳务派遣协议期限，即劳务派遣协议期限届满，吴先生的劳动合同即行终止。

一年后，B电子公司以其生产经营发生严重困难为由，依据《劳务派遣暂行规定》第十二条中的规定（即用工单位有《劳动合同法》第四十一条规定情形的，可以将被派遣劳动者退回劳务派遣单位），将吴先生退回A劳务派遣公司，终止劳务派遣协议。接着，A劳务派遣公司以其与吴先生在劳动合同中约定的劳务派遣协议期限届满，吴先生的劳动合同即行终止为由，将吴先生辞退。吴先生不服，申请劳动仲裁，要求重新派遣到新的单位工作。

案例评述

第一，劳动合同和劳务派遣协议是两个不同性质的法律文书，其法律效力不一。劳动合同约束的是劳务派遣单位和劳动者双方的行为；劳务派遣协议约束的是劳务派遣单位和用工单位两个单位的行为。本案中，虽然劳动合同期限和劳务派遣期限一致，约定的都是2年。但是劳务派遣协议可以约定终止条件，而劳动合同不能约定终止条件，只能是法定终止。虽然吴先生的劳动合同没有注明劳动合同期限，约定为劳务派遣协议期限一致，实际上是明确了2年的期限。本案中的劳务派遣协议提前终止，但吴先生的劳动合同因未到期，也未到法定终止情形（劳务派遣公司并未出现“生产经营发生严重困难”的情形），所以，不能违法终止其劳动合同。按照《劳务派遣暂行规定》第十二条第二款规定：“被派遣劳动者退回后在无工作期间，劳务派遣单位应当按照不低于所在地人民政府规定的最低工资标准，向其按月支付报酬。”

第二，按照《劳务派遣暂行规定》第十五条规定：“被派遣劳动者因本规定第十二条规定被用工单位退回，劳务派遣单位重新派遣时维持或者提高劳动合同约定条件，被派遣劳动者不同意的，劳务派遣单位可以解除劳动合同。被派遣劳动者因本规定第十二条规定被用工单位退回，劳务派遣单位重新派遣时降低劳动合同约定条件，被派遣劳动者不同意的，劳务派遣单位不得解除劳动合同。但被派遣劳动者提出解除劳动合同的除外。”本案中，A劳务派遣公司应当重新派遣吴先生，并按《劳务派遣暂行规定》第十五条的规定执行。

综上，吴先生的诉求应予支持。

（六）对被派遣劳动者的特别保护

在劳务派遣期限内，被派遣劳动者有《劳动合同法》第四十二条规定的情形（如从事接触职业病危害作业的劳动者未进行离岗前职业健康检查，或者疑似职业病病人在诊断或者医学观察期间的；在本单位患职业病或者因工负伤并被确认丧失或者部分丧失劳动能力的；患病或者非因工负伤，在规定的医疗期内的；女职工在孕期、产期、哺乳期等情形），用工单位不得依据《劳动合同法》第四十条第三项、第四十一条规定的情形将被派遣劳动者退回劳务派遣单位。劳务派遣期限届满的，应当延续至相应情形消失时方可退回。

以案释法

案情简介

李女士与A市外国企业服务公司（以下简称外服公司）签订有劳动合同，约定被派遣到某外国公司驻A市代表处（以下简称代表处）从事文秘工作。该劳动合同期限为2年，并约定派遣李女士到代表处工作时间也为2年，如果代表处要求劳务派遣时间延期，则在劳动合同期满前1个月，李女士和外服公司无异议的情况下，劳动合同将顺延同样期限。

李女士在代表处工作一年半后，与该代表处的另一男员工结婚。半年后，代表处以不接受已婚夫妻同在一个办公室工作和派遣协议期满为由，将李女士退回外服公司。外服公司也以劳动合同期满为由提出与李女士终止劳动合同。而此时，李女士经医院检查确诊已怀孕3个月，以此为由不同意外服公司终止劳动合同，也不同意代表处退工，而申请劳动争议仲裁，要求恢复其工作。

对此，如何处理女职工在孕期、产期、哺乳期（即“三期”）内的劳动保护问题。

案例评述

第一，代表处（作为用工单位）能否在女职工（被派遣劳动者）处于“三期”时退工？

根据《劳动合同法》第六十五条第二款的规定，“被派遣劳动者有本法第三十九条和第四十条第一项、第二项规定情形的”，用工单位可以将劳动者退回劳务派遣单位。但是，当被派遣劳动者有《劳动合同法》第四十二条规定的情形（如有“女职工在孕期、产期、哺乳期的”情形）时，用工单位能否将劳动者退回劳务派遣单位，未作明确规定。按照第四十二条的立法精神，当劳动者有《劳动合同法》第四十二条规定的情形时，即使是劳务协议期满，用工单位也不应将被派遣劳动者退回劳务派遣单位。

第二，外服公司（作为劳务派遣单位）能否在女职工（被派遣劳动者）无工作岗位期间而且处于“三期”内解除或终止劳动合同？

根据《劳动合同法》第五十八条规定，劳务派遣单位作为一个法律上确认的“用人单位”，应当依法承担法定责任，对其所属女职工无论是已派遣到用工单位，还是在无工作期间；无论是在劳动合同期限内，还是劳动合同期满时，只要女职工处于“三期”内，劳务派遣单位均不得与其解除或终止劳动合同。

第三，女职工作为被派遣劳动者处于“三期”内出现劳动争议后，谁为用工主体？

按照我国现行法规政策的规定，外国企业驻我国境内代表处使用中国员工，必须通过外服公司这类劳务派遣单位签订劳务派遣协议，由外服公司派遣中国员工到外企代表处去工作。外服公司是我国目前劳动用工体制中的一个特殊单位，属于《劳动合同法》规定中的劳务派遣单位，虽非实际用工单位，但根据《劳动合同法》规定，它是与被派遣劳动者的劳动合同签约方、社会保险费缴纳方以及劳务输出方，具有用工主体资格。而代表处虽是实际用工单位，但其性质既不同于《劳动合同法》关于劳务派遣规定中的“用工单位”（企业法人），也不同于在我国注册的外资企业。

所以，在本案中，不将代表处作为用工主体。对女职工在孕期、产期、哺乳期（即“三期”）内的劳动保护应当按照劳务派遣单位与代表处的约定处理。如果劳务派遣单位与代表处无约定，或经协商后不能解决，则由劳务派遣单位承担用工主体责任。

综上，外服公司与李女士终止劳动合同的做法不合法，外服公司应协调重新为李女士安排工作岗位。

八、违法劳务派遣用工中的法律责任

在劳务派遣用工中要注意，当被派遣劳动者出现工伤，或者解除或终止劳动合同时，其工伤待遇、离职经济补偿金，虽然法律规定由用人单位（劳务派遣单位）承担，但是实际上大多还是由用工单位承担（需要在劳务派遣协议中约定）。

劳务派遣单位、用工单位违反《劳动合同法》有关劳务派遣规定的，根据法律规定，违法劳务派遣用工的法律责任主要有：

1. 对劳务派遣单位违法解除或者终止被派遣劳动者劳动合同的，被派遣劳动者要求继续履行劳动合同的，劳务派遣单位应当继续履行；被派遣劳动者不要求继续履行劳动合同或者劳动合同已经不能继续履行的，劳务派遣单位应当依照《劳动合同法》规定的经济补偿标准的二倍向劳动者支付赔偿金。

2. 对劳务派遣单位违反规定与被派遣劳动者约定试用期的，由劳动行政部门责令改正；违法约定的试用期已经履行的，由劳务派遣单位以劳动者试用期满月工资为标准，按已经履行的超过法定试用期的期间向劳动者支付赔偿金。

3. 对用工单位在劳务派遣用工中，违规决定使用被派遣劳动者辅助性岗位的，由劳动行政部门责令改正，给予警告；给被派遣劳动者造成损害的，依法承担赔偿责任。

4. 对用工单位违反规定退回被派遣劳动者的，由劳动行政部门责令限期改正；逾期不改正的，以每人5000元以上1万元以下的标准处以罚款，用工单位给被派遣劳动者造成损害的，劳务派遣单位与用工单位承担连带赔偿责任。

综上，企业采取劳务派遣用工，为了防范法律风险，一定要找有资质的劳务派遣机构；要确定被派遣劳动者与具体的派遣单位签订了劳动合同，避免被认定被派遣劳动者与用工单位形成事实劳动关系；同时要尽量与派遣单位依法约定“退回”被派遣劳动者的条件等。

第三节　其他用工形式

一、招用退休人员用工

（一）退休人员的有关概念

退休人员，是指我国法律法规规定的达到了“法定退休年龄”以及国家有关政策规定可以提前和延迟退休的劳动者。

我国的“法定退休年龄”，是指根据1978年第五届全国人民代表大会常务委员会第二次会议批准的《国务院关于安置老弱病残干部的暂行办法》和《国务院关于工人退休、退职的暂行办法》（国发〔1978〕104号）所规定的退休年龄。

1. 干部的法定退休年龄

根据《国务院关于安置老弱病残干部的暂行办法》规定，党政机关、群众团体、企业、事业单位的干部，符合下列条件之一的，都可以退休：

（1）男年满60周岁，女年满55周岁，参加革命工作年限满10年的。

（2）男年满50周岁，女年满45周岁，参加革命工作年限满10年，经过医院证明完全丧失工作能力的。

（3）因工致残，经过医院证明完全丧失工作能力的。

2. 职工的法定退休年龄

一是公有企业职工的退休年龄。

根据《国务院关于工人退休、退职的暂行办法》，全民所有制企业、事业单位和国家机关、人民团体的工人，符合下列条件之一的，应该退休。

（1）男年满60周岁，女年满50周岁，连续工龄满10年的。

（2）从事井下、高空、高温、特别繁重体力劳动或者其他有害身体健康的工作，男年满55周岁，女年满45周岁，连续工龄满10年的。

本项规定也适用于工作条件与工人相同的基层干部。

(3) 男年满 50 周岁，女年满 45 周岁，连续工龄满 10 年的，由医院证明，并经劳动鉴定委员会确认，完全丧失劳动能力的。

(4) 因工致残，由医院证明，并经劳动鉴定委员会确认，完全丧失劳动能力的。

注意：在《国务院关于工人退休、退职的暂行办法》中，其适用范围除了事业单位和国家机关、人民团体之外，只提到了适用“全民所有制企业”，同时提到“集体所有制企业、事业单位工人的退休、退职，由省、市、自治区革命委员会参照本办法，结合本地区集体所有制单位的实际情况，自行制定具体办法，其各项待遇，不得高于本办法所定的标准”。这说明该文件针对当时（1978 年）我国刚实行改革开放的历史背景，规定职工“退休年龄”适用范围只是公有企业（全民所有制企业和集体所有制企业），并没有说“退休年龄”适用非公企业（外资企业、民营企业或私营企业等其他经济类型的企业）。随着我国改革开放的进一步扩大，各类非公企业开始大量出现，但国家并未对各类非公企业职工的退休年龄问题作出明确规定。

二是各类非公企业职工的退休年龄。

1991 年，国务院作出了《国务院关于企业职工养老保险制度改革的决定》（国发〔1991〕33 号），提出实行企业职工养老保险制度改革，养老金“实行国家、企业、个人三方共同负担，职工个人也要缴纳一定的费用”，职工退休后计发养老金。并明确规定“本决定适用于全民所有制企业。城镇集体所有制企业可以参照执行；对外商投资企业中方职工、城镇私营企业职工和个体劳动者，也要逐步建立养老保险制度”。这就是说，国家提出了各类企业（不分所有制形态的企业）职工和个体劳动者都可以参加养老保险，退休后都可以领取养老金。但文件中并没有规定非公企业职工和个体劳动者的退休年龄。

到了 1995 年，国务院下发《国务院关于深化企业职工养老保险制度改革的通知》（国发〔1995〕6 号），提出要基本建立起“适用城镇各类企业职工和个体劳动者”的养老保险体系。这里提出了“城镇各类企业”，即指不分所有制形态的各类企业职工都可以参加养老保险。“职工到达法定离退休年龄，凡个人缴费累计满 15 年，或本办法实施前参加工作连续工龄（包括缴费年限）满 10 年的人员，均可享受基本养老保险待遇，按月领取养老金。”“职工的离退休年龄，按现行规定不变。”按照这个文件精神，凡是城镇各类企业职工的退休年龄“按现行规定不变”。所谓“现行规定”，也就是指《国务院关于工人退休、退职的暂行办法》规定的退休年龄。

1999年，为贯彻《国务院办公厅关于进一步做好国有企业下岗职工基本生活保障和企业离退休人员养老金发放工作有关问题的通知》（国办发〔1999〕10号）精神，《劳动和社会保障部关于制止和纠正违反国家规定办理企业职工提前退休有关问题的通知》（劳社部发〔1999〕8号）重申，国家法定的企业职工退休年龄是：男年满60周岁，女工人年满50周岁，女干部年满55周岁。从事井下、高空、高温、特别繁重体力劳动或其他有害身体健康工作（以下称特殊工种）的，退休年龄为男年满55周岁、女年满45周岁；因病或非因工致残，由医院证明并经劳动鉴定委员会确认完全丧失劳动能力的，退休年龄为男年满50周岁、女年满45周岁。该文件提到的“国家法定的企业职工退休年龄”中的“企业职工”，也就是前面提到的国务院文件中所说的“城镇各类企业职工”。

《劳动和社会保障部关于制止和纠正违反国家规定办理企业职工提前退休有关问题的通知》中同时提出了针对国有破产企业职工实行特殊的“提前退休”政策规定。“提前退休”的适用有严格的范围，按国家有关规定办理提前退休的范围仅限定为：国务院确定的111个“优化资本结构”试点城市的国有破产工业企业中距法定退休年龄不足5年的职工；3年内有压锭任务的国有纺织企业中，符合规定的纺纱、织布工种的挡车工。但执行此项规定与前面讲的“国家法定的企业职工退休年龄”中的规定，不能同时用于同一名职工。对国家关于企业职工退休年龄和条件的规定，各地区、各部门和企业及职工必须认真执行，不得随意降低，严禁扩大适用范围。①

3. 个体户等灵活就业人员领取养老金的年龄

随着我国社会主义市场经济体制的建立和完善，出现了大量的城镇个体工商户等自谋职业的灵活就业人员，其从业状态不存在退休问题，如何满足“到达法定退休年龄、缴费累计满15年，按月领取养老金”呢？对此，2001年，《劳动和

---

① 有关“提前退休”的问题，参见第十六章 职工社会保险待遇 第一节 职工基本养老保险待遇“二、享受养老保险待遇的条件（一）法定退休年龄”中的有关内容。

社会保障部关于完善城镇职工基本养老保险政策有关问题的通知》（劳社部发〔2001〕20号）规定：“城镇个体工商户等自谋职业者以及采取各种灵活方式就业的人员，在其参加养老保险后，按照省级政府规定的缴费基数和比例，一般应按月缴纳养老保险费，也可按季、半年、年度合并缴纳养老保险费；缴费时间可累计折算。上述人员在男年满60周岁、女年满55周岁时，累计缴费年限满15年的，可按规定领取基本养老金。累计缴费年限不满15年的，其个人帐户储存额一次性支付给本人，同时终止养老保险关系，不得以事后追补缴费的方式增加缴费年限。”

可见，对于城镇个体工商户等自谋职业的灵活就业人员而言，没有“到达法定退休年龄”一说，只有“男年满60周岁、女年满55周岁时”的“领取养老金的年龄”。

4. 农民合同制职工领取养老金的年龄

我国实行经济体制改革开放以来，广大农民进入城镇务工，他们有一大部分进入了企业，与城镇企业职工一起工作，但由于他们的户籍在农村，被视为“农民合同制职工”或“农民工”。根据《劳动和社会保障部关于完善城镇职工基本养老保险政策有关问题的通知》规定，在企业中参加养老保险的“农民合同制职工在男年满60周岁、女年满55周岁时，累计缴费年限满15年以上的，可按规定领取基本养老金；累计缴费年限不满15年的，其个人帐户全部储存额一次性支付给本人”。

在此文件中，对农民合同制职工也只提到“领取养老金的年龄”，没有明确“到达法定退休年龄”。尽管农民合同制职工也是企业职工，但因其身份（户籍）所限，在现阶段与城镇职工还是有区别。

应当看到，现行政策对个体户等灵活就业人员和农民合同制职工只规定了“领取养老金的年龄”，但在实际工作上，对于达到此年龄（领取养老金的年龄）的人员，也被视为“到达法定退休年龄”的人员。

（二）高级专家延长退休年龄的规定

按照《国务院关于高级专家离休退休若干问题的暂行规定》（国发〔1983〕141号）规定：“本规定所称高级专家，系指：正副教授、正副研究员、高级工程师、高级农艺师、正副主任医师、正副编审、正副译审、正副研究馆员、高级经济师、高级统计师、高级会计师、特级记者、高级记者、高级工艺美术师，以及文艺六级以上的专家。”

高级专家离休退休年龄，一般应按国家统一规定执行。对其中少数高级专家，确因工作需要，身体能够坚持正常工作，征得本人同意，经有关机关批准，其离休退休年龄可以适当延长：

1. 教授、研究员以及相当这一级职称的高级专家，经所在单位报请省、市、自治区人民政府或中央、国家机关的部委批准，可以延长离休退休年龄，但最长不超过70周岁。

2. 副教授、副研究员以及相当这一级职称的高级专家，经所在单位报请上一级主管机关批准，可以适当延长离休退休年龄，但最长不超过65周岁。

3. 学术上造诣高深、在国内外有重大影响的杰出高级专家，经国务院批准，可以暂缓离休退休，继续从事研究或著述工作。

可见，上述高级专家达到国家规定的法定退休年龄，没有办理离退休手续仍在工作的，视为延长离休退休年龄，不视为离退休人员。

（三）企业招用离退休人员用工的法律关系认定

根据《劳动合同法》规定，劳动者开始依法享受基本养老保险待遇的，劳动合同终止。而劳动者开始依法享受基本养老保险待遇的条件是根据《社会保险法》的规定“参加基本养老保险的个人，达到法定退休年龄时累计缴费满十五年的，按月领取基本养老金”。这里指的“达到法定退休年龄”即是退休人员。退休人员累计缴费满15年的，就可以按月领取养老金，此时，该人员与用人单位的劳动合同依法终止，从而双方的劳动关系也解除。

对于达到法定退休年龄，但累计缴费不满15年的职工而言，因其还不能依法领取养老金，即不能享受基本养老保险待遇，是否就不让其退休，要求其留在原单位继续工作呢？如果不让其退休，显然与国家关于达到法定退休年龄就可退休的规定不符。对此，《劳动合同法实施条例》作出规定：“劳动者达到法定退休年龄的，劳动合同终止。”进一步说，只要劳动者达到法定退休年龄的，不论其是否享受基本养老保险待遇，都作为退休人员，与用人单位的劳动合同依法终止。

企业应当注意：我国现行法律并不限制任何用人单位招用退休人员用工，但此类用工的双方是否建立劳动关系呢？当用工双方发生用工争议时，又如何适用法律？

对此，《最高人民法院关于审理劳动争议案件适用法律问题的解释（一）》提出："用人单位与其招用的已经依法享受养老保险待遇或者领取退休金的人员发生用工争议而提起诉讼的，人民法院应当按劳务关系处理。"

根据这一司法解释，用人单位招用已经享受养老保险待遇或者领取退休金的退休人员，用工不形成劳动关系，而是形成劳务关系。那么，对于用人单位招用未依法享受养老保险待遇的退休人员发生用工争议时，应当按什么法律关系来处理呢？上述司法解释中未予明确。在司法实践中，有不同的认识。但是，按照《劳动合同法实施条例》中规定的"劳动者达到法定退休年龄的，劳动合同终止"的立法精神，用人单位招用退休人员已不可能再签订劳动合同建立劳动关系了，而只能认定为劳务关系。

既然招用离退休人员用工不存在劳动关系，发生用工争议就不存在适用劳动法律的问题，也就不存在再参加社会保险；辞退离退休人员也不需要按《劳动合同法》的规定支付经济补偿，用人单位与退休人员之间的民事行为只能按民事法律关系来处理。

企业应当注意，为了保障招用的离退休人员在劳动过程中应有的权益，企业在招聘离退休人员工作时，应当与其签订一个书面的民事协议，具体明确约定工作内容、聘用期限、工作时间和休息休假安排、工作报酬、劳动保护待遇、职业伤害处理职责、医疗待遇等权利和义务，以便发生用工争议后可提供处理的依据。

二、招用兼职人员用工

（一）兼职人员的概念

兼职人员（或称"共享员工"），是指同一劳动者在同一时期与两个或两个以上的用人单位都建立有符合劳动关系或劳务关系的员工。

兼职人员的基本特征是：

1. 劳动者必须为同一人。

2. 用人单位必须是不同的法律主体，而非一个系另一个单位的分支机构。

3. 两个以上的劳动关系或劳务关系存续期间必须有一段重合期。

4. 劳动者与每个用人单位之间形成的用工关系都必须是劳动关系或劳务关系。

（二）法律承认的多重劳动关系

1. 非全日制的多重劳动关系

根据《劳动和社会保障部关于非全日制用工若干问题的意见》规定："从事非全日制工作的劳动者，可以与一个或一个以上用人单位建立劳动关系。"《劳动合同法》也从法律层面规定："从事非全日制用工的劳动者可以与一个或者一个以上用人单位订立劳动合同；但是，后订立的劳动合同不得影响先订立的劳动合同的履行。"

2. 兼职的多重劳动关系

兼职的多重劳动关系，是指劳动者先与一个用人单位建立全日制劳动关系，之后又和一个以上的用人单位建立全日制或非全日制劳动关系。但是，按照《劳动合同法》规定："用人单位招用与其他用人单位尚未解除或者终止劳动合同的劳动者，给其他用人单位造成损失的，应当承担连带赔偿责任。"即法律承认用人单位可以招用有多重劳动关系的职工，只不过规定了连带责任。在法院处理此类劳动争议时，按照《最高人民法院关于审理劳动争议案件适用法律问题的解释（一）》规定："用人单位招用尚未解除劳动合同的劳动者，原用人单位与劳动者发生的劳动争议，可以列新的用人单位为第三人。原用人单位以新的用人单位侵权为由提起诉讼的，可以列劳动者为第三人。原用人单位以新的用人单位和劳动者共同侵权为由提起诉讼的，新的用人单位和劳动者列为共同被告。"

3. "虚实并存"的多重劳动关系

"虚实并存"的多重劳动关系主要表现在用人单位可以招用企业停薪留职人员、未达到法定退休年龄的内退人员、下岗待岗人员以及企业经营性停产放长假人员等。这些人员实际上已经不在原单位上班，但仍然与原用人单位保持着名义上的劳动关系（所谓"务虚的劳动关系"），其随后又与其他用人单位建立起新的劳动关系（所谓"务实的劳动关系"或"实际的劳动关系"）。

按照《最高人民法院关于审理劳动争议案件适用法律问题的解释（一）》规定："企业停薪留职人员、未达到法定退休年龄的内退人员、下岗待岗人员以及企业经营性停产放长假人员，因与新的用人单位发生用工争议而提起诉讼的，人民法院应当按劳动关系处理。”这表明在司法实践中，法院认可这种用工建立了劳动关系。

企业停薪留职人员、未达到法定退休年龄的内退人员等兼职从业后，可否再参保缴费？

以案释法

案情简介

朱某原系A公司的注册监理师。根据该公司内部有关规定，在临近法定退休年龄不足5年时，办理了停职休息（即“内退”），公司既为其保留劳动关系，又为其继续缴纳养老保险费，并且每月领取由该企业发放的“内退养老金”。

朱某内退半年后，应聘至B公司从事监理工程师工作。在应聘时，向B公司申明其系A公司的内退职工，与B公司签订《劳务用工合同》，约定B公司每月支付其工资。之后，双方一直按照该约定履行合同。

3年后，B公司以朱某身体原因，不能胜任工作为由，将其辞退。

随后，朱某向B公司提出要求补缴社会保险费或以货币形式支付其社会保险费，并支付解除劳动合同的经济补偿金。因公司不同意，朱某向当地劳动争议仲裁委员会申请劳动仲裁。

劳动仲裁委员会以A公司已替朱某缴纳社会保险并支付内退养老金，一个人在同一时段只能存在一个劳动关系和一个社会保险关系为由，驳回了朱某的仲裁申请。

朱某不服，向法院提起诉讼。

争议焦点

朱某是否可以在A公司已为其缴纳社会保险费的情况下，要求B公司再缴纳社会保险费或以货币形式支付其社会保险费，并支付解除劳动关系的经济补偿。

案例评述

关于本案的处理，有如下不同的意见：

第一种意见认为，根据《最高人民法院关于审理劳动争议案件适用法律问题的解释（一）》第三十二条第二款规定："企业停薪留职人员、未达到法定退休年龄的内退人员、下岗待岗人员以及企业经营性停产放长假人员，因与新的用人单位发生用工争议而提起诉讼的，人民法院应当按劳动关系处理。"本案中，朱某和B公司之间的争议应按劳动关系处理，按照《劳动法》第七十二条规定："……用人单位和劳动者必须依法参加社会保险，缴纳社会保险费。"故朱某有权要求B公司补缴其在工作期间的社会保险费和解除劳动关系的经济补偿，但不支持以货币形式支付其社会保险费。

第二种意见认为，基于劳动者社会保险关系的唯一性，任何劳动者在同一时段只能拥有一个社会保险关系。本案中，朱某的社会保险关系已由原单位A公司建立，社会保险费已由A公司缴纳，B公司无法替其再次参保缴费。故朱某无权要求B公司为其补缴社会保险费或以货币形式支付其社会保险费，但支持给予解除劳动关系的经济补偿。

上述案例引发的探讨是，双重劳动关系的员工是否应当可以双重参保和享受经济补偿。理由是：

第一，这类情形的"双重参保缴费"并非"重复参保"。有观点认为，职工的社会保险关系只有一个，社会保险账户也只有一个，但养老保险费、医疗保险费在两个单位同时缴纳后，可合并在一个账户内（两个公司的缴费各自加入统筹账户和一个员工的个人账户），对社保经办机构来说，只是一个技术处理问题。只要在两个公司工作的同一个员工的缴费工资合计不超过当地职工平均工资的3倍（如果超过，就以3倍计算），此种做法应当是可行的。失业保险费、工伤保险费、生育保险费都可分别归入统筹基金中。职工并没有也不需要重新建立新的社会保险关系或社会保险账户，就如同一个人从几个银行储蓄所向同一银行账号存钱；劳动者个人在两个单位从业或兼职时，由两个单位分别缴费，在社会保险经办机构汇合到统筹账户和一个员工的个人账户内是完全可以做到的。

第二，在此情形下参保后，职工个人在享受各项社保待遇时并不能多从统筹基金中获利，反而增加了统筹基金收入。职工只可从个人账户中多领取养老金和多享受个人账户医疗费；而在享受失业保险、工伤保险、生育保险和统筹中的医疗保险待遇时，则仍与一般职工一样享受，不能多享受或重复享受（即对于失业保险、工伤保险、生育保险和统筹中的医疗保险的有关费用，并不能双重享受）。在这几项保险中，除了工伤保险中有关费用要由用人单位支付之外，均由社会保险经办机构按一个账户支付保险待遇。工伤保险中由用人单位支付的部分费用，由职工受到伤害时所在单位来支付。

第三，在此种参保情形下，使得各类用人单位皆为公平参保，平等地共担法律责任。即单位一旦用工（使用双重劳动关系的人员）都得依法参保缴费，避免两个单位中后一个用人单位规避参保的法律责任，或者解除劳动合同时规避支付经济补偿的法律责任。也使《最高人民法院关于审理劳动争议案件适用法律问题的解释（一）》第三十二条中规定的“企业停薪留职人员、未达到法定退休年龄的内退人员、下岗待岗人员以及企业经营性停产放长假人员，因与新的用人单位发生用工争议而提起诉讼的，人民法院应当按劳动关系处理”这一司法解释得到落实。所以，在上述案例中，一个职工在两个单位就业的，应当按劳动关系处理，可以参保缴费。无论哪一个单位在解除职工劳动合同时，都应依法支付经济补偿。员工享受社保待遇时，由社保经办机构以同一员工的个人账户作出相应的技术处理。

（三）招用兼职人员用工的法律风险与防范

我国法律虽然并不禁止劳动者兼职，但在实际工作中：用人单位如果招用兼职人员实行全日制，保持多重劳动关系会碰到一些难题。

第一，从全日制标准工作时间来讲，如果让一个兼职人员同一天内在两个单位工作，单位用工时间上有冲突，会使劳动者增加日工作时间，超过法定的每日工作时间。只能在实行特殊工时制的岗位上安排工作。

第二，从现行的法律政策规定看，对兼职的劳动者，难以形成多重社会保险关系（在两个单位同时参保有制度上和技术上的一些障碍）。目前，国家只对兼职人员的工伤保险作出规定，例如，《实施〈中华人民共和国社会保险法〉若干规定》（人力资源和社会保障部令第 13 号）规定：“职工（包括非全日制从业人员）在两个或者两个以上用人单位同时就业的，各用人单位应当分别为职工缴纳工伤保险费。职工发生工伤，由职工受到伤害时工作的单位依法承担工伤保险责任。”

第三，从企业用工的主观意愿讲，首家用人单位一般反对本单位职工去兼职，担心职工分心过多，工作劳累，影响在本单位的工作。对此，《劳动合同法》也有规定："劳动者同时与其他用人单位建立劳动关系，对完成本单位的工作任务造成严重影响，或者经用人单位提出，拒不改正的，用人单位可以解除劳动合同。"

所以，企业招用兼职人员用工时，应当注意防范法律风险。

1. 招用兼职人员用工，一定要及时签订书面劳动合同或劳务合同。如果发生劳动纠纷，涉及存在事实劳动关系而又没有签订书面劳动合同的情形，单位就有承担支付劳动者双倍工资的风险。

2. 不论是与兼职人员先签约的用人单位，还是后签约的用人单位，如果没有相关的单位规章制度进行约束，都可能遇到兼职人员泄露本单位商业秘密的风险。

3. 与兼职人员后签约的用人单位使用兼职人员后，兼职人员若给先签约的用人单位造成损失的，有承担连带赔偿责任的风险。

4. 如果后签约的用人单位不能为兼职人员办理工伤保险，又没有为兼职人员办理商业人身保险，一旦兼职人员出现工伤事故，就有承担支付全额工伤待遇的法律风险。

5. 若想招用兼职员工，又想避免多重劳动关系的风险，后签约的用人单位可考虑：

一是可签订书面的非全日制劳动合同，以便实行灵活用工；

二是事前协商一致，签订有关用工的劳动纪律协议，约束兼职人员的从业行为；

三是可协商签订劳务协议，建立劳务关系，以民事法律规范双方的合作行为；

四是及时到当地政府人力资源和社会保障部门办理用工和参保备案，以避免违法用工行为发生。

三、接收学生或毕业生的用工

我国每年有上千万大学生和职业学校的学生，他们基于教学实习、勤工俭学、为寻找工作进行见习等多种原因，需要到企业去实习或见习。这对企业来说，接收他们来实习或见习虽然不能如同本单位职工一样对待，但实际上也是一种近似非正式职工的“用工行为”。

（一）职业学校学生实习

1. 什么是职业学校学生实习

根据《职业学校学生实习管理规定》（教职成〔2021〕4号）规定：“本规定所指职业学校学生实习，是指实施全日制学历教育的中职学校、高职专科学校、高职本科学校（以下简称职业学校）学生按照专业培养目标要求和人才培养方案安排，由职业学校安排或者经职业学校批准自行到企（事）业等单位进行职业道德和技术技能培养的实践性教育教学活动，包括认识实习和岗位实习。”

认识实习，是指学生由职业学校组织到实习单位参观、观摩和体验，形成对实习单位和相关岗位的初步认识的活动。认识实习按照一般校外活动有关规定进行管理，由职业学校安排，学生不得自行选择。

岗位实习，是指具备一定实践岗位工作能力的学生，在专业人员指导下，辅助或相对独立参与实际工作的活动。实习岗位应符合专业培养目标要求，与学生所学专业对口或相近。原则上不得跨专业大类安排实习。

学生实习的本质是教学活动，是实践教学的重要环节。国家鼓励企（事）业单位安排实习岗位、接纳职业学校学生实习。地方政府和行业相关部门应当鼓励和引导企（事）业单位等按岗位总量的一定比例，设立实习岗位并对外发布岗位信息。

2. 企业接受实习学生的规定

根据《职业学校学生实习管理规定》规定，企（事）业单位要作为实习单位，应当符合以下条件：（1）合法经营，无违法失信记录；（2）管理规范，近3年无违反安全生产相关法律法规记录；（3）实习条件完备，符合专业培养要求，符合产业发展实际；（4）与学校有稳定合作关系的企（事）业单位优先。

实习单位应当合理确定岗位实习学生占在岗人数的比例，岗位实习学生的人数一般不超过实习单位在岗职工总数的10%，在具体岗位实习的学生人数一般不高于同类岗位在岗职工总人数的20%。学生在实习单位的岗位实习时间一般为6个月。

学生参加岗位实习前，职业学校、实习单位、学生三方必须以有关部门发布的实习协议示范文本为基础签订实习协议，并依法严格履行协议中的有关条款。

未按规定签订实习协议的，不得安排学生实习。

实习协议应当包括但不限于以下内容：（1）各方基本信息；（2）实习的时间、地点、内容、要求与条件保障；（3）实习期间的食宿、工作时间和休息休假安排；（4）实习报酬及支付方式；（5）实习期间劳动保护和劳动安全、卫生、职业病危害防护条件；（6）责任保险与伤亡事故处理办法；（7）实习考核方式；（8）各方违约责任；（9）三方认为应当明确约定的其他事项。

职业学校和实习单位要依法保障实习学生的基本权利，并不得有以下情形：（1）安排、接收一年级在校学生进行岗位实习；（2）安排、接收未满16周岁的学生进行岗位实习；（3）安排未成年学生从事《未成年工特殊保护规定》中禁忌从事的劳动；（4）安排实习的女学生从事《女职工劳动保护特别规定》中禁忌从事的劳动；（5）安排学生到酒吧、夜总会、歌厅、洗浴中心、电子游戏厅、网吧等营业性娱乐场所实习；（6）通过中介机构或有偿代理组织、安排和管理学生实习工作；（7）安排学生从事Ⅲ级强度及以上体力劳动或其他有害身心健康的实习。

除相关专业和实习岗位有特殊要求，并事先报上级主管部门备案的实习安排外，实习单位应遵守国家关于工作时间和休息休假的规定，并不得有以下情形：（1）安排学生从事高空、井下、放射性、有毒、易燃易爆，以及其他具有较高安全风险的实习；（2）安排学生在休息日、法定节假日实习；（3）安排学生加班和上夜班。

3. 实习学生的实习报酬

根据《职业学校学生实习管理规定》规定，接收学生岗位实习的实习单位，应当参考本单位相同岗位的报酬标准和岗位实习学生的工作量、工作强度、工作时间等因素，给予适当的实习报酬。在实习岗位相对独立参与实际工作、初步具备实践岗位独立工作能力的学生，原则上应不低于本单位相同岗位工资标准的80%或最低档工资标准，并按照实习协议约定，以货币形式及时、足额、直接支付给学生，原则上支付周期不得超过1个月，不得以物品或代金券等代替货币支付或经过第三方转发。

职业学校和实习单位不得向学生收取实习押金、培训费、实习报酬提成、管理费、实习材料费、就业服务费或者其他形式的实习费用，不得扣押学生的学生证、居民身份证或其他证件，不得要求学生提供担保或者以其他名义收取学生财物。

4. 投保实习责任保险

国家为了加快发展职业学校学生实习责任保险和适应职业学校学生实习需求的意外伤害保险产品，提高职业学校学生实习期间的风险保障水平。鼓励保险公司对学徒制保险专门确定费率，实现学生实习保险全覆盖。同时，积极探索职业学校实习学生参加工伤保险办法。国家规定：

根据《职业学校学生实习管理规定》规定，职业学校和实习单位应当根据法律、行政法规，为实习学生投保实习责任保险。责任保险范围应当覆盖实习活动的全过程，包括学生实习期间遭受意外事故及由于被保险人疏忽或过失导致的学生人身伤亡，被保险人应当依法承担赔偿责任以及相关法律费用等。

学生实习责任保险的费用可按照规定从职业学校学费中列支；免除学费的可从免学费补助资金中列支，不得向学生另行收取或从学生实习报酬中抵扣。职业学校与实习单位达成协议由实习单位支付学生实习责任保险投保经费的，实习单位支付的投保经费可从实习单位成本（费用）中列支。鼓励实习单位为实习学生购买意外伤害险，投保费用可从实习单位成本（费用）中列支。

学生在实习期间受到人身伤害，属于保险赔付范围的，由承保保险公司按保险合同赔付标准进行赔付；不属于保险赔付范围或者超出保险赔付额度的部分，由实习单位、职业学校、学生依法承担相应责任；职业学校和实习单位应当及时采取救治措施，并妥善做好善后工作和心理抚慰。

地方各级国资部门应当指导国有企业特别是大型企业将实习纳入人力资源管理重要内容，对行为规范、成效显著的企业，按照有关规定予以相应政策支持。同时，对于违反《职业学校学生实习管理规定》安排、介绍或者接收未满16周岁学生在境内岗位实习的，由人力资源社会保障行政部门依照国家关于禁止使用童工法律法规进行查处；构成犯罪的，依法追究刑事责任。

对违反《职业学校学生实习管理规定》从事学生实习中介活动或有偿代理的，法律法规规定了法律责任的，由相关部门依法依规追究责任；构成犯罪的，依法追究刑事责任。

（二）在校生勤工助学

1. 学生勤工助学的定义

为规范管理高等学校学生勤工助学工作，保障学生合法权益，帮助学生顺利完成学业，发挥勤工助学育人功能，培养学生自立自强、创新创业精神，增强学生社会实践能力，教育部和财政部印发的《高等学校勤工助学管理办法》（教财〔2018〕12号）指出：

勤工助学活动，是指学生在学校的组织下利用课余时间，通过劳动取得合法报酬，用于改善学习和生活条件的实践活动。勤工助学是提高学生综合素质和资助家庭经济困难学生的有效途径，由学校在不影响正常教学秩序和学生正常学习的前提下有组织地开展。勤工助学活动由学校统一组织和管理。学生私自在校外兼职的行为，不属于学校统一组织的勤工助学活动。

根据《关于贯彻执行〈中华人民共和国劳动法〉若干问题的意见》的规定："在校生利用业余时间勤工助学，不视为就业，未建立劳动关系，可以不签订劳动合同。"

2. 勤工助学的组织管理

勤工助学的组织管理分校内勤工助学活动和校外勤工助学活动。

（1）校内勤工助学活动是利用校内资源，开发校内勤工助学岗位，以校内教学助理、科研助理、行政管理助理和学校公共服务等为主。

（2）校外勤工助学活动是指校外用人单位聘用学生勤工助学。用人单位须向学校勤工助学管理服务组织提出申请，并提供法人资格证书副本和相关的证明文件。经审核同意，学校勤工助学管理服务组织推荐适合工作要求的学生参加勤工助学活动。参加校外勤工助学活动的学生的劳动报酬标准不应低于学校当地政府或有关部门规定的最低工资标准，由用人单位、学校与学生协商确定，并写入聘用协议，由校外用人单位按协议支付。

学生在校外开展勤工助学活动的，学生所在学校的勤工助学管理服务组织必须经学校授权，代表学校与用人单位和学生三方签订具有法律效力的协议书。签订协议书并办理相关聘用手续后，学生方可开展勤工助学活动。协议书必须明确学校、用人单位和学生等各方的权利和义务，以及开展勤工助学活动的学生发生意外伤害事故后的处理办法和争议解决方法。在勤工助学活动中，若出现协议纠纷或学生意外伤害事故，协议各方应按照签订的协议协商解决。如不能达成一致意见，按照有关法律法规规定的程序办理。

3. 以就业为目的的实习

在现实中，有一些面临毕业的大学生以就业为目的进行实习，其在企业中与企业的普通员工一样从事全日制工作。对此，应当视其为就业状态，还是实习状态？即此类以就业为目的进行实习的大学生能否与用人单位形成劳动关系？企业在接收此类大学生实习时要特别谨慎。

司法实践中已通过判决确认大学生的劳动主体地位，认定临近毕业的大学生亦可就业，属于《劳动合同法》管辖的范围。其主要观点是：大学生已年满16周岁以上，符合《劳动法》规定的就业年龄，其在校大学生的身份并非《劳动法》所规定排除适用的对象，法律并没有禁止临毕业大学生就业的规定；而且，大学生求职中，未有隐瞒和欺诈；大学生在企业工作中，有明确的岗位职责，能独立工作，企业按照公司普通员工一样向其发放工资，接受公司考勤考核。所以，此类情形并非实习，应属于就业，属于《劳动合同法》调整。因此，法院认定双方存在事实劳动关系。

值得提示的是，企业在接收大学生以就业为目的的实习时，为了降低用工风险，应当注意：

第一，接收大学生特别是临近毕业的大学生用工时，如果只是想为大学生提供实习或实践的机会，而与大学生毕业后的就业无关，就应当订立好学生实习协议，而不是签订劳动合同。

第二，在订立的学生实习协议中，要明确约定企业用工性质、学生实习期限、工作内容、工作时间、有关报酬、事故伤害责任等，最好是协商购买意外伤害保险，以避免相应的法律风险。

第三，如果接收大学生实习是想与其毕业后的就业相关联，也不必先签订劳动合同，可在签订实习协议的条款中有针对性地增加一些企业想了解学生能力的内容。学生在毕业前仍有许多变数，其隶属关系仍在学校。

（三）招用高校毕业生就业见习

1. 高校毕业生就业见习的政策定义

高校毕业生就业见习制度，是指为了帮助回到原籍、尚未就业的高校毕业生提升就业能力，尽快实现就业而推进的一项政策制度。根据《关于贯彻落实中共中央办公厅国务院办公厅引导鼓励高校毕业生面向基层就业意见的通知》（劳社部发〔2005〕21号），为贯彻落实《中共中央办公厅国务院办公厅印发〈关于引导和鼓励高校毕业生面向基层就业的意见〉的通知》（中办发〔2005〕18号精神，提出在开展青年职业见习工作的基础上，探索建立高校毕业生就业见习制度。帮助回到原籍、尚未就业的高校毕业生提高就业能力。

要注意：现行的高校毕业生就业见习制度不同于过去所说的大学毕业生就业“见习期”制度。

我国在20世纪80年代以前，对大中专学生毕业后就业基本上实行的是统一分配制度。毕业生分配到达工作单位后，实行一年见习期制度。见习期满后，经所在单位考核合格的转正定级。考核不合格的，可延长见习期半年到一年，延长见习期仍不合格的，按低于定级工资标准享受待遇。已经失效的1987年发布的《高等学校毕业生见习暂行办法》规定：“高等学校本、专科毕业生分配工作后，原则上都要安排到基层见习。见习期为一年。对入学前已从事一年有关实际工作的，经所在单位批准，可免去见习期。”可见，过去的“见习期制度”，明确针对的是毕业后由国家分配工作的高校毕业生。

在我国现阶段，已经不实行高校毕业生分配工作的制度。各类企业通过人力资源市场招聘等双向选择，招用大中专院校毕业生（劳动者）并与之建立劳动关系，其行为受现行国家劳动法律法规调整。如是行政机关招人，根据《公务员法》规定：“新录用的公务员试用期为一年。试用期满合格的，予以任职；不合格的，取消录用。”如是事业单位招人，根据《事业单位人事管理条例》规定：“初次就业的工作人员与事业单位订立的聘用合同期限3年以上的，试用期为12个月。”因此，过去所说的“见习期制度”已经不适用了。

2. 高校毕业生就业见习的内容

2009年，为贯彻落实《国务院办公厅关于加强普通高等学校毕业生就业工作的通知》（国办发〔2009〕3号），进一步做好离校未就业高校毕业生见习工作，提升高校毕业生就业能力，人力资源社会保障部、教育部等共同制定了《“三年百万”高校毕业生就业见习计划》（人社部发〔2009〕38号），决定自2009年至2011年，用3年时间组织100万离校未就业高校毕业生参加就业见习。

高校毕业生就业见习计划的主要工作内容：

一是确定见习单位。各地要在现有见习单位的基础上，根据当地高校毕业生就业形势和见习任务需要，建立并拓展一批见习单位。确定见习单位的具体要求：

（1）见习单位应具有较强的社会责任感，管理规范，能够持续提供一定数量的见习岗位。优先吸纳规模较大并有一定社会影响力的企事业单位作为见习单位。

（2）见习单位的行业分布，应优先考虑当地重点发展的优势产业，同时尽可能吸纳不同行业的企事业单位参加，以满足高校毕业生的不同需求。

（3）见习单位提供的见习岗位，应具备一定的技术含量和业务内容，以确保不同专业的高校毕业生提高技能水平和工作能力。

（4）见习单位应明确每年度所能提供的见习岗位数量、岗位职责、岗位要求和见习时间等有关内容。

（5）见习单位应能够为参加见习的高校毕业生提供部分基本生活补助，并办理人身意外伤害保险。

在各地确定见习单位的基础上，人力资源社会保障部将会同相关部门定期共同确定一批国家级高校毕业生就业见习示范基地，统一挂牌，统一管理。

二是明确目标任务。各地要层层分解见习任务，落实责任部门。要重点组织离校未就业的高校毕业生在入学前户籍所在地城市参加见习，并积极探索对尚未离校的应届高校毕业生开展见习。有条件的城市可探索开展非本地户籍高校毕业生和在校生的就业见习活动。

三是组织参加见习。各地要对未就业的高校毕业生情况进行摸底调查，制定高校毕业生就业见习计划，明确年度见习目标任务和工作安排。人力资源社会保障部门要组织开展离校未就业高校毕业生的登记工作，鼓励和引导他们参加就业见习。

四是加强见习管理。见习之前，要指导见习单位和参加见习的高校毕业生签订就业见习协议，明确见习期限、岗位职责、见习待遇、见习计划安排，以及见习单位和见习人员的权利义务。高校毕业生见习期间由见习单位和地方政府提供基本生活补助。见习期满，见习单位应为见习人员出具见习证明，作为用人单位招聘选用的依据之一。高校毕业生在同一单位见习时间一般为3-12个月。见习期间或期满后被见习单位正式录用的，单位应及时与高校毕业生签订劳动合同，缴纳社会保险。见习时间可作为工龄计算。

上述高校毕业生就业见习制度一直延续至今。

可见，用人单位如果作为接收未就业高校毕业生的见习单位，对见习的毕业生使用有最长不超过1年的用工时间。其间，用人单位可以不与见习的毕业生签订劳动合同建立劳动关系，只签订见习协议，形成劳务关系；可以不按本单位职工身份支付见习毕业生的劳动报酬，由本单位和地方财政部门对见习的毕业生提供基本生活补助；可以不为见习的毕业生办理参加社会保险，但要为毕业生见习办理人身意外伤害保险。只有等到见习的毕业生被见习单位正式录（聘）用后，才适用国家劳动法律法规，成为单位正式职工。

3. 接收高校毕业生就业见习的风险防范

现行政策虽然规定了用人单位接收高校毕业生就业见习，可以不签订劳动合同及不建立劳动关系，只签订见习协议、提供基本生活补助；可以不办理社会保险，只办理人身意外伤害保险。但值得注意的是，此类毕业生已经离开了学校，成为社会待业青年。他们被企业接收，一旦用工，就有可能属于《劳动合同法》第七条规定的“用人单位自用工之日起即与劳动者建立劳动关系”。

因此，企业接收高校毕业生就业见习一定要签订好“见习协议”。要明确约定双方自愿协商达成“见习协议”是真实意思表示，而没有签订劳动合同的合意；要明确约定企业见习用工的性质、见习期限、工作内容、工作时间、有关生活补助支付、事故伤害或人身意外伤害保险责任等，以避免相应的法律风险。

四、外包用工

（一）如何看待外包用工

外包用工，是指企业动态地配置自身和其他企业的业务功能和服务，并有效利用企业外部的人力资源为企业内部的生产和经营提供服务。其本质是把企业自己做不了、做不好或别人做得更好、更全面的业务交由别的企业去做。进一步讲，业务外包用工是一种拓展人力资源利用的模式，它是某一企业（称为“发包方”）通过与外部其他企业（称为“承包方”）签订契约，将一些传统上由本企业内部人员从事的业务或某些部门职能外包给更专业、更高效的服务提供商（企业或其他经济组织），以降低本企业营运成本、提高品质的一种经营形式。

从企业劳动用工的角度看，外包是企业的一种间接用工。它把原本由本企业职工做的事，通过外包转交其他企业的职工（或者是本企业外的社会劳动者）来完成。

（二）外包用工的类型

从人力资源管理的角度来讲，外包用工大致可以分为两类：劳务型外包用工和实物型外包用工。

1. 劳务型外包用工

劳务型外包用工（或称“劳务外包”），是指在外包用工中，发包的“标的”不是由劳动者加工制造或组装的实物产品，也不是开发设计的新技术、新产品等，而是劳动者提供的“劳务”或“服务”。劳务外包，按其工作性质又可分为两类：一类是人事管理类岗位的劳务外包，另一类是生产和生活服务类岗位的劳务外包。

（1）人事管理类岗位的劳务外包

这类劳务外包是指人们日常中所称的“人力资源管理职能外包”（或“人力资源事务外包”）。实行外包的企业在发包中，标的是“事”或“人事业务”，是将企业某一项或几项人力资源管理职能或管理工作流程实行外包。从现行的法规政策规定来看，可以实行人力资源服务外包的事项有《人力资源社会保障部、国家发展改革委、财政部关于加快发展人力资源服务业的意见》（人社部发〔2014〕104号）和国务院颁布的《人力资源市场暂行条例》中所提到的：就业和创业指导、人力资源招聘、人力资源培训、人力资源测评、高级人才寻访、人力资源和社会保障事务代理、薪酬管理、人力资源管理咨询、人力资源信息软件服务等企业人力资源管理部门的多种职能事务。

在人力资源管理职能外包中，涉及许多事务都可以通过依法委托、代理或承揽等形式发包出去，找专业的人力资源服务公司或有关专业公司来处理，所适用的法律主要是《民法典》。

一是对企业人力资源事务委托外包给有关的专业公司来处理。按照《民法典》对“委托合同”的规定：“委托合同是委托人和受托人约定，由受托人处理委托人事务的合同。”在“委托用工”中，委托人（发包单位）应当预付处理委托事务的费用。如果受托人（接包单位）为处理委托事务先垫付了一些必要费用，委托人应当偿还该费用并支付利息。受托人应当按照委托人的要求，报告委托事务的处理情况。委托合同终止时，受托人应当报告委托事务的结果。受托人完成委托事务的，委托人应当按照约定向其支付报酬。

二是对企业人力资源事务可以外包给专业公司代为处理（即“代理”）。按照《民法典》对“代理合同”的规定：“民事主体可以通过代理人实施民事法律行为。依照法律规定、当事人约定或者民事法律行为的性质，应当由本人亲自实施的民事法律行为，不得代理。”所以，企业采取代理方式实施民事行为时，首先要判断拟代理的事务是否为法律规定的“应当由本人亲自实施的民事法律行为”，否则，就是违法代理。其次要清楚地理解《民法典》第一百六十二条的规定：“代理人在代理权限内，以被代理人名义实施的民事法律行为，对被代理人发生效力。”不要认为某事务一旦实施代理就与己无关了，企业自己要对实施代理行为的后果承担法律责任的。代理包括委托代理和法定代理。

所谓委托代理，是指委托代理人按照被代理人的委托行使代理权。委托代理授权采用书面形式的，授权委托书应当载明代理人的姓名或者名称、代理事项、权限和期限，并由被代理人签名或者盖章。要注意：代理人知道或者应当知道代理事项违法仍然实施代理行为，或者被代理人知道或者应当知道代理人的代理行为违法未作反对表示的，被代理人和代理人应当承担连带责任。

所谓法定代理，是指法定代理人依照法律的规定行使代理权。也就是说，法定代理的事项是法律有明文规定的，不能再实施委托代理。

三是对企业人力资源事务也可以通过承揽方式外包给有关专业公司来处理。按照《民法典》对“承揽合同”的规定：“承揽合同是承揽人按照定作人的要求完成工作，交付工作成果，定作人支付报酬的合同。承揽包括加工、定作、修理、复制、测试、检验等工作。”这里，我们可以把“承揽人”看成“承包企业”，把“定作人”看成“发包企业”。按照《民法典》的规定：“承揽人应当以自己的设备、技术和劳力，完成主要工作，但是当事人另有约定的除外。”也就是说，只要当事人依法对承揽业务有约定的，承揽人（承包企业）可以入驻定作人（发包企业）的工作场所，按照当事人双方约定无偿或有偿使用其设备、技术甚至劳力。

在承揽业务中，依据《民法典》的规定，作为发包企业（定作人）可以中途变更承揽工作的要求，如果造成承包企业（承揽人）损失的，应当赔偿损失。发包企业在承包企业完成工作前可以随时解除合同，造成承包企业损失的，应当赔偿损失。发包企业应当按照约定的期限支付报酬。作为承包企业（承揽人）在承揽工作需要发包企业（定作人）协助的，发包企业有协助的义务。发包企业不履行协助义务致使承揽工作不能完成的，承包企业可以催告发包企业在合理期限内履行义务，并可以顺延履行期限；发包企业逾期不履行的，承包企业可以解除合同。承包企业在工作期间，应当接受发包企业必要的监督检验。但是，发包企业不得因监督检验妨碍承包企业的正常工作。承包企业交付的工作成果不符合质量要求的，发包企业可以合理选择请求承包企业承担修理、重作、减少报酬、赔偿损失等违约责任。

（2）生产和生活服务类岗位的劳务外包

这类劳务外包是指非人力资源职能事务的外包，是对劳动者在企业生产经营或生活服务流程中提供“劳务”或“服务”的岗位实行外包，也有称为“劳务型岗位外包”（又称“劳务外包”“岗位外包”“流程外包”等）。外包的标的为“劳务”，不是加工实物产品。接包企业（或承包方）提供的是劳动者在发包企业（或发包方）的生产作业岗位上从事劳务活动，而非人力资源管理事务，也非生产制造实物产品。如各类单位服务大厅和餐饮酒店的客服、交通运输承运、物流仓储、修理、计算机的编程、建筑施工中的劳务等。此类外包可以通过委托或承揽的形式来完成。

上述劳务型外包用工的范围很广，根据企业提供的服务类型有：①生活服务；②生产服务；③生活和生产两者兼有的服务。各类企业的上述工作岗位，既不是直接生产加工或制造实物产品，也不是从事人力资源管理事务，而是需要劳动者提供劳务（或服务）。为此，也将此类业务称为“广义的人力资源服务外包”。

企业中属于劳务型岗位的外包，是一种经营方式。它不同于《劳动合同法》中所规定的劳务派遣。在劳务型岗位外包中，外包企业从发包企业获得劳务承包费用，赚取利润。双方可以在外包协议中就工作内容、工作形式、工作时间、劳动规章制度等事项进行约定，但发包企业不是劳动者的管理主体，外包企业是劳动者的管理主体。

比如，一家化工企业，原来有一个汽车队，拥有十多辆大客车，用于接送职工上下班。该车队在工作日的上下班时段处于忙碌状态；此外时间，车辆和司机处于闲置状态。后来，公司改革，撤掉了车队，将接送职工上下班这一事务实行外包，交由一家运输公司来完成。

运输公司作为承包企业承接了化工企业（发包企业）的接送职工上下班服务。至于运输公司（承包企业）使用什么型号的客车及车辆保养，如何配备司机，司机的待遇等用工管理问题，与该化工企业毫无关系。从劳动用工的角度讲，客车司机的管理主体不是发包企业（化工企业），而是承包企业（运输公司）。化工企业只考核运输公司接送职工上下班的准确度、交通安全性和服务满意度。通过此种外包，为该化工企业节约了一笔用工成本。

2. 实物型外包用工

此类外包用工，是一种实物产品生产的外包，也是现实中常见的企业“代工生产”。它是让承包企业（也称为接收订单的“代工厂”）代为加工制造实物产品。发包的标的，是提供制成品，如各类零部件的加工制造、来料加工、来件加工、来样加工和组装产品等。

实行实物型的业务外包用工，主要是企业生产经营形式的一种转变，因此，适用法律依据也主要是《民法典》及有关民商法律的规定。根据不同类型、不同技术特征的企业，可采取不同的业务外包用工形式。例如以下几种形式的业务外包用工：

（1）承揽式外包

如前所述，按照《民法典》的规定：“承揽合同是承揽人按照定作人的要求完成工作，交付工作成果，定作人支付报酬的合同。承揽包括加工、定作、修理、复制、测试、检验等工作。”该法律条文中“等工作”的“等”字，包含了许多难以穷尽的可以外包的事项，诸如可以承接加工、定作、修理、复制各种实物产品。现实中，为一些品牌公司生产或加工各类产品的“代工厂”皆属于此类外包生产。

在承揽式外包中，承揽人（承包企业）接受业务后，可否使用定作人（发包企业）的生产场地和设备（或者派职工到发包企业去上班）？是否会被视为劳务派遣？

根据《民法典》规定：“承揽人应当以自己的设备、技术和劳力，完成主要工作，但是当事人另有约定的除外。”据此，如果当事人双方有约定，是可行的。在此类外包用工中，承揽人方面的劳动者无论在何地工作，其用工的管理主体是承揽人，而不是定作人。这是区别劳务派遣用工的一个重要特征。如果定作人发包后，担心自己不能亲自管理劳动者，加工产品会出现质量问题，根据法律规定，在承揽人工作期间，应当接受定作人必要的监督检验。但是，定作人不得因监督检验妨碍承揽人的正常工作。承揽人完成工作后，应当向定作人交付工作成果。定作人应当验收该工作成果。如果承揽人交付的工作成果不符合质量要求的，定作人可以合理选择请求承揽人承担修理、重作、减少报酬、赔偿损失等违约责任。定作人应当按照约定的期限支付报酬。对支付报酬的期限没有约定或者约定不明确的，定作人应当在承揽人交付工作成果时支付；如果约定工作成果部分交付的，定作人应当相应地支付报酬。

（2）建设工程外包

按照《民法典》的规定："建设工程合同是承包人进行工程建设，发包人支付价款的合同。""建设工程合同应当采用书面形式。"对于建设工程外包用工中的管理，与承揽式外包用工的方式相似。

（3）技术开发外包

按照《民法典》的规定："技术合同是当事人就技术开发、转让、许可、咨询或者服务订立的确立相互之间权利和义务的合同。"技术合同价款、报酬或者使用费的支付方式由当事人约定，可以采取一次总算、一次总付或者一次总算、分期支付，也可以采取提成支付或者提成支付附加预付入门费的方式。其中有：

一是技术开发合同。技术开发合同是当事人之间就新技术、新产品、新工艺、新品种或者新材料及其系统的研究开发所订立的合同。技术开发合同应当采用书面形式。委托开发合同的委托人（发包单位）应当按照约定支付研究开发经费和报酬，提供技术资料，提出研究开发要求，完成协作事项，接受研究开发成果。接受委托开发的研究开发方（承包单位）应当按照约定制定和实施研究开发计划，按期完成研究开发工作，交付研究开发成果，提供有关的技术资料和必要的技术指导，帮助委托人掌握研究开发成果。

二是技术咨询合同。技术咨询合同是当事人一方以技术知识为对方就特定技术项目提供可行性论证、技术预测、专题技术调查、分析评价报告等所订立的合同。技术咨询合同的委托人（发包单位）应当按照约定阐明咨询的问题，提供技术背景材料及有关技术资料，接受受托人（承包单位）的工作成果，支付报酬。技术咨询合同的受托人（承包单位）应当按照约定的期限完成咨询报告或者解答问题，提出的咨询报告应当达到约定的要求。

三是技术服务合同。技术服务合同是当事人一方以技术知识为对方解决特定技术问题所订立的合同，不包括承揽合同和建设工程合同。技术服务合同的委托人（发包单位）应当按照约定提供工作条件，完成配合事项，接受工作成果并支付报酬。技术服务合同的受托人（承包单位）应当按照约定完成服务项目，解决技术问题，保证工作质量，并传授解决技术问题的知识。

（4）内包转外包

这类外包首先是在公司内部分裂出一部分机构和人员，分别成为独立核算或相对独立核算的小单位，在公司内部承包或承接各部门的业务。随后逐步过渡到依法独立成立的小微企业。员工在小微企业内部可以是一些新的创业者，是独立发放工资和缴纳社保的员工，也可以是享受小微企业分红的合伙人。这些“小微企业”独立于原公司，以其业务的专业性承揽公司内外的业务。目前，全国各地有政策奖励，对于创新性、科技性等小微企业，帮助其解决创业就业、社保补贴问题，可以享受科技扶持和税收优惠，降低相应的税收成本。

企业此种转型，需要对企业内部组织重构，将涉及员工的劳动关系处理、内部业务职能拆分、组织结构优化等一系列的问题进行缜密的筹划和准备，方可实施。

（三）外包用工给发包企业带来的价值

企业实行业务外包用工给发包企业带来的价值主要是：

1. 减少用人单位在财力、人力、设备上的投入，增加资本运作的回报率。
2. 利用外部企业提供专业性更强、技术更先进、附加值更高的业务支持。
3. 降低季节性、突发性生产用工的人员进出管理风险，节省管理费用。
4. 减少不必要的人力资源管理成本，有利于建立精干高效的职工队伍。
5. 避免机构臃肿现象导致的企业经营管理运转不灵的内耗，推进企业组织机构不断创新。

无论企业选择何种用工形式，要注意：在签订劳动合同、劳务协议、承揽合同、委托合同等书面协议时，一是要约定好合同标的、付款时间和形式、职工意外伤害处理等内容。二是务必具体明确劳动者的管理主体、外包协议中的具体工作内容、关键性条款、员工的权益归属、用工监管责任等。三是在劳务外包合同中，要明确约定劳务费用的税收处理方式。

（四）劳务外包中的劳动关系归属

企业实行劳务外包时，应注意员工的劳动关系处理。

1. 如果公司业务外包是由外部的自然人（非个体工商户）来承包或承揽经营。因自然人（非个体工商户）不是法人，只能以发包公司的名义经营（特别提示：是以发包公司的名义开展经营活动，而非以承揽者个人的名义经营），无论承揽人使用发包公司原职工，还是以发包公司名义新招员工，其员工都与发包公司建立劳动关系，不是与承揽人（个人）建立劳动关系。此情形，实际上是发包公司聘用了一个经理人（承包者）。

2. 如果公司将业务发包（或外包）给公司外部的另一个公司（或一家承包公司）来承包经营或承揽经营。可分两种情形：

（1）若以发包公司的名义经营，承包公司只是受委托代理发包公司的业务。那么，无论承包公司使用发包公司原职工，还是以发包公司的名义新招员工，其员工都与发包公司建立劳动关系，并不与承包公司建立劳动关系。承包公司只是代发包公司进行经营管理，代为发放工资，以发包公司的名义参加社会保险。此情形实际上是发包公司将业务委托给一家承包公司代理。

（2）若以承包公司的名义经营，承包公司即为用工主体。承包公司如果继续使用发包公司的员工，则相当于租赁劳务（将发包公司的员工视为“劳务派遣工”或“借调员工”，由原公司派至承包公司，在承包公司管理下用工），发包公司员工的劳动关系不变。如果以承包公司的名义另行招用新员工，新员工则与承包公司建立劳动关系。此情形就是典型的业务外包。

五、借助网络平台用工

（一）如何看待借助网络平台用工

网络平台用工，主要是指用人单位通过网络平台使各类劳动者为本单位的业务发展提供劳动。此类用工形态，不像传统的用工模式（在用人单位的工作场所，面对面地下达生产任务，在规定的工作时间内，对规定的工作任务，现场进行指挥和监督管理等），而是在用人单位的外部（不定工作场所、不定工作时间、不定组织形式、不定工作数量等），通过网络平台传递任务指令，由劳动者独立自主地完成工作任务。

在移动互联网广泛运用的时代，出现了一些新的就业形态，如个体网商（微商）、网络主播、网络平台注册的网约用工人员（网约车司机、网约快递员、软件工程师、设备维修和家用电器维修的专业技术人员等各类灵活就业人员）。对于用人单位而言，要顺应“互联网+平台经济”的趋势，积极探索网络平台用工模式。

网络平台用工的特点表现在：

1. 用人单位可以不与劳动者签订劳动合同建立劳动关系，而通过网络平台传递任务指令实现用工。

2. 用人单位只按劳动者的工作成果付酬，减少了许多管理成本。

3. 劳动者通过网络平台为用人单位提供不定时工作或非全日制工作。

4. 劳动者不限于服务一家用人单位，可服务多家用人单位。

5. 劳动者注册于网络平台公司后，可以在用人单位的工作或生产场所之外，以自主的形式提供劳动或劳务。

国家鼓励网络平台经济的发展。2019 年，国务院办公厅下发《国务院办公厅关于促进平台经济规范健康发展的指导意见》（国办发〔2019〕38 号）指出：互联网平台经济是生产力新的组织方式，是经济发展新动能，对优化资源配置、促进跨界融通发展和大众创业万众创新、推动产业升级、拓展消费市场尤其是增加就业，起着重要作用。

搭建一个网络平台，本身并不生产实物产品，而主要是传递信息，整合社会资源，为供需双方提供即时或者约定服务。搭建和运营一个网络平台的主体主要有两类：信息媒介公司和实体用人单位。信息媒介公司主要是从事数据处理或信息发布的中介服务（此类问题不在本书讨论范围）。而实体用人单位则是劳动法律范畴中的用人单位，它通过搭建一个自己的网络信息服务与管理平台，实现一种新的用工模式。

（二）网络平台用工的模式

网络平台以其通信功能、社交功能、信息功能、大数据功能和移动共享功能改变了传统意义上的劳动力市场和劳动关系。用人单位通过网络平台用工，大致可以采取两种形式：建立劳动关系用工和建立劳务关系用工。

1. 建立劳动关系的用工模式

劳动者要通过网络平台与实体企业签订书面劳动合同（或电子劳动合同），建立劳动关系。双方的法律关系是劳动者于实体企业具有人身隶属性。劳动者的劳动过程要遵守实体企业的规章制度、听从实体企业的指挥、接受实体企业监督管理。实体企业要为劳动者办理参加社会保险，并按劳动合同约定按时支付劳动报酬及相关福利。

2. 建立劳务关系的用工模式

劳动者通过网络平台与实体企业口头或书面沟通，达成劳务协议，形成劳务关系。双方的法律关系是劳动者与实体企业之间不具有人身隶属性或组织从属性。于劳动者而言，通过网络平台从业，劳动者没有固定的工作场所和工作时间，工作安排自由化，工作场所流动化，劳动时间和劳动空间趋向松散。劳动者可以通过平台为一家企业工作，也可以通过平台同时为几家企业工作。而平台公司（或实体企业）对劳动者通过注册管理，侧重于对劳动者的职业道德、行业规则、服务规范提出要求，不要求遵守企业的劳动纪律及规章制度。实体企业也不为劳动者办理社会保险，劳动报酬的支付按照双方的劳务约定执行。

（三）平台化众包用工

众包概念是指一个用人单位（企业或机构）把过去由本单位职工执行的工作任务，或者是面临的一项较难处理的事项，或者是一项创新的业务等，发包在大众网络平台上，由社会上众多的、非特定的劳动者或机构以自由自愿的形式接包来完成。通俗地讲，众包就是围绕一项业务，动员大家自主地一起来做事。

按照一些众包平台的做法：发包方的企业将业务发布到平台上，接包方（主要是灵活就业者）从平台上自由接单（承接相应业务），按照要求完成任务后，企业将费用付给平台，灵活就业者通过平台拿到自己提供劳动后的报酬。也有一些灵活就业者通过注册为个体工商户（商事主体），与平台形成正规的“商事合作关系”，按单、按件、按时结算报酬，一笔笔真实的业务和资金往来，让灵活就业者的自身权益得到保障。

在实际生活中，众包模式其实并非把过去由本单位职工执行的工作任务外包，也不是只面对个人或灵活就业者发包，更不是在大众网络上就能完成众包。其作为一种新的经营方式，是借助于互联网平台，将过去的和新开展的业务，面向广大企业和个人发包，以集思广益，快速实现信息对称，促进人们高效利用资源来解决难题。

应当看到，搭建平台众包是通过一种媒介工具，一是将企业业务对外分包，将此活动延伸到线下通过供需双方直接对接，实现业务外包；二是聚合社会各方力量帮助企业解决难题；三是通过众包这种形式，可以更多地获取相关信息，为企业进一步发展打下基础。

随着“众包理念”在各领域、各平台的运用，平台公司也是生生死死。平台设立的合法性、信誉度，操作的规范性、便捷性、透明性、经济性等以及政府的立法完善与有效监管，都在受到考验。

（四）我国平台用工劳动关系认定面临的挑战

由于我国互联网技术以及平台经济发展较快，与互联网平台有关的劳动争议案件越来越多。从典型案例看，由于平台用工的具体方式并不相同，加上劳动关系判断标准较为弹性，司法实践对平台用工劳动关系的认定并不统一。

2016 年 11 月 30 日，北京市海淀区人民法院宣判了首起涉网约车案件。法院认为，在从事网约车运营过程中发生交通事故造成对第三人伤害的，应当由承保交强险的保险公司在交强险责任限额范围内先行承担赔偿责任；对超出交强险限额的损失，商业三者险的保险公司根据保险合同约定承担责任；仍有不足的，由网约车平台公司对驾驶人（网约车司机）的过错承担赔偿责任。法院的裁判理由是，网约车司机是接受网约车平台公司指派，在履行客运合同中属于提供劳务的一方，其因劳务造成他人损害的，网约车平台公司作为接受司机劳务的一方应承担相应的侵权责任。但法院没有明确网约车司机和网约车平台公司之间存在劳动关系。①

以案释法

案例一

案情简介

李某在“闪送”平台注册为外卖配送员，自行购买配送车辆，在“闪送”平台上抢单后从事快递配送服务，李某无底薪。“闪送”平台对李某无工作量、在线时长、服务区域方面的限制和要求，但对每单配送时间有具体规定，超时、货物损毁情况下有罚款，还要求快递员不得同时为其他平台提供服务。

① 参见《北京海淀法院宣判首例涉网约车的交通案件》，载中国法院网，https：//www.chinacourt.org/article/detail/2016/12/id/2361884.shtml，最后访问时间：2022 年 10 月 21 日。

李某工作一段时间后，与“闪送”平台运营公司就是否存在劳动关系发生争议。

案例评述

法律关系的性质，应根据事实审查认定，当事人不可以协议约定的方式排除《劳动法》之适用。“闪送”平台的经营模式为通过大量提供货物运输服务来获取利润，故“闪送”平台的运营公司并不是一家信息服务公司，而是一家从事货物运输业务经营的公司。

本案中的平台公司在招聘“闪送”人员时，对任职条件作出了要求，如要求李某提供服务时需佩戴工牌，按照服务流程的具体要求提供服务，对每单配送时间有具体规定，超时、货物损毁情况下有罚款，还要求不从事其他兼职。李某在任平台“闪送员”期间，并未从事其他工作，从事“闪送”工作获取的报酬是李某的主要劳动收入，且提供的外卖配送服务也是“闪送”平台运营公司的业务部分。

因此，平台公司与李某之间具有从属性，双方存在劳动关系。

案例二

案情简介

小张在某文化传媒有限公司处从事主播工作，与公司签订艺人经纪合同。合同中约定小张为表演者，通过包括但不限于公司提供的平台进行在线演绎直播活动；由小张自行决定直播时间，公司不对小张进行考勤管理，薪酬根据每月收益不同进行提成，并不提供保底政策等。

1个月后，因直播活动不理想，小张决定离开公司，因要求公司支付1个月的工资发生争议，申请劳动仲裁。

案例评述

员工工资的支付应当建立在劳动关系的基础上，依托平台，网络主播与合作公司之间是否构成劳动关系呢？一般来说，网络主播与公司签订的艺人经纪合同，是借助主播才艺实现互利共赢的合作协议。网络主播与公司依据合作协议对直播收入进行利益分成，双方之间并不存在人身隶属性、经济从属性等典型劳动关系特征。

本案中，从当事人双方签订的艺人经纪合同内容来看，系平等的民事主体之间对于开展网络直播表演活动相关权利义务的约定，具有一种合作共赢的民事合作关系特征，双方没有签订劳动合同的合意。在实际工作中，小张亦不接受公司的考勤管理，无须遵守公司的规章制度，不符合劳动关系的基本特征，不属于劳动争议的范围。

因此，小张的仲裁请求不应支持。

值得关注的一个问题是：有的法院在一些案件中认定依托平台从业的人员和平台公司之间存在雇佣关系。我国现行法律上未有“雇佣合同”或“雇佣关系”的概念，雇佣合同或雇佣关系当事人之间的权利义务并不清晰。雇佣的概念只出现在2003年最高人民法院出台的《最高人民法院关于审理人身损害赔偿案件适用法律若干问题的解释》中。有观点认为，法院之所以认定雇佣关系，目的在于让平台公司作为雇主承担责任，从而减轻平台服务提供者的责任，但当事人之间是否存在劳动关系，法院则回避了这一问题。

第十四章　辞退职工与职工辞职

企业在用工中，常会因各种原因出现企业辞退职工（解除或终止劳动合同），或者职工提出辞职（解除劳动合同），对此操作，要依法实施，避免因职工离职引发劳动纠纷。

第一节　劳动合同的解除

用人单位招用劳动者后，依法要及时与劳动者签订劳动合同，全面履行劳动合同。但是，随着用人单位生产经营的发展、生产经营规模变化情况，或根据劳动者的工作表现（如不能胜任工作或出现违法违纪违规行为等），或根据劳动合同期满，用人单位可以依法辞退职工。当然，职工也可以根据自身发展的追求，或因用人单位侵权、不接受用人单位的价值观等原因，提出辞职。按照市场经济体制下的劳动用工规范要求，企业辞退职工或职工提出辞职都应当依法解除或终止劳动合同。

一、什么是解除劳动合同

解除劳动合同，是指劳动合同签订以后，没有履行到合同期满，由于某种因素导致劳动合同双方或者单方提前解除合同约束效力的法律行为。职工在劳动合同期未满时离开用人单位，应当是解除劳动合同，或者说是“终止劳动关系”，而不是法律中所说的“终止劳动合同”。解除劳动合同一般包括法定解除和协商解除两种情况。

法定解除，是指当出现法律、法规规定的情形时，不需要双方当事人一致同意，任何一方都可以依法提出解除劳动合同。

协商解除，是指劳动合同双方当事人因某种原因，在完全自愿的情况下，经互相协商，在彼此达成一致的基础上就可以解除劳动合同。根据《劳动法》第二十四条和《劳动合同法》第三十六条的规定，用人单位与劳动者协商一致，可以解除劳动合同。这种协商解除劳动合同的方式，不论是用人单位还是劳动者，都可以随时提出动议，只要与对方协商一致后，即可解除合同。

二、劳动者依法解除劳动合同

在劳动合同期限未满的情形下，由劳动者一方提前提出解除劳动合同一般有两种情况：一种是职工自愿提出解除劳动合同；另一种是职工被迫提出解除劳动合同。无论是哪一种解除合同，劳动法律都作出了规范。

（一）法律规定劳动者的一般解除权

在市场经济条件下，应当允许劳动者在市场竞争机制作用下实现合理流动，允许劳动者根据自身的情况通过流动选择职业，充分发挥自己的特长。对此，劳动法律规定劳动者可以提出解除劳动合同，自愿辞职。这就为职工行使自主重新择业的权利提供了法律依据。但是，对于职工在行使这一权利时，《劳动法》有明确的限制。

职工自愿辞退，要求解除劳动合同需提前通知用人单位。根据《劳动合同法》第三十七条，只要劳动者依法提前 30 日（在试用期内提前 3 日）以书面形式通知了用人单位，就可以无条件解除劳动合同，并不一定要经过用人单位批准或征得单位同意。职工的这种解除权适用于所有类型的劳动合同，当然也适用于签订和履行的是无固定期限劳动合同（这里，再次提示：无固定期限劳动合同并不是“终身合同”，只是一份没有确定终止时间的合同而已），职工只要提前 30 日以书面形式通知用人单位，履行了告知义务或程序，就可以依法解除劳动合同。

企业要特别注意，法律赋予劳动者的这一劳动合同解除权或称一般解除权，给劳动者离职带来极大的自由性或自主性，也给企业用工的稳定性带来极大的压力或冲击。对此，企业人力资源管理一定要有预案。

职工提出解除劳动合同有一个法定的提前通知期。因为职工辞职会出现企业工作岗位空缺，不及时补充职工，就难免给用人单位造成生产或工作不稳定的损失。因此，法律规定了一个提前通知期，是让用人单位有时间招用新职工或安排其他职工顶替突然辞职的职工，以保证生产经营正常有序进行。同时，这也是法律对职工辞职规定的一项责任或义务，如果职工辞职不按法定的时间提出辞职通知，职工自己就要承担相应的法律责任。

以案释法

案情简介

朱某原为某商场的司机，在商场工作期间，因举报商场某负责人在购销活动中有不规范做法，常遭此人的报复打击。朱某一忍再忍，后来两人终于发生了激烈的争吵。争吵中，朱某提出“不在商场干了”。结果从争吵发生的第二日起，朱某就没来上班，并于一周后与出租汽车公司签订了劳动合同，成为一名出租车司机。

随后，商场以朱某擅自违反劳动合同的约定，给用人单位造成损失为由，要求其承担违约赔偿责任。朱某不服，向市劳动争议仲裁委员会提请仲裁。

案例评述

即便是朱某在与商场某负责人争吵时提出的“不在商场工作了”，可以被认为是一种解除劳动合同的口头申请，但由于缺乏劳动法规定的形式要件（即书面通知）和时间要求（提前30日），因而不被认为是一种合法的解除劳动合同的申请。也就是说，虽然朱某与商场负责人在争吵中提出不在商场干了，但是他们之间的劳动合同并未合法地解除，双方之间因劳动合同而产生的权利和义务也并未终止。在劳动合同依法正式解除前，双方应继续履行合同。

在实践中，常出现因企业和员工的情况千差万别，引起劳动合同解除的原因又各不相同，再加上当事人劳动法律知识的缺乏，造成了劳动合同解除方面的一些不规范做法，并最终酿成劳动争议。对此，企业和职工都应当注意：

1. 根据《劳动法》规定：“劳动合同依法订立即具有法律约束力，当事人必须履行劳动合同规定的义务。”这就是说，劳动合同一经签订，便具有了法律效力，双方当事人也就相应地承担了一定的权利和义务，在正常情况下，双方应完全地履行这些义务，直至劳动合同期限届满为止。

2. 要说明的是，劳动合同一经签订便具有了法律约束力，但并不意味着劳动合同不可以变更和解除。在出现了法律规定的情形或劳动合同双方协商一致的情形时，劳动合同便可合法地变更和解除。《劳动法》和《劳动合同法》针对劳动合同解除的不同情形作出规定。其中《劳动法》第二十四条和《劳动合同法》第三十六都规定，经劳动合同当事人协商一致，劳动合同可以解除。据此，劳动合同解除后双方当事人的权利和义务才能终止。

3. 解除劳动合同需要有一定的形式要件和时间要求。《劳动法》和《劳动合同法》都规定，劳动者提前30日以书面形式通知用人单位，可以解除劳动合同。也就是说，劳动者解除劳动合同不能是口头申请，应当有劳动法规定的形式要件（即书面申请）和时间要求（提前30日）。正如上述案例中，朱某没有依法提前30日通过书面形式通知与商场解除劳动合同，如果由此给商场造成经济损失，将承担违约赔偿责任的法律后果，而招用未解除劳动合同的朱某的出租汽车公司也不能免除其依法应承担的连带赔偿责任。

（二）法律规定劳动者的特别解除权

在劳动合同期限未满的情形下，有时劳动者一方提前提出解除劳动合同并非自愿，而是因企业的一些原因造成的被迫提出解除劳动合同。

对此，劳动法律规定在一些法定情形下，职工辞职，提出解除劳动合同无须提前通知用人单位。根据《劳动合同法》第三十八条规定，用人单位有下列情形之一的，劳动者可以解除劳动合同：（1）未按照劳动合同约定提供劳动保护或者劳动条件的；（2）未及时足额支付劳动报酬的；（3）未依法为劳动者缴纳社会保险费的；（4）用人单位的规章制度违反法律、法规的规定，损害劳动者权益的；（5）因本法第二十六条第一款规定的情形致使劳动合同无效的；（6）法律、行政法规规定劳动者可以解除劳动合同的其他情形。

用人单位以暴力、威胁或者非法限制人身自由的手段强迫劳动者劳动的，或者用人单位违章指挥、强令冒险作业危及劳动者人身安全的，劳动者可以立即解除劳动合同，无须事先告知用人单位。

法律作出上述规定的情形下不受时间限制，劳动者可以随时通知用人单位解除劳动合同。这是在用人单位有过错的情况下，赋予劳动者享有的劳动合同特别解除权，可无条件与用人单位解除劳动合同。

用人单位一定要清醒地认识到，劳动者依照《劳动合同法》第三十七条、第三十八条提出解除劳动合同，是劳动者的法定权利，不必征得用人单位的同意，即不需要经过用人单位研究作出是否同意的决定。用人单位若在法定期限内不同意或者不依法为劳动者办理解除劳动合同的手续，劳动者将会申请劳动行政部门依法处理，或者申请劳动争议仲裁委员会和人民法院作出裁决。

三、用人单位依法解除劳动合同

用人单位要注意，《劳动合同法》不仅赋予了劳动者对劳动合同的特别解除权利，同时也明确赋予了用人单位可以单方面解除劳动合同、辞退劳动者的特别权利。

（一）在职工有过错的情况下依法解除劳动合同

根据《劳动合同法》第三十九条规定，劳动者有下列情形之一的，用人单位可以解除劳动合同：（1）在试用期间被证明不符合录用条件的；（2）严重违反用人单位的规章制度的；（3）严重失职，营私舞弊，给用人单位造成重大损害的；（4）劳动者同时与其他用人单位建立劳动关系，对完成本单位的工作任务造成严重影响，或者经用人单位提出，拒不改正的；（5）因本法第二十六条第一款第一项规定的情形致使劳动合同无效的；（6）被依法追究刑事责任的。

用人单位在依法行使解除劳动合同的权利时要特别注意，《劳动合同法》规定了在上述6种情形下，用人单位可以不受时间限制，随时通知劳动者解除劳动合同。这是在劳动者有过错的情况下，赋予用人单位享有单方面的特别解除权，以保障用人单位的用工自主权。但是，用人单位在解除劳动合同时，应当提供相关的证据。

用人单位要注意，在认定劳动者是否有过错和衡量其过错情节时，要以法律和用人单位依法制定的规章制度为依据。为了防止一些用人单位滥用特别解除权，一般要求用人单位的规章制度中对上述法律规定中所指的“被证明”“严重违反”“严重失职”“重大损害”“严重影响”等情节作出具体界限或规定。

1. 对“在试用期间被证明不符合录用条件的”职工的处理

在试用期内，用人单位要对职工进行全面考察，发现有不符合合同条款或相关规定的，如身体条件、年龄条件、文化程度、个人专业、工作能力、职业道德、个人文化修养、品德修养等不符合约定的录用条件，或是经试用期培训后仍不能胜任其工作岗位要求的，用人单位在试用期间有权依法解除劳动合同。

对职工不符合录用条件的，用人单位要有证据。根据《最高人民法院关于民事诉讼证据的若干规定》（法释〔2019〕19号）的规定，用人单位作出解除劳动合同决定的，要负举证责任。因此，用人单位必须证明已经将劳动者应当符合的录用条件明确告知了求职者。“明确告知”也要有证据。例如，（1）是否在招聘广告或员工手册上，将有关岗位职责、考核要求告知求职者。因为招聘广告或员工手册是进入公众知晓状态的最直接有效的证据；（2）是否在订立劳动合同时，给员工一份录用条件或试用期考核内容的详细说明，并签收，留有证据。

在试用期中，用人单位解除劳动者的劳动合同，要注意《劳动合同法》第二十一条规定：“在试用期中，除劳动者有本法第三十九条和第四十条第一项、第二项规定的情形外，用人单位不得解除劳动合同。用人单位在试用期解除劳动合同的，应当向劳动者说明理由。”

这是一条限制性规定。即只有在“劳动者有本法第三十九条和第四十条第一项、第二项规定的情形”时，用人单位才能解除该劳动者的劳动合同。根据《劳动合同法》第三十九条和第四十条的有关规定，用人单位在劳动者的试用期中解除劳动合同，要有证据和说明理由。否则，依据《劳动合同法》第四十八条规定，用人单位违反《劳动合同法》规定解除劳动合同，劳动者要求继续履行的，应当继续履行；劳动者不要求继续履行的或者已经不能继续履行的，用人单位要按第四十七条规定的补偿标准的2倍向劳动者支付赔偿金。然后劳动合同才能解除。

在执行《劳动合同法》第二十一条时，可能会碰到一个问题：当出现《劳动合同法》第四十条第三项和第四十一条规定的情形时，用人单位能否解除试用期中劳动者的劳动合同？

从实践的合理性来看，应当将《劳动合同法》第四十条第三项和第四十一条的内容纳入解除劳动者在试用期内劳动合同的事由。因为当企业遇到劳动合同订立时的客观情况发生重大变化或者确实需要经济性裁员时，不应当规定企业只能辞退试用期满后的正式工，而不能辞退处于试用期的职工，这对企业的生产经营发展显然不利。当然，这是一个值得探讨的问题。

2. 对“严重违反用人单位的规章制度的”“严重失职，营私舞弊，给用人单位造成重大损害的”员工的处理

用人单位要根据法律、法规制定本单位内部的管理规章制度，具体规定劳动纪律的要求。这是保证用人单位全体人员协调一致地进行社会劳动的行为准则，也是劳动合同各项内容中劳动者一方必须履行的义务。劳动者严重违反劳动纪律，影响生产、工作秩序，严重违反操作规程等，实际上等于劳动者一方违反劳动合同或没有完全履行劳动合同。

劳动者如有“严重失职”，就是没有完成好本职工作；如有“营私舞弊”，则是带有主观故意，比失职更为严重；这两种情形都是违规违反用人单位规章制度的行为，同时都给用人单位造成了重大经济损失，用人单位自然有权依法解除劳动合同。但在具体衡量职工的过错时应当注意：劳动者违反劳动纪律的行为是否“严重”？而且违反的规章制度是否“合法”？要由企业合法的规章制度来规定，并要有不同情节的区分；要定性，有量化标准，而不能因为劳动者稍微有点过错，就定性为“严重违反”“严重失职”“重大损害”。企业若不区分劳动者有过错的情节，一旦出现劳动争议，在仲裁庭或法庭上，就有可能将自由裁量权交给了劳动争议仲裁员和法官，由其根据企业类型、规模、员工岗位特性和员工过错损害程度等因素，对企业规章中规定的“严重违反”“严重失职”“重大损害”等进行认定。

3. 对有双重或多重劳动关系的员工的处理

用人单位对法律规定的“劳动者同时与其他用人单位建立劳动关系，对完成本单位的工作任务造成严重影响，或者经用人单位提出，拒不改正的”这一情形要正确理解。我国有关劳动方面的法律法规没有对劳动者同时与两个以上的用人单位建立劳动关系（如有多重劳动合同或从事“兼职”工作）作出禁止性规定。当然，作为劳动者来说，在第一个工作岗位上完成本职工作是其应尽的义务，在全日制用工制度下从事“兼职”或与其他用人单位建立劳动关系，在时间和精力上都可能会影响本职工作。因此，用人单位有权利对本单位员工与其他用人单位再次建立劳动关系的行为加以制止，但必须依法规范管理行为，只有在“对完成本单位的工作任务造成严重影响，或者经用人单位提出，拒不改正的”情形下，

才可以依法解除劳动合同。

4. 对因劳动者有法律规定的情形致使劳动合同无效的处理

按照《劳动合同法》第三条规定，订立劳动合同，应当遵循合法、公平、平等自愿、协商一致、诚实信用的原则。《劳动合同法》第二十六条明确规定，以欺诈、胁迫的手段或者乘人之危，使对方在违背真实意思的情况下订立或者变更劳动合同的，将导致劳动合同无效或者部分无效。《劳动合同法》第三十九条规定，劳动者存在第二十六条中有关情形致使劳动合同无效的，用人单位可以解除劳动合同。这些都是诚实信用原则在劳动法中的充分体现。用人单位与劳动者建立劳动关系时，有权了解劳动者与劳动合同直接相关的基本情况。特别是劳动者的受教育情况、工作简历、技能水平等情况，更是用人单位决定是否与劳动者建立劳动关系，以及确定工作岗位、报酬标准、合同期限乃至职务晋升等方面的重要考量因素，这些情况必然属于与劳动合同直接相关的基本情况，作为劳动者应当负有如实说明的义务。如果劳动者未遵守诚实信用原则，伪造证明材料，欺骗用人单位用工的，用人单位可依法解除劳动合同。

以案释法

案情简介

林某于2020年6月入职公司，双方签订了劳动合同。林某入职1个多月后，公司发现其填写虚假工作经历，于2020年8月出具《解除劳动合同告知函》，解除与林某之间的劳动关系。林某不服公司的解除决定，向仲裁委申请劳动仲裁，要求恢复劳动关系并继续履行劳动合同。

经调查，公司对林某进行了规章制度培训，《员工手册》规定提供虚假信息或使用其他不正当的方式被录用的将被辞退。林某在入职时填写有《员工信息表》，写明上一段工作经历为2017年至2019年，《员工信息表》中特别注明“若有信息虚假的，自愿接受解雇处分”。

庭审时，林某称当时填写2年是因为怕工作经历太短而公司不予录用。公司关于解除劳动合同事由，称发现林某有不诚信行为，尤其是入职信息登记表中写明林某有2年工作经历，但经公司核实，实际仅有2个月，因此提出解除劳动合同。

案例评述

本案中，公司对员工的诚实信用有明确的要求，这一点在《员工手册》、入职登记表中均有具体体现。林某在入职时未如实记录工作经历，确有提供虚假工作经历的行为，明显违反了诚实信用原则，公司依据规章制度解除劳动合同并无不妥。

5. 对被依法追究刑事责任的员工的处理

劳动者被依法追究刑事责任，是指其因触犯刑律，构成犯罪，而受到国家司法机关的专门制裁。在这种情形下，劳动者也不可能再履行劳动合同了。对此，用人单位有权依法解除劳动合同。根据《关于贯彻执行〈中华人民共和国劳动法〉若干问题的意见》规定，劳动者涉嫌违法犯罪被有关机关收容审查、拘留或逮捕的，用人单位在劳动者被限制人身自由期间，可与其暂时停止劳动合同的履行。暂时停止履行劳动合同期间，用人单位不承担劳动合同规定的相应义务。劳动者经证明被错误限制人身自由的，暂时停止履行劳动合同期间劳动者的损失，可由其依据《中华人民共和国国家赔偿法》（以下简称《国家赔偿法》）要求有关部门赔偿。对《劳动合同法》第三十九条中所指的劳动者“被依法追究刑事责任的”情形，主要是指劳动者被人民法院依法判处刑事责任的，用人单位才可以解除劳动合同。而劳动者被公安机关依法追究的行政拘留等责任，则不在之列。

（二）无过失性情形下解除职工的劳动合同

法律规定，用人单位依法可以根据劳动合同履行中客观情况发生变化而解除劳动合同，一些客观情况既有用人单位方面的原因，也有劳动者自身方面的原因。依照《劳动合同法》第四十条规定，有下列情形之一的，用人单位提前30日以书面形式通知劳动者本人或者额外支付劳动者1个月工资后，可以解除劳动合同：（1）劳动者患病或者非因工负伤，在规定的医疗期满后不能从事原工作，也不能从事由用人单位另行安排的工作的；（2）劳动者不能胜任工作，经过培训或者调整工作岗位，仍不能胜任工作的；（3）劳动合同订立时所依据的客观情况发生重大变化，致使劳动合同无法履行，经用人单位与劳动者协商，未能就变更劳动合同内容达成协议的。

这是法律关于企业无过失性辞退员工的规定。对此，要注意以下几个问题。

1. 代通知金制度

代通知金，即代替通知金，指用人单位在提出解除劳动合同时应该提前 1 个月通知的情况下，如果用人单位没有依法提前 1 个月通知的，可以给付 1 个月工资作为代替。

法律除了规定企业解除劳动合同的一个程序（即提前 30 日以书面形式通知）之外，还规定了一个“代通知金制度”，即额外支付 1 个月的工资后，可立即解除劳动合同。这是一个选择性规定，由企业视自身用工管理情况自主选择。

关于“代通知金制度”，是指在法定情形下，用人单位只需要“额外支付劳动者一个月工资”，就可以立即与劳动者解除劳动合同。对于“额外支付劳动者一个月工资”的标准，《劳动合同法实施条例》作出了进一步规定：“用人单位依照劳动合同法第四十条的规定，选择额外支付劳动者一个月工资解除劳动合同的，其额外支付的工资应当按照该劳动者上一个月的工资标准确定。”这里规定了以劳动者本人“上一个月的工资标准”来确定，那就说明“上一个月的工资”是一个变数，而非是“劳动合同约定的工资”，是一个不变的数。既然《劳动合同法实施条例》限定在“上一个月的工资标准”，而非是以劳动合同中约定的工资为标准，这就意味着法律规定的是以劳动者上一个月的实发月工资为标准。

2. 对劳动者在规定的医疗期内的保护

按照法律规定，劳动者患病或非因工负伤，可以享受不同期限的医疗期。在医疗期内不能解除劳动合同，原工资待遇照常享受。但在规定的医疗期满后，劳动者如果不能从事原来的工作，也不能从事用人单位另行安排的工作的，用人单位可以依法解除劳动合同。

3. 劳动者不能胜任工作

劳动者不胜任工作，是指劳动者不能按要求完成劳动合同中约定的任务或者不能完成同工种、同岗位人员的工作量。这就要求企业与劳动者签订劳动合同时，明确员工的工作内容，并且要达到所在岗位（工种）规定的工作量。如果签订劳动合同时或者在企业规章制度中未明确工作量，一般来讲，应参照同工种同岗位人员的平均工作量，而不能参照同工种同岗位人员的最高工作量。另外，还应考虑导致员工不能胜任工作的原因是其个人主观因素还是客观因素。考察员工是否胜任工作，关键看用人单位设计的绩效考核体系和企业价值观是否符合法律规定和行业标准。如业绩考核中，不能违反国家和行业规定的劳动定额标准（如果是企业的劳动定额标准，应当作为试用期的录用条件，对员工考核，一旦考核合格，就是能胜任工作）。

一些企业判断劳动者是否能胜任工作，引用了“末位淘汰制”来认定，将排名末位者作为“不能胜任工作”，并以此解除劳动合同。所谓“末位淘汰制”，是从国外企业引入的一种用人之道。其中一种观点是：任何单位都有20%的优秀员工，70%的中等员工和10%的应淘汰员工。公司要求每个部门负责人都将其列出一个表，优秀的，给予奖励；中等的，需要帮助和培养；落后的，予以辞退。判断的标准是“4个E”和“1个P”：精力（Energy）、激励他人（Energize）、决断力（Edge）、执行力（Execute）和激情（Passion）。员工考量办法如图14-1所示：

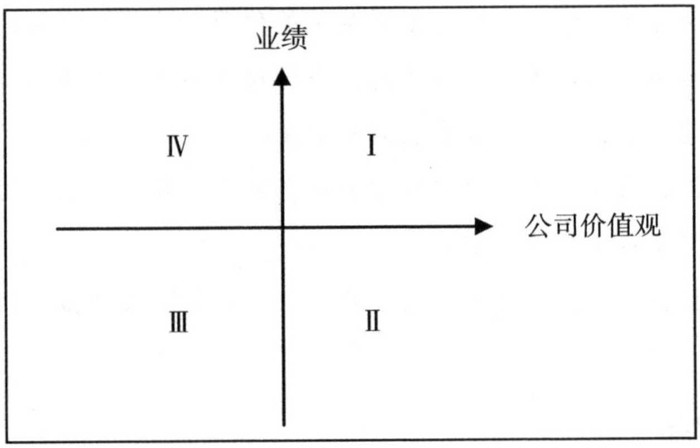

图14-1　员工考量办法

在第Ⅰ象限，是两方面都好，应奖励的对象。

在第Ⅱ象限，是业绩不好，但符合公司价值观，有待帮助和考验的对象。

在第Ⅲ象限，是两方面都不好，即10%部分的员工，应当被淘汰的对象。

在第Ⅳ象限，是业绩虽好，但不符合公司价值观，值得高度注意。可能要影响其他员工的决断力，起到不好的带头作用，是需要及时改正或辞退的对象。

企业以此作为考察员工是否胜任工作，关键看其设计的业绩和价值观是否符合法律规定。如在业绩考核中，有些企业不合理、不合法地提高了劳动定额；在公司价值观中，有些企业违背法律规定，在规章制度中规定了变相强迫员工劳动的内容等。对于因此解除合同的，劳动争议仲裁员和法官都会以法律为依据来断案。

以案释法

案情简介

戴某入职一公司，任职其包装部门。双方签订劳动合同，约定公司根据工作需要，按照诚信原则，可依法变动戴某的工作岗位，戴某正常工作时间的工资确定后，加班加点工资的计发基数以此为标准，戴某接受公司所给予职务调整和变动等。同时，公司《员工工作规则》的员工考核部分规定："员工平时有优良行为表现或不良行为时，由各单位负责人以书面通知人事单位记录之；每月和年度各项奖金之考核，以上两项记录将作为升职、调职之依据。"

戴某工作一段时间后，公司接到客户投诉，反映产品存在问题。公司对包装部门人员作出处理，其中包括对戴某的处理。随后，公司的年度考绩汇总表显示：戴某为倒数第5名。为此，公司对戴某作出人事通知，戴某职务由课长调整为班长，职务工资也相应降低。

戴某不服，向劳动人事争议仲裁委员会申请仲裁，要求公司支付其工资差额及未足额支付工资的经济补偿金。

仲裁委作出裁决：驳回戴某的仲裁请求。戴某不服仲裁裁决，向法院提起诉讼。

法院观点

法院一审认为：戴某申诉认为其并不存在严重违纪行为，公司却以末位淘汰为由，将其调岗、降薪。经查，双方的劳动合同约定，公司根据工作需要，按照诚信原则，可依法变动戴某的工作岗位。对戴某是否符合课长职务的末位淘汰应属公司企业管理自主权范围。现戴某对公司的考绩汇总表不认可，但未提供证据予以证明。

公司接到客户投诉，反映产品质量存在问题，经公司核查情况属实，公司对戴某及其所在部门人员进行处理，系依据公司规章制度所为，戴某对上述事件不持异议。

综上，驳回戴某的诉讼请求。

戴某不服一审判决，向中级人民法院上诉。

法院二审审理，确认了一审查明的事实。并认为，用人单位依法变动劳动者工作岗位降低其工资水平，应当符合用人单位依法制定的规章制度的规定，但不得违反诚信原则，滥用权力对劳动者的工作岗位作出不合理的变动。

本案二审的争议焦点为公司依据末位淘汰制调整员工的工作岗位及薪资是否违法。

二审法院认为，劳动者排名末位与劳动者不能胜任工作岗位之间并无必然联系，故用人单位根据末位淘汰制解除劳动关系违反法律规定。但在除解除劳动关系情形之外，末位淘汰制并非当然违法。本案中，调整戴某的岗位，是公司根据员工的工作业绩、安排相对更为优秀的员工担任该职务，既符合用人单位对于保证和提高产品质量的要求，亦能较大程度激发劳动者的工作积极性，故用人单位依据末位淘汰制调整劳动者工作岗位在一定条件下应予以支持。

综上，法院二审判决：驳回上诉，维持原判。[①]

按照最高人民法院《第八次全国法院民事商事审判工作会议（民事部分）纪要》第29条规定："用人单位在劳动合同期限内通过'末位淘汰'或'竞争上岗'等形式单方解除劳动合同，劳动者可以用人单位违法解除劳动合同为由，请求用人单位继续履行劳动合同或者支付赔偿金。"

如何看待上述会议纪要的效力？《最高人民法院关于印发〈全国法院民商事审判工作会议纪要〉的通知》（法〔2019〕254号）指出："纪要不是司法解释，不能作为裁判依据进行援引。《会议纪要》发布后，人民法院尚未审结的一审、二审案件，在裁判文书'本院认为'部分具体分析法律适用的理由时，可以根据《会议纪要》的相关规定进行说理。"

用人单位依据末位淘汰制，用于对员工实行奖优惩劣，对排名靠后的员工依据合法的企业规章制度采取调岗调薪等措施，是企业经营自主权的重要内容。只要该调岗调薪行为是基于企业生产经营管理的合理需要，且不违反法律规定和单位依法制定的规章制度，劳动者主张该调岗调薪行为违法的，人民法院不予

① 戴某诉某玻璃有限公司追索劳动报酬纠纷案，载《最高人民法院公报》2021年第2期。

支持。

当然，因劳动者不能胜任工作，企业可以依法通过培训或者调整工作岗位来行使用工自主权。如果企业对其经过培训或工作岗位进行调整后，职工仍然不能胜任新岗位工作的，企业可以依法解除劳动合同。

4. 变更劳动合同不能达成一致

按照法律规定，因劳动合同订立时所依据的客观情况发生重大变化，致使原劳动合同无法履行而需要变更劳动合同内容，须经双方当事人协商一致；若不能达成协议，则可按法定程序解除劳动合同。因企业处在市场经济竞争的环境中，面对市场需求变化、新技术革命的影响，企业经营常常受到客观情况影响，一些工作岗位也将会及时变动或调整，甚至消失，造成一些岗位的职工原有劳动合同内容无法继续履行，此时，企业与职工经协商确定，不能就变更劳动合同内容达成一致意见的，企业可以依法与该职工解除劳动合同。

（三）企业经济性裁员

在劳动法律中规定企业可以实行经济性裁员是世界各国的普遍做法，也是落实法律赋予企业享有经营自主权的具体表现。企业经济性裁员大致有三种情况：

一是企业因经营发生严重困难或者依照《企业破产法》规定进行重整，需要裁员；

二是企业为适应市场竞争的需要，在寻找生存和发展过程中，开展必要的转产、重大技术革新、经营方式调整等，需要裁员；

三是因劳动合同订立时所依据的客观经济情况发生重大变化，致使劳动合同无法履行，需要裁员。

为此，《劳动合同法》第四十一条规定，有下列情形之一，需要裁减人员 20 人以上或者裁减不足 20 人但占企业职工总数 10%以上的，用人单位提前 30 日向工会或者全体职工说明情况，听取工会或者职工的意见后，裁减人员方案经向劳动行政部门报告，可以裁减人员：（1）依照企业破产法规定进行重整的；（2）生产经营发生严重困难的；（3）企业转产、重大技术革新或者经营方式调整，经变更劳动合同后，仍需裁减人员的；（4）其他因劳动合同订立时所依据的客观经济情况发生重大变化，致使劳动合同无法履行的。裁减人员时，应当优先留用下列人员：（1）与本单位订立较长期限的固定期限劳动合同的；（2）与本单位订立无固定期限劳动合同的；（3）家庭无其他就业人员，有需要扶养的老人或者未成年人的。用人单位依照上述要求裁减人员，在6个月内重新招用人员的，应当通知被裁减的人员，并在同等条件下优先招用被裁减的人员。

这里需要指出，根据1994年颁布的《劳动法》第二十七条规定，企业经济性裁员仅限于“用人单位濒临破产进行法定整顿期间或者生产经营状况发生严重困难”两种情形。而2007年颁布的《劳动合同法》考虑到在市场经济条件下，各类企业在生产经营过程中会遇到各种各样的新情况、新问题，增加规定了几种新的可以进行经济性裁员的情形（如企业转产、重大技术革新或者经营方式调整，经变更劳动合同后，仍需裁减人员的，以及其他因劳动合同订立时所依据的客观经济情况发生重大变化，致使劳动合同无法履行的等情形），扩大了企业可以裁员的范围。这也是对企业经营自主权的一种有效保护。

按照法律规定，企业实施经济性裁员，要依法进行。

1. 遵守经济性裁员的程序规定

企业进行经济性裁员，按照《劳动合同法》和《企业经济性裁减人员规定》（劳部发〔1994〕447号）规定，需要裁减人员20人以上或者裁减不足20人但占企业职工总数10%以上的员工时，要求用人单位按照以下法定程序与被裁减人员解除劳动合同：

（1）提前30日向工会或者全体职工说明情况。说明情况应当提供有关生产经营状况的资料；

（2）提出裁减人员方案，内容包括：被裁减人员名单、裁减时间及实施步骤、符合法律法规规定和集体合同约定的被裁减人员的经济补偿办法；

（3）将裁减人员方案征求工会或者职工的意见，并对方案进行修改和完善；

（4）向当地劳动保障行政部门报告裁减人员方案以及工会或者全体职工的意见，并听取劳动保障行政部门的意见。法律没有规定裁员方案经过向劳动行政部门报告（或几个工作日）后，是否需要获准才可以裁员。如果一报告就可以裁员，劳动行政部门没有审定时间，可能会增加当地政府协调解决问题的难度。所以，企业向劳动行政部门提交经济性裁员报告时，应当说明其实施的具体时间，以便让劳动行政部门做好相关工作；

（5）由企业正式公布裁减人员方案，与被裁减人员办理解除劳动合同手续，按照有关规定向被裁减人员本人支付经济补偿金，出具解除劳动合同证明书。

值得提示：法律在规定“经济性裁员”的条款中，没有规定“经用人单位与劳动者协商，未能就变更劳动合同内容达成协议的”这一程序条件。

2. 遵守经济性裁员中的保护性规定

一般认为，企业实施经济性裁员的目的是减员增效，因此必然是留用能力强、绩效好的员工，淘汰能力相对较弱、绩效相对较差的员工。而能力高低、绩效好坏，并不能单一地以员工的合同期限为依据。因此，经济性裁员，用人单位优先留用谁，应该根据劳动者的工作能力由用人单位自主决定。但是，法律作出了对一些员工的保护性规定，要求企业裁员时，应当优先留用三类人员：

（1）与本单位订立较长期限的固定期限劳动合同的员工；

（2）与本单位订立无固定期限劳动合同的员工；

（3）家庭无其他就业人员，有需要扶养的老人或者未成年人的员工。

作出此规定的立法理由，主要是考虑到在企业用工比较规范，员工绩效考核比较科学合理的制度下，那些与本单位订立较长期限劳动合同的员工，以及与本单位订立了无固定期限劳动合同的员工，大多数都是企业的骨干员工，在企业实行经济性裁员时，理应优先保留下来。而对家庭无其他就业人员，有需要扶养的老人或者未成年人的员工，确实需要企业给予一定的就业照顾。法律作此规定，主要是要求企业应当承担一份社会责任。在国外的法律中，也规定有企业实行经济性裁员时，要优先保护对企业贡献较大、再就业能力较差的劳动者，必须先裁减年龄小的、工龄短的、家庭负担轻的、身无残疾的劳动者，否则就是违法的。

企业在裁员后，在6个月内重新招用劳动者时，对被裁人员要在同等条件下优先招用。一是此类员工对企业环境比较熟悉，能胜任工作，易于尽快上岗；二是可以防止企业借经济性裁员，随意裁减劳动者，造成劳动者就业不稳定，引发社会安定问题。

企业在经济性裁员中碰到的一个难题是：按照《劳动合同法》第四十一条的规定，企业裁减人员时，应当优先留用三类人员：（1）与本单位订立较长期限的固定期限劳动合同的；（2）与本单位订立无固定期限劳动合同的；（3）家庭无其他就业人员，有需要扶养的老人或者未成年人的。同时，在《劳动合同法》第二十一条中规定：“在试用期中，除劳动者有本法第三十九条和第四十条第一项、第二项规定的情形外，用人单位不得解除劳动合同。”即企业不能按照第四十一条的规定解除试用期员工的劳动合同。那么，企业在经济性裁员中，就只能裁减正式员工中劳动合同期限较短、无家庭困难的青壮年员工了。对此规定，值得进一步探讨。

（四）正确理解用人单位解除劳动合同的法定情形

针对《劳动合同法》关于用人单位解除劳动合同的法定情形，《劳动合同法实施条例》第十九条作出了如下集中性的规定：

有下列情形之一的，依照《劳动合同法》规定的条件、程序，用人单位可以与劳动者解除固定期限劳动合同、无固定期限劳动合同或者以完成一定工作任务为期限的劳动合同：

1. 用人单位与劳动者协商一致的。

2. 劳动者在试用期间被证明不符合录用条件的。

3. 劳动者严重违反用人单位的规章制度的。

4. 劳动者严重失职，营私舞弊，给用人单位造成重大损害的。

5. 劳动者同时与其他用人单位建立劳动关系，对完成本单位的工作任务造成严重影响，或者经用人单位提出，拒不改正的。

6. 劳动者以欺诈、胁迫的手段或者乘人之危，使用人单位在违背真实意思的情况下订立或者变更劳动合同的。

7. 劳动者被依法追究刑事责任的。

8. 劳动者患病或者非因工负伤，在规定的医疗期满后不能从事原工作，也不能从事由用人单位另行安排的工作的。

9. 劳动者不能胜任工作，经过培训或者调整工作岗位，仍不能胜任工作的。

10. 劳动合同订立时所依据的客观情况发生重大变化，致使劳动合同无法履行，经用人单位与劳动者协商，未能就变更劳动合同内容达成协议的。

11. 用人单位依照《企业破产法》规定进行重整的。

12. 用人单位生产经营发生严重困难的。

13. 企业转产、重大技术革新或者经营方式调整，经变更劳动合同后，仍需裁减人员的。

14. 其他因劳动合同订立时所依据的客观经济情况发生重大变化，致使劳动合同无法履行的。

此条规定的内容在《劳动合同法》第三十九条、第四十条、第四十一条中都有相关的表述，这里是把关于用人单位可以解除三种期限劳动合同的法定情形汇总在一起予以明确。在实际贯彻执行这一条款规定时，值得提醒用人单位注意的是：如果仅仅是单一地按照《劳动合同法实施条例》第十九条规定中的情形来解除劳动合同，就容易忽略《劳动合同法》中有关设立的前提条件和有关程序的限制。

正确理解《劳动合同法实施条例》第十九条的要点是，该条第一句话中明确规定了"依照劳动合同法规定的条件、程序"来解除劳动合同。进一步讲，对照《劳动合同法实施条例》第十九条中所列举的14种情形，用人单位在按照此条规定行使权利时，如何与劳动者解除固定期限劳动合同、无固定期限劳动合同或者以完成一定工作任务为期限的劳动合同，关键是要"依照劳动合同法规定的条件、程序"来执行。这是一个基本前提。

（五）辞退公益性岗位员工的规定

公益性就业岗位主要是由政府出资扶持或社会筹集资金开发的，符合公共利益的管理和服务类岗位。在实际操作中，目前难以对公益性岗位的范围作出明确规定。从各地的情况来看，公益性岗位大致概括为三类：

一是社会管理岗位，包括社区就业劳动保障、交通执勤、市场管理、环境管理、社区保安等岗位的协管员。

二是社区服务岗位，包括社区物业管理、卫生保洁、环境绿化、停车场管理、公用设施维护、社区文化、教育体育、保健、托老、托幼服务等。

三是社区内单位的后勤岗位，包括一些行政机关、事业单位的门卫、收发、后勤服务等用工岗位。

《就业促进法》第五十三条规定："政府投资开发的公益性岗位，应当优先安排符合岗位要求的就业困难人员。被安排在公益性岗位工作的，按照国家规定给予岗位补贴。"

目前各地公益性岗位开发的通行做法是，通过对下岗失业人员进行培训，向有关单位推荐就业；在用人单位支付劳动者工资的前提下，政府还要拿出一部分配套补贴。由于开发公益性就业岗位的用人单位大多数是政府的基层组织和所属事业单位，或者是新成立的公益性组织，在这些单位工作的劳动者，如何适用《劳动合同法》是个难题。

对此，《劳动合同法实施条例》第十二条中进行了特别规定，对于“地方各级人民政府及县级以上地方人民政府有关部门为安置就业困难人员提供的给予岗位补贴和社会保险补贴的公益性岗位”，如果劳动者与用人单位签订有劳动合同关系的，这种劳动合同“不适用劳动合同法有关无固定期限劳动合同的规定以及支付经济补偿的规定”。这可视为一种“特别规定”。如果有些劳动者与用人单位没有签订劳动合同，其用工是按照提供劳务活动的民事关系处理的，则相关民事行为按照《民法典》中的有关规定执行。有一些地方规定，对于年龄较大的职工，协议参保和生活补贴至到达法定退休年龄，然后终止劳动关系或民事关系，开始享受基本养老保险待遇。

四、对用人单位解除劳动合同的权利限制

法律虽然赋予了企业有辞退员工的权利，但出于保护弱者的原则，同时对企业的辞退权给予了限制。根据《劳动合同法》第四十二条规定，劳动者有下列情形之一的，用人单位不得依照本法第四十条、第四十一条的规定解除劳动合同：(1) 从事接触职业病危害作业的劳动者未进行离岗前职业健康检查，或者疑似职业病病人在诊断或者医学观察期间的；(2) 在本单位患职业病或者因工负伤并被确认丧失或者部分丧失劳动能力的；(3) 患病或者非因工负伤，在规定的医疗期内的；(4) 女职工在孕期、产期、哺乳期的；(5) 在本单位连续工作满 15 年，且距法定退休年龄不足 5 年的；(6) 法律、行政法规规定的其他情形。

这是对用人单位解除劳动合同的限制性规定。用人单位在行使单方解除劳动合同时，要注意：

1. 上述《劳动合同法》第四十二条的限制条件是用人单位不得根据《劳动合同法》第四十条、第四十一条规定（在劳动者基本无过错的情况下）解除劳动合同。但是，在劳动者出现了第四十二条规定的六种情形之一时，用人单位仍可以根据《劳动合同法》第三十九条的规定（在劳动者有过错的情形下）解除劳动合同。

2. 《劳动合同法》第四十二条禁止的是用人单位单方解除劳动合同，并不禁止劳动者一方主动提出与用人单位协商一致解除劳动合同。例如女职工在孕期、

产期、哺乳期，企业不得解除其劳动合同。但是，如果是女职工本人想实现优生优育，回家先当一段时间“全职太太”，以此提出协商解除劳动合同，此时企业应当要求女职工首先提出书面辞职申请，企业保存此据备查，以证明企业没有违法解除女职工的劳动合同。

3. “法律、行政法规规定的其他情形”，主要是考虑到社会生产中各行各业的一些特殊性，其他法律、法规另行作出有特殊规定用人单位不得解除劳动合同的情形，当这些情况出现后，用人单位也不得随意解除劳动合同。

以案释法

用人单位可否解除严重违纪的“三期”女职工？

案情简介

陈小姐于2008年9月进入一家物业管理公司工作，双方签订了一份为期3年的劳动合同，合同约定陈小姐担任人力资源助理一职。2009年11月中旬，陈小姐被诊断已怀孕，此后其上班经常迟到数分钟。同年12月4日，公司根据《员工手册》规定，以陈小姐“当月迟到次数大于3次”为由，给予陈小姐书面警告一次，陈小姐解释称系怀孕初期，走路需特别小心所致。2010年4月28日，公司再次以陈小姐累计“当月迟到次数大于3次”为由，作出书面警告一次。根据公司《员工手册》规定，二次及以上书面警告为最后警告。次日8时，陈小姐身体感到不适，需到医院就诊，向公司人事经理打电话请假，未能联系上，于是发短信告知需请假看医事宜。上午9时公司上班后，陈小姐向直属主管电话请假并进行录音，直属主管称已知晓其请假看病事情，要求其就诊后及时补交病假证明。

当天下午，陈小姐接到公司人事经理电话，被告知因没有履行正常请假手续，属于旷工，并称因其已累计2次书面警告，根据《员工手册》中“严重违反公司规章制度即触犯严重过失行为者，或受到最后警告处分后再次违反公司规章制度者，将作即时辞退”的规定作出了立即解除与陈小姐劳动合同的决定。

陈小姐得知自己在孕期中被解除劳动合同，非常委屈和难以理解，决定通过法律途径维护权益，于是向劳动争议仲裁委员会提起仲裁。

案例评述

一、用人单位可以解除严重违纪的“三期”女职工。《劳动合同法》第四十二条规定，女职工在孕期、产期、哺乳期的，用人单位不得以本法第四十条、第四十一条的规定解除劳动合同。可见，并没有把《劳动合同法》第三十九条纳入其中。换言之，如果处于“三期”中的女职工，有违反《劳动合同法》第三十九条情形之一的，用人单位可以依法解除其劳动合同。因此，如果“三期”女职工有严重违纪行为，并不会因为其处于特殊保护时期而免予解除劳动合同。

二、陈小姐已履行请假手续，不应算作旷工。在本案中，陈小姐怀孕后，经常有迟到数分钟的行为，根据公司提供的考勤记录，确实能够认定迟到这一事实，公司依据《员工手册》对其进行二次书面警告，虽然不近人情、略显苛刻，但并不违法，因为怀孕不属于员工可以迟到上班的法定事由。但是，公司称陈小姐 2010 年 4 月 29 日未履行正常的请假手续，属于旷工这一说法则难以成立：首先，陈小姐在电话向人事经理请假未果的情况下，通过手机短信请假是合乎情理的；其次，陈小姐在公司上班后打电话再向直属主管请假，并被告知已知晓其请假情况，这些均有短信、电话单记录、录音为证，说明已经履行了正常的请病假手续，只要事后补上病假证明即可。因此，公司认定陈小姐系旷工，属于严重过失行为，与事实相悖。

三、公司依据《员工手册》规定解除合同不成立，属违法解除。公司《员工手册》规定，“严重违反公司规章制度即触犯严重过失行为者，或受到最后警告处分后再次违反公司规章制度者，将作即时辞退”。依据这一规定，有两种情形之一的，即可被解除。一是“触犯严重过失行为者”，公司将旷工行为定义为“严重过失行为”，陈小姐并没有旷工，不符合；二是“受到最后警告处分后再次违反公司规章制度者”，陈小姐确实受到最后警告处分，但是并没有再次违反公司规章制度，也不符合。

因此，公司解除陈小姐的劳动合同没有依据，属于违法解除。

需要特别提醒的是：处于“三期”中的女职工虽拥有特殊保护的权利，但并不能违反单位规章制度，否则用人单位依然可以解除其劳动合同。同样，用人单位也应具有人文关怀，解除劳动合同需要十分慎重，必须在违规事实、解除依据、解除程序等各方面均完备的情况下才能行使解除权，否则，将承担违法解除的法律后果。

五、用人单位解除劳动合同对工会的告知义务

用人单位在单方解除劳动合同时还要注意，根据《劳动合同法》第四十三条规定："用人单位单方解除劳动合同，应当事先将理由通知工会。用人单位违反法律、行政法规规定或者劳动合同约定的，工会有权要求用人单位纠正。用人单位应当研究工会的意见，并将处理结果书面通知工会。"这就是说，工会对用人单位单方解除劳动合同具有监督的法定职能。按照法律规定，用人单位单方解除劳动合同时，应当事先将解除的理由通知工会，要履行一个告知义务，也是解除劳动合同前法定的一个必经程序。

如果用人单位中没有建立工会，怎么办？用人单位如何履行这一告知义务？

用人单位履行告知义务的方式可以通过向职工代表或全体职工通告。如果职工代表和职工发现用人单位解除劳动合同的做法违法，有权要求用人单位纠正。对于用人单位而言，应当认真研究工会和职工代表的意见，并将处理结果书面通知工会或职工代表，必要时可书面公告全体职工。

六、解除劳动合同文本的合规要求

规范的解除劳动合同通知书应该怎样写？可参考以下格式：

（一）文书标题

如果系劳动合同未到期之前的解除，解除通知文本标题应表述为《解除劳动合同通知书》。

同时应当注意，企业通过邮政快递寄送解除通知书，快递面单记载的文件名称和内页标题应完全一致。

（二）写明解除对象的员工姓名

解除对象一般应明确员工姓名，考虑到重名等因素，可以后附身份证号码或工号等，兼顾个人信息保密等因素，可以将身份证号码中出生年月日用×代替。如表述为："致××（身份证号码：110101××××××××1234），（公司工号：××××）"。

（三）陈述解除合同的事实理由

解除劳动合同涉及劳动关系的消灭，劳动者对解除事由享有知情权，故用人单位有义务在解除通知书中陈述清楚解除的事实理由，而且该事实理由一旦确定，事后不允许新增或变更。解除事由应当尽可能与法律理由相互衔接，用语准确规范。如表述为："鉴于公司出现经营困难的情形，经公司决议您所任职的部门和岗位予以撤销和解散，上述客观情况发生重大变化的情形导致原劳动合同无法继续履行，公司曾于××××年×月×日—×日与您就变更劳动合同进行协商，但很遗憾未能达成协议……"。

（四）陈述解除合同的法律依据

劳动合同解除要写明法定的法律依据。如企业以"劳动合同订立时所依据的客观情况发生重大变化，致使劳动合同无法履行"为由，与员工解除合同，故解除的法律理由不仅应当明确，而且要精确到条、款、项。如表述为："根据《劳动合同法》第四十条第三项之规定，公司决定……"。

（五）精确注明解除合同的时间

解除时间不仅涉及工龄补偿、离职手续办理的起算、交接义务的开始，还可能涉及其他义务如竞业限制义务的开启等，有些时候还可能涉及解除的合法性判断。

一是解除时间最好注明具体的时点。如表述为9月30日解除，则一般理解为营业时间结束点或当日24时。假使员工上午收到解除通知书，下午3点前往医院就诊获得病假资料并向企业请病假，那么其应当属于劳动合同解除前出现"医疗期"之情形，虽然这种情形可能是劳动者涉嫌滥用权利，但企业解除合同的行为仍将面临合法性挑战。故一般而言，解除时间宜精确表述至具体时点，如"公司决定通知您自2021年9月30日12：00起解除双方劳动合同关系"。

二是解除合同时间与办理完离职手续时间最好一致。如果解除合同时间在前，办理离职手续时间在后，可能有的员工认为从解除合同时间止，自己与企业就毫无关系了，可能不再听从企业安排去办理离职手续，为企业处理员工离职事宜带来麻烦。

（六）文书送达方式的表述和签收时间

要明确表述企业发出解除通知书的时间和员工收到解除通知书的时间，保障员工对解除合同的知情权，考虑到解除通知常出现送达障碍情形，一般建议采用多种送达方式，并明确送达时间规则。如表述为："此通知书通过【 】面交【 】快递【 】电子邮件【 】手机短信【 】微信任意一种或多种方式同步送达，以最先收到的为准。"如是面交的，一般还应设计签收回执。如"本人于2021年9月30日15：30收到公司送达的《解除劳动合同通知书》。员工签名：×××"。

（七）注明办理工作交接和离职手续的时间

企业在解除通知书中一般要求办理工作交接和离职手续，如果因此发生交接争议，解除通知书上的记载即可证明企业已履行通知义务，故解除通知书还应注明交接期限。按照《劳动合同法》第五十条第一款规定："用人单位应当在解除或者终止劳动合同时出具解除或者终止劳动合同的证明，并在十五日内为劳动者办理档案和社会保险关系转移手续。"所以，企业在解除通知书中应当表述："请您在××××年××月××日17：00前按公司要求办理工作交接和离职手续，领取解除劳动合同的证明……办理工作交接和离职手续完毕，劳动合同关系即刻解除。"

（八）正确开具《解除劳动合同证明》

员工办理离职手续时，企业要依法正确开具《解除劳动合同证明》。如按照法律规定的要求填写员工的"劳动合同期限、解除劳动合同的日期、工作岗位、在本单位的工作年限"。《解除劳动合同证明》不应当写明对员工履职行为评价的内容，以免引起侵害员工再就业权益的法律风险。

（九）有关费用结算

若有企业支付经济补偿的情形，要按照《劳动合同法》规定："用人单位依照本法有关规定应当向劳动者支付经济补偿的，在办结工作交接时支付。"若因客观原因一时不能现场当面支付的，要与员工协商约定。如注明："公司将在您办结工作交接和离职手续后的最近一个工资支付周期内支付经济补偿、代通知金至您的原工资卡账户内……"

（十）离职后义务

离职以后员工不再接受企业管理，但企业仍需要提醒员工应履行的相关义务等。如签订有竞业限制条款并遵守的，企业需要承担后续支付补偿金的义务，即使之后解除竞业限制协议，也需要加付 3 个月的补偿金。对曾有约定遵守保密义务的员工，企业仍可提醒员工："您离职以后择业自由，但不得代表公司对外联络和业务接洽，不得从事任何损害本公司或公司员工利益的活动，包括泄露公司商业秘密和雇员/客户/供应商的个人信息、招揽公司已有客户、劝诱公司在职员工离职等。如有违反，公司将依法追究您的法律责任。"

（十一）落款和印章

解除通知书的落款一般包括公司名称、落款日期。公司名称应当与劳动合同主体完全一致，日期为发出当日。考虑到解除通知书的重要性，宜加盖公司公章，而非合同章、业务办理章、财务专用章等，有些公司加盖"人事专用章"，但人事专用章毕竟并非法定印章，多数未前往公安部门报备，在与员工沟通时容易引发争议（员工可能会主张文本无效）。所以，建议加盖公司法定公章，确有难度的，可以在加盖人力资源章同时在落款处附注"授权代表签名：×××"。

一个企业的解除劳动合同通知文本，既体现了其人力资源管理者的专业程度，更体现企业的合规内控水平，同时涉及企业声誉和舆情风险，应当引起高度重视。

第二节　劳动合同终止

一、什么是终止劳动合同

终止劳动合同，是指劳动合同双方当事人在劳动合同中约定的合同期限届满或法定终止的条件出现时，终结劳动关系的行为。依照《劳动合同法》的规定，劳动合同的终止必须符合法定的条件。《劳动合同法》第四十四条规定，有下列情形之一的，劳动合同终止：

1. 劳动合同期满的。
2. 劳动者开始依法享受基本养老保险待遇的。
3. 劳动者死亡，或者被人民法院宣告死亡或者宣告失踪的。
4. 用人单位被依法宣告破产的。
5. 用人单位被吊销营业执照、责令关闭、撤销或者用人单位决定提前解散的。

6. 法律、行政法规规定的其他情形。

应当注意的是，上述第四十四条的规定表明，劳动合同终止只能是法定终止。这就表明取消了1994年颁布的《劳动法》对劳动合同终止可以约定终止条件的做法。对此，《劳动合同法实施条例》也明确规定："用人单位与劳动者不得在劳动合同法第四十四条规定的劳动合同终止情形之外约定其他的劳动合同终止条件。"这也表明对于用人单位与劳动者双方约定劳动合同终止条件的，视为约定无效。

二、劳动合同期满合同终止

劳动合同终止的一般情况是劳动合同期满，劳动合同关系自然结束。劳动合同终止的特殊情况是当法律、行政法规规定的其他情形出现后，劳动合同关系即时终止。劳动合同终止，原有的权利义务不再存在，双方不再执行原合同中约定的事项。但合同终止前发生的权利义务关系并没有消失，如用人单位有拖欠工资的，在劳动合同终止后，劳动者仍可依法追索。

从实际操作来看，在劳动合同期限届满前，一般情况下，用人单位应当提前一段时间向职工提出终止或续订劳动合同的书面意向书，送达劳动者，以便双方对劳动合同到期后下一阶段的打算有所准备。经双方协商同意续订劳动合同的，应及时办理续订劳动合同的手续；经双方协商不同意续订劳动合同而终止劳动合同时，双方应当依法做好后续工作。

那么，如果用人单位不愿续签劳动合同，终止劳动合同是否需要提前1个月通知职工？

以案释法

案情简介

某员工与公司签订了3年期的劳动合同，公司在合同到期前一个月未通知该员工终止劳动合同，而是在合同到期的当日通知该员工将不再与其续签合同。

该员工申请劳动争议仲裁，要求公司额外支付1个月的工资，是否应予支持？

案例评述

员工以劳动合同期满终止劳动合同未提前 1 个月通知为由，要求公司支付 1 个月工资的请求能否得到法律的支持？对于解除劳动合同而言，符合《劳动合同法》第四十条规定的 3 种情形之一的，用人单位应当提前 30 日以书面形式通知劳动者本人或者额外支付劳动者 1 个月工资后，可以解除劳动合同。但是，对于劳动合同到期终止劳动合同而言，此情形不在《劳动合同法》第四十条规定之列。

所以，本案中，员工的情形是劳动合同到期终止合同，而不是劳动合同未到期公司解除合同。因此，如果员工与公司所签订的劳动合同中，未有劳动合同到期不续签应当提前 30 天通知的约定，公司可以不提前通知，因为法律没有规定劳动合同到期终止前双方必须提前通知。故该员工的请求不应予以支持。

在劳动合同即将到期时，企业若想事先通知员工终止劳动合同，规范的《终止劳动合同通知书》应该怎样写？企业可参考前一节中“解除劳动合同文本的合规要求”，对《解除劳动合同通知书》作相应修改即可。

三、开始享受养老金和达到法定退休年龄时合同终止

按照《劳动合同法》第四十四条第二项规定，劳动合同终止的条件不是以达到法定退休年龄，而是以“劳动者开始依法享受基本养老保险待遇”。按国家现行规定，劳动者依法享受基本养老保险待遇必须具备两个条件：一是达到法定退休年龄；二是累计缴纳养老保险费 15 年以上。因此，开始享受基本养老保险待遇基本上可以涵盖达到法定退休年龄的情形，所以就规定了此时可以终止劳动合同。

但是，现实情况是，由于过去我国社会保险立法不完善，适应市场经济体制下的养老保险制度建立起步较晚，造成一些劳动者参加养老保险的时间短，甚至没有参加养老保险，所以当其达到法定退休年龄时，还不具备“累计缴纳养老保险费 15 年以上”的条件，为此就不能依法享受基本养老保险待遇。

如果按照《劳动合同法》第四十四条规定，劳动者达到了法定退休年龄，但

并没有达到依法享受基本养老保险待遇的条件（未累计缴纳养老保险费15年以上），那么，劳动者的劳动合同就出现不能终止的尴尬局面。这显然与国家长期以来规定的员工达到法定退休年龄就退休的政策不一致。对此，国务院依据《劳动合同法》第四十四条第六项规定的“法律、行政法规规定的其他情形”，得以授权制定了行政法规《劳动合同法实施条例》，在其第二十一条作出规定：“劳动者达到法定退休年龄的，劳动合同终止。”

这一规定显然是对《劳动合同法》第四十四条规定的情形所作的一个补充。劳动者达到法定退休年龄的（不论其是否开始依法享受基本养老保险待遇），用人单位可以终止劳动合同。这一规定有其合理性，也较为符合我国目前的实际情况。

以案释法

案情简介

职工马某，女，入职某街道社区工作者事务所从事社区相关工作。2018年9月27日，马某达到55周岁，单位向马某发出《关于劳动合同自然终止的通知》，同日，为马某开具了《单位退工证明》，记载2018年9月27日劳动合同终止。

2018年11月8日，马某申请劳动争议仲裁，要求单位支付违法解除劳动合同赔偿金。劳动争议仲裁委不予支持。

马某对此不服，遂起诉至法院。

法院观点

一审法院认为，根据《劳动合同法实施条例》第二十一条规定，劳动者到达法定退休年龄的，劳动合同终止。公司无须支付赔偿金。

马某不服一审判决，提起上诉。

二审法院认为，本案的争议焦点为：在劳动合同期限之内，用人单位在劳动者到达法定退休年龄时终止与之的劳动合同，是否构成违法解除。

依照《劳动合同法》第四十四条第二项的规定，劳动者开始依法享受基本养老保险待遇的，劳动合同终止。但同时《劳动合同法》第四十四条第六项规定，有法律、行政法规规定的其他情形的，劳动合同终止。《劳动合同法实施条例》系国务院颁布的行政法规，该实施条例第二十一条规定，劳动者达到法定退休年龄的，劳动合同终止。因此，劳动者达到法定退休年龄，亦是法律规定的劳动合同终止的情形之一，与劳动者开始依法享受基本养老保险待遇的情形，两者是并列关系，并不矛盾，均可产生劳动合同终止的法律效果。劳动者到达法定退休年龄的，不论其是否依法享受基本养老保险待遇，依照《劳动合同法实施条例》第二十一条的规定，劳动合同终止。二审判决驳回上诉，维持原判。

马某仍不服，向高院申请再审。

高院经审查认为，依据《劳动合同法》和《劳动合同法实施条例》，劳动者开始依法享受基本养老保险待遇的情形与劳动者达到法定退休年龄的情形，两者均可产生劳动合同终止的法律效果。

本案中，在马某已经达到法定退休年龄的情况下，不论其是否依法享受基本养老保险待遇，劳动合同终止。马某申请再审的理由，缺乏事实和法律依据，该院不予支持。最后裁定驳回马某的再审申请。①

对于劳动者达到法定退休年龄，但由于各种原因造成劳动者不能享受基本养老保险待遇的，能否随意终止劳动合同？对此有不同的认识。

以案释法

案情简介

陈某于2012年2月25日入职某公司，2012年5月公司开始为其缴纳社会保险。2018年10月，陈某达到法定退休年龄，公司于当月对陈某的社会保险进行了停止缴费处理，陈某继续工作至2019年9月。2019年10月，因公司终止缴纳其社会保险费，陈某提起劳动仲裁申请，要求继续与公司履行劳动合同，继续缴费至年满15年。公司未同意，引发争议。

随后，陈某申请劳动仲裁，劳动仲裁未予支持。陈某对劳动仲裁结果不服，将公司起诉至法院。

法院审理过程中，公司辩称，因陈某在2018年10月达到法定退休年龄，

① 上海市高级人民法院（2020）沪民申75号民事裁定书，载中国裁判文书网，最后访问时间：2022年10月21日。

意味着双方劳动关系终止，公司依照规定终止其社保缴费，并将与陈某的劳动关系转为劳务合同关系，并无过错。

争议焦点

劳动者达到法定退休年龄后，是否不再具备劳动关系主体资格？

案例评述

在本案审理中，法官认为：

一是我国并未规定已经建立的劳动关系，必然因劳动者达到退休年龄自然终止。《劳动合同法》与《劳动合同法实施条例》的规定并不矛盾，而是赋予了劳动者和用人单位一定的选择权。劳动者达到退休年龄后，用人单位有权利终止双方劳动合同、继续用工同时延续双方劳动关系、继续用工但与劳动者协商一致建立其他用工法律关系等几种选择。

二是作为用人单位，无论作出上述哪种选择，都有义务在劳动者达到法定退休年龄前的合理时间内，向劳动者履行告知义务，以便劳动者对其后续养老保险的缴纳、转换、新的用工关系的建立等问题进行选择。如果劳动者达到退休年龄时，尚不符合享受养老保险待遇的条件，在用人单位未向劳动者告知其选择并与劳动者进行协商，劳动者也未提出终止双方劳动关系时，基于对处于弱势地位劳动者的保护，用人单位继续用工的，应当认定双方劳动关系延续。

本案中，按照《社会保险法》的规定，陈某的职工基本养老保险可继续缴费至年满 15 年。因公司未能举证证明，其在陈某达到法定退休年龄前，双方就后续用工及社会保险的转换问题进行过协商。故应当认定陈某达到法定退休年龄后，与公司的劳动关系继续存在。

因此，公司单方终止缴纳陈某的社会保险费，系未依法为劳动者缴纳社会保险费的行为。①

① 参见《劳动者达到法定退休年龄，劳动关系是否自然终止?》，载中国普法微信公众号，2022年3月29日发布，https：//mp. weixin. qq. com/s/OJ-O5fLgT-qL4O8yWwdB9Q，最后访问时间：2022年10月21日。

对于上述案件的判决，也有不同观点。理由是：

1.《劳动合同法实施条例》第二十一条规定："劳动者达到法定退休年龄的，劳动合同终止。"法规规定的此种情形不算自然终止，应算什么终止？终止是否要由一个机构来认定或裁决？或者要经当事人双方同意？如果认为劳动者达到退休年龄后，还可以延续双方的劳动关系，那么，《劳动合同法实施条例》第二十一条规定的意义何在？

从国家政策层面讲，目前，我国对参保人员办理正常退休已不再实行审批，只是对单位及个人申报领取基本养老金时，人社部门须审核是否符合待遇领取条件，同时，根据其历年缴费记录、退休年龄等因素核定其基本养老金水平，并不影响其依法退休。

2. 上述法院审理中认为，用人单位有义务在劳动者达到法定退休年龄前的合理时间内，向劳动者履行告知义务。但是，在劳动法律法规中找不到有此规定。即在劳动者达到法定退休年龄终止劳动合同前要履行一个告知程序吗？这是企业的法定义务吗？如果没有证据证明企业已履行了告知义务或进行了协商，就认定双方劳动关系继续存在吗？法律法规依据何在？从情理上讲，企业应提前告知一下，是日常提醒，但非法定义务。

3. 对于企业继续使用已达到法定退休年龄但缴费不足15年的人员，还能继续为其参保缴费吗？如果劳动仲裁或司法裁判达到法定退休年龄还在企业工作的人员，与企业存在劳动关系，那么就应当继续参加社会保险，缴纳社会保险费。

这里，引出一个问题：如何看待企业使用退休人员建立用工关系的性质认定？

目前，关于用人单位使用达到法定退休年龄的人员，劳动者只要开始享受基本养老保险待遇，劳动合同即终止，不宜再建立劳动关系。此种情形下，用人单位与已经依法享受养老保险待遇或者领取退休金人员发生用工争议的，应当按劳务关系处理。这在司法实践中争议不大。

但是，关于用人单位与达到法定退休年龄但不能享受养老保险待遇人员建立用工关系的性质认定，是劳动关系还是劳务关系？在实践中存在争议。①

一种意见认为，用人单位与达到法定退休年龄但不能享受养老保险待遇人员

---

① 参见郑学林、刘敏、于蒙、危浪平：《关于审理劳动争议案件适用法律问题的解释（一）几个重点问题的理解与适用》，载《人民司法》2021年第7期。

应当继续履行劳动合同，为其缴纳社会保险，当其符合可以享受基本养老保险的条件时，用人单位可以终止劳动合同。

另一种意见认为，劳动者已经达到法定退休年龄而不能依法享受基本养老保险待遇的情况非常复杂，有的是用人单位为劳动者缴纳了社会保险费，但是由于累计缴费年限不满 15 年，因此不能享受基本养老保险待遇；有的是没有把农民工等人员纳入基本养老保险覆盖范围，这些劳动者根本没有参加养老保险。无论何种情形，《劳动合同法实施条例》第二十一条规定，劳动者达到法定退休年龄的，劳动合同终止。但是，有观点认为，这并不意味着劳动关系必然自动终止。人民法院应当对该条规定适用情形作实质审查。对于达到法定退休年龄，是非因用人单位原因不能享受基本养老保险待遇的，可以终止劳动关系；对于达到法定退休年龄，是因为用人单位原因不能享受基本养老保险待遇的，不能随意终止劳动关系。

也有第三种意见，不同意“对于达到法定退休年龄，因为用人单位原因不能享受基本养老保险待遇的，不能随意终止劳动合同”的观点。认为：

第一，对于达到法定退休年龄但不能享受养老保险待遇人员，用人单位不应当继续履行劳动合同直至可以享受养老保险待遇时才终止劳动关系。这不符合现有的劳动法律规定和现行的养老保险制度安排。如果让此类人员继续履行劳动合同，应当如何继续为他们缴纳社会保险费？在实际操作中，企业从用工成本考虑，不会愿意继续缴费，完全可能依据现行的劳动法律规定与之终止劳动关系。

第二，对于达到法定退休年龄，非因用人单位原因不能享受基本养老保险待遇的，用人单位可以与之终止劳动关系；但是因为用人单位原因不能享受基本养老保险待遇的，也应当与之终止劳动关系。对于因为用人单位原因不能享受基本养老保险待遇，致使职工养老保险待遇受到损失的，可以通过两种途径来解决：

（1）根据《最高人民法院关于审理劳动争议案件适用法律问题的解释（一）》第一条中的规定，其中第六项“劳动者退休后，与尚未参加社会保险统筹的原用人单位因追索养老金、医疗费、工伤保险待遇和其他社会保险待遇而发生的纠纷”，“属于劳动争议，当事人不服劳动争议仲裁机构作出的裁决，依法提起诉讼的，人民法院应予受理”。这就是说，员工退休后，与原用人单位因追索养老金而发生的纠纷，可以通过劳动仲裁和人民法院来解决。

（2）通过向社会保险经办机构“补缴”社会保险费来解决。根据《社会保险法》第十六条第二款规定：“参加基本养老保险的个人，达到法定退休年龄时累计缴费不足十五年的，可以缴费至满十五年，按月领取基本养老金……”关于如何“补缴”的具体处理，目前只能视各地的政策执行。

第三，从历史原因看，还有不是因为用人单位或员工个人的原因，而是由于受当时国家政策或其他客观原因的影响，企业未能及时参保，导致员工达到退休年龄时，缴费不足15年。对此，也可以在终止劳动合同时，按照“补缴”的方式来解决。

第四，不能从“单位招用已经享受养老保险待遇的退休人员发生争议，按劳务关系处理”反推得出“单位招用未享受养老保险待遇的退休人员，按劳动关系处理”的结论。如果同是达到法定退休年龄的人员，在同样性质的用人单位，从事同种性质的劳动，仅以是否享受养老保险待遇为由，分别认定为劳务关系或劳动关系，是否符合同类事务同等处理的法律平等原则？

四、劳动合同的法定续延终止

（一）职工处于特别保护期的续延情形

在一般情况下，劳动合同期满应当终止劳动关系，但是在一些特殊情况下，劳动合同期满却不能终止，还应当续延终止。根据《劳动合同法》第四十五条规定：“劳动合同期满，有本法第四十二条规定情形之一的，劳动合同应当续延至相应的情形消失时终止。但是，本法第四十二条第二项规定丧失或者部分丧失劳动能力劳动者的劳动合同的终止，按照国家有关工伤保险的规定执行。”《劳动合同法》第四十二条规定的情形有：（1）从事接触职业病危害作业的劳动者未进行离岗前职业健康检查，或者疑似职业病病人在诊断或者医学观察期间的；（2）在本单位患职业病或者因工负伤并被确认丧失或者部分丧失劳动能力的；（3）患病或者非因工负伤，在规定的医疗期内的；（4）女职工在孕期、产期、哺乳期的；（5）在本单位连续工作满15年，且距法定退休年龄不足5年的；（6）法律、行政法规规定的其他情形。此时，劳动合同应当续延至相应的情形消失时终止。

在职工处于上述特别保护期，如果职工有违法违纪等情形，可以终止劳动合同吗？

应注意，适用《劳动合同法》第四十二条规定的条件是“用人单位不得依照本法第四十条、第四十一条的规定解除劳动合同”。如果职工有《劳动合同法》第三十九条的情形（即有在试用期间被证明不符合录用条件的；严重违反用人单位的规章制度的；严重失职，营私舞弊，给用人单位造成重大损害的；劳动者同时与其他用人单位建立劳动关系，对完成本单位的工作任务造成严重影响，或者经用人单位提出，拒不改正的；有法定情形致使劳动合同无效的；被依法追究刑事责任的），用人单位仍然可以依法终止处于特别保护期的职工。

劳动合同终止后，女职工才发现自己怀孕了，能否要求企业撤销终止劳动合同？

以案释法

案情简介

女职工小王在某公司工作5年后，因劳动合同期满，双方终止了劳动关系。半个月后，小王觉得身体不适，去医院检查身体，经医师诊断，小王已经怀孕1个多月。于是，小王回到公司，要求公司按照国家法律规定，撤销终止劳动合同。理由是劳动合同期满，但是劳动者处于怀孕期的，劳动合同应当续延至相应的情形消失时终止。

公司却认为，双方劳动合同到期，依法终止劳动合同，并且已经办理完离职手续。小王怀孕是在终止劳动合同后发现的，与公司没有任何关系，因此，拒绝了小王的要求。

案例评述

尽管小王在劳动合同终止时没有发现自己怀孕，但因事后有充分的证据证明其确实是在劳动合同期限届满前就已经怀孕。因此，劳动合同不得在合同期限届满时终止，而应当自动续延至小王的哺乳期结束时方能终止。公司以已经办理完劳动合同终止手续为由，不同意撤销与小王终止劳动合同的做法不符合法律规定。

实务中，有一个问题：当企业员工达到法定退休年龄时，恰逢因工负伤或非因工负伤在规定的医疗期内，此时，企业能与员工终止劳动合同吗？

应当说，劳动者达到法定退休年龄，劳动合同终止，属于法定事由。而《劳动合同法》第四十五条规定：“劳动合同期满，有本法第四十二条规定情形之一的，劳动合同应当续延至相应的情形消失时终止……”此法条限定在“劳动合同期满”的情形，有《劳动合同法》第四十二条规定情形之一的，劳动合同应当续延。但对于一些达到法定退休年龄的员工，大多数是无固定期限的劳动合同，其终止劳动合同的情形并非“劳动合同期满”，而是“达到法定退休年龄”。劳动合同终止系因出现了“劳动者达到法定退休年龄的，劳动合同终止”的法定事由（即符合《劳动合同法实施条例》第二十一条的规定）。由此可见，当企业员工达到法定退休年龄时，恰逢因工负伤或非因工负伤在医疗期内的，员工既不属于法定不得解除或者终止劳动合同的情形，也不属于法定应予续延至医疗期限届满的情形，企业可与员工终止劳动合同。

（二）法律法规规定的其他续延情形

对于《劳动合同法》第四十二条第六项中指出的“法律、行政法规规定的其他情形”，例如：

1. 根据《工会法》第十九条规定：“基层工会专职主席、副主席或者委员自任职之日起，其劳动合同期限自动延长，延长期限相当于其任职期间；非专职主席、副主席或者委员自任职之日起，其尚未履行的劳动合同期限短于任期的，劳动合同期限自动延长至任期期满。但是，任职期间个人严重过失或者达到法定退休年龄的除外。”因此，作为工会主席、副主席或者委员的劳动者在其任职期间内，劳动合同期限存在法定续延。

2. 根据《职业病防治法》的规定，用人单位对未进行离岗前职业健康检查的劳动者不得解除或终止与其订立的劳动合同；用人单位在疑似职业病病人诊断或者医学观察期间，不得解除或者终止与其订立的劳动合同。

3. 根据《劳动合同法》第四十二条第二项规定丧失或者部分丧失劳动能力劳动者的劳动合同的终止，按照国家有关工伤保险的规定执行。《工伤保险条例》规定，用人单位不得终止伤残程度为1—6级的工伤职工的劳动合同。不过，伤残程度为5级或6级的，经工伤职工本人提出，该职工可以与用人单位解除或者终止劳动关系，由工伤保险基金支付一次性工伤医疗补助金，由用人单位支付一次性伤残就业补助金。

此外，根据《集体合同规定》第二十八条规定：对于企业开展集体协商订立集体合同中，职工一方协商代表在其履行协商代表职责期间劳动合同期满的，劳动合同期限自动延长至完成履行协商代表职责之时，除出现下列情形之一的，用人单位不得与其解除劳动合同：（1）严重违反劳动纪律或用人单位依法制定的规章制度的；（2）严重失职、营私舞弊，对用人单位利益造成重大损害的；（3）被依法追究刑事责任的。

（三）合同续延至工作满10年以上的情形

这里值得探讨的一个问题是：如果劳动者有《劳动合同法》第四十二条中规定的情形，比如某职工在同一公司工作9年后劳动合同到期，但因其处于医疗期，致使公司不得依照第四十条、第四十一条的规定终止劳动合同，而应当按照《劳动合同法》第四十五条的规定续延。此种劳动合同期限续延的结果（职工医疗期满的情形消失时），导致该职工在公司的工作时间恰逢在“同一用人单位连续工作时间满十年”。此时，职工提出订立无固定期限劳动合同的，公司是否应当与其订立无固定期限劳动合同？对此，《劳动合同法》及其相关法规、规章均未作明确规定。在司法实践中，目前有两种观点：

一种观点认为，职工的劳动合同期限因法定顺延事由，使得劳动者在同一单位工作时间超过10年，满足法律规定“劳动者在该用人单位连续工作满十年的”。在此情况下，当劳动者提出订立无固定期限劳动合同时，用人单位应当与该劳动者订立无固定期限劳动合同。

另一种观点认为，应当将劳动合同续延的期限扣除，因为这不是双方约定的合同期限，是法律给予员工特殊时期的特殊保护期限，不应计入双方约定的正常的劳动合同期限内。劳动合同期限的法定顺延只是为了照顾劳动者的特殊情况，对合同终止时间进行了相应的法定期限内的延长，而非无限期的延长。当满足法定的续延期限至相应的情形消失时，可终止合同。《劳动合同法》第四十五条也明确规定：“劳动合同期满，有本法第四十二条规定情形之一的，劳动合同应当续延至相应的情形消失时终止……”从立法的原意看，应理解为职工在特殊情形下的劳动合同期限“应当续延至相应的情形消失时”，合同即“终止”。法律没有对此种情形下“终止”情况再作出特别规定，故不能违反法律对于合同终止的有关规定进行随意性扩大解释，将订立无固定期限合同的后果纳入其中。因此，法定的续延事由消失时，劳动合同应当自然终止。

五、劳动合同终止时的续订

《劳动合同法》强化了签订书面劳动合同的规定，针对用人单位自用工之日起1个月内没有及时签订书面劳动合同的、自用工之日起超过1个月不满1年未订立书面劳动合同的、自用工之日起满1年未订立书面劳动合同的情形，分别规定了严格的法律责任。但是，《劳动合同法》没有对劳动合同终止后，继续用工而没有续订书面劳动合同的情形作出具体规定。

对于劳动合同期满，合同终止后，劳动者仍在原单位工作，原单位未表示异议，也未办理终止或者续订劳动合同的情形，应当如何处理双方的法律关系？对此，根据《劳动部关于实行劳动合同制度若干问题的通知》规定，视为续订了劳动合同。根据《最高人民法院关于审理劳动争议案件适用法律问题的解释（一）》第三十四条规定：“劳动合同期满后，劳动者仍在原用人单位工作，原用人单位未表示异议的，视为双方同意以原条件继续履行劳动合同。一方提出终止劳动关系的，人民法院应予支持。根据劳动合同法第十四条规定，用人单位应当与劳动者签订无固定期限劳动合同而未签订的，人民法院可以视为双方之间存在无固定期限劳动合同关系，并以原劳动合同确定双方的权利义务关系。”

如何理解上述司法解释的规定，有观点认为：

第一，对“视为双方同意以原条件继续履行劳动合同”中“原条件”的理解。劳动合同期满，用人单位未与劳动者续订劳动合同，但是劳动者继续在用人单位工作的，视为双方同意以原条件继续履行劳动合同。实践中，对原条件如何把握，是否包括原劳动合同约定的履行期限，存在争议。有法官认为，本条规定的原条件，是指原劳动合同中除劳动合同期限以外的其他权利义务内容，包括劳动时间、工资报酬、奖金、福利待遇等，“以原条件继续履行”是指上述问题参照原劳动合同的约定执行。关于劳动合同履行期限的约定，属于双方对劳动合同持续时间的合意，这种合意很难通过默示行为来推定，与可以通过工资报酬的支付、接受行为来推定双方对工资报酬的合意不同，因此不宜以劳资双方的履行默示来认定原劳动合同约定的期限就是双方合意，而需要根据当事人明示意思表示来确定。如果双方就继续履行的期限未协商或者协商不成，则应当根据《劳动合同法》等法律法规来认定。

第二，对“视为双方同意以原条件继续履行劳动合同”，但不能免除用人单位应当与劳动者签订书面劳动合同的法定责任。一般情况下，为使劳动者对原劳动合同到期后是否续订有合理预期，以便提前准备再就业等，用人单位应当基于诚实信用原则在原合同到期前的合理期间内通知劳动者，协商办理终止或者续订劳动合同事宜。如果用人单位按时履行相关附随义务，就不会出现视为双方同意以原条件继续履行劳动合同的情况。如果用人单位未履行上述附随义务，用工关系继续的，用人单位对原劳动合同期满和继续用工的法律后果均有预期，原劳动合同期满之日，即是用人单位应当续订劳动合同之日和承担未续订法律后果之日。

依照《劳动合同法》第十条、第十四条第三款、第八十二条和《劳动合同法实施条例》第六条规定，劳动合同期满后，用人单位未与劳动者续订书面劳动合同的，应当按规定向劳动者每月支付 2 倍工资，并补订书面劳动合同；如果经用人单位书面通知，劳动者不与用人单位续订劳动合同的，用人单位应当书面通知劳动者终止劳动关系，依照有关规定支付经济补偿。用人单位自劳动合同期满之日起满 1 年不与劳动者续订书面劳动合同，视为用人单位与劳动者已订立无固定期限劳动合同。

第三，关于“一方提出终止劳动关系的，人民法院应予支持”的理解。本条款内容并非赋予用人单位任意终止权。劳动合同期满 1 年内，为平衡劳动者和用人单位的利益，用人单位不愿与劳动者续订书面劳动合同，提出终止劳动关系的，视为符合《劳动合同法》第四十四条第一项规定的终止情形，应当依照《劳动合同法》第四十六条第五项的规定支付经济补偿，不以违法终止劳动关系论。

第四，对于“用人单位应当与劳动者签订无固定期限劳动合同而未签订的，人民法院可以视为双方之间存在无固定期限劳动合同关系，并以原劳动合同确定双方的权利义务关系”的理解，应当认为符合《劳动合同法》第十四条规定的订立无固定期限劳动合同情形，用人单位不与劳动者订立的，视为双方已经依照原劳动合同确定的权利义务建立无固定期限劳动合同关系，并且依照《劳动合同法》第八十二条第二款等规定支付 2 倍工资。符合《劳动合同法》第十四条第二款规定情形的，劳动者有权选择续订、订立固定期限劳动合同或者终止劳动合同，用人单位无权作此选择，否则应当承担违法终止等相关责任。①

第三节　职工离职手续的办理

一、解除劳动合同的协议

一些企业在职工离职管理中，会事先就劳动合同的解除或终止事宜与劳动者协商，对包括相关手续的办理，离职时间，工资报酬、经济补偿金或赔偿金的支付等进行约定，达成一个协议，以便后续工作按协议操作。

企业要注意的是，签署有存在重大误解、显失公平的解除劳动合同协议书，不发生法律效力。现实中，如果劳动者与用人单位签订的协议违反法律、行政法规的强制性规定，存在欺诈、胁迫或者乘人之危的情形，协议无效；劳动者对协议内容有重大误解，或显失公平的，也有权请求撤销。

以案释法

案情简介

小谢入职公司签订了5年的劳动合同。3年后的5月5日，公司与其商谈协商解除劳动关系事宜。次日，公司将解除劳动合同协议文本通过电子邮件形式发送于小谢，并要求其在当天下午6点前回复确认邮件以及告知快递地址。小谢于当日下午2点发邮件回复："我接受公司的协议"并告知了快递地址。5月7日上午，公司通过快递形式将已加盖公司印章的《劳动合同解除协议书》原件两份送到小谢住所，要求其现场签署后再由快递取回其中一份。小谢遂签署完毕当天返回协议书。

《劳动合同解除协议书》载明：经双方友好协商一致同意，自愿签署本协议解除双方的劳动合同。小谢的离职时间为5月30日，在本协议签署后，小谢应按照公司的要求完成所有离职交接手续。签署协议的时间为5月7日。

---

① 参见郑学林、刘敏、于蒙、危浪平：《关于审理劳动争议案件适用法律问题的解释（一）几个重点问题的理解与适用》，载《人民司法》2021年第7期。

5月15日，小谢到医院检查身体，发现自己已怀孕1个月。随后，她向公司提出撤销《劳动合同解除协议书》，并提交了经医院诊断的怀孕证明。

公司则回复，不能撤销《劳动合同解除协议书》，协议自签署之日（5月7日）有效，双方劳动关系已解除。

小谢提起劳动争议仲裁，提出撤销《劳动合同解除协议书》，要求公司恢复劳动关系。

争议焦点

小谢在未知自己怀孕的情形下，与公司协商一致，同意解除劳动合同，并签署解除协议。然后，发现自己怀孕后，在离职时间之前，能否提出撤销合同解除协议，要求双方劳动关系应顺延至女职工“三期”结束。

案例评述

对于本案的处理中，有以下两种观点：

一种观点认为，按照《劳动合同法》第四十二条的规定，女职工在孕期、产期、哺乳期的，用人单位不得依照本法第四十条、第四十一条的规定解除劳动合同。但按照《劳动合同法》第三十六条的规定，女职工即使在孕期、产期、哺乳期，“用人单位与劳动者协商一致，可以解除劳动合同”。可见，对于“三期”女职工的解除合同保护，主要看双方是否“协商一致”。

本案中，根据该协议的内容，双方就劳动合同解除日期等事宜进行了约定，小谢与公司签订的《劳动合同解除协议书》系双方协商一致解除劳动合同的真实意思表示，未违反法律、法规强制性规定，合法有效，双方均应恪守。《劳动合同解除协议书》自签署之日（5月7日）生效，表明双方劳动关系即刻解除。之后，小谢再以已怀孕为由提出撤销解除协议，劳动合同顺延至“三期”结束的要求，不适用《劳动合同法》有关规定。因此，不应支持小谢的主张。

另一种观点认为，本案中，结合双方的申辩，存在小谢基于重大误解签署劳动合同解除协议的情节。根据《民法典》第一百四十七条规定：“基于重大误解实施的民事法律行为，行为人有权请求人民法院或者仲裁机构予以撤销。”

其一，小谢认为她与公司终止劳动关系的时间应当是离职时间（5 月 30 日），而不应当是解除协议的签署时间（5 月 7 日）。解除协议书的生效，应当只是证明该协议文书所载明的“离职时间（5 月 30 日）”是有效的，是劳动关系正式终止的效力发生时间。

其二，按照《劳动合同法》解除劳动合同的有关规定精神，用人单位与职工正式解除劳动合同时，应当合理考虑给予一定期限，以便双方处理相关离职的事宜。本案中，双方协议离职时间为 5 月 30 日。那么，协议书签署时间 5 月 7 日至实际离职时间 5 月 30 日，小谢与公司未办理完离职交接手续，此段时间应当视为小谢还是公司的员工，此段时间应当是双方劳动关系的存续时间。

本案中，小谢与公司签署《劳动合同解除协议书》后，约定小谢的离职期限未到。小谢发现怀孕后，与公司就解除劳动合同提出重新协商，于法有据。小谢怀孕期间，与公司的劳动关系存续（医院诊断的怀孕报告证明了小谢已怀孕 1 个月，即在 5 月 7 日之前就构成怀孕事实），根据《劳动合同法》第四十二条和第四十五条规定的精神，双方劳动关系应顺延至“三期”结束。即使小谢没有怀孕，根据《民法典》第一百四十七条规定：“基于重大误解实施的民事法律行为，行为人有权请求人民法院或者仲裁机构予以撤销。”根据《最高人民法院关于审理劳动争议案件适用法律问题的解释（一）》第三十五条：“劳动者与用人单位就解除或者终止劳动合同办理相关手续……存在重大误解或者显失公平情形，当事人请求撤销的，人民法院应予支持。”因此公司应当与小谢恢复劳动关系。

二、出具解除或终止劳动合同的书面证明

（一）解除或终止劳动合同证明包括哪些内容

当用人单位辞退职工或职工辞职时，根据《劳动合同法》第五十条规定，“用人单位应当在解除或者终止劳动合同时出具解除或者终止劳动合同的证明”。《劳动合同法》中所称的解除、终止劳动合同的证明，就是人们俗称的“离职证明”。

解除或终止合同的书面证明不仅证明了劳动者与原用人单位的劳动关系终

结，还关系到劳动者工作年限的计算、经济补偿金的支付、年休假、医疗期的确定、失业登记的办理等问题。因此劳动合同终止或解除后，用人单位有义务为劳动者开具解除或终止劳动合同的证明。

用人单位出具解除或者终止劳动合同的证明应该写些什么内容呢？

《劳动合同法》对此并未作出具体规定。《劳动合同法实施条例》对解除或者终止劳动合同的证明应当写明的内容作了较为具体的规定。其中第二十四条规定："用人单位出具的解除、终止劳动合同的证明，应当写明劳动合同期限、解除或者终止劳动合同的日期、工作岗位、在本单位的工作年限。"

实践中，出具解除或终止合同的证明，用人单位应当注意以下几点：

1. 出具离职证明的时间：解除或终止合同的证明应当在劳动合同解除或终止的同时出具，即在劳动合同解除或终止之日出具。如果劳动者已离开单位，企业也应当出具好离职证明，及时书面通知劳动者领取。如果劳动者未前来领取，则用人单位保存 2 年，不存在过错。

2. 解除或终止合同的证明应当采取书面形式，以便登记或存档。

3. 书面证明的内容，应当依法写明"劳动合同期限、解除或者终止劳动合同的日期、工作岗位、在本单位的工作年限"。法律法规并未要求写明离职原因，因此，在离职证明中可不对离职原因作具体描述。

4. 向劳动者出具离职证明后，要求劳动者亲自或书面委托他人签收并保留签收回执及委托证明，避免今后劳动者主张未出具离职证明的赔偿要求。

用人单位给已经解除或者终止劳动合同关系的员工出具解除或者终止劳动合同证明，系法定义务。法律法规对解除或者终止劳动合同的文书的具体格式并无强制性规定，用人单位可以根据企业的需要，结合实际情况出具解除（终止）劳动合同证明。

（二）不出具终止或者解除劳动关系证明的法律责任

根据《劳动合同法》第八十九条规定："用人单位违反本法规定未向劳动者出具解除或者终止劳动合同的书面证明，由劳动行政部门责令改正；给劳动者造成损害的，应当承担赔偿责任。"根据这一规定，对用人单位未出具和拒不出具终止或者解除劳动关系证明的违法行为，有两种处理形式：

一是责令改正。即对用人单位未出具和拒不出具终止或者解除劳动关系证明的违法行为，由劳动行政部门责令改正，及时向劳动者出具终止或者解除劳动关系证明。

二是承担赔偿。即赔偿因用人单位未出具和拒不出具解除或者终止劳动合同证明而给劳动者造成的损害。

那么，企业未出具解除或者终止劳动合同的证明，可能会给劳动者造成什么损害呢？

现实中，因用人单位未出具解除或者终止劳动合同的证明造成劳动者的损害主要有：

1. 因失业员工办不了失业登记，致使其不能领取失业保险金。

规定用人单位有出具解除或者终止劳动合同证明的义务，主要考虑是用于劳动者办理失业登记。终止或者解除劳动合同的证明是劳动者进行失业登记的必备条件。企业与员工解除（终止）劳动合同后，员工处于失业状态。根据《社会保险法》第五十条规定："用人单位应当及时为失业人员出具终止或者解除劳动关系的证明，并将失业人员的名单自终止或者解除劳动关系之日起十五日内告知社会保险经办机构。失业人员应当持本单位为其出具的终止或者解除劳动关系的证明，及时到指定的公共就业服务机构办理失业登记。失业人员凭失业登记证明和个人身份证明，到社会保险经办机构办理领取失业保险金的手续。失业保险金领取期限自办理失业登记之日起计算。"

这就是说，员工如果没有离职证明，在劳动合同解除或者终止后，不能到社会保险经办机构办理失业登记；没有办理失业登记的，不符合失业人员的条件，就不能享受失业待遇，无法领取失业救济金。如果企业拒不出具终止或解除劳动关系证明，必然将侵害劳动者享有失业保险待遇的权利，法律对企业这种违法行为规定了相应的处罚措施。根据《社会保险法》第八十五条规定："用人单位拒不出具终止或者解除劳动关系证明的，依照《中华人民共和国劳动合同法》的规定处理。"即按照《劳动合同法》第八十九条规定，"给劳动者造成损害的，应当承担赔偿责任"。

如何判断"拒不出具终止或者解除劳动关系证明"这一违法行为，有两点值得注意：

一是《社会保险法》和《劳动合同法》两部法律规定的法律责任区别。《劳动合同法》规定，用人单位应当承担法律责任的违法行为是“未向劳动者出具终止或者解除劳动合同的书面证明”。这里的“未出具”书面证明，包括“拒不出具”和无主观过错的“未出具”书面证明两种情形。而《社会保险法》只规定了“拒不出具”的法律责任，带有明确的违法行为的主观评判，即用人单位这一违法行为带有主观故意。那么，如果用人单位未出具终止或者解除劳动合同的证明这一违法行为不存在主观故意，是否还要承担法律责任呢？例如现实中常有一种情形：用人单位在与劳动者解除或者终止劳动关系时，用人单位没有想起来要向劳动者出具证明，劳动者也未向用人单位提出要出具证明。在这种情况下很难认定用人单位有主观故意。对此，虽然《社会保险法》未作规定，但是按照《劳动合同法》的规定，用人单位仍要按照《劳动合同法》的规定承担法律责任。

二是用人单位在与劳动者解除或者终止劳动关系后多长时间内未出具证明，就应当承担法律责任？按照《社会保险法》规定：“用人单位应当及时为失业人员出具终止或者解除劳动关系的证明。”何谓“及时”？这是一个含糊的时间概念。而《劳动合同法》对此则明确规定：“用人单位应当在解除或者终止劳动合同时出具解除或者终止劳动合同的证明”，即出具证明应当与解除或者终止劳动合同的行为同时进行，未同时即为不及时。所以，按照《社会保险法》第八十五条规定，用人单位拒不出具终止或者解除劳动关系证明的，要依照《劳动合同法》的规定处理。这就要求用人单位出具证明应当与解除或者终止劳动合同的行为同时进行。

2. 因失业员工办不了失业登记，致使其不能享受基本医疗保险待遇。根据《社会保险法》第四十八条规定：“失业人员在领取失业保险金期间，参加职工基本医疗保险，享受基本医疗保险待遇。失业人员应当缴纳的基本医疗保险费从失业保险基金中支付，个人不缴纳基本医疗保险费。”如果员工因无离职证明，办不了失业登记，意味着其无法领取失业救济金，进而无法在领取失业保险金期间享受医疗保险待遇。对此给失业员工造成的损害，企业应当承担赔偿责任。

3. 因失业员工办不了失业登记，如果其因故死亡，其遗属将不能享受丧葬补助金和抚恤金等。根据《社会保险法》第四十九条第一款规定：“失业人员在领取失业保险金期间死亡的，参照当地对在职职工死亡的规定，向其遗属发给一次性丧葬补助金和抚恤金。所需资金从失业保险基金中支付。”如果员工因无离职证明，办不了失业登记，意味着员工如果在应当领取失业保险金期间死亡，其家属不能领取丧葬补助金和抚恤金等。对此给失业员工造成的损害，企业应当承担赔偿责任。

4. 因用人单位未出具解除或者终止劳动合同的证明，会导致失业员工再次就业机会（经济收入）的损失。因为一些企业在招用员工时，考虑到劳动者若存在双重劳动关系，会带来一些连带责任。因此要求有工作经历的求职人员提供解除或者终止劳动合同的证明。如果失业人员不能出具离职证明，会影响其再就业时被新单位以此为由拒绝录用，造成其工作机会（经济收入）的损失。对此，失业人员会向企业要求承担赔偿责任。

根据《劳动部关于实行劳动合同制度若干问题的通知》和《劳动部关于企业职工流动若干问题的通知》等规定，用人单位招用职工时应查验终止、解除劳动合同证明，以及其他能证明该职工与任何用人单位不存在劳动关系的凭证，方可与其签订劳动合同。此规定旨在说明，用人单位招用职工时，若劳动者不能提供相应的解除或者终止劳动合同的证明，新用人单位招录的，将承担用工上的风险。

《劳动合同法》中并未对企业招用职工时应查验解除或终止劳动合同的证明，否则不能签订劳动合同作出规定，而是规定了“用人单位招用与其他用人单位尚未解除或者终止劳动合同的劳动者，给其他用人单位造成损失的，应当承担连带赔偿责任”。这也是在提示，解除或者终止劳动合同的证明是劳动者再次求职的一个凭证。没有解除或者终止劳动合同证明的劳动者再次求职时，用人单位会心存顾虑，影响其求职的成功率。在实务中，如果有证据表明因企业未出具解除或者终止劳动合同证明，给失业员工造成获得新工作（经济收入）的损害，企业应当承担赔偿责任。

此外，下岗失业人员再就业或者自主创业时，可以享受一定的财政支持或税收优惠政策。如果企业不按规定为失业人员出具解除或者终止劳动合同的书面证明，失业人员就不能享受自主创业、再就业的相关税收优惠，由此可能会与企业引发争议。

上述情形造成员工不能享受相应失业保险待遇的，按照《劳动合同法》第八十九条的规定，属于责令改正的情形，由劳动行政部门作出决定。属于给失业员工造成损害需要赔偿的，劳动者可以直接向用人单位主张。如果劳动者向用人单位主张后，用人单位不予赔偿，可以向劳动行政部门投诉；如果双方就赔偿数额发生争议的，应当依法提起劳动争议调解或仲裁，也可以依法向人民法院提起诉讼。

（三）解除或终止劳动合同证明中可否记载离职原因

有的企业在为员工出具解除劳动合同证明时，在该证明书中记载了有关解除劳动合同的原因，员工对此不满，引发争议。对此，企业是否有权在解除劳动合同证明中注明解除原因？

以案释法

案情简介

某公司在与职工李某解除劳动关系后，开具的《解除（终止）劳动合同证明书》中注明解除劳动合同的原因是李某难以胜任工作，有严重违反公司规章制度的行为等。对此，李某不服，向法院提起诉讼。

法院审理中，李某诉称：解除劳动合同通知书上写明解除劳动合同的原因，超越了《劳动合同法实施条例》第二十四条的范畴，对我之后的求职造成严重的负面影响，打压了我平等就业的权利，故要求公司删除《解除（终止）劳动合同证明书》中有关解除劳动合同原因的内容，重新出具解除劳动合同证明文件。

公司辩称：公司开具的《解除（终止）劳动合同证明书》，虽然有解除劳动合同的原因，但没有违反《劳动合同法实施条例》第二十四条的规定，故不同意李某的诉讼请求。

法院观点

一审法院经审理认为：公司因解除与李某的劳动合同，作出的《解除（终止）劳动合同证明书》，该证明书虽然记载了解除劳动合同的原因，但根据《劳动合同法实施条例》第二十四条的规定，用人单位出具的解除、终止劳动合同的证明，应当写明劳动合同期限、解除或者终止劳动合同的日期、工作岗位、在本单位的工作年限。但该规定并没有排除解除劳动合同证明书上记载解除劳动合同的原因。故李某以此为由要求公司删除《解除（终止）劳动合同证明书》有关解除劳动合同原因的内容，重新出具解除劳动合同证明文件，该院不予支持，驳回李某的诉讼请求。

李某不服，向中院提起上诉。二审法院审理后认为，法律未禁止将解除劳动合同的原因记载在解除劳动合同证明书上，公司的做法也不构成违反《就业促进法》中关于“劳动者依法享有平等就业和自主择业的权利。劳动者就业，不因民族、种族、性别、宗教信仰等不同而受歧视”的规定。维持了一审判决。

李某不服，上诉到高院。高院审理后，认为二审判决并无不当，作出裁定驳回李某的再审申请。①

对上述案例，反对观点认为，企业出具的《解除（终止）劳动合同证明书》（或“离职证明”）不应当记载有关解除劳动合同的原因，这涉及《个人信息保护法》中有关个人信息保护问题。理由是：

1. 根据《个人信息保护法》第五条规定：“处理个人信息应当遵循合法、正当、必要和诚信原则，不得通过误导、欺诈、胁迫等方式处理个人信息。”根据《个人信息保护法》第六条规定：“处理个人信息应当具有明确、合理的目的，并应当与处理目的直接相关，采取对个人权益影响最小的方式。收集个人信息，应当限于实现处理目的的最小范围，不得过度收集个人信息。”

在现实生活中，理解上述规定应注意：处理个人信息应当遵循的原则，特别是法条中提到的“必要”原则，要“具有明确、合理的目的”，“与处理目的直接相关，采取对个人权益影响最小的方式”。因此，上述案例中，在《解除（终止）劳动合同证明书》记载解除劳动合同的原因的必要性、目的性是什么？一个违规或违纪的员工已经被按照企业规章制度处理离职了，还有必要在其《解除（终止）劳动合同证明书》中注明解除劳动合同的原因，让其在下一段从业过程中个人声誉受到影响吗？

2. 按照法律规定，如果个人没有《个人信息保护法》第十三条中规定的以下情形：（1）为订立、履行个人作为一方当事人的合同所必需，或者按照依法制定的劳动规章制度和依法签订的集体合同实施人力资源管理所必需；（2）为履行

① 广东省高级人民法院（2019）粤民申 3686 号民事裁定书，载中国裁判文书网，最后访问时间：2022 年 10 月 21 日。

法定职责或者法定义务所必需；（3）为应对突发公共卫生事件，或者紧急情况下为保护自然人的生命健康和财产安全所必需；（4）为公共利益实施新闻报道、舆论监督等行为，在合理的范围内处理个人信息；（5）依照本法规定在合理的范围内处理个人自行公开或者其他已经合法公开的个人信息；（6）法律、行政法规规定的其他情形。那么，处理个人信息就应当“取得个人的同意”。

根据《个人信息保护法》第十四条规定，基于个人同意处理个人信息的，该同意应当由个人在充分知情的前提下自愿、明确作出。而且，法律还要求：个人信息处理者在处理个人信息前，应当真实、准确、完整地向个人告知“个人信息的处理目的”，特别是“个人信息处理者向其他个人信息处理者提供其处理的个人信息的”，应当“取得个人的单独同意”。在《个人信息保护法》第二十九条规定中还特别规定：“处理敏感个人信息应当取得个人的单独同意；法律、行政法规规定处理敏感个人信息应当取得书面同意的，从其规定。”上述案例中，是否应当要依法“取得个人的同意”。

3. 根据《个人信息保护法》第四十四条规定：“个人对其个人信息的处理享有知情权、决定权，有权限制或者拒绝他人对其个人信息进行处理；法律、行政法规另有规定的除外。”在《个人信息保护法》第四十七条中还规定，对于“处理目的已实现、无法实现或者为实现处理目的不再必要”的情形，“个人信息处理者应当主动删除个人信息；个人信息处理者未删除的，个人有权请求删除”。

由此可见，在《解除（终止）劳动合同证明书》中记载解除劳动合同的原因存在法律风险。从保护劳动者再次就业以及个人信息的角度考虑，在《解除（终止）劳动合同证明书》中，不应写明解除劳动合同的原因。

三、办理劳动者离职手续

根据《劳动合同法》第五十条规定，企业不仅要出具解除或者终止劳动合同的证明，还应当在15日内为劳动者办理档案关系转移手续。劳动者应当按照双方约定，办理工作交接。用人单位依法应当向劳动者支付经济补偿的，在办结工作交接时支付。用人单位对已经解除或者终止的劳动合同的文本，至少保存2年备查。

企业要注意，按照《劳动合同法》的规定：

一是劳动者依法解除或者终止劳动合同后，扣押劳动者居民身份证等证件的，由劳动行政部门责令限期退还劳动者本人，并依照有关法律规定给予处罚；用人单位以担保或者其他名义向劳动者收取财物的，由劳动行政部门责令限期退还劳动者本人，并以每人500元以上2000元以下的标准处以罚款；给劳动者造成损害的，应当承担赔偿责任。

二是劳动者依法解除或者终止劳动合同后，用人单位应当依法及时向劳动者支付经济补偿。未依照规定在办结工作交接时，没有依法向劳动者支付经济补偿金的，由劳动行政部门责令限期支付经济补偿；逾期不支付的，责令用人单位按应付金额50%以上100%以下的标准向劳动者加付赔偿金。

现实工作中，一些劳动争议往往在劳动合同解除或终止时，或者在劳动合同解除或终止后一段时间才反映出来；而此时，因为时过境迁，劳动合同文本已灭失，导致当初劳动合同约定的内容无从查实，容易造成劳动者的合法权益得不到有效救济。因此，法律作出规定，要求用人单位对已经解除或者终止的劳动合同文本，至少保存2年备查。

四、办理劳动者社会保险关系的转移

劳动者与用人单位解除或者终止劳动合同后，还要向其他企业或者向机关事业单位流动，继续寻找新的工作岗位。对此，为了有效保障员工的社会保险权益，原用人单位与员工解除或者终止劳动合同后，根据《劳动合同法》第五十条规定，用人单位还应当在15日内为劳动者办理社会保险关系转移手续。

（一）劳动者在同一社会保险统筹地区流动的社会保险关系处理

劳动者在同一社会保险统筹地区流动就业的，社会保险关系不用转移，只要原来的用人单位停止缴纳社会保险费，不用办理转移社会保险关系的手续，由新的用人单位凭员工身份证号就可以直接重新办理参加社会保险的手续。

（二）劳动者异地流动的社会保险关系处理

劳动者在异地（不同社会保险统筹地区）流动就业的，按照现行国家政策规定，经过“新参保地审核转移接续申请并向原参保地发出同意接收函——原参保地办理转移手续——新参保地接受转移手续和资金”3个流程，政策规定每个流程最多15个工作日，也就是说对于参保者来说，最多45个工作日就可以将全部转移接续手续办完。具体来讲：

1. 参保人员在新就业地按规定建立基本养老保险关系和缴费后，由用人单位或参保人员向新参保地社保经办机构提出基本养老保险关系转移接续的书面申请。

2. 新参保地社保经办机构在15个工作日内，审核转移接续申请，对符合条件的，向参保人员原基本养老保险关系所在地的社保经办机构发出同意接收函，并提供相关信息；对不符合转移接续条件的，向申请单位或参保人员作出书面说明。

3. 原基本养老保险关系所在地社保经办机构在接到同意接收函的15个工作日内，办理好转移接续的各项手续。

4. 新参保地经办机构在收到参保人员原基本养老保险关系所在地社保经办机构转移的基本养老保险关系和资金后，应在15个工作日内办结有关手续，并将确认情况及时通知用人单位或参保人员。

5. 养老保险缴费年限是累计计算，中间允许有空档，可补可不补。

（三）劳动者在不同用人单位之间流动的社会保险关系处理

如果劳动者在机关、事业单位、企业之间流动时，按照《关于职工在机关事业单位与企业之间流动时社会保险关系处理意见的通知》（劳社部发〔2001〕13号）规定，劳动者流动时社会保险关系按以下办法处理：

1. 养老保险关系处理

职工由机关事业单位进入企业工作的，从进入企业之月起，参加企业职工的基本养老保险，单位和个人按规定缴纳基本养老保险费，建立基本养老保险个人账户，原有的工作年限视同缴费年限，退休时按企业的办法计发基本养老金。其中，公务员及参照和依照公务员制度管理的单位工作人员，在进入企业并按规定参加企业职工基本养老保险后，根据本人在机关（或单位）工作的年限给予一次性补贴，由其原所在单位通过当地社会保险经办机构转入本人的基本养老保险个人账户，所需资金由同级财政安排。

职工由企业进入机关事业单位工作的，从进入机关事业单位之月起，执行机关事业单位的退休养老制度，其原有的连续工龄与进入机关事业单位后的工作年限合并计算，退休时按机关事业单位的办法计发养老金。已建立的个人账户继续由社会保险经办机构管理，退休时，其个人账户储存额每月按 1/120 计发，并相应抵减按机关事业单位办法计发的养老金。

公务员进入企业工作后再次转入机关事业单位工作的，原给予的一次性补贴的本金和利息要上缴同级财政。其个人账户管理、退休后养老金计发等，比照由企业进入机关事业单位工作职工的相关政策办理。

2. 失业保险关系处理

职工由机关进入企业、事业单位工作之月起，按规定参加失业保险，其原有的工作年限视同缴费年限。职工由企业、事业单位进入机关工作，原单位及个人缴纳的失业保险费不转移，其失业保障按相关规定执行。

3. 医疗保险关系处理

职工在机关事业单位和企业之间流动，在同一统筹地区内的基本医疗保险关系不转移，跨统筹地区的基本医疗保险关系及个人账户随同转移。职工流动后，除基本医疗保险之外，其他医疗保障待遇按当地有关政策进行调整。

第四节　依法规制职工离职

为了保证用人单位的职工队伍相对稳定及合理的人员流动率，用人单位要依法制定员工流动管理制度。企业留人重点是留住骨干人才，要通过法律法规和企业规章制度安排，教育员工增强守法诚信意识，依法理性离职。为限制员工违法违规的无序流动，保护企业的合法利益和正当利益，《劳动合同法》对此作出了规定，但是仅仅规定了两种情形下，企业可利用经济手段来限制企业骨干员工的随意流失。

一、职工经专业技术培训后约定服务期的规定

一些企业通过提供专项培训费用对员工进行专业技术培训，使员工学到了专业技术，提高了技能，以便为本企业提供更好的服务；但企业又担心员工一旦掌握了专业技能，提升了自己在劳动力市场上的议价能力后，就会被其他企业挖走。因此，企业一般都制定有相应的员工流动管理制度，要求与接受专业技术培训的员工签订一定期限的服务期，并约定违约金，以规范人员流动。

（一）专业技术培训后约定服务期和违约金的法律规定

为了依法规范企业对员工进行专业技术培训后约定服务期和违约金的具体行为，《劳动合同法》第二十二条明确规定："用人单位为劳动者提供专项培训费用，对其进行专业技术培训的，可以与该劳动者订立协议，约定服务期。……用人单位与劳动者约定服务期的，不影响按照正常的工资调整机制提高劳动者在服务期期间的劳动报酬。"服务期属于当事人意思自治的范围，只要双方合意，即合法有效，对双方均具有约束力。

通过对劳动者进行专业技术培训后约定服务期，是劳动合同双方当事人之间的一种特别约定。其服务期限一般是指用人单位和劳动者通过在劳动合同中或在服务期协议中约定，由用人单位提供专项培训费用，对劳动者进行专业技术培训后，而要求劳动者必须为用人单位提供劳动的期间。《劳动合同法》还规定："劳动者违反服务期约定的，应当按照约定向用人单位支付违约金。违约金的数额不得超过用人单位提供的培训费用。用人单位要求劳动者支付的违约金不得超过服务期尚未履行部分所应分摊的培训费用。"

需要注意，法律明确规定，企业必须是"提供了专项培训费用"和"进行专业技术培训"的，才可以与劳动者约定服务期和违约金。

（二）如何理解专项培训费用

哪些属于专项培训费用？企业支出的哪些培训费用能作为约定服务期和违约金的条件？

根据《就业促进法》第四十七条第三款规定："企业应当按照国家有关规定提取职工教育经费，对劳动者进行职业技能培训和继续教育培训。"按照《国务院关于大力发展职业教育的决定》（国发〔2005〕35号）规定："要认真落实'一般企业按照职工工资总额的1.5%足额提取教育培训经费，从业人员技术要求高、培训任务重、经济效益较好的企业，可按2.5%提取'的规定，足额提取教育培训经费，主要用于企业职工特别是一线职工的教育和培训。"对此，企业按照本单位工资总额一定比例提取的"教育培训经费"，是企业依法履行的义务，这部分培训费用的使用是普惠于全体员工的，不应作为与劳动者约定服务期和违约金的条件。而且，根据《就业促进法》第六十七条规定，"企业未按照国家规定提取职工教育经费，或者挪用职工教育经费的，由劳动行政部门责令改正，并依法给予处罚”。这就是说，企业提供的专业技术培训费用必须是法定培训义务（即法定教育培训经费）之外支出的专项培训费用，是用于对职工进行专业技术培训的专款费用，以此才能作为约定服务期和违约金的条件。

由于《劳动合同法》没有列出用人单位对劳动者提供专项培训费用包括哪些具体内容，在实践中，可能会出现一些企业将过多的费用开支列为培训费用，不合理地加大劳动者的违约金数额。对此，为了限制企业的不合理约定，《劳动合同法实施条例》作出了具体规定：“劳动合同法第二十二条第二款规定的培训费用，包括用人单位为了对劳动者进行专业技术培训而支付的有凭证的培训费用、培训期间的差旅费用以及因培训产生的用于该劳动者的其他直接费用。”

上述规定具体列出了培训费用的具体内容，主要是：（1）有支付凭证的培训费用；（2）培训期间的差旅费；（3）因培训产生的其他直接费用。其中，“因培训产生的其他直接费用”是一个容易引发争议的内容。企业在确定此类费用时，最好在培训协议中明确注明具体的开支内容。

这里需要注意的问题是，计算培训费用时，是否包括培训期间向劳动者支付的工资（不论是在职参加培训，还是脱产参加培训）。对此，法律法规没有作出规定，可由企业在不违反有关法律法规的原则下与职工协商确定。

（三）如何理解专业技术培训

专业技术培训必须是企业外部的培训吗？对于劳动者参加本企业组织的内部培训是否可以约定服务期和违约金？

法律规定，企业必须是“提供了专项培训费用”的“专业技术培训”，才可约定服务期和违约金。实际操作中出现的疑问是：企业内部自己组织的专业技术培训及其支出的费用，可否以此约定服务期和违约金？有一种观点认为，企业内部组织的培训不应列入，单位必须出具由第三方（培训机构）开具的培训费用发票，才能证明对劳动者进行了企业外部的专业技术培训。在一些有关职工培训后涉及违约金的劳动争议案例中，也有围绕培训费的证据提出疑义。争议的焦点即是培训费是本公司提供的，还是第三方提供的，裁决观点不一。

应当说，企业内部组织的专业技术培训及其依规支出的培训费用，完全可以作为约定服务期和违约金的条件。因为法律并没有禁止企业内部对员工组织专业技术培训，不能说只有由第三方来开展专业技术培训才能约定服务期和违约金。

如果担心企业自行组织内部培训，有可能出现企业将培训费用定价虚高，以此分摊在被培训的员工身上，而通过较高的违约金来控制员工不能随意辞职，这可以通过财务审计来查处企业的弄虚作假行为。应当看到，一些企业的某些专业技术是企业自身从国外引进的，或者是老职工自己钻研并保留下来的，在社会上难以找到相关的第三方培训机构来进行专业培训。同时，企业的有些专业技术还带有商业秘密的属性，只能在本企业内部传承，不便外传。所以，培训相关专业技术人才，只能靠本企业自己培养。

（四）如何理解服务期限

《劳动合同法》没有对约定服务期的年限作出限制性规定，而是让双方当事人协议确定服务期的长短。这里有一个员工劳动合同期限与服务期限的衔接问题。用人单位通过对劳动者进行专业技术培训约定了服务期后，可能会出现原来与员工签订的劳动合同期限满时，与接受专业技术培训后员工约定的服务期尚不到期。对此，《劳动合同法实施条例》作出补充规定："劳动合同期满，但是用人单位与劳动者依照劳动合同法第二十二条的规定约定的服务期尚未到期的，劳动合同应当续延至服务期满；双方另有约定的，从其约定。"这就是说，在劳动合同履行中，因劳动者参加了专项技术培训，用人单位与劳动者约定了比原劳动合同期限到期还要延长的服务期。这就要求"劳动合同续延至服务期满"。如果双方另有约定的，按照双方的约定来处理。

这里需要研究的问题是：在此情形下劳动合同的续延，算不算续订了一次固定期限的劳动合同？对此，《劳动合同法》和《劳动合同法实施条例》都没有明确规定。如果说"算"，是否会影响企业开展专业技术培训的积极性，因为一些企业总是担心出现连续2次续签固定期限劳动合同后，会遇到劳动者提出签订无固定期限劳动合同的情形。如果说"不算"，一些企业又有可能利用组织专业技术培训之机，与劳动者约定比原劳动合同期限要长的服务期，以规避连续2次签订固定期限劳动合同应承担的法律义务。

（五）如何理解违约金的数额

《劳动合同法》第二十二条对用人单位与劳动者约定违约金的数额作出了限制性规定，即约定"违约金的数额不得超过用人单位提供的培训费用"。对此，企业有不同看法，认为应该是双方去约定怎么补偿，不能单位出了多少就赔多少，单位专项培训一个专业人才是要让其为企业带来效益的；如果培训后轻易让该员工走了，会造成工作没有连续性和专业技术间断，可能影响正常的科研和生产经营，这方面会给单位造成较大的损失。实践中，也有一些企业制定的违约金高出培训费用几倍，对通过专项培训后想离职的员工带有明显的威胁成分。

法律对用人单位的任性规定进行了限制，不仅规定了劳动者支付的违约金的数额“不得超过用人单位提供的培训费用”；而且还规定了“用人单位要求劳动者支付的违约金不得超过服务期尚未履行部分所应分摊的培训费用”。

二、约定竞业限制条款的规定

为了维护正常的企业人才竞争秩序和竞争规则，需要对企业人才流动进行必要的约束规范。根据《劳动合同法》第二十三条规定：“用人单位与劳动者可以在劳动合同中约定保守用人单位的商业秘密和与知识产权相关的保密事项。对负有保密义务的劳动者，用人单位可以在劳动合同或者保密协议中与劳动者约定竞业限制条款，并约定在解除或者终止劳动合同后，在竞业限制期限内按月给予劳动者经济补偿。劳动者违反竞业限制约定的，应当按照约定向用人单位支付违约金。”对此，需要理解以下几个问题。

（一）商业秘密

按照《中华人民共和国反不正当竞争法》第九条中的规定，所谓商业秘密，是指不为公众所知悉、具有商业价值并经权利人采取相应保密措施的技术信息、经营信息等商业信息。商业秘密的范围包括设计，程序、产品配方、制作工艺、制作方法、技术诀窍、管理诀窍、图纸、产销策略、客户名单、货源情报、招投标中的标底及标书等信息。因此，构成商业秘密必须具备三个要件：

1. 该信息不能从公开渠道直接获得。能公开获得，能为公众所知悉的，就不称其为“秘密”。

2. 能为权利人带来经济利益，具有商业价值和实用性。没有经济利益就没有保密价值。

3. 权利人应当有把某种技术信息和经营信息作为商业秘密的意见，并严加防范，采取相应保密措施防止外人（包括内部人员中与该项秘密无关的人员）轻易地获取这种信息秘密。

商业秘密是企业的一笔无形资产，能给企业带来经济效益和竞争优势，一些商业秘密决定着企业的生死存亡。保护商业秘密是法律赋予企业的一项权利，也是劳动者应尽的法定义务。用人单位采取的保密措施，包括订立保密协议、建立保密制度及采用保密技术、采用适当的保密设施和装置，以及采取其他合理的保密办法。这些保密措施应当是明确的、公示的，以便于相关员工遵守。一些企业在劳动合同中约定"所有员工应该保守公司的商业秘密"，但并没有普遍规定竞业限制条款，没有约定竞业限制期限和违约金，这属于对所有员工的一种普遍要求，要求员工作为一种职业规则来遵守。员工保守企业的商业秘密不受时间、地域和范围的限制，并应当诚实信用谨慎保护。

（二）竞业限制

一些企业要求对一些特定的职工应当签订保密条款和竞业限制条款，是企业用来保护商业秘密的重要手段。但是，签订竞业限制条款与保守商业秘密不同。竞业限制，是指用人单位与劳动者约定，劳动者在劳动合同履行和合同解除或终止后一定期限内，出于保密的目的，不得自营或为他人经营与本单位同类的业务，是企业对劳动者离职后工作权利的限制。按照《劳动合同法》的规定，如果企业和负有保密义务的劳动者约定了竞业限制条款，那么，当劳动者解除或终止劳动合同后，为了弥补企业限制劳动者就业受到的经济损失，企业应当在规定的竞业限制期限内，对遵守竞业限制条款的劳动者按月支付经济补偿金。如果劳动者违反竞业限制约定，则应当要求劳动者按照约定向用人单位支付违约金。

竞业限制协议书对限制条款、限制期间、补偿标准等未约定的，不具有法律约束力。

以案释法

案情简介

宋某是某科技公司的技术员，双方签订5年期限的劳动合同，宋某入职时与公司签订了《保密竞业限制协议书》，其中载明：双方在平等自愿、协商一致的基础上，就乙方保守甲方商业机密事宜达成一致意见。乙方对甲方的商业机密负有保密的义务，不得向第三方泄露商业机密，乙方在任何时候不得从事利用甲方商业机密获取自身利益的各种活动。乙方如向甲方提出解除劳动合同，需按辞职提前通知期（脱密期）3个月通知甲方，在此期间甲方可以采取相应的脱密措施。乙方离开甲方2年内，对甲方的商业机密仍必须承担保密义务。乙方严格遵守本协议约定，保守甲方商业机密的，可享受甲方给予的保密费，保密费为按销售管理办法所规定发放，随工资一起发放，期限以劳动合同为准。

宋某还签订了《个人保证书》，其中载明“辞去本公司职位____月（年）内，不得到同业企业从事与本企业相竞争的工作”一条，但该条款未填写具体时间。该保证书落款处有宋某的签字，无公司盖章。

宋某在公司工作3年后，递交员工辞职申请表，以家庭个人原因考虑回家发展为由提出辞职，公司部门主管及总经理均批准同意辞职。公司出具离职证明载明：经友好协商，双方劳动关系解除，已办理交接手续。宋某离职1个月后，公司通过网上银行向宋某转账2000元，备注为“6月竞业补偿金”。

随后，宋某入职家乡另一个公司。原公司知道后，认为宋某违反了竞业限制协议，发生争议，遂起诉到法院。要求宋某：（1）确认违反竞业限制义务；（2）支付竞业限制违约金10万元；（3）返还竞业限制经济补偿金2000元；（4）继续履行竞业限制义务；（5）立即与新入职的公司解除劳动合同。

案例评述

用人单位与劳动者约定了竞业限制条款但未约定经济补偿，该竞业限制条款对劳动者不具有法律约束力。

本案中，《保密竞业限制协议书》内虽约定了宋某对公司的商业机密负有保密义务，但并未有具体的竞业限制条款，未明确竞业限制期限，亦未约定经济补偿金额。

《个人保证书》内虽载明“辞去本公司职位____月（年）内，不得到同业企业从事与本企业相竞争的工作”，但并未明确竞业限制期限，亦未约定经济补偿金。

故《保密竞业限制协议书》和《个人保证书》对宋某不具有法律约束力，宋某无须履行竞业限制义务。因宋某无须履行竞业限制义务，公司向其支付的2000元经济补偿金也就无事实与法律依据，应当返还。

由于公司的竞业限制协议对劳动者不具有法律约束力，公司在劳动者更换工作后支付一笔钱，即要求劳动者解除与新用人单位的劳动合同，明显没有事实和法律依据。

按照《人力资源社会保障部、最高人民法院关于劳动人事争议仲裁与诉讼衔接有关问题的意见（一）》规定："当事人在劳动合同或者保密协议中约定了竞业限制和经济补偿，劳动合同解除或者终止后，因用人单位的原因导致三个月未支付经济补偿，劳动者请求解除竞业限制约定的，劳动人事争议仲裁委员会、人民法院应予支持。"这里明确了一个界限，约定了竞业限制的员工解除或者终止劳动合同后，只有在企业超过 3 个月未支付经济补偿的，离职员工才可以解除竞业限制约定。

（三）补偿金和违约金

《劳动合同法》对负有保密义务和竞业限制的补偿金和赔偿金作出了规定。一方面，企业对员工遵守竞业限制条款的，在限制期限内，应当支付补偿金；另一方面，员工如果违反竞业限制条款约定的，应当向企业支付违约金。但是，法律并没有对劳动合同双方就约定经济补偿金和违约金的标准作出具体规定，完全由用人单位和劳动者双方在劳动合同中或者竞业限制协议中协商约定。双方约定补偿金和违约金不仅是对应的，还应当是对等的。

1. 关于支付补偿金

按照《最高人民法院关于审理劳动争议案件适用法律问题的解释（一）》规定："当事人在劳动合同或者保密协议中约定了竞业限制和经济补偿，当事人解除劳动合同时，除另有约定外，用人单位要求劳动者履行竞业限制义务，或者劳动者履行了竞业限制义务后要求用人单位支付经济补偿的，人民法院应予支持。"同时还规定："当事人在劳动合同或者保密协议中约定了竞业限制，但未约定解除或者终止劳动合同后给予劳动者经济补偿，劳动者履行了竞业限制义务，要求用人单位按照劳动者在劳动合同解除或者终止前十二个月平均工资的 30%按月支付经济补偿的，人民法院应予支持。"如果支付的月平均工资的 30%低于劳动合同履行地最低工资标准的，要按照劳动合同履行地最低工资标准支付。

企业要特别注意：按照《最高人民法院关于审理劳动争议案件适用法律问题

的解释（一）》规定，在竞业限制期限内，企业请求解除竞业限制协议的，人民法院应予支持。在解除竞业限制协议时，劳动者请求企业“额外支付劳动者三个月的竞业限制经济补偿的”，人民法院也会支持。

竞业限制经济补偿=竞业限制月经济补偿标准×履行竞业限制的期限（月）。

竞业限制月经济补偿标准约定不明的，可以按照劳动合同解除或者终止前12个月平均工资的30%确定，但不得低于劳动合同履行地最低工资标准。

2. 关于支付违约金

劳动者违反竞业限制的法律责任有两条规定：

其一，《劳动合同法》第二十三条第二款规定，劳动者违反竞业限制约定的，应当按照约定向用人单位支付违约金。

其二，《劳动合同法》第九十条规定，劳动者违反劳动合同中约定的保密义务或者竞业限制，给用人单位造成损失的，应当承担赔偿责任。

如何适用上述两条法律责任？违约金的数额由双方事先约定；而赔偿金的数额则以实际造成的损失为准（如招录人员费用、专业培训费用、给企业造成的其他经济损失等）。二者的定性都是补偿损失。对员工的违约金和赔偿金是否可以“并罚”？法律没有明确规定，一般而言，不能并用，只能由用人单位任一选择。否则会使劳动者对一个违约行为承受双重负担，这对劳动者显失公平。劳动者是承担违约责任还是赔偿责任，要视用人单位最终的请求而定。

按照《最高人民法院关于审理劳动争议案件适用法律问题的解释（一）》规定：“劳动者违反竞业限制约定，向用人单位支付违约金后，用人单位要求劳动者按照约定继续履行竞业限制义务的，人民法院应予支持。”

（四）竞业限制约定的范围

按照《劳动合同法》规定的竞业限制的含义，实际上是在一定时期内限制了劳动者的就业权，进而影响了劳动者的生存权。因此，法律规定，企业若采取此种方式，限制劳动者向与自身形成竞争对手的企业流动，应当尽可能限制在一定的人员、一定的期间和一定的范围内实施，按照《劳动合同法》第二十四条规定：“竞业限制的人员限于用人单位的高级管理人员、高级技术人员和其他负有保密义务的人员。竞业限制的范围、地域、期限由用人单位与劳动者约定，竞业限制的约定不得违反法律、法规的规定。在解除或者终止劳动合同后，前款规定的人员到与本单位生产或者经营同类产品、从事同类业务的有竞争关系的其他用人单位，或者自己开业生产或者经营同类产品、从事同类业务的竞业限制期限，不得超过二年。”

由于各行各业和各类生产岗位的生产经营技术特点千差万别，《劳动合同法》不可能对其一一列举作出竞业限制规定。法律只是原则性地规定了竞业限制的概念，即对约定竞业限制条款的人员，在解除或者终止劳动合同后，不得“到与本单位生产或者经营同类产品、从事同类业务的有竞争关系的其他用人单位，或者自己开业生产或者经营同类产品、从事同类业务”。对于竞业限制涉及的范围、地域、期限，完全由各个企业双方当事人自行约定，但不得违反法律、法规的规定。企业只有与涉及商业秘密的员工签订了竞业限制条款的，才能约定竞业限制期限和违约金。而且，竞业限制的期限也不得超过2年。

这里规定的人员到与本单位生产或者经营同类产品、从事同类业务的有竞争关系的其他用人单位，过于原则，在实施中容易被一些用人单位滥用，如只支付一点补偿金，就限制高管人员或高级技术人员不得到有竞争关系的单位从业。对此，还应当通过不同行业建立行规来进行监管。

三、法定违约金的规定

在现实经济活动中，常见一些用人单位通过各种名目与劳动者约定各种形式的违约金，以控制本单位中一些骨干员工的向外流动。为了进一步规范用人单位的这一用工管理行为，《劳动合同法》第二十五条规定：“除本法第二十二条和第二十三条规定的情形外，用人单位不得与劳动者约定由劳动者承担违约金。”

劳动合同中违约金的设定和支付，是劳动争议中最常见、最敏感也是最复杂的问题之一。1994颁布的《劳动法》没有设定关于违约金的条款，各省市的地方劳动合同法规对违约金作了各种各样的规定，有提倡的，也有限制的。为了统一规范用人单位用工管理行为，2007年颁布的《劳动合同法》对违约金的适用范围作出了非常严格的限制。

按照《劳动合同法》的规定，用人单位只有在两种情形下，即：一是按照第二十二条规定，对劳动者进行了专业技术培训的；二是按照第二十三条规定，对负有保密义务的劳动者约定了竞业限制条款的，才可以与劳动者约定违约金。除此之外，用人单位不得与劳动者约定任何由劳动者承担的违约金，也就是说，除了《劳动合同法》第二十二条和第二十三条规定的情形外，劳动者辞职无须向用人单位支付任何违约金。这给了职工辞职很大的自由度，企业一定要注意。

第一，违反服务期协议的违约金，按照双方的约定确定，但违约金的数额不得超过用人单位提供的培训费用，且不得超过服务期尚未履行部分所应分摊的培训费用。例如，用人单位提供10万元专项培训费用为劳动者进行专业技术培训，与劳动者约定服务期5年，约定劳动者违反服务期应支付的违约金为10万元，如果劳动者为用人单位服务4年后因自身原因解除劳动合同，那么，劳动者应承担的违约金为2万元［10万元×（5年-4年）÷5年）］。

第二，违反竞业限制协议的违约金，根据双方的约定确定，但约定的违约金过分高于或者低于实际损失的，劳动者或用人单位可请求劳动争议仲裁机构或人民法院予以调整。

《劳动合同法》对员工的违约金进行了明确规定，员工承担的违约责任是“法定违约”，而非“约定违约”。即用人单位和劳动者双方不能自愿协商就上述两种法定情形之外的其他事宜再约定由劳动者承担的违约金，如果违反法律有关规定，用人单位与劳动者自行约定了劳动者的违约金责任，其约定无效。但并不是说劳动者可以随意辞职或随意解除劳动合同而不承担任何责任，根据《劳动合同法》第九十条规定，劳动者违反本法规定解除劳动合同，给用人单位造成损失的，应当承担赔偿责任。

《违反〈劳动法〉有关劳动合同规定的赔偿办法》（劳部发〔1995〕223号）第四条也明确规定：“劳动者违反规定或劳动合同的约定解除劳动合同，对用人单位造成损失的，劳动者应赔偿用人单位下列损失：（一）用人单位招收录用其所支付的费用；（二）用人单位为其支付的培训费用，双方另有约定的按约定办理；（三）对生产、经营和工作造成的直接经济损失；（四）劳动合同约定的其他赔偿费用。”

因此，为了预防和有效处理违法解除劳动合同的劳动者一走了之，用人单位在日常管理中要注意保存和提供该劳动者给本单位造成经济损失的证据，并依法计算和要求其承担赔偿责任。

在北京、上海等地，一些用人单位以能够解决其招录职工的户籍问题吸引人才，为此对招录的职工提出约定服务期，同时还约定了高额的违约金，以防止职工违约。对于此类违约金条款的效力，司法实践中存在一定争议。

大多数法院倾向认为用人单位与员工关于落户服务期的违约金的约定，违反了《劳动合同法》的规定，应当认定无效。但是，对于此类案件，也有两种处理方式：

1. 若是劳动者有未履行提前30日以书面形式通知用人单位的情形，适用《劳动合同法》第九十条的规定，即劳动者违反本法规定（要求提前30日以书面形式通知）解除劳动合同，给用人单位造成损失的，应当承担赔偿责任。企业可以将“违约金”转化为一种给企业造成的损失，追究其赔偿责任。

2. 若是劳动者履行了提前30日以书面形式通知用人单位辞职的情形，企业可按照《违反〈劳动法〉有关劳动合同规定的赔偿办法》第四条规定，劳动者违反规定或劳动合同的约定解除劳动合同，对用人单位造成损失的，应赔偿用人单位的损失，如用人单位招收录用其所支付的费用、劳动合同约定的其他赔偿费用等。

司法实践中，也有一些法院认为，此类关于因落户设定服务期及违约金的约定，属于损失赔偿条款。如北京地区法院审理此类案件时认为，公司与员工约定的落户“补偿金”性质上属于损失赔偿条款，系对公司办理落户手续中投入的补偿，而员工在落户手续办理完成后辞职的行为违反了诚实信用原则，应判定员工应当向公司赔偿损失。上海地区法院也认为，用人单位与员工基于办理本市落户手续而签订的补充协议，其中有关服务期及违约金条款的约定违反了《劳动合同法》规定，但员工在用人单位为其办理本市户籍后提前离职的行为属于典型的不守承诺、不诚信行为，给用人单位造成了损害，应当承担赔偿责任。关于损失赔偿金额的确定，法院通常会参考用人单位的经济损失、双方约定的赔偿数额、劳动者是否对违约后果有清晰的认知、劳动合同的实际履行时间等因素酌定赔偿数额。

针对此类案件中，多数法院对企业因办理落户手续所作出的关于违约金的约定不予支持。一些用人单位感觉很冤枉，但是，企业可以转化思路，吸引人才、留住人才，办理落户手续，能否通过一些民事协议。比如探讨将约定“服务期”转化为约定完成企业某一项或某几项业务工作，在签订劳动合同的同时签订属于民事行为的承揽合同或劳务合同，以约束劳动者为企业提供签约中约定的服务等。

四、运用劳动合同补充条款规范员工流动

现实生活中，也有一些企业为了吸引人才和留住骨干人才，往往以提供住房或支付住房补贴、企业年金或补充保险金、企业期权、发给专业人才津贴等“特殊待遇”，与职工签约，并约定违约条件。对此，企业要充分运用《劳动合同法》第十七条第二款关于劳动合同补充条款的规定：“劳动合同除前款规定的必备条款外，用人单位与劳动者可以约定试用期、培训、保守秘密、补充保险和福利待遇等其他事项。”

这就是说，在法定的劳动合同文本中，除必备条款外，当事人双方还可以约定补充条款。如对于补充保险或企业年金、住房补贴、福利待遇、企业期权等，企业都可以在劳动合同文本中与员工约定怎么享受，但不宜随便与约定服务期和违约金挂钩，而是通过企业规章制度或集体合同的规定来约束员工的享受权。如果员工违反劳动合同约定提前解除合同，可规定收回其享受权或对企业造成的损失给予赔偿。具体在规章制度中如何规定，企业可根据自己的实际情况确定。也可考虑通过与专业人才签订较长期限的劳动合同，或者对其再进行“专业技术培训”，或者将其安排在重要岗位并签订竞业限制协议等，以此对专业人才的流动进行约束。当专业人才违法解除劳动合同时（即违反《劳动合同法》第二十二条、第二十三条、第三十七条等规定时），企业就可按照《劳动合同法》第九十条的规定，将企业为专业人才支付的住房费用或住房资助、办理的个人职业年金、发给专业人才的相关津贴等作为因劳动者的违法辞职给企业造成的损失，要求劳动者承担赔偿责任，而不是承担违约金责任。

五、对于职工享有特殊待遇后违约辞职的处理

在企业用工中常出现这样的案例：一些技术人才入职公司后，公司与其签订《住房补贴合同》或《购车补贴合同》，约定由公司支付住房补贴或购车补贴费，要求其必须为公司订立较长的服务期；如果服务期未满，这类技术人才提出离职或因重大违纪违法被公司除名、辞退的，视为违约行为，应由其全额赔偿公司出

资的住房或购车补贴及相关费用。但当出现争议后，企业诉至劳动仲裁和法院时，以企业为技术人才提供特殊待遇为由与劳动者签订的服务期协议是否有效？

在2007年《劳动合同法》出台之前，各地对员工服务期的约定条件、履行方式各不相同。《劳动合同法》出台，其中明确规定了用人单位与劳动者可以约定违约金条款的两种情形：服务期协议和竞业限制协议。针对可约定服务期的情况，法律规定仅限于用人单位使用专项资金对员工进行专业技术培训一种情形，而对于为员工提供特殊待遇是否可以约定服务期，并未明确规定。

对于此类案件的处理，有不同意见：

一种观点认为，企业在正常劳动合同之外，另行给予员工的一种特殊待遇（如提供住房、购车补贴等），作为对价，员工承诺向公司服务一定的期限，双方由此形成书面补贴协议，并不违反法律规定，且系当事人真实意思之表示，故应视为有效。如果员工违反协议约定单方提前解除与公司的劳动关系，使这种对价关系遭破坏，公司可以主张要求员工退赔全额补贴款。劳动法律规范应强调双方当事人之间的平等协商和诚实信用，公司基于员工不诚信的提前解约行为，要求其承担相应的违约责任，并不违背劳动合同法的立法目的。因此，员工应当赔偿公司全部已支付的住房、购车补贴等相关费用。

另一种观点认为，公司给予员工特殊待遇并不属于可约定违约金的情形之一，但若公司提供了特殊待遇，应当属于一种预付的性质，员工离职时应当按比例返还较为公平。特殊待遇（如提供住房、购车补贴等）作为公司对员工提供的特殊资源，员工因而获利。因此，公司履行了这种特殊义务后，虽不能要求员工承担违约责任，但可根据义务对等原则要求员工返还公司所提供的特殊待遇，这样才能达到双方权利义务的平衡。例如，《上海市劳动合同条例》第十四条规定："劳动合同当事人可以对由用人单位出资招用、培训或者提供其他特殊待遇的劳动者的服务期作出约定。"《上海市高级人民法院关于适用〈劳动合同法〉若干问题的意见》（沪高法〔2009〕73号）也提出："用人单位向劳动者支付报酬，劳动者付出相应的劳动，是劳动合同双方当事人的基本合同义务。用人单位给予劳动者价值较高的财物，如汽车、房屋或住房补贴等特殊待遇的，属于预付性质。劳动者未按照约定期限付出劳动的，属于不完全履行合同。根据合同履行的对等原则，对劳动者未履行的部分，用人单位可以拒绝给付；已经给付的，也可以要求相应返还。因此，用人单位以劳动者未完全履行劳动合同为由，要求劳动者按照相应比例返还的，可以支持。”

第三种观点认为，依据《劳动合同法》第二十五条规定：“除本法第二十二条和第二十三条规定的情形外，用人单位不得与劳动者约定由劳动者承担违约金。”因此，对于公司给予员工价值较高的（如汽车或住房等）特殊待遇的，如果员工失信违反合同约定的期限解除合同的，不应让员工退赔补贴款，而应当让员工返还汽车或住房。公司对员工在职期间提供了实物形式的特殊待遇，是因为员工在为公司服务期间提供了相应的价值。所以，员工提前离职时收回其使用的实物即可。同时，事先不应将汽车或住房登记在职工名下，可待职工达到合同约定的期限后再过户给职工个人。

对于上述问题，还有待进一步探讨。

第十五章　职工离职的经济补偿和赔偿金

经济补偿和赔偿金是企业人力资源管理中的重要内容。企业在辞退员工时，符合法定情形的，给予员工经济补偿，是企业履行社会责任的一种表现；企业如果是违法辞退员工，将要承担一定的法律责任，劳动法对此规定了经济赔偿。

第一节　职工离职的经济补偿

经济补偿，是指在法定情形下，职工与用人单位解除或终止劳动关系后，由用人单位依照法律规定的条件和标准，支付给职工的一种货币性补偿。这也是国家调节劳动关系的一种经济手段，引导企业对解雇成本进行利益权衡，谨慎行使解除和终止劳动合同的权利。

一、依法给予劳动者经济补偿的规定

企业在解除劳动合同时，依法给予职工经济补偿，是用人单位实施劳动合同制度中的一项重要内容，涉及劳动者的经济利益，也是落实保护劳动者合法权益的具体表现。《劳动法》和《劳动合同法》都规定了用人单位解除劳动合同应当支付经济补偿金。

根据《劳动合同法》第四十六条规定，有下列情形之一的，用人单位应当向劳动者支付经济补偿：（1）劳动者依照本法第三十八条规定解除劳动合同的；（2）用人单位依照本法第三十六条规定向劳动者提出解除劳动合同并与劳动者协商一致解除劳动合同的；（3）用人单位依照本法第四十条规定解除劳动合同的；（4）用人单位依照本法第四十一条第一款规定解除劳动合同的；（5）除用人单位维持或者提高劳动合同约定条件续订劳动合同，劳动者不同意续订的情形外，依照本法第四十四条第一项规定终止固定期限劳动合同的；（6）依照本法第四十四

条第四项、第五项规定终止劳动合同的；（7）法律、行政法规规定的其他情形。

与《劳动法》相比，《劳动合同法》的上述规定，对用人单位应当支付的经济补偿金的情形或者说补偿范围有所扩大。此外，《劳动合同法实施条例》还补充了1种情形（即以完成一定工作任务为期限的劳动合同因任务完成而终止的）。现分述如下：

（一）劳动者依法解除劳动合同可获经济补偿

按照法律规定，劳动者可以依照《劳动合同法》第三十八条规定的以下情形解除劳动合同。

1. 用人单位未按照劳动合同约定提供劳动保护或者劳动条件的。

2. 用人单位未及时足额支付劳动报酬的。

3. 用人单位未依法为劳动者缴纳社会保险费的。

4. 用人单位的规章制度违反法律、法规的规定，损害劳动者权益的。

5. 用人单位以欺诈、胁迫的手段或者乘人之危，使劳动者在违背真实意思的情况下订立或者变更劳动合同；用人单位免除自己的法定责任、排除劳动者权利；违反法律、行政法规强制性规定致使劳动合同无效的。

6. 用人单位强迫劳动者劳动的（如以暴力、威胁或者非法限制人身自由的手段强迫劳动者劳动，或者用人单位违章指挥、强令冒险作业危及劳动者人身安全等，劳动者可以立即解除劳动合同）。

7. 法律、行政法规规定劳动者可以解除劳动合同的其他情形。

出现上述情形，主要是因为用人单位存在损害职工的行为，在此情形下，迫使职工提出辞职的，用人单位应当依法给予经济补偿。

（二）用人单位依法解除劳动合同应支付经济补偿

1. 依照《劳动合同法》第三十六条规定："用人单位与劳动者协商一致，可以解除劳动合同。"但实际操作中，要看劳动合同当事人双方是谁首先提出解除劳动合同的动议。如果是用人单位首先向劳动者提出解除劳动合同并与劳动者协商一致解除劳动合同的，用人单位应当支付经济补偿。如果是劳动者主动"跳槽"或其他原因，首先提出与用人单位协商解除劳动合同的，此时，用人单位则可以不支付职工辞职的经济补偿。

2. 用人单位依照《劳动合同法》第四十条规定解除劳动合同。主要是指企业在正常生产经营中解除职工劳动合同的三种情形：

（1）劳动者患病或者非因工负伤，在规定的医疗期满后不能从事原工作，也不能从事由用人单位另行安排的工作的；

（2）劳动者不能胜任工作，经过培训或者调整工作岗位，仍不能胜任工作的；

（3）劳动合同订立时所依据的客观情况发生重大变化，致使劳动合同无法履行，经用人单位与劳动者协商，未能就变更劳动合同内容达成协议的。

对于上述三种情形，用人单位解除职工劳动合同，依法要支付经济补偿。

3. 用人单位依照《劳动合同法》第四十一条第一款规定解除劳动合同。主要是指企业实行经济性裁员的四种情形：

（1）依照《企业破产法》规定进行重整的；

（2）生产经营发生严重困难的；

（3）企业转产、重大技术革新或者经营方式调整，经变更劳动合同后，仍需裁减人员的；

（4）其他因劳动合同订立时所依据的客观经济情况发生重大变化，致使劳动合同无法履行的。

对于上述四种情形，用人单位解除职工劳动合同，依法要支付经济补偿。

（三）用人单位终止劳动合同的经济补偿

关于对终止劳动合同给予经济补偿的理解。一些用人单位感到疑惑的是，终止劳动合同（依法自然终止合同）为什么还要给予经济补偿？

过去，我国实行劳动合同制之初，国家作出规定，对国有企业老职工终止劳动合同时给予经济补偿，而对新参加工作实行劳动合同制的职工和外资企业职工终止劳动合同时不给予经济补偿。后来废止了有关规定。按照1994年《劳动法》的规定，只有解除劳动合同时才支付经济补偿，而劳动合同到期自然终止则不用支付经济补偿（个别地方性法规有规定须支付生活补助费或补偿金的情况）。随后，在实施劳动合同制过程中，出现了一些企业签订劳动合同短期化的现象，主要原因就是一些企业为了尽可能降低解雇成本，将劳动合同期限缩短，如一年一签，以便年年都可以使之到期自然终止，从而避免解除劳动合同时支付经济补偿金。对此，2007颁布的《劳动合同法》作出了新的规定，要求对所有企业员工终止劳动合同时，符合法定情形的，企业都要依法给予经济补偿。这是对经济补偿赋予了新的内容。

1. 关于《劳动合同法》第四十六条第五项的规定，用人单位应注意法律的表述："除用人单位维持或者提高劳动合同约定条件续订劳动合同，劳动者不同意续订的情形外，依照本法第四十四条第一项规定终止固定期限劳动合同的"，才应当支付经济补偿。其含义有：

一是终止劳动合同是指"依照本法第四十四条第一项规定终止"的合同，并且限定是"终止固定期限劳动合同"。准确地说，就是终止"劳动合同期满"的"固定期限劳动合同"，排除了其他情形下的终止其他类型的合同。即法律并没有规定"以完成一定工作任务为期限的劳动合同"和"无固定期限劳动合同"终止时要支付经济补偿。

二是对于用人单位终止固定期限劳动合同的，此时如果是用人单位提出维持或者提高劳动合同约定条件，愿意续订劳动合同，而劳动者不同意续订的，劳动合同就自然终止，用人单位不需要支付经济补偿。

三是对于用人单位终止固定期限劳动合同的，此时如果是用人单位提出降低劳动合同约定条件，愿意续订劳动合同，而劳动者不同意续订的，劳动合同就自然终止，但此种情形下，用人单位需要支付经济补偿。

四是终止固定期限劳动合同时，如果用人单位提出不同意与劳动者续订劳动合同了，而无论劳动者是否同意续订，劳动合同自然终止，用人单位则需要支付经济补偿。

2. 关于《劳动合同法》第四十六条第六项规定，法律限制在两种情形：(1) 第四十四条第四项规定（用人单位被依法宣告破产的）；(2) 第四十四条第五项规定（用人单位被吊销营业执照、责令关闭、撤销或者用人单位决定提前解散的）。这是因用人单位主体资格丧失而终止劳动合同的两种情形。此两种情形下终止劳动合同，应当对劳动者给予经济补偿。

要注意，法律规定在上述两种情形下"终止劳动合同"，并没有明确限于何种期限的劳动合同，即对终止三种期限劳动合同中的任何一种都适用。对此，用人单位都应当对劳动者给予经济补偿。这是因为在《劳动合同法》第四十四条第四项、第五项规定的情形下，劳动者无过错，是用人单位出现问题。此时，劳动者被迫终止劳动合同，其利益受损应当得到补偿。

3. 对于以完成一定工作任务为期限的劳动合同到期终止后，用人单位是否要向劳动者支付经济补偿，由于《劳动合同法》没有作出明确规定，一些企业就通过与员工签订“以完成一定工作任务为期限的劳动合同”的方式，来规避因签订固定期限劳动合同将涉及终止合同时要支付经济补偿的法律责任。对此，《劳动合同法实施条例》作出了补充规定：“以完成一定工作任务为期限的劳动合同因任务完成而终止的，用人单位应当依照劳动合同法第四十七条的规定向劳动者支付经济补偿。”

对照《劳动合同法实施条例》分析，不难发现：关于“以完成一定工作任务为期限的劳动合同因任务完成”而终止劳动合同的，要支付经济补偿，与《劳动合同法》的规定有所突破。这里，按照“以完成一定工作任务为期限的劳动合同”的含义来理解，完成一定工作任务为期限的劳动合同“因任务完成”而终止，显然是指“劳动合同期满”而终止。而按照《劳动合同法》第四十六条中第五项的规定，“劳动合同期满”仅限于“终止固定期限劳动合同的”，方才支付经济补偿，不包括“以完成一定工作任务为期限的劳动合同”。《劳动合同法实施条例》的规定扩大了支付经济补偿的范围。当然，《劳动合同法实施条例》作为行政法规，可以按照《劳动合同法》第四十六条中关于“（七）法律、行政法规规定的其他情形”为授权依据来作出规定。

4. 劳动者达到法定退休年龄时劳动合同终止，是否需要支付经济补偿金？这是一个值得探讨的问题。《劳动合同法实施条例》第二十一条规定：“劳动者达到法定退休年龄的，劳动合同终止。”在此情形下终止劳动合同，用人单位是否要向劳动者支付经济补偿金，有两种情形需要分析：

（1）当劳动者达到法定退休年龄，也达到累计缴纳养老保险费 15 年。此时，劳动者达到退休年龄终止劳动合同后，便开始依法享受养老保险待遇或开始领取养老金。依据《劳动合同法》第四十六条规定，用人单位应当支付经济补偿金的情形中，并不包含“劳动者开始依法享受基本养老保险待遇的”情形。因此，对于此类人员，不必支付经济补偿金。

（2）当劳动者达到法定退休年龄，但是还没有达到累计缴纳养老保险费 15 年。此时，劳动者达到退休年龄终止劳动合同后，不能依法享受养老保险待遇。对于此类人员，是否要支付经济补偿，在《劳动合同法》关于支付经济补偿金的情形中，没有对此作出规定。既然法律没有作出规定，用人单位就可以不支付经济补偿。

如果出现一种极端情形：劳动者签订劳动合同的固定期限刚好约定是年满60岁时合同终止。对此，“劳动合同期满”是否应支付经济补偿？

以案释法

案情简介

王某系某公司女职工，年满50周岁达到法定退休年龄时，其与公司签订的劳动合同也刚好到期。公司以其达到法定退休年龄为由认定劳动合同终止，未支付经济补偿金。王某不服，诉之法院。

王某称，不能仅以达到法定退休年龄为由认定劳动合同终止，还应考虑劳动合同期满终止合同的情形。当“达到法定退休年龄之日”与“合同期满之日”相重合时，法律并未排除职工依据《劳动合同法》第四十六条第五项的规定，主张经济补偿金的权利。

公司称，依照《最高人民法院关于审理劳动争议案件适用法律若干问题的解释（三）》（现已失效）“用人单位与其招用的已经依法享受养老保险待遇或领取退休金的人员发生用工争议，向人民法院提起诉讼的，人民法院应当按劳务关系处理”的规定和省高级人民法院《关于审理劳动争议案件若干疑难问题的解答》第十八条“用人单位招用已达法定退休年龄但尚未享受养老保险待遇或领取退休金的劳动者，双方形成的用工关系按劳务关系处理”的意见。王某已达到退休年龄，不属《劳动法》调整范围，请求法院驳回王某的申请。

法院观点

法院经审查认为，本案中，公司终止与王某的劳动合同，系因王某达到法定退休年龄。虽然双方的劳动合同期满之日也是王某到达法定退休年龄之日，但公司依据法律法规的规定终止双方劳动合同，不属于法定的支付解除劳动合同经济补偿金的情形。

法院驳回了王某的申请。①

① 四川省高级人民法院（2018）川民申4101号民事裁定书，载中国裁判文书网，最后访问时间：2022年10月21日。

现实中，确有企业在劳动合同中约定的固定劳动合同期限恰逢是职工达到法定退休年龄的时间。按照《劳动合同法》第四十六条中的规定，终止固定期限劳动合同的，用人单位应当向劳动者支付经济补偿。但是针对“劳动者达到法定退休年龄的，劳动合同终止”的情形，按照立法原意，已将“劳动者开始依法享受基本养老保险待遇的”情形，排除在支付经济补偿之外；对劳动者达到法定退休年龄但“未能享受基本养老保险待遇的”情形，是否支付经济补偿，没有规定。特别是对劳动者达到法定退休年龄的时间与固定期限劳动合同期满重合时，是否支付经济补偿，更无规定。按照立法精神，不在《劳动合同法》第四十六条规定之列的情形，皆可不支付经济补偿。

但是，从上述案例中可以看到一种情形：如果是劳动者的固定期限劳动合同期满之日后几天或几周，就是该劳动者达到法定退休年龄之日。企业未在劳动合同期满之日终止劳动合同，而在劳动者达到法定退休年龄之日或者之后的数天，提出终止劳动合同。此时，劳动者坚持不能仅以达到法定退休年龄为由认定劳动合同终止，要考虑劳动合同期满终止合同的情形，并以“固定期限劳动合同期满”为由主张经济补偿的诉求，值得进一步探讨。

二、经济补偿的计算标准

根据《劳动合同法》第四十七条规定：“经济补偿按劳动者在本单位工作的年限，每满一年支付一个月工资的标准向劳动者支付。六个月以上不满一年的，按一年计算；不满六个月的，向劳动者支付半个月工资的经济补偿。劳动者月工资高于用人单位所在直辖市、设区的市级人民政府公布的本地区上年度职工月平均工资三倍的，向其支付经济补偿的标准按职工月平均工资三倍的数额支付，向其支付经济补偿的年限最高不超过十二年。本条所称月工资是指劳动者在劳动合同解除或者终止前十二个月的平均工资。”

根据劳动者工资收入差别，《劳动合同法》对用人单位支付经济补偿的标准作出了规定。

1. 对于支付企业普通员工的经济补偿，按照劳动者“在本单位工作的年限，每满一年支付一个月工资的标准向劳动者支付。六个月以上不满一年的，按一年计算；不满六个月的，向劳动者支付半个月工资的经济补偿”。法律没有对劳动者的工作年限封顶，即工作年限有多少年，就计算多少年。

2. 对于企业一些高收入员工（其月工资标准高于用人单位所在地的“本地区上年度职工月平均工资三倍的”），企业支付其经济补偿，实行“双封项”：

一是支付经济补偿金的标准“按照职工月平均工资三倍的数额支付”；

二是支付的年限“最高不超过十二年”（即不超过12个月的工资标准）。

《劳动合同法》第四十七条规定补偿金的限额，参考了国外的做法。在经济补偿金的计算标准上，把高收入劳动者和一般收入劳动者区分开，进行两种经济补偿，体现出《劳动合同法》对于一般劳动者的倾斜保护，避免在经济补偿金标准上出现过分悬殊。对于高收入员工不按其实际工资收入计算经济补偿，在一定程度上减少了企业人工成本开支。综合起来分析，是对企业终止或解除劳动合同的补偿成本作了适当平衡，同时也是对企业利益的一种保护。

值得注意的是：按照《劳动合同法》第四十七条规定，支付经济补偿的标准所依据的“月工资”，“是指劳动者在劳动合同解除或者终止前十二个月的平均工资”。《劳动合同法实施条例》进一步规定：“劳动合同法第四十七条规定的经济补偿的月工资按照劳动者应得工资计算，包括计时工资或者计件工资以及奖金、津贴和补贴等货币性收入。劳动者在劳动合同解除或者终止前12个月的平均工资低于当地最低工资标准的，按照当地最低工资标准计算。劳动者工作不满12个月的，按照实际工作的月数计算平均工资。”这一规定表明经济补偿的月工资是“按照劳动者应得工资计算”，而不是按照劳动合同约定工资来计算。

计算经济补偿的年限时，还要注意一种情形：根据《劳动合同法实施条例》第十条规定：“劳动者非因本人原因从原用人单位被安排到新用人单位工作的，劳动者在原用人单位的工作年限合并计算为新用人单位的工作年限。原用人单位已经向劳动者支付经济补偿的，新用人单位在依法解除、终止劳动合同计算支付经济补偿的工作年限时，不再计算劳动者在原用人单位的工作年限。”依据本条规定，非因本人原因从原用人单位被安排到新用人单位工作的，工作年限合并计算，若累计工作年限连续超过10年的，依据《劳动合同法》第十四条第二款的规定，可以签订无固定期限合同。但经济补偿金不重复计算。

什么情形属于劳动者非因本人原因从原用人单位被安排到新用人单位工作？

按照《最高人民法院关于审理劳动争议案件适用法律问题的解释（一）》

第四十六条规定，劳动者非因本人原因从原用人单位被安排到新用人单位工作，原用人单位未支付经济补偿，劳动者依据《劳动合同法》第三十八条规定与新用人单位解除劳动合同，或者新用人单位向劳动者提出解除、终止劳动合同，在计算支付经济补偿或赔偿金的工作年限时，劳动者请求把在原用人单位的工作年限合并计算为新用人单位工作年限的，人民法院应予支持。

用人单位符合下列情形之一的，应当认定属于“劳动者非因本人原因从原用人单位被安排到新用人单位工作”：（1）劳动者仍在原工作场所、工作岗位工作，劳动合同主体由原用人单位变更为新用人单位；（2）用人单位以组织委派或任命形式对劳动者进行工作调动；（3）因用人单位合并、分立等原因导致劳动者工作调动；（4）用人单位及其关联企业与劳动者轮流订立劳动合同；（5）其他合理情形。

三、职工离职时无须支付经济补偿的情形

企业应当注意：并非凡属于企业与职工终止劳动关系（即不论是解除或者终止劳动合同，或者说不论是公司辞退员工，还是员工提出辞职），都要给予经济补偿。《劳动合同法》第四十六条对用人单位应当向劳动者支付经济补偿的情形作出了明确规定。未列入第四十六条所规定情形的，如有下列情形的，企业无须支付经济补偿：

1. 根据《劳动合同法》第四十六条规定，用人单位依照本法第三十六条规定向劳动者提出解除劳动合同并与劳动者协商一致解除劳动合同的，要支付经济补偿。但如果是由劳动者率先向用人单位提出解除劳动合同，并经双方协商一致后解除劳动合同的，企业无须支付经济补偿。

2. 根据《劳动合同法》第三十七条规定，劳动者提前30日（试用期内提前3日）通知用人单位，就可以解除劳动合同。对此情形，《劳动合同法》第四十六条中并未规定支付经济补偿。所以，在此情形下，员工离职，企业无须支付经济补偿。

3. 根据《劳动合同法》第三十九条规定，劳动者有下列情形之一的，用人单位可以解除劳动合同：（1）在试用期间被证明不符合录用条件的；（2）严重违反用人单位的规章制度的；（3）严重失职，营私舞弊，给用人单位造成重大损害

的；（4）劳动者同时与其他用人单位建立劳动关系，对完成本单位的工作任务造成严重影响，或者经用人单位提出，拒不改正的；（5）劳动者以欺诈、胁迫的手段或者乘人之危，使用人单位在违背真实意思的情况下订立或者变更劳动合同致使劳动合同无效的；（6）被依法追究刑事责任的。

对于上述情形，《劳动合同法》第四十六条中并未规定支付经济补偿。所以，在这些情形下，用人单位解除劳动合同，无须支付经济补偿。

4. 根据《劳动合同法》第四十四条规定，劳动者开始依法享受基本养老保险待遇的，以及劳动者死亡，或者被人民法院宣告死亡或者宣告失踪的，用人单位可以终止劳动合同。对此情形，《劳动合同法》第四十六条中并未规定要支付经济补偿。所以，在此情形下，用人单位终止劳动合同，无须支付经济补偿。

5. 根据《劳动合同法》第四十六条规定，除用人单位维持或者提高劳动合同约定条件续订劳动合同，劳动者不同意续订的情形外，依照本法第四十四条第一项规定终止固定期限劳动合同的，用人单位应当向劳动者支付经济补偿。那么，如果是出现“用人单位维持或者提高劳动合同约定条件续订劳动合同，劳动者不同意续订”而终止固定期限劳动合同的情形，用人单位就无须支付经济补偿。

6. 根据《劳动合同法》第七十一条规定：“非全日制用工双方当事人任何一方都可以随时通知对方终止用工。终止用工，用人单位不向劳动者支付经济补偿。”

7. 根据《劳动合同法实施条例》第五条规定：“自用工之日起一个月内，经用人单位书面通知后，劳动者不与用人单位订立书面劳动合同的，用人单位应当书面通知劳动者终止劳动关系，无需向劳动者支付经济补偿，但是应当依法向劳动者支付其实际工作时间的劳动报酬。”

第二节　企业辞退职工的经济赔偿

一、依法给予劳动者经济赔偿的规定

赔偿，是为了惩罚和阻止一些特定的行为，特别是故意或恶意所致的行为，以补偿受害人。

劳动和社会保险法律中的赔偿金，一般指对用人单位违反法律规定解除或者终止劳动合同对劳动者造成的经济损失，或者是用人单位在用工中违法侵害了劳动者的合法权益，所给予的一种惩罚性的补偿措施。

劳动合同一经订立后，对用人单位和劳动者都具有法律约束力，任何一方都必须遵循合同的规定，自觉履行相应的义务。如有违反劳动合同，根据权利义务相一致的原则，就要求违约方承担相应的违约责任。在订立劳动合同时，双方可以事先在合同中约定违反劳动合同所要承担的责任，劳动合同的当事人一方故意或过失违反劳动合同，致使劳动合同不能履行或不能完全履行，给对方造成经济损失就应当承担法律赔偿义务。

在现实经济生活中，常见一些企业违法解除或终止劳动合同，造成劳动者的合法权益受到侵害。对此，《劳动合同法》规定了企业的赔偿责任，如《劳动合同法》第四十八条规定："用人单位违反本法规定解除或者终止劳动合同，劳动者要求继续履行劳动合同的，用人单位应当继续履行；劳动者不要求继续履行劳动合同或者劳动合同已经不能继续履行的，用人单位应当依照本法第八十七条规定支付赔偿金。"《劳动合同法》第八十七条规定："用人单位违反本法规定解除或者终止劳动合同的，应当依照本法第四十七条规定的经济补偿标准的二倍向劳动者支付赔偿金。"

一些企业因某种原因（没有合法的理由），就是想辞退员工，甚至不惜采取违法手段，都要强行解除员工的劳动合同。对于企业的这一违法行为，法律明令禁止。按照法律规定，用人单位违法解除或终止劳动合同时，只要劳动者仍然要求继续履行劳动合同的，用人单位应当继续履行劳动合同。也就是说，并非企业花钱支付赔偿就能辞退员工，无论企业想支付多少钱，只要员工不愿意辞职，而且原劳动合同又能继续履行，就应当留下员工继续履行劳动合同。

一般情况下，用人单位违反法律规定解除或者终止劳动合同的行为主要表现在两个方面；

一是违反法律规定的实体内容。用人单位在违反法律规定的情形下解除或者终止劳动合同。例如违反《劳动合同法》第二十一条（在试用期中，用人单位违法解除劳动合同）、第三十九条（劳动者符合录用条件，或者劳动者未犯错的情形下，用人单位违法解除劳动合同），第四十条（用人单位随意违法解除劳动合同)、第四十一条（用人单位随意违法实施经济性裁减人员)、第四十二条（用人单位不顾劳动者的特别保护，违法解除劳动合同)、第四十四条和第四十五条(用人单位违法终止劳动合同）等有关条款的规定。

二是违反法定的程序。用人单位在解除和终止劳动合同时，没有遵守法定的程序。例如没有遵守《劳动合同法》第三十六条（用人单位未与劳动者协商一致，就解除劳动合同)、第四十条（用人单位未提前30日以书面形式通知劳动者本人或者未能额外支付劳动者1个月工资，就解除劳动合同)、第四十一条（用人单位裁减人员20人以上或者裁减不足20人但占企业职工总数10%以上的，没有提前30日向工会或者全体职工说明情况，听取工会或者职工的意见，也没有将裁减人员方案向劳动行政部门报告，就裁减人员)、第四十三条（用人单位单方解除劳动合同，没有事先将理由通知工会）等有关条款中关于程序性的规定。

对于企业上述违法解除或者终止劳动合同的行为，如果“劳动者不要求继续履行劳动合同”，或者“劳动合同已经不能继续履行的”，可以解除或者终止劳动合同。对此，用人单位应当依照《劳动合同法》第八十七条规定，以经济补偿标准的2倍向劳动者支付赔偿金。

二、赔偿金和经济补偿是否同时给付

对于用人单位依法解除或者终止劳动合同，在法律规定的一些情形中，要向劳动者支付经济补偿。那么，对于用人单位违法解除或者终止劳动合同时，除了要向劳动者支付赔偿金外，是否还需要支付经济补偿？对此，《劳动合同法实施条例》作出了进一步规定：“用人单位违反劳动合同法的规定解除或者终止劳动合同，依照劳动合同法第八十七条的规定支付了赔偿金的，不再支付经济补偿。赔偿金的计算年限自用工之日起计算。”

《劳动合同法实施条例》明确规定，用人单位违法解除或者终止劳动合同的，向劳动者支付了赔偿金后，就不再支付经济补偿，二者不兼得。因为支付经济补偿是用人单位依法解除或者终止劳动合同的义务，而支付赔偿金是用人单位违法解除或者终止劳动合同应当承担的法律责任。为了处理好支付经济补偿和赔偿金两者的关系，《劳动合同法》规定赔偿金为经济补偿标准的2倍，其中已经考虑了用人单位依法解除或者终止劳动合同时支付经济补偿的义务，以及对用人单位违法解除或者终止劳动合同的惩罚。

但是要注意，《劳动合同法》第二十三条第二款规定，对负有保密义务的劳动者，用人单位可以在劳动合同或者保密协议中与劳动者约定竞业限制条款，并约定在解除或者终止劳动合同后，用人单位在竞业限制期限内按月给予劳动者经济补偿。按照这一规定，对劳动者遵守竞业限制条款的经济补偿，法律没有封顶限定，而是按照当事人双方约定来确定。同时，对于约定有竞业限制条款的劳动者，用人单位如果违法与其解除或者终止劳动合同后，不仅要支付赔偿金，还应当对遵守竞业限制期限的劳动者按月支付经济补偿。

三、赔偿金和加付赔偿金的区别

关于支付赔偿金和加付赔偿金，要注意三个规定：

1. 依据《劳动合同法》第八十七条规定："用人单位违反本法规定解除或者终止劳动合同的，应当依照本法第四十七条规定的经济补偿标准的二倍向劳动者支付赔偿金。"同时根据《劳动合同法实施条例》第二十五条规定，"依照劳动合同法第八十七条的规定支付了赔偿金的，不再支付经济补偿"。

《劳动合同法》第八十七条强调的是，对用人单位"违反本法规定"解除或者终止劳动合同的行为，要支付赔偿金。

2. 依据《劳动合同法》第八十五条规定："用人单位有下列情形之一的，由劳动行政部门责令限期支付劳动报酬、加班费或者经济补偿；劳动报酬低于当地最低工资标准的，应当支付其差额部分；逾期不支付的，责令用人单位按应付金额百分之五十以上百分之一百以下的标准向劳动者加付赔偿金：（一）未按照劳动合同的约定或者国家规定及时足额支付劳动者劳动报酬的；（二）低于当地最低工资标准支付劳动者工资的；（三）安排加班不支付加班费的；（四）解除或者终止劳动合同，未依照本法规定向劳动者支付经济补偿的。"

如何理解这一法条规定？应注意：用人单位有4种情形的，可以通过劳动行政部门处理的渠道来解决：

一是属于未及时足额支付劳动者劳动报酬的，责令限期支付劳动报酬；

二是属于支付劳动报酬低于当地最低工资标准的，责令限期支付其差额部分；

三是属于安排加班不支付加班费的，责令限期支付加班费；

四是属于解除或者终止劳动合同未依法支付经济补偿的，责令限期支付经济补偿。

《劳动合同法》第八十五条不是强调解除或终止劳动合同的情形，而是针对责令企业限期支付劳动报酬、加班费或者经济补偿的行为，强调对企业“逾期不支付的”，要责令加付赔偿金。

3. 根据《最高人民法院关于审理劳动争议案件适用法律问题的解释（一）》第四十五条规定：“用人单位有下列情形之一，迫使劳动者提出解除劳动合同的，用人单位应当支付劳动者的劳动报酬和经济补偿，并可支付赔偿金：（一）以暴力、威胁或者非法限制人身自由的手段强迫劳动的；（二）未按照劳动合同约定支付劳动报酬或者提供劳动条件的；（三）克扣或者无故拖欠劳动者工资的；（四）拒不支付劳动者延长工作时间工资报酬的；（五）低于当地最低工资标准支付劳动者工资的。”

如何理解这一司法解释？这里强调的是，对于因企业有5种情形“迫使劳动者提出解除劳动合同的”，通过司法保护渠道解决：首先是支付劳动报酬，其次是支付解除劳动合同的经济补偿，最后是可支付赔偿金。

可见，上述三个规定支付赔偿金的情形是有区别的，不能混同。

四、关于赔偿金的计算年限

对于《劳动合同法实施条例》第二十五条中规定“赔偿金的计算年限自用工之日起计算”，其中涉及的问题：

1. 赔偿金的计算是以经济补偿标准为基础，先算好了经济补偿标准，再计算赔偿金的数额。在先计算经济补偿的时候，首先要计算清楚支付经济补偿的标准和计算支付经济补偿的工作年限。

一是依据《劳动合同法》第八十七条规定：“用人单位违反本法规定解除或者终止劳动合同的，应当依照本法第四十七条规定的经济补偿标准的二倍向劳动者支付赔偿金。”依照《劳动合同法》第四十七条规定，经济补偿按劳动者在本单位工作的年限，每满一年支付一个月工资的标准向劳动者支付。

二是对于非因本人原因被调动工作单位的，根据《最高人民法院关于审理劳动争议案件适用法律问题的解释（一）》第四十六条第一款规定："劳动者非因本人原因从原用人单位被安排到新用人单位工作，原用人单位未支付经济补偿，劳动者依据劳动合同法第三十八条规定与新用人单位解除劳动合同，或者新用人单位向劳动者提出解除、终止劳动合同，在计算支付经济补偿或赔偿金的工作年限时，劳动者请求把在原用人单位的工作年限合并计算为新用人单位工作年限的，人民法院应予支持。"

三是对于"劳动者月工资高于用人单位所在直辖市、设区的市级人民政府公布的本地区上年度职工月平均工资三倍的，向其支付经济补偿的标准按职工月平均工资三倍的数额支付，向其支付经济补偿的年限最高不超过十二年"的情形。这里所称的月工资是指"劳动者在合同解除或者终止前十二个月的平均工资"。但是，对于劳动者月工资未超过本地区上年度职工月平均三倍的，法律并未规定受其工作年限"最高不超过十二年"的限制，即按员工实际工作年限计算。

以案释法

案情简介

万某于1994年即在鞍山市某设备监督所工作，2010年转到东辰公司继续在原工作地点从事原工作。2019年12月14日，公司通知解除万某的劳动合同。

万某不服，申请劳动仲裁，要求公司按其工作25年，被解除劳动合同前十二个月平均工资为2750元进行计算，支付违法解除劳动合同赔偿金137500元（2750×25×2）。

仲裁委裁决，公司支付违法解除劳动合同的赔偿金24750元。

万某不服，提起诉讼。

法院观点

一审法院认为，职工的合法权益应受法律保护。根据《最高人民法院关于审理劳动争议案件适用法律问题的解释（一）》第四十六条第一款规定："劳动者非因本人原因从原用人单位被安排到新用人单位工作，原用人单位未支付经济补偿，劳动者依据劳动合同法第三十八条规定与新用人单位解除劳动合同，或者新用人单位向劳动者提出解除、终止劳动合同，在计算支付经济补偿或赔偿金的工作年限时，劳动者请求把在原用人单位的工作年限合并计算为新用人单位工作年限的，人民法院应予支持。”

本案中，万某原是设备监督所职工，后来转入了东辰公司，原工作地点和工作岗位不变。公司违法解除劳动合同，依据《劳动合同法》第八十七条规定，“用人单位违反本法规定解除或者终止劳动合同的，应当依照本法第四十七条规定的经济补偿标准的二倍向劳动者支付赔偿金”。依照《劳动合同法》第四十七条规定：“经济补偿按劳动者在本单位工作的年限，每满一年支付一个月工资的标准向劳动者支付。六个月以上不满一年的，按一年计算；不满六个月的，向劳动者支付半个月工资的经济补偿。劳动者月工资高于用人单位所在直辖市、设区的市级人民政府公布的本地区上年度职工月平均工资三倍的，向其支付经济补偿的标准按职工月平均工资三倍的数额支付，向其支付经济补偿的年限最高不超过十二年。本条所称月工资是指劳动者在劳动合同解除或者终止前十二个月的平均工资。”

因此，一审法院判决东辰公司应该支付万某赔偿金的数额为66000元（2750×12×2）。

万某不服，提起上诉。

二审经审理认为，劳动者的合法权益受法律保护。本案中，万某的劳动关系主体由原设备监督所变更为东辰公司，但其始终在基地从事同样岗位工作，故原审法院认定万某属于非因本人原因从原用人单位被安排到新用人单位工作，并连续计算其工作年限并无不当。

万某于1994年即在鞍山市某设备监督检验所工作，后转到东辰公司继续在原工作地点从事原工作，直到2019年被辞退，共工作25年。

按照《劳动合同法》第四十七条中规定，“经济补偿按劳动者在本单位工作的年限，每满一年支付一个月工资的标准向劳动者支付”。“劳动者月工资高于用人单位所在直辖市、设区的市级人民政府公布的本地区上年度职工月平均工资三倍的，向其支付经济补偿的标准按职工月平均工资三倍的数额支付，向其支付经济补偿的年限最高不超过十二年”。法律并未规定劳动者的工资未超过社平工资3倍的，受其“最高不超过十二年”的限制。

一审认定万某在劳动关系解除前十二个月平均工资为2750元，显然不高于市上年度职工月平均工资3倍。故东辰公司向万某支付赔偿金的数额应为137500元（2750×25×2）。原审法院以12个月为标准计算赔偿金不当，该院予以纠正。

综上，二审改判东辰公司向万某支付违法解除劳动合同的赔偿金137500元。①

2. 对于企业解除劳动合同应当给予经济补偿的，要注意在《劳动合同法》实施前后，国家都有相关规定。用人单位在《劳动合同法》实施之后与劳动者解除劳动合同，计算支付经济补偿金的工作年限及其补偿标准时，应以《劳动合同法》正式实施之日（2008年1月1日）为截止时间，按照《劳动合同法》第九十六条第三款的规定，分段计算出经济补偿金后，再以此计算出赔偿金。

3. 对于企业终止劳动合同应当给予经济补偿的，要注意应当按照《劳动合同法》作出的新规定执行。即计算经济补偿年限应当从《劳动合同法》正式实施（2008年1月1日）之后起算。与此相对应，用人单位违法终止劳动合同时应当支付的赔偿金，也应当以此为基础来计算，不应当以企业"自用工之日起计算"。

第三节　其他经济赔偿责任

一、法定情形下的赔偿金

企业支付法定赔偿金的支付标准，是由法律明确规定的，不以企业对员工实际造成的损害为前提，带有一定的惩罚性质。

除了前面所述企业违法解除或终止劳动合同时要给员工支付赔偿金之外，企业在日常用工中如果出现一些违法行为，也要承担支付法定赔偿金的责任。例如法律中规定的以下几种情形：

（一）对企业不及时签订书面劳动合同的惩罚

根据《劳动合同法》第八十二条规定："用人单位自用工之日起超过一个月

① 辽宁省鞍山市中级人民法院（2021）辽03民终3549号民事判决书，载中国裁判文书网，最后访问时间：2022年10月21日。

不满一年未与劳动者订立书面劳动合同的，应当向劳动者每月支付二倍的工资。用人单位违反本法规定不与劳动者订立无固定期限劳动合同的，自应当订立无固定期限劳动合同之日起向劳动者每月支付二倍的工资。”这里，多支付劳动者“一倍的工资”并非劳动者付出劳动的报酬，而是对企业未及时订立书面劳动合同要承担一定经济赔偿责任的惩罚。

（二）对企业违法约定试用期的惩罚

根据《劳动合同法》第八十三条：“用人单位违反本法规定与劳动者约定试用期的，由劳动行政部门责令改正；违法约定的试用期已经履行的，由用人单位以劳动者试用期满月工资为标准，按已经履行的超过法定试用期的期间向劳动者支付赔偿金。”这里，法律规定将企业违法约定的试用期已经履行的，要按已经履行的超过法定试用期的期间，以劳动者试用期满月工资为标准，向劳动者支付赔偿金。

（三）对企业被责令限期支付但未支付劳动报酬、加班费或经济补偿的惩罚

根据《劳动合同法》第八十五条，用人单位有下列情形之一的，由劳动行政部门责令限期支付劳动报酬、加班费或者经济补偿；劳动报酬低于当地最低工资标准的，应当支付其差额部分；逾期不支付的，责令用人单位按应付金额50%以上100%以下的标准向劳动者加付赔偿金：（1）未按照劳动合同的约定或者国家规定及时足额支付劳动者劳动报酬的；（2）低于当地最低工资标准支付劳动者工资的；（3）安排加班不支付加班费的；（4）解除或者终止劳动合同，未依照本法规定向劳动者支付经济补偿的。

这就是说，针对劳动行政部门责令企业限期支付劳动报酬、加班费或者经济补偿，或者对劳动报酬低于当地最低工资标准的应当支付其差额部分的处理决定，企业仍是逾期不支付的，要责令企业加付赔偿金。

（四）对企业不安排职工年休假又不依法支付未休年休假工资的惩罚

根据《职工带薪年休假条例》第七条规定：“单位不安排职工休年休假又不依照本条例规定给予年休假工资报酬的，由县级以上地方人民政府人事部门或者劳动保障部门依据职权责令限期改正；对逾期不改正的，除责令该单位支付年休假工资报酬外，单位还应当按照年休假工资报酬的数额向职工加付赔偿金；对拒不支付年休假工资报酬、赔偿金的，属于公务员和参照公务员法管理的人员所在单位的，对直接负责的主管人员以及其他直接责任人员依法给予处分；属于其他

单位的，由劳动保障部门、人事部门或者职工申请人民法院强制执行。”可见，对于企业不安排职工年休假又不依法支付未休年休假工资的行为，经劳动行政部门责令改正而逾期不改正的，要求用人单位按照未休年休假工资报酬的数额向职工加付赔偿金。

二、给员工造成损害的赔偿责任

法律中规定的损害赔偿责任，是指企业违反法律规定，给员工造成实际损害，且以造成损害的实际计算数额给予赔偿的民事责任。这种赔偿带有一定的补偿性，以因企业的原因使员工遭受的实际损害得到完全补偿为目的。在《劳动合同法》《劳动法》中主要规定了以下几种情形：

（一）因企业规章制度违法的行为

根据《劳动合同法》第八十条规定：“用人单位直接涉及劳动者切身利益的规章制度违反法律、法规规定的，由劳动行政部门责令改正，给予警告；给劳动者造成损害的，应当承担赔偿责任。”

（二）因劳动合同缺乏必备条款或者未将劳动合同文本交付劳动者的行为

根据《劳动合同法》第八十一条规定：“用人单位提供的劳动合同文本未载明本法规定的劳动合同必备条款或者用人单位未将劳动合同文本交付劳动者的，由劳动行政部门责令改正；给劳动者造成损害的，应当承担赔偿责任。”

（三）因企业招录员工时扣押身份证或要求担保或收取财物以及员工辞职时被扣押劳动者档案或者其他物品的行为

根据《劳动合同法》第八十四条规定，用人单位违反本法规定，出现下列情形，如果给劳动者造成损害，应当承担赔偿责任：

1. 在招录员工时扣押劳动者居民身份证等证件，或者要求劳动者提供担保或者以其他名义向劳动者收取财物的。

2. 劳动者依法解除或者终止劳动合同时，用人单位扣押劳动者档案或者其他物品的。

（四）因企业的原因订立无效劳动合同的行为

根据《劳动合同法》第八十六条规定：“劳动合同依照本法第二十六条规定

被确认无效，给对方造成损害的，有过错的一方应当承担赔偿责任。”如果是由于企业一方的原因造成订立无效劳动合同的，其法律责任主要是民事责任，即无效劳动合同对劳动者一方造成损害的，有过错的企业一方应当承担赔偿责任。

（五）因企业违反对女职工和未成年工保护规定的行为

根据《劳动法》第九十五条规定：“用人单位违反本法对女职工和未成年工的保护规定，侵害其合法权益的，由劳动行政部门责令改正，处以罚款；对女职工或者未成年工造成损害的，应当承担赔偿责任。”

（六）因企业严重违法用工的行为

根据《劳动合同法》第八十八条规定，用人单位有下列情形之一的，依法给予行政处罚；构成犯罪的，依法追究刑事责任；给劳动者造成损害的，应当承担赔偿责任：

1. 以暴力、威胁或者非法限制人身自由的手段强迫劳动的。
2. 违章指挥或者强令冒险作业危及劳动者人身安全的。
3. 侮辱、体罚、殴打、非法搜查或者拘禁劳动者的。
4. 劳动条件恶劣、环境污染严重，给劳动者身心健康造成严重损害的。

（七）因违反劳务派遣规定使用辅助性岗位的行为

企业作为一个用工单位，在使用劳务派遣用工中，如果出现违规决定使用被派遣劳动者辅助性岗位的，按照《劳务派遣暂行规定》规定，由劳动行政部门责令改正，给予警告；给被派遣劳动者造成损害的，依法承担赔偿责任。

（八）因企业未及时出具解除或者终止劳动合同证明的行为

根据《劳动合同法》第八十九条规定：“用人单位违反本法规定未向劳动者出具解除或者终止劳动合同的书面证明，由劳动行政部门责令改正；给劳动者造成损害的，应当承担赔偿责任。”

（九）不具备合法经营资格的单位或个人违法用工的行为

在现实生活中，时常有一些不具备合法经营资格的单位或个人，违法组织劳动用工，并对劳动者权益造成损害。对此，根据《劳动合同法》第九十三条规定：“对不具备合法经营资格的用人单位的违法犯罪行为，依法追究法律责任；劳动者已经付出劳动的，该单位或者其出资人应当依照本法有关规定向劳动者支付劳动报酬、经济补偿、赔偿金；给劳动者造成损害的，应当承担赔偿责任。”

不具备合法经营资格的单位是指该单位没有依照相关法律的规定获得相应的营业执照、具备相应的经营资格。《无证无照经营查处办法》（国务院令第684号）对各种无照经营行为分别作出了相应处理的规定。对任何单位的无照经营行为，主要是由市场监督管理部门依法处理。

不具备合法经营资格的用人单位不属于《劳动合同法》第二条规定的合法的用人单位，其组织劳动用工，应当视为非法用工。但是，根据公平原则，对于不具备合法经营的用人单位除了应当由市场监督管理部门依法处理之外，《劳动合同法》作出规定，该单位招用的劳动者已经付出劳动的，由该单位或者其出资人依照《劳动合同法》有关规定向劳动者支付劳动报酬、经济补偿、赔偿金；给劳动者造成损害的，应当承担赔偿责任。正是考虑到不具备合法经营资格的用人单位作为违法用工主体被取缔后，给劳动者造成的损害很难从被处理的单位得到赔偿，所以法律规定对该单位的出资人追究赔偿责任。

三、劳动者应承担的赔偿责任

企业用工时也应当注意，当员工有违法违规违纪等行为时，对企业造成损害的，也应当依法要求员工承担相应的赔偿责任。

（一）因员工的原因订立无效合同对企业造成损害的行为

根据《劳动合同法》第八十六条规定：“劳动合同依照本法第二十六条规定被确认无效，给对方造成损害的，有过错的一方应当承担赔偿责任。”如果是由于劳动者的原因订立无效劳动合同，对企业造成损害的，企业一方有权依法要求劳动者承担相应的赔偿责任。

（二）因员工违规解除劳动合同给企业造成损失的行为

根据《劳动合同法》第九十条规定，劳动者违反本法规定解除劳动合同，给用人单位造成损失的，应当承担赔偿责任。例如，根据《劳动合同法》第三十七条规定：“劳动者提前三十日以书面形式通知用人单位，可以解除劳动合同。劳动者在试用期内提前三日通知用人单位，可以解除劳动合同。”如果劳动者违反了这一规定，未在法定时间内提出解除劳动合同，给用人单位造成损失的，就应当承担赔偿责任。这是因为劳动者在合同未到期时解除劳动合同，对用人单位的生产经营会造成较大影响，用人单位会因劳动者的离职而重新调整人员组织生产。因此，法律要求劳动者解除合同应当提前通知，使用人单位有所准备，安排新人接替工作，以免因劳动者解除合同而使工作受到损失。如果劳动者违反了劳动法规定的条件随意提前解除劳动合同，对用人单位造成了经济损失，理应承担赔偿责任。

（三）因员工违反保密义务或竞业限制给企业造成损失的行为

根据《劳动合同法》第九十条规定，劳动者违反劳动合同中约定的保密义务或者竞业限制，给用人单位造成损失的，应当承担赔偿责任。例如一些劳动者在用人单位工作中掌握着一定的关键技术或商业秘密，为了保证企业之间公平竞争，防止劳动者在离开原用人单位时带走一些企业秘密到其他用人单位去使用，劳动法律中规定劳动合同当事人可以在劳动合同中规定保守用人单位商业秘密的有关事项。劳动者若是违反合同中规定的保密事项或者竞业限制，就是违反了合同约定；如果给用人单位造成了经济损失，就应当承担违约的民事责任，依法赔偿用人单位的损失。

（四）因员工的原因给企业造成经济损失的行为

根据《劳动合同法》第三十九条规定，劳动者有“严重失职，营私舞弊，对用人单位利益造成重大损害的”，用人单位可以解除劳动合同，也可以不解除劳动合同。但因员工对用人单位的利益造成重大损害，应当根据企业规章制度承担赔偿责任。同时，根据《工资支付暂行规定》第十六条规定，因劳动者本人原因给用人单位造成经济损失的，用人单位可按照劳动合同的约定要求其赔偿经济损失。可见，只要员工有违法违规违纪的行为，给企业造成了一定的经济损失，企业可以按照劳动合同的约定和企业规章制度的规定，要求员工承担相应的赔偿责任。

四、用工中的连带赔偿责任

为了规范用人单位与劳动者之间、用人单位与用人单位之间的用工行为，在劳动法律中，对一个单位与其他单位或个人共同给相对人造成经济损失时应当承担的连带赔偿责任也作出了规定。

（一）企业招用兼职人员给其他用人单位造成损失的行为

企业在用工中，有时为了急于用人，或者是为了减少用工成本，难免要招用兼职人员。根据《劳动合同法》第九十一条规定："用人单位招用与其他用人单位尚未解除或者终止劳动合同的劳动者，给其他用人单位造成损失的，应当承担连带赔偿责任。"

这样规定的目的，一是可以保证劳动者能够在用人单位全力认真履行劳动合同中规定的义务，非必要不兼职；二是规范用人单位之间在用工中的公平竞争；三是提示企业在招用兼职人员用工时要有法律风险意识。如果一个企业招用了尚未解除劳动合同的一名劳动者，并且给该劳动者所在企业造成了经济损失，就应当与该劳动者共同承担连带赔偿责任。所谓连带赔偿责任是指两个或两个以上的债务人分别就共同债务对债权人承担全部清偿债务的责任。法律对这一责任的规定可以使原用人单位的经济损失获得补偿更有保障。

（二）劳务派遣用工中的侵权行为

一些企业在采取劳务派遣用工中，只管支配被派遣劳动者的劳动，却不依法履行法律规定的义务，甚至还有的企业随意侵害被派遣劳动者的权益。对此，根据《劳动合同法》第九十二条规定："劳务派遣单位、用工单位违反本法有关劳务派遣规定的，由劳动行政部门责令限期改正；……用工单位给被派遣劳动者造成损害的，劳务派遣单位与用工单位承担连带赔偿责任。"为什么用工单位给被派遣劳动者造成损害，要求劳务派遣单位承担连带赔偿责任呢？这主要是因为被派遣劳动者是劳务派遣单位的职工，与劳务派遣单位建立了劳动法律关系。所以，劳务派遣单位有保护被派遣劳动者权益不受损害的义务。同理，用工单位作为实际用工者，亦是劳动者付出劳动的主要受益者，对被派遣员工负有保障其劳动安全的法定义务，当被派遣员工因工受伤产生的工伤保险待遇，应当由劳务派遣单位支付的，也应当由其承担相应的连带赔偿责任，其赔偿数额或比例根据双方的责任大小予以确定。

以案释法

案情简介

某劳务公司与某电子公司签订《劳务派遣协议书》，约定由劳务公司为电子公司提供劳务派遣员工，岗位为包装作业员；不允许电子公司将劳务员工派遣到其他单位，由此造成的一切后果由电子公司承担。若派遣员工发生工伤时，电子公司应及时通报劳务公司，积极配合劳务公司做好职工工伤申报，工伤医疗费由电子公司先垫付，随后按国家的工伤保险规定进行了处理。

2011年7月1日，劳务公司与曹某签订了为期三年的劳动合同，没有为其缴纳社会保险，后将曹某派遣至电子公司做包装作业员。2011年7月8日，曹某在物料部门接送物料过程中左上肢绞伤，随后被送至医院抢救。

之后，因工伤待遇赔偿费用，劳务公司与电子公司发生争议，劳务公司将电子公司告上法院。劳务公司诉称：电子公司违反双方《劳务派遣协议书》约定，安排曹某从事包装以外的工作，致使其受伤。因此诉请法院判决电子公司支付工伤赔偿。

电子公司辩称：从未安排曹某到物料部门工作，曹某从事的工作属于包装岗位。劳务公司未及时为曹某办理社保，致使曹某的有关医疗费用、伤残补助金、工伤医疗补助金无法获得社保，根据双方协议，由此造成的损失应由劳务公司负担。

案例评述

在劳务派遣用工中，劳务公司和电子公司签订的《劳务派遣协议书》合法有效。劳务公司在将曹某派遣至电子公司前未为曹某缴纳社保，导致曹某在电子公司工作期间因工受伤产生工伤保险待遇损失，根据《劳动合同法》第九十二条规定，应由劳务公司与电子公司向曹某承担连带赔偿责任。

本案中，劳务公司作为派遣单位负责为劳动者缴纳社会保险费，并承担未缴费造成的一切后果。据此，本案中产生的损失原则上应由劳务公司负担。电子公司作为用工单位，根据工作需要安排曹某从事临时性工作，亦在其经营管理权限范围之内。但电子公司作为实际用工者和劳动者付出劳务的主要受益者，对被派遣员工依法负有保障其劳动安全的责任，其不能因与劳务公司之间的相关约定，而对派遣员工的劳动安全保障漠视不理，同时也未尽到督促劳务公司为派遣员工参保缴费的义务。因此，电子公司对曹某的职业伤害发生亦具有法律上的责任，应适当分担一定比例的工伤赔偿数额。

（三）个人承包经营中的违法用工行为

一些企业在经营过程中采用了个人承包经营，即企业与个人承包经营者通过订立承包经营合同，将企业的全部或者部分经营管理权在一定期限内交给个人承包者，由个人承包者对企业进行经营管理。为了规范个人承包经营活动中的劳动用工管理，根据《劳动合同法》第九十四条规定："个人承包经营违反本法规定招用劳动者，给劳动者造成损害的，发包的组织与个人承包经营者承担连带赔偿责任。"

由于一些个人承包经营者在劳动用工管理中，侵害了劳动者的合法权益，却没有足够的经济能力对劳动者进行赔偿，或者有意逃避承担赔偿责任，造成劳动者很难得到赔偿。《劳动合同法》明确规定了对此情况，要求"发包的组织与个人承包经营者承担连带赔偿责任"。发包的组织在实行个人承包经营活动中，其中间环节无论经过多少次个人间合法或者非法的再承包或者转包，承担连带责任仍然可以往上追溯到中间转包的个人承包者和发包的组织。按照《劳动合同法》第九十四条的规定，承担连带责任的法律责任主体涉及"发包的组织与个人承包经营者"，所以，在诉讼中，劳动者既可以单独起诉发包组织或者个人承包经营者，也可以将发包组织或者个人承包经营者列为共同被告。

04

第四篇 权益保障

第十六章　职工社会保险待遇

按照《社会保险法》的规定，国家建立社会保险制度，就是为了保障公民在年老、疾病、工伤、失业、生育等情况下依法从国家和社会获得物质帮助的权利。按照《劳动法》的规定，劳动者依法参加社会保险，缴纳社会保险费之后，依法享受社会保险待遇。劳动者享受社会保险待遇的条件和标准由法律、法规规定。

第一节　职工基本养老保险待遇

一、基本养老保险待遇的组成和确定依据

（一）什么是基本养老保险待遇

基本养老保险待遇，主要是指基本养老金，是指在劳动者年老或丧失劳动能力后，根据其对社会所作的贡献和所具备的享受养老保险资格或退休条件，由基本养老保险基金以货币形式支付的经济待遇。主要功能是保障劳动者退休后的基本生活。

根据《社会保险法》第十五条规定："基本养老金由统筹养老金和个人账户养老金组成。基本养老金根据个人累计缴费年限、缴费工资、当地职工平均工资、个人账户金额、城镇人口平均预期寿命等因素确定。"其中，统筹养老金即目前实践中所称的基础养老金，是指从基本养老保险统筹基金中支付给退休人员的养老金。个人账户养老金是由个人账户中支付的养老金。

法律规定的基本养老金的构成及其确定依据，是对现行职工基本养老保险制度中有关基本养老保险金计发办法的概括和总结，同时也给今后国家完善养老金计发办法留下了空间。

职工享受基本养老金待遇由基础养老金和个人账户养老金组成。应发给的基础养老金，由社会统筹基金按月支付；个人账户养老金由个人账户基金支付，月发放标准根据本人账户储存额除以120。个人账户基金用完后，由社会统筹基金支付。

（二）基本养老金待遇水平的确定

根据《国务院关于完善企业职工基本养老保险制度的决定》，我国建立了职工“多工作、多缴费、多得养老金”的激励约束机制，并采取了“新人新制度、老人老办法、中人逐步过渡”的改革方式。具体是：

“老人老办法”，即指在《国务院关于完善企业职工基本养老保险制度的决定》实施前已经离退休的参保人员。他们仍然按照国家原来的规定发给基本养老金，同时随基本养老金调整而增加养老保险待遇。

“新人新制度”，即指在《国务院关于建立统一的企业职工基本养老保险制度的决定》实施后参加工作的参保人员。缴费年限（含视同缴费年限）累计满15年，退休后将按月获得基本养老金，基本养老金待遇水平与缴费年限的长短、缴费基数的高低、退休时间的早晚直接挂钩。

“中人逐步过渡”，即指在《国务院关于建立统一的企业职工基本养老保险制度的决定》实施前参加工作、《国务院关于完善企业职工基本养老保险制度的决定》实施后退休的参保人员。由于他们以前个人账户的积累很少，缴费年限累计满15年的，退休后在发给基础养老金和个人账户养老金的基础上，再发给过渡性养老金。鉴于基本养老金计发办法改革的关键是解决好“中人”的过渡问题，为保证改革的顺利推进，《国务院关于完善企业职工基本养老保险制度的决定》要求各省、自治区、直辖市人民政府按照待遇水平合理衔接、新老政策平稳过渡的原则，在认真测算的基础上，制定具体的过渡办法。

根据《社会保险法》第十八条规定：“国家建立基本养老金正常调整机制。根据职工平均工资增长、物价上涨情况，适时提高基本养老保险待遇水平。”即国家每年（或定期）都会根据职工平均工资增长、物价上涨等情况，按一定比例对基本养老金进行调整，从而保证离退休人员的实际生活水平。目前，基本养老金正常调整的具体幅度由各省根据本省经济发展水平、物价、职工工资增长等因素执行。

二、享受养老保险待遇的条件

根据《社会保险法》第十六条规定："参加基本养老保险的个人，达到法定退休年龄时累计缴费满十五年的，按月领取基本养老金。参加基本养老保险的个人，达到法定退休年龄时累计缴费不足十五年的，可以缴费至满十五年，按月领取基本养老金；也可以转入新型农村社会养老保险或者城镇居民社会养老保险，按照国务院规定享受相应的养老保险待遇。"

法律规定了我国单位职工参加基本养老保险后，享受养老保险待遇的基本条件，主要是两条：一是达到法定退休年龄；二是累计缴费满 15 年。

（一）法定退休年龄

劳动者达到法定退休年龄，是享受养老保险的法定条件之一。这是养老保险区别于其他社会保险项目的主要特征。老年年龄，是各国根据社会经济发展需要、人口平均寿命及劳动力供求状况来确定的，老年年龄的高低直接影响养老保险金的筹集和发放。

目前，关于我国职工退休年龄主要执行的是《国务院关于安置老弱病残干部的暂行办法》和《国务院关于工人退休、退职的暂行办法》，对不同情况人员退休年龄分别作出的规定：

1. 男年满 60 周岁，女干部年满 55 周岁，女工人年满 50 周岁，工作年限或连续工龄满 10 年的。

2. 从事井下、高空、高温、特别繁重体力劳动或者其他有害身体健康的工作，男年满 55 周岁、女年满 45 周岁，工作年限或连续工龄满 10 年的。

本项规定也适用于工作条件与工人相同的基层干部。

3. 男年满 50 周岁，女年满 45 周岁，连续工龄满 10 年，由医院证明（如是工人，须经劳动鉴定委员会确认），完全丧失工作能力的。

4. 因工致残，由医院证明（如是工人，须经劳动鉴定委员会确认），完全丧失劳动能力的。

办理职工退休的手续，一般由用人单位负责，在劳动者达到法定退休年龄时，向社会保险经办机构和劳动保障行政部门申报。①

---

① 参见第十三章　企业灵活用工　第三节　其他用工形式"退休人员的有关概念"。

养老保险制度改革后，企业养老保险制度已经覆盖了城镇各类企业职工和个体工商户及灵活就业人员，继续沿用1978年的退休年龄政策显然已经不适应。与此同时，随着我国人均寿命和劳动者受教育年限的延长，退休年龄偏低的矛盾也越来越突出，特别是目前企业用工早已打破干部、工人身份界限，仍然执行女干部和女工人不同的退休年龄政策，实际工作中不仅操作难度很大，也经常引发矛盾，而且女职工退休年龄明显低于城乡居民领取养老金的年龄，也引起制度间的不平衡。为解决企业反映比较突出的女职工退休年龄不一致问题，2001年原劳动和社会保障部下发了《劳动和社会保障部关于完善城镇职工基本养老保险政策有关问题的通知》，将国家原来没有规定的城镇个体工商户和灵活就业人员以及农民合同制职工中的女性职工领取养老金的年龄统一为55周岁。

我国正在积极研究调整女职工退休年龄问题，既要考虑社会各阶层劳动妇女对退休年龄的不同诉求，尊重多数职工的利益和愿望，也要考虑社会分工、就业形势、社会保障以及经济发展等多方面因素，要结合我国实际情况，特别是社会保障基金长期可持续发展情况以及社会各界的接受程度，通过深入研究论证，适时地提出延迟退休年龄方案。

我国在执行企业职工退休年龄时，常碰到以下两个问题：

1. 历史上遗留的“特殊工种”职工的“提前退休”政策

我国的特殊工种政策产生于20世纪计划经济时期，是对从事井下、高空、高温、特别繁重体力劳动或者其他有害身体健康工作的职工进行劳动保护，其中主要措施包括了允许从事特殊工种岗位达到一定年限的职工办理提前退休。

按照国家政策规定，从事符合国家规定的特殊工种人员，原则上按照男性职工年满55周岁、女性职工年满45周岁，连续工作满10年的（从事高空和特别繁重体力劳动的，必须在该工种岗位上工作满10年，从事井下和高温工作的必须在该工种岗位上工作累计9年，从事其他有害健康工作的必须在该工种岗位上工作累计8年），可以按特殊工种条件办理退休。

改革开放后，特殊工种提前退休政策的相关背景和实施条件都已经发生了很大的变化。随着科技进步、工艺转变，许多特殊工种的工作环境和劳动条件发生了很大变化，相当一部分特殊工种不再具有其原有的“特殊”性，应当及时予以取消。同时，一些企业设立了新的工种，对职工身体健康也有一定损害，亟待加强对这些职工的劳动保护。但随着我国经济体制由计划经济转变为市场经济，国家不再实行计划管理，企业自主招工和设置岗位，加之原行业主管部门都已弱化或消失，清理和调整特殊工种目录的难度较大。

目前，我国现行建立的企业职工养老保障制度，不再是由原来的企业“全包”，而是在职时参保缴费，退休时由社会保险经办机构发放养老金。对职工个人来说，退休后的养老金水平与在职时缴费水平高低、缴费年限长短相关，提前退休将直接影响到职工切身利益。对养老保险制度而言，提前退休造成了减收增支，加大了基金支付压力，特别是我国人口老龄化形势日趋严重，提前退休更进一步加剧人口抚养比状况，不利于养老保险制度公平可持续发展。同时，养老保险作为一项公共制度，提前退休对其他正常参保缴费的职工来说，也是不公平的。针对一些地方自行扩大特殊工种提前退休的人员范围、放宽认定标准和工种名录，违规办理提前退休的行为增多的情况，按国务院的要求，《劳动和社会保障部关于制止和纠正违反国家规定办理企业职工提前退休有关问题的通知》明确要求，加强对特殊工种的管理，特殊工种目录仍按原国家劳动行政部门和各个行业主管部门批准的执行，已不批准新的特殊工种。

目前特殊工种提前退休政策，仍然沿用《中华人民共和国劳动保险条例》（以下简称《劳动保险条例》）以及《国务院关于工人退休、退职的暂行办法》的相关规定。执行的特殊工种目录仍是20世纪八九十年代，经行业主管部门提出工种名称、制订具体标准，由原劳动部审批公布的目录。

为了解决好历史遗留问题，目前，对企业职工按特殊工种办理退休，需要企业向人社部门提供相关材料，经初审之后，正式审批之前，进行公示；公示后无群众举报或提出异议的，人社行政部门方可核准办理退休手续。

2016年，人力资源社会保障部、财政部发文，进一步强调了“各地要严格执行国家关于职工退休条件的规定，不得自行扩大提前退休的企业、人员范围”等要求。2018年，从更好保障职工权益出发，严格把握各地执行特殊工种提前退休政策，全程掌握企业特殊工种用工情况，人力资源社会保障部下发文件，通过建立全国统一特殊工种岗位人员信息库，规范审批流程及审批标准，实行“双公示”和职工权益告知等制度，加强特殊工种提前退休管理工作的科学性和透明度。

人力资源社会保障部认为，对于特殊工种提前退休政策出现的问题，需要统筹研究，要从既有利于保护职工身体健康，又有利于养老保险制度长远发展的角度，本着“谁用工、谁负责”的原则，遵循社会保险“权利和义务相对应”的基本原则，建立健全参保缴费激励约束运行机制，适时调整特殊工种提前退休政策。

2. 对一些老职工退休时，在认定出生年龄时有争议

在企业退休人员申领养老保险待遇时，常出现的争议是对一些老职工的年龄认定。关于职工退休是以身份证年龄，还是以人事档案最初记载的年龄为准？

以案释法

案情简介

慕某，男，1969年12月应征入伍。1975年3月慕某退伍，先后在企业和行政部门工作过。2014年退休。

慕某的个人档案最先记载的出生年月为《应征公民兵役登记表》及《政治审查登记表》中记载的出生年月1954年4月29日，其应征入伍前的户籍档案材料及出生证材料均未查寻到。但是，慕某的《入团申请书》、《退伍军人证明书》、《安置落户介绍信》、第一、二代《居民身份证》、《常住人口信息》、《户口簿》及相关考核评审表中的出生年月均记载为1955年4月或1955年4月29日。

2014年4月，慕某所在单位为其办理退休和领取养老金手续。当慕某接到省人社厅的《参保人员养老金待遇审批表》《退休审批表》等材料后，认为其尚未到法定退休年龄，对此不服。随后，向省人民政府提起行政复议。省政府作出行政复议书，维持人社厅对慕某出生时间的认定。慕某不服该行政复议决定，向市中级法院提起行政诉讼。

法院观点

中级法院审理认为：慕某的第一代身份证记载年龄虽为1955年4月29日，但该身份证签发日期为1987年10月，而慕某的最早档案形成于1969年12月（应征入伍时）。参照《劳动和社会保障部关于制止和纠正违反国家规定办理企业职工提前退休有关问题的通知》（以下简称《通知》），如本人身份证和档案记载的出生时间不一致的，应以本人档案中最先记载的出生时

间为准。上述《通知》虽然是对企业职工提前退休有关问题的规范性文件，但人社厅比照此《通知》中相关规定并不违背法律禁止性规定，且该《通知》至今有效。因此不应认定人社厅在本起退休审批中适用法律错误。人社厅相关部门在审批中程序不规范，但审批结果并无不妥。慕某认为该具体行政行为程序违法，认定事实不清，证据不足，适用法律错误，依法应予撤销的理由不足，不予采纳。一审法院作出判决，驳回慕某的诉讼请求。

慕某不服该判决，上诉到省高级人民法院。

省高级人民法院二审认为：《通知》是原劳动和社会保障部在职责范围内对确定职工退休相关问题下发的规范性文件，在认定被诉具体行政行为是否合法时应承认其效力。

人社厅在退休审批过程中发现慕某的档案中记载的出生时间不一致，《应征公民兵役登记表》及《政治审查登记表》上记载的出生时间是1954年4月29日，是其档案中最先记载的出生时间，其他材料记载的均为1955年4月29日。根据《劳动和社会保障部关于制止和纠正违反国家规定办理企业职工提前退休有关问题的通知》规定，人社厅认定慕某退休起算时间为1954年4月29日并无不妥。二审法院判决，驳回上诉，维持原判决。

慕某不服一、二审判决，向最高法院申请再审，请求撤销原审判决，依法重新审理本案或发回重审。

主要事实和理由为：

1. 人社厅对其出生日期的认定适用法规错误，违反《最高人民法院关于贯彻执行〈民法通则〉若干问题的意见（试行）》中第一条第一款规定，公民的“出生的时间以户籍证明为准”；《国务院关于工人退休、退职的暂行办法》文件第一条第一款规定“男年满六十周岁，女年满五十周岁，连续工龄满十年的”（法定退休年龄）等法律、法规。

2. 人社厅对其出生日期的认定与客观事实严重不符，在适用证据时严重违反法定程序。《民事诉讼法》规定：“证据必须查证属实，才能作为认定事实的根据。”档案最先记载的出生日期非本人填写，不代表申请人主观意愿，由其承担责任和后果明显有失公正。

3. 人社厅在《参保人员养老金待遇审批表》中更改其的出生年月属擅

自变更公民居民身份证登记项目，超越法定权限，违反行政法关于“有授权则有行政，无授权则无行政”的基本原则。据此作出的“正常退休”审批决定，行政行为违法，侵害其合法权益。

4.《国务院办公厅关于做好规章清理工作有关问题的通知》（国办发〔2010〕28号）规定：“未列入继续有效的文件目录的规范性文件，不得作为行政管理的依据。”《通知》未被列入人社部公布的继续有效规范性文件目录，因此，已不能作为行政管理依据。

最高人民法院认为：再审申请人慕某申请更正其档案中出生日期的冲突记载，但根据《劳动和社会保障部关于制止和纠正违反国家规定办理企业职工提前退休有关问题的通知》规定，对职工出生时间的认定，实行居民身份证与职工档案相结合的办法。当本人身份证与档案记载的出生时间不一致时，以本人档案最先记载的出生时间为准。

至于《国务院办公厅关于做好规章清理工作有关问题的通知》清理对象是规章，《通知》属规范性文件，不属于国务院规章清理的范围，慕某认为《通知》没有上位法依据、系被国务院清理的规章属于无效的申请再审的理由不能成立。

而《通知》中对退休起算时间的规定是为规范确定职工退休时间，在本人身份证和档案记载的出生时间不一致的特殊情况下，以本人档案中最先记载的出生时间来确定退休时间，并不是确认其身份情况，与《最高人民法院关于贯彻执行〈民法通则〉若干问题的意见（试行）》并不抵触。故人社厅认定慕某退休起算时间为1954年4月29日并无不妥。

人社厅作为省级以上人民政府的劳动保障部门，具有作出退休审批决定的行政职权。慕某的退休经省社会保险管理中心审核后报人社厅审批，符合职工退休审批程序规定。故慕某申请再审缺乏相应的事实和法律依据，一、二审法院的判决符合法律规定。

综上，最高人民法院裁定驳回慕某的再审申请。①

① 最高人民法院（2017）最高法行申2877号行政裁定书，载中国裁判文书网，最后访问时间：2022年10月21日。

此案值得探讨的问题是：

1. 居民身份证与职工最初档案相比，哪一个具有法律效力？

对于居民身份证，我国是1984年开始实行居民身份证制度。根据《居民身份证法》第三条规定："居民身份证登记的项目包括：姓名、性别、民族、出生日期……"据此，法律认可居民身份证上记载的"出生日期"，此出生日期具有法律效力。当本人身份证与档案记载的出生时间不一致时，依据《居民身份证法》规定，居民身份证登记项目出现错误的，公安机关应当及时更正，换发新证。也就是说，若能证明身份证上记载的出生日期有错，应当通过公安机关及时更正；然后，以更正后的身份证来证明个人的出生日期。同时，《居民身份证法》第十三条第一款明确规定："公民从事有关活动，需要证明身份的，有权使用居民身份证证明身份，有关单位及其工作人员不得拒绝。"这明确了居民身份证的法律效力。

对于职工最初档案，其记载内容的法律效力并未见有法律法规的规定。仅凭《劳动和社会保障部关于制止和纠正违反国家规定办理企业职工提前退休有关问题的通知》（即中央一个部门的"红头文件"）作出规定，难以服人。从国家各行政部门的管理职责划分来看，对于自然人出生日期（或身份年龄）的认定，似乎应当以公安部门的意见为准，而不是以人社部门的意见为准。以前述文件规定"对职工出生时间的认定"是否具有合法性与合理性，值得进一步探讨。

2. 关于自然人的出生时间的认定

依据《民法典》第十五条规定："自然人的出生时间和死亡时间，以出生证明、死亡证明记载的时间为准；没有出生证明、死亡证明的，以户籍登记或者其他有效身份登记记载的时间为准。有其他证据足以推翻以上记载时间的，以该证据证明的时间为准。"

依据此法条的规定，对于没有出生证明的，可以户籍登记或者其他有效身份登记记载的时间为准。"户籍登记"是国家公安机关按照国家户籍管理法律法规对公民的身份信息进行登记记载的法律行为，其记载的出生时间因此具有较强的法律效力。其他"有效身份登记"如"居民居住证"，按照《居住证暂行条例》（国务院令第663号）第四条规定："居住证登载的内容包括：姓名、性别、民族、出生日期、公民身份号码、本人相片、常住户口所在地住址、居住地住址、证件的签发机关和签发日期。”而申领居住证需要提交居民身份证和居民户口簿。也就是说，居民居住证记载的关于个人身份的基本内容都是来源于居民身份证和居民户口簿。进一步说，法律认可了“有效身份登记”如居民居住证记载的个人出生时间，也就认可了居民身份证和居民户口簿记载的个人出生时间。

综上分析，行政机关要做到依法行政，不仅要依据法律法规行政，还应当根据本部门的法定职责行政。

（二）缴费年限

缴费年限，是指用人单位和劳动者个人缴纳养老保险费的年限。根据 1951 年《劳动保险条例》规定，享受统筹基金支付退休金的最低条件是参加革命工作 10 年以上，而不足 10 年的不能领取长期待遇。

经过建设发展几十年后，我国经济社会发展情况和人口预期寿命发生了很大变化。为了适应新的形势发展，根据《国务院关于企业职工养老保险制度改革的决定》以及《社会保险法》等规定，我国实行基本养老保险费由企业和职工个人共同缴纳，企业和职工个人共同缴纳养老保险费的年限至少要满 15 年，职工达到法定退休年龄后，才能享受养老保险待遇。

应当指出，法律规定最低缴费年限为 15 年，并不是缴满 15 年后就可以不缴费了，对单位和职工来说，缴费是法律规定的强制性义务，只要与用人单位建立劳动关系，就应当按照国家规定缴费。同时，个人享受基本养老保险待遇与个人缴费年限直接相关，缴费年限越长，缴费基数越大，退休后领取的养老金就越多。

国家规定的职工缴费年限包括实际缴费年限和视同缴费年限。

1. 什么是实际缴费年限

实际缴费年限，是指职工参加基本养老保险后，依法按时足额缴纳基本养老保险费的年限。理解实际缴费年限应注意以下两点：

（1）实际缴费年限是职工个人的缴费年限，不仅限于职工只在一个企业中的缴费年限。现实生活中，职工可能先后在两个以上的用人单位工作，也可能有一段时间自谋职业，但其在不同单位或不同工作阶段都依法缴纳了养老保险费，其缴费年限应当累积计算。

（2）用人单位或职工个人必须足额缴纳基本养老保险费，若是非足额缴纳，欠缴年限暂时不能计算为实际缴费年限，待职工补齐欠缴本金和利息后方能计算。

2. 什么是视同缴费年限

视同缴费年限，主要是指根据《国务院关于深化企业职工养老保险制度改革的通知》中附件一指出："本办法实施前参加工作、实施3年后到达法定离退休年龄离退休的职工，其在本办法实施前的工作年限可视同缴费年限"；附件二指出："实行个人缴费制度前，职工的连续工龄可视同缴费年限。"也就是说，因为我国是根据《国务院关于企业职工养老保险制度改革的决定》，从1992年开始实行职工个人缴纳养老保险费的，所以，企业职工在1992年国家实行职工个人养老保险实际缴费以前的实际连续工龄或者说实际连续工作年限（即企业经过正式招工、录用，职工个人档案有所记载的工作经历）可视同缴费年限（也称"非实际缴费工作年限"）。

另外，在行政机关、事业单位没有参加社会保险之前，行政机关、事业单位的正式职工调入企业后，应参加企业职工基本养老保险，其在原单位的工作年限视同缴费年限。复员退伍军人、城镇下乡知识青年被招为合同制工人，且参加了基本养老保险的，其军龄、下乡期间，按国家规定计算为连续工龄的年限，可视同缴费年限。

视同缴费年限可以与实际缴费年限合并计算发放基本养老保险金。

国家规定缴费年限的目的在于：一是避免一些劳动者在即将临近退休年龄时才履行缴纳保险费的义务，并获得退休金；二是通过履行缴费义务，体现劳动者权利与义务的对等关系，体现对参加养老保险者的公平。大多数国家一般都立法规定了职工的一个最低缴费年限。

值得注意的是：在我国建立养老保险制度前，职工养老实行单位退休制度，由退休前所在单位根据职工连续工龄计算退休费，由单位负责发放。职工被除名或自动离职后，原工作单位不再负责支付其退休费；重新参加工作后，连续工龄重新计算。因此，职工除名或自动离职前的工作年限不能作为连续工龄的组成部分，也不能视同缴费年限。

为了更好地保障职工的养老保险权益，妥善处理除名职工连续工龄政策与实际缴费年限政策的衔接，根据《劳动部办公厅对"关于除名职工重新参加工作后工龄计算有关问题的请示"的复函》（劳办发〔1995〕104号）的原意，一是关于辞退职工工龄计算问题，按原来有关政策规定，职工被辞退前的工龄及重新就业后的工龄合并计算。二是关于“自动离职”的职工处理问题，原有政策规定，因自动离职处理发生的争议应按除名争议处理，即由于违犯劳动纪律受到除名处理的职工，除名前的连续工龄与重新就业后的工作时间，可以合并计算为连续工龄。三是关于除名职工连续工龄计算时效的溯及力问题，应从各地实行职工个人缴纳养老保险费的时间，作为除名职工计算连续工龄的起始时间。

我国建立职工基本养老保险制度后，对于部分“除名”和“自动离职”人员原工作年限不能视同缴费年限，达到退休年龄时因累计缴费年限不足 15 年而不满足领取基本养老金条件的问题，按照《实施〈中华人民共和国社会保险法〉若干规定》的规定，参保人员达到法定退休年龄时，累计缴费年限不足 15 年的，可以延长缴费至满 15 年；《社会保险法》实施前参保、延长缴费 5 年后仍不足 15 年的，可以一次性缴费至满 15 年。同时，国家建立了对部分困难就业人员参加社会保险给予适当社会保险补贴的机制，减轻他们的缴费负担，鼓励企业吸纳困难就业人员就业。参加职工基本养老保险的人员达到法定退休年龄后，累计缴费不足 15 年（含依照上述规定延长缴费）的，还可以申请转入户籍所在地城乡居民基本养老保险，享受相应的养老保险待遇。

目前，对参保人员办理正常退休已不再实行审批。对单位及个人申报领取基本养老金，人社部门须审核是否符合待遇领取条件，重点审核是否达到规定的退休年龄、缴费年限（包括实际缴费年限和视同缴费年限）累计是否达到 15 年，对有视同缴费年限的还需要根据本人档案等资料确认其符合国家规定的连续工龄，同时，根据其历年缴费记录、退休年龄等因素核定其基本养老金水平。

三、确保参保职工享受养老保险待遇

（一）对于个人缴费不足 15 年的人员

国家立法规定职工参加养老保险的目的，就是要使职工能享受到养老保险待遇。针对一些参保职工因各种原因不能满足法律规定“达到法定退休年龄时累计缴费满十五年”条件的，根据《社会保险法》第十六条第二款规定：“参加基本养老保险的个人，达到法定退休年龄时累计缴费不足十五年的，可以缴费至满十五年，按月领取基本养老金；也可以转入新型农村社会养老保险或者城镇居民社会养老保险，按照国务院规定享受相应的养老保险待遇。”《实施〈中华人民共和国社会保险法〉若干规定》创设了以下三条让参保职工能够享受养老保险待遇的途径：

1. 参加职工基本养老保险的个人达到法定退休年龄时，累计缴费不足 15 年的，可以延长缴费至满 15 年。《社会保险法》实施前参保、延长缴费 5 年后仍不足 15 年的，可以一次性缴费至满 15 年。

但是，对于延长缴费或者一次性补缴社会保险费，也不能随意补缴。《人力资源社会保障部、财政部关于进一步加强企业职工基本养老保险基金收支管理的通知》（人社部发〔2016〕132 号）规定，各地不得违反国家规定采取一次性缴费的方式将超过法定退休年龄等不符合条件人员纳入职工基本养老保险参保范围，要立即停止执行各地对自行扩大一次性补缴适用人群范围的做法。对城镇个体工商户和灵活就业人员不得以事后追补缴费的方式增加缴费年限。对符合国家规定补缴养老保险费的，应按《社会保险法》规定缴纳滞纳金。

2. 参加职工基本养老保险的个人达到法定退休年龄后，累计缴费不足 15 年（含依照《实施〈中华人民共和国社会保险法〉若干规定》中延长缴费）的，可以申请转入户籍所在地新型农村社会养老保险或者城镇居民社会养老保险，享受相应的养老保险待遇。目前，国家已将新型农村社会养老保险和城镇居民社会养老保险合并成“城乡居民养老保险”。

3. 参加职工基本养老保险的个人达到法定退休年龄后，累计缴费不足 15 年（含依照《实施〈中华人民共和国社会保险法〉若干规定》中延长缴费），且未转入新型农村社会养老保险或者城镇居民社会养老保险的，个人可以书面申请终止职工基本养老保险关系。社会保险经办机构收到申请后，应当书面告知其转入新型农村社会养老保险或者城镇居民社会养老保险的权利以及终止职工基本养老保险关系的后果，经本人书面确认后，终止其职工基本养老保险关系，并将个人账户储存额一次性支付给本人。

同时规定，2011 年 7 月 1 日后对用人单位未按时足额缴纳社会保险费的处理，按照《社会保险法》和《实施〈中华人民共和国社会保险法〉若干规定》执行；对 2011 年 7 月 1 日前发生的用人单位未按时足额缴纳社会保险费的行为，按照国家和地方人民政府的有关规定执行。

以案释法

案情简介

2012年10月，刘某某入职某环卫所，双方签订了书面的劳动合同，岗位职责为清洁工。刘某某工作期间，该环卫所从未给其缴纳社会保险费。2019年5月，刘某某达到法定退休年龄后仍从事原工作。2021年8月3日，该环卫所通知刘某某终止劳动合同。

刘某某离职后，因没有养老金，申请劳动仲裁，请求该环卫所赔偿其工作期间未缴纳社会保险费的损失。

劳动仲裁机构受理后，认为刘某某未能举证证明其存在社会保险损失，故未支持其诉讼请求。

刘某某不服，向法院提起诉讼，并提交当地人社部门作出的不能补缴社会保险费的告知书，证明其存在社会保险损失。

法院观点

法院审理认为，职工缴纳社会保险费是用人单位的法定义务。《最高人民法院关于审理劳动争议案件适用法律问题的解释（一）》第一条第五项规定，劳动者以用人单位未为其办理社会保险手续，且社会保险经办机构不能补办导致其无法享受社会保险待遇为由，要求用人单位赔偿损失发生的纠纷，人民法院应予受理。

本案因某环卫所未为刘某某办理社会保险手续且不能补办，导致其无法享受养老保险待遇，刘某某要求该环卫所赔偿其社会保险待遇损失，符合上述司法解释的规定。但由于社会保险损失计算所依据法律法规过于纷繁复杂，对于不同保险项目的保险待遇计算规则过于专业，故法院依据刘某某从未缴纳过社会保险费且在该环卫所工作未超过15年的实际情况，参照《劳动和社会保障部关于完善城镇职工基本养老保险政策有关问题的通知》第四条，及《实施〈中华人民共和国社会保险法〉若干规定》第三条关于“劳动者累计缴费年限不满15年的，可以申请将基本养老保险转入户籍所在地新型农村社会养老保险或者城镇居民社会养老保险，享受相应的养老保险待遇或将其个人账户全部储存一次性支付给劳动者本人”的规定，在经劳动者同意后，委托当地人力资源社会保障部门对刘某某工作期间该环卫所应缴纳的养老保险费、医疗保险费、大病救助保险费等社会保险费进行测算，并根据测算结果酌定该环卫所赔偿刘某某未缴纳社会保险相应的损失。[①]

这里，涉及进一步讨论关于《社会保险法》第十六条“参加基本养老保险的个人，达到法定退休年龄时累计缴费不足十五年的，可以缴费至满十五年，按月领取基本养老金”的规定，法律规定了达到法定退休年龄时累计缴费不足15年的，可以继续缴费至满15年。但是，对于达到法定退休年龄的人员，因缴费不足15年，不能享受养老保险待遇，如何通过继续缴纳或补缴养老保险费来解决享受养老保险待遇，在实务操作中是一个难题。例如：

1. 职工以什么身份继续缴费？

若要执行“达到法定退休年龄时累计缴费不足十五年的，可以缴费至满十五年”的规定，此时，职工是以什么身份继续缴费？是继续留在企业里，不终止劳动合同，不办理退休，作为企业职工进行补缴？还是职工依法终止劳动合同，以退休人员的身份，补缴至满15年？

2. 由谁决定是否缴费？

第一，按照法律规定，既然是“可以”继续缴费，那也可以不继续缴费，将社会保险关系“转入新型农村社会养老保险或者城镇居民社会养老保险”。

第二，是否继续缴费，应当由谁来决定？是由企业？还是由员工？

第三，如果由企业决定，企业决定终止劳动关系，“可以不继续缴费”，那该如何处理？

第四，如果由员工决定“继续缴费”，但企业不同意，仍坚持终止劳动关系，不愿意出钱缴费，是否就完全由员工个人缴费？

3. 若要继续缴费，如何出资？

一是能够由企业和达到退休年龄的职工继续按原来的缴费方式继续缴费吗？（有的地方规定是可以的）

二是能够区分原因缴费吗？即如果缴费不足15年是由企业的原因造成的，

---

① 参见《合肥法院劳动争议十大典型案例》，载合肥市中级人民法院官网，http://ahhfzy.chinacourt.gov.cn/article/detail/2022/05/id/6670538.shtml，最后访问时间：2022年10月21日。

按原来的缴费方式继续缴费。如果缴费不足15年是由员工个人的原因造成的，就完全由员工个人缴费；或者由个人缴费，企业适当给予补助。（有的地方有此规定）

三是如果不是企业和员工个人的原因，而是因当时国家有关政策的原因造成的，是否由企业和员工继续按原来的缴费方式缴费？（有的地方有此规定）

无论采取什么方式缴费，都将使社会保险经办机构和用人单位要为这部分达到退休年龄的职工的继续缴费实行单独管理。

4. 如何兼顾企业留用达到法定退休年龄人员和招用退休人员的权益保护？

一是对于企业留用的达到法定退休年龄，因缴费不足15年的人员，可能因为各种原因，可以视为双方劳动关系继续延续，由企业继续缴费。那么，对于企业由外招入的达到法定退休年龄的人员，因缴费不足15年的，是否也应当由招用企业为其继续缴费？如果区别对待，公平性何在？

二是如果将企业由外招入的达到法定退休年龄的人员排除在继续缴费之外，企业从用工成本考虑，自然要及时与企业留用的达到法定退休年龄的人员终止劳动合同，将其辞退，而从企业外部重新招用退休人员，以减少缴纳养老保险费的支出。

三是企业留用的达到法定退休年龄、但因缴费不足15年不能享受养老保险待遇的人员，可以继续用工，继续缴纳社会保险费，保留劳动关系。那么，对于已享受养老保险待遇的人员继续用工时，按照相关司法解释，是按劳务关系处理。[①] 这会导致同类人员出现用工争议时，仅因是否享受养老保险待遇就会有适用法律的区别（一种是适用劳动法，另一种是适用民法），又带来了公平性的问题。

对于上述问题，目前按各地的政策执行。但是，随着养老保险实行全国统筹，需要从立法或中央政府层面进一步研究解决。

（二）对于缴费人员因病或者非因工伤亡的人员

为了保障参加养老保险的职工确切享受到养老保险待遇，《社会保险法》明

---

① 参见《最高人民法院关于审理劳动争议案件适用法律问题的解释（一）》第三十二条第一款规定：“用人单位与其招用的已经依法享受养老保险待遇或者领取退休金的人员发生用工争议而提起诉讼的，人民法院应当按劳务关系处理。”

确规定："参加基本养老保险的个人，因病或者非因工死亡的，其遗属可以领取丧葬补助金和抚恤金；在未达到法定退休年龄时因病或者非因工致残完全丧失劳动能力的，可以领取病残津贴。所需资金从基本养老保险基金中支付。"

1. 参保人死亡后，其遗属可以领取丧葬补助金和抚恤金。丧葬补助金，是指职工死亡后，为了减轻职工遗属因办丧事而增加的经济负担而给予的一次性补助费用。抚恤金，是指职工死亡后，为了保证由死亡职工供养的直系亲属不因供养人死亡而断绝生活来源给予的基本生活费用。《社会保险法》没有规定丧葬补助金和抚恤金的标准，只是作了原则性规定，并明确所需资金从基本养老保险基金中支付，表明丧葬补助金和抚恤金也是职工参保享受养老保险待遇的一部分。

同时，《社会保险法》还明确规定："个人账户不得提前支取，记账利率不得低于银行定期存款利率，免征利息税。个人死亡的，个人账户余额可以继承。"

2. 参保人的病残津贴待遇。根据《社会保险法》规定，参加基本养老保险的个人，在未达到法定退休年龄时因病或非因工致残完全丧失劳动能力的，可以领取病残津贴。病残津贴是基本养老保险基金对未达到法定退休年龄时因病或非因工致残、完全丧失劳动能力的参保人发放的基本生活费。

参保人未达到法定退休年龄时，因不符合待遇领取条件而不能享受养老保险待遇。但职工如果因病或非因工致残完全丧失劳动能力，不能工作，生活就失去了经济来源，如果参保人同时又是家庭的主要经济来源，整个家庭就会陷入困境。从社会保险的基本宗旨考虑，参保人参加了基本养老保险，缴纳了基本养老保险费，在其完全丧失劳动能力、失去生活来源时，养老保险基金应当给予帮助。因此，《社会保险法》规定这类人员可以领取病残津贴，体现了养老保险基金对参保人的责任，是养老保险制度的一大进步。

（三）对于职工养老保险制度建立前已离退休的人员

国家规定，对于我国实行城镇职工养老保险制度前已经离退休的人员，仍按国家原来的规定发给养老金。

对于1997年统一全国企业职工基本养老保险制度前参加工作的人员，其退休金在发给基础养老金和个人账户养老金基础上，再发给过渡性养老金。

（四）对于达到领取养老金条件前离境定居的人员

国家规定，对于在达到法定的领取基本养老金条件前离境定居的人员，其个人账户予以保留，达到法定领取条件时，按照国家规定享受相应的养老保险待遇。其中，丧失中华人民共和国国籍的，可以在其离境时或者离境后书面申请终止职工基本养老保险关系。社会保险经办机构收到申请后，应当书面告知其保留个人账户的权利以及终止职工基本养老保险关系的后果，经本人书面确认后，终止其职工基本养老保险关系，并将个人账户储存额一次性支付给本人。

四、基本养老金的支付

（一）养老金社会化发放

当参保缴费的企业职工符合法定退休条件和缴费年限时，由人社部门进行审核，办理领取基本养老金的手续，并根据现行养老金的计算公式计算养老金。

基本养老金实行社会化发放，是由社会保险经办机构根据就近、安全和方便原则，采取委托银行、邮局、社区等多种渠道将养老金直接发给被保险职工。基本养老金的领取无限期规定，只要领取人生存，就可享受按月领取养老金待遇。并且，基本养老金会逐年根据当年的养老金调整政策有所增加。

我国城镇职工基本养老保险制度历经多年的改革、完善，按照国家政策规定，劳动者在什么地方就业就在什么地方参保缴费，退休后领取的基本养老金水平，与其缴费年限长短和缴费额多少密切相关。这种“多工作、多缴费、多得养老金”的机制，在同一地区稳定就业的劳动者中得到普遍实现和认同。

（二）职工基本养老保险关系转移接续

对于跨省就业参保的劳动者来说，属于“跨省流动”，需要转移养老保险关系。如果参保人员之前缴纳的是城乡居民养老保险，后来又参加了城镇职工养老保险，这就是“跨制度流动”，也需要转移养老保险关系。如果已经开始领取养老金，那么不管什么情况都不用再转移养老保险关系了。

依据《社会保险法》第十九条规定：“个人跨统筹地区就业的，其基本养老保险关系随本人转移，缴费年限累计计算。个人达到法定退休年龄时，基本养老金分段计算、统一支付。具体办法由国务院规定。”

法条中讲的“跨统筹地区”就业，主要是指个人跨省、自治区、直辖市就业。职工在同一统筹范围内流动时，只转移基本养老保险关系和个人账户档案，不转移基金；职工跨统筹范围流动时，转移基本养老保险关系和个人账户档案，同时按照规定转移个人账户基金。

法条中的“国务院的规定”，即指《国务院办公厅关于转发人力资源社会保障部、财政部城镇企业职工基本养老保险关系转移接续暂行办法的通知》（国办发〔2009〕66号），其中作出了如下规定：

1. 参保人员跨省流动就业，其基本养老保险关系转移接续按下列规定办理：

（1）参保人员返回户籍所在地（指省、自治区、直辖市，下同）就业参保的，户籍所在地的相关社保经办机构应为其及时办理转移接续手续。

（2）参保人员未返回户籍所在地就业参保的，由新参保地的社保经办机构为其及时办理转移接续手续。但对男性年满50周岁和女性年满40周岁的，应在原参保地继续保留基本养老保险关系，同时在新参保地建立临时基本养老保险缴费账户，记录单位和个人全部缴费。参保人员再次跨省流动就业或在新参保地达到待遇领取条件时，将临时基本养老保险缴费账户中的全部缴费本息，转移归集到原参保地或待遇领取地。

（3）参保人员经县级以上党委组织部门、人力资源社会保障行政部门批准调动，且与调入单位建立劳动关系并缴纳基本养老保险费的，不受以上年龄规定限制，应在调入地及时办理基本养老保险关系转移接续手续。

2. 参保人员跨省流动就业转移基本养老保险关系时，按下列方法计算转移资金：

（1）个人账户储存额，1998年1月1日之前按个人缴费累计本息计算转移，1998年1月1日后按记入个人账户的全部储存额计算转移。

（2）统筹基金（单位缴费），以本人1998年1月1日后各年度实际缴费工资为基数，按12%的总和转移，参保缴费不足1年的，按实际缴费月数计算转移。

（三）跨统筹地区就业人员退休后基本养老金计发办法

流动就业人员在多个地区参保，各地的工资水平高低各不相同，跨统筹地区就业人员退休后，如何确定职工的养老保险待遇领取地？

根据《国务院办公厅关于转发人力资源社会保障部、财政部城镇企业职工基本养老保险关系转移接续暂行办法的通知》规定，参保人员跨省流动就业的，其基本养老保险关系应随同转移；参保人员达到基本养老保险待遇领取条件的，其在各地的参保缴费年限合并计算，个人账户储存额累计计算，并规定了基本养老保险待遇领取地的确定办法。

先看职工的基本养老保险关系是否在户籍地，再看在基本养老保险关系所在地的累计缴费年限是否满 10 年。

1. 基本养老保险关系在户籍所在地的，由户籍所在地负责办理待遇领取手续，享受基本养老保险待遇。

2. 基本养老保险关系不在户籍所在地，而在其基本养老保险关系所在地累计缴费年限满 10 年的，在该地办理待遇领取手续，享受当地基本养老保险待遇。

3. 基本养老保险关系不在户籍所在地，且在其基本养老保险关系所在地累计缴费年限不满 10 年的，将其基本养老保险关系转回上一个缴费年限满 10 年的原参保地办理待遇领取手续，享受基本养老保险待遇。

4. 基本养老保险关系不在户籍所在地，且在每个参保地的累计缴费年限均不满 10 年的，将其基本养老保险关系及相应资金归集到户籍所在地，由户籍所在地按规定办理待遇领取手续，享受基本养老保险待遇。

参保人员转移接续基本养老保险关系后，符合待遇领取条件的，按照《国务院关于完善企业职工基本养老保险制度的决定》的规定，以本人各年度缴费工资、缴费年限和待遇领取地对应的各年度在岗职工平均工资计算其基本养老金。

（四）流动就业农民工的养老保险待遇

对于流动就业的农民工参加城镇职工养老保险的，其养老保险待遇享受问题按照《国务院办公厅关于转发人力资源社会保障部、财政部城镇企业职工基本养老保险关系转移接续暂行办法的通知》规定：

一是农民工中断就业或返乡没有继续缴费的，由原参保地社保经办机构保留其基本养老保险关系，保存其全部参保缴费记录及个人账户，个人账户储存额继续按规定计息。

二是农民工返回城镇就业并继续参保缴费的，无论其回到原参保地就业还是到其他城镇就业，均按前述规定累计计算其缴费年限，合并计算其个人账户储存额，符合待遇领取条件的，与城镇职工同样享受基本养老保险待遇；

三是农民工不再返回城镇就业的，其在城镇参保缴费记录及个人账户全部有效，并根据农民工的实际情况，或在其达到规定领取条件时享受城镇职工基本养老保险待遇，或转入城乡居民社会养老保险。

五、企业年金待遇的享受

按照《企业年金办法》规定，符合下列条件之一的，可以领取企业年金：

1. 职工在达到国家规定的退休年龄或者完全丧失劳动能力时，可以从本人企业年金个人账户中按月、分次或者一次性领取企业年金，也可以将本人企业年金个人账户资金全部或者部分购买商业养老保险产品，依据保险合同领取待遇并享受相应的继承权。

2. 出国（境）定居人员的企业年金个人账户资金，可以根据本人要求一次性支付给本人。

3. 职工或者退休人员死亡后，其企业年金个人账户余额可以继承。

未达到上述企业年金领取条件之一的，不得从企业年金个人账户中提前提取资金。

职工企业年金个人账户中个人缴费及其投资收益自始归属于职工个人。职工企业年金个人账户中企业缴费及其投资收益，企业可以与职工一方约定其自始归属于职工个人，也可以约定随着职工在本企业工作年限的增加逐步归属于职工个人，完全归属于职工个人的期限最长不超过8年。

按照《企业年金办法》规定，有下列情形之一的，职工企业年金个人账户中企业缴费及其投资收益完全归属于职工个人：（1）职工达到法定退休年龄、完全丧失劳动能力或者死亡的；（2）有本办法第十二条规定的企业年金方案终止情形之一的；（3）非因职工过错企业解除劳动合同的，或者因企业违反法律规定职工解除劳动合同的；（4）劳动合同期满，由于企业原因不再续订劳动合同的；（5）企业年金方案约定的其他情形。

按照《企业年金办法》规定，企业年金的领取方式有：

一是倡导按月领取，有利于发挥企业年金长期养老保险的作用。

二是允许分次领取，有利于退休人员根据本人企业年金个人账户资金额，结合企业年金个人所得税政策和自己的需要，选择合适的领取次数。

三是可以一次性领取方式，表现人性化，给予退休人员更多选择。

四是可以购买商业养老保险产品，进一步丰富补充养老保险方式。

第二节 职工基本医疗保险待遇

一、职工基本医疗保险待遇包括的内容

我国职工基本医疗保险待遇主要是医疗期间待遇。同时也可延伸包括病残待遇。

（一）医疗期间待遇

职工享受疾病保险待遇，除完全劳动能力外，只限于规定的医疗期内。此医疗期，即职工因患病或非因工负伤停止工作治病休息且不得辞退的期限，其长度根据职工本人连续工作时间和在本单位工作时间分档次确定，最短不可少于3个月，最长一般不超过24个月；难以治愈的疾病，经医疗机构提出，本人申请，劳动保障行政部门批准后，可适当延长医疗期，但延长期最多为6个月。

在此期间的疾病保险待遇包括医疗保险待遇和疾病津贴两个部分。

1. 医疗保险待遇。职工一般可在与社会保险经办机构和用人单位签订的医疗服务合同规定的多个定点医疗机构中选择就医。其保险待遇项目主要有：规定范围的药品费用，规定的检查费用和治疗费用，规定标准的住院费用等。上述费用按规定比例从医疗保险个人账户和社会统筹基金中支付，超出支付限额的费用和其余费用由个人负担。

2. 疾病津贴。又名病假工资。职工患病或非因工负伤，停止工作满1个月以上的，所在单位停发工资，改为按其工作时间长短给付相当于本人工资一定比例的疾病津贴①。

（二）病残待遇

职工患病或非因工负伤致残的，在医疗期内医疗终结或医疗期满后，经用人单位申请，劳动鉴定机构进行劳动能力鉴定并确定残疾等级，享受病残待遇。病残待遇因残疾等级不同而有区别。

1. 一级至四级伤残者，应退出劳动岗位，终止劳动关系。按现行规定，享受

---

① 参见第十一章 薪酬管理 第二节 劳动报酬支付规定中的病假工资。

退休或退职待遇，由社会保险经办机构从养老保险基金中支付相当于本人工资一定比例的病残津贴，符合享受养老金条件后，按规定改发养老金。根据《社会保险法》第十七条“在未达到法定退休年龄时因病或者非因工致残完全丧失劳动能力的，可以领取病残津贴。所需资金从基本养老保险基金中支付”之规定，部分病残津贴由基本养老保险基金中予以支付，而不是由医疗保险基金中支付。

2. 五级至十级伤残者，在规定的医疗期内不得辞退，由用人单位为其另行安排工作。对不能从事所安排工作的员工，由所在单位按规定继续发给病残津贴。在规定的医疗期满后，对仍不能从事所安排工作的员工，可以解除劳动合同并按规定给予经济补偿。

二、享受基本医疗保险的条件

医疗保险是劳动者患病后对其医疗费用提供帮助，使之尽快恢复身体健康。对于劳动者来说，医疗费用的开支属于“劳动能力的生产费用或再生产费用”。因此，它的支付形式和发放原则有别于其他保险。一方面，医疗保险费用必须用于劳动者的医疗，不能移作他用，只有患病、生育或受伤的劳动者才能享受医疗保险待遇。另一方面，医疗保险要保证劳动者患病就医机会平等，保障的标准只能依患者的病情而定，不能因其经济地位、工资待遇的不同而受影响。

（一）在职人员享受基本医疗保险待遇的条件

一是用人单位和职工当月按时足额缴纳基本医疗保险费后，从次月起享受基本医疗保险待遇。

二是用人单位未按规定缴费或中断缴费的，从未缴费的次月起，其职工不再享受基本医疗保险待遇。中断缴费后重新参加基本医疗保险的，除补足中断期间缴纳的基本医疗保险费外，须在当地规定的时间内连续缴满基本医疗保险费后，方可重新享受基本医疗保险待遇。

三是用人单位按规定申请缓缴或延期缴纳医保费的，在批准的缓缴期内，职工可享受医保待遇。如没有申请缓缴或延期的，欠费期间职工所产生的医疗费统筹基金不予支付。

四是灵活就业人员初次参保，从足额缴费之月起，在当地规定的时间开始享受。

五是参保后，连续中断缴费超过当地规定时间再续保的，从足额补缴医保费之月起，按当地规定的时间开始享受。

《社会保险法》第三十二条还规定："个人跨统筹地区就业的，其基本医疗保险关系随本人转移，缴费年限累计计算。"

（二）退休人员享受基本医疗保险待遇的条件

根据《国务院关于建立城镇职工基本医疗保险制度的决定》的规定，退休人员参加基本医疗保险，个人不缴纳基本医疗保险费，但没有规定退休人员需要缴费达到一定年限才可以享受基本医疗保险待遇。实践中，为防止单位和职工逃避参保义务，一些地方在通盘考虑当地参保人员年龄结构和医疗保险基金收支情况的基础上，规定了最低缴费年限，明确参保人员缴费参保满足最低缴费年限的才能退休后不缴费享受医保待遇。从实际效果来看，实现了促进参保人员连续缴费的目的，也维护了制度公平。2010 年颁布的《社会保险法》将这一行之有效的办法上升为法律规定，《社会保险法》第二十七条规定："参加职工基本医疗保险的个人，达到法定退休年龄时累计缴费达到国家规定年限的，退休后不再缴纳基本医疗保险费，按照国家规定享受基本医疗保险待遇……"这表明，退休人员要享受基本医疗保险待遇，应当满足两个条件：一是达到法定退休年龄；二是累计缴费达到国家规定年限。

职工退休年龄，是指前面所述职工享受基本养老保险待遇时应达到的法定退休年龄。

医疗保险的缴费年限，是指职工实现退休后继续享受医疗保险待遇，不需要再缴纳基本医疗保险费所应达到的最低缴纳医疗保险费的年限。目前对最低缴费年限没有全国的统一规定，由各统筹地区根据本地情况来确定。从目前各地方规定的情况看，一般为男职工 30 年，女职工 25 年。但也有一些经济条件比较好的地方规定的年限门槛比较低，如规定累计缴费男职工满 25 年、女职工满 20 年。按照国家规定办理了退休手续，按月领取基本养老金或者退休费的人员，享受退休人员的基本医疗保险待遇，不再缴纳基本医疗保险费。

应当看到，一些职工由于各种原因，可能在达到法定退休年龄时，其缴纳基本医疗保险的年限未达到国家规定的最低缴费年限，对这样的职工，为了更好地保障他们在退休后的医疗待遇，有必要从法律制度的层面规定一个能够使其进入

“制度内”的补救渠道，允许其缴费至国家规定的年限。于是，《社会保险法》第二十七条作出规定，参加职工基本医疗保险的个人，达到法定退休年龄时，累计缴费“未达到国家规定年限的，可以缴费至国家规定年限”。这就是说，对于退休时未达到国家规定的缴费年限的职工，法律规定可以允许其通过补缴的方式缴费至国家规定年限，补缴的费用包括其实际缴费年限与国家规定的最低缴费年限相差的期间内，应当由用人单位和个人缴纳的全部医疗保险费用。如《北京市基本医疗保险规定》（北京市人民政府第158号令）第十一条规定：“本规定施行前已退休的人员不缴纳基本医疗保险费。本规定施行后参加工作，累计缴纳基本医疗保险费男满25年、女满20年的，按照国家规定办理了退休手续，按月领取基本养老金或者退休费的人员，享受退休人员的基本医疗保险待遇，不再缴纳基本医疗保险费。本规定施行前参加工作施行后退休，缴纳基本医疗保险费不满前款规定年限的，由本人一次性补足应当由用人单位和个人缴纳的基本医疗保险费后，享受退休人员的基本医疗保险待遇，不再缴纳基本医疗保险费。经劳动保障行政部门认定，职工的连续工龄或者工作年限符合国家规定的，视同基本医疗保险缴费年限。”

三、职工医疗保险基金的支付

职工享受医疗保险待遇中涉及的医疗费用，按照《社会保险法》的规定，凡是“符合基本医疗保险药品目录、诊疗项目、医疗服务设施标准以及急诊、抢救的医疗费用，按照国家规定从基本医疗保险基金中支付”。我国职工基本医疗保险基金由统筹基金和个人账户构成，统筹基金和个人账户的支付范围各不相同，两者分别管理，不能相互挤占。按照国家现行规定的医疗保险待遇享受的做法：

一是个人账户，归个人使用，主要支付门诊（小额）医疗费用，可以结转和继承。统筹基金主要支付住院（大额）医疗费用，由社会保险经办机构统筹调剂使用。

二是统筹基金支付，下有“门槛”、上有“封顶”。“门槛”就是起付标准，划定一个统筹基金起付标准线。在起付标准线下的费用由职工个人自付。如患者住院，个人首先要用个人账户或自付“门槛”费用。超过“门槛”以上的费用可以由统筹基金按比例支付大部分，年内二次住院以上起付标准要依次递减。“封顶”是划定一个统筹基金支付的最高限额（封顶线）。

在起付标准线以上、最高限额线以下的费用，主要由统筹基金支付，个人负担一定比例。即在起付线上、最高限额下，由个人和统筹基金各自按一定比例分担费用。

三是统筹基金支付一个患者的医疗费用达到最高额度（封顶线），相当于当地职工平均工资的 6 倍时，就不再支付。对封顶线以上的医疗费用，则通过实行职工大额医疗费用补助、企业补充医疗保险、社会医疗救助和商业医疗保险等途径来解决。

各地医疗保险统筹基金的具体起付标准和分担比例，由各统筹地区自行确定。

四、医疗保险基金不予支付的医疗费用

为了合理支付和规范医疗保险基金的支付，《社会保险法》第三十条规定，下列医疗费用不纳入基本医疗保险基金支付范围：

1. 应当从工伤保险基金中支付的费用。除了医疗保险之外，提供医疗服务也是工伤保险的重要内容。职工通过参加工伤保险，保障因工作原因受到的事故伤害或职业病损害。职工的工伤保险待遇是一个较为宽泛的待遇，工伤职工的医疗费用、康复费用等都从工伤保险基金中支出。为了避免工伤职工的医疗费用支付与职工基本医疗保险基金支付的范围产生交叉，法律规定，凡符合工伤支付条件的医疗费用，均应由工伤保险基金按规定支付，不再纳入基本医疗保险基金支付范围。此外，由于工伤职工的保障范围更明确、保障责任更重大，一般情况下，工伤保险的保障待遇会高于基本医疗保险，这样规定也有利于保障参保职工权益。

2. 应当由第三人负担的费用。主要是指职工由于第三人侵权，导致参保人员的人身受到伤害而产生的医疗费用。如参保人员因第三人致伤而入院治疗，由此产生的医疗费用，按照《民法典》等规定，应当由侵权人负担，基本医疗保险基金不予支付。一些情况下，导致参保人受到伤害的事件有明确的责任方，比如责任事故、由他人导致的交通事故或者参保人受到故意伤害。依照法律规定，如果医疗费用应当由第三人负担，那么这部分医疗费用不属于基本医疗保险的支付范

围。但是，针对实践中出现的第三人拒绝支付或者暂时无法确定第三人的情况，《社会保险法》规定："医疗费用依法应当由第三人负担，第三人不支付或者无法确定第三人的，由基本医疗保险基金先行支付。基本医疗保险基金先行支付后，有权向第三人追偿。"这主要是与有关法律相衔接。如《民法典》规定："损害是因第三人造成的，第三人应当承担侵权责任。""侵害他人造成人身损害的，应当赔偿医疗费、护理费、交通费、营养费、住院伙食补助费等为治疗和康复支出的合理费用，以及因误工减少的收入。造成残疾的，还应当赔偿辅助器具费和残疾赔偿金；造成死亡的，还应当赔偿丧葬费和死亡赔偿金。"

3. 应当由公共卫生负担的费用。公共卫生是指政府组织全社会共同努力，改善社会卫生条件，包括预防、监控和医治传染病和其他重大疾病流行，培养良好卫生习惯和文明生活方式，达到预防疾病、促进人民群众身体健康所提供的公共医疗服务。从这个定义可以看出，公共卫生包括的范围与基本医疗保险保障的医疗服务范围有一定重合。但是，我国现阶段的基本公共卫生服务，主要是由政府免费向全体公民提供的，国家基本公共卫生服务项目所需费用纳入政府财政预算安排。因此，为清晰界定公共卫生与基本医疗保险各自责任范围，《社会保险法》规定应当由公共卫生负担的医疗费用，不属于基本医疗保险基金支付范围。

4. 在境外就医的费用。根据现阶段我国经济发展水平和保障水平以及基本医疗保险管理能力，我国的基本医疗保险主要针对的是境内发生的医疗费用，对于参保人在境外（包括我国港、澳、台地区）发生的医疗费用，不属于支付范围。对于参保人可能发生的境外医疗费用风险，可通过相应的商业保险来解决。

上述这四项医疗费用，即使符合基本医疗保险药品目录、诊疗项目和医疗服务设施标准的要求，也不纳入基本医疗保险基金支付的范围。

第三节 职工工伤保险待遇

一、工伤保险待遇的支付

职工被认定为工伤后，其享受的工伤保险待遇（即所需费用），依法分别由社会保险机构管理的工伤保险基金支付和职工所在的用人单位支付。

（一）工伤保险基金支付费用的项目

根据国家法律法规规定，职工因工作遭受事故伤害或者患职业病进行治疗，认定为工伤或视同工伤的，享受工伤医疗待遇。职工治疗工伤应当在签订服务协议的医疗机构就医，情况紧急时可以先到就近的医疗机构急救。治疗工伤所需费用符合国家规定的工伤保险诊疗项目目录、工伤保险药品目录、工伤保险住院服务标准的，从工伤保险基金支付。依据《社会保险法》第三十八条规定，因工伤发生的下列费用，按照国家规定从工伤保险基金中支付：

1. 治疗工伤的医疗费用和康复费用

治疗工伤的医疗费用和康复费用是指职工因工负伤或者患职业病进行治疗和康复所发生的费用，如挂号费、检查费、治疗费、医药费、康复费，以及住院期间的床位费、取暖、空调费等，这些费用符合工伤保险诊疗（康复）项目目录、工伤保险药品目录、工伤保险住院服务标准的，由工伤保险基金全额报销，个人无须承担费用。为了做到公正、客观，实现规范化、标准化管理，工伤保险诊疗（康复）项目目录、工伤保险药品目录、工伤保险住院服务标准等由国家统一制定。

超出目录及服务标准的医药费该由工伤职工承担还是用人单位承担，目前实践中各地处理存在不同做法，多数地区的做法是用人单位不承担。

工伤保险强调治疗和康复并重，并以最大限度地恢复工伤职工的生活自理能力和职业劳动能力为目的。因此，国家在制定目录和标准时，根据工伤的特点和治疗、康复的实际需要，并综合考虑我国的社会经济发展水平和工伤保险基金的承受能力，使工伤待遇优于非因工患病治疗的待遇，确保对工伤职工抢救治疗和工伤康复需要。

2. 住院伙食补助费

为工伤职工住院支付伙食补助费，主要是因为职工治疗工伤与治疗一般疾病有着本质的区别。职工如果不是因工负伤，则不会增加这个负担，为保障工伤职工在住院期间的生活水平不降低，也不增加用人单位过多的经济负担，《社会保险法》规定住院伙食补助费由工伤保险基金支付。

3. 到统筹地区以外就医的交通和食宿费

如果工伤职工需要到统筹地区以外就医，有医疗机构的转院证明，报经统筹地区社会保险经办机构同意，所需交通费、食宿费由工伤保险基金按标准支付。基金支付的具体标准由统筹地区人民政府规定。

4. 安装配置伤残辅助器具所需费用

安装配置伤残辅助器具所需费用是指帮助工伤职工恢复或提高身体功能的一些伤残辅助器具，在规定范围内所购置的费用无须工伤职工个人负担。职工受到事故伤害后，可能造成身体器官缺损以及生理功能障碍，要恢复和提高工伤职工的身体功能，满足日常生活或就业的需要，经劳动能力鉴定委员会确认，可以享受配置辅助器具的待遇。如安装假肢、矫形器、假眼、假牙，配置轮椅、拐杖等辅助器具。由于辅助器具档次不同，价位高低不等，从各地生活水平和经济状况出发，国家对工伤职工配置的辅助器具制定了专门的目录，对经确认可以配置的辅助器具所需费用按照国家规定的标准从工伤保险基金支付。

5. 生活不能自理，经劳动能力鉴定委员会确认的生活护理费

生活护理费是对工伤职工已完全丧失劳动能力、生活长期不能自理、需要别人的护理所给予的一种经济补偿。工伤职工伤残达到一定程度，根据工伤职工在进食、翻身、大小便、穿衣洗漱、自我移动等五项情形，经评定伤残等级并经劳动能力鉴定委员会确认需要生活护理的，职工可以从工伤保险基金按月享受生活护理费待遇。生活护理费标准是按照生活不能自理的程度分三档确定，具体待遇标准是：

（1）生活完全不能自理的生活护理费为统筹地区上一年度职工月平均工资的50%；

（2）生活大部分不能自理的生活护理费为统筹地区上一年度职工月平均工资的40%；

（3）生活部分不能自理的生活护理费标准为统筹地区上一年度职工月平均工资的30%。

各统筹地区根据职工的平均工资和生活费用变化等情况，适时调整生活护理费，从而使工伤职工的生活护理得到保障。

6. 一次性伤残补助金和一至四级伤残职工按月领取的伤残津贴

所谓一次性伤残补助金，是指对工伤职工因工负伤或者患职业病对身体造成伤残所给予的补偿。按照不同的伤残等级确定不同的补偿金额，职工负伤一次给一

次补偿，而负伤后旧伤复发伤残等级发生变化的，不再支付一次性伤残补助金。

所谓伤残职工按月领取的伤残津贴，是指工伤职工完全丧失劳动能力或是大部分丧失劳动能力时，为保障其基本生活，由社会保险经办机构按月支付的保障待遇。这项待遇一般支付到达法定退休年龄或未到法定退休年龄而死亡时止。

对于伤残职工，按照《社会保险法》《工伤保险条例》的规定，分致残等级不同享受不同的待遇。

（1）职工因工致残被鉴定为一级至四级伤残的，保留劳动关系，退出工作岗位，享受以下待遇：

一是从工伤保险基金按伤残等级支付一次性伤残补助金，标准为：一级伤残为27个月的本人工资；二级伤残为25个月的本人工资；三级伤残为23个月的本人工资；四级伤残为21个月的本人工资。

二是从工伤保险基金按月支付伤残津贴，标准为：一级伤残为本人工资的90%；二级伤残为本人工资的85%；三级伤残为本人工资的80%；四级伤残为本人工资的75%。

伤残津贴实际金额低于当地最低工资标准的，由工伤保险基金补足差额；为了能够保证工伤职工的基本生活水平，同时又让工伤职工分享社会发展成果，各统筹地区要根据职工的平均工资和生活费用变化等情况，适时调整伤残津贴。

三是工伤职工符合领取基本养老金条件的，停发伤残津贴，享受基本养老保险待遇。基本养老保险待遇低于伤残津贴的，从工伤保险基金中补足差额。

四是职工因工致残被鉴定为一级至四级伤残的，由用人单位和职工个人以伤残津贴为基数，缴纳基本医疗保险费。

五是职工再次发生工伤，根据规定应当享受伤残津贴的，按照新认定的伤残等级享受伤残津贴待遇。

（2）职工因工致残被鉴定为五级至十级伤残的，享受以下待遇：

从工伤保险基金中按伤残等级支付一次性伤残补助金，标准为：五级伤残为18个月的本人工资；六级伤残为16个月的本人工资；七级伤残为13个月的本人工资；八级伤残为11个月的本人工资；九级伤残为9个月的本人工资；十级伤残为7个月的本人工资。

7. 终止或者解除劳动合同时，应当享受的一次性医疗补助金

一次性医疗补助金，是指职工因工致残被鉴定为国家规定的伤残等级后，该职工与用人单位解除或者终止劳动关系，可以享受的一次性医疗补助费用。按照我国现行规定，职工因工致残被鉴定为五级至十级伤残的，经工伤职工本人提出，可以与用人单位解除或者终止劳动关系，由工伤保险基金支付一次性工伤医疗补助金，具体标准由省、自治区、直辖市人民政府规定。

8. 因工死亡的，其遗属领取的丧葬补助金、供养亲属抚恤金和因工死亡补助金

按照《工伤保险条例》第三十九条的规定，职工因工死亡待遇主要包括：其近亲属按照规定从工伤保险基金领取丧葬补助金、供养亲属抚恤金和一次性工亡补助金：

（1）丧葬补助金。丧葬补助金是安葬工亡职工、处理后事的必须费用。因工死亡职工的丧葬补助金按“6个月的统筹地区上年度职工月平均工资”的标准计发。这个标准同样每年会有变化，每个地区标准不一样。

职工是因事故或职业中毒在发生伤害时抢救无效直接死亡的、职工因事故伤害或患职业病在停工留薪期内还未进行伤残等级鉴定就死亡的以及工伤职工鉴定伤残为一级至四级在停工留薪期满后死亡的，都应当按照因工死亡给付其近亲属丧葬补助金。

（2）供养亲属抚恤金。职工因工死亡，包括鉴定伤残为一级至四级的工伤职工死亡，其近亲属符合享受条件的应当享受供养亲属抚恤金待遇。供养亲属抚恤金按照因工死亡职工生前本人工资的一定比例计发，计发对象是由因工死亡职工生前提供主要生活来源、无劳动能力的亲属。标准为：配偶每月40%，其他亲属每人每月30%，孤寡老人或者孤儿每人每月在上述标准的基础上增加10%。核定的各供养亲属的抚恤金之和不应高于因工死亡职工生前的工资。供养亲属的具体范围由国务院社会保险行政部门规定。供养亲属抚恤金待遇属于长期待遇，为了能够保持供养亲属的基本生活水平，国家规定各统筹地区要根据职工的平均工资和生活费用变化的情况，适时对供养亲属抚恤金进行调整。但是，一旦供养亲属具备、恢复劳动能力或者死亡的，供养亲属抚恤金即停止发放。

（3）因工死亡补助金。即一次性工亡补助金，与一次性伤残补助金待遇相类

似，都是一次性支付的待遇，它是对工亡职工亲属以后生活的一次性补助。一次性工亡补助金标准为上一年度全国城镇居民人均可支配收入的20倍。这个标准每年都会变化，且没有地域之分，全国统一。发放对象为工亡职工的近亲属。

需要指出，按照国家规定，伤残职工在停工留薪期内因工伤导致死亡的，其近亲属享受领取丧葬补助金、供养亲属抚恤金和一次性工亡补助金：

一级至四级伤残职工在停工留薪期满后死亡的，其近亲属可以享受丧葬补助金、供养亲属抚恤金待遇。

此外，根据《工伤保险条例》规定，职工因工外出期间发生事故或者在抢险救灾中下落不明的，从事故发生当月起3个月内照发工资，从第4个月起停发工资，由工伤保险基金向其供养亲属按月支付供养亲属抚恤金。生活有困难的，可以预支一次性工亡补助金的50%。职工被人民法院宣告死亡的，按照国家有关职工因工死亡的规定处理。

9. 劳动能力鉴定费

劳动能力鉴定费是指劳动能力鉴定委员会在进行劳动能力初次鉴定、再次鉴定、复查鉴定活动中产生的费用。开展劳动能力鉴定，需要由劳动能力鉴定委员会抽取相关专家，并组织鉴定。《社会保险法》第三十八条规定劳动能力鉴定费从工伤保险基金中支付，既明确了劳动能力鉴定的费用开支渠道，也为劳动能力鉴定可持续发展奠定了基础。

从上述法律规定的工伤保险待遇项目中可以看出，我国将原来由用人单位支付的住院伙食补助费、到统筹地区以外就医的交通食宿费、终止或者解除劳动合同时应当享受的一次性医疗补助金三项费用，调整由工伤保险基金来支付，以减轻用人单位的负担。

（二）用人单位支付费用的项目

根据法律规定，用人单位依法缴纳工伤保险费后，对于工伤职工的相关待遇除由工伤保险基金支付外，用人单位还要承担一定的费用支出。《社会保险法》第三十九条规定，因工伤发生的下列费用，按照国家规定由用人单位支付：

1. 治疗工伤期间的工资福利

治疗工伤期间的工资福利，即工伤职工享受的停工留薪期待遇。按照《工伤保险条例》规定，职工因工作遭受事故伤害或者患职业病需要暂停工作接受治疗的，实行工伤停工留薪期。在停工留薪期内，工伤职工除享受工伤医疗待遇外，原工资福利待遇不变，由所在用人单位按月支付。实务中，工资福利中的本人工资是指工伤职工因工作遭受事故伤害或者患职业病前12个月平均月缴费工资。这样的规定有利于保证工伤职工的工资福利待遇不因工伤而受到影响。计算原工资福利时是否包括加班费，各地有不同的做法，有包括加班工资的，有不包含加班工资的。

为了遏制小伤大养、休工无限期的投机现象，《工伤保险条例》对停工留薪的期限作了限定。停工留薪期一般不超过12个月。伤情严重或者情况特殊的，经设区的市级劳动能力鉴定委员会确认，可以适当延长停工留薪期，但延长不得超过12个月。工伤职工评定伤残等级后，停发原有的工资待遇，按照《工伤保险条例》中有关规定享受伤残待遇。工伤职工在停工留薪期满后仍需治疗的，继续享受工伤医疗待遇。

2. 五级至六级工伤职工的伤残津贴

按照《工伤保险条例》规定，职工因工致残经劳动能力鉴定委员会鉴定为五级、六级伤残的，享受以下待遇：

（1）保留其与用人单位的劳动关系，由用人单位安排适当工作。这是考虑到五至六级工伤职工大部分尚具有一定的劳动能力，如果从事工作，由用人单位发放工资。

（2）如果用人单位难以安排工作、工伤职工本人又没有提出与用人单位解除或终止劳动关系的，由用人单位按月发给伤残津贴，标准为：五级伤残为本人工资的70%；六级伤残为本人工资的60%。并由用人单位按照规定为其缴纳应缴纳的各项社会保险费。

（3）伤残津贴实际金额低于当地最低工资标准的，由用人单位补足差额。

3. 一次性伤残就业补助金

按照《工伤保险条例》规定，工伤职工被鉴定达到五级至六级伤残的，用人单位应当给予安排适当工作；若五级至六级工伤职工本人提出与用人单位解除或终止劳动关系的，由用人单位支付一次性伤残就业补助金。被鉴定伤残达到七级至十级的工伤职工，劳动合同或聘用合同期满终止，或者工伤职工本人提出解除劳动合同或聘用合同的，也由用人单位支付一次性伤残就业补助金。这是为了使这部分工伤职工在寻找到新的工作以前，基本生活有必要的保障。考虑到各地经济发展和生活水平的差异，一次性伤残就业补助金标准由各省、自治区、直辖市人民政府规定。

4. 停工留薪期的护理

根据《工伤保险条例》第三十三条第三款规定："生活不能自理的工伤职工在停工留薪期需要护理的，由所在单位负责。"如果单位未安排护理的，则由单位支付护理费。护理费标准如何确定？国家没有统一规定，各地自行规定。比如，《广东省工伤保险条例》规定，工伤职工在停工留薪期间生活不能自理需要护理的，由所在单位负责。所在单位未派人护理的，应当参照当地护工从事同等级别护理的劳务报酬标准向工伤职工支付护理费。

（三）工伤保险待遇中职工本人工资的确定

1. 根据《工伤保险条例》规定，本人工资是指工伤职工因工作遭受事故伤害或者患职业病前 12 个月平均月缴费工资。所以只有在用人单位参加了工伤保险并缴纳了工伤保险费的情况下，才存在本人月缴费工资。而用人单位缴纳工伤保险费的数额为本单位职工工资总额乘以单位缴费费率之积，职工个人不缴纳工伤保险费。工资总额是指用人单位直接支付给本单位全部职工的劳动报酬总额。所以，纳入本单位职工工资总额中的职工个人工资，即为本人缴费工资。

2. 工伤保险基金在核发工伤保险待遇时，需要将本人工资、统筹地区职工平均工资进行比较，如果本人工资低于统筹地区职工平均工资的 60%，或高于统筹地区职工平均工资的 300%，则按统筹地区职工平均工资的 60%或 300%为基数计算工伤保险待遇；如果本人工资处于统筹地区职工平均工资的 60%至 300%之间，则按本人工资为基数计算相关工伤保险待遇。

3. 社保经办机构认定的本人缴费工资有可能不等于职工的实际工资。如果某一职工的实际工资高于统筹地区职工平均工资的 300%，用人单位只按不超过 300%的工资来缴纳工伤保险费时，该职工工伤保险缴费的本人工资就低于其实际工资。对此情形，社保经办机构以该职工的本人缴费工资来计算其待遇时，就会使得该工伤职工应得工伤保险待遇与工伤保险基金核发的待遇之间产生差额。这就是以职工"缴费工资"带来的差额。

二、享受工伤保险待遇的例外情形

我国法律规定，与法定用人单位建立劳动关系（或存在事实劳动关系）的职工，均有依法享受工伤保险待遇的权利。职工因工作原因受到事故伤害或者患职业病，且经工伤认定的，享受工伤保险待遇；其中，经劳动能力鉴定丧失劳动能力的，享受伤残待遇。

通常情况下，社会保险行政部门认定职工工伤，应以职工与用人单位之间存在劳动关系为前提。但是，立法机关、政府有关部门和司法机关出于保护弱势群体的目的，出台了一些特别规定，在一些情形下，认定工伤时，可要求责任主体承担工伤保险责任。例如，《最高人民法院关于审理工伤保险行政案件若干问题的规定》列举了以下几种情形：

1. 职工与两个或两个以上单位建立劳动关系，工伤事故发生时，职工为之工作的单位为承担工伤保险责任的单位。

此种情况下，工伤认定应当以谁受益、谁负责的原则界定责任主体。《劳动和社会保障部关于实施〈工伤保险条例〉若干问题的意见》也曾指出："职工在两个或两个以上用人单位同时就业的，各用人单位应当分别为职工缴纳工伤保险费。职工发生工伤，由职工受到伤害时其工作的单位依法承担工伤保险责任。"

2. 劳务派遣单位派遣的职工在用工单位工作期间因工伤亡的，派遣单位为承担工伤保险责任的单位。

这是因为在劳务派遣用工关系中，按照《劳动合同法》的规定，劳务派遣单位是一个用人单位，其与被派遣劳动者建立有劳动关系，而被派遣劳动者与用工单位无劳动关系，故由劳务派遣单位承担工伤保险责任。

3. 单位指派到其他单位工作的职工因工伤亡的，指派单位为承担工伤保险责任的单位。

在指派关系中，两个用人关系存在主次区别，职工与指派单位之间的用人关系是主要的，双方建立有劳动关系。单位"指派"员工到其他单位工作，也相当于"借调"员工到其他单位工作。根据《工伤保险条例》第四十三条规定："……职工被借调期间受到工伤事故伤害的，由原用人单位承担工伤保险责任……"当然，原用人单位与借调单位可以约定补偿办法。

4. 用工单位违反法律、法规规定将承包业务转包给不具备用工主体资格的组织或者自然人，该组织或者自然人聘用的职工从事承包业务时因工伤亡的，用工单位为承担工伤保险责任的单位。

此规定与《劳动和社会保障部关于确立劳动关系有关事项的通知》以及《人力资源和社会保障部关于执行〈工伤保险条例〉若干问题的意见》（人社部发〔2013〕34号）文件的精神相一致。

作此规定从有利于保护职工合法权益的角度出发，对《工伤保险条例》将劳动关系作为工伤认定前提的一般规定作出了补充，即当存在违法转包、分包的情形时，用工单位承担职工的工伤保险责任不以是否存在劳动关系为前提。根据上述规定，用工单位违反法律、法规规定将承包业务转包、分包给不具备用工主体资格的组织或者自然人，职工发生工伤事故时，应由违法转包、分包的用工单位承担工伤保险责任。

以案释法

案情简介

中铁某建筑公司将其承建项目工程的劳务部分分包给A公司。A公司属于具有建筑劳务资质的企业，其应使用自有劳务工人完成所承接的劳务项目，但其却又将铺设琉璃瓦劳务分包给自然人董某，该行为属于违法分包。

A公司违法将其所承包的业务分包给自然人董某以后，董某又聘用了工人蔺某。一次，蔺某在铺设琉璃瓦时因工受伤。在追究谁应当承担工伤保险责任时，出现争议。对此，蔺某上诉法院，要求A公司承担工伤保险责任。

法院观点

法院认为，在通常情况下，社会保险行政部门认定职工工伤，应以职工与用人单位之间存在劳动关系为前提。但是，在建筑行业，当存在违法转包、分包的情形时，用工单位承担职工的工伤保险责任不以是否存在劳动关系为前提，用工单位违反法律、法规规定将承包业务转包、分包给不具备用工主体资格的组织或者自然人，职工发生工伤事故时，应由违法转包、分包的用工单位承担工伤保险责任。

一是《最高人民法院关于审理工伤保险行政案件若干问题的规定》第三

条第一款第四项规定，用工单位违反法律、法规规定将承包业务转包给不具备用工主体资格的组织或者自然人，该组织或者自然人聘用的职工从事承包业务时因工伤亡的，用工单位为承担工伤保险责任的单位。

二是根据《劳动和社会保障部关于确立劳动关系有关事项的通知》规定，建筑施工、矿山企业等用人单位将工程（业务）或经营权发包给不具备用工主体资格的组织或自然人，对该组织或自然人招用的劳动者，由具备用工主体资格的发包方承担用工主体责任。

三是依据《人力资源和社会保障部关于执行〈工伤保险条例〉若干问题的意见》第七条规定，具备用工主体资格的承包单位违反法律、法规规定，将承包业务转包、分包给不具备用工主体资格的组织或者自然人，该组织或者自然人招用的劳动者从事承包业务时因工伤亡的，由该具备用工主体资格的承包单位承担用人单位依法应承担的工伤保险责任。

最后，法院判决A公司依法应当承担蔺某所受事故伤害的工伤保险责任。[①]

5. “包工头”因工伤亡的情形——承包单位将承包工程违法转包、分包给不具备用工主体资格的“包工头”，“包工头”因工伤亡时，应由承包单位承担工伤保险责任。

在司法实践中，法院认为，建设工程领域具备用工主体资格的承包单位承担其违法转包、分包项目上因工伤亡职工的工伤保险责任，并不以存在法律上劳动关系或事实上劳动关系为前提条件。根据《人力资源和社会保障部关于执行〈工伤保险条例〉若干问题的意见》第七条等规定，认定工伤保险责任或用工主体责任，已经不以存在法律上劳动关系为必要条件。根据《最高人民法院关于审理工伤保险行政案件若干问题的规定》第三条的规定，能否进行工伤认定和是否存在劳动关系，并不存在绝对的对应关系。因此，为了保障建筑行业中不具备用工主体资格的组织或自然人聘用的职工因工伤亡后的工伤保险待遇，加强对劳动者的倾斜保护和对违法转包、分包单位的惩戒，现行工伤保险制度确立了因工伤亡职

① 最高人民法院（2018）最高法行再151号行政判决书，载中国裁判文书网，最后访问时间：2022年10月21日。

工与违法转包、分包的承包单位之间推定形成拟制劳动关系的规则，即直接将违法转包、分包的承包单位视为用工主体，并由其承担工伤保险责任。

按照《人力资源社会保障部办公厅关于进一步做好建筑业工伤保险工作的通知》（人社厅函〔2017〕53号）等规范性文件的要求，我国在推广采用按建设项目参加工伤保险制度。即针对建筑行业的特点，应按用人单位参加工伤保险；对不能按用人单位参保、建筑项目使用的建筑业职工特别是农民工，采用按项目参加工伤保险。因此，为包括“包工头”在内的所有劳动者按项目参加工伤保险，扩展建筑企业工伤保险参保覆盖面，符合建筑工程领域工伤保险制度发展方向。

“包工头”作为劳动者，处于违法转包、分包利益链条的最末端，参与并承担着施工现场的具体管理工作，有的还直接参与具体施工；其同样可能存在工作时间、工作地点因工作原因而伤亡的情形。“包工头”因工伤亡，与其聘用的施工人员因工伤亡，就工伤保险制度和工伤保险责任而言，并不存在本质区别。而不将“包工头”纳入工伤保险范围，将形成实质上的不平等；“包工头”违法承揽工程的法律责任，与其参加社会保险的权利之间并不冲突。不能因为“包工头”违法承揽工程违反建筑领域法律规范，而否定其享受社会保险的权利。“包工头”及其招聘的职工因工伤亡时，均应由违法转包、分包的承包单位承担工伤保险责任。承包单位以自己的名义和资质承包建设项目，又由不具备资质条件的主体实际施工，从违法转包、分包中获取利益，由其承担相应的工伤保险责任，符合公平正义理念。

6. 个人挂靠其他单位对外经营，其聘用的人员因工伤亡的，被挂靠单位为承担工伤保险责任的单位。

对于个人挂靠其他单位，再聘用的人员与挂靠单位之间是否存在劳动关系的问题，存在不同认识。法院认为，这也是对《工伤保险条例》将劳动关系作为工伤认定前提的一般规定之外的特殊情形处理。适用此条规定，需要注意的有两点：一是挂靠人是自然人，单位挂靠不能适用本条规定；二是仅适用于挂靠人聘用的人员，不包括挂靠人。

以案释法

案情简介

某大货车实际车主系徐某，其购买该车后与一运输公司签订了车辆挂靠合同，该车登记在运输公司名下，并以运输公司的名义办理了道路运输经营许可证。徐某又雇用杨某驾驶大货车。2012 年 3 月 18 日，杨某驾驶该车与另一货车发生追尾碰撞，造成杨某受伤死亡。该事故经市公安局高速公路交通巡警大队作出事故认定书，认定杨某负全部责任。

杨某之父不服，向劳动争议仲裁委员会申请仲裁。仲裁委员会裁决确认杨某与运输公司之间存在劳动合同关系。

运输公司不服仲裁裁决，向法院起诉，请求法院判决公司与杨某不存在劳动关系。

案例评述

审理本案的焦点是，就车辆挂靠其他单位经营，车辆实际所有人聘用的司机与挂靠单位之间劳动关系的确认是否适用《最高人民法院行政审判庭关于车辆挂靠其他单位经营车辆实际所有人聘用的司机工作中伤亡能否认定为工伤问题的答复》[（2006）行他字第 17 号]（以下简称《答复》[①]）。

第一种意见：本案应适用《答复》

理由是：车辆实际所有人与挂靠单位之间采取的挂靠经营的做法，与《劳动和社会保障部关于确立劳动关系有关事项的通知》第四条规定的建筑施工、矿山企业发包的性质相近，建筑施工、矿山企业等用人单位将工程（业务）或经营权发包给不具备用工主体资格的组织或自然人，对该组织或自然人招用的劳动者，由具备用工主体资格的发包方承担用工主体责任。参照上述规定精神，由挂靠单位承担用工主体责任，即认定其与挂靠人的司机之间存在事实劳动关系并无不当。立法价值趋向对道路运输中的挂靠是从严的，以挂靠形式进行运输经营，违反了《道路运输条例》等行政法规的规

① 《答复》的内容："个人购买的车辆挂靠其他单位且以挂靠单位的名义对外经营的，其聘用的司机与挂靠单位之间形成了事实劳动关系，在车辆运营中伤亡的，应当适用《劳动法》和《工伤保险条例》的有关规定认定是否构成工伤。"

定，不仅使国家通过运输经营许可证的形式加强安全管理、规范市场经营秩序的管理目的落空，而且极大地增加了道路交通的安全隐患。故挂靠行为应当予以规范。《答复》主要是为了保护劳动者的利益，解决劳动者的工伤待遇问题。

1. 关于挂靠单位与挂靠车辆的车主之间的关系

根据《道路运输条例》的规定，从事道路客运或货运的，必须要取得运输许可证后，方能进行道路客运或货运经营活动。非个体工商户的个人购买的车辆之所以将其车辆挂靠到其他单位，是因为其难以取得运输许可证，实际上是一种规避法律的行为。我国法律中没有关于挂靠单位与挂靠车辆的车主之间法律关系的规定，但在现实生活中，这类不规范的挂靠行为并不鲜见。

2. 关于挂靠单位与车主雇用司机的关系

挂靠单位与车主签订的协议中一般都未约定车主所雇司机须遵守挂靠单位制定的规章制度并服从其监督管理，亦未约定挂靠单位有权参与或者干涉车主车辆的营运。但挂靠单位允许车主以其名义运营并从中收取一定数额的金钱，挂靠单位与车主之间的关系类似于企业与内部承包人的关系，可以视为挂靠单位授权车主雇用司机并对其进行管理，这就意味着该司机与挂靠单位之间存在管理与被管理、指挥与被指挥关系。车主所雇的司机间接受挂靠单位的劳动管理，间接从事挂靠单位安排的有报酬的劳动，其提供的劳动可视为挂靠单位业务的组成部分。在法律上可以解释为挂靠单位与车主所雇的司机是雇用和被雇用的关系，车主是以挂靠单位的名义进行民事活动。他们只是没有一种法律形式的劳动关系，可以将其解释为一种事实上的劳动关系。

虽然有些挂靠单位与车主之间的协议中写明，挂靠期间发生事故或其他原因造成的一切损失均由车主自负，挂靠单位概不承担。但这些条款是不合法的，不可对抗第三人，亦不能依据这些条款来证明挂靠单位与车主所雇的司机之间不具有事实上的劳动关系。

3. 对弱者的保护及防止规避法律的问题

在此类案件中，车主所雇的司机与挂靠单位、车主相比较，完全处于弱势地位，劳动法、劳动合同法等有关劳动关系双方当事人之间权利义务的规定中，侧重规定职工的权利和用人单位的义务。可以说，立法宗旨是以职工为权利本位，以用人单位为义务本位。

以挂靠形式进行运输经营，违反了《道路运输条例》等行政法规的规定，使国家通过运输经营许可证的形式加强道路安全管理的目的落空，而挂靠单位却从中牟利。既然挂靠单位同意他人挂靠并收取一定费用，同时也就意味着其应对外承担由此带来的法律责任。

本案中，杨某的工作内容为驾驶某大货车，而该车辆登记所有人为某运输公司，道路运输经营许可证亦登记在某运输公司名下，因此，杨某付出劳动的对象为某运输公司，其以某运输公司的名义从事运营受到伤害，公司应当承担责任。

第二种意见：本案不适用《答复》

理由是：将此种情形认定为事实劳动关系与劳动合同法的精神不符。劳动合同法颁布实施以后，在执法中应该更加严格地要求从书面上确认劳动关系的存在；对于没有书面劳动合同的能否认定为事实劳动关系，就需要严加限制，一定要符合劳动关系的基本特征，不能随意扩大劳动关系的认定，否则后续问题会更多。法院在审理劳动争议案件中，对事实劳动关系的认定本质上在于劳动者和用人单位要形成人身、经济上的隶属性，劳动者为用人单位付出了一定劳动并已经获得或应当获得劳动报酬和有关福利待遇。如果参照《答复》认定车辆实际所有人聘用的司机与挂靠单位之间形成了事实劳动关系，必将过度加重挂靠单位的责任，并且造成对整个劳动社会保障制度的冲击。

此外，最高人民法院于2012年12月颁布的《最高人民法院关于审理道路交通损害赔偿案件适用法律若干问题的解释》第三条规定：“以挂靠形式从事道路运输经营活动的机动车发生交通事故造成损害，属于该机动车一方责任，当事人请求由挂靠人和被挂靠人承担连带责任的，人民法院应予支持。”关于挂靠人与被挂靠人承担连带责任的规定与《答复》意见不一致。因为如果车辆实际所有人聘用的司机与挂靠单位之间系事实劳动关系，在发生交通事故的情况下，应当仅由挂靠单位作为用工单位对外承担责任，而不是由挂靠单位与挂靠人即车辆实际所有人承担连带责任。

第三种意见：处理本案要考虑到《劳动合同法》是2008年1月1日开始施行的基本法律背景

在《劳动合同法》实施后，劳动关系有明确的法律含义，用人单位除管理劳动者外还有辞退劳动者的权利，而本案某运输公司与司机杨某之间不存在这种劳动关系。杨某劳动所创造的价值最主要的也不是交给某运输公司，很大一部分还是由徐某取得，某运输公司只是每年收取一定的管理费，给杨某发工资的是徐某，不是某运输公司，故杨某与某运输公司之间不符合劳动关系的基本法律特征。

司机杨某与某运输公司之间，相安无事时一般不会认为其存在劳动关系，出了事故反而认定存在劳动关系，从法律上讲是说不通的。从价值取向、社会影响、社会效果看，如果认定杨某与某运输公司之间形成了劳动关系，通过认定工伤予以保护，而实际上某运输公司并没有为杨某缴纳有关社会保险费用，只是每年收取固定的管理费。杨某在没有缴纳有关保险费用的情况下享受工伤待遇，从更广阔的视角来看，对广大的劳动者而言可能会构成另一种不公平。但是，本案中徐某以挂靠方式借用运输公司营业执照经营的，当杨某发生工伤后，应将营业执照出借方列为当事人。

由于挂靠往往都是没有资质的个人或者组织挂靠有资质的单位，而劳动者是挂靠方招聘并实际使用的，在判断三方关系时，如果按照实际情形来判断，劳动者应当是挂靠方（没有资质的个人或者组织）雇用的员工，双方形成的是雇佣合同关系，而与被挂靠的单位不存在劳动关系。但是，由于被挂靠方违法出借资质，也应承担相应责任。如何规范被挂靠方、挂靠方、雇用员工三方的关系，尚需进一步研究。

三、企业使用达到退休年龄人员的工伤处理

享受工伤保险待遇的前提条件是职工被认定为工伤。这里对“职工”的概念存在争议。一般而言，劳动法概念中的“职工”是指与用人单位建立了劳动关系的劳动者①。

① 参见第三章　用人单位与劳动者　第二节　劳动者的法律定义“劳动和社会保险法律中的劳动者”。

对于企业招聘的离退休人员，是否视为劳动法概念中与用人单位建立了劳动关系的“职工”呢？是否可以享受工伤保险待遇呢？

以案释法

案情简介

刘某是一名退休人员，被某公司招聘为保洁人员。一天，刘某在工作中不慎摔倒并导致髋骨骨折，后被送医治疗。

事后，刘某的家人要求该公司申报工伤，并要求享受工伤保险待遇。但该公司以刘某系退休人员受伤并不属于工伤为由，拒绝其要求。

刘某的家人不服，遂向人社部门申请工伤认定。人社部门以刘某是退休人员，不属于劳动法中所指的“职工”，与企业不存在劳动关系，其所受伤害的性质不属于工伤为由，拒绝了刘某家人的工伤认定申请。

刘某及其家人不服，向法院提起诉讼。

案例评述

对于本案的处理，有两种意见：

一种意见认为，我国劳动法没有规定劳动者的上限年龄，用人单位录用超过法定退休年龄的人员不违反法律法规的禁止性规定。退休人员在工作中受伤，应认定为工伤。具体理由是：

第一，退休人员与用人单位之间存在事实劳动关系。我国劳动法规定劳动者只有下限年龄的禁止，即用人单位不得招用未满 16 周岁的未成年人，对达到法定退休年龄仍然从事劳动的人员，法律未作禁止性规定。本案中，刘某虽已达到法定退休年龄，但事实上仍在为公司提供有偿劳动，由公司支付劳动报酬，受公司的管理和支配，故双方之间劳动关系成立。

第二，退休人员在工作中受伤应认定为工伤。认定工伤须具备两个前提条件：一是劳动者与企业之间存在劳动关系或事实劳动关系；二是发生了《工伤保险条例》第十四条和第十五条所列举的客观事实。本案中当事人双方存在事实劳动关系，且在工作时间和工作场所内，因工作原因受到事故伤害，当属认定工伤的范畴。

关于退休人员在工作中受伤是否适用《工伤保险条例》的问题，根据

《人力资源社会保障部关于执行〈工伤保险条例〉若干问题的意见（二）》（人社部发〔2016〕29号）第二条规定："达到或超过法定退休年龄，但未办理退休手续或者未依法享受城镇职工基本养老保险待遇，继续在原用人单位工作期间受到事故伤害或患职业病的，用人单位依法承担工伤保险责任。用人单位招用已经达到、超过法定退休年龄或已经领取城镇职工基本养老保险待遇的人员，在用工期间因工作原因受到事故伤害或患职业病的，如招用单位已按项目参保等方式为其缴纳工伤保险费的，应适用《工伤保险条例》。"

另一种意见认为，根据《劳动合同法实施条例》第二十一条规定："劳动者达到法定退休年龄的，劳动合同终止。"据此规定，劳动者一旦达到国家法定退休年龄，其与企业的劳动关系终止，已不再是劳动法律承认的劳动者（即不是劳动法中所指的"职工"），因而不能够成为劳动法律关系中的主体。退休人员与企业之间双方系劳务关系。同时，《工伤保险条例》中明确规定参加工伤保险的提前是"与用人单位存在劳动关系（包括事实劳动关系）"的职工。因此，一般情况下，超过法定退休年龄人员因工受伤不能按工伤处理。实务中，用人单位聘用退休人员，通常签订的都是劳务合同，而非劳动合同。用人单位也无须为招用的退休人员缴纳社会保险或工伤保险等费用，因而，相关人员在实质上并不享受工伤保险待遇，也无法认定工伤。

同时，根据《最高人民法院关于审理劳动争议案件适用法律问题的解释（一）》第三十二条第一款规定："用人单位与其招用的已经依法享受养老保险待遇或者领取退休金的人员发生用工争议而提起诉讼的，人民法院应当按劳务关系处理。"按此规定，实务中出现当企业招用退休人员发生争议时，也可能被直接当作劳务关系处理；司法解释并未规定用人单位与其招用的未依法享受养老保险待遇的人员发生用工争议时可以按劳动关系处理。这就是说，用人单位与其招用的退休人员，不论其是否享受养老保险待遇，都应当按照劳务关系处理。如果以劳动者是否享受养老保险待遇为条件来区别对待，在法理上，显然对享受养老保险待遇的人员不公平（其享受不到工伤待遇）；而在实务中，又会对未依法享受养老保险待遇的人员再从业造成不公平（企业会为降低用工成本，不愿招用未依法享受养老保险待遇的人员）。

在现实经济生活中，企业使用达到法定退休年龄人员的现象普遍存在。那么，当企业用工中出现了职业伤害，应当如何处理？按照现行国家有关政策规定，我们可以分三种情况来讨论。

（一）职工达到退休年龄继续在原单位工作的情形

达到或超过法定退休年龄，未办理退休手续或者未依法享受城镇职工基本养老保险待遇，继续在原用人单位工作期间受到事故伤害或患职业病的，用人单位依法承担工伤保险责任。

根据《人力资源社会保障部关于执行〈工伤保险条例〉若干问题的意见（二）》第二条第一款规定："达到或超过法定退休年龄，但未办理退休手续或者未依法享受城镇职工基本养老保险待遇，继续在原用人单位工作期间受到事故伤害或患职业病的，用人单位依法承担工伤保险责任。"

此种情形下认定工伤的缘由：一类情形是职工从达到退休年龄前直到达到退休年龄后一直在同一用人单位工作，因未办理退休手续使该职工不能享受养老保险待遇，企业仍继续用工。另一类情形是职工达到退休年龄之后，因企业原因从未给职工参保或缴费不足，导致该职工无法退休享受养老保险待遇，故职工还在同一单位继续工作。此两类情形都是企业存在过错。那么，按照《人力资源社会保障部关于执行〈工伤保险条例〉若干问题的意见（二）》要求，此类达到法定退休年龄的人员继续在原用人单位工作期间，受到事故伤害，用人单位要依法承担工伤保险责任。

对此值得探讨的问题是：在现行的法律和国家政策制度管控下和实务操作中，企业能否为达到或超过法定退休年龄的人员继续参保缴费吗？对此问题，可参见本书有关章节中的相关讨论。

（二）企业招用达到法定退休年龄的人员用工的情形

企业招用已经达到、超过法定退休年龄或已经领取城镇职工基本养老保险待遇的人员，在用工期间因工作原因受到事故伤害的，应当有条件地适用《工伤保险条例》。

根据《人力资源社会保障部关于执行〈工伤保险条例〉若干问题的意见（二）》第二条第二款规定："用人单位招用已经达到、超过法定退休年龄或已经领取城镇职工基本养老保险待遇的人员，在用工期间因工作原因受到事故伤害或患职业病的，如招用单位已按项目参保等方式为其缴纳工伤保险费的，应适用《工伤保险条例》。”

此种情形下认定工伤的条件是：企业新招用已经达到或超过法定退休年龄的人员，且按项目参保等方式为其已经参加了工伤保险。按照社会保险法律法规政策规定，已退休人员是不能直接参保的。但是，由于一些行业如建筑领域是按项目方式参保的，故仍存在已退休或已领取职工养老保险待遇的人员在建设工程项目务工，而承建单位又已按项目方式参保，按照权利义务对等原则，既然用人单位和劳动者履行了参保义务，那么也就应该有享受工伤保险待遇的权利。

对此值得探讨的问题是：在现行的法律框架和实务操作中，未按项目参保或其他行业没有实行按项目参保的企业招用达到或超过法定退休年龄的人员用工，发生了职业伤害应当如何处理？

（三）企业招用超过退休年龄的务工农民用工的情形

超过退休年龄进城务工农民工作期间受到事故伤害或患职业病的，可否享受工伤待遇？最高法院先后有两种解说：

一是根据《最高人民法院行政审判庭关于超过法定退休年龄的进城务工农民因工伤亡的，应否适用〈工伤保险条例〉请示的答复》（〔2010〕行他字第10号）规定，“用人单位聘用的超过法定退休年龄的务工农民，在工作时间内、因工作原因伤亡的，应当适用《工伤保险条例》的有关规定进行工伤认定。”若认定工伤，是否意味着此类务工农民与用人单位存在劳动关系？或者说不讨论劳动关系，只讨论承担工伤保险责任？

二是根据《最高人民法院关于审理劳动争议案件适用法律问题的解释（一）》第三十二条第一款规定：“用人单位与其招用的已经依法享受养老保险待遇或者领取退休金的人员发生用工争议而提起诉讼的，人民法院应当按劳务关系处理。”若是按劳务关系处理，则不必认定工伤。

上述两种解说是不一致的。对于超过法定退休年龄的务工农民，如果是已经依法享受养老保险待遇的，则要按劳务关系处理是否不必认定工伤；如果是未享受养老保险待遇的，能否按劳动关系处理认定为工伤？司法意见并未明确。

按照我国现行的社会保险制度设计，城乡居民养老保险与城镇职工基本养老保险并存，《社会保险法》已将城乡居民养老保险纳入整个社会保险制度安排。

那么，如果农民工享受了城乡居民养老保险待遇是否构成“已经依法享受养老保险待遇”？

同时，还有一问题是：按照前述《最高人民法院行政审判庭关于超过法定退休年龄的进城务工农民因工伤亡的，应否适用〈工伤保险条例〉请示的答复》的规定，对于用人单位聘用的超过法定退休年龄的务工农民适用《工伤保险条例》进行工伤认定后，在实务操作中，如何具体处理务工农民事后的工伤保险待遇？

企业应当注意：因为企业招用超过法定退休年龄的务工农民，一般都不会为其缴纳工伤保险费（也可能因法规政策等原因不能参保）。但是，一旦招用的超过法定退休年龄的务工农民发生职业伤害，经工伤认定后，就会依法要求企业承担支付工伤保险待遇的责任，即根据《社会保险法》第四十一条规定：“职工所在用人单位未依法缴纳工伤保险费，发生工伤事故的，由用人单位支付工伤保险待遇。用人单位不支付的，从工伤保险基金中先行支付。从工伤保险基金中先行支付的工伤保险待遇应当由用人单位偿还。用人单位不偿还的，社会保险经办机构可以依照本法第六十三条的规定追偿。”所以，企业招用超过法定退休年龄的务工农民用工时承担着法律风险。对此问题值得进一步探讨。

基于上述分析，是否可以说，企业招用退休人员或招用超过法定退休年龄的人员用工，在工作中发生事故伤害时，得不到任何救济呢？

根据2004年施行的《最高人民法院关于审理人身损害赔偿案件适用法律若干问题的解释》（法释〔2003〕20号）规定：“雇员在从事雇佣活动中遭受人身损害，雇主应当承担赔偿责任。”《民法典》颁布后该条被删除，《民法典》中也没有提到“雇佣关系”。这就是说，用人单位用工除了建立劳动关系之外，还有承揽、委托、代理等形式的劳务关系。若将企业聘用退休人员视为劳务关系，按照民法规范的精神，退休人员在完成工作过程中造成自己损害的，企业不承担侵权责任。但是，企业如果对其劳动过程有指示或者管理控制的，应当承担相应的责任；如果退休人员本人具有过错的，本人也应当承担相应的责任。所以，对于企业而言，在聘用退休人员时，应当注意：要及时与聘用人员签订聘用合同（即劳务合同），并在合同中明确约定劳动条件、劳动报酬、劳动保护、医疗待遇以及因工作发生意外伤害的责任等，以便在发生争议时，能够直接按照合同约定来执行，减少和避免因为没有约定而产生纠纷。同时，对于类似保洁、保安等岗位，还可以考虑购买雇主责任险，或其他团体险，在工作期间发生伤亡事故的，在保险范围内，交由商业保险公司赔偿。这样不仅能加强对劳动者的保护，也能降低企业的用工风险。

四、职工退休后的工伤待遇支付

依法领取伤残津贴的工伤职工特别是一级至四级伤残的职工，因为退出工作岗位，一直依靠按月领取的伤残津贴维护生活。当他们达到法定退休年龄时，可否继续领取伤残津贴又同时领取养老金？

按照社会保险待遇不可同时重复享受的原则。《社会保险法》第四十条作出规定，工伤职工达到退休年龄并办理退休手续后，停发伤残津贴，享受基本养老保险待遇。但是对于一些伤残职工达到退休年龄，却未达到领取基本养老保险待遇的条件，此时只能继续享受工伤保险伤残津贴。

按照现行规定，工伤职工被鉴定为一级至四级伤残后，只需要继续缴纳基本医疗保险费，不再缴纳基本养老保险费，由此造成他们的基本养老保险缴费年限一般较短；而一些被鉴定为五级、六级伤残的伤残职工，由于其难以安排工作，又以伤残津贴为缴费基数缴纳基本养老保险费，导致缴费一般比较少，按照少缴少得的原则，他们的养老保险待遇较低，可能会低于伤残津贴。因此，为了保障这些伤残职工在退休后能够维持原来的生活水平，《社会保险法》规定，伤残职工退休后享受的基本养老保险待遇低于伤残津贴的，由工伤保险基金给予补足。

五、对职工工伤权益的特别维护

（一）用人单位未缴纳工伤保险费的法律责任

按照《社会保险法》规定，用人单位应当依法为其职工参加工伤保险，缴纳工伤保险费，这是用人单位的一项法定义务。如果职工发生工伤后，因职工所在用人单位未参加工伤保险或未依法缴纳工伤保险费，导致职工不能从工伤保险基金中享受工伤保险待遇，那么就要由该用人单位承担法律责任。按照《工伤保险条例》规定，由该用人单位按照本条例规定的工伤保险待遇项目和标准支付费用。

以案释法

员工上岗第一天就猝死，随后公司当天办好社保增员能免责吗?

案情简介

2019年5月10日，某公司与黄先生签订劳动合同，黄先生于同年5月15日正式上岗。第一天上班当日，黄先生突然晕倒，经抢救无效后死亡。

根据居民死亡医学证明（推断）书记载，黄先生为猝死，死亡时间为2019年5月15日9时16分。公司赶紧在网上为黄先生申请了社保增员，申请操作时间为2019年5月15日9时31分。

2019年8月6日，人社局作出《认定工伤决定书》，认为黄先生受到的事故伤害，符合《工伤保险条例》第十五条第一款第一项之规定，予以认定为视同工伤。

2019年8月27日，公司向市人社局社保中心申请黄先生的工伤待遇支付，包括丧葬补助金和一次性工亡补助金。市社保中心未予核定支付。

公司于2019年12月9日提起诉讼，要求社保中心履行职责，按照工伤赔偿标准向其支付黄先生的工伤待遇，包括丧葬补助金和一次性工亡补助金。

案例评述

用人单位为其职工参加工伤保险并缴纳工伤保险费，且职工在缴费期间发生工伤事故的，是社会保险经办机构从工伤保险基金中支付工伤保险待遇的前提条件。如职工系在用人单位未参加工伤保险期间发生了工伤事故，那么社会保险经办机构可以拒绝核定和支付其工伤保险待遇。

对于本案的处理有两种观点。

一种观点认为：公司于2019年5月10日与黄先生签订劳动合同，黄先生于同年5月15日正式上岗，同日公司即为黄先生办理了社保增员手续。公司已在《社会保险法》第五十八条第一款规定的期限范围内办理了工伤保险手续（即符合“用人单位应当自用工之日起三十日内为其职工向社会保险经办机构申请办理社会保险登记”的时间要求），是完全合法的。公司也没有恶意骗取保险待遇的主观故意，不属于《工伤保险条例》第六十二条所称的

“应当参加工伤保险而未参加工伤保险的用人单位”。因此，社会保险经办机构应当及时核定和支付工伤保险待遇。行政机关和司法机关应当保护守法企业的权益，才符合工伤保险法律有关分散守法用人单位工伤风险的价值取向。

本案中，企业社会保险关系建立的时间不应当以具体的某一时点缴费时间为准，应当以法律规定的应当社保登记和缴费的期间为准。黄先生工伤发生的时间是社会保险的空窗期（法定的30天时间内），社会保险经办机构依法应当核准支付黄先生的工伤待遇。

另一种观点认为：黄先生去世时间（2019年5月15日9时16分）在前，公司为黄先生办理社保增员登记时间（2019年5月15日9时31分）在后，根据《工伤保险条例》第六十二条第二、三款的规定：“依照本条例规定应当参加工伤保险而未参加工伤保险的用人单位职工发生工伤的，由该用人单位按照本条例规定的工伤保险待遇项目和标准支付费用。用人单位参加工伤保险并补缴应当缴纳的工伤保险费、滞纳金后，由工伤保险基金和用人单位依照本条例的规定支付新发生的费用。”根据《人力资源社会保障部关于执行〈工伤保险条例〉若干问题的意见（二）》第三条规定：“《工伤保险条例》第六十二条规定的‘新发生的费用’，是指用人单位参加工伤保险前发生工伤的职工，在参加工伤保险后新发生的费用。其中由工伤保险基金支付的费用，按不同情况予以处理：（一）因工受伤的，支付参保后新发生的工伤医疗费、工伤康复费、住院伙食补助费、统筹地区以外就医交通食宿费、辅助器具配置费、生活护理费、一级至四级伤残职工伤残津贴，以及参保后解除劳动合同时的一次性工伤医疗补助金；（二）因工死亡的，支付参保后新发生的符合条件的供养亲属抚恤金。”

本案中，可以认定黄先生死亡时，公司尚未为其办理参加工伤保险手续并缴纳工伤保险费，黄先生的视同工伤属于参加工伤保险前发生工伤事故的情形，公司的相关社保增员手续和社保费用系黄先生发生工伤之后才办理和缴纳的。公司申请的一次性工亡补助金和丧葬补助金不属于新发生的费用。因此，社保中心对参保缴费前因工伤产生的费用不具有支付义务。

对于上述类似的案例，值得进一步探讨的是：

按照《劳动合同法》第十条规定，企业与员工建立劳动关系，应当自用工之日起一个月内订立书面劳动合同。根据《社会保险法》第五十八条第一款规定："用人单位应当自用工之日起三十日内为其职工向社会保险经办机构申请办理社会保险登记。未办理社会保险登记的，由社会保险经办机构核定其应当缴纳的社会保险费。"《社会保险费征缴暂行条例》第十条第一款规定："缴费单位必须按月向社会保险经办机构申报应缴纳的社会保险费数额，经社会保险经办机构核定后，在规定的期限内缴纳社会保险费。"这就是说，法律法规都有规定，企业与员工签订书面劳动合同、参加社会保险和缴费有一个月的法定时间。在企业用工之日起一个月内，企业无论何时参保缴费，都不是违法行为。只要企业在一个月内（无论哪一天）为员工签订劳动合同和参保缴费，都应当认定企业依法履行了法定义务。

因此，在上述案例中，只要该公司在一个月内为黄先生缴纳了工伤保险费，就不应由该公司对黄先生的工伤保险待遇承担全部责任，而社会保险经办机构应当依法承担相应的责任。或者说，至于企业用工后没有及时为职工参保，员工在此期间出现工伤，可由企业立即支付相关费用；一旦企业在依法参保缴费后，按照《工伤保险条例》规定："用人单位参加工伤保险并补缴应当缴纳的工伤保险费、滞纳金后，由工伤保险基金和用人单位依照本条例的规定支付新发生的费用。"上述案例中，企业在正式用工（黄先生第一天上班）的同时就及时为其办理了参加社会保险并缴费，尽管是黄先生去世时间在前，公司为黄先生办理参保缴费时间在后，但仍然没有违法超过法律法规规定的参保缴费时间（一个月的期限）。所以，公司依法履行了参保缴费义务，黄先生不属于"应当参加工伤保险而未参加工伤保险的用人单位职工"。对此，社会保险经办机构应予核准支付工伤保险待遇。

适用《工伤保险条例》第六十二条规定的前提应当是"未按时缴纳工伤保险费"的用人单位，而认定是否"按时"的依据，应当是适用《社会保险法》第五十八条规定的"用人单位应当自用工之日起三十日内"为其职工向社会保险经办机构申请办理社保登记缴费，以及根据《社会保险费征缴暂行条例》第十条规定："缴费单位必须按月向社会保险经办机构申报应缴纳的社会保险费数额，经社会保险经办机构核定后，在规定的期限内缴纳社会保险费。”

（二）工伤保险先行支付制度

工伤保险先行支付制度，是指由于用人单位未参加工伤保险，当工伤事故发生后，用人单位拒不支付或者无力支付职工的工伤保险待遇时，由工伤保险基金先行支付，再由社会保险经办机构向用人单位追偿的制度。按照《社会保险法》的规定，如果用人单位未参加工伤保险社会统筹，未按规定缴纳工伤保险费，职工发生工伤的，由该用人单位按照规定的工伤保险待遇项目和标准支付待遇。用人单位不支付的，从工伤保险基金中先行支付。这一规定避免了由于用人单位不支付工伤保险待遇导致的工伤职工无钱治伤、工伤待遇得不到保障的情况。同时为了维护已参保单位和职工的利益，使工伤保险基金免受损失，法律规定从工伤保险基金中先行支付的工伤保险待遇应当由用人单位偿还。

设计这一法律制度是因为：一方面，工伤保险制度是用人单位单方缴费的制度，职工本人难以掌握用人单位为其办理参加工伤保险的情况，只能依靠社会保险行政部门履行监督职责督促用人单位依法参保。如果用人单位不参加工伤保险，应当承担由其支付工伤保险待遇的法律责任。另一方面，职工与用人单位相比，是相对弱势的一方，发生工伤后很难顺利、及时地追回应得的工伤保险待遇，而法律赋予了社会保险经办机构（或工伤保险基金管理机构）追偿的措施，还有处以滞纳金、罚款等手段，相比职工自己去追偿更加有效。

工伤保险待遇先行支付制度，实际上也是政府为监督不力的失职行为承担责任的一种体现。将用人单位不支付工伤保险待遇的风险从工伤职工身上转移到工伤保险基金上，由基金先行支付，再向用人单位代为追偿的制度模式，既能够保障工伤职工的待遇支付，也能够有效促使用人单位履行义务。

（三）工伤保险待遇的追偿制度

为了使工伤保险基金免受损失，《社会保险法》规定，当职工发生工伤后，因用人单位未参保缴纳工伤保险费，且拒不支付或者无力支付职工的工伤保险待遇时，由工伤保险基金先行支付。从工伤保险基金中先行支付的工伤保险待遇应当由用人单位偿还。用人单位不偿还的，社会保险经办机构可以依法追偿。即法律赋予了社会保险经办机构可以采取法定的强制措施，对于应当由未参加工伤保险的用人单位支付的工伤保险待遇，由社会保险经办机构责令其限期偿还，除需补缴欠缴数额外，自欠缴之日起，按日加收5‰的滞纳金。逾期仍未偿还的，由有关行政部门处欠缴数额1倍以上3倍以下的罚款。社会保险经办机构可以向银行和其他金融机构查询其存款账户；并可以申请县级以上有关行政部门作出划拨的决定，书面通知其开户银行和其他金融机构划拨应偿还的工伤保险待遇。用人单位账户余额少于应偿数额的，社会保险经办机构可以要求该用人单位提供担保，签订延期偿还协议。用人单位不偿还且未提供担保的，社会保险经办机构可以申请人民法院扣押、查封其价值相当于应偿数额的财产，以拍卖所得抵缴工伤保险待遇。

（四）第三人侵权时的工伤保险待遇支付

在工伤保险实践中，经常会遇到由于第三人原因而导致的工伤。如较常见的是上下班途中受到交通事故伤害。根据《最高人民法院关于审理人身损害赔偿案件适用法律若干问题的解释》第三条规定："依法应当参加工伤保险统筹的用人单位的劳动者，因工伤事故遭受人身损害，劳动者或者其近亲属向人民法院起诉请求用人单位承担民事赔偿责任的，告知其按《工伤保险条例》的规定处理。因用人单位以外的第三人侵权造成劳动者人身损害，赔偿权利人请求第三人承担民事赔偿责任的，人民法院应予支持。"根据《民法典》第一千一百七十九条规定："侵害他人造成人身损害的，应当赔偿医疗费、护理费、交通费、营养费、住院伙食补助费等为治疗和康复支出的合理费用，以及因误工减少的收入。造成残疾的，还应当赔偿辅助器具费和残疾赔偿金；造成死亡的，还应当赔偿丧葬费和死亡赔偿金。"

从上述司法解释和《民法典》的规定可见，工伤职工可以获得"双赔"，即可以同时获得工伤保险待遇和民事侵权赔偿。但在实践中，由于对工伤职工因第三人原因而导致的工伤是实行"单赔"，还是"双赔"或是"补差"的认识分歧较大。对于第三人侵权导致职工工伤的，同时根据《民法典》《社会保险法》《工伤保险条例》等法律法规的规定，职工可以向侵权的第三人要求民事侵权赔偿，也可以向工伤保险基金要求享受工伤保险待遇，这就出现了民事侵权责任和工伤保险责任的竞合。对于这种情况，国外存在着四种模式：

1. 由工伤保险取代民事侵权责任，工伤职工只能请求工伤待遇。这种模式简便易行，减少了诉讼，但一般赔偿数额较低，剥夺了当事人请求精神赔偿等相关权利。目前，在北欧国家、新西兰等采取这种做法。

2. 由工伤职工在侵权损害赔偿与工伤保险待遇之间自由选择一种。这种模式往往能获得较高的赔偿数额，但诉讼时间较长，并受制于被告的赔偿能力。英国和其他英联邦国家早期曾一度采取这种模式，后来均已废止。

3. 允许工伤职工可以同时享受侵权民事赔偿和工伤保险待遇“双份利益”。这种模式对工伤职工十分有利，可使工伤职工获得充分的赔偿，但一部分观点认为这种模式使受害人因为被侵权而获益。只有英国等较少的国家采用这种模式。

4. 工伤职工享受的是民事侵权赔偿和工伤保险待遇相互补充，两种请求所得的数额，不得超过实际损失。这种模式一方面避免工伤职工获得双份利益，节约了基金的开支，另一方面又保证受害人获得完全的赔偿。德国、日本、意大利等多数国家采取这种模式。

我国当前对职工因第三人侵权受到伤害，如何处理第三人侵权赔偿责任和工伤保险待遇支付的关系，争议较大。有以下三种观点：

其一，主张单赔。认为受伤害的职工只能在民事侵权赔偿和工伤保险待遇中选择一项，如果享受了工伤保险待遇，工伤保险基金就取得了对第三人的代位追偿权；如果工伤职工追究第三人民事赔偿责任的，不能再享受工伤保险待遇。

其二，主张补差。认为应当实行工伤保险与第三人侵权赔偿相结合。如由第三人先行支付的，不能达到工伤保险待遇水平的，由工伤保险基金补足；如由工伤保险基金先行支付的，民事侵权赔偿除偿还工伤保险基金支出之外，超出工伤保险待遇的部分，归工伤职工所得。

其三，主张双赔。根据《社会保险法》第四十二条规定，除工伤医疗费用外，工伤职工可以同时享受工伤保险待遇和获得民事侵权赔偿。

从法理上讲，工伤职工可以同时主张工伤保险待遇和请求民事侵权赔偿。因为工伤保险与民事侵权赔偿性质不同。工伤保险待遇属于公法领域的补偿，人身损害赔偿则属于私法领域的赔偿，二者不能混用，也不能相互替代。在法律规定上，除工伤医疗费用外，法律不禁止工伤职工享受工伤保险待遇后再获得民事赔偿。《社会保险法》《工伤保险条例》明确规定了构成工伤应享受相关待遇，没有规定第三人侵权工伤应当扣减第三人赔偿部分，也没有明确规定受伤职工只能得到一份赔偿或者补偿。

从实际情况来看，由工伤职工向侵权第三人主张民事赔偿责任也有一些困难。一是在现实中，侵权人具有完全赔偿能力的并不多，即使法院判决侵权人支付赔偿金，也难以执行到位，侵权人的赔偿往往不足以弥补受害人的实际损失。二是工伤职工打民事官司要花费很大的人力和金钱成本。如果把打官司的成本除去，工伤职工即使打赢官司，扣除成本后所获得的利益也有限。三是民事诉讼实行的是“谁主张谁举证”，工伤职工存在举证不能而无法获得民事赔偿的无奈等。

按照《最高人民法院关于审理工伤保险行政案件若干问题的规定》观点：

一是职工因第三人的原因受到伤害，社会保险行政部门以职工或者其近亲属已经对第三人提起民事诉讼或者获得民事赔偿为由，作出不予受理工伤认定申请或者不予认定工伤决定的，人民法院不予支持。

二是职工因第三人的原因受到伤害，社会保险行政部门已经作出工伤认定，职工或者其近亲属未对第三人提起民事诉讼或者尚未获得民事赔偿，起诉要求社会保险经办机构支付工伤保险待遇的，人民法院应予支持。

三是职工因第三人的原因导致工伤，社会保险经办机构以职工或者其近亲属已经对第三人提起民事诉讼为由，拒绝支付工伤保险待遇的，人民法院不予支持，但第三人已经支付的医疗费用除外。

从解决实际问题出发，为了保障工伤职工得到及时医治，《社会保险法》作出规定：“由于第三人的原因造成工伤，第三人不支付工伤医疗费用或者无法确定第三人的，由工伤保险基金先行支付。工伤保险基金先行支付后，有权向第三人追偿。”

1. 关于工伤员工已从第三人处获得误工费的问题

在司法实务中，劳动者因第三人侵权造成人身损害并构成工伤的，在停工留薪期间内，原工资福利待遇不变，由所在单位按月支付。但是，用人单位以侵权人已经向劳动者赔偿了误工费为由，主张无须支付停工留薪期间工资的，人民法院不予支持。

以案释法

案情简介

周某入职公司，公司为其缴纳了社会保险费。2018 年 7 月 9 日，周某在下班途中驾驶普通二轮摩托车与张某驾驶电动自行车发生碰撞，导致两车受损、周某与张某受伤。经交通警察大队就本起事故作出认定，认定张某负主要责任。又经交警部门调解，周某与张某达成协议：周某的部分医药费和误工费，由张某承担。

事后，周某申请工伤认定。人社局作出了认定工伤决定书，认定周某受到的伤害属于工伤。周某要求公司支付因工伤医疗的停工留薪期工资。公司认为，周某的误工费已由张某（第三人）承担了，公司不必再予支付。由此产生争议，诉讼到法院。

法院观点

法院审理认为：职工经认定为工伤，理应按照《工伤保险条例》的规定享受相应的工伤保险待遇。因公司已为周某缴纳了社会保险，故相关的工伤保险待遇项目分别由工伤保险基金和公司向周某支付，其中医疗费、一次性伤残补助金、一次性工伤医疗补助金应由工伤保险基金支付。

另根据法律规定，职工因工作遭受事故伤害需要暂停工作接受工伤医疗的，在停工留薪期间内，原工资福利待遇不变，由所在单位按月支付。至于误工费，是与停工留薪期工资系基于不同的法律关系而产生，伤者可以兼得。

本案中，关于停工留薪期工资。周某因工伤休息35天，应视同其正常提供劳动而享有工资，应由公司支付周某停工留薪期工资。关于公司认为周某系因第三人侵权构成工伤，其已经获得第三人的误工费赔偿，故不能同时享有停工留薪期工资。法院认为，一方面，现行法律并未禁止工伤职工同时享受工伤保险待遇和人身损害赔偿；另一方面，工伤保险待遇与民事侵权赔偿二者性质不同，前者属公法领域，基于社保法律关系发生；后者属私法领域，基于民事法律关系发生，不宜径行替代。最后，法院判决支持了周某的诉求。①

2. 关于第三人造成工伤的医疗费问题

根据《最高人民法院关于审理工伤保险行政案件若干问题的规定》第八条规定，职工因第三人的原因受到伤害，社会保险行政部门以职工或者其近亲属已经

① 江苏省苏州市中级人民法院（2019）苏05民终10330号民事判决书，载中国裁判文书网，最后访问时间：2022年10月21日。

对第三人提起民事诉讼或者获得民事赔偿为由，作出不予受理工伤认定申请或者不予认定工伤决定的，人民法院不予支持。职工因第三人的原因受到伤害，社会保险行政部门已经作出工伤认定，职工或者其近亲属未对第三人提起民事诉讼或者尚未获得民事赔偿，起诉要求社会保险经办机构支付工伤保险待遇的，人民法院应予支持。职工因第三人的原因导致工伤，社会保险经办机构以职工或者其近亲属已经对第三人提起民事诉讼为由，拒绝支付工伤保险待遇的，人民法院不予支持，但第三人已经支付的医疗费用除外。

按照《社会保险法》第四十二条的规定，由于第三人的原因造成工伤的，应当由第三人承担医疗费用，第三人拒不支付或者不能支付的或者无法确定第三人的，由工伤保险基金先行支付。工伤保险基金先行支付后，有权向第三人追偿。同时，法院也认为，工伤保险基金依法支付工伤保险待遇后，向第三人代位追偿其已经向职工或其近亲属支付的工伤医疗费用的，人民法院应予支持。这在制度上解决了工伤职工在由于第三人原因造成的伤害后最为急需的工伤医疗费问题，为工伤职工及时救治提供了法律保障。

（五）企业为职工购买商业人身意外伤害险后的工伤保险待遇支付

企业为职工购买商业性人身意外伤害保险的，不得因此免除其为职工参加工伤保险和缴纳工伤保险费的法定义务。职工获得用人单位为其购买的人身意外伤害保险赔付后，仍然有权向用人单位主张工伤保险待遇。同时，按照《安全生产法》第五十六条第二款规定："因生产安全事故受到损害的从业人员，除依法享有工伤保险外，依照有关民事法律尚有获得赔偿的权利的，有权提出赔偿要求。"即员工可以享受工伤保险和商业保险双重赔付。

以案释法

案情简介

2011年11月，A远洋渔业有限公司（以下简称A公司）与B远洋渔业有限公司（以下简称B公司）签订委托招聘合同，约定B公司为A公司名下6艘船舶招聘远洋船员。

2012年7月，B公司招聘安某为远洋大管轮职务船员，签订了聘用合同，并为安某投保人身意外险，约定如在聘用期内发生因工伤亡，按有关意外保险条款执行。2012年8月，A公司作为投保人，为包括安某在内的48名船员向保险公司投保团体意外伤害保险，保障项目为额外身故、残疾、烧伤给付。

2012年9月，安某等14名船员开始被派遣至轮上进行远海捕鱼作业。2013年8月5日，轮船在作业海域遇险侧翻。2014年1月16日，安某被法院宣告死亡。人寿保险公司向安某的父母支付了安某身故赔偿金。

2014年12月，法院判决，确认A公司与安某存在劳动关系。2015年3月，人社局认定安某属于工伤。

随后，安某的父母向法院请求：判令A公司支付拖欠安某的工资及奖金，以及丧葬补助金、供养亲属抚恤金、一次性工亡补助金等工伤保险待遇。

法院观点

法院一审认为：安某受A公司聘用，与A公司存在劳动合同关系。A公司没有为安某买工伤保险，根据《广东省工伤保险条例》规定，A公司应支付安某依法应享有的工伤保险待遇。A公司虽然为安某购买了意外伤害商业保险，并与安某在聘用合同中约定在聘用期内如因工伤亡，按有关意外保险条款执行，但依法缴纳工伤保险是用人单位的法定义务，该项义务不能通过当事人协商予以免除。

安某的父母以意外伤害保险单受益人身份取得商业保险赔偿金后，仍有权主张工伤保险赔偿。

A公司关于安某的父母已取得商业保险金即无权再主张工伤保险赔偿金的抗辩不能成立。

A公司不服一审判决，向省高级法院提起上诉。

法院二审认为：《工伤保险条例》第二条第一款规定："中华人民共和国境内的企业、事业单位、社会团体、民办非企业单位、基金会、律师事务所、会计师事务所等组织和有雇工的个体工商户（以下称用人单位）应当依照本条例规定参加工伤保险，为本单位全部职工或者雇工（以下称职工）缴纳工伤保险费。"根据该规定，为职工缴纳工伤保险费是A公司的法定义务，该法定义务不得通过任何形式予以免除或变相免除。《工伤保险条例》第六十二条第二款又进一步规定："依照本条例规定应当参加工伤保险而未参加工伤保险的用人单位职工发生工伤的，由该用人单位按照本条例规定的工伤保险待遇项目和标准支付费用。”在A公司未为安某缴纳工伤保险费的情况下，A公司应向安某的父母支付工业保险待遇。

A公司为安某购买的商业性意外伤害保险，性质上是A公司为安某提供的一种福利待遇，不能免除A公司作为用人单位负有的法定的缴纳工伤保险费的义务或支付工伤保险待遇的义务。

此外，法律及司法解释并不禁止受工伤的职工或其家属获得双重赔偿。依据《最高人民法院关于审理工伤保险行政案件若干问题的规定》第八条第一款规定：“职工因第三人的原因受到伤害，社会保险行政部门以职工或者其近亲属已经对第三人提起民事诉讼或者获得民事赔偿为由，作出不予受理工伤认定申请或者不予认定工伤决定的，人民法院不予支持。”第八条第三款规定：“职工因第三人的原因导致工伤，社会保险经办机构以职工或者其近亲属已经对第三人提起民事诉讼为由，拒绝支付工伤保险待遇的，人民法院不予支持，但第三人已经支付的医疗费用除外。”由此可见，上述规定并不禁止受工伤的职工同时获得民事赔偿和工伤保险待遇赔偿。

A公司称安某的父母同时获得保险金和工伤保险待遇系一事二赔，违反公平原则，没有法律依据，不予支持。一审法院判决A公司向安某的父母支付工伤保险待遇正确，予以维持。①

六、停止享受工伤保险待遇的情形

工伤职工享受工伤保险待遇的权利与一定的条件相对应。当职工丧失了法定的条件时，就失去了相应的权利。对此，《社会保险法》第四十三条和《工伤保险条例》第四十二条都规定了，工伤职工有下列情形之一的，停止享受工伤保险待遇：

（一）丧失了享受待遇条件

工伤保险制度保护的对象是一个特定的职工群体，当工伤职工丧失享受条件时，就应该终止享受待遇。例如，工伤职工伤情治愈后，工伤医疗待遇就不再享受，只有旧伤复发医治的费用才可以报销医疗等费用。如果工伤职工在享受伤残

① 参见安某、兰某诉深圳市某远洋渔业有限公司工伤保险待遇纠纷案，载《最高人民法院公报》2017年第12期。

津贴期间情况发生变化，不再具备享受伤残津贴的伤残等级，也要停止享受伤残津贴待遇。对于申请领取供养亲属抚恤金待遇的人员或已经领取供养亲属抚恤金待遇的人员，如果供养亲属是工亡者的子女、孙子女、外孙子女，则年满18周岁就丧失了享受待遇的条件，只有经过劳动能力鉴定委员会鉴定属于完全丧失劳动能力的才可以继续享受。如是属于未成年人（已年满16周岁），但参军或就业后也就丧失了享受待遇的条件。

（二）拒不接受劳动能力鉴定

工伤职工在工伤治疗伤情相对稳定或停工留薪期满后，应当进行劳动能力鉴定。劳动能力不同程度的丧失，使劳动者可能因此不能从事原本适合的正常职业，甚至可能无法再从事任何工作，但也可能恢复劳动能力继续从事适合的职业和岗位，而这一切都必须通过劳动能力鉴定来确定。因为劳动能力鉴定结论是确定不同程度的经济补偿、合理调换工作岗位和恢复工作等的科学依据。有关部门按照法律法规规定，要求工伤职工进行劳动能力鉴定，如果工伤职工没有正当理由，拒绝接受劳动能力鉴定的，就无法确定工伤保险待遇，也表明该工伤职工不愿意接受工伤保险制度提供的帮助，对此，就应当停止支付其工伤保险待遇。

（三）拒绝治疗

工伤保险制度的重要目的之一，就是为工伤职工提供医疗救治，尽快治愈伤病，帮助工伤职工恢复劳动能力，重返社会，而不鼓励工伤职工消极依赖社会帮助。所以，职工遭受工伤事故或患职业病后，既有享受工伤医疗待遇的权利，同时也有积极配合医疗救治的义务。如果工伤职工无正当理由拒绝接受医疗机构对其受伤部位或职业病所实施的治疗，就有悖于工伤保险促进职业康复的宗旨。因此，法律规定了对拒绝治疗的工伤职工，工伤保险基金将停止支付其工伤保险待遇。

七、职工的工伤权益救济

根据法律规定，工伤职工治疗非工伤引发的疾病，不享受工伤医疗待遇，按照基本医疗保险办法处理。

根据《工伤保险条例》规定：

1. 职工与用人单位发生工伤待遇方面的争议，按照处理劳动争议的有关规定处理。

2. 无营业执照或者未经依法登记、备案的单位以及被依法吊销营业执照或者撤销登记、备案的单位的职工受到事故伤害或者患职业病的，由该单位向伤残职工或者死亡职工的近亲属给予一次性赔偿，赔偿标准不得低于《工伤保险条例》规定的工伤保险待遇。伤残职工或者死亡职工的近亲属就赔偿数额与单位发生争议的，按照处理劳动争议的有关规定处理。

3. 用人单位不得使用童工，用人单位使用童工造成童工伤残、死亡的，由该单位向童工或者童工的近亲属给予一次性赔偿，赔偿标准不得低于《工伤保险条例》规定的工伤保险待遇。童工或者童工的近亲属就赔偿数额与单位发生争议的，按照处理劳动争议的有关规定处理。

4. 以下情形中，有关单位或者个人可以依法申请行政复议，也可以依法向人民法院提起行政诉讼：（1）申请工伤认定的职工或者其近亲属、该职工所在单位对工伤认定申请不予受理的决定不服的；（2）申请工伤认定的职工或者其近亲属、该职工所在单位对工伤认定结论不服的；（3）用人单位对经办机构确定的单位缴费费率不服的；（4）签订服务协议的医疗机构、辅助器具配置机构认为经办机构未履行有关协议或者规定的；（5）工伤职工或者其近亲属对经办机构核定的工伤保险待遇有异议的。

但是，社会保险行政部门作出认定为工伤的决定后发生行政复议、行政诉讼的，行政复议和行政诉讼期间不停止支付工伤职工治疗工伤的医疗费用。

用人单位、工伤职工或者其近亲属骗取工伤保险待遇，由社会保险行政部门责令退还，处骗取金额 2 倍以上 5 倍以下的罚款；情节严重，构成犯罪的，依法追究刑事责任。

第四节　职工失业保险待遇

一、失业保险金的标准

失业保险金，是从失业保险基金中以现金形式支付给失业人员的基本生活费用，是最基本和最重要的失业保险待遇项目。

失业保险金标准的高低关系到失业人员能够领到的失业保险金的多少，关系到失业保险待遇水平的高低。一般来说，失业保险金标准要根据失业人员及其家庭赡养人口的基本生活需要，并考虑社会平均工资、物价水平等因素来确定。失业保险既要保障失业人员的基本生活，又要有利于促进再就业，因此失业保险金标准既不能过低，也不宜过高。

目前，我国各地区经济社会发展水平不平衡，难以由国家确定统一的标准来适应各地。因此，《社会保险法》规定，失业保险金的标准，由省、自治区、直辖市人民政府确定，但不得低于城市居民最低生活保障标准。1999 年的《失业保险条例》曾规定失业保险金的标准，按照低于当地最低工资标准、高于城市居民最低生活保障标准的水平，由省、自治区、直辖市人民政府确定。《社会保险法》中未作出失业保险金标准是否低于当地最低工资标准的规定。

从各地实际执行情况看，目前失业保险金标准的确定办法有三种：

一是与当地最低工资标准挂钩，按当地最低工资标准的一定比例计发失业保险金。

二是与当地城市居民最低生活保障标准挂钩。城市居民最低生活保障标准，又称为城市居民最低生活保障线，是国家为救济社会成员中收入难以维持其基本生活需求的人口而制定的一种社会救济标准。《城市居民最低生活保障条例》规定，城市居民最低生活保障标准，按照当地维持城市居民基本生活所必需的衣、食、住费用，并适当考虑水电燃煤（燃气）费用以及未成年人的义务教育费用确定。

三是在《失业保险条例》所规定的失业保险金最低和最高幅度内，将失业保险金发放水平与失业人员失业前的个人缴费工资挂钩。

按照《失业保险条例》和《失业保险金申领发放办法》（人力资源和社会保障部令第 42 号）的规定，失业保险金由社会保险经办机构按月发放。社会保险经办机构为失业人员开具领取失业保险金的单证，失业人员凭单证到指定银行领取失业保险金。

二、其他失业保险待遇

失业人员除了依法按月享受失业保险金之外，在领取失业保险金期间，按照有关规定还同时享受其他失业保险待遇。

（一）领取失业保险金期间的医疗保险待遇

为妥善解决失业人员在领取失业保险金期间的疾病医治问题，解除其后顾之忧，1999 年的《失业保险条例》第十九条规定：“失业人员在领取失业保险金期间患病就医的，可以按照规定向社会保险经办机构申请领取医疗补助金。医疗补助金的标准由省、自治区、直辖市人民政府规定。”2010 年的《社会保险法》第四十八条进一步规定：“失业人员在领取失业保险金期间，参加职工基本医疗保险，享受基本医疗保险待遇。失业人员应当缴纳的基本医疗保险费从失业保险基金中支付，个人不缴纳基本医疗保险费。”

从一般意义上理解，失业人员作为劳动者或城乡居民，依法参加基本医疗保险、享受基本医疗保险待遇，就应当依法缴纳相应的保险费。但考虑到失业人员既已失业，失去主要经济收入来源，如果再让其负担基本医疗保险费，会进一步加剧生活困境；同时失业人员在失业前的就业期间，所在单位和本人已经缴纳了医疗保险费，因其暂时失业就享受不到基本医疗保险待遇，不尽合理。因此，为了有利于保障失业人员的医疗待遇和医疗保险缴费期限的累计与衔接，不影响其退休后的医疗保险待遇，《社会保险法》规定，对领取失业保险金期间的失业人员参加职工基本医疗保险，其基本医疗保险费由失业保险基金中支付，失业人员本人不需要缴纳基本医疗保险费。

为贯彻落实《社会保险法》，2011 年《人力资源和社会保障部关于领取失业保险金人员参加职工基本医疗保险有关问题的通知》（人社部发〔2011〕77 号）规定，要求领取失业保险金人员应按规定参加其失业前失业保险参保地的职工医疗保险，由参保地失业保险经办机构统一办理职工医疗保险的参保缴费手续。领取失业保险金人员参加职工医疗保险的缴费年限与其失业前参保的缴费年限累计计算。同时规定，领取失业保险金人员参加职工医疗保险的缴费率原则上按照统筹地区的缴费率确定。缴费基数可参照统筹地区上年度职工平均工资的一定比例确定，最低比例不低于 60%。失业保险经办机构为领取失业保险金人员缴纳基本医疗保险费的期限与领取失业保险金期限相一致。失业保险经办机构应将缴费金额、缴费时间等有关信息及时告知医疗保险经办机构和领取失业保险金人员本人。

（二）领取失业保险金期间死亡后的遗属待遇

给死亡职工的遗属发放丧葬补助金和抚恤金，是我国长期以来所坚持的一项职工福利制度。在失业保险制度中也引入了这一原则。《失业保险条例》规定，领取失业保险金期间死亡的失业人员的丧葬补助金和其供养的配偶、直系亲属的抚恤金属于失业保险基金的支出项目。这主要是考虑到减轻失业人员遗属的经济负担。《社会保险法》基本延续了这一制度，第四十九条明确规定："失业人员在领取失业保险金期间死亡的，参照当地对在职职工死亡的规定，向其遗属发给一次性丧葬补助金和抚恤金。所需资金从失业保险基金中支付。个人死亡同时符合领取基本养老保险丧葬补助金、工伤保险丧葬补助金和失业保险丧葬补助金条件的，其遗属只能选择领取其中的一项。"

按照我国现行规定，需要指出的是：

1. 只有在领取失业保险金期间死亡的失业人员，才能向其遗属发放丧葬补助金和抚恤金。

2. 职工死亡同时符合领取基本养老保险丧葬补助金、工伤保险丧葬补助金和失业保险丧葬补助金条件的，其遗属只能选择领取其中的一项，不能多重享受。

3. 失业人员死亡后当月尚未领取的失业保险金可由其家属领取，其他尚未领取的失业保险金则不能领取。

（三）享受就业服务减免费用等优惠政策

按照《失业保险金申领发放办法》第十一条规定，失业人员在领取失业保险金期间，应积极求职，接受职业指导和职业培训。失业人员在领取失业保险金期间求职时，可以按规定享受就业服务减免费用等优惠政策。

（四）享受城市居民最低生活保障待遇

按照《失业保险金申领发放办法》第十二条规定，失业人员在领取失业保险金期间或期满后，符合享受当地城市居民最低生活保障条件的，可以按照规定申请享受城市居民最低生活保障待遇。

企业要注意，上述有关失业保险金以及医疗保险、丧葬补助金、抚恤金、职业培训和职业介绍补贴等失业保险待遇的标准按照各省、自治区、直辖市人民政府的有关规定执行。

三、享受失业保险待遇的条件

《就业促进法》规定，国家建立健全失业保险制度，依法确保失业人员的基本生活，并促进其实现就业。享受失业保险待遇是参加失业保险的职工的法定权利。

失业人员，是指在劳动年龄内有劳动能力，目前无工作但正以某种方式在寻找工作的人员，包括就业转失业的人员和新生劳动力中未实现就业的人员。《社会保险法》中所指失业人员只限定为就业转失业的人员。为保证将失业保险金支付给国家规定范围内的单位失业人员，防止失业人员产生依赖心理和不劳而获的观念，同时为了有效地鼓励失业人员尽快实现再就业，各国依法对获得失业保险的人员作出了严格规定。

按照《社会保险法》和《失业保险条例》的规定，失业人员符合下列条件的，可以从失业保险基金中领取失业保险金。

（一）必须符合劳动年龄条件

失业人员必须是处于法定最低劳动年龄与退休年龄之间的劳动者。因为，一方面要禁止用人单位使用童工；另一方面是超过法定退休年龄的职工，应当享受养老保险。

（二）必须是依法缴纳失业保险费满1年以上

失业人员失业前所在用人单位和本人必须依法参加失业保险，并按照规定缴纳失业保险费满1年以上。这是失业人员享受失业保险待遇要求其用人单位和个人必须履行的法定义务。如果缴费时间不满1年，失业后不能领取失业保险金；如果是未参加过工作的失业者，或参加工作1年以上，但所在单位和个人没有参加失业保险，表明其没有履行过参保缴费义务，即使劳动者处于失业状况，也不符合享受失业保险待遇的条件，不能领取失业保险金。应当指出的是，这里所说的满1年，是指累计缴费时间，即可以将在不同用人单位的缴费时间累积起来计算。《社会保险法》规定："职工跨统筹地区就业的，其失业保险关系随本人转移，缴费年限累计计算。"国家还规定，失业人员在领取失业保险金期间重新就业后不满1年再次失业的，可以继续申领其前次失业应领取而尚未领取的失业保险金。

（三）必须是非因本人意愿中断就业

这是国际上大多数国家在失业保险立法中所遵循的一条基本原则。劳动者中断就业，从其自身角度看有两种原因：一是劳动者自愿临时或永久中断就业；二是劳动者不愿意中断就业，但因本人无法控制的种种原因而被迫离开原工作岗位。按照国际上通行的做法，前一种情况一般不认定为失业，因此不需要提供物质帮助；后一种情况即非因本人意愿中断就业的，则需要由失业保险提供生活保障。这是为了防止故意失业以获取失业保险金。

自愿失业者不在失业保险给付范围之内，是因为自愿失业责任全在失业者本人，企业和国家没有义务给付失业保险待遇。非自愿失业的责任是劳动者主观因素以外的其他原因造成的，理应提供失业保险。然而，自愿与否是当事者的主观意愿，在实践中难以作出准确、客观的判断。为避免争议，很多国家对此都作了尽可能详细的规定。

《失业保险金申领发放办法》对劳动者非因本人意愿中断就业的情形作了进一步规定，即非因本人意愿中断就业，是指终止与用人单位的劳动关系，被用人单位解除劳动合同，被用人单位开除或除名、辞退，以及因用人单位以暴力、威胁或者非法限制人身自由的手段强迫劳动，或者用人单位未按照劳动合同约定支付劳动报酬或者提供劳动条件，劳动者依法与用人单位解除劳动合同等情形。

（四）已经进行失业登记并有求职要求

失业登记是政府对人力资源市场实施行政管理的一种手段，职工失业后进行失业登记是领取失业保险金的必经程序，也是失业人员进入申领失业保险待遇程序的重要标志。对于失业保险而言，进行失业登记是对劳动者的失业状况进行确认，目的是掌握失业人员基本情况，确认其领取待遇资格，并据以提供相应待遇的依据。参保人员进行失业登记时，须持本人身份证件和证明原身份的有关证据，以及与原单位终止、解除劳动关系或者解聘的证明。

根据《社会保险法》第五十条规定："用人单位应当及时为失业人员出具终止或者解除劳动关系的证明，并将失业人员的名单自终止或者解除劳动关系之日起十五日内告知社会保险经办机构。失业人员应当持本单位为其出具的终止或者解除劳动关系的证明，及时到指定的公共就业服务机构办理失业登记。失业人员凭失业登记证明和个人身份证明，到社会保险经办机构办理领取失业保险金的手续。失业保险金领取期限自办理失业登记之日起计算。"

失业人员享受失业保险待遇，必须有求职要求。这是考虑到失业保险的一个重要功能是促进失业人员再就业。失业保险保障的对象，是有能力工作并愿意继续工作的劳动者。如果劳动者不愿意继续工作，或者因法定事由（如达到退休年龄等）退出人力资源市场，他们就不再属于失业保险保障的对象，他们的生活可以通过其他社会保障计划予以保障。这也是国际上通行的做法。

就业权是劳动者的一项基本权利，是否就业应当由劳动者根据自己的意愿作出选择。失业人员作为劳动者的一部分，享有同样的权利。从这个意义上讲，失业人员有选择就业或不就业的自由。要求享受失业保险待遇的劳动者为积极寻找工作，通过失业登记，表达有求职要求，可以获得公共就业服务机构提供的帮助，尽快实现再就业。因此，法律规定申领失业保险金的人员必须有劳动能力和求职要求，并且通过到人力资源服务机构或职业介绍机构登记求职、主动应聘、参加职业培训等方式积极寻找到合适的工作机会。

为了切实贯彻实施法律法规关于失业保险的规定，各地在执行中都作了细化和补充规定，主要做法是：

一是要求失业人员必须在规定期限内到失业保险经办机构进行登记并提出重新工作的要求。

二是失业期间必须定期（如每月）到户口所在地的失业保险经办机构报告是否就业的情况，以便失业保险机构和人力资源服务机构及时掌握其情况并提供相应的再就业服务。

三是要求失业人员在无正当理由的情况下，不能拒不接受当地就业服务机构介绍的工作或提供的职业培训等服务。若失业人员拒绝，则认定无再就业意愿，将停止其享受失业保险待遇。

四、对非因本人意愿中断就业的理解

如何理解企业员工的“非因本人意愿中断就业”，是一个值得探讨的问题。

根据《实施〈中华人民共和国社会保险法〉若干规定》第十三条规定，认定非因本人意愿中断就业的人员，应包括以下情形：

1. 终止劳动合同的情形

依据《劳动合同法》第四十四条第一项、第四项、第五项规定，主要是指劳动者处于因劳动合同期满，或用人单位被依法宣告破产，用人单位被吊销营业执照、责令关闭、撤销或者用人单位决定提前解散而终止劳动合同的情形。

2. 被用人单位根据《劳动合同法》单方面解除劳动合同的情形

主要是指以下情形：

其一，依照《劳动合同法》第三十九条的规定（即劳动者在试用期间被证明不符合录用条件，或者劳动者有严重违法违纪的行为等），用人单位可以解除职工劳动合同的情形。

其二，按照《劳动合同法》第四十条的规定（即劳动者在规定的医疗期满后不能胜任工作，经过培训或者调整工作岗位，仍不能胜任工作；或者劳动合同订立时所依据的客观情况发生重大变化，致使劳动合同无法履行，经协商变更不能达成协议等），用人单位可以解除职工劳动合同的情形。

其三，按照《劳动合同法》第四十一条规定（即企业破产重整；或经营发生严重困难；或企业转产、重大技术革新需经营调整，经变更劳动合同后仍需裁员的；或其他因劳动合同订立时所依据的客观经济情况发生重大变化，致使劳动合同无法履行等），用人单位依据法律规定可以裁减职工的情形。

3. 由用人单位提出与劳动者协商解除劳动合同的情形。依照《劳动合同法》第三十六条规定："用人单位与劳动者协商一致，可以解除劳动合同。"但这里指的是，由用人单位首先提出动议，向劳动者提出解除劳动合同并与劳动者协商一致后解除劳动合同的情形。

4. 由用人单位单方提出解除劳动者聘用合同或者劳动者被用人单位辞退、除名、开除的情形。

5. 依照《劳动合同法》第三十八条规定（即因用人单位侵害劳动者的合法权益等），劳动者本人被迫提出解除劳动合同的情形。

6. 法律、行政法规规定的其他情形。

这里值得探讨的问题是：企业员工因一些主客观原因主动辞职后又积极重新求职期间，能否享受失业保险待遇？

以案释法

案情简介

吴某在某公司工作。2020年春节后上班时，因与公司领导发生争执，加之平时对公司管理有意见，赌气辞职，想另找新的工作岗位。

吴某辞职后，失业1个多月，他想到其所在公司和本人已按照法律规定履行失业保险缴费义务满1年以上，便去当地社保机构办理失业登记，申请领取失业保险待遇。

结果，当地社保机构工作人员回复，吴某是因自身原因主动离职，不符合“非因本人意愿中断就业”的情形。

案例评述

根据《社会保险法》第四十五条规定，失业人员符合领取失业保险待遇的条件是失业前已缴费满1年；非因本人意愿中断就业；已进行失业登记，并有求职要求。本案中，吴某属于因本人自身原因主动辞职，由此中断就业的，无法申领失业保险待遇。

在实际工作操作中，有的观点认为，能够领取失业保险金的，一般是被企业解除劳动合同或者终止劳动合同的员工，是“被动”中断就业的人员。如果有员工主动解除劳动合同，除了是“用人单位以暴力、威胁或者非法限制人身自由的手段强迫劳动，或者用人单位未按照劳动合同约定支付劳动报酬或者提供劳动条件”的情形之外，不能认定是“非因本人意愿中断就业的”。

但在现实生活中，有些员工看似是主动辞职，其实是因多种原因被迫提出辞职的。员工辞职后并非不想就业，而是另找单位积极寻求新的就业，同时在失业期间主动向失业保险机构报到或登记，接受再就业帮助（按时参加就业培训、职业指导等）。如果说，员工因各种原因不愿留在原企业继续工作，想变动用人单位，主动提出辞职（或主动提出协商解除劳动合同），并且辞职后立即申请失业保险登记，有求职要求，确实是“非因本人意愿中断就业”；其本人意愿就是不想中断就业，而只是想变换工作单位。那么，处于此情形的员工，是否可以享受失业保险待遇呢？

对此，有观点认为，根据前面所述《失业保险条例》第十四条规定的领取失业保险金的条件，不能只看其中第二项“非因本人意愿中断就业的”或者对此条件片面理解，还应当注意第三项“已办理失业登记，并有求职要求的”情形。对于因各种原因（虽为主动辞职，实为被迫所为）不愿意留在原企业继续工作，想变更企业，并能够证明其辞职后立即申请失业保险登记，有积极求职要求的员工，应当可以享受失业保险待遇。

2020年5月，人社部、财政部下发《关于扩大失业保险保障范围的通知》（人社部发〔2020〕40号），明确规定阶段性实施失业补助金政策，即对2020年3月至12月领取失业保险金期满仍未就业的失业人员、不符合领取失业保险金条件的参保失业人员，可以申领6个月的失业补助金，标准不超过当地失业保险金的80%。该文件已将失业保险保障范围扩展至所有参保失业人员，拓展了现行法律法规的受益范围。实际操作中，也有不少地方普遍把参保缴费不满1年、参保缴费满1年但主动离职等情形纳入失业补助金政策适用范围，大大提高了政策受益面，为在关键时期兜牢兜实民生底线作出了有益探索。

五、失业保险金申领程序

参保人员失业后，可以按规定申领失业保险金。按照《失业保险金申领发放办法》规定，劳动保障行政部门设立的经办失业保险业务的社会保险经办机构依法受理失业人员领取失业保险金的申请，审核确认领取资格，核定领取失业保险金、享受其他失业保险待遇的期限及标准，负责发放失业保险金并提供其他失业保险待遇。

《劳动合同法》《社会保险法》《失业保险条例》《失业保险金申领发放办法》都相应地对失业人员申领失业保险金的程序作出了具体规定。

（一）提交证明身份的材料

失业人员在寻求失业保障时往往需要证明自己的失业人员身份，我国的《劳动合同法》也明确规定，用人单位应当在解除或者终止劳动合同时出具解除或者终止劳动合同的证明，并在15日内为劳动者办理档案和社会保险关系转移手续。《社会保险法》进一步规定，失业人员失业前所在用人单位“应当及时为失业人员出具终止或者解除劳动关系的证明，并将失业人员的名单自终止或者解除劳动关系之日起十五日内告知社会保险经办机构”。而《失业保险金申领发放办法》第五条规定，失业人员失业前所在单位还要向受理失业保险业务的经办机构“按要求提供终止或解除劳动合同证明等有关材料”。

这里要注意，《社会保险法》和《失业保险条例》都规定用人单位“应当及时为失业人员出具”终止或者解除劳动关系的证明，告知其按照规定享受失业保险待遇的权利。而《失业保险金申领发放办法》规定了用人单位要向“失业保险业务的经办机构”“提供终止或解除劳动合同证明”。实际操作中，用人单位只需要为失业人员出具终止或者解除劳动关系的证明即可。因为按照《社会保险法》规定：“失业人员应当持本单位为其出具的终止或者解除劳动关系的证明，及时到指定的公共就业服务机构办理失业登记。”以此即可证明自己的身份。

法律还规定，如果用人单位拒不出具解除或者终止劳动关系的证明，由劳动行政部门责令改正，给劳动者造成损害的，要承担赔偿责任。

（二）办理失业登记

失业人员应当持本单位为其出具的终止或者解除劳动关系的证明，及时到指定的公共就业服务机构办理失业登记。办理失业登记是领取失业保险金的重要环节。一方面，通过失业登记让公共就业服务机构掌握失业人员的情况，及时提供就业指导、促进再就业；另一方面，通过失业登记为发放失业保险待遇提供依据和信息。失业登记的主要内容有失业人员的个人信息、原就业情况、失业时间、失业原因等失业情况。

（三）办理领取失业保险金的手续

按照《失业保险金申领发放办法》规定，失业人员应在终止或者解除劳动合同之日起60日内到受理其单位失业保险业务的经办机构申领失业保险金。

失业人员申领失业保险金应填写《失业保险金申领表》，并出示下列证明材料：（1）本人身份证明；（2）所在单位出具的终止或者解除劳动合同的证明；（3）失业登记；（4）省级劳动保障行政部门规定的其他材料。

（四）失业保险金领取时间

按照《失业保险金申领发放办法》规定，经办机构自受理失业人员领取失业保险金申请之日起10日内，对申领者的资格进行审核认定，并将结果及有关事项告知本人。经审核合格者，从其办理失业登记之日起计发失业保险金。所以对失业人员来讲，当然是越早登记越好。早登记早享受待遇，晚登记晚享受待遇。

失业保险金应按月发放，由经办机构开具单证，失业人员凭单证到指定银行领取。失业人员领取失业保险金时，经办机构要求本人按月到经办机构办理领取手续，同时要向经办机构如实说明求职和接受职业指导和职业培训情况。

对领取失业保险金期限即将届满的失业人员，经办机构应提前告知本人。

六、失业保险金的领取期限

只要失业职工及其失业前所在单位依法参加了失业保险，缴纳了失业保险费，并达到申领条件，不论个人和家庭经济状况如何，失业保险经办机构都应当为其发放失业保险金。职工参加失业保险的时间有长有短，所缴纳的失业保险费有多有少，为了体现公平和权利义务相统一的原则，职工失业时所领取的失业保险金的期限应该有合理差别。对此，我国社会保险法律法规政策作出了相应规定。

（一）实际领取期限

关于失业保险待遇享受的时间，《社会保险法》和《失业保险条例》作出了明确规定，失业人员领取失业保险金的期限根据其失业前所在单位和本人累计缴费时间长短的不同，划分 3 个档次：

一是累计缴费时间满 1 年不足 5 年的，最长能够领取 12 个月的失业保险金。

二是累计缴费时间满 5 年不足 10 年的，最长能够领取 18 个月的失业保险金。

三是累计缴费时间 10 年以上的，最长能够领取 24 个月的失业保险金。

法律规定的上述三档期限为最长期限，不是实际领取期限。实际领取期限是根据失业人员的重新就业情况确定的，可以少于或等于最长期限。例如，法律规定的"失业人员失业前所在单位和本人按照规定累计缴费时间满 1 年不足 5 年的，领取失业保险金的期限最长为 12 个月"，如果一名失业人员在 6 个月内重新就业，就只能领取 6 个月的失业保险金，不能理解为累计缴费时间满 1 年不足 5 年的失业人员不论其是否存在重新就业等情况，都能领取 12 个月的失业保险金。

法规还规定，失业人员重新就业后，再次失业的，缴费时间重新计算，领取失业保险金的期限可以与前次失业应领取而尚未领取的失业保险金的期限合并计算，但是最长不得超过 24 个月。

（二）以累计缴费时间核定保险金领取期限

按照《社会保险法》《失业保险条例》《失业保险金申领发放办法》的规定，经办机构要根据失业人员累计缴费时间核定其领取失业保险金的期限。失业人员累计缴费时间按照下列原则确定：

1. 实行个人缴纳失业保险费前，按国家规定计算的工龄视同缴费时间，与

1999 年《失业保险条例》发布后缴纳失业保险费的时间合并计算。其主要考虑：

一是要将履行缴费义务与享受失业保险待遇权利紧密结合，缴费时间越长，领取失业保险金的期限越长。不按照规定缴费的，应当在计算其领取期限时作相应扣除。

二是将原来按失业人员失业前的连续工作时间计算享受失业保险待遇期限，改为按其失业前的累计缴费时间计算享受失业保险待遇的期限，规定缴费时间累计相加作为确定享受期限的标准，使失业人员领取失业保险金的期限与其缴纳失业保险费的累计年限挂钩，有利于保护失业人员的合法权益；特别是对那些失业前多次转换工作单位，且参加了失业保险的职工来说，更加体现了这一精神；既能促进劳动者的合理流动，又体现了参保人员在享受权利和履行义务方面的对应原则，进而促进用人单位和职工参加失业保险。

2. 为了鼓励失业人员尽快实现再就业，《社会保险法》规定失业人员在领取失业保险金期间重新就业后再次失业的，缴费时间重新计算，其领取失业保险金的期限可以与前次失业应领取而尚未领取的失业保险金的期限合并计算，但是最长不得超过 24 个月。例如，一个劳动者工作 9 年多后失业，在这 9 年多就业期间用人单位和他本人都按照规定履行了缴费义务，如果经过当地失业保险经办机构核定其能领 18 个月的失业保险金。但他只领了 6 个月的失业保险金就又找到了工作，然后工作满 2 年后再次失业，并履行了 2 年的缴费义务，这时候如果核定再次工作 2 年的失业保险金领取期限为 4 个月，那么，该劳动者第二次失业时，能领取失业保险金的最长期限为：第一次失业未领的 12 个月+4 个月 = 16 个月。

失业人员在领取失业保险金期间重新就业后不满 1 年再次失业的，可以继续申领其前次失业应领取而尚未领取的失业保险金。

七、失业人员停止领取失业保险金的情形

失业人员领取失业保险金，一方面是按照义务与权利对等的原则，只要依法缴纳了失业保险费用并达到法律规定的最低缴费年限，就应当依法享受失业保险待遇；另一方面由于失业保险制度旨在保障失业人员失业期间的基本生活，并促进失业人员再就业。如果失业人员在享受失业保险待遇期间重新就业，或者在此期间其生活待遇可以通过其他的途径和来源得到保障，就不能继续领取失业保险

金并享受其他失业保险待遇。因此，《社会保险法》和《失业保险条例》都规定，失业人员在领取失业保险金期间有下列情形之一的，停止领取失业保险金，并同时停止享受其他失业保险待遇：

（一）重新就业的人员

失业人员重新就业是获得其生活来源的根本出路，失业人员重新就业后，其身份就转变为就业人员，不属于失业保险的保障范围，因而不能再继续享受失业保险待遇。

失业保险制度框架建立在用人单位与劳动者形成正规劳动关系的基础之上。鉴于此，《人力资源社会保障部办公厅关于进一步推进失业保险金“畅通领、安全办”的通知》（人社厅发〔2020〕24 号文件）明确规定，经办机构以失业人员重新就业为由停发失业保险金时，可以用人单位为其缴纳社会保险费为标准确定是否重新就业。

对于一些失业人员“一边领失业保险金一边做临时工”的问题。应当看到，由于“临时工”并无法律界定，实践中界定“临时工”是否重新就业，需具体问题具体分析。若“临时工”与用人单位签订劳动合同，为规范用工关系，应认定双方建立了劳动关系，必须依法参加失业保险，视为“重新就业”并停发失业保险金。若“临时工”因工时短、流动性大、工作不稳定，与用工单位之间不是规范的劳动关系，无法实现单位为其参保缴费，此种情形不属于失业保险认定范畴内的“重新就业”，不构成法定停止领取失业保险金情形，不影响其继续领取失业保险金等待遇。

此外，为防止劳动者因被动离职记录影响再就业，上述文件还规定，失业人员领取失业保险金，经办机构不得要求失业人员转移档案，不得将领取失业保险金情况计入档案，是否停发失业保险金也就不能以档案为依据。

（二）应征服兵役的人员

根据国家有关规定，18 周岁以上并符合其他条件的我国公民可以参加人民解放军或武装警察部队。失业人员在享受失业保险待遇期间，符合条件的，也可以应征服兵役。劳动者服役后，不再具有失业人员身份，不能继续享受失业保险待遇。

（三）移居境外的人员

我国公民在享受失业保险待遇期间移居境外的，表明其在国内没有就业意愿，这就超出我国失业保险的地域管辖范围，应当停止享受失业保险待遇。

（四）享受基本养老保险待遇的人员

享受基本养老保险待遇的人员不属于失业保险保障范围。根据养老保险的有关规定，失业人员失业前参加基本养老保险并按规定缴费的，在其享受失业保险待遇期间，养老保险关系暂时中断，其缴费年限和个人账户可以存续，待重新就业后，应当接续养老保险关系。失业人员达到退休年龄时可以从享受失业保险直接过渡到享受养老保险待遇，基本生活由养老金予以保障，在这种情况下，应当停止其享受失业保险待遇。

值得注意的是，对于失业人员达到法定退休年龄但因参加养老保险缴费不足规定的年限、尚不能享受基本养老保险待遇的情形，是否停止领取失业保险金？值得进一步探讨。如果是按照义务与权利对等的原则，应当可以领取法定的失业保险金；如果按照失业保险的目的只是帮助失业人员实现再就业这一标准，那么，对于达到法定退休年龄尚不能享受基本养老保险待遇的人员，能否“再就业”或者能否再进入“劳动领域”？从帮助无经济收入来源的困难人员而言，似乎应当发放法定期限内的失业保险金。

（五）无正当理由，拒不接受当地就业服务机构介绍的工作或者不参加就业培训的人员

失业人员尽快再就业，不仅可以从根本上解决失业人员的基本生活问题，也可以减轻失业保险基金不必要的支出。失业人员可以根据自己的意愿在当地人民政府指定的部门或者机构范围内选择就业服务机构。当地人民政府指定的部门和机构，可以是人力资源保障部门所属的就业服务机构，也可以是其他部门、组织开办的就业服务机构。考虑到目前从事就业服务工作的部门或机构情况较为复杂，规定由当地人民政府指定的部门或机构，可以保证为失业人员提供较为优质的服务。应当注意的是，一般来讲，无正当理由拒绝介绍的工作，主要是指拒绝的是与失业人员的年龄、身体状况、受教育程度、工作经历、工作能力及求职意愿基本相符的工作。如果失业人员不能接受政府指定的部门或者机构介绍的适当工作或者提供的培训，表明其要么无就业意愿，要么已经自谋就业了，对此应当

停止其享受失业保险待遇。

需要指出的是，1999 年的《失业保险条例》规定了七种停止享受失业保险待遇的情形，2010 年的《社会保险法》只规定了五种情形，删去了两种情形，即“被判刑收监执行或者被劳动教养的”和“有法律、行政法规规定的其他情形的”。删去“被判刑收监执行或者被劳动教养的”主要考虑的是，被判刑收监执行和被劳动教养，是对公民限制人身自由的强制措施和处罚，而享受失业保险待遇是公民享有的社会保障权益的实现，两者并无必然联系。删去“有法律、行政法规规定的其他情形的”主要考虑的是，对限制参保人员享受失业保险待遇的情形，应当由法律作出规定，不宜扩大限制的范围，这有利于扩大劳动者的受益面，更好地保障参保人员的社会保障权益。

八、失业保险关系跨省转移接续

按照人社部下发的《人力资源社会保障部办公厅、财政部办公厅关于畅通失业保险关系跨省转移接续的通知》（人社厅发〔2021〕85 号文件）要求，要确保参保职工和参保失业人员的合法待遇。

（一）关于参保职工和参保失业人员跨省转移接续

1. 参保职工跨省就业的，失业保险关系应随之转迁，缴费年限累计计算。

2. 参保失业人员符合领取失业保险金条件的，在最后参保地申领失业保险金及其他相关待遇，也可以选择回户籍地申领，待遇发放期间不得中途变更发放地。选择户籍地申领的，须办理失业保险关系转移。

3. 对不符合领取失业保险金条件、符合领取失业保险金条件但未申领，以及正在领取失业保险金期间的参保失业人员，跨省重新就业并参保的，失业保险关系应随之转移至新参保地，缴费年限累计计算。

4. 失业保险关系跨省转迁的，失业保险费用应随失业保险关系相应划转。但在转出地参保缴费不满 1 年的，只转移失业保险关系，不转移失业保险费用。

（二）失业保险费划转及失业人员保险金的领取

1. 需划转的失业保险费用包括失业保险金，领金期间基本医疗保险费，领金期间接受职业培训、职业介绍的补贴。其中，基本医疗保险费和职业培训、职业介绍补贴按参保失业人员应享受失业保险金总额的一半计算。

2. 转出地划转的失业保险费用，不足待遇支付部分由转入地失业保险基金支付，超出待遇支付部分并入转入地失业保险基金。

3. 转入地经办机构按照本统筹地区规定和标准，为参保失业人员核定失业保险金发放期限和各项失业保险待遇。

4. 失业人员跨统筹地区转移的，凭失业保险关系迁出地经办机构出具的证明材料到迁入地经办机构领取失业保险金。

按照法律规定，失业人员因享受失业保险待遇与经办机构发生争议的，可以向主管该经办机构的劳动保障行政部门申请行政复议。

第五节　职工生育保险待遇

一、什么是生育保险待遇

生育保险待遇，是指妇女在生育期间依法享有的各种帮助和物质补偿。我国的职工生育保险制度是指由用人单位依法缴纳生育保险费，职工个人不缴费，当参保职工或其配偶因生育造成暂时中断劳动、工资收入减少或家庭经济困难时，由政府（或社会）管理的生育保险基金或者职工所在单位依法提供其生育待遇，或者给予职工配偶必要补贴的一种社会保障制度。

根据《社会保险法》第五十四条规定："用人单位已经缴纳生育保险费的，其职工享受生育保险待遇；职工未就业配偶按照国家规定享受生育医疗费用待遇。所需资金从生育保险基金中支付。生育保险待遇包括生育医疗费用和生育津贴。"这就明确了职工享受生育保险的条件以及生育保险待遇的支付项目。只有用人单位依法缴纳了生育保险费，其女职工和男职工的未就业配偶才能依法享受生育保险待遇，这是享受生育保险待遇的前提条件。

生育保险待遇支付的项目主要包括生育医疗费用和生育津贴。

二、生育医疗费用

根据《社会保险法》第五十五条规定，生育医疗费用主要包括生育妇女在妊娠期、分娩期、产褥期内，因生育所发生的检查费、接生费、手术费、住院费、药费等医疗费用。生育出院后，因生育引起疾病的医疗费，也由生育保险基金支付。

（一）检查费

检查费是指生育妇女围产期保健过程中，定期到医疗机构进行身体检查的相关费用。大致可分为全身检查、产科检查、化验检查以及特殊检查四部分：（1）全身检查：主要有发育和营养状态、身高、体重、血压检查，心、肺、肝、脾以及脊柱和乳房检查；（2）产科检查：腹部检查、骨盆测量、阴道检查；（3）化验检查：血常规、血型、尿常规、尿糖，必要时做肝、肾功能检查；（4）特殊检查：根据情况做超声波检查、羊水检查、胎盘功能检查等。

（二）接生费

接生费主要是指生育妇女分娩时，医生或助产人员协助产妇娩出新生儿过程中所发生的费用，即医生以及助产人员提供的医疗服务的费用。大部分产妇为自然生产，这是接生过程中最为简单的一种，也是费用最低的一种。也有一部分产妇由于各种原因不能靠自己的力量分娩，需要医务人员手术助产才能娩出胎儿。目前，主要有两种助产方式。一是胎头吸引术，即用一种特制的吸引器，利用负压原理吸附在胎头上，随着宫缩、产妇屏气，向外拉胎头，使胎儿娩出，不用麻醉。二是产钳术，即用产钳夹住胎头两侧，借助宫缩和产妇屏气用力，顺着产轴方向将胎儿牵拉出来。无论是哪种接生方式，其费用均由生育保险基金支付。

（三）手术费

手术费支付的项目主要是指分娩过程中的剖宫产术。当产妇自身条件不适宜自己娩出胎儿时，必须靠医务人员进行手术帮助产妇完成分娩过程，其手术费用由生育保险基金支付。

（四）住院费

住院费是指产妇在分娩期间住院的床位费、取暖费等。床位费按照国家物价监督管理部门规定的普通床位收费标准支付。但是，母婴同室以及高标准病房所付费用，不属于生育保险基金支付的范畴。

（五）药费

药费是指生育妇女从怀孕至分娩后出院，医生根据产妇需要给予的药物护理、治疗所发生的费用。但是，在生育期间超出规定的医疗服务费和药费（包括产妇私自到药店购药以及购买滋补和营养品所发生的费用），不属于生育保险基金支付的范围。

（六）因生育引起疾病的治疗费用

生育出院后，因生育引起疾病的医疗费，也由生育保险基金支付。

此外，企业应当注意，按照《女职工劳动保护特别规定》第八条第二款规定："女职工生育或者流产的医疗费用，按照生育保险规定的项目和标准，对已经参加生育保险的，由生育保险基金支付；对未参加生育保险的，由用人单位支付。"可见，医疗费用的支付划分为两种情形：

一是对已经参加生育保险的用人单位职工，其医疗费用由生育保险基金支付；

二是对未参加生育保险的用人单位职工，其医疗费用由用人单位支付。

三、生育津贴

生育津贴是指根据国家法律、法规规定对职业妇女因生育而离开工作岗位所给予的生活费用。女职工在生育期间离开工作岗位，不能正常工作，为了保障女职工在产假期间的基本生活，《社会保险法》规定，职工有下列情形之一的，可以按照国家规定享受生育津贴。

（一）女职工生育享受产假

我国规定了女职工生育享有法定的产假。产假指国家法律、法规规定的，给予女职工在分娩前、分娩中和分娩后的一定时间内所享有的假期。产假主要作用是使女职工在生育时期得到适当的休息，逐步恢复工作能力及料理个人生活的能力，增进产妇身体健康，并使婴儿得到母亲的精心照顾和哺育。

根据 1951 年《劳动保险条例》（部分修改）和 1955 年《国务院关于女工作人员生产假期的通知》（已失效）规定，女职工生育享受产假 56 天；难产或双生增加产假 14 天；怀孕 3 个月以内流产的可以休产假 15 天，3 个月以上不满 7 个月流产时，给予 30 天的产假。1988 年国务院颁布的《女职工劳动保护规定》（国务院令第 9 号）（已失效）、1994 年颁布的《劳动法》都相继对产假进行了修订。直至 2012 年国务院颁布《女职工劳动保护特别规定》，其中第七条规定："女职工生育享受 98 天产假，其中产前可以休假 15 天；难产的，增加产假 15 天；

生育多胞胎的，每多生育1个婴儿，增加产假15天。女职工怀孕未满4个月流产的，享受15天产假；怀孕满4个月流产的，享受42天产假。”

根据《中华人民共和国人口与计划生育法》（以下简称《人口与计划生育法》）第二十五条规定：“符合法律、法规规定生育子女的夫妻，可以获得延长生育假的奖励或者其他福利待遇。国家支持有条件的地方设立父母育儿假。”“生育假”实际上是产假。我国大部分省对晚育的妇女规定了晚育产假，即在法定产假的基础上给予适当延长产假的奖励，大致为10—30天，有些地方规定45—90天。此外，还有的地方规定给予男职工一定期限的护理假，一般为7—10天。

（二）享受计划生育手术休假

计划生育手术，是指公民为实行计划生育而采取的避孕、节育和补救措施。公民在进行计划生育手术时，身心不可避免地会受到不同程度的损害，有的还可能因为操作不当而引起手术并发症，理应得到国家的经济奖励和补偿。因此，《人口与计划生育法》规定：“公民实行计划生育手术，享受国家规定的休假。”目前国家还没有一个正式的关于计划生育手术术后休假的强制性规定。有的地方政府对计划生育手术术后休假作出了明确规定，用人单位应按地方规定执行。

（三）法律法规和各地规定的其他情形

随着社会的进步和社会保障立法的发展，除了女职工生育享受产假、职工享受计划生育手术休假两种情形之外，今后可能会出现新的享受生育津贴的情形。同时，不同地区经济社会发展水平、人口结构差别较大，在符合国家统一规定的前提下，各地可以依据本地区经济、社会、资源、环境实际情况以及人口发展状况确定生育津贴的具体支付范围。如有的地区规定，允许女职工生育后，给予男职工一定假期，以照顾生育后的妻子，假期工资照发。

四、生育津贴的支付标准

对于女职工在产假期间的生育津贴支付标准，按照《社会保险法》规定：“生育津贴按照职工所在用人单位上年度职工月平均工资计发。”《女职工劳动保护特别规定》又进一步规定：“女职工产假期间的生育津贴，对已经参加生育保险的，按照用人单位上年度职工月平均工资的标准由生育保险基金支付；对未参加生育保险的，按照女职工产假前工资的标准由用人单位支付。”由此可见，生育津贴的支付标准划分为两种情形：

一是对已经参加生育保险的用人单位职工，其生育津贴支付标准是：按照用人单位上年度职工月平均工资的标准，由生育保险基金支付。

二是对未参加生育保险的用人单位职工，其生育津贴支付标准是：按照女职工产假前工资的标准，由用人单位支付。

要注意的是，按照用人单位上年度职工月平均工资的标准支付生育津贴，可能会出现高于或者低于女职工本人产假前工资的情形。如果出现高于女职工产假前工资的情形，用人单位不得克扣；如果出现低于女职工产假前工资的情形，依据《妇女权益保障法》和《女职工劳动保护特别规定》中关于任何单位不得因结婚、怀孕、产假、哺乳等情形，降低女职工的工资的规定，用人单位应当补足其差额。

例如：一名女职工每月按照用人单位上年度职工月平均工资的标准支付生育津贴为 8000 元，而该女职工本人产假前工资为 7500 元，超过的 500 元，用人单位不能克扣。如果女职工按照用人单位上年度职工月平均工资的标准支付生育津贴为 8000 元，而该女职工本人产假前工资为 8500 元，其中的 500 元差额需要用人单位补足。

另外，生育津贴是产假工资的替代部分，因此，生育津贴与产假工资不能重复享受。

五、职工未就业配偶生育医疗费用

生育保险制度通过解决女职工生育医疗费用、给予生育津贴，有利于消除用人单位后顾之忧，促进妇女平等就业。对于未就业女性的生育医疗保障问题，我国政府已给予了高度重视。在我国城乡居民基本医疗保险制度中，已经把妇女生育医疗费用纳入了支付范围。

同时，针对现实中存在用人单位为职工缴纳生育保险费是不分男女的，但在享受待遇时只有女职工享受，而男职工无法享受，会使得“谁参保、谁受益”的原则不能很好地贯彻。所以在社会保险立法中，针对生育保险制度的建立，结合我国已经有十多个省完善生育保险制度的实践，即对参保男职工的配偶生育可以享受生育保险待遇进行了规定。如一些省规定，对参加生育保险的男职工，其配偶无工作单位或未参加生育保险，不能享受生育有关待遇的，且符合国家计划生育政策规定，其生育医疗费用按50%的标准由生育保险基金给予一次性支付。有的省还规定，男职工所在企业参加生育保险社会统筹，其配偶按计划生育家居农村从事农业生产劳动生活确有困难的，由生育保险基金按男方参加社会统筹当地企业职工上一年度月平均工资给予一个月的生育补助费。

《社会保险法》作出规定，参加生育保险的“职工未就业配偶按照国家规定享受生育医疗费用待遇。所需资金从生育保险基金中支付”，这是对现行生育保险制度的一个突破。也就是说，做好未就业妇女的生育医疗保障与生育保险制度的衔接，从生育保险基金中解决参保职工未就业配偶的生育医疗费用待遇，是我国生育保险制度进一步完善的一个特色。

第六节　社会保险管理服务的社会化

一、什么是社会保险管理服务的社会化

实行社会保险事务的社会化管理服务，是建立独立于企业事业单位之外，统一、规范和完善的社会保障体系的一个重要方面。在我国现阶段，社会保险管理服务社会化的主要目的是把社会保险的管理服务工作从用人单位行为调整为社会行为。

从社会保险管理服务社会化的内容来看，在养老保险管理服务社会化方面，主要体现在企业离退休人员的养老金发放工作由社会相关机构负责和承担。具体地说，是由社会保险经办机构统一负责，通过银行、邮局以及依托社区和其他社会中介机构向符合享受基本养老保险待遇的离退休人员发放养老金。要实施离退休人员与企业分离，把原来由企业自己管理的职工养老金发放及一切社会保险事务转由社会机构承担。在医疗保险、生育保险、工伤保险管理服务社会化方面，主要是将医疗、生育、工伤治疗费用的报销纳入社会化管理，参保人员凭社保卡或医保卡看病治疗，其中涉及的医疗保险、工伤保险和生育保险待遇由社会保险经办机构与定点医疗机构等单位结算，不再由个人履行烦琐的报销手续。在失业保险管理服务社会化方面，主要体现在对就业指导和失业救济金领取的服务上，

通过发展和完善公共就业服务体系，为失业人员提供失业救济，开展失业人员管理和服务，并充分发挥失业保险促进就业和再就业的作用。

同时，通过建立健全社会保障技术支持系统，为参加社会保险的各类单位和职工、离退休人员、失业人员等建立数据库，对社会保险的登记、申报、缴费，征缴、账户记录、社保关系的转移与接续、核算、待遇支付和查询服务等业务，逐步实行计算机管理和远程数据交换，逐步实现与税务、银行、社区等横向联网，加快建立起功能齐全、覆盖面广、规范透明的社会保障信息网络。

二、社会保险经办的社会化服务

社会保险的社会化管理服务工作主要是由社会保险经办机构来承担。

社会保险经办机构，是指依据法律法规的授权和社会保险行政部门的委托，负责贯彻实施国家有关社会保险的法律法规政策，管理社会保险基金，承办具体业务管理服务工作，为各类参保单位和广大参保人员提供社会保险公共服务的法定事务性机构。

我国对社会保险事务实行政事分开的原则，由社会保险行政部门主要负责与社会保险有关的法规政策的制定及相关的行政管理，而由社会保险经办机构主要负责贯彻落实国家有关社会保险的法律法规政策，承办社会保险具体业务。

为了推进社会保险的社会化管理与服务，我国通过《社会保险法》规定了社会保险经办机构的工作职责。主要体现在以下几个方面：

1. 社会保险登记。社会保险登记标志着社会保险关系的成立，是社会保险缴费申报、审核，费用征收，个人账户记录以及待遇发放等系列活动的基本依据。主要有：用人单位社会保险登记（用人单位成立登记、变更登记、注销登记）、个人社会保险登记（职工社会保险登记、灵活就业人员社会保险登记）。根据2019年国务院提出的实行企业“多证合一、一照一码”登记制度改革，已将用人单位的社会保险登记统一纳入了当地的企业登记注册平台。

2. 编制社会保险基金预算。

3. 核定社会保险缴费基数和比例。主要核定用人单位和缴费人数、各项社会保险费缴费基数和缴费费率是否符合规定，填报数量关系是否一致，申报资料是否齐全等。

4. 社会保险经办业务管理。一是建立健全业务、财务、安全和风险管理制度；二是通过业务经办、统计、调查等手段，获取社会保险事务的有关数据；三是依法及时为用人单位建立业务档案；四是社会保险经办机构要依法向参保人员及其用人单位提供免费查询服务。

5. 个人权益记录。社会保险经办机构要依法做好参保人个人权益记录，通过业务经办、统计、调查等方式获取参保人员相关社会保险个人权益信息；提供与社会保险个人权益记录相关的服务。

6. 办理社会保险关系转移或者接续手续。一是用人单位社会保险关系的转移。我国现行的社会保险实行属地管理，用人单位应参加单位所在地的社会保险统筹。用人单位成建制跨统筹地区转移，单位注册地也随之转移。二是职工个人社会保险关系的转移。职工在职期间，个人跨统筹地区调动工作的，由调出地社会保险经办机构出具转移证明，填写参加社会保险人员转移情况表；调入地社会保险经办机构应依据调出地提供的参加社会保险人员转移情况表和职工社会保险个人账户等资料，为职工接续社会保险关系并做好衔接工作。

7. 社会保险待遇支付。社会保险经办机构应当依法按时足额向参保人支付社会保险待遇。如果社会保险经办机构不能按时足额发放社会保险金，将要依法追究其责任。

8. 公布信息，接受监督。社会保险经办机构应当定期向社会公布参加社会保险情况以及社会保险基金的收入、支出、结余和收益情况。并有义务将经办的过程和结果向社会分布，接受社会监督。

三、社会保障卡的使用

（一）什么是社会保障卡

社会保障卡，全称为“中华人民共和国社会保障卡”，是指由人力资源和社会保障部统一规划，省级、地市级人力资源和社会保障部门联合合作商业银行面向个人发行，具有身份凭证、信息记录、自助查询、就医结算、缴费和待遇领取等社会保障应用功能，以及现金存取、转账、消费等金融应用功能的集成电路（IC）卡，是持卡人享受人力资源和社会保障权益的信息载体。

社会保险参保人同时也拥有一个社会保障号码。它是公民参加社会保险、享受社会保险待遇、实现社会保险权益衔接的唯一标识，是公民拥有社会保障权益的重要标志。社会保障号码要求全国唯一、终身不变、规则统一。根据《社会保险法》规定，国家建立全国统一的个人社会保障号码。个人社会保障号码为公民身份号码。持有居民身份证的中国公民，社会保障号码采用公民身份号码；没有居民身份证的港澳台人员、华侨，以及外国人，社会保障号码按照全国统一规则编制。

2011 年 8 月，人力资源社会保障部和中国人民银行开展战略性合作，推动社会保障卡加载金融功能。加载金融功能后的社会保障卡，作为持卡人享有人力资源和社会保障服务权益的电子凭证，具有身份凭证、信息记录、自助查询、业务办理等社会保障卡基本功能的同时，可作为银行卡使用，具有现金存取、转账、消费等金融服务，能够实现人力资源和社会保障业务与金融支付业务的协同办理。

（二）社会保障卡的功能

一是身份凭证。社会保障卡是持卡人办理就业登记、失业登记、参保登记、工伤认定、职业培训、技能鉴定等人力资源和社会保障业务，享受各项就业扶持政策和就业服务、社保服务、人才服务的主要电子身份凭证。在此基础上，部分地区将社会保障卡进一步扩展为政府相关部门的办事身份凭证，作为进入公园、博物馆等公共活动场所的身份凭证。

二是信息记录。在社会保障卡内或相关后台系统记录个人基本信息、人力资源和社会保障关键业务信息，形成电子形式的证件副本。

三是自助查询。通过社会保障卡在自助服务一体机或其他服务渠道连接后台系统，方便持卡人查询个人的人力资源和社会保障权益信息及办理相关业务。

四是就医结算功能。通过社会保障卡实现本地和跨地的医疗保险、工伤保险、生育保险医疗费即时结算，支持挂号、诊疗、妊娠登记、住院登记、购药等就医过程的信息服务，实现就医一卡通。通过社会保障卡将医疗服务与医疗结算流程有机结合，可最大限度方便群众就医。

五是缴费和领取待遇。通过社会保障卡的银行账户实现各类缴费和待遇领取。包括个人各项社会保险缴费、人事人才考试缴费，各项社会保险定期待遇和一次性待遇领取、报销费用领取、就业扶持政策补贴资金领取、重点行业（企业）农民工工资领取等。在此基础上，部分地区将社会保障卡进一步扩展到其他待遇发放领域应用，将涉农财政补贴、残疾人补贴、公积金等其他各类待遇打入社会保障卡的银行账户中，实现了对群众的便利服务。

六是金融支付功能。可以通过社会保障卡的银行账户办理存取款、转账、代收代付等业务。目前，社会保障卡的金融应用为人民币借记应用，其使用范围限定在中国境内。

（三）如何申领社会保障卡

申请人可以自行通过社会保障卡服务机构网点或者网上服务平台，向当地人力资源社会保障部门申领社会保障卡，或者通过用人单位、就读学校以及社会保障卡服务银行提交申领办理资料并代为申领。

申请人在办理申领手续时，应当向当地社会保障卡服务机构提供申请人相关材料，并在当地人力资源社会保障部门合作商业银行范围内选择社会保障卡服务银行。

各地社会保障卡具体申领手续，详情可咨询当地人力资源和社会保障服务电话：12333。

申领社保卡需要提供的材料有：（1）有效身份证件，包括居民身份证、居民户口簿、港澳居民来往内地通行证、台湾居民来往大陆通行证、护照、外国人永久居留证等；（2）申领登记表，主要项目包括：姓名、性别、民族、出生日期、国家/地区代码、职业（工种）、地址、联系电话、相片、有效身份证件信息（证件类型、证件号码、有效期限）等；（3）当地社会保障卡服务机构要求的其他证明材料。

各地社会保障卡具体申领流程及所需材料，详情可咨询当地人力资源和社会保障服务电话：12333。

（四）什么情况需要挂失和补换社会保障卡

社会保障卡丢失的，持卡人应当及时办理挂失手续，避免个人权益和账户资金受到侵害。社会保障卡挂失分为临时挂失和正式挂失。持卡人可以通过社会保障卡服务机构的网点、12333 电话服务热线、网上服务平台和社会保障卡服务银行的客服平台办理临时挂失。或者持有效身份证件分别到社会保障卡服务机构、社会保障卡服务银行网点办理社会保障应用、银行账户应用的正式挂失。

社会保障卡正式挂失后，需申请补发社会保障卡。社会保障卡到期、损坏，卡面污损、残缺不能辨认，持卡人的姓名、社会保障号码等关键信息发生变化，持卡人的服务银行发生变化时，持卡人跨省流动产生参保地变化时，都需要申请换发社会保障卡。

（五）如何通过社会保障卡领取养老保险待遇

符合待遇领取条件的参保人员，可按月通过社会保障卡加载的银行账户领取养老保险待遇。参保人员可持社会保障卡在银行网点（含其授权的转账电话服务网点）领取。并通过网上大厅、自助服务一体机、网点柜台等渠道，查询本人的待遇明细情况。各地社会保障卡已开通的待遇领取功能，详情可咨询当地人力资源和社会保障服务电话：12333。

由于我国将社会保障卡纳入依法可以用于证明身份的证件范围，将使用社会保障卡纳入了刑法规范。根据刑法有关规定，对于伪造、变造、买卖社会保障卡的，处 3 年以下有期徒刑、拘役、管制或者剥夺政治权利，并处罚金；情节严重的，处 3 年以上 7 年以下有期徒刑，并处罚金。对于在依照国家规定应当提供身份证明的活动中，使用伪造、变造的或者盗用他人的社会保障卡，情节严重的，处拘役或者管制，并处或者单处罚金。

第十七章　劳动争议处理

企业职工的劳动和社会保险权益保护，除了企业依法履行义务或者履行劳动合同的约定之外，国家通过立法，建立了劳动争议调解仲裁制度予以保障。

第一节　劳动争议处理制度

一、什么是劳动争议

劳动争议又称劳动纠纷，是指劳动关系当事人之间因劳动权利和义务产生分歧而引起的争议。根据《劳动法》调整范围的规定，用人单位与劳动者发生劳动争议是特指用人单位和与之形成劳动关系的劳动者，国家机关、事业组织、社会团体和与之建立劳动合同关系的劳动者，因《劳动法》确定的劳动权利与义务所产生的分歧而引起的争议。

根据2007年颁布的《劳动争议调解仲裁法》第二条规定，中华人民共和国境内的用人单位与劳动者发生的下列劳动争议，适用本法：(1) 因确认劳动关系发生的争议；(2) 因订立、履行、变更、解除和终止劳动合同发生的争议；(3) 因除名、辞退和辞职、离职发生的争议；(4) 因工作时间、休息休假、社会保险、福利、培训以及劳动保护发生的争议；(5) 因劳动报酬、工伤医疗费、经济补偿或者赔偿金等发生的争议；(6) 法律、法规规定的其他劳动争议。

上述法条中的第六项规定“法律、法规规定的其他劳动争议”，是指《劳动合同法》等相关法律法规中所规定的争议。比如因履行集体合同发生的争议等。

值得提示的是，《最高人民法院关于审理劳动争议案件适用法律问题的解释（一）》进一步具体明确了劳动者与用人单位之间发生的下列纠纷，属于劳动争议，当事人不服劳动争议仲裁机构作出的裁决，依法提起诉讼的，人民法院应予受理：（1）劳动者与用人单位在履行劳动合同过程中发生的纠纷；（2）劳动者与用人单位之间没有订立书面劳动合同，但已形成劳动关系后发生的纠纷；（3）劳动者与用人单位因劳动关系是否已经解除或者终止，以及应否支付解除或者终止劳动关系经济补偿金发生的纠纷；（4）劳动者与用人单位解除或者终止劳动关系后，请求用人单位返还其收取的劳动合同定金、保证金、抵押金、抵押物发生的纠纷，或者办理劳动者的人事档案、社会保险关系等移转手续发生的纠纷；（5）劳动者以用人单位未为其办理社会保险手续，且社会保险经办机构不能补办导致其无法享受社会保险待遇为由，要求用人单位赔偿损失发生的纠纷；（6）劳动者退休后，与尚未参加社会保险统筹的原用人单位因追索养老金、医疗费、工伤保险待遇和其他社会保险待遇而发生的纠纷；（7）劳动者因为工伤、职业病，请求用人单位依法给予工伤保险待遇发生的纠纷；（8）劳动者依据《劳动合同法》第八十五条规定，要求用人单位支付加付赔偿金发生的纠纷；（9）因企业自主进行改制发生的纠纷。

此外，按照《人力资源社会保障部、最高人民法院关于劳动人事争议仲裁与诉讼衔接有关问题的意见（一）》规定："用人单位依据《中华人民共和国劳动合同法》第九十条规定，要求劳动者承担赔偿责任的，劳动人事争议仲裁委员会应当依法受理。"

从上述规定可见，劳动争议指的是用人单位与其所属劳动者之间发生的纠纷，既不是用人单位与用人单位之间的纠纷，又不是劳动者与劳动者之间的纠纷，也不是用人单位或者劳动者与政府行政部门发生的纠纷。

在企业用工过程中，一些劳动者在劳动关系存续期间，时常因企业的严格管理或对经济收入处理不服，诉诸劳动争议仲裁委员会和人民法院。比如，企业对职工扣发奖金的纠纷是否属于劳动争议受案范围？裁审机构是否会对这类案件进行处理？

以案释法

案情简介

王某入职一家公司工作。根据公司的规章制度规定，公司有权根据员工的工作表现，给予相应的奖励或"处罚"（主要是涉及员工职务的升降，以及扣减相应的职务津贴和职工普惠性的奖金）。

公司在一次年度考核工作中，发现王某的业绩表现不佳，并时常有上班迟到现象，就对王某进行了批评，并决定降职一级，对其职务津贴也作相应调整，并按绩效减少了其普惠性奖金。

案例评述

公司依照规章制度处理员工的行为是用人单位对违纪员工的一种惩戒措施，为用人单位维持其正常生产经营的管理方式。我国相应的劳动法律和行政法规规定了用人单位有权制定劳动纪律和规章制度，对于违反劳动纪律和规章制度的劳动者，用人单位应当有权作出处理。

用人单位作出的处理只要不涉及劳动合同的变更或解除，依法对职工经济收入上的扣除或降低，只要不影响劳动者基本生活或不低于当地最低工资标准的，不作为劳动争议案件处理。

对于用人单位因扣发普惠性奖金的处理而发生的争议是否作为劳动争议，实践中一直存在分歧。

一种观点认为，用人单位有用工自主权，在一般性日常管理中，对于劳动者轻微过错的处理（比如对每个员工年底都可能有的普惠性奖金发放，根据其表现，发放奖金数额有所区别），属于用工自主权范畴，劳动争议仲裁委员会和法院不应干预。

另一种观点认为，对于用人单位处理轻微过错的员工，如果完全不干预，发生争议也不受理，将导致员工合法权利受侵害时无从救济。

从一些地方的司法实践看，用人单位与劳动者之间因员工轻微犯错而受扣发奖金等处理发生争议的，是否作为劳动争议案件，根据具体情形的不同而有所区分：

有的情形是：用人单位的处理虽涉及经济收入扣除等内容，但属于特定性、阶段性的，不涉及劳动合同的解除和变更的，用人单位有权对劳动者进行管理，不宜作为劳动争议案件。

也有的情形是：用人单位作出的处理，如果涉及劳动合同的变更或解除的，或者经济收入扣除影响了劳动者基本生活的，则应当赋予当事人救济的途径，可作为劳动合同履行中引起的争议，按劳动争议案件进行处理。

这里值得提出探讨的是：对扣发奖金是否属于劳动争议案件的范围，关键是对以下两个问题的理解：

1. 按照《劳动争议调解仲裁法》的规定，因“履行”劳动合同发生的争议，属于劳动争议处理的受案范围。在员工的劳动合同中必然涉及“奖金”的问题，可能有的劳动合同中未明确约定“奖金”，但一般在劳动合同中都要求员工遵守用人单位的规章制度。而在企业的规章制度中又必然涉及“奖金”发放的规定。所以，应当将扣发奖金的争议视为因“履行”劳动合同发生的争议。

2. 按照《劳动争议调解仲裁法》的规定，因“劳动报酬”发生的争议，属于劳动争议处理的受案范围。那么对“扣发奖金”中的“奖金”，是否应当视为“劳动报酬”？如果“奖金”属于“劳动报酬”的范畴，就应当将扣发奖金的争议视为因“劳动报酬”发生的争议。

按照《最高人民法院关于审理劳动争议案件适用法律问题的解释（一）》，下列纠纷不属于劳动争议：（1）劳动者请求社会保险经办机构发放社会保险金的纠纷；（2）劳动者与用人单位因住房制度改革产生的公有住房转让纠纷；（3）劳动者对劳动能力鉴定委员会的伤残等级鉴定结论或者对职业病诊断鉴定委员会的职业病诊断鉴定结论的异议纠纷；（4）家庭或者个人与家政服务人员之间的纠纷；（5）个体工匠与帮工、学徒之间的纠纷；（6）农村承包经营户与受雇人之间的纠纷。

二、劳动争议处理机制

依据《劳动争议调解仲裁法》第四条规定：“发生劳动争议，劳动者可以与用人单位协商，也可以请工会或者第三方共同与用人单位协商，达成和解协议。”第五条规定：“发生劳动争议，当事人不愿协商、协商不成或者达成和解协议后不履行的，可以向调解组织申请调解；不愿调解、调解不成或者达成调解协议后不履行的，可以向劳动争议仲裁委员会申请仲裁；对仲裁裁决不服的，除本法另有规定的外，可以向人民法院提起诉讼。”

上述法律规定了劳动争议的处理机制，也是劳动争议当事人解决劳动争议的基本方法：可以协商、申请调解、申请仲裁和提起诉讼。

需要指出：

1. 协商并不是一种法律手段或程序，而是国家对当事人自行协商解决劳动争议予以法律上的认可。协商是指发生劳动争议后，劳动者可以与用人单位协商，也可以请工会或者第三方共同与用人单位协商，达成和解协议。提倡当事人主动就争议的事项进行协商，是为了平和地协调双方的关系，清除矛盾，解决争议。当事人如果不愿协商或者协商不成的，当事人有权申请调解或者仲裁。

2. 以调解的方式处理劳动争议贯穿于劳动争议处理过程的始终。调解，不仅在发生劳动争议后由依法设立的调解委员会进行调解，还有劳动争议仲裁程序中的调解和人民法院审理劳动争议诉讼过程中（法院裁决前）的调解。

3. 处理劳动争议不仅有用人单位和单一职工的争议，还有用人单位和多个职工的劳动争议。根据《劳动争议调解仲裁法》第七条规定："发生劳动争议的劳动者一方在十人以上，并有共同请求的，可以推举代表参加调解、仲裁或者诉讼活动。"

第二节　劳动争议的调解

一、什么是劳动争议的调解

劳动争议的调解，在这里主要是指"狭义"的调解，即是在发生劳动争议后，首先通过法定的调解组织对企业一方与劳动者一方发生的劳动争议，以国家劳动法律法规为准绳，以民主协商的方式，使双方当事人达成协议，消除劳动争议的一种手段。劳动争议的调解是我国处理劳动争议的基本形式之一。

属于调解组织受理的案件必须是：（1）由国家法律规定的劳动争议；（2）发生在本企业范围内的劳动争议；（3）双方当事人自愿申请调解的劳动争议。

解决劳动争议的一个重要原则是，着重调解。通过调解组织的调解解决劳动争议，有利于把争议及时解决在基层，最大限度地降低当事人双方的对抗性，节约仲裁资源和诉讼资源。

二、什么是调解组织

根据《劳动争议调解仲裁法》第十条规定，劳动关系双方当事人发生劳动争议，当事人可以到下列调解组织申请调解：（1）企业劳动争议调解委员会；（2）依法设立的基层人民调解组织；（3）在乡镇、街道设立的具有劳动争议调解职能的组织。

从上述法律规定可见，我国处理劳动争议的调解组织有三类：

第一类是“企业劳动争议调解委员会”。在企业劳动争议调解委员会中，考虑到用人单位工会代表的就是职工的利益，因此法律规定企业劳动争议调解委员会由职工代表和企业代表组成。职工代表可以由工会成员担任或者由全体职工推举产生，企业代表由企业负责人指定。企业劳动争议调解委员会主任由工会成员或者双方推举的人员担任。

第二类“依法设立的基层人民调解组织”和第三类“在乡镇、街道设立的具有劳动争议调解职能的组织”。这是在原来只有企业劳动争议调解委员会这类组织的基础上，立法将依法设立的基层人民调解组织和在乡镇、街道设立的具有劳动争议调解职能的组织赋予了调解劳动争议的职能。基层人民调解组织是根据《人民调解委员会组织条例》设立的人民调解委员会。人民调解委员会是村民委员会和居民委员会下设的调解民间纠纷的群众性组织，在基层人民政府和基层人民法院指导下进行工作。乡镇、街道设立的具有劳动争议调解职能的组织是指在乡镇、街道设立的区域性调解组织。

法律规定，调解组织的调解员应当由公道正派、联系群众、热心调解工作，并具有一定法律知识、政策水平和文化水平的成年公民担任。

三、劳动争议调解的自愿原则

劳动争议调解组织是依据法律规定，遵循双方当事人自愿原则进行调解。经调解达成协议的，制作调解协议书，双方当事人应当自觉履行；调解不成的，当事人在规定的期限内，可以向劳动争议仲裁委员会申请仲裁。

双方当事人遵循劳动争议调解的自愿原则主要体现在以下几个方面：

第一，是否向劳动争议调解组织申请调解，由当事人自行决定，对任何一方不得强迫。劳动争议调解组织的调解，在我国劳动争议处理程序中不是必经的程序。所以，当事人是否向劳动争议调解组织申请调解，由争议双方自愿选择。

第二，在调解的过程中，始终贯彻自愿协商的原则。劳动争议调解组织作为调解机构，本身并无决定权，劳动争议的解决主要依靠双方自愿。经调解是否达成协议，由当事人自愿决定，不得强加，劳动争议调解组织在调解过程中不能强行调解或勉强调解达成协议，更不允许包办代替。调解过程是一个自愿协商的过程，双方当事人法律地位平等，任何一方不得强迫另一方。

第三，调解协议的执行是自愿的。经劳动争议调解达成的协议，没有强制执行的法律效力。调解协议的履行，依靠当事人的自觉，不得强制执行。

四、劳动争议调解的程序

劳动争议调解组织调解劳动争议，一般包括调解准备、调解开始、实施调解、调解终止4个阶段。

按照我国现行法律法规的规定，劳动争议发生后，当事人申请劳动争议调解可以书面申请，也可以口头申请。口头申请的，调解组织应当当场记录申请人基本情况、申请调解的争议事项、理由和时间。

劳动争议调解组织接到一方当事人的调解申请后，应当征询对方当事人的意见，对方当事人不愿调解的，应做好记录，并以书面形式通知申请人。对方当事人愿意参加调解的，调解组织要作出受理决定。

按照法律规定，劳动争议调解组织调解劳动争议，应当充分听取双方当事人对事实和理由的陈述，耐心疏导，帮助其达成协议。

双方当事人协商一致，自愿达成协议的，应由调解委员会制作调解协议书。协议书送达双方当事人后，双方当事人应当严格地自觉履行。在此期限内，当事人拒绝调解或者未达成调解协议的，调解委员会应当向当事人宣布调解不成，告知其在规定的期限内向劳动争议仲裁委员会申请仲裁。

五、劳动争议调解协议的法律效力

根据《劳动争议调解仲裁法》规定："经调解达成协议的，应当制作调解协议书。调解协议书由双方当事人签名或者盖章，经调解员签名并加盖调解组织印章后生效，对双方当事人具有约束力，当事人应当履行。"

值得提示的是，根据《劳动争议调解仲裁法》和《劳动人事争议仲裁办案规则》（人力资源和社会保障部令第33号）规定：

1. 自调解组织收到调解申请之日起 15 日内未达成调解协议的，当事人可以依法申请仲裁。

2. 经调解组织调解达成调解协议的，应当制作调解协议书。调解协议书由双方当事人签名或者盖章，经调解员签名，并注意要加盖调解组织的印章后才能生效。法律规定，调解协议对双方当事人具有约束力，当事人应当履行。

3. 经调解组织调解达成协议的，双方当事人可以自调解协议生效之日起 15 日内，共同向有管辖权的劳动仲裁委员会提出仲裁审查申请。

当事人申请审查调解协议，应当向仲裁委员会提交仲裁审查申请书、调解协议和身份证明、资格证明以及其他与调解协议相关的证明材料，并提供双方当事人的送达地址、电话号码等联系方式。仲裁委员会收到当事人仲裁审查申请，应当及时决定是否受理。决定受理的，应当出具受理通知书。

有下列情形之一的，仲裁委员会不予受理：（1）不属于仲裁委员会受理争议范围的；（2）不属于本仲裁委员会管辖的；（3）超出规定的仲裁审查申请期间的；（4）确认劳动关系的；（5）调解协议已经人民法院司法确认的。

按照《人力资源社会保障部、最高人民法院关于劳动人事争议仲裁与诉讼衔接有关问题的意见（一）》规定："劳动人事争议仲裁委员会对调解协议仲裁审查申请不予受理或者经仲裁审查决定不予制作调解书的，当事人可依法就协议内容中属于劳动人事争议仲裁受理范围的事项申请仲裁。"

4. 达成调解协议后，一方当事人在协议约定期限内不履行调解协议的，另一方当事人可以依法申请仲裁。

5. 根据我国现行劳动法律规定，劳动争议调解组织对劳动争议的调解，不是处理劳动争议的必经程序，当事人可以不经过劳动争议调解组织的调解，直接向劳动争议仲裁委员会申请仲裁。

6. 根据《最高人民法院关于审理劳动争议案件适用法律问题的解释（一）》，当事人在调解组织主持下达成的具有劳动权利义务内容的调解协议，具有劳动合同的约束力，可以作为人民法院裁判的根据。

第三节　劳动争议的仲裁

一、什么是劳动争议仲裁

劳动争议仲裁，是指劳动争议仲裁委员会对用人单位与劳动者之间发生的争议，在查明事实、明确是非、分清责任的基础上，依法作出裁决的活动。所谓仲裁，也称公断，其基本含义是由一个公正的第三者对当事人之间的争议作出评断。

根据我国现行劳动法律法规的规定，仲裁程序是处理劳动争议法定的必经程序。我国劳动争议仲裁实行的一裁终裁体制，劳动争议当事人只有在申请劳动争议仲裁委员会裁决后，对裁决不服时，才能向人民法院起诉，否则法院不予受理。

二、劳动争议仲裁委员会

劳动争议仲裁委员会，是国家依法设立，代表国家行使仲裁权专门实施处理劳动争议，并由国家强制力保证其生效裁决的一个仲裁机构。根据《劳动争议调解仲裁法》规定："劳动争议仲裁委员会按照统筹规划、合理布局和适应实际需要的原则设立。省、自治区人民政府可以决定在市、县设立；直辖市人民政府可以决定在区、县设立。直辖市、设区的市也可以设立一个或者若干个劳动争议仲裁委员会。劳动争议仲裁委员会不按行政区划层层设立。"

（一）劳动争议仲裁委员会的组成

根据《劳动争议调解仲裁法》规定："劳动争议仲裁委员会由劳动行政部门代表、工会代表和企业方面代表组成。劳动争议仲裁委员会组成人员应当是单数。"

按照法律规定，表明劳动争议仲裁委员会是一个由三方人员组成的机构，体现了协调劳动关系中的政府代表、工会代表、企业方面代表的"三方原则"，是对《劳动争议调解仲裁法》第八条中规定的"县级以上人民政府劳动行政部门会同工会和企业方面代表建立协调劳动关系三方机制，共同研究解决劳动争议的重大问题”的一个具体表现。同时也决定了劳动仲裁委员会的性质以及仲裁裁决的法律效力。在三方代表中，工会代表和企业方面的代表，分别代表劳动争议的双方当事人，劳动行政部门代表则为中立的一方，且代表政府具有一定的权威性。根据《劳动法》的规定，“劳动争议仲裁委员会主任由劳动行政部门代表担任”，负责主持仲裁委员会的日常事务。但是，劳动仲裁委员会主任没有对仲裁的最终决定权，只是依法行使职权组织仲裁工作。三方原则保证了仲裁在全面、公正的基础上作出公正的裁决。

（二）劳动争议仲裁委员会的职责

《劳动争议调解仲裁法》规定，劳动争议仲裁委员会依法履行下列职责：（1）聘任、解聘专职或者兼职仲裁员；（2）受理劳动争议案件；（3）讨论重大或者疑难的劳动争议案件；（4）对仲裁活动进行监督。

劳动争议仲裁委员会下设办事机构，负责办理劳动争议仲裁委员会的日常工作。按照《劳动人事争议仲裁办案规则》规定，仲裁委员会下设实体化的办事机构，称为劳动人事争议仲裁院。《劳动争议调解仲裁法》还规定：“劳动争议仲裁不收费。劳动争议仲裁委员会的经费由财政予以保障。”

（三）聘任仲裁员的条件

劳动争议仲裁委员会聘任专职或者兼职仲裁员应当设立仲裁员名册。仲裁员应当公道正派，并符合下列条件之一：（1）曾任审判员的；（2）从事法律研究、教学工作并具有中级以上职称的；（3）具有法律知识、从事人力资源管理或者工会等专业工作满 5 年的；（4）律师执业满 3 年的。

法律明确规定了聘任专职或者兼职仲裁员的资格条件：一是提出可以聘任的人员是曾任过审判员的司法人员；二是提出聘任的专家学者应当是从事法律研究、教学工作并具有中级以上职称的人员；三是提出聘任的从事人力资源管理或者工会等专业的人员要具有法律知识，而且有专业工作满 5 年的经历；四是提出聘任的律师须执业满 3 年。提出这一要求，有利于进一步提高劳动仲裁员队伍的专业化素质，也有利于从源头上提高劳动争议仲裁的质量和效率。兼职仲裁员与专职仲裁员在执行劳动争议仲裁事务时享有同等权利。

（四）劳动争议仲裁委员会的管辖

管辖，是指确定各个劳动争议仲裁机构审理案件的权限，明确当事人应在哪一个仲裁机关申请仲裁、由哪一个仲裁机关受理的职责划分。劳动争议仲裁管辖的实质是各个仲裁机关审理案件的内部分工。按照我国现行法律法规的规定，劳动争议仲裁的管辖实行属地管辖。

根据《劳动争议调解仲裁法》的规定："劳动争议仲裁委员会负责管辖本区域内发生的劳动争议。劳动争议由劳动合同履行地或者用人单位所在地的劳动争议仲裁委员会管辖。"劳动合同履行地为劳动者实际工作场所地。用人单位所在地为用人单位注册、登记地或者主要办事机构所在地；用人单位未经注册、登记的，其出资人、开办单位或者主管部门所在地为用人单位所在地。

根据《劳动争议调解仲裁法》的规定："双方当事人分别向劳动合同履行地和用人单位所在地的劳动争议仲裁委员会申请仲裁的，由劳动合同履行地的劳动争议仲裁委员会管辖。"按照这一法条规定，当用人单位所在地和劳动合同履行地不在同一地域时，职工与用人单位发生劳动争议，申请人可以在两地中选择任何一地的劳动争议仲裁委员会提起仲裁申请。但是，当双方当事人分别向两地申请仲裁时，法律规定了"由劳动合同履行地的劳动争议仲裁委员会管辖"。因为劳动合同履行地是劳动争议的发生地，在此处理争议，比较容易在当地取证，调查清楚发生争议的事实真相，能高效地解决争议。

有多个劳动合同履行地的，由最先受理的劳动仲裁委员会管辖。劳动合同履行地不明确的，由用人单位所在地的仲裁委员会管辖。案件受理后，劳动合同履行地或者用人单位所在地发生变化的，不改变争议仲裁的管辖。

三、仲裁参加人

仲裁参加人，是指参加劳动争议仲裁活动，享有相应权利，承担相应义务的法人和个人。包括劳动争议仲裁当事人、第三人、共同当事人和仲裁代理人等。

（一）双方当事人和共同当事人

1. 根据《劳动争议调解仲裁法》规定，发生劳动争议的劳动者和用人单位为劳动争议仲裁案件的双方当事人。

2. 根据《最高人民法院关于审理劳动争议案件适用法律问题的解释（一）》规定，用人单位与其他单位合并的，合并前发生的劳动争议，由合并后的单位为当事人；用人单位分立为若干单位的，其分立前发生的劳动争议，由分立后的实际用人单位为当事人。用人单位分立为若干单位后，具体承受劳动权利义务的单位不明确的，分立后的单位均为当事人。

3. 劳动者在用人单位与其他平等主体之间的承包经营期间，与发包方和承包方双方或者一方发生劳动争议，依法提起诉讼的，应当将承包方和发包方作为当事人。

劳动者与个人承包经营者发生争议，依法向仲裁委员会申请仲裁的，应当将发包的组织和个人承包经营者作为共同当事人。

4. 劳动者与未办理营业执照、营业执照被吊销或者营业期限届满仍继续经营的用人单位发生争议的，应当将用人单位或者其出资人列为当事人。

发生争议的用人单位未办理营业执照、营业执照被吊销或者营业期限届满仍继续经营的用人单位，以挂靠等方式借用他人营业执照经营的，应当将用人单位和营业执照出借方列为当事人。

发生争议的用人单位未办理营业执照、被吊销营业执照、营业执照到期继续经营、被责令关闭、被撤销以及用人单位解散、歇业，不能承担相关责任的，应当将用人单位和其出资人、开办单位或者主管部门作为共同当事人。

5. 劳务派遣单位或者用工单位与劳动者发生劳动争议的，劳务派遣单位和用工单位为共同当事人。

（二）第三人

与劳动争议案件的处理结果有利害关系的第三人，可以申请参加仲裁活动或者由劳动争议仲裁委员会通知其参加仲裁活动。

根据《最高人民法院关于审理劳动争议案件适用法律问题的解释（一）》，用人单位招用尚未解除劳动合同的劳动者，原用人单位与劳动者发生的劳动争议，可以列新的用人单位为第三人。原用人单位以新的用人单位侵权为由提起诉讼的，可以列劳动者为第三人。原用人单位以新的用人单位和劳动者共同侵权为由提起诉讼的，新的用人单位和劳动者列为共同被告。

（三）代理人

当事人可以委托代理人参加仲裁活动。委托他人参加仲裁活动，应当向劳动争议仲裁委员会提交有委托人签名或者盖章的委托书，委托书应当载明委托事项和权限。法律还规定：（1）丧失或者部分丧失民事行为能力的劳动者，由其法定代理人代为参加仲裁活动；（2）无法定代理人的，由劳动争议仲裁委员会为其指定代理人；（3）劳动者死亡的，由其近亲属或者代理人参加仲裁活动。

四、劳动争议仲裁的申请和受理程序

根据劳动法律法规的规定，劳动争议仲裁程序是处理劳动争议法定的必经程序。劳动争议当事人只有在劳动争议仲裁委员会裁决后，对裁决不服时，才能向人民法院起诉，否则法院不予受理。通过仲裁处理劳动争议，首先要进入劳动争议仲裁的申请和受理程序。

（一）申请时效

劳动争议仲裁的申请时效，是指当事人应当在一定时限内提起仲裁申请的期间。超过申请时效期间，劳动争议仲裁机构将不受理仲裁申请。根据《劳动争议调解仲裁法》规定：

1. 申请时效期间。法律规定，"劳动争议申请仲裁的时效期间为一年。仲裁时效期间从当事人知道或者应当知道其权利被侵害之日起计算"。这就是说，申请劳动争议仲裁应从当事人知道或者应当知道其权利被侵害之日起计算，在1年内以书面形式向劳动争议仲裁委员会提出。如果超过这一期限，即申请人丧失请求保护其权利的申诉权，除当事人因不可抗力或者有其他正当理由超过法定的申请仲裁期限的，劳动争议仲裁委员会对其仲裁申请可以不予受理。

要注意，在申请仲裁的时效期间内，有下列情形之一的，仲裁时效中断：（1）一方当事人通过协商、申请调解等方式向对方当事人主张权利的；（2）一方当事人通过向有关部门投诉，向人民法院起诉或者申请支付令等方式请求权利救济的；（3）对方当事人同意履行义务的。从中断时起，仲裁时效期间重新计算。

2. 时效中止。因不可抗力或者有其他正当理由，当事人不能在法律规定的仲裁时效期间申请仲裁的，仲裁时效中止。从中止时效的原因消除之日起，仲裁时效期间继续计算。

3. 不受时效期间限制的特例。对于劳动关系存续期间因拖欠劳动报酬发生争议的，劳动者申请仲裁不受上述仲裁时效期间的限制；但是，劳动关系终止的，应当自劳动关系终止之日起1年内提出。法律作出这一规定，主要是针对实践中企业拖欠劳动报酬的问题比较突出，而劳动者在劳动关系存续期间往往不敢就劳动报酬争议申请仲裁，担心一旦为此提出申请仲裁，会造成“赢了官司丢了工作”的结局。因此，法律就企业拖欠劳动报酬发生争议这一情形，在申请仲裁的时效期间上作出了特殊规定。

（二）申请仲裁必须提交书面申请

根据《劳动争议调解仲裁法》和《劳动人事争议仲裁办案规则》规定，申请人申请仲裁应当提交书面仲裁申请，并按照被申请人人数提交副本。这有助于劳动争议仲裁委员会查明仲裁的时间以便确定是否符合申请仲裁的期限规定。

仲裁申请书应当载明下列事项：（1）劳动者的姓名、性别、年龄、身份证件号码、职业、工作单位、住所、通讯地址和联系电话，用人单位的名称、住所、通讯地址、联系电话和法定代表人或者主要负责人的姓名、职务；（2）仲裁请求和所根据的事实、理由；（3）证据和证据来源，证人姓名和住所。

书写仲裁申请确有困难的，可以口头申请，由劳动争议仲裁委员会记入笔录，经申请人签名、盖章或者捺印确认。并告知对方当事人。

对于仲裁申请书不规范或者材料不齐备的，仲裁委员会应当当场或者在5日内一次性告知申请人需要补正的全部材料。

仲裁委员会收取当事人提交的材料应当出具收件回执。

（三）劳动争议仲裁申请的受理

劳动争议仲裁委员会收到仲裁申请之日起5日内，认为符合受理条件的，应当受理，并通知申请人；认为不符合受理条件的，应当书面通知申请人不予受理，并说明理由。

劳动争议仲裁委员会受理仲裁申请后，应当在5日内将仲裁申请书副本送达被申请人。被申请人收到仲裁申请书副本后，应当在10日内向劳动争议仲裁委员会提交答辩书。劳动争议仲裁委员会收到答辩书后，应当在5日内将答辩书副本送达申请人。被申请人未提交答辩书的，不影响仲裁程序的进行。

仲裁处理结果作出前，申请人可以自行撤回仲裁申请。申请人再次申请仲裁的，仲裁委员会应当受理。为了督促劳动争议仲裁委员会依法履行职责，同时不影响当事人行使诉权，法律规定对劳动争议仲裁委员会不予受理或者逾期未作出决定的，申请人可以就该劳动争议事项向人民法院提起诉讼。

五、开庭和裁决

（一）劳动争议仲裁庭的开庭准备

劳动争议仲裁委员会处理劳动争议案件，实行仲裁员组成仲裁庭办案制度，由仲裁庭代表仲裁委员会行使处理劳动争议的权力。根据《劳动争议调解仲裁法》规定，劳动争议仲裁委员会裁决劳动争议案件实行仲裁庭制。仲裁庭由 3 名仲裁员组成，设首席仲裁员。简单劳动争议案件可以由 1 名仲裁员独任仲裁。

劳动争议仲裁委员会应当在受理仲裁申请之日，5 日内将仲裁庭的组成情况书面通知当事人。

仲裁员有下列情形之一，应当回避，当事人也有权以口头或者书面方式提出回避申请：（1）是本案当事人或者当事人、代理人的近亲属的；（2）与本案有利害关系的；（3）与本案当事人、代理人有其他关系，可能影响公正裁决的；（4）私自会见当事人、代理人，或者接受当事人、代理人的请客送礼的。

劳动争议仲裁委员会对回避申请应当及时作出决定，并以口头或者书面方式通知当事人。如果发现仲裁员有私自会见当事人、代理人，或者接受当事人、代理人的请客送礼的情形，或者有索贿受贿、徇私舞弊、枉法裁决行为的，应当依法承担法律责任。劳动争议仲裁委员会应当将其解聘。

仲裁庭应当在开庭 5 日前，将开庭日期、地点书面通知双方当事人。当事人有正当理由的，可以在开庭 3 日前请求延期开庭。是否延期，由劳动争议仲裁委员会决定。

（二）劳动争议案件的开庭审理

按照法律规定，当事人申请劳动争议仲裁后，可以自行和解。达成和解协议的，可以撤回仲裁申请。

在仲裁庭处理劳动争议案件时，一般应当先行调解，在查明事实的基础上，促使当事人双方自愿达成调解协议。协议内容不得违反法律、法规的规定。调解达成协议的，仲裁庭应当根据协议内容制作调解书，调解书自送达之日起具有法律效力。调解未达成协议或者调解书送达前当事人反悔的，仲裁庭应当及时依法裁决。

1. 开庭审理劳动争议案件时，出现申请人收到书面开庭通知，无正当理由拒不到庭或者未经仲裁庭同意中途退庭的，可以视为撤回仲裁申请。申请人重新申请仲裁的，仲裁委员会不予受理。

被申请人收到书面开庭通知，无正当理由拒不到庭或者未经仲裁庭同意中途退庭的，仲裁庭可以继续开庭审理，并缺席裁决。

2. 按照法律规定，劳动争议仲裁公开进行。但是，当事人协议不公开或者涉及国家秘密、商业秘密和个人隐私的，经相关当事人书面申请，仲裁委员会应当不公开审理。

3. 当事人申请回避，应当在案件开庭审理前提出，并说明理由。回避事由在案件开庭审理后知晓的，也可以在庭审辩论终结前提出。当事人在庭审辩论终结后提出回避申请的，不影响仲裁程序的进行。仲裁委员会应当在回避申请提出的3日内，以口头或者书面形式作出决定。以口头形式作出的，应当记入笔录。

4. 在案件审理中，仲裁庭对专门性问题认为需要鉴定的，可以交由当事人约定的鉴定机构鉴定；当事人没有约定或者无法达成约定的，由仲裁庭指定的鉴定机构鉴定。根据当事人的请求或者仲裁庭的要求，鉴定机构应当派鉴定人参加开庭。当事人经仲裁庭许可，可以向鉴定人提问。

5. 当事人在仲裁过程中有权进行质证和辩论。质证和辩论终结时，首席仲裁员或者独任仲裁员应当征询当事人的最后意见。

6. 当事人提供的证据经查证属实的，仲裁庭应当将其作为认定事实的根据。

根据《民事诉讼法》规定，在一般情况下，当事人双方发生争议时，其中一方当事人对自己的主张有举证的责任。

发生劳动争议，当事人对自己提出的主张，有责任提供证据。这是劳动争议举证责任的一般原则。但是，考虑到在实际生活中，用人单位作为用工主体方掌握和管理着劳动者的档案、工资发放、社会保险费缴纳、劳动保护等情况和材料，劳动者一般无法取得和提供。因此，法律对用人单位提供证据又作出了特别规定。根据《劳动争议调解仲裁法》第六条规定："发生劳动争议，当事人对自己提出的主张，有责任提供证据。与争议事项有关的证据属于用人单位掌握管理的，用人单位应当提供；用人单位不提供的，应当承担不利后果。"《最高人民法院关于审理劳动争议案件适用法律问题的解释（一）》也规定："劳动者主张加班费的，应当就加班事实的存在承担举证责任。但劳动者有证据证明用人单位掌握加班事实存在的证据，用人单位不提供的，由用人单位承担不利后果。”“因用人单位作出的开除、除名、辞退、解除劳动合同、减少劳动报酬、计算劳动者工作年限等决定而发生的劳动争议，用人单位负举证责任。”

按照法律规定，劳动者无法提供由用人单位掌握管理的与仲裁请求有关的证据，由用人单位提供；仲裁庭也可以要求用人单位在指定期限内提供。承担举证责任的当事人应当在仲裁委员会指定的期限内提供有关证据，当事人在该期限内提供证据确有困难的，可以向仲裁委员会申请延长期限，仲裁委员会根据当事人的申请适当延长。用人单位在指定期限内不提供的，应当承担不利后果。据此，例如对于用人单位安排劳动者上下班和加班时，一定要有准确的时间考勤；对标准工作时间和加班工资的支付，一定要有具体金额和职工签收的记录。否则，当劳动者为此争议申请仲裁和诉讼时，要由用人单位承担举证责任。

7. 仲裁庭应当将开庭情况记入笔录。当事人和其他仲裁参加人认为对自己陈述的记录有遗漏或者差错的，有权申请补正。如果不予补正，应当记录该申请。笔录由仲裁员、记录人员、当事人和其他仲裁参加人签名或者盖章。

8. 仲裁参与人和其他人应当遵守仲裁庭纪律，不得有下列行为：（1）未经准许进行录音、录像、摄影；（2）未经准许以移动通信等方式现场传播庭审活动；（3）其他扰乱仲裁庭秩序、妨害审理活动进行的行为。

仲裁参与人或者其他人有上述情形之一的，仲裁庭可以训诫、责令退出仲裁庭，也可以暂扣进行录音、录像、摄影、传播庭审活动的器材，并责令其删除有关内容。拒不删除的，可以采取必要手段强制删除，并将上述事实记入庭审笔录。

（三）劳动争议仲裁裁决

1. 裁决程序中的调解

仲裁庭在作出裁决前，应当先行调解。正如前面所述，开庭之前，经双方当事人同意，仲裁庭可以委托调解组织或者其他具有调解能力的组织或个人进行调解。

按照《劳动争议调解仲裁法》第四十二条第二、三款规定：“调解达成协议的，仲裁庭应当制作调解书。调解书应当写明仲裁请求和当事人协议的结果。调解书由仲裁员签名，加盖劳动争议仲裁委员会印章，送达双方当事人。调解书经双方当事人签收后，发生法律效力。”①

调解不成或者调解书送达前，一方当事人反悔的，仲裁庭应当及时作出裁决。

2. 仲裁裁决的时限

按照法律规定，仲裁庭裁决劳动争议案件，应当自劳动争议仲裁委员会受理仲裁申请之日起 45 日内结束。案情复杂需要延期的，经劳动争议仲裁委员会主任批准，可以延期并书面通知当事人，但是延长期限不得超过 15 日。

有下列情形的，仲裁期限按照规定计算：（1）仲裁庭追加当事人或者第三人的，仲裁期限从决定追加之日起重新计算；（2）申请人需要补正材料的，仲裁委员会收到仲裁申请的时间从材料补正之日起重新计算；（3）增加、变更仲裁请求的，仲裁期限从受理增加、变更仲裁请求之日起重新计算；（4）仲裁申请和反申请合并处理的，仲裁期限从受理反申请之日起重新计算；（5）案件移送管辖的，仲裁期限从接受移送之日起重新计算；（6）中止审理期间、公告送达期间不计入仲裁期限内；（7）法律、法规规定应当另行计算的其他情形。逾期未作出仲裁裁决的，当事人可以就该劳动争议事项向人民法院提起诉讼。

当事人因仲裁庭逾期未作出仲裁裁决而向人民法院提起诉讼并立案受理的，仲裁委员会应当决定该案件终止审理；当事人未就该争议事项向人民法院提起诉讼的，仲裁委员会应当继续处理。

3. 可以中止案件审理的情形

有下列情形之一的，经仲裁委员会主任或者其委托的仲裁院负责人批准，可以中止案件审理，并书面通知当事人：（1）劳动者一方当事人死亡，需要等待继承人表明是否参加仲裁的；（2）劳动者一方当事人丧失民事行为能力，尚未确定法定代理人参加仲裁的；（3）用人单位终止，尚未确定权利义务承继者的；（4）一方当事人因不可抗拒的事由，不能参加仲裁的；（5）案件审理需要以其他案件的审理结果为依据，且其他案件尚未审结的；（6）案件处理需要等待工伤认定、伤残等级鉴定以及其他鉴定结论的；（7）其他应当中止仲裁审理的情形。中止审理

① 这里讲的仲裁调解与前面讲的调解组织的调解不同。调解组织的“调解协议书”由双方当事人签名或者盖章，经调解员签名并加盖“调解组织印章”；仲裁的“调解书”由仲裁员签名并加盖“劳动争议仲裁委员会印章”。后面还要讲到诉讼中的调解。以上内容各有不同。

的情形消除后，仲裁庭应当恢复审理。

4. 可以裁决先予执行的案件

为了保障劳动者不因合法权益遭受用人单位侵害而致使生活受到严重影响，《劳动争议调解仲裁法》规定："仲裁庭裁决劳动争议案件时，其中一部分事实已经清楚，可以就该部分先行裁决。"特别是仲裁庭对追索劳动报酬、工伤医疗费、经济补偿或者赔偿金的案件，根据当事人的申请，可以裁决先予执行，移送人民法院执行。仲裁庭裁决先予执行的，应当符合下列条件：（1）当事人之间权利义务关系明确；（2）不先予执行将严重影响申请人的生活。劳动者申请先予执行的，可以不提供担保。

根据《最高人民法院关于审理劳动争议案件适用法律问题的解释（一）》第十条规定："当事人不服劳动争议仲裁机构作出的预先支付劳动者劳动报酬、工伤医疗费、经济补偿或者赔偿金的裁决，依法提起诉讼的，人民法院不予受理。用人单位不履行上述裁决中的给付义务，劳动者依法申请强制执行的，人民法院应予受理。"

5. 仲裁裁决不发生法律效力的情形

根据《最高人民法院关于审理劳动争议案件适用法律问题的解释（一）》第十六条规定："劳动争议仲裁机构作出仲裁裁决后，当事人对裁决中的部分事项不服，依法提起诉讼的，劳动争议仲裁裁决不发生法律效力。"根据《最高人民法院关于审理劳动争议案件适用法律问题的解释（一）》第十七条规定："劳动争议仲裁机构对多个劳动者的劳动争议作出仲裁裁决后，部分劳动者对仲裁裁决不服，依法提起诉讼的，仲裁裁决对提起诉讼的劳动者不发生法律效力；对未提起诉讼的部分劳动者，发生法律效力，如其申请执行的，人民法院应当受理。"

6. 终局裁决

为了及时公正解决劳动争议，根据《劳动争议调解仲裁法》第四十七条规定，下列劳动争议，除本法另有规定的外，仲裁裁决为终局裁决，裁决书自作出之日起发生法律效力：（1）追索劳动报酬、工伤医疗费、经济补偿或者赔偿金，不超过当地月最低工资标准 12 个月金额的争议；（2）因执行国家的劳动标准在工作时间、休息休假、社会保险等方面发生的争议。

按照《人力资源社会保障部、最高人民法院关于劳动人事争议仲裁与诉讼衔接有关问题的意见（一）》第十条规定，仲裁裁决涉及下列事项，对单项裁决金额不超过当地月最低工资标准 12 个月金额的，劳动人事争议仲裁委员会应当适用终局裁决：（1）劳动者在法定标准工作时间内提供正常劳动的工资；（2）停工留薪期工资或者病假工资；（3）用人单位未提前通知劳动者解除劳动合同的一个月工资；（4）工伤医疗费；（5）竞业限制的经济补偿；（6）解除或者终止劳动合同的经济补偿；（7）《中华人民共和国劳动合同法》第八十二条规定的第二倍工资；（8）违法约定试用期的赔偿金；（9）违法解除或者终止劳动合同的赔偿金；（10）其他劳动报酬、经济补偿或者赔偿金。

值得注意的是：根据《劳动争议调解仲裁法》第四十八条和第四十九条规定，如果劳动者对本法第四十七条规定的仲裁裁决不服的，可以自收到仲裁裁决书之日起 15 日内向人民法院提起诉讼。

如果用人单位有证据证明本法第四十七条规定的仲裁裁决有下列情形之一，可以自收到仲裁裁决书之日起 30 日内向劳动争议仲裁委员会所在地的中级人民法院申请撤销裁决：（1）适用法律、法规确有错误的；（2）劳动争议仲裁委员会无管辖权的；（3）违反法定程序的；（4）裁决所根据的证据是伪造的；（5）对方当事人隐瞒了足以影响公正裁决的证据的；（6）仲裁员在仲裁该案时有索贿受贿、徇私舞弊、枉法裁决行为的。人民法院经组成合议庭审查核实裁决有前款规定情形之一的，应当裁定撤销。仲裁裁决被人民法院裁定撤销的，当事人可以自收到裁定书之日起 15 日内就该劳动争议事项向人民法院提起诉讼。

《劳动争议调解仲裁法》还规定：“当事人对本法第四十七条规定以外的其他劳动争议案件的仲裁裁决不服的，可以自收到仲裁裁决书之日起十五日内向人民法院提起诉讼；期满不起诉的，裁决书发生法律效力。”“当事人对发生法律效力的调解书、裁决书，应当依照规定的期限履行。一方当事人逾期不履行的，另一方当事人可以依照民事诉讼法的有关规定向人民法院申请执行。受理申请的人民法院应当依法执行。”

此外，按照《人力资源社会保障部、最高人民法院关于劳动人事争议仲裁与诉讼衔接有关问题的意见（一）》规定：

（1）劳动人事争议仲裁委员会按照《劳动人事争议仲裁办案规则》第五十条第四款规定对不涉及确认劳动关系的案件分别作出终局裁决和非终局裁决，劳动者对终局裁决向基层人民法院提起诉讼、用人单位向中级人民法院申请撤销终局裁决、劳动者或者用人单位对非终局裁决向基层人民法院提起诉讼的，有管辖权的人民法院应当依法受理。

（2）劳动者不服终局裁决向基层人民法院提起诉讼，中级人民法院对用人单位撤销终局裁决的申请不予受理或者裁定驳回申请，用人单位主张终局裁决存在《劳动争议调解仲裁法》第四十九条第一款规定情形的，基层人民法院应当一并审理。

（3）用人单位申请撤销终局裁决，当事人对部分终局裁决事项达成调解协议的，中级人民法院可以对达成调解协议的事项出具调解书；对未达成调解协议的事项进行审理，作出驳回申请或者撤销仲裁裁决的裁定。

（4）当事人就部分裁决事项向人民法院提起诉讼的，仲裁裁决不发生法律效力。当事人提起诉讼的裁决事项属于人民法院受理的案件范围的，人民法院应当进行审理。当事人未提起诉讼的裁决事项属于人民法院受理的案件范围的，人民法院应当在判决主文中予以确认。

7. 仲裁裁决书

根据《劳动争议调解仲裁法》规定，裁决应当按照多数仲裁员的意见作出，少数仲裁员的不同意见应当记入笔录。仲裁庭不能形成多数意见时，裁决应当按照首席仲裁员的意见作出。

裁决书应当载明仲裁请求、争议事实、裁决理由、裁决结果和裁决日期。裁决书由仲裁员签名，加盖劳动争议仲裁委员会印章。对裁决持不同意见的仲裁员，可以签名，也可以不签名。

仲裁庭作出裁决后，应当制作裁决书，送达双方当事人。当事人对发生法律效力的裁决书，应当依照规定的期限履行。一方当事人逾期不履行的，另一方当事人可以依照民事诉讼法的有关规定向人民法院申请执行。受理申请的人民法院应当依法执行。

8. 仲裁文书送达

按照《劳动人事争议仲裁办案规则》规定，仲裁委员会送达仲裁文书必须有送达回证，由受送达人在送达回证上记明收到日期，并签名或者盖章。受送达人在送达回证上的签收日期为送达日期。

因企业停业等原因导致无法送达且劳动者一方在10人以上的，或者受送达人拒绝签收仲裁文书的，通过在受送达人住所留置、张贴仲裁文书，并采用拍照、录像等方式记录的，自留置、张贴之日起经过3日即视为送达，在这种情形下，无须受送达人在送达回证上记明收到日期，并签名或者盖章。

此外，仲裁文书的送达方式，可以参照民事诉讼关于送达方式的有关规定执行。

六、集体劳动人事争议处理

按照《劳动人事争议仲裁办案规则》规定，发生劳动者一方在10人以上并有共同请求的争议的，劳动者可以推举3至5名代表参加仲裁活动。代表人参加仲裁的行为对其所代表的当事人发生效力，但代表人变更、放弃仲裁请求或者承认对方当事人的仲裁请求，进行和解，必须经被代表的当事人同意。

仲裁庭处理集体劳动人事争议，开庭前应当引导当事人自行协商，或者先行调解。

仲裁庭处理集体劳动人事争议案件，可以邀请法律工作者、律师、专家学者等第三方共同参与调解。

协商或者调解未能达成协议的，仲裁庭应当及时裁决。

第四节 劳动争议的诉讼

一、什么是劳动争议的诉讼

劳动争议的诉讼，是指发生劳动争议后，劳动争议当事人对劳动争议仲裁委员会不予受理或者逾期未作出决定或者对其裁决不服，在规定的期限内向人民法院起诉，人民法院依法受理后，依法对劳动争议案件进行审理的活动。劳动争议的诉讼，是解决劳动争议的最终程序。

实行劳动争议诉讼制度，从根本上将劳动争议处理工作纳入了法制轨道，以法的强制性保证了劳动争议的彻底解决。这一制度也初步形成了对劳动争议仲裁委员会的司法监督机制，对提高劳动争议仲裁质量十分有利。同时，也赋予了当事人不服劳动争议仲裁裁决以求助于司法救济的权利，更有效地保护了劳动争议双方当事人的诉讼权。

二、劳动争议诉讼时限和起诉条件

（一）一般性劳动争议案件的诉讼时限

根据《劳动争议调解仲裁法》第五十条规定："当事人对本法第四十七条规定以外的其他劳动争议案件的仲裁裁决不服的，可以自收到仲裁裁决书之日起十五日内向人民法院提起诉讼；期满不起诉的，裁决书发生法律效力。"可见，法律规定对一般性劳动争议案件的仲裁裁决不服，当事人提起诉讼的时限为 15 日。

《劳动争议调解仲裁法》第四十七条中规定的争议案件是："（一）追索劳动报酬、工伤医疗费、经济补偿或者赔偿金，不超过当地月最低工资标准十二个月金额的争议；（二）因执行国家的劳动标准在工作时间、休息休假、社会保险等方面发生的争议。"对于这两类劳动争议案件，法律规定"仲裁裁决为终局裁决，裁决书自作出之日起发生法律效力"。

（二）劳动仲裁终局裁决的申诉时限

企业要注意，劳动争议双方当事人对"仲裁裁决为终局裁决"不服的，也可以向法院提出申诉。其向法院申请处理的时限和处理方式不一样。

1. 对于劳动者一方，按照《劳动争议调解仲裁法》第四十八条规定，劳动者对本法第四十七条规定的仲裁裁决不服的，可以自收到仲裁裁决书之日起 15 日内向人民法院提起诉讼。

2. 对于用人单位一方，根据《劳动争议调解仲裁法》第四十九条规定，用人单位有证据证明本法第四十七条规定的仲裁裁决有下列情形之一，可以自收到仲裁裁决书之日起 30 日内向劳动争议仲裁委员会所在地的中级人民法院申请撤销裁决：（1）适用法律、法规确有错误的；（2）劳动争议仲裁委员会无管辖权的；（3）违反法定程序的；（4）裁决所根据的证据是伪造的；（5）对方当事人隐瞒了足以影响公正裁决的证据的；（6）仲裁员在仲裁该案时有索贿受贿、徇私舞弊、枉法裁决行为的。

《最高人民法院关于审理劳动争议案件适用法律问题的解释（一）》第十八条中也规定："……经审查认为该仲裁裁决为终局裁决的，基层人民法院不予受理，但应告知用人单位可以自收到不予受理裁定书之日起三十日内向劳动争议仲裁机构所在地的中级人民法院申请撤销该仲裁裁决……”

从上述《劳动争议调解仲裁法》的两条法律规定和司法解释的规定可见，需要注意的是：

一是对劳动者而言，是自收到仲裁裁决书之日起“十五日内向人民法院提起诉讼”。时限是“十五日内”；“人民法院”是指基层人民法院；诉求是“提起诉讼”。

二是对用人单位而言，是自收到仲裁裁决书之日起“三十日内向劳动争议仲裁委员会所在地的中级人民法院申请撤销裁决”。时限是“三十日内”；“人民法院”是指中级人民法院；诉求是“申请撤销裁决”，而非“提起诉讼”。

同时，《劳动争议调解仲裁法》又规定了，对于“仲裁裁决被人民法院裁定撤销的，当事人可以自收到裁定书之日起十五日内就该劳动争议事项向人民法院提起诉讼”。这就是说，用人单位只能在“仲裁裁决被人民法院裁定撤销”后，才可以再“向人民法院提起诉讼”，此时给予起诉的时限是“十五日”。

（三）劳动争议诉讼的起诉条件

法院受理劳动争议案件的前提就是要有当事人的起诉。而当事人提起劳动争议诉讼必须符合法定的条件，否则法院不予受理。根据规定，劳动争议诉讼的起诉条件是：

1. 原告是与本案有直接利害关系的公民、法人和其他组织。也就是说，起诉人必须是劳动争议的一方当事人，即用人单位或劳动者。当事人因故不能亲自起诉的，可以委托代理人代其起诉，其他人未经委托授权的无权起诉。

2. 必须有明确的被告，不得将劳动仲裁委员会作为被告向法院起诉。

3. 必须有具体的诉讼请求和事实、理由。

4. 属于人民法院受理民事诉讼的范围和受诉人民法院管辖。

5. 必须是不服劳动争议仲裁委员会裁决，除法律另有规定的外，才可以向人民法院提起诉讼，不能未经劳动争议仲裁程序直接向人民法院起诉。《劳动争议调解仲裁法》规定了“对劳动争议仲裁委员会不予受理或者逾期未作出决定的，申请人可以就该劳动争议事项向人民法院提起诉讼”。

6. 起诉不得超过法律规定的时效期限。

此外，根据《民事诉讼法》第二百七十条规定：“外国人、无国籍人、外国企业和组织在人民法院起诉、应诉，需要委托律师代理诉讼的，必须委托中华人民共和国的律师。”

（四）依据调解协议直接向人民法院提起诉讼

对于经劳动仲裁委员会调解达成调解协议的，调解书经双方当事人签收后，发生法律效力。按照《最高人民法院关于审理劳动争议案件适用法律问题的解释（一）》第十一条规定，劳动争议仲裁机构作出的调解书已经发生法律效力，一方当事人反悔提起诉讼的，人民法院不予受理；已经受理的，裁定驳回起诉。

同时按照《人力资源社会保障部、最高人民法院关于劳动人事争议仲裁与诉讼衔接有关问题的意见（一）》规定，劳动人事争议仲裁委员会对调解协议仲裁审查申请不予受理或者经仲裁审查决定不予制作调解书的，当事人可依法就协议内容中属于劳动人事争议仲裁受理范围的事项申请仲裁。当事人直接提起诉讼的，人民法院不予受理，但下列情形除外：（1）依据《劳动争议调解仲裁法》第十六条规定申请支付令被人民法院裁定终结督促程序后，劳动者依据调解协议直接提起诉讼的；（2）当事人在《劳动争议调解仲裁法》第十条规定的调解组织主持下仅就劳动报酬争议达成调解协议，用人单位不履行调解协议约定的给付义务，劳动者直接提起诉讼的；（3）当事人在经依法设立的调解组织主持下就支付拖欠劳动报酬、工伤医疗费、经济补偿或者赔偿金事项达成调解协议，双方当事人依据《民事诉讼法》第二百零一条的规定共同向人民法院申请司法确认，人民法院不予确认，劳动者依据调解协议直接提起诉讼的。

三、劳动争议诉讼案件的管辖

结合劳动争议案件的诉讼主体既有法人，又有劳动者个人，以及劳动争议必须及时处理等特点和要求，《最高人民法院关于审理劳动争议案件适用法律问题的解释（一）》指出：“劳动争议案件由用人单位所在地或者劳动合同履行地的基层人民法院管辖。劳动合同履行地不明确的，由用人单位所在地的基层人民法院管辖。法律另有规定的，依照其规定。”可见，最高法院的意见是对劳动争议诉讼案件的管辖不论是由用人单位所在地还是劳动合同履行地的基层人民法院管辖皆可，但倾向于由劳动合同履行地的基层法院管辖。只是存在劳动合同履行地不明确的，才由用人单位所在地的基层人民法院管辖。

如果劳动合同履行地与用人单位所在地不一致时，用人单位与劳动者在签订的劳动合同中约定：如双方发生劳动争议，由用人单位所在地的劳动仲裁机构和法院管辖。该约定是否有效？能否基于约定由单位所在地裁判机关当然取得管辖权？

以案释法

案情简介

原告李某与被告北京H劳务服务有限公司劳动争议一案，经劳动争议仲裁处理后，因李某不服，其选择向山东省泰安市泰山区法院起诉。泰山区法院于2018年6月7日立案后，被告北京H劳务服务有限公司在提交答辩状期间提出法院的管辖权异议。

泰山区人民法院认为，劳动争议案件可由用人单位所在地或者劳动合同履行地的基层人民法院管辖。但因双方签订的《劳动合同》中约定的工作地点是山东泰安市的泰安万达广场写字楼，泰山区人民法院对本案具有管辖权，驳回了北京H劳务服务有限公司的管辖权异议。

北京H劳务服务有限公司不服，提出上诉。泰安市中级人民法院认为，双方签订的《劳动合同》中约定了争议管辖法院为北京市海淀区人民法院。该约定应认定为有效，故将本案移送北京市海淀区人民法院处理。

北京市高级人民法院认为，劳动合同具有公法性质和人身附属性，不属于法律规定可以由当事人约定选择管辖法院的案件范畴，双方当事人在《劳动合同》中约定管辖条款无效。

本案被告住所地的北京市海淀区人民法院和劳动合同履行地的山东省泰安市泰山区人民法院对本案均具有管辖权。泰山区人民法院在对本案有管辖权的情况下，将本案移送至北京市海淀区人民法院错误，遂报请最高人民法院指定管辖。

法院观点

最高人民法院认为，根据《民事诉讼法》第三十五条的规定，合同或者其他财产权益纠纷的当事人可以书面协议选择被告住所地、合同履行地、合同签订地、原告住所地、标的物所在地等与争议有实际联系的地点的人民法院管辖，但不得违反本法对级别管辖和专属管辖的规定。可见，协议管辖的适用领域为合同或者其他财产权益纠纷，这里的合同纠纷包括因合同订立、履行、变更、解除、违约等所产生的纠纷，其他财产权益纠纷包括因物权、知识产权中的财产权而产生的民事纠纷，因身份关系产生民事纠纷的不能协议选择管辖法院。劳动争议案件涉及的法律关系为用人单位与劳动者之间的劳动关系，具有人身属性，不适用协议管辖的有关规定。故本案中《劳动合同》里所约定的管辖条款无效。

根据《最高人民法院关于审理劳动争议案件适用法律问题的解释（一）》第三条规定，劳动争议案件由用人单位所在地或者劳动合同履行地的基层人民法院管辖。山东省泰安市泰山区人民法院作为劳动合同履行地的基层人民法院，北京市海淀区人民法院作为用人单位所在地的基层人民法院，对本案都具有管辖权。

根据《最高人民法院关于适用〈中华人民共和国民事诉讼法〉的解释》第三十六条规定，两个以上人民法院都有管辖权的诉讼，先立案的人民法院不得将案件移送给另一个有管辖权的人民法院。

本案中，在原告李某选择向山东省泰安市泰山区人民法院起诉的情况下，山东省泰安市泰山区人民法院对本案有管辖权，泰安市中级人民法院裁定将本案移送至北京市海淀区人民法院不当。

依照《民事诉讼法》第三十六条规定，裁定本案由山东省泰安市泰山区人民法院管辖。①

现实中，还有一种情况值得注意：在处理劳动争议案件中，当劳动者与用人单位均不服劳动争议仲裁机构的同一裁决，向同一人民法院起诉时，应当如何处理？

按照《最高人民法院关于审理劳动争议案件适用法律问题的解释（一）》规定：“劳动者与用人单位均不服劳动争议仲裁机构的同一裁决，向同一人民法院起诉的，人民法院应当并案审理，双方当事人互为原告和被告，对双方的诉讼

① 最高人民法院（2020）最高法民辖 24 号民事裁定书，载中国裁判文书网，最后访问时间：2022 年 10 月 21 日。

请求，人民法院应当一并作出裁决。在诉讼过程中，一方当事人撤诉的，人民法院应当根据另一方当事人的诉讼请求继续审理。双方当事人就同一仲裁裁决分别向有管辖权的人民法院起诉的，后受理的人民法院应当将案件移送给先受理的人民法院。”

根据我国最高人民法院的规定，劳动争议案件由各级人民法院的民事审判庭按照《民事诉讼法》规定的普通诉讼程序进行审理。人民法院审理劳动争议案件，采取两审终审制。即劳动争议当事人向人民法院起诉后，对第一审判决不服的，还可以在法定期间内向上一级人民法院提起上诉，经第二审人民法院审理作出判决，对第二审判决当事人必须执行。一般情况下，二审判决为终审判决。至此，劳动争议处理程序终结。

四、劳动争议诉讼案件的受理

（一）参加诉讼的当事人

根据《民事诉讼法》的规定，公民、法人和其他组织可以作为民事诉讼的当事人。法人由其法定代表人进行诉讼。其他组织由其主要负责人进行诉讼。

当事人不服劳动争议仲裁机构作出的仲裁裁决，依法提起诉讼，人民法院审查认为仲裁裁决遗漏了必须共同参加仲裁的当事人的，应当依法追加遗漏的人为诉讼当事人。被追加的当事人应当承担责任的，人民法院应当一并处理。

当事人有权委托代理人，提出回避申请，收集、提供证据，进行辩论，请求调解，提起上诉，申请执行。委托他人代为诉讼，必须向人民法院提交由委托人签名或者盖章的授权委托书。

（二）递交起诉状

根据《民事诉讼法》规定，起诉应当向人民法院递交起诉状，并按照被告人数提出副本。书写起诉状确有困难的，可以口头起诉，由人民法院记入笔录，并告知对方当事人。

起诉状应当记明下列事项：（1）原告的姓名、性别、年龄、民族、职业、工作单位、住所、联系方式，法人或者其他组织的名称、住所和法定代表人或者主要负责人的姓名、职务、联系方式；（2）被告的姓名、性别、工作单位、住所等信息，法人或者其他组织的名称、住所等信息；（3）诉讼请求和所根据的事实与理由；（4）证据和证据来源，证人姓名和住所。

（三）提供证据

根据《民事诉讼法》的规定，证据包括：（1）当事人的陈述；（2）书证；（3）物证；（4）视听资料；（5）电子数据；（6）证人证言；（7）鉴定意见；（8）勘验笔录。证据必须查证属实，才能作为认定事实的依据。

按照《人力资源社会保障部、最高人民法院关于劳动人事争议仲裁与诉讼衔接有关问题的意见（一）》规定，当事人在仲裁程序中认可的证据，经审判人员在庭审中说明后，视为质证过的证据。依法负有举证责任的当事人，在诉讼期间提交仲裁中未提交的证据的，人民法院应当要求其说明理由。在仲裁或者诉讼程序中，一方当事人陈述的于己不利的事实，或者对于己不利的事实明确表示承认的，另一方当事人无须举证证明，但下列情形不适用有关自认的规定：（1）涉及可能损害国家利益、社会公共利益的；（2）涉及身份关系的；（3）当事人有恶意串通损害他人合法权益可能的；（4）涉及依职权追加当事人、中止仲裁或者诉讼、终结仲裁或者诉讼、回避等程序性事项的。当事人自认的事实与已经查明的事实不符的，劳动人事争议仲裁委员会、人民法院不予确认。

当事人在诉讼程序中否认在仲裁程序中自认事实的，人民法院不予支持，但下列情形除外：（1）经对方当事人同意的；（2）自认是在受胁迫或者重大误解情况下作出的。

上述文件明确了仲裁与诉讼衔接中的举证规则：第一，在仲裁程序中认可的证据，诉讼中就不必再举证一次。第二，在仲裁中未提交证据的，在诉讼期间再提交，应当说明理由。第三，在仲裁或者诉讼程序中，一方当事人对于己不利的事实明确表示承认的，另一方当事人无须举证证明（法定情形除外）。第四，当事人在诉讼程序中否认在仲裁程序中自认事实的，法院不予支持（法定情形除外）。

（四）法院审理中的调解

根据《民事诉讼法》第九十六条规定："人民法院审理民事案件，根据当事人自愿的原则，在事实清楚的基础上，分清是非，进行调解。"根据《民事诉讼法》第九十九条规定："调解达成协议，必须双方自愿，不得强迫。调解协议的内容不得违反法律规定。"根据《民事诉讼法》第一百条规定："调解达成协议，人民法院应当制作调解书。调解书应当写明诉讼请求、案件的事实和调解结果。

调解书由审判人员、书记员署名，加盖人民法院印章，送达双方当事人。调解书经双方当事人签收后，即具有法律效力。”①

根据《民事诉讼法》第一百零二条规定：“调解未达成协议或者调解书送达前一方反悔的，人民法院应当及时判决。”

（五）法院对起诉情形的处理

根据《民事诉讼法》规定，人民法院对下列起诉，分别情形，予以处理：（1）依照行政诉讼法的规定，属于行政诉讼受案范围的，告知原告提起行政诉讼；（2）依照法律规定，双方当事人达成书面仲裁协议申请仲裁、不得向人民法院起诉的，告知原告向仲裁机构申请仲裁；（3）依照法律规定，应当由其他机关处理的争议，告知原告向有关机关申请解决；（4）对不属于本院管辖的案件，告知原告向有管辖权的人民法院起诉；（5）对判决、裁定、调解书已经发生法律效力的案件，当事人又起诉的，告知原告申请再审，但人民法院准许撤诉的裁定除外；（6）依照法律规定，在一定期限内不得起诉的案件，在不得起诉的期限内起诉的，不予受理；（7）判决不准离婚和调解和好的离婚案件，判决、调解维持收养关系的案件，没有新情况、新理由，原告在6个月内又起诉的，不予受理。

按照《人力资源社会保障部、最高人民法院关于劳动人事争议仲裁与诉讼衔接有关问题的意见（一）》规定：“申请人撤回仲裁申请后向人民法院起诉的，人民法院应当裁定不予受理；已经受理的，应当裁定驳回起诉。申请人再次申请仲裁的，劳动人事争议仲裁委员会应当受理。”

（六）被告提出答辩状

根据《民事诉讼法》规定，人民法院应当在立案之日起5日内将起诉状副本发送被告。

被告应当在收到之日起15日内提出答辩状。答辩状应当记明被告的姓名、性别、年龄、民族、职业、工作单位、住所、联系方式；法人或者其他组织的名称、住所和法定代表人或者主要负责人的姓名、职务、联系方式。

人民法院应当在收到答辩状之日起5日内将答辩状副本发送原告。

被告不提出答辩状的，不影响人民法院审理。

---

① 注意，这里的“调解”又与劳动争议最初由调解组织的“调解”和劳动仲裁时的“调解”不同，调解达成协议是由“法院应当制作调解书”，“调解书由审判人员、书记员署名，加盖人民法院印章”。

（七）法院对受理案件的处理

根据《民事诉讼法》规定，人民法院对受理的案件，分别情形，予以处理：（1）当事人没有争议，符合督促程序规定条件的，可以转入督促程序；（2）开庭前可以调解的，采取调解方式及时解决纠纷；（3）根据案件情况，确定适用简易程序或者普通程序；（4）需要开庭审理的，通过要求当事人交换证据等方式，明确争议焦点。

民事诉讼裁决或者判决中，有两种情形值得注意。

第一，按照《人力资源社会保障部、最高人民法院关于劳动人事争议仲裁与诉讼衔接有关问题的意见（一）》规定："劳动者请求用人单位支付违法解除或者终止劳动合同赔偿金，劳动人事争议仲裁委员会、人民法院经审查认为用人单位系合法解除劳动合同应当支付经济补偿的，可以依法裁决或者判决用人单位支付经济补偿。劳动者基于同一事实在仲裁辩论终结前或者人民法院一审辩论终结前将仲裁请求、诉讼请求由要求用人单位支付经济补偿变更为支付赔偿金的，劳动人事争议仲裁委员会、人民法院应予准许。"

此条意见表明：

一是劳动者本来主张的是请求用人单位支付赔偿金，结果是仲裁委、法院经审查认为用人单位系合法解除劳动合同应当支付经济补偿的，可以改判支付经济补偿。这就是说，仲裁委、法院可以改变争议的标的。

二是劳动者基于同一事实在仲裁辩论终结前或者法院一审辩论终结前将仲裁请求、诉讼请求由要求用人单位支付经济补偿变更为支付赔偿金的，仲裁委、人民法院应予准许。这就是说，劳动者在庭审过程中改变争议标的是可以的。

第二，法院判决撤销解除劳动合同决定后，劳动关系是否自动恢复？

根据《最高人民法院关于审理劳动争议案件适用法律问题的解释（一）》第五十三条第一款规定："用人单位对劳动者作出的开除、除名、辞退等处理，或者因其他原因解除劳动合同确有错误的，人民法院可以依法判决予以撤销。"

对上述司法解释第五十三条规定的情形应当理解为，法院仅可以判决予以撤销对用人单位作出的开除、除名、辞退的处理及解除劳动合同的行为，而不宜对用人单位的用工等问题进行判决。法院在审理此类案件中经审查认为用人单位的辞退行为确有错误的，可以判决予以撤销。其撤销后的效力为，用人单位作出辞退的处理行为即归于消灭，并自始无效，当事人之间的权利义务恢复至行为发生前的状态，而不是说劳动者与用人单位的劳动关系自然恢复。法院判决撤销用人单位的决定后，劳动者与用人单位就应该恢复到对劳动争议内容重新进行协商解决的状态上，双方应依照劳动法及用人单位的规章制度等对其争议进行协商。如果双方协商达不成一致意见，发生劳动争议纠纷，双方当事人均可以依照合同约定及有关规定向仲裁机构申请仲裁等。①

（八）裁定先予执行

根据《民事诉讼法》第一百零九条规定，人民法院对下列案件，根据当事人的申请，可以裁定先予执行：（1）追索赡养费、扶养费、抚养费、抚恤金、医疗费用的；（2）追索劳动报酬的；（3）因情况紧急需要先予执行的。

根据《民事诉讼法》第一百一十条规定，人民法院裁定先予执行的，应当符合下列条件：（1）当事人之间权利义务关系明确，不先予执行将严重影响申请人的生活或者生产经营的；（2）被申请人有履行能力。人民法院可以责令申请人提供担保，申请人不提供担保的，驳回申请。申请人败诉的，应当赔偿被申请人因先予执行遭受的财产损失。

根据《民事诉讼法》第一百一十一条规定，当事人对保全或者先予执行的裁定不服的，可以申请复议一次。复议期间不停止裁定的执行。

（九）判决

根据《民事诉讼法》规定，判决书应当写明判决结果和作出该判决的理由。判决书内容包括：（1）案由、诉讼请求、争议的事实和理由；（2）判决认定的事实和理由、适用的法律和理由；（3）判决结果和诉讼费用的负担；（4）上诉期间和上诉的法院。判决书由审判人员、书记员署名，加盖人民法院印章。

五、对仲裁作出不予受理和逾期未作出决定的处理

（一）法院对劳动仲裁机构作出不予受理决定的处理

根据《最高人民法院关于审理劳动争议案件适用法律问题的解释（一）》，

① 参见最高人民法院民事审判第一庭编著：《最高人民法院新劳动争议司法解释（一）理解与适用》，人民法院出版社2021年版，第653页。

以劳动争议仲裁机构不予受理为诉求的，法院视不同情形进行处理。

1. 劳动争议仲裁机构以无管辖权为由对劳动争议案件不予受理，当事人提起诉讼的，人民法院按照以下情形分别处理：（1）经审查认为该劳动争议仲裁机构对案件确无管辖权的，应当告知当事人向有管辖权的劳动争议仲裁机构申请仲裁；（2）经审查认为该劳动争议仲裁机构有管辖权的，应当告知当事人申请仲裁，并将审查意见书面通知该劳动争议仲裁机构；劳动争议仲裁机构仍不受理，当事人就该劳动争议事项提起诉讼的，人民法院应予受理。

2. 劳动争议仲裁机构以当事人申请仲裁的事项不属于劳动争议为由，作出不予受理的书面裁决、决定或者通知，当事人不服依法提起诉讼的，人民法院应当分别情况予以处理：（1）属于劳动争议案件的，应当受理；（2）虽不属于劳动争议案件，但属于人民法院主管的其他案件，应当依法受理。

3. 劳动争议仲裁机构以申请仲裁的主体不适格为由，作出不予受理的书面裁决、决定或者通知，当事人不服，依法提起诉讼，经审查确属主体不适格的，人民法院不予受理；已经受理的，裁定驳回起诉。

（二）法院对劳动争议仲裁机构逾期未作出受理决定或仲裁裁决的处理

劳动争议仲裁机构逾期未作出受理决定或仲裁裁决，当事人直接提起诉讼的，人民法院应予受理，但申请仲裁的案件存在下列事由的除外：（1）移送管辖的；（2）正在送达或者送达延误的；（3）等待另案诉讼结果、评残结论的；（4）正在等待劳动争议仲裁机构开庭的；（5）启动鉴定程序或者委托其他部门调查取证的；（6）其他正当事由。

当事人以劳动争议仲裁机构逾期未作出仲裁裁决为由提起诉讼的，应当提交该仲裁机构出具的受理通知书或者其他已接受仲裁申请的凭证、证明。

六、法院关于劳动争议案件的二审

（一）上诉二审的时限

根据《民事诉讼法》第一百七十一条规定：“当事人不服地方人民法院第一审判决的，有权在判决书送达之日起十五日内向上一级人民法院提起上诉。当事人不服地方人民法院第一审裁定的，有权在裁定书送达之日起十日内向上一级人民法院提起上诉。”

上诉状应当通过原审人民法院提出，并按照对方当事人或者代表人的人数提出副本。

当事人直接向第二审人民法院上诉的，第二审人民法院应当在5日内将上诉状移交原审人民法院。原审人民法院收到上诉状，应当在5日内将上诉状副本送达对方当事人，对方当事人在收到之日起15日内提出答辩状。人民法院应当在收到答辩状之日起5日内将副本送达上诉人。对方当事人不提出答辩状的，不影响人民法院审理。原审人民法院收到上诉状、答辩状，应当在5日内连同全部案卷和证据，报送第二审人民法院。

（二）第二审人民法院对上诉案件的审理

第二审人民法院对上诉案件，应当开庭审理。经过阅卷、调查和询问当事人，对没有提出新的事实、证据或者理由，人民法院认为不需要开庭审理的，可以不开庭审理。

根据《民事诉讼法》第一百七十七条规定，第二审人民法院对上诉案件，经过审理，按照下列情形，分别处理：（1）原判决、裁定认定事实清楚，适用法律正确的，以判决、裁定方式驳回上诉，维持原判决、裁定；（2）原判决、裁定认定事实错误或者适用法律错误的，以判决、裁定方式依法改判、撤销或者变更；（3）原判决认定基本事实不清的，裁定撤销原判决，发回原审人民法院重审，或者查清事实后改判；（4）原判决遗漏当事人或者违法缺席判决等严重违反法定程序的，裁定撤销原判决，发回原审人民法院重审。原审人民法院对发回重审的案件作出判决后，当事人提起上诉的，第二审人民法院不得再次发回重审。

第二审人民法院对不服第一审人民法院裁定的上诉案件的处理，一律使用裁定。第二审人民法院审理上诉案件，可以进行调解。调解达成协议，应当制作调解书，由审判人员、书记员署名，加盖人民法院印章。调解书送达后，原审人民法院的判决即视为撤销。第二审人民法院的判决、裁定，是终审的判决、裁定。

七、审判监督程序

（一）申请再审

根据《民事诉讼法》第二百零六条规定，当事人对已经发生法律效力的判决、裁定，认为有错误的，可以向上一级人民法院申请再审；当事人一方人数众多或者当事人双方为公民的案件，也可以向原审人民法院申请再审。当事人申请再审的，不停止判决、裁定的执行。

根据《民事诉讼法》第二百零七条规定，当事人的申请符合下列情形之一的，人民法院应当再审：（1）有新的证据，足以推翻原判决、裁定的；（2）原判决、裁定认定的基本事实缺乏证据证明的；（3）原判决、裁定认定事实的主要证据是伪造的；（4）原判决、裁定认定事实的主要证据未经质证的；（5）对审理案件需要的主要证据，当事人因客观原因不能自行收集，书面申请人民法院调查收集，人民法院未调查收集的；（6）原判决、裁定适用法律确有错误的；（7）审判组织的组成不合法或者依法应当回避的审判人员没有回避的；（8）无诉讼行为能力人未经法定代理人代为诉讼或者应当参加诉讼的当事人，因不能归责于本人或者其诉讼代理人的事由，未参加诉讼的；（9）违反法律规定，剥夺当事人辩论权利的；（10）未经传票传唤，缺席判决的；（11）原判决、裁定遗漏或者超出诉讼请求的；（12）据以作出原判决、裁定的法律文书被撤销或者变更的；（13）审判人员审理该案件时有贪污受贿，徇私舞弊，枉法裁判行为的。

《民事诉讼法》还规定，当事人对已经发生法律效力的调解书，提出证据证明调解违反自愿原则或者调解协议的内容违反法律的，可以申请再审。经人民法院审查属实的，应当再审。人民法院应当自收到再审申请书之日起3个月内审查，符合《民事诉讼法》规定的，裁定再审；不符合《民事诉讼法》规定的，裁定驳回申请。有特殊情况需要延长的，由法院院长批准。因当事人申请裁定再审的案件由中级人民法院以上的人民法院审理，但当事人可以依法选择向基层人民法院申请再审的除外。最高人民法院、高级人民法院裁定再审的案件，由本院再审或者交其他人民法院再审，也可以交原审人民法院再审。

（二）申请检察建议或者抗诉

根据《民事诉讼法》第二百一十六条规定，有下列情形之一的，当事人可以向人民检察院申请检察建议或者抗诉：（1）人民法院驳回再审申请的；（2）人民法院逾期未对再审申请作出裁定的；（3）再审判决、裁定有明显错误的。人民检察院对当事人的申请应当在3个月内进行审查，作出提出或者不予提出检察建议或者抗诉的决定。当事人不得再次向人民检察院申请检察建议或者抗诉。

八、劳动争议仲裁的强制执行

强制执行是指人民法院根据当事人的请求，依照法律规定的程序，运用国家强制力，强制对方当事人履行已生效的民事判决、裁定和调解书，刑事判决、裁定中的财产部分以及法律规定的其他法律文书所规定的义务，保证这些判决、裁定及其他法律文书规定的内容得以实现的司法活动。

劳动争议仲裁委员会作出仲裁裁决后，一方当事人在法定期限内既不起诉、又不履行仲裁裁决的，另一方当事人可以申请人民法院强制执行。根据《民事诉讼法》第二百四十四条第一款规定："对依法设立的仲裁机构的裁决，一方当事人不履行的，对方当事人可以向有管辖权的人民法院申请执行。受申请的人民法院应当执行。"按此规定，执行裁决必须经当事人申请，法院不依职权主动执行也不接受仲裁机构的移送执行。

由法院强制执行，既是法院的权利，又是法院的义务。在我国，只有法院有权实施强制执行措施。但是法院接受当事人的申请"应当执行"，并不是说法院应当不分具体情况一概执行。按照法律规定，申请人提出证据证明仲裁裁决有下列情形之一的，经人民法院组成合议庭审查核实，裁定不予执行：（1）当事人在合同中没有订有仲裁条款或者事后没有达成书面仲裁协议的；（2）裁决的事项不属于仲裁协议的范围或者仲裁机构无权仲裁的；（3）仲裁庭的组成或者仲裁的程序违反法定程序的；（4）裁决所根据的证据是伪造的；（5）对方当事人向仲裁机构隐瞒了足以影响公正裁决的证据的；（6）仲裁员在仲裁该案时有贪污受贿，徇私舞弊，枉法裁决行为的。人民法院认定执行该裁决违背社会公共利益的，裁定不予执行。仲裁裁决被人民法院裁定不予执行的，当事人可以根据双方达成的书面仲裁协议重新申请仲裁，也可以向人民法院起诉。

第五节　集体合同争议的处理

一、处理集体合同争议的管辖

集体合同争议，是指因集体协商和签订、履行集体合同发生的争议。

地方各类企业和不跨省（自治区、直辖市）的中央直属企业因签订集体合同发生争议的处理，由省（自治区、直辖市）劳动行政部门确定管辖范围。

全国性集团公司、行业性公司以及跨省（自治区、直辖市）的中央直属企业因签订集体合同发生的争议，由国务院劳动行政部门指定有关省（自治区、直辖市）劳动行政部门受理，或由国务院劳动行政部门组织有关方面协调处理。

县级以上人民政府劳动行政部门的劳动争议协调处理机构是受理和协调处理签订集体合同争议的日常工作机构。

劳动争议协调处理机构的主要职责是：（1）调查了解争议的情况；（2）研究制定协调处理争议的方案；（3）对争议进行协调处理；（4）制定《协调处理协议书》并监督处理结果的执行；（5）统计归档并将处理结果报上级劳动行政部门备案；（6）必要时向政府报告并提出有关建议。

二、因签订集体合同发生争议的处理

因签订集体合同发生争议，双方当事人不能自行协商解决的，当事人一方或双方可向劳动行政部门的劳动争议协调处理机构书面提出申请；未提出申请的，劳动行政部门认为必要时可视情况进行协调处理。

因签订集体合同发生的争议与因履行已生效的集体合同的争议完全不同，它没有明确的法律规定和确定的标准。因此难以将此类争议交由劳动争议仲裁委员会仲裁或人民法院审理。因为，仲裁与诉讼的基本原则是以事实为依据、以法律为准绳，而因签订集体合同发生的争议其内容为一种劳动权益增加提高的可能，其依据是社会经济水平的发展、提高及社会的进步等抽象的原则，难以进行客观的仲裁与审判，作出的裁决与判决也很难执行。况且毕竟是在协商谈判过程中产生的争议，不能强制裁决、判决以强迫双方达成协议。因此，这类争议只能首先由当事人双方协商来解决。根据《劳动法》第八十四条第一款规定："因签订集体合同发生争议，当事人协商解决不成的，当地人民政府劳动行政部门可以组织有关各方协调处理。"

集体协商过程中发生争议，双方当事人不能协商解决的，当事人一方或双方可以书面向劳动保障行政部门提出协调处理申请；未提出申请的，劳动保障行政部门认为必要时也可以进行协调处理。

劳动保障行政部门应当组织同级工会和企业组织等三方面的人员，共同协调处理集体协商争议。

协调处理集体协商争议，应当自受理协调处理申请之日起30日内结束协调处理工作。期满未结束的，可以适当延长协调期限，但延长期限不得超过15日。

协调处理集体协商争议应当按照以下程序进行：（1）受理协调处理申请；（2）调查了解争议的情况；（3）研究制定协调处理争议的方案；（4）对争议进行协调处理；（5）制作《协调处理协议书》。

《协调处理协议书》应当载明协调处理申请、争议的事实和协调结果，双方当事人就某些协商事项不能达成一致的，应将继续协商的有关事项予以载明。《协调处理协议书》由集体协商争议协调处理人员和争议双方首席代表签字盖章后生效。争议双方均应遵守生效后的《协调处理协议书》。

三、因履行集体合同发生争议的处理

依据《集体合同规定》规定，集体合同或专项集体合同，对用人单位和本单位的全体职工具有法律约束力。当劳动关系的双方履行集体合同发生争议时，按照《劳动法》第八十四条第二款规定："因履行集体合同发生争议，当事人协商解决不成的，可以向劳动争议仲裁委员会申请仲裁；对仲裁裁决不服的，可以自收到仲裁裁决书之日起十五日内向人民法院提起诉讼。"也就是说，出现争议，先要协商；协商解决不成的，用人单位和工会或职工代表任何一方都可以申请劳动争议仲裁。同时，根据《劳动合同法》第五十六条规定："用人单位违反集体合同，侵犯职工劳动权益的，工会可以依法要求用人单位承担责任；因履行集体合同发生争议，经协商解决不成的，工会可以依法申请仲裁、提起诉讼。"

这里值得注意的是，从《劳动合同法》的上述规定来看：

一是规定了用人单位违反集体合同侵犯职工劳动权益的（例如企业没有按《集体合同规定》支付职工的福利待遇等），工会（作为团体）可以依法要求其承担责任，但并没有规定职工个人（作为个体）是否可以就此要求用人单位承担责任。

二是没有规定工会或者职工违反集体合同（如职工集体违反集体合同约定的工作时间）应该怎么处理。如果工会或者职工违反集体合同，能否作为诉讼主体？

三是规定了“因履行集体合同发生争议”的，要求工会出面代表职工首先与企业协商解决。只有“经协商解决不成的”，工会才可以依法申请仲裁、提起诉讼。这里的“协商”成为解决集体合同争议的一个必经程序。

四是对于因履行集体合同发生争议，按照《劳动法》的规定，当事人（用人单位和工会或职工代表任何一方）可以申请劳动争议仲裁，对仲裁裁决不服，可以提起诉讼，而没有规定劳动者以个人的名义可以申请仲裁和诉讼。对此法律条文的理解应当是，法律在这里只是强调了工会作为集体合同一方主体的作用，职工个人对履行集体合同有意见和发生争议的，应当通过工会或职工代表出面来解决。

第十八章　劳动监察执法

劳动监察执法是保障劳动法律法规顺利实施、维护劳动者合法权益和公众利益的一个重要手段和保障措施。政府劳动行政部门对企业用工情况和相关人员享受合法权益开展监察执法活动，可以有效监测预警、预防化解企业的违法用工等损害劳动者权益问题，保障劳动者在职业介绍、劳动合同签订与履行、工作时间、工资支付、社会保险、特殊劳动保护等方面的权益得以落实，同时有效地帮助企业与劳动者建立和谐劳动关系，促进企业生产经营实现健康发展。

第一节　劳动监察的基本属性

一、什么是劳动监察

劳动监察（法律法规中的全称为“劳动和社会保障监察”，也称“劳动保障监察”；在日常工作中，人们简称为“劳动监察”），是一种行政监督检查的行为，是政府劳动行政部门或依法授权的机构对用人单位和相关人员遵守劳动和社会保障法律法规情况进行监督检查，发现和纠正违法行为，维护劳动者权益和公众利益，并对违法行为依法进行处理或处罚的行政执法活动。

行政执法行为一经作出，就推定为合法有效，非经法定程序不得随意变更或撤销，它对行政管理相对人（即政府具体行政行为的对象）产生法律上的约束力，而且行政机关有权采取必要手段保证行政行为所确立的内容得以实现，即法律上所说的行政执法行为的公定力和执行力。

劳动监察是法律法规赋予政府劳动行政部门的一项重要职责。《劳动法》第八十五条明确规定：“县级以上各级人民政府劳动行政部门依法对用人单位遵守劳动法律、法规的情况进行监督检查，对违反劳动法律、法规的行为有权制止，并责令改正。”从而为劳动行政部门履行劳动监察职责提供了法律依据。

二、劳动监察的特征

劳动监察作为政府对用人单位和相关人员遵守劳动和社会保障法律法规情况进行监督检查的活动，具有以下基本特征：

（一）法定性

劳动监察的法定性主要表现在：

一是劳动监察的主体必须严格依据法律法规所确立。如《劳动法》《劳动保障监察条例》及其他劳动保障法律法规，确立了劳动监察的主体是劳动行政部门及其依法授权或委托的执法机构。未经法律法规明确的部门和组织不具有劳动监察权。

二是劳动监察权限、内容和违法的责任由法律法规规定。劳动行政部门必须严格按照法律法规规定的权限和工作职责进行监察执法活动。超越权限或不履行职责，都应承担相应的法律责任。

三是劳动监察的规则和程序也是由法律法规确定的，并且这种法律规定是强行性的法律规范。劳动监察执法过程中，必须严格按法定程序行事。同时，劳动监察的对象也应当按照法律法规的规定，履行配合劳动监察的义务，不得以任何方式规避劳动监察执法活动。

（二）行政性

劳动监察属于行政执法的范畴，是政府主管劳动事务的行政部门作出的具体行政行为，并以劳动行政部门依法具有的监督检查权为前提。任何被监察的单位和个人对劳动行政部门作出的行政处理决定或行政处罚决定不服的，可以依法提请行政复议或行政诉讼。

（三）专门性

劳动监察是国家按照政府行政管理职责分工，依法确定由专门的行政机关对劳动保障法律法规的实施情况进行的监督检查。《劳动保障监察条例》明确规定：“国务院劳动保障行政部门主管全国的劳动保障监察工作。县级以上地方各级人民政府劳动保障行政部门主管本行政区域内的劳动保障监察工作。县级以上各级人民政府有关部门根据各自职责，支持、协助劳动保障行政部门的劳动保障监察工作。”同时规定：“县级、设区的市级人民政府劳动保障行政部门可以委托符合监察执法条件的组织实施劳动保障监察。”

（四）强制性

劳动行政部门依法行使的劳动监察权，代表国家强制力，被监察对象不能拒绝。按照法律法规的规定，对于无理抗拒或阻挠劳动保障行政部门依法实施劳动保障监察、不按照劳动保障行政部门的要求报送书面材料、隐瞒事实真相、出具伪证或者隐匿或者毁灭证据、经劳动保障行政部门责令改正拒不改正或者拒不履行劳动保障行政部门的行政处理决定等情形的，由劳动保障行政部门责令改正，并处以罚款；构成违反治安管理行为的，由公安机关依法给予治安管理处罚；构成犯罪的，依法追究刑事责任。

三、劳动监察机构与劳动争议仲裁机构的区别

在劳动保障领域，劳动监察机构作为维护广大劳动者权益的专门机构，其基本属性与劳动争议仲裁机构有明显区别。

（一）机构组成不同

劳动仲裁机构是由劳动行政部门、工会组织和用人单位方面的代表组成，是一个三方行为主体组成的中立机构。劳动监察机构则是劳动行政部门履行行政职能的一个机构，其劳动监察员皆是行政性的公务员或依法授权的公务执法人员。根据《人力资源社会保障部关于实施〈劳动保障监察条例〉若干规定》（人力资源和社会保障部令第47号）第五条规定：“县级以上劳动保障行政部门设立的劳动保障监察行政机构和劳动保障行政部门依法委托实施劳动保障监察的组织（以下统称劳动保障监察机构）具体负责劳动保障监察管理工作。”

（二）工作性质不同

劳动仲裁是一种社会干预行为，是由一个中立机构（非行政机构）对劳动争议的裁决行为，具有准司法性质。劳动监察则是行政执法行为，是政府行政部门依法追究违法者的行政责任。

（三）受理案件方式和目的不同

劳动仲裁机构是应劳动争议当事人的申请而实施仲裁，以处理当事人的纠

纷，解决争议为目的。劳动监察是对职权范围内的事项主动开展监察，并以查处、纠正监察对象（即用人单位）违反劳动保障法律法规行为、督促监察对象遵守劳动保障法律法规为目的。

（四）依据法律规范不同

劳动仲裁所依据的实体法既可以是强制性规范，也可以是任意性规范，并且还可以依据合法有效的合同条款、企业规章制度进行调解和裁决。劳动监察所依据的实体法必须是强制性规范，不得以合同条款或企业内部规章制度作为监察决定的依据。

（五）处理形式不同

劳动仲裁无权对劳动争议当事人进行处罚，但对劳动争议有调解权和裁决权。劳动监察机构对违法的监察对象则有行政处理和行政处罚权，但对被监察事项无权调解和裁决。

（六）救济诉求处理的性质不同

劳动争议当事人不服仲裁裁决，可以依法向人民法院提起民事诉讼。劳动监察相对人不服行政处理或处罚决定，则是依法申请行政复议或提起行政诉讼。

（七）申请强制执行的主体不同

劳动仲裁的调解书和裁决书生效后，一方当事人不执行的，另一方当事人向人民法院申请强制执行。劳动监察的行政处理决定或处罚决定作出后，只对行政相对人一方要求执行；行政相对人不履行，又不申请行政复议也不提起行政诉讼的，也只有劳动保障行政部门一方向人民法院申请强制执行。

第二节　劳动监察的主要内容

一、劳动监察职责

《劳动法》《劳动保障监察条例》等法律法规中，明确规定了劳动行政部门对用人单位遵守劳动和社会保障法律法规情况实施执法监察应当履行的职责。

（一）宣传劳动保障法律法规，督促用人单位贯彻执行

法律宣传是劳动监察机构及其工作人员的一项基本职责。做好劳动保障法律

法规的宣传工作，使用人单位和劳动者树立自觉守法的观念，对保障劳动和社会保险法律法规及规章的顺利实施至关重要。

劳动行政部门要把普法和法制宣传寓于监察执法工作之中，通过依法开展劳动监察，并非单纯强调政府的行政执法权，而是不断深入推进法制宣传，常规性地督促各类用人单位自觉遵守劳动和社会保险法律法规，更好地维护广大劳动者的合法权益。

（二）检查用人单位遵守劳动保障法律、法规和规章的情况

在市场经济条件下，政府的职能主要是对市场主体的管理和监督，保证各要素市场活动的正常秩序和有序运行。在劳动保障领域，由于一些用人单位为了追求经济利益最大化，对遵守劳动保障法律、法规和规章缺乏自觉性，加之劳动者在用人单位中相对处于弱势地位，无法有效地监督用人单位遵守劳动保障法律、法规和规章，其权益被侵犯的现象时有发生，这是劳动力市场自主调节失灵的表现。为此要求劳动行政部门依据法律授权的职责，代表政府对用人单位遵守劳动保障法律、法规和规章的情况开展监督检查。这是劳动保障行政部门的一项基本职责。

（三）受理对违反劳动保障法律、法规和规章行为的举报、投诉

根据《劳动法》《劳动保障监察条例》等有关法律法规规定，受理任何组织和个人对违反劳动保障法律、法规或者规章行为的举报，以及劳动者认为用人单位侵犯其合法权益的投诉，并予以查处。这是劳动保障监察的一项重要的工作内容，也是劳动保障监察的实施方式之一。劳动行政部门不仅要在日常工作中主动深入用人单位开展劳动监察，也要高度重视依法受理任何组织和个人对违反劳动保障法律、法规和规章行为的举报、投诉，并根据举报或投诉所提供的违法案件线索的真实性和重要性，高效合理地利用劳动保障监察力量，有计划地实行重点监察，并将举报与投诉受理案件的处理结果依法告知投诉人。

（四）依法纠正和查处违反劳动保障法律、法规或者规章的行为

依法纠正和查处违反劳动保障法律、法规或者规章的行为，是劳动行政部门实施劳动保障监察，对在检查中发现的违反劳动保障法律、法规或者规章的行为依法责令改正、作出行政处理或者行政处罚，切实维护劳动者合法权益的一项重要职能。

1. 依法责令改正

责令改正是指对违反劳动保障法律、法规或者规章的用人单位给予的必须纠正其违法行为的一种强制性措施。劳动保障监察机构查明用人单位确有违反劳动保障法律、法规或者规章行为的，无论对其违法行为是否给予行政处理或行政处罚，都应首先责令违法行为人及时纠正违法行为。

2. 依法予以行政处理

予以行政处理是指劳动行政部门通过监察执法活动发现用人单位及其他组织违反劳动保障法律法规，拒不履行劳动保障法定义务，作出责令其履行法定义务的行政处理决定。用人单位有些行为是法律法规和规章明确规定其必须履行的，如遵守法定劳动时间、支付劳动者工资等。如果劳动者依法申请劳动行政部门履行保护其劳动保障权利的法定职责，劳动行政部门应做而未作行政处理决定的，劳动者有权提起行政复议或行政诉讼，要求劳动行政部门依法履职。

3. 依法予以行政处罚

予以行政处罚是劳动行政部门对违反劳动保障法律法规规定，但尚未构成犯罪的用人单位和其他组织及个人所给予的行政制裁。劳动保障行政部门对于应予以行政处罚的违法行为，必须按照《行政处罚法》规定的程序进行。如果用人单位及其他组织或个人在法定期限内不履行劳动行政部门作出的行政处罚决定，劳动行政部门可依法申请人民法院强制执行。

二、劳动监察的对象

根据《劳动保障监察条例》和《人力资源社会保障部关于实施〈劳动保障监察条例〉若干规定》，劳动保障行政部门及所属劳动保障监察机构实施劳动监察的对象有：

1. 各类企业和个体工商户。①

2. 国家机关、事业单位、社会团体。②

3. 职业介绍机构、职业技能培训机构和职业技能考核鉴定机构

对此类机构实施的监察，不仅要检查其招用人员的劳动用工和社会保险情

---

① 参见第三章　用人单位与劳动者　第一节　用人单位的法律定义“二、用人单位的类别”。

② 参见第三章　用人单位与劳动者　第一节　用人单位的法律定义“二、用人单位的类别”。

况，而且应检查其职业介绍行为、职业技能培训行为和职业技能考核鉴定行为，即实行劳动者就业前的权益保障。《劳动保障监察条例》明确规定，对职业介绍机构、职业技能培训机构和职业技能考核鉴定机构进行劳动保障监察，依照本条例执行。

由于这些机构与劳动者的权益联系密切，在一定意义上决定着劳动者权益的实现，将其列为劳动监察的对象，有利于保护劳动者的权益。《劳动保障监察条例》规定，对于未经劳动保障行政部门许可，从事职业介绍、职业技能培训或者职业技能考核鉴定的组织或者个人，由劳动保障行政部门和相关行政管理部门依照国家有关无照经营取缔的规定，予以查处或取缔。

4. 无营业执照或者已被依法吊销营业执照且有劳动用工行为的组织和个人

目前我国的法律法规对各种社会组织的主体资格都有明确规定。《社会团体登记管理条例》《事业单位登记管理暂行条例》《市场主体登记管理条例》等分别对社会团体、事业单位、企业及个体工商户的登记注册作了明确规定。根据这些规定，任何组织和个人必须经过市场管理部门的登记，取得营业执照才有经营主体资格，也才具备用工资格。没有营业执照或者营业执照被吊销的，仍从事经营行为，属于非法主体，其劳动用工行为也属非法用工行为。

在实际工作中，为解决非法用工主体侵犯劳动者合法权益的问题，《劳动保障监察条例》规定，对无营业执照或者已被依法吊销营业执照有劳动用工行为的，由劳动保障行政部门依照本条例实施劳动保障监察，并及时通报相关行政管理部门予以查处，依法取缔。

5. 冒领或骗取社会保险待遇的单位和个人

根据《社会保险法》第八十八条规定，单位和个人“以欺诈、伪造证明材料或者其他手段骗取社会保险待遇的，由社会保险行政部门责令退回骗取的社会保险金，处骗取金额二倍以上五倍以下的罚款”。

根据《社会保险基金行政监督办法》（人力资源和社会保障部令第48号）的规定，属于“以欺诈、伪造证明材料或者其他手段骗取社会保险待遇的”行为主要有：

（1）通过虚构个人信息、劳动关系，使用伪造、变造或者盗用他人可用于证明身份的证件，提供虚假证明材料等手段虚构社会保险参保条件、违规补缴，骗取社会保险待遇的；

（2）通过虚假待遇资格认证等方式，骗取社会保险待遇的；

（3）通过伪造或者变造个人档案、劳动能力鉴定结论等手段违规办理退休，违规增加视同缴费年限，骗取基本养老保险待遇的；

（4）通过谎报工伤事故、伪造或者变造证明材料等进行工伤认定或者劳动能力鉴定，或者提供虚假工伤认定结论、劳动能力鉴定结论，骗取工伤保险待遇的；

（5）通过伪造或者变造就医资料、票据等，或者冒用工伤人员身份就医、配置辅助器具，骗取工伤保险待遇的；

（6）其他以欺诈、伪造证明材料等手段骗取社会保险待遇的。

现在的国家人社部门（即法律中所称的“劳动保障行政部门”或“社会保险行政部门”）在进行社会保险执法检查方面，其监察对象不仅是指涉及劳动保障业务的有关单位、用人单位的劳动者，还包括未依法具有社会保险关系中冒领社会保险待遇的个人。

在现实生活中，有些机构和个人，利用不正当手段，弄虚作假，骗取社会保险待遇，造成社会保险基金损失。为预防并有效查处骗取社会保险待遇的行为，避免社会保险基金流失，《社会保险法》《劳动保障监察条例》等法律法规都作出了明确的处罚规定，即骗取社会保险待遇或者骗取社会保险基金支出的，由社会保险行政部门责令退回骗取的社会保险金，处骗取金额2倍以上5倍以下的罚款。构成犯罪的，依法追究刑事责任。这些规定都是劳动执法机构对冒领社会保险待遇的机构和个人进行执法检查的法律依据。

以案释法

案例一　职工提交虚假身份材料

案情简介

王某通过提交修改了出生时间的虚假身份材料，在未达到退休年龄的情况下办理了退休手续，骗取社保基金。后被社保经办机构通过系统比对数据发现其造假情形，经劳动监察机构调查和公安机关的侦查，人民法院最终将王某以诈骗罪判刑。

案例二　家属提供虚假生存证明

案情简介

陈某为退休人员，一直领取养老保险待遇。但在其去世后，其家属不向社会保险经办机构报告，在年度生存认证时提供虚假的健在证明，冒领养老金。人社部门通过跨部门信息比对发现，陈某在有关部门系统登记状态为已死亡，后经劳动监察机构核实，最终陈某家属被人民法院以诈骗罪判刑。

案例三　企业篡改参保时间

案情简介

某市人社部门接到举报，某公司为职工申领工伤保险待遇时，存在骗取社保基金的行为。经人社部门劳动监察机构对工伤职工就医记录、参保记录等情况进行调查发现，该公司在该职工发生工伤事故后为其补办工伤参保手续，在申请工伤认定时，将工伤事故发生时间篡改虚报为参保之后，骗取了工伤保险待遇。结果，该公司有关责任人被法院以诈骗罪判刑。

案例四　失业人员隐瞒就业骗取保险金

案情简介

某市人社部门通过系统比对数据发现，王某涉嫌已就业仍享受失业保险待遇，领取失业保险金。劳动监察机构对其进行调查，王某仍隐瞒其在享受失业保险待遇期间已经就业并有稳定收入的事实，拒不退回多享受的失业保险待遇。案件经公安机关侦查和人民法院审理，王某被以诈骗罪判刑。

三、劳动监察的事项

根据《劳动法》《社会保险费征缴暂行条例》《劳动保障监察条例》以及其他劳动保障法律、法规、规章等规定，劳动监察的具体事项有以下内容：

（一）用人单位制定的内部劳动规章制度的情况

企业制定的内部规章制度必须做到：一是内部劳动保障规章制度的内容必须符合劳动保障法律、法规和规章的规定；二是制定的程序必须符合法律规定；三是实施前必须公示。根据《劳动法》规定："用人单位制定的劳动规章制度违反法律、法规规定的，由劳动行政部门给予警告，责令改正；对劳动者造成损害的，应当承担赔偿责任。”同时，根据《工会法》的规定：“法律、法规规定应当提交职工大会或者职工代表大会审议、通过、决定的事项，企业、事业单位、社会组织应当依法办理。”“企业、事业单位、社会组织研究经营管理和发展的重大问题应当听取工会的意见；召开会议讨论有关工资、福利、劳动安全卫生、工作时间、休息休假、女职工保护和社会保险等涉及职工切身利益的问题，必须有工会代表参加。”依据上述法律规定，用人单位制定内部劳动保障规章制度时，不得侵犯职工和工会组织依法享有的参与民主管理和进行平等协商的权利。实施劳动保障监察，主要检查用人单位的内部劳动保障规章制度内容和程序是否违反劳动保障法律、法规规定。

（二）用人单位招用劳动者及订立劳动合同的情况

劳动保障监察机构要对用人单位遵守招聘职工规定以及劳动合同管理情况进行监察。根据劳动法律法规和规章的规定，主要检查用人单位是否存在下列行为：（1）用人单位在招聘劳动者时是否存在歧视行为；（2）用人单位订立劳动合同时是否向求职者收取招聘费用、向被录用人员收取保证金和抵押金、扣押被录用人员的身份证等证件；（3）是否以招用人员为名牟取不正当利益或进行其他违法活动；（4）招用劳动者是否依法签订了劳动合同和故意拖延或推卸责任不订立劳动合同；（5）是否存在招用人员后未按规定办理备案手续和未建立职工名册等行为。

（三）用人单位遵守禁止使用童工规定的情况

劳动保障监察机构要核查被招用人员的身份证；对不满 16 周岁的未成年人，一律不得录用。对使用、介绍童工的单位或个人由劳动保障行政部门依法处罚。

对于拐骗童工，强迫童工劳动，使用不满 14 周岁的童工，或者造成童工死亡或者严重伤残的，要提请有关司法机关依照刑法关于拐卖儿童罪、强迫劳动罪或者其他罪的规定追究法律责任。

（四）用人单位遵守女职工和未成年工特殊劳动保护规定的情况

劳动保障监察机构要检查用人单位遵守国家对女职工和未成年工特殊劳动保护规定的情况。主要检查用人单位是否安排女职工和未成年工从事高强度的劳动和其他禁忌从事的劳动，是否依法给予了女职工和未成年工的特殊劳动保护。

（五）用人单位遵守工作时间和休息休假规定的情况

劳动保障监察机构要对用人单位是否遵守了国家规定的工作时间和休息休假制度进行检查。对违法延长劳动者工作时间、不遵守国家关于职工休息休假规定的行为依法予以行政处罚。

（六）用人单位支付劳动者工资和执行最低工资标准的情况

劳动保障监察机构主要是检查用人单位是否存在克扣或者无故拖欠劳动者工资、拒不支付劳动者延长工作时间的工资报酬和低于当地最低工资标准支付工资等违法行为。

（七）用人单位参加各项社会保险和缴纳社会保险费的情况

劳动保障监察机构主要检查用人单位是否存在未按照规定办理社会保险登记、不按月如实申报缴费数额、不缴纳和不为职工代扣代缴社会保险费等行为。在社会保险费划归税务部门征收后，劳动行政部门要与税务部门及时沟通配合，按照各自的职责对用人单位实施执法监察。

（八）职介机构、职业技能培训和考核鉴定机构遵守国家有关规定的情况

1. 劳动保障监察机构对职业介绍机构主要检查：（1）职业中介机构是否为不满16周岁的未成年人介绍就业；（2）未经批准设立职业介绍机构或未经批准从事职业介绍活动；（3）职业中介机构是否未按规定明示合法证照、批准证书、监督电话、收费标准等；（4）职业中介机构是否提供虚假就业信息，发布的就业信息中包含歧视性内容，伪造、涂改、转让职业中介许可证，为无合法证照的用人单位提供职业中介服务，为无合法身份证件的劳动者提供职业中介服务，介绍劳动者从事法律、法规禁止从事的职业，扣押劳动者的居民身份证和其他证件，或者向劳动者收取押金，以暴力、胁迫、欺诈等方式进行职业中介活动，超出核准的业务范围经营，其他违反法律、法规规定的行为。

同时，开展对境外就业中介机构的监察。境外就业中介是指为中国公民境外就业或者为境外雇主在中国境内招聘中国公民到境外就业提供相关服务的活动。境外就业中介实行行政许可制度、境外就业信息发布和广告宣传审批制度、中介机构经营许可证年审制度。劳动保障监察机构主要检查：（1）单位或个人是否存在未经劳动保障行政部门批准，擅自从事境外就业中介活动；（2）是否存在未将

境外就业中介服务协议书和劳动合同备案的行为；（3）境外就业中介机构是否存在提供虚假材料骗领许可证，以承包、转包等方式交由其他未经批准的中介机构或者个人开展境外就业中介活动，拒不履行核查境外雇主材料、协助指导境外就业人员同境外雇主签订劳动合同等义务，不与其服务对象签订境外就业中介服务协议书，逾期未补足备用金而开展境外就业中介业务，违反规定，严重侵害境外就业人员合法权益等行为。

2. 劳动保障监察机构对职业技能培训机构主要检查民办职业技能培训机构是否有：（1）擅自分立、合并，擅自改变名称、层次、类别和举办者，发布虚假招生简章或者广告骗取钱财，非法颁发或者伪造学历证书、结业证书、培训证书、职业资格证书，管理混乱严重影响教育教学，产生恶劣社会影响；（2）提交虚假证明文件或者采取其他欺诈手段隐瞒重要事实骗取办学许可证，伪造、变造、买卖、出租、出借办学许可证，恶意终止办学、抽逃资金或者挪用办学经费等行为；（3）企业的培训机构是否存在不按国家规定组织开展职工培训，强令未经培训的职工上岗作业的，不按国家规定使用培训经费或将培训经费挪作他用的行为；（4）各类职业培训实体是否存在违反培训合同，违反有关规定收取培训费或不按规定使用培训费，未经批准擅自举办职业培训实体，或培训质量和考核质量低下，滥发毕（结）业证书和职业培训资格证书，截留、挪用培训经费，侵害受培训职工权益等行为。对于发现的违法行为，由审批的劳动保障行政部门或者其他有关部门责令限期改正，并予以警告；有违法所得的，退还所收费用后没收违法所得；情节严重的，责令停止招生、吊销办学许可证；构成犯罪的，依法追究刑事责任。

同时，《中外合作办学条例》明确规定了申请设立实施职业技能培训的中外合作办学机构，由拟设立机构所在地的省、自治区、直辖市人民政府劳动行政部门审批。劳动保障监察机构主要检查是否存在未经批准擅自设立中外合作职业技能培训机构，或者以不正当手段骗取许可证的；筹备设立期间招收学生，假出资或者在成立后抽逃出资，管理混乱、教育教学质量低下造成恶劣影响，发布虚假招生简章骗取钱财等违法行为。对于存在违法行为的，由劳动保障行政部门依法予以处罚。

3. 职业技能考核鉴定机构是依据职业技能标准对劳动者技术水平和工作能力

进行评估与认定的专门机构。根据《劳动法》第六十九条规定：“国家确定职业分类，对规定的职业制定职业技能标准，实行职业资格证书制度，由经备案的考核鉴定机构负责对劳动者实施职业技能考核鉴定。”劳动保障监察机构主要检查职业技能考核鉴定机构是否有超范围实施职业技能鉴定，职业技能鉴定站（所）是否存在乱收费，伪造、仿制或滥发各类证书等违法行为。

（九）法律、法规规定的其他劳动保障监察事项

根据劳动保障法律、法规和规章的规定，劳动保障行政部门除对以上列出的事项实施劳动保障监察外，还包括其他的检查事项。如对用人单位遵守《工会法》情况的监督检查、对用人单位遵守境外人员就业管理规定的监督检查等。

第三节　劳动监察员的权利和义务

一、劳动监察员的权利

根据《劳动法》和《劳动保障监察条例》规定，劳动监察员在履行监察职责时依法享有以下权利：

（一）进入用人单位实地调查和检查权

这是劳动保障行政部门经常采取的措施。劳动监察员可随时进入用人单位的工作地和劳动场所，对用人单位遵守劳动保障法律法规情况进行检查，用人单位及任何个人不得阻挠、拒绝。劳动监察员通过对劳动场所的巡视及与劳动者的交谈，可以了解用人单位遵守劳动保障法律、法规的情况，发现有违法情况的，可以及时采取措施。

进入用人单位实地调查和检查权也是国际劳工公约赋予劳动监察员的权利。在德国、法国等国家，劳动监察员被赋予更多的权力。如果在检查过程中受到阻挠，他们可以要求警察进行协助；对阻挠情节严重的雇主，可以进行刑事处罚。

（二）询问权

劳动监察员就调查、检查事项有权向有关人员询问，如用人单位的劳动合同签订情况、工资支付情况、工作时间规定情况、参加社会保险及缴费情况等遵守劳动保障法律法规的情况。被询问的有关人员应当如实回答询问，并协助调查、检查。询问有关人员应当制作笔录，由劳动监察员和被询问人员签名或盖章。如果被询问人员拒绝签名，由监察执法人员 2 人以上在笔录上说明拒签原因。

（三）书面调查权

劳动监察员要求用人单位提供与调查、检查事项相关的文件资料，并有权要求有关单位和个人在限定的期限内就有关问题作出书面解释和说明。劳动监察员在实施监察时，特别是对用人单位的违法案件进行调查、检查时，在初步掌握一定情况的基础上，为进一步查清问题，有权要求用人单位提供有关的文件资料，如用人单位员工名册、工资发放表、社会保险登记和缴费凭证等，用人单位必须履行这个法定义务，按要求提供材料，并在限定的期限内就有关问题作出解释和说明，不得拒绝或拖延。必要时劳动保障行政部门按规定可以向用人单位发出劳动保障监察调查询问书，要求用人单位自收到询问书之日起的一定期限内，到劳动保障行政部门监察机构所在地接受调查，同样要制作调查笔录。

（四）查阅复制资料权

劳动监察员有权查阅或记录、录音、录像、照相和复制用人单位的有关资料。这是劳动保障行政部门收集证据的方式。劳动监察员针对需要了解的事项，有权记录、录音询问有关人员的情况，查阅、记录、拍照、复制被检查用人单位的员工名册、考勤记录、工资发放表、财务报表等有关资料，照相、录像用人单位的劳动场所特别是违反劳动保障法律、法规的现场。通过采取上述措施，形成对监察事项的确凿证据，从而确认用人单位是否存在违反劳动保障法律、法规的行为。

（五）对违反劳动保障法律、法规行为当场处理权

劳动监察员在检查中，对一些事实清楚、案情简单的违法案件有权当场处理，有权制止并责令改正，提出处理建议，以利于提高行政执法效率，降低行政执法成本，客观上也方便了用人单位。

劳动保障监察当场处理分为以下两种情况：

1. 对不需要行政处罚事项的当场处理。劳动监察员发现用人单位存在违反劳动保障法律、法规行为，危及劳动者生命安全与健康时，有权当场予以制止。发现用人单位存在其他不需要行政处罚的违反劳动保障法律、法规行为，事实清楚、证据确凿、情节简单的，如用人单位刚招收的劳动者尚未签订劳动合同的，

可以当场责令限期改正，填写预定格式、编有号码的当场处理决定书交付当事人，并将当场处理情况报所属的劳动保障行政部门监察机构备案。

2. 当场行政处罚。这是行政处罚的一种简易程序，指行政机关对违法后果较轻的违法行为当场给予处罚。当场行政处罚也应按程序进行。劳动监察员首先要表明身份、出示执法证件，然后向用人单位讲明作出行政处罚决定的法律依据和处罚种类，允许用人单位陈述和申辩；填写预定格式、编有号码的行政处罚决定书，当场交付用人单位。劳动监察员当场作出行政处罚决定后，应告知用人单位不服该行政处罚决定的，可以依法申请行政复议或提起行政诉讼。劳动监察员当场作出的行政处罚决定，必须报所属劳动保障行政部门备案。

（六）委托注册会计师事务所对用人单位工资支付、缴纳社会保险费等情况进行审计

劳动保障行政部门在实施劳动保障监察，检查用人单位工资支付、缴纳社会保险费情况时，需要财会方面的专业知识和相关技能人员支持。为提高劳动保障监察的效率和准确性，根据《注册会计师法》的有关规定，劳动保障行政部门可以委托注册会计师事务所对用人单位的工资支付、缴纳社会保险费等情况进行审计。受委托的会计师事务所依法进行审计后作出的报告，可作为用人单位在工资支付、缴纳社会保险费方面是否违法的证据。

（七）法律、法规规定可以由劳动保障行政部门采取的其他调查、检查措施

除上述调查、检查措施外，劳动保障行政部门实施劳动监察，可以依据法律、法规规定采取其他调查、检查措施。如根据《行政处罚法》规定："行政机关在收集证据时，可以采取抽样取证的方法；在证据可能灭失或者以后难以取得的情况下，经行政机关负责人批准，可以先行登记保存，并应当在七日内及时作出处理决定，在此期间，当事人或者有关人员不得销毁或者转移证据。"这条规定既是对证据的保全措施，也是行政机关调查、检查的措施。其中的登记保存措施是劳动保障监察执法调查取证时可以采取的强制措施。采取此措施可以防止用人单位销毁、转移能够证明其存在违反劳动保障法律、法规行为的书证、物证等证据，及时、有效地查处违法行为，维护劳动者权益和社会公共利益。

对用人单位采取上述强制性措施，关系到用人单位的利益，社会影响较大，因此，劳动保障行政部门在实施时，应当严格按照法律规定的条件和程序进行。

一是必须以证据可能灭失或者以后难以取得为前提。如用人单位可能销毁其违法延长工作时间的工时记录，或能证明有拖欠工资行为的工资发放表等。而且这些证据对证明用人单位是否存在违法行为具有直接或必要的证明作用。

二是必须由劳动保障行政部门负责人批准并按程序进行。劳动监察员要向用人单位出示证件和劳动保障行政部门采取登记保存的决定，在见证人在场的情况下，向用人单位出具登记保存通知书，告知保存的时间、地点、方式和保存物品名称，并制作登记保存笔录，由执法人员、用人单位代表和见证人签名或盖章。

三是在采取登记保存措施后，劳动行政部门必须在7日内作出处理决定。否则，用人单位有权要求取消登记保存措施。用人单位在登记保存期间不得销毁或者转移证据，否则要承担相应的法律责任。

二、劳动监察员的义务

根据《劳动法》和《劳动保障监察条例》规定，劳动监察员在履行监察公务时，应依法履行下列义务：

（一）必须有2名以上执法人员进行检查或调查，并向被检查或调查者出示证件

这是严格按照《行政处罚法》等法律法规的规定，对行政执法人员公正执法的要求。出示证件，表明身份，也是劳动监察公开原则的要求。

（二）认真履行职责、忠于职守、秉公执法，不得利用职务之便谋取私利

要求劳动监察员在劳动保障监察执法活动中贯彻执行劳动保障法律、法规和规章，做到有法必依、执法必严、违法必究，以对国家和广大劳动者高度负责的态度，自觉维护劳动保障法律、法规和规章的统一性、严肃性。坚持原则，抵御来自各方面的不正常的干扰。

（三）勤政廉洁

这是对劳动监察员工作纪律方面的要求。劳动保障监察执法直接影响用人单位和劳动者的经济利益，劳动监察员应当遵守国家有关廉政建设方面的规定，自律自重，不能将国家赋予的劳动监察权力作为个人谋取不正当利益的工具。任何组织或者个人对劳动监察员的违法违纪行为，有权向劳动保障行政部门或者有关机关检举、控告。

（四）依法保守相对人的有关秘密

劳动监察员应当依法保守在劳动保障监察工作中获取的用人单位的商业秘密、技术秘密和职工个人相关信息，以及为举报人保密。要采取切实可行的措施，防止举报人在工作、工资和福利待遇及人身安全方面受到侵害。对伤害、打击举报人的主要责任者必须严肃处理。

（五）依法回避

劳动监察员与被检查的用人单位有利害关系的，应当依法回避。如是用人单位法定代表人或主要负责人的近亲属或本人的近亲属与被检查的用人单位有利害关系的，或近亲属与被检查的用人单位有其他关系可能影响公正检查的，劳动监察员应当主动回避；被检查的用人单位提出要求该监察员回避的，由劳动保障行政部门依法作出回避的决定。

第四节　劳动监察的实施

一、劳动监察实施方式

劳动监察实施方式，是指劳动保障行政部门对用人单位遵守劳动保障法律、法规和规章情况实施劳动监察所采取的手段和形式。劳动保障行政部门可以根据开展监察活动的不同时期和不同目的采取多种手段和形式。市场经济国家实施劳动监察的方式包括巡视监察、专项监察和举报专查等。我国劳动监察的实施方式有：

（一）日常巡视检查

日常巡视检查，是指劳动保障行政部门监察人员按照制订的规划，以一定的周期和频率主动巡视用人单位及劳动场所，及时发现违法行为，并依法处理的过程。

日常巡视检查是我国劳动保障监察采取的最主要方式，劳动保障监察日常巡视检查的基本要求：

1. 劳动保障行政部门及监察人员应当制定中长期工作规划和年度计划，按照目标管理考核的要求，保证巡视检查企业的数量。

2. 劳动保障行政部门应根据工作重点确定巡视检查的主要内容和检查的企业范围。

3. 劳动保障行政部门组织监察人员巡视用人单位及其劳动场所时，要按照现场检查的规定进行，巡视检查时至少应有2名监察员为一组。

劳动监察机构做好日常巡视检查工作，有利于及时监控和准确掌握企业劳动关系动态，宣传劳动保障法律法规和有关政策，指导企业完善内部规章制度、依法履行劳动合同、落实各项劳动标准，促进企业依法进行用工管理。

日常巡视检查应遵循以下程序：

一是劳动监察员进入被检查单位，出示劳动保障监察证件，说明身份。

二是了解用人单位遵守劳动保障法律法规规章的情况，巡视劳动场所，及时制作笔录。监察笔录的内容包括：实施检查的时间，实施检查的劳动保障监察机构名称和劳动监察员姓名及人数，被检查用人单位的名称、性质、住址、法定代表人姓名，用人单位劳动者人数，检查过程中获取的证据清单，被检查用人单位对检查的意见等事项。

三是监察笔录完成后，由劳动监察员和用人单位法定代表人（或其委托代理人）签名或盖章，用人单位法定代表人拒不签名、盖章的，应注明拒签情况。

四是对于日常巡视检查中的一般性问题，不作立案处理的，要记录检查结果和处理建议；发现可能存在违法情况的，劳动监察员要及时向劳动保障行政部门报告并建议立案。

（二）审查用人单位按照要求报送的书面材料

审查用人单位的有关书面材料，是指劳动保障行政部门根据工作需要，要求用人单位定期或不定期报送有关遵守劳动保障法律情况及劳动用工和社会保险方面的书面材料，对书面材料进行审查，并对审查中发现的问题及时予以纠正和查处。这是劳动保障行政部门对用人单位遵守劳动保障法律、法规情况进行全面监督检查的一项重要措施。

审查的内容主要是：用人单位报送的劳动管理规章制度、有关签订劳动合同、遵守有关最低工资、工资支付、工作时间及休息休假、参加社会保险等方面的书面材料。用人单位报送书面材料的时间由各地劳动保障行政部门确定，可以每年固定时间集中报送，也可以随时针对违法行为要求某个用人单位报送。

劳动保障行政部门对用人单位集中报送书面材料的审查分以下几个阶段进行：

一是组织和准备阶段。通过发文件或报刊、广播、电视、政府官网等媒体公告，通知各用人单位通过政府官网下载或到劳动保障行政部门领取有关表格和资料。

二是自查阶段。要求用人单位对照劳动保障法律法规规定，认真开展自查自纠，发现存在违法行为的，自行整改，并如实填写审查的文书和表册。

三是提交资料。用人单位根据自查情况按要求填报劳动保障书面检查资料。

四是审查阶段。劳动保障行政部门认真审查用人单位报送的书面资料，并分别情况进行处理：对经审查合格的，及时回复；对存在违法行为的，发出书面通知责令限期改正。

五是处理阶段。审查合格的，办结手续；通过书面审查发现存在违法行为未自行整改或经责令整改、逾期仍拒不整改的，依法作出追究法律责任的决定。

（三）接受举报投诉

接受举报投诉，是指劳动保障行政部门对于任何组织和个人有关用人单位违反劳动保障法律、法规行为的举报，以及劳动者认为用人单位侵犯其劳动保障权益的投诉，进行调查并作出处理的行政执法活动。《劳动法》明确规定：“任何组织和个人对于违反劳动法律、法规的行为有权检举和控告。”受理群众对用人单位、有关组织和个人违反劳动保障法律、法规，侵害劳动保障权益的举报投诉并予以查处，是劳动保障监察工作的一项重要的法定职责，也是监控企业劳动关系动态的一个重要渠道。通过受理举报投诉，能帮助劳动保障行政部门掌握企业的违法线索，及时查处企业的违法行为。

为了做好对群众举报和投诉的处理工作，劳动监察机构应当做到：

1. 设立举报投诉信箱，公开举报投诉电话。这是方便不愿意留下真实姓名的举报人，或距离劳动保障行政部门较远、不便于当面投诉的举报和投诉人。举报投诉电话应当通过新闻媒体、政府官网等形式向社会公开。劳动保障行政部门对电话举报投诉应当完整的如实记录（或录音）。

在互联网时代，劳动保障行政部门要积极开展电子政务，开设网站，设立电子信箱，将有关劳动保障监察的规定和程序在网上公布，并提供可下载的材料，方便劳动者进行网上举报和投诉。对于短信或微信和通过电子邮件进行举报、投诉的，劳动保障行政部门要指定专人接收和下载，对举报投诉登记分类、及时处理。

2. 建立健全接待举报投诉制度。为方便相关人员到劳动保障行政部门当面举报投诉，应当设立举报接待室，指定专人负责，并为举报和投诉人员提供各种便利。如劳动保障行政部门在办公场所公示劳动保障监察依据的法律、法规，劳动保障监察的职责、内容、监察程序、处理时限，以及监察机构的联系电话、地址、监督电话等。这是劳动保障监察公开、便民原则的直接体现。接待举报投诉，应当告知举报和投诉人相应的权利和义务，特别是告知应如实举报和投诉及有诬告行为要承担的法律责任；要做好接待笔录，由举报和投诉人核对无误后签名或盖章。

3. 对违反劳动保障法律、法规的行为，符合立案条件的举报和投诉，予以立案查处。劳动保障行政部门对举报和投诉立案后，应当全面、客观、公正地调查、收集证据，在规定期限内立案受理，并在规定的时间内完成对违法案件的调查工作。

4. 对于不属于劳动监察职权范围的投诉，或者是不属于本部门管辖范围的投诉，劳动保障行政部门要履行书面告知义务，告知投诉人向有处理权的机关反映。

5. 对应当通过劳动争议处理程序解决的事项或者已经按照劳动争议处理程序申请调解、仲裁或者提起诉讼的事项，告知投诉人依照劳动争议处理和诉讼程序办理。

6. 对举报人和投诉人要依法予以保护。对于任何组织或者个人的举报，属于劳动保障行政部门监督检查范围的，要求劳动保障部门依法予以查处；并对查处重大违反劳动保障法律、法规或规章的行为提供重要线索的举报人进行奖励。一般来说，由于举报是对用人单位违反劳动保障法律、法规的问题进行的检举或情况反映，不需要举报人真实姓名，举报人不需要回复的，可不告知受理结果。对于投诉而言，主要是劳动者本人因为劳动保障合法权益受到用人单位的侵害而向劳动保障行政部门进行的控告，处理结果与其个人有直接利害关系。因此，对于劳动者要求维护自身合法权益的投诉，即对违反劳动保障法律、法规或规章的行为发生在2年内、有明确的被投诉单位、按照规定递交了投诉书并属于劳动保障监察职权范围的案件，劳动保障行政部门要在规定的工作日内依法受理；并将受理和查处结果，依法告知该投诉人。要注意保护投诉人，为投诉人保密；要采取切实可行的措施，防止投诉人在工作、工资和福利待遇及人身安全方面受到报复性侵害。

（四）专项检查

专项检查，是指劳动保障行政部门针对某一时期劳动保障法律法规在实施过程中存在的重点问题或突出问题，根据工作需要，集中人员在一段时间内，对一定范围的用人单位或某一行业的企业遵守劳动保障法律法规的情况组织开展的专项检查活动。组织开展落实劳动保障法律法规的专项检查活动，在必要时，可以联合有关部门或组织共同进行。

二、对违反劳动保障法律法规行为的查处程序

根据《劳动保障监察条例》《人力资源社会保障部关于实施〈劳动保障监察条例〉若干规定》等相关法律法规和规章的规定，劳动监察查处用人单位及相关组织的违法行为，主要遵循下列程序：

（一）接受投诉

根据《人力资源社会保障部关于实施〈劳动保障监察条例〉若干规定》第十三条规定，劳动监察机构接受投诉，“应当由投诉人向劳动保障行政部门递交投诉文书。书写投诉文书确有困难的，可以口头投诉，由劳动保障监察机构进行笔录，并由投诉人签字”。

投诉文书应当载明下列事项：

1. 投诉人的姓名、性别、年龄、职业、工作单位、住所和联系方式，被投诉用人单位的名称、住所、法定代表人或者主要负责人的姓名、职务。

2. 投诉人的劳动保障合法权益受到侵害的事实。

3. 投诉请求的事项。

投诉人的投诉符合劳动监察受理范围的，劳动监察机构应当依法及时受理。

（二）立案

立案，是指劳动保障监察机构对于投诉人的控告检举材料，或者劳动保障监

察机构主动监察发现用人单位有违反劳动保障法律法规规章的行为，认为需要给予违法者行政处理或处罚，并决定进行调查处理的活动。如果劳动保障监察机构认为依法应当将其作为一个案件来查处，就要立案，并办理有关立案的手续，使之在法定程序上首先成为一个被查处的案件。

立案不仅是劳动保障监察机构的内部工作或内部事务，而且具有明显的法律性质和法律后果。案件的立案与否涉及案件受害人或其他利害关系人的权利是否受到保护。如果劳动保障监察机构对利害关系人要求查处违法行为的举报或投诉不依法予以立案查处，那么利害关系人可以以劳动保障行政部门不履行法定职责为由申请行政复议或提起行政诉讼。

按照《人力资源社会保障部关于实施〈劳动保障监察条例〉若干规定》，对符合下列条件的投诉，劳动保障行政部门应当在接到投诉之日起5个工作日内依法受理，并于受理之日立案查处：

1. 违反劳动保障法律的行为发生在2年内的。对不符合这一项规定的投诉，劳动保障行政部门应当在接到投诉之日起5个工作日内决定不予受理，并书面通知投诉人。

2. 有明确的被投诉用人单位，且投诉人的合法权益受到侵害是被投诉用人单位违反劳动保障法律的行为所造成的。对不符合这一项规定的投诉，劳动保障监察机构应当告知投诉人补正投诉材料。

3. 属于劳动保障监察职权范围并由受理投诉的劳动保障行政部门管辖。

对不符合这一项规定的投诉，即对不属于劳动保障监察职权范围的投诉，劳动保障监察机构应当告诉投诉人；对属于劳动保障监察职权范围但不属于受理投诉的劳动保障行政部门管辖（即不属于层级管理或属地管理）的投诉，应当告知投诉人向有关劳动保障行政部门提出。

同时，劳动保障行政部门通过日常巡视检查、书面审查、接受举报、专项检查等，发现用人单位有违反劳动保障法律的行为，需要进行调查处理的，应当及时立案查处。

要注意：劳动保障行政部门对违反劳动保障法律、法规的行为立案时，应遵守时效的规定。根据《劳动保障监察条例》规定，违反劳动保障法律、法规的行为，在两年内未被举报和投诉，也未被劳动保障行政部门检查发现的，劳动保障行政部门不予查处。即超过法定期限后才发现的违反劳动保障法律、法规行为，劳动保障行政部门不予立案。该期限从违法行为发生之日起计算，违法行为有连续或者继续状态的，从违法行为终了之日起计算。

（三）不予立案的告知义务

劳动监察机构收到投诉人的投诉后，通过认真审查，对于不属于劳动保障监察职权范围的事项，不予立案，但要分清投诉人的诉求，依法采取不同的渠道进行处理。比如：

1. 告知投诉人依照劳动争议处理程序处理

一是按照《人力资源社会保障部关于实施〈劳动保障监察条例〉若干规定》第十五条规定，有下列情形之一的投诉，劳动保障行政部门应当告知投诉人依照劳动争议处理或者诉讼程序办理：（1）应当通过劳动争议处理程序解决的；（2）已经按照劳动争议处理程序申请调解、仲裁的；（3）已经提起劳动争议诉讼的。

二是按照《人力资源社会保障部关于实施〈劳动保障监察条例〉若干规定》第十六条规定，下列因用人单位违反劳动保障法律行为对劳动者造成损害，劳动者与用人单位就赔偿发生争议的，依照国家有关劳动争议处理的规定处理：（1）因用人单位制定的劳动规章制度违反法律、法规规定，对劳动者造成损害的；（2）因用人单位违反对女职工和未成年工的保护规定，对女职工和未成年工造成损害的；（3）因用人单位原因订立无效合同，对劳动者造成损害的；（4）因用人单位违法解除劳动合同或者故意拖延不订立劳动合同，对劳动者造成损害的；（5）法律、法规和规章规定的其他因用人单位违反劳动保障法律的行为，对劳动者造成损害的。

注意，上述第十六条中规定的违法行为对劳动者造成损害的，仅是涉及劳动者与用人单位就“赔偿”问题发生的争议，才可告知投诉人依照国家有关劳动争议处理的规定去处理。

2. 告知投诉人按照行政争议处理程序处理

如果劳动监察机构发现投诉的问题涉及人力资源社会保障行政部门履行行政管理职能中出现的违法行为，或者是劳动者、企业与人力资源社会保障行政部门之间发生的行政争议，应当告知投诉人按照《中华人民共和国行政复议法》（以下简称《行政复议法》）《行政诉讼法》等法律法规的规定，依法申请行政复议和行政诉讼。如果是劳动者或者企业与社会保险经办机构发生的行政争议，投诉社会保险经办机构的行为违法，应当告知投诉人依据《人力资源社会保障部关于实施〈劳动保障监察条例〉若干规定》第十七条规定“劳动者或者用人单位与社会保险经办机构发生的社会保险行政争议，按照《社会保险行政争议处理办法》处理”。这就是说，应当向相关的社会保险行政部门申请行政复议。

（四）实施调查取证

劳动保障行政部门实施监察首先应当全面、客观、公正地开展调查，收集有关证据。劳动监察员对用人单位遵守劳动保障法律情况进行调查取证时，应当依法遵守以下规定：

1. 进入用人单位时，执法人员不得少于2人（劳动保障监察机构应指定其中1名为主办监察员），应佩戴劳动保障监察执法标志，并向当事人或有关人员出示劳动保障监察证件，表明身份。

2. 劳动保障监察员进行检查时，应做到：（1）依法履行职责，秉公执法；（2）保守在履行职责过程中获知的商业秘密；（3）为举报投诉人保密。

3. 劳动保障监察员在实施劳动保障监察时，有下列情形之一的，应当回避：（1）本人是用人单位法定代表人或主要负责人的近亲属；（2）本人或其近亲属与承办查处的案件事项有直接利害关系；（3）因其他原因可能影响案件公正处理。

当事人认为劳动保障监察员应当回避的，有权向劳动保障行政部门申请，要求其回避。当事人申请劳动保障监察员回避，应当采用书面形式。

4. 依法收集证据。收集证据是正确实施行政处理或行政处罚的基础工作。根据《行政处罚法》第四十六条规定：“证据包括：（一）书证；（二）物证；（三）视听资料；（四）电子数据；（五）证人证言；（六）当事人的陈述；（七）鉴定意见；（八）勘验笔录、现场笔录。证据必须经查证属实，方可作为认定案件事实的根据。以非法手段取得的证据，不得作为认定案件事实的根据。”

在劳动保障部门对违法行为的查处过程中，比如劳动合同文本、职工花名册、工资发放表、劳动者提供的情况、劳动保障执法人员经过现场调查、勘验的有关材料等，都可以作为对劳动保障违法行为进行处理或行政处罚的事实证据。

一般来说，收集证据主要通过下列渠道：

（1）责成当事人提供相关事实的证据。要求用人单位提供与调查、检查事项相关的文件资料，当事人拒绝提供的，办案人员应及时调查收集其他证据定案。

在证据确实充分的情况下，行政机关在决定对当事人处罚时，可以将当事人的拒绝行为作为从重处罚情节加以考虑。

（2）可以就调查、检查事项直接面对询问有关人员，要求有关单位和人员提供证据，进行现场勘验、检查、鉴定等。有权采取记录、录音、录像、照相和复制等方式收集有关的情况和资料。

（3）委托调查收集。行政机关在必要时可以依法委托其他机关调查。委托调查必须提出明确的项目和要求，受托机关收到委托书以后，应当依法在规定期限内完成调查，函告委托机关。例如，可以委托注册会计师事务所对用人单位工资支付、缴纳社会保险费的情况进行审计。

（4）在证据可能灭失或者以后难以取得的情况下，经劳动保障行政部门负责人批准，可以先行登记保存，并应当在7日内及时作出处理决定，在此期间，当事人或者有关人员不得销毁或者转移证据。

（5）必要时，劳动保障监察机构可向单位或劳动者下达《劳动保障监察询问通知书》《劳动保障监察指令书》，并要求其在收到该《通知书》或《指令书》之日起10日内据实向劳动保障监察机构作出书面答复。

5. 在调查取证中，向当事人或证人询问时应制作询问笔录。现场勘验由勘验人和见证人在勘验笔录上签名或盖章。对需要鉴定的，劳动保障部门应指定或聘请精通某种专门知识且与本案无利害关系的人，并提供鉴定所需的材料，鉴定结论由鉴定人签名或盖章。整个调查事项的笔录，应由劳动监察员和被调查人（或其委托代理人）签名或盖章。被调查人拒不签名、盖章的，应注明拒签情况。

按照《人力资源社会保障部关于实施〈劳动保障监察条例〉若干规定》，劳动保障行政部门对违反劳动保障法律的行为的调查，应当自立案之日起60个工作日内完成；情况复杂的，经劳动保障行政部门负责人批准，可以延长30个工作日。

劳动保障行政部门立案调查完成，应在15个工作日内作出行政处罚（行政处理或者责令改正）或者撤销立案决定；特殊情况，经劳动保障行政部门负责人批准可以延长。

（五）案件处理

对违反劳动保障法律案件的处理包括两种处理程序：简易程序和一般处理程序。

1. 对劳动保障违法案件处理的简易程序

在劳动监察中实行简易程序的情形：

一是对不需要行政处罚事项的当场处理。劳动行政部门依法对用人单位遵守劳动法律、法规的情况进行监督检查，对违反劳动法律、法规的行为有权制止，并责令改正。对于经调查发现用人单位存在违反劳动保障法律行为，未主动改正的，由劳动保障行政部门依法下达《限期改正指令书》或《劳动保障行政处理决定书》，责令改正或作出行政处理。

所谓责令改正，是指在劳动保障行政执法中，对违反劳动保障法律法规和规章的用人单位给予的必须纠正其违法行为的一种强制性措施。劳动监察员对发现用人单位存在其他不需要行政处罚的违反劳动保障法律、法规的行为，事实清楚、证据确凿、情节简单、违法行为轻微并能及时改正的，应当口头责令其改正；对立即改正确有困难的，应下达《劳动保障监察限期改正指令书》，责令其限期整改。责令改正其本身是教育性的，而不是惩罚性的。劳动保障监察机构查明用人单位确有违反劳动保障法律法规和规章行为的，无论对其违法行为是否给予劳动保障行政处理或行政处罚、无论对违法行为人处以何种行政处理或行政处罚，都应首先责令违法行为人及时纠正违法行为。也就是说，只要存在劳动保障违法行为，首先需要对劳动保障违法行为进行制止，责令其改正，不能“只罚不管”“以罚代管”。

所谓行政处理，是指劳动保障行政部门通过劳动保障监察执法活动，对劳动保障行政相对人违反劳动和社会保障法律法规，不履行劳动和社会保障法定义务的行为，下达行政处理决定书，责令其履行劳动和社会保障法定义务的具体行政行为。例如用人单位明显拖欠劳动者工资的，劳动保障行政部门执法人员可以当场责令限期改正，填写预定格式、编有号码的当场处理决定书交付当事人。并将当场处理情况报所属的劳动保障行政部门监察机构备案。

二是当场行政处罚。即行政处罚的简易程序，是指行政机关对后果较轻的行政违法行为当场给予处罚的程序。按照《行政处罚法》第五十一条规定：“违法事实确凿并有法定依据，对公民处以二百元以下、对法人或者其他组织处以三千元以下罚款或者警告的行政处罚的，可以当场作出行政处罚决定。法律另有规定的，从其规定。”

适用当场行政处罚程序，必须符合以下条件：（1）违法事实清楚，案情简单。劳动保障监察执法人员掌握确凿证据，不需要进一步调查取证，可以根据现场发现或立即查明事实就能够作出行政处罚决定；（2）具有法定依据。即劳动保障法律、法规明确规定，对该违法行为应当给予行政处罚的。否则，不能适用当场行政处罚；（3）符合法定行政处罚种类和数额要求。根据规定，可以适用简易程序的只有警告和罚款两个行政处罚种类，而且，罚款有数额限制，即对公民处以 200 元以下、对法人或者其他组织处以 3000 元以下罚款。

除此之外，其他行政处罚都不能适用当场行政处罚。

按照《人力资源社会保障部关于实施〈劳动保障监察条例〉若干规定》第三十一条规定："对用人单位存在的违反劳动保障法律的行为事实确凿并有法定处罚（处理）依据的，可以当场作出限期整改指令或依法当场作出行政处罚决定。当场作出限期整改指令或行政处罚决定的，劳动保障监察员应当填写预定格式、编有号码的限期整改指令书或行政处罚决定书，当场交付当事人。"

劳动保障监察员当场处以警告或罚款处罚的，应当按照下列程序进行：（1）口头告知当事人违法行为的基本事实、拟作出的行政处罚、依据及其依法享有的权利；（2）听取当事人的陈述和申辩；（3）填写预定格式的处罚决定书；（4）当场处罚决定书应当由劳动保障监察员签名或者盖章；（5）将处罚决定书当场交付当事人，由当事人签收。

劳动保障监察员应当在 2 日内将当场限期整改指令和行政处罚决定书存档联交所属劳动保障行政部门存档。

2. 对劳动保障违法案件的一般处理程序

劳动监察员对于不能适用简易程序当场处罚的劳动保障违法案件，应在完成调查取证后，向劳动保障监察机构提交调查报告和处理意见，并填写案件处理报批表。案件处理报批表应写明被处理（处罚）单位名称、案由、违反劳动保障法律法规事实、被处理（处罚）单位的陈述、处理依据、建议处罚意见。劳动保障监察机构审议劳动保障监察案件，对违反劳动保障法律、法规或者规章的行为，根据调查、检查的结果，作出处理意见。然后交由劳动保障行政部门作出处理或处罚决定。

对违反劳动保障法律的行为，根据《劳动保障监察条例》规定，劳动保障行政部门应当根据调查、检查的结果作出以下处理：(1) 对依法应当受到行政处罚的，依法作出行政处罚决定；(2) 对应当改正未改正的，依法责令改正或者作出相应的行政处理决定；(3) 对情节轻微且已改正的，撤销立案；(4) 发现违法案件不属于劳动保障监察事项的，应当及时移送有关部门处理；涉嫌犯罪的，应当依法移送司法机关。

劳动保障行政部门依法对用人单位的违法行为作出行政处罚决定，要根据《行政处罚法》的有关规定，遵守以下基本规则：

一是案件调查终结，行政机关负责人应当对调查结果进行审查，对用人单位确有应受行政处罚的违法行为的，根据情节轻重及具体情况，依法作出行政处罚决定。例如按照《劳动合同法》第八十五条规定，应当处罚用人单位应付金额50%以上100%以下标准向劳动者加付赔偿金时，要正确运用自由裁量权。在依法处理具体案件中确定具体标准时，要合理、适当，不能追求惩罚过度，否则于用人单位不公平。应当着重考虑以下因素：(1) 用人单位违法行为严重性及过错程度；(2) 劳动者因用人单位违法行为所受损害大小；(3) 用人单位因违法行为获利情况；(4) 用人单位接受其他处罚情况。

二是对情节复杂或者重大违法行为给予较重的行政处罚时，劳动保障行政部门的负责人应当集体讨论决定。

三是根据《行政处罚法》第五十八条规定，有下列情形之一，在行政机关负责人作出行政处罚的决定之前，应当由从事行政处罚决定法制审核的人员进行法制审核；未经法制审核或者审核未通过的，不得作出决定：(1) 涉及重大公共利益的；(2) 直接关系当事人或者第三人重大权益，经过听证程序的；(3) 案件情况疑难复杂、涉及多个法律关系的；(4) 法律、法规规定应当进行法制审核的其他情形。

四是要依法告知当事人受处罚的事实、理由、依据和有关权利。这是法律赋予当事人的知情权，也是行政机关应当履行的义务。在作出行政处罚或者行政处理决定前，应当告知当事人享有陈述权和申辩权，应当听取当事人的申辩。法律、法规规定应当依法听证的，应当告知当事人有权依法要求举行听证；当事人要求听证的，劳动保障行政部门应当组织听证。劳动保障行政部门必须充分听取当事人的意见，对当事人提出的事实、理由和证据，应当进行复核；当事人提出的事实、理由或者证据成立的，劳动保障行政部门应当采纳。

3. 制作行政处罚（处理）决定书

根据《行政处罚法》的规定，行政机关应当自行政处罚案件立案之日起 90 日内作出行政处罚决定。劳动保障行政部门依法对用人单位作出行政处罚（处理）决定的，应当制作行政处罚（处理）决定书。劳动保障监察行政处罚（处理）决定书应载明下列事项：（1）被处罚（处理）单位名称、法定代表人、单位地址；（2）劳动保障行政部门认定的违法事实和主要证据；（3）劳动保障行政处罚（处理）的种类和依据；（4）处罚（处理）决定的履行方式和期限；（5）不服行政处罚（处理）决定，申请行政复议或者提起行政诉讼的途径和期限；（6）作出处罚（处理）决定的行政机关名称和作出处罚（处理）决定的日期；劳动保障行政处罚（处理）决定书应当加盖劳动保障行政部门印章。

（六）劳动监察处理决定文书的送达

按照《人力资源社会保障部关于实施〈劳动保障监察条例〉若干规定》，劳动监察处理决定文书（即劳动保障监察限期整改指令书、劳动保障行政处理决定书、劳动保障行政处罚决定书的统称）应当在宣告后当场交付当事人；当事人不在场的，劳动保障行政部门应当在 7 日内依照《民事诉讼法》的有关规定，将劳动监察处理决定文书送达当事人。

送达方式有以下几种：

1. 直接送达

直接送达是指劳动保障行政部门以及法律授权的有关组织指派本单位工作人员直接将劳动监察处理决定文书送交被处罚人的送达方式。直接送达是一种最普遍、最重要的送达方式，劳动保障行政部门应当尽量将劳动监察处理决定文书直接送达被处罚人。被处罚人在接到有关决定文书后，应在送达回执上由其法定代表人或者其负责人签收。这既能体现行政执法的庄重性和严肃性，又给予被处罚人直接了解处罚内容，提出异议的机会。

2. 留置送达

留置送达是指被处罚人拒绝签收劳动监察处理决定文书时，劳动保障行政部门将劳动监察处理决定文书留置在被处罚人的住所或其收发部门后，即视为已经送达的送达方式。

采用留置送达，送达人应当邀请当地居民委员会或村民委员会等有关基层组织或者被处罚人所在单位的代表到场，说明情况；并在送达回执上记明拒收的事由和日期，由送达人、见证人签名或者盖章，将劳动监察处理决定文书留置在被处罚人住所地住处或者收发部门。

3. 委托送达

委托送达是指劳动保障行政部门以及有关组织委托有关单位向被处罚人送交劳动监察处理决定文书的送达方式。主要适用于被处罚人或者其他利害关系人不在实施行政处罚的行政机关或者法定授权组织的管辖地域内居住，或者被处罚人住所地交通不便的情况。接受委托的单位必须具有履行送达职责的能力，且不得将委托事项再委托给第三人委托单位委托送达劳动监察处理决定文书，应将委托的事项和要求明确地告知受委托单位送达被处罚人，以被处罚人在送达回证上的签收日期为送达日期。

4. 邮寄送达

邮寄送达是指劳动保障行政部门以及法定授权组织通过邮局，将劳动监察处理决定文书挂号寄给被处罚人及利害关系人的送达方式。邮寄送达是一种简便易行的送达方式，在直接送达有困难时，一般都采取邮寄送达的方式。

5. 公告送达

公告送达是指劳动保障行政部门或者有关组织发布公告，限期被处罚人受领劳动监察处理决定文书的送达方式。公告送达一般适用于被处罚人下落不明，或者采取以上送达方式无法送达的情况。公告送达中，被处罚人自发出公告之日起经过一定期限而未受领劳动监察处理决定文书的，即视为送达。

三、关于劳动监察机构查处违法行为的时效

关于政府行政部门对多年前发生的违法行为如何查处？根据《行政处罚法》第三十六条规定，违法行为在 2 年内未被发现的，不再给予行政处罚。对此 2 年的期限，从违法行为发生之日起计算；违法行为有连续或者继续状态的，从行为终了之日起计算。

在劳动监察执法中，《劳动保障监察条例》也作出了相应的规定。

按照《劳动保障监察条例》第二十条规定：“违反劳动保障法律、法规或者

规章的行为在2年内未被劳动保障行政部门发现，也未被举报、投诉的，劳动保障行政部门不再查处。前款规定的期限，自违反劳动保障法律、法规或者规章的行为发生之日起计算；违反劳动保障法律、法规或者规章的行为有连续或者继续状态的，自行为终了之日起计算。”

实务中，有一个问题：追缴企业欠缴的社会保险费是否受2年时效限制？有不同的看法。

以案释法

案情简介

2020年10月20日，王某向当地所在区人社局递交要求企业补缴职工社会保险费的申请书，要求区人社局责令其所在公司补缴2005年1月至2012年7月31日期间的社会保险费用。

区人社局经调查后，于2020年11月2日作出《劳动保障监察投诉处理结果告知书》，认为王某反映的事项已超过法定投诉2年内的时效，故不予受理其投诉。

王某不服，向市人社局提起行政复议。市人社局于2020年12月17日作出《行政复议决定书》维持了区人社局作出的处理结果。

王某不服，向法院起诉。

法院观点

一审法院受理后认为：根据《社会保险法》第六十条第一款规定：“用人单位应当自行申报、按时足额缴纳社会保险费，非因不可抗力等法定事由不得缓缴、减免。职工应当缴纳的社会保险费由用人单位代扣代缴，用人单位应当按月将缴纳社会保险费的明细情况告知本人。”《社会保险法》第四条第二款规定：“个人依法享受社会保险待遇，有权监督本单位为其缴费情况。”《社会保险法》第六十三条第一款规定：“用人单位未按时足额缴纳社会保险费的，由社会保险费征收机构责令其限期缴纳或者补足。”《社会保险法》以及其之前的《社会保险费征缴暂行条例》和《社会保险稽核办法》（劳动和社会保障部令第16号）均未对清缴企业欠费问题设置追诉期。

根据《社会保险费征缴暂行条例》的界定，社会保险费缴纳属于行政征收范畴，其与行政处罚的性质并不相同，追缴社会保险费与违法行为的追诉和处罚是两个不同层面的问题。因此，《劳动保障监察条例》第二十条规定："违反劳动保障法律、法规或者规章的行为在2年内未被劳动保障行政部门发现，也未被举报、投诉的，劳动保障行政部门不再查处。前款规定的期限，自违反劳动保障法律、法规或者规章的行为发生之日起计算；违反劳动保障法律、法规或者规章的行为有连续或者继续状态的，自行为终了之日起计算。"这是劳动保障行政执法时效，而追缴社会保险费并不适用行政处罚相关追诉时效的规定，当用人单位未及时足额为劳动者办理社会保险，发生缴纳社会保险费的违法行为时，一方面行政机关可以按照《劳动保障监察条例》第二十条规定进行调查和处罚，另一方面有关部门仍然可以继续追缴社会保险费的历史欠费，法律法规并未对此限定追缴期。

本案中，王某向人社局投诉请求责令用人单位为其缴纳社会保险费，属于要求追缴社会保险费问题，而非要求有关部门查处违法行为，故不应当适用《劳动保障监察条例》第二十条等规定的劳动保障行政执法时效。被告作为劳动保障行政部门，依法负有法定职责对该投诉进行相应处理。区人社局适用《劳动保障监察条例》的相关规定以王某本次投诉超过查处期限为由不予受理属适用法律错误，其作出的不予受理决定依法应予撤销。同理，市人社局作出的《行政复议决定书》亦应撤销。为此，判决人社局重新作出处理。

区人社局不服一审判决，提起上诉，理由如下：(1) 上诉人不是社会保险费的征收机构，应当向社会保险费的征收机构税务部门提出，尤其责令限期缴纳或者补足；(2) 上诉人不是承担社会稽核工作的法定职能主体，社会保险经办机构负责社会保险稽核工作；(3) 被上诉人王某的请求属于对违反劳动保障法律法规的投诉，对该违法行为的查处属于劳动保障监察范围，故被上诉人王某的投诉超过两年的法定时间。一审法院混同了社会保险费征收、社保稽核与劳动保障监察投诉处理等问题，认定事实错误，适用法律错误。

二审法院受理后认为，《社会保险法》并未对征收社会保险费作出时限限制。从法理上讲，用人单位未缴、欠缴、少缴社会保险费均属未足额缴纳社会保险费的表现形式，属于社会保险费征收范畴，自然不应有时效限制。

《社会保险稽核办法》第八条第四款规定，对于不按规定缴纳社会保险费的行为，任何单位和个人有权举报，社会保险经办机构应当及时受理举报并进行稽核。《社会保险稽核办法》第十一条规定，被稽核对象少报、瞒报缴费基数和缴费人数，社会保险经办机构应当责令其改正；拒不改正的，社会保险经办机构应当报请劳动保障行政部门依法处罚。亦即，社会保险稽核工作并不涉及行政处罚。

同时，对于未依法足额缴纳社会保险费的用人单位，社会保险经办机构履行追缴行政职责，与劳动保障违法行为的查处属于两个不同的行政行为，不适用《劳动保障监察条例》所规定的2年查处时效。当用人单位未及时、足额为劳动者办理社会保险，发生缴纳社会保险费的违法行为，一方面行政机关可以按照《劳动保障监察条例》第二十条规定进行追缴和处罚，另一方面经办机构亦可进行稽核，追缴社会保险费的历史欠费。

根据《社会保险费征缴暂行条例》的界定，社会保险费属于行政征收范畴，其与行政处罚的性质并不相同，故追缴社会保险费并不适用行政处罚相关追诉时效的规定。因此，人社局将社保经办机构受理举报投诉的期限限定为2年减损了公民的合法权益，不能作为其作出不予受理的依据。

关于上诉人人社局提出社保经办机构负责缴费申报工作，社保欠费追缴由税务部门负责的理由。虽然税务部门是本市的社会保险费征收机构，但根据《社会保险稽核办法》第三条第一款规定，县级以上社会保险经办机构负责社会保险稽核工作。《社会保险稽核办法》第九条规定，社会保险缴费情况稽核内容包括缴费单位和缴费个人申报的社会保险缴费人数、缴费基数是否符合国家规定，缴费单位和缴费个人是否按时足额缴纳社会保险费等。《社会保险稽核办法》第十一条规定，被稽核对象少报、瞒报缴费基数和缴费人数，社会保险经办机构应当责令其改正；拒不改正的，社会保险经办机构应当报请劳动保障行政部门依法处罚。由此可见，对缴费单位申报的缴费基数进行稽核，以及对少报缴费基数的缴费单位责令改正，均属于社会保险经办机构的职责范围。

本案中，王某对公司未为其缴纳社会保险金的问题进行投诉，请求人社局稽核、追缴因少申报而少缴纳的社会保险费，该投诉事项属于人社局的职责范围。

二审法院还认为，根据《劳动保障监察条例》第十一条规定："劳动保障行政部门对下列事项实施劳动保障监察：……（七）用人单位参加各项社会保险和缴纳社会保险费的情况……"可见，用人单位缴纳社会保险费的情况属于实施劳动保障监察的事项之一。但在实践中对要求用人单位补缴社会保险费投诉的处理，是否必须通过劳动保障监察程序（适用2年查处期限）进行处理，存在不同理解或做法。人社局主张"责令用人单位缴纳社会保险费的投诉，人社（劳动）行政部门也只能通过劳动保障监察程序实现，过了2年期限后人社（劳动）部门不能查处"，但实际处理中，多数做法仍然是认为人社（劳动）部门对违反劳动保障法律、法规或者规章的行为的查处具有法定的2年期限，但责令用人单位对社会保险费的缴纳或补足（社会保险费的稽核），没有期限规定，不属于对劳动保障违法行为的查处。

按照《实施〈中华人民共和国社会保险法〉若干规定》第二十七条第二款规定："职工认为用人单位有未按时足额为其缴纳社会保险费等侵害其社会保险权益行为的，也可以要求社会保险行政部门或者社会保险费征收机构依法处理。社会保险行政部门或者社会保险费征收机构应当按照社会保险法和《劳动保障监察条例》等相关规定处理。在处理过程中，用人单位对双方的劳动关系提出异议的，社会保险行政部门应当依法查明相关事实后继续处理。"该条规定明确了社会保险部门处理相关投诉时所适用的法律法规不只是《劳动保障监察条例》。据此，社会保险行政部门应对有关社会保险权益受侵害的投诉作出正确区分后，充分考虑社会保险的基本保障属性，准确适用相关法律法规进行处理。

二审法院认同实际处理中"社会保险部门责令用人单位对社会保险费的缴纳或补足（社会保险稽核），没有期限规定，不属于劳动保障违法行为的查处"的多数做法。认为一审判决认定社会保险费的责令缴纳与劳动保障违法行为查处（2年期限）并非同一概念，人社局适用《劳动保障监察条例》的相关规定以投诉超过查处期限为由不予受理属适用法律错误，并无不当，二审予以支持。

综上所述，人社局的上诉请求理据不足，二审判决如下：驳回上诉，维持原判。[①]

通过上述案例，值得探讨的问题是：

第一，在劳动监察执法中不能仅依照《劳动保障监察条例》第二十条第一款的2年时效规定，还需综合第二款规定判断违法行为是否存在连续或者继续状态，以此确定劳动保障监察执法时效。这里，关键在于如何理解：判断违法行为是否存在“连续或者继续状态”？

一种情形是，如果企业欠缴社会保险费的违法行为在5年前发生了，但时隔1年后企业又开始依法缴费至今。那么，5年前发生欠缴社会保险费的违法行为没有“连续或者继续状态”，企业欠缴费行为发生之日起或终了之日起计算已经过4年未有投诉。对此，是否认为投诉企业欠缴费行为已过2年的时效？

另一种情形是，如果企业欠缴费的违法行为在5年前发生，然后一直欠缴费至今。那么，5年前发生的欠缴费行为有连续或者继续状态，欠缴费行为未终了，计算欠缴费行为的期限也就未开始起算。对此，现在有投诉，劳动监察机构理应受理。

有观点认为，劳动保障行政部门依据《劳动保障监察条例》第二十条规定，以企业未依法缴纳社会保险费行为在两年内未被发现，也未被举报、投诉为由不再查处的，人民法院不予支持；当事人请求履行上述查处职责，且能够提供相应材料初步证明企业存在未依法缴纳社会保险费用的，人民法院应当判决责令有关劳动保障行政部门履行相应职责。

对于上述观点，也有不同意见，理由如下：

第一，“企业未依法缴纳社会保险费行为”是否属于违法行为？若是属于违法行为，对此投诉，劳动监察机构应当依据《劳动保障监察条例》第二十条规定，对2年内未被发现，也未被举报、投诉，未存在“连续或者继续状态”的违法行为，不再查处。但是，按照上述法官的观点，人民法院不仅“不予支持”，

---

① 改编自如下案例：广州铁路运输中级法院（2017）粤71行终193号行政判决书，重庆市第一中级人民法院（2021）渝01行终52号行政判决书，载中国裁判文书网，最后访问时间：2022年10月21日。

还认为“应当判决责令有关劳动保障行政部门履行相应职责”。即要求劳动保障行政部门对超过2年发生的而现在未发生（未存在“连续或者继续状态”）的违法行为进行追究。这明显有违《行政处罚法》和《劳动保障监察条例》的规定。

第二，既然有观点认为根据《社会保险费征缴暂行条例》的界定，社会保险费缴纳属于行政征收范畴，其与行政处罚的性质并不相同，追缴社会保险费与违法行为的追诉和处罚是两个不同层面的问题。那么，对于发生欠缴社会保险费的违法行为，一方面，人社行政部门（劳动监察机构）可以按照《劳动保障监察条例》第二十条规定进行调查和处罚或者依法按受理时限的规定处理。另一方面，税务机构作为社会保险费征收机构仍然可以继续追缴企业的历史欠费，按照《社会保险法》第八十六条的规定，对用人单位未按时足额缴纳社会保险费的，由社会保险费征收机构（现为税务机构）责令限期缴纳或补足；逾期仍不缴纳的，也可处以罚款（即行政处罚）；同时，按照《社会保险法》第六十三条的规定，可通过银行强制划拨。进一步是否可以说，社会保险费征收机构（现为税务机构）对企业欠缴社会保险费追缴不适用追诉时效的规定。而劳动保障行政部门（劳动监察机构）对企业欠缴社会保险费违法行为进行查处，仍然要执行《劳动保障监察条例》中有关2年时限的规定。

第三，尽管《社会保险法》《社会保险费征缴暂行条例》《社会保险稽核办法》中均未对清缴企业欠费设置追诉期。但法律法规（即《行政处罚法》和《劳动保障监察条例》）对企业的违法行为（即未依法缴纳社会保险费）的查处明确设置了追诉期。是否可以说，对企业欠缴社会保险费的违法行为，追缴归追缴（由税收征收机构负责处理）是一回事；处罚归处罚（由劳动监察机构负责处理，是否按时限处罚）又是另一回事。

第四，社会保险费征收、社会保险经办（含社会保险稽核）和劳动监察职责不同。社会保险费征收主要是税务部门负责对社会保险费的征收；社会保险经办主要是社保经办机构对企业申报缴费进行审核、社会保险费记账、待遇支付等业务进行办理；社会保险稽核是指社保经办机构依法对社会保险费缴纳情况和社会保险待遇领取情况进行的核查；劳动监察主要是劳动行政机关（或具有行政执法职能的机构）对企业参保缴费的违法行为进行查处。社会保险经办、社会保险稽核和劳动监察虽然都属人社行政部门的工作职责，但其内部分工不同，对外都代表人社部门。目前，税务部门作为社会保险费征收机构和人社部门的劳动监察机构对企业出现的缴费违法行为皆有查处的职责。《劳动保障监察条例》专门对劳动行政部门的劳动监察行为作出了规定。而《社会保险法》第六十三条也对社会保险费征收机构的行为作出了明确规定，即“用人单位未按时足额缴纳社会保险费的，由社会保险费征收机构责令其限期缴纳或者补足”。因此，对于劳动者的投诉，要注意分清“投诉标的”：

（1）若是投诉企业“未参保缴费”或者是企业虽参保但“从未缴费”，应向社会保险经办机构投诉；

（2）若是投诉企业“未按时足额”缴纳社会保险费或要求“补缴社会保险费”（企业虽然参保缴费了，但因企业没有违法而是由其他原因发生了未按时缴费和少缴费的行为），应当向社会保险征收机构（现为税务机关）投诉；因不是要求查处“违法行为”，不属于劳动保障违法行为的查处，劳动监察就不应受理。由社会保险费征收机构依据《社会保险法》第六十三条、第八十六条处理。

（3）若是投诉企业未参保缴费的“违法行为”（企业有意规避法律责任，或者恶意不参保、不缴费或少缴费等），可选择向社会保险行政部门或者税务部门投诉。若是向社会保险行政部门（即人社部门或劳动监察机构）投诉，由劳动监察机构处理，是否立案查处，要依据《劳动保障监察条例》第二十条规定的“时效”和是否属于受案范围，然后再视调查后的违法情节作出处理。若是向社会保险费征收机构（税务部门）投诉，或者向劳动监察机构投诉后（因超过时效不受理）转到税务部门的，应当由税务部门作为社会保险费征收机构，依据《社会保险法》第六十三条、第八十六条进行处理。

如果投诉人不知向谁投诉，找到了劳动监察机构（或人社行政部门），劳动监察受理后，发现不属于本部门的职责，应在不予受理决定中告知投诉人向有职权的机关投诉或转送有职责的单位处置；或者说如果企业未参保缴费的“违法行为”超过了2年时效，也可告知投诉人或转送社保经办机构或税务机关依法处理。

四、劳动保障行政处理或行政处罚决定的执行

劳动保障监察机构的行政处理或行政处罚决定依法作出后，当事人应当在行政处理或行政处罚决定的期限内，予以履行。根据《人力资源社会保障部关于实

施〈劳动保障监察条例〉若干规定》第四十二条规定："当事人对劳动保障行政处理或行政处罚决定不服申请行政复议或者提起行政诉讼的，行政处理或行政处罚决定不停止执行。法律另有规定的除外。"

对于当事人因违法行为被劳动保障行政部门处以罚款的，其执行方式按照《行政处罚法》规定："作出罚款决定的行政机关应当与收缴罚款的机构分离。""作出行政处罚决定的行政机关及其执法人员不得自行收缴罚款。"因此，当事人应当自收到行政处罚决定书之日起 15 日内，到指定的银行或者通过电子支付系统缴纳罚款。银行应当收受罚款，并将罚款直接上缴国库。但是，以下两种情形例外：

一是根据《行政处罚法》第六十八条规定："依照本法第五十一条的规定当场作出行政处罚决定，有下列情形之一，执法人员可以当场收缴罚款：（一）依法给予一百元以下罚款的；（二）不当场收缴事后难以执行的。"

二是根据《行政处罚法》第六十九条规定："在边远、水上、交通不便地区，行政机关及其执法人员依照本法第五十一条、第五十七条的规定作出罚款决定后，当事人到指定的银行或者通过电子支付系统缴纳罚款确有困难，经当事人提出，行政机关及其执法人员可以当场收缴罚款。"

按照《行政处罚法》第七十条规定："行政机关及其执法人员当场收缴罚款的，必须向当事人出具国务院财政部门或者省、自治区、直辖市人民政府财政部门统一制发的专用票据；不出具财政部门统一制发的专用票据的，当事人有权拒绝缴纳罚款。"

对于当事人逾期不履行劳动保障行政处罚决定的，作出行政处罚决定的劳动保障行政部门应当根据《行政处罚法》第七十二条的规定，可以采取下列措施：（1）到期不缴纳罚款的，每日按罚款数额的 3%加处罚款，加处罚款的数额不得超出罚款的数额；（2）根据法律规定，将查封、扣押的财物拍卖、依法处理或者将冻结的存款、汇款划拨抵缴罚款；（3）根据法律规定，采取其他行政强制执行方式；（4）依照《中华人民共和国行政强制法》的规定申请人民法院强制执行。

同时，根据《人力资源社会保障部关于实施〈劳动保障监察条例〉若干规定》第四十四条规定："当事人对劳动保障行政部门作出的行政处罚决定、责令支付劳动者工资报酬、赔偿金或者征缴社会保险费等行政处理决定逾期不履行的，劳动保障行政部门可以申请人民法院强制执行，或者依法强制执行。"

第十九章　人力资源社会保障行政复议

为了保护公民、法人和其他组织的合法权益，保障和监督政府行政机关依法行使职权，防止和纠正违法或者不当的具体行政行为，我国立法建立了行政复议制度。对此，当用人单位和劳动者认为人力资源社会保障行政部门实施的行政行为损害了自己的权益时，可以依法向其上级行政机关或当地政府法制机构申请行政复议，要求相关的行政复议机关作出一个公正裁判，以便依法维护自己的合法权益。

第一节　行政复议的概念

一、什么是行政复议

行政复议，是指公民、法人和其他组织不服行政机关所作出的具体行政行为或者行政机关不作为，依法向有关行政机关提出申诉，由受理该申诉的行政机关对有争议的具体行政行为依法进行审查并作出裁决的活动。同时也是规范行政机关的行政行为，防止和纠正违法的或者不当的具体行政行为，建立行政机关内部自我纠错机制，保护公民、法人和其他组织的合法权益，保障和监督行政机关依法行使职权的一种法律制度。

行政复议对于行政管理相对人（即公民、法人或其他组织）来说，是其对行政机关作出或不依法作出的具体行政行为不服，认为侵害了自己的合法权益，而向有关行政机关申请复议，要求复议机关作出一个公正裁判的救济行为。因此，行政复议制度的关键，在于复议机关能否作出一个公正的决定，以保障申请人的合法权益。我国法律规定，除了有些案件法定必须先申请行政复议再提起行政诉讼之外，大部分行政案件都由申请人自由选择，既可以先申请行政复议，再提起行政诉讼；也可以直接提起行政诉讼。如果行政复议不能做到公正复议，申请人就会放弃行政复议而去直接提起行政诉讼。

行政复议是为了依法解决行政争议，那么，什么是行政争议？顾名思义，行政争议是指行政机关在行使行政权的过程中，因其行政行为与行政管理相对人发生的纠纷或冲突。

行政机关在行使行政权的过程中，可能会出现三种情况：第一种是合法行为；第二种是违法行为；第三种是不当行为。由此可知，行政争议的发生，必须基于行政权的影响与作用。因此，如何把握和理解行政权的特点，就成为我们理解和分析行政争议、解决行政争议、构建行政争议解决机制的关键所在。

行政权的一个非常重要的特点：行政权作用的方式是主动的、直接的、强制性的。如果行使不当，也很容易对被管理者的合法权益造成侵害。

基于这一特点，必须加强对行政权的监督，即监督行政。监督行政，是指公民、法人或其他组织对行政机关的行政管理活动及其工作人员遵守法律、执行法律等情况进行监督的活动。行政复议制度无疑是保障监督行政的一项重要法律制度。

随着我国大力推进劳动和社会保障制度的改革与发展，会不断碰到一些新情况、新矛盾和新问题，人力资源社会保障行政部门与管理相对人（即公民、法人或其他组织）之间的行政争议也日益体现出多元化、复杂化的趋势。行政争议如果不能得到及时有效化解，就有可能影响人力资源社会保障事业的发展。为了规范人力资源社会保障行政管理工作，根据《行政复议法》和《中华人民共和国行政复议法实施条例》（以下简称《行政复议法实施条例》），人力资源社会保障部制定了具体的行政复议办法，其中规定了公民、法人或者其他组织认为人力资源社会保障部门作出的具体行政行为或不作为侵犯其合法权益，可以依法向人力资源社会保障行政部门或者当地政府法制工作机构申请行政复议。

二、行政复议制度的基本特征

（一）对行政行为的理解

关于行政行为的理解，首先要把握二个要点：

一是申请行政复议的对象是具体行政行为，包括作为与不作为；

二是申请行政复议的前提是行政机关的具体行政行为侵犯行政相对人的合法权益。需要特别强调的是，这种侵害，可以是实际上已经成为事实上的侵害；也可以是公民、法人或者其他组织认为行政机关的具体行政行为构成了侵害，也就是说，这种侵害性具有当事人的主观性。

1. 什么是具体行政行为

具体行政行为，是指行政主体在国家行政管理活动中行使职权，针对特定的行政相对人，就特定的事项，作出有关该行政相对人权利义务的单方行为。具体行政行为的法律特征是：

（1）具体行政行为体现了国家行政权的运作，其目的在于实现国家的行政目标，因而与立法行为和司法行为相区别。具体行政行为是行政主体的法律行为，是以它所拥有的行政职权为前提的。

（2）具体行政行为只对特定对象有效，不具有普遍约束力，所谓特定对象可以是某一相对人，也可以是特定的物，还可以是特定的行为。

（3）具体行政行为能直接产生有关权利义务的法律效果，使行政相对人的权利义务发生变化、增加或者减少。但是，这种法律效果只对业已发生的特定的人和事件有拘束力，对以后发生的同类事件没有效力，只是一次性处理。

（4）具体行政行为是一种单方行为。它由行政主体单方作出，其行政行为的成立不以行政相对人的同意为前提。

2. 什么是抽象行政行为

抽象行政行为，是指行政主体非针对特定人、事与物所作出的在一定时期内具有普遍约束力的行政行为。它包括有关政府组织和机构制定的行政法规、行政规章、行政措施、具有普遍约束力的决定和命令。其法律特征是：

（1）抽象行政行为具有普遍约束力。它是针对一类事或一类人，而不是针对特定人或特定事作出的，因而具有普遍约束力。抽象行政行为是约束相对一群公民或者组织的行为。

（2）抽象行政行为具有间接的法律效果，它不能对行政相对人发生直接的权利义务的变化，而是使有关行政相对人拥有产生权利义务变化的依据。

（3）抽象行政行为具有往后效力。它针对往后的事件作出，并只适用行政规则制定以后的行为和事件。它不仅对所有的公民和组织有效，而且在公布以后的所有时间内有效，直到被废止。这种往后效力，还表现在对同类行为在制定行政规则以后的时空里可以反复适用。①

（二）行政复议制度的特征

行政复议制度从监督审查行政机关是否依法行政的角度看，具有以下基本特征：

第一，从审查领域角度看，行政复议解决的是公民、法人或其他组织与行政机关发生的行政争议。行政复议原则上只限于解决行政争议，民事纠纷和其他争议只有在法律有明文规定的情况下才可以被纳入处理对象。

第二，从审查对象角度看，行政复议一般只以行政机关的具体行政行为为审查对象，抽象行政行为一般不属行政复议的审查对象。但是，通过行政复议制度可以启动对抽象行政行为的审查。对抽象行政行为的审查根据行政机关的备案审查制度实施。

第三，从审查内容角度看，行政复议主要审查行政机关具体行政行为的合法性与合理性。

第四，从审查启动机制角度看，行政复议是依申请而非依职权主动为之的行政行为。它基于行政相对人的申请而开始，以行政主体为被申请人。一般说来，无行政相对人的申请，便无行政复议活动的进行。作为行政相对人的公民、法人或者其他组织不主动申请，行政复议机关不能径自作出复议决定。

第五，从审查主体角度看，除法律另有规定外，行政复议由县级以上人民政府或者由作出具体行政行为的行政机关的上一级行政机关进行审查。行政复议机关有本级人民政府，也有上级行政主管部门，还有设立的派出机关，但必须是行政机关，才能作出行政复议决定。

从以上分析，我们可以基本判断出行政复议是一种建立在行政层级监督体制下的行政监督活动。其包含两层意思：

一是行政复议产生的基础在于行政层级监督体制。没有这个根本性的区别，就会与人民法院的司法活动混为一谈。在 1998 年 10 月 27 日第九届全国人大常委会第五次会议上提交的《关于〈中华人民共和国行政复议法（草案）〉的说明》中指出，行政复议是行政机关内部自我纠正错误的一种监督制度；在关于起草行

---

① 参见《什么是具体行政行为？什么是抽象行政行为?》，载中国人大网，http：//www.npc.gov.cn/npc/c2387/200204/648e2d7d5f154ff5b20257a6ae7c1d47.shtml，最后访问时间：2022 年 10 月 21 日。

政复议法的指导原则时提到："体现行政复议作为行政机关内部监督的特点，不宜、也不必搬用司法机关办案的程序，使行政复议'司法'化。"

行政复议与行政诉讼虽然同为解决行政争议，但在解决方式、审理程序等方面存在着不少的差别，而这种差别的出现，是由于各自所根基的土壤不同而形成的。前者定位于行政层级监督的大框架下，后者定位于纯粹的司法监督体制下。行政复议这种行政层级监督的体制，有利于发挥行政复议机构专业性强的特点，更好地提高行政争议解决的效率。

二是行政复议在具体制度设计上吸收一定的准司法因素。首先，行政复议与司法权的行使活动，遵循"不告不理"规则，没有行政相对人的复议申请，就不会引起行政复议程序的运行。其次，行政复议以解决个案的方式来裁决争议，不像立法行为那样，是就一般情况作出带有普遍意义的处理。最后，基于行政复议以解决个案为主要活动，其审理过程必然要体现公平正义原则，体现出相对于具体行政行为实施机关和行政管理相对人的相对独立性。为此，在行政复议审理中，需要在审理程序方面采纳吸收一些司法活动中的因素。

三、行政复议的范围

（一）人力资源社会保障行政复议的范围

法律法规对行政复议的范围作出了规定。对于人力资源社会保障事务，有下列情形之一的，公民、法人或者其他组织可以依法申请行政复议：（1）对人力资源社会保障部门作出的警告、罚款、没收违法所得、依法予以关闭、吊销许可证等行政处罚决定不服的；（2）对人力资源社会保障部门作出的行政处理决定不服的；（3）对人力资源社会保障部门作出的行政许可、行政审批不服的；（4）对人力资源社会保障部门作出的行政确认不服的；（5）认为人力资源社会保障部门不履行法定职责的；（6）认为人力资源社会保障部门违法收费或者违法要求履行义务的；（7）认为人力资源社会保障部门作出的其他具体行政行为侵犯其合法权益的。

上述人力资源社会保障部门所作行为的具体含义是：

1. 行政处罚

行政处罚，是指具有行政处罚权的行政机关或者组织依照法律、法规以及规章的规定对公民、法人或者其他组织违反行政管理秩序的行为给予的制裁。

我国大量的行政管理法律、法规和规章都规定有行政处罚，《行政处罚法》系统地对行政处罚的设定、种类、实施机关、处罚程序等作了规定，是行政机关实施处罚的主要法律依据。人力资源社会保障部门作出的行政处罚决定属于行政复议的受理范围。人力资源社会保障行政处罚的种类主要包括声誉罚、财产罚、行为罚三大类。

（1）警告

警告，是声誉罚的一种，是指人力资源社会保障部门对违反人力资源社会保障法律、法规、规章规定的行政相对人实施的一种书面形式的谴责和告诫。警告一般适用于违法情节轻微或未构成实际危害结果的违法行为，属于要式行政行为，应当书面作出行政处罚决定书，并依法送达行政相对人。比如《劳动法》第九十条规定："用人单位违反本法规定，延长劳动者工作时间的，由劳动行政部门给予警告，责令改正，并可以处以罚款。"再比如《劳动合同法》第八十条规定："用人单位直接涉及劳动者切身利益的规章制度违反法律、法规规定的，由劳动行政部门责令改正，给予警告……"

（2）罚款

罚款，是财产罚的一种，指人力资源社会保障部门对违反人力资源社会保障法律、法规、规章的行政相对人强制性要求承担金钱给付义务，即在一定期限内缴纳一定数额罚款的处罚形式。在人力资源社会保障领域，人力资源社会保障部门作出罚款的行政处罚情形较多，在《劳动法》《劳动合同法》《就业促进法》《社会保险法》《社会保险费征缴暂行条例》《劳动保障监察条例》等法律法规的条文中，都具体规定了罚款的情形。

（3）没收违法所得

没收违法所得，是财产罚的一种，是指人力资源社会保障部门将行政相对人通过违法行为获取的金钱或其他财物强制收归国家所有的处罚方式。违法所得是指违法行为人因从事人力资源社会保障违法行为所获得的金钱或其他财物，如从事非法职业介绍、从事非法职业培训等所获得的钱款。在《就业促进法》第六十四条、第六十五条、《劳动合同法》第九十二条、《劳动保障监察条例》第二十八条第一款等法律法规的条文中，都规定了人力资源社会保障部门没收违法所得的行政处罚情形。

（4）依法予以关闭、吊销许可证

依法予以关闭、吊销许可证，是行为罚的一种类型，属于行政处罚较重的种类，指人力资源社会保障部门对违法从事人力资源社会保障经营活动的经营者予以关闭或撤销其从事某种活动的权利或资格的行政处罚措施。如在《就业促进法》第六十五条、《禁止使用童工规定》第七条、《劳务派遣行政许可实施办法》第三十二条等法律法规和规章的条文中，规定了人力资源社会保障部门吊销许可证的行政处罚情形。

2. 行政处理

行政处理，是指行政机关应当事人申请或依职权，对行政相对人违反法律法规和规章，或拒不履行法定义务作出处理的具体行政行为。

行政处理的形式是多种多样的，在不同的领域有不同的表现形式。就人力资源社会保障领域而言，根据不同的法定义务，可以有以下种类：关于履行促进就业法定义务的行政处理，关于履行劳动合同和集体合同法定义务的行政处理，关于履行工作时间和休息休假法定义务的行政处理，关于履行工资法定义务的行政处理，关于履行女职工和未成年工特殊保护法定义务的行政处理，关于履行社会保险和福利法定义务的行政处理等。按行政处理的标的分类，可以分为金钱给付和完成一定行为两类。前者如责令用人单位支付劳动者工资报酬、经济补偿、赔偿金等，后者如责令用人单位清退童工等。

3. 行政许可和行政审批

（1）行政许可

行政许可，是指行政机关根据公民、法人或者其他组织的申请，经依法审查，准予其从事特定活动的行为。行政许可是行政机关管理社会政治、经济、文化的一种重要的事前控制手段，对于保护公民、法人和其他组织的合法权益，保障和监督行政机关有效施行行政管理具有重要意义。

人力资源社会保障部门现有的行政许可事项有：技工学校、技师学院办学许可；职业培训学校办学许可；以技能为主的国外职业资格证书及发证机构资格审核和注册；人力资源服务许可；劳务派遣经营许可；外国人来华工作许可。

（2）行政审批

行政审批，是指行政机关根据法律、法规、规章或规范性文件，对行政相对人的相关资料进行合法性、真实性审查，并作出批准或不予批准行政相对人从事某种行为、申请某种权利或资格的具体行政行为。

人力资源社会保障部门现有的行政审批事项有：民办技工学校、技师学院筹设审批；职业培训学校筹设审批；中外、内地与港澳、大陆与台湾合作职业技能培训项目审批；以技能为主的国外职业资格证书及发证机构资格审核和注册；补充保险经办机构资格认定；企业实行不定时工作制和综合计算工时工作制审批。

4. 行政确认

行政确认，是指行政主体依法对行政相对人的法律地位、法律事实和法律关系进行审查甄别，依法给予确定、认可、证明并予以宣告的具体行政行为。行政确认的内容是确定或否定相对人的法律地位和权利义务。行政确认的直接对象是与这些权利义务、法律地位紧密相连的特定的法律事实或法律关系。

在人力资源社会保障领域，行政确认主要涉及职工工伤认定、职工退休审核、职工社会保险待遇支付等。

5. 不履责行为

不履责行为，是指行政主体及其工作人员依法负有实施某种积极行政行为的职责和义务，应当履行而未履行或迟延履行从而侵害行政相对人合法权益的行政行为。

根据我国宪法确定的“一切国家机关及其工作人员必须全心全意为人民服务”的宗旨和有关法律、法规的规定，保护公民、法人和其他组织的人身权、财产权不受非法侵害，是各级人民政府及其部门的法定职责。负有法定职责的行政机关不履行职责，不但本身是违法行为，而且也是放纵违法行为的一种严重渎职行为。

人力资源社会保障行政不履责行为大体可以分为两类：

一类是依申请的行政不作为。以人力资源社会保障部门的社保基金支付为例：如因用人单位未参保缴费，其员工发生工伤事故后，用人单位不支付工伤保险待遇，工伤员工请求从工伤保险基金中先行支付，若出现人力资源社会保障部门应当按照《社会保险法》等法律法规的规定进行先行支付而不办理的，即属于依申请的行政不作为。

另一类是依职权的行政不作为。以人力资源社会保障执法监察为例：按照《劳动保障监察条例》第十四条第一款赋予了人力资源社会保障部门主动进行监督检查的职权，若人力资源社会保障部门（劳动监察机构）在日常巡视检查过程中，发现用人单位有违法行为但不予纠正，就是典型的依职权的行政不作为。

需要注意的是，《国务院关于印发全面推进依法行政实施纲要的通知》（国发〔2004〕10号）提出，依法行政的基本要求是：合法行政、合理行政、程序正当、高效便民、诚实守信、权责统一。各级人力资源社会保障部门应当按照依法行政的基本要求，切实做到依法行政。

6. 违法收费或违法要求履行义务

在我国，权利义务都是依法确定的，对于法定义务，公民、法人或者其他组织应当认真履行；不履行的，行政机关可以依法强制其履行。但是，行政机关无权要求公民、法人或者其他组织履行法定义务以外的其他义务，否则就是侵犯其合法权益。

现实中，行政机关违法要求公民、法人或者其他组织履行义务的行为集中表现在乱集资、乱收费、乱摊派，人们称之为“三乱”。人力资源社会保障部门在没有法律、法规等规定的情况下，不得以任何方式强制要求行政相对人提供人力、物力、财力，也不得要求行政相对人履行其他没有法律依据的义务，否则就是违法的具体行政行为，从而要受到法律的禁止和制裁。

7. 其他具体行政行为

人力资源和社会保障工作涉及社会的方方面面，承担着政府宏观管理的诸多职责，涉及城乡就业、社会保险、收入分配、人才队伍开发、劳动关系协调、引进国外智力等，基本涵盖了所有形式的用人单位和各类人群，涉及每一个人的切身利益，社会关注，群众期待。为了监督行政机关依法行使权力、履行职责，保护公民、法人和其他组织的合法权益，依据法律、行政法规及有关规定，行政相对人若认为人力资源社会保障部门作出的其他具体行政行为侵犯其合法权益的，都属于人力资源社会保障行政复议的受案范围。

（二）不能申请行政复议的事项

在人力资源社会保障领域，公民、法人或者其他组织对下列事项，不能申请行政复议。

1. 人力资源社会保障部门作出的行政处分或者其他人事处理决定

行政处分以及其他人事处理决定是属于行政机关的内部行政行为，不属于行政复议的受理范围。此问题不在本书的讨论范畴。

2. 劳动者与用人单位之间发生的劳动人事争议

劳动者和用人单位之间发生的属于双方当事人的劳动人事争议，属于民事争议，不属于行政争议，不属于人力资源社会保障行政复议的受理范围。

3. 劳动能力鉴定委员会的行为

劳动能力鉴定委员会的行为主要是进行劳动能力鉴定。劳动能力鉴定是指劳动能力鉴定委员会根据用人单位、工伤职工或其直系亲属的申请，由医疗卫生专业技术人员依据国家标准作出的劳动功能障碍程度和生活自理障碍程度的等级鉴定行为。根据《工伤保险条例》第二十四条第一款规定："省、自治区、直辖市劳动能力鉴定委员会和设区的市级劳动能力鉴定委员会分别由省、自治区、直辖市和设区的市级社会保险行政部门、卫生行政部门、工会组织、经办机构代表以及用人单位代表组成。"劳动能力鉴定委员会不是行政机关，其作出的劳动能力鉴定行为不是具体行政行为，而是一个合议组织的专业技术鉴定行为。

根据《工伤保险条例》第二十六条规定："申请鉴定的单位或者个人对设区的市级劳动能力鉴定委员会作出的鉴定结论不服的，可以在收到该鉴定结论之日起 15 日内向省、自治区、直辖市劳动能力鉴定委员会提出再次鉴定申请。省、自治区、直辖市劳动能力鉴定委员会作出的劳动能力鉴定结论为最终结论。"对劳动能力鉴定委员会作出的劳动能力鉴定不服，不能申请行政复议也不能提起行政诉讼，而是应当提起再次鉴定申请或申请复查。

4. 劳动人事争议仲裁委员会的仲裁、调解等行为

劳动人事争议的处理是通过劳动人事争议仲裁委员会作出的。根据《劳动争议调解仲裁法》第十九条规定，劳动争议仲裁委员会由劳动行政部门代表、工会代表和企业方面代表组成。由此可见，劳动人事仲裁委员会不是具有公权性质的行政主体，其作出的行为当然不是行政行为。劳动人事仲裁委员会作出的劳动人事调解或仲裁行为，是一种民事行为，对劳动人事调解或仲裁行为不服的，可以向法院起诉，其适用的法律依据是《劳动争议调解仲裁法》，而不是《行政复议法》。

5. 已就同一事项向其他有权受理的行政机关申请行政复议的事项

若申请人已向有关行政复议机关申请行政复议后，又以同一事项向另一行政复议机关提出行政复议申请的，按照《行政复议法实施条例》的规定，其他行政

复议机关尚未受理同一行政复议申请的，另一行政复议机关不能予以受理。若两个行政复议机关同时收到申请人的行政复议申请，应当按照《行政复议法实施条例》的规定："申请人就同一事项向两个或者两个以上有权受理的行政机关申请行政复议的，由最先收到行政复议申请的行政机关受理；同时收到行政复议申请的，由收到行政复议申请的行政机关在10日内协商确定；协商不成的，由其共同上一级行政机关在10日内指定受理机关。"

6. 向人民法院提起行政诉讼，人民法院已经依法受理的案例

目前我国解决行政争议的途径有两种，一种是通过行政复议，在行政机关内部解决，属于行政监督的一种类型；另一种是通过行政诉讼，在法院解决，是一种司法救济途径，属于司法监督的一种。但二者都是由不服行政机关具体行政行为的公民、法人或其他组织提出的。根据《行政诉讼法》第四十四条规定："对属于人民法院受案范围的行政案件，公民、法人或者其他组织可以先向行政机关申请复议，对复议决定不服的，再向人民法院提起诉讼；也可以直接向人民法院提起诉讼。法律、法规规定应当先向行政机关申请复议，对复议决定不服再向人民法院提起诉讼的，依照法律、法规的规定。"行政复议和行政诉讼在特定条件下具有程序上的前后承继关系，行政复议在前，行政诉讼在后。行政相对人提起行政诉讼在人民法院已经依法受理的情况下，再向行政复议机关申请行政复议的，行政复议机关就不再受理了。

7. 法律、行政法规规定的其他情形

按照《行政复议法》规定："行政复议机关收到行政复议申请后，应当在五日内进行审查，对不符合本法规定的行政复议申请，决定不予受理，并书面告知申请人；对符合本法规定，但是不属于本机关受理的行政复议申请，应当告知申请人向有关行政复议机关提出。"

第二节　行政复议申请

一、行政复议申请人及相关参加人

（一）什么是行政复议申请人

行政复议申请人，是指认为行政主体的具体行政行为侵害其合法权益，以自

己的名义向行政复议机关提出申请、要求对该具体行政行为复查并依法作出裁决的公民、法人或其他组织。

理解申请人的概念有三个重点：

第一，从权利的角度看，行政复议申请人是享有行政复议申请权的主体。行政复议是法律赋予行政管理相对人向行政机关寻求行政救济的一种权利。

第二，从利害关系角度看，强调行政复议申请人认为自己的合法权益受到具体行政行为侵害，从而引发对作出具体行政行为的主体有行政争议。注意，这里只是行政复议申请人自己“认为”被侵害就可以，事实上这种“认为”可能有对有错，但不影响其申请行政复议的权利。

第三，从实际行动角度看，在行政复议申请阶段，当事人对其行政复议申请权的运用，仅仅是基于利害关系的一种程序性权利，是否确实存在侵权行为尚待以后的行政复议审理程序来证明；而当事人主观上认为侵害其权益的意愿，需要申请人的申请行为。因此，在行政复议申请阶段，行政复议机构的重点是放在当事人的行政复议申请行为上，着重对当事人实际申请行为的审查。

（二）行政复议申请人必须具备的条件

1. 行政复议申请人必须是在行政法律关系中作为行政相对方的公民、法人或其他组织

这意味着并不是任何公民、法人或其他组织都可以成为行政复议申请人，必须是与行政机关形成行政法律关系的相对一方。行政机关作出具体行政行为后，导致行政机关与公民、法人或其他组织彼此之间存在法律上的利害关系，即法律上的权利义务关系。这种关系有可能是直接体现的（即具体行政行为具有明确的指向），也有可能虽未直接明确但却是受具体行政行为影响的行政相对人。比如人力资源社会保障部门作出的对用人单位的罚款决定，虽然直接的对象是用人单位，但有可能提出投诉的员工对该罚款决定也不服，认为该罚款决定并没有涵盖用人单位全部的违法行为，用人单位的违法行为影响到投诉员工的利益。

2. 行政复议申请人必须有认为具体行政行为侵犯其合法权益的事实

要重点理解申请人的“认为”。这种“认为”主要是行政复议申请人的主观意愿，表现出的就是当事人的行政复议申请行为。这种“认为”有可能是当事人有确凿的证据，也有可能仅是当事人的主观臆断。在对行政复议申请的审查阶

段，如何把握当事人的“认为”，即如何把握“当事人认为其合法权益受到侵害”，应当采取宜宽不宜严的原则，充分尊重当事人的主观意愿。待到行政复议案件审理阶段，再对其“认为”的具体行政行为侵犯其合法权益的事实进行实质性的判断，依法认定该“事实”是否侵犯了当事人的合法权益。

3. 行政复议申请人必须明确提出行政复议申请

行政复议是行政机关以解决行政争议的形式进行的，它是因行政相对人主动申请后才开始的，而不是国家行政机关依职权主动实施的。所以，启动行政复议必须要有申请人明确提出的行政复议申请。

4. 行政复议申请人必须是以自己的名义提出行政复议申请

由于行政复议主要是对个案的处理，是依申请而采取的行政行为。因此，法律要求必须是受到具体行政行为侵害的当事人以自己名义向行政复议机关提起行政复议申请，这也是当事人成为申请人的实质条件。进一步讲，这种以自己名义的行动，不但体现了行政复议申请人的主观意愿，体现了当事人对利害关系的深切关注，更能体现行政复议申请权的实现。

（三）什么是行政复议代表人

行政复议代表人，是指行政复议申请人人数众多，他们之间有着共同的法律或事实问题，为便于案件审理，由其中一人或数人为代表人进行行政复议，并接受由此产生的结果。按照国家规定，同一行政复议案件申请人超过 5 人的，推选 1 至 5 名代表参加行政复议，并提交全体行政复议申请人签字的授权委托书及全体行政复议申请人的身份证复印件。

需要说明的是，行政复议代表人区别于普通行政复议代理人的特殊性表现在两方面：

一是代表人必须享有全权委托，若受委托的权利是有限制的，则不符合行政复议代表人推举的要件；

二是代表人本身就是行政复议申请人；代表人的代表行为不仅是为了全体行政复议申请人，也是为了其自身的合法权益。

（四）什么是行政复议第三人

行政复议第三人，是指同申请行政复议的具体行政行为有利害关系，经行政复议机关批准参加行政复议的申请人和被申请人以外的其他公民、法人或其他组织。公民、法人或者其他组织申请作为第三人参加行政复议，应当提交《第三人参加行政复议申请书》，该申请书应当列明其参加行政复议的事实和理由。申请作为第三人参加行政复议的，应当对其与被审查的具体行政行为有利害关系负举证责任。

行政复议机构通知或者同意第三人参加行政复议的，应当制作《第三人参加行政复议通知书》，送达第三人，并注明第三人参加行政复议的日期。

应当清楚的是，行政复议第三人是与行政复议申请人相对应的概念。这两者之间是不能同时存在于同一主体，也就是说，一个人不能身兼申请人和第三人两个身份。公民、法人或其他组织是以第三人的名义参加已经开始的行政复议，如果其以自己的名义单独申请行政复议，那就不是第三人。从行政复议程序的角度来看，在行政复议申请阶段，只存在行政复议申请人。只有在行政复议审理程序时，才有可能存在行政复议第三人。

理解行政复议第三人应当注意：

1. 从时间角度看，第三人参加行政复议的时间点是行政复议已经开始后，假如某公民、法人或者其他组织是在行政复议开始前自己提出行政复议申请，那么他就不是行政复议第三人，而是单独的行政复议申请人。

2. 从法律角度看，第三人必须与被复议的具体行政行为有法律上的利害关系，才能参加行政复议以维护自己的权益。换句话说，正是这种与被诉具体行政行为具有法律上的利害关系，才是第三人参加行政复议的根本动力。利害关系有可能是直接的联系，也有可能是间接的联系。

需要特别强调的是，这种利害关系是指独立的利害关系，表现在：第一，在行政复议中，第三人可以独立提出撤销、变更或者维持具体行政行为的要求，与申请人的要求可以不一致。对行政复议决定不服，即使申请人不提起行政诉讼，第三人也可以单独提请行政诉讼。第二，第三人有选择参加申请人行政复议的权利。第三人既可以参加到已经开始的行政复议之中，也可以不参加。第三人可以以自己的名义单独申请行政复议。

3. 从主体角度看，第三人有着与其他行政复议参加人不同的利害关系，第三人是以自己的名义，并且是为了自己的利益才参加行政复议的，从而使他不同于行政复议中的证人、鉴定人、代理人等。第三人在行政复议中所提出的复议主张、证据等有关材料，可能有利于申请人或被申请人，但最终都是为了维护自身的权益。

（五）什么是行政复议代理人

代理人，是指以当事人的名义，在一定权限范围内，为当事人的利益进行复议、诉讼活动的人。被代理的一方当事人称为被代理人。代理人代理当事人进行复议、诉讼活动的权限，称为代理权。按照代理权发生的依据不同，可以分为法定代理人和委托代理人。

行政复议申请人、第三人可以委托1至2名代理人参加行政复议。申请人、第三人委托代理人参加行政复议的，应当向行政复议机构提交授权委托书。授权委托书应当载明下列事项：（1）委托人姓名或者名称，委托人为法人或者其他组织的，还应当载明法定代表人或者主要负责人的姓名、职务；（2）代理人姓名、性别、职业、住所及邮政编码；（3）委托事项、权限和期限；（4）委托日期及委托人签字或盖章。申请人、第三人解除或者变更委托的，应当书面报告行政复议机构。

行政复议代理人与行政复议代表人是有区别的。行政复议代表人制度的实质虽然是一种特殊的行政复议代理人制度，但行政复议代理人与代表人是不同的。主要表现在两个方面：

一是代表人享有全权委托，否则就不符合行政复议代表人推举的要件；而代理人享有的委托权限是要由申请人（即授权委托人）具体授予的，代理人只能在委托权限范围内代表申请人。

二是代表人本身是行政复议的申请人，而代理人本身不是申请人，即不是被复议具体行政行为涉及的当事人，只是受申请人的委托，为解决无复议行政能力或虽有复议行为能力但不熟悉、不善于甚至无时间进行复议的当事人实施复议行为。

二、被申请人

被申请人，是与申请人相应的概念。按照《行政复议法》规定，公民、法人或者其他组织对行政机关的具体行政行为不服申请行政复议的，作出具体行政行为的行政机关是被申请人。《行政复议法实施条例》也规定，公民、法人或者其他组织对行政机关的具体行政行为不服，依照行政复议法和本条例的规定申请行政复议的，作出该具体行政行为的行政机关为被申请人。因此，在人力资源社会保障行政管理事务中，公民、法人或者其他组织对人力资源社会保障行政部门作出的具体行政行为不服，依法申请行政复议的，作出该具体行政行为的人力资源社会保障行政部门为被申请人。

行政复议的被申请人必须具备以下几个特征：

1. 应当是实施了外部行政管理职能的行政机关，或者是法律、法规授权施行行政管理职能的组织

前者即各级人力资源社会保障行政部门，后者如社会保险经办机构[①]等。要注意：人力资源社会保障行政部门中的工作人员以及行使行政管理职能的组织中的工作人员不能成为行政复议的被申请人，因为这些工作人员的具体行政管理行为是一项职务行为，代表了其所属的行政机关意志。

2. 必须是运用行政权力、作出有争议的具体行政行为的行政机关或者法律、法规授权的组织

行政复议中必须存在复议标的，即具体行政行为。被申请人必须实施了经申请人认为侵犯其合法权益的具体行政行为，并且这个具体行政行为与申请人的合法权益之间具有因果关系。这种因果关系既可以是直接的，也可以是间接的。

3. 行政复议的被申请人由行政复议机关确认并通知其参加行政复议活动

由行政复议机关通知参加复议是行政复议案件发生的标志，也是某一行政机关或者组织作为被申请人的必要条件。复议机关没有通知参加复议的，不能称为被申请人。行政机关即使作出了损害申请人权益的具体行政行为，如果没有申请人提起复议申请，也不会成为被申请人。需要指出的是，复议申请人对行政机关委托特定组织实施的某种具体行政行为不服，申请行政复议时，委托的行政机关即成为被申请人。例如，人力资源社会保障行政部门委托劳动保障监察机构实施劳动保障监督检查引起行政复议时，人力资源社会保障行政部门应作为被申请人。

---

① 社会保险经办机构根据《社会保险费征缴暂行条例》《工伤保险条例》《失业保险条例》等规定，具有社会保险登记、社会保险费审核、社会保险待遇发放等多项行政管理权。

三、行政复议申请期限

按照现行法律规定，公民、法人或者其他组织认为人力资源社会保障部门作出的具体行政行为侵犯其合法权益的，可以自知道该具体行政行为之日起 60 日内提出行政复议申请。行政复议申请期限依照下列规定计算：

1. 当场作出具体行政行为的，自具体行政行为作出之日起计算。

2. 载明具体行政行为的法律文书直接送达的，自受送达人签收之日起计算。

3. 载明具体行政行为的法律文书依法留置送达的，自送达人和见证人在送达回证上签注的留置送达之日起计算。

4. 载明具体行政行为的法律文书邮寄送达的，自受送达人在邮件签收单上签收之日起计算。没有邮件签收单的，自受送达人在送达回执上签名之日起计算。

5. 具体行政行为依法通过公告形式告知受送达人的，自公告规定的期限届满之日起计算。

6. 被申请人作出具体行政行为时未告知公民、法人或者其他组织，事后补充告知的，自该公民、法人或者其他组织收到补充告知的通知之日起计算。

7. 被申请人有证据材料能够证明公民、法人或者其他组织知道该具体行政行为的，自证据材料证明其知道具体行政行为之日起计算。

人力资源社会保障部门作出具体行政行为，依法应当向有关公民、法人或者其他组织送达法律文书而未送达的，视为该公民、法人或者其他组织不知道该具体行政行为。

申请人因不可抗力或者其他正当理由耽误法定申请期限的，申请期限自原因消除之日起继续计算。

行政管理领域相较于民商事领域、劳动争议领域更需要体现行政效率的特点，因此，行政复议申请期限、行政诉讼起诉时限比民事诉讼时效、劳动争议申请仲裁时效更短一些。这是因为在行政争议解决领域中，行政复议机关解决行政争议相较于人民法院更需要体现快捷、便民、效率的特点。

四、行政复议申请的提出

（一）行政复议申请应向谁提出

公民、法人或者其他组织对人力资源社会保障部门作出的具体行政行为不服，可以申请行政复议。其中的“不服”，如前面所述实际上是申请人申请复议的主观要件，即认为被申请人的具体行政行为侵犯其合法权益的意思。包含三层含义：

一是申请人对人力资源社会保障部门作出的具体行政行为不服，只是“认为”具体行政行为侵犯其合法权益或者认为具体行政行为所依据的规定不合法。具体行政行为是否真正侵犯其合法权益及其所依据的规定是否合法，只有在主管的复议机关审查后才能确定，而审查的前提是必须对“认为”之申请予以立案受理。

二是申请人认为被申请人相应的具体行政行为侵犯其本人的权益而非他人权益，对此不服。

三是申请人认为被申请人相应的具体行政行为侵犯的是其合法权益而非非法利益，对此不服。

按照现行法律规定，对人力资源社会保障部作出的具体行政行为不服的，向人力资源社会保障部申请行政复议。对县级以上地方人力资源社会保障行政部门的具体行政行为不服的，可以向上一级人力资源社会保障行政部门申请复议，也可以向该人力资源社会保障行政部门的本级人民政府申请行政复议。对各级人力资源社会保障行政部门按照国务院规定设立的社会保险经办机构作出的具体行政行为不服，可以向直接管理该社会保险经办机构的人力资源社会保障行政部门申请行政复议。

按照现行法律规定，除法律、法规授权的组织外，行政机关设立的派出机构、内设机构或者其他组织，未经法律法规授权，不得以自己的名义作出具体行政行为。但是，在行政执法实践中，此类组织也有时常以自己的名义对外作出具体行政行为。在人力资源社会保障管理事务中，申请人对未经法律、法规授权的组织或机构违法违规对外以自己名义作出的具体行政行为不服的，其所属的人力资源社会保障部门为被申请人。即申请人对被申请人的具体行政行为不服的，可以向其上一级行政部门申请复议，也可以向该行政部门的本级人民政府申请行政复议。

受理行政复议申请的行政机关，称为行政复议机关。

（二）书面申请

提出行政复议申请是启动行政复议程序的前提。关于行政复议申请方式，

《行政复议法》第十一条规定，申请人申请行政复议，可以书面申请，也可以口头申请。《行政复议法实施条例》第十八条规定："申请人书面申请行政复议的，可以采取当面递交、邮寄或者传真等方式提出行政复议申请。有条件的行政复议机构可以接受以电子邮件形式提出的行政复议申请。"对采取传真、电子邮件方式提出的行政复议申请，行政复议机构应当告知申请人补充提交证明其身份以及确认申请书真实性的相关书面材料。

实践中，对于行政复议申请方式，建议尽量以书面方式申请。书面申请能够全面、准确、详尽地表达申请人的行政复议请求、申请行政复议的主要事实、理由等，利于充分表达申请人的主张。同时，书面申请行政复议也有利于行政复议机关准确地了解有关情况，把握案件的关键所在，及时地进行审查和判断，便于行政复议机关审理。

行政复议申请书是书面申请的具体表现形式。按照法律规定，申请人书面申请行政复议的，应当在行政复议申请书中载明下列事项：（1）申请人基本情况：申请人是公民的，包括姓名、性别、年龄、身份证号码、工作单位、住所、邮政编码；申请人是法人或者其他组织的，包括名称、住所、邮政编码和法定代表人或者主要负责人的姓名、职务；（2）被申请人的名称；（3）申请行政复议的具体行政行为、行政复议请求、申请行政复议的主要事实和理由；（4）申请人签名或者盖章；（5）日期。

（三）口头申请

口头申请，是指行政管理相对人以口头言语的形式向行政复议机关提出申请，以表达其申请行政复议的意愿和要求。在书面申请确有困难的情况下，根据相关规定，申请人可以口头申请，行政复议机关不得拒绝。国家规定了口头申请的形式，有利于公民、法人或者其他组织行使复议申请权以维护自身的合法权益。

1. 口头申请复议的提出

采用口头方式申请行政复议，一般是由申请人亲自到行政复议机关所在地向行政复议机关提出申请。口头申请是给不能或者难以通过书面方式提出复议申请的申请人提供的便利方式，如果申请人委托代理人申请行政复议，代理人就有义务代申请人提出书面申请，否则委托代理就失去意义。因此，按理说不应当允许委托代理人进行口头申请（但法律未作禁止性规定）。实践中，也有的代理人文化水平有限，不能提出书面申请；而且，既然法律规定“可以书面申请，也可以口头申请”，那么，委托代理人有权代理提出书面申请，也就同样有权代理提出口头申请。但代理人必须有申请人的书面委托书，并明确写明委托代理人提出口头申请。

2. 口头申请的内容

申请人口头向复议机关申请复议的，其表述的内容应当与书面申请包含的内容相同。口头申请方式与书面申请方式只有形式的差别，而无实质内容的差别。因此，口头申请的内容也应当符合法律法规的规定，否则就不是有效的行政复议申请。行政复议机构的工作人员在记录时，应当提醒或引导申请人按照规定的内容提出申请。

3. 口头申请的确认

申请人口头申请行政复议的，行政复议机构应当依照行政复议申请书规定的内容，当场制作行政复议申请笔录交申请人核对或者向申请人宣读，并由申请人签字确认。笔录中有更改、涂抹的地方，也应该由申请人在相应的位置签字确认。这有利于申请人及时更正口头申请中的错误，也有利于督促行政复议机构的工作人员正确记录口头申请，保证申请人诉求的正确表达。

是否可以打电话申请行政复议呢？申请人如通过电话申请行政复议，申请人无法核实口头申请记录的内容，也无法在笔录上签字确认，容易与行政复议机关产生争议；而且电话申请行政复议，行政复议机关难以核实真伪，行政复议申请真实性存疑。因此，电话申请行政复议是不允许的。

（四）申请人所负举证义务的规定

按照规定，有下列情形之一的，申请人应当提供相应的证明材料：（1）认为被申请人的具体行政行为侵犯其合法权益或者认为具体行政行为所依据的规定不合法的证明材料；（2）认为被申请人不履行法定职责的，提供曾经申请要求被申请人履行法定职责的证明材料；（3）申请行政复议时一并提出行政赔偿申请的，提供受具体行政行为侵害而造成损害的证明材料；（4）属于因不可抗力或者有其他正当理由耽误法定申请期限的，提供发生不可抗力或者有其他正当理由的证明材料；（5）需要申请人提供证据材料的其他情形。

五、规范性文件审查的提出

依照《行政复议法》第七条规定，公民、法人或者其他组织认为行政机关的具体行政行为所依据的规定（即相关规范性文件）不合法，在对具体行政行为申请行政复议时，可以一并向行政复议机关提出对该规定（即相关规范性文件）的审查申请。要注意：国家法律、法规、国务院部委规章和地方人民政府规章不属于行政复议的审查范围。

由于行政业务领域的多样性，行政相对人在面对行政机关作出的具体行政行为时，无法立刻掌握和了解作出具体行政行为背后所依据的规范性文件。有些情况下在提起行政复议时即可知道，有些则是在行政复议案件审理过程中才逐步了解和知道。据此，在《行政复议法》规定的基础上，《行政复议法实施条例》规定，对申请人提交规范性文件审查申请的时限进行了延长，规定只要在行政复议机关作出行政复议决定前提交对相关规范性文件的审查申请即可。

申请人不能单一地仅对抽象行政行为（即规范性文件）不服而提出行政复议，只有在对具体行政行为不服而且认为行政机关作出具体行政行为所依据的规范性文件（即抽象行政行为）是其错误的根源，是因为规范性文件的规定不合法直接导致了具体行政行为侵犯相对人合法权益的情形下，才能在提起对具体行政行为的复议申请时，一并要求复议机关审查该规范性文件。

提出规范性文件审查，应当符合以下条件：

1. 申请对抽象行政行为（有关规范性文件的规定）进行审查的当事人，必须是对具体行政行为申请行政复议的申请人。

2. 申请人要求审查的抽象行政行为（有关规范性文件的规定），必须是申请行政复议的具体行政行为的依据。

3. 申请人必须已经对具体行政行为提出了行政复议申请，而不能单独或者先行提出对抽象行政行为（有关规范性文件的规定）的审查要求。

4. 对抽象行政行为（有关规范性文件的规定）要求审查的理由，只能是“不合法”，而不能是不适当。

第三节　行政复议受理

一、对行政复议申请的处理

按照法律法规的规定，人力资源社会保障行政复议机构收到行政复议申请后，应当在5日内进行审查，按照下列情况分别作出处理：

1. 按照《行政复议法实施条例》规定，行政复议申请符合下列规定的，应当予以受理：（1）有明确的申请人和符合规定的被申请人；（2）申请人与具体行政行为有利害关系；（3）有具体的行政复议请求和理由；（4）在法定申请期限内提出；（5）属于行政复议法规定的行政复议范围；（6）属于收到行政复议申请的行政复议机构的职责范围；（7）其他行政复议机关尚未受理同一行政复议申请，人民法院尚未受理同一主体就同一事实提起的行政诉讼。

依法予以受理的，应当制作《行政复议受理通知书》和《行政复议提出答复通知书》，送达申请人和被申请人，该通知中应当告知受理日期。

2. 经审查，对符合《人力资源社会保障行政复议办法》（人力资源和社会保障部令第6号）中规定的行政复议范围，但不属于本机关受理范围的，在收到复议申请5日内，应当书面告知申请人向有受理权的行政复议机关提出复议申请。

3. 对不符合法定受理条件的行政复议申请，应当作出不予受理决定，并制作《行政复议不予受理决定书》，送达申请人，该决定书中应当说明不予受理的理由和依据。

二、对不符合规定的复议申请的处理

对不符合规定的行政复议申请，行政复议机构有义务将有关处理情况告知申请人，便于申请人尽快找到救济渠道，也有利于行政复议机关避免某些行政不作为的风险。

依照《行政复议法实施条例》第二十九条的规定，行政复议申请材料不齐全或者表述不清楚的，行政复议机构可以向申请人发出补正通知，一次性告知申请人需要补正的事项。

补正通知应当载明以下事项：（1）行政复议申请书中需要修改、补充的具体内容；（2）需要补正的证明材料；（3）合理的补正期限；（4）逾期未补正的法律后果。

补正期限从申请人收到补正通知之日起计算。无正当理由逾期不补正的，视为申请人放弃行政复议申请。申请人应当在补正期限内向行政复议机构提交需要补正的材料。补正申请材料所用时间不计入行政复议审理期限。

行政复议申请材料齐备、内容具体清楚，行政复议机构才能全面、准确把握行政复议申请的诉求，从而为审查行政复议申请、依法作出处理夯实事实基础。实践中，申请人或基于自身的素质，或基于对相关法律法规的不了解，经常有提起申请时提供的相关材料不齐全或者表述不清楚的情况出现。对此，如果行政复议机关直接决定不予受理或者视为未提出复议申请，即没有充分的事实依据，也无法保护申请人行政复议申请的权利，更与行政复议的基本原则相背离。为了防止行政复议机关可能会滥用行政复议申请补正权力，故意刁难申请人，甚至格式稍不规范就让其重填行政复议申请，拖延行政复议申请受理的期限，《行政复议法实施条例》对行政复议申请材料的补正作出了规定：行政复议申请材料不齐全或者表述不清楚的，行政复议机构可以自收到该行政复议申请之日起 5 日内书面通知申请人补正。补正通知应当载明需要补正的事项和合理的补正期限。补正申请材料所用时间不计入行政复议审理期限。

对于补正后的行政复议申请，根据不同的情况，行政复议机关可以作出以下几种处理：

1. 受理。申请人补正行政复议申请后，行政复议申请符合受理条件，行政复议机构应当及时受理。受理期限应当自收到补正后的行政复议申请材料之日起算。

2. 不予受理。行政复议申请材料补正后，发现仍不符合受理条件的，行政复议机关应当作出不予受理决定。

3. 告知。如果申请材料补正后，发现行政复议申请属于行政复议受理范围，但是不属于本机关受理的，应当告知申请人向有权受理机关提出行政复议申请。

三、行政复议中的调解

调解制度是否适用于解决行政纠纷一直存在较大争议，现行《行政复议法》

对此未作规定。随着社会经济发展和民主法制的不断加强，在实践中，各级行政复议机关不断运用调解方式办理行政复议案件，取得了良好的法律效果和社会效果。2007 年 8 月 1 日颁布实施的《行政复议法实施条例》确立了行政复议调解制度的合法性，行政复议调解被正式纳入行政复议工作程序。

在行政复议实践工作中，有一些案件可以通过调解的方式来审理。例如：

1. 当事人对行政部门行使自由裁量权作出具体行政行为不服申请的行政复议

行政机关作出的具体行政行为以行政主体对行政法规的适用有无灵活性为标准，可以分为羁束的具体行政行为和自由裁量的具体行政行为。羁束的具体行政行为是指在法律对行为适用条件有明确而详细规定的条件下，行政主体严格依照法律作出的具体行政行为。自由裁量的具体行政行为是指法律对行政行为只是规定了一种行为原则或者行为幅度，行政主体有一定的裁量余地而作出的具体行政行为。对行政机关作出的羁束的具体行政行为，行政复议机关不得进行调解，因为行政机关在作出这类行政行为时没有自由裁量的余地，也就不能与行政复议申请人通过协商达成调解协议。而行政机关行使法定自由裁量权作出的具体行政行为则不同，行政机关在作出这类行政行为时可以根据实际情况来确定具体行政行为的内容。

行政自由裁量权是现代行政权的核心，其实质是行政主体自由处分职权的表现。对某一特定事实来说，拥有行政自由裁量权的行政主体只要未超出自由裁量的范围和幅度，任意一种方式的选择都是合法的；但对行政相对人来说，这些合法的选择中还存在着最合理的选择。因此，行政行为合理性的问题就成为复议双方当事人争论的焦点，同时也是争议双方达成复议调解的基础。通过行政复议调解，行政机关可以在法律规定的行为原则和行为幅度内与行政复议申请人达成调解协议，彻底消除矛盾和纠纷。

行政主体的自由裁量权表现为以下几种：

一是对行为方式裁量，即行政主体在选择具体行政行为的方式上，有自由裁量权，包括作为与不作为。

二是关于幅度和种类的裁量，如行政机关在作出行政处罚时，可以在法定处罚的范围内自由选择，包括选择处罚的种类和幅度。

三是对性质认定的裁量，行政机关对行政相对人行为性质或者对被管理事项性质的认定有裁量权。

四是对情节轻重的裁量。我国的法律、法规不少都有“情节较轻的”“情节较重的”“情节严重的”这样的词语，在没有规定认定情节轻重的法定条件时，行政机关对情节轻重的认定就有自由裁量权。

2. 当事人之间因行政赔偿或者行政补偿纠纷申请的行政复议

行政赔偿纠纷，是指行政主体及其行政人员违法行使行政职权，侵犯行政相对人的合法权益造成损害，而依法承担赔偿责任的纠纷。需要注意的是，行政赔偿纠纷包括单独请求行政赔偿的纠纷和附带请求行政赔偿的纠纷。根据《行政诉讼法》《国家赔偿法》的规定，行政复议中的行政赔偿纠纷仅指附带请求行政赔偿的纠纷。

行政补偿纠纷，是指因行政主体的合法行政行为造成行政相对人合法权益的损失，依法由行政主体对行政相对人所受的损失予以弥补而产生的纠纷。

由于行政赔偿纠纷和行政补偿纠纷的核心是当事人的人身权、财产权等权利是否受到损害，是否应予以赔偿、补偿以及应在何种程度和范围内予以赔偿、补偿的问题，权利具有自由处分的性质，当然也就存在着进行调解的基础。因此，对于当事人因行政赔偿或者行政补偿事宜发生的纠纷，行政复议机关可以进行调解。

3. 一些人社部门履行职责中因存在瑕疵引起的行政复议

一些行政纠纷仅是因履行职责中存在一点瑕疵，完全可以在双方互相谅解的基础上达成共识，避免行政资源的浪费和当事人的诉累。例如劳动者申请某市人社局保护当事人的合法权利，而该人社局因某种原因未能及时履行职责，当事人随即申请行政复议。此时，行政复议机关可以直接作出行政复议决定，责令该人社局履行法定职责，在这种情况下，该人社局也会履行行政复议决定，但可能难免会带有抵触情绪，其履行职责的实效可能会打折扣，申请人申请复议的目的就不能实现。如果采取调解方式，可以减少双方对立情绪，使申请人申请复议的目的得以实现，权益得到维护，也可使行政机关积极履行职责，和谐解决争议。

4. 因一些群体性的行政纠纷申请的行政复议

在行政复议工作中，有的案件涉及相对人众多、争议标的较大、行政法律关系同民事法律关系交织在一起，有时还涉及群体性事件和社会稳定，如果不讲究方法，未按照适当性原则教条地依法律处理，不仅难以彻底解决纠纷，还易激化矛盾，引起群体性冲突或对国家利益、公共利益和社会稳定可能造成影响。如果根据案情需要，通过调解的处理方式，使作出具体行政行为的行政机关可以通过接受调解而改变违法或不当的行政行为，避免败诉所带来的负面影响；申请人则撤回复议申请，可以节约解决争议的成本，减少因司法有限变更权所带来的讼累。行政复议调解既没有破坏国家法律实施，又最大限度地保护了申请人的合法权益，有利于维护社会公平正义与节约行政成本、提高行政效率。

行政复议机关进行调解应符合以下要求：(1) 在查明案件事实的基础上进行；(2) 充分尊重申请人和被申请人的意愿；(3) 遵循公正、合理原则；(4) 调解结果应符合有关法律、法规的规定；(5) 调解结果不得损害国家利益、社会公共利益或者他人合法权益。

申请人和被申请人经调解达成协议的，行政复议机关应当制作《行政复议调解书》。《行政复议调解书》应当载明下列内容：(1) 申请人姓名、性别、年龄、住所(法人或者其他组织的名称、地址、法定代表人或者主要负责人的姓名、职务)；(2) 被申请人的名称；(3) 申请人申请行政复议的请求、事实和理由；(4) 被申请人答复的事实、理由、证据和依据；(5) 进行调解的基本情况；(6) 调解结果；(7) 日期。《行政复议调解书》应当加盖行政复议机关印章。《行政复议调解书》经申请人、被申请人签字或者盖章，即具有法律效力。

调解未达成协议或者调解书生效前一方反悔的，行政复议机关应当及时作出行政复议决定。

第四节　行政复议审理和复议决定

一、行政复议案件的书面审查

书面审查，是指行政复议机构在审理行政复议案件时，仅就案件的有关书面材料进行审理的一种方式。这种方式原则上不传唤复议参加人和证人等到行政复议机关；行政复议参加人可以采用邮寄的方式递交行政复议申请书和有关材料；证人也可以用书面材料作证。行政复议机构书面审查的客体是被申请人作出的具体行政行为是否合法和适当。

按照《行政复议法》规定，行政复议原则上采取书面审查的办法，但并不排除在特殊情况下采取其他方式。这是因为，无论是效率原则、便民原则，还是经济原则，都应该以弄清事实，能作出正确判断为前提。如果申请人提出要求或者行政复议机构认为有必要，对有些案情复杂，需要通过当事人之间的质证，方能搞清楚有关事实和证据的，则可以向有关组织和人员调查情况，或者召集双方当事人、第三人、证人听取有关意见，对案件的有关争议进行质证和辩驳，以帮助行政复议机构正确认定事实。

根据行政复议法律法规的规定，行政复议机构应当自行政复议申请受理之日起 7 日内，将行政复议申请书副本或者行政复议申请笔录复印件发送被申请人。被申请人应当自收到申请书副本或者申请笔录复印件之日起 10 日内，提交行政复议答复书，并提交当初作出具体行政行为的证据、依据和其他有关材料。

根据《行政复议法》等规定，行政复议机关审查的对象是行政机关作出的具体行政行为。而要审查此具体行政行为，行政复议机关不仅要关注申请人提交的行政复议申请书及相关材料，更重要的是审查被申请人提交的答复书和相关的证据材料。根据行政法的基本原则，依据“先取证，后裁决”的要求，在作出具体行政行为时，被申请人就必须对具体行政行为的合法性与适当性作出准确合理的判断。因此，如果说行政复议的主要工作是查明案件事实，那么，案件事实的查明即具体行政行为的合法与适当就需要被申请人的答辩来支持。被申请人的答辩等相关事项直接决定着对具体行政行为的判断。

被申请人需提交的相关材料有：

1. 行政复议答复书

行政复议答复书是被申请人提出意见、提交作出具体行政行为依据的表现形式。行政复议答复书能够直接体现被申请人对所争议具体行政行为的观点。在提交行政复议答复书时，被申请人要按照规定的必备内容，符合一定的要求，力争全面、准确、详尽地表达作出具体行政行为的事实和提供有关证据材料。行政复议答复书应当载明下列事项，并加盖被申请人印章。

（1）被申请人的名称、地址，法定代表人的姓名、职务。被申请人的名称应当写正式名称，不能随意使用简称或者不完全的名称。

（2）作出具体行政行为的事实和有关证据材料。这是行政复议答复书的核心部分，除了写明作出具体行政行为的时间、经过以及全部的证据材料之外，还应将与具体行政行为有关其他情况予以说明。重点对具体行政行为的合法性与适当性进行论述。

（3）作出具体行政行为依据的法律、法规、规章和规范性文件的具体条款和内容。

（4）对申请人行政复议请求的意见和理由进行回复。要紧紧围绕申请人的复议请求，逐项加以说明，提出驳回申请人复议请求、维持行政机关具体行政行为等明确的意见。

（5）答复书作出的日期。

因不可抗力或者其他正当理由，被申请人不能在法定期限内提出书面答复、提交当初作出具体行政行为的证据、依据和其他有关材料的，可以向行政复议机关提出延期答复和举证的书面申请。

2. 证据材料及相关规范性文件

证据材料及相关规范性文件的提交，涉及被申请人的举证责任问题。行政复议中的举证责任是指当事人对自己提出的主张，有提供证据加以证明的责任。根据《行政复议法》规定，被申请人负有向行政复议机关提交具体行政行为合法与适当的证明材料的责任。也就是说，被申请人而不是申请人在行政复议过程中负有主要的举证责任。

被申请人应当对其提交的证据材料分类编号，对证据材料的来源、证明对象和内容等，在答复书中主要从六方面进行说明：

第一，作出具体行政行为的事实根据。在行政复议中，相对人的行为是否合法，具体行政行为的作出是否必要，以及条件是否具备等，都应由被申请人提供证据加以证明。

第二，正确适用法律和其他规范性文件的依据。

第三，作出具体行政行为符合法定程序的证据。违反法定程序作出的具体行政行为往往会侵害相对人的合法权益。所以，被申请人应提供关于该项行政行为合法程序的证据，包括有关通知书、告知书、笔录、送达回执等。

第四，关于是否滥用职权的证据。滥用职权即违反权利的目的而行使权利。

行政机关应根据法律并结合行政实践解释其行使权利的目的。

第五，关于具体行政行为适当的证据。根据《行政复议法》的规定，具体行政行为明显不当的，复议机关可以决定撤销或变更。因此，行政机关应当提供其行政行为适当的证据。

第六，对于不履行或者拖延履行法定职责的，被申请人应提供存在合法事由或正当理由的证据。

二、实地调查核实证据

根据《人力资源社会保障行政复议办法》规定，有下列情形之一的，行政复议机构可以实地调查核实证据：(1) 申请人或者被申请人对于案件事实的陈述有争议的；(2) 被申请人提供的证据材料之间相互矛盾的；(3) 第三人提出新的证据材料，足以推翻被申请人认定的事实的；(4) 行政复议机构认为确有必要的其他情形。调查取证时，行政复议人员不得少于2人，并应当向当事人或者有关人员出示证件。

对重大、复杂的案件，申请人提出要求或者行政复议机构认为必要时，行政复议机构可以采取听证的方式审理。有下列情形之一的，属于重大、复杂的案件：(1) 涉及人数众多或者群体利益的案件；(2) 具有涉外因素的案件；(3) 社会影响较大的案件；(4) 案件事实和法律关系复杂的案件；(5) 行政复议机构认为其他重大、复杂的案件。

三、行政复议审查中的和解与审查终止

行政复议机关在对被申请人提交的材料进行审查的过程中，对于申请人对人力资源社会保障部门行使自由裁量权作出的具体行政行为不服申请的行政复议案件，在作出行政复议决定之前，申请人和被申请人双方可以在自愿、合法的基础上达成和解。

申请人和被申请人达成和解的，应当向行政复议机构提交书面和解协议。书面和解协议应当载明行政复议请求、事实、理由和达成和解的结果，并且由申请人和被申请人签字或者盖章。

行政复议机构应当对申请人和被申请人提交的和解协议进行审查。和解确属

申请人和被申请人的真实意思表示，和解内容不违反法律、法规的强制性规定，不损害国家利益、社会公共利益和他人合法权益的，行政复议机构应当准许和解，并终止行政复议案件的审理。

行政复议终止，是行政复议过程中出现法定情形后，行政复议机关不再继续审理有关行政复议案件，终止行政复议程序的决定。行政复议终止是行政复议办案的一种方式。《行政复议法实施条例》第四十二条采取列举的方式对行政复议终止情形作出了新的规定。

适用行政复议终止的情形有：

1. 申请人要求撤回行政复议申请，行政复议机构准予撤回的

按照《行政复议法》第二十五条规定："行政复议决定作出前，申请人要求撤回行政复议申请的，经说明理由，可以撤回；撤回行政复议申请的，行政复议终止。"申请人撤回行政复议申请，意味着已经放弃了其自身的诉求，申请人对其权益所处的目前状态处于一种没有否认的态度。此种情形下，基于对当事人意愿的尊重，行政复议机关应当准许当事人撤回行政复议申请，从而终止行政复议。

2. 作为申请人的自然人死亡没有近亲属，或者其近亲属放弃行政复议权利的

权利的行使必须有主体的主动参与。当作为申请人的自然人死亡导致无人保护其自身权益时，其近亲属当然成为死者权益的法定保护人和受益人。没有近亲属或者其近亲属放弃行政复议权利的，行政复议审理就没有必要了。

3. 作为申请人的法人或其他组织终止，其权利义务的承受人放弃行政复议权利的

这种情形与第二种情形相类似。从法律角度讲，权利人可以放弃其拥有的权利。行政机关应当尊重当事人的这种选择。

4. 申请人与被申请人依照《行政复议法》第四十条的规定，经行政复议机构准许达成和解的

行政复议申请人与被申请人就争议的具体行政行为达成和解，表明双方已经对争议的焦点问题达成一致意见。因此，行政复议机关就没有必要再进行行政复议审理，行政复议程序当然终止。

5. 根据《行政复议法实施条例》第四十二条的规定，一是作为申请人的自

然人死亡，其近亲属尚未确定是否参加行政复议的，二是作为申请人的自然人丧失参加行政复议的能力，尚未确定法定代理人参加行政复议的，三是作为申请人的法人或者其他组织终止，尚未确定权利义务承受人的。在以上三种情形下，满60日行政复议中止的原因仍未消除的，行政复议终止。因为法律不能无期限地等待当事人的抉择。

依照《行政复议法实施条例》的规定，行政复议机关终止行政复议的，应当制发《行政复议终止通知书》，并通知申请人、被申请人和第三人。

涉及行政复议终止的制度设计，有一个问题需要在实践中加以探索，即行政复议终止决定是否具有可诉性。这涉及对行政复议终止的概念、行政复议的具体情形、行政复议的前置与否等相关因素的具体分析。目前还没有统一的定论，需要在理论和实践方面进一步探索。

四、对人社部门主动作出具体行政行为不服的审查

被申请人针对特定的申请人主动作出的具体行政行为应当合法、适当。

合法，即作出具体行政行为事实清楚、证据确实充分、适用法律正确、程序合法。

适当，即在法律、法规规定的权限和幅度内，运用自由裁量权作出的具体行政行为公正、合理、恰当。

根据合法性与适当性的要求，行政复议机关应当对被申请人作出的原具体行政行为的下列几方面进行审查：

（一）行政主体资格权限

行政机关作出具体行政行为应当具有法定职权，且在法定权限范围内，否则属于越权的违法行为。行政复议机构审查执法主体的合法性，应首先查明原具体行政行为是以谁的名义作出的，以及法律法规和规章及规范性文件中对执法主体的规定。

（二）案件事实

分析案情、审查证据、调查取证是行政复议工作的重点和难点。案件是否事实清楚，证据是否确实充分，是行政复议机关审理行政复议案件最重要的问题。实践中，行政复议机构一般应从以下三个方面对案情进行审查：

第一，分析案情。即行政复议机关根据申请人提交的行政复议申请书对案件事实的陈述，对照被申请人答复书中对案件事实的辩驳或承认，逐一审查行政机关作出具体行政行为的事实、根据、时间、内容、形式等，以排查出一致点和矛盾点，确定需要进一步清查的问题。

第二，审查证据。即对当事人提供的证据逐一审查。一方面审查证据的真实性，辨别其真伪，确定其证明力；另一方面审查证据的充分性，确定现有证据能否证明案件事实，找出不足之处，及需进一步搜集的证据。

第三，调查取证。即行政复议机关根据对案情的分析及对证据审查的结果，排列出需进一步证明的问题，认为必要时向争议双方、有关单位及有关人员进行调查，以查清事实，达到证据确实充分。

（三）法律适用

根据我国现行的法律、法规、规章，审查被申请人作出具体行政行为时适用的法律依据是否正确。一般应包括：是否适用了《宪法》及其他不能作为实体法适用的规范性文件；是否适用了尚未生效的规范性文件；是否适用了已经废止的或修改的规范性文件；应适用甲法是否适用了乙法；应适用甲法的某一条款是否适用了甲法的另一条款；是否适用了与法律、法规相抵触的规章及具有普遍约束力的决定、命令。

例如，单位的班车司机在开班车送同事上下班的途中发生了交通事故，但是该司机负主要责任，是不是就不能认定工伤了？再有：职工因工外出期间发生了本人主要责任的交通事故，是不是也不能认定工伤？

在一些人的判断中，好像只有“非本人主要责任的交通事故”才能认定工伤。其实，这是一个常见的认识误区。交通事故只是事故伤害的一种，在《工伤保险条例》第十四条的几项规定里，有可能发生因交通事故是否认定工伤的不同情况。

以案释法

司机肇事获刑，能否认定工伤？

案情简介

付某在某物流公司担任司机，负责往省外地区运送货物。某日，付某在为单位出车时，因疲劳驾驶在高速路上与一辆面包车相撞，导致一死两伤。

付某被法院以交通肇事罪判处有期徒刑1年6个月，因其在事故中受重伤，暂予监外执行。公司认为，付某在事故中承担全部刑事责任，且已被法院判罪，不应认定为工伤。付某的亲人只好向当地社会保险行政部门申请工伤认定。

当地社会保险行政部门认为，司机付某是在执行本单位工作任务时发生的交通事故，鉴于司机行业的特殊性，付某应属于“在工作时间和工作场所内，因工作原因受到事故伤害”。虽然付某已被法院判处交通肇事罪，但其并非故意犯罪，而属于过失犯罪，不在《工伤保险条例》规定的应排除认定为工伤或者视同工伤的情形中。所以，依法应认定付某为工伤。

本案中，付某之所以被认定为工伤，适用依据是《工伤保险条例》第十四条第一项规定：在工作时间和工作场所内，因工作原因受到事故伤害的，应当认定为工伤。

案例评述

司机驾驶车辆执行本单位正常工作时发生交通事故导致本人伤亡的，应视为“三工”原因（在工作时间和工作场所内，因工作原因受到事故伤害），在这种情况下不受交通事故责任限制，只要司机在事故中不存在《社会保险法》第三十七条和《工伤保险条例》第十六条规定的法定排除情形，就应认定为工伤。

出差路上发生负主要责任的交通事故，能否认定工伤？

案情简介

袁某系某制针有限公司的职员。某日，袁某驾驶轿车和该公司负责人孙某去外地出差，在公路上与一辆大货车相撞，造成本人受伤。交警认定袁某在该起交通事故中负主要责任，大货车驾驶员负次要责任。当地社会保险行政部门认定袁某为工伤，公司不服，申请行政复议。公司认为，这起交通事故是由袁某造成的，袁某负主要责任，不应被认定为工伤。

当地社会保险行政部门认为，袁某虽然在该起交通事故中负主要责任，但袁某是在为公司出差的路上发生的交通事故，应属于“因工外出期间，由于工作原因受到伤害”，将袁某认定为工伤并无不当。

本案中，袁某之所以被认定为工伤，适用依据是《工伤保险条例》第十四条第五项规定：因工外出期间，由于工作原因受到伤害或者发生事故下落不明的，应当认定为工伤。

案例评述

职工因工外出期间驾驶或乘坐车辆发生交通事故导致伤亡的，也不受交通事故责任限制，只要职工在事故中不存在《社会保险法》第三十七条和《工伤保险条例》第十六条规定的法定排除情形，就应认定为工伤。

同属上班途中交通事故，能否都认定工伤？

案情简介

某日，魏某在驾驶车辆上班的途中，与同属上班途中的郑某相撞，两人均当场受伤。交警部门认定魏某负全部责任。之后，社会保险行政部门认定魏某不属于工伤，郑某为工伤。魏某所在公司不服，申请行政复议。

魏某所在公司认为，两人都是在上班途中发生交通事故，既然郑某能认定为工伤，魏某也应认定为工伤。

社会保险行政部门认为，郑某是在上班途中受到非本人主要责任的交通事故，符合认定工伤的情形，应认定为工伤。魏某虽然也是在上班途中发生交通事故，但魏某负全部责任，不符合认定工伤的情形，不应认定为工伤。

本案中，同起事故的两人出现了截然不同的认定结果，适用依据是《工伤保险条例》第十四条第六项规定：职工在上下班途中，受到非本人主要责任的交通事故或者城市轨道交通、客运轮渡、火车事故伤害的，应当认定为工伤。

案例评述

在上下班途中，只有受到非本人主要责任的交通事故才能认定工伤。这里要特别提示：只有“职工在上下班途中”，才看交通事故中的“非本人主要责任”，以此作为职工能否认定工伤的一个重要条件。根据有关规定，“非本人主要责任”事故认定应当以公安机关交通管理、交通运输、铁路等部门出具的事故责任认定书、结论性意见或人民法院生效裁判等法律文书为依据。

通过上述案例分析需注意：职工交通事故情形不同，即便都是交通事故，情况不同，适用法律依据不同，证据标准不同，认定结果也不同。千万不要混淆。

在判断行政机关的具体行政行为是否合法时，审查其作出该行为的法律适用是一个关键。

（四）法定程序

对被申请人作出具体行政行为时是否违反法定程序，及其形式的合法性进行全面审查。一般对程序的合法性审查从以下四个方面进行：

第一，是否违反法定的处理程序。如根据《行政处罚法》第六十三条的规定，行政机关拟作出较大数额罚款，没收较大数额违法所得、没收较大价值非法财物，吊销许可证件，责令停产停业、责令关闭、限制从业，以及其他较重的行政处罚决定时，应当告知当事人有要求听证的权利，当事人要求听证的，行政机关应当组织听证。倘若行政机关没有告知当事人听证权，即行作出法律列举的这些行政处罚决定，即属违反法定的处理程序。

第二，是否属于先处罚后取证。行政机关应该通过调查，收集证据，在查清事实的基础上，依照法律法规的规定，作出具体行政行为。如果没有证据，没有查清主要事实，只凭他人反映或举报，靠推断作出具体行政行为，想通过先处罚再调查取证，即属程序违法行为。

第三，是否违反法定形式。例如，根据《工伤认定办法》第十九条、第二十二条的规定，劳动保障行政部门作出工伤认定决定要载明 7 项内容，并在作出决定之日起 20 日内送达当事人。若劳动保障行政部门不按上述规定制作决定书、未在 20 日内送达工伤认定决定，即违反了法定形式，亦属程序违法。

第四，是否向当事人依法告知行政复议权、诉讼权。行政机关或法律法规授权的组织一旦作出具体行政行为，特别是作出行政处罚决定，应当同时向管理相对人告知其依法享有行政复议权或诉讼权，否则属于程序违法。

（五）行政行为的适当性

复议机关对作出原行政行为的行政机关所行使自由裁量权的适当性进行审查，是行政复议与行政诉讼在审查权限上的主要区别。具体行政行为不适当的主要表现形式是滥用职权。例如，《劳动保障监察条例》第二十八条第一款规定："职业介绍机构、职业技能培训机构或者职业技能考核鉴定机构违反国家有关职业介绍、职业技能培训或者职业技能考核鉴定的规定的，由劳动保障行政部门责令改正，没收违法所得，并处1万元以上5万元以下的罚款；情节严重的，吊销许可证。”在行使这一处罚权时，因法律规定了处罚金额的幅度，劳动保障行政部门应当根据具体违法情节，区别不同情况予以适当处罚。对于相似的违法行为，若基于个人私利或不负责任的工作态度，处罚畸轻畸重，都是不当的，均应予以纠正。

五、对人社部门不作为引起行政争议的审查

在对人力资源社会保障事务的行政管理中，判断人社部门是否履行法定职责时，行政“作为”与“不作为”，是需要经常区分的一对概念。

“作为”，是行为人有所为，表现为作出一定的动作或动作系列；“不作为”，是行为人消极地有所不为，表现为不作出一定的动作或动作系列。从行为的实质内涵即法律义务不同来区分：法律要求行为人有所为或者法律要求行为人有所不为，而行为人有所为，即构成“作为”；只有法律要求行为人有所为而行为人有所不为的，才构成“不作为”。

为此，对于人社部门行政不作为，可以认定为：人社行政部门及其工作人员有积极实施行政行为的职责和义务，应当履行而未履行或拖延履行其法定职责的状态。

根据《行政复议法》第六条中的有关规定，在人力资源社会保障事务的行政管理中有以下三种情形的：

一是认为符合法定条件，申请行政机关颁发许可证、执照、资质证、资格证等证书，或者申请行政机关审批、登记有关事项，行政机关没有依法办理的。

二是申请行政机关履行保护人身权利、财产权利、受教育权利的法定职责，行政机关没有依法履行的。

三是申请行政机关依法发放抚恤金、社会保险金或者最低生活保障费，行政机关没有依法发放的。

可以认定人社行政部门不作为，用人单位和劳动者可以依法申请行政复议。

行政复议机关对此类案件重点从以下几个方面进行审查：

第一，行政复议申请人提出申请的形式和日期。主要包括：申请人为获得某种权益而依法应当提出书面申请的，是否提出过书面申请；提出申请的材料是否

符合法律规定的要求；是否通过法定程序提出；提出申请的具体时间等。

第二，行政复议申请人提出申请的内容。主要包括：申请人的申请内容是否属于人社行政部门的法定职责，是否符合法定条件等。

第三，人社行政部门拒绝或拖延履行法定职责的事实。首先，要查明人社行政部门应当履行法定职责的法定期限或指定期限；其次，审查人社行政部门是否在这一期限内作出过具体行政行为；最后，判断人社行政部门是否具有拒绝或拖延履行法定职责的行为。

六、作出行政复议决定

（一）行政复议机关维持具体行政行为的决定

依照《行政复议法》的规定，具体行政行为认定事实清楚，证据确凿，适用依据正确，程序合法，内容适当的，决定维持。可见，维持具体行政行为的决定，是指行政复议机关经过对具体行政行为的审查，认为该具体行政行为符合下列条件，从而作出的维持原具体行政行为的决定：（1）认定事实清楚；（2）证据确凿；（3）适用依据正确；（4）程序合法；（5）内容适当。

维持决定，实质上是对申请人与被申请人之间争议的具体行政行为的肯定和认可，是对被申请人所作具体行政行为合法与适当的肯定，维持了原具体行政行为的法律效力，不支持申请人的复议请求。

需要注意的是，行政机关只有同时具备以上几项要求，其具体行政行为才能“维持”。否则，只要其中一项不符合，行政复议机关也不能作出“维持”的行政复议决定。

（二）责令被申请人在一定期限内履行法定职责

依照《行政复议法》规定，被申请人不履行法定职责的，行政复议机关应当决定其在一定期限内履行法定职责。

对于被申请人不履行法定职责的行政复议案件，行政复议机关责令被申请人履行法定职责时须注意：

第一，在行政复议决定中，行政复议机关应当明确被申请人履行法定职责的时限。

只有这样，对申请人的权益保障才是充分的。根据《行政复议法实施条例》

第四十九条规定，行政复议机关依照《行政复议法》第二十八条的规定责令被申请人重新作出具体行政行为的，被申请人应当在法律、法规、规章规定的期限内重新作出具体行政行为；法律、法规、规章未规定期限的，重新作出具体行政行为的期限为60日。

第二，当申请人提出被申请人不履行法定职责的行政复议申请后，出现行政复议前或行政复议过程中，被申请人已经履行法定职责的情形。

对于行政复议前，被申请人已经履行法定职责的情形，为节约行政成本，最好说服当事人放弃复议。如果当事人坚持要求复议，则根据《行政复议法实施条例》第四十八条的规定，行政复议机关应当驳回申请人的行政复议申请。

对于行政复议过程中，被申请人已经履行法定职责的情形，行政复议机关可以努力说服申请人撤回行政复议申请，从而终止行政复议审理程序。如果当事人坚持不撤回行政复议申请的，行政复议机关可以作出确认被申请人具体行政行为违法的行政复议决定，以宣告被申请人存在违法行使职权侵犯申请人权益的事实。

以案释法

案情简介

施某驾驶摩托车在上班途中与一辆小型货车碰撞发生交通事故。因小型货车逃逸，交警部门作出《道路交通事故证明》，事故责任无法认定。施某向市人社局申请工伤认定。

市人社局经审查认为，施某在交通事故中的责任无法认定，故决定不予认定工伤。施某认为市人社局行政不作为，申请行政复议。

省人社厅作为复议机关，经审理认为：本案焦点为公安交通部门的交通事故认定是否为人社部门工伤认定的前提条件。

市人社局辩称：根据《工伤保险条例》第十四条规定：职工“在上下班途中，受到非本人主要责任的交通事故”伤害的，应当认定为工伤。“非本人主要责任”应当以有法定职权机构（交警部门）出具的事故责任认定书、结论性意见和人民法院生效裁判等法律文书为依据。所以，作出工伤认定决定需要以司法机关或者有关行政主管部门的结论为依据的，在其尚未作出结论期间，作出工伤认定决定的时限中止。

案例评述

根据公安部2017年公布的《道路交通事故处理程序规定》（公安部令第146号），公安交通部门作出交通事故认定结论有两种：道路交通事故认定书或者道路交通事故证明。其中第六十七条明确规定："道路交通事故基本事实无法查清、成因无法判定的，公安机关交通管理部门应当出具道路交通事故证明，载明道路交通事故发生的时间、地点、当事人情况及调查得到的事实，分别送达当事人，并告知申请复核、调解和提起民事诉讼的权利、期限。"可见，无论是作出事故认定书还是事故证明，均是对交通事故责任的一种认定形式。

本案中，公安交通部门已经作出了结论（即出具了交通事故证明），市人社局在"事故责任无法认定"的情形下，应当怎么办？

《工伤保险条例》和《工伤认定办法》都规定了社会保险行政部门负有工伤认定的职权以及对事故伤害进行调查核实的职责。即便申请人无法提供公安交通部门的事故认定书，社会保险行政部门也应当充分运用法定职权，综合各种情况，在调查核实的基础上，准确判断是否属于事故过程中的非本人主要责任，及时正确地作出行政确认。

当公安交管部门未出具交通事故责任认定书，或者相关法律文书不存在，或者内容不明确，社会保险行政部门应基于履行工伤认定的法定职责，行使调查核实权；调查核实后，可根据是否存在交通事故、是否依法报案以及交通事故证明书内容等综合判断职工是否对交通事故负主要责任。社会保险行政部门就相关事实作出认定的，人民法院应当结合其提供的相关证据依法进行审查。

本案中，由于小型货车逃逸，致使受害人试图通过民事诉讼途径确定事故的责任承担已成为不可能。此情，如不认定为工伤，实质上等同于让弱者承担了全部的事故结果，与保护弱者的社会法价值取向相背离。如果采取中止认定，那么，形式上看虽然保留了劳动者在事故责任无法认定情形下有主张工伤保险的权利，但实质上变相剥夺了劳动者获得及时救济的途径。

因此，在公安交通部门对交通事故责任无法认定的情形下，交通事故认定书不应成为社会保险行政部门作出工伤认定的前提条件，社会保险行政部门应充分履行调查核实职能，对是否属于非本人主要责任作出判断。

（三）决定撤销、变更或者确认具体行政行为违法

依据《行政复议法》的规定，具体行政行为有以下情形之一的，行政复议机关即可以作出撤销、变更该具体行政行为或者确认该具体行政行为违法的行政复议决定。

1. 主要事实不清、证据不足

主要事实不清是指被申请人作出具体行政行为时没有充分了解事实真相，缺乏必要的证据。主要证据不足包括两方面：一是从数量上看，行政机关所掌握的证据量达不到证明主要事实的目的。二是从质量上看，行政机关所掌握的证据质量不高，其真实性有待审查，无法排出合理的怀疑。

行政机关作出具体行政行为可能涉及多方面的事实因素，其中包括主要事实，也有次要事实。主要事实就是被申请人作出具体行政行为的基本情况，能够证明具体行政行为合法性和适当性的客观情况，是行政机关适用法律的前提和基础。例如，劳动保障监察机构查处某用人单位违法拖欠工资行为，应当有查实企业拖欠劳动者工资的基本数额、时间、拖欠劳动者名单、拖欠事由等。行政管理活动具有单方的强制性的特点，一经作出即发生法律效力。如果在复议中发现劳动保障监察机构的行政行为所涉及的事实不清，证据不足，就无法证明该行政行为是正确的、有效的。一般说来，事实要靠证据证明，而且二者往往是紧密相连的，事实不清必然是证据不全，无法证明；而证据不足属于没有客观物证支持，该行政行为难以成立。例如，对用人单位作出罚款决定，必须确定用人单位某项违法行为的事实存在，证据确凿，而不是凭主观臆断或假设推想。如果存在主要事实不清、证据不足，对企业作出处罚的具体行政行为就要被撤销。

2. 适用依据错误

适用依据错误是指被申请人作出具体行政行为时，所适用的法律、法规、规章以及其他具有普遍拘束力的规范性文件错误。一般包括以下情形：（1）应当适用甲法而适用了乙法；（2）应当适用甲法中的 A 条而适用了 B 条；（3）应当适用两个或几个条文而只适用了一个条文；（4）应当适用特别法而适用了一般法；

(5) 适用了已经被废止、撤销或已经失效的法律；(6) 适用了不合法的规章或其他规范性文件。

人力资源社会保障行政部门对企业违法行为的处理因为适用依据错误，其具体行政行为就要被撤销。

3. 违反法定程序

违反法定程序是指被申请人作出具体行政行为时，不是依据法律、法规、规章或者其他规范性文件规定的方式、形式、手续、步骤、时限等程序进行。程序是行政行为得以正确作出的技术保证和必要条件，如果违反操作程序，可能因遗漏工作环节而导致结果错误，还可能导致对法律秩序的损害，因此必须予以纠正。

人们常常认为只要事情客观存在，是否按程序处理并不重要，这种认识是对法治原则的严重违背。对于行政管理而言，如果不严格按程序办事，久而久之就无法保证实体法律的执行，其结果最终必然导致主观主义和独断专行，其危害是严重的。比如，根据《劳动保障监察条例》规定，劳动保障行政部门对违反劳动保障法律、法规或者规章的行为作出行政处罚或者行政处理决定前，应当严格按程序办事，听取用人单位的陈述、申辩，不能先处罚，后让当事人陈述或申辩；作出行政处罚或者行政处理决定后，还应当告知当事人依法享有申请行政复议或者提起行政诉讼的权利。劳动保障行政部门如果存在违反法定程序的行政处罚行为，行政复议机关将决定撤销或者确认该具体行政行为违法。

4. 超越或者滥用职权

超越职权是指具体行政行为的内容已经超出该行政机关由法律明文规定的职责权限。主要表现在：

一是超越层级权限范围。如下级行政机关行使了上级行政机关的权限。

二是超越职责分工的职权。如行政部门之间的超越职权。任何国家机关都有其特定的职权，应当各负其责，各司其职，而不能相互超越。

三是超越地区管辖权限。如超越行政机关行使权力的地域范围。根据我国行政惯例体制，中央行政机关在全国范围内行使权力，地方行政机关在各自行政区域内行使权力。每个行政机关都有其特定的管辖范围。

四是行政机关的内设工作机构违规对外行使了本行政机关的权力。

五是超越授权范围，如一些由法律、法规授权的组织以及依法受委托行使行政权力的组织，在履职时超越了法律、法规授权或委托的职责范围。

滥用职权是指行政机关违背法律的目的和宗旨，背离基本法律原则而行使职权的行为。在这种情况下，该机关虽然在自己的权限内作出行政行为，但由于其程度与事实不相符，或者畸轻，或者畸重，或者不分时间、场合、条件等，随意任性用权，形成了滥用。滥用职权实际上是一种目无法纪的行为，实施的结果必然是对法制的直接损害。滥用职权的另一种结果就是直接侵犯了公民、法人的正当合法权益。例如对企业的一些轻微违法行为，本应进行批评教育或限期改正的，却直接处以罚款，其实质都是对行政权力的滥用。对于人社行政部门超越职权或者滥用职权所作出的具体行政行为，行政复议机关将决定撤销或者确认该具体行政行为违法。

5. 具体行政行为明显不当

行政复议对具体行政行为的审查不仅要确定其是否合法，也要确定其是否适当。所谓适当是指具体行政行为合适、妥当，具有合理性。

具体行政行为明显不当，是指行政机关在自由裁量范围内作出了不合理的具体行政行为。为了保障行政管理行为的高效、连续和稳定，法律法规赋予了行政机关一定的自由裁量权，使行政机关在法定权限范围内可以自主地作出行政管理行为。但是，行政机关在自由裁量范围内作出的具体行政行为存在是否合理的问题。复议机关审查行政裁量行为是否合理适当，应当根据案件具体情况，并依据公平、合理原则进行判断。在执法实践中，行政处罚畸轻畸重、行政机关对不同情况给予同等对待或者对同等情况给予不同对待等，都属于具体行政行为明显不当，如果明显不当的具体行政行为确实对管理相对人的合法权益构成侵害，行政复议机关将撤销或变更该具体行政行为。

值得注意的是，行政行为明显不当与滥用职权是紧密相连而又有区别的两种行为。两者的共同点在于行政行为均在法定的权限内。但滥用职权是就行政行为的目的和动机来界定的，即滥用职权从主观分析的角度违背了法律的基本原则。明显不当针对的是行政行为的结果，该结果具有明显的危害性，即侧重于对结果的认定而不是侧重于推断主观动机。

6. 被申请人没有在法定期限内提交答复书和相关证据资料

根据《行政复议法》第二十三条规定，行政复议机关负责法制工作的机构应当自行政复议申请受理之日起 7 日内，将行政复议申请书副本或者行政复议申请笔录复印件发送被申请人。如果被申请人没有在法定期限内提交当初作出具体行政行为的书面答复、证据、依据和其他有关资料，行政复议机关就应当直接决定撤销该具体行政行为。

需要指出的是，根据规定，因不可抗力或者其他正当理由，被申请人不能在法定期限内提出书面答复、提交当初作出具体行政行为的证据、依据和其他有关材料的，可以向行政复议机关提出延期答复和举证的书面申请。行政复议机关准许延期答辩和举证的，被申请人应当在正当事由消除后 10 日内履行答辩和举证义务。

关于行政复议机关作出确认具体行政行为违法的决定，主要是考虑实践情况的复杂性。有的具体行政行为尽管是违法的，但从现实的角度看已经不具有可撤销性；有的具体行政行为已经执行，也不是撤销可以解决的问题；有的行政不作为时过境迁，再要求行政机关作出一定行为已经毫无意义。在这些情况下，行政复议机关就可以作出确认被申请人具体行政行为违法的行政复议决定，以宣告被申请人侵犯申请人权益的事实状态，为申请人获得行政赔偿提供条件。根据《国家赔偿法》相关规定，只有具体行政行为被确认违法并侵害了当事人的合法权益时，当事人才有可能向行政机关要求行政赔偿。因此，确认具体行政行为违法，可以为当事人启动行政赔偿程序，充分保障当事人的权益。

（四）决定被申请人重新作出具体行政行为

依据《行政复议法》的规定，行政复议机关决定撤销或者确认该具体行政行为违法的，可以责令被申请人在一定期限内重新作出具体行政行为。

被申请人重新作出的具体行政行为，在法律的意义上是一个独立的具体行政行为，与原具体行政行为互不隶属。申请人对该新作出的具体行政行为不服，仍然可以申请行政复议或提起行政诉讼。

新具体行政行为与原具体行政行为之所以不同，就在于两者建立的事实基础可能有所不同，所采纳的证据材料可能有所不同，所依据的法律条款可能有所不同，或者所运用的法律程序有所不同。这些因素的不同就构成了法律意义上的两个具体行政行为。因此，如果原具体行政行为被撤销或者具体行政行为被确认违法后，被申请人就要注意避免出现同样的错误，不能以原具体行政行为基于的同一事实和理由，作出与原具体行政行为相同或者基本相同的具体行政行为。

七、驳回行政复议申请的决定

根据《行政复议法实施条例》第四十八条规定，有下列情形之一的，行政复议机关应当决定驳回行政复议申请：

1. 申请人认为行政机关不履行法定职责申请行政复议，行政复议机关受理后发现该行政机关没有相应法定职责或者在受理前已经履行法定职责的

在这种情形下，行政机关没有相应法定职责或者在行政复议机关受理前已经履行法定职责的，说明申请人认为行政机关不履行法定职责（即不作为）的理由不能成立，行政复议机关不能支持申请人的行政复议请求，如果适用行政复议决定中的维持、撤销、变更、责令履行都是不合适的，只有驳回申请人的行政复议申请，终结行政复议程序，才是最适当的选择。需要注意的是，这里强调的是行政机关在受理前已经履行职责，只有受理前行政机关已经履行职责，才有作出驳回行政复议申请的可能。假如行政机关是在作出受理决定后才履行职责的，那么除非申请人撤回其行政复议申请，否则不影响行政复议案件的审理。行政复议机关在此种情形下可作出确认其违法的复议决定。

2. 受理行政复议申请后，发现该行政复议申请不符合《行政复议法》和《行政复议法实施条例》规定的受理条件的

由于《行政复议法》规定的对行政复议申请的审查期限只有 5 日，行政复议机构没有太多的时间来对当事人的复议申请进行审查，难免会出现纰漏的情况。同时，根据《行政复议法》规定，由于行政复议受理期限即审查行政复议申请的期限太短，往往超过 5 日推定受理后才发现某个行政复议申请不应当受理。对于这些情况，驳回申请人的行政复议申请是比较适当的选择。

行政复议机关驳回申请人的行政复议申请，意味着行政复议程序的终结，会直接影响当事人的权益。为避免行政复议机关滥用此项权力，有必要对此项权力加以监督。为此，《行政复议法实施条例》赋予上级行政机关对行政复议机关行使驳回行政复议申请的权力的监督权，规定上级行政机关认为行政复议机关驳回行政复议申请的理由不成立的，应当责令恢复审理。这种监督，类似于《行政复议法》第二十条中规定的上级行政机关对行政复议机关无正当理由不受理行政复议申请的监督。对于该条款，应当注意两点：

一是这里规定的是“上级”行政机关，而非“上一级”行政机关。这两者之间的含义是不同的。

二是这里规定的是应当责令“恢复审理”，而非责令“重新审理”。如果是前者，就没有必要再行作出受理等决定，如果是后者，行政复议机关就必须重新对案件进行审查，是另一个意义上的行政复议案件。

从驳回行政复议申请的情形来看：驳回行政复议申请发生在行政复议机关作出受理决定之后。根据《行政复议法实施条例》相关规定，无论是关于不履行职责的驳回行政复议申请的情形，还是不符合行政复议申请受理条件的情形，都必须发生在行政复议机关已经作出行政复议受理决定之后。假如行政复议机关还没有作出受理决定，那么也就没有作出驳回行政复议申请决定的必要。

对于驳回行政复议申请决定是否具有可诉性，目前在理论界和司法界均没有定论。《行政复议法实施条例》仅仅基于行政监督管理体制的要求，对驳回行政复议申请的行政监督作了规定。但是，实践中已经出现了当事人对驳回行政复议申请决定不服提起行政诉讼且被受理的情形。因此，行政复议机关在作出驳回行政复议申请决定时，一定要充分理解和掌握好驳回行政复议申请的条件。

八、对规范性文件的合法性审查

根据《行政复议法实施条例》第二十六条规定：“依照行政复议法第七条的规定，申请人认为具体行政行为所依据的规定不合法的，可以在对具体行政行为申请行政复议的同时一并提出对该规定的审查申请；申请人在对具体行政行为提出行政复议申请时尚不知道该具体行政行为所依据的规定的，可以在行政复议机关作出行政复议决定前向行政复议机关提出对该规定的审查申请。”

上述法条中讲的具体行政行为所依据的“规定”，即是人们所称的“规范性文件”。对此类“规定”（即规范性文件）的审查申请，行政复议机关应当根据具体情况进行处理：

1. 如果该规范性文件是以本人力资源社会保障行政部门的名义（即本行政复议机关的名义）制定的，就属于本机关有权处理的范围，应当在提出审查申请的 30 日内对该规范性文件依法作出处理结论。这里所讲的本机关有权处理的范围有两层含义：一是指本人力资源社会保障行政部门制定的规范性文件都在审查范围之内。二是指属于本人力资源社会保障行政部门主管的所属部门，如属于某省人力资源社会保障厅主管的社会保险中心等制定的规范性文件都在审查范围之内。

2. 如果该规范性文件是由其他行政机关（包括以人民政府的名义、政府其他行政部门的名义、其他人力资源社会保障行政部门的名义）制定的，这里的“其他人力资源社会保障行政部门”是指除本人力资源社会保障行政部门（本行政复议机关）外的其他人力资源社会保障行政部门，如本部门的上级行政部门制定的。那么对此类规范性文件的审查申请，应当在收到提出审查申请的7个工作日内转送制定该规范性文件的行政机关，请其在60日内依法处理。制定该规范性文件的行政机关应当在接到转送材料之日起的60日内依法作出处理，并将处理结果告知本行政复议机关。

考虑到对作出具体行政行为所依据的规范性文件的合法性作出认定和处理，涉及的问题一般都比较复杂，处理起来通常占用的时间也比较长，法律规定对此审查时间不计入行政复议机关作出行政复议决定的期限之内，在此期间，行政复议中止，直至需审查的规范性文件处理完毕，行政复议机关再继续对具体行政行为进行审查。

九、行政复议过程中有关行政赔偿

行政赔偿，是指国家行政机关或者行政机关的工作人员，在行使职权时违法，侵犯了公民、法人或者其他组织的合法权益，并造成了损害，由行政机关作为赔偿义务机关对造成的损害履行赔偿义务。

根据《国家赔偿法》第九条第二款规定：“赔偿请求人要求赔偿，应当先向赔偿义务机关提出，也可以在申请行政复议或者提起行政诉讼时一并提出。”

根据《行政复议法》第二十九条规定：“申请人在申请行政复议时可以一并提出行政赔偿请求，行政复议机关对符合国家赔偿法的有关规定应当给予赔偿的，在决定撤销、变更具体行政行为或者确认具体行政行为违法时，应当同时决定被申请人依法给予赔偿。申请人在申请行政复议时没有提出行政赔偿请求的，行政复议机关在依法决定撤销或者变更罚款，撤销违法集资、没收财物、征收财物、摊派费用以及对财产的查封、扣押、冻结等具体行政行为时，应当同时责令被申请人返还财产，解除对财产的查封、扣押、冻结措施，或者赔偿相应的价款。”这些规定赋予了公民、法人在复议中提出赔偿请求的权利。

十、行政复议决定书

（一）制作行政复议决定书

行政复议决定书是行政复议机关受理行政复议申请后，依法对被申请人的行政行为的合法性、适当性进行审查，作出是否维持、撤销、变更、限期履行或者确认行政行为违法等决定而制作的法律文书。行政复议决定书是行政复议机关对行政相对人具体行政行为的正确与否作出判断结论的载体，是行政复议决定内容的书面表现形式，它反映的是行政复议机关对行政争议的判定和处理意见，具有权威性和强制性，对当事人各方均具有约束力和执行力。

行政复议机关作出行政复议决定，应当制作行政复议决定书，载明下列事项：(1) 申请人的姓名、性别、年龄、住所（法人或者其他组织的名称、地址、法定代表人或者主要负责人的姓名、职务）；(2) 被申请人的名称、住所；(3) 申请人的行政复议请求和理由；(4) 第三人的意见；(5) 被申请人答复意见；(6) 行政复议机关认定的事实、理由，适用的法律、法规、规章以及其他规范性文件；(7) 复议决定；(8) 申请人不服行政复议决定向人民法院起诉的期限；(9) 日期。行政复议决定书应当加盖行政复议机关的印章。

合法的行政复议决定书，应当体现的是，对合法的具体行政行为作出维持的决定；对申请人不合理、不合法的请求予以驳回；对不合法、不合理的具体行政行为进行否决；对受损害者提出法律救济渠道。制作合法、规范的行政复议决定书，对于维护行政机关依法行使职权，保护公民、法人和其他组织的合法权益，起着积极的作用。

行政复议决定书既是行政公文，又具有司法文书的性质，文书格式应当按照国务院法制办关于行政复议法律文书格式要求和《国家行政机关公文处理办法》规定执行。

（二）行政复议决定书的送达

行政复议机关应当根据《民事诉讼法》的规定，采用直接送达、邮寄送达或者委托送达等方式，将行政复议决定送达申请人、被申请人和第三人。

行政复议文书的送达，是行政复议机关按照法定的程序和方式，将依法制作的行政复议文书送交行政复议的申请人、被申请人和其他行政复议参加人的一种行政复议行为。行政复议中行政复议文书的送达与诉讼中诉讼文书的送达存在许多相通之处。行政复议文书的送达依照《民事诉讼法》有关送达的规定执行。行政复议中的送达主要有以下几个特点：

第一，送达的主体是行政复议机关。行政复议申请人、被申请人和第三人向行政复议机关递交行政复议文书或者其他文书的行为都不是送达。

第二，送达的内容是行政复议的文书，如不予受理决定书、行政复议决定书等。

第三，送达的对象是行政复议申请人、被申请人和第三人。

第四，送达必须依法定的程序和方式进行，否则便不具有法律效力，达不到预期的法律效果。

行政复议文书的送达，是一项严肃的法律行为。它不仅是把行政复议文书送交给受送达人，使其明白文书的内容，更重要的是，送达本身包含了一定的法律后果。如果行政复议文书正式送达受送达人，该受送达人应履行相应的权利和义务。例如，行政复议决定书依法送达申请人后，申请人不服的，可在接到送达通知书后一定期限内向人民法院起诉；申请人对行政复议决定没有异议的，即应履行行政复议决定；在法定期限内既没有起诉又不履行行政复议决定的，被申请人便可申请人民法院强制执行或者自己依法强制执行。

第二十章　人力资源社会保障行政诉讼

在人力资源社会保障领域，公民、法人或者其他组织认为人力资源社会保障行政部门及其工作人员的行政行为侵犯其合法权益，可以依法向人民法院提起行政诉讼。涉及对人力资源社会保障事务中民事行为的纠纷向法院提起民事诉讼的内容，在第十七章“劳动争议处理”第四节“劳动争议的诉讼”中已经进行了阐述。本章主要讨论关于人力资源社会保障方面的行政诉讼问题。

第一节　行政诉讼的概念

一、什么是行政诉讼

行政诉讼，是指公民、法人或者其他组织认为行政机关和行政机关工作人员的具体行政行为侵犯其合法权益，依照《行政诉讼法》和其他法律、法规向人民法院提起诉讼，并由人民法院在案件当事人和其他诉讼参与人的参加下，依法审理和解决行政争议的一种诉讼活动。

行政诉讼制度，俗称“民告官”制度，是我国目前行政监督最强有力的法律制度。对行政机关来说，行政诉讼是从监督的角度促进依法行政的制度。我国1989年颁布《行政诉讼法》，第一次确立了具体行政行为合法与违法的标准，建立了通过法院对行政机关的具体行政行为是否合法进行审查的制度。只有证据确凿（以事实为根据）、适用法律法规正确（以法律为准绳）和符合法定程序的具体行政行为，才是合法的具体行政行为，人民法院才能判决维持。对主要证据不足、适用法律法规错误、违反法定程序、超越职权和滥用职权的具体行政行为，人民法院可以判决撤销或部分撤销，并可责令被告重新作出具体行政行为。

行政诉讼是人民法院按照司法程序审理和解决行政争议的司法活动。行政诉讼的目的是通过审查行政机关的具体行政行为是否合法，以维护公民、法人和其他组织的合法权益。

根据《行政诉讼法》的规定，人民法院设行政审判庭，行政案件统一由人民法院的行政审判庭审理。

二、行政诉讼当事人

（一）原告

行政诉讼原告，是指认为行政机关和行政机关工作人员的具体行政行为侵犯其合法权益，有权依照《行政诉讼法》，以自己的名义向人民法院提起诉讼，请求人民法院保护其合法权益，从而使行政诉讼成立的公民、法人或者其他组织。

根据上述概念，要能够成为行政诉讼的原告，应具备几个条件：

1. 必须有一个具体行政行为的存在，通过具体行政行为使行政机关与公民、法人或其他组织之间形成一种行政法律关系。

2. 原告必须是认为自己的合法权益受到具体行政行为侵害的相对人，可以是公民、法人或其他组织。也就是说，原告必须是行政法律关系的一方主体，是直接承担具体行政行为的法律后果的行政管理相对人；原告必须和具体行政行为有直接的利害关系，如果说具体行政行为侵犯了他人的合法权益，和自己没有直接的利害关系时，不能作为原告。

3. 必须向人民法院提起行政诉讼。行政管理相对人虽然认为具体行政行为侵犯了自己的合法权益，但没有向人民法院起诉时，仍然不能称为原告。

只有具备了上述条件的人，才有资格成为行政诉讼原告，有权依照《行政诉讼法》的规定提起行政诉讼。

需要进一步指明的是：《行政诉讼法》突破了传统诉讼法关于公民的诉讼权利能力"始于出生，终于死亡"的一般理论，明确规定了：（1）"有权提起诉讼的公民死亡，其近亲属可以提起诉讼。"这意味着有权提起诉讼的公民已经死亡后，其近亲属提起诉讼时的诉讼地位等同于原告，而不能理解为等同于法定代理人。（2）"有权提起诉讼的法人或者其他组织终止，承受其权利的法人或者其他组织可以提起诉讼。"这意味着当法人或其他组织依法撤销、解散、宣告破产以后，它所享有的提起诉讼的权利由承受其权利的新法人、新组织或其他承受其权利的法人、组织继续行使诉权，提起行政诉讼。

（二）被告

行政诉讼被告，是指在行政法律关系中与原告处于相对立地位，经原告起诉其作出具体行政行为侵犯了原告合法权益，而由人民法院通知应诉的行政机关。

根据上述概念，作为被告应当具备以下条件：

1. 被告必须是行政机关，而且是在行政法律关系中与原告处于相对立地位的行政机关。

2. 除法律特别规定外，被告必须作出了经原告认为侵犯其合法权益的具体行政行为，并和原告认为被侵犯的合法权益之间有因果关系。

3. 被告地位的确定是因人民法院通知应诉，而不是发生于原告提起诉讼。只有经人民法院通知应诉，被告才享有在诉讼中的权利和承担诉讼中的义务。

根据《行政诉讼法》的规定，行政机关作为被告，有以下几种情况：

1. 公民、法人或者其他组织依法直接向人民法院起诉的，作出具体行政行为的行政机关是被告。这里的“直接”是指未经行政复议，依法直接提起诉讼的情况。

2. 依法经过行政复议的案件，被告则依复议结果而定。凡是复议机关决定维持原具体行政行为的，作出原行政行为的行政机关和复议机关是共同被告；凡是复议机关改变原具体行政行为的，复议机关是被告。

3. 复议机关在法定期限内未作出复议决定，公民、法人或者其他组织起诉原行政行为的，作出原行政行为的行政机关是被告；起诉复议机关不作为的，复议机关是被告。

4. 两个以上行政机关作出同一具体行政行为的，共同作出具体行政行为的行政机关是共同被告。

5. 由法律、法规授权的组织所作出的具体行政行为，该组织是被告。法律、法规授权是指在法律、法规中明确规定了某组织行使某项行政管理职能，否则不能理解为法律、法规的授权。

6. 由行政机关委托的组织所做的具体行政行为，委托的行政机关是被告。这里所说的委托必须是依法行使的书面的、正式的委托，口头委托不能成立。

7. 行政机关被撤销或者职权变更的，继续行使其职权的行政机关是被告。

（三）其他诉讼参加人

1. 共同诉讼人

共同诉讼，是指当事人一方或者双方为二人以上的诉讼。原告为二人以上的，称为共同原告；被告为二人以上的，称为共同被告。共同原告或共同被告，又可以总称为共同诉讼人。依照《行政诉讼法》规定，共同诉讼发生在两种场合：一种是因同一具体行政行为发生，一种因同类的具体行政行为发生。

因同一具体行政行为发生的含义，是指同一个，即当事人一方或者双方为二人以上，对同一个具体行政行为是否合法发生争议。例如，某一社会保险经办部门依法对一个企业的养老金用一种计算方法计算时，涉及多个退休人员的养老保险待遇发生争议，多人向人民法院提起诉讼。这一诉讼就属于共同诉讼，原告是多人，被告为一个社会保险经办部门。对此，人民法院认为可以合并审理并经当事人同意的，可以合并审理。

因同类的具体行政行为发生的含义，是指二个或者二个以上的具体行政行为的性质相同或者作出具体行政行为的事实和理由相同。例如，某一劳动保障行政部门的监察人员，在假日期间检查企业是否有违法加班时，对多家企业分别存在程度不同的违法加班行为，但却被处以同样的罚款。这些企业不服，分别提起诉讼。对此，人民法院在审理时，认为可以合并审理的，就产生了共同诉讼。共同诉讼是因发生了同类的具体行政行为，这多家企业作为共同原告，被告是劳动保障行政部门。

我国法律规定共同诉讼的目的，是简化诉讼程序，节省诉讼费用和时间，并可避免人民法院对同一类案件作出相反的判决。

2. 第三人

第三人，是指同原告、被告争议的具体行政行为有利害关系，为维护自己的合法权益，根据申请或者人民法院通知而参加诉讼的公民、法人或其他组织。

根据《行政诉讼法》的规定，公民、法人或者其他组织同被诉行政行为有利害关系但没有提起诉讼，或者同案件处理结果有利害关系的，可以作为第三人申请参加诉讼，或者由人民法院通知参加诉讼。

第三人参加诉讼的方式有两种：一是自己申请。公民、法人或其他组织要求作为第三人参加诉讼，经人民法院同意后，可参加到诉讼中来。二是人民法院通知参加诉讼。人民法院在审理行政案件过程中，认为某公民、法人或者其他组织与该诉讼争议的具体行政行为有利害关系，应通知其作为第三人参加诉讼，以保护其合法权益。

3. 诉讼代理人

诉讼代理人，是指在行政诉讼中根据法律的规定，经法院指定或受当事人委托，以当事人的名义，在一定权限范围内代理当事人进行诉讼的人。被代理的一方当事人，称为被代理人。代理人进行诉讼活动的权限，称为诉讼代理权。

根据《行政诉讼法》的规定：没有诉讼行为能力的公民，由其法定代理人代为诉讼。法定代理人互相推诿代理责任的，由人民法院指定其中一人代为诉讼。同时，当事人、法定代理人，可以委托 1 至 2 人作为诉讼代理人。

诉讼代理人必须以被代理人的名义进行诉讼。诉讼代理人进行诉讼活动，不是为了保护自己的合法权益，也不是以自己的名义进行诉讼活动，而是以他人的名义进行诉讼活动，从而保护他人的合法权益，实质上类似于当事人以自己的名义进行诉讼活动，从而保护自己的合法利益。诉讼代理人只是代理被代理人进行诉讼活动，代理人本人并不承担诉讼产生的法律后果。因此，诉讼代理人所实施的一切诉讼行为，都必须以被代理人名义进行，并对被代理人发生法律效力。

第二节　行政诉讼的受理

一、行政诉讼受案范围

行政诉讼受案有一定的范围，即人民法院主管行政案件的权限，又称主管范围，具体表现为人民法院对行政机关和行政机关工作人员作出的哪些行政行为拥有审判权。通过对行政诉讼受案范围的规定，明确人民法院与行政机关及其他国家机关解决行政争议的分工和权限，同时明确公民、法人或者其他组织提起行政诉讼的权限，有利于公民、法人或者其他组织知道哪些行政案件可以提起诉讼，属于人民法院受案范围，以及依法正确行使诉讼权利，更好地维护自己的合法权益。

依据《行政诉讼法》中的有关规定，在人力资源和社会保障事务行政管理中，人民法院受理公民、法人或者其他组织因下列情形提起的行政诉讼：

（一）对行政处罚决定不服的

这类行政诉讼是指行政管理相对人对行政机关的行政处罚不服，认为行政处罚侵犯了自己的人身权、财产权而依法起诉的行政案件。如劳动监察中实施的行政处罚，是人力资源社会保障行政部门依法对企业违反劳动和社会保险法律规范，不履行保护劳动者权益的法定义务，但尚不够刑事处分的行为给予的一种制裁。行政处罚必须由享有处罚权的行政机关（亦即特定的行政机关）作出，无权或越权作出的行政处罚都是无效的。因此，凡属于对行政处罚不服的，都可依法提起行政诉讼。

（二）对行政强制措施不服的

这类行政诉讼是行政管理相对人不服行政机关的行政强制措施，认为行政强制措施侵犯其人身权、财产权而依法提起诉讼的行政案件。行政强制措施是行政机关为达到行政管理的目的，对特定的人或物采取一定的强制手段。行政管理相对人不服并可起诉的行政强制措施主要分为两种：一种是限制人身自由的行政强制措施；另一种是限制财产流通和划拨账户存款的行政强制措施。

限制人身自由的行政强制措施，如对扰乱公共秩序人员实行的强制遣返、对传染病人的隔离措施等。

限制财产流通和划拨账户存款的行政强制措施，如对欠缴社会保险费的企业账户，通过人社行政部门作出划拨社会保险费的决定并通知银行划拨等。

上述行政强制措施，都直接影响着行政管理相对人的人身权、财产权。所以行政管理相对人对行政机关在实施这些行政强制措施时认为其违反法律和法规的，可以依法提起行政诉讼。

（三）认为依法享有的经营自主权遭受侵犯的

这类行政诉讼是指行政管理相对人对行政机关干涉、限制甚至是剥夺其法律规定的经营自主权的具体行政行为不服而提起诉讼的行政案件。根据《民法典》等法律规定，公民、法人和其他组织的经营自主权受法律保护。各类企业的经营自主权的内容广泛，企业依据法律规定享有的经营自主权遭受侵犯的行政案件，是指侵犯的主体必须是行政机关，侵犯的对象必须是法律明确规定由各类企业享有的经营自主权，而且，不同管理职责的行政机关对企业经营自主权的监管或影响是由法律明确规定的。如劳动派遣单位在经营劳务派遣业务中认为人社行政部门侵害了其合法权益，可以依法提起行政诉讼。

（四）认为依法申办许可而遭拒绝或者不予答复，或者对行政机关作出的行政许可的其他决定不服的

这类行政诉讼主要有两种情形：

一种情形是指行政管理相对人认为符合法定条件申请颁发许可证，而行政机关拒绝颁发或者不予答复的行政案件。由行政机关颁发许可证，是一种具体行政行为，是行政机关根据相对人的合法申请，依法准予其从事某项活动的书面处理决定。例如，企业开展劳务派遣业务，企业依法申请许可而遭拒绝或者不予答复，则认为人社行政部门是一种不作为行为。

另一种情形是对行政机关作出的有关行政许可、行政审批或行政确认决定不服的行政案件。比如对人社行政部门作出的企业实行特殊工时的审批、对工伤认定和职工退休审核等不服，认为人社行政部门的行政行为适用法律或认定程序不合法不合理等。

对于上述行政行为不服的，可以依法提起行政诉讼。

（五）申请行政机关履行保护职责而遭拒绝履行或不予答复的

这类行政诉讼是指行政管理相对人申请行政机关履行保护人身权、财产权的法定职责，行政机关拒绝履行或不予答复的行政案件。保护公民、法人和其他组织人身权、财产权不受非法侵犯是行政机关的法定职责。但是，不同的行政机关有不同的职责。行政机关的职责都是由法律、法规或者规章所规定的。当企业和员工的人身权、财产权受到非法侵害时，如职工的工资被企业违法拖欠，人社行政部门应当依职权主动保护或根据申请而予以保护，否则就是失职行为或不履行法定职责的违法行为。其结果无疑是放纵非法侵害，使职工的合法权益得不到保护。对于申请行政机关履行保护人身权、财产权的法定职责，行政机关拒绝履行或不予答复的，受害人有权提起行政诉讼。

（六）认为行政机关没有依法支付抚恤金、社会保险待遇的

这类行政诉讼是指依法应当得到一定数额的抚恤金、社会保险金的相对人，对负责发放社会保险待遇的人社行政部门（或依法履行行政管理职能的机构）不发放或者少发放不服，而提起诉讼的行政案件。各项社会保险待遇是指有关人员因出现法定情形（如退休、生病、工伤、失业、生育）时，法律法规规定由有关行政部门发给其受益者的费用。负责发放各项社会保险待遇的行政部门（或依法有权履行行政职能的机构）不依法发放，就是对有关公民权利的侵害。因此，受侵害的相对人可以依法提起行政诉讼。

（七）认为行政机关违法要求履行其他义务的

这类行政诉讼是指行政管理相对人对行政机关不按法律、法规的规定而任性要求自己履行义务，或者对要求履行法律、法规规定之外的义务不服，而提起诉讼的行政案件。行政机关履行职务对公民、法人和其他组织进行管理必须依法行政，不得违反法律规定非法对公民、法人和其他组织设定义务。对非法要求公民、法人和其他组织出钱、出工、出物或承担法外义务等，如违法向企业和劳动者过多地征收社会保险费，违法向劳动者和企业摊派有关劳动就业服务和劳动技能培训方面的费用等，企业和劳动者都可以依法提起行政诉讼。

（八）认为行政机关侵犯其他人身权、财产权的

这类行政诉讼是指除上述七类情形所涉及的人身权、财产权外的人身权、财产权受到行政机关具体行政行为侵犯时，行政管理相对人依法提起诉讼的行政案件。由于涉及公民、法人和其他组织的人身权、财产权的内容很多，以上七项内容的规定概括不了，因此，《行政诉讼法》规定了兜底条款，即指出凡是人身权或财产权受侵犯的行政行为，都可以依法提起行政诉讼。

此外，根据《行政诉讼法》的规定，针对行政法规、规章或者行政机关制定、发布的具有普遍约束力的决定、命令；行政机关对行政机关工作人员的奖惩、任免等决定；法律规定由行政机关最终裁决的行政行为提起行政诉讼的，人民法院不予受理。

二、提起行政诉讼的条件

根据《行政诉讼法》第四十九条规定，提起诉讼应当符合下列条件：

1. 原告是符合本法第二十五条规定的公民、法人或者其他组织；即“行政行为的相对人以及其他与行政行为有利害关系的公民、法人或者其他组织，有权提起诉讼”。

2. 有明确的被告。

3. 有具体的诉讼请求和事实根据。

4. 属于人民法院受案范围和受诉人民法院管辖。

按照《最高人民法院关于适用〈中华人民共和国行政诉讼法〉的解释》（法释〔2018〕1号）第六十八条第一款规定："行政诉讼法第四十九条第三项规定的'有具体的诉讼请求'是指：（一）请求判决撤销或者变更行政行为；（二）请求判决行政机关履行特定法定职责或者给付义务；（三）请求判决确认行政行为违法；（四）请求判决确认行政行为无效；（五）请求判决行政机关予以赔偿或者补偿；（六）请求解决行政协议争议；（七）请求一并审查规章以下规范性文件；（八）请求一并解决相关民事争议；（九）其他诉讼请求。"

当事人提起行政诉讼时还应当注意：（1）当事人单独或者一并提起行政赔偿、补偿诉讼的，应当有具体的赔偿、补偿事项以及数额；（2）当事人请求一并审查规章以下规范性文件的，应当提供明确的文件名称或者审查对象；（3）当事人请求一并解决相关民事争议的，应当有具体的民事诉讼请求。

三、行政诉讼的证据

行政诉讼中的证据，是当事人用来证明其诉讼请求和待证事实是否客观存在的材料，也是人民法院用来查明案件的真实情况并作出判断的主要依据。因此，行政诉讼证据同民事诉讼法和刑事诉讼法中的证据一样，是正确处理每一个行政案件的基础和前提。

（一）证据的种类

为了便于审判人员在司法实践中收集和运用证据，根据行政诉讼证据的来源性质、形成方式、表现形式、作用及其特点，《行政诉讼法》规定行政诉讼中的证据共分为以下八种：

1. 书证。是指用文字、符号、图画等书面材料的内容、含义来证明行政案件真实情况的文书。如证明、书信、罚款单等。

2. 物证。是指能够证明行政案件事实的物品及其痕迹。它是以自己存在的形态、质量、规格、特征等来证明行政法律关系及其正确与否。

3. 视听资料。是指用录像或录音磁带方法记录下来的有关案件的事实材料。如用录音机和录像机录制的图像、语言、音响和人物形象及其活动，或者用电子计算机存储的资料来证明行政案件真实情况的证据。

4. 电子数据。是指能够证明行政案件真实情况的信息、电子文件，主要指：（1）网页、博客、微博客等网络平台发布的信息；（2）手机短信、电子邮件、即时通信、通讯群组等网络应用服务的通信信息；（3）用户注册信息、身份认证信息、电子交易记录、通信记录、登录日志等信息；（4）文档、图片、音频、视频、数字证书、计算机程序等电子文件；（5）其他以数字化形式存储、处理、传输的能够证明案件事实的信息。

5. 证人证言。由于了解案件的情况，应人民法院的询问或者传唤到庭作证的人，称为证人。证人就其所了解的案件事实向人民法院所做的真实的陈述，称为证人证言。任何公民和组织都有作证的义务。证人作证一般应亲自出庭，确有特殊情况不能到庭的，经人民法院许可后可以用书面证言的形式作证。

6. 当事人的陈述。是指在行政诉讼中，案件的直接利害关系人就争议的事项向人民法院所作的关于案件事实和证明这些事实情况的叙述或者承认。对于人民法院来说，当事人的陈述是查明案件真实的重要线索，应当加以重视。

7. 鉴定意见。是指人民法院指定的专门机关运用专业知识对行政案件中的专门性问题，通过技术鉴定，进行综合分析后所作的书面结论。

8. 勘验笔录、现场笔录。行政诉讼中的勘验笔录是指行政机关的工作人员或者人民法院的审判人员，对与案件有关的现场或物品进行分析、检验、勘查后所作的记录，是客观事物的书面反映，是保全原始证据的一种证据形式。现场笔录是指行政机关工作人员在现场当场实施行政处罚或者其他处理决定时所作的现场情况的笔录。

上述证据，只有经庭审查证属实，才能作为定案的根据。查证以前只能作为证据材料。

（二）举证责任

举证责任，是指法律上规定的诉讼当事人，对应当确认的案件事实提出证据加以证明的责任。原告、被告双方都有举证责任。如果不能提供证据，则可能要承担败诉的结果。举证责任实质上是法院即使难以查明全部案件事实，也能判断胜诉和败诉的审判规则。

根据《行政诉讼法》第三十四条规定：“被告对作出的行政行为负有举证责任，应当提供作出该行政行为的证据和所依据的规范性文件。被告不提供或者无正当理由逾期提供证据，视为没有相应证据。但是，被诉行政行为涉及第三人合法权益，第三人提供证据的除外。”如果被告在作出行政行为时已经收集了证据，但因不可抗力等正当事由不能提供的，经人民法院准许，可以延期提供。《行政诉讼法》突出被告的举证责任，这是行政诉讼不同于民事诉讼中的“谁主张，谁举证”之处，反映了行政诉讼证据制度的特点。

在行政法律关系中，原告和被告处于不平等的地位，他们之间是一种管理与被管理的关系。行政法律关系的产生基于行政机关的单方面的行为。行政机关作出某种具体行政行为，一要有事实根据，二要有法律、法规等规范性文件的依据。这才符合依法行政的原则。因此，在行政诉讼中，当行政机关作为被告接受司法监督时，诉讼标的是具体行政行为，理所当然地应当由行政机关对自己作出的具体行政行为负举证责任，有责任提供为什么作出该项具体行政行为的证据，以充足的证据证明自己作出的具体行政行为合法。否则，就是非法行政或者违法行政，应承担败诉的后果。

同时，《行政诉讼法》还规定了在诉讼过程中，被告不得自行向原告和证人收集证据。这是对行政机关收集证据的限制规定。在诉讼过程中，作为被告诉讼代理人的律师，同样不得自行向原告和证人收集证据。此外，从人民法院审理行政案件看，主要也是根据行政机关提供的各种材料审查其行为是否合法。因此，在行政诉讼中，行政机关作为被告不仅要提供作出具体行政行为的事实根据和法律、法规及其他规范性文件的依据，而且应对提供的材料加以证明。

《行政诉讼法》规定由被告一方负举证责任，并非否认原告一方向人民法院提供证据的权利和人民法院收集证据的权力。根据《行政诉讼法》第三十七条规定：“原告可以提供证明行政行为违法的证据。原告提供的证据不成立的，不免除被告的举证责任。”根据《行政诉讼法》第三十八条规定：“在起诉被告不履行法定职责的案件中，原告应当提供其向被告提出申请的证据。但有下列情形之一的除外：（一）被告应当依职权主动履行法定职责的；（二）原告因正当理由不能提供证据的。在行政赔偿、补偿的案件中，原告应当对行政行为造成的损害提供证据。因被告的原因导致原告无法举证的，由被告承担举证责任。”同时，人民法院作为国家审判机关，有权要求当事人提供或补充证据，也有权向有关的行政机关及其他组织、公民调取证据。

第三节　行政诉讼案件的管辖

一、行政诉讼案件管辖的概念

行政诉讼中的管辖，是指人民法院系统内确定审判第一审行政案件的权限分工，明确当事人在哪一个人民法院起诉、由哪一个人民法院受理的法律制度。依法确定管辖，便于公民、法人和或者其他组织进行诉讼，便于规范人民法院审判和执行，也利于人民法院公正审理行政案件。

根据《行政诉讼法》的规定，行政案件的管辖主要有：级别管辖、地域管辖等。

二、级别管辖

级别管辖，是指按照行政案件的性质、影响范围、繁简程度来划分不同级别人民法院之间审理第一审行政案件的分工和权限。我国人民法院分为四级，即基层人民法院、中级人民法院、高级人民法院和最高人民法院。这四级法院都可以审理第一审行政案件。级别管辖就是要确定哪些第一审行政案件由基层人民法院审理，哪些第一审行政案件由中级人民法院审理，高级人民法院和最高人民法院审理什么样的第一审行政案件。

所谓行政案件的性质，是指不同性质的行政案件由不同级别的人民法院管辖。如普通行政案件由基层人民法院管辖；确认发明专利权的案件、海关处理的案件和省级人民政府或者国务院各部门的案件，由中级人民法院管辖。

所谓行政案件的影响范围和繁简程度，主要是指案件的影响范围超出了某一基层人民法院辖区的范围，或者案情复杂，或者案情重大等。此时就要考虑由最高人民法院、高级人民法院或中级人民法院管辖第一审行政案件。

（一）基层人民法院管辖的第一审行政案件

我国基层人民法院是法院体系的基层单位，它们分布广泛、数量众多，行政案件一般应由基层人民法院作为第一审法院受理。这样既便于当事人诉讼，也便于人民法院办案。因此，除法律另有规定的外，第一审行政案件均由基层人民法院管辖。具体地讲，即除法律规定应由中级人民法院、高级人民法院、最高人民法院管辖的第一审行政案件外，其余所有第一审行政案件都由基层人民法院管辖。《行政诉讼法》第十四条规定，“基层人民法院管辖第一审行政案件”，正是用排除的方法概括地确定了基层人民法院管辖的第一审行政案件。

（二）中级人民法院管辖的第一审行政案件

中级人民法院主要是审理基层人民法院审结后的上诉行政案件，并对下属的基层人民法院的审判工作进行监督和指导。同时根据《行政诉讼法》第十五条规定，中级人民法院管辖以下第一审行政案件：（1）对国务院部门或者县级以上地方人民政府所作的行政行为提起诉讼的案件；（2）海关处理的案件；（3）本辖区内重大、复杂的案件；（4）其他法律规定由中级人民法院管辖的案件。

（三）高级人民法院管辖的第一审行政案件

高级人民法院的主要任务是对全省、自治区、直辖市内基层人民法院和中级人民法院的审判工作进行监督和指导，并审理不服中级人民法院第一审判决、裁定依法提起上诉的案件。同时，根据《行政诉讼法》规定管辖本辖区内重大、复杂的第一审行政案件。重大复杂的行政案件，主要指案情重大、复杂，涉及面广，具有重大影响的案件。这样的行政案件，不论发生在哪个基层人民法院或者中级人民法院辖区内，只要高级人民法院认为该案在本省、自治区、直辖市内重大、复杂，就可以作为一审法院管辖。

（四）最高人民法院管辖的第一审行政案件

最高人民法院是国家的最高审判机关，它负责指导和监督全国地方各级人民法院和专门法院的审判工作，并对全国地方各级人民法院在审判过程中如何具体运用法律、法规的问题进行司法解释；审理不服高级人民法院判决、裁定依法提起上诉的行政案件；同时审判高级人民法院报请它审判的行政案件。根据《行政诉讼法》的规定：“最高人民法院管辖全国范围内重大、复杂的第一审行政案件。”一般而言，由最高人民法院作为第一审管辖的行政案件是一审终审，所作的判决、裁定是终审判决、裁定，送达当事人后，即发生法律效力。

三、地域管辖

地域管辖（或区域管辖），是指按照人民法院的管辖区域和最初作出具体行政行为的行政机关所在地、当事人所在地及诉讼标的所在地的关系来确定行政案件的管辖。根据《行政诉讼法》的规定，地域管辖可以概括为一般地域管辖、专属管辖、共同管辖三种情形。

（一）一般地域管辖

一般地域管辖（又称普通地域管辖），是指按照最初作出具体行政行为的行政机关所在地确定行政案件的管辖。行政诉讼一般地域管辖有三种情况：（1）依法不经过复议而直接起诉的行政案件，由最初作出具体行政行为的行政机关所在地法院管辖；（2）经过行政复议后，行政复议机关维持原具体行政行为的行政案件，由最初作出具体行政行为的行政机关所在地法院管辖；（3）经过行政复议后，行政复议机关改变（包括撤销和变更）原具体行政行为的行政案件，既可以由最初作出具体行政行为的行政机关所在地法院管辖，也可以由复议机关所在地法院管辖。

一般情况下，最初作出具体行政行为的行政机关所在地，既是具体行政行为的所在地，也是原告违反行政管理法律法规或不履行法定义务的违法行为的发生地，也是行政争议的发生地；同时，大多数也是原告所在地。因此，《行政诉讼法》把一般地域管辖规定为由最初作出具体行政行为的行政机关所在地法院管辖，既便于当事人诉讼，又便于人民法院调查，收集和核实证据，迅速查明案情，及时正确审理行政案件，便于人民法院对行政案件判决和裁定的执行。

（二）专属管辖

专属管辖，是指法律规定某些行政案件必须由法定的人民法院管辖。根据《行政诉讼法》的规定："因不动产提起的行政诉讼，由不动产所在地人民法院管辖。""不动产"是相对动产而言，它是指不能移动或者移动后就失去其使用价值的实物。《行政诉讼法》将因不动产而提起的行政诉讼规定由不动产所在地人民法院专属管辖，便于人民法院调查、勘验，正确及时审理案件，便于人民法院的判决和裁定的执行。

（三）共同管辖

共同管辖（或称共同地域管辖），是指两个以上人民法院，依照法律规定对同一个行政案件都有管辖权。规定两个以上人民法院都有管辖权的案件，对原告提起诉讼来说，又称选择地域管辖。根据《行政诉讼法》第二十一条规定："两个以上人民法院都有管辖权的案件，原告可以选择其中一个人民法院提起诉讼。原告向两个以上有管辖权的人民法院提起诉讼的，由最先立案的人民法院管辖。”

第四节　行政诉讼审理和判决

一、起诉

行政诉讼中的起诉，是指公民、法人或者其他组织认为行政机关及其工作人员的具体行政行为侵犯其合法权益，以自己的名义，依照法定的条件和程序，请求人民法院通过审判给予保护的诉讼行为。

在多数情况下，公民、法人或者其他组织对行政机关的具体行政行为不服，既可以向法律、法规规定的行政机关申请行政复议，也可以直接向人民法院提起行政诉讼。就是说，适用哪一种程序，由原告选择。例如，依据《工伤保险条例》第五十五条的规定，申请工伤认定的职工或者其近亲属、该职工所在单位对工伤认定申请不予受理的决定或工伤认定结论不服的，“可以依法申请行政复议，也可以依法向人民法院提起行政诉讼”。

《行政诉讼法》规定，公民、法人或者其他组织符合提起行政诉讼条件的，应当按以下程序和期限提起诉讼：

1. 公民、法人或者其他组织直接向人民法院提起行政诉讼的，应当自知道或者应当知道作出行政行为之日起 6 个月内提出。法律另有规定的除外。

2. 公民、法人或者其他组织申请行政机关履行保护其人身权、财产权等合法权益的法定职责，行政机关在接到申请之日起 2 个月内不履行的，公民、法人或者其他组织可以向人民法院提起诉讼。法律、法规对行政机关履行职责的期限另有规定的，从其规定。

3. 对于属于人民法院受案范围的行政案件，公民、法人或者其他组织可以先向行政机关申请行政复议，对复议决定不服的，再向人民法院提起诉讼；也可以直接向人民法院提起诉讼。如果法律、法规规定应当先向行政机关申请行政复议，对复议决定不服再向人民法院提起诉讼的，应当依照法律、法规规定的程序进行。

4. 公民、法人或者其他组织不服行政复议决定的，可以在收到复议决定书之日起 15 日内向人民法院提起行政诉讼。复议机关逾期不作决定的，申请人可以在复议期满之日起 15 日内向人民法院提起诉讼。法律另有规定的除外。

法律规定，公民、法人或者其他组织因不可抗力或者其他不属于其自身的原因耽误起诉期限的，被耽误的时间不计算在起诉期限内。因其他特殊情况耽误起诉期限的，在障碍消除后 10 日内，可以申请延长期限，但要由人民法院来决定。

二、起诉的审查

审查受理，是指人民法院接到原告的起诉状后，经过对起诉的审查，认为符合法律规定的起诉条件，决定立案进行审理的诉讼行为。按照《行政诉讼法》第五十一条规定，人民法院在接到起诉状时对符合本法规定的起诉条件的，应当登记立案。

对当场不能判定是否符合法律规定的起诉条件的，应当接收起诉状，出具注明收到日期的书面凭证，并在 7 日内决定是否立案。不符合起诉条件的，作出不予立案的裁定。裁定书应当载明不予立案的理由。原告对裁定不服的，可以提起上诉。

如果审查发现起诉状内容欠缺或者有其他错误的，应当给予指导和释明，并一次性告知当事人需要补正的内容。不得未经指导和释明即以起诉不符合条件为由不接收起诉状。

三、审理和判决

根据《行政诉讼法》规定，审理程序分为：第一审程序、第二审程序和审判监督程序。判决方式分为第一审行政案件的判决方式和第二审行政案件的判决方式。人民法院审判行政案件实行两审终审制。

（一）第一审普通程序

1. 开庭审理前的有关准备

（1）人民法院在立案之日起 5 日内，将起诉状副本发送被告。被告应当在收到起诉状副本之日起 15 日内向人民法院提交作出行政行为的证据和所依据的规范性文件，并提出答辩状。法院应当在收到答辩状之日起 5 日内，将答辩状副本发送原告。如果被告不提出答辩状的，并不影响法院审理。

（2）依据《行政诉讼法》规定："人民法院审理行政案件，以法律和行政法规、地方性法规为依据。地方性法规适用于本行政区域内发生的行政案件。"审理民族自治地方的行政案件，以该民族自治地方的自治条例和单行条例为依据。对于政府行政规章，作为审理行政案件的参照依据。

对于公民、法人或者其他组织认为行政行为所依据的国务院部门和地方人民政府及其部门制定的规范性文件不合法，在对行政行为提起诉讼时，要求一并请求对该规范性文件进行审查的诉求。人民法院在审理行政案件中，经审查认为该规范性文件不合法的，不作为认定行政行为合法的依据，应向制定机关提出处理建议。

（3）当事人认为审判人员与本案有利害关系或者有其他关系可能影响公正审判，有权申请审判人员回避。同时，审判人员认为自己与本案有利害关系或者有其他关系，也应当申请回避。

（4）对于原告无正当理由拒不到庭，或者未经法庭许可中途退庭的，可以按照撤诉处理；原告向人民法院提起行政诉讼，是行使法律赋予的诉讼权利。原告可以在法律规定的范围内处分自己的诉讼权利，经人民法院合法传唤，原告无正当理由拒不到庭，就等于原告实际上放弃了自己的诉讼权利。对此，法院可以视为其申请撤回起诉。

对于被告无正当理由拒不到庭，或者未经法庭许可中途退庭的，可以缺席判决。在行政诉讼中，被告不仅应提供其作出具体行政行为的材料，而且作为负有举证责任的一方，应出庭对自己作出的行政行为的事实和依据进行解释和答辩。经人民法院传唤后，被告拒不到庭的，表明其放弃了自己在法庭上答辩的权利。对此，法院可从保护原告的合法利益出发，在被告缺席的情况下进行判决。

（5）依据《行政诉讼法》规定："人民法院审理行政案件，不适用调解。但是，行政赔偿、补偿以及行政机关行使法律、法规规定的自由裁量权的案件可以调解。"调解应当遵循自愿、合法原则，不得损害国家利益、社会公共利益和他人合法权益。

2. 行政案件的判决

行政案件的判决，是指人民法院行使国家审判权，对行政争议中的实体权利和义务依法作出权威性的判定。人民法院对经审理的行政案件，根据不同情况，依据《行政诉讼法》的规定，应分别作出以下判决：

（1）驳回原告诉讼请求判决

依据《行政诉讼法》第六十九条规定："行政行为证据确凿，适用法律、法规正确，符合法定程序的，或者原告申请被告履行法定职责或者给付义务理由不成立的，人民法院判决驳回原告的诉讼请求。"

这是指确认被诉具体行政行为合法的判决。人民法院受理行政案件后，经过法庭调查、法庭辩论等审理程序，认为行政部门作出的具体行政行为证据确凿，适用法律、法规正确，符合法定程序的，应当作出确认该行政行为合法性的判决。

以案释法

案情简介

小沈在从公司下班回家的路上，发生交通事故。4月7日，小沈向区人社局申请工伤认定。5月8日，人社局受理了他的工伤认定申请。5月18日，小沈又向区劳动争议仲裁委员会提出仲裁申请，要求确认与原告之间存在劳动关系。

5月19日，公司向人社局请求在劳动争议仲裁结果出来前，应当对小沈的工伤认定予以中止。6月30日，人社局作出了《关于小张工伤认定决定》。公司不服，遂向法院提起行政诉讼，要求撤销人社局的工伤认定决定。

法院经审理认为，小沈在申请工伤认定的过程中又申请通过仲裁方式确认其与公司存在劳动关系，这是小沈的权利和自由，与人社局的工伤认定行为没有必然的联系。因为认定有无劳动关系，不经劳动争议仲裁，劳动保障部门通过相关证据也可认定。因此，公司认为在小沈和公司劳动争议尚未审结，双方劳动关系尚未确定的情况下，人社局认定小沈系工伤缺乏事实依据、程序违法这一意见，法院不予采纳。故判决驳回公司要求撤销人社局的工伤认定决定的诉讼请求。

争议焦点

通过劳动争议仲裁委员会确认劳动关系是否为工伤认定的前提程序？从另一个方面讲，在劳动关系存在争议时，劳动保障部门是否具有劳动关系确认权？

案例评述

对此案件，有两种处理意见：

一种意见认为，对劳动关系是否存在有争议的，应先通过劳动仲裁程序解决。理由为：

其一，劳动关系的认定不属工伤认定的范畴，应归属于劳动争议范畴。根据《工伤保险条例》关于“工伤认定”的规定，劳动保障行政部门所作工伤认定主要是对职工发生的事故伤害及所患疾病能否认定为工伤作出决定，以使受伤职工享受工伤保险待遇。而劳动争议是指劳动关系当事人因实现劳动权利和履行劳动义务而发生的纠纷。可见，劳动争议是基于劳动关系而存在，是首先要解决的问题。

其二，劳动争议需通过劳动仲裁程序解决。《劳动和社会保障部关于确立劳动关系有关事项的通知》第五条规定：“劳动者与用人单位就是否存在劳动关系引发争议的，可以向有管辖权的劳动争议仲裁委员会申请仲裁。”

其三，由于劳动争议由劳动争议仲裁委员会和法院的民庭处理，行政争议则由行政机关和法院的行政庭处理，将工伤认定与劳动关系确认分开解决，可能会出现与企业没有劳动关系的人员被认定为工伤员工。

另一种意见认为，劳动关系是否存在，可以在工伤认定程序中直接认定。理由为：

其一，《工伤保险条例》第十八条授予了劳动保障行政部门对劳动关系的认定权，如果说劳动保障行政部门无权对劳动关系确认，那么只要用人单位否认存在劳动关系，就都要先行通过劳动仲裁，那么，要求申请工伤认定提交劳动关系证明就没有意义了。

其二，通过劳动仲裁程序认定劳动关系会过于繁杂，不利于劳动者合法权益的及时保护。

最后，法院采纳了第二种意见。其主要理由是：

第一，最高人民法院行政审判庭在《最高人民法院行政审判庭关于劳动行政部门在工伤认定程序中是否具有劳动关系确认权请示的答复》（〔2009〕行他字第12号）中已明确答复：“根据《劳动法》第九条和《工伤保险条例》第五条、第十八条的规定，劳动行政部门在工伤认定程序中，具有认定受到伤害的职工与企业之间是否存在劳动关系的职权。”这说明，劳动法律法规为劳动保障行政部门设定了在工伤认定程序中确认劳动关系的职权，这种职权是伴随劳动保障行政部门的设立而来的，是固有职权。

第二，工伤的主体是特定的，只能是劳动关系中的一方当事人，即劳动者。如果劳动者不能成为劳动关系中的一方当事人，则失去了工伤认定的主体条件。劳动关系的确定是劳动行政部门进行工伤认定的首要的工作程序，若不能确认劳动关系，则受伤职工所受的伤害就不能称之为工伤，而只能是人身伤害。《工伤保险条例》第十九条明确规定了劳动保障行政部门对事故伤害的调查权，这不仅仅是调查存在事故伤害的事实，更重要的是，首先得确认受伤职工与用人单位之间是否存在劳动关系。若不存在劳动关系，则也不存在事故伤害的调查核实。

第三，《工伤保险条例》对“先通过劳动仲裁确认劳动关系、后进行工伤认定的程序”没有明文规定。恰恰相反，《工伤保险条例》第十八条、第十九条规定了劳动保障行政部门要审查是否存在劳动关系，受伤职工提交的证明材料不能显而易见证明存在劳动关系的，劳动保障行政部门还应调查核实，以取得充分的证据证明存在劳动关系。证明存在劳动关系的证据有多种，如工资花名册、工作证、具有劳动权利义务内容的调解协议、已明确认定存在劳动关系的仲裁文书或人民法院裁判文书等。劳动行政部门经审查判断，受伤职工提交的证明材料或其调取的证据能够证明劳动关系的存在，即可作出劳动关系存在的认定。①

（2）裁定是否准许撤诉

依据《行政诉讼法》第六十二条规定：“人民法院对行政案件宣告判决或者裁定前，原告申请撤诉的，或者被告改变其所作的行政行为，原告同意并申请撤诉的，是否准许，由人民法院裁定。”人民法院在裁定中，必须以是否合法为准。合法的，应当裁定准许撤诉；否则，就应当裁定不准许撤诉。

---

① 参见张昌民：《通过劳动仲裁确认劳动关系不是工伤认定的前置程序》，载《人民法院报》2010年8月12日第6版。

（3）撤销判决和重作判决

依据《行政诉讼法》第七十条规定："行政行为有下列情形之一的，人民法院判决撤销或者部分撤销，并可以判决被告重新作出行政行为：（一）主要证据不足的；（二）适用法律、法规错误的；（三）违反法定程序的；（四）超越职权的；（五）滥用职权的；（六）明显不当的。"

只要具备上述法条中情形之一的，人民法院就可以判决撤销或者部分撤销具体行政行为。

这里要注意超越职权和滥用职权的区分。所谓超越职权，是指行政主体在行政管理活动中，行使了法律、法规没有授予的行政权力，或者超越了法律、法规授予的权限。所谓滥用职权，是指行政主体作出的具体行政行为虽然在其自由裁量权限内，但违反了法律、法规的目的和原则，并且不合理。

法律规定，可以判决被告重新作出行政行为，这是对判决撤销具体行政行为后的一种补充。即对行政机关原作出的违法或部分违法的具体行政行为撤销后，要求行政机关重新作出另一个新的具体行政行为。《行政诉讼法》同时规定："人民法院判决被告重新作出行政行为的，被告不得以同一的事实和理由作出与原行政行为基本相同的行政行为。"

（4）履行判决

依据《行政诉讼法》第七十二条规定："人民法院经过审理，查明被告不履行法定职责的，判决被告在一定期限内履行。"

这是指被告不履行法定职责时，判决被告必须在一定期限内履行法定职责。如对符合法定条件申请被告人社行政部门履行颁发职业介绍许可证、支付有关社会保险金等法定职责，被告拒绝履行或不予答复的，法院应当判决被告在一定期限内履行法定职责。

以案释法

案情简介

王某是公司职工，在工作期间受伤，认定为工伤，住院治疗。公司未缴纳工伤保险费，仅向其支付了5000元医疗费之后，单位就未继续支付费用。

王某向当地市社保中心提起先行支付工伤保险待遇申请。

市社保中心按照《人力资源和社会保障部关于印发工伤保险经办规程的通知》(人社部发〔2012〕11号)第七十五条第二款“先行支付审核”的规定，用人单位拒不支付工伤待遇，工伤职工申请先行支付的，需要提供社会保险行政部门出具的用人单位拒不支付证明材料。要求王某提供相关材料。

王某为此申请公司所在地的市人社局出具用人单位拒不支付的证明材料，被人社局拒绝。

随即，王某向法院提起了行政诉讼，认为市人社局行政不作为，市社保中心依据的文件也不合法。

案例评述

根据《社会保险法》第四十一条第一款规定：“职工所在用人单位未依法缴纳工伤保险费，发生工伤事故的，由用人单位支付工伤保险待遇。用人单位不支付的，从工伤保险基金中先行支付。”同时在《社会保险基金先行支付暂行办法》(人力资源和社会保障部令第38号)第六条中也规定，职工所在用人单位未依法缴纳工伤保险费，发生工伤事故的，职工被认定为工伤后，对于用人单位拒绝支付全部或者部分费用的，职工或者其近亲属可以持工伤认定决定书和有关材料向社会保险经办机构书面申请先行支付工伤保险待遇。而《人力资源和社会保障部关于印发工伤保险经办规程的通知》第七十五条第二款“先行支付审核”的规定与《社会保险法》第四十一条和《社会保险基金先行支付暂行办法》第六条、第七条、第八条相冲突，限制了申请人的申请条件。本案中，王某的诉求满足《社会保险法》和《社会保险基金先行支付暂行办法》的规定。

同时在现实中，也要看到，工伤职工有时难以获得“社会保险行政部门出具的用人单位拒不支付证明材料”；社保行政部门不出具“用人单位拒不支付证明材料”应当成为不作为的被告。

社保部门应当按照《社会保险基金先行支付暂行办法》第七条规定：“社会保险经办机构收到职工或者其近亲属根据第六条规定提出的申请后，应当在3个工作日内向用人单位发出书面催告通知，要求其在5个工作日内予以核实并依法支付工伤保险待遇，告知其如在规定期限内不按时足额支付的，工伤保险基金在按照规定先行支付后，取得要求其偿还的权利。”并按照《社会保险法》第四十一条第二款的规定："从工伤保险基金中先行支付的工伤保险待遇应当由用人单位偿还。用人单位不偿还的，社会保险经办机构可以依照本法第六十三条的规定追偿。"

（5）确认违法或确认无效判决

依据《行政诉讼法》第七十四条规定："行政行为有下列情形之一的，人民法院判决确认违法，但不撤销行政行为：（一）行政行为依法应当撤销，但撤销会给国家利益、社会公共利益造成重大损害的；（二）行政行为程序轻微违法，但对原告权利不产生实际影响的。行政行为有下列情形之一，不需要撤销或者判决履行的，人民法院判决确认违法：（一）行政行为违法，但不具有可撤销内容的；（二）被告改变原违法行政行为，原告仍要求确认原行政行为违法的；（三）被告不履行或者拖延履行法定职责，判决履行没有意义的。"

依据《行政诉讼法》第七十五条规定："行政行为有实施主体不具有行政主体资格或者没有依据等重大且明显违法情形，原告申请确认行政行为无效的，人民法院判决确认无效。"

《行政诉讼法》还规定，人民法院判决确认违法或者无效的，可以同时判决责令被告采取补救措施；给原告造成损失的，依法判决被告承担赔偿责任。

（6）变更判决

依据《行政诉讼法》第七十七条规定："行政处罚明显不当，或者其他行政行为涉及对款额的确定、认定确有错误的，人民法院可以判决变更。人民法院判决变更，不得加重原告的义务或者减损原告的权益。但利害关系人同为原告，且诉讼请求相反的除外。"

这是指法院作出的判决改变了具体行政行为的处理结果。在一般情况下，法院不能判决变更，只有在法定条件下才能行使。根据《行政诉讼法》规定，只有对行政处罚"明显不当，或者其他行政行为涉及对款额的确定、认定确有错误的"，才可以判决变更。这就是说：

第一，这种变更权只有对行政处罚才能适用；而对行政强制措施或者行政机关的其他违法的具体行政行为，一律不适用作出变更。

第二，这种变更权只有限制在行政处罚明显不当时才适用。所谓明显不当，是指行政机关在法律、法规规定的范围和处罚幅度内，给予违法行为人的行政处罚与其过错极不相称或者极不公正，即轻错重罚，重错轻罚；或者在同一案件中，给予同样责任人处罚款额的确定、认定确有错误等。

此外，依据《行政诉讼法》第七十九条规定："复议机关与作出原行政行为的行政机关为共同被告的案件，人民法院应当对复议决定和原行政行为一并作出裁判。"

最后，人民法院对公开审理和不公开审理的案件，一律公开宣告判决。当庭宣判的，应当在10日内发送判决书；定期宣判的，宣判后立即发给判决书。宣告判决时，必须告知当事人上诉权利、上诉期限和上诉的人民法院。

（二）第二审程序

第二审程序（又称上诉审程序），是指行政诉讼当事人不服地方各级人民法院的第一审未生效的判决或者裁定，向上一级人民法院提起上诉；上一级人民法院根据事实和法律，对案件重新进行审理和判决的程序。人民法院审理上诉案件的形式有开庭审理和书面审理两种方式。人民法院对上诉案件认为事实清楚的，可以实行书面审理。

根据《行政诉讼法》第八十五条规定："当事人不服人民法院第一审判决的，有权在判决书送达之日起十五日内向上一级人民法院提起上诉。当事人不服人民法院第一审裁定的，有权在裁定书送达之日起十日内向上一级人民法院提起上诉。逾期不提起上诉的，人民法院的第一审判决或者裁定发生法律效力。"

二审法院审理上诉案件，应当对原审人民法院的判决、裁定和被诉行政行为进行全面审查。

二审法院应当在收到上诉状之日起3个月内作出终审判决。有特殊情况需要延长的，由高级人民法院批准，高级人民法院审理上诉案件需要延长的，由最高人民法院批准。

根据《行政诉讼法》第八十九条规定，人民法院审理上诉案件，按照下列情形，分别处理。

1. 原判决、裁定认定事实清楚，适用法律、法规正确的，判决或者裁定驳回上诉，维持原判决、裁定

这是指第二审人民法院认为第一审人民法院的判决，认定事实清楚，适用法

律、法规正确，对于原判决的合法性予以肯定，驳回上诉人提出的上诉理由和请求，维持原判。

以案释法

案情简介

朱某是一公司的职工，但该公司未为职工办理工伤保险登记和未缴纳工伤保险费。朱某在公司上班时被钻机钻伤右手。朱某向当地社保局申请工伤认定时，社保局以朱某未参加工伤保险为由没有受理其工伤认定申请。朱某即向法院提起民事诉讼，请求公司支付工伤保险待遇。法院支持了朱某的诉求。朱某被认定为工伤后，但因公司未履行生效判决书所确定的义务，朱某遂向法院申请执行生效判决。随后，法院作出执行裁定书，载明：经查询，被执行人现暂无财产可供执行，申请执行人也无法向法院提供财产线索且同意终结本次执行程序。

对此，朱某向社保局申请工伤保险待遇先行支付并提交了相应的材料。社保局作出回复，认为朱某的工伤保险待遇不符合先行支付的条件。朱某对社保局的决定不服，向一审法院提起行政诉讼。

一审法院经审理认为，根据《社会保险法》第八条规定，社会保险经办机构提供社会保险服务，负责社会保险登记、个人权益记录、社会保险待遇支付等工作。社保局作为本辖区的社会保险经办机构，负有社会保险待遇支付的法定职责。根据《社会保险法》第四十一条第一款规定："职工所在用人单位未依法缴纳工伤保险费，发生工伤事故的，由用人单位支付工伤保险待遇。用人单位不支付的，从工伤保险基金中先行支付。"同时，根据《社会保险基金先行支付暂行办法》第六条规定：职工被认定为工伤后，有"依法经仲裁、诉讼后仍不能获得工伤保险待遇，法院出具中止执行文书的"，"职工或者其近亲属可以持工伤认定决定书和有关材料向社会保险经办机构书面申请先行支付工伤保险待遇"。

本案中，朱某受伤已依法认定为工伤，其申请符合依法经仲裁、诉讼后仍不能获得工伤保险待遇，法院出具中止执行文书的情形，符合申请社会保险基金先行支付的条件。一审法院判决社保局应当先行支付工伤保险待遇。

社保局不服一审判决，上诉称：

一是根据《社会保险法》第十一章，“用人单位不办理社会保险登记”与“用人单位未按时足额缴纳社会保险费”属于两个独立的法律概念。根据《社会保险法》第四十一条“职工所在用人单位未依法缴纳工伤保险费，发生工伤事故的，由用人单位支付工伤保险待遇。用人单位不支付的，从工伤保险基金中先行支付”，朱某所属的公司没有办理社会保险登记，不符合“用人单位未依法缴纳工伤保险费用”这一条件。

二是按《工伤保险条例》第六十二条第二、三款规定：“依照本条例规定应当参加工伤保险而未参加工伤保险的用人单位职工发生工伤的，由该用人单位按照本条例规定的工伤保险待遇项目和标准支付费用。用人单位参加工伤保险并补缴应当缴纳的工伤保险费、滞纳金后，由工伤保险基金和用人单位依照本条例的规定支付新发生的费用。”因此，朱某的工伤保险待遇应由公司支付，或在公司补缴工伤保险费和滞纳金后，由工伤保险基金支付新发生的工伤保险待遇。

争议焦点

社保局是否应对朱某履行工伤保险待遇先行支付的法定职责。

案例评述

《社会保险法》第四十一条规定的“用人单位未依法缴纳工伤保险费”的情形，应理解为用人单位未为职工参加工伤保险，自始未缴纳工伤保险费和用人单位为职工参加工伤保险后未按时足额缴纳工伤保险费两种情形。

本案中，朱某所属的公司没有办理社会保险登记，未为朱某参加工伤保险，自始未缴纳工伤保险费，故朱某属于“用人单位未依法缴纳工伤保险费”的法定情形。故朱某的申请符合依法经仲裁、诉讼后仍不能获得工伤保险待遇，法院出具中止执行文书的情形，符合申请社会保险基金先行支付的条件。因此，社保局的理由不能成立。

最后，二审法院驳回了上诉人的上诉理由，维持原判。

2. 原判决、裁定认定事实错误或者适用法律、法规错误的，依法改判、撤销或者变更

依法改判、撤销或者变更，是指第二审人民法院通过对上诉案件的审理，认为原判决、裁定认定事实错误或者适用法律、法规错误，判决改变原审判决对被诉具体行政行为合法性的判定。根据法律规定，有以下两种情形的，应当依法改判、撤销或者变更：

第一，原审判决认定事实错误，导致不能依法正确判决。

第二，原审判决认定事实清楚，但适用法律、法规错误。

3. 发回重审

根据《行政诉讼法》的规定，第二审人民法院通过对上诉案件的审理，一是认为“原判决认定基本事实不清、证据不足的”，应当“发回原审人民法院重审，或者查清事实后改判”；二是认为“原判决遗漏当事人或者违法缺席判决等严重违反法定程序的”，应当“裁定撤销原判决，发回原审人民法院重审”。

原判一经撤销，就不发生法律效力。原审人民法院对发回重审的案件，仍然适用第一审程序。原审人民法院对发回重审的案件作出判决后，当事人提起上诉的，第二审人民法院不得再次发回重审。

第二审人民法院审理上诉案件，需要改变原审判决的，应当同时对被诉行政行为作出判决。第二审人民法院作出的判决、裁定，是终审的判决、裁定。

（三）审判监督程序

审判监督程序（又称为再审程序），是指人民法院对已经发生法律效力的判决、裁定，发现有违反法律、法规的规定，进行再次审理的程序。

根据《行政诉讼法》的规定，当事人对已经发生法律效力的判决、裁定，认为确有错误的，可以向上一级人民法院申请再审，但判决、裁定不停止执行。

《行政诉讼法》第九十一条规定，当事人的申请符合下列情形之一的，人民法院应当再审：（1）不予立案或者驳回起诉确有错误的；（2）有新的证据，足以推翻原判决、裁定的；（3）原判决、裁定认定事实的主要证据不足、未经质证或者系伪造的；（4）原判决、裁定适用法律、法规确有错误的；（5）违反法律规定的诉讼程序，可能影响公正审判的；（6）原判决、裁定遗漏诉讼请求的；（7）据以作出原判决、裁定的法律文书被撤销或者变更的；（8）审判人员在审理该案件时有贪污受贿、徇私舞弊、枉法裁判行为的。

以案释法

案情简介

1994年8月3日，某市外经委批准成立了一家中外合作企业（以下简称A公司），合作年限为20年；A公司取得的《企业法人营业执照》登记的经营期限至2014年11月8日。1997年12月8日，曾先生与A公司签订一份自1998年1月1日开始的无固定期限劳动合同，约定劳动合同终止的条件为：中方企业和外方企业“终止合作经营时”。

2014年11月7日，A公司书面通知曾先生，称因中方企业和外方企业“终止合作经营”，自2014年11月9日起解除劳动合同。

2014年11月22日，曾先生要求A公司出具单方面解除劳动合同的证明，及办理解除劳动合同的相关事项。之后，曾先生向市人社局投诉A公司。

2015年1月5日，市人社局对曾先生的投诉作出人社诉（2015）1号答复，告知曾先生，说A公司已经出具解除劳动合同证明书，并已通过邮政快递邮寄，如未收到可回原单位领取，或者到市劳监支队领取原件；A公司正处于清算中，关于经济补偿金问题，请曾先生补正诉求金额。

2015年2月27日，市人社局又向曾先生作出人社诉（2015）91号答复（以下简称91号答复），主要内容：经调查，A公司的营业期限至2014年11月8日止，目前已经停业；A公司与曾先生订立的无固定期限劳动合同约定的起点工资，终止合同的条件为中方企业和外方企业“终止合作经营时”。经责令，A公司已出具解除劳动合同证明书，但因是解除还是终止劳动合同的表述存在争议，曾先生未领取该证明书；曾先生要求支付解除劳动合同代通知金、经济补偿金、未支付经济补偿金的赔偿金、经济赔偿金，以上金额计算均与双方解除或者终止劳动合同的争议有关。同时，双方未在劳动合同中约定加班费计算基数具体数额，并因此产生争议；A公司未依法支付曾先生应休未休年假工资，市劳动监察支队已责令整改。综上，因双方就劳动关系的解除或者终止存在争议、就加班费计算基数存在争议、曾先生的其他诉求金额均与上述争议有关，依据《劳动争议调解仲裁法》第十二条规定，请曾先生寻求劳动争议调解仲裁途径解决。

2015年4月23日，曾先生不服91号答复，向省人社厅申请行政复议。

2015年7月21日，省人社厅受理后，以人社行复（2015）67号《行政复议决定书》（以下简称67号复议决定）认为，曾先生与A公司约定劳动合同终止条件为中方企业和外方企业“终止合作经营时”，A公司与曾先生劳动合同终止的相关事实清楚，不属于无法查实的事实。关于加班费计算基数，A公司每月向曾先生发放的工资数额及项目相关事实清晰，公司的相关规章制度对公司职工的薪酬构成、计发办法作出明确规定，亦不属于无法查实的事实。市人社局91号答复事实不清、证据不足，适用依据错误。依照《行政复议法》第二十八条第一款第三项及本省行政复议工作规定第十七条第一款规定，撤销市人社局91号答复。责令市人社局在收到行政复议决定书之日起60日内，对曾先生要求A公司支付经济补偿金、加班费差额等事项重新作出处理。

2015年12月8日，曾先生不服行政复议的决定，提起行政诉讼，请求确认67号复议决定中认定A公司与曾先生解除劳动合同的行政行为，以及对曾先生节假日加班工资基数以公司的相关规章制度标准计算的行政行为无效并予以撤销，将加班工资变更为按劳动合同法计算标准；变更67号复议决定中认为曾先生的劳动合同终止的行政行为，并确认为违法解除劳动合同的行政行为；判令A公司支付曾先生被违法解除劳动合同的二倍赔偿金、节假日加班工资的差额工资以及差额工资的赔偿金、代通知金、劳动合同中约定的经济赔偿金；判令A公司出具的通知或解除劳动合同证明书范例文本，支付因未给曾先生解除劳动合同证明而不能工作的损失的赔偿；判令67号复议决定审理程序违法，复议决定行为违法。

法院观点

市中级人民法院审理后认为，曾先生与A公司签订的劳动合同中明确约定终止条件，A公司与曾先生劳动合同终止的相关事实清楚。市人社局91号答复认定曾先生与A公司劳动合同解除还是终止及加班费计算基数存在争议，缺乏事实和法律依据。省人社厅67号复议决定并无不当。曾先生提出的诉求，经释明要求其明确诉请，曾先生明确表示不同意更改诉求。至于曾先生提出的其他诉讼请求均不属于行政诉讼审查范围，不予处理。最终判决驳回曾先生的诉讼请求。曾先生不服，提起上诉。

省高级人民法院审理后认为，曾先生与A公司签订的劳动合同中明确约定，中方企业和外方企业“终止合作经营时”，A公司与曾先生的劳动合同终止。A公司与曾先生劳动合同终止的相关事实清楚，终止劳动合同符合《劳动合同法》第四十四条规定。虽然通知书文义上使用“解除”一词，并不影响该终止劳动合同行为的性质。A公司对其职工的薪酬构成、劳动报酬的计发办法均作出明确规定，每月向曾先生发放的工资数额及项目相关事实清楚。市人社局91号答复认定曾先生与A公司劳动合同解除还是终止及加班费计算基数存在争议，缺乏事实和法律依据。省人社厅67号复议决定并无不当。一审判决驳回曾先生的诉讼请求正确。最终判决驳回上诉，维持原判。

曾先生仍不服，申请再审称：省人社厅67号复议决定认为曾先生与A公司之间劳动合同终止认定错误，A公司并没有在营业执照到期时停止营业及解散，至2014年12月31日仍然正常经营；一审、二审判决对曾先生一并提起的民事请求，未按照规定一并审理，告知通过其他渠道主张权利，程序不合法。请求：撤销二审判决；撤销或变更一审判决。并继续就一审和二审时提出的诉求再次重复了一遍。

省人社厅答辩称：67号复议决定认定事实清楚、证据确凿、适用依据正确、程序合法。请求驳回曾先生的再审申请。

最高法院经审查认为，《劳动法》第七十九条规定，劳动争议发生后，当事人可以向本单位劳动争议调解委员会申请调解；调解不成，当事人一方要求仲裁的，可以向劳动争议仲裁委员会申请仲裁。当事人一方也可以直接向劳动争议仲裁委员会申请仲裁。对仲裁裁决不服的，可以向人民法院提起诉讼。《劳动合同法》第七十四条第二项、第五项规定，县级以上地方人民政府劳动行政部门依法对用人单位与劳动者订立和解除劳动合同的情况、支付劳动合同约定的劳动报酬情况，有权进行监督检查。

本案所在省的劳动保障监察条例规定：“人力资源社会保障行政部门对违反劳动保障法律、法规或者规章的行为，根据调查、检查的结果，应当自立案之日起四十五个工作日内作出以下处理：（一）对依法应当受到行政处罚的，依法作出行政处罚决定；（二）对应当改正未改正的，依法责令改正或者作出相应的行政处理决定；（三）依法撤销立案。”该条第三、四款还进一步明确规定：“投诉事项属于未依法支付工资、经济补偿金、赔偿金，经调查查实的证据证明违法行为存在的，应当依法责令改正或者作出相应的行政处理决定。”“对前款规定的投诉事项，人力资源社会保障行政部门已按照本条例第四十一条的有关规定充分调查核实，仍无法查实相关事实，双方存在争议的，告知投诉人按照劳动争议处理程序办理。”

根据上述规定，劳动者与用人单位之间因解除劳动合同、支付经济补偿金、工资、赔偿金发生争议的，劳动者可以选择申请劳动仲裁的方式解决；也可以选择作为投诉人向有管辖权的人力资源社会保障行政部门投诉，请求对用人单位未依法支付工资、经济补偿金、赔偿金的违法行为进行查处予以解决。两条救济途径都是劳动者的法定救济途径。

劳动者未选择申请仲裁，而是选择投诉，人力资源社会保障行政部门经调查查实的证据证明，用人单位确实存在未依法支付工资、经济补偿金、赔偿金违法行为的，应当依法责令用人单位改正或者作出相应的行政处理决定；只有在经充分调查核实，仍无法查实相关事实时，才可以告知投诉人申请劳动仲裁加以解决。享有管辖权的人力资源社会保障行政部门未经充分调查核实，便告知举报人申请劳动仲裁解决争议的，属于不履行法定职责的行政违法行为。

本案中，A公司通知曾先生解除劳动合同后，曾先生向市人社局投诉，请求查处A公司解除劳动关系，未支付经济补偿金、加班工资、应休未休年假工资的违法行为。市人社局接到投诉后，经调查作出91号答复，告知曾先生应当通过申请劳动争议调解、仲裁途径解决。曾先生不服，申请行政复议。省人社厅经调查作出67号复议决定，认为A公司与曾先生劳动合同终止的相关事实、曾先生工资数额和项目构成的相关事实都是清楚的，不属于经“充分调查核实，仍无法查实相关事实”的情形。市人社局91号答复主要事实不清、证据不足，适用依据错误，决定撤销91号答复，责令市人社局在收到行政复议决定书之日起60日内，重新作出处理。省人社厅67号复议决定认定事实清楚、证据充分，适用法律、法规正确，符合法定程序。一审、二审判决驳回曾先生的诉讼请求，处理结果并无不当。

本案中，（1）曾先生主张，省人社厅67号复议决定认为曾先生与A公司之间劳动合同终止认定错误，A公司并没有在营业执照到期时停止营业及解散，至2014年12月31日仍然正常经营；没有事实根据，本院不予支持。（2）曾先生又主张，省人社厅67号复议决定违反行政复议不得作出对申请人更为不利行政复议决定的规定。但是，曾先生的复议请求即是撤销市人社局91号答复，责令市人社局对其投诉事项重新作出处理。而省人社厅67号复议决定正是撤销91号答复，责令人社局对曾先生要求A公司支付经济补偿金、加班费差额等事项重新作出处理，系支持曾先生复议请求，并非对其更为不利的复议决定。以此为由申请再审，没有事实根据，本院不予支持。（3）曾先生还主张，二审判决对曾先生一并提起的民事请求未按照规定一并审理，仅告知通过其他渠道主张权利，程序不合法。但是，曾先生一审中提出的一些诉求是针对被诉省人社厅67号复议决定的，二审判决已经对67号复议决定的合法性全面审理并作出判决；曾先生的另一些诉求是要求人民法院直接作出判决，是其与A公司之间的劳动争议，同时也是其请求市人社局查处的A公司的违法行为。按照《行政诉讼法》第六十一条规定，只有在涉及行政许可、登记、征收、征用和行政机关对民事争议所作的裁决的行政诉讼案件中，当事人才可以申请一并解决相关民事争议。本案被诉行政行为是省人社厅67号复议决定，该决定撤销的是市人社局91号答复，不属于法定可以一并申请解决民事争议的案件范围，一审、二审也未将前述诉讼请求作为一并审理的民事纠纷予以受理；这些诉讼请求已经涵盖在省人社厅67号复议决定责令市人社局重新作出处理的事项之中，二审判决不可能一边自行对相关举报事项作出判决，同时又支持省人社厅67号复议决定责令原行政机关重新对同一事项重新作出处理。以此为由申请再审，缺乏事实和法律根据。

综上，曾先生的再审申请不符合《行政诉讼法》第九十一条第三项、第四项规定的情形。依照《最高人民法院关于适用〈中华人民共和国行政诉讼法〉的解释》第一百一十六条第二款的规定，裁定驳回曾先生的再审申请。①

① 最高人民法院（2019）最高法行申5262号行政裁定书，载中国裁判文书网，最后访问时间：2022年10月21日。

从上述案例中，有几个问题值得注意：

1. 判断劳动合同的终止是“法定终止”，而非“约定终止”。在 1995 年开始施行的《劳动法》第二十三条规定：“劳动合同期满或者当事人约定的劳动合同终止条件出现，劳动合同即行终止。”但是在 2008 年开始施行的《劳动合同法》第四十四条规定中，删去了“当事人约定的劳动合同终止条件出现”这一情形。即劳动合同的终止没有“约定终止”，只能“法定终止”。

2. 处理行政争议中的民事争议是有条件的。根据《行政诉讼法》第四十九条规定：“提起诉讼应当符合下列条件：（一）原告是符合本法第二十五条规定的公民、法人或者其他组织；（二）有明确的被告；（三）有具体的诉讼请求和事实根据；（四）属于人民法院受案范围和受诉人民法院管辖。”同时，对照《最高人民法院关于适用〈中华人民共和国行政诉讼法〉的解释》第六十八条，对《行政诉讼法》第四十九条第三项规定的“有具体的诉讼请求”列举了九项内容。其中有“（八）请求一并解决相关民事争议”一项。但是，依据《行政诉讼法》第六十一条第一款规定：“在涉及行政许可、登记、征收、征用和行政机关对民事争议所作的裁决的行政诉讼中，当事人申请一并解决相关民事争议的，人民法院可以一并审理。”这就是说，只有在涉及行政许可、登记、征收、征用和行政机关对民事争议所作的裁决的行政诉讼案件中，当事人才可以申请一并解决相关民事争议。

3. 劳动者与用人单位之间因解除劳动合同、支付经济补偿金、工资、赔偿金发生争议的，劳动者可以选择申请劳动仲裁的方式解决；也可以选择作为投诉人向有管辖权的人力资源社会保障行政部门投诉，请求对用人单位未依法支付工资、经济补偿金、赔偿金的违法行为进行查处予以解决。劳动者未选择申请仲裁，而是选择投诉，人力资源社会保障行政部门经调查核实的，应当依法责令用人单位改正或者作出相应的行政处理决定；只有在经充分调查核实，仍无法查实相关事实时，才可以告知投诉人申请劳动仲裁加以解决。享有管辖权的人力资源社会保障行政部门未经充分调查核实，便告知举报人申请劳动仲裁解决争议的，属于不履行法定职责的行政违法行为。对此，人力资源社会保障行政部门要能证明“无法查实相关事实”，必须要有行政行为的相关证据。否则就是不履行法定职责。

四、生效裁判和调解书的执行

根据《行政诉讼法》规定，当事人必须履行人民法院发生法律效力的判决、裁定、调解书。如果与行政诉讼案件有利害关系的公民、法人或者其他组织拒绝履行人民法院发生法律效力的判决、裁定、调解书的，行政机关或者第三人可以向第一审人民法院申请强制执行，或者由行政机关依法强制执行。

如果与行政诉讼案件有利害关系的行政机关拒绝履行人民法院发生法律效力的判决、裁定、调解书的，第一审人民法院可以采取下列措施：

1. 对应当归还的罚款或者应当给付的款额，通知银行从该行政机关的账户内划拨。

2. 在规定期限内不履行的，从期满之日起，对该行政机关负责人按日处 50 元至 100 元的罚款。

3. 将行政机关拒绝履行的情况予以公告。

4. 向监察机关或者该行政机关的上一级行政机关提出司法建议。接受司法建议的机关，根据有关规定进行处理，并将处理情况告知人民法院。

5. 拒不履行判决、裁定、调解书，社会影响恶劣的，可以对该行政机关直接负责的主管人员和其他直接责任人员予以拘留；情节严重，构成犯罪的，依法追究刑事责任。

附录　问题索引

第一章　法律常识概述

第二章　劳动法和社会保险法的基本概念

第三章　用人单位与劳动者

第四章　用工招聘

第五章 劳动合同

第六章　集体协商与集体合同

第七章　社会保险

第八章　人事劳动组织管理

第九章 职工技能开发

第十章　工作时间和休息休假

第十一章 薪酬管理

第十二章 劳动安全保护与管理

第十三章 企业灵活用工

第十四章 辞退职工与职工辞职

第十五章　职工离职的经济补偿和赔偿金

第十六章 职工社会保险待遇

第十七章 劳动争议处理

第十八章 劳动监察执法

第十九章　人力资源社会保障行政复议

第二十章 人力资源社会保障行政诉讼

图书在版编目（CIP）数据

人力资源管理法律实务全程指引．下／余明勤著
．—北京：中国法制出版社，2023.1
ISBN 978-7-5216-3060-2

Ⅰ．①人… Ⅱ．①余… Ⅲ．①人力资源管理-劳动法
-法律解释-中国 Ⅳ．①D922.505

中国版本图书馆 CIP 数据核字（2022）第 199309 号

责任编辑：成知博　　　　封面设计：李　宁

人力资源管理法律实务全程指引．下
RENLI ZIYUAN GUANLI FALÜ SHIWU QUANCHENG ZHIYIN. XIA

著者/余明勤
经销/新华书店
印刷/河北华商印刷有限公司
开本/710 毫米×1000 毫米　16 开　　　　总印张/57　总字数/766 千
版次/2023 年 1 月第 1 版　　　　2023 年 1 月第 1 次印刷

中国法制出版社出版
书号 ISBN 978-7-5216-3060-2　　　　（全上下册）总定价：180.00 元

北京市西城区西便门西里甲 16 号西便门办公区
邮政编码：100053　　　　传真：010-63141600
网址：http：//www.zgfzs.com　　　　**编辑部电话：010-63141809**
市场营销部电话：010-63141612　　　　**印务部电话：010-63141606**

（如有印装质量问题，请与本社印务部联系。）